NICOLAS NICKLEBY

BOURLOTON. — Imprimeries réunies, A, rue Mignon, 2, Paris.

CHARLES DICKENS

NICOLAS NICKLEBY

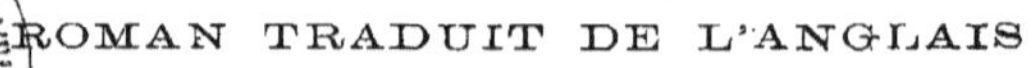

ROMAN TRADUIT DE L'ANGLAIS

AVEC L'AUTORISATION DE L'AUTEUR

Ouvrage illustré de 59 gravures d'après F. Barnard

PARIS

LIBRAIRIE HACHETTE ET Cie

79, BOULEVARD SAINT-GERMAIN, 79

« N'est-il pas midi et demi, Noggs? » (P. 6.)

CHAPITRE PREMIER

Introduction générale.

Il y avait une fois, dans un coin du Devonshire, un digne gentleman du nom de Godefroy Nickleby, qui avait attendu un peu tard pour se décider à se marier. Comme il n'était ni assez jeune ni assez riche pour aspirer à la main de quelque héritière, il avait épousé, par pure affection, une vieille inclination. La dame, en le prenant, n'avait pas eu non plus d'autre motif. Ce n'est pas la première fois que l'on voit deux personnes qui ne peuvent pas se permettre de jouer de l'argent, prendre néanmoins les cartes et se faire vis-à-vis pour jouer tranquillement ensemble une partie de pur agrément.

Peut-être des esprits chagrins, qui se plaisent à tourner en ridicule la vie matrimoniale, me reprocheront-ils de n'avoir pas plutôt comparé ce couple modeste à deux champions de nos boxes anglaises qui, voyant les fonds bas et les parieurs rares, aiment mieux, par un goût chevaleresque pour leur art, se mesurer ensemble, pour le seul plaisir de s'entretenir la main. Et je ne puis disconvenir que, sous un certain rapport, la comparaison ne s'appliquerait pas mal ici. Car, de même que les deux héros de la boxe font circuler, après la lutte, un chapeau à la ronde pour recevoir de la générosité des spectateurs le moyen d'aller se régaler ensemble, de même M. et Mme Godefroy Nickleby, une fois la lune de miel disparue, jetèrent autour d'eux un regard soucieux sur le monde, pour envisager les chances qu'il pourrait leur offrir d'ajouter quelque chose à leurs ressources, le revenu de M. Nickleby, au moment de son mariage, flottant entre quinze cents et deux mille francs de rente tout au plus.

Il y a bien assez de monde sur la terre, bon Dieu! Et particulièrement à Londres, où M. Nickleby faisait alors sa résidence, on n'entend guère se plaindre du défaut de population. Eh bien, on ne saurait croire combien on peut regarder longtemps dans toute cette foule sans y découvrir le visage d'un ami. Ce n'est pourtant que trop vrai. M. Nickleby en fit l'expérience. Il eut beau regarder, regarder tant que ses yeux en devinrent aussi tristes que son cœur, pas un ami n'apparut, et lorsque, fatigué de chercher, il ramena ses regards sur son intérieur, il n'y trouva pas grande consolation à ses recherches infructueuses. Un peintre qui a trop longtemps fixé la vue sur des couleurs éblouissantes, a la ressource de rafraîchir ses yeux troublés en les reportant sur quelque teinte plus foncée et plus sombre; mais, pour M. Nickleby, tous les objets qui s'offraient à ses regards étaient d'un noir si lugubre, qu'il aurait été charmé d'y trouver plutôt, au risque d'en être ébloui, quelque contraste éclatant.

Enfin, au bout de cinq ans, lorsque Mme Nickleby eut fait présent de deux fils à son époux, et que ce gentleman dans l'embarras, préoccupé de la nécessité de pourvoir à la subsistance de sa famille, songeait sérieusement à aller prendre une assurance sur la vie pour le premier trimestre, et puis à se laisser choir après cela par accident du haut de la fameuse colonne, il reçut un matin par la poste une lettre bordée de noir qui l'informait que son oncle, M. Ralph Nickleby, venait de mourir, et lui avait laissé en totalité son petit avoir, montant à la somme de cent vingt-cinq mille francs.

Jusque-là le défunt n'avait guère donné signe de vie à son neveu. Une fois cependant il lui avait envoyé pour son fils aîné, que, par une prévoyance utile, le père avait décoré du nom de baptême de son grand-oncle, une cuiller d'argent, dans un étui de maroquin. Comme l'enfant n'avait pas grand' chose à manger avec la cuiller, cela pouvait passer pour une moquerie détestable de ce qu'il était né sans avoir seulement, à l'usage de sa bouche affamée, cette pièce d'argenterie intéressante. Aussi M. Nickleby, qui n'avait pas été gâté par la générosité du cher oncle, en pouvait croire à peine ses yeux quand il lut la lettre funèbre qui lui annonçait cette consolante nouvelle. Cependant ses informations ne firent que la confirmer avec exactitude. Le bon vieux gentleman avait eu d'abord, à ce qu'il paraît, l'intention de laisser tout son bien à la *Société royale d'humanité;* il avait même fait un testament à cet effet. Mais cette institution charitable ayant eu le malheur, quelques mois auparavant, de sauver la vie à un pauvre parent des Nickleby, auquel il servait une rente de dix-sept francs quarante centimes par mois, il avait, dans un accès d'exaspération bien naturelle, révoqué, dans un codicille, le legs fait à la Société, en faveur de M. Godefroy Nickleby, et il n'avait pas manqué d'y faire une mention spéciale de son indignation, non seulement contre la Société qui avait eu la maladresse de sauver la vie à ce malheureux, mais contre le malheureux lui-même qui s'était permis de se laisser sauver la vie par la Société d'humanité.

M. Godefroy Nickleby employa une partie de cet héritage à l'acquisition d'une petite ferme près de Dawlish, dans le Devonshire, et s'y retira avec sa femme et ses deux enfants, pour y vivre à la fois de l'intérêt le plus élevé que pourrait lui rapporter le reste de son argent, et du petit produit qu'il pourrait tirer de son domaine. Il y réussit si bien, qu'à sa mort, quelque quinze ans après cette époque, quelque cinq ans après la perte de sa femme, il put laisser à son fils aîné Ralph soixante-quinze mille francs en espèces, et à Nicolas, son cadet, vingt-cinq mille francs en sus de la ferme, qui constituait une terre domaniale aussi petite qu'on pût la souhaiter.

Ces deux frères avaient été élevés ensemble dans une pension d'Exeter. Et, pendant leur sortie de chaque semaine, ils avaient souvent recueilli, des lèvres de leur mère, le long récit des souffrances qu'avait endurées leur père dans ses jours de pauvreté, et de l'importance dont avait joui feu leur oncle dans ses jours d'opulence. Ces souvenirs produisirent sur eux des impressions très différentes. Pendant que le plus jeune, qui était d'un esprit timide et contemplatif, n'y trouvait qu'un avertissement sérieux de fuir le grand monde et de s'attacher plus que jamais à la routine paisible de la vie des champs, Ralph, l'aîné, raisonnant sur ces contes d'autrefois si souvent répétés, en tirait la conséquence qu'il n'y a pas d'autre source de bonheur et de puissance que la richesse, et que tous les moyens sont bons pour l'acquérir, pourvu qu'ils ne soient pas précisément criminels. « Ainsi, se disait Ralph en lui-même, si l'argent de mon oncle n'a pas absolument produit grand bien pendant sa vie, il en a produit beaucoup après sa mort, car c'est mon père qui en profite maintenant et qui me le garde pour plus tard; n'est-ce pas un but très vertueux? Et, pour en revenir au vieil oncle, il en a aussi tiré un grand bien, puisqu'il a eu le plaisir d'y penser toute sa vie et d'être un objet d'envie et de déférences respectueuses pour tout le reste de sa famille. » Et Ralph ne manquait jamais de terminer ces soliloques intérieurs par cette conclusion qu'il n'est rien tel que l'argent.

Trop conséquent pour s'en tenir à la théorie ou pour laisser ses facultés se rouiller, même à un âge si tendre, dans de pures abstractions d'esprit, ce garçon plein d'avenir commença dès l'école le métier d'usurier sur une échelle limitée, plaçant d'abord à gros intérêt un petit capital de crayons d'ardoise et de billes, puis étendant graduellement ses opérations financières, si bien qu'elles finirent par comprendre la monnaie de billon du royaume de Grande-Bretagne, sur laquelle il spécula avec un bénéfice considérable. Et n'allez pas croire qu'il embarrassât l'esprit de ses débiteurs par des calculs fastidieux en chiffres, ou des concordances avec les tables de Barême. Sa règle d'intérêt était bien simple, elle se résumait dans cette maxime qui valait son pesant d'or : Quatre sous pour deux liards. C'était un adage précieux pour simplifier les comptes, et sa forme familière le rendait encore plus propre à se graver dans la mémoire que toutes les règles de l'arithmétique. Aussi nous ne saurions trop le recommander à l'attention des capitalistes, petits ou grands, et plus particulièrement à celle des courtiers de change et des escompteurs de billets. Au reste, il faut rendre justice à ces messieurs, il y a déjà bon nombre d'entre eux qui n'ont pas cessé d'en faire un usage quotidien, avec un succès remarquable.

Le jeune Ralph, par le même principe, et pour éviter tous ces calculs minutieux et subtils de décompte et d'appoint, toujours embarrassants pour ceux qui supputent rigoureusement le nombre des jours d'intérêt, avait établi en règle générale que toute somme, principal et intérêt, serait payée le jour où on donne leur semaine aux écoliers, c'est-à-dire le samedi, et que pour tout prêt, contractée soit le lundi, soit le vendredi, le montant de l'intérêt serait toujours le même. En effet, il disait, et avec une grande apparence de raison, qu'on doit prendre un peu plus cher pour un jour que pour cinq, d'autant plus qu'il y a de fortes présomptions que l'emprunteur, dans le premier cas, est dans un besoin plus pressant, autrement il n'emprunterait pas avec de telles chances contre lui. Ce dernier trait a cela d'intéressant qu'il met dans tout son jour le lien secret et la mystérieuse sympathie qui unissent toujours les grands esprits. Quoique maître Ralph Nickleby ne fût pas d'âge encore à avoir pu étudier les règles de l'art, il avait déjà deviné par la force de son génie les procédés des honorables prêteurs dont nous parlions tout à l'heure, qui ne manquent pas de faire servir le même principe de base à toutes leurs transactions.

D'après ce que nous avons dit de ce jeune gentleman et l'admiration bien naturelle que le lecteur ne peut manquer de concevoir immédiatement pour son caractère, on pourrait supposer que c'est lui qui sera le héros du livre que nous présentons au public. Pour éviter tout malentendu à cet égard, nous nous empressons de le détromper une fois pour toutes et de passer vite au récit des faits.

A la mort de son père, Ralph Nickleby, qui avait été placé peu de temps auparavant dans une maison de commerce de Londres, s'appliqua avec ardeur à la poursuite de son rêve, gagner de l'argent. Il s'absorba, il s'ensevelit tout entier dans cette passion, au point d'en oublier presque son frère pendant plusieurs années, et si parfois un souvenir de l'ancien compagnon des jeux de son enfance venait illuminer les ténèbres dans lesquelles il passait sa vie, — car l'or enveloppe l'avare comme d'un brouillard confus, plus funeste à tous ses sentiments d'autrefois et plus asphyxiant pour sa sensibilité que les vapeurs du charbon, — ce souvenir se présentait toujours accompagné de cette idée que, s'ils renouaient leur intimité, l'autre viendrait lui emprunter de l'argent. Aussi M. Ralph Nickleby se contentait de hausser les épaules, en disant qu'il valait mieux que les choses restassent comme elles étaient.

Quant à Nicolas, il vécut en célibataire du produit de son patrimoine, jusqu'au jour où, las de son isolement, il prit pour femme la fille d'un gentleman du voisinage, avec une dot de vingt-cinq mille francs. Cette excellente dame lui donna deux enfants, un fils et une fille, et quand le garçon approcha de ses dix-neuf ans, la fille en avait quatorze, du moins à ce que nous pouvons croire, car il était difficile de savoir l'âge précis des dames avant le nouvel acte du parlement, vu que les registres de province n'en contenaient aucune trace. M. Nickleby songea sérieusement au moyen de réparer les tristes brèches faites à sa fortune par l'accroissement de sa famille et par la nécessité de pourvoir aux frais de leur éducation.

« Faites des spéculations avec votre capital, disait Mme Nickleby.

— Des spéculations, ma chère! disait M. Nickleby avec hésitation.

— Pourquoi pas? demandait Mme Nickleby.

— Parce que, ma chère, si nous venions à le perdre,... répliquait M. Nickleby, qui n'avait pas la parole vive et prompte, si nous venions à le perdre, nous n'aurions plus de quoi vivre, ma chère.

— Bah ! disait Mme Nickleby.

— Je n'en suis pas sûr du tout, disait M. Nickleby.

— Voilà Nicolas, poursuivait la dame, qui est tout à fait en âge, il est temps qu'on le mette à même de se tirer d'affaire; et Catherine aussi, la pauvre fille, qui n'a pas un écu pour tout bien. Regardez votre frère : serait-il ce qu'il est, s'il n'avait pas fait de spéculations?

— C'est vrai, reprit M. Nickleby. Vous avez raison, ma chère; oui, je ferai des spéculations, ma chère. »

Spéculer, c'est bientôt dit. Les joueurs ne savent guère en débutant ce qu'ils ont de chances dans leurs cartes. Le gain peut être considérable, mais la perte aussi. Le sort ne fut pas favorable à M. Nickleby. Il y eut un coup de Bourse; vient une déconfiture, la bulle crève, et voilà quatre agents de change partis pour résider dans des villas de Florence, quatre cents pauvres diables ruinés : M. Nickleby était du nombre.

« La maison même où je demeure, disait en soupirant le malheureux gentleman, peut m'être enlevée dès demain. Je n'ai pas un meuble qui ne doive bientôt passer dans des mains étrangères. »

Cette dernière réflexion lui fit tant de peine, qu'il se mit aussitôt au lit, peut-être pour sauver au moins ce meuble-là, à tout hasard.

« Allons, du courage, monsieur! disait l'apothicaire.

— Il ne faut pas vous laisser abattre, disait la garde.

— Cela se voit tous les jours, remarquait l'homme de loi.

— Et c'est un gros péché de vous révolter contre la Providence, lui disait à voix basse le ministre.

— Et c'est une chose qui n'est pas permise à un homme qui a de la famille, » ajoutaient les voisins.

M. Nickleby hocha la tête, et, priant qu'on les fît tous sortir de sa chambre, il embrassa sa femme et ses enfants, puis, après les avoir tour à tour pressés contre son cœur défaillant, il retomba épuisé sur son chevet. Ils eurent toute raison de croire que sa raison s'égara après cette dernière émotion, car il se mit à parler longuement de la générosité et du bon cœur de son frère, du bon vieux temps quand ils étaient ensemble au collège. Quand cet accès de délire fut passé, il se recommanda par une prière solennelle à *celui* qui n'a jamais abandonné la veuve et l'orphelin, puis, leur souriant doucement, détourna la tête, disant qu'il se sentait le besoin de dormir.

CHAPITRE II

M. Ralph Nickleby, son établissement et ses entreprises.
Grande compagnie par actions d'une vaste importance nationale.

M. Ralph Nickleby n'était pas, à proprement parler, comme qui dirait un négociant; ce n'était pas non plus un banquier, ni un procureur, ni un avocat consultant, ni un notaire. Ce n'était certainement pas un marchand ; bien moins encore aurait-il pu prendre le titre de quelque spécialité professionnelle, car il eût été impossible de citer une profession connue à laquelle il appartînt. Néanmoins, comme il habitait dans Golden-square une maison spacieuse, ornée d'abord d'une plaque de cuivre sur la porte de la rue, puis d'une autre deux fois plus petite sur le guichet à gauche, juste au-dessus d'une petite main de bronze traversée d'une brochette pour servir de marteau, et qu'on y pouvait lire en grosses lettres le mot *bureau*, il était clair que M. Ralph Nickleby faisait ou prétendait faire des affaires de quelque nature. Et si l'on en voulait une preuve plus irrécusable encore, on n'avait, pour dissiper ses doutes, qu'à observer la scrupuleuse exactitude avec laquelle, tous les jours, de neuf heures et demie à cinq heures, un homme à face blême, en habit noir, la plume à l'oreille, se tenait assis sur un tabouret extrêmement dur dans une espèce de cabinet, au bout du corridor, excepté quand il venait ouvrir la porte en entendant sonner dehors.

Quoiqu'il y ait autour de Golden-square quelques maisons occupées par des professions graves, on ne peut pas dire précisément que ce soit sur le chemin de personne, ni que cela mène quelque part. C'est un des squares qui ont fini d'exister, un quartier de la ville qui a disparu du monde et qui ne se compose guère que de chambres garnies. Les premiers et les seconds étages y sont presque tous loués meublés à des célibataires; on y prend des pensionnaires pour la table. C'est un grand rendez-vous d'étrangers. Les hommes au teint basané, qui portent de larges bagues au doigt, de longues et pesantes chaînes de montre, des favoris touffus, et qui se rassemblent sous les colonnes de l'Opéra, ou dans la saison autour du bureau de location, entre quatre et cinq heures de l'après-midi, au moment où l'on délivre les billets de faveur, demeurent tous à Golden-square ou dans une des rues adjacentes ; il y a deux ou trois violons et une flûte qui y font leur résidence. Ses pensions bourgeoises sont toutes musicales, et les notes qui s'échappent des pianos et des harpes voltigent la nuit autour de la statue lugubre, le génie du lieu, qui semble avoir sous sa garde un petit désert d'arbres nains, au centre de la place. Par une nuit d'été, le passant peut voir les fenêtres toutes grandes ouvertes, garnies d'hommes à moustaches, au teint bistreux, flânant à la croisée, et fumant à faire trembler. Des éclats de voix rauques, qui s'exerçent à vocaliser, usurpent le silence du soir, et les vapeurs d'un tabac exquis parfument les airs. Là cigares et tabatières, flûtes et clarinettes, basses et violons, se partagent l'empire de ce petit royaume. C'est le pays des chants et du tabac. Les orchestres ambulants se sentent là sur leur théâtre, et les chanteurs des rues, en pénétrant dans son enceinte, font vibrer des accents plus vigoureux et des cadences plus sonores.

Il semble au premier abord que ce n'était pas précisément là un quartier propice aux affaires. Toutefois, depuis plusieurs années que M. Ralph Nickleby s'y était fixé, il ne s'en était jamais plaint. Il ne connaissait personne à la ronde, comme il n'était connu de personne, quoiqu'il y eût la réputation d'un homme immensément riche. Les marchands supposaient que c'était un homme de loi, et les autres voisins pensaient plutôt qu'il tenait une agence générale. Ce n'était pas de part et d'autre plus mal deviné qu'on ne fait d'ordinaire quand on s'occupe des affaires d'autrui.

M. Ralph Nickleby était assis un matin dans son cabinet, tout prêt à sortir. Il portait un spencer vert-bouteille par-dessus un habit bleu, un gilet blanc, un pantalon gris mélangé, enfoncé dans des bottes à la Wellington. Le bout d'un jabot sur une chemise à petits plis, impatient de se montrer à son avantage, faisait tout ce qu'il pouvait pour se dégager de la prison où il étouffait, entre le menton du personnage et le bouton d'en haut qui fermait son spencer. Ce pardessus, autrefois à la mode, ne descendait pas assez par devant pour masquer une longue chaîne de montre en or, composée d'une série d'anneaux unis, dont le premier partait d'une montre d'or à répétition placée dans le gousset de M. Nickleby, et dont le dernier était orné de deux petites clefs, l'une appartenant à la montre même, et l'autre à quelque cadenas de sûreté. Il avait sur la tête une légère pointe de poudre, destinée sans doute à lui donner un air bienveillant ; mais, si tel était son but, il aurait peut-être mieux fait, pendant qu'il y était, de poudrer aussi sa figure, car il y avait dans ses rides mêmes, et dans son œil glacé, qui n'était jamais en repos, quelque chose qui trahissait un esprit rusé, en dépit de ses efforts pour le dissimuler. Bref, quoi qu'il en soit, M. Ralph était donc là dans son cabinet, tout seul, et par conséquent ni sa poudre, ni ses rides, ni ses yeux, ne produisaient le moindre effet, ni bon ni mauvais, sur personne, et n'ont jusqu'à présent rien à faire avec nous.

M. Nickleby ferma un livre de comptes qui était ouvert devant lui sur son bureau, puis, se rejetant en arrière dans son fauteuil, il porta d'un air distrait les yeux à travers les vitres poudreuses de sa fenêtre. Il y a à Londres des maisons qui ont sur le derrière un petit bout de terrain bien triste, ordinairement flanqué de quatre grands murs badigeonnés et couronnés d'un rang de cheminées qui n'ajoutent pas à l'agrément du paysage. Là, au fond de ce petit puits s'étiole, tout le long de l'année, un arbre rabougri qui se donne les airs de vouloir pousser quelques feuilles en automne, à l'époque où elles tombent chez les autres ; puis, succombant sous l'effort, tout crevassé, tout enfumé, il retombe encore une fois dans sa langueur jusqu'à l'été suivant, où il donne une nouvelle représentation avec le même succès. Pourtant, si la température devient par hasard tout à fait favorable, il n'est pas sans exemple que ses branches n'aient attiré par leur séduction quelque pierrot mélancolique. Il y a des gens qui donnent à ces tours sombres le nom de « jardins ». Pourquoi ? je n'en sais rien. Personne ne peut supposer qu'ils aient jamais été plantés ; il est bien plus vraisemblable que c'étaient dans l'origine quelques tas de déblais restés sans maître, embellis par la végétation qui peut naître dans des plâtras. Quelque panier sans fond, quelques débris de bouteilles cassées qu'on y jette à l'occasion, quand quelque locataire emménage, y restent fidèlement jusqu'à son déménagement ; la paille humide qu'on y dépose met à moisir tout le temps qu'il lui plaît, sans que personne la dérange, et se mêle agréablement au buis rare des bordures, aux arbres verts qui sont jaunes, aux pots à fleurs ébréchés qui sont renversés là, tristement en proie aux limaces sous les gouttières. Tel était le jardin que M. Ralph Nickleby contemplait à travers la fenêtre, assis dans son fauteuil, et les mains dans ses goussets. Il avait les yeux fixés sur un sapin tortu, planté par quelque ancien locataire dans un baquet, jadis peint en vert, mais qu'on avait laissé, par insouciance, depuis bien des années déjà, pourrir petit à petit tout à son aise. Ce n'était pas précisément un coup d'œil divertissant, mais M. Nickleby était enseveli dans une méditation profonde, et semblait prêter à ce tableau peu séduisant une attention qu'il n'aurait certainement pas voulu prêter sciemment à l'examen de la plante exotique la plus rare. A la fin ses yeux s'égarèrent à gauche, sur une autre petite croisée non moins sale, à travers laquelle on voyait confusément la figure du commis, dont il rencontra les regards ; il lui fit signe de venir.

Docile à cette invitation, le clerc laisse là sa haute escabelle, polie comme un miroir par un long commerce avec sa culotte, et se présente dans le cabinet de M. Nickleby. C'était un homme grand, entre deux âges, avec des yeux à fleur de tête, dont l'un paraissait immobile, le nez rubicond, la face cadavéreuse, un accoutrement mal assorti de vêtements qui montraient la corde, beaucoup trop petits pour sa taille, et où l'on avait ménagé les boutons avec une telle économie, qu'il lui fallait bien de l'habileté pour réussir à les faire tenir sur lui.

« N'est-il pas midi et demi, Noggs? dit M. Nickleby d'une voix aigre et rude.

— Il n'est encore que vingt-cinq minutes au... (Noggs allait dire : au cabaret ; mais il se ravisa prudemment.) A Saint-Paul, continua-t-il.

— Ma montre s'est donc arrêtée? dit M. Nickleby ; je ne sais comment cela se fait.

— Pas montée, dit Noggs.

— Si, dit M. Nickleby.

— Alors démontée, reprit Noggs.

— J'espère que non, répliqua M. Nickleby.

— Il faut bien, dit Noggs.

— C'est bon, dit M. Nickleby, en remettant dans sa poche la montre à répétition ; peut-être bien. »

Noggs poussa un petit grognement à son usage, par lequel il terminait toute discussion avec son maître, pour faire entendre que c'était lui qui triomphait, et (comme il parlait rarement si ce n'est pour répondre) il retomba dans son silence bourru, et se frotta lentement les mains l'une contre l'autre, non sans faire craquer successivement ses doigts dans leurs jointures et les serrer de manière à leur imprimer toute sorte de contorsions. Cette habitude routinière à laquelle il satisfaisait à tout propos, et le regard fixe qu'il avait soin de communiquer à son bon œil pour le mettre d'accord avec le mauvais, de manière à dépister le curieux qui aurait voulu savoir de quel œil il regardait, étaient deux singularités de M. Noggs, qui n'en manquait pas, et frappaient tout d'abord l'observateur qui le voyait pour la première fois.

« Je vais ce matin à la *Taverne de Londres*, dit M. Nickleby.

— Séance publique? » demanda Noggs.

M. Nickleby fit un signe de tête d'assentiment. « J'attends une lettre de l'avoué pour cette hypothèque de Ruddle. Si elle venait, ce ne sera toujours que par la distribution de deux heures. C'est le moment où je sortirai de la Cité pour aller à Charing-Cross : je prendrai le trottoir de gauche; s'il y a quelque lettre, venez à ma rencontre, vous me l'apporterez. »

Noggs lui rendit son signe de tête, et il n'avait pas fini qu'on sonna à la porte du bureau. Le patron leva les yeux de dessus ses papiers, et le clerc resta sans bouger.

« La sonnette, dit Noggs, attendant une explication. Vous y êtes?

— Oui.

— Pour tout le monde?

— Oui.

— Pour le percepteur?

— Non. Il reviendra. »

Encore le petit grognement habituel, ce qui voulait dire : Je le savais bien. Et le bruit de la sonnette ayant recommencé, Noggs ouvre la porte et ramène, en annonçant M. Bonney, un gentleman pâle et haletant, les cheveux dressés sur la tête dans un grand désordre, avec une cravate blanche d'un pouce de large, nouée négligemment autour du cou ; à le voir, on eût dit qu'il avait passé une mauvaise nuit sans se déshabiller.

« Mon cher Nickleby, dit le monsieur, prenant à la main son chapeau blanc, si plein de papiers qu'il n'y avait plus de place pour le faire tenir sur sa tête, nous n'avons pas un moment à perdre ; j'ai un cab à la porte. M. Mathieu Pupker préside, et nous avons positivement trois membres du Parlement qui doivent venir. Je viens d'en voir deux se lever en bon état; le troisième, qui a passé toute la nuit à Crockford, n'a pris que le temps de retourner chez lui pour mettre une chemise blanche et prendre une bouteille ou deux de soda water, et il ne manquera pas de venir nous retrouver à temps pour l'adresse proposée à la réunion. Il a encore un peu d'excitation de la nuit dernière; mais n'importe, il n'en parle jamais moins haut pour cela.

— Voilà qui a l'air de marcher assez bien, dit M. Ralph Nickleby, dont les manières réfléchies faisaient un contraste parfait avec la vivacité de son collègue en affaires.

— Assez bien! répéta M. Bonney; c'est la plus belle idée qu'on ait jamais conçue. *Compagnie de l'Union métropolitaine pour le perfectionnement des petits pains chauds et tartelettes, rendus exactement à domicile. Capital : soixante-quinze millions, divisé en cinq cent mille actions de deux cent cinquante francs.* Ma foi! le titre seul vaudra aux actions une prime avant dix jours.

— Et alors, quand les actions seront en prime? dit M. Ralph Nickleby avec un sourire.

— Alors vous savez mieux que personne l'usage qu'il en faut faire, et comment on se retire à propos, dit M. Bonney en lui donnant familièrement une petite tape sur l'épaule. Mais à propos, vous avez là un clerc bien remarquable.

— Oui, le pauvre diable! répondit Ralph en mettant ses gants, et cependant M. Newman Noggs a eu dans son temps des chevaux et une meute.

— Ah! vraiment! dit l'autre négligemment.

— Mais oui, continua Ralph, et il n'y a pas encore de cela bien des années. Mais c'est un homme qui jetait son argent par la fenêtre, il le plaçait n'importe comment, il empruntait à intérêt; bref, il a commencé par des folies, il a fini par la misère. Alors il s'est mis à boire, il a eu une attaque de paralysie, et puis il est venu pour me demander de lui prêter vingt-cinq francs, sous prétexte que, dans le temps de sa fortune, j'avais...

— Fait affaire avec lui, dit M. Bonney d'un air moqueur.

— Justement, répliqua Ralph. Je ne les lui ai pas prêtés, vous comprenez.

— Oh! comme de raison.

— Mais comme il me fallait justement un employé pour ouvrir la porte, etc., je l'ai recueilli par charité, et il est resté depuis ce temps-là avec moi. Je le crois un peu timbré, dit M. Nickleby, prenant un air de compassion. Mais il me rend des services, le pauvre bonhomme, il me rend des services. »

Le charitable gentleman ne jugea pas à propos d'ajouter que Newman Noggs, étant tout à fait sans ressource, le servait à moitié prix de ce qu'on donne à un petit clerc de treize ans. Il oublia également, dans cet exposé rapide, que la taciturnité excentrique de Noggs le lui rendait particulièrement précieux dans un emploi où il y avait à faire bien des petites choses dont il n'était pas désirable qu'on fût informé au dehors. L'autre monsieur était d'ailleurs pressé de s'en aller; et comme ils terminèrent cet entretien à la hâte, pour se jeter dans le cabriolet de louage qui les attendait, c'est sans doute pour cela que M. Nickleby n'eut pas le temps de spécifier des circonstances d'ailleurs si peu intéressantes.

Quel fracas ils trouvèrent à leur arrivée dans la rue de Bishopsgate-within! Ils descendirent au travers d'une demi-douzaine d'hommes-affiches qui couraient des bordées par un vent affreux pour tourner aux passants les avis gigantesques sous le poids desquels ils étaient courbés, annonçant au public qu'à une heure précise il se tiendrait une réunion pour prendre en considération la nécessité d'adresser au Parlement une pétition en faveur de la *Compagnie de l'Union métropolitaine pour le perfectionnement des petits pains chauds et tartelettes, rendus exactement à domicile. Capital : soixante-quinze millions, divisé en cinq cent mille actions de deux cent cinquante francs.* Toutes ces sommes rebondissaient en chiffres monstres d'un noir luisant. M. Bonney joua du coude hardiment au travers de la foule, et monta l'escalier, en recevant le long du chemin une foule de révérences respectueuses des huissiers qui se tenaient sur les paliers pour introduire le monde; et, suivi de M. Nickleby, il plongea dans une enfilade de chambres derrière la grande salle où se tenait le public. Il entra dans un cabinet où se tenaient autour d'une table des hommes d'affaires, à ce qu'il semblait.

« Silence! s'écria un monsieur à double menton, en voyant M. Bonney se présenter en personne. Un fauteuil, messieurs, un fauteuil! »

Les nouveaux venus furent accueillis par un sentiment de bienveillance universel, et M. Bonney s'empressa d'aller prendre le haut bout de la table, ôta son chapeau, passa ses doigts dans ses cheveux, prit un petit marteau dont il donna sur la table un coup à tout rompre, sur quoi plusieurs messieurs crièrent : « Silence! » et se firent mutuellement d'aimables signes de tête qui voulaient dire : Hein! quel gaillard! Au même instant un huissier, dans une agitation fiévreuse, se précipita dans la chambre, et, ouvrant la porte avec fracas, cria à tue-tête : « M. Mathieu Pupker! » Le comité se leva et battit des mains pour exprimer sa joie; puis, pendant qu'ils battaient des mains, entra M. Mathieu Pupker, escorté de deux membres *à vie* du Parlement, l'un d'Irlande et l'autre d'Écosse, tous souriant, saluant, ayant un air si agréable, qu'on se demandait avec étonnement comment on pourrait avoir le cœur de voter contre des personnages si avenants. Sir Mathieu Pupker surtout, qui avait une petite tête ronde, surmontée d'un joli toupet de filasse, tomba dans un paroxysme de salutations si empressées, qu'à chaque instant le toupet menaçait de faire un plongeon. Quand ces symptômes se furent un peu calmés, ceux de ces messieurs qui étaient en position de converser avec sir Mathieu Pupker, ou les deux autres membres du Parlement, formèrent autour d'eux trois petits groupes, près desquels les autres moins heureux se tenaient languissamment, le sourire sur les lèvres, et se frottant les mains par contenance, dans l'espérance de quelque circonstance inespérée qui les mettrait à même de se faire mieux connaître. Pendant tout ce temps, sir Mathieu Pupker et les deux autres membres racontaient à leurs cercles respectifs quelles étaient les intentions du gouvernement sur la présentation du bill. Ils leur communiquaient en détail tout ce que le gouvernement leur avait dit à l'oreille la dernière fois qu'ils avaient dîné chez lui, sans oublier le coup d'œil mystérieux dont le gouvernement avait accompagné cette confidence : d'où ils étaient fondés à conclure que, si le gouvernement avait quelque chose à cœur, il n'avait rien de plus à cœur que le succès et la prospérité de la Compagnie de l'Union métropolitaine pour le perfectionnement des petits pains chauds et tartelettes, rendus avec exactitude à domicile.

En attendant, pendant qu'on réglait le programme de la séance et que l'on arrangeait, à la satisfaction de tous les orateurs, l'ordre des discours qu'ils allaient faire, le public de la grande salle promenait ses regards de l'estrade encore vide à la galerie musicale pleine de dames. Il n'y avait guère plus d'une couple d'heures que la plus grande partie de l'auditoire prenait plaisir à cet amusement (mais on se blase de tout, et la satiété suit la jouissance des divertissements les plus agréables), lorsque des esprits chagrins commencèrent à marquer la mesure sur le parquet avec les talons de leurs bottes, et à exprimer leur mécontentement par une grande variété de cris et de clameurs. Ces exercices vocaux se remarquaient naturellement de préférence chez ceux qui avaient attendu plus longtemps, c'est-à-dire chez les premiers venus, et par conséquent les plus voisins de l'estrade et les plus reculés des policemen de service, qui, ne se souciant pas de faire le coup de poing pour percer la foule, mais se sentant obligés en conscience de faire quelque démonstration pour apaiser le tumulte, se mirent immédiatement en devoir de tirer à eux comme ils purent, l'un par le collet, l'autre par les pans de son habit, les innocents qui se trouvaient près de la porte. Bien entendu qu'ils entremêlaient cet intermède de coups de trique étourdissants, selon les procédés de leur art, à l'instar de leur ingénieux modèle, M. Polichinelle, dont cette branche de pouvoir exécutif imite à ravir dans l'occasion l'habile maniement des armes.

Il se livrait déjà sur plusieurs points des escarmouches assez vives, lorsqu'un grand tumulte attira l'attention, même des parties belligérantes, et alors se répandit sur l'estrade, par une porte latérale, un long flot de gentlemen, le chapeau à la main, tous regardant derrière eux en poussant des cris joyeux, dont la cause s'expliqua d'elle-même quand on vit sir Mathieu Pupker et les deux autres membres du Parlement apparaître sur le devant du théâtre, au milieu d'applaudissements assourdissants, et exprimant par leurs gestes muets et leur attitude admirative qu'en vérité ils n'avaient jamais joui d'un si beau coup d'œil dans tout le cours de leur carrière publique.

Enfin l'assistance cessa le vacarme, mais pour le recommencer de plus belle pendant cinq minutes, quand un vote unanime eut appelé sir Mathieu Pupker au fauteuil de la présidence. Alors sir Mathieu Pupker se mit à dire combien il se sentait ému dans cette circonstance solennelle, et l'effet que cette circonstance solennelle ne pouvait manquer d'avoir aux yeux du monde ; il parla de la profonde intelligence de ses compatriotes qui siégeaient devant lui, de la fortune et de la considération de ses honorables amis qui siégeaient derrière lui, et, finalement, de l'influence qu'aurait sur le bien-être, le bonheur, le confort, la liberté, que dis-je ? l'existence d'une nation grande et libre, une institution aussi importante que celle de la Compagnie de l'Union métropolitaine pour le perfectionnement des petits pains chauds et tartelettes, rendus avec exactitude à domicile.

M. Bonney se présenta ensuite pour proposer la première motion ; et, passant sa main droite dans ses cheveux, pendant qu'il tenait la gauche plantée d'une manière élégante sur sa hanche, il confia son chapeau aux soins d'un gentleman à deux mentons, qui faisait généralement l'office de portemanteau pour les orateurs, et annonça qu'il allait lire sa première proposition, dont voici les termes : « L'assemblée voit avec un sentiment d'alarme et de juste appréhension l'état actuel du commerce des petits pains dans cette métropole et lieux circonvoisins ; elle considère le corps de distributeurs de petits pains, tel qu'il est à présent constitué, comme complètement indigne de la confiance du public ; son opinion est que le système des petits pains, dans son ensemble, est également préjudiciable à la santé comme à la moralité du peuple, et, de plus, entièrement subversif des intérêts bien entendus d'une grande société commerciale et industrielle. » L'honorable gentleman fit un discours qui émut les dames jusqu'aux larmes et pénétra des plus vives émotions tous les individus présents. Il avait visité les maisons des pauvres dans les divers districts de Londres : il n'y avait pas trouvé la moindre trace de petit pain, et il n'avait que trop lieu de croire qu'il y avait quelques indigents qui n'en goûtaient pas une fois tout le long de l'année. Il avait découvert qu'il existait parmi les vendeurs de petits pains une ivrognerie, une débauche, un désordre de mœurs qui s'expliquaient aisément par la nature humiliante de leur négoce, tel qu'il était maintenant exercé. Il avait trouvé les mêmes vices dans les classes pauvres, qu'on devrait compter parmi les consommateurs de petits pains, et il attribuait ce résultat au désespoir où l'impossibilité d'atteindre à cet article de subsistance jetait ces malheureux, désespoir funeste qui leur faisait chercher un stimulant factice dans les liqueurs enivrantes. Il se faisait fort d'articuler, devant un comité de la Chambre des Communes, la preuve qu'il existait une conspiration pour maintenir à un taux élevé le prix des petits pains et créer un monopole aux distributeurs à sonnettes; qu'il ferait parler, si l'on voulait, des distributeurs à sonnettes à la barre de la Chambre, et qu'il prouverait en outre que ces gens-là correspondaient entre eux par des mots et des signes cabalistiques, comme : « snooks, walker, Felguson, Murphy va-t-il bien? » et bien d'autres. Voilà l'état de choses douloureux auquel la Compagnie se proposait de porter remède : 1° en interdisant, sous des peines sévères, tout commerce particulier de petits pains, quel qu'il fût; 2° en fournissant elle-même au public en général, et aux pauvres à domicile, des petits pains de première qualité à prix réduit. C'était là l'objet d'un bill présenté au Parlement par l'excellent patriote sir Mathieu Pupker, leur président. C'est ce bill que la réunion avait pour but de soutenir. C'étaient ceux qui soutiendraient ce bill qui jetteraient un éclat et une splendeur impérissables sur l'Angleterre, sous le nom de *Compagnie de l'Union métropolitaine pour le perfectionnement des petits pains chauds et tartelettes, distribués avec exactitude.* Il devait ajouter que la Société se constituait au capital de soixante-quinze millions, divisés en cinq cent mille actions de deux cent cinquante francs.

M. Ralph Nickleby appuya la motion, et un autre gentleman, ayant proposé un amendement consistant dans l'insertion des mots *et tartelettes* après les mots *petits pains*, toutes les fois qu'ils se rencontreraient dans la motion, fut enlevé victorieusement. Il n'y eut en tout qu'un homme dans la foule qui cria « Non! » On en fit prompte justice en l'arrêtant et le mettant sur-le-champ à la porte.

La seconde motion, qui avait pour but de proclamer la nécessité d'abolir immédiatement « tout vendeur de petits pains (ou tartelettes), tout commerçant en petits pains (ou tartelettes), quels qu'ils fussent, mâles ou femelles, hommes ou enfants, à sonnettes ou sans sonnettes », fut proposée par un gentleman à l'air grave, au maintien demi-clérical, qui monta tout de suite sur un ton si pathétique, qu'il fit oublier le premier orateur en moins de rien. Vous auriez entendu tomber une épingle. — Une épingle! dites une plume, tant il décrivait avec art les cruautés infligées par leurs patrons à ces distributeurs de petits pains, et il observait sagement qu'il ne fallait pas d'autre motif pour justifier l'établissement de cette inestimable Compagnie. Il paraît, d'après ce qu'il racontait, que l'on envoyait dehors ces infortunés garçons, le soir, dans les rues humides, dans la saison la plus dure de l'année, pour circuler dans l'obscurité et par des temps de pluie, de grêle ou de neige, pendant des heures entières, sans abri, sans nourriture, sans être en rien protégés contre le froid; et, remarquez bien ce point-ci, messieurs, on avait bien soin d'envelopper chaudement les petits pains dans de bonnes couvertures; mais les garçons qui les vendaient, on ne s'en occupait seulement pas, on les abandonnait à leurs propres ressources. (C'est affreux!) L'honorable gentleman cita l'exemple d'un vendeur de petits pains qui, pour avoir été exposé à ce système odieux et barbare pendant cinq ans consécutifs, finit par être victime d'un rhume de cerveau qui ruina son tempérament par degrés, jusqu'à ce qu'enfin une transpiration heureuse lui rendit la santé. Cet exemple était à sa connaissance; il pouvait l'attester en personne. Mais en voici un autre qu'il tenait, par ouï-dire, d'une personne dont il n'avait aucune raison de suspecter la bonne foi. Celui-là était bien plus attendrissant et plus effrayant encore. Il avait entendu parler d'un garçon orphelin, vendeur de petits pains, qui, ayant été renversé par un fiacre, avait été emporté à l'hôpital. Là, il avait subi l'amputation d'une jambe au-dessous du genou, et aujourd'hui même il continuait son commerce avec des béquilles. Dieu de justice! était-il permis de laisser subsister de pareilles horreurs?

La division adoptée pour les délibérations du comité et l'éloquence déployée par les orateurs eurent un plein succès : elles entraînèrent toutes les sympathies. Les hommes poussaient des acclamations; les dames trempaient de larmes leurs mouchoirs de poche, qu'elles agitaient ensuite jusqu'à ce que leurs pleurs fussent séchés. L'enthousiasme fut épouvantable, et M. Nickleby murmura tout bas à l'oreille de son ami qu'à partir de ce moment les actions étaient assurées d'une prime de 25 pour 100.

La résolution fut donc emportée avec des applaudissements répétés. Il n'y avait pas un auditeur qui ne levât les deux mains en sa faveur; et si, dans son enthousiasme, il ne levait pas aussi les deux jambes, c'est que ce n'était pas une évolution si facile. Cela fait, on lut, *in extenso*, le projet de pétition proposé. Et la pétition, comme toutes les pétitions, disait que les pétitionnaires étaient très humbles, les pétitionnés très honorables, et que l'objet en était très vertueux. Par conséquent (disait toujours la pétition), il n'y avait plus qu'à convertir tout de suite le bill en une loi, pour l'honneur et la gloire éternels de cette très honorable Chambre des Communes assemblée en Parlement.

Alors le gentleman qui avait passé toute la nuit précédente à Crokford, et dont les yeux battus n'annonçaient que trop qu'il s'en ressentait encore, s'avança pour dire à ses concitoyens le discours qu'il avait l'intention de faire en faveur de la pétition, toutes les fois qu'elle serait présentée, et tous les sarcasmes dont il comptait poursuivre le Parlement s'il rejetait le bill. Il leur confia même le regret que ses honorables amis n'y eussent pas inséré une clause pour rendre l'achat des petits pains et tartelettes de la Compagnie obligatoire dans toutes les classes de la société ; quant à lui, qui ne connaissait pas les demi-mesures et qui ne s'arrêtait jamais en chemin, il leur promettait bien d'en faire la proposition, par division, dans le comité. Après avoir annoncé cette détermination, le gentleman devint d'une gaieté folâtre ; et, comme rien n'aide tant au succès d'une plaisanterie que des bottes brevetées, des gants de chevreau jaune-citron et un col de fourrure à son habit, il y eut des rires immenses, un enjouement général, et les dames, de leur côté, firent un si brillant étalage de leurs mouchoirs unanimes, qu'elles mirent tout à fait à l'ombre le gentleman à l'air grave qui les avait tant émues tout à l'heure.

Puis, après la lecture de la pétition, au moment où on allait passer à l'adoption, se présenta le membre irlandais (jeune gentleman d'un tempérament fougueux) ; il fit un de ces discours que les membres irlandais seuls sont capables de faire, où respirent partout l'âme et le souffle divin de la poésie, animé par une déclamation si brûlante, qu'on s'échauffait rien qu'à le voir. Il y disait, entre autres choses, qu'il demanderait l'extension de ce magnifique bienfait à son pays natal ; qu'il réclamerait pour elle son égalité devant la loi des petits pains comme devant toutes les autres lois anglaises ; qu'il ne désespérait pas de voir le jour où la tartelette serait aussi savourée dans les humbles cabanes de la verte Érin et où la sonnette des petits pains éveillerait les échos de ses riches vallées.

Puis, après lui, vint le membre écossais, dont une infinité d'allusions plaisantes au chiffre probable des profits à faire augmenta la bonne humeur provoquée par la poésie de l'autre.

Enfin le succès fut complet, et tous les discours réunis laissèrent les auditeurs bien convaincus qu'il n'y avait pas de spéculation qui eût autant d'avenir, ni qui pût faire plus d'honneur que la Compagnie de l'Union métropolitaine pour le perfectionnement des petits pains chauds et tartelettes, rendus exactement à domicile.

Aussi la pétition en faveur du bill fut adoptée, et l'assemblée se sépara au bruit des acclamations générales. Alors M. Nickleby et les autres directeurs passèrent à l'office pour faire collation, comme ils n'y manquaient jamais à une heure et demie : exactitude que la Compagnie, encore au berceau, ne pouvait reconnaître aussi libéralement qu'elle aurait voulu ; elle ne leur accordait, pour leur peine, sur les fonds généraux, qu'une allocation de soixante-quinze francs chacun à titre de jeton de présence.

CHAPITRE III

M. Ralph Nickleby reçoit de mauvaises nouvelles de son frère, mais il soutient noblement cette épreuve. Le lecteur y verra le goût qu'il prit pour Nicolas, qui fait ici sa première apparition, et la bienveillance avec laquelle il lui proposa de faire tout de suite sa fortune.

Après avoir expédié scrupuleusement la partie de ses fonctions qui consistait dans la collation, avec toute la promptitude et l'énergie qui caractérisent l'homme véritablement fait pour les affaires, M. Ralph Nickleby dit un adieu cordial à ses associés et tourna ses pas vers l'ouest de la ville dans une disposition de bonne humeur inaccoutumée. En passant devant Saint-Paul, il se retira sous une porte pour mettre sa montre à l'heure, et, la main sur la clef, l'œil sur le cadran de la cathédrale, il allait tourner l'aiguille, quand un homme s'arrêta tout à coup devant lui. C'était Newman Noggs.

« Ah! Newman, dit M. Nickleby les yeux relevés sur l'horloge, la lettre pour l'hypothèque est venue, n'est-ce pas? Je m'en doutais.

— Erreur! reprit Newman.

— Comment? Et vous n'avez vu personne concernant cette affaire? » demanda M. Nickleby avec inquiétude.

Noggs secoua la tête.

« Alors, qui est-ce qui est venu? poursuivit M. Nickleby.

— Moi, dit Newman.

— Rien de plus? »

En disant cela, le visage du patron se rembrunit.

« Ceci, dit Newman en tirant doucement de sa poche une lettre, timbrée à la poste : « Strand », cachetée en noir, bordée de noir, une main de femme, C. N. dans un des coins.

— Un cachet noir! dit M. Nickleby en jetant un coup d'œil sur la lettre. Il me semble que cette écriture ne m'est pas tout à fait inconnue. Newman, je ne serais pas surpris que mon frère fût mort.

— Certainement non, vous ne le seriez pas, dit Newman tranquillement.

— Et pourquoi cela, monsieur? demanda M. Nickleby.

— Parce que vous n'êtes jamais surpris de rien, répliqua Newman, voilà tout. »

M. Nickleby saisit la lettre des mains de son clerc, en fixant sur lui un regard glacial, l'ouvrit, la lut, la mit dans sa poche, et, ayant réglé sa montre à une seconde près, il se mit à la monter.

« Je le disais bien, Newman, dit M. Nickleby poursuivant son opération, il est mort. Eh bien, voilà du nouveau, par exemple; franchement, je ne m'y attendais pas. »

Après ces expressions touchantes de son chagrin subit, M. Nickleby replace sa montre dans son gousset, prend ses gants, les plisse soigneusement sur ses doigts, se remet en route, et se dirige à petits pas vers l'ouest de la ville, les mains derrière le dos.

« Des enfants vivants? demanda Noggs en se rapprochant de son maître.

— Parbleu! c'est bien là le *hic*, reprit M. Nickleby, comme s'il eût eu justement l'esprit occupé d'eux en ce moment. Ils sont bien vivants tous les deux.

— Deux! répéta Newman Noggs à voix basse.

— Et la veuve donc! ajouta M. Nickleby. Ils sont tous les trois à Londres, Dieu me pardonne! tous les trois ici, Newman. »

Newman laissa son maître passer devant; et l'on eût pu voir sa figure se contracter d'une façon singulière, comme par l'effet d'un spasme nerveux. Mais, quant à dire si c'était paralysie, ou chagrin, ou rire intérieur, il n'y avait que lui qui pût le savoir. En général, l'expression des traits est d'un grand secours pour deviner la pensée d'un homme ou pour traduire fidèlement ses paroles; mais la physionomie ordinaire de Newman Noggs était un problème qui défiait l'interprète le plus ingénieux.

« Retournez à la maison, » dit M. Nickleby après avoir fait encore quelques pas, et il fit les gros yeux à son clerc, comme s'il avait grondé un chien.

Newman n'attendit pas son reste, et le voilà parti au travers de la rue, perdu dans la foule et disparu en un instant.

« C'est bien raisonnable! certainement oui, se disait en marmottant entre ses dents M. Nickleby. Voyez comme c'est raisonnable! Mon frère n'a jamais rien fait pour moi, et je n'ai jamais compté sur lui. Eh bien, à peine a-t-il rendu le dernier souffle, qu'il faut que l'on se tourne vers moi, comme le soutien d'une grande diablesse de femme et de ses deux grands coquins d'enfants, le fils et la fille. Qu'est-ce qu'ils me sont, après tout? je ne les ai jamais vus. »

Tout entier à ces réflexions et à bien d'autres de même nature, M. Nickleby continua son chemin vers le Strand, et, reprenant sa lettre pour s'assurer du numéro de la maison où il avait affaire, il s'arrêta à une porte bâtarde, à peu près au milieu de ce carrefour populeux.

C'était la maison de quelque artiste en miniature, car il y avait un grand cadre doré accroché à la porte, dans lequel s'étalaient, sur un fond de velours noir, deux portraits d'uniformes de marine, d'où sortaient deux figures sacrifiées au costume; on n'y avait pas oublié les télescopes. Il y avait aussi un jeune homme en uniforme du plus beau vermillon; celui-là brandissait un sabre. Un autre portrait, dans le style littéraire, était orné d'un front haut, d'une écritoire et d'une plume, avec accompagnement de rideau. De plus, on y voyait la représentation touchante d'une jeune dame occupée à lire un manuscrit dans une forêt profonde, avec un charmant portrait en pied d'un petit enfant à grosse tête, assis sur un tabouret, les jambes en raccourci, et les genoux cagneux en forme de cuillers à sel. Avec ces petits chefs-d'œuvre, il y avait encore je ne sais combien de têtes de vieillards, dames et messieurs, se faisant des mines les uns aux autres, sur un ciel bleu ou brun. Enfin, une carte des prix, écrite d'une main élégante et décorée d'une bordure en relief.

M. Nickleby jeta en passant un œil de mépris sur ces frivolités et frappa deux coups de marteau : l'expérience répétée une seconde, puis une troisième fois, réussit à faire apparaître une petite bonne, qui vint ouvrir la porte avec une figure extraordinairement malpropre.

« Mme Nickleby est-elle à la maison? demanda Ralph d'un ton bourru.

— Son nom n'est pas Nickleby; dit la servante. C'est la Creevy que vous voulez dire? »

M. Nickleby montra une grande indignation de se voir ainsi rectifié par la chambrière, et lui demanda rudement ce que cela signifiait. Elle allait lui en donner l'explication, lorsqu'on entendit une voix, qui partait du haut d'un escalier perpendiculaire au fond du corridor, crier en bas :

« Qu'est-ce qu'on demande?

— Mme Nickleby, dit Ralph.

— C'est le second étage, Hannah, dit la même voix; que vous êtes donc imbécile! Le second étage y est-il?

— Je viens d'entendre sortir quelqu'un, mais je pense que c'est la mansarde qui est allée se faire décrotter, répondit Hannah.

— Vous auriez dû y regarder, continua la dame invisible. Montrez à ce monsieur où est la sonnette dans la rue, qu'il ne frappe plus une autre fois deux coups de marteau pour le second étage. Je n'autorise le marteau que lorsque la sonnette est cassée, et encore on ne doit donner que deux petits coups secs.

— Bon! dit Ralph, entrant sans plus de façon dans le couloir. Je vous demande pardon. Est-ce là Mme la... Comment donc?

— Creevy..., la Creevy, reprit la voix, accompagnée cette fois d'une coiffe jaune qui se laissa voir par-dessus la rampe.

— Je voudrais vous dire un mot, madame, avec votre permission, » dit Ralph.

La voix répondit que le monsieur n'avait qu'à monter; mais c'était déjà fait, et il fut reçu au premier étage par la propriétaire de la coiffe jaune, avec une robe assortie; la dame aussi paraissait être de la même couleur. Miss la Creevy était une jeune mignonne de cinquante ans; et le salon de miss la Creevy n'était guère que la répétition, sur une plus large échelle, du cadre doré pendu dans la rue; seulement il était un peu plus sale.

« Ah! dit miss la Creevy toussant délicatement derrière sa mitaine de soie noire. Une miniature, je présume? Vous avez là, monsieur, des traits bien caractérisés : le portrait ne peut qu'y gagner. Avez-vous déjà posé?

— Je vois, madame, que vous vous méprenez sur mes intentions, répliqua Nickleby avec sa brusquerie ordinaire. Je n'ai pas d'argent à perdre en miniature, madame, ni personne, Dieu merci! à qui donner la mienne, si je l'avais. En vous voyant au haut de l'escalier, j'ai voulu seulement vous adresser une question sur quelques locataires que vous avez ici. »

Miss la Creevy toussa de nouveau : cette fois, c'était pour cacher son désappointement.

« Oh! très bien! dit-elle.

— D'après ce que je vous ai entendu dire tout à l'heure à votre servante, je suppose que l'étage supérieur vous appartient, madame? » dit Nickleby.

Mme la Creevy répondit qu'en effet le haut de la maison lui appartenait, et comme elle n'avait pas pour le moment besoin de l'appartement du second, elle était dans l'habitude de le mettre en location. Il y avait même, à l'heure qu'il est, une dame de province qui l'occupait avec ses deux enfants.

« Une veuve, madame? dit Ralph.

— Oui, elle est veuve, répondit la dame.

— Une *pauvre* veuve, madame, dit Ralph en appuyant de toutes ses forces sur ce petit adjectif, qui en dit plus qu'il n'est gros.

— Mais j'ai peur, en effet, qu'elle ne soit pauvre, reprit miss la Creevy.

— Je puis vous garantir qu'elle l'est, madame, dit Ralph. Aussi, qu'est-ce qu'une pauvre veuve comme elle avait besoin d'une maison comme la vôtre, madame?

— C'est bien vrai, répliqua miss la Creevy, qui n'était pas du tout fâchée d'entendre ce compliment à l'adresse de ses appartements, on ne peut plus vrai.

— Je connais mieux que personne sa position, madame, dit Ralph. Au fait, je suis un de ses parents, et je crois devoir vous prévenir de ne pas la garder chez vous, madame.

— J'ai lieu d'espérer pourtant que, s'il y avait impossibilité pour elle de remplir ses obligations pécuniaires, dit miss la Creevy toussant encore, la famille de la dame ne manquerait pas...

— Non, non, elle n'en ferait rien, interrompit Ralph avec vivacité. Ne comptez pas là-dessus.

— Si je croyais cela, dit miss la Creevy, ce serait bien différent.

— En ce cas, madame, vous pouvez le croire, dit Ralph, et vous régler là-dessus. C'est moi qui suis la famille, madame; du moins, je ne pense pas qu'ils aient d'autre parent que moi, et je crois de mon devoir de vous faire savoir que je ne suis pas en état de les soutenir dans leurs folles dépenses. Pour combien de temps ont-ils pris cet appartement?

— A la semaine seulement, répliqua miss la Creevy. Mme Nickleby m'a payé la première d'avance.

— Alors vous ferez bien de les mettre dehors au bout des huit jours, dit Ralph. Ils n'ont rien de mieux à faire que de retourner en province; ils ne feront qu'embarrasser tout le monde ici.

— Certainement, dit miss la Creevy en se frottant les mains. Si Mme Nickleby a pris l'appartement sans avoir le moyen de le payer, ce ne serait pas là une belle conduite pour une dame.

— C'est cependant comme cela, madame, dit Ralph.

— Et, naturellement, continua miss la Creevy, moi, qui suis *pour le moment*... hem!... une pauvre femme sans défense, je ne puis pas risquer de perdre mon loyer.

— Vous avez bien raison, madame, dit Ralph.

— Cependant je dois dire en même temps, ajouta miss la Creevy, qui hésitait naïvement entre son bon cœur et son intérêt, que je n'ai pas le moindre reproche à faire à cette dame; elle est extrêmement affable et gracieuse, la pauvre femme, malgré l'accablement où elle paraît. Je n'ai rien à dire non plus contre ses enfants; on ne peut pas voir un jeune homme et une jeune demoiselle plus aimables ni mieux élevés.

— Très bien, madame, dit Ralph en prenant le chemin de la porte, car ces éloges donnés à la misère ne faisaient que l'agacer; j'ai fait mon devoir, et peut-être plus que je ne devais; je sais bien que personne ne me saura gré de ce que je viens de vous dire.

— Soyez sûr, monsieur, que moi du moins je vous en suis très obligée, dit miss la Creevy d'un ton gracieux. Voulez-vous me faire l'honneur de regarder quelques échantillons de mes portraits?

— Vous êtes trop bonne, madame, dit M. Nickleby pressé de sortir; mais, comme j'ai encore à faire visite là-haut et que mon temps est précieux, je ne puis vraiment pas.

— Quelque jour que vous passerez par ici, je serai très heureuse si..., dit miss la Creevy. Mais voulez-vous être assez bon pour emporter une carte de mes prix? Merci, bonjour!

— Bonjour, madame, » dit Ralph, se hâtant de fermer la porte derrière lui pour couper court à la conversation. « A présent, à ma belle-sœur! Bah! »

Il grimpe donc un autre étage sur le même escalier perpendiculaire, vrai chef-d'œuvre de mécanique, uniquement composé de marches angulaires : il s'arrête pour reprendre haleine, sur le palier, où l'avait déjà devancé la servante, car miss la Creevy avait eu la politesse de l'envoyer annoncer monsieur; et, nous lui devons cette justice, que depuis sa première entrevue avec lui elle avait fait une infinité d'essais plus ou moins heureux pour nettoyer sa sale figure en l'essuyant sur un tablier plus sale encore.

« Quel nom? dit la bonne.

— Nickleby, répliqua Ralph.

— Eh! madame Nickleby, dit-elle en ouvrant la porte toute grande, voici M. Nickleby. »

Une dame en grand deuil se leva pour recevoir M. Ralph Nickleby; mais elle se sentit incapable de faire un pas vers lui et s'appuya sur le bras d'une jeune fille délicate, mais d'une rare beauté, qui venait de prendre place près d'elle et qui pouvait avoir dix-sept ans. Un jeune homme, qui paraissait plus âgé qu'elle d'un an ou deux, s'avança vers Ralph, qu'il salua du nom de : « Mon oncle.

— Oh! grommela Ralph d'un air renfrogné, c'est vous qui êtes Nicolas? je suppose.

— C'est mon nom, monsieur, répliqua le jeune homme.

— Tenez, prenez mon chapeau, dit Ralph d'un

ton impérieux. Eh bien, madame, comment allez-vous? Il faut surmonter vos chagrins, madame. Il faut faire comme moi.

— La perte que j'ai faite n'est pas une perte ordinaire, dit Mme Nickleby en portant son mouchoir à ses yeux.

— C'est une perte, madame, qui n'a rien d'extraordinaire, reprit-il en boutonnant froidement son spencer. Il meurt des maris tous les jours, madame, et des femmes aussi.

— Et des frères aussi, monsieur, dit Nicolas avec un coup d'œil indigné.

— Oui, monsieur, et des petits chiens aussi, et des roquets, répliqua son oncle en prenant une chaise. Vous ne m'avez pas dit, madame, dans votre lettre, ce qu'avait eu mon frère.

— Les docteurs n'ont pas donné à sa maladie de nom particulier, dit Mme Nickleby fondant en larmes. Nous n'avons que trop de raisons de croire qu'il est mort le cœur brisé.

— Peuh! dit Ralph, je ne connais pas de maladie de ce nom-là. Je comprends qu'un homme meure pour s'être brisé le cou; qu'il se brise un bras et qu'il en souffre; on peut se briser la tête, se briser une jambe, se briser le nez, mais un cœur brisé! Cela ne veut rien dire, c'est l'argot du temps. Quand un homme ne peut pas payer ses dettes, il meurt le cœur brisé, et sa veuve devient un martyr.

— En tout cas, dit tranquillement Nicolas, il me semble qu'il y a des gens qui n'ont pas de cœur à briser.

— Tiens! quel âge a ce garçon? demanda Ralph en se retournant avec sa chaise et toisant son neveu des pieds à la tête avec un souverain mépris.

— Nicolas va avoir dix-neuf ans, répliqua la veuve.

— Dix-neuf! Eh! dit Ralph, et comment comptez-vous gagner votre pain, monsieur?

— Sans vivre aux dépens du revenu de ma mère, répliqua Nicolas le cœur gros.

— Vous ne vivriez toujours pas aux dépens de grand'chose, riposta l'oncle avec un coup d'œil de dédain.

— Si petit qu'il soit, dit Nicolas rouge de colère, ce n'est pas à vous que je m'adresserai pour l'augmenter.

— Nicolas, mon cher, maîtrisez-vous, dit Mme Nickleby avec inquiétude.

— Mon cher Nicolas, je t'en prie, disait la jeune fille avec tendresse.

— Vous ferez mieux de vous taire, monsieur, dit Ralph; par ma foi, voilà un beau début, madame Nickleby, un beau début! »

Mme Nickleby, sans répliquer, fit un geste suppliant à Nicolas pour qu'il se tînt tranquille; et l'oncle et le neveu se dévisagèrent l'un l'autre pendant quelques secondes sans dire un mot. La figure du vieux était sombre, ses traits durs et repoussants. La physionomie du jeune homme était ouverte, belle et généreuse. Les yeux du vieux pétillaient d'avarice et d'astuce. Ceux du jeune homme brillaient de l'éclat d'une ardeur vive et intelligente. Toute sa personne était un peu délicate, mais virile et bien prise, et, sans parler de la beauté pleine de grâce que donne la jeunesse, il y avait dans son port et dans son regard une étincelle du feu qui animait son jeune cœur et qui tenait en respect le vieux rusé.

Combien un tel contraste, tout saisissant qu'il peut être pour ceux qui en sont témoins, est-il plus saisissant encore pour celui des deux adversaires qui se sent atteint et frappé dans son infériorité. C'est un trait aigu qui lui perce et lui pénètre l'âme. Ralph le sentit descendre au fond de son cœur; sa haine pour Nicolas data de ce moment décisif.

Ce regard fixe et provocant ne pouvait pas durer toujours. Ce fut Ralph qui céda : il détourna les yeux avec un dédain affecté, en appelant Nicolas un mioche. C'est un mot de reproche dont les hommes plus âgés font quelquefois usage avec la jeunesse : peut-être veulent-ils par là faire croire à la société (qui ne s'y trompe pas) que, s'ils pouvaient redevenir jeunes, ils en seraient bien fâchés.

« Eh bien, madame, dit Ralph avec impatience, les créanciers ont tout saisi, m'avez-vous dit, et il ne vous reste rien du tout?

— Rien, répliqua Mme Nickleby.

— Et vous avez dépensé le peu d'argent que vous aviez pour venir voir à Londres ce que je pourrais faire pour vous?

— J'espérais, dit Mme Nickleby d'une voix défaillante, que vous seriez à même de faire quelque chose pour les enfants de votre frère. J'obéissais au vœu qu'il m'avait exprimé à son lit de mort, en venant faire un appel à la bonté de votre cœur en leur faveur.

— Je ne sais pas comment cela se fait, murmura Ralph en se promenant de long en large dans la chambre, mais toutes les fois qu'un homme meurt sans laisser de bien, il croit toujours avoir le droit de disposer de celui des autres. A quoi votre fille est-elle bonne, madame?

— Catherine a été bien élevée, dit avec un soupir Mme Nickleby. Dites à votre oncle, mon enfant, jusqu'où vous êtes allée dans le français et dans les arts d'agrément. »

La pauvre fille allait hasarder quelques mots,

quand son oncle lui coupa la parole sans cérémonie.

« Il faut que nous essayions de vous mettre en apprentissage dans quelque institution, dit-il ; vous n'avez pas été élevée, j'espère, trop délicatement pour cela?

— Non certainement, mon oncle, répondit la jeune fille en pleurant ; je suis résolue à faire tout ce qui peut me procurer un abri et du pain.

— C'est bon, c'est bon, dit Ralph un peu radouci, soit par la beauté de sa nièce, soit par pitié pour son malheur (pensez l'un et dites l'autre) ; vous en essayerez, et, si l'épreuve est trop rude pour vous, peut-être supporterez-vous mieux les travaux de tambour et de l'aiguille. » Puis, se tournant du côté de son neveu : « Et vous, monsieur, avez-vous jamais fait quelque chose?

— Non, répondit brusquement Nicolas.

— Non? J'en étais sûr, dit Ralph. C'est donc comme cela que mon frère élevait ses enfants, madame?

— Il n'y a pas longtemps que Nicolas a achevé l'éducation qu'a pu lui donner son pauvre père, qui songeait à...

— A faire de lui un jour quelque chose, dit Ralph ; je connais cela : c'est une vieille histoire ; on songe toujours, on ne fait jamais. Si mon frère avait été un homme actif et prudent, il vous aurait laissée riche, madame. Et s'il avait lancé son fils dans le monde, comme mon père l'a fait avec moi, quoique je fusse plus jeune que ce garçon-là au moins de dix-huit mois, il se trouverait aujourd'hui en position de vous aider, au lieu de vous être à charge et d'ajouter à votre embarras. Mon frère, madame Nickleby, a toujours été un homme imprévoyant, irréfléchi, et personne, j'en suis sûr, n'a de meilleures raisons de le savoir que vous. »

Cet appel insidieux donna à la veuve la tentation de croire qu'elle aurait peut-être en effet pu faire un placement plus avantageux de ses vingt-cinq mille francs de dot, et elle ne put s'empêcher de réfléchir combien en ce moment une somme si considérable aurait été précieuse. Ces réflexions douloureuses précipitèrent encore ses larmes, et, sous l'empire de son chagrin, cette femme qui n'était pas méchante, — elle n'était que faible après tout, — se mit à gémir sur son triste sort, puis à remarquer, avec force soupirs, qu'assurément elle avait toujours été l'esclave du pauvre Nicolas, qu'elle lui avait dit qu'elle aurait pu faire un mariage plus avantageux (on l'avait demandée tant de fois!), qu'elle n'avait jamais su du vivant de son mari où allait l'argent, mais que, s'il avait eu plus de confiance en elle, ils en seraient tous plus à leur aise aujourd'hui. Elle ne se fit pas faute d'ajouter bien d'autres récriminations encore familières à la plupart des femmes, soit en puissance de mari, soit après leur veuvage, et peut-être en tout temps. Mme Nickleby termina en déplorant que ce cher défunt n'eût jamais daigné profiter de ses avis, excepté en une occasion unique. Hélas! c'était l'exacte vérité, il ne l'avait fait qu'une fois, et cette fois-là il s'était ruiné.

M. Ralph Nickleby entendait tout cela avec un demi-sourire, et, quand la veuve eut fini, il reprit tranquillement la question au point où elle était avant l'explosion rétrospective de sa belle-sœur.

« Êtes-vous dans l'intention de travailler, monsieur? demanda-t-il à son neveu en fronçant le sourcil.

— Comment ne l'aurais-je pas? répliqua Nicolas avec hauteur.

— Alors voyez, monsieur, dit l'oncle ; voici un avis qui a frappé mes yeux ce matin, et dont vous devez remercier votre étoile. »

Après cet exorde, M. Ralph Nickleby tira de sa poche un journal, le déplia, et, après avoir cherché quelques moments dans les annonces, lut cet avertissement :

« Éducation. Académie de M. Wackford Squeers, à Dotheboys-Hall, dans le délicieux village de Dotheboys, près de Greta-Bridge en Yorkshire. Les jeunes gens sont nourris, vêtus, fournis de livres de classe et d'argent de poche, pourvus de toutes les choses nécessaires, instruits dans toutes les langues anciennes et modernes, les mathématiques, l'orthographe, la géométrie, l'astronomie, la trigonométrie, la sphère, l'algèbre, la canne (si on le demande), l'écriture, l'arithmétique, les fortifications et toutes les autres branches de littérature classique. Conditions : Vingt guinées (520 francs), pas de mémoires, pas de vacances, régime de nourriture incomparable. M. Squeers est en ville et se tient tous les jours, d'une heure à quatre, à la *Tête-de-Sarrasin*, Snow-Hill. — *N. B.* On demande aussi un sous-maître capable : traitement annuel, 125 francs. On prendrait de préférence un maître ès arts. »

« Voilà! dit Ralph reployant son journal ; qu'il obtienne cette position, et sa fortune est faite.

— Mais il n'est pas maître ès arts, dit Mme Nickleby.

— Pour cela, répliqua Ralph, pour cela, je pense qu'on passera par là-dessus.

— Mais le traitement est si peu de chose, et c'est si loin, mon oncle, dit Catherine d'une voix émue.

— Laissez, ma chère Catherine, laissez dire votre oncle, dit Mme Nickleby ; il sait mieux que nous ce qu'il y a à faire.

— Je dis, répéta Ralph d'un ton aigre, qu'il obtienne cette position et sa fortune est faite. S'il n'en veut pas, qu'il se tire d'affaire tout seul. Sans amis, sans argent, sans recommandations, sans connaissance de quoi que ce soit, qu'il trouve un emploi honnête à Londres qui lui paye seulement ses souliers, et je lui donne vingt-cinq mille francs, c'est-à-dire (en se reprenant) je les lui donnerais si je les avais.

— Pauvre garçon! dit la jeune demoiselle. Oh! mon oncle, faut-il sitôt nous séparer?

— Ne fatiguez donc pas votre oncle de vos objections, au moment où il n'a pas d'autre pensée que votre bien, ma fille, dit Mme Nickleby. Nicolas, mon cher, n'avez-vous rien à dire?

— Si, ma mère, si, dit Nicolas, qui était resté jusque-là silencieux et pensif. Si je suis assez heureux, monsieur, pour être nommé à cet emploi dont je ne suis pas sûr de bien remplir toutes les conditions, que deviendront ma mère et ma sœur après mon départ?

— Dans ce cas, monsieur, mais seulement dans ce cas, je me charge de pourvoir à leurs besoins, en les plaçant dans une sphère d'existence indépendante. Ce sera mon premier soin : elles ne resteront pas huit jours après votre départ dans la situation où elles sont; c'est mon affaire.

— Alors, dit Nicolas s'avançant gaiement pour serrer la main de son oncle, je suis prêt à faire tout ce que vous voudrez. Essayons tout de suite mon sort chez M. Squeers; mais s'il allait me refuser?

— Il ne vous refusera pas, dit Ralph; il sera bien aise de vous prendre à ma recommandation. Rendez-vous utile dans sa maison, et vous réussirez en peu de temps à devenir son associé. Tenez, songez un peu; mon Dieu! s'il venait à mourir, eh bien, voilà votre fortune faite.

— Oh! bien sûr, je comprends, dit le pauvre Nicolas, l'esprit charmé de mille visions que son ardeur et son inexpérience évoquaient dans son cerveau; ou bien je suppose que quelque jeune gentilhomme, élevé dans le Hall de Dotheboys, aille prendre du goût pour moi et me faire nommer par son père en qualité de précepteur attaché à ses voyages quand il quittera l'établissement, et puis qu'en revenant du continent il me procure quelque jolie place. Hein! mon oncle?

— Ah! c'est sûr! dit Ralph avec un rire moqueur.

— Et qui sait si, en venant me voir quand je serai établi (car il n'y manquera pas naturellement), il ne s'éprendra pas de Catherine, qui tiendra mon ménage et... ne l'épousera pas, hein! mon oncle, qui sait?

— Comment donc? mais assurément. Et Ralph ricanait plus fort.

— Oh! que nous serions heureux! s'écria Nicolas dans son enthousiasme. La douleur du départ ne serait rien au prix de la joie du retour. Catherine sera une femme superbe, et moi si fier de l'entendre dire, et ma mère si heureuse de se retrouver avec nous. Et tout ce triste passé sera si doucement effacé, et... » Et Nicolas, succombant sous l'image d'un avenir trop beau pour qu'il pût en supporter l'idée, commença un sourire qui finit par un torrent de larmes.

Cette bonne et simple famille, née et nourrie dans la solitude, tout à fait étrangère à ce qu'on appelle le monde, c'est-à-dire à ce tas de coquins qu'on est convenu, dans un certain argot, d'appeler le monde, fondait en larmes. Ils mêlaient leurs pleurs en pensant à leur séparation prochaine; puis, quand ce premier éclat de sensibilité fut apaisé, ils se livrèrent à tous les transports d'une joie inespérée en voyant s'ouvrir devant eux cet horizon brillant. Mais M. Ralph Nickleby s'empressa de leur rappeler qu'il ne fallait pas perdre de temps, de peur qu'un candidat plus heureux n'allât couper l'herbe sous le pied à Nicolas et renverser du même coup tous leurs châteaux en Espagne. Cette réflexion opportune coupa court à la conversation. Nicolas ayant copié avec exactitude l'adresse de M. Squeers, l'oncle et le neveu sortirent ensemble à la recherche de ce parfait gentleman : Nicolas fermement convaincu qu'il avait fait à son parent une grande injustice lorsqu'il l'avait pris en antipathie à la première vue; et Mme Nickleby faisant de son mieux pour catéchiser sa fille et lui persuader que certainement M. Ralph valait beaucoup mieux qu'il ne paraissait; Mlle Nickleby lui faisant observer avec respect qu'il n'avait pas de peine à cela.

A vrai dire, l'opinion de la bonne dame avait été singulièrement modifiée par l'adresse de M. Nickleby à flatter son amour-propre. Il avait eu l'air de s'en rapporter à sa haute intelligence, il avait fait un compliment direct à la supériorité de son mérite. On est toujours flattée de ces sortes de choses, et, quoiqu'elle eût tendrement aimé son mari et fût encore folle de tendresse pour ses enfants, il avait su faire vibrer si à propos une de ces fibres discordantes du cœur humain dont il ne connaissait pas les bonnes qualités, mais dont nul ne connaissait mieux les faiblesses, qu'elle avait fini par se considérer sérieusement, d'après lui, comme une aimable et douloureuse victime de l'imprudence de feu son époux.

Ils se dévisagèrent pendant quelques secondes sans dire un mot. (P. 14.)

CHAPITRE IV

Nicolas et son oncle (pour ne pas laisser échapper une si belle occasion) rendent visite à M. Wackford Squeers, maître de pension dans le Yorkshire.

Snow-Hill[1] ! Qu'est-ce que peut être ce Snow-Hill? se demandent les bonnes gens des villes de province où passent les diligences du Nord quand ils y voient inscrit ce mot mystérieux en grandes lettres d'or sur un fond noir avec un splendide écusson. On finit toujours par se faire une idée vague et par avoir une notion confuse d'un endroit dont le nom frappe souvent nos yeux ou nos oreilles. Jugez du nombre prodigieux de suppositions en l'air auxquelles prêtait ce nom de Snow-Hill. Snow-Hill, c'est déjà par soi-même un nom bien fait pour piquer la curiosité. Mais Snow-Hill, en compagnie d'une tête de Sarrasin, représente à notre esprit par un affreux accouplement d'idées quelque chose d'âpre et de rébarbatif. Quelque contrée glaciale et désolée, en proie à la bise perçante et aux terribles ouragans de l'hiver. Quelque lande, solitaire dans le jour, et la nuit... rien que d'y penser, c'est à faire frémir des gens honnêtes. Quelque coupe-gorge redouté des voyageurs isolés, le rendez-vous d'infâmes brigands. Voilà, j'imagine, comment on devait se figurer ce Snow-Hill inconnu dans les campagnes éloignées, que la *Tête-de-Sarrasin*, comme une apparition lugubre, traverse en courant tous les jours ou toutes les nuits avec l'exactitude fatale attribuée aux reve-

1. En français *Montagne de neige*.

nants, poursuivant résolument sa course rapide par tous les temps, et semblant porter un défi aux éléments mêmes conjurés.

La réalité est un peu différente, mais elle n'est pas non plus tout à fait à dédaigner. C'est là, au cœur de Londres, au centre de l'activité des affaires, au milieu d'un tourbillon de mouvement et de bruit, et comme pour refouler le courant abondant du fleuve de vie qui y afflue sans cesse de différents quartiers et vient baigner le pied de ses murs, c'est là que se dresse debout... Newgate[1]. Là, dans la rue populeuse sur laquelle il plane d'un air sombre, à quelques pas de ses maisons sales et délabrées, à l'endroit même où les marchands de soupe au poisson et de fruits gâtés exercent leur commerce, on a cent fois vu des êtres humains à travers un tumulte de sons dont n'approche pas le fracas des grandes villes, des hommes vigoureux et sains, lancés dans la mort par bandes de quatre, six ou huit : scène horrible, rendue plus horrible encore par le spectacle des derniers sanglots de la vie; et chaque fenêtre, et chaque toit, et chaque mur, et chaque pilier avait ses curieux qui venaient en rassasier leurs yeux, pendant que le malheureux agonisant, dans toute cette masse de figures frémissantes et le nez en l'air, n'en rencontrait pas une, pas une qui consolât son dernier regard par l'expression d'une pitié compatissante.

Près de la prison, et par conséquent aussi de Smithfield et du *Comptoir*, c'est-à-dire de tout le bruit et tumulte de la Cité, juste à l'endroit de Snow-Hill où les chevaux d'omnibus qui partent pour l'est de la ville sont tentés de se laisser tomber exprès, et où ceux des cabriolets de louage qui vont vers l'ouest tombent souvent par accident, est située la cour intérieure de l'auberge dite de la *Tête-de-Sarrasin*. En effet, deux têtes de Sarrasins, avec leurs larges épaules, montent la garde à son portail. Il fut un temps où elles étaient exposées à se voir la nuit jeter par terre par quelques aimables tapageurs de la métropole, qui mettaient leur gloire à se signaler par ces exploits nocturnes. Mais, depuis quelque temps, on les a laissées en paix maîtresses du terrain, peut-être parce que ce genre de gaieté folâtre a changé de paroisse et s'est transporté à Saint-James, où elle préfère s'exercer sur les marteaux de porte, plus portatifs, et sur le fil de fer des cordons de sonnette, plus commode pour en faire des cure-dents. Pour cette raison ou pour toute autre, les têtes sont là, fidèles au poste, et vous pouvez les voir qui vous regardent de mauvaise mine du fond de la cour, et, quand vous passez plus loin, sur les panneaux de toutes les diligences rouges qui y sont rangées à la file, brille d'un éclat éblouissant un diminutif de tête de Sarrasin, qui a un air de famille avec les grosses têtes de la porte, en sorte que décidément le style général du monument n'est ni de l'ordre corinthien, ni de l'ordre dorique, mais bien de l'ordre sarracénique.

En avançant dans la cour, vous trouvez à gauche le bureau d'enregistrement, et, à droite, la tour de l'église du Saint-Sépulcre, qui s'élance dans le ciel à perte de vue, avec une galerie de chambres à coucher tout autour. Tout à fait au-dessus de votre tête, vous remarquez une fenêtre avec ce mot : *Café*, peint en caractères lisibles sur le devant, et puis, en regardant derrière cette fenêtre, vous pourriez apercevoir de plus, en ce moment, M. Wackford Squeers, les mains dans ses poches.

L'extérieur de M. Squeers ne prévenait pas en sa faveur. Il n'avait qu'un œil, et je ne sais si c'est un préjugé, mais généralement on en préfère un de plus. L'œil qu'il possédait n'était certainement pas sans utilité, mais ce n'était assurément pas un œil d'agrément, car il était d'un vert gris quant à la couleur, et, quant à la forme, il ressemblait assez à ces impostes vitrées qui couronnent d'un éventail la porte d'entrée de nos maisons. Le coin de l'œil ridé et ratatiné lui donnait une physionomie sinistre, surtout quand il voulait sourire, car alors son expression prenait quelque chose de traître et de faux. Il avait les cheveux plats et luisants, excepté à leur racine, où ils se redressaient raides comme une brosse de son front bas et protubérant; le tout en harmonie avec sa voix rude et ses manières grossières. Il pouvait avoir de cinquante à cinquante-trois ans; sa taille était un peu au-dessous de la moyenne. Il portait au cou une cravate blanche à longs bouts; son costume tout scolastique était entièrement noir, mais, les manches de son habit étant beaucoup trop longues et les canons de son pantalon beaucoup trop courts, il n'avait pas l'air à son aise dans ses vêtements, et il paraissait surtout dans un état d'étonnement perpétuel de se voir si bien mis.

M. Squeers se tenait dans une stalle, près d'une cheminée du café, ayant devant lui une table telle qu'on en voit dans tous les cafés; mais il y en avait deux autres dans les encoignures de forme et de dimension extraordinaires, pour s'adapter aux angles de la cloison. Sur un coin de la banquette était une toute petite malle de bois blanc, attachée avec un misérable bout de ficelle. Et sur cette malle était perché un atome de petit garçon, dont on voyait pendiller les bottines lacées et la culotte de peau. Il avait la tête enfoncée dans les épaules

1. Prison de Londres où l'on attachait autrefois à la potence les criminels condamnés à mort.

jusqu'aux oreilles, les mains étalées sur ses genoux, et il jetait de temps en temps un coup d'œil furtif du côté du maître de pension, avec des signes manifestes d'appréhension et de terreur.

« Trois heures et demie passées! murmurait M. Squeers, en détournant les yeux de la fenêtre pour les reporter d'un air de mauvaise humeur sur la pendule du café; il ne viendra personne aujourd'hui. »

A cette pensée, M. Squeers, profondément vexé, regarda le petit garçon, dans l'espérance qu'il ferait quelque chose pour mériter d'être battu. Mais, comme l'enfant ne faisait rien du tout, il se contenta de lui donner une paire de taloches, en lui disant de ne pas recommencer.

« A la Saint-Jean, continua-t-il de grommeler entre ses dents, j'ai emmené dix petits garçons. Dix fois cinq, cela fait cinq mille francs. Je retourne demain à huit heures du matin, et je n'en ai encore que trois, — trois, c'est quelque chose; mais ce n'est pas grand' chose, — trois fois cinq font quinze, quinze cents francs. Que diable fait-on donc de tous les enfants? Qu'est-ce qui passe par la tête des parents? Qu'est-ce que tout cela veut dire?... »

Ici le petit garçon qui trônait sur sa malle fut pris d'un éternuement violent.

« Eh bien, monsieur, dit l'instituteur en se retournant avec colère, qu'est-ce que c'est que cela, monsieur?

— Pardon, monsieur, ce n'est rien, répliqua l'enfant.

— Rien, monsieur? s'écria M. Squeers.

— Pardon, monsieur, c'est que j'éternuais, répliqua le pauvre garçon tremblant à faire trembler sous lui sa petite malle.

— Ah! vous éternuez, n'est-ce pas? Alors pourquoi donc me disiez-vous que vous ne faisiez rien, monsieur? »

Faute de trouver une meilleure réponse à cette question, le petit garçon s'enfonça les poings dans les yeux et se mit à pleurer; sur quoi M. Squeers lui donna d'un côté sur la face un coup qui l'aurait descendu de son siège, s'il ne lui en avait pas donné un second sur l'autre joue, qui le remit en selle.

« C'est bon! Attendez que je vous tienne en Yorkshire, mon petit monsieur, dit M. Squeers, et je vous donnerai votre reste. Avez-vous bientôt fini de crier, monsieur?

— Oui, i, i, dit en sanglotant l'enfant, qui frottait de toutes ses forces sa figure humide de pleurs avec la *Complainte du mendiant* sur un mouchoir de calicot imprimé.

— En ce cas, que ce soit fini tout de suite, entendez-vous? »

Comme cette injonction était accompagnée d'un geste menaçant et prononcée d'un ton féroce, le petit garçon se frotta bien plus fort encore, comme pour renfoncer ses larmes, et, sauf le retour de quelques sanglots étouffés, il ne donna plus carrière à ses émotions.

« Monsieur Squeers, dit le garçon d'auberge passant la tête en ce moment par la porte entr'ouverte, voici un gentleman qui vous demande au comptoir.

— Faites entrer le gentleman, répondit M. Squeers adoucissant sa voix. Et vous, petit drôle, mettez votre mouchoir dans votre poche, ou je vais vous assassiner quand le gentleman sera parti. »

L'instituteur avait à peine eu le temps de prononcer ces menaces à demi-voix, quand l'étranger entra. Feignant de ne pas le voir, M. Squeers fit semblant d'être occupé à tailler une plume et à donner à son élève des conseils paternels.

« Mon cher enfant, disait M. Squeers, chacun a ses épreuves en ce monde. Cette épreuve, il est vrai prématurée, qui fait gonfler votre jeune cœur, et qui vous fait sortir les yeux de la tête à force de pleurer, qu'est-ce que c'est après tout? Rien, moins que rien. Vous quittez vos amis, mais vous allez retrouver en moi un père, mon cher enfant, et une mère véritable en Mme Squeers, au délicieux village de Dotheboys, près Greta-Bridge, dans le Yorkshire, où les jeunes gens sont nourris, habillés, fournis de livres classiques, d'argent de poche, blanchis, pourvus de toutes les choses nécessaires...

— C'est monsieur, dit l'étranger arrêtant l'instituteur au milieu de la récitation de son prospectus, qui est M. Squeers, je pense?

— Moi-même, monsieur, dit M. Squeers, simulant une extrême surprise.

— C'est vous, monsieur, qui avez mis une annonce dans le journal le *Times*?

— Le *Morning-Post*, le *Chronicle*, le *Herald* et l'*Advertiser*, concernant l'Académie intitulée : « Dotheboys-Hall, au délicieux village de Dotheboys, près de Greta-Bridge, dans le Yorkshire », ajouta M. Squeers. Vous venez pour affaire, monsieur? je le vois à ces petits messieurs qui sont à vos côtés. Comment vous portez-vous, mes petits amis, et vous, monsieur, comment vous portez-vous? »

En même temps, il donnait de petits coups caressants sur la tête de deux enfants aux yeux caves et d'une structure délicate, que l'étranger avait amenés avec lui, et semblait attendre de plus amples renseignements.

« Je suis dans la couleur à l'huile. Je m'appelle Snawley, monsieur, » dit le nouveau venu.

Squeers inclina la tête comme s'il voulait dire : Vous portez là un bien joli nom.

« J'ai l'intention, monsieur Squeers, de placer mes enfants chez vous.

— Ce n'est peut-être pas à moi à le dire, monsieur, répliqua Squeers, mais je ne pense pas que vous puissiez trouver mieux.

— Hein! dit l'autre, c'est vingt livres sterling pour l'année, n'est-ce pas, monsieur Squeers?

— Vingt guinées[1], reprit le maître de pension avec un sourire persuasif.

— Vingt livres chacun, s'il vous plaît, monsieur Squeers, dit M. Snawley d'un air solennel.

— Vraiment, je ne crois pas que ce soit possible, répliqua M. Squeers, comme si c'eût été la première fois qu'il eût à réfléchir sur une pareille proposition. Laissez-moi voir : quatre fois cinq font vingt; multipliez par deux, et retranchez... Allons, il ne faut pas que nous nous tenions à vingt-cinq francs. Tenez, vous me recommanderez à vos connaissances, et j'en passerai par là.

— Ce ne sont pas de gros mangeurs, dit M. Snawley.

— Oh! cela n'y fait rien, repartit M. Squeers; nous ne faisons pas du tout attention à l'appétit des enfants dans notre établissement. » C'était bien vrai, le malheureux! Ce n'était que trop vrai.

« Tout le luxe de santé que peut donner le Yorkshire, continua M. Squeers, toutes les beautés morales que Mme Squeers peut inculquer à la jeunesse, enfin tout le confort domestique qu'on peut désirer pour un enfant, ils l'auront, monsieur Snawley.

— C'est particulièrement sur leur moralité que je vous prierai de veiller, dit M. Snawley.

— J'en suis charmé, monsieur, reprit M. Squeers, se redressant glorieusement; ils seront justement venus tout droit à la véritable école de la moralité, monsieur.

— Vous êtes vous-même un homme moral, dit le père.

— Mais je m'en flatte, monsieur, répliqua Squeers.

— Je me suis assuré que vous l'êtes, dit M. Snawley; j'ai pris des informations près d'un de vos répondants, qui m'a dit que vous étiez très pieux.

— C'est vrai, monsieur; j'espère que je suis connu pour cela.

— C'est comme moi, reprit l'autre. Je voudrais vous dire un petit mot en particulier dans le cabinet voisin.

— Volontiers, dit Squeers avec un rire forcé. Mes chers petits, voulez-vous causer une minute avec votre nouveau camarade? C'est un de nos élèves, monsieur; il s'appelle Belling; il est de Taunton, monsieur.

— Ah! vraiment! reprit M. Snawley, regardant le pauvre petit souffre-douleur comme si c'eût été quelque curiosité naturelle extraordinaire.

— Il part demain avec moi, monsieur, dit Squeers. Voilà ses effets, il est assis dessus. Tous les pensionnaires doivent apporter, monsieur, deux habillements complets, six chemises, six paires de bas, deux bonnets de nuit, deux mouchoirs de poche, deux paires de souliers, deux chapeaux et un rasoir.

— Un rasoir! s'écria M. Snawley, tout en passant dans le cabinet voisin; pourquoi faire?

— Pour se raser, » répondit M. Squeers d'un ton grave et mesuré.

Ce strois mots n'avaient pas l'air de dire grand' chose, mais il devait y avoir dans la manière dont ils furent articulés de quoi attirer l'attention, car l'instituteur et son interlocuteur se regardèrent fixement l'un et l'autre pendant quelques secondes, et finirent par échanger ensemble un sourire très significatif.

Snawley était un homme à la peau luisante, au nez épaté; il avait des vêtements de couleur sombre, de longues guêtres noires, et tout son extérieur respirait une expression de sainte mortification : son sourire inexpliqué n'en était que plus remarquable.

« Jusqu'à quel âge gardez-vous donc les enfants dans votre pension? demanda-t-il à la fin.

— Tout le temps que leurs parents payent exactement leur trimestre à mon agent de Londres, à moins qu'ils ne se sauvent de chez moi, répliqua Squeers. Voyons, expliquons-nous, je vois que nous nous entendons. Qu'est-ce que c'est que ces petits garçons? des enfants naturels?

— Non, répondit Snawley, soutenant le regard scrutateur que lui dardait l'œil unique de l'instituteur.

— Ah! je croyais, dit froidement M. Squeers. Nous en avons beaucoup; tenez, j'en ai un là.

— Celui qui est dans le cabinet voisin? » dit Snawley.

Squeers répondit par un signe affirmatif. Son visiteur jeta un nouveau coup d'œil sur le petit garçon de la malle, et se retourna d'un air parfaitement désappointé en voyant qu'il ressemblait tout à fait aux autres enfants. « C'est extraordinaire, dit-il, je n'aurais jamais cru cela.

— Eh bien, c'en est un, lui répéta Squeers. Mais les vôtres, qu'est-ce que vous alliez me dire?

— Voilà! dit Snawley; le fait est que je ne suis pas leur père; je ne suis que leur beau-père.

— Oh! c'est donc ça, dit le maître de pension. A la bonne heure! Je me demandais aussi pourquoi diable vous alliez les envoyer en Yorkshire. Ha! ha! Oh! maintenant, je comprends

1. Différence d'un franc entre la livre sterling, monnaie réelle de vingt-cinq francs, et la guinée, monnaie fictive de vingt-six francs.

Ils finirent par échanger ensemble un sourire très significatif. (P. 20.)

— Voyez-vous! j'ai épousé la mère, poursuivit Snawley. C'est trop coûteux de garder les enfants à la maison, et, comme elle a quelque argent à elle, j'ai peur (les femmes sont si peu raisonnables, monsieur Squeers) qu'elle ne soit tentée de le gaspiller pour eux, ce qui les ruinerait, vous comprenez?

— Je comprends, dit Squeers, se rejetant en arrière dans son fauteuil et lui faisant signe de la main de ne pas parler trop haut.

— C'est là, continua M. Snawley, ce qui m'a fait prendre le parti de les mettre dans quelque bonne pension, un peu loin, où il n'y eût pas de congés, pas de ces absurdes vacances qui dérangent deux fois par an les enfants pour les envoyer à la maison, et où ils puissent un peu se dégrossir; vous comprenez?

— Les payements seront réguliers, et qu'il n'en soit plus parlé, dit Squeers avec un signe de tête.

— C'est tout à fait cela, poursuivit l'autre. Cependant, attention à la moralité!

— Soyez tranquille.

— Vous ne permettez pas, je suppose, d'écrire trop souvent à la maison? dit le beau-père avec un peu d'hésitation.

— Jamais, excepté une circulaire à Noël, pour dire qu'ils n'ont jamais été aussi heureux et qu'ils espèrent qu'on n'enverra jamais les chercher, répondit M. Squeers.

— Je ne pouvais rien désirer de mieux, dit le beau-père en se frottant les mains.

— A présent, dit Squeers, que nous nous comprenons tous les deux, me permettrez-vous de vous demander si vous me tenez pour un homme d'une haute vertu, régulier et d'une conduite exemplaire dans sa vie privée, et si vous n'avez pas, sous le rapport de mes devoirs comme instituteur de la jeunesse, la plus entière confiance dans mon intégrité scrupuleuse, ma libéralité, mes principes religieux et ma capacité?

— Certainement je l'ai, répliqua le beau-père en renvoyant au maître de pension le même ricanement.

— Alors, peut-être ne verrez-vous pas d'inconvénient à le certifier, si j'envoie aux informations près de vous?

— Pas le moins du monde.

— Vous êtes mon homme! dit Squeers en prenant une plume. Voilà ce que j'appelle faire des affaires, et c'est comme cela que je les aime. »

Puis, ayant inscrit l'adresse de M. Snawley, le vertueux instituteur n'eut plus qu'à remplir un devoir encore plus agréable, celui d'inscrire aussi en recette le payement du premier quartier d'avance, opération à peine terminée quand on entendit une autre voix demandant M. Squeers.

« Le voici. Qu'est-ce que c'est?

— Seulement une petite affaire, monsieur, dit Ralph Nickleby, s'introduisant sans autre formalité, avec Nicolas à ses côtés. N'est-ce pas vous qui avez fait insérer une annonce dans les journaux de ce matin?

— C'est moi, monsieur. Par ici, s'il vous plaît, dit Squeers, qui était allé reprendre sa place dans sa stalle près de la cheminée. Ne voulez-vous pas vous asseoir?

— Si fait, répondit Ralph en le faisant comme il le disait, et mettant son chapeau sur la table qui était devant lui. Voici mon neveu, M. Nicolas Nickleby.

— Comment vous portez-vous, monsieur? » dit Squeers.

Nicolas salua, répondit qu'il se portait bien, et sembla fort étonné de voir l'extérieur du propriétaire de Dotheboys-Hall : il s'attendait à mieux.

« Peut-être que vous me reconnaissez? dit Ralph regardant de près le maître de pension.

— Oui, c'est vous qui régliez tous les six mois un petit compte avec moi, il y a quelques années, quand je venais à la ville; n'est-ce pas, monsieur? répondit Squeers.

— Tout juste.

— C'était pour les parents d'un élève nommé Dorker, qui a eu le malheur...

— Le malheur de mourir à Dotheboys-Hall, dit Ralph, finissant la phrase.

— Je me le rappelle très bien, monsieur, reprit Squeers. Ah! monsieur, que Mme Squeers a été bonne pour cet enfant! Ç'aurait été le sien qu'elle ne l'aurait pas mieux soigné. Quelles attentions maternelles pendant sa maladie! Des rôties et du thé chaud qu'on lui donnait tous les soirs et tous les matins, quand il ne pouvait plus rien avaler; une chandelle dans sa chambre, la nuit même de sa mort; le meilleur dictionnaire qu'on put trouver dans la maison, qu'on lui envoya pour reposer sa tête! Après tout, je n'ai pas regret à ces sacrifices. On est bien heureux de penser qu'on n'a rien eu à se reprocher avec lui. »

Ralph sourit, mais d'un air qui n'était pas du tout souriant, et jeta les yeux sur les personnes qui se trouvaient là.

« Ce sont quelques-uns de mes élèves, dit Wackford Squeers, montrant du doigt le petit garçon assis sur sa malle et les deux petits garçons assis sur le parquet, qui avaient passé tout ce temps-là à se regarder les uns les autres sans se dire un mot, et à se disloquer le corps en une foule de contorsions étonnantes, selon l'usage des petits garçons qui en sont à leur première entrevue. Quant à ce gentleman, monsieur, c'est un père d'élève qui était assez bon pour me faire compliment du système d'éducation adopté à Dotheboys-Hall, situé, monsieur, au délicieux village de Greta-Bridge, dans le Yorkshire, où les jeunes gens sont nourris, habillés, blanchis, fournis de livres classiques et d'argent de poche...

— Oui, nous savons tout cela, dit Ralph d'un air ennuyé en l'interrompant. Cela se trouve dans les annonces.

— Vous avez parfaitement raison, monsieur; cela s'y trouve en effet, répliqua Squeers.

— Et ce n'est pas seulement dans les annonces, Dieu merci! dit M. Snawley. Je suis obligé, en conscience, de vous garantir, et je suis heureux de saisir cette occasion de le faire, que je considère M. Squeers comme un gentleman d'une haute vertu, régulier, d'une conduite exemplaire, et...

— Je n'en fais aucun doute, monsieur, interrompit Ralph pour arrêter ce torrent de louanges, aucun doute, assurément. Mais parlons de notre affaire.

— De tout mon cœur, monsieur, dit Squeers. N'ajournez jamais une affaire, c'est le premier précepte que nous inculquons à nos élèves de la classe commerciale. Maître Belling, mon cher petit, rappelez-vous toujours ce précepte, entendez-vous?

— Oui, monsieur, répondit maître Belling.

— Il se le rappelle, croyez-vous? dit Ralph.

— Répétez-le au gentleman, dit Squeers.

— Jamais ne..., commença maître Belling.

— C'est très bien, dit Squeers; allons, continuez.

— Jamais ne..., et maître Belling en restait encore là.

— A..., lui souffla Nicolas par bonté d'âme.

— Achevez... une affaire, dit maître Belling. Jamais... n'achevez... une affaire.

— Très bien, monsieur, dit Squeers, dardant un regard sombre au coupable. Vous et moi nous aurons à achever tantôt une petite affaire ensemble pour régler nos comptes.

— Quant à présent, dit Ralph, nous ferions peut-être bien de finir la nôtre.

— Comme il vous fera plaisir, dit Squeers.

— Eh bien, reprit Ralph, ce ne sera pas long : j'espère qu'elle sera aussitôt conclue qu'entamée. Vous avez demandé dans les annonces un sous-maître capable, monsieur?

— Précisément, dit Squeers.

— Et vous en voulez réellement un?

— Certainement, répondit Squeers.

— Le voici, dit Ralph. Mon neveu Nicolas, tout frais émoulu des classes, la tête pleine de science et la poche vide, est tout juste l'homme qu'il vous faut.

— J'ai peur, dit Squeers embarrassé d'une telle demande pour un jeune homme de la tournure de Nicolas, j'ai peur que ce jeune monsieur ne puisse pas me convenir.

— Que si, dit Ralph, il vous conviendra. » A Nicolas : « Ne vous découragez pas, monsieur; d'ici à huit jours vous enseignerez toute la jeune noblesse de Dotheboys-Hall, ou il faudrait que ce gentleman fût plus obstiné que je ne suppose.

— Je crains, monsieur, dit Nicolas, s'adressant à M. Squeers, que votre refus ne vienne de ma jeunesse et de ce que je ne suis pas maître ès arts.

— Il est certain qu'il vaudrait mieux avoir pris quelque degré dans l'Université, répliqua Squeers, se donnant un air aussi grave qu'il le pouvait, et extrêmement troublé du contraste de la simplicité du neveu et des manières aisées de l'oncle, mais surtout de l'allusion incompréhensible faite par le dernier à la jeune noblesse de son école.

— Tenez, monsieur, dit Ralph, je vais vous présenter l'affaire sous son véritable jour en deux secondes.

— Vous m'obligerez, reprit Squeers.

— Voici, dit Ralph, un garçon, ou un adolescent, ou un gaillard, ou un jeune homme, ou un mirliflore, ou un tout ce que vous voudrez de dix-huit à dix-neuf ans.

— Pour cela, je le vois, observa le maître de pension.

— Et moi aussi, dit M. Snawley, croyant de son devoir de soutenir au besoin son nouvel ami.

— Son père est mort, continua Ralph; il ne connaît pas du tout le monde, il n'a aucune ressource, et sent le besoin de faire quelque chose. Je vous le recommande pour entrer dans votre splendide établissement, comme le premier pas qui peut le mettre sur le chemin de la fortune, s'il sait en profiter : vous comprenez?

— Qui est-ce qui ne comprendrait pas cela? répliqua Squeers, imitant le rire malicieux avec lequel le vieux renard regardait son neveu.

— Pour ma part, je le comprends aussi, dit Nicolas avec vivacité.

— Vous voyez, il le comprend, dit Ralph du même ton dur et sec. Si quelque boutade capricieuse lui faisait rejeter cette occasion magnifique avant de l'avoir mise à profit, je me regarde comme dégagé de tout devoir d'assistance envers sa sœur et sa mère. Examinez-le, et songez à tout le parti que vous en pouvez tirer pour bien des choses. A présent, la question est de savoir si, pendant quelque temps, à tout événement, il ne fera pas mieux votre affaire que vingt autres candidats auxquels vous pourriez vous adresser dans les conditions ordinaires. N'est-ce pas là une question qui mérite réflexion?

— Certainement si, dit Squeers, répondant par un signe de tête à un signe de tête de Ralph.

— Bien, répliqua Ralph; laissez-moi vous dire deux mots. »

Les deux mots furent dits à part en moins de deux minutes, et M. Wackford Squeers annonça que M. Nicolas Nickleby était, à partir de ce moment, nommé officiellement et installé dans les fonctions de premier maître auxiliaire à Dotheboys-Hall.

« C'est à la recommandation de votre oncle que vous le devez, monsieur Nickleby, » dit Wackford Squeers. Nicolas, ivre de joie à la vue d'un pareil succès, serra avec chaleur la main de son oncle; je crois qu'il aurait presque encensé Squeers lui-même, comme une divinité bienfaisante.

« Il a un air original, se disait Nicolas; mais quoi! Person avait un air original, le docteur Johnson aussi; tous ces savants plongés dans leurs livres sont comme cela. »

« Monsieur Nickleby, c'est à huit heures du matin que nous prenons demain la diligence, dit Squeers; il faut que vous soyez ici un quart d'heure d'avance, parce que nous avons ces élèves à emmener avec nous.

— Je n'y manquerai pas, monsieur, dit Nicolas.

— J'ai payé votre place, grommela Ralph; ainsi vous n'aurez à vous occuper de rien que de vous mettre chaudement. »

Encore un acte de générosité de la part de son oncle! Nicolas fut si touché de cette bonté inattendue, qu'à peine s'il pouvait trouver des paroles pour lui exprimer sa reconnaissance. Le fait est qu'il se confondait encore en remerciements quand ils prirent congé du maître de pension et traversèrent la grande porte de la *Tête-de-Sarrasin.*

« Je serai ici demain matin pour vous voir emporter comme il faut, dit Ralph. Surtout pas de reculade.

— Je vous remercie, monsieur, répliqua Nicolas, jamais je n'oublierai tant de bonté.

— Tâchez de ne pas l'oublier, reprit l'oncle. Maintenant vous ferez bien d'aller chez vous faire votre malle. Croyez-vous pouvoir trouver le chemin de Golden-square auparavant?

— Certainement, dit Nicolas; d'ailleurs il me sera toujours facile de le demander.

— Eh bien alors, vous remettrez ces papiers à mon clerc, dit Ralph en lui donnant un petit paquet, et vous lui direz de m'attendre, à la maison. »

Nicolas se chargea gaiement du message, et, disant à son digne oncle un adieu cordial, auquel le vieux gentleman répondit avec sa tendresse de cœur ordinaire par un grognement, il se mit en route promptement pour faire sa commission.

Il arriva tout droit à Golden-square; M. Noggs, qui venait de sortir quelques minutes pour aller au cabaret, ouvrait justement la porte avec son loquet, lorsque Nicolas montait les marches.

« Qu'est-ce que c'est que cela? demanda Noggs en montrant le paquet.

— Des papiers de la part de mon oncle, répondit Nicolas, et vous aurez la bonté de l'attendre ici jusqu'à son retour, s'il vous plaît.

— Oncle? cria Noggs.

— M. Nickleby, dit Nicolas par forme d'explication.

— Entrez, » dit Newman.

Sans dire un mot de plus, il fit passer Nicolas par le corridor, le conduisit dans l'espèce de garde-manger du fond qui lui servait de bureau, le planta sur une chaise, et, escaladant son tabouret, il s'assit, les bras pendants tout du long, les yeux braqués sur lui comme d'un observatoire.

« Il n'y a pas de réponse? » dit Nicolas, déposant le paquet sur une table à côté de lui.

Newman ne disait rien, mais il croisa les bras, et portant la tête en avant, comme pour examiner de plus près la figure de Nicolas, il étudiait attentivement tous ses traits.

« Pas de réponse? » dit Nicolas, parlant très haut, dans l'idée qu'apparemment Newman Noggs était sourd.

Newmann étendit les mains sur ses genoux, et, sans prononcer une syllabe, continua de passer l'examen détaillé de la figure du nouveau venu.

C'était un procédé si étrange de la part d'un homme qu'il n'avait jamais vu ni connu, et l'extérieur du personnage était si bizarre, que Nicolas, qui ne manquait pas de finesse pour saisir le ridicule des gens, ne put réprimer un sourire en demandant à M. Noggs s'il n'avait pas d'autres instructions à lui donner.

Noggs secoua la tête avec un soupir; sur quoi Nicolas se leva, et, prétextant qu'il n'avait pas de temps à perdre, lui souhaita le bonjour.

Voici un grand effort pour Newman Noggs, et personne n'a jamais pu savoir tout ce qu'il coûta à ses habitudes timides et silencieuses; eh bien, quoique l'autre lui fût entièrement inconnu, il prit son courage à deux mains et dit à haute voix et d'une haleine que, si le jeune gentleman n'avait pas de répugnance à l'honorer d'une pareille confidence, il voudrait bien savoir ce que son oncle allait faire pour lui.

Nicolas n'avait pas de répugnance le moins du monde à répondre à cette question : bien au con-

« Faut-il bien du temps pour attraper un nez ? » demanda Nicolas en souriant. (P. 26.)

traire, il était charmé de trouver une occasion de causer sur le sujet qui occupait tout entier sa pensée. Aussi il se rassit, et, entraîné par l'ardeur de son imagination, il fit une description brillante et animée de tous les honneurs et avantages dont il allait être comblé par suite de sa nomination à ce foyer d'instruction qu'on appelait Dotheboys-Hall.

« Mais qu'est-ce qu'il vous prend? êtes-vous malade? » dit Nicolas, s'interrompant brusquement à la vue d'une grande variété d'attitudes fantastiques auxquelles se livrait son interlocuteur, qui, passant les mains sous un tabouret, faisait claquer ses doigts, comme s'il en brisait tous les os.

Newman Noggs, sans répondre un mot, continua à jouer des épaules et à faire craquer ses doigts ; pendant tout ce temps-là, il avait un sourire horrible, un regard sans but, les yeux hors de la tête : on aurait dit un spectre.

Nicolas crut d'abord que le mystérieux inconnu avait une attaque de nerfs; mais, après réflexion, il s'arrêta à la pensée qu'il avait bu, auquel cas il était prudent de s'esquiver sans perdre de temps. Il réussit à gagner la porte, à l'ouvrir, à s'évader et, en jetant les yeux derrière lui, il vit Newman Noggs encore occupé à se livrer aux mêmes exercices, avec des gestes extraordinaires et des craquements de doigts plus retentissants que jamais.

CHAPITRE V

Nicolas part pour le Yorkshire. Ses adieux. Ses compagnons de voyage, et ce qui leur arrive en route.

Si des larmes versées dans une malle étaient un talisman capable de défendre son propriétaire contre le chagrin et le malheur, Nicolas Nickleby aurait commencé son expédition sous les plus heureux auspices. Il avait tant à faire et si peu de temps pour le faire, tant de mots tendres à dire et à entendre, tant de douleurs à refouler dans leurs cœurs affligés, que les petits préparatifs de son voyage se firent avec une grande tristesse. Il y avait une foule d'objets que la sollicitude de sa mère et de sa sœur trouvaient indispensables à son bien-être, et que Nicolas ne voulait absolument pas emporter, dans la pensée qu'on pourrait en avoir besoin plus tard, ou que, s'il le fallait, on en ferait quelque argent, dans l'occasion. Que de débats affectueux de ce genre s'élevèrent entre eux la veille, la triste veille de son départ! Et à mesure que chaque discussion terminée rapprochait le terme de leurs préparatifs modestes, Catherine devenait de plus en plus empressée, et versait des larmes plus abondantes en cachette.

Enfin la malle est faite; alors vint le souper qu'on avait, pour la circonstance, servi avec un peu plus de délicatesse, dont la dépense avait été compensée par l'abstinence de Catherine et de sa mère, qui firent semblant d'avoir dîné pendant l'absence de Nicolas. Le pauvre garçon manquait d'étouffer à chaque morceau, et il était près de défaillir une ou deux fois au milieu de quelque plaisanterie affectée, ou d'un rire forcé, plein de mélancolie. Ils restèrent dans cet état languissant jusqu'à ce que l'heure de se séparer pour la nuit fût dépassée de beaucoup, et alors ils virent au bout du compte qu'ils auraient aussi bien fait de s'abandonner auparavant à leurs sentiments, car ils ne purent en retenir l'expression, malgré tout. Ils s'y livrèrent donc sans réserve, et firent bien, puisqu'ils y trouvèrent plutôt du soulagement.

Nicolas dormit bien jusqu'à six heures du matin. Il rêva de leur maison, ou plutôt de ce qui avait été leur maison (peu importe, car, Dieu merci, le sommeil ne tient aucun compte des changements du présent et garde le privilège de continuer le passé et de rendre la réalité à ce qui n'est plus), et il s'éveilla frais et dispos. Il écrivit quelques lignes au crayon, pour dire de cœur l'adieu qu'il n'osait pas dire de bouche, et déposant le billet avec la moitié de son petit pécule à la porte de sa sœur, il chargea la malle sur son épaule et glissa doucement le long de l'escalier.

« Est-ce vous, Hannah? cria une voix qui sortait de la chambre de miss la Creevy, éclairée par la faible lueur d'une chandelle.

— C'est moi, miss la Creevy, dit Nicolas en déposant sa malle et jetant dans la chambre un regard indiscret.

— Ah! bon Dieu! s'écria miss la Creevy toute saisie et se hâtant de défaire ses papillotes, vous êtes sur pied de bien bonne heure, monsieur Nickleby.

— Et vous aussi, repartit Nicolas.

— Ce sont les beaux-arts qui me chassent du lit, monsieur Nickleby. J'attends le jour pour exécuter une idée. »

Miss la Creevy s'était levée matin pour mettre un nez de fantaisie à la miniature d'un vilain petit monstre d'enfant, dont le portrait devait être envoyé en province à sa grand'mère : on avait lieu d'espérer qu'elle le ferait héritier de son bien, s'il ressemblait à la famille.

« ... Pour exécuter une idée, répéta miss la Creevy; et c'est là le grand avantage de demeurer dans une rue aussi passante que le Strand. Avez-vous besoin d'un œil ou d'un nez pour un de vos modèles, vous n'avez qu'à vous mettre à la fenêtre, et vous êtes bien sûr d'en attraper un au passage.

— Faut-il bien du temps pour attraper un nez? demanda Nicolas en souriant.

— Dame! cela dépend en grande partie du genre que l'on demande, répondit miss la Creevy. Des nez bossus, des nez romains, il n'en manque pas; quant aux nez camards, vous n'avez qu'à aller à Exeter-Hall un jour de meeting, et vous en trouverez de toutes les sortes et de toutes les dimensions; mais un nez parfaitement aquilin, je suis fâchée de vous le dire, c'est chose rare, et nous les réservons généralement pour les militaires et les magistrats.

— Ah vraiment! dit Nicolas; si j'en trouve un dans mes voyages, je tâcherai de le croquer pour vous.

— Qu'est-ce que vous parlez de voyage? Il n'est pas possible, n'est-ce pas, que vous songiez sérieusement à vous exiler en Yorkshire pendant cette froide saison d'hiver, comme je l'entendais dire hier au soir, monsieur Nickleby?

— Pardonnez-moi. Vous savez qu'il faut aller où l'on vous mène: eh bien, c'est la nécessité qui me mène, et je la suis.

— Vraiment? Tout ce que je peux vous dire, c'est que j'en suis fâchée, dit miss la Creevy, autant pour votre mère et pour votre sœur que pour vous. Votre sœur est très jolie, monsieur Nickleby, et c'est une raison de plus pour qu'elle ait besoin de quelqu'un qui la protège. Je l'ai priée de me donner une ou deux séances pour mon cadre de dehors. Ah! quelle charmante miniature cela fera! » Et en parlant ainsi, miss la Creevy prenait un portrait sur ivoire nuancé de petites veines bleu céleste, et le regardait avec tant de complaisance, que Nicolas semblait lui porter envie.

« Si vous avez jamais l'occasion de montrer un peu de tendresse à Catherine, dit Nicolas en lui présentant la main, j'espère qu'elle peut compter sur vous.

— Comptez-y, dit l'artiste en miniature du fond du cœur, et que Dieu vous conduise, monsieur Nickleby! Je vous souhaite tout bonheur. »

Nicolas n'avait guère appris encore à connaître le monde, mais il devina, sans le savoir, que, s'il donnait à miss la Creevy un petit baiser, la bonne dame n'en serait peut-être que mieux disposée pour celles qu'il allait laisser derrière lui. Il lui en donna donc trois ou quatre, par forme d'aimable galanterie, et miss la Creevy ne s'en montra pas autrement fâchée, si ce n'est qu'en rajustant son turban jaune elle déclarait que jamais elle n'avait entendu dire pareille chose, et que d'ailleurs elle ne l'aurait jamais cru possible.

Ayant donc terminé cette entrevue inopinée d'une façon si satisfaisante, Nicolas s'éloigna à la hâte. Il trouva à propos un homme pour lui porter sa malle, et, comme il n'était encore que sept heures, il continua son chemin, sans se presser, devançant de quelques pas le commissionnaire, dont le cœur était peut-être plus à l'aise sous le poids de son fardeau que le sien sous le poids de sa douleur, quoique le costume du lazzarone de Londres parlât tout haut de sa misère, car on voyait bien qu'il avait couché dans une écurie et déjeuné à la pompe du réservoir.

Chemin faisant, il regardait avec autant de curiosité que d'intérêt toute l'activité des préparatifs déployée dans chaque rue et jusque dans chaque maison pour le jour qui allait commencer. En songeant que tant de gens de tous les rangs et de tous les états gagnaient leur vie à Londres, il faisait de temps en temps la réflexion qu'il était bien dur qu'il fût réduit à aller si loin pour chercher à gagner la sienne, puis il pressait le pas pour arriver à la *Tête-de-Sarrasin*, Snow-Hill. Il congédia son porteur, fit déposer en lieu de sûreté sa malle au bureau de la diligence et se mit à chercher M. Squeers dans la salle du café.

Il trouva le savant gentleman assis à table pour déjeuner; les trois garçons avec lesquels il avait déjà fait connaissance, et deux autres qu'un bon vent avait amenés au maître de pension depuis leur entrevue de la veille, étaient rangés à la file sur un banc vis-à-vis. M. Squeers avait devant lui une demi-tasse, une assiettée de rôties toutes chaudes et une tranche de bœuf froid; mais il était occupé, pour le moment, à faire préparer le déjeuner de sa petite troupe.

« Est-ce qu'il y a pour quatre sous de lait là dedans? disait M. Squeers au garçon d'auberge, en plongeant la vue dans une grande cruche bleue, et en la penchant doucement, pour se rendre un compte exact de la quantité de liquide qu'elle contenait.

— Il y en a pour quatre sous, répondit l'autre.

— Il faut que le lait soit un article bien rare à Londres, soupira M. Squeers. Emplissez-moi bien cette cruche avec de l'eau tiède, William, voulez-vous?

— Tout à fait pleine, monsieur? Ah bien, le lait va être noyé.

— Ne vous inquiétez pas de cela, répliqua M. Squeers. Faites ce que je vous dis, le lait est si cher! Vous avez demandé du gros pain et du beurre pour trois, n'est-ce pas?

— On l'apporte à l'instant, monsieur.

— Oh! vous n'avez pas besoin de vous presser, nous avons bien le temps, dit Squeers. Apprenez à vaincre vos passions, mes petits, et ne soyons pas trop avides de nourriture. » En prononçant cette sentence morale, M. Squeers prenait une bonne bouchée de rosbif; il reconnut Nicolas.

« Asseyez-vous, monsieur Nickleby, dit-il. Nous voici en train de déjeuner, comme vous voyez. »

Nicolas ne voyait pas du tout qu'ils fussent en train de déjeuner, excepté M. Squeers; ce qui ne l'empêcha pas de lui faire un salut respectueux et de se montrer d'aussi bonne humeur que possible.

« Ah! est-ce le lait coupé que vous apportez là, Williams? dit M. Squeers. Très bien; à présent, vous n'oublierez pas le pain et le beurre. »

A cette nouvelle annonce du pain et du beurre, les cinq petits garçons parurent très agités et suivirent des yeux le départ de William, pendant que M. Squeers dégustait le lait coupé.

« Ah! dit le gentleman en faisant claquer ses lèvres, c'est succulent. Songez, petits enfants, combien il y a de mendiants et d'orphelins dans les rues qui voudraient bien en avoir! C'est une chose terrible que la faim, n'est-ce pas, monsieur Nickleby?

— Oh! terrible, monsieur, dit Nicolas.

— Quand je dirai : Numéro un, poursuivit M. Squeers, plaçant la cruche devant les élèves, le plus près de la cruche à gauche boira un coup, et quand je dirai : Numéro deux, il passera la cruche à l'autre, et ainsi de suite jusqu'au numéro cinq, qui est le dernier. Êtes-vous prêts?

— Oui, monsieur, crièrent tous les petits garçons avec une grande énergie.

— C'est bon, dit M. Squeers en continuant tranquillement son déjeuner; maîtrisez votre appétit, mes mignons; c'est comme cela que vous apprendrez à vaincre la nature sensuelle. Voilà, monsieur Nickleby, comme nous leur inculquons de la force d'âme, » dit l'instituteur en se tournant vers Nicolas et en parlant la bouche pleine de bœuf et d'une bonne rôtie.

Nicolas marmotta une réponse, sans trop savoir ce qu'il disait; et les petits garçons, partageant leurs regards affamés entre la cruche, le pain et le beurre qui venaient d'arriver, et chaque morceau que M. Squeers portait à sa bouche, restaient les yeux écarquillés dans une attente dévorante.

« Dieu soit loué, j'ai fait un bon déjeuner, dit Squeers quand il ne resta plus rien dans son assiette. Numéro un, vous pouvez boire un coup. »

Numéro un saisit la cruche avec rage, et il en avait avalé tout juste de quoi lui faire désirer d'en avaler davantage, quand M. Squeers donna le signal au numéro deux, qui la passa de même, au commandement, au numéro trois. Si bien qu'à la fin le lait coupé fut absorbé par le numéro cinq.

« A présent, dit le maître de pension en partageant le pain beurré pour trois en autant de portions qu'il y avait de convives, vous ferez bien de ne pas perdre de temps à votre déjeuner, car la trompe du conducteur va nous appeler dans une ou deux minutes, et alors il faudra cesser immédiatement. »

Quand ils se virent autorisés à tomber sur les vivres, les écoliers se mirent à manger avec voracité, et surtout avec un empressement désespéré, pendant que leur maître, que son déjeuner avait mis de belle humeur, se nettoyait les dents avec sa fourchette, et contemplait avec un doux sourire le spectacle qu'il avait devant les yeux. Presque aussitôt la trompe maudite se fit entendre.

« Je pensais bien que ce ne serait pas long, dit Squeers en se levant vivement et tirant de dessous la banquette un petit panier; allons, enfants, mettez là dedans tout ce que vous n'avez pas eu le temps de manger, vous en aurez besoin en route. »

Nicolas était extrêmement étonné de tous ces arrangements économiques, mais il n'eut pas le temps d'y songer, car il fallut aider les petits garçons à monter tout en haut de la diligence, il fallut porter et placer leurs malles, il fallut aussi veiller à ce que le bagage de M. Squeers fût soigneusement serré dans le coffre, et c'est lui qui était chargé de tous ces soins. Il était dans le coup de feu, et tout entier à ces occupations, quand il fut accosté par son oncle, M. Ralph Nickleby.

« Oh! vous voilà, dit Ralph; tenez, voici votre mère et votre sœur, monsieur.

— Où donc? s'écria Nicolas, en jetant à la hâte un regard autour de lui.

— Par ici, répliqua son oncle. Comme elles ont tant d'argent qu'elles ne savent qu'en faire, je viens de les trouver, comme j'arrivais, qui payaient un fiacre qu'elles ont pris.

— Nous avions peur d'arriver trop tard pour le voir partir, dit Mme Nickleby en embrassant son fils, sans se soucier des regards curieux des voyageurs.

— Très bien, madame, dit Ralph, vous savez ce que vous avez à faire. Je disais seulement que vous étiez en train de payer un fiacre. Moi, je n'en paye jamais de fiacre, madame, par la raison que je n'en prends jamais. Je ne sache pas avoir été dans un fiacre, à mon compte, depuis trente ans, et j'espère bien n'en pas prendre encore de trente ans, si je vais jusque-là.

— Je ne me serais jamais pardonné de ne pas l'avoir vu encore une fois, dit Mme Nickleby; mon pauvre cher fils, partir comme cela, et encore sans déjeuner, parce qu'il craignait de nous faire de la peine!

— C'est certainement fort bien, dit Ralph avec un air rechigné. La première fois que j'ai été placé dans les affaires, madame, je prenais un petit pain et un flacon de lait en allant à la Cité tous les matins; qu'en dites-vous, madame? Déjeuner! bah!

— A présent, Nickleby, dit Squeers, qui s'approcha en boutonnant son paletot, je pense que vous ferez bien de monter derrière. J'ai peur qu'un de ces petits drôles ne tombe de là, et alors bonsoir mes vingt guinées par an.

— Cher Nicolas, dit Catherine à voix basse en tirant son frère par le bras, qu'est-ce que c'est que cet homme si commun?

— Eh! eh! dit Ralph en grommelant, car il avait l'oreille fine et venait d'entendre la question. Désirez-vous, ma chère, que je vous présente à M. Squeers?

— Ça, le maître de pension! Oh non! mon oncle, non! répliqua Catherine en reculant avec dégoût.

— Puisque vous m'en exprimez le désir, ma chère, continua Ralph avec son sourire froidement moqueur, monsieur Squeers, voici ma nièce, la sœur de Nicolas!

— Charmé de faire votre connaissance, mademoiselle, dit Squeers en soulevant à peine son chapeau. Je voudrais bien que Mme Squeers tînt une pension de demoiselles, et que vous y fussiez sous-maîtresse. Seulement, j'ai peur qu'elle ne devînt jalouse dans ce cas. Ha! ha! ha! »

Si le propriétaire de Dotheboys-Hall avait pu voir ce qui se passait en ce moment dans l'esprit de son maître auxiliaire, il y aurait découvert avec quelque surprise que jamais il n'avait été si près de recevoir une bonne volée de sa vie. Catherine Nickleby, devinant tout de suite les intentions de son frère, l'attira doucement à part, et par là épargna à M. Squeers une correction qui aurait pu ne pas du tout lui être agréable.

« Mon cher Nicolas, dit la jeune fille, qu'est-ce que cet homme? quel est donc le genre de place où vous allez?

— Je le sais à peine, Catherine, répliqua Nicolas en serrant la main de sa sœur; je suppose que les gens du Yorkshire sont un peu rudes et grossiers, voilà tout.

— Mais cet homme?

— C'est mon patron, mon maître, tous les noms que vous voudrez lui donner, reprit vivement Nicolas, et c'était une stupidité de ma part de mal interpréter ses façons brutales. Mais voici qu'on regarde de mon côté, je devrais avoir déjà pris ma place. Que Dieu vous garde, ma bien-aimée sœur, et au revoir! Ma mère, pensez désormais au bonheur de notre prochaine réunion. Adieu! mon oncle, je vous remercie de tout mon cœur de ce que vous avez fait et de ce que vous voulez faire encore... (*Au conducteur.*) Me voilà prêt, monsieur. »

Après ces adieux faits à la hâte, Nicolas monta lestement à sa place et fit de la main un salut si tendre, qu'il semblait dire : « Mon cœur reste avec vous. »

Au moment même, le cocher et le conducteur venaient de comparer encore une fois leurs listes avant de partir; les portefaix tiraient des voyageurs récalcitrants leurs derniers pourboires, les colporteurs de journaux faisaient leurs dernières offres de service, et les chevaux donnaient leur dernière ruade d'impatience, quand Nicolas se sentit tirer doucement par la jambe. Il regarda en bas : c'était Newman Noggs, qui lui glissa dans la main une lettre crottée.

« Qu'est-ce que c'est? demanda Nicolas.

— Chut! répliqua Noggs en montrant Ralph Nickleby, qui avait pris à part M. Squeers à deux pas de là pour lui dire quelques mots. Prenez cela, lisez-le. Personne n'en sait rien, voilà tout. » Et il partit.

« Un moment! lui cria Nicolas.

— Non!

— Attendez donc un moment! » répéta Nicolas. Mais Newman Noggs n'était déjà plus là.

Encore un peu d'agitation pendant une minute, la porte de la diligence qui se ferme avec fracas, la voiture qui penche d'un côté sous le poids du cocher un peu lourd et du conducteur plus lourd encore qui grimpent tous deux sur leurs sièges; un cri de : Partons! un petit air de trompe, un regard rapide de deux figures attristées, par derrière l'expression dure des traits de M. Ralph Nickleby, et la diligence avait disparu à son tour, en faisant retentir le pavé de Smithfield.

Les petits garçons ayant les jambes trop courtes pour les poser de pied ferme quand ils furent assis, et par conséquent leurs petits corps étant à chaque instant menacés d'être lancés par-dessus la voiture, Nicolas avait fort à faire de les tenir en respect, tant qu'on fut sur le pavé; les mains en mouvement et l'esprit tendu pour accomplir cette tâche difficile, il ne fut pas fâché de voir la diligence s'arrêter à l'hôtel du *Paon* à Islington. Il fut encore bien plus satisfait de voir un monsieur, à la mine franche et ouverte, avec une figure de bonne humeur et le teint frais, monter derrière et lui proposer de prendre l'autre côté de la banquette.

« Si nous mettions quelques-uns de ces jeunes écoliers au milieu, dit le nouveau venu, ils seraient plus en sûreté dans le cas où ils viendraient à s'endormir, qu'en dites-vous?

— Si vous voulez avoir cette bonté, dit Squeers, ce sera en effet pour le mieux. Monsieur Nickleby, mettez-en trois entre vous et ce monsieur. Belling et Snawley cadet se mettront entre moi et le conducteur.

— Trois enfants, vous savez, dit Squeers à l'étranger, ça ne compte que pour deux.

— Je ne m'y oppose pas le moins du monde, dit

le gentleman aux fraîches couleurs. J'ai un frère qui s'abonnerait bien avec n'importe quel boucher ou quel boulanger de la Grande-Bretagne pour que ses six enfants ne comptassent que pour deux, j'en suis bien sûr, et il y trouverait son compte.

— Six enfants, monsieur? s'écria Squeers.

— Oui, et tous garçons, répliqua l'étranger.

— Monsieur Nickleby, dit Squeers en toute hâte, voulez-vous tenir ce panier? Permettez-moi, monsieur, de vous donner un prospectus d'un établissement où ces six enfants trouveraient une éducation éclairée, libérale, morale surtout, et sans aucun mécompte, moyennant vingt guinées par an chacun, vingt guinées, monsieur, ou bien nous pourrions même faire une cote mal taillée : je m'offre à les prendre en bloc pour cent livres sterling [1].

— Oh! dit le monsieur en jetant un coup d'œil sur le prospectus, c'est vous qui êtes le M. Squeers dont il s'agit ici, je présume?

— Oui, monsieur, c'est moi, répondit l'estimable pédagogue. Je m'appelle Wackford Squeers, et je m'en fais honneur. Voici quelques-uns de mes élèves, monsieur. Vous voyez en même temps un de mes maîtres auxiliaires, M. Nickleby; c'est un jeune homme de bonne maison, et un excellent professeur des études mathématiques, classiques et commerciales. Nous ne faisons pas les choses à moitié dans ma boutique. Mes élèves reçoivent toute espèce d'instruction. Je ne regarde pas à la dépense, et ils sont traités et blanchis à la maison, comme dans la maison paternelle.

— Ma foi! dit le gentleman avec un demi-sourire à l'adresse de Nicolas et une expression de surprise qui n'était pas dissimulée, voilà en vérité des avantages positifs.

— Je puis vous en répondre, monsieur, continua M. Squeers en plongeant ses deux mains dans les poches de son paletot. Je puis donner, comme je demande moi-même en retour, les garanties les plus solides. Je ne voudrais pas prendre un enfant qui ne présenterait pas un répondant prêt à payer les cinq livres cinq schellings de chaque quartier; non certainement, je ne le prendrais pas, quand vous me le demanderiez à deux genoux, avec des larmes grosses comme le poing.

— C'est de la haute prudence, dit le voyageur.

— La prudence est en effet l'une de mes qualités favorites, monsieur, répliqua Squeers... Snawley junior, si vous ne finissez pas de faire claquer vos dents et de frissonner comme vous faites, je m'en vais vous réchauffer tout à l'heure avec une bonne raclée.

1. Vingt guinées chacun font cinq cent vingt francs; cent livres sterling font deux mille cinq cents francs. C'est donc un rabais de cent francs.

— En place, messieurs, tenez-vous bien, dit le conducteur en montant sur le siège.

— Est-ce fini, là-bas derrière, Dick? cria le cocher.

— Oui, marche! fut la réponse. Eh bien, le voilà qui marche. »

Et en effet il se mit en marche, le véhicule assez mal nommé diligence, au milieu d'une éclatante fanfare à son de trompe et du témoignage d'une approbation flatteuse de tous les amateurs de chevaux et de voitures assemblés devant l'hôtel du *Paon*, mais plus particulièrement des valets de service qui se tenaient là, les bras retroussés, à regarder la voiture jusqu'à ce qu'elle disparût à leurs yeux; après quoi ils regagnèrent lentement les écuries, exprimant dans leur langage grossier leur admiration de l'habileté du cocher au détour.

Quand le conducteur (un robuste enfant du Yorkshire vieilli dans le métier) eut soufflé dans sa trompe à perte d'haleine, il la remit dans un petit cornet d'osier attaché *ad hoc* le long de la caisse, et, faisant pleuvoir sur sa poitrine et sur ses épaules une averse de coups de poing en cadence pour se réchauffer, il fit l'observation qu'il ne faisait pas chaud du tout. Puis il demanda à chaque personne, à tour de rôle, si elle allait jusqu'au bout, ou bien en quel endroit elle voulait descendre. Ces informations prises, il ajouta que le chemin était devenu joliment mauvais depuis hier au soir, et prit la liberté de demander si quelqu'un de ces messieurs n'avait pas sur lui une tabatière. Personne n'ayant répondu à cet appel, il fit d'un air mystérieux la remarque qu'il avait entendu dire à un médecin, qui se rendait à Grantham la semaine dernière, que cela ne valait rien pour les yeux de prendre du tabac. Pour lui, il ne s'en était jamais mal trouvé, et tout ce qu'il pouvait dire, c'est que chacun était bien libre d'en penser ce qu'il voulait. Personne n'ayant envie de le contredire là-dessus, il prit un petit colis en papier gris dans son chapeau, et, mettant une paire de lunettes de corne (l'écriture, disait-il, était comme des pattes de mouche), il lut et relut l'adresse d'un bout à l'autre et examina ses passagers les uns après les autres. Cela fait, il sonna encore un petit air de trompe en guise de récréation; et, comme il avait apparemment épuisé tous ses sujets de conversation ordinaires, il se croisa les bras comme il put avec tous les vêtements dont il était fourré, tomba dans un silence solennel, regarda machinalement tous les objets bien connus qui frappaient ses yeux le long de la route, ne paraissant prendre d'intérêt qu'aux chevaux et au bétail : ceux-là, il les observait d'un air critique, à mesure qu'ils passaient près de lui.

Il faisait un air vif et piquant. Il tombait de temps en temps beaucoup de neige, et le vent était extraordinairement aigre. M. Squeers descendait presque à chaque relais, pour s'étirer les jambes; il revenait toujours de ces excursions le nez extrêmement rouge, et se remettait tout de suite à dormir, ce qui ferait supposer que son procédé ne lui réussissait pas mal. Les petits élèves s'étant évertués sur les restes de leur déjeuner du matin, et fortifiés par quelques gorgées d'un cordial curieux, que M. Squeers avait sur lui, et qui avait un goût d'eau panée égarée dans une bouteille d'eau-de-vie, se mirent à dormir, à s'éveiller, à grelotter, à pleurer, chacun selon ses inclinations. Nicolas et le brave homme assis sur sa banquette avaient toujours tant de choses à se dire, qu'en causant ensemble, en amusant les enfants, le temps passa pour eux aussi rapidement que possible en pareille circonstance.

Le soir, on trouva préparé à Eton Slocomb un bon dîner de table d'hôte, dont le coupé, les quatre voyageurs de l'impériale sur le devant, le voyageur de l'intérieur, Nicolas et le brave M. Squeers prirent leur part, pendant que l'on mit les cinq petits garçons dégeler devant l'âtre et qu'on les régala de sandwiches.

Un ou deux relais plus loin, on alluma les lanternes, et il y eut un grand remue-ménage pour prendre à une auberge de la route une dame qui faisait ses embarras avec tout un assortiment de manteaux et de petits paquets. Elle jetait les hauts cris, au grand amusement des voyageurs de l'impériale, du retard de sa voiture qui aurait dû venir au-devant d'elle, et fit promettre solennellement au conducteur qu'il arrêterait le premier coupé vert qu'il verrait venir. Ce fonctionnaire le jura sur ses grands dieux, ce qui ne l'empêcha pas de s'asseoir le dos tourné au prétendu char à bancs, sans compter qu'il faisait noir comme dans un four. Enfin, la dame aux embarras, se trouvant en tête-à-tête, à l'intérieur, avec un monsieur tout seul, fit allumer une petite lampe qu'elle portait dans son ridicule, et, quand on eut fini par l'emballer après bien de la peine, les chevaux reprirent un bon trot et la diligence continua sa course rapide.

La nuit était noire, la neige tombait toujours; c'était peu divertissant. On n'entendait que les hurlements du vent, car le bruit des roues et du pas des chevaux était amorti par l'épais tapis de neige qui cachait la route, et qui la recouvrait de plus en plus à chaque moment. Les rues de Stamford étaient désertes quand on traversa la ville, et l'on voyait se dresser tristes et sombres les vieux clochers de ses églises sur le pavé blanchi. Vingt milles plus loin, deux passagers de la banquette de devant, sur l'impériale, en gens bien avisés, profitèrent de leur arrivée à la porte d'un des meilleurs hôtels d'Angleterre pour y descendre et pour passer la nuit à Grantham, à l'enseigne du *Roi-George*. Les autres s'enveloppèrent de leur mieux dans leurs manteaux et leurs couvertures, et, laissant à regret derrière eux l'éclairage des réverbères et le foyer d'auberge, se firent un oreiller de leur bagage, et se disposèrent, avec plus d'un soupir mal réprimé, à affronter de nouveau la brise cruelle qui balayait la plaine.

Ils n'étaient guère à plus d'un relais de Grantham, c'est-à-dire à mi-chemin de Newark, quand Nicolas, qui s'était un moment assoupi, fut réveillé en sursaut par un cahot violent, qui le jeta presque à bas de la banquette. En saisissant la rampe, il s'aperçut que la diligence, fortement inclinée d'un côté, continuait d'être entraînée au pas de course par les chevaux, et pendant que, partagé entre le plongeon qu'ils allaient faire et les cris affreux de la dame de l'intérieur, il hésitait un moment s'il devait ou non sauter à bas, le véhicule versa tout tranquillement et le tira d'incertitude en le lançant tout de son long sur la route.

CHAPITRE VI

Où l'accident en question donne occasion à deux messieurs de conter des histoires d'un genre bien différent.

« Hu! ho! cria le conducteur, qui fut sur pied en une minute, et qui courut à la tête des chevaux de devant. Y a-t-il ici quelqu'un de ces messieurs pour me donner un coup de main? Veux-tu te tenir tranquille, sacrée rosse? Hu! ho!

— Qu'est-ce qu'il y a? demanda Nicolas en se frottant les yeux.

— Bah! ce qu'il y a? Il y en a assez pour cette nuit, répliqua le conducteur. Le diable emporte la rousse avec son œil vairon! chienne de jument, je crois qu'elle a perdu la tête; nous voilà bien avec la diligence par terre. Ici, s'il vous plaît, un coup de main. Sapristi, je crois que j'ai tous les os cassés.

— Voilà! cria Nicolas en se relevant sur ses pieds. Me voilà. Je ne suis qu'un peu étourdi, ce n'est rien.

— Tenez-les bien! cria le conducteur, pendant que je coupe les traits. Maudites bêtes. Bien travaillé, mon garçon; lâchez-les à présent. N'ayez pas peur, ils sauront bien retrouver l'écurie. »

Et, en effet, ils ne furent pas plus tôt dégagés qu'ils retournèrent bien vite, d'un pas délibéré, à l'écurie qu'ils venaient de quitter, à moins d'un mille de là.

« Savez-vous sonner de la trompe? demanda le conducteur, occupé à détacher une des lanternes.

— Mais, je crois que oui, dit Nicolas.

— En ce cas, prenez-la donc, elle est là par terre, et faites-moi le plaisir de sonner un air à réveiller un mort, pendant que je vais calmer ces gens-là qui beuglent à l'intérieur. Allons! allons! pas tant de bruit, ma petite dame. »

En même temps, il se mit à ouvrir la portière qui faisait face au firmament, pendant que Nicolas, saisissant la trompe, éveillait les échos à la ronde, en exécutant sur cet instrument un des exercices les plus extraordinaires qui jamais aient frappé des oreilles mortelles. L'effet n'en fut pas moins prodigieux non seulement sur les voyageurs, qu'il réveilla encore tout abasourdis de leur chute, mais encore sur les habitants d'alentour, qui comprirent ce cri d'alarme. Car on vit des lumières briller à distance et les gens se mettre en mouvement.

L'un d'eux vint au galop, avant que tous les passagers fussent encore réunis, et, informations prises, on reconnut que la dame de l'intérieur n'avait que sa lampe de cassée, plus heureuse que le monsieur qui s'était cassé la tête; les deux voyageurs de la banquette de devant en étaient quittes pour des yeux pochés; le coupé avait le nez en sang; le cocher, une contusion à la tempe; M. Squeers, un coup de portemanteau dans les reins; quant aux autres, pas le moindre mal, grâce à la mollesse de la couche de neige sur laquelle ils avaient été versés. Tous ces résultats constatés, la dame fit mine de se pâmer; mais, à l'idée de se voir porter sur les épaules de quelques messieurs dévoués jusqu'au cabaret le plus voisin, elle se ravisa prudemment et se mit à marcher à pied comme tout le monde.

En arrivant au rendez-vous, ils se trouvèrent dans une maison isolée qui n'offrait pas beaucoup de commodités pour s'y loger, toutes ses ressources d'appartements consistant dans une salle publique avec du sable pour tout parquet, une chaise ou deux pour mobilier. Cependant un gros fagot, jeté au feu avec une bonne provision de charbon de terre, changea bientôt la face des choses, et, pendant qu'ils effaçaient à grande eau toutes les traces effaçables de leur dernier accident, la chambre s'était échauffée et éclairée : agréable contraste avec le froid et les ténèbres du dehors.

« A propos, monsieur Nickleby, dit Squeers, qui s'était accommodé d'un coin bien chaud auprès de la cheminée, vous avez très bien fait d'arrêter les chevaux; je n'y aurais pas manqué moi-même si j'étais arrivé à temps; mais c'est égal, vous avez bien fait, vous avez très bien fait, très bien.

— Si bien, dit le gentleman de bonne mine qui n'avait pas l'air de goûter le ton protecteur de M. Squeers, que, si on ne les avait pas tenus d'une main ferme comme ils l'ont été, il ne vous resterait à l'heure qu'il est pas grande cervelle pour en faire usage dans votre classe. »

Cette observation mit tout le monde sur le chapitre de la promptitude et de l'énergie qu'avait déployées Nicolas, et il fut accablé de compliments et de félicitations.

« Certainement, remarqua M. Squeers, je suis

« Charmé de faire votre connaissance, » dit Squeers en soulevant à peine son chapeau. (P. 29.)

charmé, pour ma part, de n'avoir rien attrapé. Chacun est bien aise d'échapper au danger. Mais si quelqu'un des enfants dont je suis responsable avait eu du mal, si le malheur avait voulu que je ne pusse rendre l'un de ces petits garçons à ses parents en bon état de santé comme je les ai reçus, combien j'en aurais souffert dans mes sentiments! Ah! j'en aurais perdu la tête.

— Sont-ils tous frères, monsieur? demanda la dame qui avait apporté dans la voiture sa lampe de Davy, je veux dire sa lampe de sûreté.

— Ils le sont bien dans un sens, madame, répliqua Squeers en plongeant la main dans les poches de son paletot pour en retirer des prospectus, car ils sont tous soumis au même régime d'affection tendre et paternelle. Mme Squeers et moi nous sommes pour chacun d'eux un père et une mère. Monsieur Nickleby, passez ces prospectus à madame, et offrez-en aussi à ces messieurs : peut-être connaîtraient-ils quelques familles qui seraient bien aises de profiter des avantages de l'établissement. »

M. Squeers prit alors une pose sentimentale, car il ne laissait jamais échapper une occasion de faire des annonces gratuites : il plaça ses mains sur ses genoux, les yeux fixés sur ses élèves avec toute la bénignité qu'il pouvait mettre dans ses traits, pendant que Nicolas, rouge de honte, lui obéissait en passant des prospectus à la ronde.

« J'espère, madame, que votre chute ne vous a pas fait de mal? dit le gentleman de bonne mine, en s'adressant à la dame aux embarras, comme s'il avait voulu charitablement détourner la conversation.

— Pas de mal corporel, répondit la dame.

— Ni intellectuel, je suppose?

— C'est un sujet si pénible pour ma sensibilité, reprit-elle avec une émotion visible, que vous me ferez plaisir si vous voulez bien, en vrai gentleman, ne plus y faire allusion.

— Diable! dit le gentleman de bonne mine qui paraissait encore plus réjoui que d'habitude, je voulais seulement m'informer...

— J'espère qu'on ne poussera pas plus loin les informations, dit la dame, ou je me verrais obligée de me mettre sous la protection de ces autres messieurs. (*A l'aubergiste.*) Envoyez, je vous prie, quelqu'un faire le guet à la porte, pour voir s'il passe un coupé vert dans la direction de Grantham, afin qu'il l'arrête ici. »

Cette recommandation parut faire beaucoup d'effet sur tous les gens de la maison, et, quand la dame, pour mieux faire reconnaître au garçon d'auberge le coupé vert qu'elle attendait, eut dépeint le cocher sur le siège comme ayant un galon d'or à son chapeau, et le valet de pied par derrière comme portant probablement des bas de soie, la bonne hôtesse redoubla d'attentions. Il n'y eut pas jusqu'au voyageur du coupé de la diligence qui ne s'y laissât prendre, et, de l'air le plus respectueux, il lui demanda immédiatement s'il n'y avait pas une excellente société dans le voisinage. La dame lui répondit qu'il ne se trompait pas, et cela d'un air qui laissait suffisamment entendre qu'elle marchait en tête de cette excellente société.

« Puisque le conducteur est parti à cheval pour se procurer à Grantham une autre voiture, dit le brave gentleman de bonne mine quand tout le monde eut pris place autour du feu en silence, et puisque nous avons à passer ici au moins une couple d'heures, je propose un bol de punch chaud : qu'en dites-vous, monsieur? »

Cette question s'adressait à l'intérieur qui s'était cassé la tête, un monsieur de très bon air, habillé en grand deuil. Quoiqu'il ne fût guère qu'entre deux âges, ses cheveux étaient déjà gris, sans doute par suite de quelque chagrin ou de quelque affliction qui l'avait blanchi avant l'âge. Il accueillit tout de suite la proposition, et se montra prévenu en faveur des manières bonnes et franches de celui qui l'avait faite.

Ce dernier voulut servir lui-même à la compagnie le punch quand il fut prêt, et, en le distribuant à la ronde, il mit sur le tapis les antiquités d'York, qui lui paraissaient aussi familières qu'au monsieur à la tête grise. Quand il vit la conversation languir, il se retourna avec un sourire du côté de son nouveau compagnon et lui demanda s'il savait chanter.

« Certainement non, dit le gentleman en souriant à son tour.

— C'est bien dommage, reprit l'autre. Est-ce qu'il n'y a personne ici capable de chanter une petite chanson pour aider à passer le temps? »

Les voyageurs, l'un après l'autre, se déclarèrent incapables; ils en avaient bien du regret, mais ils ne savaient rien par cœur... et ainsi de suite.

« Peut-être que madame ne nous refusera pas? dit le président avec un grand air de respect, mais avec un clin d'œil plein de malice. Nous aurions tant de plaisir à entendre quelque morceau du dernier opéra envoyé dans la ville voisine. »

La dame ne se donna pas la peine de répondre; elle se contenta de remuer la tête d'un air de mépris, et d'exprimer encore une fois son étonnement de ne pas voir arriver le coupé vert. Alors quelques voix s'élevèrent pour demander au président lui-même de faire un petit effort de mémoire en faveur de la société.

« Ah! que je voudrais le pouvoir! dit le brave monsieur; car, dans un cas comme celui-ci, où des personnes étrangères l'une à l'autre se trouvent réunies d'une manière imprévue, on devrait, selon moi, contribuer autant que l'on peut à l'agrément général du petit cercle impromptu.

— Plût à Dieu, dit la tête grise, que votre maxime fût toujours mise en pratique!

— J'aime à vous entendre parler ainsi, reprit l'autre. Eh bien, si vous ne pouvez pas chanter, vous pouvez toujours bien nous conter une histoire, peut-être?

— Bon! j'allais vous le demander à vous-même.

— Volontiers, mais après vous.

— Allons! dit la tête grise prenant gaiement son parti, je le veux bien. Je crains seulement que la tournure de mes idées ne soit pas propre à égayer beaucoup les heures que vous avez à passer ici. Mais ce sera votre faute, vous l'avez exigé, vous en porterez la peine. Puisque nous parlions tout à l'heure de la cathédrale d'York, elle sera pour quelque chose dans le sujet de mon histoire que nous intitulerons, s'il vous plaît :

LES CINQ SŒURS D'YORK. »

La complaisance du gentleman fut accueillie par tous ces voyageurs avec un murmure d'approbation, dont la dame aux embarras profita pour boire incognito pendant ce temps-là un bon verre de punch. « Écoutez bien :

» Il y a longtemps, bien longtemps, — car le quinzième siècle n'avait pas alors plus de deux ans, et le roi Henri IV était sur le trône d'Angleterre, — habitaient dans la vieille cité d'York cinq jeunes filles, cinq sœurs, les héroïnes de mon conte.

» Elles étaient toutes les cinq d'une beauté rare. L'aînée pouvait avoir vingt-quatre ans, la seconde un an de moins, la troisième était plus jeune d'un an que la seconde : même distance entre la quatrième et la troisième. Elles étaient grandes de taille, d'un port noble et élégant, des yeux de flamme, une chevelure de jais. Pas un mouvement qui ne respirât la grâce et la dignité : il n'était bruit que de leurs attraits dans tout le pays à la ronde.

» Mais, si les quatre aînées avaient tant de charmes, combien ils étaient surpassés par la splendeur de la sœur cadette, une jeune beauté de seize ans ! Ces teintes vermeilles qui dorent les fruits nouveaux comme d'une fleur veloutée, ou bien encore les couleurs vives d'un parterre printanier, ne sont pas plus exquises que l'heureux mélange des roses et des lis sur sa charmante figure, ou le bleu profond de ses yeux. La vigne, dans toute la souplesse de ses contours élégants, n'a pas plus de grâce que les boucles de sa noire chevelure, qui se jouaient en grappes légères autour de son front.

» Ah ! si tous nos cœurs ressemblaient à ceux qui battent si doucement dans le sein de la jeunesse et de la beauté, la terre n'aurait rien à envier au ciel. Si seulement nos cœurs, laissant flétrir nos corps au souffle pernicieux du temps, pouvaient conserver leur jeunesse et leur fraîcheur premières, nos peines et nos souffrances en seraient bien plus légères. Mais non, la faible image de l'Éden qu'ils portent empreinte dans la jeunesse s'altère par le frottement cruel de nos luttes du monde et bientôt s'efface tout à fait, ne laissant trop souvent à sa place qu'un vide douloureux.

» Le cœur de cette belle fille bondissait de joie et de bonheur. Un dévouement tendre pour ses sœurs et un amour ardent de toutes les belles créations de la nature étaient pour elle la source des plus pures sensations. Sa voix joyeuse, son rire folâtre étaient la plus douce musique qui pût animer leur maison. Elle en était la lumière et la vie. Qu'étaient-ce auprès d'elle que les fleurs les plus brillantes de leur jardin ? Les oiseaux, dans leur volière, chantaient par émulation en entendant sa voix, et se taisaient de dépit, vaincus par la douceur de ses accents. Alice, chère Alice ! Quel être vivant, dans la sphère de tes séductions enchanteresses, pouvait échapper à ton empire ?

» Vous chercheriez en vain aujourd'hui l'endroit où demeuraient ces sœurs ; leurs noms mêmes ont disparu et les antiquaires poudreux vont jusqu'à les traiter de fables. Mais elles habitaient une vieille maison de bois, même alors déjà vieille, avec des chevrons avancés sous les toits et des balcons suspendus, de chêne grossièrement sculpté, au milieu d'un verger délicieux, clos de murs rustiques, d'où un bon archer aurait pu faire voler sa flèche par-dessus le clocher de l'abbaye de Sainte-Marie. Car la vieille abbaye était alors dans tout son lustre, et les cinq sœurs, qui vivaient dans ses beaux domaines, payaient tous les ans la rente convenue aux moines noirs de Saint-Benoît, dont la communauté possédait cette terre.

» Par une belle et splendide matinée de l'agréable saison de l'été, un de ces moines noirs franchissait le portail de l'abbaye et dirigeait ses pas vers la maison des belles sœurs. Au-dessus de sa tête le ciel était bleu ; la terre était verdoyante sous ses pas ; la rivière brillait au soleil comme un torrent de diamants ; les oiseaux, à couvert dans l'ombre des arbres, faisaient retentir leurs chants alentour ; l'alouette prenait son essor bien haut au-dessus des blés ondoyants, et le bourdonnement incessant des insectes remplissait l'air : tout semblait heureux et souriant. Mais lui, l'homme de Dieu, il continuait sa marche d'un air mélancolique, les yeux fixés sur la terre. La beauté du monde n'est qu'un souffle, et l'homme n'est qu'une ombre. Quel intérêt l'un ou l'autre pouvait-il inspirer à un saint prédicateur ?

» Ainsi donc, les yeux fixés sur le sol, ou, s'il les relevait quelquefois, c'était pour ne pas tomber dans les pierres du chemin, le religieux s'avança lentement, jusqu'à ce qu'il rencontra une porte de derrière qui ouvrait sur le verger des sœurs, y passa et la ferma soigneusement. Le bruit des douces voix, animées par une causerie mêlée de rires joyeux, frappa ses oreilles dès le premier pas ; et, levant les yeux plus haut que n'était son humble habitude, il découvrit près de là cinq sœurs assises sur le gazon. Alice était au milieu ; elles étaient toutes occupées à leur ouvrage de broderie ordinaire.

« Dieu vous garde, mes belles filles ! » dit le frère. Et elles étaient bien belles en effet. Un moine même pouvait aimer en elles le chef-d'œuvre de son Créateur.

» Les sœurs saluèrent le saint homme avec le respect dû à son ministère, et l'aînée l'invita à prendre place près d'elles sur un banc de mousse. Mais le bon frère branla la tête et préféra se laisser tomber sur une pierre nue, marque d'humilité dont les anges lui surent sans doute très bon gré.

« Vous étiez bien gaies, jeunes filles, dit le moine.

» — Vous savez, répliqua l'aînée, comme cette chère Alice est enjouée ! » Et, en disant cela, elle passait ses mains dans les tresses de cheveux de la jeune fille souriante.

« Aussi, poursuivit Alice, quelle joie et quel bonheur la nature éveille en nous, quand on la voit brillante de l'éclat du soleil ! » Et Alice rougissait devant le regard sinistre du solitaire.

» Il ne répondit rien; il pencha seulement la tête avec gravité, et les sœurs continuèrent leur tâche en silence.

« Toujours à gaspiller des heures précieuses, dit-il enfin, en se retournant en même temps du côté de la sœur aînée; toujours à gaspiller des heures précieuses dans ce travail futile. Hélas! est-il possible que ces courts instants que Dieu nous a permis de puiser au vaste et sombre torrent des âges, ces gouttelettes de l'éternité, vous les répandiez ainsi d'un cœur frivole ?

» — Mon père, dit la jeune fille, suspendant un moment, ainsi que ses sœurs, sa tâche commencée, nous avons fait nos prières du matin; nos aumônes quotidiennes ont été distribuées aux pauvres qui sont venus frapper à notre porte; nous avons visité les paysans malades du voisinage : nous avons fini notre tâche aujourd'hui. J'espère que vous ne trouverez pas à blâmer le travail dont nous nous occupons maintenant.

» — Voyez, dit le frère, lui prenant son ouvrage des mains : un mélange compliqué de couleurs brillantes sans objet et sans but, à moins que vous ne le destiniez un jour à quelque vaine parure, pour flatter l'orgueil de votre sexe capricieux et fragile. Les jours se succèdent dans cette occupation insensée, et vous n'en avez pas fait la moitié. L'ombre de chaque jour perdu s'allonge sur nos tombes, et le ver est là qui triomphe en nous regardant; il voit approcher sa proie. Ah! mes filles, n'y a-t-il pas moyen de mieux employer les heures qui passent? »

» Les quatre sœurs baissèrent les yeux, humiliées des reproches du saint homme; mais Alice leva les siens et les fixa doucement sur le frère.

« Notre chère mère !... dit-elle, que le ciel garde en paix son âme !

» — Amen ! cria le frère d'une voix profonde.

» — Notre chère mère, reprit Alice défaillante, était encore vivante quand nous avons commencé ce long travail, et elle nous a recommandé, quand elle ne serait plus, de le continuer gaiement et sans scrupule, dans nos heures de loisir : elle nous disait que, si nous passions ensemble ces heures dans la joie innocente permise à notre âge, ce seraient les plus heureuses et les plus paisibles de notre vie, et que si, plus tard, nous entrions dans le monde, pour nous mêler à ses épreuves et à ses soucis; si, cédant à l'attrait de ses tentations et nous laissant éblouir par son éclat, nous oubliions jamais ces devoirs d'affection, ces nœuds sacrés qui unissent les enfants d'une même mère, tendrement aimée, un simple regard jeté sur l'antique travail entrepris en commun dans nos jeunes années réveillerait en nous le doux souvenir des temps passés et attendrirait nos cœurs par des sentiments d'affection et d'amour.

» — Alice dit la vérité, mon père, » dit la sœur aînée avec une certaine fierté, et elle reprit son ouvrage; ses sœurs imitèrent son exemple.

» Chaque sœur avait devant elle un canevas d'une grandeur peu ordinaire : le dessin en était varié à l'infini, le modèle et les couleurs étaient uniformes pour chacune d'elles. Elles se penchèrent gracieusement sur leur ouvrage, pendant que le moine, le menton appuyé sur ses mains, promenait ses regards de l'une à l'autre en silence.

« Ah ! qu'il vaudrait bien mieux, dit-il enfin, éviter toutes ces pensées et tous ces périls, en allant dans l'abri tranquille d'un cloître vouer votre vie à Dieu. Le bas âge, l'enfance, la fleur de la vie, ou la vieillesse, se touchent et se pressent avec tant de rapidité ! Songez comme cette poussière humaine est vite emportée vers la tombe, et, tenant vos yeux fermement attachés toujours sur ce but inévitable, chassez le nuage qui s'élève entre vous du sein des plaisirs du monde et qui trompe les sens de ceux qui se donnent à lui. Le voile, mes filles, le voile !

» — Jamais, mes sœurs, s'écria Alice. Non, non, n'échangez pas l'air et la lumière du ciel, la fraîcheur de la terre, et toutes les belles créatures qui l'animent pour le cloître glacé, pour la cellule sombre. Les bienfaits de la nature, voilà les vrais biens de ce monde ; nous pouvons, sans crainte de faire mal, les savourer ensemble. La mort est triste, oh oui ! mais mourons au moins avec la vie autour de nous. Quand nos cœurs froids par la mort cesseront de battre, qu'il y ait des cœurs encore chauds près du nôtre. Que notre dernier regard embrasse l'horizon que Dieu a donné à l'azur du ciel, au lieu de se briser contre des murs de pierre ou des grilles de fer. Chères sœurs, si vous m'en croyez, vivons et mourons dans l'enceinte de ce jardin riant : fuyons seulement le séjour terrible et triste du cloître ; ce sera déjà le bonheur. »

» Les pleurs ruisselaient des yeux des jeunes filles, quand Alice, épuisée par ce mouvement passionné, se cacha la face dans le sein de sa sœur.

« Courage, Alice, prends courage, dit l'aînée en baisant son beau front. Jamais, jamais le voile ne jettera son ombre sur tes yeux; vous le ferez si vous voulez, mes sœurs, mais Alice et moi, jamais. »

» Les sœurs, d'un accord unanime, protestèrent de leur intention de rester unies ensemble; elles étaient convaincues que la paix et la vertu peuvent habiter aussi hors des murs du couvent.

« Mon père, dit l'aînée en se levant avec dignité, vous avez entendu notre dernière résolution. Le même acte pieux qui a enrichi de nos biens l'abbaye de Sainte-Marie, nous laissant orphelines sous sa sainte tutelle, a interdit toute contrainte contre notre inclination et nous a laissé la liberté de vivre selon notre choix. Qu'il n'en soit plus parlé, je vous prie. Mes sœurs, voici midi bientôt, retirons-nous jusqu'à ce soir. » Puis la jeune fille se leva, fit une révérence au solitaire et se dirigea vers la maison, prenant Alice par la main; les autres sœurs suivirent ses pas.

» Le saint religieux, qui auparavant avait maintes fois soulevé la même question, mais sans jamais recevoir de refus si positif, marchait aussi derrière elles à quelque distance, baissant les yeux vers la terre et remuant les lèvres, sans doute en récitant quelque prière. Au moment où les sœurs montaient le perron, il hâta le pas et leur cria de s'arrêter.

« Arrêtez, dit-il levant en l'air la main droite et lançant tour à tour à Alice et à sa sœur aînée un regard de colère, arrêtez! Je vais vous apprendre ce que c'est que ces souvenirs que vous voudriez faire passer avant l'éternité, et que vous vous flattez de réveiller un jour de leur néant, à l'aide de ces jouets d'enfant. La mémoire des choses terrestres est empoisonnée plus tard dans le cours de la vie par des déceptions amères, l'affliction, la mort; les traits s'altèrent, le chagrin flétrit la beauté. Un jour viendra que le regard que vous abaisserez sur ces bagatelles insignifiantes rouvrira des plaies profondes dans le cœur de quelqu'une d'entre vous, et ira lui arracher l'âme.

» Quand il viendra, ce jour (et rappelez-vous-le bien, il viendra), détachez-vous de ce monde que vous aviez embrassé, cherchez au cloître ce refuge que vous aviez méprisé. Vous ne trouverez pas la cellule plus froide que le feu des attachements mortels, quand il s'éteint au souffle du malheur et de l'adversité, vous irez pleurer là les rêves de votre jeunesse. Cet arrêt n'est pas de moi, dit le frère en adoucissant sa voix à la vue des jeunes filles qui reculaient d'effroi, c'est le ciel qui le prononce. Que la bénédiction de la sainte Vierge soit avec vous, mes filles! »

» A ces mots, il disparut par la porte du verger, et l'on ne vit plus de tout le jour les sœurs, qui avaient regagné la maison à la hâte.

» Mais la nature n'a pas cessé de sourire parce qu'un prêtre a tonné d'un air menaçant, et le lendemain le soleil brillait de tout son éclat, puis le lendemain encore, et toujours; et les cinq sœurs, profitant de la fraîcheur du matin et de la paix du soir, se promenaient ensemble, travaillaient ensemble, trompaient ensemble les heures par une conversation joyeuse dans leur verger tranquille.

» Le temps se passait rapide comme le récit d'un conte, plus rapide même que bien des contes: j'ai peur que le mien ne soit du nombre. La maison des cinq sœurs était toujours à sa place, et les mêmes arbres projetaient toujours leur ombre agréable sur la pelouse du verger. Les sœurs aussi y étaient encore, aussi aimables, aussi gracieuses; mais il y avait eu du changement dans leur demeure. Quelquefois on y entendait le bruit d'une armure, et les rayons de la lune tombaient sur des casques d'acier; ou bien on voyait accourir, tout couverts de sueur, à la porte, des coursiers pressés de l'éperon, et une forme féminine se glisser empressée, pour savoir plus tôt les nouvelles qu'apportait le messager haletant. Il y eut une nuit un grand train de dames et de chevaux qui logèrent dans l'enceinte des murs de l'abbaye, et qui partirent le lendemain, emmenant sur leurs haquenées deux des charmantes sœurs. Depuis ce temps, les cavaliers commencèrent à se montrer moins souvent, et, quand il en venait par hasard, il semblait qu'ils n'apportaient plus que de tristes nouvelles. Enfin ils ne reparurent plus du tout. Seulement on voyait le soir, de temps en temps, après le coucher du soleil, quelque paysan harassé s'approcher avec précaution de la porte et s'acquitter à la hâte de son message clandestin. Une fois, c'était au milieu de la nuit, un vassal fut envoyé promptement à l'abbaye, et, au point du jour, on entendit dans la maison des sœurs des cris de douleur et des gémissements; puis il y régna un silence de mort: plus de chevaliers ni de dames, plus de courriers ni d'armures, tout avait disparu.

» Il y avait dans le ciel des ténèbres lugubres, et le soleil venait de se coucher irrité, laissant en teintes sombres sur les nuages sinistres les dernières traces de sa colère, quand le moine noir, qui nous est déjà connu, marchait d'un pas lent, et les bras croisés sur la poitrine, à un jet de pierre de l'abbaye. Il était tombé un brouillard malsain sur les arbres et les arbrisseaux; et le vent, commençant à rompre le calme lourd qui avait régné toute la journée, poussait de temps en temps comme un profond soupir, avant-coureur certain des ravages qu'apportait l'orage dans ses flancs.

La chauve-souris décrivait dans l'air chargé de vapeurs des courbes fantastiques, et le sol se couvrait de petits êtres que leur instinct appelait hors de son sein pour aller se nourrir et s'engraisser dans une goutte de pluie.

» Les yeux du frère n'étaient plus abaissés sur la terre. Il les portait au loin, arrêtant çà et là ses regards, comme si la tristesse et la désolation de ce tableau trouvaient dans ses pensées un écho rapide. Il s'arrêta encore cette fois à la porte des sœurs pour traverser le verger.

» Mais ses oreilles n'y furent plus frappées par des éclats de rire, ni ses yeux par la beauté des cinq sœurs. Tout était silencieux et désert. Les arbres avaient leurs branches courbées ou brisées, la pelouse de gazon n'était plus qu'une herbe longue et dure. On voyait qu'il y avait longtemps, bien longtemps que des pieds humains n'avaient passé par là.

» Avec l'air d'indifférence distraite d'un homme accoutumé à ne point s'émouvoir des vicissitudes du temps, le moine pénétra dans la maison, et entra dans une salle basse et sombre. Il y trouva quatre sœurs assises ensemble. Leurs robes noires faisaient encore paraître plus blanches leurs pâles figures, sur lesquelles le temps et le chagrin avaient empreint de profonds ravages : elles avaient encore une grande noblesse dans leurs traits, mais la fraîcheur et la primeur de la beauté avaient disparu.

» Et Alice, où était-elle? Dans le ciel.

» Le moine, le moine lui-même, ne fut pas entièrement insensible à leur malheur. Car il y avait longtemps qu'il n'avait vu les sœurs, et il pouvait reconnaître sur leur visage flétri des sillons profonds tracés plutôt par le chagrin que par la main du temps. Il s'assit en silence et leur fit signe de continuer leur entretien.

« Ils sont là, mes sœurs, dit l'aînée d'une voix tremblante, je n'ai jamais eu le courage d'y jeter les yeux depuis, et aujourd'hui je me reproche ma faiblesse. Qu'avons-nous à craindre des souvenirs qu'ils peuvent réveiller en nous? Ils ne peuvent que nous rappeler les anciens jours, ce sera encore dans notre affliction un plaisir solennel. »

» Elle lança un coup d'œil au moine en finissant et, ouvrant une armoire, elle en tira les cinq tissus brodés; depuis longtemps l'ouvrage avait été terminé. Son pas était ferme, mais sa main trembla en prenant le dernier, et, quand la douleur de ses sœurs éclata en les voyant, ses pleurs comprimés se firent un passage, et elle s'écria en sanglotant :

« Que Dieu lui donne sa bénédiction ! »

» Le moine se leva et s'avança vers elles : « C'est là, dit-il à voix basse, le dernier objet qu'elle a touché avant de tomber malade?

» — Hélas! oui, » dit la sœur aînée, versant des larmes amères.

» Le moine se tourna vers la seconde sœur.

« Ce beau cavalier qui plongeait ses yeux dans tes yeux et respirait ton haleine, les premières fois qu'il t'a vue appliquée à ce passe-temps frivole, est enterré maintenant dans la plaine dont il a rougi la terre de son sang. Des débris d'armure autrefois d'un bronze éclatant, aujourd'hui rongés par la rouille, pourrissent sur le sol, et leur poussière se mêle à celle de ses os, qui pourrissent aussi dans la fange. »

» Elle poussa des gémissements en se tordant les mains.

« Et vous, continua le frère en se tournant vers les deux autres sœurs, les intrigues de cour vous ont tirées de votre paisible demeure pour passer à des scènes de luxe et de splendeur. Ce sont aussi des intrigues et l'ambition turbulente de rivaux orgueilleux et cruels qui vous ont renvoyées ici, filles et veuves à la fois, proscrites et déshonorées. Est-ce vrai? »

» Les sanglots des deux sœurs furent leur unique réponse.

» A quoi sert, dit le moine avec un regard de dédain, de perdre le temps à ces colifichets qui ne sont bons qu'à ressusciter les pâles fantômes des vaines espérances conçues dans votre jeunesse? Ensevelissez-moi tout cela sous des exercices répétés de mortification et de pénitence; dépouillez-vous de toutes ces chimères, et que le couvent leur serve de tombeau. »

» Les sœurs demandèrent trois jours pour se décider, et, ce soir-là, elles étaient disposées à croire que le voile était le meilleur linceul pour ensevelir leurs joies passées. Quand le matin revint éclairer le verger, les arbres étaient courbés par l'orage et laissaient traîner à terre leurs branches, mais c'était encore le même verger qu'elles avaient aimé. L'herbe était haute et rude, mais on y voyait encore la place où elles s'étaient si souvent assises ensemble, du temps qu'elles ne connaissaient que de nom la peine et le chagrin. Elles y retrouvaient toutes les promenades et tous les coins favoris qu'Alice était heureuse de parcourir autrefois, et elles avaient près d'elles, dans la nef de la cathédrale, une large dalle de pierre où elle reposait en paix.

» Iraient-elles, en se rappelant combien son jeune cœur s'alarmait à la seule pensée des murs d'un cloître, s'agenouiller sur sa tombe dans un costume qui glacerait même ses cendres? Et quand elles se prosterneraient dans leurs prières, quand toute l'armée céleste viendrait pour les entendre, iraient-elles lui présenter la face d'un ange dans un cadre lugubre de tristesse et de deuil? Non.

» Elles s'adressèrent au loin à des artistes de grand renom, et, s'étant prémunies d'une sanction de l'Église pour leur œuvre pieuse, elles firent exécuter, en cinq vitraux des plus riches couleurs, une copie fidèle de leur ancienne broderie. On les plaça dans une large fenêtre jusqu'alors privée de tout ornement, et, quand le soleil faisait briller ses rayons, dont la vue causait jadis sa joie, les dessins qui lui étaient si familiers, s'illuminant de leurs couleurs originelles, versaient un torrent d'éclatante lumière sur la dalle où elles semblaient réchauffer encore le nom d'ALICE.

» Tous les jours les sœurs, pendant plusieurs heures, passaient et repassaient sans bruit dans la nef ou tombaient à genoux auprès de la pierre tumulaire. Plusieurs années après, on n'en vit plus que trois à la place accoutumée, puis deux seulement, puis au bout d'un long temps une seule, pauvre vieille courbée par les ans. A la fin elle aussi disparut, et sur la pierre on lisait cinq noms.

» Cette pierre elle-même s'est usée, elle a été remplacée par d'autres, tout comme les générations qui sont nées et qui sont mortes depuis ce siècle-là. Le temps a amorti sur le verre l'éclat des couleurs, mais le même torrent de lumière inonde encore la tombe oubliée dont il ne reste plus trace. Et jusqu'à ce jour on montre à l'étranger, dans la cathédrale d'York, une vieille fenêtre qu'on appelle *les Cinq Sœurs*.

— Voilà une histoire bien mélancolique, dit le gentleman à face réjouie, en vidant son verre.

— C'est une histoire de la vie, et la vie n'est qu'une suite de chagrins pareils, répliqua l'autre d'un ton poli, mais grave et triste.

— Il y a des ombres dans les meilleurs tableaux, mais il y a aussi des lumières, quand on veut y regarder de près, dit le gentleman de bonne humeur. Avec tout cela, la plus jeune sœur de votre conte a toujours eu le cœur content.

— C'est qu'elle est morte de bonne heure, dit l'autre d'une voix douce.

— Elle serait peut-être morte plus tôt encore si elle avait été moins heureuse, reprit le premier avec sentiment. Croyez-vous que ses sœurs, qui l'aimaient si tendrement, eussent été moins affligées si sa vie n'avait été que peine et tristesse? Si quelque chose, au contraire, est capable d'émousser les pointes aiguës de la douleur après la perte d'un objet si cher, c'est, selon moi, cette pensée : ceux que je pleure, en se livrant ici à une innocente félicité et en aimant autour d'eux toutes choses, se sont préparés d'avance pour un monde plus pur et plus heureux. Soyez bien sûrs que, si le soleil se donne la peine d'éclairer cette terre si riche et si belle, ce n'est pas pour qu'on lui réponde par des grimaces de mauvaise humeur.

— Vous pourriez bien avoir raison, dit le gentleman qui venait de raconter l'histoire des *Cinq Sœurs*.

— Comment! repartit l'autre; et qui pourrait en douter? Prenez tous les sujets de chagrin et de regret qu'on peut avoir, et voyez combien il s'y mêle de plaisir secret. Il est vrai que la mémoire d'un plaisir passé peut devenir douloureuse...

— Elle ne l'est que trop, reprit l'autre.

— Elle l'est, c'est vrai. Le souvenir d'un bonheur perdu sans retour est un chagrin, mais un chagrin qui n'est pas sans douceur. Malheureusement, il est inséparable du bien que nous regrettons et de bien des actions qui nous laissent un fond de repentir amer. Et pourtant, dans la vie la plus agitée, j'en suis fermement convaincu, on retrouve encore tant de rayons de soleil pour dorer le passé, qu'il n'y a peut-être pas un mortel, à moins qu'il ne se soit volontairement voué au désespoir, qui acceptât de sang-froid un verre d'eau du Léthé, s'il le trouvait sous sa main.

— C'est encore un point où il est possible que vous n'ayez pas tort, dit le gentleman à tête grise après un moment de réflexion. Je suis disposé à penser là-dessus comme vous.

— Oui, continua l'autre; le bien, après tout, l'emporte ici-bas sur le mal, quoi qu'en puissent dire les faux sages. Si nos affections causent nos peines, nos affections font aussi notre consolation et notre joie; et la mémoire, même chargée de tristesse, est encore le lien le meilleur et le plus pur entre ce monde et un monde meilleur. Mais, allons, je vais vous conter à mon tour une histoire d'un autre genre. »

Après un court silence, le joyeux gentleman fit circuler le punch, et, jetant un coup d'œil malin sur la mijaurée, qui semblait dans une crainte mortelle qu'il n'allât conter quelque chose d'inconvenant, il commença ainsi le conte du

BARON DE GROGZWIG.

« Le jeune baron de Koëldwethout, de Grogzwig, en Allemagne, avait autant de droits qu'on peut en avoir à s'intituler baron. Il va sans dire qu'il habitait un château; naturellement aussi, c'était un vieux château : quel baron allemand a-t-on jamais vu habiter dans un château moderne? Ce vénérable bâtiment avait des particularités étranges, dont celle que je vais dire n'était pas la moins émouvante et la moins mystérieuse : à savoir que, quand il faisait du vent, celui-ci grondait dans les cheminées, ou même poussait des hurlements dans les arbres de la forêt voisine. Puis aussi, quand il y avait clair de lune, celle-ci s'ouvrait un passage à travers les crevasses des murs et éclairait, *à giorno*, quelques coins des vastes salles et des longs corridors, laissant le reste dans une morne obscurité. J'ai lieu de croire qu'un des ancêtres de M. le baron, se voyant à court d'argent, avait planté sa dague dans les flancs d'un gentleman égaré qui vint un soir lui demander son chemin, et c'est à ce fait qu'on attribuait l'origine de ces particularités miraculeuses. Pour moi, j'ai peine à le croire, parce que l'ancêtre de M. le baron, qui était un aimable homme, fut très fâché, après coup, d'avoir été si prompt, et, prenant de force quantité de pierres et de bois de charpente qui appartenaient à un baron voisin moins fort que lui, en construisit une chapelle expiatoire, et, par conséquent, reçut du ciel une quittance en bonne forme pour solde de tout compte.

» A propos de l'ancêtre de M. le baron, cela me rappelle que M. le baron avait une généalogie très respectable. Je suis désolé de ne pas être en mesure d'énumérer tous les ancêtres qu'il avait, mais je sais qu'il en avait beaucoup plus que tous les gentilshommes de son temps, et je regrette seulement qu'il n'eût pas vécu du nôtre, parce qu'il en aurait eu encore davantage. C'est une circonstance très fâcheuse pour les grands hommes des siècles passés, qu'ils soient venus au monde sitôt, parce qu'un individu qui est né il y a trois ou quatre cents ans ne peut pas raisonnablement s'attendre à avoir autant de parents que s'il était né de nos jours. Celui-ci, par exemple, notre contemporain, quel qu'il soit, et ce peut être un savetier ou quelque mauvais chien de l'espèce la plus vulgaire, peut avoir un arbre généalogique plus étendu que le noble le plus noble d'alors, et je regarde cela comme une grande injustice.

» C'est bel et bon; mais revenons au baron de Koëldwethout, de Grogzwig. C'était un beau brun, avec des cheveux bien noirs et de grandes moustaches. Il allait à la chasse en habit vert-pomme, en bottes rousses, un bugle en sautoir comme un conducteur des Messageries royales. Quand il donnait du bugle, vingt-quatre autres gentilshommes d'un rang subalterne, en drap vert-pomme un peu moins fin, en bottes rousses à grosses semelles, accouraient à l'instant et galopaient tout le long du chemin, la pique au poing (vous savez, ces piques vernies qui composent les grilles de nos jardins), pour aller chasser le sanglier, ou, par occasion, pour débusquer un ours : dans ce dernier cas, le baron commençait par le tuer, avant de prendre sa graisse pour en lisser ses moustaches.

» Le baron de Grogzwig menait donc joyeuse vie, et ses compagnons la menaient plus joyeuse encore.

» Ils buvaient tous les soirs le vin du Rhin, et, même quand ils tombaient sous la table, ils gardaient près d'eux leurs bouteilles et demandaient leurs pipes. Jamais on n'a vu de jolis lurons, pour faire du tapage, des farces et des folies, comme la bande joviale de Grogzwig.

» Mais les plaisirs de la table, ou, si l'on veut, les plaisirs sous la table, demandent un peu de variété, surtout quand on est réuni tous les jours à souper, toujours vingt-cinq, toujours les mêmes, à discuter les mêmes questions, à raconter les mêmes histoires. Le baron s'ennuyait donc et sentait le besoin de quelque émotion nouvelle. Il se mit à quereller ses gentilshommes, et, pour se distraire, à en mettre tous les jours après dîner deux ou trois à la porte à coups de pied dans les reins. Il goûta d'abord quelque plaisir à ce divertissement; mais il le trouva fade et monotone au bout de quelques semaines, et finalement, poussé à bout, il se creusa la tête pour inventer quelque amusement nouveau.

» Un soir, après une journée de chasse où il avait surpassé Nemrod ou Gérard, après avoir massacré un *bel ours* de plus et l'avoir rapporté en triomphe au château, le baron de Koëldwethout s'assit d'un air maussade au haut bout de la table, les yeux fixés sur le plafond fumeux de la salle avec un mécontentement visible. Il avala force rasades; mais plus il en avalait, plus il devenait grognon. Les gentilshommes qui, par une dangereuse préférence, étaient honorés de son voisinage à sa droite et à sa gauche, imitaient à ravir ses nombreuses rasades et son air rechigné.

« Je vais, s'écria tout à coup le baron, frappant du poing sur la table, et de l'autre main se frisant la moustache, boire à la santé de la baronne de Grogzwig! »

» Les vingt-quatre convives vert-pomme devinrent tout pâles, à l'exception de leurs vingt-quatre nez, qui ne changeaient jamais de couleur.

« J'ai dit à la santé de la baronne de Grogzwig, répéta le baron, promenant ses regards à la ronde sur ses pensionnaires.

» — A la santé de la baronne de Grogzwig! » crièrent en chœur les vert-pomme; et leurs vingt-quatre gosiers absorbèrent les vingt-quatre pintes impériales d'un bon vieux tokay si délicieux, qu'ils en léchèrent leurs quarante-huit lèvres en clignant de l'œil.

De l'autre côté de la cheminée, une forme hideuse était assise, les bras croisés. (P. 43.)

« La belle fille du baron de Swillenhausen! dit Koëldwethout, qui voulut bien expliquer son toast. Nous allons la demander en mariage à son père avant demain soir. S'il refuse notre déclaration, nous lui couperons le nez. »

» Un murmure rauque fut poussé par la société : chacun toucha d'abord la poignée de son sabre, ensuite le bout de son nez, avec un ensemble effrayant.

» C'est une belle chose à voir que la piété filiale! Si la fille du baron de Swillenhausen avait prétexté des engagements de cœur, ou qu'elle fût tombée aux pieds de son père et les eût détrempés de ses larmes amères, ou qu'elle se fût seulement trouvée mal, ou qu'elle eût touché le vieux gentilhomme par des sensibleries frénétiques, il y avait cent à parier contre un qu'on aurait jeté le château de Swillenhausen par la fenêtre; je voulais dire qu'on aurait jeté le baron par la fenêtre et démoli son château. Mais la demoiselle se tint coite, lorsqu'un messager vint, le lendemain matin de bonne heure, apporter la requête de Von Koëldwethout. Elle se retira modestement dans sa chambre pour voir par la croisée arriver son prétendant et sa suite. Elle ne se fut pas plus tôt assurée que le cavalier aux grandes moustaches était son futur, qu'elle courut trouver son père, pour lui dire qu'elle était prête à se sacrifier à son repos. Le vénérable baron pressa sa fille sur son cœur et versa presque une larme de joie.

» Il y eut ce jour-là gala au château. Les vingt-quatre vert-pomme de Koëldwethout échangèrent des serments d'amitié éternelle avec les douze vert-pomme de Von Swillenhausen, et promirent au vieux baron de boire son vin jusqu'à ce qu'il n'en restât plus de quoi entretenir leur trogne. Pourtant, quand le moment de partir fut arrivé, chacun en donna le signal par une bonne tape appliquée sur le dos de son camarade, et le baron Von Koëldwethout se mit gaiement en route avec ses compagnons.

» Pendant six mortelles semaines, les sangliers

et les ours furent en vacances. Les maisons de Koëldwethout et de Swillenhausen célébrèrent leur union ; les piques se rouillèrent, et le bugle du baron s'enroua faute d'exercice.

» Ce fut un temps bien heureux pour les vingt-quatre chevaliers. Mais, hélas! leurs jours de gloire et de bonheur prirent leurs bottes de sept lieues et disparurent en un clin d'œil.

« Mon ami, dit la baronne.

» — Mon amour, dit le baron.

» — Ces vilains tapageurs...

» — Qui donc cela, madame? » dit le baron tressaillant de surprise.

» La baronne lui montra, de la fenêtre où ils étaient ensemble, la cour où les vert-pomme, sans se douter de leur sort, prenaient en bas un coup d'étrier copieux pour se préparer à courir un sanglier ou deux.

« Mon train de chasse, madame, dit le baron.

» — Congédie-les, mon amour, murmura-t-elle.

» — Les congédier! s'écria le baron ne pouvant en croire ses oreilles.

» — Pour l'amour de moi, mon cœur.

» — Pour l'amour du diable, madame, » répondit le baron.

» Sur quoi la baronne poussa un grand cri, et tomba évanouie aux pieds du baron.

» Que vouliez-vous qu'il fît? Il sonna la femme de chambre de la baronne, il envoya chercher le docteur. Puis, se précipitant dans la cour, il chassa à grands coups de pied les deux vert-pomme qui avaient cette spécialité, donna sa malédiction à tous les autres à la ronde, les envoya faire... n'importe quoi. Je voudrais savoir mieux l'allemand pour lui mettre dans la bouche une expression plus délicate.

» On n'attend pas de moi que j'aille décrire les moyens à l'aide desquels certaines dames réussissent par degrés dans leur ménage à donner le croc-en-jambe à leur époux ; je garde mon opinion pour moi : je n'en dois compte à personne. J'aurais le droit, après tout, de penser qu'un membre du Parlement, par exemple, ne devrait pas être marié. Car sur quatre membres qui le sont, il y en a trois qui se croient obligés de voter selon la conscience de leur femme (quand elles ont de ces sortes de choses), et non selon la leur. Qu'il me suffise de dire, quant à présent, que la baronne Von Koëldwethout, par un moyen ou par un autre, acquit un grand empire sur le baron Von Koëldwethout, et que, petit à petit, brin à brin, jour par jour, d'année en année, le baron perdait du terrain et se voyait sournoisement démonté de quelque vieux dada du bon temps de sa jeunesse, car il commençait à devenir un gros papa d'environ quarante-huit ans. Plus de chasse, plus rien enfin de ce qu'il aimait par goût ou par habitude ; et ce lion féroce, ce cœur d'acier, fut décidément muselé et mené en laisse par sa propre dame, dans son propre château de Grogzwig.

» Encore si ses infortunes s'étaient bornées là! Mais, un an après ses noces, un joli petit baronnet fit son entrée dans le monde, et l'on tira en son honneur je ne sais combien de feux d'artifice, on vida je ne sais combien de douzaines de bouteilles de vin. L'année suivante, ce fut le tour d'une petite baronnette, et ainsi de suite, tous les ans, à tour de rôle, un baronnet, une baronnette, un jour même tous les deux à la fois, si bien que le baron se trouva à la tête d'une famille de douze enfants. A chacun de ces anniversaires, la vénérable baronne Von Swillenhausen tombait dans des transports de sensibilité nerveuse en voyant compromettre le repos et la santé de sa chère fille, la baronne de Koëldwethout, et, si jamais on ne s'aperçut que la bonne dame eût, par quelque dévouement personnel, contribué au rétablissement de l'accouchée, elle ne s'en faisait pas moins un devoir de se montrer aussi agacée qu'elle le pouvait dans le château de Grogzwig, passant son temps à faire des observations critiques sur la tenue intérieure de la maison du baron, et surtout à déplorer le triste sort de sa fille infortunée. Si par hasard le baron de Grogzwig, passablement ennuyé de ces jérémiades, perdait patience et s'émancipait jusqu'à faire entendre que sa femme n'était pas plus malheureuse que toutes les autres femmes de baron, la baronne Von Swillenhausen prenait tout le monde à témoin qu'il n'y avait qu'elle qui s'intéressât aux souffrances de sa chère petite ; aussi ses parents et ses amis tombaient d'accord que, sans aucun doute, elle faisait deux fois plus de tapage que son gendre et qu'il n'y avait pas de sans-cœur comparable à cette brute de baron de Grogzwig.

» Le pauvre baron supporta tout cela tant qu'il put, et, quand il ne put plus résister à ses ennuis, il en perdit l'appétit et la bonne humeur, et alors il se laissa tristement aller à son abattement. Mais il n'était pas au bout de ses peines, et de nouveaux chagrins vinrent accroître sa mélancolie. Ses affaires n'étaient plus si florissantes. Il avait fait des dettes. Les coffres de Grogzwig s'épuisaient, quoique la famille de Swillenhausen les eût crus inépuisables ; et c'était juste au moment où la baronne allait enrichir sa noble famille d'un treizième rejeton que Von Koëldwethout fit la triste découverte qu'il n'avait plus rien dans sa bourse.

« Qu'est-ce que je vais donc faire? dit le baron. Si je me tuais! »

« C'était une fameuse idée. Le voilà donc qui

prend un couteau de chasse sur le buffet voisin ; il le repasse sur sa botte, et fait une fausse attaque à sa gorge.

« Hein! dit le baron en s'arrêtant en chemin, peut-être qu'il n'est pas assez bien aiguisé. »

» Le baron lui redonne le fil, et présente encore l'instrument à sa gorge, qui n'y mettait pas beaucoup de bonne volonté. Au même instant, sa main reste suspendue en entendant un grand vacarme parmi les baronnets et baronnettes, qu'on élevait à l'étage supérieur dans une tour dont les fenêtres étaient garnies en dehors d'une grille de fer pour les empêcher de tomber de là dans le fossé.

« Si j'étais garçon, dit le baron en soupirant, j'en aurais déjà fini cinquante fois sans qu'on vînt m'interrompre. Holà ! qu'on me porte un pot de vin et une grande pipe dans la petite chambre voûtée derrière le salon. »

» Un domestique, plein de docilité, exécuta l'ordre du baron en moins d'une demi-heure, et Von Koëldwethout, averti que tout est prêt, se rendit à grands pas dans la chambre voûtée, dont les lambris d'un bois sombre reluisaient de l'éclat des flammes du foyer. Les bûches étaient empilées dans l'âtre; la pipe et la bouteille étaient placées sur la table; c'était, en somme, un cabinet très confortable.

« Laisse la lampe, dit le baron.

» — Vous ne voulez plus rien, milord? demanda le domestique.

» — Si : je veux être seul. »

» Le domestique ne se le fit pas dire deux fois, et le baron mit le verrou.

« Je vais fumer encore une pipe, dit le baron, et puis bonsoir. »

» Mettant donc le couteau sur la table en attendant qu'il en fît usage, et sablant une bonne rasade, le seigneur de Grogzwig se rejeta en arrière dans son fauteuil, les jambes étendues devant le feu, et poussa quelques bouffées de tabac.

» Il se mit à penser à toutes sortes de choses : à ses ennuis présents, à son bon temps de célibat, à ses chevaliers vert-pomme, depuis bien des années dispersés je ne sais où. Cependant on savait que l'un d'eux avait eu le malheur d'être pendu, l'autre décapité, quatre autres s'étaient tués à force de boire. Les sangliers et les ours lui trottaient dans la tête, lorsque, au moment où il porta son verre à ses lèvres pour lui dire un dernier mot, il leva les yeux, et s'aperçut, à sa grande surprise, qu'il n'était pas seul.

» Non, il n'était pas seul. De l'autre côté de la cheminée, une forme hideuse était assise, les bras croisés, avec des yeux creux et sanglants, la figure ridée, une face cadavéreuse d'une longueur démesurée, encadrée dans une masse de gros vilains cheveux noirs tressés en natte. Le monstre portait une tunique bleu foncé, demi-deuil; le baron remarqua même, en la regardant de plus près, qu'elle était décorée tout du long d'une garniture de poignées de cercueil, en guise d'agrafes : ses jambes aussi étaient recouvertes de plaques à bière, en guise de cuissards, et il avait sur l'épaule gauche un petit manteau couleur tête de nègre, qui avait bien l'air d'avoir été taillé dans un poêle mortuaire. Il ne s'occupait pas du baron, mais il tenait les yeux fixés sur le feu.

« Eh bien! dit le baron frappant du pied pour éveiller son attention.

» — Eh bien! répliqua l'étranger en portant ses yeux sur le baron, mais sans tourner la tête ni se déranger de sa place. Après?

» — Après? répondit le baron sans s'effrayer le moins du monde de la voix creuse et des yeux ternes de son hôte, ce serait plutôt à moi de vous dire : Après? Par où donc êtes-vous entré?

» — Par la porte.

» — Qui êtes-vous donc?

» — Un homme.

» — Je ne crois pas cela, dit le baron.

» — Alors ne le croyez pas, dit la forme.

» — C'est ce que je fais, » repartit le baron.

» La forme regarda quelque temps le baron qui ne baissait pas les yeux et finit pour lui dire d'un ton familier :

« Tenez, je vois bien qu'il n'y a pas à vous attraper, je ne suis pas un homme.

» — Qu'êtes-vous donc alors? demanda le baron.

» — Un génie, répliqua la forme.

» — C'est singulier, on ne croirait pas cela à vous voir, reprit le baron d'un air méprisant.

» — Je suis le génie du désespoir et du suicide, dit le fantôme ; à présent vous savez à quoi vous en tenir. »

» A ces mots, le génie se retourna du côté du baron pour faire la conversation, et ce qu'il y eut de très particulier, c'est qu'il défit son manteau, et, prenant un pieu qu'il avait au travers du corps, il le tira avec force et le mit sur la table avec des manières aussi aisées que si c'eût été sa canne.

« A présent, dit la forme, en montrant des yeux le couteau de chasse, allez-vous faire quelque chose pour moi?

» — Pas encore, répondit le baron : il faut d'abord que je finisse ma pipe.

» — En ce cas, dépêchez-vous.

» — Vous êtes donc bien pressé?

» — Tiens, si je le suis! reprit la forme; il se fait tant d'affaires maintenant dans ma partie en

France et en Angleterre, que tout mon temps est diantrement occupé.

» — Buvez-vous un coup? dit le baron en touchant la bouteille du bout de sa pipe.

» — Cela m'arrive plus de neuf fois sur dix; et fameusement encore, répondit la forme sèchement.

» — Quoi, jamais modérément? demanda le baron.

» — Jamais, répliqua la figure en frissonnant; ce n'est bon qu'à mettre en gaieté. »

» Le baron jeta encore un coup d'œil sur son nouvel ami, à qui il trouvait un air on ne peut plus singulier, et finit par lui demander s'il prenait une part active dans le genre d'opérations auxquelles il faisait allusion.

« Non, répliqua la figure d'une manière évasive, mais j'y assiste toujours.

» — Seulement pour juger le coup, je suppose? dit le baron.

» — Précisément, répondit la figure, en badinant avec son pieu, dont elle examinait la pointe. Dépêchez-vous de finir, voulez-vous, parce qu'il y a un jeune gentleman affligé d'une trop grande fortune et sans occupation qui attend après moi, à ce que je peux croire.

» — Un homme qui va se tuer parce qu'il a trop d'argent! s'écria le baron qui n'en pouvait plus de rire; ah! ah! en voilà une bonne. » C'était la première fois depuis longtemps que le baron riait de si bon cœur.

« Je vous en prie, dit la forme d'un ton suppliant et d'un air épouvanté, ne recommencez pas, hein!

» — Pourquoi pas? demanda le baron.

» — Parce qu'il n'y a rien qui me fasse plus de mal; soupirez tant qu'il vous plaira, par exemple : pour cela, ça ne me fait que du bien. »

» Le baron soupira machinalement au mot de soupir : la forme, reprenant tout son entrain, lui passa le couteau de chasse avec la politesse la plus engageante.

« C'est égal, c'est une drôle d'idée, dit le baron, en tâtant le fil de la lame, un homme qui se tue parce qu'il a trop d'argent!

» — Peuh! dit le spectre étourdiment, ce n'est pas plus drôle qu'un homme qui se tue parce qu'il n'en a pas. »

» Le génie se compromit-il sans y penser par ces paroles imprudentes, ou bien croyait-il le baron si bien décidé qu'il pouvait lui dire tout ce qui lui passait par la tête? Je n'en sais rien; mais ce que je sais bien, c'est que le baron s'arrêta tout court, et ouvrit de grands yeux, comme un homme qui se sent illuminé d'une idée nouvelle.

« Au fait, certainement, dit Von Koëldwethout, il n'y a pas de maux sans remède.

» — Excepté un coffre vide, cria le génie.

» — Bon! mais qui est-ce-qui dit qu'on ne peut pas encore le remplir? dit le baron.

» — Des femmes acariâtres, fit le génie en grognant.

» — Oh! si ce n'est que cela, on peut les mettre à la raison.

» — Treize enfants, cria le génie à tue-tête.

» — Ils ne peuvent pas tous mal tourner, » dit le baron.

» Il était visible que le génie devenait féroce, en entendant le baron lui tenir tête sur tous ces points. Cependant il essaya de tourner la chose en plaisanterie et lui demanda quand il aurait fini de rire, qu'il lui en serait très obligé.

« Mais je ne ris pas du tout; je n'ai jamais parlé plus sérieusement, continua le baron.

» — A la bonne heure, j'aime à vous entendre parler comme cela, dit le génie d'un air consterné, parce qu'une plaisanterie, voyez-vous, sans figure de rhétorique, c'est ma mort. Allons! venez; quittez vite ce monde insipide.

» — Je ne sais pas, dit le baron, en jouant tranquillement avec son couteau : je ne sais pas. Certainement ce monde est insipide, je vous l'accorde; mais je ne crois pas que le vôtre soit beaucoup plus amusant, car vous ne m'avez pas du tout l'air d'être personnellement fort à votre aise. Et j'y songe, quelle garantie me donnez-vous que je gagnerai au change, après tout? Tiens! s'écria-t-il en se levant avec vivacité, je n'avais pourtant pas encore pensé à cela!

» — Dépêchons-nous, cria la forme, en grinçant des dents.

» — Passe au large, dit le baron, je ne veux plus me laisser ennuyer plus longtemps, je vais réformer tout cela; je tâterai encore du grand air et de la chasse aux ours; et si cela ne va pas bien, je parlerai comme il faut à la baronne, et je couperai la tête aux Swillenhausen. » Là-dessus le baron retomba dans son fauteuil et poussa un éclat de rire si franc et si bruyant, qu'il en ébranla toute la chambre.

» Le spectre recula de quelques pas, en regardant d'abord le baron avec un air terrifié, puis à la fin il empoigna son pieu, se le plongea avec violence au travers du corps, poussa un hurlement effrayant et disparut.

» Von Koëldwethout ne le revit jamais. Une fois bien décidé à exécuter son projet, il eut bientôt mis à la raison la baronne et les Swillenhausen, et il vécut encore de longues années. Il n'était pas bien riche, à ce qu'on dit, mais il n'en fut pas moins heureux. Il laissa une nombreuse famille, qui avait été soigneusement dressée à la chasse des sangliers et des ours sous sa direction personnelle. Pour moi, je conseille à tous ceux qui se sentiraient ennuyés et tristes pour de pareilles misères, comme il y en a, de bien étudier la question sous ses deux faces, en ayant soin de regarder la meilleure avec un verre grossissant; et, s'ils n'en restaient pas moins tentés de s'en aller sans demander de congé, qu'ils commencent toujours par fumer une grande pipe et boire une bonne bouteille de vin : ils ne peuvent rien faire de mieux que de mettre à profit l'excellent exemple du baron de Grogzwig. »

« Messieurs et mesdames, la voiture est prête, s'il vous plaît, » dit un nouveau conducteur en ouvrant la porte.

Cette nouvelle fit dépêcher le punch en toute hâte et prévint toute discussion sur le conte précédent. On remarqua que M. Squeers tirait à part le gentleman à tête grise et lui adressait une question à laquelle il paraissait attacher un grand intérêt : c'était à l'occasion des Cinq Sœurs d'York. On sut après qu'il désirait savoir combien les couvents du Yorkshire prenaient alors à leurs pensionnaires.

On se remit en route Nicolas dormit jusqu'au lendemain matin, et quand il s'éveilla, il ne retrouva plus, à son grand regret, ni le baron de Grogzwig, ni l'historien des Cinq Sœurs; ils avaient quitté la diligence.

Le jour se passa assez peu agréablement, et le soir, vers six heures, Nicolas, M. Squeers et les petits garçons, avec leur bagage commun, furent descendus ensemble à l'hôtel *George-and-New*, Greta-Bridge.

CHAPITRE VII

M. et Mme Squeers dans leur intérieur.

M. Squeers, arrivé à bon port, laissa sur la route Nicolas et ses élèves (et leur bagage) s'amuser à regarder changer de chevaux, pendant qu'il courait à la taverne s'étirer les jambes au comptoir. Quelques minutes après, il revint, après s'être suffisamment étiré les jambes, autant qu'on pouvait en juger par le coloris de son nez et un léger hoquet. Au même instant sortit de la cour un tilbury crasseux et une charrette, conduite par deux journaliers.

« Mettez les enfants et les malles dans la charrette, dit Squeers en se frottant les mains; ce jeune homme et moi nous allons monter dans le tilbury. Montez, Nicolas. »

Nicolas obéit. M. Squeers eut quelque difficulté à persuader à son roussin de se montrer aussi docile; enfin ils démarrèrent, laissant la charretée d'enfants venir comme elle pourrait.

« Avez-vous froid, Nickleby? demanda Squeers après qu'ils eurent fait un bout de chemin sans rien dire.

— Un peu, monsieur, je l'avoue.

— Bon! je n'y trouve pas à redire, dit Squeers; c'est un voyage un peu long par ce temps-ci.

— Y a-t-il encore loin d'ici à Dotheboys-Hall, monsieur? demanda Nicolas.

— A peu près trois milles encore, répondit Squeers; mais vous n'avez pas besoin de l'appeler ici du nom de Hall[1]. »

Nicolas toussa, comme pour en demander la raison.

« Le fait est que ce n'est pas un Hall, continua Squeers d'un ton sec.

— Ah vraiment! dit Nicolas tout étonné de ce bout de confidence.

— Non! répliqua Squeers. Nous l'appelons Hall à Londres, parce que cela sonne mieux à l'oreille; mais de ce côté-ci on ne le connaît pas sous ce nom-là. Chacun a le droit d'appeler sa maison une île si cela lui fait plaisir; il n'y a pas de loi du Parlement qui l'en empêche, que je crois.

— Je ne crois pas non plus, monsieur, » dit Nicolas.

Squeers jeta un regard de côté sur son compagnon à la fin de ce petit dialogue, et, voyant qu'il était devenu pensif et ne paraissait nullement disposé à renouer la conversation, il s'en vengea sur son poney, qu'il roua de coups de fouet jusqu'au bout du voyage.

1. Hall est ordinairement le titre aristocratique de quelque vieux château.

« Sautez à bas, dit Squeers. Holà, ici! qu'on vienne prendre le cheval et le mettre à l'écurie. Qu'on se dépêche, s'il vous plaît. »

Pendant que le maître de pension poussait ainsi des cris d'impatience, Nicolas eut le temps d'observer que son Hall se composait d'une maison longue, assez triste, bâtie seulement à un étage, avec quelques misérables constructions sur le derrière, une grange et une écurie y attenantes. Une minute ou deux après, on entendit quelqu'un débarrer la porte, et on vit apparaître un grand garçon bien maigre, une lanterne à la main.

« Est-ce vous, Smike? cria Squeers.

— Oui, monsieur.

— Alors, pourquoi diable n'êtes-vous pas venu plus tôt?

— Pardon, monsieur, c'est que je m'étais endormi auprès du feu, dit humblement Smike.

— Du feu! quel feu? où y a-t-il du feu? demanda le maître de pension avec aigreur.

— C'est seulement à la cuisine, monsieur, répliqua l'autre. Madame m'a dit que, comme je veillais, je pouvais y aller me chauffer.

— Votre maîtresse ne sait ce qu'elle dit, repartit Squeers. Vous auriez été diantrement plus exact à veiller au froid, j'en réponds. »

Pendant ce temps-là, M. Squeers avait mis pied à terre, et, après avoir donné l'ordre à son garçon de dételer et de rentrer le cheval, en lui recommandant bien de ne plus lui donner d'avoine jusqu'au lendemain, il dit à Nicolas d'attendre un moment à la porte, pendant qu'il allait faire un tour dans la maison pour l'introduire.

La foule de mécomptes assez désagréables que Nicolas avait eu à subir dans le cours du voyage vint assaillir alors son esprit avec bien plus de force, quand il se vit seul. L'éloignement considérable où il était de sa famille, et l'impossibilité absolue d'y retourner autrement qu'à pied, quelque envie qu'il en eût, se présentèrent à son esprit sous les plus tristes couleurs; et, en levant les yeux sur cette maison lugubre et ses fenêtres sombres, puis après, en les reportant à la ronde sur ce pays désert, couvert de neige, il éprouva un découragement et un désespoir tels qu'il n'en avait jamais ressenti de pareils.

« Vous pouvez venir maintenant! s'écria Squeers, en passant la tête par la porte de face. Où êtes-vous, Nickleby?

— Ici, monsieur, dit Nicolas.

— Entrez donc, dit Squeers: il fait un vent, à cette porte, qui vous coupe la figure. »

Nicolas soupira et se dépêcha d'entrer. M. Squeers, ayant mis le verrou pour tenir la porte fermée, l'introduisit dans un petit parloir chichement garni de quelques chaises. Il y avait une mappemonde jaunâtre accrochée au mur et une couple de tables, sur l'une desquelles étaient servis quelques préparatifs de souper. On voyait sur l'autre un manuel du professeur, une grammaire de Murray, une demi-douzaine de prospectus et une lettre malpropre à l'adresse de l'honorable M. Wackford Squeers, rangés dans une confusion pittoresque.

Il n'y avait pas deux minutes qu'il était dans cette pièce, quand une femme fit un bond dans la chambre, et, saisissant M. Squeers à la gorge, lui appliqua vivement deux gros baisers, l'un après l'autre, comme les deux coups de marteau du facteur à la porte. La dame, grande, forte et sèche comme un os, avait à peu près la tête de plus que M. Squeers, et portait une camisole de nuit en basin; elle était en papillotes, coiffée aussi d'un bonnet de nuit malpropre, orné d'un mouchoir de coton jaune, qui l'attachait sous son menton.

« Comment va mon petit Squeers? dit-elle d'un air folâtre et d'une voix rauque.

— Très bien, mon amour, répliqua Squeers. Comment vont les vaches?

— A merveille, l'une et l'autre, répondit la dame.

— Et les cochons? dit Squeers.

— Aussi bien qu'à votre départ.

— Bon. Dieu soit loué! dit Squeers en ôtant son paletot. Les enfants sont tous comme je les ai laissés, je suppose?

— Oui! oui! ils sont toujours assez bien, répondit Mme Squeers d'un air revêche. Le petit Pitcher a attrapé la fièvre.

— Pas possible! s'écria Squeers. Que le diable emporte ce drôle: il a toujours quelque chose comme ça.

— Je n'ai jamais vu son pareil, sur ma parole, dit Mme Squeers. Quand il a quelque chose, on est bien sûr que ça se gagne. C'est pure obstination de sa part, on ne m'ôtera pas cela de la tête. Je la lui ferais bien passer à coups de canne, moi; voilà plus de six mois que je vous le dis.

— Je ne l'ai pas oublié, m'amour, reprit Squeers. Nous verrons ce qu'il y a à faire. »

Pendant ces tendres épanchements, Nicolas était resté debout, d'un air assez gauche, au milieu de la chambre, ne sachant pas s'il était de trop et s'il devait se retirer dans le couloir ou rester à sa place. M. Squeers ne le laissa pas longtemps dans cette incertitude.

« Voici, dit-il, ma chère, le nouveau jeune homme.

— Ah! répliqua Mme Squeers en faisant un signe de tête pour tout salut à Nicolas et en le toisant froidement des pieds à la tête.

— Il va manger avec nous ce soir, dit Squeers,

et ira avec les élèves demain matin. Vous pouvez lui dresser un lit de sangle pour cette nuit, n'est-ce pas?

— Il faudra toujours bien qu'on s'arrange, reprit la dame. Vous ne vous occupez pas beaucoup de savoir comment vous couchez, monsieur, je suppose?

— Ah! certainement, répondit Nicolas, je ne suis pas difficile.

— Cela se trouve bien, » dit Mme Squeers. A cette heureuse répartie, M. Squeers se mit à rire de tout son cœur, s'attendant à voir Nicolas en faire autant.

Après quelques nouveaux chuchotements entre le maître et la maîtresse sur le succès de la tournée que venait de faire M. Squeers à Londres, sur les gens qui avaient payé, sur ceux qui avaient demandé des délais, etc., une jeune servante vint servir sur la table une tourte du Yorkshire et du bœuf froid, en même temps que M. Smike apparut, un pot d'ale à la main.

M. Squeers était en train de tirer des poches de son paletot des lettres destinées à différents élèves, et d'autres menus objets qu'il avait apportés de son voyage. Le jeune garçon jetait de côté un regard inquiet et timide sur les papiers, dans une espérance fiévreuse qu'il pourrait y en avoir quelqu'un à son adresse. Regard vraiment pénible et qui alla tout de suite au cœur de Nicolas, car il y avait dans ce seul coup d'œil toute une longue et triste histoire.

Ce fut pour lui une occasion de le considérer plus attentivement, et il fut frappé tout d'abord de l'extraordinaire bigarrure des vêtements qui composaient son costume. Quoiqu'il dût avoir au moins dix-huit ou dix-neuf ans, et qu'il fût même assez grand pour cet âge, il portait un habillement enfantin tel qu'on le voit d'ordinaire à de tout petits garçons; ce n'est pas qu'il fût trop étroit pour embrasser sa taille frêle et sa poitrine resserrée, mais il était ridiculement court des canons et des manches. Pour que le bas de ses jambes fût en parfaite harmonie avec ce singulier accoutrement, elles flottaient dans une grande paire de bottes, qui dans l'origine avaient dû avoir des revers; aujourd'hui, après avoir été usées sans doute par quelque fermier robuste, elles étaient trop rapiécées et trop déchirées pour en faire cadeau à un mendiant. Quant à son linge, depuis qu'il était dans cette maison, et Dieu sait s'il y avait longtemps, c'était encore le même, car on voyait remonter autour de son col un jabot d'autrefois, tout en loques, mal caché par une cravate grossière. Avec cela il était estropié. En passant ce pénible examen, Nicolas le voyait faire semblant d'être fort affairé à ranger la table, mais c'était pour gagner du temps et dans l'espérance que ses yeux rencontreraient dans toutes ces lettres quelque chose pour lui. Mais, quand il se vit déçu cette fois encore, son regard était si abattu, si désespéré, que Nicolas pouvait à peine en soutenir la vue.

« Qu'est-ce que vous avez à nous ennuyer là, Smike? s'écria Mme Squeers. Laissez donc tout ça tranquille, entendez-vous?

— Eh! dit Squeers, levant les yeux. Tiens, vous êtes encore là!

— Oui, monsieur, répondit le jeune homme, pressant ses mains l'une contre l'autre, comme pour dominer violemment le tremblement nerveux de ses doigts, y a-t-il...?

— Hein! dit Squeers.

— Avez-vous... quelqu'un a-t-il... est-ce que personne n'a rien entendu dire de ce qui me concerne?

— Du diable, par exemple, s'il en a été question, » répliqua Squeers d'un air maussade.

Le pauvre garçon baissa les yeux, et, portant sa main à sa figure pour cacher ses larmes, il fit un pas vers la porte.

« Pas un mot, continua Squeers; c'est bien fini maintenant. En voilà une bonne aubaine pour moi, qu'on vous ait laissé ici, depuis tant d'années, sans avoir jamais payé que les six premières, sans qu'on ait pu découvrir nulle part à qui vous appartenez! C'est bien agréable pour moi d'avoir eu à nourrir un grand garçon comme vous, sans espoir d'en retirer jamais un sou, n'est-ce pas? »

Le jeune homme porta la main à son front, comme s'il eût fait un effort pour recueillir quelque souvenir ancien, puis, abaissant sur son maître un regard vague et préoccupé, il finit par un sourire niais et se retira en boitillant.

« Je vous dirai, Squeers, fit observer sa femme quand la porte fut fermée, que je crois que Smike tourne à l'imbécillité.

— J'espère que non, dit le maître de pension, car ce garçon-là n'est pas maladroit dans son service, et il gagne bien sa nourriture, à tout prendre. Dans tous les cas, il lui restera toujours bien assez d'esprit pour faire notre ouvrage. Mais, voyons! commençons par souper, car je tombe de faim et de fatigue, et j'ai besoin d'aller me coucher. »

Il n'y avait qu'un bifteck; c'était naturellement pour M. Squeers, qui ne se fit pas prier pour l'expédier avec diligence. Nicolas approcha sa chaise pour se mettre à table, quoique sans appétit.

« Comment trouvez-vous le bifteck, Squeers? dit madame.

— Tendre comme un agneau, répliqua Squeers. En voulez-vous un morceau?

— Il me serait impossible de rien prendre, répondit son épouse. Qu'est-ce que je vais donner au jeune homme, mon bon ami ?

— Tout ce qu'il voudra de ce qui est servi sur la table, répondit Squeers dans un accès de générosité inaccoutumée.

— Que voulez-vous, monsieur Knuckleboy ? demanda alors Mme Squeers.

— Je prendrai un peu de tourte, s'il vous plaît ; très peu, car je n'ai pas faim.

— Ma foi ! ce serait dommage d'entamer la tourte si vous n'avez pas faim ; qu'en dites-vous ? lui demanda Mme Squeers. Voulez-vous essayer d'un morceau de bœuf ?

— Tout ce qu'il vous plaira, répondit Nicolas machinalement ; cela m'est parfaitement égal. »

Mme Squeers parut on ne peut plus satisfaite en recevant cette réponse : elle fit à Squeers un signe de tête qui voulait dire qu'elle était charmée de voir le jeune homme comprendre sa position, et elle récompensa Nicolas d'une tranche de viande qu'elle lui coupa de ses propres et gracieuses mains.

« Faut-il de l'ale, mon petit Squeers ? demanda la dame avec des clins d'œil et des mines à la dérobée, pour lui faire comprendre que le sens de sa question n'était pas de savoir s'il en voulait pour lui, mais s'il fallait aussi en faire donner à Nicolas.

— Certainement, dit Squeers avec le même procédé de signes télégraphiques, un plein verre. »

Nicolas eut donc un plein verre d'ale, et, comme il était absorbé dans ses réflexions, il le but sans se douter, dans son heureuse innocence, de tout ce petit manège.

« Rien de plus succulent que ce bifteck, dit Squeers en remettant sur la table son couteau et sa fourchette avec lesquels il s'amusait en silence depuis quelque temps.

— C'est de la viande de première catégorie, reprit la dame. Je suis allée moi-même acheter un bon gros morceau exprès pour...

— Pour... ? s'écria Squeers vivement. Ce n'est pas pour les... ?

— Non, non, pas pour eux, répliqua Mme Squeers. Je l'ai acheté exprès pour vous, pour votre retour à la maison. Ah ! bien, c'est bon ! si vous croyez que je suis femme à faire de ces étourderies-là !

— Ma parole d'honneur, ma chère, je ne savais pas ce que vous alliez me dire, dit Squeers, qui en était encore pâle de saisissement.

— Vous n'avez pas besoin de vous tourner le sang, dit sa femme en riant aux éclats. Vous me croyez donc bien nigaude ! c'est bon ! »

Pour bien comprendre ce bout de conversation, il faut savoir que, selon la rumeur publique, M. Squeers passait, dans tout le voisinage, pour avoir des sentiments si charitables à l'égard des animaux, que, plutôt que de les faire tuer exprès, il préférait, pour la consommation de ses pensionnaires, acheter de temps en temps une vache morte de sa belle mort. Et peut-être que, dans tout cet imbroglio, il avait craint un moment d'avoir dévoré sans le savoir quelque bon morceau de ce genre destiné aux jeunes gentlemen de Dotheboys-Hall.

Le souper fini, et la table desservie par une petite servante qui regardait les plats d'un œil affamé, Mme Squeers se retira pour les enfermer sous clef, et aussi pour serrer les effets des cinq écoliers qui venaient d'arriver, et qui, par suite du froid extrême auquel ils avaient été exposés, n'avaient plus grand' chose à faire pour être convertis en de véritables glaçons. On les régala à souper d'une bonne petite soupe, puis on les fit coucher côte à côte dans un petit lit étroit pour se tenir chaud ; là, rien ne les empêcha de rêver à leur aise de quelque repas substantiel couronné d'un bon feu à l'âtre. Leur imagination pouvait se donner carrière, et ne s'en fit pas faute, je l'espère.

M. Squeers s'administra une grande canette de grog à l'eau-de-vie, où cette liqueur n'avait admis le mélange de l'eau que sur le pied d'une parfaite égalité, pour faire mieux fondre le sucre, et son aimable moitié prépara pour Nicolas l'ombre d'un petit verre du même liquide. Après cela, M. et Mme Squeers s'approchèrent du feu, et, les pieds étendus sur les chenets, se chuchotèrent quelques secrets à l'oreille, pendant que Nicolas, prenant le manuel du professeur, lisait les légendes intéressantes réunies dans le chapitre des *mélanges*, et regardait les images par-dessus le marché, sans savoir plus ce qu'il faisait que s'il avait été plongé dans un sommeil magnétique.

M. Squeers, à la fin, poussa d'horribles bâillements, et fut d'avis qu'il était grand temps d'aller se coucher. A ce signal, Mme Squeers et sa servante tirèrent dans la chambre une petite paillasse et une couple de couvertures, et en firent un lit pour Nicolas.

« Demain, dit Squeers, nous vous mettrons, monsieur Nickleby, dans une véritable chambre à coucher. Voyons ! Qu'est-ce qui couche dans le lit de Brooks, ma chère amie ?

— Le lit de Brooks ? dit Mme Squeers réfléchissant. Il y a d'abord Jennings, puis le petit Bolder, Graymarsh, et... comment donc s'appelle l'autre ?

— Oui, je sais, reprit Squeers ; ainsi Brooks est complet.

On vit se ranger avec docilité une demi-douzaine de spectres. (P. 53.)

— Complet! disait en lui-même Nicolas; je crois bien.

— Il y a une place quelque part, c'est tout ce que je sais, dit Squeers; mais je ne puis pas me rappeler où pour le moment. N'importe, tout cela s'arrangera demain. Bonsoir, Nickleby. Demain, à sept heures du matin; n'y manquez pas.

— Je serai prêt, monsieur, répliqua Nicolas. Bonsoir.

— Je viendrai vous montrer moi-même où est le puits, dit Squeers; quant au savon, vous en trouverez toujours un morceau dans l'embrasure de la fenêtre de la cuisine; celui-là est pour vous. »

Nicolas ouvrit les yeux et ferma la bouche, et Squeers s'en alla; mais il revint encore sur ses pas.

« Je ne sais en vérité pas où trouver à vous donner une serviette pour votre toilette, mais vous trouverez toujours bien quelque chose demain matin. Mme Squeers arrangera tout cela dans le courant de la journée. Ne l'oubliez pas, ma chère.

— C'est bon, c'est bon, on y pensera, répliqua Mme Squeers; et vous, jeune homme, pensez aussi à être là de bonne heure pour vous laver le premier : c'est un droit du maître, mais ils ne manquent pas de s'en faire du bien, quand ils peuvent. »

Alors M. Squeers fit un signe à Mme Squeers d'emporter la bouteille d'eau-de-vie, de peur que Nicolas ne lui dît deux mots pendant la nuit, et la dame, la saisissant avec ardeur, se retira en même temps que son mari.

Nicolas, resté seul, fit cinq ou six fois à grands pas le tour de sa chambre dans un état d'agitation nerveuse facile à concevoir; mais il se calma par degrés, s'assit sur une chaise, se raisonna, et finit par se promettre, coûte que coûte, de faire, en attendant mieux, tous ses efforts pour supporter les maux qu'il allait avoir à subir encore; car il se rappelait le dénûment de sa mère et de sa sœur, et ne voulait pas donner à son oncle le moindre prétexte de les abandonner dans leur malheur. Il est rare qu'une bonne résolution ne produise pas un bon effet sur l'âme qui l'a prise. Il se sentit moins découragé, et même (voyez un peu l'ardeur et la vivacité de la jeunesse!) il alla jusqu'à se flatter de l'espérance qu'il ne serait peut-être pas si mal à Dotheboys-Hall qu'il en avait l'air.

Il allait donc se mettre au lit avec une petite recrudescence de bonne humeur, quand il fit tomber de la poche de son habit une lettre cachetée. Dans son ahurissement en quittant Londres, il n'y avait plus pensé et ne l'avait pas revue depuis; mais il se rappela aussitôt la conduite mystérieuse de Newman Noggs.

« Ah ! mon Dieu ! dit Nicolas, quelle singulière écriture ! »

La lettre était à son adresse, écrite sur un papier dégoûtant, et les caractères en étaient presque illisibles à force d'être tremblés et griffonnés. Il eut bien du mal à se tirer de là, mais pourtant il finit par réussir à lire ce qui suit :

« Mon cher jeune homme,

» Je connais le monde; votre père ne le connaissait pas : c'est ce qui fait que, dans une occasion, il a été bon pour moi, qui ne pouvais pas le lui rendre. Vous, vous ne le connaissez pas non plus : c'est ce qui fait que vous vous êtes décidé à ce voyage.

» Si jamais vous avez besoin d'un toit à Londres (ne vous fâchez pas : il fut un temps où je n'aurais jamais cru en avoir besoin), adressez-vous à l'enseigne de la *Couronne*, Silver-street, Golden-square : on vous dira là où je demeure. C'est au coin de Silven-street et de James-street : il y a à la maison une porte grillée qui donne sur les deux rues. Vous pouvez venir la nuit. Autrefois personne ne se serait cru déshonoré de..., mais ne parlons plus de ça. C'est une affaire finie.

» Excusez mes fautes. Je ne sais plus ce que c'est que de porter un habit qui n'est pas rapiécé. J'ai perdu toutes mes anciennes habitudes; mon orthographe peut bien avoir suivi le reste.

» Newman Noggs. »

« *P. S.* Si vous passez près de Barnard-Castle, vous trouverez de bonne ale à la *Tête-du-roi*. Dites que vous êtes de ma connaissance, et vous n'en serez que mieux traité. Là, par exemple, vous pouvez dire *Monsieur* Noggs, car j'ai été un gentleman dans mon temps; mais c'est passé. »

Je ne sais pas si c'est une circonstance qui paraîtra digne de remarque à nos lecteurs; mais, après avoir plié cette lettre et l'avoir mise dans son portefeuille, les yeux de Nicolas Nickleby se mouillèrent de quelque chose qui ressemblait bien à des larmes.

CHAPITRE VIII

Administration économique de Dotheboys-Hall.

Je défie l'esprit le plus ingénieux d'imaginer un moyen plus sûr de transformer le lit le plus dur en lit de duvet qu'un voyage d'une quarantaine de lieues en diligence par un temps froid. Peut-être même est-ce aussi le meilleur moyen d'embellir les songes. Du moins ceux qui voltigèrent autour de Nicolas sur sa couche rustique, et qui vinrent lui murmurer à l'oreille ces riens vaporeux qui sont le bonheur des rêves, furent de la nature la plus agréable. Il était en train de faire une fortune des plus rapides, quand la faible lueur d'un lumignon presque éteint brilla devant ses yeux; en même temps une voix qu'il n'eut pas de peine à reconnaître pour appartenir bel et bien à M. Squeers, l'avertit qu'il était temps de se lever.

« Il est sept heures passées, Nickleby, dit M. Squeers.

— Sommes-nous déjà au matin? demanda Nicolas en se dressant sur son séant.

— Oh! pour ça oui, et un matin où il gèle bien fort, répliqua Squeers. Allons ! Nickleby, sur pied, et promptement. »

Nicolas ne demanda pas son reste, et fut sur pied à l'instant; il se mit à s'habiller, à la lumière de la chandelle que M. Squeers avait à la main.

« En voilà un bon tour ! dit le maître de pension, et la pompe qui est gelée !

— Vraiment ! dit Nicolas, qui ne comprenait pas bien l'importance de cette communication.

— Certainement, répliqua Squeers. Vous ne pourrez pas vous laver ce matin.

— Ne pas me laver ! s'écria Nicolas.

— Non, il n'y a pas à y penser, continua Squeers avec aigreur. Ainsi vous ferez bien de vous frotter à sec, en attendant qu'on puisse casser la glace dans le puits et en tirer un plein baquet d'eau pour la toilette des élèves. Allons ! ne restez pas là à me regarder comme une histoire; dépêchez-vous, n'est-ce pas? »

Sans autre explication Nicolas s'habille à la hâte; pendant ce temps-là, Squeers ouvre les volets et souffle la chandelle; on entend alors dans le corridor la voix de son aimable moitié qui demande à entrer.

« Entrez, m'amour, » dit Squeers.

Mme Squeers entra, toujours avec la même camisole de nuit qui, la veille au soir, faisait valoir sa taille élégante, mais avec un ornement de plus : c'était un chapeau de feutre qui n'en était pas non plus à son premier printemps, et qu'elle portait sans gêne et sans cérémonie par-dessus le bonnet de nuit dont nous l'avons vue coiffée.

« Chienne de cuiller, dit la dame en ouvrant le buffet, je ne peux pourtant pas retrouver la cuiller de l'étude.

— Ne vous inquiétez pas de cela, chère amie, observa Squeers d'un ton doucereux, cela n'a pas d'importance.

— Pas d'importance! répéta vivement Mme Squeers; pas d'importance! c'est bientôt dit. Est-ce que ce n'est pas aujourd'hui jour de soufre?

— C'est vrai, ma chère, reprit Squeers; vraiment je n'y pensais pas; c'est vous qui avez raison... Voyez-vous, monsieur Nickleby, nous purifions de temps en temps la masse du sang chez les élèves.

— Nous ne purifions rien du tout, dit madame. N'allez pas croire, jeune homme, que nous sommes gens à dépenser de la fleur de soufre à la mélasse, tout bonnement pour leur purifier ce qu'il dit là; car, si vous vous imaginez que c'est comme cela que nous faisons les affaires, vous n'y trouverez pas votre compte; j'aime mieux vous le dire tout franchement.

— Ma chère amie, dit Squeers en fronçant le sourcil; hem!

— Oh! je me moque bien de ça, reprit Mme Squeers; si le jeune homme vient pour enseigner ici, il vaut mieux qu'il sache tout de suite que nous ne faisons pas de folie pour les enfants. On leur donne du soufre et de la thériaque, en partie parce que, si on ne les médicamentait pas un peu, ils auraient toujours quelque chose à soigner, ce qui nous donnerait du mal, et surtout parce que cela engourdit leur appétit et que ça revient moins cher que le déjeuner et le dîner. Ainsi cela leur fait du bien, cela ne nous fait pas de mal, et tout est pour le mieux. »

Après avoir donné cette explication, Mme Squeers passa la tête dans le placard, à la recherche de la cuiller, et M. Squeers se mit de la partie. Il en profita pour échanger avec elle quelques paroles à moitié étouffées par la porte du buffet : tout ce que Nicolas put distinguer, c'est que M. Squeers traitait ce qu'elle venait de dire d'imprudence, et que Mme Squeers traitait ce qu'il disait de bêtises.

Toutes ces recherches et ce remue-ménage n'aboutissant à rien, on fait venir Smike, bousculé par Mme Squeers, gourmé par M. Squeers; ces traitements actifs lui ouvrent l'intelligence, et il se permet d'insinuer que Mme Squeers pourrait bien avoir la cuiller dans sa poche, ce qui se trouva exact. Mais, comme Mme Squeers avait commencé par protester qu'elle était bien sûre que ce n'était pas vrai, Smike n'y gagna qu'un soufflet de plus pour lui apprendre à contredire sa maîtresse, avec la promesse d'une bonne volée la première fois qu'il lui arriverait de lui manquer encore de respect.

« Une femme qui vaut son pesant d'or, cette femme-là, monsieur Nickleby, dit Squeers pendant que sa douce amie se retirait en colère, poussant devant elle son souffre-douleur.

— Vraiment oui! répondit Nicolas.

— Je n'ai jamais vu sa pareille, dit M. Squeers, je n'ai jamais vu sa pareille. Cette femme-là, monsieur Nickleby, est toujours la même, toujours remuante, vive, active, économe comme vous la voyez là. »

Nicolas soupira malgré lui en pensant à l'agréable horizon qui s'ouvrait devant lui; heureusement que Squeers était trop occupé de ses propres réflexions pour remarquer ce soupir.

« Il est tout naturel, quand je suis à Londres, continua M. Squeers, que je la représente comme une mère pour tous ses élèves. Mais c'est plus qu'une mère pour eux, dix fois plus qu'une mère. Elle fait pour eux, monsieur Nickleby, des choses que la moitié des autres mères ne feraient pas pour leurs propres enfants.

— Pour cela, j'en suis bien sûr, » dit Nicolas.

Le fait est que M. Squeers et Mme Squeers s'accordaient tous deux à regarder leurs élèves comme des ennemis naturels. En d'autres termes, toute leur affaire, toute leur occupation, c'était de tirer de chaque enfant tout ce qu'il pouvait rendre; à cet égard, ils agissaient dans un concert parfait. Toute la différence, c'est que, chez Mme Squeers, c'était une guerre intrépide et déclarée, tandis que Squeers, même à Dotheboys-Hall, couvrait toutes ses roueries d'une légère couche d'hypocrisie, comme s'il se fût flatté d'arriver quelque jour à se faire illusion à lui-même, jusqu'à se persuader qu'il était véritablement un bon enfant.

« Mais, allons! dit Squeers, interrompant le cours des réflexions que son adjoint commençait à faire sur son sujet, allons à l'étude; donnez-moi un coup de main pour passer mon habit de classe, voulez-vous? »

Nicolas aida son maître à passer en effet un vieux costume de chasse en futaine qu'il décrocha dans le corridor. Et Squeers, armé d'une canne, le mena à travers la cour, à une porte qui s'ouvrait sur le derrière de la maison.

« C'est ici, dit le maître de pension en le faisant entrer avec lui : voilà notre bazar, Nickleby. »

Le tableau qui se présenta alors à Nicolas offrait une scène si confuse, et tant d'objets à la fois appelèrent son attention et sa curiosité, qu'il commença par regarder, tout ébahi, sans rien démêler. Cependant, petit à petit, il vit que l'étude se composait d'une chambre nue et malpropre, éclairée par deux fenêtres dont un carreau sur dix était de verre, les autres étant recouverts de feuilles de papier arrachées à quelques vieux cahiers. On y voyait une couple de longues tables à pupitre, vieilles et délabrées, avec des coupures de canif, des entailles, des taches d'encre, enfin toutes les traces de désordre imaginables; deux ou trois bancs, un pupitre détaché pour Squeers, un autre pour son maître auxiliaire. Le plafond, comme celui d'une grange, était supporté par des poutres et des solives apparentes; quant aux murs, ils étaient si tachés, si noircis, qu'il eût fallu bien de l'habileté pour décider s'ils avaient jamais reçu une couche de peinture ou de badigeon.

Mais c'étaient les élèves! cette jeune noblesse dont avait parlé Ralph. C'est pour le coup que les dernières et faibles lueurs d'espérance qui brillaient encore au cœur de Nicolas de trouver au moins quelque intérêt dans les efforts qu'il était résolu à faire s'effacèrent à la vue de ce sinistre entourage! Des visages pâles et des yeux hagards, des charpentes maigres et osseuses, des physionomies de vieillards sur des têtes d'enfants, des êtres difformes dont les membres étaient emprisonnés dans des ferrements orthopédiques, des petits garçons rabougris ou d'autres dont les jambes fluettes pouvaient à peine porter le poids de leurs corps voûtés, voilà l'ensemble qui frappa sa vue tout d'abord. Des yeux chassieux, des becs-de-lièvre, des pieds bots, toutes les difformités et les contorsions physiques qui expliquaient, sans la justifier, l'aversion dénaturée montrée par les parents en délaissant ainsi leurs enfants, ou qui annonçaient que ces pauvres créatures avaient été, dès leur bas âge, les tristes victimes d'une horrible cruauté et d'une négligence coupable. Peut-être quelques-unes de ces figures seraient devenues belles, si elles n'avaient pas été altérées par le sentiment incessant d'une souffrance impitoyable. Il ne restait plus que la jeunesse, mais la jeunesse sans la vivacité de ses yeux, la beauté de ses traits; ou plutôt il ne restait plus à l'enfant que sa faiblesse. Il y avait des visages empreints déjà de l'habitude du vice, dont les regards ternes et les yeux plombés rappelaient les voleurs dans les geôles; il y avait encore d'innocentes créatures qui payaient dans leur santé les fautes et l'immoralité de leurs pères, réduites à regretter avec des larmes la nourrice mercenaire de leur enfance, perdus et solitaires dans cette solitude même. Toute sympathie, toute affection tendre séchée dans son germe, tout sentiment jeune et frais étouffé sous le fouet ou éteint par la faim, toutes les passions de haine et de vengeance qui peuvent couver dans une âme ulcérée, étendant chaque jour leur ravage en silence jusqu'au cœur même de la vie. Quel début dans le monde, quel enfer dans l'avenir!

Cependant cette scène, toute pénible qu'elle était, avait encore ses contrastes grotesques qui auraient pu provoquer un sourire chez un observateur moins sensible que Nicolas. Mme Squeers, debout devant un pupitre, trônant au-dessus d'une immense bassine de soufre et de thériaque, administrait tour à tour, à chaque élève, sa part de ce cordial délicieux. Elle se servait pour cela d'une cuiller de bois grossier, fabriquée sans doute à son origine pour quelque tête de géant, et qui élargissait à l'infini la bouche de chaque convive; car ils étaient obligés tous, sous peine de se voir soumis à des corrections corporelles qui n'étaient pas une plaisanterie, d'avaler d'une bouchée tout le contenu de la cuiller. Dans un autre coin de la salle, ramassés ensemble en un petit groupe, étaient les nouveaux venus de la veille; il y en avait trois avec de grandes culottes de peau, et deux avec des pantalons un peu plus étroits que des caleçons de bain ordinaires. Enfin, pas loin de là siégeait le jeune fils, l'héritier présomptif de M. Squeers, portrait frappant de son père, se débattant entre les mains de Smike, et lui donnant des coups de pied de toutes ses forces, pendant que cet infortuné lui essayait une paire de bottes neuves, qui ressemblaient d'une manière suspecte à celles que portait, dans le voyage, le plus jeune des recrues d'hier; et celui-ci en paraissait inquiet lui-même, à l'air pétrifié dont il regardait ses bottes passer en d'autres pieds. Après cela venait une longue file d'écoliers attendant, avec une physionomie qui annonçait peu d'appétit, qu'on les passât à la thériaque. Une autre bande, qui venait justement de subir cette régalade, faisait des contorsions et des grimaces dont la variété témoignait peu de satisfaction intérieure. L'ensemble présentait une collection d'habillements extraordinaires, dont la bigarrure, mal assortie, aurait fait rire aux larmes, sans le spectacle hideux de la malpropreté, du désordre, de l'air maladif qui régnaient dans tout cela.

« A présent, dit Squeers, donnant sur son pupitre avec sa canne un grand coup qui fit presque sauter les petits garçons hors de leurs bottes, a-t-on fini la médecine?

— C'est fait, dit Mme Squeers, en étouffant le dernier élève dans son empressement, et en lui appliquant, pour le remettre, un coup de la cuiller de bois sur le front. Allons, Smike, enlevez; dépêchez-vous. »

Smike emporta bien vite la bassine, et Mme Squeers, ayant appelé un petit garçon avec des cheveux crépus pour s'essuyer les mains après, suivit de près Smike dans une espèce de buanderie, où se trouvait une large bouilloire sur un petit feu, avec un nombre considérable de petites écuelles de bois en rang sur une table.

Mme Squeers, aidée de la servante affamée, versa dans ces écuelles une composition de couleur brune, qui ressemblait assez à une infusion de pelotes, moins l'enveloppe et les épingles, et que l'on décorait du nom de potage. Chaque écuelle avait sa petite croûte de pain bis, et, quand le pain leur avait fait avaler le potage, ils finissaient de manger le pain trempé dans le potage et le déjeuner était fait. Sur quoi M. Squeers disait les grâces d'une voix solennelle : « Pour ce que nous avons reçu, Seigneur, donnez-nous des sentiments de sincère reconnaissance. » Et il allait déjeuner à son tour.

Nicolas prit aussi une écuellée de potage pour distendre son estomac, comme on dit que font les sauvages qui, par précaution, avalent de la terre, pour éviter d'être incommodés par la faim quand ils n'auront rien à manger. Puis il n'eut garde d'oublier la tartine de pain beurré, l'une des prérogatives de son emploi, et s'assit en attendant l'ouverture de la classe.

Il ne pouvait assez s'étonner de voir tous les élèves si tristes et si silencieux. Point de ce bruit ni de ces clameurs qui se font entendre d'ordinaire dans les récréations; point de jeux animés, point de cette gaieté qui part du cœur. Les enfants étaient accroupis et grelottants sur leurs bancs; ils n'avaient pas la force ou le courage de se remuer. Le seul d'entre eux qui montrât quelque disposition au mouvement et au jeu, c'était maître Squeers; mais, comme son principal amusement était de marcher sur les pieds de ses camarades avec le talon de ses bottes neuves, sa belle humeur était plus déplaisante qu'agréable.

Une demi-heure après, M. Squeers reparut, et les écoliers reprirent leur place et leurs livres. Ce dernier avantage était le privilège d'un sur huit environ, les autres s'en passaient. Puis quelques minutes de recueillement, pendant lesquelles M. Squeers parut réfléchir profondément, comme un homme qui possédait à fond tout ce qu'il y avait dans les livres, et qui les réciterait par cœur d'un bout à l'autre s'il voulait s'en donner la peine. Enfin il appela la première division.

A cet appel, on vit se ranger avec docilité, en face du pupitre du maître, une demi-douzaine de spectres, bons pour servir d'épouvantail aux moineaux, les genoux et les coudes percés; l'un d'eux plaça sous les yeux de son docte instituteur un livre malpropre et déchiré.

« Voici la première division, Nickleby, celle d'orthographe et de philosophie, dit Squeers, en faisant signe à Nicolas de se tenir debout auprès de lui. Nous allons en faire une de latin que je vous repasserai. Voyons, maintenant, où est le premier?

— Pardon, monsieur, il est à nettoyer les vitres de la fenêtre du parloir, dit celui qui le remplaçait à la tête de la classe de philosophie.

— C'est juste, répliqua Squeers. Nous employons un système d'enseignement pratique, Nickleby : le système d'éducation rationnelle. N-e-t, *net;* t-o-y, *toy*, NETTOY ; e-r, *er*, NETTOYER ; verbe actif qui veut dire rendre net, essuyer. F-e, *fe;* n-ê, *nê*, FENÊ; t-r-e, *tre*, FENÊTRE; qui veut dire une croisée. Quand l'élève a appris cela dans son livre, il va vite appliquer ses connaissances acquises. Absolument le même principe que la pratique des globes et sphères. Où est le second?

— Pardon, monsieur, il est à sarcler le jardin, reprit une petite voix.

— C'est juste, dit Squeers, sans se déconcerter le moins du monde. C'est juste. B-o, *bo;* t-a, *ta*, BOTA ; n-i, *ni*, BOTANI ; q-u-e, *que*, BOTANIQUE ; nom substantif qui veut dire connaissance des plantes. Quand il a appris que la botanique est un moyen de connaître les plantes, il va les étudier sur place. Voilà notre système, Nickleby; qu'est-ce que vous dites de ça?

— C'est un système fort utile, dans tous les cas, répondit Nickleby.

— Je crois bien, reprit Squeers, sans faire attention à l'équivoque. Numéro trois, qu'est-ce qu'un cheval?

— Une bête, monsieur, répondit l'enfant.

— C'est cela, dit Squeers. N'est-ce pas, Nickleby?

— Je ne crois pas qu'il y ait de doute à cet égard, monsieur, répliqua Nickleby.

— Certainement non, dit Squeers : un cheval est un quadrupède, et quadrupède, en latin, veut dire bête, comme le savent tous ceux qui ont appris la grammaire; ou autrement à quoi servirait d'avoir des grammaires?

— A rien du tout, dit Nicolas, ne sachant que dire.

— Comme vous savez très bien cela, reprit Squeers, s'adressant à l'élève, allez panser mon cheval et étrillez-le bien, ou c'est moi qui vous étrillerai comme il faut. Reste de la classe, allez tirer de l'eau jusqu'à ce qu'on vous dise qu'en voilà assez, car c'est demain jour de lessive, et il faut emplir les chaudières. »

Cela dit, il congédia la première division, l'envoya se livrer à ses applications de philosophie pratique, et regarda Nicolas d'un œil demi-malin, demi-méfiant, en homme qui ne sait trop qu'en dire.

« Voilà notre méthode, Nickleby, dit-il après une pause.

— Je vois bien, dit Nicolas, haussant les épaules sans qu'on s'en aperçût.

— Elle est très bonne, la méthode, continua Squeers. A présent, ces quatorze petits garçons, faites-les lire, parce qu'il est temps que vous vous rendiez utile. Il n'y a pas à perdre son temps, ici, cela n'irait pas. »

M. Squeers, en effet, était de mauvaise humeur: il venait de faire la réflexion qu'il était de sa dignité de ne pas être si parlant avec son subalterne, surtout quand son subalterne ne lui parlait pas assez avec éloge de son établissement. Les enfants se rangèrent donc en demi-cercle autour du nouveau maître, et il eut bientôt à entendre leur voix monotone, traînante, hésitante, ressasser ces histoires d'un intérêt tragique qu'on ne trouve que dans les anciennes Croix de Jésus.

La matinée se passa assez péniblement dans cette occupation intéressante. A une heure, les élèves, dont on avait commencé par épuiser l'appétit avec une bonne pâtée de pommes de terre, s'attablèrent, dans la cuisine, devant un morceau coriace de bœuf salé, dont Nicolas reçut la gracieuse permission d'emporter sa part à son pupitre solitaire, pour y manger en paix. Après cela, il y eut encore une heure de récréation, employée, comme l'autre, à se tenir accroupis et grelottants de froid dans l'étude, jusqu'à ce que la classe commençât.

Après chaque tournée de M. Squeers à Londres, il avait pour habitude, deux fois par an, de réunir tous ses élèves, et de leur adresser une espèce de rapport sur ceux de leurs parents ou amis qu'il avait pu voir, les nouvelles qu'il avait recueillies, les lettres qu'il avait apportées, les mémoires qui avaient été acquittés, les comptes qui étaient restés en arrière, et ainsi de suite. Cette séance solennelle avait toujours lieu dans l'après-midi du jour qui suivait son retour; peut-être était-ce pour enseigner aux enfants à se posséder eux-mêmes et à maîtriser leur impatience pour acquérir de la force d'âme que M. Squeers ne la faisait pas le matin. Peut-être était-ce aussi pour se donner à lui-même le temps d'acquérir un esprit plus ferme et une justice plus inflexible à l'aide de quelques liquides généreux qu'il se permettait d'ordinaire après son premier dîner. Quoi qu'il en soit, les élèves furent donc rappelés, qui du nettoyage des vitres, qui du jardin, qui de l'écurie, qui de l'étable, et la pension se trouvait réunie en grand conclave, quand M. Squeers, tenant en main une liasse de papiers, et Mme Squeers, tenant en main une paire de houssines, entrèrent dans la chambre. M. Squeers réclama ainsi du silence avec douceur :

« Le premier qui dit un mot sans permission, je l'écorche tout vif. »

Cet avertissement amical produisit tout de suite l'effet désiré, et un silence funèbre régna dans l'assemblée. M. Squeers continua :

« Chers élèves, je suis allé à Londres, et je suis revenu dans le sein de ma famille et au milieu de vous aussi fort et aussi bien portant que jamais. »

Fidèles à la coutume qui permettait l'enthousiasme deux fois par an, les élèves poussèrent trois acclamations à cette nouvelle intéressante. Quelles acclamations! c'étaient plutôt des soupirs grelottants.

« J'ai vu des parents de quelques élèves, continua Squeers en feuilletant ses notes, et ils sont si enchantés des soins donnés à leurs enfants, qu'ils ne songent pas du tout à les retirer, ce qui est naturellement une chose bien agréable à penser pour tout le monde. »

Quand Squeers fit cette déclaration, trois ou quatre mains se portèrent à trois ou quatre visages, pour se frotter les yeux; mais la plus grande partie de ces jeunes gentlemen, ne se connaissant ni père ni mère, ne prirent pas naturellement un grand intérêt à ces renseignements.

« J'ai eu cependant, dit Squeers, en prenant un air mécontent, à surmonter quelques désagréments. Le père de Bolder s'est mis en arrière avec moi de cinquante-deux francs cinquante. Où est Bolder?

— Tenez, monsieur, le voici, répondirent vingt voix officieuses; car les enfants et les hommes faits, cela se vaut.

— Venez ici, Bolder, » dit Squeers.

Un petit garçon maladif, les mains pleines de verrues, sortit de sa place pour aller au pupitre du maître et leva des yeux suppliants sur la figure de Squeers; la sienne était blanche comme un linge : son cœur battait si fort!

« Bolder, dit Squeers, d'un ton très lent, car pendant ce temps-là il cherchait, comme on dit, le défaut de la cuirasse. Bolder, si votre père croit que, parce que... tiens! qu'est-ce que vous avez donc là, monsieur? »

Squeers, en disant cela, considérait la main de l'enfant, en le tenant par la manche de sa veste, et en détournant ensuite les yeux avec un sentiment édifiant d'horreur et de dégoût.

« Comment appelez-vous cela, monsieur? dit-il, en lui administrant en même temps un coup de canne pour lui faciliter la réponse.

— Je ne peux pas empêcher cela, je vous assure, monsieur, reprit l'enfant en pleurant, ça vient tout seul : je crois bien que c'est cette sale besogne que je fais qui me les donne; enfin ce que je sais bien, c'est que ce n'est pas ma faute.

— Bolder, dit Squeers, en retroussant ses manches et en crachant dans le creux de sa main droite pour mieux empoigner sa canne, vous êtes un incorrigible petit garnement, et, puisque la dernière raclée ne vous a pas mieux réussi, nous allons essayer d'une autre. »

A ces mots, sans aucune pitié pour l'enfant qui criait miséricorde, M. Squeers tomba sur lui à grands coups de canne, et ne cessa que lorsqu'il se sentit le bras fatigué.

« Là! dit Squeers, quand il eut fini son exécution, frottez-vous à présent tant que vous voudrez, vous avez de quoi frotter. Ah! voulez-vous vous taire? Il ne se taira pas. Smike, mettez-le dehors. »

Le souffre-douleur de Dotheboys-Hall avait appris par une longue expérience à ne pas délibérer au lieu d'obéir ; il se dépêcha de flanquer la victime à la porte, et M. Squeers retourna se percher sur son tabouret, avec l'aide de Mme Squeers qui en occupait un autre à ses côtés.

« A présent, voyons, dit Squeers; une lettre pour Cobbey. Levez-vous, Cobbey. »

Cobbey se leva et regarda la lettre fixement, pendant que M. Squeers en prenait tout bas connaissance.

« Ah! dit M. Squeers, la grand'maman de Cobbey est morte et son oncle Jean s'est mis à boire; voilà toutes les nouvelles que sa sœur lui envoie, avec trente-six sous, qui vont justement servir à payer ce carreau cassé, vous savez? Madame Squeers, ma bonne amie, voulez-vous prendre l'argent? »

La digne ménagère empocha les trente-six sous d'un air affairé, et Squeers passa au suivant avec gravité.

« Graymarsh, levez-vous. »

Graymarsh se lève donc à son tour, et le maître de pension parcourt la lettre comme pour les autres.

« La tante maternelle de Graymarsh, dit Squeers, qui s'était pénétré du contenu de la lettre, est très contente d'apprendre qu'il soit si bien portant et si heureux. Elle adresse ses compliments respectueux à Mme Squeers, et la regarde comme un ange sur la terre. Elle regarde aussi M. Squeers comme trop vertueux pour ce monde; elle espère cependant que Dieu voudra bien l'y conserver, pour continuer ses affaires. Elle aurait bien voulu envoyer à Graymarsh la paire de bas qu'il avait demandée; mais elle était à court d'argent et ne pouvait que lui adresser à la place les *Pensées du chrétien*, en lui recommandant de mettre sa confiance dans la sainte Providence. Elle compte surtout qu'il s'étudiera en toute chose à faire plaisir à M. et Mme Squeers et à les considérer comme ses seuls amis au monde. Qu'il aime aussi le jeune M. Squeers et ne fasse plus aucune difficulté de coucher cinq dans un lit, ce qui serait une conduite peu chrétienne. Ah! dit Squeers, en repliant le papier, quelle lettre délicieuse! on ne peut plus touchante vraiment! »

Ce qu'il y avait de plus touchant en effet, c'est que la tante maternelle de Graymarsh était regardée par ses amies les plus intimes comme la véritable mère de l'enfant. Toutefois, sans faire allusion à cet accident (ce qu'il eût trouvé trop immoral devant ses élèves), il poursuivit le cours de ses opérations en appelant « Mobbs ». Mobbs se leva et Graymarsh retourna à sa place.

« La belle-mère de Mobbs, dit-il, s'était mise au lit, à la nouvelle qu'il ne voulait pas manger de gras; elle ne l'avait pas quitté depuis. Elle veut savoir, par le prochain courrier, quelles sont ses intentions en se révoltant contre la nourriture, et s'il est vrai qu'il se permette de détourner le nez avec dégoût du bouillon de foie de vache, quand son bon maître l'a sanctifié par le bénédicité. Ce n'est pas de M. Squeers qu'elle tient ces détails affligeants : ce monsieur est si bon, qu'il serait bien fâché de semer la zizanie; mais elle l'a su par le journal, et elle a été vexée plus qu'elle ne peut dire. Elle est désolée de le voir mécontent, ce qui est un péché abominable, et elle espère que M. Squeers aura la bonté de le fouetter jusqu'à ce que cela change. Elle-même, elle commence les punitions en mettant un embargo sur les cinq centimes d'argent de poche qu'on lui donnait pour sa semaine, et elle a fait cadeau aux missionnaires du couteau à double lame avec un tire-bouchon qu'elle avait acheté d'abord exprès pour lui.

» Voilà de tristes dispositions, à ce que je vois, dit M. Squeers, après une pause effrayante, pendant laquelle il avait rafraîchi encore une fois du baume de ses lèvres le creux de sa main, cela ne peut pas se passer comme ça; je veux qu'on soit gai et content chez moi. Mobbs, venez. »

Mobbs s'avança lentement vers le pupitre, se frottant les yeux par anticipation, et, quand il fut payé pour pleurer, il se retira par la porte latérale, houspillé comme il faut.

M. Squeers se mit alors à décacheter une collection d'autographes de tout genre. Les uns renfermaient de l'argent, que Mme Squeers prenait pour en avoir soin. D'autres accompagnaient de petits articles de toilette, tels que bonnets, etc. Mme Squeers, en les examinant, les trouvait tous trop grands ou trop petits. Ils n'allaient à personne, excepté au jeune Squeers, qui devait avoir la tête bien faite et les membres bien accommodants, car rien ne pouvait aller aux autres et tout semblait à sa mesure; sa tête, en particulier, avait un singulier privilège d'élasticité, car les chapeaux et les bonnets de toutes dimensions le coiffaient également à ravir.

Après la séance, on dépêcha quelques leçons dégoûtantes, et Squeers se retira dans ses foyers, laissant à Nicolas le soin de surveiller les élèves dans l'étude, qui était très froide, et où l'on servit à la nuit tombante un repas de pain et de fromage.

Il y avait un petit poêle dans le coin de la chambre le plus rapproché de la place du maître; c'est là que s'assit Nicolas, si abattu, si humilié par le sentiment de sa position, que, si la mort était venue le visiter en cet instant, il lui aurait peut-être fait bon accueil. Les cruels traitements dont il avait été le témoin involontaire, la conduite grossière et inqualifiable de Squeers, même dans ses meilleurs moments, la malpropreté du lieu, le spectacle présent à ses yeux, les cris qui retentissaient à ses oreilles, tout contribuait à lui donner cette humeur mélancolique. Mais, quand il se rappelait qu'en sa qualité de sous-maître de M. Squeers, quelles que fussent les circonstances qui l'y avaient contraint, il passerait pour être l'aide et le partisan d'un système pour lequel il ne sentait qu'horreur et dégoût, il se faisait honte à lui-même, et craignait un instant que le souvenir de sa situation présente ne lui permît plus désormais de marcher jamais la tête haute.

Mais, quant à présent, son parti était pris, et il restait fermement décidé à accomplir jusqu'au bout la résolution qu'il avait formée la veille. Il avait écrit à sa mère et à sa sœur pour leur annoncer qu'il était arrivé à bon port; il parlait peu de Dotheboys-Hall, mais le peu qu'il en disait était aussi rassurant que possible. Il espérait, disait-il, en restant où il était, faire un peu de bien, même là. Dans tous les cas, il avait trop besoin de la faveur de son oncle, dans l'intérêt de ceux qui lui étaient chers, pour la compromettre en le disposant mal contre lui.

Cependant il y avait une pensée qui le troublait bien plus que toutes les considérations personnelles relatives à sa propre situation. Ce qui l'occupait surtout, c'était le sort probable qu'on allait faire à sa chère Catherine. Son oncle l'avait bien trompé lui-même, pourquoi ne choisirait-il pas aussi pour elle quelque emploi misérable où sa jeunesse et sa beauté lui seraient plus périlleuses que la laideur et la vieillesse? Pour un homme emprisonné, pieds et poings liés comme lui, c'était une idée à faire frémir. Mais non, il avait tort; sa mère était près d'elle, et puis il comptait aussi sur l'honnête artiste, simple de cœur, il est vrai, mais qui après tout connaissait le monde, puisque c'était le monde qui lui faisait gagner sa vie. Il aimait à croire que c'était pour lui, pour lui seul, que Ralph Nickleby avait conçu de l'antipathie; et, comme il se sentait à présent de trop justes raisons de la lui rendre, il en concevait mieux celle de son oncle, mais il cherchait à se persuader que ce mauvais sentiment se bornait là et ne s'étendait pas plus loin.

Comme il était absorbé dans ces réflexions, il rencontra tout à coup les yeux de Smike tournés vers lui. Le pauvre garçon était là, sur ses genoux, devant le poêle, à ramasser quelque morceau de charbon égaré dans les cendres, pour le replacer sur le feu. Il s'était arrêté un moment pour jeter à la dérobée un regard sur Nicolas, et, quand il se vit observé, il se recula comme s'il s'attendait à être battu.

« Vous n'avez pas besoin d'avoir peur de moi, lui dit Nicolas avec douceur. Avez-vous froid?

— N-o-n.

— Vous tremblez cependant.

— Je n'ai pas froid, répondit Smike vivement. J'y suis fait. »

On voyait, dans ses manières, une telle crainte de déplaire, et cette créature timide semblait si découragée, que Nicolas ne put s'empêcher de s'écrier :

« Pauvre garçon! »

S'il avait frappé le souffre-douleur de la maison, il l'aurait vu se sauver sans se plaindre; mais, à ces mots, il le vit seulement fondre en larmes.

« Mon Dieu! mon Dieu! dit-il en pleurant et en cachant sa figure dans ses mains glacées et calleuses; mon cœur va se briser! c'est sûr! c'est sûr!

— Chut! dit Nicolas lui mettant la main sur l'épaule. Soyez un homme par le courage, comme vous l'êtes déjà presque par les années, et que Dieu vous aide!

— Les années! dit Smike toujours en pleurs. O ciel! ô ciel! Combien j'en ai compté! combien, depuis que j'étais petit garçon, plus jeune que tous ceux qui sont ici! Où sont-ils tous à présent?

— De qui parlez-vous? demanda Nicolas, qui voulait relever la raison de cette créature, en apparence presque stupide. Voyons, dites-moi!

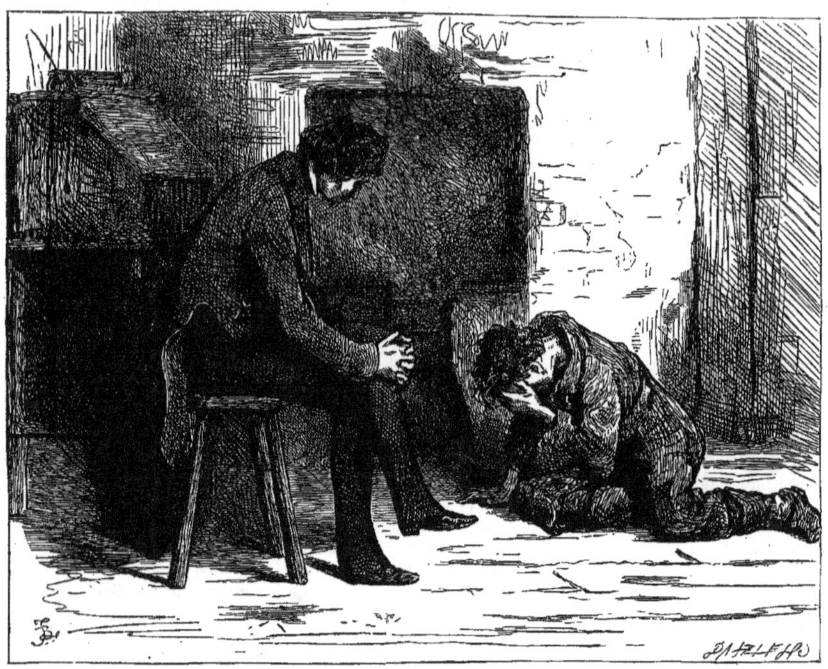

« Douleur et crainte, crainte et douleur, voilà mon sort à la vie et à la mort. » (P. 57.)

— Mes amis, répliqua-t-il, mes... Oh! que j'ai donc souffert!

— Il ne faut jamais perdre l'espérance, dit Nicolas, ne sachant que dire.

— Oh! non, non! Il n'y en a pas pour moi! Vous rappelez-vous l'élève qui est mort hier?

— Je n'y étais pas, vous savez, dit Nicolas avec bienveillance. Mais que vouliez-vous me dire?

— Eh bien, répliqua l'autre en se rapprochant de Nickleby, j'étais avec lui la nuit, et, quand tout fut en silence, il ne demanda plus, comme auparavant, que ses amis vinssent s'asseoir à ses côtés, mais il commença à voir autour de son lit des figures qui venaient de chez lui. Il disait (il rêvait sans doute) qu'elles lui souriaient, qu'elles causaient avec lui, et il finit par mourir en soulevant sa tête pour les embrasser. Vous comprenez?

— Oui, oui! répliqua Nicolas.

— Mais moi! quelles sont les figures qui viendront me sourire, à l'article de la mort? »

Smike frissonnait.

« Qui viendra causer avec moi dans ces longues nuits? Elles ne peuvent pas venir de chez moi; elles me feraient peur, car je ne sais seulement pas ce que c'est qu'un chez-moi, et je ne les reconnaîtrais pas. Douleur et crainte, crainte et douleur, voilà mon sort, à la vie et à la mort. Non, non, pas d'espérance! »

La cloche du coucher sonna. Smike, en l'entendant, retomba dans son état habituel d'insensibilité et se glissa sans bruit pour n'être point remarqué. Nicolas avait le cœur bien gros lorsque, quelques moments après, il se retira, ou plutôt suivit les élèves entassés dans leur dortoir sale et infect.

CHAPITRE IX

Mlle Squeers, Mme Squeers, le jeune Squeers et M. Squeers : différents détails et différentes personnes qui n'intéressent moins pas les Squeers que Nicolas Nickleby.

Quand M. Squeers quitta l'étude, vers le soir, il se retira, comme nous l'avons déjà dit, au coin de son feu. Ce n'était pas dans la chambre où Nicolas avait soupé la veille à son arrivée, mais dans une pièce plus petite, sur le derrière, où il trouva madame son épouse, son aimable fils et sa fille accomplie, savourant les délices de leur société réciproque. Mme Squeers, fidèle à son rôle de matrone antique, était occupée activement à ravauder des bas; la petite demoiselle et le petit gentleman s'occupaient, de leur côté, à accommoder quelque léger différend, moyennant un exercice de pugilat par-dessus la table, qui fut remplacé, à l'approche de leur père vénéré, par un échange silencieux de coups de pied mutuels par-dessous leur ancien champ de bataille.

C'est ici le lieu de présenter au lecteur Mlle Fanny Squeers, alors âgée de vingt-trois ans. S'il est vrai qu'il y ait une grâce et des agréments inséparables de cette heureuse période de la vie, nous devons croire qu'elle possédait ceux-là, plutôt que de supposer qu'elle formait une exception unique à la règle générale. Elle n'était point aussi grande que sa mère; elle était, au contraire, petite comme son père. Elle avait emprunté à la première une voix aigre et dure; au second, une expression particulière de l'œil droit, qui consistait à n'en avoir pas du tout.

Mlle Squeers avait passé quelques jours chez une amie de son voisinage et venait seulement de rentrer sous le toit paternel. C'est à cette circonstance qu'il faut attribuer qu'elle n'avait pas entendu parler de Nicolas avant que M. Squeers lui-même en fît le sujet de la conversation.

« Eh bien, ma chère, dit-il en approchant sa chaise de sa femme, qu'est-ce que vous pensez de lui, jusqu'à présent?

— De qu'est-ce? répondit-elle; car, suivant une remarque qu'elle aimait à faire elle-même, elle n'était pas grande grammairienne, grâce à Dieu.

— Du jeune homme, — le nouveau maître; — de qui voulez-vous que je parle?

— Ah! ce Knuckleboy, dit Mme Squeers impatientée; je le déteste.

— Et pourquoi le détestez-vous, ma chère? demanda Squeers.

— Qu'est-ce que ça vous fait? répondit Mme Squeers. Si je le déteste, cela suffit, n'est-ce pas?

— Cela suffit pour lui, et mieux que cela, si je ne me trompe; il n'en demanderait pas davantage, s'il le savait. Ma question n'était que de simple curiosité, ma mie.

— Après cela, si vous tenez à le savoir, je vous le dirai bien. Je le déteste, parce que c'est un orgueilleux, un vaniteux, un monsieur qui fait son homme d'importance et qui s'en va le nez en l'air comme un paon. »

Quand Mme Squeers était une fois partie, elle avait un langage d'une énergie singulière. Les épithètes ne lui coûtaient rien, surtout les figures de rhétorique, comme le mot paon, par exemple, qu'elle venait d'accoupler au nez de Nickleby par une allusion un peu forcée; mais il ne fallait pas le prendre dans son sens littéral. Il comportait, au contraire, une interprétation très étendue, qu'elle laissait au choix de ses auditeurs. Souvent même, ces termes figurés, unis dans sa bouche par une alliance monstrueuse, n'avaient entre eux aucun rapport, comme dans cette occasion, par exemple; car un paon qui aurait le nez en l'air serait une curiosité rare, une vraie découverte en ornithologie.

« Mais, dit Squeers, voulant calmer par la douceur cet emportement de son épouse, il est ici à bon marché, ma chère; c'est un jeune homme à très bon marché.

— Je m'en moque bien! reprit Mme Squeers.

— Cent vingt-cinq francs par an, dit Squeers.

— Qu'est-ce que cela fait? c'est toujours cher si vous n'en avez pas besoin, peut-être.

— Sans doute; mais nous en avons besoin, dit Squeers avec insistance.

— Je ne vois pas que vous en ayez plus besoin que de rien du tout, reprit Mme Squeers. Allez! ne me dites pas cela. Qui vous empêchait de mettre sur vos prospectus et dans vos annonces : Éducation par M. Wackford Squeers et des aides capables, sans avoir d'aides en effet? N'est-ce pas ce que font chaque jour tous les autres maîtres de pension par ici? Tenez, vous m'ennuyez!

— Ah! je vous ennuie! dit Squeers rudement. Alors, écoutez-moi bien, madame Squeers. Pour ce qui est d'avoir un aide, je ferai à ma volonté, s'il vous plaît. Dans les Indes Occidentales, on accorde au conducteur des esclaves un subalterne, pour empêcher ses nègres de se sauver, ou pour prévenir une rébellion. Moi aussi, je veux avoir un subalterne pour me rendre le même service avec nos nègres, jusqu'à ce que le petit Wackford soit en état de prendre la pension à son compte.

— Mon papa, est-ce que je dirigerai la pension, quand je serai grand? dit avec empressement le digne héritier des Wackford, qui suspendit, dans l'excès de sa joie, un bon coup de pied sous la table, destiné à sa chère sœur.

— Oui, mon fils, répondit Squeers d'une voix sentimentale.

— Oh! quel bonheur! comme je leur en donnerai aux élèves! s'écria cet enfant intéressant en empoignant la canne de son père. Oh! papa, comme je les ferai piailler à mon tour! »

Ce fut un moment bien flatteur dans la vie de M. Squeers de voir cet élan d'enthousiasme dans l'âme de son enfant. Il en tira avec orgueil l'horoscope de sa grandeur future; aussi il lui glissa deux sous dans la main, et, entraîné, comme son estimable épouse, par la force de leurs communs sentiments, il ne put retenir un immense éclat de rire de bonheur. Heureux enfant! c'est par ce lien de douce sympathie qu'il leur fit oublier leur querelle, rendit à la conversation son entrain et rétablit l'harmonie générale.

« C'est un vilain fichu singe, voilà tout ce que j'en sais, dit Mme Squeers, qui n'avait pas perdu de vue sa haine contre Nicolas.

— Soit! dit Squeers. Autant qu'il soit fichu ici qu'ailleurs, n'est-ce pas? Sans compter qu'il n'a guère de goût pour le métier.

— Bon! dit Mme Squeers, passe pour cela; c'est quelque chose. J'espère bien que cela lui rabattra son orgueil, ou du moins ce ne sera pas ma faute. »

Or un pion orgueilleux dans une pension du Yorkshire, c'était quelque chose de si extraordinaire et de si imprévu! Un pion était déjà par lui-même une nouveauté à Dotheboys-Hall; mais un pion orgueilleux, c'était un être dont l'imagination la plus vagabonde ne se serait pas permis de rêver l'existence; aussi Mlle Squeers, qui d'habitude ne se troublait guère l'esprit de ce qui concernait les classes, s'informa avec beaucoup de curiosité de ce que c'était que ce Knuckleboy, qui se donnait ainsi des airs.

« Nickleby, dit Squeers, en épelant le mot d'après un système d'orthographe excentrique qui lui était familier; vous savez que votre mère ne ménage pas plus les noms que le reste : elle les dit toujours tout de travers.

— N'importe, dit Mme Squeers; si je les nomme de travers, mes yeux les voient bien tout droits; et cela me suffit. Je l'ai bien regardé cette après-midi, quand vous êtes tombé sur le petit Bolder : il est resté tout le temps aussi sombre qu'un conspirateur, et j'ai vu l'instant où il allait céder à son impatience pour se jeter sur vous. Je l'ai bien vu, et il ne s'en doutait pas.

— Ne t'occupe pas de cela, papa, dit Mlle Squeers au moment où le chef de la famille allait répondre à cette communication de sa femme. Qu'est-ce que c'est que ce Nickleby?

— Baste! dit Mme Squeers, votre père ne s'est-il pas mis follement dans la tête que c'est le fils d'un gentleman assez mal accommodé, qui est mort il y a quelques jours?

— Le fils d'un gentleman!

— Oui; mais, moi, je n'en crois pas un mot. Ou si c'est réellement le fils d'un gentleman, ce ne peut être en tout cas qu'un fils surnaturel. »

Mme Squeers voulait dire naturel; mais, au reste, elle n'attachait pas grande importance à ces distinctions puériles dans ses méprises journalières, et, comme elle disait elle-même, il n'en sera plus parlé dans cent ans d'ici. Axiome à double fin, qu'elle ne manquait pas d'employer aussi pour consoler les élèves quand ils avaient reçu quelque traitement plus dur qu'à l'ordinaire.

« Pas le moins du monde, dit Squeers en réponse au jugement téméraire de Mme Squeers. Son père a bien épousé, plusieurs années avant la naissance de l'enfant, sa mère, qui est encore de ce monde. Quand ce serait, ce ne serait pas notre affaire : nous n'en aurions pas moins fait une bonne acquisition; car, s'il veut seulement apprendre aux enfants quelque chose, tout en les surveillant, je n'aurai pas à m'en plaindre, que je sache.

— Je vous répète que je le hais comme la peste, dit Mme Squeers avec véhémence.

— Si vous ne l'aimez pas, ma chère, reprit Squeers, je ne connais personne qui soit plus capable de lui faire voir son déplaisir que vous, et naturellement vous n'aurez pas besoin de vous gêner pour le dissimuler.

— Ce n'est pas mon intention non plus, soyez-en sûr, repartit Mme Squeers.

— C'est votre droit, dit Squeers, et, s'il a une pointe d'orgueil, ce qui pourrait bien être, je ne connais pas dans toute l'Angleterre une femme mieux faite pour vous démoraliser promptement un homme que vous, m'amour. »

Mme Squeers poussa des éclats de rire bruyants en recevant ce compliment flatteur, et s'en reconnut digne, car elle avait, disait-elle, dans son temps, brisé l'orgueil d'un ou deux présomptueux; elle en parlait avec modestie : elle aurait pu en citer bien davantage, sans compter son estimable époux.

Mlle Fanny Squeers faisait soigneusement son profit de toute cette conversation, qui fut longue, jusqu'à ce qu'enfin elle se retirât pour se coucher. C'est alors qu'elle questionna, par le menu, la servante affamée, sur l'extérieur et la tenue de Nicolas. A toutes ses questions, la jeune fille répondit avec un tel enthousiasme et tant d'éloges variés sur ses beaux yeux noirs, son sourire si doux, ses jambes si droites (elle insista particulièrement sur cette qualité peu connue à Dotheboys-Hall, où les jambes étaient généralement crochues), que Mlle Squeers ne tarda pas à se dire que le nouveau pion devait être une personne très remarquable, ou, pour ne rien ôter à ses propres paroles, quelque chose de tout à fait hors ligne, ce qui la décida à en juger par elle-même dès le lendemain.

Pour mieux exécuter ce dessein, la jeune demoiselle épia un moment où sa mère était occupée et son père absent, pour venir par hasard dans l'étude se faire tailler une plume, et là, ne rencontrant à la tête de la jeunesse que Nicolas, elle rougit jusque dans le blanc des yeux, et fit tout ce qu'elle put pour tomber dans une grande confusion.

« Je vous demande pardon, dit en tremblant Mlle Squeers, je croyais que mon père était... je veux dire qu'il pouvait être... Mon Dieu, que je suis donc maladroite !

— M. Squeers est sorti, dit Nicolas sans être subjugué le moins du monde par cette apparition inattendue.

— Savez-vous s'il sera longtemps dehors, monsieur? demanda Mlle Squeers avec une timidité charmante.

— Il a dit qu'il reviendrait dans une heure, répondit Nicolas, avec politesse sans doute, mais sans donner le plus léger prétexte à ce qu'on pût le croire frappé au cœur par les charmes de Mlle Squeers.

— Je n'ai jamais rien vu de si contrariant! s'écria la jeune miss. Merci, monsieur !

» Je suis bien fâchée, je vous assure, de vous avoir dérangé. Si je n'avais pas cru que mon père fût ici, je n'aurais jamais, pour rien au monde... c'est si désagréable... cela doit paraître si étrange, murmura Mlle Squeers, rougissant encore, et promenant modestement ses yeux de la plume qu'elle tenait à la main à Nicolas dans sa chaire, et de Nicolas à sa plume.

— Oh ! si c'est là ce qui vous amenait, dit Nicolas, montrant la plume, et souriant, malgré lui, de l'embarras affecté de la fille de son maître de pension, peut-être puis-je le remplacer. »

Mlle Squeers regarda du côté de la porte, comme doutant s'il ne serait pas inconvenant d'avancer plus près vers un étranger tout à fait inconnu, puis reportant ses yeux autour d'elle sur l'étude, comme se sentant rassurée par la présence de quarante élèves. Et, finalement, elle arriva de côté près de Nicolas, lui remit la plume en mains propres avec le plus séduisant mélange de réserve discrète et d'aimable abandon.

« Voulez-vous un bec dur ou tendre? demanda Nicolas, en souriant, pour s'empêcher d'éclater de rire.

— Le joli sourire ! pensa à voix basse Mlle Squeers.

— Plaît-il, mademoiselle?

— Oh ! mon Dieu, rien, monsieur; je pensais dans ce moment à autre chose, je vous..., je vous le déclare, répondit Mlle Squeers; oh ! je le désire aussi tendre que possible, s'il vous plaît. »

Mlle Squeers dit ces mots avec un soupir. Peut-être était-ce pour faire entendre à Nicolas qu'elle avait le cœur tendre et que, si le bec de la plume l'était aussi, les deux feraient la paire.

Muni de ces instructions, Nicolas tailla la plume; mais, quand il la rendit à Mlle Squeers, elle la laissa tomber, et, comme il se baissa en même temps qu'elle pour la ramasser, ils se cognèrent la tête l'un contre l'autre, ce qui fit rire aux éclats vingt-cinq élèves, pour la première et dernière fois de l'année.

« Je suis un grand maladroit, dit Nicolas en ouvrant la porte pour faciliter la retraite de la demoiselle.

— Point du tout, monsieur, répliqua Mlle Squeers; c'est à moi toute la faute, c'est ma ridicule... et... et.... bonjour !

— Au revoir, dit Nicolas. La première fois que je pourrai vous rendre service, je tâcherai de le faire moins gauchement. Prenez garde ! En mordant votre plume comme cela, vous allez lui casser le bec.

— En vérité, dit Mlle Squeers, c'est une circonstance si embarrassante que je ne sais pas ce que je... bien désolée de vous donner tant de peine.

— Pas la moindre, mademoiselle, reprit Nicolas en fermant la porte de l'étude.

— Je n'ai jamais vu de si belles jambes dans tout le cours de ma vie ! » disait en s'en allant Mlle Squeers.

La vérité est que Mlle Squeers était désormais amoureuse de Nicolas Nickleby.

Pour expliquer la rapidité avec laquelle cette

jeune personne avait conçu une passion pour Nicolas, il peut être nécessaire de savoir que l'amie chez laquelle elle était allée dernièrement était la fille d'un meunier, âgée de dix-huit ans à peine, et qui s'était récemment accordée avec le fils d'un petit commissionnaire en grains, demeurant dans le bourg voisin. Mlle Squeers et la fille du meunier, étant de grandes amies, avaient pris ensemble l'engagement réciproque, il y avait deux ans, conformément à un usage assez ordinaire parmi les jeunes personnes, que la première qui viendrait à s'engager dans les liens du mariage irait immédiatement en déposer la précieuse confidence dans le sein de l'autre avant d'en communiquer rien à âme qui vive, et l'inviter, sans perdre de temps, à être sa demoiselle d'honneur. La fille du meunier avait fidèlement rempli sa promesse : elle n'était pas plutôt engagée qu'elle sortit exprès à onze heures du soir; car, lorsque le fils du commissionnaire en grains était venu faire sa demande et offrir son cœur et sa main, il était juste dix heures vingt-cinq minutes au coucou de la cuisine : elle arriva donc tout essoufflée dans la chambre de Mlle Squeers, pour lui faire part de l'agréable nouvelle. Vous comprenez que Mlle Squeers ayant cinq ans de plus, et ne comptant plus que par vingt, ce qui est aussi plus désagréable qu'on ne pense, avait, depuis ce temps-là, une envie démesurée de lui rendre son compliment en la faisant dépositaire d'un secret pareil. Mais, soit qu'il ne fût pas facile de lui plaire, soit plutôt qu'il ne lui fût pas facile de plaire, elle n'avait pas encore eu l'occasion de satisfaire son envie, vu qu'elle n'avait pas de secret du tout dont elle pût lui faire confidence. La courte entrevue qu'elle venait d'avoir avec Nicolas était donc à peine achevée, que Mlle Squeers prit son chapeau pour aller en toute hâte chez son amie, et, après lui avoir fait jurer ses grands dieux, comme toujours, d'être discrète, elle lui révéla qu'elle était, non pas encore précisément promise, mais sur le point de l'être au fils d'un gentleman de grande famille, qui était venu en qualité de professeur à Dotheboys-Hall, par suite des circonstances les plus singulières et les plus mystérieuses du monde. Remarquez que Mlle Squeers n'était pas fâchée de faire supposer par là qu'elle avait de bonnes raisons de croire que Nicolas, attiré de Londres par la réputation de ses nombreux attraits, était venu à sa recherche pour lui faire la cour et l'épouser.

« N'est-ce pas une chose *extraordinaire ?* dit Mlle Squeers en appuyant avec une énergie particulière sur l'adjectif.

— Très extraordinaire, répliqua son amie. Mais qu'est-ce qu'il t'a dit?

— Ne me demande pas ce qu'il m'a dit, ma chère, répondit Mlle Squeers; si tu l'avais seulement vu me regarder et sourire! Enfin, je n'ai jamais été si troublée de ma vie.

— Est-ce qu'il t'a regardée comme ça? demanda la fille du meunier en contrefaisant de son mieux une œillade favorite du commissionnaire en grains.

— Tout à fait comme cela..., seulement plus distingué, répliqua Mlle Squeers.

— Ah! dit l'amie; alors cela veut dire quelque chose, tu peux en être sûre. »

Miss Squeers, qui n'était pas sans avoir quelques doutes sur le sujet, était bien aise de se voir rassurée par une autorité compétente ; et, quand elles en furent venues, à force de jaser et de comparer leurs observations, à découvrir un grand nombre de points de ressemblance entre les manières de Nicolas et celles du commissionnaire en grains, Mlle Squeers devint si expansive, qu'elle confia à sa bonne amie une foule de choses que Nicolas n'avait pas dites, mais qui étaient si flatteuses, qu'elles ne laissaient plus aucun doute sur ses intentions. Puis elle s'étendit sur le malheur d'avoir un père et une mère fortement prononcés contre son futur, circonstance douloureuse sur laquelle elle insista tout du long; sa bonne amie était bien heureuse, elle dont le père et la mère la voyaient mariée avec tant de plaisir, de manière que la cour qui restait à faire n'était plus qu'une affaire toute simple et tout ordinaire.

« Je voudrais bien le voir! s'écria bonne amie.

— Je te le ferai voir, Tilda : je me regarderais comme la créature la plus ingrate au monde si je te refusais cela. Je crois que maman va s'absenter deux jours pour aller chercher quelques élèves; quand elle partira, je t'inviterai avec John à prendre le thé, et je vous ferai rencontrer ensemble. »

Idée charmante! après laquelle les amies, bien convenues de leurs faits, se séparèrent.

Il se trouva que Mme Squeers, en effet, obligée d'aller à quelque distance chercher trois nouveaux élèves et relancer les parents de deux anciens dont le compte n'était pas encore en parfait équilibre, fixa, cette après-midi même, le jour de son départ au surlendemain. Et le surlendemain Mme Squeers prit la banquette de la diligence, au relais de Greta-Bridge, emportant avec elle un petit paquet dans lequel se trouvaient une bouteille et des sandwiches; elle avait de plus un grand manteau à capuchon blanc pour la nuit : elle se mit en route avec ce bagage.

Dans toutes les occasions de ce genre, Squeers ne manquait pas d'emmener son poney tous les soirs au bourg voisin, prenant quelque affaire pour prétexte, mais s'arrêtant réellement jusqu'à dix ou onze heures dans une taverne qu'il affectionnait beaucoup. Comme la soirée de ces dames n'était pas pour lui un obstacle, et qu'elle lui donnait plutôt le moyen de s'assurer la discrétion de Mlle Squeers, il y donna de bon cœur son plein assentiment, et ne demanda pas mieux que de proposer à Nicolas d'aller prendre un thé dans le parloir, à cinq heures du soir.

C'est pour le coup que Mlle Squeers était dans une agitation extrême à mesure que l'heure approchait; c'est pour le coup qu'elle fit des frais de toilette pour paraître à son avantage, les cheveux (ils étaient un peu bien rouges et coupés à la Titus) frisés à cinq étages jusque tout au haut de la tête, et ramenés avec dextérité jusque sur l'œil suspect. Et encore je ne parle pas de la ceinture bleue qui lui flottait par derrière, ni du tablier brodé, ni des gants longs, ni de l'écharpe de gaze verte en sautoir, ni de toutes les autres séductions, flèches inévitables à l'adresse du cœur de Nicolas. Elle avait à peine complété ces dispositions à son entière satisfaction, quand elle vit arriver son amie avec un paquet de papier gris, plat et triangulaire, contenant divers petits ornements que l'on monta au premier et dont bonne amie se para, sans cesser de parler. Quand Mlle Squeers eut *fini* de coiffer bonne amie, et que bonne amie eut *fini* de coiffer Mlle Squeers, avec quelques agréments de bon goût en forme de crochets le long du cou, et puis qu'elles se furent donné le dernier coup de peigne réciproque, les voilà qui descendirent en bas, en grande cérémonie, les bras dans les gants longs, prêtes enfin pour recevoir.

« Où est John, Tilda? dit Mlle Squeers.

— Il arrive à l'instant : il n'a pris que le temps d'aller se donner un coup de brosse; il va être ici avant que le thé soit fait.

— Oh! comme mon cœur palpite! dit Mlle Squeers.

— Je sais ce que c'est, repartit bonne amie.

— C'est que je ne suis pas accoutumée à cela, tu le sais, Tilda. Et Mlle Squeers portait la main à gauche près de sa ceinture.

— Tu n'en seras que plus heureuse bientôt, ma chère. »

Pendant qu'elles jabotaient, la servante affamée apporta le sucre, les tasses et la théière, et bientôt après on entendit taper à la porte.

« C'est lui! s'écria Mlle Squeers. Oh! Tilda.

— Chut! Hem!... dis donc d'entrer.

— Entrez, dit Mlle Squeers d'une voix faible.

— Bonsoir, mesdemoiselles, dit le jeune gentleman, qui ne se doutait pas de ses succès. M. Squeers m'a engagé à...

— Oh! certainement, c'est tout naturel, dit Mlle Squeers l'interrompant. Papa ne prendra pas le thé avec nous, mais cela ne vous fait rien, je suppose? » (Cela dit finement.)

Nicolas entrevit quelque chose, mais il détourna froidement la conversation, n'ayant jusque-là aucune raison de prendre intérêt à tout ceci, et passa à la cérémonie de présentation à la fille du meunier, ce qu'il fit avec tant de grâce que la demoiselle en fut ravie d'admiration.

« Nous n'attendons plus qu'un monsieur, » dit Mlle Squeers en découvrant la bouilloire pour voir comment le thé se comportait.

C'était bien égal à Nicolas qu'on attendît un monsieur ou qu'on en attendît une douzaine; aussi reçut-il cette communication avec une parfaite indifférence; et, ne se sentant pas en train, n'ayant d'ailleurs aucune raison de faire des frais pour se rendre agréable, il regarda par la fenêtre avec un soupir involontaire.

Le hasard voulut que l'amie de miss Squeers fût naturellement d'humeur badine, et, en entendant le soupir de Nicolas, elle se mit en tête de lutiner les amoureux sur leur embarras.

« Mais, si c'est ma présence qui en est cause, dit-elle, ne faites pas du tout attention à moi, car j'en tiens peut-être autant que vous; faites, je vous prie, comme si je n'y étais pas.

— Tilda! dit Mlle Squeers en rougissant jusqu'au dernier étage de ses cheveux frisés, vous m'impatientez. » Et alors les deux amies se livrèrent à des éclats de rire sur tous les tons, lançant de temps en temps, par-dessus leurs mouchoirs, des œillades à Nicolas, qui passa graduellement d'un étonnement véritable à un éclat de rire invincible, d'abord à la seule idée de sa prétendue passion pour Mlle Squeers, ensuite à la vue de la conduite et des manières un peu familières des deux demoiselles. Ces deux réflexions amusantes lui parurent si profondément ridicules, qu'en dépit de sa condition misérable il tomba dans un fou rire à ne pouvoir plus s'arrêter.

« Bah! se dit-il enfin, puisque j'y suis et qu'on paraît s'attendre, je ne sais pourquoi, à ce que je sois aimable, je n'ai que faire de rester là comme un imbécile; autant que je m'accommode au ton de la société. »

Nous sommes fâché de le dire, mais l'enjouement de la jeunesse et sa vivacité naturelle ayant bientôt pris le dessus de ses dispositions mélancoliques, il n'eut pas plutôt adopté ce parti qu'il salua Mlle Squeers et son amie de la façon la plus galante, approcha sa chaise de la table à thé, et commença à se mettre plus à son aise que ne fit jamais peut-être un maître d'étude dans la maison de son patron, depuis qu'il y a des maîtres d'étude au monde.

Les demoiselles remarquèrent avec délices ce changement de manières de la part de M. Nickleby, lorsque le fiancé qu'on attendait arriva, les cheveux encore tout trempés de l'eau de sa cuvette, et portant une chemise blanche dont le col avait dû être fait pour quelque géant de ses ancêtres : c'était, avec son gilet blanc de dimension analogue, le principal ornement de sa toilette.

« Eh bien, John? dit Mlle Matilda Price (c'était le nom de la fille du meunier).

— Eh bien ! dit John avec une grimace que son col gigantesque lui-même ne parvint pas à dissimuler.

— Pardon, monsieur Nickleby, interrompit miss Squeers s'empressant de faire les honneurs de chez elle, je vous présente M. John Browdie.

— Votre serviteur, monsieur, dit John, un grand garçon de plus de six pieds, dont la figure et toute la personne représentaient un ensemble plus que proportionné à sa taille.

— Je suis le vôtre, monsieur, » répliqua Nicolas faisant une épouvantable razzia sur les tartines de pain beurré.

M. Browdie n'était pas un homme de grandes ressources pour la conversation. Il s'en dédommageait en riant un peu plus que les autres; et, quand il eut ainsi salué à sa manière les personnes de sa connaissance, il rit encore tout seul, et finit par se servir quelque chose.

« La vieille bonne femme n'y est pas, n'est-ce pas ? » dit M. Browdie la bouche pleine.

Miss Squeers lui fit signe que non.

M. Browdie ouvrit la bouche toute grande pour rire encore, trouvant sans doute la chose à son goût, et se mit à la besogne contre le pain beurré avec une ardeur redoublée. C'était plaisir de les voir, lui et Nicolas, vider l'assiette devant eux.

« Vous ne seriez pas fâché, je parie, d'avoir comme cela du pain et du beurre tous les soirs, hein, l'ami ? » dit M. Browdie, après avoir regardé longtemps et fixement Nicolas, quand l'assiette fut finie.

Nicolas se mordit les lèvres et rougit, sans avoir l'air de faire attention à cette remarque.

« Ma fine ! dit M. Browdie, avec un rire bruyant, on n'en met déjà pas trop dans les assiettes. Vous n'aurez bientôt plus que la peau et les os, pour peu que vous restiez ici quelque temps, ho ! ho ! ho !

— Vous aimez à plaisanter, monsieur, dit Nicolas d'un air de mépris.

— Non, je n'y entends rien, répliqua M. Browdie ; mais l'autre maître avant vous... »

Le souvenir de l'extrême maigreur du dernier maître parut faire à M. Browdie un si immense plaisir, qu'il se mit à rire aux larmes, s'essuyant les yeux sur sa manche.

« Je ne sais pas si vos facultés sont assez étendues pour vous permettre de comprendre que vos observations sont offensantes, dit Nicolas dans son emportement; mais, en ce cas, je vous prierai d'avoir la bonté de...

— Si vous ajoutez un mot, John, cria Mlle Price, fermant la bouche de son galant, comme il allait interrompre Nickleby, un seul mot, je ne vous le pardonne jamais, et je ne vous parle plus de ma vie.

— C'est bon ! c'est bon ! ma fille, je n'y tiens pas, dit le commissionnaire en grains, appliquant un bon gros baiser sur les joues de miss Matilda. Continuons, continuons. »

Ce fut alors au tour de Mlle Squeers d'intercéder auprès de Nicolas, ce qu'elle fit avec de grands symptômes d'alarme et d'effroi. Grâce à cette double intervention, Browdie et lui échangèrent, à travers la table, une poignée de main avec beaucoup de gravité; et le cérémonial en fut d'une nature si imposante, que miss Squeers en versa des larmes d'émotion.

« Qu'est-ce que tu as, Fanny? dit miss Price.

— Je n'ai rien, Tilda, répondit miss Squeers sanglotant.

— Il n'y a jamais eu de danger, dit miss Price. N'est-ce pas, monsieur Nickleby?

— Pas le moins du monde, reprit Nicolas. C'est absurde.

— C'est bon, lui dit à l'oreille Mlle Price, dites-lui quelque bonne parole et elle va venir vous... Là ! désirez-vous que John et moi nous nous retirions un moment dans la cuisine? nous allons revenir.

— Comment ! n'en faites rien, au nom du ciel ! reprit Nicolas, alarmé de cette proposition. Et pourquoi faire?

— Alors, lui dit miss Price, hochant la tête de son côté et lui adressant la parole avec un air quelque peu méprisant, je vois ce que c'est, c'est seulement comme distraction.

— Que voulez-vous dire? dit Nicolas. Je ne suis pas homme du tout à chercher ce genre de distraction, surtout ici, dans tous les cas; je ne puis pas comprendre...

— Ni moi non plus, reprit miss Price; mais ce que je ne comprends que trop, c'est que les hommes ont toujours été, sont et seront toujours des volages.

— Volages ! s'écria Nicolas. Vous supposez donc... mais non, il n'est pas possible que vous croyiez...

— Qui ! moi? je ne crois rien du tout, répondit miss Price d'un air résolu. Regardez-la avec sa belle toilette qui lui sied si bien; réellement elle est *presque* jolie. Tenez ! vous m'impatientez.

— Mais, ma chère demoiselle, qu'ai-je à faire avec *cette belle toilette qui lui va si bien?* demanda Nicolas.

— Allons! ne m'appelez pas votre chère demoiselle, dit Mlle Price en souriant, car elle était jolie, et aussi légèrement coquette; Nicolas, de son côté, était un jeune homme de bonne mine, et, de plus, elle le considérait déjà comme appartenant à d'autres liens, toutes raisons pour n'être pas fâchée de penser qu'elle avait fait sur lui quelque impression. Ne m'appelez pas votre chère demoiselle, ou Fanny dirait que c'est de ma faute. Voyons, venez, nous allons jouer une partie de cartes. »

Ces derniers mots furent prononcés à haute voix, comme elle s'en allait rejoindre le gros garçon du Yorkshire.

Nicolas ne comprenait rien du tout à cette susdite *impression*. La seule que ces demoiselles eussent faite sur lui quant à présent, c'est que Mlle Squeers était une jeune fille de figure très ordinaire, et que Mlle Price, son amie, était assez gentille; mais il n'eut pas le temps de s'en rendre compte, car on avait balayé le devant de la cheminée, on avait mouché la chandelle, il ne s'agissait plus que de jouer une partie.

« Nous ne sommes que quatre, Tilda, dit miss Squeers, regardant Nicolas du coin de l'œil.

— Ainsi, nous ferons bien de faire deux ménages, l'un contre l'autre.

— Qu'en dites-vous, monsieur Nickleby? demanda miss Price.

— De tout mon cœur, » répondit Nicolas. Et en même temps, sans songer à la sottise abominable qu'il faisait à Mlle Squeers par cet amalgame imprudent, il ne fit qu'un tas des morceaux de prospectus cartonnés de Dotheboys-Hall, qui devaient servir de jetons pour le jeu de Mlle Price et pour le sien.

« Monsieur Browdie, dit Mlle Squeers, près de tomber en attaque de nerfs, voulez-vous faire avec moi une banque contre eux? »

Le gros garçon du Yorkshire ne dit pas non, mais on voyait qu'il était atterré par cette nouvelle impudence du jeune pion, et miss Squeers darda à son amie un œil plein de colère, avec un rire convulsif.

Ce fut à Nicolas de donner, et il amena beau jeu.

« Nous voulons gagner tout, dit-il.

— Tilda a déjà commencé; elle a gagné quelque chose à quoi elle ne s'attendait pas, je pense, n'est-ce pas, ma chère? dit malicieusement Mlle Squeers.

— Je n'ai que dix-huit points, ma petite, répliqua miss Price, affectant de prendre l'observation dans son sens littéral.

— Je vous trouve bien innocente ce soir. Et Mlle Squeers ricana.

— Moi, il me semble qu'il n'y a rien de changé, répliqua miss Price; je faisais justement la réflexion que c'était vous qui aviez l'air contrarié.

— Moi! cria miss Squeers en se mordant les lèvres, avec un frisson de jalousie. Oh non!

— Ah! tant mieux! reprit miss Price. Tenez! voilà vos cheveux qui se défrisent.

— Ne vous occupez pas de moi, fit Mlle Squeers en riant jaune. Vous feriez mieux de garder votre attention pour votre partner.

— Je vous remercie de la recommandation, dit Nicolas. Certainement elle ferait bien mieux. »

Le gros garçon du Yorkshire aplatit deux ou trois fois son nez avec son poing fermé, comme s'il voulait y tenir sa main toute prête aux évolutions qu'il se proposait de lui faire faire prochainement sur la figure de quelque autre gentleman, et Mlle Squeers remuait sa tête avec des mouvements d'indignation si prononcés, qu'à chaque instant l'air, agité par la multitude de boucles dont elle était coiffée, menaçait d'éteindre la chandelle.

« En vérité, je n'ai jamais eu tant de chance de ma vie, s'écria la petite coquette après deux ou trois parties. Il faut que ce soit vous, monsieur Nickleby, qui me portiez bonheur; je voudrais bien vous avoir toujours pour partner.

— Et moi aussi.

— Mais non, car si vous gagnez toujours aux cartes, c'est signe que vous ne seriez pas heureux en femme.

— Ce n'est pas comme cela que je l'entends, répliqua Nicolas; je suis sûr que, si j'étais votre partner, je ne serais pas malheureux en femme. »

Il fallait voir miss Squeers remuer la tête, et le commissionnaire en grains s'aplatir le nez pendant le cours de cette conversation. On aurait payé sa place pour assister à ce spectacle; sans compter que miss Price prenait évidemment plaisir à les rendre jaloux, et que Nicolas Nickleby s'amusait pour son compte, sans songer le moins du monde à tourmenter personne.

« Mais il me semble qu'il n'y a à parler que pour nous, dit Nicolas en jetant un regard de bonne humeur autour de la table, pendant qu'il ramassait les cartes pour une nouvelle donne.

— Vous vous en acquittez si bien, dit Mlle Squeers avec un rire forcé, que ce serait grand dommage de vous interrompre, n'est-ce pas, monsieur Browdie? Hé! hé! hé!

— Dame! dit Nicolas, nous ne parlons tout seuls que faute de trouver personne qui veuille bien causer avec nous.

« Oh! je le désire aussi tendre que possible, s'il vous plait. » (P. 60.)

— Nous ne demanderions pas mieux que de causer avec vous, n'est-ce pas, si vous nous disiez quelque chose? dit miss Price.

— Je vous suis bien reconnaissante, Tilda, ma chère amie, repartit Mlle Squeers d'un air plein de majesté.

— Ou bien rien ne vous empêche de vous entretenir tous les deux, si vous ne voulez pas faire la conversation avec nous, dit miss Price en plaisantant sa chère amie. John, pourquoi ne dites-vous rien?

— Que je dise quelque chose? répéta le bon garçon du Yorkshire.

— Certainement, au lieu de rester là morne et silencieux.

— Eh bien, alors, dit John en frappant lourdement la table à poing fermé, voilà ce que je dis : que le diable m'emporte en chair ou en os si je reste ici une minute de plus. Venez à la maison avec moi, et, pour ce méchant moutard que je vois là-bas, qu'il prenne garde de se faire casser la tête la première fois qu'il me tombera sous la main.

— Au nom du ciel! qu'est-ce que tout cela veut dire? cria miss Price affectant un profond étonnement.

— Venez à la maison, je vous dis, venez à la

maison, » répéta-t-il avec colère. Et miss Squeers se mit à fondre en larmes. Sa sensibilité tenait à deux causes : à un dépit épouvantable d'abord, et puis à un désir immodéré de trouver quelqu'un dont elle pût déchirer la face avec ses ongles.

Tout le monde, excepté John, avait bien quelque chose à se reprocher dans cette circonstance. Miss Squeers, d'avoir aspiré avec trop d'impétuosité au bonheur de contracter une union matrimoniale ; miss Price, d'avoir premièrement cédé à un désir peu charitable de punir une amie, pour avoir, sans fondement et sans titre, ambitionné de rivaliser avec elle de dignité; secondement, d'avoir donné à sa propre vanité la satisfaction de recevoir les compliments d'un jeune étourdi; et, troisièmement, de ne pas s'être refusé le plaisir de faire comprendre au commissionnaire en grains le danger qu'il courait à différer la célébration de leurs noces, impatiemment attendues. Nicolas n'était pas non plus sans quelque reproche à se faire. Il avait eu une demi-heure de gaieté irréfléchie, pour échapper à la supposition d'une inclination de sa part en faveur de Mlle Squeers. Ainsi donc la fin répondait aux moyens; et il n'y avait rien que de naturel dans toute cette mésaventure. Car les jeunes personnes chercheront toujours à attraper un mari, et ce sera toujours entre elles comme une course au clocher, ou plutôt à l'autel; et, par conséquent, elles ne manqueront jamais une occasion de faire ressortir, par tous les moyens de séduction, tous leurs avantages; c'est comme cela depuis le commencement du monde; ce sera comme cela jusqu'à la fin.

« Bon! ne voilà-t-il pas maintenant Fanny toute en larmes! s'écria miss Price avec un nouvel étonnement. Qu'est-ce qu'il y a donc?

— Ah! mademoiselle n'en sait rien, certainement non. Au reste, mademoiselle peut s'épargner la peine de le demander, dit Mlle Squeers, prenant tout à coup une expression nouvelle, et faisant à l'instant ce qu'on appelle au théâtre *un changement à vue*.

— Je vous donne ma parole..., s'écria Mlle Price.

— Mon Dieu! qui s'inquiète, madame, si vous donnez ou ne donnez pas votre parole? repartit Mlle Squeers en fureur. (Autre changement de décoration.)

— Vous êtes horriblement polie, madame, dit miss Price.

— C'est un art dont je n'irai pas vous demander des leçons, madame.

— Vous n'avez pas besoin de vous donner la peine de vous enlaidir par la colère, madame; en tout cas, la chose n'est pas du tout nécessaire. »

Miss Squeers, à cette impertinence, devint toute rouge, et remercia Dieu de ne pas lui avoir donné les traits effrontés de certaines figures. Miss Price s'en vengea en disant qu'elle se félicitait de ne pas avoir les sentiments envieux de certaines gens. Mlle Squeers déclara qu'au reste c'était bien fait, et qu'on devrait toujours éviter de faire société avec des gens de la basse classe. C'était aussi l'avis de Mlle Price, qui ajouta qu'il y avait longtemps qu'elle en avait fait la réflexion.

« Tilda! s'écria miss Squeers avec dignité, je vous déteste.

— C'est un prêté rendu, soyez-en sûre, dit Mlle Price en nouant sous son menton les cordons de son chapeau d'une main convulsive. Je ne serai pas plutôt partie que vous allez pleurer pour me revoir; vous le savez bien, et moi aussi.

— Je me moque de ce que vous dites, chipie!

— Je vous remercie du compliment, répondit la fille du meunier avec une profonde révérence. Je vous souhaite une bonne nuit, madame, et des rêves agréables pour égayer votre sommeil. »

En lui laissant cette bénédiction pour adieu, miss Price évacua la chambre, suivie de son galant gigantesque, qui échangea au départ avec Nicolas cette terrible expression d'un sourcil menaçant, à laquelle les seigneurs coupe-jarrets ne manquent jamais entre eux dans les mélodrames, pour s'informer réciproquement qu'ils se retrouveront.

Ils ne furent pas plutôt partis, que Mlle Squeers commença l'accomplissement de la prophétie lancée par son ex-amie en répandant une copieuse abondance de larmes et en proférant sur tous les tons de douloureuses lamentations en termes passablement incohérents. Nicolas resta debout quelques minutes, sans savoir que faire; mais, dans le doute où il était si l'accès finirait par quelque embrassade ou par quelque égratignure, et n'ayant pas beaucoup de goût pour l'une ni pour l'autre issue, il s'en alla tout tranquillement, pendant que Mlle Squeers gémissait dans son mouchoir de poche.

« Voilà, se dit Nicolas quand il fut parvenu à tâtons dans le dortoir ténébreux, voilà le fruit de cette facilité maudite avec laquelle je m'accommode de toutes les sociétés où peut me jeter le hasard. Si j'étais resté muet et immobile sur ma chaise, comme j'aurais pu le faire, tout cela ne serait pas arrivé. »

Il prêta l'oreille quelques minutes, mais tout était tranquille.

« J'ai cédé à la tentation, disait-il, de me soustraire un moment à la vue de cette horrible baraque ou à la présence de son vil propriétaire, et voilà que j'ai mis ces gens-là à couteaux tirés, en me faisant deux ennemis de plus, quand Dieu sait si je n'en avais pas déjà trop! A la bonne heure, que ce soit une juste punition d'avoir un moment oublié où je suis. »

A ces mots, il se glissa au milieu de cette foule d'enfants qui dormaient de bon cœur, et grimpa dans son pauvre lit.

CHAPITRE X

Comment M. Ralph Nickleby pourvut aux besoins de sa nièce et de sa belle-sœur.

Le surlendemain du départ de Nicolas pour le Yorkshire, Catherine Nickleby était assise dans un vieux fauteuil râpé, perché sur un trône couvert de poussière, dans la chambre de miss la Creevy : elle donnait à cette demoiselle une séance pour le portrait convenu. Afin de le mieux réussir, miss la Creevy avait fait détacher de la porte et monter dans son appartement le cadre de miniatures, pour avoir sous les yeux la nuance dont elle voulait embellir le teint de miss Nickleby : c'était un chair de saumon vif, qu'elle avait inventé pour le portrait d'un jeune officier du cadre, et ce chair de saumon vif était considéré par les amis particuliers et les principaux protecteurs de miss la Creevy comme une véritable découverte dans son art, et ils ne se trompaient pas.

« Je crois que je viens de l'attraper, dit miss la Creevy. C'est bien là la nuance! Ce sera le plus joli portrait que j'aie jamais fait, certainement.

— A coup sûr, dit Catherine en souriant, c'est bien à votre génie tout seul que vous pourrez en faire honneur.

— Mais non, mais non; je ne vous accorde pas cela, ma chère, répliqua miss la Creevy. Le sujet est très joli par lui-même, un très joli sujet, assurément... Je ne veux pas dire que le faire de l'artiste n'y soit pour rien...

— Pour beaucoup, sans aucun doute.

— A la bonne heure, ma chère, dit miss la Creevy. En général, vous ne vous trompez pas; mais, dans ce cas particulier, la nature a fait plus de la moitié des frais. Oh! que l'art est difficile!

— Qu'il doit être difficile, en effet! dit Catherine, charmée de flatter ainsi la passion de sa bonne petite amie.

— Vous ne sauriez vous en faire une idée, reprit miss la Creevy. Ce sont des yeux qu'il faut mettre en lumière, à tout prix; c'est un nez qu'il faut dissimuler de toutes ses forces; c'est une tête qu'il faut développer; ce sont des dents à ôter; vous ne pouvez vous figurer tout le mal qu'il faut se donner pour faire une si petite miniature.

— Encore si les honoraires vous payaient richement de vos peines! dit Catherine.

— Oh! il s'en faut bien, vraiment, répondit miss la Creevy. Et encore, les gens sont si difficiles et si exigeants que, neuf fois sur dix, il n'y a pas de plaisir à les peindre. Tantôt ils viennent vous dire : « Oh! miss la Creevy, pourquoi donc m'avoir fait l'air si sérieux? » ou bien : « Ah! miss la Creevy, pourquoi donc m'avoir fait l'air si souriant? » Ils ne savent pas que c'est l'essence même d'un bon portrait, que l'air sérieux ou riant; autrement, il n'y a plus de portrait.

— Ah vraiment! dit Catherine en riant.

— Certainement, ma chère, parce que les sujets qui posent sont toujours l'un ou l'autre. Vous n'avez qu'à voir à l'Académie royale. Tous ces beaux portraits bien luisants, de gentlemen en gilets de velours noir, avec les poings à demi fermés, qui ressortent sur une table ronde ou sur une console de marbre, ils sont sérieux, voyez-vous. Et toutes ces dames qui badinent avec leurs petites ombrelles, ou avec leurs petits chiens, ou avec leurs petits enfants (la variété des objets n'y fait rien, le principe reste le même), elles sont toutes riantes. Le fait est (ici miss la Creevy se penche à l'oreille de son modèle en baissant le ton de sa voix comme pour lui confier un secret), le fait est qu'il n'y a que deux genres pour les portraits : le sérieux et le riant. Nous réservons toujours d'habitude le sérieux pour les personnages publics (excepté quelquefois les acteurs), et le riant pour les personnes qui n'ont rien d'officiel, les dames et les messieurs, par exemple, qui ne tiennent pas autant à se donner un air capable. »

Catherine paraissait s'amuser beaucoup de ces distinctions savantes, et miss la Creevy continuait de peindre tout en causant avec un air de satisfaction inaltérable.

« Vous avez donc peint un bien grand nombre d'officiers? dit Catherine, profitant d'un moment où miss la Creevy s'arrêta pour respirer, et jetant les yeux autour de l'atelier.

— Un grand nombre de quoi, mon enfant? demanda miss la Creevy, levant les yeux de son ouvrage. Ce sont des portraits de fantaisie, voyez-vous. Ce ne sont pas de vrais militaires, vous comprenez?

— Non.

— Bénédiction du ciel! comment voudriez-vous, mon enfant? Ce sont seulement des commis ou autres, qui louent un uniforme pour se faire peindre en militaires, et qui le font porter ici dans une valise. Il y a même des artistes qui tiennent à la disposition de leurs clients un uniforme, à raison de neuf francs cinquante de location, y compris le vermillon; mais ce n'est pas moi qui ferais cela : je ne regarde pas cela comme un profit légitime. »

En disant cela, elle se redressa comme une femme heureuse et fière de ne pas s'abaisser jusqu'à ce genre de séduction pour attraper des pratiques. Après quoi, elle ne s'en remit qu'avec plus d'application à son chevalet : seulement, de temps en temps, elle relevait la tête pour regarder avec une satisfaction inexprimable l'effet de quelque coup de pinceau qu'elle venait de donner, ou bien elle s'interrompait un instant pour expliquer à miss Nickleby qu'elle allait passer à quelque détail nouveau du visage.

« Ce n'est pas, lui disait-elle naïvement, pour que vous apprêtiez les traits que je vais peindre, ma chère; mais, voyez-vous, nous avons l'habitude d'avertir nos sujets des diverses parties du portrait que nous allons faire, afin que, s'il y a quelque expression particulière qu'ils désirent qu'on leur donne, ils puissent nous prévenir à temps, vous comprenez? »

Ici, un long silence d'une grande minute et demie, après quoi miss la Creevy reprit :

« Quand est-ce que vous comptez revoir votre oncle?

— Je n'en sais en vérité rien; j'avais compté le voir plus tôt, répondit Catherine. Cela ne peut pas tarder, j'espère, car il n'y a rien de pis que cet état d'incertitude.

— C'est un homme qui a de l'argent, n'est-ce pas? demanda miss la Creevy.

— Il est très riche, à ce que j'ai entendu dire; je n'en sais rien précisément, mais je le crois riche.

— Oh! vous pouvez en être sûre; il n'aurait pas l'air si désagréable sans cela, remarqua miss la Creevy, qui était un drôle de petit mélange de finesse et de simplicité. Règle générale, quand un homme a l'air d'un ours, c'est qu'il a une jolie petite fortune.

— Ses manières sont un peu rudes, dit Catherine.

— Rudes! cria miss la Creevy; dites donc qu'un porc-épic est un édredon en comparaison : je n'ai jamais vu de ma vie un vieux loup-garou de sauvage pareil.

— C'est seulement sa manière, je crois, observa Catherine. Il a eu des désagréments dans sa jeunesse, à ce qu'il me semble avoir entendu dire, ou son caractère a été aigri par quelque malheur. Je serais bien fâchée d'en penser du mal avant d'être sûre qu'il le mérite.

— C'est bien, c'est très bien, et je vous approuve, dit l'artiste, et à Dieu ne plaise que je vous donne ce chagrin! Mais enfin il pourrait bien, sans seulement s'en apercevoir, vous faire à vous et à votre mère quelque petite pension qui vous mettrait toutes les deux à votre aise, jusqu'à votre mariage, et qui serait ensuite pour elle une petite fortune. Qu'est-ce que ce serait pour lui, par exemple, qu'un rouleau de cent louis par an?

— Je ne sais pas ce que ce serait pour lui, dit Catherine avec énergie, mais, pour moi, j'aimerais mieux mourir que de l'accepter.

— Voyez-vous! cria miss la Creevy.

— L'idée de dépendre de lui, dit Catherine, empoisonnerait d'amertume tout le reste de ma vie. J'éprouverais, je crois, moins d'humiliation à demander mon pain.

— Bon! s'écria miss la Creevy. Voilà donc ce parent dont vous ne voulez pas souffrir qu'une personne indifférente dise du mal devant vous; vous m'avouerez, ma chère, que ce langage doit sembler assez drôle.

— Je le confesse, dit Catherine d'un ton plus contenu; je le confesse. Je... je... voulais seulement dire que, sous l'influence des souvenirs d'un temps plus heureux qui n'est plus, je ne voudrais pas, pour tout au monde, me résigner à vivre aux dépens de la générosité de personne : pas plus de lui que d'un autre. »

Miss la Creevy regarda Catherine d'un air narquois, comme si elle n'eût pas été bien convaincue que ce n'était pas Ralph lui-même qui fût l'objet de sa répugnance; mais, en voyant l'embarras de sa jeune amie, elle s'abstint de toute observation.

« Tout ce que je lui demande, continua Catherine, qui ne pouvait retenir ses larmes, c'est qu'il veuille bien se départir assez de ses habitudes en ma faveur pour me mettre en état, à l'aide d'une recommandation, seulement d'une recommandation, de gagner mon pain à la lettre et de rester avec ma mère. Si nous devons jamais goûter encore quelque bonheur, cela dépendra du succès de mon bien-aimé frère; mais que mon oncle fasse seulement cela pour moi, et que Nicolas nous dise qu'il est heureux et content, je ne lui en demanderai pas davantage. »

Comme elle cessait de parler, on entendit un bruit léger derrière le paravent qui la séparait de la porte, et quelqu'un cogna contre le lambris.

« Vous pouvez entrer ! » cria miss la Creevy.

Le visiteur ne se le fit pas dire deux fois, et, s'avançant à l'instant, présenta à la vue de ces dames la forme et les traits de M. Ralph Nickleby en personne, ni plus ni moins.

« Votre serviteur, mesdames, dit Ralph en les regardant l'une après l'autre d'un air qui n'était pas tendre. Vous parliez si haut tout à l'heure, que j'ai eu de la peine à me faire entendre. »

Quand le digne monsieur avait quelque chose sur le cœur de pire encore qu'à l'ordinaire, son tic habituel était de tenir un instant ses yeux presque cachés sous leurs sourcils épais et saillants, puis de les développer avec toute leur vivacité perçante. C'est ce qu'il fit en ce moment; aussi, en le voyant chercher à comprimer le sourire qui écartait malgré lui ses lèvres minces et serrées, et qui ridait le coin de sa bouche en plis malicieux, elles sentirent toutes deux que, s'il n'avait pas entendu toute leur conversation, il en avait au moins entendu déjà trop.

« Comme j'allais monter plus haut, j'ai eu l'idée de commencer par entrer ici, où j'étais presque sûr de vous trouver, dit Ralph en s'adressant à sa nièce et regardant le portrait d'un air dédaigneux.

» Est-ce là le portrait de ma nièce, madame ?

— Oui, monsieur Nickleby, dit miss la Creevy d'un petit air éveillé, et même je vous dirai, entre nous, que ce sera un fort joli portrait, quoique ce ne soit pas à moi à me faire des compliments.

— Ne vous dérangez pas pour me le faire voir, madame, s'empressa de dire Ralph en se reculant. Je n'entends rien aux portraits. Est-il bientôt fini ?

— Mais oui, répondit miss la Creevy portant à la bouche le bout de son pinceau, pour mieux se donner l'attitude de la réflexion. Avec deux séances encore...

— En ce cas, qu'elle vous les donne tout de suite, madame, dit Ralph. Dès demain, elle n'aura plus de temps à perdre à des enfantillages. Le travail ! madame ; le travail ! il faut que tout le monde travaille. Avez-vous loué votre appartement, madame ?

— Jusqu'à présent, monsieur, je n'ai pas mis d'écriteau.

— Il faut le mettre à l'instant, madame. Une fois la semaine finie, elles n'auront plus besoin d'y demeurer, ou, si elles y restent, elles n'auront pas de quoi le payer. Maintenant, ma chère, si vous êtes prête, nous n'allons pas perdre de temps. »

M. Ralph Nickleby, avec un faux air de bonté qui lui allait encore plus mal que sa brusquerie habituelle, fit signe à la jeune demoiselle de passer devant lui, puis, s'inclinant gravement pour saluer miss la Creevy, il ferma la porte et monta l'escalier derrière sa nièce ; là Mme Nickleby le reçut avec une foule de cérémonies respectueuses. Mais il y coupa court sans façon en lui faisant signe de la main qu'il n'en avait que faire, et, dans son impatience, il expliqua tout de suite le but de sa visite.

« J'ai trouvé une situation pour votre fille, madame.

— Merci ! répliqua Mme Nickleby; et, maintenant, permettez-moi de vous dire que je n'attendais pas moins de vous. C'est ce que je disais à Catherine, ce matin même à déjeuner : « Soyez bien sûre, ma fille, lui disais-je, qu'après avoir mis tant d'empressement à pourvoir Nicolas, il n'aura pas de cesse qu'il n'en ait fait autant pour vous. » Voilà exactement ce que je lui disais, autant que je puis me rappeler. Catherine, ma chère, pourquoi donc ne remerciez-vous pas votre... ?

— Laissez-moi continuer, madame, je vous prie, dit Ralph interrompant sa belle-sœur dans le débordement de ses paroles.

— Catherine, ma fille, laissez donc continuer votre oncle, dit Mme Nickleby.

— Je ne demande pas mieux, maman, répondit Catherine.

— Eh bien, alors, ma fille, si vous ne demandez pas mieux, vous devriez laisser votre oncle dire ce qu'il a à dire, sans l'interrompre, reprit Mme Nickleby avec force mouvements de tête et force signes de contrariété. Le temps de votre oncle est si précieux, ma chère, que malgré votre vif désir (désir bien naturel et qui ne peut manquer d'être ressenti par tous parents attachés à leur devoir de famille qui ont aussi peu vu leur oncle que vous), malgré votre vif désir donc de prolonger le plaisir de le garder plus longtemps avec nous, cependant nous ne devons pas être égoïstes, mais bien considérer au contraire la nature importante de ses occupations dans la Cité.

— Je vous suis bien obligé, madame, dit Ralph avec un ricanement imperceptible. Le défaut d'habitude des affaires dans votre famille explique apparemment tout ce luxe de paroles inutiles avant de rien conclure.

— J'ai peur que vous n'ayez raison, répondit Mme Nickleby avec un soupir. Votre pauvre frère !...

— Mon pauvre frère, madame, reprit Ralph en l'interrompant avec aigreur, n'avait pas idée de ce que c'est qu'une affaire, ou, pour mieux dire, il ne savait même pas ce que cela veut dire.

— J'en ai bien peur, dit Mme Nickleby en portant à ses yeux son mouchoir. Je ne sais pas ce qu'il aurait fait sans moi. »

Nous sommes, à vrai dire, d'étranges créatures. Le misérable appât que Ralph, dès sa première entrevue, avait jeté à sa belle-sœur avec tant d'habileté, était encore là pendillant au bout de l'hameçon aux yeux de la pauvre femme. Chaque fois qu'elle se rappelait, dans les vingt-quatre heures de la journée, quelque gêne, quelque privation occasionnée par son changement de fortune, aussitôt la vision douloureuse de ses vingt-cinq mille francs de dot venait assaillir son esprit, si bien qu'elle avait fini par se persuader que, de tous les créanciers de feu son mari, il n'y en avait pas de plus maltraité ni de plus à plaindre qu'elle. Et pourtant, elle l'avait aimé tendrement pendant bien des années, et elle n'était pas plus égoïste que le commun des hommes, tant il est vrai qu'une pauvreté subite rend l'esprit irritable. Qu'on lui eût donné seulement une petite rente, et ses pensées auraient repris sur-le-champ leur train accoutumé.

« Les regrets ne servent de rien, madame, dit Ralph ; de toutes les peines perdues, la plus stérile, c'est d'envoyer une larme courir après un jour qui n'est plus.

— C'est bien vrai, dit Mme Nickleby en sanglotant, c'est bien vrai.

— Puisque vous ressentez si durement, madame, dans votre personne et dans votre bourse, les conséquences de la négligence dans les affaires, dit Ralph, sans doute vous voudrez pénétrer vos enfants de la nécessité d'y faire plus d'attention de bonne heure.

— Comment ne le ferais-je pas ? reprit Mme Nickleby. Une triste expérience, vous le savez, mon beau-frère... Catherine, ma chère, n'oubliez pas de le dire à Nicolas dans votre prochaine lettre, ou de me le rappeler si je lui écris. »

Ralph fit une pause de quelques moments, puis, se sentant désormais sûr de la mère dans le cas où la fille ferait des objections à ce qu'il venait proposer, il continua ainsi :

« Pour en finir, madame, la situation que j'ai fait mon possible pour procurer à Catherine, est chez une marchande de modes, couturière en robes.

— Une marchande de modes ! cria Mme Nickleby.

— Une marchande de modes, couturière en robes, madame, répliqua Ralph. Je n'ai pas besoin de vous rappeler que les marchandes de modes à Londres, qui sont rompues à la routine de tous les besoins et de toutes les fantaisies de la société, font de grandes fortunes, entretiennent des équipages et finissent par devenir des personnages opulents. »

A ce mot de marchande de modes, couturière en robes, l'esprit de Mme Nickleby s'était révolté, en se représentant involontairement certains paniers d'osier doublés de toile cirée noire qu'elle se rappelait avoir vus trotter deçà et delà dans les rues ; mais, à mesure que Ralph avançait, les petits paniers disparaissaient pour faire place à de grands hôtels du beau quartier, des voitures bourgeoises bien ruisselantes, et un livre de banque bien rebondi : toutes images qui se succédèrent avec une telle rapidité, que Ralph avait à peine fini de parler, qu'elle agitait la tête avec vivacité, en signe de grande satisfaction, et répétait à chacune de ses paroles : « C'est bien vrai. »

« C'est bien vrai, Catherine, ma chère, ce que dit là votre oncle. La première fois que votre pauvre papa et moi nous allâmes à la ville après notre mariage, je me souviens que la demoiselle qui m'apporta à la maison un chapeau de paille à la villageoise, avec des rubans verts et blancs et une doublure de marceline verte, arriva dans sa voiture au grand galop jusqu'à la porte ; c'est-à-dire je ne suis pas bien certaine que ce fût sa propre voiture ; c'était peut-être un fiacre, mais ce que je me rappelle bien, c'est que le cheval tomba raide mort en retournant, car même votre papa me dit que la bête n'avait pas mangé d'avoine depuis quinze jours. »

Cette anecdote, si propre à faire briller l'opulence des marchandes de modes, ne parut pas avoir un grand succès, car la jeune fille tenait la tête penchée pendant la narration de sa mère, et Ralph manifestait des symptômes significatifs de son extrême impatience.

« Le nom de la dame, dit-il, est Mantalini, Mme Mantalini ; je la connais. Elle demeure près de Cavendish-square. Si votre fille est disposée à essayer de cette place, je vais l'y mener tout de suite.

— Est-ce que vous n'avez rien à dire à votre oncle, ma chère fille ? demanda Mme Nickleby.

— Oh ! bien des choses, au contraire, mais pas pour le moment. J'aime mieux lui parler quand nous serons seuls. Je ne veux pas lui faire perdre son temps à lui adresser mes remerciements, je lui dirai en chemin ce que j'ai à lui dire. »

A ces mots, Catherine s'éclipsa pour aller cacher les traces de l'émotion qui faisaient couler des larmes le long de ses joues, et pour se préparer à sortir, pendant que Mme Nickleby amusait son beau-frère en lui faisant, toujours pleurante, la description détaillée des dimensions d'un piano-secrétaire en bois de rose qu'ils avaient possédé au temps de leur splendeur, ou encore des huit fauteuils de leur salon, à pieds tournés, à belles housses de perse verte, assorties aux rideaux, et qui avaient coûté soixante-huit francs soixante-quinze centimes la pièce : était-ce malheureux! ils s'étaient vendus pour rien.

Ces souvenirs intéressants furent arrêtés tout court par le retour de Catherine, qui venait de s'habiller pour sortir, et Ralph, qui n'avait fait que s'agiter et souffrir le martyre pendant toute son absence, ne voulant point perdre de temps, quitta sa belle-sœur sans cérémonie et descendit dans la rue.

« Maintenant, dit-il en donnant le bras à Catherine, marchez aussi vite que vous pouvez, et vous allez voir le chemin que vous aurez à faire tous les jours pour aller à vos affaires. » En même temps il se mit à conduire, d'un bon pas, sa nièce dans la direction de Cavendish-square.

« Je vous suis très obligée, mon oncle, dit la jeune fille après qu'ils eurent fait à la hâte un bout de chemin en silence, très obligée.

— Je suis bien aise de vous entendre parler comme cela, dit Ralph. J'espère que vous remplirez votre devoir.

— Je ferai mon possible pour que vous soyez content, mon oncle, répliqua-t-elle. Certainement je...

— Allons, ne commencez pas à pleurer, dit Ralph en grognant: il n'y a rien que je déteste comme de voir pleurer.

— C'est vrai, mon oncle, c'est très ridicule à moi, je le sais.

— En effet, reprit Ralph l'interrompant, très ridicule et très déplacé. Que cela ne recommence plus! »

Peut-être n'était-ce pas là le meilleur moyen de sécher les larmes d'une femme jeune et sensible, prête à paraître pour la première fois sur un théâtre tout à fait nouveau pour elle dans la vie, au milieu d'étrangers froids et indifférents. Pourtant je dois dire qu'il réussit à l'instant. Catherine rougit profondément ; pendant quelques instants sa respiration fut précipitée, puis elle se mit à marcher d'un pas plus ferme et plus résolu. C'était un contraste curieux à voir que celui d'une jeune provinciale timide, reculant à chaque pas devant la foule qui se pressait dans les rues en tout sens pour laisser passer les plus pressés, et se pendant au bras de Ralph, comme si elle eût craint de le perdre dans le flot des passants, et de cet homme d'affaires aux traits durs et sombres, qui allait tout droit son chemin, poussant les autres du coude, échangeant de temps en temps, sur son passage, un salut rapide avec quelques connaissances qui se retournaient pour regarder, avec une expression de singulière surprise, sa jolie compagne, et semblaient ne rien comprendre à cette association si mal assortie. Mais quel contraste bien plus étrange encore pour celui qui aurait pu lire au fond de ces cœurs qui battaient côte à côte, mettre à nu la charmante innocence de l'un, l'odieuse malice de l'autre, planer sur les pensées pures et simples de la jeune fille à l'âme tendre, et reconnaître avec étonnement qu'au milieu des desseins rusés et des calculs intéressés du vieillard dont elle tenait le bras, il était impossible de démêler un mot ou un signe qui révélât la pensée de la mort ou de la tombe! Et cependant c'était la vérité. Spectacle plus étrange encore, quoiqu'il soit tous les jours sous nos yeux : le cœur jeune et brûlant palpitait de mille craintes, de mille inquiétudes, tandis que celui du vieux roué, corrompu par le monde, pétrifié dans sa cellule, n'avait que les battements réguliers de quelque ingénieuse mécanique, sans se laisser déranger dans l'exactitude de ses fonctions par un seul sursaut d'espérance ou de crainte, d'inquiétude ou d'amour pour âme qui vive.

« Mon oncle, dit Catherine, quand elle pensa qu'ils devaient approcher de leur destination, il faut que je vous fasse une question : demeurerai-je chez nous?

— Chez nous! répondit Ralph; où est-ce ça?

— Je veux dire chez ma mère, la pauvre veuve, dit Catherine avec énergie.

— C'est ici qu'à vrai dire vous demeurerez, répliqua Ralph, car c'est ici que vous prendrez vos repas et que vous resterez du matin jusqu'au soir; peut-être même, par occasion, jusqu'au lendemain matin.

— Mais le soir, mon oncle? Je ne puis pas la laisser seule : il faut bien qu'il me reste un endroit que je puisse appeler un chez-nous. Naturellement il sera où elle est: vous comprenez; rien n'empêche qu'il ne soit très modeste.

— Ah! rien n'empêche! dit Ralph, dont l'impatience, provoquée par cette observation, lui fit précipiter le pas. Vous voulez dire qu'il faut bien qu'il soit très modeste. Rien n'empêche! Je crois que cette petite est folle.

— Mon Dieu! dit Catherine, c'est un mot qui m'est échappé sans y faire attention.

— Je l'espère, dit Ralph.

— Mais ma question, mon oncle?... vous n'y avez pas répondu.

— Eh bien, je me suis occupé déjà de quelque chose comme cela, dit Ralph, et, quoique je ne sois pas précisément de cet avis, cependant j'ai cherché à satisfaire vos scrupules. Je n'ai parlé de vous que comme d'une ouvrière externe : ainsi vous pouvez aller retrouver tous les soirs ce chez-nous, dont vous dites que rien n'empêche qu'il ne soit très modeste. »

C'était déjà quelque chose pour Catherine. Elle se confondit en remerciements de l'attention de son oncle. Ralph les reçut comme un homme qui sent qu'il les a bien mérités, et ils marchèrent sans dire un mot jusqu'à la porte de la couturière. On voyait s'étaler sur une très grande plaque le nom et le commerce de Mme Mantalini, et l'on y arrivait par un escalier de toute beauté. Il y avait bien une boutique dans la maison, mais elle était louée à un commissionnaire en essence de roses. Quant à Mme Mantalini, ses magasins étaient au premier étage, comme le faisait assez voir aux gens comme il faut de Londres ou de province, derrière ses fenêtres garnies de magnifiques rideaux, l'exposition artistique de deux ou trois chapeaux élégants dans le style le plus nouveau et de quelques costumes somptueux du goût le plus irréprochable.

Un valet en livrée vint ouvrir la porte, et, sur la demande de M. Ralph, il les introduisit, par une antichambre de belle apparence et un palier spacieux, dans le salon de réception, composé de deux vastes pièces où se montrait en étalage un choix infini de robes et d'étoffes superbes. Il y en avait d'arrangées avec goût sur des supports; d'autres étaient étendues avec une négligence apparente sur des sofas; d'autres encore, jetées sur le tapis ou bien suspendues à la glace des psychés, ou enfin se confondant de quelque autre manière avec l'ameublement riche et varié qu'on avait multiplié avec profusion.

C'est là qu'ils attendirent assez longtemps pour lasser la patience de M. Ralph, qui ne paraissait pas regarder avec beaucoup d'intérêt toute cette friperie éblouissante et qui allait finir par sonner quelqu'un, lorsque tout à coup un gentleman, entr'ouvrant la porte, passa la tête et la retira avec la même vivacité en voyant du monde.

« Ici donc, holà! cria Ralph; qui est-ce qui est là? » A ce son de voix, qui lui était bien connu, la tête reparut, et la bouche de cette tête, faisant voir une longue rangée de dents d'une grande blancheur, prononça sur un ton doucereux ces mots: « Diavolo! Tiens! Nickleby! » Après l'explosion de ces sentiments, le gentleman s'avança et vint donner à Ralph une chaleureuse poignée de main. Il portait une robe de chambre splendide, un gilet et un pantalon à la hussarde du même dessin; un mouchoir de soie lilas, des pantoufles d'un vert éclatant, et une chaîne de montre assez longue pour faire le tour de sa taille. Son costume se complétait d'une paire de favoris et de moustaches teints en noir et frisés avec élégance.

« Sapristi! j'espère que ce n'est pas à moi que s'adresse votre visite? dit le gentleman en donnant une tape sur l'épaule de Ralph.

— Non, pas encore, dit l'autre d'un air sarcastique.

— Ah! ah! sapristi! » Et le gentleman, en tournant sur ses talons pour rire avec plus de grâce, se trouva face à face avec Catherine Nickleby, qui était près de son oncle.

« Ma nièce, dit Ralph.

— Ah! oui, je me rappelle, dit le gentleman se donnant sur le nez une chiquenaude, comme pour se punir de son défaut de mémoire. Sapristi! je me rappelle l'objet de votre visite. Venez par ici, Nickleby; et vous, ma belle demoiselle, voulez-vous me suivre? Elles me suivent toutes, Nickleby. Ah! ah! ah! elles n'y manquent jamais, sapristi! »

Tout en donnant ainsi carrière à son imagination folâtre, le gentleman les conduisit à un petit salon particulier au second étage. Il n'était guère moins richement meublé que l'autre; seulement la présence d'une cafetière d'argent, d'une coquille d'œuf et d'une tasse de porcelaine presque vide semblait annoncer que le gentleman venait d'y faire son déjeuner.

« Asseyez-vous, ma chère, dit-il à miss Nickleby en la déconcertant tout d'abord par la hardiesse de son regard, puis après par une grimace de satisfaction peu rassurante. Pour arriver à ce maudit étage, il faut se mettre tout hors d'haleine. C'est comme un infernal vestibule du firmament. J'ai peur d'être obligé de déménager, Nickleby.

— Je l'espère bien, répliqua Ralph le regardant d'un air presque menaçant.

— Quel diable d'original vous faites, Nickleby, dit le gentleman; la plus diabolique bonne tête, le plus singulier mélange de vieille monnaie d'or et d'argent que j'aie jamais vu de ma vie, sapristi! »

Après avoir adressé ces compliments à Ralph, le gentleman sonna, toujours les yeux fixés sur Mlle Nickleby, jusqu'à ce qu'il eût donné au domestique qui se présenta l'ordre de demander sa maîtresse sur-le-champ; après quoi il recommença ses exclamations jusqu'à l'apparition de Mme Mantalini.

La couturière était une femme de figure égrillarde, richement vêtue, d'assez bonne mine, mais beaucoup plus âgée que le monsieur au pantalon à la hussarde. Il n'y avait pas plus de six mois qu'elle l'avait épousé. Le nom de son mari était dans l'origine Mantle; mais, par une transition facile, il s'était changé bientôt en celui de Mantalini, la dame ayant observé avec beaucoup de justesse qu'un nom anglais lui ferait un tort sérieux dans son commerce. Il n'avait apporté à sa femme en mariage que sa paire de favoris, capital précieux sur lequel

Catherine s'en revint tristement à leur appartement du Strand. (P. 75.)

il avait vécu jusque-là assez agréablement pendant nombre d'années. Il venait de s'enrichir, après de longues et patientes expériences, d'une paire de moustaches qui promettait de lui assurer une sorte d'indépendance. Jusqu'alors, la seule part qu'il prît dans les travaux de la maison s'était bornée à dépenser l'argent que gagnait sa femme, et, de temps en temps, quand on était à court, à monter en voiture pour aller faire escompter, chez M. Ralph Nickleby, moyennant finance, les billets des clients.

« Ah çà, mon cœur, dit M. Mantalini, qui diable vous a donc tenue si longtemps ?

— Je ne savais pas même que M. Nickleby fût ici, mon cher, lui répondit madame.

— Alors, idole de mon âme, il faut que ce valet soit un diable d'infernal animal.

— Mon cher, répondit madame, c'est tout à fait votre faute.

— Ma faute ? joie de mon cœur !

— Certainement, fit-elle, mon très cher : vous savez bien que vous n'en tirerez jamais rien avant de lui avoir administré quelque bonne correction.

— Une correction ? délices de mon âme !

— Je crois bien ! et soyez sûr qu'il a besoin qu'on lui parle un peu ferme, dit madame en faisant la moue.

— Allons, ne vous tourmentez pas ; on lui flanquera des coups de cravache jusqu'à ce qu'il crie comme un damné. »

Sur cette promesse, M. Mantalini embrassa Mme Mantalini ; et, pour finir cette comédie, Mme Mantalini tira d'une manière aimable les oreilles de M. Mantalini, après quoi on passa à l'affaire en question.

« Maintenant, madame, dit Ralph, qui n'avait pas cessé de regarder cette scène avec une expression de mépris peu commune, voici ma nièce.

— Ah ! c'est elle, monsieur Nickleby, répliqua Mme Mantalini en toisant Catherine des pieds à la tête et de la tête aux pieds. Parlez-vous français, ma petite ?

— Oui, madame, répondit Catherine sans oser

lever les yeux, car elle sentait que ceux de son impudent admirateur devaient être fixés sur elle.

— Comme une damnée de Française? » demanda le mari.

Miss Nickleby ne fit pas d'autre réponse à cette question que de tourner le dos au questionneur, comme pour se disposer à répondre à Mme Mantalini si elle avait quelque chose à lui demander.

« Nous avons vingt jeunes dames constamment employées dans l'établissement, dit la maîtresse couturière.

— Vraiment, madame! reprit Catherine avec timidité.

— Oui, et il y en a qui sont diablement jolies encore, dit le patron.

— Mantalini! s'écria sa femme d'un air imposant.

— Femme adorable! dit Mantalini.

— Mantalini! voulez-vous me briser le cœur?

— Dieu m'en garde! je ne le ferais pas pour vingt mille hémisphères peuplés de... de... petites danseuses de l'Opéra, répondit Mantalini, qui se sentait en verve.

— Eh bien, c'est pourtant ce que vous ferez, si vous continuez de parler comme vous faites, dit sa femme. Qu'est-ce que vous voulez que M. Nickleby pense de vous en vous entendant?

— Oh! rien, madame, rien, répliqua Ralph. Je connais son aimable caractère et le vôtre; ce sont de simples petites saillies qui ne font que donner un peu plus de piquant à votre vie journalière; des querelles d'amoureux dont la douceur ajoute encore à ces joies domestiques qui promettent de durer si longtemps. Voilà tout. »

Si l'on pouvait supposer qu'une porte de fer en colère contre ses gonds prît la ferme résolution de peser sur eux de tout son poids en s'ouvrant avec une lenteur obstinée pour les réduire en poudre dans cette lutte, la plainte des gonds opprimés ne rendrait pas un son plus désagréable que la voix amère et rude dont Ralph prononça ce compliment ironique. M. Mantalini lui-même en sentit l'influence, et, se retournant tout effrayé, il s'écria : « Quel diabolique, quel abominable croassement!

— Vous ne ferez pas attention, s'il vous plaît, aux plaisanteries de M. Mantalini, dit la dame en s'adressant à Mlle Nickleby.

— Je n'y fais pas attention du tout, madame, dit Catherine avec calme et mépris.

— M. Mantalini n'a pas du tout affaire aux jeunes dames de l'établissement, continua-t-elle en lançant un regard à son mari. S'il en a vu quelques-unes, ce ne peut être qu'en les rencontrant dans la rue, quand elles viennent travailler ou qu'elles s'en retournent chez elles; mais jamais ici. Il n'est même jamais au magasin : je ne veux pas de cela. Combien d'heures avez-vous l'habitude de travailler par jour?

— Je n'ai jamais eu l'habitude de travailler régulièrement, madame, reprit Catherine en baissant la voix.

— Elle n'en travaillera que mieux maintenant, dit Ralph, qui n'était pas fâché de placer ce mot, de peur que l'aveu de sa nièce ne vînt nuire aux négociations.

— Je l'espère, continua Mme Mantalini. Voici nos heures : de neuf à neuf, et même plus quand nous sommes pressées de besogne; mais alors je paye un supplément en sus. »

Catherine s'inclina pour faire comprendre qu'elle avait entendu les conditions et qu'elles lui convenaient.

« Quant à vos repas, c'est-à-dire le dîner et le thé, vous les prendrez ici. Vos gages pourront monter de 6 francs 25 à 8 francs 75 par semaine; mais je ne puis encore les fixer d'une manière certaine, avant d'avoir vu ce que vous savez faire. »

Catherine répondit encore par un signe de tête.

« Si vous êtes prête à venir, dit Mme Mantalini, vous ferez bien de commencer lundi matin à neuf heures précises; et Mlle Knag, ma première demoiselle, recevra mes instructions pour vous essayer d'abord à quelque ouvrage facile. Avez-vous encore quelque chose à me demander, monsieur Nickleby?

— Plus rien, madame, dit Ralph en se levant.

— Alors, je crois que voilà tout. »

Après cette conclusion naturelle, Mme Mantalini regarda du côté de la porte, comme une personne qui voudrait bien s'en aller, mais qui ne se souciait pas de laisser à M. Mantalini le soin de faire seul les honneurs de sa maison, en conduisant les visiteurs au bas de l'escalier. Ralph la tira d'inquiétude en prenant son congé sans délai, pendant que Mme Mantalini lui faisait une foule de reproches gracieux de ne pas venir les voir, et que M. Mantalini maudissait avec force jurons la hauteur des escaliers, en les reconduisant, dans l'espérance qu'en entendant ces anathèmes, Catherine aurait au moins la curiosité de retourner la tête. Mais c'était un espoir qu'il n'eut pas le bonheur de voir réaliser.

« Voilà! dit Ralph, quand ils furent dans la rue; maintenant vous êtes pourvue. »

Catherine allait l'en remercier encore, quand il l'arrêta en lui disant : « J'avais eu quelque idée de placer aussi votre mère à la campagne dans un joli pays (il avait droit de présentation dans une maison de charité sur les confins de Cornouailles, et il n'était pas rare qu'il pût y disposer de quelques places vacantes); mais, en voyant votre désir de rester ensemble, je me suis décidé à prendre un autre parti pour elle. Elle a un peu d'argent?

— Oh! bien peu, répondit Catherine.

— Peu va loin, dit Ralph, quand on sait le ménager. Elle va voir combien de temps elle pourra le faire durer, ne payant pas de loyer. Vous quittez votre logement samedi?

— C'est vous qui nous l'avez dit, mon oncle.

— Oui, j'ai une maison qui m'appartient et qui n'est pas occupée pour le moment. Je peux vous y mettre jusqu'à ce qu'elle se loue, et après, si rien n'empêche, peut-être en aurai-je une autre, c'est là qu'il vous faudra demeurer.

— Est-ce loin d'ici, monsieur? demanda Catherine.

— Assez loin, dit Ralph, c'est à l'autre bout de la ville, à East-End; mais je vous enverrai mon commis samedi à cinq heures du matin pour vous y conduire. Au revoir, vous savez votre chemin? Toujours tout droit. » Il serra froidement la main de sa nièce, la quitta au haut de Regent-street et descendit par une rue de traverse pour aller gagner de l'argent. Catherine s'en revint tristement à leur appartement du Strand.

CHAPITRE XI

Newman Noggs installe Mme et Mlle Nickleby dans leur nouveau domicile de la Cité.

Pendant que miss Nickleby s'en retournait chez elle, ses réflexions étaient naturellement tristes. La journée n'avait pas commencé pour elle de manière à lui donner des idées couleur de rose. La conduite de son oncle n'était pas de nature à dissiper les craintes ou les doutes qu'elle avait pu concevoir dès le début, et le premier aperçu qu'elle avait pu prendre de l'établissement Mantalini n'avait rien de bien encourageant. C'était donc avec de sombres pressentiments et des déceptions cruelles qu'elle envisageait, le cœur serré, la nouvelle carrière qui s'ouvrait devant elle.

S'il avait été au pouvoir de sa mère de faire entrer dans son esprit des dispositions plus heureuses et d'alléger sa peine, la pauvre femme n'y épargna pas ses soins ni l'abondance de ses consolations verbeuses. Pendant le temps que Catherine avait été absente, la bonne dame s'était remis en mémoire deux cas authentiques de marchandes de modes qui s'étaient trouvées, à la fin, propriétaires d'une belle fortune. Qu'elles l'eussent acquise uniquement dans leur commerce, ou qu'elles eussent commencé avec un capital suffisant pour les lancer dans les affaires, ou qu'elles eussent eu l'heureuse chance de faire des mariages avantageux, voilà ce qu'elle ne pouvait se rappeler au juste. Néanmoins, comme elle en faisait la remarque judicieuse, il était impossible qu'il ne se trouvât pas *quelque* jeune personne de cette profession qui eût fait de bonnes affaires en commençant avec rien : et, une fois cet exemple admis, pourquoi Catherine ne ferait-elle pas de même? Miss la Creevy, qui était devenue comme un membre du conseil de famille, hasardait bien, par insinuation, quelques doutes sur les chances probables pour Mlle Nickleby d'arriver à cet heureux résultat dans tout le cours d'une vie ordinaire; mais la bonne dame, qui avait réponse à tout, la rassurait en lui confiant qu'elle avait là-dessus un pressentiment sûr, une espèce de seconde vue; c'était un genre d'argument qui n'était pas nouveau chez elle : c'est celui avec lequel elle terrassait tous les raisonnements de feu M. Nickleby, et nous devons dire qu'elle avait tort plus de quatre-vingt-dix-neuf fois sur cent.

« Et puis, disait miss la Creevy, j'ai peur que ce ne soit une occupation pernicieuse à la santé. Je me rappelle bien trois jeunes modistes qui sont venues se faire peindre chez moi quand je commençais mon état : elles étaient toutes les trois pâles et maladives.

— Oh! ce n'est pas du tout une règle générale, observa Mme Nickleby, car moi je me rappelle, aussi bien que si c'était hier, en avoir employé une, qui m'était particulièrement recommandée, pour me faire un manteau écarlate : c'était alors la grande mode; eh bien, c'était une grosse rougeaude, une vraie rougeaude, certainement.

— Peut-être qu'elle buvait, insinua miss la Creevy.

— Je ne sais pas le motif, répliqua Mme Nickleby, mais je sais qu'elle avait la figure très rouge; vous voyez donc bien que votre raisonnement ne vaut rien. »

Telle était la force de tous les arguments qu'elle opposait aux objections qu'on pouvait trouver à faire au dessein formé le matin. Heureuse Mme Nickleby! Il suffisait qu'un projet fût nouveau pour trouver à l'instant dans son esprit bon accueil et pour y prendre des couleurs séduisantes comme les hochets dorés dont on amuse les enfants.

La question ainsi vidée, Catherine fit part du désir formé par son oncle de les transférer dans sa maison vacante, proposition à laquelle Mme Nickleby acquiesça avec la même facilité : elle pensait même avec plaisir à l'agrément qu'elle aurait le soir, quand il ferait beau, d'aller, en se promenant, chercher sa fille au West-End pour la ramener à la maison. Elle n'oubliait qu'une chose dans ses plans : c'est que les belles soirées sont rares, et qu'il fait mauvais temps à peu près une fois par semaine.

« Je suis désolée, je vous assure, je suis désolée de l'idée que nous allons vous quitter, madame, dit Catherine à miss la Creevy, dont la sympathie avait fait sur elle une profonde impression.

— Vous ne me mettrez pas pour cela à la porte de chez vous? reprit miss la Creevy avec autant de bonne humeur apparente qu'elle pouvait en mettre dans cette séparation. J'irai vous voir très souvent; j'irai savoir de vos nouvelles; et, quand il n'y aurait pas dans toute la ville ou dans tout l'univers un autre cœur pour s'intéresser à votre bonheur, sachez bien qu'il y aura toujours une petite ermite du Strand qui priera pour vous soir et matin. »

Là-dessus, l'excellente femme, après une foule de petites mines extraordinaires qui lui auraient valu une fortune si elle avait su les reproduire avec fidélité sur l'ivoire ou sur la toile, alla s'asseoir dans un coin pour y pleurer à cœur joie.

Mais ni pleurs, ni consolations, ni espoir, ni crainte n'empêchèrent le fatal samedi d'arriver, et avec lui, Newman Noggs. Exact au rendez-vous, il était là, à heure dite, après avoir fait la course clopin-clopant, et l'on sentit, par le trou de la serrure, comme pour annoncer sa présence, un parfum de genièvre, au moment précis où toutes les horloges du voisinage qui marchaient de bon accord sonnaient ensemble cinq heures du soir. Newman attendit les cinq coups, et frappa à la porte.

« De la part de M. Ralph Nickleby, dit-il quand il eut monté l'escalier, faisant sa commission aussi brièvement que possible.

— Nous sommes prêtes à l'instant, dit Catherine. Nous n'avons pas grand'chose à emporter; cependant j'ai peur que nous ne soyons obligés de prendre une voiture.

— Je vais en chercher une.

— Ah non! dit Mme Nickleby; je ne souffrirai pas que vous preniez cette peine.

— Si fait, dit Newman.

— Je ne veux pas seulement que vous y songiez, reprit Mme Nickleby.

— Vous ne pouvez pas m'empêcher d'y songer, dit Newman.

— Vous croyez?

— Non, vous ne le pouvez pas. J'y ai déjà songé en venant, et, si je n'en ai pas amené, c'est que j'ai songé aussi que vous ne seriez pas encore prêtes. Je songe à bien des choses, allez. On ne peut pas empêcher cela.

— Ah bon! Je vous comprends, monsieur Noggs, dit Mme Nickleby : nos pensées sont libres, naturellement. Chacun peut songer à ce qu'il veut; c'est bien clair.

— Cela ne serait pas si on laissait faire certaines gens, marmotta Newman.

— Certainement, cela ne serait plus, monsieur Noggs, et vous dites là une grande vérité, répliqua Mme Nickleby. A coup sûr, il y a des gens qui... Comment va votre maître? »

Newman lança du côté de Catherine un regard qui disait bien des choses, et répondit, en appuyant d'un ton expressif sur le dernier mot de sa phrase, que M. Ralph Nickleby se portait bien et leur présentait ses *amitiés*.

« Nous lui sommes bien reconnaissantes, dit Mme Nickleby.

— Très reconnaissantes? reprit Newman; je le lui dirai. »

Il n'était pas facile de ne pas reconnaître Newman Noggs, pour peu qu'on l'eût vu une fois; aussi Catherine, attirée par la singularité de ses manières, tempérées toutefois aujourd'hui par quelque chose de doux et même délicat, malgré la brusquerie de son langage, ne l'eut pas plutôt examiné de près, qu'elle se souvint d'avoir saisi quelque jour, au passage, un reflet de cette étrange figure.

« Excusez ma curiosité, dit-elle; mais n'est-ce pas vous que j'ai vu dans la cour des diligences, le jour où mon frère est parti pour le Yorkshire? »

Newman tint ses yeux fixés sur Mme Nickleby, et, sans rougir le moins du monde, dit : « Non.

— Non! s'écria-t-elle, j'en aurais mis ma main au feu.

— Vous auriez eu tort, répliqua Newman; voilà la première fois que je sors depuis trois semaines; j'ai eu la goutte. »

Newman était si loin, si loin de présenter les apparences d'un sujet goutteux, que Catherine ne put s'empêcher d'en faire intérieurement la remarque. Mais Mme Nickleby coupa court à ses réflexions, en insistant pour qu'on fermât la porte, de peur que M. Noggs ne prît un rhume, et en s'obstinant ensuite à envoyer chercher un fiacre par la domestique, de peur que M. Noggs en se fatiguant ne prît une autre attaque de son mal : deux conditions auxquelles Newman se vit obligé de souscrire. Enfin, le fiacre arrive, et, après bien des tristes adieux, bien des allées et venues de miss la Creevy, qui plus d'une fois, en traversant le trottoir, exposa son turban jaune à des chocs violents contre des passants malappris, il prit sa course (je parle du fiacre et non pas du turban), avec les deux dames et leurs paquets à l'intérieur, Newman sur le siège près du cocher, en dépit de toute l'insistance de Mme Nickleby, qui lui prophétisa que ce serait sa mort.

Les voilà donc qui s'enfoncent dans la Cité, descendant vers la rivière, puis, après une course longue et lente, car à cette heure les rues étaient encombrées de véhicules de tout genre, ils finissent par s'arrêter devant une grande vieille maison sombre dans la rue de la Tamise. La porte et les fenêtres avaient été tant de fois éclaboussées par la boue, qu'à la voir si sale on pouvait la croire inhabitée depuis bien des années.

Pour ouvrir la porte de cette résidence déserte, Newman prit une clef dans son chapeau : c'était là, par parenthèse, qu'il mettait tout ce qu'il avait, à raison du mauvais état de ses poches, et, s'il n'y mettait pas aussi son argent, c'est qu'il n'avait pas d'argent du tout. Après cela, ayant aidé à décharger le fiacre, il conduisit ces dames dans l'intérieur de leur nouvelle demeure.

Qu'elle était vieille! qu'elle était triste! qu'elle était noire! Comme les appartements en étaient silencieux et sombres, dans ce quartier autrefois si plein de vie et de mouvement! Sur le derrière était un quai de débarquement au bord de la Tamise; une niche à chien sans locataire, quelques os d'animaux; des fragments de cercles de fer, des douves de vieux tonneaux étaient épars de tous côtés; mais la vie s'était retirée de cet ancien théâtre d'activité. Ce n'était plus que l'image d'une ruine froide et muette.

« Cette maison, dit Catherine, attriste et glace. On dirait un arbre flétri par quelque mauvais vent. En vérité, si j'étais superstitieuse, j'aurais presque envie de croire qu'il y a eu là quelque crime abominable commis entre ces quatre murailles, et que depuis la place a été frappée de malédiction. Dieu! que c'est déplaisant et sombre!

— Au nom du ciel, ma chère, répliqua Mme Nickleby, ne dites donc pas de ces choses-là; vous allez me faire mourir de frayeur.

— Ce n'est rien, dit Catherine avec un sourire forcé; c'est seulement ma folle imagination.

— Eh bien alors, ma chère, faites-moi le plaisir de garder votre folle imagination pour vous et de ne pas réveiller la mienne pour lui tenir compagnie. Est-ce que vous n'auriez pas dû penser à tout cela auparavant? Vous êtes si négligente! nous aurions demandé à miss la Creevy de venir nous tenir compagnie; ou nous aurions emprunté un chien ou mille choses. Mais vous n'en faites jamais d'autres, tout juste comme votre pauvre cher père. Si je n'avais pas pensé à tout... » C'était l'exorde ordinaire de Mme Nickleby quand elle allait commencer une lamentation générale, composée d'une douzaine de phrases mal enchevêtrées et qui ne s'adressaient à personne en particulier, mais dans lesquelles elle s'embarquait à perte d'haleine, comme elle n'y manqua pas dans cette occasion.

Newman, sans avoir l'air d'entendre ces observations, fit à ces dames les honneurs de deux chambres au premier étage, qu'on avait eu l'intention de chercher à rendre habitables. Dans l'une étaient quelques chaises, une table, un vieux tapis de cheminée. Le feu était tout apprêté dans la grille. L'autre chambre contenait un vieux bois de lit à tenture et quelques menus articles d'ameublement essentiels.

« Voyez, ma chère, dit Mme Nickleby, s'efforçant d'être contente; votre oncle n'a-t-il pas pensé à tout, pourvu à tout? car nous n'aurions eu pour nous coucher que le lit que nous avons acheté hier, s'il n'avait pas eu soin de nous tenir celui-là prêt.

— C'est très aimable assurément, » repartit Catherine, en promenant ses regards tout autour d'elle.

Newman Noggs ne leur dit pas que c'était lui qui avait dépisté les vieux meubles qu'elles voyaient, dans la cave ou dans le grenier; que c'était lui encore qui leur avait mis là-bas sur la planche deux sous de lait pour leur thé; qui leur avait rempli d'eau la bouilloire rouillée et l'avait dressée sur la plaque de la cheminée; que c'était lui qui avait ramassé des copeaux sur le quai et demandé aux voisins quelques morceaux de charbon de terre; mais l'idée que c'était à Ralph Nickleby qu'on en faisait honneur irrita si fort son imagination nerveuse, qu'il ne put s'empêcher de faire craquer tous ses dix doigts l'un après l'autre. Mme Nickleby fut d'abord un peu effrayée de cet exercice, mais, supposant que c'était un reste de sa goutte, elle ne poussa pas plus loin ses réflexions.

« Nous n'avons pas besoin de vous retenir plus longtemps, je pense, dit Catherine.

— Je n'ai plus affaire ici? demanda Newman.

— Non, je vous remercie, répondit miss Nickleby.

— M. Noggs, ma chère, ne serait peut-être pas

fâché de boire un coup à notre santé ? dit Mme Nickleby, fouillant dans son ridicule pour y chercher quelque petite pièce de monnaie.

— J'ai peur, dit Catherine avec hésitation (car elle avait remarqué un mouvement de répugnance dans la figure de Newman), j'ai peur qu'une pareille offre ne lui fasse de la peine. » Newman Noggs, saluant là-dessus la demoiselle d'un air qui sentait plus le gentleman qu'on ne l'eût pensé, à voir son extérieur misérable, mit sa main sur son cœur, et, s'arrêtant un moment, de l'air d'un homme qui voudrait bien dire quelque chose, mais qui ne sait que dire, il sortit de la chambre. Lorsque les échos discordants de la lourde porte d'en bas, en retombant sur son loquet, retentirent tristement dans cette masure, Catherine se sentit presque la tentation de le rappeler pour le prier de rester quelques minutes encore. Mais elle fut elle-même honteuse de sa peur et Newman Noggs reprit sa route pour retourner chez lui.

CHAPITRE XII

Où le lecteur sera mis à même de voir se développer l'amour de miss Fanny Squeers et de s'assurer s'il suivit un cours paisible ou non.

Par une circonstance heureuse pour Mlle Fanny Squeers, son respectable papa était tellement *en train*, comme on dit, quand il revint chez lui, dans la nuit de la petite partie de thé, qu'il ne remarqua pas les signes nombreux de trouble et de colère qu'elle portait écrits sur son visage. Cependant, comme il devenait toujours violent et querelleur après boire, il aurait peut-être fini par lui faire un mauvais parti à propos de rien, si la demoiselle n'avait pas eu la précaution, bien honorable pour son esprit de prévoyance, de garder près d'elle un petit élève de la pension, pour essuyer les premiers assauts de la mauvaise humeur du bon M. Squeers. En effet, quand il fut satisfait par une grande variété de soufflets et de coups de pied, il devint assez calme pour se laisser persuader d'aller se coucher, ce qu'il fit sans quitter ses bottes et son parapluie sous son bras.

La servante suivit Mlle Squeers dans sa chambre, selon son usage, pour lui mettre ses papillotes, lui rendre une foule de petits services pour sa toilette et surtout pour lui administrer toutes les flatteries que pouvait lui suggérer la circonstance, car miss Squeers était si paresseuse et avec cela si vaine et si frivole, qu'elle aurait bien pu faire une grande dame ; et, si elle ne l'était pas, ce n'était pas sa faute, c'était celle des distinctions arbitraires qui règlent les rangs et les situations dans la société.

« Oh ! mademoiselle, dit la femme de chambre, comme vos cheveux frisent bien ce soir ; c'était si joli ; je vous assure que c'est grand dommage de les défriser avec la brosse.

— Taisez-vous, » répliqua miss Squeers. Elle était en rage.

L'expérience acquise à ses dépens empêcha la petite servante de se montrer surprise à cet éclat de mauvaise humeur de la part de Mlle Squeers. Comme elle avait à moitié deviné ce qui venait de se passer dans le cours de la soirée, elle changea de tactique et fit comme les vaisseaux qui louvoient par le mauvais temps.

« C'est égal, mademoiselle, quand vous devriez me tuer, je ne puis pas m'empêcher de dire que je n'ai jamais vu personne avoir l'air aussi commun que Mlle Price ce soir. »

Encore un soupir de Mlle Squeers, qui cependant ne montra plus de répugnance à écouter ce genre de conversation.

« Je sais bien que c'est très mal à moi de parler comme cela, mademoiselle, continua l'autre, charmée de l'impression qu'elle avait faite, puisque miss Price est une de vos amies, de vos bonnes amies, mais elle s'habille si drôlement, elle fait tant de mines pour se faire remarquer, que... Ah ! mon Dieu ! si les gens pouvaient seulement se voir !

— Que voulez-vous dire, Phib ? dit Mlle Squeers en se regardant dans son miroir, où elle vit, comme nous le faisons tous les jours, non pas sa personne naturelle, mais la réflexion de quelque joli portrait qu'elle avait dans la tête. Vous êtes bien en veine, ce soir.

— En veine, mademoiselle ! un matou apprendrait à parler français rien qu'à voir comment elle remue la tête, répliqua la femme de chambre.

— C'est vrai qu'elle remue bien la tête, dit Mlle Squeers d'un air distrait.

— Et si vaniteuse, et avec tout cela si laide ! poursuivit la servante.

— Pauvre Tilda! dit en soupirant Mlle Squeers d'un ton de compassion.

— Et tous les frais qu'elle fait pour qu'on l'admire!

— Oh! par exemple, c'est tout à fait indélicat... Phib! dit Mlle Squeers, je vous défends de parler ainsi de Tilda; malheureusement ses parents appartiennent à la basse classe, et, si elle n'est pas mieux, ce n'est pas sa faute, c'est celle de son éducation.

— Ah! c'est égal, mademoiselle, dit Phébé, dont Phib n'était qu'un diminutif de protection, vous savez que, si elle voulait seulement prendre modèle sur quelqu'un, ou même reconnaître seulement ses torts et les corriger par votre exemple, quelle gentille petite femme cela ferait plus tard!

— Phib! reprit Mlle Squeers avec mollesse, ma modestie se refuse à entendre ces comparaisons qui représentent Tilda comme une personne grossière et mal élevée : ce serait une trahison de ma part d'y prêter l'oreille. Vous me ferez donc plaisir de ne plus en parler, Phib, quoique je doive à la vérité de dire que si Tilda Price voulait choisir quelques bons modèles.... je ne dis pas moi.

— Oh! si, vous, mademoiselle, dit Phib.

— Eh bien, moi, si vous le voulez absolument, elle deviendrait certainement tout autre.

— Il y en a bien d'autres qui sont de notre avis, si je ne me trompe, dit la servante d'un air mystérieux.

— Que voulez-vous dire? demanda miss Squeers.

— Oh! ce n'est rien, mademoiselle; seulement je sais ce que je sais. Voilà tout.

— Phib! dit Mlle Squeers avec une expression théâtrale, j'exige que vous vous expliquiez; quel est ce mystère ténébreux? Parlez.

— Dame! si vous voulez absolument le savoir, mademoiselle, voici ce que c'est: M. John Browdie pense là-dessus comme vous, et, s'il n'était pas trop avancé pour reculer honnêtement, il voudrait bien quitter Mlle Price pour Mlle Squeers.

— Dieu du ciel! s'écria miss Squeers en joignant les mains avec une grande dignité; qu'est-ce que c'est que cela?

— La vérité, mademoiselle, la pure vérité! répliqua l'adroite soubrette.

— Quelle position! dit Mlle Squeers; me voir sur le point de détruire, sans le savoir, la paix et le bonheur de ma chère Tilda! Pourquoi faut-il que les hommes deviennent épris de moi, que je le veuille ou non, et me fassent ainsi le sacrifice du premier objet de leur choix!

— Mais, mademoiselle, ce n'est pas leur faute, reprit Phib, la raison en est toute simple. (A coup sûr Mlle Squeers n'était pas la raison même; mais, pour simple, elle l'était.)

— Ne m'en parlez plus jamais, répliqua Mlle Squeers, jamais! entendez-vous? Tilda a des défauts, beaucoup de défauts, mais je souhaite qu'elle se marie, car je regarde comme très désirable, fort désirable, par la nature même de ses faiblesses, qu'elle puisse se marier aussitôt que possible; Phib, qu'elle garde M. Browdie; je ne puis que le plaindre, lui, le pauvre garçon; mais, pour Tilda, elle a toute mon affection; j'espère seulement qu'elle finira par faire une meilleure femme de ménage que je ne pense. »

Après ces épanchements, miss Squeers alla se coucher.

Dépit! c'est un mot bien court; mais quel étrange pêle-mêle de sentiments, quelle complication d'idées discordantes ce petit mot renferme en soi! Il en dit plus que tous les polysyllabes de la langue. Miss Squeers savait bien, dans le fond de son cœur, que toutes les paroles de la misérable servante n'étaient que flatteries grossières. Elle n'en était pas la dupe, et cependant la seule occasion qu'elle eût là de donner carrière à son ressentiment contre l'offense de miss Price, et d'affecter de la compassion pour ses faiblesses et ses fautes mêmes, en présence seulement d'une méprisable domestique, fut pour sa mauvaise humeur un sujet de soulagement aussi véritable que si tous ces mensonges avaient été paroles d'évangile.

Bien mieux : telle est la force extraordinaire de nos moyens de persuasion quand nous les exerçons sur nous-mêmes, que miss Squeers, après ce refus généreux de la main de John Browdie, se sentit grande et magnanime, et qu'elle abaissa sur sa rivale un regard protecteur, du haut d'une conscience calme et tranquille, dont l'effet immédiat fut d'adoucir son ressentiment.

Grâce à cet heureux changement, elle était bien préparée pour une réconciliation lorsque, le lendemain, on frappa un coup à la porte de la maison, et qu'on vint lui annoncer que la fille du meunier était en bas. Mlle Squeers descendit alors avec des sentiments de charité chrétienne qui faisaient plaisir à voir.

« Eh bien, Fanny, dit la fille du meunier, je suis venue te voir, quoique nous ayons eu quelques mots hier au soir.

— Je suis fâchée pour vous, Tilda, répliqua Mlle Squeers, de vos sentiments odieux; mais, moi, je ne vous en veux pas, je suis au-dessus de cela.

— Allons, Fanny, dit miss Price, pas de mauvaise humeur, je suis venue te dire quelque chose qui te fera plaisir.

— Qu'est-ce que cela peut être, Tilda? demanda Mlle Squeers en pinçant les lèvres et en prenant un air aussi impassible que s'il n'y avait rien au monde sur la terre, dans l'air, l'eau ou le feu, qui pût lui procurer le plus léger sentiment de satisfaction.

— Voici, continua miss Price. Après t'avoir quittée hier au soir, John et moi nous avons eu une querelle affreuse.

— Ce n'est sans doute pas là ce qui me fait plaisir? dit miss Squeers, laissant pourtant paraître un sourire.

— Grand Dieu! il faudrait que je fusse aussi méchante que toi pour le supposer, reprit son amie; non, ce n'est pas cela.

— Ah! dit Mlle Squeers retombant dans ses airs de mélancolie. En ce cas, continuez.

— Après un tas de reproches, de protestations, de serments de ne plus jamais nous revoir, continua miss Price, nous nous sommes arrangés, et c'est ce matin que John est allé nous faire enregistrer. La première publication de nos bans aura lieu dimanche prochain. Ainsi nous serons mariés dans trois semaines et je viens te dire de tenir ta robe prête. »

Cette nouvelle avait du bon et du mauvais, du miel et du vinaigre: c'était la perspective d'un mariage si prochain pour son amie; mais le miel, c'était l'assurance qu'apparemment elle ne conservait aucun dessein sérieux sur Nicolas. Somme toute, le sucré l'emportait tellement sur l'amer, que miss Squeers déclara qu'elle allait apprêter sa robe et qu'elle espérait bien que Tilda serait heureuse, sans en avoir la certitude et sans vouloir lui donner trop de confiance; car les hommes étaient des créatures bien étranges; et il y avait bien des femmes mariées si misérables, qu'elles voudraient encore de tout leur cœur être filles. Miss Squeers ajouta bien d'autres doléances également propres à consoler son amie et à la mettre en gaieté.

« A présent, Fanny, dit miss Tilda, je veux avoir un petit bout de conversation avec toi sur le jeune M. Nickleby.

— Il ne m'est de rien, s'écria Mlle Squeers en l'interrompant et prête à se trouver mal, je le méprise trop!

— Oh non! tu ne le penses pas, j'en suis sûre, répliqua son amie. Eh quoi, Fanny, est-ce que tu ne l'aimes plus? »

Sans faire de réponse directe, miss Squeers fondit tout à coup en un torrent de larmes de dépit, s'écriant avec douleur qu'elle était bien malheureuse, abandonnée, trahie, proscrite.

« Oui, je hais tout le monde, dit-elle, et je voudrais que tout le monde fût mort. Oui, je le voudrais.

— Dieu! Dieu! dit miss Price tout attendrie de la voir tomber dans cet état de misanthropie; tu ne parles pas sérieusement.

— Certainement si, répondit miss Squeers, en faisant des nœuds bien serrés tout le long de son mouchoir de poche et en grinçant des dents; si fait, et je voudrais être morte avec tout le monde. Voilà!

— Oh! vous ne serez plus la même dans cinq minutes; il vaudrait bien mieux lui rendre tes bonnes grâces plutôt que de te causer du chagrin à toi-même en continuant de faire ce que tu fais. Ne serait-il pas bien plus agréable de te l'attacher pour te tenir compagnie et te faire un doigt de cour? C'est si amusant.

— Je ne sais comment faire, dit miss Squeers en sanglotant. O Tilda! comment est-il possible que tu te sois conduite d'une manière aussi odieuse et aussi déshonorante? On me l'aurait dit, que je n'aurais jamais voulu le croire.

— Ah! bien, s'écria miss Price avec un éclat de rire, ne dirait-on pas que j'ai assassiné quelqu'un, pour le moins?

— Ma foi, c'est tout comme, dit miss Squeers avec une extrême vivacité.

— Et tout cela parce que j'ai le malheur d'avoir assez bonne mine pour m'attirer les civilités des gens; que voulez-vous, ma chère, on ne se fait pas; et si ma figure est agréable, ce n'est pas ma faute, pas plus que celle des gens qui en ont une déplaisante.

— Taisez-vous, méchante! dit miss Squeers d'une voix criarde et perçante; vous nous ferez battre, Tilda, et après cela j'en serai fâchée. »

Il est inutile de dire que, pendant cette causerie animée, chacune des deux demoiselles mettait naturellement le ton de la conversation au diapason de ses sentiments intérieurs, et que, par conséquent, elle dégénéra bientôt en une sorte d'altercation qui, petit à petit, prit les proportions d'une véritable querelle et menaçait de tourner à la violence, quand les deux rivales, ruisselant de larmes, s'écrièrent, comme d'un commun accord, que jamais elles n'avaient entendu parler de chose pareille. Cette exclamation les sauva, car elle amena une récrimination qui amena une explication. Enfin, pour le bouquet, les voilà qui tombèrent dans les bras l'une de l'autre pour se jurer une amitié éternelle. C'était, à ma connaissance, la cinquante-deuxième représentation de cette cérémonie touchante en un an.

Maintenant qu'elles se trouvaient une fois de plus dans les termes de la plus parfaite amitié, la conversation se tourna naturellement sur le nombre et la nature des objets de toilette indispensables à miss Price pour faire son entrée dans la sainte profession du mariage. Aussi Mlle Squeers profita-t-elle de l'occasion pour troubler l'esprit de sa jeune amie en lui démontrant clair comme le jour qu'elle ne pouvait se passer décemment de ceci, de cela, c'est-à-dire d'une foule de jolies choses, toutes plus nécessaires les unes que les autres, qu'elle savait bien que les moyens de miss Price ne lui permettaient pas de se procurer. Puis, par une transition facile, elle amena sur le tapis la description de sa garde-robe, dont elle n'eut garde d'oublier toutes les magnificences, et finit par emmener en haut son amie pour en faire une inspection plus détaillée. On déploya donc tous les trésors de deux commodes et d'une armoire, et l'on en essaya tous les menus ornements; mais le temps passe si vite, et miss Price était si pressée de retourner chez elle! il fallut s'arracher au spectacle ravissant des belles robes, et surtout d'une écharpe lilas toute neuve qui l'avait pétrifiée d'admiration. Miss Squeers, mise en belle humeur, promit d'accompagner son amie une partie du chemin pour avoir plus longtemps le plaisir de sa société, et elles partirent ensemble. Pendant tout ce temps, miss Squeers ne tarit pas sur le mérite de son père et sur son revenu, qu'elle exagéra quelque peu, en ajoutant un zéro à la droite du dernier chiffre, pour donner à miss Price une faible idée de la vaste importance et de la supériorité de sa famille.

C'était justement l'heure où la règle de la pension mettait un court intervalle de récréation, chaque jour, entre l'exercice que M. Squeers, d'humeur plaisante, qualifiait du titre de dîner des élèves, et leur rentrée à l'étude, où ils poursuivaient avec tant de profit le cours des connaissances utiles enseignées dans l'établissement. Nickleby ne manquait jamais de profiter de cette heure de liberté pour faire au dehors sa promenade mélancolique et méditer, en trottant au hasard à travers le village, sur toutes les misères de sa condition.

Miss Squeers connaissait à merveille cette coïncidence heureuse, mais peut-être qu'elle l'avait oubliée, car elle n'eut pas plutôt aperçu le jeune gentleman marchant à leur rencontre, qu'elle manifesta une foule de symptômes de surprise et de consternation; elle prévint même son amie qu'elle allait se trouver mal.

« Voulez-vous que nous retournions sur nos pas, ou que nous entrions vite dans quelque cottage? demanda miss Price; il ne nous a pas vues.

— Non, Tilda, répondit Mlle Squeers; mon devoir est d'aller jusqu'au bout; je ferai mon devoir. »

En prononçant ces belles paroles, miss Squeers avait pris le ton d'une personne qui s'est arrêtée à une décision magnanime, et, deux ou trois fois, obligée de reprendre sa respiration parce qu'elle étouffait, elle fit assez voir l'état de son cœur violemment oppressé. Son amie ne se permit aucune observation, et elles allèrent droit au-devant de Nicolas, qui, marchant les yeux baissés, ne les vit pas même approcher avant qu'elles lui barrassent presque le chemin. Autrement il est probable qu'il se fût détourné lui-même.

« Bonjour, dit-il en passant, et il s'inclina.

— Le voilà qui s'en va, murmura miss Squeers. Tilda, je vais étouffer, c'est sûr.

— Monsieur Nickleby! venez vite, bien vite, cria miss Price, affectant de craindre l'effet de cette menace d'étouffement, mais, il faut le dire, entraînée plutôt par un désir malicieux d'entendre ce que Nicolas allait dire; venez vite, monsieur Nickleby. »

M. Nickleby vint en effet, retournant sur ses pas, et demanda, avec les signes de la plus grande confusion, si c'était que ces dames eussent quelque commission à lui donner.

« Nous n'avons pas le temps de causer, répondit miss Price tout en émoi; soutenez-la seulement de l'autre côté. Comment te sens-tu, ma chère?

— Mieux, dit Mlle Squeers avec un grand soupir et reposant doucement sur l'épaule de M. Nickleby un chapeau de castor marron avec un voile vert; quelle sotte défaillance qui m'a prise!

— Pas si sotte, ma chère, dit miss Price, l'œil étincelant de malice en voyant l'embarras de Nicolas; tu aurais bien tort d'en être honteuse! C'est à ceux qui sont trop orgueilleux pour revenir tout bonnement à en être honteux.

— Il paraît que c'est un parti pris chez vous, dit Nicolas en souriant, de me mettre cela sur le dos, malgré mes protestations d'hier au soir que ce n'était point du tout ma faute.

— Tu le vois, ma chère; il dit que ce n'était pas sa faute, reprit avec malice Mlle Price. Peut-être aussi auras-tu été trop jalouse ou trop vive avec lui? Il dit que ce n'était pas sa faute; tu l'as bien entendu. Je pense que l'excuse est suffisante.

— Vous ne voulez donc pas me comprendre? dit Nicolas. Voyons, finirons-nous cette mauvaise plaisanterie? car enfin, je n'ai ni le goût ni le loisir de vous prêter à rire pour votre amusement.

— Que voulez-vous dire? demanda miss Price en simulant un profond étonnement.

— Ne lui fais pas de question, cria Mlle Squeers, je lui pardonne.

— Diantre! dit Nicolas, sentant le castor marron se reposer de nouveau sur son épaule, où il se trouvait bien apparemment, cela devient plus sérieux que je ne croyais. Permettez. Voulez-vous avoir la bonté de m'entendre? »

Là-dessus il releva le castor marron et, surprenant, avec un étonnement véritable, un regard de tendre reproche à son adresse, il fit quelques pas en arrière pour se mettre à distance du précieux fardeau, et continua ainsi :

« Je suis désolé, vraiment et sincèrement désolé d'avoir été l'occasion d'une scène entre vous, hier au soir. Vous ne sauriez croire combien je me reproche amèrement d'avoir eu le malheur d'occasionner votre querelle; mais je vous assure que c'est sans aucune intention et par pure étourderie.

— Eh bien, est-ce là tout ce que vous avez à dire? s'écria miss Price, voyant que Nicolas s'en tenait là.

— Non, j'ai peur d'être obligé en conscience de m'expliquer plus clairement, bégaya Nicolas avec un demi-sourire, et regardant en face Mlle Squeers, mais... en vérité, je ne sais comment aborder une supposition pareille, sans avoir l'air d'être assez fat pour y croire. Cependant voulez-vous me permettre de demander si mademoiselle suppose que j'ai conçu... en un mot si elle pense que je suis devenu amoureux d'elle?

— Délicieux embarras! se disait en elle-même Mlle Squeers. Enfin! je l'ai amené à une déclaration; réponds pour moi, ma chère, dit-elle à l'oreille de son amie.

— Si elle le croit? répondit miss Price; certainement qu'elle le croit.

— Elle le croit! s'écria Nicolas, avec une énergie qu'un peu de bonne volonté pouvait faire prendre pour une exclamation de bonheur.

— Eh! certainement, riposta miss Price.

— Si M. Nickleby a pu en douter jusqu'à présent, Tilda, dit Mlle Squeers de l'accent le plus tendre, et la rougeur au front, il peut être rassuré, ses sentiments sont payés de re...

— Arrêtez, cria Nicolas en l'interrompant avec vivacité. Veuillez m'entendre. C'est l'illusion la plus grossière et la plus étrange, c'est la méprise la plus complète et la plus singulière, que jamais personne ait pu commettre ou concevoir. J'ai à peine vu mademoiselle une douzaine de fois, mais je l'aurais vue soixante, ou je pourrais la voir encore soixante mille fois, que ce serait et que ce sera toujours exactement la même chose. Je n'ai qu'une pensée, je ne nourris qu'une espérance, je n'ambitionne qu'un but, et je ne le dis pas pour offenser mademoiselle, mais pour lui expliquer mes véritables sentiments; cette pensée, cette espérance, ce but cher à mon cœur, c'est de me voir un jour à même de tourner le dos à cette maudite baraque, de ne plus y mettre les pieds, de l'oublier enfin si je puis, à moins que ce ne soit pour y penser avec un profond dégoût. »

Après cette déclaration bien franche et bien explicite, faite avec toute la véhémence que pouvaient lui inspirer son indignation et sa colère, Nicolas se retira sans demander son reste.

Oui, mais la pauvre Mlle Squeers! Qui pourrait décrire sa fureur, sa rage, son dépit, le tourbillon d'amères et brûlantes pensées qui se succédèrent dans son esprit? Refusée! et par qui! par un pion, venu, sur réclame de journaux, pour gagner un salaire de cent vingt-cinq francs par an, payables Dieu sait quand! trop heureux de partager le logement et la nourriture des élèves mêmes. Et devant qui? devant une méchante petite fille de meunier, qui allait, à peine âgée de dix-huit ans, se marier dans trois semaines avec un homme amoureux fou, à genoux devant elle. Oh! elle aurait volontiers crevé de dépit à l'idée d'une pareille humiliation.

Cependant, au milieu de ces mortifications, une consolation lui reste: maintenant qu'il est clair qu'elle a le droit de haïr et de détester Nicolas à cœur joie, digne fille de la noble maison des Squeers, elle va pouvoir tous les jours, à chaque heure du jour, humilier l'orgueil de cet homme, et lui infliger quelque vengeance par ces petites insultes, ces privations répétées, auxquelles ne pourrait résister la créature la plus insensible, mais plus insupportables encore pour un vaniteux comme Nicolas. Une fois ce plan bien arrêté dans son esprit, elle se tira du mieux qu'elle put de cette entrevue malencontreuse sous les yeux de son amie, en déclarant que décidément l'originalité et le caractère emporté de M. Nicolas lui faisaient craindre d'être obligée de renoncer à lui, et là-dessus elle la quitta.

Il faut dire aussi que miss Squeers, quand elle avait gratifié Nicolas de son affection, ou de ce qu'à défaut d'affection elle pouvait lui donner de mieux dans ce genre, n'avait jamais un moment supposé la possibilité de le trouver là-dessus d'une autre opinion que la sienne. Miss Squeers partait de ce principe : premièrement qu'elle était belle et attrayante; puis que son père était le maître de Nicolas, Nicolas le serviteur de son père; que M. Squeers avait de l'argent devant lui, que Nicolas n'avait pas un sou : comment ne pas croire, après des arguments si concluants, que le jeune homme ne se sentirait pas honoré de la préférence? Elle n'avait pas manqué non plus de supputer tous les avantages qu'il trouverait dans son amitié, pour rendre sa situation dans la maison plus agréable, tous les inconvénients au contraire qu'il y aurait pour lui à en faire son ennemie. Et en effet, il y a bien des jeunes gens moins scrupuleux que Nicolas qui auraient encouragé ses chimères extravagantes, ne fût-ce que par la considération de ces raisons palpables et très évidentes. Et cependant lui, Nickleby, il n'avait pas craint de faire tout le contraire, il avait défié la rage de Mlle Squeers !

« C'est bon ! il verra, dit la jeune demoiselle furieuse, quand elle eut regagné sa chambre, et soulagé son cœur par quelques bons soufflets administrés à Phœbé. Il verra si je ne lui détache pas un peu bien ma chère mère, quand elle va revenir ! »

En vérité, Mme Squeers était déjà assez mal disposée envers lui pour que miss Fanny pût se dispenser de l'exciter encore; cependant elle tint parole. Et le pauvre Nicolas, déjà mal nourri, logé d'une manière indécente, condamné à voir autour de lui le spectacle continuel d'une avarice sale et sordide, se vit dès lors, par-dessus le marché, en butte à tous les indignes traitements que peut suggérer une noire malice, ou la plus rapace cupidité.

Encore si on se fût borné là ! Mais on avait inventé un système de vexation bien plus machiavélique qui lui navrait le cœur et le mettait presque hors de lui, tant il était injuste et barbare.

Cette malheureuse créature, Smike, depuis le soir où Nicolas lui avait parlé avec bonté dans la classe, l'avait suivi partout, incessamment occupé des moyens de lui rendre quelque petit service. Il allait au-devant de tous ses besoins pour les satisfaire avec tout le zèle dont son humble intelligence le rendait capable, et il se trouvait heureux rien que d'être près de lui. On le voyait assis à côté de lui des heures entières, les yeux patiemment fixés sur sa figure. Un mot de M. Nickleby suffisait pour illuminer son visage altéré par le chagrin et pour y jeter en passant comme un reflet de bonheur. Il n'était plus le même, maintenant qu'il avait un but. Car il en avait un désormais : c'était de rendre de l'attachement à la seule personne qui, pour lui être tout à fait étrangère, ne l'en avait pas moins traité sinon comme un ami, au moins comme une créature humaine.

C'était sur ce malheureux que se vengeaient toute la rancune et la mauvaise humeur de chaque instant qui n'osaient s'épancher sur Nicolas. La peine et le travail n'étaient rien pour lui, il en avait si bien contracté l'habitude. Des soufflets donnés sans aucune apparence de raison, il les aurait encore soufferts comme une condition de son rôle misérable, car il avait appris à s'y faire aussi par un long et rude apprentissage. Mais, sitôt qu'on se fut aperçu qu'il s'attachait à Nicolas, c'étaient tous les jours, et le soir et le matin et à midi, des soufflets et des claques, des claques et des soufflets, qu'on lui donnait pour tout potage. Squeers était jaloux de l'influence qu'avait gagnée son sous-maître en si peu de temps; quant à sa famille, elle le haïssait. Smike payait donc pour deux. Nicolas le voyait bien et grinçait des dents chaque fois qu'il était témoin de ces vengeances lâches et barbares.

Il venait de faire un plan de leçons régulières à donner aux enfants; et, un soir qu'il se promenait de long en large dans l'affreuse salle d'étude, son cœur se soulevait à l'odieuse pensée que sa protection et sa bienveillance n'avaient fait qu'accroître la misère de l'être misérable dont l'isolement absolu avait d'abord éveillé sa pitié, lorsque ses pas s'arrêtèrent machinalement dans un coin obscur où était assis le triste objet de ses réflexions.

Le pauvre malheureux se pâmait sur un livre en lambeaux, la figure encore tout humide des traces de ses larmes récentes. Il faisait de vains efforts pour obtenir un résultat qu'un enfant de neuf ans, de moyens ordinaires, n'aurait pas eu de peine à obtenir mieux que lui. Mais lui, avec le trouble et la confusion que la brutalité de son tyran avait jetés dans sa cervelle de dix-neuf ans, tout était pour lui lettres closes, mystère et désespoir. Pourtant il restait assis dans son coin avec patience à répéter sans fin la page indiquée, non qu'il fût stimulé par un sentiment d'ambition enfantine, car il était le plastron et le jouet même des êtres grossiers dont il était entouré; mais il se sentait inspiré par l'unique et vif désir de faire plaisir au seul ami qu'il eût au monde.

Nicolas lui mit la main sur l'épaule.

« Je ne peux pas y réussir, dit la malheureuse créature, levant la tête, avec un amer désappointement peint dans tous les traits de son visage; non, je ne peux pas.

— Pourquoi l'essayez-vous? » répliqua Nicolas.

Le pauvre garçon branla la tête, et, fermant son livre avec un soupir, porta autour de lui un regard vague et reposa sa tête sur son bras : il pleurait.

« Au nom du ciel, dit Nicolas d'une voix émue, ne pleurez pas, je ne peux pas souffrir de vous voir en cet état.

— Aussi on me traite plus durement que jamais, dit Smike en sanglotant.

— Je le sais bien, reprit Nicolas, cela est vrai.

— Si ce n'était pas vous, dit la victime de Squeers, je serais déjà mort ; on me tuerait, oui, on me tuerait; je suis sûr qu'on le ferait.

— Vous ne serez pas si maltraité, reprit Nicolas, remuant la tête d'un air triste, quand je serai parti.

— Parti ! cria l'autre, en le regardant attentivement en face.

— Allons, soyez calme. Oui, parti.

— Est-ce que vous partez? demanda Smike avec vivacité et à voix basse.

— Je n'en sais rien, répliqua Nicolas: je me parlais à moi-même sans trop songer que vous étiez là.

— Dites-moi, insista Smike d'un ton suppliant, oui, dites-moi, est-ce que vous partirez, dites?

— J'y serai bien contraint à la fin; mais bah! j'ai le monde devant moi, après tout.

— Le monde, demanda Smike, dites-moi : le monde est-il aussi mauvais et aussi triste que cette prison?

— Dieu merci! non, répondit Nicolas suivant le cours de ses propres pensées; ses peines les plus rudes, ses travaux les plus pénibles seraient encore le bonheur en comparaison.

— Et irai-je vous y retrouver? demanda Smike avec une volubilité de paroles et une vivacité de transports qui ne lui étaient pas ordinaires.

— Oui, répondit Nicolas, qui voulait calmer son agitation.

— Non, non, laissez-moi, dit l'autre en lui serrant la main. Irai-je vous retrouver; dites? Oh! répétez-moi que oui, que je serai sûr de vous retrouver.

— Certainement, répliqua Nicolas avec le même sentiment d'humanité, et je vous viendrai en aide; et je vous secourrai, et je ne serai pas pour vous une source de chagrins nouveaux comme je l'ai été ici. »

Alors l'infortuné, dans son délire, prit les deux mains du jeune homme, les pressa dans les siennes, les serra contre sa poitrine, pendant que sa voix éclatait en une foule de sons inarticulés tout à fait inintelligibles. Mais, en voyant entrer Squeers dans ce moment, il se réfugia bien vite au fond de son vieux coin.

CHAPITRE XIII

Où Nicolas varie la monotonie du séjour de Dotheboys-Hall par un acte de vigueur remarquable dont les conséquences ne sont pas sans importance.

L'aube froide et obscure d'une matinée de janvier commençait à éclairer furtivement les fenêtres du dortoir commun, lorsque Nicolas, la tête appuyée sur son bras, se mit à plonger ses regards à travers toutes les formes étranges dont il était entouré, comme s'il était à la recherche de quelque objet particulier.

Il fallait de bons yeux pour démêler, dans cette masse confuse d'enfants endormis, les traits de chacun d'eux. En effet, ils étaient couchés par groupes serrés, et, pour se réchauffer, chaque nichée s'était couverte de ses vêtements rapiécés ou en guenilles, sous lesquels on ne pouvait guère distinguer que le profil anguleux de quelque figure pâle, plus pâle encore par la sombre lueur que répandait sur elle le jour naissant. Çà et là, on voyait sortir des draps un bras osseux, dont la maigreur, mise à découvert, affrontait pleinement les regards dans sa hideuse nudité. Il y avait des enfants qui, étendus sur le dos, le visage en l'air, les mains crispées, éclairés par un jour de plomb, ressemblaient plutôt à des cadavres qu'à des créatures vivantes. Il y en avait d'autres qui étaient ramassés en une foule de postures fantastiques et bizarres, et l'on voyait bien qu'elles étaient moins le résultat des caprices du sommeil que des efforts pénibles qu'ils avaient faits, avant de s'endormir, pour se raidir contre la douleur. Quelques autres, le petit nombre, et les plus jeunes, dormaient d'un sommeil paisible, et le sourire sur les lèvres; sans doute ils se croyaient chez eux dans leurs songes. Mais on entendait près d'eux des soupirs pesants et profonds qui venaient rompre le silence général, et qui annonçaient que quelqu'un parmi eux venait de s'éveiller pour recommencer une nouvelle journée de misère. Et, à mesure que les rayons du matin chassaient les ténèbres de la nuit, les sourires s'enfuirent aussi, avec l'ombre heureuse qui les avait fait naître.

Les songes sont comme les esprits légers des poëmes et des légendes. Ils prennent leurs ébats sur la terre pendant les heures de la nuit, et puis ils fondent et disparaissent au premier rayon du soleil, pour faire place aux soucis rongeurs et à la triste réalité, qui continuent pendant le jour leur pèlerinage à travers le monde.

Nicolas regardait les enfants endormis, d'abord avec l'air d'un homme qui, pour être familiarisé avec la scène présente à ses yeux, n'en a pas conservé moins vive l'impression douloureuse qu'il en ressent, puis, après, il semblait chercher avec un soin plus inquiet quelque objet qui se dérobait à sa vue et qu'il ne rencontrait pas à sa place accoutumée. C'était là le soin dont il était encore occupé, à moitié sorti de son lit, dans l'ardeur de sa recherche, lorsque l'on entendit la voix de Squeers retentir au bas de l'escalier.

« Eh bien, n'allez-vous pas dormir toute la journée? Allons, debout!

— Chiens de paresseux! » ajouta Mme Squeers comme pour arrondir la phrase, et, en même temps, on entendait un son criard assez semblable au cri d'une scie ou d'un lacet qui passe dans les œillets d'un corset.

« Nous allons descendre tout de suite, monsieur, répliqua Nicolas.

— Descendre tout de suite! dit Squeers. Vous ferez, parbleu! bien de descendre tout de suite, ou je vais en descendre moi-même quelques-uns en moins de temps que cela : où est ce drôle de Smike? »

Nicolas jeta un regard rapide autour de lui sans répondre.

« Smike ! criait à tue-tête M. Squeers.

— Smike, est-ce que vous voulez encore vous faire casser la tête? » demanda son aimable épouse, mettant sa voix à l'unisson de celle de son mari.

Pas de réponse encore; seulement Nicolas ouvrait de grands yeux, ainsi que la plupart des enfants qui venaient de se lever.

« Que le diable confonde le coquin! murmura Squeers en exerçant sa canne avec impatience contre la rampe de l'escalier. Nickleby!

— Eh bien, monsieur?

— Envoyez-moi ce drôle, vous ne m'entendez donc pas?

— Il n'est pas ici, monsieur, répliqua Nicolas.

— Pas de mensonges : je sais qu'il y est.

— Il n'y est pas, riposta Nicolas avec colère.

— Nous allons bien voir cela, dit M. Squeers en montant avec précipitation. Je saurai bien le trouver, je vous en réponds. »

Sur cette assurance, M. Squeers tomba comme une bombe dans le dortoir, et, brandissant sa canne dans les airs, toute prête à s'abaisser sur quelque victime, il la plongea dans le coin obscur où le corps chétif du pauvre souffre-douleur s'étendait tous les soirs, mais la canne retomba sur le carreau sans faire de mal à personne : la place était vide.

« Qu'est-ce que cela veut dire? dit Squeers se retournant pâle comme un mort, où l'avez-vous caché?

— Je ne l'ai seulement pas vu depuis hier au soir, répondit Nicolas.

— C'est bon, dit Squeers, évidemment mal à son aise, malgré ses efforts pour dissimuler son inquiétude. Ce n'est pas comme cela que vous lui rendrez service. Où est-il?

— Au fond de la mare, je suppose, reprit Nicolas à voix basse, les yeux fixés en plein sur la face du maître.

— Sacré nom!... Qu'est-ce que vous entendez par là? » s'écria Squeers dans un grand trouble. Puis, sans attendre de réponse, il demanda aux enfants s'il y en avait un parmi eux qui pût donner quelque renseignement sur la disparition de leur camarade.

Au milieu d'un bourdonnement général qui signifiait : « je n'en sais rien », on entendit une voix perçante qui cria plus franchement que les autres :

« Pardon, monsieur, je crois que Smike s'est sauvé, monsieur.

— Oh! dit Squeers promenant ses yeux sur les élèves assemblés. Qui a dit cela?

— C'est Tomkins, monsieur, » répondirent toutes les voix. M. Squeers fit le plongeon dans cette foule, et, du premier coup, ramena un tout petit garçon, encore orné de sa chemise et de son bonnet de nuit, dont la physionomie, pendant cet enlèvement rapide, trahissait une grande perplexité; car il se demanda si c'était pour le punir ou pour le récompenser de sa réponse candide que M. Squeers venait de le prendre. Il fut bientôt fixé sur ce point.

« C'est vous, monsieur, qui pensez que Smike s'est sauvé? demanda Squeers.

— Oui, monsieur, s'il vous plaît, répondit le petit garçon.

— Et quelles raisons, monsieur, dit Squeers saisissant tout à coup le petit garçon par les bras, et soulevant avec beaucoup de dextérité sa chemise par derrière, quelles raisons avez-vous de supposer qu'un de vos camarades chercherait à se sauver de cet établissement? hein, monsieur? »

L'enfant, en guise de réponse, poussa un cri plaintif, pendant que M. Squeers, se plaçant dans l'attitude la plus favorable pour ne rien perdre de ses forces dans cette exécution, se mit à fouetter le petit drôle jusqu'à ce qu'enfin, à force de se tortiller, il lui échappa des mains, et, grâce à la clémence de son bourreau, roula, sans être poursuivi, tout le long de l'escalier.

« Là! dit Squeers; maintenant, s'il y a quelque autre élève qui pense que Smike s'est sauvé, je ne demande pas mieux que d'avoir avec lui un petit bout de conversation. »

Naturellement, il y eut un profond silence, pendant lequel Nicolas laissait percer sur sa figure le plus profond dégoût.

« Eh bien, Nickleby? dit Squeers lui jetant une

œillade malicieuse ; et vous, vous croyez qu'il s'est sauvé, je suppose?

— Je crois que c'est extrêmement probable, répondit Nicolas tout tranquillement.

— Ah! vous croyez, vous croyez? dit Squeers en ricanant. Peut-être même que vous ne faites pas que de le croire.

— Pour ce qui est de le savoir, je n'en sais rien,

— Il ne vous a pas dit où il allait, je suppose, n'est-ce pas? poursuivit Squeers ricanant toujours.

— Non, et j'en suis bien aise, car alors c'eût été mon devoir de vous en prévenir immédiatement.

— Ce qui vous aurait diablement coûté, reprit Squeers d'un air insultant.

— C'est vrai; vous interprétez mes sentiments avec une grande fidélité. »

Mme Squeers avait écouté toute cette conversation du bas de l'escalier; mais enfin, à bout de patience, elle passa à la hâte sa camisole de nuit, et monta jusque sur le théâtre où trônait son mari.

« Qu'est-ce donc que tout ce train-là? dit-elle, pendant que les élèves se rejetaient à droite et à gauche pour lui épargner la peine de se faire un passage à l'aide de ses bras robustes. Qu'est-ce que vous avez donc à bavarder avec lui, mon petit Squeers?

— Dame! ma chère, dit Squeers, le fait est que Smike est perdu.

— C'est bon, je connais cela, dit la dame, et je ne m'en étonne pas. Quand vous prenez un tas de pions orgueilleux qui ameutent tous ces petits chiens-là..., que voulez-vous faire? A présent, jeune homme, faites-moi l'amitié de tirer vos guêtres, et promptement, et de vous dépêcher, et de vous en aller à l'étude, et d'emmener les élèves, et de ne pas en bouger sans permission, ou bien vous et moi nous pourrions avoir une petite discussion où vous laisseriez une partie de vos agréments, bel idolâtre, je vous en réponds.

— Ah! vraiment? dit Nicolas.

— Oui, vraiment; et puis vraiment encore, méchant singe, dit la dame en fureur ; et vous ne resteriez pas une heure de plus dans la maison si j'étais ma maîtresse.

— Ni moi non plus si j'étais mon maître. Allons, messieurs.

— Allons, messieurs, dit Mme Squeers, en singeant de son mieux la voix et le ton du maître, suivez votre chef, messieurs, et prenez modèle sur Smike, si vous l'osez; regardez bien ce qu'il va gagner à cela, quand on le ramènera, et n'oubliez pas, je vous le répète, que vous ferez bien de ne pas vous exposer à pis, en ouvrant seulement la bouche pour parler de lui.

— Que je l'attrape, dit Squeers, et il sera bien heureux si je ne l'écorche pas tout vif; rappelez-vous bien cela, tous.

— Si vous le rattrapez! reprit Mme Squeers d'un air de mépris; c'est bon! et comment feriez-vous pour ne pas le rattraper, si vous vous y prenez bien? Allons, décampez, vous autres. »

A ces mots, Mme Squeers congédia les élèves, et, après un léger trouble dans les rangs causé par l'empressement de la queue, qui ne demandait qu'à détaler plus vite que la tête, le dortoir étant évacué, elle se trouva en tête à tête avec son époux.

« Il n'est pas ici, dit Mme Squeers; l'écurie et l'étable sont fermées à clef, il ne peut donc pas y être; il n'est pas non plus en bas, car la fille l'a cherché partout. Il faut qu'il soit allé du côté d'York, et encore par la grande route.

— Pourquoi cela? demanda Squeers.

— Faut-il que vous soyez stupide! dit Mme Squeers courroucée; il n'avait pas d'argent, n'est-ce pas?

— Il n'a jamais su de sa vie ce que c'était que d'avoir un sou, répliqua Squeers.

— Assurément, reprit sa dame; et, de plus, je puis vous répondre qu'il n'a rien emporté pour manger en route. Ha! ha! ha!

— Ha! ha! ha!... fit Squeers riant à l'unisson.

— Eh bien, alors, dit Mme Squeers, il faut donc bien qu'il demande l'aumône en chemin, ce qu'il ne peut faire que sur la grande route.

— C'est vrai, s'écria Squeers battant des mains.

— Certainement que c'est vrai, mais ce n'est pas vous qui y auriez jamais pensé sans moi, reprit sa femme; maintenant, vous n'avez qu'à prendre la carriole; moi, j'emprunterai celle de Swallows; nous irons chacun de notre côté : nous tiendrons les yeux bien ouverts, nous nous informerons le long du chemin, et nous aurions bien du malheur si l'un de nous ne mettait pas la main dessus. »

Le plan de la vénérable Mme Squeers fut adopté et mis à exécution sans délai. Après un déjeuner fait à la hâte et quelques informations prises dans le village, dont le résultat fut de les convaincre qu'ils étaient bien sur la trace, Squeers partit dans sa carriole, bien décidé à découvrir et à punir sa victime. Presque aussitôt Mme Squeers, encadrée dans son capuchon blanc et cuirassée d'une infinité de châles et de mouchoirs bien serrés autour d'elle, s'élança dans une autre direction, trônant au haut d'une autre carriole.

Elle s'était munie d'une trique de taille raisonnable, de quelques bouts de grosse corde, et s'était donné pour garde du corps un grand et robuste manœuvre. Tout avait donc été prévu et exécuté pour assurer le but de l'expédition, la prise du fugitif.

Une fois au pouvoir de l'ennemi, il ne pouvait échapper.

Nicolas restait à la maison dans une grande agitation d'esprit; il savait bien que, quelle que fût l'issue de l'évasion de Smike, il n'en pouvait toujours résulter que des conséquences pénibles et déplorables; la mort, suite nécessaire des privations, de la faim, du froid, ne pouvait manquer d'atteindre à la longue, dans sa fuite errante, un être si malheureux et si borné, seul, sans amis, à travers un pays qui lui était tout à fait inconnu. Il est vrai que la mort valait bien pour lui le sort qui l'attendait au retour, sous la tyrannie impitoyable du maître de pension de Dotheboys-Hall. Mais ce qui lui brisait le cœur, en pensant aux souffrances que Smike aurait à subir, c'est qu'en fuyant sa prison, il avait sans doute compté sur la sympathie et la pitié de son jeune protecteur. Il était donc abattu, dans une anxiété inexprimable, rêvant une foule de chimères, lorsque le lendemain soir il vit entrer Squeers seul et humilié du mauvais résultat de ses recherches.

« Pas de nouvelles du vagabond, » dit-il.

Et l'on voyait dans sa démarche que, fidèle à son vieux principe, il avait dû bien des fois, pendant son voyage, descendre pour se dégourdir les jambes.

« Il faudra que je me console sur quelque autre gibier, Nickleby, si Mme Squeers n'est pas plus heureuse dans sa chasse; je vous en avertis.

— Je regrette, monsieur, dit Nicolas, qu'il ne soit pas en mon pouvoir de vous offrir les consolations dont vous parlez. Cela m'est bien égal.

— Ah! cela vous est égal! dit Squeers d'un ton menaçant; nous verrons.

— Eh bien, nous verrons.

— Voilà mon poney qui s'est couronné et que j'ai été obligé de remplacer, pour revenir, par un cheval de louage. J'en ai pour dix-neuf francs soixante-quinze, sans compter les autres frais. Qui est-ce qui me les payera? qu'en dites-vous? »

Nicolas haussa les épaules et garda le silence.

« Il faudra bien que quelqu'un me les paye, continua Squeers, qui avait quitté son ton habituel et ses manières cauteleuses pour prendre ouvertement des airs de bravache. Il ne s'agit pas ici, monsieur le caniche, de faire le beau en remuant la queue; à cette niche, et bien vite, car voilà l'heure d'aller se coucher. Allons! qu'on détale! »

Nicolas se mordit les lèvres et serra les poings par un mouvement involontaire, car les doigts lui démangeaient, et il aurait sur-le-champ fait expier à M. Squeers cette insulte. Mais il se rappela que cet homme était ivre, et que ce ne serait qu'une scène de tapage indigne de lui. Il se contenta donc de lancer un regard de mépris à ce petit tyranneau et se mit à monter au dortoir majestueusement; non cependant sans être piqué au vif de voir que Mlle Squeers, le jeune maître Squeers et la servante elle-même, placés dans un petit coin propice, paraissaient faire leur bonheur de cette scène délicieuse. Il entendait les deux premiers faire à l'envi une foule de remarques édifiantes sur les parvenus présomptueux, et se livrer ensuite à une immense variété d'éclats de rire, dont la plus misérable de toutes les servantes prenait aussi sa part. Navré de toutes ces pensées, Nicolas alla se cacher sous ses couvertures, fermement résolu à régler ses comptes avec M. Squeers plus tôt peut-être que l'autre ne l'avait espéré. Quand le jour reparut, Nicolas était à peine éveillé, qu'il entendit le bruit des roues d'une carriole qui s'approchait de la maison; elle s'arrêta. La voix de Mme Squeers retentit. Dans l'ivresse de son triomphe, elle ordonnait de préparer un petit verre pour quelqu'un, preuve évidente qu'il était arrivé quelque chose d'extraordinaire. Nicolas n'avait pas le courage de regarder par la fenêtre. Cependant il finit par s'y résoudre, et le premier objet qui frappa sa vue ce fut le malheureux Smike, tellement couvert d'éclaboussures, tellement trempé par la pluie, si hagard, si abattu, si découragé, que, s'il ne l'avait pas reconnu à ses vêtements, véritable épouvantail contre les moineaux, il aurait pu douter de son identité.

« Qu'on l'enlève! dit Squeers après avoir littéralement régalé ses yeux en silence de la confusion du coupable. Qu'on me l'apporte! qu'on me l'apporte!

— Prenez garde, cria Mme Squeers pendant que son mari venait l'aider à descendre. Nous lui avons lié les jambes sous le tablier de la carriole, et nous l'avons attaché bien serré, par derrière, pour l'empêcher de nous fausser encore compagnie. »

Squeers, de ses mains tremblantes de joie, se mit à délier la corde; quant à Smike, on le porta plus mort que vif dans l'intérieur de la maison, où on l'enferma soigneusement dans une cave, en attendant que M. Squeers choisît son temps pour lui travailler les côtes en présence de la pension réunie.

A la première vue, il pourrait paraître surprenant à quelques personnes que M. et Mme Squeers se fussent donné tant de peine pour reconquérir ainsi un embarras de plus, car ils ne cessaient de s'en plaindre à tout bout de champ; mais on sera moins étonné si l'on veut bien réfléchir que Smike leur faisait, à lui seul, un service qui n'aurait pas coûté à l'établissement moins de douze ou quinze francs par semaine, s'ils ne l'avaient pas eu. Et puis d'ailleurs, c'était un principe politique dont on ne se départait pas à Dotheboys-Hall, qu'il fallait toujours faire un exemple sévère sur tous les fugitifs; sans quoi, n'étant plus retenus par la crainte, tous les petits garçons qui pouvaient avoir des jambes et qui savaient en faire usage ne seraient pas restés longtemps à l'école par pur amour du bien-être dont ils jouissaient. La nouvelle que Smike avait été repris et ramené en triomphe se répandit de proche en proche comme le feu grégeois dans toute cette petite population affamée, et ils restèrent là sur le qui-vive toute la matinée, regardant sur la pointe du pied si la représentation n'allait pas commencer. Cependant ils devaient rester sur la pointe du pied jusqu'au milieu du jour; car Squeers avait voulu dîner pour prendre des forces, et se donner du cœur par des libations fréquentes. Quand il se sentit en état, on le vit apparaître accompagné de son aimable épouse, l'air menaçant, le bras armé d'un terrible instrument de flagellation, fort, souple, goudronné, enfin un fouet tout neuf acheté le matin même tout exprès pour l'exécution.

« Tous les élèves sont-ils ici? » demanda Squeers d'une voix de tonnerre.

Tous les élèves y étaient bien, mais pas un n'osait répondre. Squeers promena ses yeux dans tous les rangs pour s'en assurer lui-même, et, en rencontrant ses regards, tous les yeux se baissèrent, toutes les têtes se courbèrent.

« Que chacun reste en place, dit Squeers en frappant sur son pupitre, comme c'était son usage favori, et contemplant avec une sombre satisfaction le tressaillement universel qui ne manquait jamais de s'ensuivre. Nickleby, à votre pupitre, monsieur. »

Plus d'un témoin de cette scène put observer dans les traits du jeune maître une expression étrange qui ne lui était pas ordinaire. Cependant il alla s'asseoir à sa place sans desserrer les lèvres. Squeers, jetant un coup d'œil triomphant à son subalterne et un regard de tyrannie universelle sur les petits enfants, sortit un moment de l'étude pour y rentrer bientôt, traînant Smike qu'il tenait au collet; je me trompe, ce n'était pas un collet, ce n'était qu'un lambeau de sa veste, voisin de l'endroit où devait se trouver le collet, du temps qu'elle pouvait se flatter d'avoir encore cet ornement élégant.

Partout ailleurs, l'apparition d'un malheureux, harassé, désespéré, comme l'était Smike, eût été accueillie du moins par un murmure de compassion et de colère. Le seul effet qu'il produisit ici, c'est que les spectateurs inquiets s'agitaient sur leurs bancs, n'osant pas la plupart, ou c'étaient seulement les plus hardis, se jeter les uns aux autres un regard furtif d'indignation et de pitié.

Heureusement, ces regards échappèrent à Squeers, dont toute l'attention était concentrée sur le pauvre Smike, quand il lui demanda, selon sa coutume invariable en pareil cas, s'il avait quelque chose à dire pour sa défense.

« Rien, je suppose? » ajouta-t-il, en grimaçant un rire diabolique.

Smike porta les yeux autour de lui et les reposa un moment sur Nicolas, comme s'il se fût attendu à le voir intercéder pour lui; mais Nicolas ne bougeait pas les siens de son pupitre.

« Avez-vous quelque chose à dire? demanda Squeers de nouveau, en faisant faire à son bras droit trois ou quatre évolutions préparatoires, uniquement pour essayer la force et la souplesse de ses moyens. Madame Squeers, ma bonne amie, prenez garde; retirez-vous un peu, c'est à peine si j'ai assez de place.

— Grâce, monsieur! cria Smike.

— Oh! voilà tout? rien de plus? dit Squeers; eh bien oui, je vais vous faire grâce de la vie, j'arrêterai mon bras avant que vous soyez tout à fait mort.

— Ha! ha! ha! et Mme Squeers se mit à rire. En voilà une bonne farce.

— J'y ai été poussé, dit Smike d'une voix défaillante et jetant de nouveau un regard suppliant autour de lui.

— Poussé! ah! vous y avez été poussé, dit Squeers; alors ce n'était pas votre faute, c'était la mienne, je suppose, — hein?

— Un méchant ingrat, un petit cochon, un chien d'animal, une brute obstinée, s'écria Mme Squeers en fourrant sous son bras la tête de Smike pour lui administrer à chaque épithète une taloche. Qu'est-ce qu'il veut dire par là?

— Laisse-le un moment, ma chère, répliqua Squeers, nous allons tirer cela au clair. »

Mme Squeers, que l'ardeur de ses vengeances avait mise hors d'haleine, lâcha Smike, que Squeers saisit dans ses griffes. Déjà il l'avait frappé d'un coup terrible, et sa victime tressaillant sous le fouet poussait un cri de douleur; déjà il relevait le bras, brandissant son arme pour frapper un coup plus vigoureux encore, lorsque tout à coup Nicolas Nickleby saute de sa place, et d'une voix qui fait trembler les solives lui crie: « Arrêtez!

— Qui est-ce qui a crié: Arrêtez? dit Squeers jetant autour de lui des yeux égarés par la colère.

— Moi, dit Nicolas en s'avançant vers lui: que tout cela finisse!

— Que tout cela finisse! dit Squeers avec un cri de rage.

— Oui, » dit Nicolas d'une voix de tonnerre.

Dans une profonde stupeur d'une pareille har-

« Misérable ! s'écria Nicolas, si vous le touchez, gare à vous ! » (P. 89.)

diesse, Squeers lâcha Smike et, reculant d'un pas ou deux, fixa sur Nicolas un regard véritablement effrayant.

« Je l'ai dit, répéta Nicolas sans se laisser émouvoir, et cela finira. J'y mettrai ordre. »

Squeers prolongeait sur lui son regard terrible ; les yeux lui sortaient de la tête : tout cela sans pouvoir dire un mot, car l'étonnement l'avait rendu muet.

« Vous n'avez eu aucun égard à mon intervention pacifique en faveur de ce pauvre garçon, dit Nicolas ; vous n'avez pas même répondu à la lettre dans laquelle je vous demandais son pardon et vous promettais qu'il resterait tranquille désormais sous ma responsabilité. Si donc j'interviens ici publiquement, vous ne pouvez m'en faire un reproche, prenez-vous-en à vous-même, et non à moi.

— Voulez-vous vous rasseoir, va-nu-pieds ? cria Squeers hors de lui et ressaisissant Smike avec une rage nouvelle.

— Misérable, repartit Nicolas d'un air farouche, si vous le touchez, gare à vous ! je ne suis pas là pour vous laisser faire : le sang me bout dans les veines, et je me sens la force de terrasser dix hommes comme vous. Prenez-y garde, au nom du ciel, car, si vous me poussez à bout, je ne vous manquerai pas,

— Retirez-vous ! cria Squeers brandissant son arme.

— J'ai un long arriéré à solder, dit Nicolas rouge de colère, et mon indignation de toutes les insultes que j'ai souffertes s'accroît des lâches cruautés que vous exercez sur des enfants sans défense dans cette caverne abominable. Prenez-y garde, car, si vous me mettez hors de moi, c'est sur votre tête qu'en retomberont de tout leur poids les funestes conséquences. »

Il n'avait pas fini, que Squeers, dans un transport de rage violent, poussant un cri semblable au hurlement d'une bête sauvage, lui cracha à la figure, et, levant son instrument de torture, lui en donna à travers la face un coup, qui lui laissa immédiatement une empreinte livide dans la chair.

Égaré par la douleur et concentrant en ce moment dans un même sentiment sa rage, son mépris et son indignation, Nicolas se jette sur lui, lui arrache le fouet, le prend d'une main à la gorge, et de l'autre il corrige le gredin jusqu'à ce qu'il demande quartier.

Les enfants, à l'exception de maître Squeers, qui, venant en aide à son père, harcelait l'ennemi sur les derrières, ne remuaient ni pieds ni mains. Mais Mme Squeers l'aidait à sa manière en poussant des cris de Mélusine, en se pendant aux pans d'habit de son époux pour essayer de l'arracher à son adversaire exaspéré, pendant que Mlle Squeers, qui avait regardé par le trou de la serrure, dans l'espérance de voir un autre dénouement, se précipita dans l'étude dès la première attaque, faisant pleuvoir les encriers sur la tête du sous-maître, battant Nicolas à cœur joie, s'animant à chaque nouvel assaut par le souvenir de son amour dédaigné, et communiquant par ses pensées furibondes une force qui n'était point méprisable aux bras héréditaires qu'elle tenait de sa mère, et ce n'est pas peu dire.

Nicolas, dans le feu de l'action, ne ressentait pas plus les coups de miss Fanny que si elle l'avait caressé avec des plumes d'autruche; mais, à la fin, fatigué de ce bruit et de ce désordre, et sentant que son bras allait se lasser, il ramassa pour en finir tout le reste de sa force dans une demi-douzaine de gourmades bien appliquées, et puis lança loin de lui Squeers de toutes ses forces. La violence du coup fit faire la culbute à Mme Squeers par-dessus un banc contre lequel Squeers alla se frapper la tête et s'étendit tout de son long, étourdi et sans mouvement.

Après cet heureux succès, après s'être assuré avec satisfaction que Squeers n'était pas mort, comme il en avait eu d'abord quelque appréhension désagréable, mais seulement étourdi, Nicolas laissa à la famille le soin de le remettre sur pied et se retira pour réfléchir sur le meilleur parti qu'il avait à prendre. En quittant l'étude, il chercha d'un œil inquiet Smike; mais il était devenu invisible.

Après quelques moments de réflexion, il se fit un petit paquet de hardes qu'il mit dans une valise, et s'en alla par la grande porte, marchant fièrement sans rencontrer d'obstacles; il se trouva sur le pavé de la route de Greta Bridge.

Quand il eut repris assez de sang-froid pour envisager sérieusement sa nouvelle situation, il ne la vit pas sous un jour bien flatteur: il avait pourtant bien dans sa poche une pièce de cinq francs et quelque menue monnaie. Il était à peu près à quatre-vingt-cinq lieues de Londres, où cependant il était résolu à porter ses pas, pour s'assurer entre autres choses de la fidélité des détails que M. Squeers ne manquerait pas de transmettre à son excellent oncle sur les événements du jour.

Il en était justement arrivé à la conclusion facile que malheureusement la chose n'était pas possible, lorsque, en levant les yeux, il vit venir à lui un cavalier dans lequel, à son grand regret, il reconnut de plus près M. John Browdie, le brave commissionnaire en grains, avec son sarrau de grosse toile et ses longues guêtres de cuir, pressant le pas de son animal à l'aide d'une bonne houssine de frêne qui paraissait toute fraîche coupée sur quelque jeune sujet.

« Je ne suis pas d'humeur, se disait Nicolas, à recommencer le vacarme. En voilà déjà bien assez, et cependant je ne peux pas me dispenser d'avoir une explication avec cet honnête nigaud; qui sait? peut-être même de recevoir quelques bons coups de la cravache que je lui vois en main. »

Au fait, il y avait bien quelque raison de croire que ce serait une suite inévitable de leur rencontre; car John Browdie n'eut pas plutôt aperçu Nicolas, qu'il tourna la bride de son cheval du côté de la contre-allée des piétons, et se mit à l'attendre au passage; et même, quand il se vit en face de lui, il lui lança, entre les deux oreilles de son cheval, un regard qui n'était pas tendre.

« Votre serviteur, mon jeune monsieur, dit John.

— Et moi le vôtre, dit Nicolas.

— Eh bien, nous nous retrouvons donc à la fin. » Et John faisait sonner l'étrier sous un coup assez gaillard de sa houssine de frêne.

« Oui, répondit Nicolas. Tenez, dit-il d'un air franc et ouvert, après un moment d'hésitation, nous ne nous sommes pas quittés très bien la dernière fois que nous nous sommes vus; c'est ma faute, à ce que je puis croire, quoique je n'eusse pas l'intention de vous faire de peine et que je ne m'en doutasse même pas; j'en ai eu bien du regret après. Voyons, voulez-vous que nous nous donnions une poignée de main?

— Une poignée de main! s'écria le brave garçon du Yorkshire; ah! bien sûr. » Et en même temps il se pencha sur sa selle, et secoua cordialement la main de Nicolas.

« Mais qu'est-ce que vous avez donc à la figure, hein? On dirait qu'elle est toute meurtrie.

— C'est un coup de fouet, dit Nicolas en rougissant, oui, un coup en plein visage; mais celui qui l'a donné n'en a pas été le bon marchand, car je lui en ai bien payé les intérêts.

— Pas possible! s'écria John Browdie; eh bien, c'est bien fait; j'aime cela, moi.

— Le fait est, dit Nicolas un peu embarrassé de cet aveu, le fait est que j'ai été frappé.

— Voyez-vous cela! reprit John Browdie d'un air de compassion, car il avait la force et la taille d'un géant, et, selon toute apparence, Nicolas ne lui semblait qu'un nain ; est-ce Dieu possible?

— Oui, je l'ai été, répondit Nicolas, par ce drôle de Squeers; aussi je l'ai rossé solidement, et c'est ce qui fait que je m'en vais.

— Bah! cria John Browdie dans une espèce d'extase et d'une voix si retentissante que son cheval fit un soubresaut terrible : vous avez battu le maître d'école! oh! oh! oh! battu le maître d'école! voilà du nouveau! encore une poignée de main, l'ami; battu le maître d'école! par ma fine, je ne vous en aime que mieux. »

John Browdie était si heureux, qu'il en riait encore et toujours; et ses éclats étaient si bruyants, que les échos d'alentour renvoyaient des concerts joyeux; et, pendant tout cela, il ne lâchait pas la main de Nicolas, qu'il secouait de tout son cœur. Enfin, quand cet accès de fou rire fut passé, il s'informa de ce qu'il allait faire, et sur sa réponse qu'il allait droit à Londres, il branla la tête en signe de doute et lui demanda s'il savait ce que prenaient les diligences pour le voyage.

« Non, dit Nicolas, je n'en sais rien ; mais cela n'a pas grande importance pour moi, j'ai l'intention d'aller à pied.

— Aller à pied à Londres! cria John stupéfait.

— Tout du long encore, reprit Nicolas; mais voilà déjà quelques pas que je perds à causer avec vous, ainsi au revoir.

— Oh! que non, répliqua l'honnête villageois en contenant l'impatience de son cheval. Dites donc, encore un mot. Combien avez-vous d'argent?

— Pas beaucoup, dit Nicolas en rougissant, mais je saurai en faire assez. Qui langue a terre a. »

John Browdie, sans faire aucune observation, mit la main à la poche; il en tira une vieille bourse de cuir qui n'était pas élégante, mais bien arrondie; et il insista pour que Nicolas lui permît de lui prêter ce dont il avait besoin pour le moment.

« Allons, pas de fausse honte, prends tout ce qu'il te faut pour retourner chez toi. Je sais bien que tu me le rendras quelque jour. »

Nicolas céda, mais il ne voulut absolument lui emprunter qu'un louis, et il fallut que John Browdie en passât par là, malgré toutes ses instances pour lui faire accepter davantage. « Car, disait-il en vrai naturel d'un pays renommé pour sa prudence, si tu ne dépenses pas tout, tu pourras toujours trouver une occasion de me le renvoyer franc de port.

» Prends toujours mon bâton pour t'aider dans ta marche, ajouta-t-il en lui mettant sa houssine dans la main, qu'il secoua encore une fois avant le départ. Allons, bon courage et bonne chance! Battu le maître d'école! voilà bien le meilleur conte que j'aie encore entendu conter depuis vingt ans. »

A ces mots, par une délicatesse qu'on n'aurait pas attendue d'une éducation si imparfaite, il recommença à dessein une longue série d'éclats de rire en partant, pour éviter d'entendre les remercîments que lui prodiguait Nicolas; puis il piqua des deux et prit un bon petit galop, en se retournant de temps en temps vers Nicolas qui était resté là à le regarder, et en l'encourageant gaiement de la main à continuer son chemin.

Nicolas ne quitta pas des yeux le cheval ni le cavalier, jusqu'à ce qu'ils eurent disparu au détour d'une colline lointaine, et puis il se remit en marche.

Il n'alla pas bien loin ce soir-là, car le jour commençait à baisser, et une neige épaisse qui venait de tomber avait rendu la marche difficile et le chemin douteux : on pouvait s'égarer aisément, à moins d'être un piéton consommé. Il passa la nuit dans une chaumière où les voyageurs de la classe la plus modeste trouvaient des lits à bon marché. Le lendemain il se leva de bonne heure, et le soir il arriva à Boroughbridge. Pendant qu'il traversait le bourg, pour trouver à loger la nuit sans grands frais, il aperçut une grange vide à une centaine de pas de la route; il s'y blottit chaudement dans un coin, étendit ses membres fatigués sur la paille, et ne tarda pas à s'endormir.

Le lendemain matin à son réveil, comme il repassait dans son esprit ses songes de la nuit, qui tous se ressentaient de son séjour à Dotheboys-Hall, il se mit sur son séant, se frotta les yeux, et les fixa avec une émotion croissante sur un objet immobile qui semblait planté à quelques pas devant lui.

« C'est étrange! s'écria Nicolas; serait-ce donc par hasard quelque ombre fugitive des visions qui viennent d'agiter mon sommeil? Car ce ne peut être une réalité, et cependant je... oui, je suis bien éveillé. Smike! »

L'ombre bougea, se leva, chancela, et tomba à deux genoux devant lui. C'était bien Smike.

« Pourquoi vous prosternez-vous à mes pieds? dit Nicolas en se hâtant de le relever.

— Pour aller avec vous, partout, partout, jusqu'au bout du monde, jusqu'à la tombe du cimetière, répondit Smike se cramponnant après sa main. Laissez-moi vous suivre, oh! laissez-moi. Soyez mon refuge, mon bon ami, car je n'en ai pas d'autre; emmenez-moi avec vous, je vous en supplie.

— Vous avez là, lui dit Nicolas avec douceur, un ami qui ne peut pas vous être d'un grand secours. Et comment vous trouvez-vous ici? »

Il paraît qu'il l'avait suivi, sans le perdre de vue, tout le long du chemin. Il avait épié son sommeil, pour être debout aussitôt que lui ; il s'était arrêté à chaque halte que Nicolas avait faite pour prendre quelque repos, toujours sans se montrer, tant il avait peur d'être renvoyé. Même alors, son intention n'était pas de se montrer encore ; mais Nicolas s'était éveillé plus tôt qu'il ne l'avait espéré, et il n'avait pas eu le temps de se cacher à ses yeux.

« Pauvre garçon, dit Nicolas, votre triste sort ne vous permet guère d'espérer un autre ami, et celui que vous avez est pauvre et sans ressource comme vous.

— Me permettez-vous, dites, me permettez-vous d'aller avec vous? demanda Smike d'une voix timide. Vous aurez en moi un serviteur fidèle et laborieux, je vous le promets. Je n'ai pas besoin d'habits, ajouta la pauvre créature en rajustant de son mieux ses haillons : ceux-ci peuvent aller encore. Je n'ai besoin que d'une chose, c'est d'être près de vous.

— Eh bien, restez-y, s'écria Nicolas ; et que ce monde soit pour vous ce qu'il sera pour moi, jusqu'au jour où nous le quitterons l'un et l'autre pour un monde meilleur. Venez. »

En disant ces mots, il chargea sa valise sur ses épaules, et, prenant son bâton d'une main, il tendit l'autre à son protégé ravi de bonheur ; puis ils sortirent ensemble de la vieille grange.

CHAPITRE XIV

Où malheureusement il n'est question que de petites gens, et qui, par conséquent, ne peut avoir qu'un intérêt médiocre et vulgaire.

Il y a, dans le quartier de Londres où se trouve situé Goldensquare, une rue abandonnée, déserte, déchue, bordée de deux rangées irrégulières de grandes maisons de maigre apparence, qui ne semblent guère occupées, depuis quelques années, qu'à se dévisager les unes les autres. Les cheminées elles-mêmes ont pris un air triste et mélancolique, à force de n'avoir rien de mieux à faire que de regarder les cheminées qui leur font face. Leurs faîtes sont délabrés, crevassés, noircis par la fumée. Çà et là on en voit une file plus haute que les autres, s'inclinant de tout son poids sur un côté et penchant sur le toit ses ruines menaçantes, comme prête à tirer vengeance de l'abandon où on la laisse depuis un demi-siècle, en écrasant dans sa chute les locataires des greniers au-dessous.

Des volailles qui vont à la picorée dans les ruisseaux, balançant leur corps de droite à gauche avec une démarche qu'on ne trouve que chez les volailles citadines, et que les coqs ou les poules de la campagne auraient bien de la peine à comprendre, n'en sont que mieux en harmonie avec les habitations caduques de leurs propriétaires. Vous les voyez avec leur plumage poudreux et bourru, leur air endormi, leur marche tremblotante, lâchées le matin par leurs maîtres, comme un grand nombre d'enfants du voisinage, pour gagner leur vie dans les rues, où elles sautillent de pavé en pavé, ardentes à la recherche de quelques comestibles enterrés dans la boue. C'est à peine si on les entend chanter jamais. La seule à laquelle on puisse soupçonner quelque chose comme une voix, c'est un vieux bantam du boulanger d'à côté ; encore est-il devenu enroué pour avoir été trop mal nourri et mal logé dans sa dernière place.

A en juger par la hauteur des maisons, elles ont dû être dans le temps occupées par des personnes d'une condition plus heureuse que les habitants d'aujourd'hui ; mais à présent elles sont louées à la semaine, par chambre ou par étage, et il y a, à chaque porte, presque autant de plaques et de cordons de sonnette qu'il y a de pièces à l'intérieur. Les fenêtres sont, pour la même raison, d'aspect très varié, ornées de tous les échantillons de châssis et de rideaux qu'on peut trouver dans Londres, pendant que tous les corridors sont encombrés et presque impraticables, grâce à la collection la plus bigarrée d'enfants et de pots à bière, depuis le petit enfant de lait et la demi-pinte jusqu'à la jeune fille déjà grandelette et la cruche d'une demivelte.

Dans le parloir d'une de ces maisons, peut-être un peu plus sale que toutes celles du voisinage, véritable bazar de cordons de sonnette, d'enfants et de pots à bière, gratifiée plus que toute autre du parfum tout frais de la fumée épaisse et noire qu'une grande brasserie vomit jour et nuit près de là, on voyait un écriteau suspendu annonçant qu'il y avait encore une chambre à louer, sans s'expliquer sur l'étage où elle était vacante. Et de fait, en regardant de la rue toutes les décorations extérieures que les divers locataires exposaient aux yeux des passants, sur le devant de la maison, depuis le linge de lessive étendu à la fenêtre de la cuisine jusqu'aux pots à fleurs rangés le long du parapet, j'eusse défié le plus habile calculateur des petits garçons de l'école voisine de me dire où se trouvait la place inoccupée.

L'escalier commun de cette masure n'avait point de tapis sur le carreau, et, si quelque curieux avait eu la fantaisie de le grimper jusqu'en haut, il aurait trouvé tout du long des signes assurés de la pauvreté progressive des locataires, sans avoir besoin d'entrer chez eux. Ceux du premier, par exemple, qui regorgeaient apparemment de mobilier, avaient mis en dehors, sur le palier, une vieille table d'acajou; oui, de l'acajou véritable. On ne la rentrait que par occasion, quand on en avait besoin. Au second, le mobilier supplémentaire ne se composait guère que d'une couple de vieilles chaises en bois blanc, dont l'une, destinée à la chambre de derrière, était boiteuse et sans fond. L'étage au-dessus était moins richement pourvu : il n'y avait guère qu'un cuvier vermoulu; et les articles les plus précieux exposés sur le carré des galetas se composaient de deux cruchons estropiés et de quelques bouteilles de cirage en morceaux. C'est ici, sur ce palier même, que l'homme à figure anguleuse, aux traits fortement prononcés, vieux et râpé, s'arrêta pour ouvrir la porte de la mansarde sur le devant, dans laquelle il pénétra d'un air qui annonçait qu'il en était le légitime locataire, mais non sans s'être donné auparavant bien du mal pour faire tourner sa clef rebelle dans les gardes rouillées de sa serrure. Ce monsieur portait une perruque à cheveux courts, grossiers et roux. Il l'ôta en même temps que son chapeau, et, les accrochant ensemble à un clou, les remplaça sur sa tête par un bonnet de coton sale; puis il rôda à tâtons dans l'obscurité, jusqu'à ce qu'il eut trouvé un bout de chandelle, frappa à la cloison qui séparait les deux greniers, et demanda à haute voix si M. Noggs avait de la lumière.

La réponse, qui ne se fit pas attendre, apporta des sons à demi étouffés entre la latte et le plâtre. On eût dit que le voisin parlait du fond d'une cruche ou de quelque autre vase à boire. Quoi qu'il en soit, c'était bien la voix de M. Newman qui répondait d'une manière affirmative à la question.

« Quel vilain temps, monsieur Noggs! dit l'homme au bonnet de coton en ouvrant la porte pour allumer sa chandelle.

— Est-ce qu'il pleut? demanda Newman.

— S'il pleut! répondit l'autre de mauvaise humeur, je suis trempé.

— Avec cela que vous et moi nous n'avons pas de mal à être trempés, monsieur Crowl, dit Newman en passant sa main sur la trame de son habit usé jusqu'à la corde.

— Eh bien, après ? cela n'en est pas plus agréable, » répliqua M. Crowl toujours aussi maussade; puis, poussant un petit cri plaintif, ce personnage, dont la physionomie dure semblait réunir tous les traits de l'égoïsme, se mit à attiser, pour le faire flamber, le feu économique éparpillé sur la grille, et, vidant le verre que Noggs venait de lui passer, il lui demanda où il mettait son charbon de terre.

Newman lui montra du doigt le fond d'un placard; et M. Crowl, prenant la pelle, la plongea dans le petit magasin de Noggs, qu'il épuisa presque d'un coup; mais Noggs, d'un grand sang-froid et sans dire un mot, vint en reprendre la moitié et la remit au tas.

« Seriez-vous, par hasard, devenu ménager sur vos vieux jours? » dit Crowl.

Newman se contenta de montrer le verre vidé par son voisin comme une réfutation suffisante de l'accusation portée contre lui, et il dit en deux mots qu'il allait descendre souper.

« Chez les Kenwigs? » demanda Crowl.

Signe de tête affirmatif de Newman.

« Voyez un peu, dit Crowl, et moi qui, pour vous avoir entendu dire que vous n'y iriez pas, ai refusé d'aller aussi chez les Kenwigs, préférant passer ma soirée avec vous.

— On m'a forcé d'y aller, dit Noggs, ils ont absolument voulu m'avoir.

— A la bonne heure! Mais moi, qu'est-ce que je vais faire? dit avec insistance l'égoïste qui ne songeait jamais qu'à lui. C'est à vous la faute : eh bien, voulez-vous que je vous dise? je vais m'asseoir au coin de votre feu jusqu'à votre retour. »

Newman jeta un regard de désespoir sur sa petite provision de charbon; mais il n'eut pas le courage de dire non, ce mot qu'il n'avait jamais su dire à propos dans tout le cours de sa vie, ni aux autres, ni à lui-même, et consentit à la proposition. M. Crowl s'occupa sans délai de se mettre bien à son aise, en se donnant tout le confort qu'il pouvait prendre aux dépens du pauvre Noggs.

Les locataires auxquels Crowl avait fait allusion, en les désignant sous le nom de Kenwigs, étaient la femme et les rejetons d'un M. Kenwigs, tourneur en ivoire, qui jouissait d'une certaine considération dans la maison, car il occupait à lui seul tout le premier, composé de deux chambres. D'ailleurs, Mme Kenwigs était tout à fait une dame comme il faut et d'une famille très distinguée, car elle avait un oncle receveur des taxes de la Compagnie de distribution des eaux; et puis ce n'était pas tout: les deux filles aînées de Mme Kenwigs allaient deux fois la semaine à une classe de danse non loin de là, avec leurs cheveux blond-filasse, ornés de nœuds de ruban bleu, retombant sur leur dos en queues abondantes, et leurs petits pantalons blancs garnis de dentelles à la cheville. Voilà les raisons, sans compter qu'il y en avait bien d'autres trop longues à énumérer, qui faisaient considérer Mme Kenwigs comme une personne dont la connaissance n'était pas à dédaigner, et qui la désignaient naturellement aux caquets continuels de toutes les commères du quartier à plus de vingt pas de chez elle.

C'était le jour anniversaire du jour trois fois heureux où l'Église anglicane, en sa qualité de religion de l'État, avait assuré à M. Kenwigs la possession légitime de Mme Kenwigs; aussi, pour en fêter le souvenir reconnaissant, Mme Kenwigs avait invité un petit nombre d'amis d'élite à venir faire une partie de cartes et souper au premier. Elle avait même mis une robe neuve pour les recevoir, et cette robe, de couleur éclatante et d'une forme toute moderne, eut un succès si complet, que M. Kenwigs déclara que ses huit ans de mariage et ses cinq enfants lui semblaient un songe, et qu'il trouvait Mme Kenwigs plus jeune, plus fraîche et plus jolie que le premier dimanche qu'il avait passé à lui faire sa cour.

Toute cette beauté de Mme Kenwigs, quand elle était habillée, et la noblesse de ses manières, qui aurait même pu faire croire qu'elle avait au moins une cuisinière et une femme de chambre, sans avoir rien à faire chez elle que de donner des ordres, ne l'empêchaient pas de se donner un mal terrible dans son ménage: beaucoup trop assurément pour une constitution si délicate et si distinguée, si elle n'avait pas eu l'orgueil de passer pour une bonne ménagère. Pourtant, dans cette circonstance, elle avait fini par réussir à tout ranger comme il faut; rien n'y manquait, tout était prêt, et la fortune semblait lui sourire à l'idée que M. le receveur avait lui-même promis de venir.

La société était admirablement composée. Il y avait d'abord M. et Mme Kenwigs avec quatre rejetons des Kenwigs assis à table pour souper. Premièrement, c'était bien juste qu'ils eussent une petite régalade dans un si grand jour; secondement, ils ne pouvaient pas décemment se coucher là en présence de la compagnie. Après cela, il y avait une demoiselle qui avait fait la robe de Mme Kenwigs, et qui (c'était la chose du monde la plus commode), demeurant au second sur le derrière, avait cédé pour cette nuit son lit au petit nourrisson de Mme Kenwigs et mis près de lui une jeune bonne pour le surveiller. Avec cela, pour faire pendant à la demoiselle, il y avait un jeune homme qui avait connu M. Kenwigs quand il était garçon, et pour lequel les dames montraient beaucoup d'estime, parce qu'il passait pour un libertin. Il y avait encore un couple nouvellement marié dont M. et Mme Kenwigs avaient fait la connaissance du temps qu'ils se faisaient la cour; puis une sœur de Mme Kenwigs, tout à fait une beauté; puis un second jeune homme, auquel on supposait des intentions honorables sur cette demoiselle. M. Noggs était de la partie, comme un homme dont on pouvait se faire honneur, vu qu'il avait été autrefois un gentleman. Ce n'était pas tout: il y avait encore une dame âgée du rez-de-chaussée sur le derrière et une dame plus jeune qui, après le receveur, était l'héroïne de la fête. C'était, en effet, la fille d'un pompier de théâtre, figurante dans les pantomimes. Jamais on n'avait vu de si belles dispositions pour la scène. Elle chantait, elle déclamait, que les larmes en venaient aux yeux de Mme Kenwigs. Cependant, comme tout n'est pas roses dans ce monde, le plaisir de recevoir une jolie société fut un peu troublé par le mauvais goût de la dame du rez-de-chaussée sur le derrière, qui, malgré son énorme embonpoint et ses soixante années au moins, s'avisa de venir avec une robe décolletée de mousseline claire et des petits gants de peau de chevreau qui laissaient ses bras nus s'étaler dans tout leur lustre, ce qui exaspéra Mme Kenwigs, au point que cette dame donna sa parole au reste de la compagnie que, si elle n'avait pas eu besoin de faire cuire le souper au rez-de-chaussée où il était au feu en ce moment, elle aurait certainement prié sa voisine de se retirer.

« Ma chère, dit M. Kenwigs, il me semble que nous ferions bien de commencer une partie de cartes?

— Kenwigs, mon ami, reprit sa femme, vraiment je ne vous comprends pas; eh quoi! voudriez-vous commencer sans attendre mon oncle?

— Tiens! dit Kenwigs, c'est vrai, j'oubliais le receveur. Oh! non; cela n'irait pas bien.

— Il est si susceptible, dit Mme Kenwigs en se tournant vers l'autre dame mariée, que, si nous commencions sans lui, je serais sûre d'être rayée pour toujours de son testament.

— Pas possible! s'écria la dame mariée.

— Vous ne pouvez vous imaginer comme il est,

reprit Mme Kenwigs; et pourtant, au demeurant, le meilleur homme du monde.

— Le meilleur cœur de la terre, dit Kenwigs.

— Je crois bien : le cœur lui saigne toutes les fois qu'il est obligé de supprimer l'eau aux gens quand ils ne payent pas la taxe, observa le célibataire, qui voulait rire.

— Georges, dit M. Kenwigs d'un ton solennel, pas de ça, s'il vous plaît.

— C'était pure plaisanterie, dit l'ami tout confus.

— Georges, reprit M. Kenwigs, les plaisanteries sont une bonne chose, une très bonne chose; mais quand ces plaisanteries se font aux dépens des sentiments de Mme Kenwigs, je m'y oppose carrément. Un homme qui a un caractère public doit s'attendre à être tourné en ridicule : ce n'est pas sa faute, c'est celle de sa position élevée. L'oncle de Mme Kenwigs est un homme public, et il le sait, et il est résigné à en subir les conséquences. Mais mettons Mme Kenwigs hors de la question, quoique la chose soit difficile dans une circonstance comme celle-ci; moi, j'ai l'honneur d'être allié au percepteur par mariage, et je ne dois pas souffrir de pareilles observations dans ma... il allait dire dans ma maison, mais il se reprit pour arrondir sa phrase : dans mes appartements. »

M. Kenwigs venait de protester par ces remontrances au nom des sentiments honorables de Mme Kenwigs et de laisser empreinte, à dessein, dans l'esprit de la compagnie, une profonde révérence pour la dignité du percepteur, quand on entendit sonner.

« C'est lui, murmura à voix basse M. Kenwigs dans un état de grande agitation; Morleena, ma chère, courez vite au-devant de votre oncle, vous le ferez entrer, et, aussitôt que la porte sera ouverte, vous lui sauterez au cou pour l'embrasser. Hem! nous autres, ayons l'air de causer. »

La compagnie, se conformant aux instructions de M. Kenwigs, se mit à parler très haut, pour se donner l'air d'être à son aise et de n'éprouver aucun embarras; et à peine avaient-ils commencé à jouer ainsi leur rôle, qu'un vieux monsieur de petite taille, en habit gris-souris et en guêtres, avec une figure que l'on aurait dite, quoiqu'il n'en fût rien, sculptée en bois de gaïac, fut introduit gaiement par Mlle Morleena Kenwigs, dont le nom de baptême, d'un usage peu commun, était de l'invention et de la composition de Mme Kenwigs, qui, la veille de sa première couche, l'avait expressément destiné à distinguer son premier-né, si c'était une fille.

« Oh! mon oncle, que je suis contente de vous voir! dit Mme Kenwigs en embrassant tendrement le percepteur sur les deux joues; que je suis donc contente!

— Recevez tous mes compliments, ma chère, pour cet heureux anniversaire, » répliqua le percepteur pour lui rendre son bon accueil.

Et voyez quelle scène intéressante! Voici un percepteur des taxes pour la distribution des eaux, sans registre, sans plume ni encre; il ne frappe pas ses deux coups au marteau de la porte, il ne porte pas avec lui la crainte habituelle qu'inspire sa visite; non, il embrasse au contraire une femme agréable, laissant de côté les taxes, les sommations, le procès-verbal de ses visites précédentes, l'avis qu'il ne reviendra plus pour recevoir les deux termes échus : spectacle charmant de voir toute la compagnie n'avoir des yeux que pour lui, absorbée dans la contemplation de sa personne, exprimer par une foule de signes, de la tête et de l'œil, sa satisfaction de trouver tant d'aménité dans un percepteur de taxes.

« Où voulez-vous vous asseoir, mon oncle? dit Mme Kenwigs toute rayonnante de l'orgueil quasi filial que lui causait l'apparition d'un parent si distingué.

— Où vous voudrez, ma chère, dit le percepteur, vous savez que je ne suis pas difficile. »

Pas difficile! quel excellent percepteur! En vérité, ç'eût été un auteur, un de ces auteurs qui ne se méconnaissent pas, qu'il n'aurait pas été plus humble.

« Monsieur Lillyvick, dit Kenwigs en s'adressant au percepteur, voici quelques amis qui désirent vivement l'honneur de...

— Je vous remercie.

— M. et Mme Cutter, monsieur Lillyvick.

— Très honoré de faire votre connaissance, dit M. Cutter, j'ai entendu très souvent parler de vous. » Et ce n'était pas une vaine formule de politesse, car M. Cutter, ayant habité sur la paroisse de M. Lillyvick, n'en avait entendu parler que trop souvent; il se serait passé de son exactitude vraiment extraordinaire à se présenter aux époques d'échéance.

« Voici M. Georges, que vous connaissez déjà, je crois, monsieur Lillyvick, dit Kenwigs; la dame du rez-de-chaussée, monsieur Lillyvick; M. Snewkes, monsieur Lillyvick; Mlle Green, monsieur Lillyvick; monsieur Lillyvick, Mlle Petowker, du théâtre royal de Drury-Lane. Je suis charmé de faire faire connaissance à deux personnages publics. Madame Kenwigs, ma chère, voulez-vous répartir les jetons? »

Mme Kenwigs, avec l'aide de Newman Noggs, qui échappa à la présentation officielle sur sa demande (car on crut devoir cette concession à ses attentions obligeantes pour les enfants et à ses petits soins de tous les instants, de le désignsr seulement tout bas sous le nom de gentleman ruiné) prépara le jeu. Et presque tous les autres prirent leurs places pour faire une partie de lansquenet, pendant que Newman, Mme Kenwigs et miss Petowker, du théâtre royal de Drury-Lane, s'occupèrent de servir le souper sur la table.

Tandis que les dames étaient ainsi affairées de leur côté, M. Lillyvick ne perdait pas non plus son temps : il suivait avec intérêt toutes les péripéties du jeu, et, comme tout est de bonne pêche pour le filet d'un percepteur de distribution des eaux, le bon vieux gentleman ne se faisait aucun scrupule de s'approprier le bien de ses voisins, profitant de leurs distractions, leur souriant pendant tout le temps d'un air de bonne humeur, et adressant la parole d'une manière si gracieuse aux propriétaires des jetons qu'il trouvait à sa convenance, qu'ils étaient comme les autres charmés de son amabilité, et se disaient au fond du cœur qu'en vérité il méritérait d'être au moins chancelier de l'Échiquier.

Après s'être donné bien du tourment, après avoir été obligé d'administrer plus d'une fois de bonnes tapes sur la tête aux enfants Kenwigs, dont on finit même par renvoyer, sans autre forme de procès, deux des plus récalcitrants, la nappe fut mise avec beaucoup d'élégance, et une paire de volailles au gros sel, un beau rôti de porc, une tourte aux pommes, des pommes de terre et des choux verts furent servis sur la table. Cette vue mit de si belle humeur le digne M. Lillyvick, qu'il donna immédiatement l'essor à une foule de traits d'esprit, et ne laissa plus un jeton autour de lui, à la satisfaction indicible de tous ses admirateurs, charmés de son caractère enjoué.

Le souper se passa vite et bien; il n'y eut d'autre désagrément que celui d'entendre demander à chaque instant des couteaux et des fourchettes propres. La pauvre Mme Kenwigs regretta plus d'une fois que la société n'eût pas adopté chez elle un usage bien commode, érigé en principe dans les pensions, celui d'exiger que chaque convive apportât son couteau, sa fourchette et sa cuiller. On conçoit que ce serait en effet une chose bien agréable dans bien des maisons, et nulle part plus que dans la maison des Kenwigs, où l'argenterie n'était pas très abondante. Mais c'eût été bien plus commode encore si chacun eût au moins gardé son couvert, au lieu de le changer à tout moment par une délicatesse de propreté bien inutile.

Quand tout le monde eut tout mangé, on desservit, avec une précipitation effrayante et au milieu d'un tapage à ne pas se reconnaître; puis les liqueurs spiritueuses, auxquelles Newman Noggs faisait des yeux pétillants, furent rangées avec ordre, flanquées de carafes d'eau froide et d'eau chaude, et la société s'apprêta à les déguster. M. Lillyvick s'était posté au coin du feu, dans un grand fauteuil, et les quatre petites Kenwigs étaient placées sur une petite banquette, devant la compagnie, à laquelle elles présentaient leurs tresses de cheveux blond-filasse par derrière, la face tournée vers la cheminée. Elles n'y furent pas plutôt assises, que Mme Kenwigs, vaincue par sa sensibilité maternelle, laissa tomber sa tête sur l'épaule gauche de M. Kenwigs en versant un ruisseau de larmes. « Elles sont si belles! dit Mme Kenwigs sanglotant.

— Oh ! bien sûr, dirent toutes les dames, qu'elles sont si belles... Certainement, il est bien naturel que vous en ressentiez de l'orgueil; mais contenez-vous, maîtrisez-vous.

— Je ne peux pas... m'en empêcher, je pleure malgré moi. » Les sanglots de Mme Kenwigs redoublaient : « Oh ! elles sont trop belles, elles ne vivront pas ; elles sont trop belles ! »

En s'entendant condamner par ce pressentiment alarmant de leur mère à une mort précoce, à la fleur de leur âge, les quatre petites filles poussèrent un cri affreux, et toutes ensemble glissant leur tête dans le giron maternel, elles ne cessèrent de crier en agitant leurs huit queues blond-filasse. Mme Kenwigs, pendant ce temps-là, les pressait alternativement contre son cœur, avec des gestes désespérés et des poses douloureuses, dont miss Petowker aurait pu profiter pour les imiter à la première pantomime de Drury-Lane. Enfin, la tendre mère voulut bien céder aux consolations de la société pour reprendre un état plus calme, et les petites Kenwigs, remises aussi de leur frayeur, furent distribuées dans les rangs de la société, pour éviter que Mme Kenwigs, en les voyant groupées, ne fût encore attendrie par l'état de leur beauté combinée. Après cette sage précaution, les messieurs et les dames prophétisèrent tout d'une voix que ces charmantes enfants vivraient de longues, longues années, et que Mme Kenwigs se désolait mal à propos ; et je suis obligé de convenir qu'ils avaient raison, car les petites filles ne justifiaient pas du tout ces craintes par leur amabilité.

« Aujourd'hui huit ans! dit M. Kenwigs après un moment de silence. Est-ce possible? ah ! »

Tous les assistants répétèrent en chœur : « Ah ! » d'abord, et ensuite : « Est-ce possible? »

« J'étais plus jeune qu'aujourd'hui, dit en minaudant Mme Kenwigs.

— Non! dit le percepteur.

— Certainement non, ajouta l'assemblée.

— Je crois voir encore ma nièce, dit M. Lillyvick

« Oh! elles sont trop belles, elles ne vivront pas; elles sont trop belles! » (P. 96.)

en promenant sur son auditoire des yeux pleins de gravité, ce jour-là même, dans l'après-midi, faire à sa mère l'aveu de son inclination pour Kenwigs. « Ma mère, dit-elle, je l'aime! »

— « Je l'adore », mon oncle, interrompit Mme Kenwigs.

— « Je l'aime », ma chère, reprit le percepteur avec assurance.

— Peut-être est-ce vous qui avez raison, mon oncle, reprit-elle avec soumission. Je croyais avoir dit : « Je l'adore ».

— « Je l'aime », ma chère, riposta M. Lillyvick. « Ma mère, dit-elle, je l'aime! — Qu'ai-je entendu? » s'écria sa mère. Et à l'instant elle tomba dans des convulsions effrayantes. »

Explosion d'étonnement général de la part de toute la société.

« Dans des convulsions effrayantes, continua M. Lillyvick en leur jetant un regard imposant. Kenwigs ne m'en voudra pas de dire devant nos amis que ses vues rencontrèrent une opposition vive, fondée sur ce qu'il n'était pas de notre classe et ferait tache dans la famille. Vous vous le rappelez bien, Kenwigs?

— Certainement, répondit l'autre, flatté d'entendre rappeler une circonstance qui mettait dans tout son jour l'éclat de la famille dans laquelle il avait eu l'honneur d'être admis.

— Pour ma part, dit M. Lillyvick, à tort ou à raison, je ne sais, mais j'étais de ce sentiment. »

Un murmure approbateur de l'assemblée prouva que l'assemblée regardait cette opposition, de la part d'un homme si haut placé que lui, comme toute naturelle, comme honorable même.

« Plus tard, continua M. Lillyvick, je suis revenu. Une fois qu'ils ont été mariés et qu'il n'y avait plus rien à y faire, j'ai été des premiers à dire qu'il fallait voir Kenwigs. La famille l'a donc vu, sur mon avis, et je dois dire, je suis fier de dire, que j'ai toujours trouvé en lui un homme honnête, de bonne conduite, d'un caractère franc, un garçon estimable. Kenwigs, une poignée de main.

— Très sensible à cet honneur, monsieur.

— Et moi aussi, Kenwigs.

— L'heureuse vie, monsieur, que j'ai menée avec votre nièce ! dit Kenwigs.

— C'eût été votre faute, monsieur, si vous n'aviez pas été heureux, observa M. Lillyvik.

— Morleena Kenwigs, s'écria sa mère ne pouvant plus résister à son émotion, embrassez votre cher oncle. »

La jeune demoiselle obéit avec docilité, et l'on hissa successivement les trois autres petites filles jusqu'aux joues du percepteur des taxes, pour répéter la même cérémonie ; elles n'en furent pas quittes à si bon compte, la majorité de la société se croyant obligée d'en faire autant.

« Chère madame Kenwigs, dit Mlle Petowker, pendant que M. Kenwigs fait le punch que l'on doit boire à votre anniversaire, faites donc danser à Morleena ce pas... vous savez... devant M. Lillyvick.

— Non, non, ma chère, répliqua Mme Kenwigs, cela ne servirait qu'à ennuyer mon oncle.

— Comment pouvez-vous le croire ? dit miss Petowker. N'est-ce pas, monsieur, que cela vous fera au contraire beaucoup de plaisir ?

— Certainement, répondit le percepteur des taxes, lorgnant du coin de l'œil le punch bientôt prêt à boire.

— Eh bien, alors, je vais vous dire une chose, dit Mme Kenwigs : je veux bien que Morleena exécute son pas, mais c'est à la condition que mon oncle obtiendra de miss Petowker qu'elle nous déclame après *l'Enterrement de la buveuse de sang.* »

C'est alors qu'eurent lieu des bravos, des battements de mains, des trépignements de pieds, pour faire accueil à cette proposition. Celle qui en était l'objet inclina gentiment la tête à plusieurs reprises, pour remercier l'assemblée de ses dispositions bienveillantes. Puis, d'un ton de reproche, elle dit à son amie :

« Vous savez que je n'aime pas à exercer mon art dans les réunions particulières.

— Oh ! à la bonne heure ! mais ici, dit Mme Kenwigs, nous sommes tous si intimes et si sans façon, que vous pourriez vous croire tout à fait chez vous. D'ailleurs l'occasion...

— Je ne puis résister à cette dernière raison, se hâta de répliquer miss Petowker ; je serai charmée de vous faire plaisir dans la mesure de mes faibles moyens. »

Cela se trouvait prévu dans le petit *programme* des amusements de la soirée que Mme Kenwigs et miss Petowker avaient arrangé ensemble. Il avait même été convenu qu'elles se feraient réciproquement une espèce de petite violence pour faire paraître la chose plus naturelle. La compagnie étant donc toute prête, miss Petowker fredonna l'air dont Morleena dansa la figure. Il est bon de dire qu'on n'avait pas oublié de frotter la semelle de la petite danseuse avec du blanc d'Espagne, tout comme si elle allait sauter sur la corde raide. Du reste, le pas fut trouvé magnifique, et, en effet, il comprenait force accompagnements de mouvements des bras. Bref, il fut applaudi avec enthousiasme.

« Si j'étais assez heureuse pour avoir un... un enfant, dit miss Petowker en rougissant, ou plutôt un génie comme celui-là, je n'en ferais ni une ni deux, je la mettrais immédiatement à l'Opéra. »

Mme Kenwigs soupira, et jeta un coup d'œil à M. Kenwigs, qui remarqua, en secouant la tête, qu'il n'était pas du tout décidé à cela.

« Kenwigs a peur, dit son épouse.

— De quoi ? demanda miss Petowker ; il ne craint sans doute pas qu'elle échoue ?

— Eh non ! répliqua Mme Kenwigs ; mais supposez qu'elle continue en grandissant d'être aussi bien que nous la voyons aujourd'hui ; vous savez... les jeunes ducs et les jeunes marquis...

— Réflexion très juste, dit le percepteur des taxes.

— Pourtant, insista miss Petowker, elle pourrait par un sentiment d'honneur... vous savez.

— Oh ! nous pourrions compter là-dessus, observa Mme Kenwigs, toujours en consultant des yeux son mari.

— Tout ce que je puis dire, continua miss Petowker d'un air modeste, je ne prétends pas que ce soit la règle assurément, mais moi je n'ai jamais eu à me plaindre d'aucun désagrément, ni d'aucun danger de ce genre. »

M. Kenwigs, trop galant pour la contredire, lui certifia que cette déclaration suffisait pour le rassurer et qu'il prendrait la question en sérieuse considération. Voilà donc un point résolu, il ne restait plus qu'à prier miss Petowker de commencer *l'Enterrement de la buveuse de sang.* Pour ce faire, la demoiselle laissa d'abord retomber son chignon sur ses épaules, puis elle alla se mettre en position tout à fait à l'autre bout de la chambre, après avoir mis dans un coin le célibataire à son poste pour se précipiter juste au moment où elle dirait : *J'expire dans la mort*, et pour la recevoir dans ses bras, au milieu des transports de sa rage expirante. Enfin elle joua son rôle avec un entrain extraordinaire : si bien que les petites Kenwigs, frappées de terreur, furent au moment de tomber en attaque de nerfs. Tout le monde en était encore en extase, et Newman, qui, par parenthèse, ne s'était pas vu depuis longtemps aussi sobre à pareille heure, attendait le moment de placer un mot pour annoncer que le punch était prêt, quand on entendit frapper précipitamment à la porte, ce qui arracha à Mme Kenwigs un cri perçant, car elle eut immédiatement l'idée que son nouveau-né venait de tomber du lit.

« Qui est là? demanda M. Kenwigs, contrarié de cet incident.

— N'ayez pas peur, ce n'est que moi, dit Crowl en passant par la porte entr'ouverte sa tête et son bonnet de coton. Le petit va à merveille, car je viens d'y jeter un coup d'œil en passant devant la chambre. Il dort comme un bienheureux, ainsi que la bonne, et quant à la chandelle, elle ne pourrait mettre le feu au rideau du berceau que s'il y avait un courant d'air. C'est M. Noggs que l'on demande.

— Moi! s'écria Newman abasourdi.

— Dame! c'est une drôle d'heure, n'est-ce pas? reprit Crowl, qui ne s'était pas vu du tout avec plaisir dépossédé de son coin du feu; mais ce sont aussi de drôles de gens, trempés jusqu'aux os et crottés jusqu'aux oreilles. Voulez-vous que je leur dise de s'en aller?

— Non, dit Newman en se levant. Ces gens, combien sont-ils?

— Deux, répondit Crowl.

— Ils me demandent?... par mon nom?

— Par votre nom, répliqua Crowl: M. Newman Noggs tout du long. »

Newman réfléchit quelques secondes, puis il se hâta de sortir, marmottant entre ses dents qu'il allait revenir tout de suite. Il tint parole, car, en moins de rien, on le vit se précipiter dans la chambre, saisir, sans dire un mot d'excuse ou d'explication, une chandelle allumée et une chope de punch chaud qu'il prit sur la table, puis repartir en courant comme un fou.

« Que diable est-ce qu'il a? s'écria Crowl en ouvrant la porte; attention! Est-ce qu'il y aurait du bruit là-haut? »

Les invités de M. Kenwigs se levèrent de leurs places dans une grande confusion, et, se regardant les uns les autres avec des signes d'inquiétude et de crainte, ils tendirent le cou en avant pour écouter avec attention.

CHAPITRE XV

Où le lecteur sera mis au fait de la cause originelle de l'interruption décrite dans le chapitre précédent, aussi bien que de quelques autres particularités qu'il lui est nécessaire de connaître.

Newman Noggs grimpa l'escalier à la course, tenant en main le breuvage fumant qu'il avait dérobé avec si peu de cérémonie sur la table de M. Kenwigs et presque arraché des mains du percepteur des taxes, qui justement, lors de cet enlèvement inattendu, couvait des yeux le liquide contenu dans le verre avec des signes de jouissance anticipée qui animaient sa figure d'un vif sentiment de plaisir. Il porta droit son butin dans son grenier sur le derrière, où il trouva, les pieds en sang et presque sans chaussures, trempés, crottés, harassés, défigurés par les suites d'un voyage fatigant, Nicolas et Smike, tous deux exténués à la lettre par la fatigue inaccoutumée d'une marche longue et pénible.

Le premier soin de Newman fut de forcer Nicolas par de tendres instances à avaler d'un trait la moitié du punch tout bouillant encore ou peu s'en fallait. Il passa ensuite à Smike, pour lui verser le reste dans le gosier; mais Smike, qui de sa vie vivante n'avait jamais rien pris de plus fort que les boissons apéritives de Mme Squeers, faisait, en absorbant le liquide, une foule de manifestations de surprise et de bonheur, toutes plus drôles les unes que les autres, et, quand ce fut fini, il leva les yeux en l'air avec une expression des plus sentimentales.

« Vous êtes trempé, dit Newman, en passant rapidement ses mains sur l'habit que venait de quitter Nicolas; et moi, moi, je n'ai pas seulement de quoi vous changer, ajouta-t-il en portant tristement ses yeux sur les vêtements mesquins dont il était couvert.

— J'ai dans mon paquet, répliqua Nicolas, d'autres habits qui sont secs ou au moins des effets qui vont pouvoir me servir; mais, si vous me regardez ainsi d'un air piteux, vous me ferez regretter plus encore de me voir forcé pour cette nuit à venir abuser de vos faibles ressources pour vous demander votre assistance et un abri. »

Nicolas avait beau faire, Newman n'en paraissait pas moins ému de pitié; seulement, quand son jeune ami lui saisit cordialement la main et l'assura que rien au monde n'aurait pu le déterminer même à lui faire connaître son arrivée à Londres, s'il n'avait pas eu une confiance secrète dans la sincérité de ses offres de service et dans la bienveillance de ses sentiments à son égard, le visage de M. Noggs reprit sa sérénité et il continua de faire tous les préparatifs qui étaient en son pouvoir, pour restaurer ses hôtes, avec une extrême vivacité.

Ces préparatifs étaient bien simples, car les moyens de Newman ne répondaient pas à sa bonne volonté : bien loin de là, et pourtant, tout modiques qu'ils pouvaient être, il y suppléait au moins par son activité et son empressement. Heureusement, Nicolas avait si bien administré en route son petit pécule, qu'il lui en restait quelque peu, et, grâce à son économie, il vit bientôt paraître sur la table du pain et du fromage pour son souper, avec un morceau de bœuf froid acheté dans la cuisine bourgeoise qui faisait face à la maison : le tout flanqué d'une bouteille d'eau-de-vie et d'un pot de porter. C'était assez, en tout cas, pour rassurer leur estomac contre la crainte de mourir de faim ou de soif. Newman ne perdit pas beaucoup de temps à dresser pour ses hôtes la seule couche qu'il pût leur préparer pour la nuit; seulement il insista avant tout pour que Nicolas changeât de vêtements et que Smike acceptât son unique habit, dont ils ne purent l'empêcher de se dépouiller pour l'en revêtir. Les voyageurs dès lors se mirent en devoir d'expédier leur frugal repas avec plus de satisfaction que Nicolas n'en avait peut-être eu jamais devant une table mieux servie.

Après cela, ils s'approchèrent du feu que Newman Noggs avait attisé de son mieux, après la razzia que Crowl avait faite dans son magasin de combustible; et Nicolas, jusqu'alors arrêté par les sollicitations de son ami, impatient de le voir commencer par prendre du repos après son voyage, se mit à le presser vivement de questions sur sa mère et sur ses sœurs.

« Bien, répondit Newman avec sa taciturnité ordinaire : bien, toutes les deux.

— Elles demeurent toujours dans la Cité?

— Oui.

— Et ma sœur, elle n'a pas changé d'occupation depuis qu'elle m'a écrit qu'elle pensait pouvoir prendre goût à la sienne? »

Newman ouvrit ses yeux un peu plus grands encore qu'à l'ordinaire, mais il ne répondit qu'en ouvrant la bouche et en remuant la tête, ce que ses amis avaient le droit d'interpréter par oui ou par non.

Cependant, dans cette circonstance, comme le signe de tête était vertical et non pas horizontal, Nicolas supposa que la réponse était favorable.

« Maintenant, écoutez-moi, dit Nicolas mettant la main sur l'épaule de Newman. Avant d'essayer de les voir, j'ai cru convenable de venir à vous. Je craignais, en cédant à mon vif désir de les retrouver, d'avoir à me reprocher, pour ma satisfaction personnelle, de leur faire un tort qu'il ne serait pas en mon pouvoir de réparer. Quelles nouvelles mon oncle a-t-il reçues du Yorkshire? »

Newman ouvrit et ferma la bouche plusieurs fois, comme un homme qui fait tout ce qu'il peut pour parler, mais qui ne peut pas y réussir, et finalement fit une grimace en fixant sur Nicolas des yeux immobiles de stupeur.

« Quelles nouvelles? reprit vivement Nicolas, dont le front s'était couvert de rougeur. Vous le voyez, je suis prêt à écouter même les inventions de la plus noire malice; pourquoi chercher à me le cacher? il faut toujours bien que je le sache un jour ou l'autre; à quoi vous avancerait de perdre, dans ces débats, quelques minutes dont la moitié suffirait pour me mettre au courant de tout ce qui s'est passé? Dites-le-moi tout de suite, je vous prie.

— Demain matin, dit Newman; vous le saurez demain matin.

— Que gagnerons-nous à ces délais? insista Nicolas.

— Que vous en dormirez mieux, répondit Newman.

— J'en dormirai plus mal au contraire, répondit Nicolas impatienté. Dormir! malgré l'épuisement de mes forces et le grand besoin de repos que je ressens, je ne puis espérer de fermer l'œil de la nuit, tant que vous ne m'aurez pas dit tout.

— Et si je vous disais tout? dit Newman avec hésitation.

— Eh bien, au pis-aller, vous pourriez exciter mon indignation ou blesser mon orgueil, répondit Nicolas; mais au moins vous ne troublerez pas mon repos; car, s'il fallait recommencer, je ne ferais pas autre chose que ce que j'ai fait, et, quelles que soient les conséquences qui doivent en résulter pour moi, je ne regretterai jamais ce que j'ai fait; non, jamais, dussé-je être réduit par là à mourir de faim ou à mendier mon pain. Qu'est-ce qu'un peu de pauvreté ou de souffrance en balance avec la plus basse et la plus cruelle lâcheté! Soyez-en sûr, si j'étais resté là spectateur paisible, témoin passif d'une semblable injustice, je m'en voudrais à moi-même et je croirais en effet avoir mérité le mépris de tout le monde. Quel abominable gredin! »

Après cette gracieuse allusion à la mémoire de M. Squeers, Nicolas réprima ses transports de colère, et, faisant à Newman un récit fidèle de ce qui s'était passé à Dotheboys-Hall, il le supplia de ne pas se faire prier davantage pour ne rien lui cacher. Vaincu par ses prières, M. Noggs tira d'une vieille malle une feuille de papier griffonnée, à ce qu'il semblait, en toute hâte, et, tout en témoignant par ses gestes de sa répugnance à le satisfaire sur ce point, il s'exécuta à peu près en ces termes :

« Mon cher jeune homme, il ne faut pas ainsi vous livrer à... cela ne peut pas aller, vous comprenez, pour vous faire une situation dans le monde, si vous allez prendre le parti de tous ceux qui sont victimes de quelques mauvais traitements. Sapristi ! je suis tout fier de vous entendre me raconter cela ; du diable si je n'aurais pas voulu en faire autant moi-même ! »

Newman, infidèle à ses habitudes pacifiques, s'oublia jusqu'à donner en même temps un violent coup de poing sur la table, comme si, dans la chaleur de ses sentiments, il l'eût prise mal à propos pour la poitrine ou pour les côtes de M. Wackford Squeers. Après une adhésion si frappante à la conduite de Nicolas, il ne pouvait plus songer à lui faire des remontrances pour mieux se conduire dans le monde, comme il en avait eu l'intention d'abord, et il arriva droit au but.

« Avant-hier, dit Newman, voici la lettre qu'a reçue votre oncle. J'en ai pris copie à la hâte en son absence. Voulez-vous que je vous la lise ?

— S'il vous plaît, » reprit Nicolas. En conséquence, Newman Noggs lut ce qui suit :

« Dotheboys-Hall, jeudi matin.

» Monsieur,

» Papa me prie de vous écrire, regardant comme douteux qu'il puisse jamais recouvrir l'usage de ses jambes, ce qui fait qu'il ne peut mettre la main à la plume.

» Nous sommes tous sans dessus dessous. Papa a sur la figure un masque de plaids bleues et vertes sans conter qu'il y a deux bans qui sont taints de son cent. Il a fallu le faire transporter dans la quisine, où il est encore couché. Vous pouvez juger par là qu'il a été bien bât.

» Quand votre neveu que vous aviez recommandé comme maître d'étude a eu fait çà à papa, et sauté sur lui, trépignant son corps avec ses pieds et un langage que je me garderai bien de rapporter pour ne pas sallir ma plume, il a frappé mamman avec une violence abominable, l'a flanqué par terre et lui a enfoncé son peigne d'écailles plusieurs pouces dans la tête. Un peu plus, et il aurait pénétré dans le crâne. Nous avons un certificat de médecin attestant que, si c'était arrivé par malheur, le peigne d'écaille aurait fait une lézion au cerveau.

» Moi et mon frère avons été ensuite la victime de sa furie, et nous en avons tant souffert, qu'on peut conjecturer que nous avons quelque mal en dedans, d'autant plus qu'il n'y a pas de marques extérieures. Je ne fais que geter les hauts cris tout le temps que je vous écris, ainsi que mon frère, ce qui m'empêche de faire attention, aussi j'espère que vous excuserez mes fautes.

» Le monstre, après avoir rassasié sa soif de sang, s'est sauvé avec un mauvais sujet fini qu'il avait excité à la révolte, et une bague de grenat appartenant à maman. Comme les constables n'ont pu mettre la main sur lui, on suppose qu'il sera monté dans quelque diligence. Papa vous prie, si vous le revoyez, de faire renvoyer la bague ; quant à ce voleur assassin, on peut le laisser aller, parce que, si on le poursuivait en justice, il en serait quitte pour la déportation, tandis qu'en le laissant faire on est sûr de le voir pendu avant peu, ce qui nous épargnera tout embarras et sera d'ailleurs beaucoup plus satisfaisant. Dans l'espérance d'une réponse, à votre commodité,

» Je me dis

» Votre très humble servante,

» Fanny Squeers.

» *P. S.* Sa sottise me fait pitié, et je le méprise. »

Un profond silence succéda à la lecture de cette belle épître ; pendant ce temps-là Newman Noggs, en repliant la lettre, considérait avec une sorte de compassion grotesque le mauvais sujet fini en question. Pour lui, pauvre Smike, qui ne comprenait dans tout cela qu'une chose, à savoir qu'il avait été malheureusement la cause de la mésaventure de Nicolas et des calomnies dont il était victime, il était là sur sa chaise, muet et découragé, l'air accablé et le cœur brisé.

« Monsieur Noggs, dit Nicolas après quelques moments de réflexion, il faut que je sorte à l'instant.

— Sortir ! cria Newman.

— Oui ; il faut que j'aille à Golden-square. Ceux qui me connaissent ne croiront pas un mot de la bague, mais il pourrait entrer dans les vues de M. Nickleby ou convenir à sa haine de paraître y croire ; je dois, non pas à lui, mais à moi-même, de montrer la vérité dans tout son jour, et d'ailleurs j'ai besoin de lui servir tout chauds deux ou trois mots d'explication que j'ai à échanger avec lui.

— Attendez, dit Newman.

— Je ne veux pas attendre, continua Nicolas avec résolution, et il prenait la porte pour sortir.

— Écoutez que je vous dise, reprit Newman en se plantant devant son impétueux ami, il n'y est pas ; il est absent de Londres, il ne reviendra pas avant trois jours: et je sais qu'il ne répondra à cette lettre qu'après son retour.

— En êtes-vous bien sûr? demanda Nicolas dans un état d'irritation croissante et parcourant à grandes enjambées l'espace étroit de la cellule.

— Bien sûr, répondit Newman. Il a eu à peine le temps de la lire quand on est venu le chercher. Et personne autre que lui et nous n'en connaît le contenu.

—Mais êtes-vous certain de ce que vous dites là? demanda Nicolas avec précipitation. Personne? pas même ma mère ou ma sœur? Si je croyais qu'elles en eussent... Il faut décidément que j'y aille, il faut que je les voie. Quel est le chemin? Où est-ce?

— Allons, suivez mon conseil, dit Newman qui parlait alors avec la même vivacité qu'un autre, n'essayez de voir qui que ce soit, pas même votre sœur et votre mère, avant qu'il soit revenu chez lui. Je connais mon homme. N'ayez pas l'air d'avoir communiqué avec personne. A son retour, allez droit à lui, et parlez-lui aussi hardiment que vous voudrez. Il sait bien ce qui en est: il est assez malin pour deviner toute la vérité; vous pouvez vous en fier à lui.

— Vous avez de l'amitié pour moi et vous le connaissez mieux que personne, reprit Nicolas après un moment de réflexion. Eh bien, soit! »

Newman, qui pendant cette conversation était resté debout, le dos appuyé contre la porte, tout prêt à employer la force, si c'était nécessaire, pour empêcher Nicolas de sortir, reprit sa chaise avec satisfaction. Puis, entendant bouillir l'eau dans la cafetière, il apprêta un bon verre de grog pour Nicolas, et en remplit un pot fêlé pour Smike et pour lui; ils le burent en communauté dans la meilleure harmonie, pendant que Nicolas, le coude appuyé sur la table, la tête appuyée sur sa main, restait plongé dans une méditation profonde.

Cependant, au premier étage, la société, après avoir écouté avec attention, sans entendre aucun bruit qui pût servir de prétexte à leur curiosité pour monter chez M. Noggs, rentra dans la chambre des Kenwigs et se consola par une foule de conjectures hasardées sur la cause de cette disparition subite du gentleman ruiné et de son absence prolongée.

« Voulez-vous que je vous dise? commença Mme Kenwigs; si c'était un exprès qu'on lui eût dépêché pour lui annoncer qu'il est rentré dans son bien!

— Au fait! dit M. Kenwigs, ce ne serait pas impossible. En ce cas, nous ferions peut-être bien de lui envoyer demander s'il ne voudrait pas encore un peu de punch.

— Kenwigs, dit M. Lillyvick à haute voix, vous m'étonnez.

— Comment cela, monsieur? demanda M. Kenwigs avec une déférence marquée pour le percepteur des taxes.

— En faisant de pareilles propositions, répondit M. Lillyvick en colère. Il a déjà eu du punch, n'est-ce pas? Je trouve la manière dont ce punch a été intercepté, si vous voulez bien le permettre, très irrespectueuse pour la société, scandaleuse, parfaitement scandaleuse. Il se peut que ce soit l'usage dans cette maison de permettre de pareilles libertés, mais c'est un genre de conduite que je n'ai jamais vu mettre en pratique ailleurs. C'est ce qui fait que je m'en étonne, Kenwigs. Un gentleman a devant lui un verre de punch qu'il est sur le point de porter à ses lèvres, quand un autre gentleman vient vous empoigner ce verre de punch sans dire seulement un : *permettez*, ou *avec votre permission*, et disparaît avec ce verre de punch. Ce sont peut-être là des manières honnêtes, à la bonne heure; mais je ne les comprends pas, voilà tout. Je dirai même plus : c'est que je ne me soucie pas de les comprendre jamais. Mon habitude, Kenwigs, est de toujours dire ce que je pense, et voilà ce que je pense : et, si cela ne vous plaît pas, j'ai déjà passé l'heure ordinaire où je vais me coucher, et je m'en retourne à la maison sans plus de retard. »

En voilà un événement domestique! Le percepteur, avant de faire ce grand éclat, était resté à couver sa colère pendant quelques minutes dans le sentiment de sa dignité blessée. Quoi! on l'avait blessé, lui, le héros de la famille, le parent riche, l'oncle célibataire, qui pouvait faire de Morleena une héritière, et du nouveau-né même un légataire. Dieu du ciel! comment tout cela allait-il finir?

« Je suis très fâché, monsieur, dit M. Kenwigs d'un air soumis.

— Eh! monsieur, si vous en êtes très fâché, riposta M. Lillyvick avec beaucoup d'aigreur, alors vous auriez dû l'empêcher. »

La compagnie se sentit toute paralysée par cet orage domestique. Le rez-de-chaussée resta la bouche toute grande ouverte, les yeux fixés sur le percepteur dans une vague stupeur. Les autres convives ne furent guère moins abasourdis par la sortie du haut personnage. M. Kenwigs, qui n'était pas très adroit pour une circonstance si délicate, ne fit qu'attiser la flamme en essayant de l'éteindre.

« J'étais loin de penser assurément, monsieur, dit-il, j'étais loin de supposer qu'un misérable verre de punch vous mettrait ainsi hors de vous.

— Hors de moi! Que diable voulez-vous dire

avec cette nouvelle impertinence, monsieur Kenwigs? dit le percepteur. Morleena, mon enfant, donne-moi mon chapeau.

— Oh! vous n'allez pas vous en aller, monsieur Lillyvick, » lui dit miss Petowker, en cherchant à l'arrêter par son plus séduisant sourire.

Et pourtant M. Lillyvick, insensible aux charmes de la sirène, criait toujours d'un cœur endurci : « Morleena! mon chapeau. »

A la quatrième sommation, Mme Kenwigs tomba à la renverse dans sa chaise, avec un cri capable d'attendrir un cœur de rocher, à plus forte raison un cœur de percepteur, pendant que les quatre petites filles (auxquelles on venait de faire la leçon) tenaient étroitement embrassée la culotte courte de leur oncle et le priaient, dans un anglais assez incorrect, de rester avec elles.

« Et pourquoi rester, mes chères petites? dit M. Lillyvick; vous voyez bien qu'on n'a pas besoin de moi ici.

— Oh! ne dites pas de ces choses-là, mon oncle, c'est cruel, disait en sanglotant Mme Kenwigs; vous voulez donc me faire mourir?

— Je ne serais pas étonné qu'il y eût des gens qui me prêtassent cette intention, répliqua M. Lillyvick en jetant un regard de colère sur Kenwigs: hors de moi!

— Oh! je ne peux pas supporter de le voir regarder ainsi mon mari, cria Mme Kenwigs; c'est une chose si terrible dans les familles. Oh!

— Monsieur Lillyvick, dit Kenwigs, je pense qu'en considération de votre nièce, vous ne vous refuserez pas à une réconciliation. »

Les traits du percepteur se radoucirent, en voyant toute la société joindre ses instances à celles de son neveu. Il se laissa reprendre son chapeau et consentit à tendre la main.

« N'en parlons plus, Kenwigs, dit M. Lillyvick; laissez-moi seulement vous dire, pour vous montrer comme j'étais hors de moi, que, si j'étais parti tout à l'heure, avant notre explication, cela n'aurait en rien changé mes dispositions en ce qui concerne les deux ou trois louis que je laisserai à vos enfants le jour de ma mort.

— Morleena Kenwigs, s'écria la nièce dans un transport de reconnaissance, tombez aux genoux de votre cher oncle, demandez-lui de vous aimer toujours, toute sa vie; car ce n'est pas un homme, c'est un ange, je l'ai toujours dit. »

Miss Morleena, docile à l'ordre de sa mère, s'approcha donc pour faire son hommage de vassale fidèle; mais M. Lillyvick la releva pour l'embrasser tendrement, et alors Mme Kenwigs se précipita de son côté pour embrasser le percepteur; et toute la compagnie, témoin de la magnanimité de M. Lillyvick, ne put contenir un murmure d'approbation générale.

C'est pour le coup que le digne gentleman redevint bien plus encore l'âme et la vie de la société. C'est pour le coup qu'il reconquit avec tous les honneurs de la guerre son vieux rôle de lion, après s'être vu déposséder pour un moment de cette distinction flatteuse par la préoccupation passagère de tous les esprits. Les lions à quatre pattes ne sont féroces, dit-on, que quand ils ont faim; les lions à deux pieds sont de même. Il est rare que leur mauvaise humeur se prolonge lorsqu'on sait apaiser leur appétit vorace d'honneurs et de considération. M. Lillyvick n'avait jamais été si grand, il venait de montrer son pouvoir. Il avait dit un mot de sa fortune et de son futur testament. Il s'était fait un grand honneur par son désintéressement et sa vertu, et, par-dessus tout, il y gagna finalement un verre de punch bien plus grand que celui avec lequel ce traître de Newman Noggs avait disparu.

« Un mot encore; pardon de venir vous déranger, dit Crowl, qui se montra à la porte dans cet heureux moment. Mais c'est une drôle de chose, n'est-ce pas? quand on pense que Noggs demeure dans cette maison depuis plus de cinq ans et que jamais, pendant ce temps-là, personne, même parmi les plus vieux locataires, ne peut se vanter de lui avoir vu venir un visiteur.

— Certainement, monsieur, dit le percepteur, c'est une heure bien indue pour déranger un homme en société, et la conduite de M. Noggs est au moins mystérieuse, pour ne pas dire pis.

— Vous avez bien raison, répliqua Crowl; mais voici bien autre chose : c'est que je pense que ces deux génies qui viennent de faire leur apparition sont des échappés de quelque part.

— Qu'est-ce qui vous fait faire cette conjecture, monsieur? demanda le percepteur, qui, par un accord secret, semblait être l'orateur délégué, l'interprète officiel de la compagnie. Vous ne voulez pas dire, je suppose, que ce sont des gens qui se sont sauvés pour échapper au payement des droits et des taxes? »

M. Crowl, avec un air passablement méprisant, allait entamer une sortie générale contre le payement de toute espèce de droits et de taxes, lorsqu'il en fut empêché à temps par un mot de M. Kenwigs qui lui fut dit à l'oreille et quelques signes répressifs de Mme Kenwigs qui l'arrêtèrent tout court heureusement.

« Le fait est, dit Crowl, qui avait écouté à la porte de Newman de toutes les forces de sa curiosité, le fait est qu'ils ont causé si haut, que je ne pouvais pas m'entendre dans ma chambre. J'ai donc bien été obligé d'attraper, malgré moi, un mot par-ci, un mot par-là, et certainement tout ce que j'ai entendu m'a confirmé dans l'idée qu'ils viennent de décamper de quelque part. Je ne voudrais pas alarmer Mme Kenwigs, mais enfin, si c'était de quelque prison ou de quelque hôpital et qu'ils eussent emporté avec eux la fièvre typhoïde ou quelque autre maladie aussi agréable qui pourrait se communiquer aux enfants! »

Cette supposition fit un tel effet sur Mme Kenwigs, qu'il fallut tous les tendres soins de miss Petowker du théâtre royal de Drury-Lane pour lui rendre un peu de calme apparent. M. Kenwigs fut aussi bien admirable dans son empressement. C'est lui qui tint sous le nez de sa dame un gros flacon de senteur, tant qu'enfin les larmes qui coulèrent le long des joues de la tendre mère pouvaient être indifféremment attribuées aux effets de sa sensibilité ou des sels volatils.

Bien entendu que les dames, toutes et chacune, ne manquèrent pas, selon l'usage, d'exprimer vivement leur sympathie, récitant en chœur des consolations et des condoléances banales, comme : « Pauvre chère amie! » ou encore : « Je serais tout à fait comme elle si j'étais à sa place, » ou bien : « Ah! mes amis, quelle épreuve! » et puis : « Il n'y a qu'une mère qui puisse comprendre le cœur d'une mère. »

Au milieu de tous ces refrains, ce qu'il y eut de plus clair aux yeux de toute la société, c'était l'imminence du danger. Aussi M. Kenwigs était-il sur le point de monter chez M. Noggs pour lui demander une explication. Il avait même déjà, pour se préparer, avalé au préalable un verre de punch avec une fermeté de résolution inflexible, quand l'attention de toute la société fut envahie par une émotion nouvelle bien plus terrible encore.

Qu'on se figure une succession soudaine et rapide des cris les plus aigus et les plus perçants, partant d'un étage supérieur et, selon toute apparence, du second sur le derrière, où le petit nouveau-né des Kenwigs était en ce moment enchâssé dans un étroit cabinet. Au premier bruit, Mme Kenwigs, convaincue qu'un chat sauvage était allé y sucer l'âme et le souffle de l'enfant, pendant que la petite bonne était endormie, s'élança vers la porte en se tordant les mains, en poussant d'affreux gémissements; jugez de la consternation et de la confusion de toute la compagnie.

« Monsieur Kenwigs, allez voir ce que c'est : dépêchez-vous, cria la sœur, s'attachant à Mme Kenwigs pour l'arrêter de force dans ses élans de tendresse maternelle; mais, ma chère, ne vous démenez pas si fort, ou je serai obligée de vous lâcher.

— Mon bébé! mon chéri, chéri, chéri, chéri bébé, cria Mme Kenwigs en montant toujours d'une note à chaque *chéri;* mon doux trésor, mon innocent petit Lillyvick, laissez-moi aller le voir, laissez-moi... al-al-al-aller. »

Pendant l'explosion de ces cris frénétiques, joints aux pleurs et aux lamentations des quatre petites filles, M. Kenwigs monta quatre à quatre l'escalier. Au moment où il arrivait à la porte de la chambre d'où partait tout le bruit, il se trouva en face de Nicolas qui portait l'enfant dans ses bras et sortait avec une telle violence, qu'il fit dégringoler six marches au père infortuné jusqu'au palier voisin, où M. Kenwigs se remit sur ses pieds sans avoir eu seulement le temps d'ouvrir la bouche pour demander ce qu'il y avait.

« Rassurez-vous, cria Nicolas déjà descendu, le voici : il n'y a plus rien, c'est fini; allons, remettez-vous, il n'y a pas eu de mal. » Et, en même temps qu'il tirait tout le monde d'inquiétude par ses paroles, il rendait à Mme Kenwigs l'enfant que, dans sa précipitation, il avait emporté sens dessus dessous. Puis il courut assister M. Kenwigs, qui se frottait la tête de toutes ses forces et n'était pas encore bien remis de sa chute.

Rassurée par cette heureuse nouvelle, la compagnie commença à se remettre aussi de sa frayeur, qui avait produit sur quelques-uns d'entre eux les plus singuliers effets et donné lieu à des méprises étranges. Ainsi l'ami célibataire avait pendant longtemps tenu dans ses bras la sœur de Mme Kenwigs, croyant sans doute soutenir Mme Kenwigs elle-même, et on avait vu, mais bien vu, M. Lillyvick lui-même dans un tel trouble d'esprit, qu'il avait embrassé miss Petowker à plusieurs reprises derrière la porte, avec autant de calme que s'il ne se fût pas douté de l'accident.

« Ce n'est rien du tout, dit Nicolas, en revenant à Mme Kenwigs. La petite fille qui était là pour veiller l'enfant, fatiguée, je suppose, sera tombée de sommeil et s'est brûlé les cheveux à la chandelle.

— O méchante petite gaupe! cria Mme Kenwigs, menaçant énergiquement du bout de l'index la petite malheureuse qui pouvait bien avoir treize ans, et qui la regardait avec sa tête roussie comme un canard que l'on vient de flamber, et la figure tout effrayée.

— J'ai entendu les cris de la petite, continua Nicolas, je suis descendu assez vite pour empêcher le feu de brûler autre chose que ses cheveux; mais, pour l'enfant, vous pouvez être sûre qu'il n'a rien, car c'est moi-même qui l'ai retiré du lit et qui vous l'ai apporté pour vous faire voir qu'il n'a pas de mal. »

Après cette courte explication, l'enfant qui, en

sa qualité de filleul du percepteur des taxes, répondait au nom de Lillyvick Kenwigs, manqua d'être réellement suffoqué cette fois par les caresses des invités. Sa mère elle-même le serra si tendrement contre son cœur, qu'il en poussait des cris affreux. Cependant, par une transition naturelle, l'attention générale fut ramenée vers la petite fille qui avait eu l'audace de se roussir les cheveux, et qui, après avoir reçu des mains de celles de ces dames qui étaient les plus énergiques, des claques et quelques bourrades, obtint la grâce d'être renvoyée chez elle gratis; car les dix-huit sous qu'elle avait si mal gagnés firent retour à la famille Kenwigs.

« Et vous, monsieur, dit Mme Kenwigs en s'adressant à l'ange sauveur du jeune Lillyvick, quels termes dois-je employer pour vous remercier, monsieur? Vraiment je ne sais que vous dire.

— Je n'ai pas besoin que vous me disiez quelque chose, répliqua Nicolas, je n'ai certainement rien fait qui me donne des titres à des remercîments éloquents.

— Ah, monsieur! sans vous, dit miss Petowker avec un gracieux sourire, le petit Lillyvick était brûlé vif.

— Ce n'est pas vraisemblable, je vous assure, répliqua Nicolas; il y avait tant de monde ici pour lui porter secours qu'on l'aurait certainement sauvé, avant qu'il y eût de danger réel.

— Cela n'empêche pas, monsieur, que nous allons boire à votre santé, s'il vous plaît, dit M. Kenwigs, en lui faisant signe de s'approcher de la table.

— En mon absence tant que vous voudrez, répondit Nicolas en riant; pour moi, j'ai fait un voyage si fatigant aujourd'hui, que je tiendrais fort mal ma place ici : je serais un vrai trouble-fête, au lieu de m'associer à vos plaisirs, dans la supposition où je resterais éveillé, ce qui me paraît très douteux. Je vais donc, si vous le permettez, retourner auprès de mon ami M. Noggs, qui est remonté chez lui quand il a vu qu'il n'y avait rien de grave. Bonsoir, bonne nuit. »

Après avoir ainsi présenté ses excuses de ne pouvoir prendre sa part des plaisirs de la soirée, Nicolas fut bien payé de sa peine par les adieux les plus gracieux de Mme Kenwigs et des autres dames, et il se retira sans se douter de l'impression extraordinaire qu'il avait faite sur toute la société.

« Quel délicieux jeune homme! s'écria Mme Kenwigs.

— Extrêmement distingué, en vérité, reprit M. Kenwigs; ne pensez-vous pas comme moi, monsieur Lillyvick?

— Si, dit le percepteur, tout en haussant les épaules d'un air équivoque.

— Il est distingué, très distingué; au moins il en a l'air.

— J'espère, mon oncle, que vous n'avez rien à dire contre lui? demanda Mme Kenwigs.

— Non, ma chère, répondit le percepteur, non : je ne doute pas qu'il ne devienne quelque chose. Au reste, n'importe, laissez-moi vous exprimer mes tendres compliments, ma chère, et mes souhaits de longue vie pour l'enfant.

— Qui porte votre nom, dit Mme Kenwigs avec un doux sourire.

— Et j'espère qu'il le portera dignement, observa M. Kenwigs, qui voulait rentrer tout à fait en grâce avec le percepteur. C'est un filleul qui, j'en suis sûr, ne fera jamais rougir son parrain, et qui, plus tard, marchera de pair avec les Lillywick dont il porte le nom. J'avoue, et c'est aussi le sentiment de Mme Kenwigs, qui n'est pas moins sensible que moi à cet avantage, que je considère le bonheur qu'il a eu de s'appeler Lillywick comme une des plus grandes bénédictions et un des plus grands honneurs de mon existence.

— La plus grande bénédiction, Kenwigs, murmura sa dame.

— La plus grande bénédiction, dit M. Kenwigs se reprenant, une bénédiction que je ferai tout, j'espère, pour mériter un de ces jours. »

C'était un coup de haute politique de la part de Kenwigs de rattacher ainsi à M. Lillyvick, comme à la source de toutes les grâces, l'importance future du bébé. Le bon gentleman fut sensible à la délicatesse habile de ce procédé et proposa tout de suite une santé pour le gentleman anonyme qui venait de donner ce soir même un si bel exemple de sang-froid et de vivacité et qui, « je ne crains pas de le dire, observa M. Lillyvick croyant faire une grande concession, me paraît avoir une mine heureuse et dont j'espère que le caractère ne démentira pas les bonnes manières.

— C'est vrai, dit Mme Kenwigs, qu'il est tout à fait agréable de figure et de tournure.

— Certainement, ajouta miss Petowker, il a dans tout son air quelque chose de... mon Dieu! mon Dieu! voilà que j'ai oublié le mot.

— Quel mot? demanda M. Lillywick.

— Ah! mon Dieu! faut-il que je sois stupide, répliqua miss Petowker cherchant dans sa tête; comment donc appelez-vous cela, vous savez bien, quand les jeunes lords vont casser la nuit les marteaux des portes, battre le guet, prendre des voitures au compte de gens qui ne s'en doutent pas, et bien autre chose encore.

— Aristocratique? dit le percepteur.

— C'est cela : aristocratique, continua miss Petowker. Il a quelque chose d'aristocratique, n'est-ce pas? »

Les messieurs ne dirent mot et se contentèrent de se regarder les uns les autres en souriant. Ils avaient seulement l'air de dire : « Dame! il ne faut pas disputer des goûts. » Mais quant aux dames, elles décidèrent à l'unanimité que Nicolas avait un air aristocratique, et, comme personne n'eut la fantaisie de lui contester ce titre, il le garda victorieusement.

Cependant le punch était bu et les petites Kenwigs qui, depuis quelque temps, ne pouvaient plus tenir l'œil ouvert qu'en y fourrant leurs doigts, devinrent grognons et demandèrent avec instance à aller au lit. Le percepteur donna le signal de la retraite en tirant sa montre, et en révélant à la compagnie qu'il était près de deux heures du matin. Sur quoi les uns firent des holà de surprise, les autres dirent que c'était affreux de se coucher si tard. Chapeaux d'homme et chapeaux de femme furent tirés à tâtons de dessous les tables et finirent par retrouver leurs propriétaires. Après cela vinrent force poignées de main, force assurances que jamais on n'avait passé une si délicieuse soirée, qu'on ne pouvait croire qu'il fût si tard; qu'on s'attendait qu'il était tout au plus dix heures et demie; qu'on voudrait bien que M. et Mme Kenwigs donnassent comme cela une fête d'anniversaire de mariage toutes les semaines; qu'on ne savait pas les recettes secrètes de Mme Kenwigs pour faire si bien les honneurs de sa maison; et ainsi de suite. Tous compliments flatteurs que M. et Mme Kenwigs reconnurent en remerciant, à tour de rôle, les messieurs et les dames de leur avoir procuré l'honneur de leur société et en souhaitant qu'ils eussent pris seulement la moitié du plaisir qu'ils voulaient bien leur exprimer.

Quant à Nicolas, qui ne se doutait guère de la sensation qu'il avait faite, il y a longtemps qu'il s'était endormi, laissant M. Newman Noggs et Smike aux prises avec la bouteille d'eau-de-vie, et ils s'en tirèrent avec tant de succès que Newman se demandait avec un égal embarras, à la fin de la soirée, s'il n'était pas un peu en train lui-même, et s'il avait jamais vu un gentleman aussi lourdement, aussi profondément, aussi complètement plongé dans l'ivresse que sa nouvelle connaissance.

CHAPITRE XVI

Nicolas cherche à se placer dans un nouvel emploi, et, comme il n'y réussit pas, il entre en qualité de précepteur dans une famille.

Le lendemain matin, Nicolas n'eut rien de plus pressé que de chercher quelque place où il pût, en attendant des jours meilleurs, gagner au moins sa vie sans se mettre aux crocs de son hôte : il ne voulait point abuser du dévouement du pauvre Noggs, qui aurait volontiers couché sur l'escalier pour céder son lit à son jeune ami.

Informations prises, il se trouva que l'appartement vacant, dont l'écriteau pendillait à la fenêtre du parloir, se composait, en tout et pour tout, d'une petite chambre au second sur le derrière, sous les plombs, avec la vue d'un paysage de tuiles et de tuyaux de cheminées couleur de suie. C'est le locataire du parloir qui était chargé de la louer à la semaine à des conditions raisonnables. Le propriétaire lui avait donné pouvoir pour la location des appartements vacants, et pour veiller à ce que les autres locataires ne missent pas la clef sur la porte sans payer. En retour de son exactitude à remplir ces conditions, il était logé pour rien, précaution sage pour éviter qu'il n'eût quelque jour la tentation lui-même de déménager sans tambour ni trompette.

Nicolas s'accommoda de cette chambre, et, ayant loué de même quelques menus meubles à un brocanteur du voisinage, en payant une semaine d'avance, sur le produit de la vente de quelques habits de rechange dont il fit de l'argent, il se mit sur sa chaise à ruminer des projets pour son avenir, dont l'horizon n'était guère plus clair ni plus étendu que celui de sa fenêtre. Mais comme il ne gagnait rien à faire avec eux plus ample connaissance, et que la familiarité finit, comme on dit, par engendrer le mépris, il prit le parti de leur donner un congé définitif en faisant une bonne promenade. Il prit donc son chapeau, laissant le pauvre Smike faire des rangements à l'infini dans sa chambre avec autant de délices que s'il eût décoré un palais somptueux, puis alla courir les rues et se mêler à la foule qui les encombre.

Quoique ce soit une pensée bien faite pour rabattre chez un homme la confiance qu'il peut avoir dans son importance personnelle que de sentir son individu perdu au milieu d'une foule tout occupée de ses affaires sans faire aucune attention à lui, il n'en reste pas moins dominé, malgré cela, par le sentiment toujours présent de l'importance et de l'exigence pressante de ses intérêts. Nicolas avait beau marcher au pas de course, il était poursuivi d'une seule pensée, il n'avait qu'une idée dans la tête, le soin de ses propres affaires, et, s'il cherchait à lui donner le change en songeant à la situation et aux nécessités des gens qui le coudoyaient en passant, il se surprenait presque aussitôt à comparer leur situation et la sienne, et à retomber dans l'éternel sujet de ses préoccupations.

Absorbé dans ces réflexions, il cheminait le long des courants les plus fréquentés de la population de Londres, lorsqu'il leva les yeux par hasard sur un tableau bleu de ciel où se lisait en lettres d'or : « Bureau général de placement pour tous emplois et conditions de toute espèce. S'adresser ici. » C'était une boutique sur la rue avec imposte en toile métallique à la fenêtre, la porte dans le corridor, et, tout du long des vitres, une riche et séduisante collection d'écriteaux à la main promettant des places vacantes de tous les degrés, depuis celle de secrétaire jusqu'à celle de saute-ruisseau.

Nicolas, par un mouvement instinctif, fit une halte devant ce temple de la déesse Promesse et parcourut des yeux les annonces en caractères majuscules où toutes les carrières de la vie s'étalaient avec profusion. Quand il eut satisfait sa curiosité, il se remit en route, puis il revint sur ses pas, puis reprit sa course. A la fin, après s'être plusieurs fois arrêté irrésolu devant la porte du bureau général de placement, il prit bravement son parti et entra.

Il se trouva dans une petite pièce dont le carreau était recouvert d'une toile cirée. Dans un coin s'élevait un bureau séparé du public par un grillage : à ce bureau siégeait un jeune homme décharné avec des yeux égrillards et un menton de galoche. C'était à lui qu'étaient dus les écriteaux en majuscules qui interceptaient le jour de la fenêtre. Il avait tout ouvert devant lui un grand registre; les doigts de sa main droite étaient passés dans les feuillets; il tenait les yeux fixés sur une dame d'un riche embonpoint, coiffée d'une cornette, et dans laquelle il était facile de reconnaître la propriétaire de l'établissement : elle prenait un petit air de feu, pendant que son secrétaire était dans l'attitude d'un homme qui n'attend plus que ses instructions pour chercher quelques renseignements contenus dans le volume garni de fermoirs rouillés.

Comme, parmi les annonces affichées dans la rue, il y en avait une qui faisait connaître au public que, de dix heures à quatre, on était toujours sûr de trouver là des servantes pour tout faire, prêtes à entrer en place, Nicolas vit bien tout de suite qu'une demi-douzaine de robustes jeunes filles, toutes ornées de leurs socques et de leur parapluie et assises en rang dans un coin, sur une banquette, montaient leur faction dans ce but, d'autant plus que les pauvres femmes avaient l'air passablement ennuyé d'attendre en vain. Il n'était pas aussi sûr de la condition et des intentions de deux demoiselles assez éveillées qui faisaient auprès du feu la conversation avec la propriétaire, mais il ne fut pas longtemps dans le doute; car, après qu'il se fut assis dans un coin, annonçant le désir d'attendre son tour, la dame grosse et grasse reprit le dialogue qu'il avait interrompu par son entrée dans la salle.

« Cuisinière, Tom, dit-elle sans se déranger et continuant de prendre un petit air de feu en relevant sa robe.

— Cuisinière, dit Tom feuilletant quelques pages du registre; j'y suis.

— Lisez-nous une ou deux bonnes places, dit la grosse dame.

— Choisissez-en où il n'y ait pas grand'chose à faire, s'il vous plaît, jeune homme, demanda une petite femme d'assez bonne tournure, en bottines écossaises, qui paraissait être intéressée à la chose.

— Mme Marker, dit Tom lisant dans son registre, place Russel, Russell-square; gages : 450 francs, le thé et le sucre. Deux maîtres, on reçoit peu de monde. Il y a quatre domestiques : pas d'homme. On ne laisse pas entrer les pays.

— Ah! ciel! dit la petite cliente qui avait bien envie de rire, ça ne peut pas me convenir. Une autre, s'il vous plaît, jeune homme.

— Mme Wrymug, place Pleasant, Finsbury; gages : 300 francs, ni thé ni sucre. Une famille rigide.

— Ah! vous pouvez vous épargner la peine de continuer, interrompit la demoiselle.

— Trois valets de pied rigides aussi, lut Tom en appuyant sur ce détail.

— Trois? dites-vous? demanda la cliente avec intérêt.

— Trois valets de pied rigides. Cuisinière, femme de chambre, bonne d'enfants. Les femmes doivent suivre les exercices de la petite congrégation de Bethel trois fois tous les dimanches, avec un valet de pied rigide. Si la cuisinière est plus rigide que le valet de chambre, on demande qu'elle forme le valet de chambre. Si le valet de chambre est plus rigide que la cuisinière, il devra lui rendre le même service.

— Je vais prendre l'adresse de cette place, dit la postulante, il ne serait pas impossible que ce fût mon affaire.

— En voici une autre, observa Tom en tournant la page : Famille de M. Gallanbile, membre du Parlement, 375 francs, thé et sucre; on permet à la cuisinière de recevoir des cousins s'ils sont religieux. — *N. B.* Dîner froid à la cuisine le dimanche, M. Gallanbile étant fidèle observateur de la loi du dimanche. On ne fait pas un seul plat chaud ce jour-là, excepté le dîner de M. et Mme Gallanbile, qui a obtenu dispense, à titre d'urgence et de piété. M. Gallanbile dîne tard exprès le saint jour du repos, pour empêcher la cuisinière de faire un péché en faisant ce jour-là sa toilette.

— J'ai idée que celle-là ne m'irait pas aussi bien que l'autre, dit la demoiselle après avoir échangé quelques mots à voix basse avec sa caramade; je vais prendre l'autre adresse, s'il vous plaît, jeune homme. J'en serai quitte pour revenir si ça ne s'arrange pas. »

Tom écrivit l'adresse qu'on lui avait demandée, et la bonne élégante se retira en compagnie de sa camarade, après avoir eu soin toutefois de payer à la grosse dame ses petits honoraires.

Au moment où Nicolas ouvrait la bouche pour demander au jeune homme de chercher la lettre S, et de lui énumérer toutes les places de secrétaire encore disponibles, il vit entrer dans le bureau une solliciteuse nouvelle, dont l'extérieur lui inspira à la fois de l'étonnement et de l'intérêt : il se retira immédiatement de côté pour lui céder son tour.

C'était une demoiselle qui pouvait avoir dix-huit ans, d'une taille mince et délicate, mais faite à ravir; elle s'avança timidement vers le bureau, et s'informa tout bas d'une place de gouvernante ou de dame de compagnie. Pour mieux s'expliquer, elle fut obligée de soulever son voile un moment, et ce fut assez pour laisser voir un visage d'une beauté peu commune, quoique obscurci par quelques nuages de tristesse, circonstance plus surprenante encore à raison de sa jeunesse. On lui donna une des adresses inscrites sur le registre, et elle s'esquiva sur la pointe du pied après la cérémonie d'usage à la grosse dame.

Elle était vêtue proprement, mais très simplement : si simplement que, si quelque jeune fille moins gracieuse eût porté son costume, il y aurait perdu beaucoup et peut-être aurait semblé mesquin et misérable. Sa domestique, car elle en avait une avec elle, était une grosse rougeaude, assez malpropre, des yeux à fleur de tête, des bras marbrés et rugueux mal cachés sous un châle qui avait l'air d'avoir traîné dans la crotte, la figure mal lavée, encore tatouée de charbon et de mine de plomb : c'était, à ne pouvoir s'y méprendre, une servante de l'espèce des bonnes à tout faire qui étaient là rangées sur le banc, et qui avaient échangé avec elle des grimaces et des œillades qui font partie sans doute des signes cabalistiques de la franc-maçonnerie de l'état.

Elle suivit sa maîtresse, qui avait déjà disparu avant que Nicolas fût remis des premiers effets de sa surprise et de son admiration. Je ne voudrais pas parier qu'il ne se fût pas mis à les suivre, s'il n'avait été retenu par la curiosité d'entendre le dialogue suivant entre la grosse dame et le teneur de livres :

« Quand revient-elle, Tom? demanda la grosse dame.

— Demain matin, répondit Tom en taillant sa plume.

— Où l'avez-vous adressée?

— Chez Mme Clark.

— Elle aura là une jolie petite place, si elle y va, » observa la grosse dame en prenant une prise dans sa tabatière d'étain.

Tom, pour toute réponse, souleva sa joue avec sa langue, et, tournant le bout de sa plume du côté de Nicolas, il fit ressouvenir la grosse dame qu'elle avait à lui adresser sa question ordinaire.

« Et vous, monsieur, qu'est-ce que nous pouvons faire pour vous? »

Nicolas répondit en peu de mots qu'il désirerait savoir si on ne pouvait pas lui procurer un poste de secrétaire ou de copiste chez un gentleman.

« Rien qu'un? répondit la bourgeoise. Une douzaine, si vous voulez. En avez-vous, Tom?

— Je crois que oui, » répondit le scribe.

Et en même temps il clignait de l'œil du côté de Nicolas, avec une familiarité qu'il supposait sans doute très flatteuse pour celui qu'il honorait de ses avances, mais qui n'excita chez Nicolas qu'ingratitude et dégoût.

Après avoir consulté le livre, on découvrit que la douzaine de secrétariats vacants se réduisait à un, chez M. Gregsbury, l'illustre membre du Parlement, demeurant cité Manchester, à Westminster; il voulait un jeune homme pour mettre en ordre ses papiers et sa correspondance : Nicolas était justement l'affaire de M. Gregsbury.

« Je ne connais pas bien les honoraires, parce qu'il préfère s'arranger directement avec la personne, dit la grosse dame; mais je suppose qu'ils ne doivent pas être mauvais, puisque c'est un membre du Parlement. »

Avec son peu d'expérience du monde, Nicolas ne comprit pas bien la force de ce raisonnement, et ne trouva pas la conclusion tout à fait rigoureuse ; mais, sans vouloir se donner la peine d'élever là-dessus une discussion, il prit l'adresse et se décida à aller trouver M. Gregsbury, sans délai.

« Je ne sais pas le numéro, dit Tom, mais la cité Manchester n'est pas bien grande. Au pis aller, vous n'en aurez pas pour longtemps à frapper à droite et à gauche à toutes les portes jusqu'à ce que vous l'ayez trouvé. Dites donc! quel joli brin de fille, hein?

— Quelle fille? demanda Nicolas d'un air sérieux.

— Bon! bon! nous savons bien. Une jolie fille, hein? lui dit Tom à l'oreille, fermant un œil et retroussant en l'air la pointe de son menton. Vous ne l'avez donc pas vue, hein? Vous voudriez bien être à ma place pour la recevoir demain matin. »

Nicolas regarda le hideux commis, comme s'il avait eu un moment l'intention de lui frotter les oreilles avec son registre, pour lui apprendre à se montrer ainsi l'admirateur de la demoiselle ; mais il se retint et se contenta de prendre un air hautain et de sortir à grands pas du bureau. Il oubliait, dans son indignation, les lois de l'ancienne chevalerie, qui faisaient à tout bon chevalier un devoir impérieux d'entendre l'éloge de la dame de leurs pensées, et lui imposaient même l'obligation d'aller errer dans tout l'univers, cassant la tête à tous les personnages positifs et prosaïques qui refusaient d'élever jusqu'au ciel des demoiselles qu'ils n'avaient jamais eu le bonheur de voir et dont ils n'avaient jamais entendu parler. Voyez un peu la belle excuse pour refuser son enthousiasme!

Nicolas, distrait de ses propres malheurs par la pensée de ceux dont la jolie fille qu'il avait vue paraissait être victime, après bien des tours et des retours, après avoir souvent demandé et perdu son chemin, finit par arriver devant l'endroit où on l'avait adressé.

Dans l'enceinte de la vieille cité de Westminster, environ à quelques centaines de pas de son antique sanctuaire, est un quartier étroit et sale, résidence aujourd'hui des membres les moins importants du Parlement. Il ne se compose que d'une rue, formée de deux rangées de tristes maisons louées en garni, dont toutes les fenêtres, pendant les vacances législatives, fournissent leur tribut à cette collection mélancolique d'écriteaux uniformes qui remplaçant de leur mieux leurs anciens locataires, membres de l'opposition ou partisans du gouvernement, pendant la session qui vient d'aller retrouver ses ancêtres, semblent dire comme eux : « A louer! à louer! »

Mais, quand la saison des affaires est revenue, on ne voit plus d'écriteaux, et les maisons regorgent de législateurs. Législateurs en bas, législateurs en haut, législateurs au premier, au second, au troisième étage, et jusque dans les galetas; pas un petit cabinet qui n'ait un fumet de députation et de délégué. Dans les temps humides, tout le quartier est englouti dans les nuages de vapeurs qui s'exhalent des actes du Parlement et des pétitions revêches qui moisissent dans les cartons. Les courriers de la poste risquent de se trouver mal quand ils pénètrent dans ces brouillards infects, et l'on voit errer çà et là des figures piteuses, avides de profiter des franchises de la correspondance officielle, comme les âmes en peine qui erraient sur les rivages du Styx pour obtenir gratis le passage au sombre bord.

C'est là ce qu'on appelle la cité Manchester; c'est là qu'à toutes les heures de la nuit on entend tourner dans leurs serrures respectives le passe-partout de messieurs du Parlement, quand ils rentrent de leurs clubs ou de leurs autres lieux de plaisir. Parfois aussi, quand une bouffée de vent balaye les eaux qui baignent le pied de ces murs et concentre le son dans cette longue enfilade, il fait retentir la voix grêle et perçante de quelque jeune orateur qui répète son rôle pour la séance du lendemain. C'est là que, tout le long du jour, des orgues de barbarie tournent leurs meules et que toutes les petites boîtes à musique, inventées pour les artistes ambulants, font entendre leur clapotage. Manchester ressemble assez bien à ces engins pour prendre les anguilles qui n'ont d'autre issue que leur bouche en forme d'entonnoir, ou à ces bouteilles de matelot, au goulot court et étroit; et, à cet égard, on pourrait y voir l'image fidèle de la destinée réservée à quelques-uns de ses infortunés habitants qui, après s'être tortillés dans le Parlement en toutes sortes de contorsions et d'efforts violents, trouvent, au bout du compte, qu'ils se sont enfoncés dans un cul-de-sac qui ne mène à rien, absolument comme la cité Manchester qui n'aboutit qu'à elle-même; trop heureux, quand ils peuvent en sortir sans autre encombre que de se retrouver aussi incapables, aussi gênés, aussi obscurs qu'ils y étaient entrés.

Nicolas pénétra donc dans la cité Manchester avec l'adresse du grand monsieur Gregsbury. En voyant un flot d'individus se précipiter dans une maison voisine de chétive apparence, il attendit qu'ils se fussent écoulés; puis, se présentant au domestique qui gardait la porte, il prit la liberté de lui demander s'il savait où demeurait M. Gregsbury. Le domestique était un garçon dont la pâleur et l'extérieur misérable pouvaient faire croire que, depuis son bas âge, il n'avait jamais couché que dans le sous-sol, et ce n'était que trop vrai.

« M. Gregsbury? dit-il. C'est ici que demeure M. Gregsbury. C'est bon ; vous pouvez entrer. »

Nicolas ne se le fit pas dire deux fois; et il ne fut pas plutôt entré, que le garçon ferma la porte et disparut.

La réception était assez singulière; mais ce qu'il y avait de plus embarrassant, c'est que, tout le long du corridor et tout le long de l'étroit escalier qui masquait la fenêtre, et rendait plus sombre encore l'entrée obscure de la maison, était une masse confuse de personnages dont les figures annonçaient une mission importante. Ils avaient l'air d'attendre, avec une impatience silencieuse, quelque événement intéressant. De temps en temps, l'un d'eux parlait à l'oreille de son voisin; ou bien un petit groupe se réunissait pour se parler ensemble à l'oreille; ou bien ces parleurs mystérieux se faisaient l'un à l'autre des signes de tête résolus, ou la secouaient d'un air déterminé, comme s'ils étaient décidés à faire quelque scène et à ne pas se laisser ébranler, quoi qu'il pût arriver.

Quelques minutes s'écoulèrent sans que rien pût expliquer cette énigme; et déjà Nicolas, qui se trouvait mal à son aise dans cette situation équivoque, allait prendre quelque information près de son voisin, lorsqu'un mouvement subit se manifesta au haut de l'escalier, et l'on entendit une voix crier :

« Allons! messieurs, ayez la bonté de monter. »

Au lieu de monter, les gentlemen de l'escalier se mirent à descendre avec une grande rapidité, et pressèrent avec une politesse extraordinaire les gentlemen du corridor de marcher les premiers. Les gentlemen du corridor, qui n'étaient pas moins polis, ne voulaient pas du tout accepter cet honneur. Mais ils y furent bien obligés malgré eux, lorsque les autres gentlemen, qui faisaient la presse devant eux, en poussèrent une demi-douzaine, parmi lesquels était Nicolas, et les forcèrent par derrière, non seulement à monter l'escalier, mais à entrer dans le salon même de M. Gregsbury, où ils furent jetés pêle-mêle dans une confusion indécente, et sans aucun moyen de battre en retraite, car la foule qui les suivait avait déjà rempli la pièce.

« Messieurs, dit M. Gregsbury, soyez les bienvenus; je suis charmé de vous voir. »

Pour un homme charmé de voir la nombreuse société qui lui rendait visite, M. Gregsbury avait l'air aussi contrarié que possible. Mais peut-être n'était-ce qu'un effet de sa gravité parlementaire et la suite de l'habitude, que les hommes d'État comme lui sont obligés de prendre, de dissimuler leurs sentiments. C'était un homme épais, replet, à grosse tête, à voix forte, empesé dans ses manières, avec une grande facilité pour dire des choses qui ne voulaient rien dire; bref, tout ce qu'il faut pour faire un bon membre du Parlement, sans aucun doute.

« Eh bien, messieurs, dit M. Gregsbury jetant à ses pieds dans un panier d'osier un tas de papiers et se renversant dans son fauteuil, les coudes appuyés et les bras relevés, vous n'êtes pas contents de ma conduite, à ce que je vois dans les journaux?

— Non, monsieur Gregsbury, dit un vieux monsieur frais et dodu qui perça la foule d'un air déterminé et vint se placer devant lui.

— Quoi! mes yeux me trompent-ils? dit M. Gregsbury regardant l'orateur; est-ce bien mon vieil ami Pugstyles que je vois?

— C'est bien moi, moi-même, répondit le vieux monsieur frais et dodu.

— Donnez-moi la main, mon honorable ami, dit M. Gregsbury; Pugstyles, mon cher ami, je suis bien désolé de vous voir ici.

— Et moi bien désolé d'y être, monsieur, dit M. Pugstyles; mais c'est votre conduite, monsieur Gregsbury, qui a rendu cette démarche absolument nécessaire de la part de vos commettants.

— Ma conduite, Pugstyles, dit M. Gregsbury en promenant ses regards sur la députation avec autant de grâce que de magnanimité, ma conduite a été, comme elle le sera toujours, dirigée par un respect sincère des intérêts vrais et réels de ce grand et fortuné pays. Que je regarde chez nous ou à l'étranger; que je considère les paisibles et industrieuses communes de notre royaume insulaire, ses rivières sillonnées par des bateaux à vapeur, ses chemins de fer couverts de locomotives, ses rues qui fourmillent de voitures publiques, son firmament de ballons d'une grandeur et d'une puissance inconnue dans l'histoire des aéronautes du monde entier; en un mot, que je concentre mes regards sur ma patrie, ou que, les étendant plus loin, je contemple l'horizon sans bornes des conquêtes et des établissements dus à la patience britannique, qui se déroulent devant moi, je ne puis m'empêcher, dans mon admiration, de joindre les mains avec extase, de lever les yeux vers la voûte céleste au-dessus de ma tête et de m'écrier : Je te rends grâces, ô ciel, d'être un enfant de la Grande-Bretagne. »

Il fut un temps où cet élan d'enthousiasme aurait trouvé un écho dans tous les cœurs de ses électeurs; mais, pour le moment, la députation l'accueillit par un air de froideur glaciale. On semblait généralement croire que cette explication de la conduite politique de M. Gregsbury péchait au moins par le défaut de détails. Il y eut même un gentleman au fond de la salle qui ne se fit pas scrupule d'observer à haute voix qu'à son avis cette justification sentait un peu la blague.

« Voilà un mot, la blague, dit M. Gregsbury, dont je ne connais pas la signification. Si l'on veut dire par là que je suis un peu trop ardent, peut-être même hyperbolique, dans mon admiration pour mon pays natal, j'accepte ce reproche, je puis l'avoir mérité. Oui, je suis fier de ce pays de bonheur et de liberté : mon œil brille, ma poitrine se dilate, mon cœur se gonfle, mon sein s'enflamme, mon être entier se transforme toutes les fois que je songe à sa grandeur et à sa gloire.

— Nous voudrions, monsieur, reprit M. Pugstyles plus calme, vous adresser seulement quelques questions.

— Volontiers, mes amis. Mon temps est à vous et à mon pays, » dit M. Gregsbury.

Après cette permission, M. Pugstyles mit ses lunettes et tira de sa poche un morceau de papier sur lequel se trouvait écrit le programme de la séance. Presque tous les autres membres de la députation mirent aussi la main à la poche pour en tirer leur papier, sans doute dans l'intention de suivre et, au besoin, de rectifier la lecture que M. Pugstyles allait faire des questions convenues. Cela fait, M. Pugstyles entra en matière.

« Question 1re : On demande si vous n'avez pas, monsieur, pris, avant votre élection, l'engagement volontaire que, dans le cas où vous seriez envoyé à la Chambre, vous aboliriez immédiatement l'habitude de tousser et de grogner dans les séances des Communes, et si, au contraire, vous n'avez pas souffert que l'on toussât et que l'on grognât contre votre premier discours, dès le début même de la session, et s'il est vrai que, depuis lors, vous n'avez pas fait le moindre effort pour obtenir une réforme à ce sujet ; si vous ne vous étiez pas aussi engagé à frapper le gouvernement de stupeur et à le mettre dans ses petits souliers. On demande si vous l'avez frappé de stupeur et si vous l'avez mis dans ses petits souliers, oui ou non ?

— Voulez-vous passer à la seconde, mon cher Pugstyles? dit M. Gregsbury.

— Avez-vous, monsieur, quelque explication à donner sur ce point? demanda M. Pugstyles.

— Certainement non, » répondit M. Gregsbury.

Les membres de la députation se regardèrent les uns les autres, puis regardèrent M. Gregsbury avec des yeux pleins de courroux. Le cher Pugstyles, après avoir lui-même longtemps fixé les siens sur M. Gregsbury par-dessus ses lunettes, reprit sa liste de questions.

« Question 2e : Si vous n'avez pas aussi, monsieur, pris également un engagement volontaire de soutenir votre collègue en toute occasion, et si vous ne l'avez pas, au contraire, avant-hier soir, abandonné, pour voter contre lui, parce que la femme de l'un des chefs du parti contraire avait invité Mme Gregsbury à ses soirées?

— Continuez, dit M. Gregsbury.

— Vous n'avez rien non plus à répondre à cela, monsieur? demanda l'orateur.

— Pas la moindre chose, » répondit M. Gregsbury.

La députation, qui ne l'avait jamais vu que dans les assemblées préparatoires ou le jour de l'élection, fut stupéfiée de sa froideur. Elle ne le reconnaissait plus. Quoi ! c'était cet homme tout sucre et tout miel dans les élections qu'elle voyait aujourd'hui tout fiel et tout vinaigre. Ah! comme les temps changent les hommes!

« Question 3e et dernière, dit M. Pugstyles, en appuyant sur ces mots : Si vous n'avez pas déclaré, monsieur, sur les hustings, votre ferme et inflexible résolution de vous opposer à tout ce que l'on viendrait à proposer; de diviser la Chambre sur toutes les questions ; de faire des motions d'ajournement à tout propos; d'avoir tous les jours un amendement au procès-verbal ; en un mot, pour conserver vos propres expressions dont nous avons gardé la mémoire, de faire le diable, en tout et pour tout. »

En terminant ce réquisitoire détaillé, M. Pugstyles plia sa note et la remit dans sa poche, comme firent aussi tous ses amis à son exemple.

M. Gregsbury se mit à réfléchir, se moucha, s'enfonça davantage encore dans son fauteuil, puis se rapprocha de la table, y posa ses coudes, fit un triangle composé de ses deux pouces et de ses deux index, et se tapant gentiment le nez avec le sommet du triangle, répondit (il ne put s'empêcher de rire) : « Je nie tout. »

A cette réponse inattendue, un murmure d'horreur s'éleva du sein de la députation, et le même gentleman qui avait exprimé des doutes sur le caractère blaguiforme de l'exorde de M. Gregsbury, fidèle à ses habitudes monosyllabiques, prononça cette fois en grognant le mot de démission. Démission ! mot terrible qui fut aussi grommelé par ses voisins et finit par devenir comme le mot d'ordre général de l'assemblée, en proie à une grande agitation.

« Je suis aussi chargé, monsieur, dit M. Pugstyles, avec une révérence cérémonieuse, de vous exprimer notre espérance que, sur la demande d'une majorité considérable de vos commettants, vous ne ferez aucune difficulté de donner votre démission, en faveur de quelque candidat qu'ils jugent plus digne de leur espérance. »

Pour toute réponse, M. Gregsbury se mit à lire la réplique suivante, qu'il avait à l'avance composée sous forme de lettre, et dont il y avait déjà un grand nombre de copies toutes prêtes pour être envoyées aux journaux :

« Mon cher Pugstyles,

» Après la prospérité de notre île bien-aimée, ce pays de bonheur et de liberté dont les facultés et les ressources sont, dans ma conviction, sans limites, il n'y a rien qui me soit plus cher que cette noble indépendance, le plus fier privilège d'un cœur vraiment anglais, et mon plus vif désir est de le léguer à mes enfants sans honte et sans tache. Ce n'est donc point par des motifs personnels, mais par de hautes et respectables considérations constitutionnelles, que je n'essayerai pas de vous expliquer, parce qu'elles ne sont réellement pas à la portée de personnes qui n'ont pas été à même, comme moi, d'étudier à fond les secrets mystérieux de la politique, que je préfère garder mon siège au Parlement, comme j'ai bien l'intention de le faire.

» Voulez-vous bien être assez bon pour présenter mes compliments au corps électoral et lui communiquer ma résolution?

» Je suis avec une grande estime,

» Mon cher Pugstyles, etc., etc. »

— C'est donc à dire que vous êtes décidé à ne pas donner votre démission? » demanda l'orateur.

M. Gregsbury sourit et branla la tête pour confirmer son refus.

« Alors, bonjour, monsieur, dit Pugstyles avec colère.

— Que Dieu vous conduise! » dit M. Gregsbury. Et la députation, tout en grondant et en grognant, se mit à décamper, aussi vite qu'elle put, le long de l'escalier étroit qui retardait sa marche.

Quand ils furent tous partis jusqu'au dernier, M. Gregsbury se frotta les mains et poussa de grands éclats de rire, comme fait un farceur qui croit avoir à se réjouir de quelque bon mot, ou de quelque bon tour dont il s'est fait honneur. Dans l'enivrement de son amour-propre satisfait, il n'avait pas encore remarqué Nicolas caché dans l'ombre des rideaux de la fenêtre, lorsque ce jeune homme, craignant de surprendre, sans le vouloir, quelque soliloque qui n'était point destiné à la publicité, toussa deux ou trois fois pour attirer l'attention du membre du Parlement.

« Qui est-ce qui est donc là? » dit M. Gregsbury avec vivacité.

Nicolas s'avança et lui fit un salut.

« Que faites-vous ici, monsieur? venez-vous espionner ma vie privée? jouer le rôle de dénonciateur domestique? Vous avez entendu ma réponse, monsieur, faites-moi le plaisir de suivre la députation.

— C'est ce que j'aurais déjà fait si j'en étais, mais je n'en suis pas, dit Nicolas.

— Alors, comment vous trouvez-vous ici, monsieur? demanda d'abord tout naturellement M. Gregsbury *M. D. P.*[1]; et d'où diable venez-vous, monsieur? fut sa seconde question.

— On m'a donné cette adresse au bureau général de placement, monsieur, dit Nicolas, et je venais m'offrir à vous pour secrétaire, sachant que vous en demandez un.

— Et vous n'êtes pas venu pour autre chose, je suppose? » dit M. Gregsbury, qui le toisa avec un air de doute.

Nicolas répondit que c'était le seul but de sa visite.

« Vous n'avez rien de commun avec ces gredins de journaux, n'est-ce pas ? dit M. Gregsbury, et vous ne vous êtes pas glissé ici pour écouter ce qu'on y allait dire et pour l'imprimer après?

— Mon Dieu, répondit Nicolas avec politesse, mais avec assurance, j'ai le regret de me voir obligé d'avouer que je n'ai de relation aucune avec personne pour le moment.

— Oh! dit M. Gregsbury, comment donc êtes-vous monté jusqu'ici? » Nicolas lui raconta comment il avait été emporté par le courant de la députation.

« Si c'est comme cela, dit M. Gregsbury, asseyez-vous. »

Nicolas prit une chaise et M. Gregsbury, avant de lui en demander plus long, resta quelque temps à le considérer, pour s'assurer sans doute que son extérieur ne laissait pas à désirer. A la fin il se décida à lui dire : « Vous voulez être secrétaire chez moi?

— Je désirerais, monsieur, m'attacher à vous en cette qualité.

— Bien, dit M. Gregsbury, que savez-vous faire?

— Je suppose, répondit Nicolas en souriant, que je sais faire ce qu'ont l'habitude de faire les autres secrétaires.

— Eh bien, qu'est-ce qu'ils ont à faire? demanda M. Gregsbury.

— Ce qu'ils ont à faire? répondit Nicolas.

— Oui, ce qu'ils ont à faire? reprit le membre du Parlement qui le regardait d'un air narquois, la tête penchée sur son épaule.

— Les fonctions de secrétaire sont assez diffi-

1. Membre du Parlement.

Il vit entrer dans le bureau une nouvelle solliciteuse. (P. 108.)

ciles à définir, ce me semble, dit Nicolas réfléchissant; elles comprennent, je présume, la correspondance.

— Bien!

— La mise en ordre des papiers et documents?

— Très bien.

— Au besoin l'écriture sous votre dictée, et peut-être, monsieur, dit Nicolas avec un demi-sourire, la copie de votre discours du jour pour quelque feuille publique, lorsque vous en avez fait un d'une importance particulière.

— Certainement, répondit M. Gregsbury. Et puis après?

— J'avoue, dit Nicolas après quelques moments de réflexion, que je ne trouve plus dans ma mémoire d'autres attributions pour un secrétaire, si ce n'est l'obligation générale de se rendre aussi utile et aussi agréable qu'il peut l'être à son patron, sans sacrifier sa propre dignité, et sans dépasser la limite des devoirs que son titre même semble ordinairement impliquer. »

M. Gregsbury regarda fixement Nicolas pendant quelque temps, puis, jetant autour de la chambre un regard circonspect, il lui dit d'une voix contenue :

« C'est tout à fait cela, monsieur... comment vous appelez-vous?

— Nickleby.

— C'est tout à fait cela, monsieur Nickleby, et parfaitement énoncé, au moins pour les devoirs que vous avez définis; mais il en est d'autres encore. Il en est, monsieur Nickleby, que le secrétaire d'un personnage parlementaire ne doit jamais perdre de vue. Il faudra me mâcher la besogne.

— Pardon, monsieur, dit Nicolas, ne comprenant pas précisément la chose.

— Me mâcher la besogne, monsieur, répéta M. Gregsbury.

— Voulez-vous bien m'excuser, monsieur, si je vous demande ce que vous entendez par là? dit Nicolas.

— Ce que j'entends, monsieur, est parfaitement clair, répondit M. Gregsbury avec un air solennel. Mon secrétaire doit posséder la politique étrangère de tous les États, en suivre les reflets dans les journaux; parcourir des yeux tous les comptes rendus des réunions publiques, tous les premiers-Londres, et les procès-verbaux des diverses sociétés; prendre, chemin faisant, des notes sur les points qui lui paraissent propres à donner de l'intérêt à une petite tirade qui serait prononcée à propos d'une pétition déposée sur le bureau, ou de quelque incident pareil. Vous comprenez ?

— Je le crois, monsieur, répondit Nicolas.

— Et puis, dit M. Gregsbury, il devrait aussi, jour par jour, prendre connaissance des accidents de la veille dans les journaux du matin : lire, par exemple, les *disparitions mystérieuses* ou *suicide supposé d'un enfant employé dans les poteries*, ou quelque autre aventure de ce genre, sur laquelle je puisse fonder une question adressée de ma place au ministre de l'intérieur. Puis il copierait la question, avec quelques mots de la réponse du ministre; on y trouverait l'occasion naturelle de m'adresser un petit compliment sur mon esprit d'indépendance et le bon sens de mes observations. Puis on enverrait le tout franc de port à la feuille locale, avec une douzaine de lignes en tête, pour rappeler que je suis toujours à mon poste, toujours prêt à faire face, sans reculer d'une semelle, aux devoirs de la responsabilité la plus délicate, et ainsi de suite. Vous entendez ? »

Nicolas s'inclina par forme de réponse.

« De plus, continua M. Gregsbury, je lui demanderais, de temps en temps, de lire quelques-uns des tableaux qui accompagnent les rapports officiels et d'en extraire quelques résultats généraux, de manière à me mettre à même de me tirer avec honneur, par exemple, des questions sur l'emploi des bois de charpente, sur les finances, etc. J'aimerais assez qu'il me fournît quelques bons petits arguments sur les effets désastreux du payement en numéraire, et sur les cours métalliques qu'on éclairerait çà et là par quelques excursions sur l'exportation des métaux et aussi des billets de banque, sur toutes ces choses enfin dont il suffit de parler avec une certaine facilité, parce que personne ne les comprend. Saisissez-vous bien ?

— Je crois comprendre, dit Nicolas.

— En ce qui concerne les questions qui ne sont pas politiques, continua M. Gregsbury avec chaleur, et dont on ne peut pas demander à un homme de s'occuper d'une manière assez sérieuse pour vouloir donner aux classes inférieures autant de bien-être qu'à nous-mêmes, car autrement que deviendraient nos privilèges ? je voudrais que mon secrétaire me fît une petite collection de discours de parade, d'un caractère patriotique. Par exemple, si l'on avait la malheureuse idée de proposer un bill pour assurer le droit de propriété d'un tas de pauvres diables comme les auteurs, j'aimerais assez à défendre cette thèse : que, pour ma part, je ne consentirai jamais à élever une barrière insurmontable à la diffusion de la littérature dans le peuple. Vous comprenez ? que les créations matérielles, n'étant que des spéculations d'un intérêt purement industriel, peuvent être considérées comme la propriété d'un homme ou d'une famille, mais que les créations intellectuelles, étant d'inspiration divine, appartiennent véritablement au peuple en général ; et même, si je me sentais ce jour-là d'humeur badine, je ne craindrais pas d'entremêler tout cela de quelques plaisanteries sur la postérité : de dire que des hommes qui ont écrit pour la postérité doivent être satisfaits d'obtenir comme récompense l'approbation de la postérité ; cela ne prendrait peut-être pas mal à la Chambre, et, dans tous les cas, ne me ferait aucun tort, car il n'y a pas à craindre que la postérité s'inquiète ni de moi ni de mes plaisanteries. Vous voyez ?

— Je vois bien, monsieur, répliqua Nicolas.

— Surtout, en pareil cas, vous ne devez jamais oublier, là où nos intérêts ne peuvent pas en souffrir, de parler souvent du peuple, parce que c'est d'un merveilleux effet à l'époque des élections. Ce n'est pas comme les auteurs, dont vous pouvez rire tout à votre aise, vu que la plupart d'entre eux vivent en garni et par conséquent n'ont pas le droit de voter. Voilà donc un aperçu rapide des points principaux qui intéressent vos fonctions, excepté que vous auriez à rester tous les soirs dans les couloirs de la Chambre, dans le cas où j'aurais oublié quelque chose et où il faudrait me remonter à nouveau. Vous feriez bien encore, pendant les grands débats de la Chambre, d'aller de temps en temps vous asseoir sur les premiers bancs des tribunes pour dire à vos voisins : « Voyez-vous ce gentleman qui porte sa main droite à la figure et qui embrasse de la gauche le pilier en face de nous ? C'est M. Gregsbury, le célèbre M. Gregsbury. » Il ne vous en coûterait pas davantage d'y joindre quelque petit éloge d'après l'inspiration du moment. Pour salaire, ajouta M. Gregsbury tournant bride avec une grande rapidité, car il était presque hors d'haleine, pour salaire, je peux vous le dire tout de suite en nombre rond pour éviter tout mécompte. Quoique ce soit plus que je n'ai l'habitude de donner, ce sera dix-huit francs soixante-quinze centimes par semaine, en tout. Voilà ! »

Après cette offre magnifique, M. Gregsbury se rejeta de nouveau en arrière dans son fauteuil, comme un homme qui se reproche de faire des folies, mais qui n'en est pas moins décidé à ne point revenir sur ses libéralités excessives.

« Dix-huit francs soixante-quinze centimes par semaine. Ce n'est pas beaucoup, dit Nicolas timidement.

— Pas beaucoup ! dix-huit francs soixante-quinze par semaine ? pas beaucoup, jeune homme ? cria

M. Gregsbury. Dix-huit francs soixante-quinze par...

— Je serais fâché que vous puissiez croire, reprit Nicolas, que je veux marchander votre prix, car je vous avouerai sans honte que, si modique qu'il puisse être en lui-même, c'est encore beaucoup pour moi. Mais les devoirs et la responsabilité des fonctions sont tellement hors de proportion avec le traitement, et ils me paraissent si laborieux, que je crains de m'y dévouer.

— Est-ce un refus, monsieur? demanda M. Gregsbury portant la main au cordon de sonnette.

— J'ai peur, monsieur, quelle que soit ma bonne volonté, que ce ne soit au-dessus de mes forces, répondit Nicolas.

— Mieux vaudrait dire tout de suite que vous n'acceptez pas l'emploi, et que vous regardez dix-huit francs soixante-quinze par semaine comme trop peu de chose, dit M. Gregsbury en tirant le cordon de la sonnette. Refusez-vous, monsieur?

— Je n'ai pas d'autre alternative, dit Nicolas.

— Mathieu, la porte, dit M. Gregsbury au garçon qui venait de répondre au coup de sonnette.

— Je suis fâché de vous avoir dérangé inutilement, monsieur, dit Nicolas.

— Et moi aussi, reprit M. Gregsbury, en lui tournant le dos. Mathieu, la porte.

— Bonjour, monsieur.

— Mathieu, la porte, » cria M. Gregsbury.

Le garçon fit signe à Nicolas, et, passant devant lui sans façon pour descendre l'escalier, lui ouvrit la porte et le mit dans la rue.

Nicolas, triste et pensif, reprit le chemin de la maison.

Smike avait composé un petit repas des restes du souper de la veille, et attendait son retour avec impatience. Les incidents de la matinée n'avaient pas stimulé l'appétit de Nicolas. Il ne fit pas honneur au dîner. Il était là assis dans l'attitude de la réflexion, ayant devant lui, encore intacte, son assiette que son pauvre camarade ne cessait de remplir des morceaux qu'il croyait les plus délicats, lorsque Newman Noggs entra dans la chambre.

« De retour? demanda Noggs.

— Oui, répondit Nicolas, et je suis sur les dents; et ce qu'il y a de pis, c'est que j'aurais aussi bien fait de rester à la maison.

— On ne peut pas espérer de faire grand'chose dans une matinée, dit Newman.

— C'est possible, mais je suis un peu vif et je m'attendais à mieux; mon désappointement n'en est que plus grand. »

Là-dessus Nicolas fit à Newmann le récit de ses aventures.

« Si je pouvais seulement, dit Nicolas, me procurer quelque chose, la moindre chose avant le retour de Ralph Nickleby, afin d'avoir le plaisir de lui parler en face, je me sentirais plus à l'aise. Dieu sait si je regarde le travail comme un déshonneur, bien au contraire; ce qui m'ennuie, c'est de me voir flâner là, à ne rien faire, comme un animal inutile.

— Je ne sais pas, dit Newman..., c'est si peu de chose. Cependant cela payerait le loyer et quelque chose de plus. Mais vous n'aimeriez pas cela... Non, on ne peut pas vous proposer de l'entreprendre. Non. Décidément non.

— Qu'est-ce qu'on ne pourrait pas me proposer d'entreprendre? demanda Nicolas en relevant la tête; montrez-moi dans ce vaste désert de Londres quelque moyen honnête de gagner seulement le loyer de ce misérable réduit, et vous verrez si je recule. Que puis-je craindre? Ah! croyez-moi, mon ami, j'ai passé par de trop rudes épreuves pour faire l'orgueilleux ou le délicat; je n'en excepte, ajouta-t-il à la hâte après un court silence, je n'en excepte que cette délicatesse qui constitue l'honnêteté, et l'orgueil qui se fonde sur l'estime de soi-même. Du reste, je ne vois pas grande différence entre le malheur de servir d'auxiliaire à un pédant brutal, ou d'avaler des couleuvres au service d'un parvenu bas ou insolent, fût-il ou non membre du Parlement.

— Je ne sais vraiment pas si je dois ou non vous parler de ce que j'ai entendu dire ce matin, dit Newman.

— Cela a-t-il quelque rapport à ce que vous me disiez tout à l'heure? demanda Nicolas.

— Oui.

— Alors, au nom du ciel! mon bon ami, dites-le-moi. Je vous en prie en grâce. Songez à mon état déplorable, et puisque je vous promets de ne pas faire un pas sans vous demander conseil, au moins venez en aide à mon embarras. »

Sensible à cette prière, Newman se mit à balbutier une infinité de phrases incompréhensibles, embarrassées les unes dans les autres, dont la conclusion fut que Mme Kenwigs l'avait sondé longuement, le matin même, sur la vie passée, les aventures, la généalogie de Nicolas; que Newman avait esquivé longtemps toutes ces questions, mais qu'à la fin, mis au pied du mur par ses instances, il était allé jusqu'à représenter Nicolas comme un professeur de grand mérite, victime d'accidents malheureux qu'il ne lui était pas possible de révéler et qui portait le nom de Johnson. Mme Kenwigs, cédant ou à un sentiment de reconnaissance, ou à l'ambition, ou à l'orgueil maternel, ou à la tendresse de son cœur de mère, ou à ces quatre motifs puissants réunis ensemble, avait conféré secrètement avec M. Kenwigs, et, à la suite de cette conférence, elle avait fini par proposer que M. Johnson enseignât aux quatre demoiselles Kenwigs à parler français, comme des Parisiennes pur sang, moyennant six francs vingt-cinq centimes par semaine, payables en monnaie courante du royaume. C'était donc à raison de vingt-cinq sous par tête. Il y avait un excédent d'un franc vingt-cinq centimes dont on ne parlait pas, en attendant que le nouveau-né pût en profiter en prenant lui-même une leçon de grammaire.

« Et ce ne sera pas long, ou je serais bien trompée, avait ajouté Mme Kenwigs en faisant cette proposition; car, en vérité, monsieur Noggs, il n'y a pas au monde d'enfant qui soit né avec des dispositions plus heureuses ».

» Voilà! dit Newman : c'est là tout. Ce n'est pas digne de vous, je le sais; mais je pensais que vous voudriez peut-être...

— Peut-être! s'écria Nicolas avec une grande vivacité; dites : certainement; j'accepte tout de suite. Allez, mon ami, l'annoncer sans délai à cette digne mère, et dites-lui que je suis prêt à commencer aussitôt qu'elle voudra. »

Newmann descendit l'escalier quatre à quatre, tout rayonnant de joie, pour informer Mme Kenwigs que son ami acceptait ses offres; puis il revint aussi vite rapporter la nouvelle qu'on désirait le voir au premier étage aussitôt qu'il pourrait; que Mme Kenwigs venait à l'instant même d'envoyer acheter une grammaire française d'occasion, avec dialogues, qu'elle visait depuis longtemps dans la boîte à douze sous du bouquiniste du coin, et que la famille, dans son enivrement de voir ajouter encore ce surcroît de considération à ses autres titres de distinction, serait bien aise que l'on commençât immédiatement la leçon d'installation.

On nous dira peut-être que Nicolas n'était pas fier, comme on le dit en pareil cas dans le monde: cela est vrai. S'il s'agissait d'un affront s'adressant à lui-même, il s'y montrait sensible; si c'était un autre qui en fût victime, il intervenait pour le venger avec autant d'audace ou de courage que jamais chevalier qui mit la lance en arrêt. Mais, quant à cet excès de froideur hautaine et d'égoïsme magnanime, signes invariables auxquels se reconnaît un caractère fier, selon le monde, il en était complètement dépourvu. Il est vrai que, pour notre part, nous serions plutôt disposé à regarder ces caractères comme un embarras dans les familles qui ont besoin d'aide; cela tient peut-être à ce que nous avons eu l'occasion de rencontrer sur notre chemin de ces caractères dont la fierté consiste surtout à rejeter avec mépris toute occupation indigne d'eux, à cultiver avec soin leurs moustaches et à se donner des airs féroces. Je veux bien convenir que les moustaches et les airs féroces sont de bonnes choses en elles-mêmes, des titres très recommandables; mais pourtant j'aimerais mieux qu'ils fussent nourris aux frais de leurs propriétaires, au lieu de se pendre aux crocs de ces gens méprisables dont on dit qu'ils ne sont pas fiers.

Nicolas était donc de ces derniers, et ce n'était pas un jeune homme fier, dans le sens vulgaire du mot : il regardait comme plus déshonorant pour lui d'emprunter pour ses besoins quelque chose aux modiques ressources de Newman Noggs, que d'apprendre le français aux petites Kenwigs, à raison de vingt-cinq francs par mois. Aussi accepta-t-il, comme nous l'avons dit, avec empressement, l'offre qu'on lui faisait, et se hâta-t-il de se présenter aussitôt au premier étage.

Là, il fut reçu par Mme Kenwigs avec une grâce toute charmante, qui manquait peut-être de naturel, et qui trahissait trop l'intention de se montrer pour lui une protectrice pleine de bienveillance. Il y trouva aussi M. Lillyvick et miss Petowker; les quatre demoiselles Kenwigs étaient sur leur banquette de réception, et le nouveau-né dans un chariot ambulant qu'il poussait devant lui, s'amusant à jouer avec un petit dada sans tête, lequel dada se composait d'un cylindre en bois assez semblable à un navet, porté sur quatre chevilles crochues, et peint de la couleur indécise d'un pain à cacheter rouge trempé dans l'encre de la Petite Vertu.

« Comment vous portez-vous, monsieur Johnson? dit M. Kenwigs. Mon oncle, monsieur Johnson.

— Comment vous portez-vous, monsieur? dit M. Lillyvick d'un ton brusque; car maintenant qu'il savait la nouvelle qualité de Nicolas, il se repentait sans doute de s'être compromis en faisant la veille au soir à Nicolas plus de politesses qu'un percepteur de taxes n'en doit à un professeur.

— Voici M. Johnson engagé chez nous, mon oncle, comme maître particulier des enfants, dit Mme Kenwigs.

— Oui, vous venez de me le dire, répliqua M. Lillyvick.

— Mais j'espère, dit Mme Kenwigs en se redressant, qu'elles n'en seront pas pour cela plus fières; qu'elles n'y verront qu'une raison de plus de bénir leur heureuse étoile qui les a fait naître dans une classe supérieure aux enfants du commun: entendez-vous, Morleena?

— Oui, maman.

— Et quand vous sortirez, dans la rue ou ailleurs, vous ferez bien de ne pas vous en aller vanter aux autres enfants; ou, si vous en parlez, vous pourrez dire seulement: « Nous avons pris un maître particulier pour nous instruire à la maison, mais nous n'en sommes pas plus fières pour cela, parce que maman dit que c'est un péché. » Entendez-vous, Morleena?

— Oui, maman.

— Alors n'oubliez pas mes recommandations et faites ce que je vous dis. Mon oncle, voulez-vous que M. Johnson commence?

— Si M. Johnson est prêt à commencer, ma chère, moi, je suis prêt à l'écouter, dit le percepteur en prenant l'air d'un critique profond, consommé.

— Comment trouvez-vous le français, monsieur?

— Qu'entendez-vous par là, monsieur? demanda Nicolas.

— Trouvez-vous, monsieur, que ce soit une bonne langue, une jolie langue, une langue raisonnable?

— Pour être une jolie langue, je n'en fais aucun doute, répliqua Nicolas; et pour être une langue raisonnable, je le présume, car elle a des mots pour désigner toutes choses, et des ressources de conversation élégantes sur toutes les matières.

— Je ne sais pas trop, dit M. Lillyvick d'un air capable; trouvez-vous aussi que ce soit une langue gaie?

— Oui, reprit Nicolas, et très gaie assurément.

— En ce cas, il faut qu'elle ait bien changé, dit le percepteur, car elle ne l'était guère de mon temps.

— Est-ce qu'elle était triste de votre temps? demanda Nicolas, qui avait peine à réprimer un sourire.

— Très triste, dit M. Lillyvick avec un mouvement d'humeur; je parle du temps de la dernière guerre. Je veux bien que ce soit une langue gaie, je serais bien fâché de contrarier personne; tout ce que je puis dire, c'est que j'ai entendu souvent les prisonniers français, et ceux-là étaient nés en France et devaient savoir leur langue, parler ensemble d'un air si triste que cela faisait peine à voir. Pour cela, je l'ai vu plus de cinquante fois, monsieur, plus de cinquante fois... »

M. Lillyvick s'enflammait tellement, que Mme Kenwigs crut sage de faire signe à Nicolas de ne rien dire; et il fallut toutes les petites cajoleries mises en usage avec le bon vieux gentleman par miss Petowker pour qu'il se résignât à sortir de son silence boudeur en disant: « Comment dit-on *water* en français, monsieur?

— De l'eau, répliqua Nicolas.

— Ah! dit M. Lillyvick en hochant tristement la tête; je m'en doutais : de lo, L O; ah bien! voilà une langue dont je n'ai pas grande idée, pas grande idée.

— Je suppose, mon oncle, que les enfants peuvent commencer, n'est-ce pas? dit Mme Kenwigs.

— Oh! certainement, vous pouvez faire commencer, ma chère, repartit le percepteur d'un air mécontent; ce n'est pas moi qui les en empêcherai. »

Profitant de la permission, les quatre demoiselles Kenwigs s'assirent en rang avec leurs queues rangées aussi en bataille du même côté, Morleena en tête, pendant que Nicolas prit le livre et donna pour commencer quelques explications préliminaires. Miss Petowker et Mme Kenwigs ouvraient leurs oreilles toutes grandes dans une admiration silencieuse, interrompue seulement à voix basse par la mère, qui assurait à sa belle amie que Morleena ne tarderait pas à savoir tout cela par cœur. Quant à M. Lillyvick, il contemplait le groupe d'un air maussade, quoique d'un œil attentif, car il épiait une occasion de recommencer quelque attaque nouvelle contre la langue qui n'avait pas ses sympathies.

CHAPITRE XVII

Suite des mésaventures de Mlle Nickleby.

Catherine Nickleby avait le cœur bien gros, et de tristes pressentiments venaient l'assaillir sans qu'elle pût les vaincre, le matin du jour convenu pour son entrée chez Mme Mantalini. Les horloges de la cité sonnaient juste huit heures moins un quart lorsqu'elle sortit de chez elle pour traverser seule ces rues animées et bruyantes et pour gagner le quartier de West-End, à l'autre bout de Londres.

C'est l'heure matinale où l'on voit un grand nombre de jeunes filles maladives dont la vie de ver à soie se passe à produire, à force de patience et de travail, les riches tissus destinés à couvrir les belles indolentes, les reines de la mode et du luxe, aller à travers les rues retrouver le théâtre obligé de leurs occupations journalières, heureuses d'attraper à la volée, dans leur marche précipitée, la seule bouffée d'air salubre, le seul rayon de soleil qui égayent leur monotone existence pendant les mortelles heures de leur longue journée. A mesure qu'elle approchait du quartier élégant de Londres, Catherine en vit passer beaucoup auprès d'elle, de ces jeunes filles qui couraient comme elle reprendre leur ouvrage pénible; et leurs visages flétris, leur démarche énervée, ne lui disaient que trop que ses pressentiments n'étaient pas mal fondés.

Elle arriva chez Mme Mantalini quelques minutes avant l'heure indiquée, et, après avoir fait quelques pas, en long et en large, dans l'espoir de rencontrer quelque autre femme qui lui épargnerait l'embarras de donner des explications au domestique, elle frappa un coup timide à la porte. La porte fut ouverte par le valet de chambre qui n'avait pris que le temps d'endosser, en montant l'escalier, sa veste bariolée de grandes raies, et qui, en la recevant, rattachait son tablier.

« Mme Mantalini est-elle ici? demanda Catherine intimidée.

— Il est rare qu'elle soit sortie à cette heure-ci, mademoiselle, répondit l'homme d'un ton qui rendait son *mademoiselle* plus offensant peut-être que s'il s'était méconnu jusqu'à l'appeler « ma chère ».

— Puis-je la voir? demanda Catherine.

— Eh! mon Dieu, non, répliqua le valet tenant toujours la porte et faisant à la visiteuse l'honneur de la regarder fixement avec un ricanement secret.

— Cependant elle m'avait donné rendez-vous, dit Catherine; je viens pour... pour... travailler chez elle.

— Oh! alors, vous auriez dû tirer la sonnette de l'atelier, dit le valet de chambre en mettant la main sur la poignée d'une sonnette de la porte particulière. Voyons pourtant, j'allais l'oublier: mademoiselle Nickleby, n'est-ce pas?

— Elle-même, répondit Catherine.

— En ce cas, veuillez monter en haut de l'escalier, Mme Mantalini désire vous voir; par ici. Prenez garde de marcher sur toutes ces affaires qui sont par terre. »

En lui donnant ce conseil, il parlait dans l'intérêt d'un amas hétérogène de plateaux de pâtissier, de lampes, de cabarets garnis de verres, de banquettes à rout, épars çà et là dans la salle, restes confus d'une soirée de la veille. Il lui montra donc le chemin avec précaution pour monter au second étage, et introduisit Catherine dans une chambre de derrière, communiquant, par une porte à double battant, avec l'appartement où elle avait vu pour la première fois la maîtresse de l'établissement.

« Si vous voulez attendre ici une minute, dit-il, je vais vous annoncer tout de suite. »

Il fit cette promesse de l'air le plus affable, puis il se retira, laissant Catherine toute seule. Il n'y avait pas beaucoup de quoi se distraire dans cette pièce. Elle avait seulement pour principale décoration un portrait en buste demi-nature de M. Mantalini, que l'artiste avait représenté se grattant la tête sans cérémonie, et profitant de cette occasion pour montrer, à son avantage, un brillant qu'il avait reçu de Mme Mantalini, avant son mariage. Cependant on était récréé par le bruit d'un dialogue dans la chambre voisine, et, comme la conversation se faisait à haute voix et que la cloison était mince, Catherine put, sans indiscrétion, reconnaître aisément la voix de M. et de Mme Mantalini.

« Il faut, ma chère, que vous soyez affreusement, horriblement, diablement jalouse, et cela vous rendra très misérable, horriblement misérable, diablement misérable. »

Après quoi on entendit M. Mantalini humer son café chaud.

« Oh ! oui, je le suis, misérable, reprenait Mme Mantalini d'un ton boudeur.

— C'est que vous êtes aussi la plus indigne, la plus ingrate, la plus méchante petite fée, dit M. Mantalini.

— Non, non, je ne le suis pas assez, disait madame avec un sanglot.

— Ne vous faites pas de mauvais sang, ajouta M. Mantalini en cassant son œuf à la coque ; avec une diablesse de jolie petite figure comme cela on ne peut pas se faire de mauvais sang qu'on ne gâte tout ce qu'elle a d'amabilité et de grâce pour en faire un diable de lutin triste et maussade comme un effroyable petit magot.

— Ce n'est pas toujours comme cela qu'on pourra me ramener, répliqua madame d'un air de mauvaise humeur.

— On la ramènera comme elle voudra ; on ne la ramènera même pas du tout si elle l'aime mieux comme cela, repartit M. Mantalini toujours en humant sa cuiller.

— Tout cela est facile à dire.

— Pas si facile, quand on a la bouche pleine d'un diable d'œuf dont on répand le jaune sur son gilet, reprit M. Mantalini. Sapristi ! ces diables de jaunes d'œufs, cela ne peut aller qu'avec un gilet jaune.

— Cela n'empêche pas que pendant toute la soirée vous n'avez fait que causer avec elle, dit Mme Mantalini, qui désirait évidemment revenir à ses moutons.

— Non, non, ma toute belle.

— Oh que si ! je vous ai bien vu, j'ai eu l'œil sur vous toute la soirée.

— Quoi ! ce charmant petit séducteur d'œil, il est resté fixé sur moi tout ce temps-là? s'écria Mantalini dans une sorte d'extase de ravissement indolent. Ah ! chien !

— Et je vous répète, reprit madame, que vous ne devez valser qu'avec votre femme, et je prendrai du poison plutôt que de souffrir tout cela.

— Oh que non ! qu'elle ne prendra pas de poison ; elle craindrait d'éprouver des souffrances trop horribles, n'est-ce pas? dit Mantalini, dont la voix moins bruyante annonçait qu'il s'était dérangé de sa place, et qu'il avait pris position plus près de sa femme. Elle ne prendra pas de poison, pour se punir de s'être mariée avec un homme qui pouvait épouser deux comtesses et une douairière.

— Deux comtesses? interrompit madame ; vous ne m'avez jamais dit qu'une.

— Deux, cria Mantalini, deux diablesses de femmes charmantes, deux vraies comtesses, deux fortunes magnifiques, sapristi !

— Eh bien, pourquoi ne l'avez-vous pas fait? demanda madame d'un air badin.

— Pourquoi je ne l'ai pas fait? répondit son époux. Est-ce que je n'avais pas vu, à une matinée musicale, le plus méchant petit diable d'enchanteur du monde, et maintenant que ce petit enchanteur c'est ma femme, toutes les comtesses et les douairières de la Grande-Bretagne peuvent aller se... »

M. Mantalini ne finit pas sa phrase, ou plutôt il la finit par un baiser retentissant qu'il donna à Mme Mantalini, et que Mme Mantalini lui rendit avec zèle. Après quoi, le reste du déjeuner ne fut plus interrompu que par des exercices du même genre.

Enfin tout passe, et, quand M. Mantalini en eut assez de ses caresses : « Ah çà, dit-il, précieux joyau de mon existence, parlons un peu de nos affaires ; qu'est-ce que nous avons d'argent comptant ?

— Pas grand'chose assurément, répondit madame.

— Eh bien, il en faut un peu plus : il faut faire escompter quelque chose au vieux Nickleby, pour ne pas rester en route, sapristi !

— Qu'avez-vous besoin d'en avoir davantage pour le moment? dit madame d'un air câlin.

— Mais vous ne savez donc pas, âme de ma vie, qu'il y a en vente chez Scrubb un cheval que ce serait péché de laisser aller? Je me le reprocherais comme un crime, ô bonheur de mes sens, car il est vraiment pour rien.

— Pour rien? s'écria madame; voilà ce qu'il nous faut.

— Vraiment pour rien, continua Mantalini ; on le donnera pour cent guinées. Quelle crinière ! quelle encolure ! quelles jambes ! quelle queue ! Ah ! tout cela est diablement beau ; quel plaisir de le monter dans Hyde-Park au nez des comtesses que j'ai refusées ! comme elles rageront dans leurs calèches ! cette vieille diablesse de douairière en mourra de dépit ; les deux autres se diront : « Hélas ! il est marié, il s'est sacrifié ! diable de contrariété ! tout est dit. » Elles se détesteront diablement l'une l'autre, sans compter qu'elles voudraient bien vous voir morte et enterrée. Ha ! ha ! sapristi ! »

Tout le bon sens de Mme Mantalini, qui n'en avait guère, ne put résister à ce brillant tableau de son glorieux triomphe. On entendit un petit cliquetis des clefs qu'elle portait avec elle, puis elle dit qu'elle allait voir ce qu'elle avait en caisse ; elle se leva dans cette intention, ouvrit la porte et entra dans la chambre où Catherine était assise.

« Ah ! par exemple, ma chère enfant, s'écria Mme Mantalini reculant de surprise, comment êtes-vous là ?

— Une chère enfant? cria Mantalini se précipitant sur ses pas; comment est-elle venue? eh! oh! sapristi! comment vous portez-vous?

— Voici déjà du temps que j'attends ici, madame, dit Catherine répondant à Mme Mantalini; il faut que le domestique ait oublié, je suppose, de vous en prévenir.

— En vérité, dit Mme Mantalini en s'adressant à son mari, il faut que vous avisiez à cela. Cet homme est insupportable : il oublie tout.

— Laissez faire, je veux lui arracher son diable de nez de la figure, pour lui apprendre à laisser une si jolie créature se morfondre ici toute seule, dit l'époux.

— Mantalini! cria madame, vous vous oubliez.

— Au moins vous, ma chère, je ne vous oublie pas, je ne vous oublierai jamais, jamais, jamais, » dit-il, pendant qu'il embrassait la main de sa femme, tout en faisant par derrière une grimace à l'adresse de Mlle Nickleby, qui lui tourna le dos.

Sensible à ce compliment flatteur, la reine des modes prit dans son bureau quelques billets et les passa à M. Mantalini, charmé de les recevoir de sa main. Elle pria ensuite Catherine de la suivre, et, après plusieurs tentatives inutiles de M. Mantalini pour attirer l'attention de Mlle Nickleby, elles sortirent ensemble, laissant là ce beau monsieur étendu tout de son long sur le sofa, les pieds en l'air et un journal à la main.

Mme Mantalini conduisit Catherine à l'étage inférieur; puis, traversant un corridor, elle entra dans une grande pièce sur le derrière, où l'on voyait un assortiment nombreux de jeunes femmes, occupées à coudre, à couper, à tailler, à ajuster, à une foule de détails enfin qui ne sont guère connus que des vrais amateurs de l'art des modes et de la couture. C'était une chambre où l'on étouffait, sans autre jour que celui d'un châssis vitré sur les toits, une chambre enfin aussi triste et aussi retirée qu'on peut le désirer pour un atelier.

Mme Mantalini appela à haute voix Mlle Knag. A ce nom, une femme de petite taille, vive et pimpante, se présenta aussitôt, pendant que les demoiselles du magasin suspendaient un moment leurs opérations pour se murmurer l'une à l'autre à l'oreille quelques observations critiques sur la robe de Mlle Nickleby, sur son teint, sur ses traits, sur toute sa personne. La meilleure société d'un des grands bals du monde n'aurait vraiment pas fait mieux.

« Tenez, mademoiselle Knag, dit Mme Mantalini, voici la jeune personne dont je vous ai parlé. »

Mlle Knag adressa à Mme Mantalini un sourire respectueux, qu'elle transforma avec une grande habileté en un sourire de gracieuse protection pour Catherine, disant que certainement, quoiqu'on fût obligée de se donner bien du mal après des jeunes filles toutes novices dans les affaires, cependant, persuadée que mademoiselle ferait tout son possible pour répondre à ses soins, elle se sentait déjà disposée à l'accueillir avec intérêt.

« Pour le moment, je crois dans tous les cas, dit Mme Mantalini, que vous ferez bien de garder Mlle Nickleby avec vous dans le magasin, pour vous aider à essayer les robes. D'un côté, elle ne serait pas encore en état de nous être utile à autre chose, et, de l'autre, son extérieur sera...

— Tout à fait assorti avec le mien, madame Mantalini, interrompit Mlle Knag; tout à fait assorti : et j'étais bien sûre que vous ne seriez pas longtemps à en faire la remarque; vous avez tant de tact pour cela, qu'en vérité, comme je le dis tous les jours à ces demoiselles, je ne sais pas où, quand ni comment vous pouvez avoir appris tout ce que vous savez. Mlle Nickleby et moi, nous sommes tout à fait pareilles, madame Mantalini; seulement je suis un peu plus brune que miss Nickleby, et... je crois que j'ai le pied un peu plus petit. Mlle Nickleby, j'espère, ne m'en voudra pas de cette remarque, quand elle saura que notre famille a toujours été renommée pour ses petits pieds, depuis... hem!...: qu'il y a des pieds dans notre famille. J'avais autrefois un oncle, madame Mantalini, qui vivait à Cheltenham et qui avait un excellent magasin de marchand de tabac, Hem! il avait de si petits pieds, qu'on aurait dit de ces bouts de pied qu'on met ordinairement au bas des jambes de bois... les pieds les plus symétriques, madame Mantalini, qu'on puisse voir.

— Je m'imagine, mademoiselle, reprit Mme Mantalini, que cela devait ressembler beaucoup à des pieds bots.

— Ah bon! je vous reconnais bien là, reprit Mlle Knag. Ah! ah! ah! des pieds bots; excellent! c'est ce que je dis toujours à ces demoiselles. La vérité est que, de toutes les personnes d'une humeur enjouée que j'ai pu connaître (tant pis pour celles qui s'en formaliseraient), Mme Mantalini, comme je le dis toujours à ces demoiselles, est certainement la plus remarquable; et cependant je puis me flatter d'en avoir entendu bien d'autres, car, du vivant de mon cher père, c'était moi qui tenais sa maison, mademoiselle Nickleby. Nous avions toutes les semaines à souper deux ou trois jeunes gens des plus connus par leur esprit; mais celui de Mme Mantalini est si gai, si piquant, et si bienveillant en même temps (comme je le disais encore ce matin à Mlle Simmonds), que je suis encore à me demander où, quand et comment elle a pu apprendre tout cela. »

Ici Mlle Knag fit une pause pour reprendre sa

« Au moins, vous, ma chère, je ne vous oublie pas. » (P. 120.)

respiration, et nous en profiterons pour observer, non pas qu'elle était merveilleusement bavarde et merveilleusement obséquieuse envers Mme Mantalini : ce sont des choses qui ressortent assez d'elles-mêmes et qui n'ont pas besoin de commentaires; mais nous devons dire qu'elle avait l'habitude d'introduire à chaque instant dans son flux de paroles un hem! perçant, clair, bruyant, dont ses connaissances interprétaient la signification et la portée de plusieurs manières différentes. Les uns disaient que tout n'était pas de bon aloi dans les exagérations de Mlle Knag, et qu'elle avait recours à ce monosyllabe, comme l'ouvrier du timbre, à la Monnaie, toutes les fois que son cerveau avait à faire descendre son balancier pour frapper quelque fausse pièce nouvelle qu'elle voulait mettre en circulation. D'autres prétendaient que c'était quand elle cherchait un mot, qu'elle mêlait cette interjection à son discours, pour se donner du temps et pour garder la place, de peur qu'un étranger, la trouvant vacante, ne se substituât dans la conversation. Il est encore bon d'observer que Mlle Knag visait toujours à la jeunesse, quoiqu'elle eût, depuis des années, bien dépassé ce but; puis aussi, que son esprit inconstant et léger la rangeait dans la classe de ces personnes dont on dit communément qu'on peut s'y fier tant qu'on les a sous la main, mais qu'il n'y faut plus compter sitôt qu'on les quitte d'un moment.

« Vous aurez soin de faire connaître les heures à Mlle Nickleby, et ainsi de suite, dit Mme Mantalini ; je n'ai plus qu'à vous la laisser; vous vous rappellerez bien mes instructions, mademoiselle Knag? »

Mlle Knag répondit, comme de raison, qu'il était moralement impossible qu'elle oubliât les instructions de Mme Mantalini, qui, donnant le bonjour à toutes ces demoiselles ensemble, disparut bientôt.

« Quelle charmante personne, n'est-ce pas, mademoiselle Nickleby? dit Mlle Knag en se frottant les mains.

— Je l'ai si peu vue, dit Catherine, que je ne puis pas encore me flatter de la connaître.

— Et M. Mantalini, l'avez-vous vu? demanda Mlle Knag.

— Oui, je l'ai vu deux fois.

— C'est lui, n'est-ce pas, qui est un homme charmant?

— J'avoue que ce n'est pas du tout l'effet qu'il m'a fait, répondit Catherine.

— Comment, vraiment? s'écria Mlle Knag en levant les mains dans sa surprise; est-il Dieu possible! où donc avez-vous les yeux? Il est si bel homme, si grand, de si belles moustaches, un teint si éblouissant! et des dents, et des cheveux! et... Hem! ah! par exemple, je vous assure que vous m'étonnez.

— Je ne demande pas mieux que de croire que je n'ai pas le sens commun, reprit Catherine en défaisant son chapeau; mais, comme mon opinion n'a pas grande importance, ni pour lui, ni pour d'autres, je n'ai pas à m'en repentir, après tout, et je serais bien étonnée si je changeais de manière de voir de longtemps.

— Mais enfin, c'est un très bel homme, vous ne pouvez pas dire le contraire, dit une des demoiselles.

— Mon Dieu, quand je dirais le contraire, il n'en serait ni plus ni moins, répondit Catherine.

— Et ses cheveux sont magnifiques, n'est-ce pas? poursuivit l'autre.

— Je ne dis pas, car je ne les ai jamais vus.

— Jamais vus? interrompit Mlle Knag; ah bien! si c'est là tout ce que vous connaissez de lui, comment pouvez-vous vous faire une opinion sur un monsieur, avant d'avoir pu l'apprécier dans son ensemble? »

Il y avait quelque chose de si mondain, même pour une jeune fille qui ne connaissait guère du monde que la campagne où elle avait été élevée, dans ces principes de la vieille modiste, que Catherine, empressée, pour une foule de raisons, de passer à un autre sujet de conversation, n'ajouta pas un mot, laissant Mlle Knag maîtresse du champ de bataille.

Après un court silence, pendant lequel toutes les demoiselles soumirent à un examen plus détaillé la personne de Catherine et se communiquèrent le résultat de leurs observations, une d'elles offrit de la débarrasser de son châle, et, en l'aidant à le défaire, lui demanda si elle ne trouvait pas que le noir était bien désagréable.

« Oh! sans doute, répondit Catherine avec un soupir amer.

— C'est si chaud et si salissant, » continua celle-ci, en tirant sa robe pour l'ajuster par devant.

C'est si chaud! Ah! Catherine aurait pu dire que quelquefois, au contraire, il n'y a pas de costume plus froid que le deuil; qu'il n'est pas froid seulement au cœur de celui qui le porte, mais que son influence s'étend jusque sur les amis les plus chauds : qu'il glace la source de leur bonne volonté et de leur bienveillance prétendue; qu'il gèle dans leurs germes ces promesses fleuries dont ils étaient prodigues, et ne laisse plus rien sur la branche qu'un bouton fleuri et gâté dans le cœur. Comme il y a peu de gens qui, ayant perdu un parent ou un ami, leur seule ressource dans ce monde, n'aient cruellement ressenti cette influence glaciale de leurs habits noirs! Elle, la pauvre Catherine, elle l'avait ressentie cruellement, elle la ressentait encore dans ce moment, et c'est ce qui fit couler ses larmes malgré elle.

« Je suis bien fâchée de vous avoir fait de la peine sans le vouloir, lui dit sa compagne. Je n'y ai pas pensé du tout. Vous avez perdu quelque proche parent?

— Mon père, répondit Catherine.

— Quel parent, miss Simmonds? demanda Mlle Knag à haute voix.

— Son père, répliqua l'autre doucement.

— Son père! ah! dit Mlle Knag, toujours d'une voix aussi éclatante; ah! a-t-il été longtemps malade, mademoiselle Simmonds?

— Chut! je n'en sais rien, répondit la jeune fille.

— Non, dit Catherine en se retournant; notre malheur a été subit; sans cela j'aurais peut-être été mieux préparée à supporter la triste position où nous sommes. »

Selon une coutume invariable dans le magasin de Mme Mantalini, Catherine, en sa qualité de nouvelle venue, avait excité une grande curiosité; on voulait savoir qui elle était, ce qu'elle était, ce qui l'intéressait. Cependant, quoique son extérieur et son émotion eussent dû naturellement ajouter encore à ce sentiment de curiosité, il suffit à ses compagnes de voir que leurs questions lui faisaient de la peine, pour leur imposer plus de réserve; et Mlle Knag, désespérant pour le moment d'obtenir d'elle de plus amples renseignements, se vit, à son grand regret, contrainte elle-même à commander le silence, en ordonnant à ces demoiselles de continuer leur ouvrage.

Elles se remirent donc à travailler en silence jusqu'à une heure et demie; alors on leur servit, dans la cuisine, un gigot de mouton cuit au four, avec des pommes de terre pour second plat. Quand le dîner fut fini, et que les demoiselles eurent pris en outre, comme récréation, le temps de se laver les mains, on se remit encore à l'ouvrage, encore en silence, jusqu'à l'heure où le roulement des voitures dans les rues et le bruit des doubles coups frappés aux portes avec le marteau annoncèrent que les membres plus heureux de la société allaient commencer à leur tour le travail de leur journée.

Un de ces doubles coups frappés à la porte de Mme Mantalini annonçait l'équipage d'une grande dame, ou plutôt d'une dame riche, car il ne faut pas confondre la richesse et la grandeur. Elle venait avec sa fille essayer un costume de cour depuis longtemps commencé. Catherine fut déléguée pour habiller ces dames, sous la direction de Mlle Knag et, comme de raison, d'après les ordres de Mme Mantalini. Le rôle de Catherine dans cette cérémonie n'était pas très éclatant, vu que ses fonctions se bornaient à tenir chacune des pièces d'habillement toutes prêtes à Mlle Knag pour les essayer. De temps en temps cependant on lui permettait de nouer un cordon ou d'accrocher une agrafe. A raison même de l'humilité de son ministère, elle pouvait se croire à l'abri de tout traitement malhonnête et de tout témoignage de mauvaise humeur; mais il se trouva que la dame et sa fille étaient mal disposées ce jour-là, et la pauvre enfant fut la victime de leurs rebuffades. « Comme cette demoiselle est maladroite, comme ses mains sont froides, comme elles sont laides, comme elles sont rudes! elle ne sait rien faire. Je m'étonne que Mme Mantalini garde des gens comme cela chez elle. Nous espérons bien que la première fois on ne la chargera plus de nous habiller, » et ainsi de suite.

Un détail si ordinaire ne mériterait guère de trouver ici sa place, n'était l'effet qu'il produisit. Catherine, après leur départ, versa tant de larmes amères et, pour la première fois, se trouva si humiliée de son métier! Elle avait préparé son âme à tous les caprices de ses supérieurs, à toutes les exigences d'un travail pénible, c'est vrai; mais elle ne se trouvait point jusque-là déshonorée de travailler pour gagner son pain. Il lui manquait encore de se voir ainsi blessée par l'insolence et l'orgueil. Avec un peu de philosophie, elle se fût dit que le déshonneur était tout entier pour ceux qui s'avilissaient jusqu'à se faire les esclaves soumis de leurs passions et de leurs caprices; mais elle était encore trop jeune pour accepter de pareilles consolations, et elle se sentait blessée dans ses idées d'honnêteté. Serait-il vrai que, si les gens du commun s'élèvent quelquefois, comme on s'en plaint, au-dessus de leur position, cela vient souvent de ce que les gens *comme il faut* s'abaissent au-dessous de la leur?

Le temps se passa à des scènes ou à des travaux du même genre jusqu'à neuf heures du soir. C'est l'heure où Catherine, harassée et découragée de tous les événements de sa journée, quitta volontiers sa prison de travail pour aller rejoindre sa mère au coin de la rue et retourner avec elle au logis, d'autant plus triste qu'il lui fallut dissimuler ses véritables sentiments, bien plus, feindre de partager toutes les heureuses visions de sa compagne de voyage.

« Quel bonheur, Catherine! disait Mme Nickleby, je n'ai fait qu'y penser toute la journée. Quelle chose délicieuse ce serait pour Mme Mantalini de vous prendre pour son associée! Et ce serait tout naturel, vous comprenez. Sans aller plus loin, votre pauvre papa n'avait-il pas un cousin dont la belle-sœur, une demoiselle Browndock, devint l'associée d'une maîtresse de pension de Hammer-Smith et fit fortune en un rien de temps? A propos de cela, je ne me rappelle pas bien si cette demoiselle Browndock n'était pas la même qui a gagné à la loterie le lot de deux cent cinquante mille francs, mais je crois bien que c'est elle. Oui, maintenant que j'y pense, c'est bien elle, j'en suis sûre. Mantalini et Nickleby, comme cela sonnerait bien à l'oreille! Et pour peu que Nicolas eût aussi de la chance, on pourrait voir le docteur Nickleby, principal du collège de Westminster, demeurer dans la même rue.

— Ce cher Nicolas! s'écria Catherine, en tirant de son sac la lettre que son frère lui avait écrite de Dotheboys-Hall. Ah! maman, au milieu de tous nos malheurs, je suis bien heureuse de savoir qu'il se porte bien, et de lui voir l'esprit si gai et si satisfait dans ses lettres. Quand je pense à la triste situation qui peut nous attendre, je me console en me disant que lui au moins il est heureux et content. »

Pauvre Catherine! elle ne se doutait guère combien cette consolation était peu solide, et du peu de temps qu'elle avait encore à garder une telle illusion.

CHAPITRE XVIII

Mlle Knag, après avoir raffolé de Catherine Nickleby pendant trois jours entiers, lui voue décidément une haine éternelle. Raisons qui déterminent Mlle Knag à prendre cette résolution.

Il ne suffit pas, pour inspirer la pitié, qu'une vie soit pleine de tourments, de fatigues et de souffrances. C'est assez pour ceux qui la subissent; mais ce n'est pas assez pour exciter l'émotion et l'intérêt de ces personnes qui, sans manquer précisément de sensibilité, savent ménager leur compassion, et ne l'accordent qu'à bonne enseigne. Il leur faut de puissants stimulants; il faut souvent à ces disciples d'une religion de charité presque autant d'excitation pour l'exercice de leur vocation qu'il en faut aux disciples de la doctrine d'Épicure pour renouveler leur goût blasé par le plaisir. De là vient cette sympathie maladive, cette compassion nerveuse que l'on dépense chaque jour à des objets que l'on va chercher bien loin, lorsque l'on n'a constamment à sa porte et sous ses yeux que trop d'occasions d'exercer les mêmes vertus sans qu'il en coûte rien à la santé. Bref, il faut du romanesque à la charité comme au nouvelliste ou au dramaturge. Donnez-moi un filou en blouse : il n'y a personne, parmi les gens bien élevés, qui voulût faire la moindre attention à ce personnage vulgaire. Mais mettez-lui sur le dos une veste de velours vert, sur la tête un chapeau conique : changez aussi le théâtre de son industrie. Transportez-le de la foule d'un carrefour sur une route dans les montagnes, et vous pourrez vous flatter d'en avoir fait l'âme et la source de l'intérêt le plus poétique. Il en est de même de cette grande vertu cardinale, la plus grande de toutes, celle qui, bien exercée, bien cultivée, facilite, que dis-je? comprend toutes les autres. Il lui faut aussi son roman, et moins il y a dans ce roman de vie réelle, de travail, de luttes, de peines journalières, mieux il vaut.

La vie à laquelle la pauvre Catherine Nickleby avait été réduite par le cours des circonstances développées dans ce récit était une vie douloureuse; mais, comme nous aurions peur que les détails d'une existence triste, insalubre, renfermée, fatigante, ne parussent pas présenter assez d'intérêt à la masse des personnes charitables et sympathiques, nous aimons mieux mettre en scène Mlle Nickleby elle-même, que de risquer de refroidir leur pitié dès le début, par une description minutieuse et prolongée de l'établissement où trônait Mme Mantalini.

« Eh bien, vraiment, madame Mantalini, dit Mlle Knag au moment où Catherine retournait tristement chez elle le soir même de ses débuts, cette Mlle Nickleby est une jeune personne très bien; une jeune personne très bien, certainement. Hem! Je vous donne ma parole, madame Mantalini, que cela fait vraiment un honneur extraordinaire à votre discernement, d'avoir trouvé une si excellente, si bien élevée... si... hem! si modeste jeune personne, pour m'aider à essayer les robes. J'en ai déjà vu beaucoup de ces jeunes personnes, qui ne manquaient jamais l'occasion de faire parade, devant leurs supérieures, de leur... Ah! mon Dieu! je leur pardonne. Mais d'ailleurs, madame Mantalini, vous faites bien tout ce que vous faites, et c'est ce que je dis souvent à ces demoiselles : « Comment expliquer que madame fasse toujours tout bien, quand il y a des gens qui font presque tout mal? » C'est là vraiment pour moi un mystère.

— Mais, à l'exception d'une excellente pratique qu'elle a mise de mauvaise humeur, dit Mme Mantalini, Mlle Nickleby n'a rien fait que je sache de bien remarquable aujourd'hui.

— Oh! sans contredit, répliqua Mlle Knag; mais songez aussi, madame, qu'il faut faire la part de son inexpérience.

— Et de sa jeunesse, dit finement Mme Mantalini.

— Oh! je ne l'excuse pas par là, madame Mantalini, reprit Mlle Knag en rougissant jusque dans le blanc des yeux, parce que, si la jeunesse était une excuse, vous n'auriez pas...

— Une aussi excellente première demoiselle que vous, je suppose.

— Ah! vraiment, madame Mantalini, je n'ai jamais vu personne comme vous, repartit miss Knag de l'air le plus satisfait; la vérité est que vous devinez ce qu'on va dire avant que les mots soient seulement venus sur les lèvres. Ah! c'est délicieux. Ah! ah! ah!

— Eh bien, moi, observa Mme Mantalini, en jetant sur sa première demoiselle un regard tout à fait insignifiant, pendant qu'elle riait à cœur joie dans sa manche, je regarde Mlle Nickleby comme la petite fille la plus gauche que j'aie jamais vue de ma vie.

— La pauvre enfant, dit Mlle Knag, ce n'est pas sa faute, sans cela on pourrait espérer de l'en corriger; c'est un malheur pour elle, madame Mantalini, et, comme disait à l'acheteur le maquignon qui voulait vendre son cheval aveugle, la pauvre bête n'en est que plus intéressante.

— Son oncle m'avait dit, remarqua Mme Mantalini, qu'on la trouvait jolie; moi, je trouve que c'est une des petites filles les plus ordinaires que j'ai rencontrées.

— Ordinaire ! s'écria Mlle Knag (le visage rayonnant de joie), et gauche par-dessus le marché. Eh bien, tout ce que je puis dire, madame Mantalini, c'est que je l'aime tout à fait, la pauvre fille! et quand elle serait deux fois plus ordinaire et deux fois plus gauche qu'elle n'est, je n'en serais que plus sincèrement son amie, sur ma parole. »

Le fait est que Mlle Knag avait conçu un commencement d'affection pour Catherine Nickleby, dès le moment même où elle avait vu son échec auprès de la grande dame du matin, et le petit bout de conversation qu'elle venait d'avoir avec Mme Mantalini avait encore augmenté d'une manière étonnante ses bonnes dispositions pour elle. Or la chose est d'autant plus digne de remarque, que le premier coup d'œil qu'elle avait donné à la figure et à la tournure de la jeune fille lui avait laissé un certain pressentiment qu'elles ne s'accorderaient jamais.

« Mais à présent, dit Mlle Knag en se regardant de près dans la glace, je l'aime, oui, véritablement je l'aime, je le déclare hautement. »

Telle était la nature de cet attachement, de ce dévouement désintéressé; il était tellement au-dessus des petites faiblesses de la flatterie ou des illusions, que l'excellente Mlle Knag, dès le lendemain, avoua sans artifice à Catherine qu'elle voyait bien qu'elle ne réussirait jamais dans l'état; mais qu'elle n'avait que faire de s'en tourmenter le moins du monde, parce qu'elle, Mlle Knag, ferait de son côté tout ce qu'elle pourrait pour ne pas la mettre en évidence, et que, par conséquent, elle n'aurait rien autre chose à faire que de se tenir parfaitement tranquille devant le monde, évitant soigneusement tout ce qui pourrait attirer sur elle l'attention. Ce dernier conseil répondait si bien aux sentiments intimes et aux vœux les plus chers de la timide jeune fille, qu'elle promit aisément d'obéir en tout point aux recommandations de l'excellente vieille fille, sans examiner les motifs qui les lui dictaient, sans même y réfléchir un moment.

« Ma parole d'honneur, ma chère amie, je prends à vous un vif intérêt de sœur, de véritable sœur; je n'ai jamais éprouvé un sentiment si étrange. »

Et, en effet, ce qu'il y avait de plus étrange dans ce sentiment, c'était qu'il ressemblât à celui d'une sœur, et non pas à celui d'une grand'tante ou d'une grand'mère, ce qui eût été beaucoup plus naturel, vu la différence de leurs âges respectifs; mais comme Mlle Knag avait toujours une mise jeune, elle avait peut-être aussi des sentiments jeunes comme sa mise.

« Bon Dieu! dit Mlle Knag à Catherine en l'embrassant, au moment du départ, le second jour de son apprentissage, combien vous avez fait de gaucheries toute la journée, ma chère.

— J'ai bien peur que vos avertissements obligeants et sincères n'aient d'autre effet que de me faire reconnaître plus péniblement mes défauts, sans réussir à les corriger, répondit Catherine avec un sourire.

— Non, non, je suis sûre que non, répliqua Mlle Knag, de meilleure humeur que jamais; mais il est bon que vous les connaissiez tout de suite, pour continuer votre petit train avec plus de tranquillité et de courage. Par où allez-vous, mon amour?

— Je vais à la Cité.

— La Cité! s'écria Mlle Knag en se regardant d'un œil très favorable dans la glace pendant qu'elle nouait les rubans de son chapeau. Dieu du ciel! est-ce que vraiment vous demeurez dans la Cité?

— Eh quoi! demanda Catherine, serait-ce la première fois que vous auriez entendu dire qu'il y demeure quelqu'un?

— Je n'aurais jamais cru, en effet, qu'une jeune femme pût y demeurer trois jours de suite, au plus, répondit Mlle Knag.

— Mais les personnes gênées, ou plutôt pauvres, dit Catherine en se reprenant à la hâte; car elle avait peur de ne pas employer des termes assez humbles pour sa position, il faut bien qu'elles demeurent où elles peuvent.

— Ah! certainement, il le faut bien; c'est trop juste, reprit Mlle Knag avec ce demi-sourire que généralement on regarde comme un tribut suffisant de pitié payé au malheur, surtout si on sait l'accompagner de deux ou trois charitables petits signes de tête; c'est ce que je répète souvent à mon frère, quand nos domestiques s'en vont à l'hôpital, l'un après l'autre, et qu'ils attribuent leurs maladies à l'humidité de la cuisine où ils couchent. Ces gens-là, lui dis-je, sont trop heureux de coucher quelque part. Dieu proportionne nos épaules aux fardeaux qu'elles ont à porter; c'est une idée bien consolante de penser à cela, n'est-ce pas?

— Très consolante, répondit Catherine.

— Je vais faire une partie de la route avec vous,

ma chère, dit Mlle Knag, car vous passez tout près de chez nous, et comme notre dernière domestique est allée à l'hôpital, il y a un mois, avec le feu Saint-Antoine au visage, je serai charmée que vous me teniez compagnie. »

Catherine se serait volontiers privée de l'avantage flatteur d'une pareille société; mais Mlle Knag, sans attendre sa réponse, après avoir ajusté son chapeau à son entière satisfaction, lui prit le bras d'un air qui lui témoignait de l'honneur qu'elle était sûre de lui faire; et elles étaient déjà dans la rue, que Mlle Nickleby n'avait pu ouvrir encore la bouche.

« Je crains, dit-elle avec hésitation, que maman, que ma mère, veux-je dire, ne soit là à m'attendre.

— Vous n'avez que faire, ma chère, dit Mlle Knag avec un sourire de supériorité bienveillante, de vous excuser d'emmener avec nous votre mère; je suppose que la vieille dame est une honnête personne, et je serai très... hem... très aise de faire connaissance avec elle. »

Comme la pauvre Mme Nickleby était pendant ce temps-là à se morfondre au coin de la rue, Catherine n'eut pas d'autre alternative que de lui faire faire la connaissance de Mlle Knag, qui, singeant les airs de la dernière pratique descendue de son équipage, reçut la présentation avec une condescendance pleine de politesse. Elles partirent donc toutes les trois en se donnant le bras : Mlle Knag au milieu, occupant la place d'honneur avec une aisance tout à fait aimable.

« Il m'a pris un tel caprice pour votre fille, madame Nickleby, que vous ne sauriez le croire, dit Mlle Knag, après avoir fait quelques pas dans un silence majestueux.

— Je suis heureuse de vous l'entendre dire, répondit Mme Nickleby, quoique, en vérité, cela ne me surprenne pas de voir Catherine se faire aimer même des personnes qui lui sont étrangères.

— Hem! cria Mlle Knag.

— Vous l'aimerez bien plus encore quand vous saurez ce qu'elle vaut, dit Mme Nickleby; c'est un grand bonheur pour moi, au milieu de toutes mes infortunes, d'avoir une enfant qui ne sait pas ce que c'est que l'orgueil et la vanité, après une éducation qui pourrait lui servir d'excuse s'il en était autrement. Vous ne savez pas, mademoiselle Knag, ce que c'est que de perdre un époux. »

Comment Mlle Knag aurait-elle su ce que c'est de perdre un époux? elle ne savait pas même ce que c'était d'en attraper un. Aussi répondit-elle avec quelque précipitation : « Bien sûr que je n'en sais rien! » et ces paroles étaient prononcées d'un air qui voulait dire : « Je voudrais bien voir que j'eusse fait la bêtise d épouser quelqu'un! Fi donc! fi donc! pas si bête.

— J'espère que Catherine a déjà fait quelques progrès, quoiqu'il y ait bien peu de temps, ajouta Mme Nickleby toute fière de sa fille.

— Oh! naturellement, dit Mlle Knag.

— Elle en fera bien d'autres, continua la bonne mère.

— Pour cela, je vous le garantis, répliqua Mlle Knag en serrant le bras de Catherine pour lui faire goûter le charme de cette amère plaisanterie.

— Elle a toujours eu des dispositions, dit la pauvre dame Nickleby, s'animant de plus en plus, toujours, dès le berceau. Je me rappelle qu'à l'âge de deux ans et demi tout au plus, un monsieur qui venait souvent nous voir à la maison, M. Watkins, vous savez, Catherine, pour qui votre pauvre papa avait donné caution, et qui, plus tard, après sa banqueroute, se sauva aux États-Unis, d'où il nous envoya des raquettes pour marcher dans la neige, avec une lettre si tendre que votre pauvre père en a pleuré pendant huit jours. Vous rappelez-vous la lettre? Il y disait qu'il était bien contrarié de ne pouvoir rembourser les douze cent cinquante francs qui nous étaient dus; mais qu'il avait placé tous ses capitaux à intérêt et que le soin de refaire sa fortune occupait tout son temps; mais qu'il n'avait pas oublié que vous étiez sa filleule et qu'il nous demandait en grâce de vous acheter un hochet de corail monté en argent, que nous ajouterions à son vieux compte. Comment! ma chère, êtes-vous sotte de ne pas vous le rappeler! Et qu'il parlait avec un souvenir si reconnaissant du vieux porto, dont il avait l'habitude de boire une bouteille et demie chaque fois qu'il venait nous voir. Vous ne pouvez l'avoir oublié, Catherine?

— Non, maman, non; mais que disiez-vous de lui?

— Eh bien, ce M. Watkins, ma chère, dit Mme Nickleby d'une voix traînante, comme si elle eût fait un effort de mémoire prodigieux pour se rappeler quelque fait de la plus haute importance, ce M. Watkins, n'allez pas croire, mademoiselle Knag, que ce fût un parent du Watkins qui tenait le cabaret du *Vieil-Ours* dans notre village; à propos, je ne me rappelle pas bien si c'était à l'enseigne du *Vieil-Ours* ou de *George IV*, mais c'était l'un des deux, et d'ailleurs, cela revient au même; ce M. Watkins donc disait, quand vous n'aviez pas plus de deux ans et demi, que vous étiez l'enfant la plus étonnante qu'il eût jamais vue. Oui, mademoiselle Knag, il le disait, et cependant il n'aimait pas du tout les enfants, et n'avait pas le plus léger motif de la flatter; et ce qui me remémore avec tant de précision ses paroles, c'est que je me rappelle, comme si j'y étais, que deux minutes après il emprunta cinq cents francs à votre pauvre cher père. »

Après avoir cité cet éclatant témoignage et surtout si désintéressé de M. Watkins en faveur de sa fille, Mme Nickleby s'arrêta pour reprendre haleine. Mais Mlle Knag, voyant que l'on mettait sur le tapis la grandeur relative des familles, saisit, sans perdre de temps, la balle au bond, pour se faire valoir à son tour.

« Ne me parlez pas de prêter de l'argent, madame Nickleby, dit Mlle Knag, ou vous me rendrez folle, tout à fait folle ; maman... hem ! le nez le plus saisissant et le plus distingué qui ait jamais orné figure humaine, si je ne me trompe, madame Nickleby (ici Mlle Knag par un mouvement sympathique se frottait le nez elle-même) ; la femme la plus délicieuse, la plus habile, qu'on ait jamais vue peut-être ; mais chacun a ses faiblesses ; la sienne était de prêter de l'argent, et elle l'a portée si loin qu'elle a prêté... hem ! hem ! oh ! des milliers de guinées, toute notre petite fortune, madame Nickleby ; et, ce qu'il y a de pis, c'est que nous vivrions jusqu'à la fin du monde, que nous ne les rattraperions jamais, j'en ai peur. »

Après ce bel effort d'invention, Mlle Knag, sans s'interrompre, tomba dans une foule d'autres réminiscences aussi vraies qu'intéressantes, dont Mme Nickleby essaya, mais en vain, d'arrêter le débordement. Voyant pourtant qu'elle n'y réussirait pas, elle finit par louvoyer et par chercher dans ses propres souvenirs un autre courant où elle pût faire voile à son tour. C'est ainsi que ces deux dames marchèrent de conserve, causant ensemble le long du chemin dans un parfait contentement. Toute la différence qu'il y avait entre elles, c'est que Mlle Knag avait dans Catherine, à laquelle elle s'adressait à haute voix, un auditoire obligé, tandis que Mme Nickleby était réduite à se contenter de parler dans le désert sans s'inquiéter s'il y avait ou non des oreilles ouvertes au bruit monotone de son babil incessant.

Après avoir ainsi continué leur route d'une manière amicale, elles arrivèrent enfin chez le frère de Mlle Knag, qui tenait une boutique de papiers de fantaisie et un petit cabinet de lecture dans une rue de traverse aux environs de Tottenham-Court-Road. Il louait au jour, à la semaine, au mois, à l'année, les vieux romans, les plus nouveaux qu'il pût avoir, dont on voyait pendre à sa porte les titres énoncés en caractères écrits à la main sur une feuille de carton. Mme Knag en était juste au moment où elle racontait le refus qu'elle avait fait de la vingt-deuxième demande en mariage, dont elle avait été l'objet de la part d'un gentleman extrêmement riche. Elle resta là pour les inviter à venir souper en famille et l'offre fut acceptée.

« Ne vous sauvez pas, Mortimer, dit Mlle Knag en entrant dans la boutique ; ce n'est rien, c'est seulement une de nos demoiselles avec sa mère : Mme et Mlle Nickleby.

— Oh ! vraiment, dit M. Mortimer Knag ; ah ! »

Après s'être risqué à prononcer ces interjections d'un air profond et pensif, M. Knag moucha majestueusement deux chandelles de suif sur son comptoir, deux autres dans la montre, et tira de la poche de son gilet sa tabatière ; il y puisa du tabac, qu'il se souffla dans le nez. Il y avait quelque chose de très imposant dans l'air mystérieux qui présidait à tous ces détails, et comme M. Knag était un grand maigre à traits prononcés, portant lunettes, et beaucoup moins riche en cheveux qu'un monsieur de quarante ans ou à peu près peut ordinairement se flatter de l'être, Mme Nickleby dit tout bas à sa fille que ce devait être un homme de lettres.

« Dix heures passées ! dit M. Knag en consultant sa montre ; Thomas, fermez le magasin. » Thomas était un garçon à peu près de la taille du volet qu'il emportait, et le magasin pouvait bien avoir la contenance de trois fiacres.

« Ah ! dit M. Knag en poussant encore ses interjections accompagnées d'un profond soupir, tout en rendant à la planche fidèle le livre qu'il venait de lire. Bon ! je crois que le souper est prêt, ma sœur. »

Encore un soupir de M. Knag pour prendre sur le comptoir les chandelles de suif et précéder les dames, d'un pas funèbre, dans une petite salle sur le derrière, où une femme de ménage, employée, pendant l'absence de la domestique malade, moyennant trente-six sous par jour à retenir sur les gages de l'autre, était en train de servir le souper.

« Madame Blockson, dit Mlle Knag d'un ton de reproche, ne vous ai-je pas déjà défendu cent fois de venir dans la chambre avec votre chapeau sur la tête ?

— Je ne peux m'en empêcher, mademoiselle Knag, dit la femme de ménage, qui prenait feu pour rien. Il y avait tant à nettoyer dans cette maison ! et d'ailleurs, si cela ne vous convient pas, donnez-vous la peine d'en chercher une autre ; je ne suis pas déjà si bien payée de mes peines, et c'est la vérité, quand on devrait me couper par morceaux.

— Point d'observations, s'il vous plaît, reprit Mlle Knag en appuyant avec énergie sur le pronom personnel. Y a-t-il du feu en bas pour avoir tout de suite de l'eau chaude ?

— Non, il n'y en a pas du tout, mademoiselle Knag, répondit la remplaçante ; j'aime mieux vous le dire que de vous mentir.

— Eh bien, pourquoi n'y en a-t-il pas?

— Parce qu'il ne reste pas de charbon ; si je pouvais en faire, du charbon, j'en ferais; mais, comme je ne puis pas, je n'en fais pas, je vous le dis franchement, mademoiselle.

— Voulez-vous vous taire, femelle? s'écria M. Mortimer Knag avec violence.

— Permettez, monsieur Knag, repartit la femme de ménage en se retournant avec colère ; je ne demande pas mieux que de ne pas dire un mot dans cette maison, si ce n'est pour répondre quand on me parle; et, quant à ce qui est d'être une femelle, je voudrais bien savoir ce que vous pourriez être vous-même.

— Un pauvre malheureux! s'écria M. Knag, en se frappant le front; un pauvre malheureux!

— A la bonne heure, dit Mme Blockson, je suis bien aise de voir que vous ne vous donnez pas un faux nom ; mais, comme j'ai eu deux jumeaux, il y a eu sept semaines avant-hier, et que mon petit Charles en tombant dans le sous-sol s'est démanché le coude lundi dernier, je vous serai bien obligée de m'envoyer demain matin, avant dix heures, à la mairie, les onze francs vingt-cinq centimes que vous me devez pour ma semaine. »

Après ces paroles d'adieu, la bonne femme sortit de la chambre avec une grande aisance de manières, laissant la porte toute grande ouverte, pendant que M. Knag au même moment se précipitait dans le magasin pour y gémir à son aise.

« Qu'est-ce qu'il a donc, ce monsieur? demanda Mme Nickleby, grandement alarmée de l'entendre exprimer ainsi son chagrin.

— Serait-il malade? demanda Catherine, réellement inquiète.

— Chut, chut, répondit Mlle Knag. C'est une histoire si mélancolique! figurez-vous qu'il était autrefois amoureusement épris de... hem... de Mme Mantalini.

— Dieu du ciel! s'écria Mme Nickleby.

— Oui, continua Mlle Knag; il reçut même d'elle de tels encouragements, qu'il put espérer avec confiance qu'elle serait sa femme. Voyez-vous, madame Nickleby, c'est un cœur très romanesque... hem ; d'ailleurs c'est comme cela dans toute notre famille; jugez quel coup terrible ce fut pour lui, quand il dut renoncer à cet espoir. C'est un homme d'un esprit merveilleux, l'esprit le plus extraordinaire, il lit... hem... il lit tous les romans qui paraissent, je veux dire tous les romans... hem... un peu à la mode, comme vous pensez; le fait est qu'il a trouvé dans ces lectures tant d'applications à faire à ses propres malheurs, et qu'il s'est trouvé lui-même tant de points de comparaison avec les héros de ces livres (car il sent naturellement sa supériorité comme tout le monde), qu'il s'est mis à mépriser tout; enfin il est devenu un grand génie, et je parie qu'au moment même où je parle, il est encore en train de composer un ouvrage.

— Encore un ouvrage? répéta Catherine, profitant d'un moment d'interruption pour placer un mot.

— Oui, dit Mlle Knag en secouant la tête d'un air triomphant comme un cheval de parade, encore un livre en trois volumes in-12. Vous comprenez que c'est un grand avantage pour lui, dans toutes les petites descriptions élégantes, de pouvoir mettre à contribution mon... hem!... mon expérience, car naturellement, parmi les auteurs qui écrivent sur de pareils sujets, il en est peu qui aient eu autant d'occasions d'observer que moi. Il est donc tellement absorbé dans la peinture de la vie du grand monde, que la moindre allusion à de menues affaires de commerce ou de ménage suffit pour le bouleverser; c'est ce qui vient de lui arriver avec cette femme; mais après tout, comme je le lui répète souvent, c'est une chose heureuse pour lui que ces désappointements, car, s'il n'en avait pas éprouvé, comment aurait-il pu écrire de si belles choses sur les esprits déçus, et ainsi de suite? Pour moi, je suis persuadée que si les choses avaient tourné autrement, son génie n'aurait jamais pris son essor. »

Qui peut dire jusqu'où serait allée l'expansion communicative de Mlle Knag dans des circonstances plus favorables? Mais, comme l'intéressante victime de Mme Mantalini pouvait l'entendre, et que d'ailleurs le feu n'allait pas, elle se crut obligée de ne pas pousser plus loin ses confidences. A en juger par les apparences et par le temps que l'eau mit à bouillir, la domestique, domiciliée pour le moment à l'hôpital, n'avait dû guère connaître d'autre feu que celui de Saint-Antoine. Cependant avec beaucoup d'eau et un peu de brandy, on réussit à la fin à composer une espèce de grog pour porter le dernier coup aux invitées déjà bien régalées d'un gigot de mouton froid, de pain et de fromage. Après quoi elles prirent congé de leurs hôtes. Catherine, tout le long du chemin, ne pouvait se lasser de s'amuser en se rappelant l'état de profonde réflexion dans lequel son dernier coup d'œil avait trouvé M. Mortimer Knag plongé au fond de sa boutique. Pendant ce temps-là, Mme Nickleby débattait en elle-même lequel vaudrait mieux définitivement, de mettre le magasin de couture sous la raison commerciale Mantalini, Knag et Nickleby, ou Mantalini, Nickleby et Knag.

L'amitié de Mlle Knag pour Catherine se soutint à ce paroxysme trois grands jours ; toutes les demoi-

« Un pauvre malheureux! » s'écria M. Knag en se frappant le front. (P. 128.)

selles de Mme Mantalini étaient stupéfaites de cette constance qu'elles ne lui avaient jamais connue; malheureusement, au quatrième, voici le coup aussi violent que soudain qui vint gâter tout.

Le hasard voulut qu'un vieux lord de grande famille, sur le point d'épouser une jeune demoiselle qui n'avait pas de nom de famille, l'emmena, elle et sa sœur, pour essayer deux chapeaux de noce commandés la veille. Mme Mantalini les ayant annoncées dans le magasin au moyen du porte-voix qui communiquait avec l'atelier, Mlle Knag, à cette voix perçante, s'empressa d'escalader le premier avec un chapeau dans chaque main, et se présenta au salon dans un état de palpitation plein de charmes, destiné sans doute à mieux faire éclater son dévouement et son zèle. Elle n'eut pas plutôt posé les chapeaux sur les têtes de ces dames, que Mme Mantalini et elle tombèrent dans des convulsions d'admiration extraordinaire.

« Quelle élégance! quelle distinction, dit Mme Mantalini.

— Je n'ai rien vu de ma vie d'aussi exquis, » dit Mlle Knag.

Pendant ce temps-là, le vieux lord, un très vieux lord, ne disait mot, mais il marmottait entre ses dents, il ricanait entre ses lèvres, dans un état de satisfaction et d'extase, où se confondaient à la fois le plaisir de voir essayer les chapeaux et celui d'avoir obtenu la main d'une si belle personne. Elle, de son côté, jeune demoiselle aux allures un peu vives, en voyant le vieux lord dans ce ravissement, le poursuivait de temps en temps derrière une psyché, où elle ne se gênait pas pour l'embrasser, pendant que Mme Mantalini et l'autre demoiselle avaient la discrétion de regarder d'un autre côté.

Mais, pendant un de ces intermèdes, Mlle Knag, en pointe de curiosité, passa par hasard derrière la psyché, et se trouva nez à nez avec la demoiselle en question, juste au moment où elle embrassait le vieux lord. Sur quoi, la demoiselle, devenant maussade, lui murmura quelque chose comme : « Vieille bête, grande insolente », et finalement lança à Mlle Knag un regard de colère accompagné d'un sourire de mépris.

« Madame Mantalini! dit-elle.

— Madame?

— Faites-moi donc le plaisir d'appeler cette jeune personne que nous avons vue hier.

— Oh oui! je vous en prie aussi, dit la sœur.

— Il n'y a rien, madame Mantalini, dit la future du lord, en s'étendant languissamment sur le sofa, que je déteste plus au monde que d'être servie par des horreurs et par de vieilles laiderons. Envoyez-moi toujours, je vous prie, cette jeune fille chaque fois que je viendrai.

— Oh! j'en suis, pour la jolie fille, dit le vieux lord, la belle et charmante jeune fille, s'il vous plaît.

— On ne parle que d'elle, dit la fiancée avec le même sans-façon; et milord, en sa qualité de grand amateur de la beauté, ne peut se dispenser de la voir.

— Il est vrai que tout le monde en fait cas, répliqua Mme Mantalini. Mademoiselle Knag, envoyez-nous Mlle Nickleby. Vous n'aurez que faire de remonter.

— Pardon, madame Mantalini, je n'ai pas bien entendu la fin, demanda Mlle Knag d'une voix tremblante.

— Vous n'aurez que faire de remonter, » répéta la maîtresse avec aigreur.

Mlle Knag disparut sans demander son reste, et l'on vit bientôt arriver à sa place Catherine, qui ôta les chapeaux neufs pour remettre les vieux, rougissant jusqu'au blanc des yeux de voir comme le vieux lord et les deux jeunes dames ne cessaient tout le temps de la dévisager.

« Comment! enfant, vous voilà toute rouge pour cela! dit la prétendue du vieux lord.

— Excusez-la, madame, dit avec un sourire gracieux Mme Mantalini; dans une semaine ou deux elle sera moins empruntée.

— J'ai bien peur, continua la demoiselle, que ce ne soit, milord, quelqu'une de vos œillades assassines qui l'ait mise dans cet état.

— Du tout, du tout, répondit-il, du tout, du tout; à présent que je vais me marier, je vais faire vie nouvelle, ha! ha! ha! vie nouvelle, ha! ha! ha! »

Le vieux gentleman avait lieu de se féliciter de ce qu'il allait faire vie nouvelle, car il était bien évident qu'il en avait besoin pour remplacer sa vieille vie qui ne pouvait plus durer longtemps. Rien que l'effort qu'il fit pour ricaner ses ha! ha! ha! lui valut une quinte qui pensa le suffoquer. Il en eut pour cinq minutes avant de pouvoir reprendre sa respiration, pour faire la remarque que la petite demoiselle était trop jolie pour être modiste.

« J'espère, dit Mme Mantalini de son plus joli sourire, que vous ne regardez pas les agréments de la figure comme de trop dans notre commerce?

— Bien loin de là, répliqua le vieux lord, ou il y a longtemps que vous auriez quitté les affaires.

— Voulez-vous vous taire, petit séducteur! dit sa future, en portant des bottes à Sa Seigneurie avec le bout de son ombrelle; n'êtes-vous pas honteux? »

Cette question folâtre fut accompagnée de quelques bottes nouvelles, contre lesquelles le vieux lord se défendit en lui prenant l'ombrelle qu'elle voulut reprendre, mais sans succès, jusqu'à ce que l'autre demoiselle vînt à son secours, avec une foule d'autres petites gentillesses véritablement intéressantes.

« Madame Mantalini, dit-elle enfin, vous ferez faire tous les petits changements dont nous sommes convenues, n'est-ce pas? Et vous, mauvais sujet, passez devant, je le veux positivement. Je ne vous laisserai pas seulement une demi-seconde derrière moi avec cette jolie fille. Oh! je vous connais bien. Jeanne, ma chère, faites-le passer devant, c'est le seul moyen de nous assurer de lui. »

Le vieux lord, évidemment enchanté de ce soupçon flatteur, gratifia Catherine, en passant, de l'œillade la plus bouffonne; mais sa scélératesse lui valut encore un autre coup d'ombrelle. Puis il descendit l'escalier d'un pas chancelant jusqu'à la porte, où le petit coquin fut hissé, à force de bras, dans sa voiture par deux laquais des plus robustes.

« Peuh! dit Mme Mantalini; si j'étais à sa place, je ne pourrais jamais monter dans ma voiture sans penser que je monte dans mon corbillard. Allons, ma chère, emportez tout cela, emportez. »

Catherine, qui était restée pendant toute cette scène les yeux modestement fixés sur le parquet, fut si charmée d'avoir la permission de se retirer, qu'elle descendit, légère et joyeuse, l'escalier de Mme Mantalini, pour rentrer sous la férule de Mlle Knag.

Mais, bon Dieu! quel changement s'était opéré pendant cette courte absence dans le petit royaume de l'atelier! Mlle Knag ne trônait plus à sa place, sur ce siège accoutumé où elle gardait toute la dignité et les grands airs d'une dame appelée à l'honneur de représenter Mme Mantalini. La digne demoiselle était en ce moment assise sur une grande boîte à chapeaux, le visage baigné de larmes, avec trois ou quatre de ces demoiselles empressées auprès d'elle : l'une tenant à la main de la corne de cerf, l'autre lui faisant respirer du vinaigre des quatre voleurs; d'autres encore lui présentant toutes sortes de sels salutaires, dont la vue témoignait assez, sans parler de sa coiffure en désordre et de son tour de tête défrisé, qu'elle venait d'avoir une pâmoison terrible.

« Ciel! dit Catherine en se précipitant vers elle; qu'est-ce qu'il y a? »

Il n'en fallut pas davantage pour procurer à Mlle Knag les symptômes d'une violente rechute;

et les demoiselles de lancer à Catherine des yeux courroucés, toujours à grand renfort de vinaigre et de corne de cerf pour la pauvre évanouie; et l'on entendait de tous côtés : « Oh! que c'est affreux!

— Qu'est-ce qui est affreux? demanda Catherine; qu'y a-t-il? dites-moi, qu'est-il arrivé?

— Ce qui est arrivé! s'écria Mlle Knag en se dressant toute raide comme une barre de fer, à la grande épouvante de ces demoiselles consternées; ce qui est arrivé! fi de vous, sale petite créature.

— Dieu du ciel! s'écria Catherine, presque paralysée par la violence avec laquelle le terrible adjectif avait franchi les dents serrées de Mlle Knag. Quoi! vous aurais-je offensée?

— Vous, m'offenser? repartit Mlle Knag; vous, une morveuse, une enfant, une parvenue, une rien du tout. Oh! par exemple, ha! ha! ha! ha! »

Il était bien évident, à voir le rire convulsif de Mlle Knag, que cette prétention d'avoir pu l'offenser était excessivement amusante. Et, comme ces demoiselles ne manquaient jamais de s'inspirer de leur chef de file, elles tombèrent à leur tour dans un rire inextinguible, avec de petits signes de tête expressifs et des sourires moqueurs, en se regardant les unes les autres comme pour se dire : Voilà qui est fort!

« Voici la demoiselle, continua Mlle Knag, bondissant de sa boîte et présentant Catherine avec toutes sortes de cérémonies et de révérences les plus humbles à la compagnie, qui pouffait de rire; voici la demoiselle dont tout le monde parle, la belle des belles, mesdames, la beauté du jour. Oh! vilaine effrontée! »

En ce moment de crise, la vertu de Mlle Knag ne put réprimer un frémissement d'indignation qui se communiqua par un effet électrique à toutes ces demoiselles; puis elle se mit à rire, puis elle se mit à pleurer.

« Voilà quinze ans, s'écria Mlle Knag avec des sanglots à fendre le cœur le plus dur, voilà quinze ans que je suis l'honneur et l'ornement de cette chambre de travail et du salon du premier étage. Dieu merci! ajouta-t-elle en frappant d'abord du pied droit, puis du pied gauche le parquet innocent avec une effroyable énergie, je n'avais jamais été victime des viles intrigues, oui, des viles intrigues d'une créature qui nous déshonore par sa conduite, et qui, rien que d'y penser, fait monter la rougeur au front. Je devrais n'en ressentir que du dégoût; eh bien, c'est plus fort que moi, je ne puis m'empêcher d'y être sensible. »

Ici Mlle Knag retomba dans ses vapeurs, et ces demoiselles, renouvelant leurs soins délicats, recommencèrent à la supplier de se mettre au-dessus de cela; quant à elles, elles n'avaient que du mépris pour de pareils procédés, et ne voulaient pas même leur faire l'honneur de s'en occuper davantage. Ce qui ne les empêcha pas cependant de répéter avec plus d'énergie que jamais que c'était une honte, et qu'elles en étaient si furieuses, qu'elles avaient peine à se contenir.

« Faut-il que j'aie vécu jusqu'à ce jour pour m'entendre appeler une horreur! cria tout à coup Mlle Knag, qui, dans ses convulsions, faisait des efforts pour s'arracher... son tour de cheveux.

— Oh! non, non, reprit le chœur, ne dites pas cela, vous nous navrez.

— Je vous le demande, ai-je mérité qu'on me traitât de vieille laideron? » Et elle poussait des cris aigus, en se débattant entre les mains des demoiselles surnuméraires.

« N'y pensez plus, répondit le chœur.

— Eh bien, oui, je la hais, je la déteste! je la déteste et je la hais! qu'elle ne s'avise plus de me dire un mot, et que pas une de celles qui m'aiment ne lui parle jamais : une coquine, une gueuse, une impudente petite gueuse! » Après cette apostrophe vigoureuse à l'objet de son courroux, Mlle Knag poussa un cri, trois hoquets et je ne sais combien de glouglous du fond de la gorge, s'assoupit, frissonna, reprit ses sens, se remit, se recoiffa, et déclara qu'elle se trouvait tout à fait rétablie.

La pauvre Catherine avait d'abord regardé toutes ces grimaces d'un air effaré. Puis elle était devenue tour à tour pâle comme la mort et rouge comme le feu : elle avait même essayé deux ou trois fois d'ouvrir la bouche, pour demander des explications; mais en voyant se développer peu à peu les causes du changement d'humeur de Mlle Knag, elle se retira quelques pas en arrière et continua de rester dans un calme parfait, sans répliquer une parole. Néanmoins, tout en allant reprendre sa chaise dans le coin le plus reculé de la chambre avec un air de fierté blessée, tout en tournant le dos à ce groupe de petits satellites qui circulaient autour de l'orbite de leur planète éclipsée, elle aussi versa en secret des larmes amères qui auraient bien réjoui Mlle Knag jusque dans le fond de l'âme, si elle avait eu le bonheur de les voir.

CHAPITRE XIX

Description d'un dîner chez M. Ralph Nickleby; amusements auxquels se livre la société avant, pendant et après.

Tout le reste de la semaine, Mlle Knag ne cessa d'épancher sa rancune et sa bile; ou plutôt sa colère, loin de diminuer, ne fit que s'accroître d'heure en heure. Bien entendu que l'honnête courroux de ces demoiselles augmentait, au moins en apparence, avec les élans d'indignation de l'excellente vieille fille. Mais les accès en redoublaient chaque fois qu'on appelait Mlle Nickleby au salon. Tout cela n'était pas fait pour rendre la vie agréable et digne d'envie à la pauvre fille. Aussi soupirait-elle après le retour du samedi soir, comme un prisonnier après quelques heures de répit de ses lentes et cruelles tortures. On lui eût donné le triple de la maigre pitance que lui valait son travail de la semaine, qu'elle l'aurait encore trouvée bien chèrement achetée.

Ce soir-là donc, en allant rejoindre, selon son habitude, sa mère au coin de la rue, elle ne fut pas peu surprise de la trouver en conversation avec M. Ralph Nickleby; mais elle le fut plus encore du sujet de leur entretien et du changement que M. Nickleby montrait dans ses manières et dans le ton radouci de sa voix.

« Ah ! vous voilà, ma chère, dit Ralph; justement nous étions en train de parler de vous.

— Vraiment! répondit Catherine en baissant les yeux, sans savoir pourquoi, devant le regard brillant mais glacial de son oncle.

— Je venais à l'instant même pour vous voir; je voulais vous prendre avant que vous fussiez sortie, mais votre mère et moi nous nous sommes mis à parler d'affaires de famille, et le temps a filé si vite...

— C'est vrai, n'est-ce pas? interrompit Mme Nickleby, sans se douter le moins du monde de l'intention railleuse ni du ton caustique de M. Ralph. Sur mon honneur, je n'aurais jamais cru possible que... Catherine, ma chère, vous dînez demain chez votre oncle, à six heures et demie. »

Toute glorieuse d'avoir été la première à apprendre à sa fille cette nouvelle extraordinaire, Mme Nickleby fit je ne sais combien de sourires et de signes de tête, pour mieux faire sentir à Catherine toute la magnificence de l'honneur que lui faisait son oncle; puis, tout à coup elle tourna court pour aviser aux voies et moyens.

« Voyons, dit la bonne dame, votre robe de soie noire fera très bien l'affaire, avec cette jolie petite écharpe, vous savez, ma chère; un bandeau uni dans vos cheveux et une paire de bas de soie noire... Mon Dieu! mon Dieu! s'écria Mme Nickleby, faisant un nouvel écart de conversation, si j'avais encore seulement ces malheureuses améthystes.... vous vous rappelez, Catherine, mon ange, comme elles étincelaient, vous savez... Mais votre papa, votre pauvre papa!... Ah! il n'y a jamais eu de sacrifice plus cruel que celui de ma parure d'améthystes! » Accablée par cette pensée pleine d'agonie, Mme Nickleby branla la tête de la façon la plus mélancolique, et porta son mouchoir à ses yeux.

« Je n'en ai aucun besoin, maman, dit Catherine, vous pouvez oublier que vous en avez jamais eu.

— C'est bon, c'est bon, ma chère, reprit Mme Nickleby d'un air contrarié; vous parlez là comme un enfant. Vingt-quatre petites cuillers d'argent, mon beau-frère, deux saucières, quatre salières, toutes mes améthystes, un collier, une broche, des boucles d'oreilles, tout cela parti du même coup, et moi lui disant, presque à genoux, à ce pauvre cher homme : « Pourquoi ne faites-vous pas quelque chose, Nicolas? Pourquoi ne faites-vous pas quelque arrangement? » Certes, tous ceux qui ont pu nous connaître alors me rendront la justice que, si je ne lui ai pas dit cela cinquante fois, je ne le lui pas ai dit une; n'est-ce pas, Catherine? Dites, ai-je jamais négligé une occasion de donner là-dessus de bons conseils à votre pauvre cher père?

— C'est vrai, maman, c'est vrai. »

Et Catherine ne se trompait pas en répondant ainsi. Oui, vraiment Mme Nickleby pouvait se rendre cette justice, comme à peu près toutes les dames, je crois, qu'elle n'avait jamais perdu une occasion de donner à son mari de ces bons conseils qui vaudraient de l'or s'ils étaient seulement plus clairs et plus précis, au lieu d'être enveloppés, comme les oracles de la sibylle, d'un vague et d'un mystérieux qui en rendent l'application impossible.

« Ah! dit Mme Nickleby avec transport, si l'on m'avait écoutée dès le commencement! Mais c'est bon, j'ai toujours fait mon devoir, moi, et c'est une consolation. »

Mme Nickleby ne put arriver à cette réflexion sans soupirer, se frotter le dos de la main, jeter les yeux au ciel, prendre enfin un air de résignation angélique, comme une sainte, une vraie sainte, qui ne veut même pas ennuyer plus longtemps ses auditeurs à leur prouver une chose qui saute aux yeux de tout le monde.

« Maintenant, dit Ralph avec un sourire qui, d'accord avec ses autres signes d'émotion, paraissait plutôt à fleur de peau qu'en plein visage, pour en revenir à nos moutons, j'ai demain à dîner quelques gentlemen avec lesquels je suis en affaires, et votre mère m'a promis que vous viendriez faire les honneurs de ma maison. Je n'ai pas grande habitude de ces parties-là, mais celle-ci est plutôt un rendez-vous d'affaires, et quelquefois les affaires ne se font bien qu'à l'aide de ces sottes convenances. Cela ne vous gêne pas de me rendre service?

— La gêner! cria Mme Nickleby. Ma chère Catherine, vous...

— Permettez, dit Ralph l'interrompant, et lui faisant signe de se taire; c'est à ma nièce que je parlais.

— J'en serai fort contente, vous pouvez le croire, mon oncle, reprit Catherine. Je n'ai qu'une peur, c'est que vous ne me trouviez bien gauche et bien empruntée.

— Oh que non! dit Ralph. Eh bien donc, vous viendrez quand vous voudrez. Vous prendrez un fiacre; je le payerai. Bonsoir. Dieu vous conduise! »

Ralph eut bien du mal à expectorer ce souhait bienveillant, qui semblait lui tenir à la gorge par défaut d'habitude. On aurait dit qu'il s'était fourvoyé dans un cul-de-sac dont il ne pouvait plus sortir. Pourtant il finit par se faire un passage avec plus ou moins de bonheur. Nickleby, après en être sorti à son honneur, serra la main à ses parentes et les quitta brusquement.

« Quelle singulière physionomie a votre oncle! dit Mme Nickleby, frappée de l'expression de son regard en lui disant adieu; son pauvre frère était loin d'avoir les traits aussi prononcés; il n'y avait pas la moindre ressemblance.

— Maman, dit Catherine d'un ton de reproche, comment pouvez-vous avoir de ces idées-là?

— Non, décidément, continua Mme Nickleby tout entière à la même pensée, pas la moindre; cependant on ne peut pas dire que ce n'est pas une figure d'honnête homme. »

La digne matrone fit cette remarque avec de grands frais de gestes et de paroles éloquentes, comme s'il y avait eu dans son observation plus de finesse et de pénétration qu'il ne paraissait, et la vérité est que, sauf erreur, c'était en effet une des découvertes contemporaines les plus extraordinaires. Catherine leva les yeux avec vivacité et les baissa de même.

« A quoi donc rêviez-vous là, ma chère, au nom du ciel? demanda Mme Nickleby après qu'elles eurent fait un bout de chemin en silence.

— Oh! à rien, maman, je pensais.....

— Vous pensiez! Ah! je crois bien, il y a de quoi. Votre oncle s'est pris d'un goût singulier pour vous, voilà ce qu'il y a de sûr, et, s'il ne vous arrive pas après cela quelque bonne fortune des plus extraordinaires, dites que je ne m'y connais pas. Voilà tout. »

Et là-dessus, la voilà lancée en pleines anecdotes sur des demoiselles à qui des oncles d'humeur excentrique glissaient des billets de banque dans leur ridicule, puis encore sur d'autres demoiselles qui avaient fait chez leurs oncles la rencontre de gentlemen aimables et surtout énormément riches, qu'elles avaient épousés après quelques jours d'une cour ardente et passionnée. Et Catherine, après avoir commencé par écouter avec indifférence, puis avec intérêt, avait fini, en arrivant chez elle, par sentir s'éveiller dans son cœur quelque chose de la vivacité des espérances ambitieuses de sa mère; elle se figura à son tour que son sort pouvait devenir plus heureux, que des jours meilleurs allaient luire pour elle. Voilà ce que c'est que l'espérance, baume céleste, dit-on, répandu sur les plaies des mortels. En effet, comme une essence subtile versée du haut des cieux, elle pénètre toutes choses, bonnes et mauvaises; elle est universelle comme la mort et contagieuse comme la peste.

Le faible soleil d'hiver, et Dieu sait si les soleils d'hiver sont faibles dans la cité de Londres, dut briller d'un éclat inaccoutumé en signe de réjouissance le jour où, perçant les sombres fenêtres de la vieille masure, il put assister au spectacle nouveau que présentait une des chambres mal meublées de ce bâtiment délabré. Voyez sous ce coin obscur, où depuis des années il n'avait jamais existé qu'une pile triste et inerte de colis marchands ensevelis dans l'ombre, le silence et la poussière, servant de retraite à une colonie de souris, et accotée contre les lambris? Ce coin paisible n'était jamais troublé que par le roulement des charrettes pesamment chargées qui passaient dehors dans la rue, faisant trembler au dedans les ballots et les caisses, et jetant l'alarme parmi le peuple souriquois, dont les yeux brillants étaient illuminés par la peur, et qui se tenait coi, l'oreille dressée, le cœur palpitant, jusqu'à ce que le terrible tonnerre eût fait entendre ses derniers roulements. Eh bien, dans ce coin obscur, vous pouvez voir à présent, rangés avec un soin scrupuleux, tous les petits atours dont Catherine doit se parer aujourd'hui. Chaque article de sa toilette portait le cachet de gentillesse personnelle que nous attribuons volontiers aux vêtements d'une jolie femme, même lorsqu'ils sont suspendus à son portemanteau. Sommes-nous dupes en cela d'une association d'idées qui nous fait illusion, ou bien leur a-t-elle imprimé sa forme et son moule? Nous ne savons, mais ils conservent à nos yeux leur charme d'habitude. Ainsi donc, à la place d'une balle de riz moisi, se trouvait alors la fameuse robe de soie noire, encore empreinte de la taille la plus élégante. Les petits souliers, encore soulevés par l'orteil délicat qu'ils ont pressé, pèsent plus légèrement sur le sol tout à l'heure gémissant sous une masse de fer; et la pile de cuir avarié avait, sans le savoir, pour successeur la fine paire de bas de soie noire si chère au cœur de Mme Nickleby. Quant aux rats et aux souris, il y avait beau jour qu'ils avaient crevé de faim ou émigré dans un nouveau monde, cédant la place à des gants, des bandeaux, des écharpes, des épingles à tête, et une foule d'autres petits affiquets, non moins ingénieux à provoquer la poursuite des hommes que les souris et les rats à s'y dérober. Puis, au milieu de tout ce petit monde de séductions, se montrait Catherine elle-même, et ce n'était pas le moins brillant des ornements inattendus qui avaient transfiguré cette vieille, triste et sombre ruine.

A l'heure dite, heure de désir ou de crainte, comme le voudra le lecteur, Catherine était prête. Car l'impatience de Mme Nickleby était en avance sur toutes les horloges de ce bout du monde. Aussi sa fille avait mis sa dernière épingle, qu'il y avait encore une grande heure et demie avant qu'elle fût obligée en conscience de commencer sa toilette. Enfin elle était donc complète en attendant l'heure, de plaisir ou d'ennui, qui finit par sonner son départ. Le porteur d'eau de la maison eut la complaisance d'aller chercher un fiacre sur la place, et Catherine y monta, après bien des adieux à sa mère, bien des messages à miss la Creevy, pour la prier de venir prendre le thé avec sa mère, et partit en grande pompe et en fiacre; et le fiacre, et le cocher, et les chevaux se mirent à rouler, trottiner, sautiller, fouetter, jurer, cahoter, tous ensemble, tant qu'enfin ils arrivèrent à Golden-square.

Le cocher frappa avec le marteau de la porte un terrible toc toc, qui n'était pas fini que déjà elle était ouverte. On eût dit qu'il y avait un homme caché tout exprès derrière, la main sur le loquet. Catherine s'attendait à trouver tout au plus, pour recevoir, Newman Noggs en chemise blanche; mais quel fut son étonnement de voir ouvrir par un laquais en livrée élégante, la même que portaient deux ou trois autres valets dans le vestibule! Elle ne se trompait pas cependant : c'était bien là la maison, le nom était encore sur la porte. Elle se décida donc à accepter, pour appuyer sa main, la manche galonnée qu'on lui offrait pour descendre, et elle fut introduite au premier dans un salon sur le derrière, où on la laissa seule.

Si elle avait été surprise en voyant apparaître le valet de pied, ce fut bien pis en regardant autour d'elle. Elle était tout abasourdie de la richesse et de la splendeur du mobilier. Les tapis les plus nouveaux et les plus moelleux, les tableaux les plus précieux, les glaces les plus chères, les ornements les plus somptueux qui laissaient l'esprit ébloui en suspens entre leur valeur propre et la profusion avec laquelle on les avait prodigués partout, appelaient de tous côtés ses regards. Il n'y avait pas jusqu'à l'escalier, du haut en bas, qui ne fût tapissé d'objets de luxe resplendissants, comme si la maison, regorgeant de richesses, n'attendait qu'un bibelot de plus pour déborder vers la rue.

En ce moment, elle entendit à la porte une série de toc toc, toujours suivis chaque fois de quelque son de voix nouvelle dans la chambre voisine. Au commencement on distinguait aisément le ton de M. Ralph Nickleby, mais elle finit par être couverte aussi par le bourdonnement général des conversations particulières, et tout ce qu'elle put deviner de positif, c'est qu'il y avait là un certain nombre de gentlemen qui n'avaient pas la voix harmonieuse, qui parlaient très haut, riaient à gorge déployée et juraient plus souvent qu'elle ne l'aurait cru nécessaire, si on lui avait demandé son avis. Mais, après tout, c'est une affaire de goût.

Enfin la porte s'ouvrit, et Ralph en personne, mais cette fois sans bottes (il les avait remplacées par des bas de soie noire et des escarpins), présenta sa figure de vieux renard.

« Je n'ai pas pu, ma chère, lui dit-il à demi-voix, en lui montrant de la main la chambre voisine, venir vous voir plus tôt, j'étais occupé à les recevoir; maintenant, voulez-vous que je vous y conduise?

— Dites-moi, mon oncle, répondit Catherine un peu émue (on le serait à moins, même avec plus d'habitude du monde, au moment d'entrer dans un salon où l'on ne connaît personne, sans avoir eu le temps seulement de se préparer) : y a-t-il des dames?

— Non, dit Ralph d'une voix brève, je n'en connais pas.

— Faut-il que j'entre tout de suite? demanda Catherine en faisant un pas en arrière.

— Comme vous voudrez, dit Ralph en haussant les épaules; tout le monde est arrivé et on va annoncer que le dîner est servi, voilà tout. »

Catherine aurait bien voulu qu'on lui fît grâce encore de quelques minutes; mais, réfléchissant que son oncle pourrait bien calculer qu'en retour de l'argent qu'il avait donné pour le fiacre qui l'avait amenée, elle lui devait bien au moins de l'empressement et de l'exactitude, elle se laissa prendre le bras et conduire au salon.

Il y avait là, debout autour du feu, sept ou huit gentlemen tellement absorbés dans une conversation bruyante, qu'ils ne la virent pas même entrer, jusqu'à ce que M. Ralph Nickleby, en prenant un par la manche, lui dit d'une voix fortement accentuée, comme pour commander l'attention générale :

« Lord Frédéric Verisopht, ma nièce, Mlle Nickleby. »

Le groupe s'ouvrit avec l'apparence d'une extrême surprise, et le gentleman interpellé par M. Ralph Nickleby montra, en se retournant, une toilette des plus à la mode, une paire de favoris aussi bien taillés que ses habits, une moustache épaisse, une tête à tous crins, une figure toute jeune.

« Eh! fit-il, que diable!... »

En poussant ces exclamations, il fixa son lorgnon à son œil et son œil sur Mlle Nickleby avec un profond étonnement.

« Ma nièce, milord, dit Ralph.

— En ce cas, mes oreilles ne m'avaient donc pas trompé. Je me croyais en face d'une figure de cire faite au moule, voulut bien dire Sa Seigneurie. Comment vous portez-vous, mademoiselle? Je suis charmé. » Puis il se retourna vers un autre gentleman du meilleur genre aussi, un peu plus âgé, un peu plus fort, un peu plus haut en couleur, un peu plus roué, et lui dit à l'oreille, d'une voix très intelligible pour tout le monde, que la petite était gentille en diable!

« Présentez-moi, Nickleby, dit à son tour le gentleman qui s'était mis à son aise, le dos tourné au feu, et les coudes sur la cheminée.

— Sir Mulberry Hawk, dit Ralph.

— Autrement dit, le plus rude jouteur de la bande, mademoiselle Nickleby, dit lord Frédéric Verisopht.

— Ne m'oubliez pas non plus, Nickleby, cria un autre monsieur au visage effilé, en ce moment enfoncé dans un fauteuil à dossier, tenant à la main un journal.

— M. Pyke, dit Ralph.

— Ni moi non plus, Nickleby, cria un monsieur, le visage enluminé et le nez en l'air, qui se tenait à côté de sir Mulberry Hawk.

— M. Pluck, » dit Ralph. Puis, tournant sur ses talons, il alla prendre un gentleman qui avait un coup de cigogne et des jambes qui ne ressemblaient à celles d'aucun autre animal, et le présenta comme le très honorable M. Snobb. Puis enfin une tête grise assise alors devant la table : « Le colonel Chowser. » Le colonel causait avec un autre invité qui n'était, à ce qu'il paraît, qu'un bouche-trou, et ne fut pas présenté du tout.

Catherine, dès le début, fit deux remarques, qui lui allèrent au cœur et lui firent monter la honte au visage. La première, c'est que tous les personnages là présents regardaient son oncle avec un mépris outrageant, et la seconde, c'est qu'ils mettaient dans leurs manières avec elle un sans-façon insolent. Il ne fallait pas une grande pénétration pour comprendre que la seconde humiliation était une conséquence nécessaire de la première. Et ici Ralph Nickleby avait compté sans son hôte. Prenez une jeune personne toute fraîche débarquée de sa province, aussi novice que vous voudrez pour les usages du monde, et vous pouvez parier, en toute assurance, qu'elle trouvera dans son instinct naturel un tact aussi délicat pour juger des convenances et des lois de la société que si elle avait l'expérience d'une douzaine d'hivers dans le monde. Peut-être même en juge-t-elle avec un sens plus exquis, n'ayant pas eu le temps d'en émousser, comme bien d'autres, la finesse dans une longue pratique.

Quand Ralph eut achevé la cérémonie de la présentation, il conduisit sa nièce, toute rouge de honte, au siège qui lui était destiné. En même temps, il n'oublia pas de s'assurer, par un coup d'œil jeté à la ronde, de l'impression produite par l'apparition inattendue de cette reine de la fête.

« Voilà un plaisir, Nickleby, qui n'était pas dans le programme, dit lord Frédéric Verisopht, en faisant passer son lorgnon de l'œil droit, où il était resté jusque-là en sentinelle pour observer Catherine, à l'œil gauche pour le braquer sur Ralph.

— C'est une surprise qu'on vous avait ménagée, lord Frédéric, dit M. Pluck.

— L'idée n'est pas mauvaise, reprit Sa Seigneurie; elle vaut à elle seule deux et demi pour cent de plus.

— Nickleby, dit sir Mulberry Hawk de sa voix dure et rude, ne laissez pas tomber cette proposition et ne manquez pas de grossir d'autant les vingt-cinq pour cent, ou n'importe quoi de votre compte; je ne demande que moitié pour ma peine. »

Sir Mulberry assaisonna cette fine plaisanterie

d'un rire enroué, et finit en jurant par les *membres* de la famille Nickleby, serment qui provoqua chez MM. Pyke et Pluck un rire inextinguible.

Ils riaient encore, quand on annonça que Madame était servie, et ce fut une occasion nouvelle de rire sans fin, car sir Mulberry Hawk, dans son transport de folle gaieté, escamota à lord Frédéric Verisopht l'honneur de donner la main à Catherine pour la conduire en bas, à la salle du festin, en passant jusqu'au coude le bras de Mlle Nickleby sous le sien.

« Non pas, ou le diable m'emporte, Verisopht, dit-il à son ami en se glissant à sa place ; il ne faut pas tricher ici. Voilà dix minutes que Mlle Nickleby et moi nous nous sommes fait des yeux cette promesse.

— Ha ! ha ! ha ! dit en riant aux éclats l'honorable M. Snobb ; charmant ! délicieux ! »

Piqué au jeu par ses succès, sir Mulberry Hawk fit à ses amis des yeux qui supposaient une foule de choses les plus facétieuses du monde, et conduisit Catherine en bas avec un air de familiarité qui soulevait dans sa poitrine de jeune fille une indignation si ardente, qu'elle avait peine à ne pas la laisser éclater. Pour comble de contrariété, elle s'aperçut, en arrivant, qu'elle occupait le haut bout de la table entre sir Mulberry Hawk et lord Frédéric.

« Oh ! vous avez trouvé moyen, à ce qu'il paraît, de venir vous établir dans notre voisinage, dit sir Mulberry à Sa Seigneurie, qui venait de s'asseoir près de Catherine.

— Je crois bien, répondit lord Verisopht, en fixant les yeux sur Mlle Nickleby ; comment pouvez-vous me faire cette question ?

— A la bonne heure ; mais occupez-vous alors de votre dîner, dit l'autre, et point du tout de moi et de Mlle Nickleby, car je vous avertis que nous serions des interlocuteurs fort distraits.

— Nickleby, dit lord Frédéric, j'ai besoin de votre intervention ici pour rétablir mes affaires.

— Qu'est-ce qui se passe, milord ? demanda Ralph du bout de la table où il était flanqué de MM. Pyke et Pluck.

— Voilà un camarade qui accapare votre nièce, dit lord Frédéric.

— Vous savez, milord, dit Ralph avec un rire moqueur, qu'il prélève toujours une part raisonnable sur les biens auxquels vous pouvez prétendre.

— Ce n'est que trop vrai, reprit le jeune homme ; le diable m'emporte si je peux reconnaître à présent qui est le maître de lui ou de moi dans ma maison.

— Je le sais bien, dit Ralph entre ses dents.

— Vous verrez que je serai obligé de m'en débarrasser en lui léguant un shilling par testament, dit le jeune gentilhomme en plaisantant.

— Non, non, je ne veux pas de cela, de par le diable ! dit sir Mulberry. Quand vous en serez réduit à un shilling, à votre dernier shilling, n'ayez pas peur, je ne vous donnerai pas la peine de vous débarrasser de moi ; mais, par exemple, jusque-là je ne vous lâcherai pas, vous pouvez m'en croire sur parole. »

Cette saillie, fondée sur des faits irrécusables, fut accueillie par un hourra général, dominé par les éclats bruyants de MM. Pyke et Pluck, évidemment les deux flatteurs en titre de sir Mulberry. Au fait il était facile de voir que la plus grande partie des convives était venue à la curée du malheureux jeune lord, qui, malgré sa faiblesse et son esprit court, était, sans contredit, et de beaucoup, le moins vicieux de la compagnie. Sir Mulberry Hawk était renommé pour son habileté à ruiner, par lui-même et par ses agents, de jeunes gentilshommes de riche condition : profession élégante et distinguée où il était passé maître. Grâce à l'intrépidité de son génie sans pareil, il avait même inventé un système tout nouveau, le contre-pied de l'ancienne méthode. Une fois qu'il avait jeté le grappin sur une victime, au lieu de s'asservir à ses volontés, il se faisait un point d'honneur de lui imposer la sienne, et d'exercer sur elle publiquement et sans réserve l'ascendant de sa direction. Ses dupes lui servaient ainsi de but et de plastron, et, tout en vidant leur gousset, il se donnait encore le plaisir de leur administrer de temps en temps quelque tape bien appliquée pour l'amusement de la cantonade.

Il ne manqua rien au dîner ; il répondit, pour la magnificence de l'ensemble et l'abondance des détails, à l'ameublement de la maison, et nous devons à la société en général, à MM. Pyke et Pluck en particulier, la justice de dire qu'ils se signalèrent par leur zèle tout particulier à faire honneur au repas. Ces deux messieurs surtout mangeaient de tous les plats, buvaient de toutes les bouteilles avec une capacité et une persévérance véritablement surprenantes. Et, malgré cela, il semblait que leurs travaux passés ne nuisaient en rien à la fraîcheur de leur appétit. Car, en voyant servir le dessert, ils donnèrent avec la même ardeur que s'ils n'avaient fait jusque-là que peloter en attendant partie.

« Ma foi, dit lord Frédéric en dégustant son premier verre de porto, si c'est là un dîner d'escompte, je puis bien dire, ou le diable me brûle, que je serais charmé de me faire escompter tous les jours.

« C'est une de vos œillades assassines, milord ! » (P. 130.)

— Laissez faire, repartit sir Mulberry Hawk, on ne vous en laissera pas manquer dans l'occasion ; Nickleby vous en dira quelque chose.

— Qu'en dites-vous, Nickleby ? demanda le jeune lord. Est-il vrai que je doive être un jour une de vos bonnes pratiques ?

— Cela dépend entièrement des circonstances, milord, répondit Ralph.

— Oui, des circonstances où se trouvera le crédit de Votre Seigneurie, et du produit des courses de chevaux. »

C'était le colonel de la milice, M. Chowser, qui était venu si malheureusement se mêler à la conversation.

Il jeta en même temps un coup d'œil sur MM. Pyke et Pluck, s'attendant bien à les voir rire de sa bonne plaisanterie ; mais il en fut pour ses frais : ces messieurs, qui n'étaient engagés comme claqueurs qu'au service de M. Mulberry Hawk, gardèrent, au grand désappointement du galant colonel, une gravité de pompes funèbres. Ce n'est pas tout, sir Mulberry lui porta le dernier coup. Ne voulant pas autoriser ainsi les gens à chasser sur ses terres, il regarda son adversaire fixement au travers de son verre, comme s'il eût été étonné de cette hardiesse, et exprima à haute et intelligible voix que c'était prendre des *libertés diaboliques*. Lord Frédéric, ainsi averti, prit son verre à son tour, pour lorgner au travers le téméraire, comme si c'eût été quelque animal, quelque bête curieuse, montrée par son cornac pour la première fois. On pense bien que MM. Pyke et Pluck dévisagèrent de leur côté l'individu que M. Mulberry dévisageait du sien : en sorte que le pauvre colonel, pour cacher sa confusion, fut réduit à la nécessité de tenir son verre de porto à hauteur de son œil droit, affectant d'en étudier la couleur avec le plus vif intérêt.

Tout ce temps-là, Catherine était restée aussi silencieuse que possible, osant à peine lever les yeux, dans la crainte de rencontrer le regard admirateur de lord Frédéric Verisopht, ou, ce qui était bien plus embarrassant encore, le regard impudent de son ami sir Mulberry. A la fin, ce fut ce dernier gentleman qui eut l'obligeance d'attirer sur elle l'attention générale.

« Voici Mlle Nickleby, dit-il, qui se demande pourquoi diable il n'y a personne ici qui lui fasse la cour.

— Non pas, monsieur, dit Catherine, se hâtant de le démentir, je... » Mais elle s'arrêta tout court, sentant qu'il valait mieux ne rien dire du tout.

« Je parie contre qui voudra un billet de mille francs, dit Mulberry, que Mlle Nickleby n'osera pas me soutenir, en me regardant en face, que ce n'était pas là sa pensée.

— Je tiens le pari! cria le noble oison. Je vous donne dix minutes.

— Je tiens! » répondit sir Mulberry. On mit les deux billets sur la table, et l'honorable M. Snobb fut chargé du double office de garder les enjeux et de regarder l'heure à sa montre.

« Je vous en prie, dit Catherine dans la plus grande confusion, en voyant sous ses yeux tous ces préliminaires, je vous en prie, point de paris à propos de moi. Mon oncle, je ne veux réellement pas...

— Et pourquoi pas, ma chère? reprit Ralph, dont la voix criarde, plus enrouée que d'habitude, montrait assez que la chose n'était pas non plus de son goût; c'est l'affaire d'un moment, il n'y a pas de mal à cela, si ces messieurs y tiennent absolument.

— Moi, je n'y tiens pas du tout, dit sir Mulberry en riant tout haut. C'est-à-dire je ne tiens pas du tout à ce que Mlle Nickleby nie le fait, car alors j'ai perdu; mais j'aurai eu le bonheur de voir ses beaux yeux, faveur d'autant plus précieuse qu'elle n'en a jusqu'à présent honoré que son assiette.

— Pour cela c'est vrai, et c'est par trop rigoureux de votre part, miss Nickleby, dit le noble lord.

— Une véritable cruauté, dit M. Pyke.

— Une horrible cruauté, dit M. Pluck.

— Je ne crains donc pas de perdre, continua sir Mulberry; j'aurai toujours gagné deux fois ma perte si elle me vaut un regard passablement agréable de Mlle Nickleby.

— Comment deux fois? Plus que cela, dit Pyke.

— Bien davantage, dit M. Pluck.

— Combien ai-je encore à vivre, Snobb? demanda sir Mulberry Hawk.

— Encore six minutes.

— Bravo!

— Ne ferez-vous pas quelque chose pour moi, mademoiselle Nickleby, demanda lord Frédéric après un court intervalle.

— Vous pouvez, mon cher lovelace, vous épargner ces questions. Mlle Nickleby et moi nous sommes d'intelligence; elle se déclare pour moi, et fait en cela preuve de goût. Vous n'avez pas la moindre chance en votre faveur. Combien, Snobb?

— Il n'y a plus que deux minutes.

— Apprêtez l'argent, dit sir Mulberry, vous allez me le passer.

— Ha! ha! ha! » cria en riant M. Pyke.

M. Pluck, qui enchérissait toujours sur lui, cria des ha! ha! bien plus forts.

La pauvre fille, qui était si couverte de confusion qu'elle ne savait véritablement où elle en était, avait d'abord résolu de garder une parfaite indifférence. Mais, craignant de paraître encourager par là les prétentions insolentes de sir Mulberry, exprimées dans des termes si grossiers et d'un ton si malhonnête, elle leva les yeux et le regarda en face. Et dans le regard qu'elle rencontra à son tour, il y avait quelque chose de si odieux, de si insolent, de si repoussant, qu'elle se sentit incapable de balbutier une parole, leva le siège et sortit précipitamment de la salle. Elle eut bien de la peine à retenir ses larmes jusqu'au haut de l'escalier, où elle leur donna un libre cours.

« Excellent! dit sir Mulberry Hawk, empochant les enjeux; c'est une fille de caractère, et nous allons boire à sa santé. »

Il va sans dire que Pyke et compagnie acceptèrent avec chaleur cette proposition, et que le toast ne passa pas sans quelques insinuations supplémentaires des deux associés sur la future victoire de ce grand conquérant des cœurs. Ralph, qui avait profité de l'attention que prêtaient tous les autres aux principaux acteurs de la scène précédente, pour les dévorer des yeux comme un loup, semblait, depuis que sa nièce était partie, respirer plus à l'aise. Il regardait passer les flacons à la ronde, et lui, renversé sur sa chaise, promenant ses yeux scrutateurs d'un orateur à l'autre, à mesure que le vin les mettait en verve, il semblait fouiller dans leurs cœurs pour repaître sa curiosité maligne de toutes les sottes pensées qui les traversaient.

Cependant Catherine, dont personne ne troublait la solitude, avait repris par degrés son assiette ordinaire; une domestique était venue l'avertir que son oncle désirait la voir avant son départ, et lui avait en même temps fait entendre à sa grande satisfaction que la compagnie prenait le café en bas. L'espérance de ne les plus voir contribua beaucoup à calmer son agitation; elle prit un livre, et se mit en devoir de lire.

De temps en temps elle tressaillait en entendant ouvrir la porte de la salle à manger d'où s'exhalait un bruit sauvage de gaieté bruyante; elle fut même une ou deux fois alarmée à l'idée qu'elle entendait dès pas dans l'escalier, tant elle craignait que quelque membre égaré de l'honorable société ne vînt troubler sa paix. Cependant, n'ayant rien vu qui justifiât ses craintes, elle avait reporté toute son attention sur son livre, et finit par y prendre un si grand intérêt qu'elle en avait déjà lu plusieurs chapitres sans y songer, lorsqu'elle crut tout à coup entendre avec terreur la voix d'un homme prononcer son nom à son oreille.

Le livre lui tomba des mains, quand elle vit tout près d'elle, nonchalamment étendu sur une ottomane, M. Mulberry Hawk, que le vin ne devait pas avoir rendu plus honnête, car le cœur d'un gredin n'en est que plus dangereux après boire.

« Quelle application charmante! dit l'impudent. Je voudrais seulement savoir si elle est bien réelle, ou si elle n'était destinée qu'à faire valoir ces cils si longs et si doux. »

Catherine regarda avec inquiétude du côté de la porte, sans répliquer un mot.

« J'ai le plaisir de les contempler depuis cinq minutes, continua-t-il. Ils sont parfaits, sur mon honneur. Je suis un grand maladroit d'avoir rompu, par une parole, le charme d'un si joli tableau.

— Maintenant, monsieur, dit Catherine, faites-moi la grâce de vous taire.

— Non pas, je m'en garderai bien, dit sir Mulberry, pliant son claque pour appuyer dessus son coude, et se rapprocher encore de la jeune fille; je vous jure, miss Nickleby, que vous avez tort. Un esclave dévoué de vos charmes, comme moi, c'est une cruauté infernale de le traiter comme vous le faites; vrai, ma parole.

— Sachez, monsieur, dit Catherine toute tremblante en dépit d'elle-même, mais parlant d'un ton indigné, sachez que votre conduite ne m'inspire que mépris et dégoût. S'il vous reste dans l'âme une étincelle d'honneur et de délicatesse, vous allez me quitter à l'instant.

— Allons donc, dit sir Mulberry, qu'est-ce que veulent dire ces simagrées de rigueur excessive, ma belle enfant? Allons, soyons plus naturelle, ma chère Nickleby, soyons plus naturelle, n'est-ce pas! »

Catherine se leva à la hâte, mais pas si promptement que sir Mulberry n'eût pu la saisir par la robe et la retenir de force.

« Lâchez-moi, monsieur! cria-t-elle le cœur gonflé de colère; entendez-vous? à l'instant et dépêchez-vous!

— Asseyez-vous, asseyez-vous; j'ai deux mots à vous dire.

— Lâchez-vous, monsieur?

— Je ne vous lâcherais pas pour un empire, » reprit sir Mulberry, qui se remit sur pied pour la faire rasseoir; mais la jeune fille, faisant pour se dégager de ses mains un effort désespéré, lui fit perdre l'équilibre, et le fit tomber par terre tout de son long. Au moment où Catherine s'avançait pour sortir de la chambre, M. Ralph Nickleby poussait la porte et se trouva en face de sa nièce.

« Qu'est-ce que cela? dit-il.

— Ce que c'est, monsieur? répondit Catherine dans une agitation violente; voilà ce que c'est: sous ce toit où moi, la jeune fille sans défense, la fille de feu votre frère, je devrais m'attendre à trouver partout protection, j'ai été exposée à une insulte de telle nature que vous ne devriez pas oser me regarder en face. Laissez-moi passer. »

Ralph en effet baissa les yeux en rencontrant le regard d'indignation brûlante que la jeune fille fixait sur lui; mais il n'obéit pas à son commandement, et, au lieu de la laisser passer, il la conduisit à un fauteuil au fond du salon, d'où il revint trouver sir Mulberry Hawk relevé de sa chute, et lui montra la porte pour le faire sortir.

« Voilà votre chemin, monsieur, dit Ralph d'une voix étouffée qui n'aurait pas déparé le rôle d'un diable à l'Opéra.

— Qu'est-ce que vous entendez par là? » demanda l'autre avec fierté.

Les veines se gonflaient sur le front de Ralph comme des cordes, et les muscles de ses mâchoires s'agitaient dans une émotion pénible. Cependant il se contenta de sourire d'un air de mépris et lui montra du doigt la porte une seconde fois.

« Est-ce que vous ne me reconnaissez pas, vieille brute? dit sir Mulberry.

— Si, » répondit Ralph. Le bandit élégant perdit son assurance sous le regard perçant du pécheur endurci, et prit le chemin de la porte, marmottant entre ses dents; puis là il s'arrêta tout court comme frappé d'une idée nouvelle :

« C'est le lord qu'il vous fallait, hein? voilà ce qui vous défrise. »

Ralph sourit encore, mais sans desserrer les dents.

« Et pourtant qui est-ce qui vous l'a amené? poursuivit sir Mulberry. Vous savez bien que, sans moi, il ne serait pas à l'heure qu'il est dans vos filets.

— Le filet est grand et assez plein comme cela, dit Ralph; prenez garde qu'il ne s'y étrangle encore quelque poisson dans les mailles.

— Allez! vous seriez capable de vous vendre corps et âme pour de l'argent. J'ai tort de dire votre âme: le marché est déjà fait avec le diable. Voulez-vous pas me faire croire que votre jolie nièce n'a pas été tendue ici comme un hameçon pour le jeune innocent que vous avez grisé en bas? »

Bien que ce dialogue vif et pressé se tînt à demi-voix des deux côtés, Ralph avait cependant l'œil au guet pour s'assurer que Catherine, toujours à la même place, ne pouvait rien entendre. Son adversaire vit qu'il avait l'avantage du terrain et en profita.

« Voulez-vous pas me faire croire que ce n'est pas ça? Prétendez-vous que, si c'eût été lui qui fût venu occuper la place et non pas moi, vous n'auriez pas fermé les yeux et les oreilles, au lieu de faire vos embarras comme à présent? Là, là, mon Nickleby, tirez-vous de là.

— Je vous dis, répliqua Ralph, que, si je l'ai amenée ici pour aider à l'affaire...

— Ah! nous y voilà donc! s'écria en riant sir Mulberry. A la bonne heure, voilà que je vous reconnais.

— Pour aider à l'affaire, continua Ralph de la voix lente et ferme d'un homme qui est sûr de ne dire que ce qu'il voudra, c'est que je savais bien qu'elle ferait impression sur le jeune niais que vous avez pris à tâche d'aider à se ruiner à grandes guides. Mais je savais bien aussi, je le connais, qu'il était incapable d'outrager la délicatesse d'une jeune fille, et qu'à l'exception de quelques plaisanteries échappées à sa tête légère, il serait facile, avec un peu d'habileté, de le contenir dans le respect que méritent le sexe et l'honneur d'une femme, fût-elle la nièce de son usurier. Mais, s'il entrait dans mes projets de l'attirer plus doucement par cet appât, je n'étais pas homme à jeter cette jeune fille en proie à la brutalité licencieuse d'un vieux débauché comme vous. Et à présent j'espère que nous nous comprenons tous les deux.

— Vous n'avez pas dit le fin mot : c'est que vous n'aviez rien à gagner à cela avec moi; eh! eh! dit sir Mulberry avec une affreux ricanement.

— Vous l'avez dit. » Ralph, pour lui faire cette réponse, avait tourné la tête et le regardait pardessus l'épaule. Les yeux des deux coquins se rencontrèrent avec une expression de mépris réciproque, qui semblait dire qu'ils savaient bien qu'ils n'avaient pas besoin de se rien cacher l'un à l'autre. Puis sir Mulberry Hawk haussa les épaules et sortit tranquillement.

Son ami ferma la porte et dirigea ses yeux inquiets du côté où sa nièce était encore immobile, dans l'attitude où il l'avait laissée. Elle s'était laissée tomber de tout son poids sur le canapé, et là, la tête appuyée sur le coussin, la face cachée dans ses deux mains, elle paraissait abîmée dans les larmes, en proie à une agonie de honte et de douleur.

Supposez Ralph entrant en créancier dans la maison de quelque misérable saisi pour dettes, il vous l'aurait, sans sourciller, désigné à l'huissier pour l'exécuter, quand c'eût été un père au lit de mort de son enfant; ne fallait-il pas traiter les affaires comme des affaires, et l'homme n'était-il pas un débiteur en contravention avec son seul code de morale, l'exactitude des payements? Mais ici il avait devant lui une jeune fille qui n'avait commis d'autre crime que de venir au monde, qui s'était prêtée docilement à tous ses désirs, qui s'était résignée à de rudes épreuves pour le satisfaire, et surtout qui ne lui devait pas un sou; et il se sentait mal à son aise et mécontent.

Ralph prit un fauteuil à quelque distance de sa nièce, puis un autre un peu moins loin, puis il se rapprocha d'elle encore, puis encore plus près; il finit par s'asseoir sur le même sofa et posa sa main sur sa main.

Catherine retira la sienne et ses sanglots redoublèrent. « Allons! allons! dit-il, laissons cela, n'y pensons plus.

— Oh! de grâce, laissez-moi retourner chez ma mère, s'écria Catherine. Laissez-moi quitter cette maison et retourner chez ma mère.

— Oui, dit Ralph, oui, vous allez y retourner. Mais il faut auparavant sécher vos larmes et vous remettre. Relevons cette tête; là, là.

— O mon oncle, reprit-elle en joignant les mains, que vous ai-je fait, que vous ai-je donc fait pour me soumettre à cette honte? Si je savais vous avoir offensé par quelque pensée, quelque mot, quelque action, votre conduite me paraîtrait moins cruelle et pour moi et pour la mémoire d'un homme que vous avez dû aimer au moins dans votre jeunesse, mais...

— Écoutez-moi seulement une minute, reprit Ralph sérieusement alarmé de la violence de ses émotions; je ne me doutais point de ce qui est arrivé : il m'était impossible de le prévoir. J'ai fait tout ce que j'ai pu... Allons, faisons quelques pas. C'est l'air renfermé de la chambre et la chaleur de ces lampes qui vous ont fait mal. Vous allez vous trouver mieux; faites seulement le moindre effort.

— Je ferai tout ce que vous voudrez, mais renvoyez-moi chez nous.

— Bon, bon, je vais le faire; mais commencez par vous remettre. Dans l'état où vous êtes, vous effrayeriez tout le monde, et personne n'en doit rien savoir que vous et moi. A présent quelques pas dans l'autre sens. Là! vous avez déjà meilleure mine. »

En lui donnant ces encouragements, Ralph faisait avec elle deux ou trois tours dans le salon, et tremblait comme la feuille en la sentant s'appuyer sur son bras.

C'est ainsi que bientôt, quand il jugea prudent

de la laisser partir, il la soutint jusqu'au bas de l'escalier, après lui avoir arrangé son châle, et pris toutes sortes d'autres petits soins, probablement pour la première fois de sa vie. Il la reconduisit de même dans le vestibule, sur le pas de la porte, et ne retira sa main qu'après l'avoir mise dans la voiture.

La portière du fiacre, en se fermant rudement, fit tomber de la tête de Catherine son peigne aux pieds de son oncle, et, quand il l'eut ramassé pour le lui rendre, le gaz de la lanterne voisine donnait à plein sur le visage de la pauvre créature. Les boucles de cheveux qui étaient retombées éparses sur son front, les traces de ses pleurs à peine séchés, sa joue brûlante, son regard lugubre, tout ralluma dans le sein du vieillard une foule de souvenirs mal éteints : il crut voir devant lui la figure de défunt son frère; il reconnaissait dans ses yeux l'expression de ses douleurs enfantines, dont les plus minces détails venaient maintenant assaillir son esprit, aussi frais, aussi vivants que des souvenirs de la veille.

Ralph Nickleby avait beau être à l'épreuve de tous les sentiments fraternels et des devoirs de famille, il avait beau être cuirassé contre toute sympathie pour le chagrin et le malheur; en regardant sa nièce, il n'en sentit pas moins ses jambes chanceler, et n'en rentra pas moins dans sa maison comme un homme poursuivi par l'apparition d'un esprit de l'autre monde, le monde des tombeaux.

CHAPITRE XX

Nicolas se trouve enfin vis-à-vis de son oncle, et lui exprime ses sentiments avec une grande franchise. Sa résolution.

La petite demoiselle la Creevy trottait lestement, le lendemain du dîner, c'est-à-dire le lundi matin, au travers des rues diverses du quartier occidental de Londres, chargée de l'importante commission de prévenir Mme Mantalini que miss Nickleby était trop souffrante pour sortir ce jour-là, mais qu'elle espérait bien pouvoir reprendre ses occupations le lendemain. Et tout en trottinant, en repassant dans son esprit les tournures de phrases les plus distinguées et les expressions les plus élégantes de la langue, pour revêtir de formes plus choisies le message dont elle allait s'acquitter, elle réfléchissait sérieusement aussi aux causes probables de l'indisposition de sa jeune amie.

« Je ne sais qu'en penser, se disait-elle, mais il est sûr qu'elle avait les yeux tout rouges hier au soir. Elle disait bien qu'elle avait la migraine; mais la migraine ne rend pas les yeux rouges. Il faut qu'elle ait pleuré. » Une fois arrivée à cette conclusion, qu'elle trouvait fondée en droit sur la mine qu'avait Catherine hier au soir, miss la Creevy ne s'arrêta pas en chemin; d'ailleurs elle y avait songé déjà toute la nuit; elle continua donc d'examiner en elle-même quelle nouvelle cause de chagrin elle pouvait avoir eue encore.

« Je ne sais qu'imaginer, disait la petite artiste en miniature; je n'y comprends rien du tout, à moins que ce ne soit du fait de cet ours mal léché. Il l'aura contrariée, je suppose. Sot animal, va! »

Soulagée par l'expression libre de son opinion sur le compte de Ralph, quoique autant en emportât le vent, miss la Creevy finit donc par arriver chez Mme Mantalini, et, sur la réponse qu'elle reçut que l'autorité souveraine de l'établissement était encore au lit, elle demanda la faveur d'une entrevue avec Mme sa déléguée; sur quoi miss Knag fit son apparition, et reçut communication du message, exprimé d'ailleurs dans un style riche et fleuri.

« C'est bon, vous pouvez dire à Mlle Nickleby que, pour mon compte, je pourrais me passer d'elle pour toujours.

— Ah! vraiment, madame? repartit miss la Creevy courroucée. Mais, c'est égal, voyez-vous, comme vous n'êtes pas ici la maîtresse, vous sentez que cela ne fait pas grand'chose.

— Très bien, madame, dit miss Knag; vous n'avez pas d'autres ordres à me donner?

— Non, madame.

— Alors, bonjour, madame.

— Eh bien, bonjour, madame; mes remercîments très humbles de votre extrême politesse et de votre civilité, » répliqua miss la Creevy.

Ainsi se termina l'entrevue. Tant qu'elle dura, les deux demoiselles tremblaient de colère, ce qui ne les empêchait pas de rester merveilleusement polies, signe infaillible qu'elles n'étaient qu'à deux doigts d'une querelle violente. Miss la Creevy ne fit qu'un bond du magasin à la rue.

« Qu'est-ce que cela veut dire? se demandait la drôle de petite femme. En voilà une aimable personne, qu'en dites-vous? Je voudrais avoir à faire son portrait; je ne la manquerais pas. » Alors, tout enchantée de lui avoir décoché ce trait piquant, miss la Creevy partit d'un grand éclat de rire, et s'en retourna déjeuner chez elle de la meilleure humeur du monde.

C'était un des grands avantages qu'elle avait retirés d'avoir vécu seule si longtemps. Cette petite créature si pétillante, si active, si gaie, n'existait qu'en elle-même, n'avait d'autre confidente qu'elle-même. Elle pouvait se passer la fantaisie d'être aussi caustique qu'elle voulait avec les gens qui l'avaient blessée, mais toujours en elle-même; cela lui faisait plaisir et ne faisait de mal à personne. Si elle accueillait avec facilité quelque médisance, personne n'avait à en souffrir dans sa réputation; et si elle se donnait la jouissance d'une petite vengeance, âme vivante n'en avait pour cela le moindre coup d'épingle. Combien il y en a de ces existences solitaires, forcées, par leur situation étroite et gênée, de renoncer aux connaissances qu'elles auraient voulu faire; par leur éducation et leurs sentiments, d'éviter les connaissances qu'elles pourraient faire; et dont le cœur habite à Londres un désert aussi solitaire que les plaines de la Syrie. C'était aussi le sort de notre humble artiste. Il y avait bien des années qu'elle suivait, sans se plaindre, son sentier isolé dans la vie, et, sans tout l'intérêt que lui avaient inspiré les malheurs particuliers de la famille Nickleby, elle n'aurait pas même songé à faire des amis, quoique son âme débordât de sentiments aimants et tendres pour l'humanité tout entière. Qui ne connaît parmi nous bien des cœurs aussi chauds, condamnés au même isolement que celui de la pauvre petite miss la Creevy!

Mais il ne s'agit pas de cela quant à présent. Elle retourna donc déjeuner chez elle, et elle avait à peine humecté ses lèvres des premières vapeurs du thé parfumé qui bouillait dans sa tasse, que sa bonne lui annonça un gentleman. Miss la Creevy, s'imaginant tout de suite que c'était un nouveau client qui avait été frappé d'admiration en regardant son cadre de miniatures à la porte, fut consternée plus qu'on ne peut dire de penser qu'il allait la surprendre entre sa tasse et sa théière.

« Vite, emportez-moi tout cela et sauvez-vous dans ma chambre à coucher, n'importe où. Dieu! Dieu! n'est-ce pas du guignon? pour une pauvre fois que je me suis mise en retard, me voilà prise. Et dire que voilà trois semaines que j'étais prête tous les jours à huit heures et demie, et qu'il ne m'est pas venu un chat.

— Si vous faites disparaître tout le reste, j'espère au moins que vous, vous ne disparaîtrez pas, dit une voix bien connue de miss la Creevy. C'est moi qui ai dit à la bonne de ne pas m'annoncer par mon nom, parce que je voulais vous faire une surprise.

— Monsieur Nicolas! cria miss la Creevy, tressaillant de surprise en effet.

— Je vois que vous ne m'avez pas oublié, reprit Nicolas en lui tendant la main.

— Oublié! je suis sûre que je vous aurais reconnu, même en vous rencontrant dans la rue, dit miss la Creevy avec un sourire. Hannah! une tasse et une soucoupe. Mais, par exemple, jeune homme, que je vous dise : je vous défends bien de recommencer à prendre les libertés que vous avez prises avec moi le matin de votre départ.

— Vous n'en seriez peut-être pas fâchée, n'est-ce pas?

— Pas fâchée! eh bien, vous n'avez qu'à essayer : je ne vous dis que cela. »

Nicolas, en galant chevalier, s'empressa de la prendre au mot. Miss la Creevy cria, pas bien fort, et lui donna une tape, pas bien forte non plus, sur la joue, pour lui apprendre.

« Je n'ai jamais vu un si vilain homme, s'écria-t-elle.

— Mais c'est vous qui m'avez dit d'essayer, dit Nicolas.

— C'était de l'ironie toute pure, répliqua miss la Creevy.

— Ah! c'est différent. Mais alors vous deviez donc le dire.

— Avec cela que vous ne le saviez pas bien. Mais, voyons; maintenant que je vous regarde de plus près, je vous trouve maigri depuis la dernière fois; vous avez le visage plus pâle et plus défait; et puis, qu'est-ce qui vous a donc fait quitter le Yorkshire? »

Elle s'arrêta là-dessus, car son inquiétude se trahissait dans le ton de sa voix : Nicolas fut ému de lui voir ce tendre intérêt pour son état.

« Il serait bien extraordinaire, dit-il après un court silence, que je ne fusse pas un peu changé en effet. Si vous saviez tout ce que j'ai eu à souffrir de corps et d'esprit, depuis mon départ de Londres! Je n'ai pas été à mon aise, vous pouvez croire, ni même à l'abri du besoin.

— Est-il Dieu possible, monsieur Nicolas? s'écria-t-elle; qu'est-ce que vous me dites là?

— Rien qui doive vous alarmer si fort, répondit-il d'un air plus dégagé, et je ne suis pas venu ici pour vous faire des jérémiades, mais bien dans un but plus utile. Je commence par vous dire que mon intention est de voir mon oncle face à face.

— Tout ce que je puis vous dire là-dessus, c'est que je ne vous fais pas compliment de votre goût, et que moi, il me suffirait de me trouver dans cette chambre, face à face avec ses bottes, pour me donner une humeur massacrante pendant quinze jours.

— Au fond, quant à cela, nous pourrions bien ne pas différer beaucoup d'opinion; mais vous comprenez que je tienne à le voir en face, pour me justifier d'abord, et pour lui faire rentrer dans la gorge toute sa duplicité et sa malice.

— Pour cela, c'est autre chose. J'en demande bien pardon au bon Dieu, mais elles y resteraient pour l'étrangler que je n'userais pas mes yeux à pleurer sa perte.

— C'est donc dans ce but que j'ai passé chez lui ce matin ; il n'est revenu à Londres que samedi; et ce n'est qu'hier au soir que j'ai été prévenu de son retour.

— Et l'avez-vous vu?

— Non : il était sorti.

— Ah! dit miss la Creevy; c'était sans doute pour quelque œuvre charitable.

— J'ai lieu de croire, poursuivit Nicolas, d'après ce que j'ai su d'un de mes amis qui est au courant de ses affaires, qu'il a l'intention d'aller voir aujourd'hui ma sœur et ma mère, pour leur raconter, à sa manière, ce qui m'est arrivé. C'est chez elles que je veux le voir.

— A la bonne heure, dit miss la Creevy en se frottant les mains; et pourtant, je ne sais pas, ajouta-t-elle, ce n'est pas une petite affaire; il n'y a pas que vous à considérer là dedans.

— Je n'ai pas oublié les autres, reprit Nicolas; mais, comme il y va de la réputation et de l'honneur, rien ne pourra m'arrêter.

— Vous savez mieux que personne ce que vous avez à faire.

— Dans ce cas, du moins, je l'espère, répondit Nicolas. Et tout ce que je viens vous demander, c'est de les préparer à ma visite. Elles me croient bien loin, et je craindrais, en arrivant brusquement, de les effrayer. Si vous aviez le temps de leur dire que vous m'avez vu et que je vais vous suivre à un quart d'heure de distance, vous me rendriez un vrai service.

— De grand cœur, et de plus importants si je pouvais, dit miss la Creevy; mais malheureusement le pouvoir de rendre service ne se trouve pas plus souvent uni à la bonne volonté que la bonne volonté au pouvoir de le faire, si je ne me trompe. »

Tout en continuant de causer vite et beaucoup, miss la Creevy dépêcha son déjeuner à la hâte, serra sa boîte à thé, dont elle cacha la clef par précaution sous le garde-feu, remit son chapeau, et, prenant le bras de Nicolas, se dirigea tout de suite vers la Cité. Nicolas la déposa à la porte de la maison de sa mère, et promit d'être de retour dans un quart d'heure.

Le hasard voulut que Ralph Nickleby, trouvant enfin que l'occasion était bonne pour lui de révéler les atrocités dont Nicolas s'était rendu coupable, au lieu de commencer par aller pour affaires dans un autre quartier, comme l'avait supposé Newman Noggs, s'était dirigé tout droit chez sa belle-sœur; c'est ce qui fit que, lorsque miss la Creevy, reçue par une petite fille qui nettoyait dans la maison, entra dans le salon, elle trouva Mme Nickleby et Catherine en larmes, pendant que Ralph finissait le lamentable récit des méfaits de son neveu. Catherine fit signe à miss la Creevy de ne pas se retirer, c'est pourquoi elle s'assit en silence.

« Ah! vous voilà déjà ici, mon beau monsieur! se dit la petite femme en elle-même; eh bien, en ce cas, Nicolas s'annoncera tout seul; nous verrons si cela vous fera de l'effet.

— C'est joli, disait Ralph en repliant la lettre de Mlle Squeers, très joli. Je le recommande, contre ma conscience, car je n'augurais de lui rien de bon, à un homme avec lequel, en se conduisant bien, il pouvait demeurer agréablement des années. Eh bien, quel en a été le résultat? Une conduite telle, qu'il peut être, du jour au lendemain, traîné devant la cour d'assises.

— Jamais je ne croirai cela, dit Catherine indignée, jamais : il faut qu'il y ait là-dessous quelque vil complot, une fausseté trop évidente par elle-même.

— Ma chère, dit Ralph, vous faites injure au digne instituteur; d'ailleurs on n'invente pas ces choses-là. Le brave homme a été victime de voies de fait; votre frère a disparu sans qu'on puisse le retrouver; il a emmené avec lui ce grand garçon en question. Songez à tout cela.

— C'est impossible, dit Catherine; accuser ainsi Nicolas, et de vol encore! Maman! comment pouvez-vous rester tranquillement sur votre chaise à entendre de telles calomnies? »

La pauvre Mme Nickleby, qui n'avait jamais brillé par l'intelligence et que le changement de sa fortune avait réduite à la perplexité la plus embarrassante, ne fit pas d'autre réplique à cet appel passionné que de se cacher la figure dans son mouchoir de poche, tout en s'écriant qu'elle n'aurait jamais cru cela : échappatoire injurieuse qui pouvait laisser supposer à ses auditeurs qu'elle le croyait en effet.

« Il serait de mon devoir, si je le trouvais sur mon chemin, dit Ralph, de le livrer à la justice; de mon devoir strict et rigoureux : comme homme du monde et comme homme d'affaires, je ne pourrais m'en dispenser. Et cependant, dit Ralph d'un air fin, en jetant un regard furtif mais assuré sur Catherine, je voudrais ménager la sensibilité de sa... de sa sœur, ainsi que de sa mère, naturellement, » ajouta-t-il, comme par réflexion et d'un ton beaucoup moins expressif.

Catherine comprit à merveille que c'était un appât à son intention, une ruse de plus pour s'assurer sa discrétion et son silence sur les événements de la veille. Elle tourna involontairement les yeux du côté de Ralph quand il cessa de parler; mais il avait lui-même tourné déjà les siens d'un autre côté, et ne semblait pas même songer pour le moment que sa nièce fût là présente. Enfin, après un long silence, interrompu seulement par les sanglots de Mme Nickleby : « Toutes les circonstances, dit-il, concourent à prouver la vérité des détails contenus dans cette lettre, s'il se trouvait quelqu'un d'assez téméraire pour en douter. Voit-on jamais un innocent se dérober à la vue des honnêtes gens pour aller se cacher à l'ombre comme un bandit? Voit-on jamais un innocent embaucher pour le suivre des vagabonds sans nom, et battre la campagne avec eux comme font les voleurs de grand chemin? Non. Ainsi, voies de fait, rixe, vol, comment appelez-vous cela?

— Un mensonge! » s'écria une voix qu'on reconnut pour être celle de Nicolas, en le voyant ouvrir la porte avec fracas et entrer brusquement dans la chambre.

Ému d'abord d'un sentiment de surprise et peut-être même de frayeur, Ralph se leva de son siège pour reculer de quelques pas, tout abasourdi de cette apparition, à laquelle il ne s'attendait guère; mais le moment d'après il se tint fixe et immobile, les bras croisés, regardant son neveu d'un air sombre, pendant que Catherine et miss la Creevy se jetaient entre eux deux pour prévenir les actes de violence que pouvait faire craindre l'excitation manifeste de Nicolas.

« Cher Nicolas, lui cria sa sœur en s'attachant à lui, soyez calme, réfléchissez!

— Réfléchir à quoi, Catherine? » Et il serrait la main de sa sœur d'une si vive étreinte, dans l'emportement de sa colère qu'elle avait toutes peines du monde à ne pas crier. « Mais c'est justement quand j'y réfléchis, quand je pense à tout ce qui s'est passé, qu'il faudrait que je fusse un homme de fer pour ne point me sentir ému devant lui.

— Ou plutôt de bronze, dit Ralph tranquillement, car il n'y a pas de cœur assez dur pour soutenir la honte d'une pareille situation.

— Ah! grand Dieu! cria Mme Nickleby, qui m'aurait dit que les choses en viendraient là?

— Et qui donc parle ici d'un ton à faire croire que je suis coupable et que j'ai déshonoré ma famille? dit Nicolas en regardant autour de lui.

— C'est votre mère, monsieur, dit Ralph en la montrant du doigt.

— Oui, ma mère, dont vous avez empoisonné les oreilles de vos calomnies, en accumulant sur ma tête toutes les insultes, tous les crimes, toutes les infamies, sous prétexte de mériter les remercîments qu'elle vous prodiguait; vous qui m'avez envoyé vivre dans un repaire où règne, sans contrôle, une cruauté sordide bien digne de vous plaire, où une jeunesse misérable s'étiole dans une corruption précoce, où la vivacité de l'enfance s'éteint déjà sous le poids de l'âge, où elle avorte dans ses espérances et se flétrit dans sa fleur. Oui, le ciel qui m'entend, continua Nicolas se retournant avec sentiment vers sa mère, sait que j'ai vu tout cela : et lui aussi, il le sait.

— Réfutez les calomnies, dit Catherine, et modérez-vous pour qu'on ne tire pas contre vous avantage de votre emportement. Dites-nous toute la vérité et confondez l'imposture.

— De quoi m'accuse-t-on, ou plutôt de quoi m'accuse-t-il? dit Nicolas.

— D'abord, dit Ralph, de vous être jeté sur votre maître et de l'avoir frappé de manière qu'il ne tient à rien qu'on ne vous juge pour assassinat. Vous voyez que je ne crains pas de vous parler franchement, sans m'inquiéter de vos airs tapageurs.

— Je n'ai fait, dit Nicolas, que m'interposer pour arracher un malheureux enfant à la cruauté la plus lâche; je l'ai fait de manière à infliger au misérable une correction qu'il n'oubliera pas de longtemps, quoiqu'il méritât mieux. On recommencerait encore devant moi la même scène aujourd'hui, que je recommencerais encore ce que j'ai fait, si ce n'est que je battrais le drôle plus ferme encore, pour lui laisser des marques qui le suivissent jusqu'au tombeau, quand il plaira à Dieu de l'y faire descendre.

— Vous l'entendez? dit Ralph se tournant du côté de Mme Nickleby. Que dites-vous de ce repentir?

— Ah! mon Dieu! cria Mme Nickleby, je ne sais qu'en penser. Non, en vérité, je n'en sais rien.

— Laissez, je vous prie, maman, dit Catherine, laissez justifier Nicolas. Mon cher frère, j'ose à peine vous le dire, mais vous savez tout ce que la méchanceté est capable d'inventer; eh bien, on vous accuse de... Enfin il manque une bague; ils osent dire que...

— Je sais, dit Nicolas avec hauteur; la femme, la digne épouse du coquin, de qui émanent toutes ces accusations, a laissé tomber à dessein, je suppose, une bague de quatre sous dans mes affaires, le matin même du jour où j'ai quitté la maison. Tout ce que je sais, c'est que cette mégère était dans la chambre où elles étaient déposées, en train

Il perdit l'équilibre et tomba tout de son long. (P. 139.)

de battre un malheureux enfant, et qu'en ouvrant mon paquet sur la route j'y ai retrouvé la bague. Je me suis hâté de la renvoyer par la diligence. Elle doit l'avoir à présent.

— Je le savais bien, dit Catherine, regardant son oncle d'un air triomphant. Et ce garçon, mon bon frère, qu'on vous accuse d'avoir emmené avec vous?

— Ce garçon, répondit Nicolas, il est avec moi maintenant; c'est une pauvre créature sans défense, dont leurs mauvais traitements et leur brutalité ont hébété l'intelligence.

— Vous entendez? dit Ralph, s'adressant de nouveau à la mère. Tout est prouvé, même de son aveu. Et êtes-vous prêt à rendre ce garçon, monsieur?

— Non, reprit Nicolas, je ne le rendrai pas.

— Vous ne le rendrez pas? dit Ralph en ricanant.

— Non, répéta Nicolas; du moins pas à l'homme chez qui je l'ai trouvé. Plût à Dieu que je pusse découvrir quelqu'un dont il dût se réclamer par sa naissance. Fût-il sourd à tous les sentiments de la nature, je voudrais essayer au moins de le prendre par celui de la honte.

— En vérité! dit Ralph. Eh bien, monsieur, voulez-vous bien me permettre de vous dire un mot ou deux?

— Vous pouvez bien dire tout ce que vous voudrez, répondit Nicolas en embrassant sa sœur; je fais autant de cas de vos avis que de vos menaces.

— C'est on ne peut mieux, reprit Ralph; mais ce que j'ai à dire peut en regarder d'autres qui se croiront peut-être intéressés à m'écouter et à réfléchir sur ce que je vais leur dire. Je commence par votre mère, monsieur, qui connaît le monde.

— Oh oui! et je voudrais de bien bon cœur ne pas le connaître, » dit Mme Nickleby avec un sanglot.

Réellement, la bonne dame avait tort de se montrer si affligée sur ce point particulier, car sa connaissance du monde était pour le moins très contestable, et c'était aussi, à ce qu'il semble, l'opinion de M. Ralph, car il ne pouvait s'empêcher de sourire en lui parlant. Il se mit donc à lancer à la mère et au fils, tour à tour, un regard assuré, en leur adressant ce discours :

« Ce que j'ai eu l'intention de faire pour vous, madame, et vous, ma nièce, je ne veux pas en dire un mot. Je ne vous avais pas fait de promesses, je m'en rapporte à vous : aujourd'hui, je ne vous fais pas non plus de menaces; mais je vous déclare que cette mauvaise tête, cet audacieux, ce libertin n'aura pas un sou de ma poche, ni un morceau de mon pain, ni la poignée de main de son oncle, n'y eût-il pas d'autres moyens de sauver son cou de la plus haute potence en Europe. Je ne veux plus le voir, où qu'il aille. Je ne veux plus entendre parler de lui. Non seulement je ne veux pas l'assister, mais je n'assisterai pas ceux qui l'assistent. Quand il est revenu se livrer à sa paresse égoïste, pour aggraver encore vos besoins et se mettre à la charge des modestes journées de sa sœur, il l'a fait en pleine connaissance de cause; qu'il en subisse donc toutes les conséquences. Je regrette de vous abandonner, madame, et plus encore elle, Catherine, en ce moment; mais je me reprocherais d'encourager un tel mélange de cruauté et de bassesse; et, comme je ne veux pas exiger de vous que vous renonciez à lui, c'est moi qui renoncerai à vous voir. »

Quand Ralph n'aurait pas connu par expérience l'effet de ces paroles de vengeance sur ceux qu'il détestait, il lui aurait suffi de regarder Nicolas, pour reconnaître dans sa physionomie toute la force de son pouvoir pendant qu'il prononçait ces menaces. Tout innocent que se sentait le jeune homme, bien sûr, dans sa conscience, de n'avoir aucun tort, chacune des insinuations perfides de son oncle lui allait à l'âme. Chacun de ses sarcasmes étudiés le blessait au vif; et, en lui voyant la face pâle et la lèvre tremblante, Ralph put se féliciter intérieurement d'avoir bien choisi les traits les mieux faits pour pénétrer au fond d'un cœur jeune et bouillant.

« Je n'y puis rien! cria Mme Nickleby; je sais bien que vous avez été très bon pour nous, que vous étiez très bien disposé pour ma chère fille : pour cela, j'en suis bien sûre. Je sais que vous l'étiez, et vous en avez bien donné la preuve, en ayant la bonté de l'inviter chez vous, et ainsi de suite; et, je dois le dire, ç'aurait été une chose bien heureuse et pour elle et aussi pour moi; mais je ne peux pas, vous sentez, mon beau-frère, je ne peux pas renoncer à mon fils, eût-il fait tout ce que vous lui reprochez. Non, ce n'est pas possible; je ne m'y résignerai jamais. Ainsi donc, ma chère Catherine, nous sommes perdues sans ressource. Je suis prête, pour ma part, à tout souffrir. »

C'est ainsi qu'épanchant ses regrets en un assemblage bizarre d'images et d'expressions qui n'avaient jamais été accouplées avant Mme Nickleby, elle se tordait les mains et versait des larmes de plus en plus abondantes.

« Comment! maman, dit Catherine avec une généreuse colère; que voulez-vous dire par ces mots : Nicolas eût-il fait tout ce qu'on lui reproche?... Mais, d'ailleurs, vous savez bien qu'il ne l'a pas fait.

— Je ne sais que penser, ma chère, dit Mme Nickleby, ni d'un côté ni de l'autre : Nicolas est si emporté et votre oncle a tant de sang-froid, que je ne puis entendre que lui; quant à Nicolas, je ne sais qu'en penser; mais n'importe, n'en parlons plus. Nous pouvons aller au workhouse, ou au refuge des indigents, ou à l'hôpital de la Madeleine; eh bien, partons; le plus tôt sera le mieux. »

Et pendant qu'elle passait ainsi en revue pêle-mêle toutes les institutions de charité, Mme Nickleby donnait un nouveau cours à ses larmes.

« Arrêtez, dit Nicolas à Ralph, qui s'apprêtait à s'en aller, vous n'avez que faire de sortir d'ici, monsieur; ma présence ne vous y offusquera pas une minute de plus, et il se passera bien du temps avant que je vienne frapper à cette porte.

— Nicolas! cria Catherine en se jetant dans les bras de son frère; ne parlez pas ainsi, mon cher frère, vous me brisez le cœur. Mais, maman, dites-lui donc un mot. Nicolas! ne faites pas attention à ce qu'elle dit : au fond, elle n'en croit rien. Mon oncle... quelqu'un, au nom du ciel! parlez-lui donc.

— Mon intention, ma chère Catherine, dit Nicolas tendrement, n'a jamais été de rester avec vous; j'espère que vous ne m'avez pas supposé cette lâche pensée. Il est possible que tout ceci me décide à quitter Londres quelques heures plus tôt que je n'avais pensé; mais qu'importe? Pour être séparés, nous ne nous en oublierons pas davantage l'un l'autre; et il viendra des jours meilleurs où nous ne nous séparerons plus, ma Catherine, lui dit-il à l'oreille avec un sentiment de fierté. Oui, tu es une noble et tendre femme; mais moi, il ne faut pas que je m'attendrisse aussi comme une femme, pendant qu'il a les yeux fixés sur moi.

— Non, non, je ne veux pas non plus, dit Catherine avec vivacité; mais ne nous quittez pas. Oh! pensez à tous les jours de bonheur que nous avons passés ensemble avant que le malheur vînt à fondre sur nous; au bien-être, à la félicité de notre maison alors; à nos épreuves d'aujourd'hui; à notre isolement qui nous laisserait sans aucun protecteur contre tous les mépris et les entreprises qu'encourage la pauvreté. Non, vous ne pouvez nous laisser seules ici à en supporter le poids, sans qu'une seule main s'étende sur nous pour nous protéger.

— Je laisse ici pour vous, en mon absence, répliqua Nicolas sans hésitation, une protection plus puissante que la mienne, qui ne pourrait vous servir à rien qu'à accroître votre chagrin, vos besoins, vos souffrances. Ma mère même le sent, et les alarmes de sa tendresse pour vous me montrent mon devoir. Ainsi donc, Catherine, que tous les bons anges veillent sur vous, jusqu'à ce que je puisse avoir un chez-moi où je vous emmène, pour y faire revivre le bonheur qui nous est refusé maintenant, et ne plus avoir à nous entretenir de ces temps d'épreuves, que pour nous féliciter qu'ils soient passés. Ne me retenez plus; laissez-moi partir à l'instant. Là! bonne fille! bonne fille! »

La main qui s'était cramponnée après lui se desserra, et Catherine s'évanouit dans ses bras. Nicolas resta penché sur elle pendant quelques secondes; puis, la plaçant doucement sur une chaise, l'abandonna aux soins de leur fidèle amie.

« Je sais, dit-il en lui serrant la main, que je n'ai pas besoin de la recommander à votre sympathie, je vous connais, vous ne la délaisserez jamais. »

Il fit un pas vers Ralph, qui était resté pendant toute cette entrevue dans la même attitude, sans remuer seulement le bout du doigt.

« Tous vos procédés envers elles, monsieur, dit-il d'une voix à n'en rien laisser entendre aux autres, je saurai les reconnaître comme je dois. Les voilà, je les laisse à votre discrétion; nous aurons un jour ou l'autre à régler nos comptes; gare à vous, si vous n'êtes pas en règle. »

Ralph ne permit pas même à un muscle de sa face de témoigner qu'il eût entendu un seul mot de cet adieu. Il n'eut pas l'air non plus de s'apercevoir que Nicolas eût fini, et Mme Nickleby venait à peine de se résoudre à retenir son fils de force, si c'était nécessaire, qu'il était déjà parti.

Pendant qu'il arpentait les rues pour regagner son obscur logis, cherchant, pour ainsi dire, à se mettre au pas avec la marche rapide des pensées qui venaient l'assaillir en foule, il sentit s'élever dans son âme quelques doutes et quelques scrupules qui lui donnèrent presque la tentation de retourner sur ses pas; mais que pouvait-il y gagner? En supposant qu'après avoir poussé à bout Ralph Nickleby, il fût assez heureux pour obtenir par lui-même quelque petit emploi, sa seule présence au milieu de sa famille ne ferait que rendre, dès à présent, leur condition pire encore, et peut-être compromettre grandement leur sort à venir; car il venait d'entendre sa mère parler de bontés récentes de son oncle pour Catherine et Catherine ne les avait pas niées. « Non, décidément, dit Nicolas; j'ai fait pour le mieux. »

Mais il n'avait pas fait trois cents pas, que d'autres pensées venaient combattre les premières; et alors il était décidé à rester; il enfonçait son chapeau sur ses yeux et s'abandonnait tout entier aux tristes réflexions qui venaient l'assaillir en foule. Ne se sentir coupable d'aucune faute, et cependant se voir entièrement seul dans le monde, séparé des seules personnes qu'il aimât, proscrit comme un criminel; et cela lorsqu'il y a six mois il s'était vu entouré de tant de bien-être, lorsque tout le monde portait les yeux sur lui, comme sur le chef futur de la maison : c'était une épreuve bien affreuse et qu'il n'avait pas méritée. Enfin, c'était toujours une consolation, et le pauvre Nicolas reprenait courage, pour se décourager encore, comme si ces pensées mobiles présentaient tour à tour à son esprit leurs nuances d'ombre et de lumière.

C'est à travers toutes ces alternatives d'espérance et de crainte, que pas un de nous n'a manqué de ressentir dans ses épreuves journalières, que Nicolas finit par rentrer dans sa propre chambre, où, ne se sentant plus soutenu par l'excitation fiévreuse qui l'avait jusque-là tenu en haleine, accablé, au contraire, par le sentiment des regrets qu'il allait emporter, il se jeta sur son lit et, se tournant du côté de la muraille, donna un libre cours aux émotions qu'il avait si longtemps comprimées.

Il n'entendit pas même que l'on entrait dans sa chambre, et ne se doutait pas de la présence de Smike, lorsque, relevant la tête par hasard, il le vit à l'autre bout, se tenant tout droit, les yeux fixés attentivement sur lui. Il les détourna cependant quand il s'aperçut que Nicolas l'observait, et fit semblant d'être occupé à quelques maigres apprêts pour le dîner.

« Eh bien, Smike, dit Nicolas aussi gaiement qu'il put, contez-moi les nouvelles connaissances que vous avez faites ce matin, ou les nouvelles merveilles dont vous avez fait la découverte, en faisant le tour des quatre rues.

— Non, dit Smike secouant la tête de l'air le plus triste du monde; j'ai à vous parler d'autre chose.

— De tout ce que vous voudrez, reprit Nicolas d'un ton de bonne humeur.

— Voici, dit Smike; je vois que vous êtes malheureux, et que vous vous êtes créé des embarras en m'emmenant avec vous. J'aurais dû le prévoir et vous laisser passer sans vous arrêter là-bas sur la route; je l'eusse fait si j'avais su ce que je sais à présent. Vous... vous n'êtes pas riche; vous n'avez pas de trop pour vous, je ne dois pas rester ici. Je vous vois, continua-t-il en lui mettant timidement la main dans la main, maigrir tous les jours; vos joues pâlissent, vos yeux se cernent. Alors je me reproche de vous voir dans cet état, quand je pense que je vous suis à charge. J'ai déjà essayé de vous quitter ce matin, mais le souvenir de votre visage si bienveillant pour moi m'a ramené près de vous pour vous dire du moins un mot avant notre séparation. » Le pauvre garçon n'en put dire davantage, car ses yeux se remplirent de larmes et la voix lui manqua.

« Ce mot qui doit être le signal de notre séparation, dit Nicolas le saisissant cordialement par l'épaule, je ne le dirai jamais; car vous êtes ma seule consolation, mon seul appui. Je ne voudrais plus maintenant, Smike, renoncer à vous pour tout l'or du monde. Ce n'est qu'en pensant à vous que j'ai pu supporter tout ce que j'ai eu à souffrir aujourd'hui, et que je me sens le courage d'en supporter encore le centuple. Donnez-moi la main; mon cœur est maintenant enchaîné au vôtre. Nous allons quitter ces lieux pour voyager ensemble, avant la fin de la semaine. Eh bien, si je tombe dans le dénûment, vous me le rendrez moins pénible en le partageant avec moi. »

CHAPITRE XXI

Mme Mantalini se trouve dans une position assez difficile : ce qui fait que Mlle Nickleby se trouve n'avoir plus de position du tout.

Les émotions par lesquelles avait passé Catherine Nickleby l'avaient mise dans l'impossibilité de reprendre pendant trois jours ses occupations chez la maîtresse couturière. Quand elle fut remise, elle se rendit à l'heure accoutumée, d'un pas encore languissant, au temple de la mode, où Mme Mantalini tenait son sceptre souverain.

Le mauvais vouloir de Mlle Knag n'avait, dans l'intervalle, rien perdu de sa violence. Ces demoiselles continuèrent scrupuleusement de se refuser à toute relation avec leur camarade, mise au ban de l'atelier; et, quand cette fille respectable arriva quelques minutes après, elle ne se donna pas la peine de dissimuler son mécontentement du retour de Catherine.

« Ma parole d'honneur, dit-elle à ses satellites empressées autour d'elle pour la débarrasser de son châle et de son chapeau, il y a des gens à qui je supposais au moins assez de cœur pour se retirer tout à fait en voyant quel embarras leur présence cause aux personnes honnêtes. Mais le monde est si étrange! Oh! certes, il faut que le monde soit bien étrange! »

Mlle Knag, après avoir fait sur le monde cette réflexion déplaisante du ton dont on parle toujours du monde quand on est de mauvaise humeur, c'est-à-dire en ayant l'air d'oublier qu'on en fait partie soi-même, finit par un profond soupir, sans doute un soupir de charitable compassion pour la perversité du genre humain.

L'assistance lui rendit aussitôt son soupir, et Mlle Knag s'apprêtait sans doute à la favoriser de quelques nouvelles observations morales, quand la voix de Mme Mantalini, apportée sur l'aile du tube de caoutchouc, manda au premier Mlle Nickleby, pour l'aider à ranger le salon d'apparat; distinction flatteuse dont Mlle Knag fut tout émue, remuant la tête avec tant de vivacité et se mordant si bien les lèvres, qu'elle en perdit, pour l'instant, les rares facultés dont elle était douée pour entretenir la conversation.

« Eh bien, miss Nickleby, dit Mme Mantalini en voyant Catherine, êtes-vous tout à fait remise, mon enfant?

— Je vous remercie, madame, je suis beaucoup mieux.

— Je voudrais bien en dire autant, reprit Mme Mantalini en s'asseyant avec un air très abattu.

— Seriez-vous malade? demanda Catherine. J'en serais bien désolée.

— Pas précisément, mais tourmentée, mon enfant, très tourmentée.

— Je suis encore plus désolée de ce que vous me dites là, dit Catherine avec douceur. Les maux du corps sont moins pénibles que ceux de l'âme.

— Ah! ce n'est rien que de le dire, il faut en souffrir pour le savoir, dit Mme Mantalini en se frottant avec rage le bout du nez. Allons, mon enfant, à l'ouvrage, rangez-moi bien tout cela. »

Pendant que Catherine se demandait en elle-même avec étonnement ce que signifiaient ces symptômes de contrariétés nouvelles, M. Mantalini passa par la porte entr'ouverte, d'abord le bout de ses moustaches, puis insensiblement toute la tête, et cria d'une voix tendre :

« L'âme de ma vie est-elle ici ?

— Non, répondit sa femme.

— Comment pourrais-je le croire, quand je la vois d'ici briller dans le salon comme une charmante petite rose dans un diable de pot à fleurs ; son bichon peut-il entrer pour lui parler ?

— Certainement non, répliqua sa femme, vous savez que je ne vous permets jamais d'entrer ici. Passez votre chemin. »

Le bichon cependant, encouragé par le ton radouci de cette réponse, risqua une désobéissance ; il entra dans le salon, s'avança sur la pointe du pied jusqu'à Mme Mantalini, en lui envoyant des baisers tout le long du chemin.

« Pourquoi se tourmente-t-il comme cela, ce petit amour ? Pourquoi allonge-t-il son petit museau boudeur en forme de casse-noisettes ? dit-il en passant son bras gauche autour de la taille de l'âme de sa vie et en l'attirant du bras droit sur son sein.

— Oh ! je ne peux pas vous souffrir, répliqua sa femme.

— Qui ? moi ? ne pas me souffrir ! s'écria Mantalini. Chansons ! chansons ! c'est impossible. Il n'y a pas une femme en ce monde qui eût le courage de me dire cela en face, en me regardant bien en face. » Et M. Mantalini, en disant cela, se caressait le menton et se mirait avec complaisance dans une glace vis-à-vis.

« Une extravagance ruineuse ! lui disait-elle à voix basse et d'un ton de reproche.

— La faute en est tout entière à la joie qui me transportait d'avoir conquis une si aimable créature, une seconde petite Vénus, une diablesse de charmante, séduisante, attrayante, ravissante petite Vénus.

— Voyez où vous m'avez réduite, reprit madame.

— Il n'en arrivera, il ne pourra en arriver aucun mal. C'est une affaire finie. Il n'y a rien à craindre. On se procurera de l'argent, et, s'il se fait trop attendre, le vieux Nickleby viendra encore faire un tour par ici, ou on lui coupera la jugulaire, s'il se permet encore de tourmenter et de contrarier ma petite...

— Chut ! ne voyez-vous pas ? »

M. Mantalini, qui, dans son empressement à se réconcilier avec sa femme, avait oublié, ou fait semblant d'oublier jusqu'ici la présence de Mlle Nickleby, fit signe qu'il comprenait à demi-mot ; il mit son doigt sur ses lèvres et parla plus bas encore. Il y eut alors une infinité de chuchoteries, dans lesquelles on put entendre plus d'une fois madame reprocher à monsieur certaines dettes contractées avant leur mariage, et par lui payées aux dépens du ménage d'une manière tout à fait inattendue : sans compter d'aimables faiblesses de gentleman, toutes ruineuses, le jeu, par exemple, la prodigalité, la fainéantise, et un goût prononcé pour la chair du cheval, dont il était très friand. A tous ces chefs d'accusation Mantalini répondait victorieusement par un ou deux baisers, selon leur importance relative. Aussi, pour le bouquet, Mme Mantalini devint plus folle de lui que jamais, et ils montèrent déjeuner les meilleurs amis du monde.

Catherine s'occupait de ce qu'elle avait à faire : elle disposait en silence, avec le plus de goût qu'elle pouvait, les divers articles qui formaient la décoration du magasin, lorsqu'elle tressaillit en entendant une voix étrange, une voix d'homme dans la chambre. Elle eut une autre souleur, en se retournant, lorsqu'elle se vit nez à nez avec un chapeau blanc, une cravate rouge, une grande figure plate, une grosse tête, et une moitié d'habit vert.

« N'ayez pas peur, mademoiselle, se mit-il à dire. C'est-il pas ici la boutique de la couturière, hein ?

— Si fait, répondit Catherine, singulièrement étonnée. Qu'est-ce que vous voulez ? »

L'étranger ne répondit point ; mais il commença par regarder derrière lui, comme pour faire un signe à quelque individu du dehors, encore invisible ; puis il entra d'un air décidé, suivi de près par un petit homme brun, terriblement râpé, qui fit entrer avec lui un parfum composé de vieux tabac et d'oignons nouveaux. Ses vêtements étaient pleins de duvet ; ses souliers, ses bas, sa culotte, et son habit jusqu'à la taille, étaient peints en relief d'une foule de dessins confus formés par une crotte qui remontait à quinze jours avant que le temps se fût mis au beau.

L'impression bien naturelle de Catherine fut d'abord que ces individus, avec leur tournure séduisante, n'étaient pas venus pour autre chose que pour s'assurer la possession illégitime de quelques articles portatifs qui avaient eu l'honneur de frapper leur imagination en passant. Elle ne se donna pas la peine de déguiser son inquiétude, et fit un mouvement vers la porte.

« Une petite minute, dit l'homme à l'habit vert, fermant d'abord la porte doucement et se mettant le dos contre. Il ne s'agit pas de plaisanter. Où est votre gouverneur ?

— Mon quoi ? qu'est-ce que vous dites ? demanda Catherine d'une voix tremblante, car elle s'imaginait qu'en terme d'argot gouverneur voulait dire sans doute une bourse ou une montre.

— M. Mantalini, dit l'homme, où-s-qu'il est ? est-il ici ?

— Il est en haut, je pense, répondit Catherine, un peu rassurée par cette question; avez-vous besoin de lui?

— Non, répliqua l'étrange visiteur; je peux à la rigueur m'en passer, si ça le dérange. Donnez-lui seulement ma carte que voici, et dites-lui que, s'il désire me parler pour s'éviter quelques désagréments, je suis ici; voilà tout. »

En même temps, il mit dans la main de Catherine une grosse carte carrée, et, se retournant vers son ami, il lui fit remarquer, avec une grande aisance de manières, que l'appartement était d'une belle hauteur d'étage. L'ami partageait son sentiment, et, pour mieux le faire valoir par une image vive, ajouta qu'il y avait là un tas de chambres où l'on pourrait mettre un petit bonhomme pour grandir à son aise, sans craindre qu'il se cassât jamais la tête contre le plafond.

Après avoir tiré la sonnette pour avertir Mme Mantalini, Catherine jeta un coup d'œil sur la carte, sur laquelle s'étalait le nom de Scaley, avec l'énumération de quelques autres titres qu'elle n'eut pas le temps d'examiner, car son attention fut attirée par M. Scaley en personne, qui, se dirigeant vers une des psychés et la frappant au milieu de la glace d'un coup sec de sa canne, avec autant de sang-froid que si la glace eût été de fer, dit à son ami :

« Voilà un beau morceau, dites donc, Tix?

— Ah! répliqua M. Tix en imprimant sans façon sur une pièce de taffetas bleu de ciel ses quatre doigts et le pouce, et cet article-ci, qu'en dites-vous? croyez-vous qu'il ait été fabriqué gratis? »

M. Tix promena son admiration de la soie à d'autres articles de toilette élégante, pendant que M. Scaley sans gêne ajustait sa cravate en se regardant dans la glace, puis profita de l'invention qui réfléchissait son image pour considérer avec soin un bouton qui lui poussait sur le menton. Il était encore absorbé dans cette occupation intéressante, quand Mme Mantalini, en mettant le pied dans la chambre, poussa un cri de surprise qui réveilla son attention.

« Oh! est-ce là madame? demanda Scaley.

— C'est Mme Mantalini, dit Catherine.

— Alors, dit M. Scaley en tirant de sa poche un petit document qu'il déplia sans se presser, voici un arrêt de saisie, et, à moins qu'il ne vous convienne de donner l'argent, nous allons, s'il vous plaît, parcourir toute la maison et procéder tout de suite à l'inventaire. »

La pauvre Mme Mantalini, dans sa douleur, commença par se tordre les mains et par sonner son mari. Cela fait, elle se laissa choir sur une chaise, où elle se trouva mal immédiatement. Cependant ces messieurs, sans y faire attention, n'en continuèrent pas moins l'exercice de leur industrie. M. Scaley, en particulier, était appuyé contre un portemanteau décoré d'une robe magnifique, de manière que ses épaules semblaient, par derrière, sortir de la toilette, comme auraient fait les épaules de la belle dame à laquelle elle était destinée. Là cessait l'illusion : le gentleman tenait son chapeau d'une main, pendant qu'il se grattait la tête de l'autre avec un air de parfaite indifférence. Pendant ce temps-là, M. Tix, profitant de l'occasion pour prendre un aperçu général de l'appartement avant de commencer à instrumenter, se tenait debout, son livre à inventaires sous le bras, son chapeau à la main, occupé d'un calcul mental sur la valeur respective de chacun des objets soumis à son inspection.

Voilà où en étaient les affaires, quand M. Mantalini accourut en toute hâte. Et, comme cet échantillon de gentleman à la mode n'en était pas à sa première aventure; qu'il avait entretenu des rapports assez fréquents, dans ses jours de célibat, avec les confrères de M. Scaley; comme il avait d'ailleurs ses raisons pour n'être pas surpris le moins du monde de la circonstance présente, il se contenta simplement de hausser les épaules, de fourrer ses mains au fond de ses goussets, de relever ses sourcils, de siffler une note ou deux, de lancer un juron ou deux; après quoi il se mit à cheval sur une chaise et aborda la question avec beaucoup de tenue et de convenance.

« Quel est donc le chien de total?

— Trente-huit mille cent soixante-quinze francs cinq centimes, répondit M. Scaley complètement immobile.

— Que le diable emporte les cinq centimes! dit Mantalini avec impatience.

— Je ne m'y oppose pas, si cela peut vous faire plaisir, repartit M. Scaley; et les cent soixante-quinze francs avec.

— Quand les trente-huit mille francs prendraient le même chemin, cela ne nous ferait pas grand' chose, à ce que je puis croire, remarqua M. Tix.

— Pas seulement cela, dit Scaley avec un geste de profonde insouciance. Ah çà! continua-t-il après un moment de silence, n'est-ce qu'un petit accroc, ou si c'est un vrai patatras? Oh! une faillite en règle; bon. En ce cas, monsieur Tom Tix, mon gentilhomme, vous ne risquez rien d'informer votre amour de femme et votre aimable petite famille que vous n'irez pas coucher dans votre lit de trois jours d'ici; vous allez avoir ici de la besogne. Qu'est-ce qu'elle a donc à se tourmenter, cette dame? ajouta-t-il en entendant sangloter Mme Mantalini. Elle sait pourtant bien que plus de la moitié de ce qui est ici n'est pas seulement encore payé;

c'est toujours une consolation pour sa sensibilité. »

C'est avec de pareilles réflexions, mélange heureux de bonne plaisanterie et de philosophie encourageante dans les cas difficiles, que M. Scaley procéda à l'inventaire, assisté matériellement dans cette tâche par le tact délicat et l'expérience peu commune de M. Tix, brocanteur.

« Coupe enchantée de mon bonheur, dit Mantalini s'approchant de sa femme d'un air pénitent, voulez-vous me prêter l'oreille deux minutes seulement?

— Ah! ne me parlez pas, répliqua sa femme toujours sanglotant. C'est vous qui m'avez ruinée; en voilà assez. »

M. Mantalini, qui avait sans doute bien étudié son rôle, n'eut pas plutôt entendu prononcer ces mots d'un ton triste et sévère, qu'il recula de quelques pas, donna à sa physionomie une expression de douloureuse et secrète agonie, se précipita tête baissée hors de la chambre, et, bientôt après, on entendit la porte d'un cabinet de toilette du second étage se fermer avec fracas.

« Mademoiselle Nickleby! cria Mme Mantalini à ce bruit terrible, dépêchez-vous, au nom du ciel! il va se détruire. Je lui ai dit des duretés, et il n'aura pas le courage de les supporter. Alfred! mon mignon! Alfred! »

Et voilà Mme Mantalini, escaladant le second avec force exclamations du même genre, suivie de Catherine, qui, sans partager toutes les craintes de l'épouse passionnée, n'était pas cependant sans quelque émotion. On ouvre toute grande la porte du cabinet de toilette, et que voit-on? grand Dieu! M. Mantalini, le col de sa chemise rabattu avec symétrie, donnant le fil à un couteau de table sur un cuir à rasoir.

« Ah! » s'écria M. Mantalini pris à l'improviste.

Et le couteau de table disparut à l'instant dans la poche de la robe de chambre de M. Mantalini, pendant que M. Mantalini roulait des yeux égarés, que ses cheveux épars flottaient en désordre et dérangeaient l'économie de ses favoris.

« Alfred! cria l'épouse en se jetant à son cou. Non, je ne voulais pas dire ce que j'ai dit; non, je ne le voulais pas!

— Ruinée! cria à son tour M. Mantalini. Moi! j'ai ruiné la meilleure créature, l'ange le plus pur qui ait jamais béni l'existence d'un damné de vagabond! Nom d'un chien! laissez-moi faire. »

A ce moment de crise furieuse, M. Mantalini plongea la main à la recherche du couteau de table; mais, se voyant saisir le bras par les doigts délicats de son épouse, qui le retient, il veut au moins essayer de se briser la tête contre la muraille : heureusement, il a grand soin de s'en tenir au moins à six pieds de distance.

« Calmez-vous, mon cher ange, dit madame. Je sais bien que ce n'est la faute de personne : c'est la mienne autant que la vôtre. Nous nous tirerons encore une fois d'affaire. Venez, Alfred, venez. »

M. Mantalini ne crut pas convenable de venir tout de suite. Il demanda d'abord à plusieurs reprises qu'on lui donnât du poison, ou bien qu'on envoyât chercher quelqu'un, mâle ou femelle, pour lui faire sauter la cervelle. A la longue cependant sa sensibilité devint plus tendre, et des larmes pathétiques coulèrent. Une fois son esprit disposé à des sentiments plus doux, il n'opposa plus de résistance à ce qu'on le désarmât de son couteau, d'autant plus qu'il n'était pas fâché d'en être débarrassé : c'est très gênant et même dangereux, un couteau de table dans une poche. Bref, il finit par se laisser entraîner par sa belle et tendre moitié.

Au bout de deux ou trois heures, les demoiselles de l'atelier furent remerciées jusqu'à nouvel ordre, et, deux jours après, le nom de Mantalini parut sur la liste officielle des déconfitures. Le même jour, Mlle Nickleby reçut avis par la poste que la maison serait désormais au nom de Mlle Knag, qui n'avait plus besoin de ses services. En recevant cette nouvelle, Mme Nickleby déclara qu'il y avait longtemps qu'elle s'y attendait, et cita plusieurs circonstances dont personne ne se souvenait qu'elle, où elle avait dû prophétiser la chose avec exactitude.

« Et, je le répète, ajouta-t-elle (quoique ce fût bien, comme on le pense, la première fois qu'elle en eût parlé), je le répète, l'état de modiste et de couturière est bien le dernier, ma fille, auquel vous eussiez dû jamais penser. Je ne vous en fais pas un reproche, ma chère enfant, mais encore dois-je vous répéter que si vous aviez consulté votre mère...

— Bien, maman, bien, lui dit doucement sa fille, qu'est-ce que vous me conseillez maintenant?

— Ce que je vous conseille! cria Mme Nickleby; ne tombe-t-il pas sous le sens que, de toutes les occupations faites pour une personne de votre rang, celle de demoiselle de compagnie chez une dame aimable est justement la situation à laquelle vous êtes préparée par votre éducation, vos manières, votre extérieur et tout enfin? N'avez-vous jamais entendu parler à votre cher papa de la fille de la vieille dame qui était dans la même pension bourgeoise que lui, quand il était garçon?... Comment donc s'appelait-elle déjà? Je sais que cela commençait par un B et finissait par un G : n'était-ce pas Waters, ou...? Non, ce ne pouvait être cela. Mais enfin, n'importe le nom; ne vous souvenez-vous pas que cette demoiselle entra comme dame de compagnie chez une dame mariée qui mourut peu de temps après? qu'elle épousa le mari, et qu'elle eut même un des plus jolis petits garçons que les accoucheurs eussent jamais vus venir au monde, le tout dans l'espace de dix-huit mois? »

Catherine se doutait bien que ce torrent de souvenirs opportuns devait être occasionné par quelque oasis nouvelle, réelle ou imaginaire, dont sa mère avait fait la découverte dans le monde particulier des dames de compagnie. Elle attendit donc avec beaucoup de patience qu'elle eût épuisé toutes ses réminiscences et ses anecdotes, plus ou moins applicables au sujet, avant de se hasarder à lui demander quelle était la découverte qu'elle avait faite. La vérité ne tarda pas à se faire connaître. Mme Nickleby s'était procuré le matin même un journal de la veille au café d'où on lui apportait sa bière. Ce journal de la veille contenait un avis rédigé en anglais du style le plus pur et le plus correct, annonçant qu'une dame mariée désirait s'attacher comme demoiselle de compagnie une jeune personne de bon ton, et qu'on trouverait le nom et l'adresse de la dame mariée chez un libraire du quartier West-End dont on indiquait exactement la demeure.

« Et je vous déclare, s'écria Mme Nickleby en déposant le journal d'un air triomphant, que, si votre oncle n'y voit pas d'inconvénient, cela vaut la peine d'y aller voir. »

Catherine était trop découragée par le succès de la joute énergique qu'elle venait déjà de soutenir contre le monde, et s'intéressait trop peu en ce moment au sort qui lui était réservé, pour faire la moindre objection. M. Ralph Nickleby, loin d'en faire de son côté, approuva au contraire cette idée de toutes ses forces. Il ne se montra pas non plus autrement surpris de la faillite soudaine de Mme Mantalini, et certes il eût été bien étrange qu'il en parût étonné, car il y avait contribué plus que personne pour sa part. On alla donc chercher le nom et l'adresse de l'inconnue sans perdre de temps, et miss Nickleby partit avec sa mère le matin même à la recherche de Mme Wititterly, place Cadogan, rue Sloane.

La place Cadogan est un petit trait d'union entre deux grands extrêmes. C'est l'anneau qui relie les trottoirs aristocratiques de Belgrave-Square et les contrées barbares de Chelsea. Elle est bien dans la rue Sloane, mais elle ne lui appartient pas. Les gens de la place Cadogan jettent un regard de dédain sur la rue Sloane et regardent Brompton comme au-dessous d'eux. Ils singent les airs du grand monde et font semblant de ne pas savoir où se trouve situé New-Road; non pas cependant qu'ils aient la fatuité de se croire précisément sur le même pied que les personnes de la haute volée qui habitent Belgrave-Square et Grosvenor-Place; mais ils s'attribuent auprès d'elles le même rang que ces enfants illégitimes de grands seigneurs qui se vantent de leur parentage, quoique désavoués par leurs parents. Au milieu de leurs airs de ressemblance avec les conditions les plus élevées, les gens de la place Cadogan n'ont en réalité qu'une situation secondaire. C'est, si l'on veut, le conducteur qui transmet aux habitants des régions ultérieures le choc électrique de l'orgueil, de la naissance et du rang, qu'il ne porte pas en lui-même, mais qu'il tire d'une source plus élevée. Ou bien encore elle ressemble à la membrane qui unit les frères Siamois, dans laquelle circule quelque chose de la vie et de l'essence des deux jumeaux, sans qu'elle appartienne à l'un ni à l'autre.

C'est sur ce terrain ambigu que demeurait Mme Wititterly, et que Catherine souleva le marteau d'une main tremblante à la porte de Mme Wititterly. Le valet qui vint l'ouvrir était un gros garçon aux cheveux poudrés, ou plâtrés, ou blanchis par tout autre procédé que la poudre véritable; et le gros valet, après avoir reçu la carte d'introduction, la donna à un petit page, si petit en effet que sa taille ne comportait pas sur deux rangs, comme d'habitude, le nombre de petits boutons indispensable au costume de tout page; on avait été obligé de les mettre sur quatre rangs par devant. Ce jeune messager monta la carte sur une soucoupe, et, en attendant son retour, Catherine et sa mère furent introduites dans une salle à manger assez malpropre et de chétive apparence, si commodément agencée qu'elle était également propre pour tous les usages, excepté pour boire et pour manger.

Maintenant, selon le cours régulier des choses et conformément à toutes les descriptions authentiques de la haute société qu'on trouve dans les livres, Mme Wititterly aurait dû se trouver dans son *boudoir*. Mais, soit que M. Wititterly fût en ce moment à se faire ou non la barbe dans le boudoir de madame, toujours est-il que Mme Wititterly donna audience à ses visiteuses dans le salon, bien pourvu de tout ce qui était utile et nécessaire pour protéger contre le trop grand jour la fleur délicate du teint de Mme Wititterly, y compris des rideaux et des housses d'un rose tendre. N'oublions pas un roquet accoutumé à mordre les mollets des étrangers pour amuser Mme Wititterly, et le susdit page, toujours prêt à servir du chocolat pour restaurer Mme Wititterly.

La dame avait un air de douceur insipide et un teint d'une pâleur intéressante. Il y avait autour d'elle et sur elle, dans sa personne comme dans son mobilier et toute sa maison, quelque chose de

« Si cela le dérange, donnez-lui ma carte. » (P. 159.)

fané. Elle était étendue sur un sofa, dans une attitude si naturelle, qu'on aurait pu la prendre pour une danseuse, le pied levé pour entrer en scène dans un ballet, et n'attendant pour prendre son vol que le lever du rideau.

« Donnez des chaises. »

Le page les avança.

« Sortez, Alphonse. »

Le page sortit. Quel Alphonse! Il portait plutôt écrit sur sa figure le nom de Baptiste ou de Gros-Jean.

« J'ai pris, madame, dit Catherine après quelques minutes d'un silence général assez embarrassant, la liberté de venir vous voir, d'après un avis que vous avez fait insérer dans les journaux.

— Ah oui! répliqua Mme Wititterly, un de mes gens l'a fait mettre dans les journaux, en effet.

— J'ai pensé, madame, continua Catherine d'un ton modeste, que, si vous n'avez pas encore arrêté votre choix, vous voudriez bien me pardonner la peine que je vous donne en venant me proposer.

— Oui, répéta Mme Wititterly d'une voix traînante.

— Si au contraire vous avez déjà choisi...

— Ah! mon Dieu! non, dit la dame en l'interrompant; je ne suis pas si facile à décider. Je ne sais réellement que vous dire : avez-vous déjà été employée comme dame de compagnie? »

Mme Nickleby, qui grillait d'impatience de dire son mot, saisit habilement cette occasion, avant que Catherine eût pu répondre.

« Pas chez une étrangère, madame, dit la bonne dame, mais elle m'a tenu compagnie pendant bien des années. C'est moi qui suis sa mère, madame.

— Oh! dit Mme Wittitterly, je comprends.

— Il fut un temps où je ne songeais guère, madame, reprit Mme Nickleby, que ma fille dût jamais être obligée d'aller chez le monde, car son pauvre cher papa était un gentleman qui vivait de son bien, et il en vivrait encore à l'heure qu'il est, s'il avait seulement voulu prêter l'oreille à mes prières, à mes...

— Chère maman, lui dit Catherine à voix basse.

— Ma chère Catherine, si vous voulez bien me permettre de parler, je prendrai la liberté d'expliquer à cette dame...

— Cela me paraît peu nécessaire, maman. »

Et malgré tous les clins d'œil et les froncements de sourcils de Mme Nickleby, pour faire comprendre qu'elle allait dire quelque chose qui déciderait immédiatement la chose, Catherine maintint la position jusqu'au bout par un regard expressif, et Mme Nickleby fut, pour cette fois, arrêtée sur le bord d'une harangue intempestive.

« Qu'est-ce que vous savez faire? » demanda Mme Wititterly, les yeux fermés.

Catherine détailla en rougissant ses talents principaux, pendant que Mme Nickleby la contrôlait en les repassant d'avance un à un sur ses doigts, pour voir si elle n'en oubliait pas. Heureusement les deux calculs se trouvèrent d'accord, ce qui priva encore Mme Nickleby d'une occasion de prendre la parole.

« Vous avez un bon caractère? demanda Mme Wititterly en entr'ouvrant les yeux pour les fermer encore.

— Je l'espère, madame, répondit Catherine.

— Et vous avez des répondants sûrs et respectables sur tous les points, n'est-ce pas? »

Catherine répondit qu'elle en avait, et déposa sur la table une carte de son oncle.

« Ayez la complaisance de vous approcher un peu plus près avec votre chaise, que je vous regarde, dit Mme Wititterly : j'ai la vue si courte que je ne peux pas bien distinguer vos traits. »

Catherine fit ce qu'on lui demandait, non sans en éprouver quelque embarras, et Mme Wititterly examina sa figure à son aise d'un œil languissant; l'examen dura au moins deux ou trois minutes.

« Votre extérieur me plaît, dit la dame en tirant une petite sonnette... Alphonse, priez votre maître de venir. »

Le page disparut pour remplir sa mission, et, après un court intervalle, pendant lequel on ne dit pas un mot des deux côtés, la porte s'ouvrit pour laisser passer un gentleman imposant de trente-huit ans environ, d'un visage un peu commun, la tête peu garnie de cheveux, qui se tint penché quelque temps par derrière, sur le fauteuil de Mme Wititterly, échangeant avec elle quelques mots à voix basse.

« Oh! dit-il en se retournant, certainement il s'agit ici d'une affaire très importante. Mme Wititterly est d'une constitution très irritable, très délicate, très fragile; c'est une plante de serre chaude, une fleur exotique.

— Henri! mon bon! dit Mme Wititterly jouant l'embarras.

— Je dis la vérité, m'amour, vous le savez bien comme moi; un souffle — et ici M. Wititterly fit comme s'il soufflait en l'air un fétu imaginaire, — un simple souffle, phu! et vous voilà partie! »

La dame soupira.

« Votre corps est trop étroit pour votre âme, dit M. Wititterly; la lame use le fourreau; tous les médecins en conviennent. Vous savez qu'il n'en est pas un qui ne tienne à honneur d'être appelé près de vous pour observer votre mal; eh bien, quelle est, après tout, leur déclaration unanime? « Mon » cher docteur, disais-je à sir Thomas Snuffim, » dans ce salon même, lors de sa dernière visite,

» mon cher docteur, quelle est la maladie de ma » femme? ne me cachez rien; j'aurai le courage » de tout entendre. Est-ce les nerfs? — Mon brave » monsieur, m'a-t-il répondu, soyez fier d'avoir » une telle femme, et choyez-la bien. C'est un or» nement pour la société distinguée comme pour » vous. Elle n'a mal qu'à l'âme; c'est l'âme qui, » chez elle, se gonfle, s'épanche, se dilate. Alors » son sang s'allume, son pouls s'accélère, son » excitation redouble, — atchi. » C'est que M. Wititterly, qui, dans le feu de sa description, avait balancé sa main dans les airs à quelques lignes du chapeau de Mme Nickleby, l'avait tout à coup retirée brusquement pour se moucher avec un bruit aussi terrible que celui du ronflement que ferait une machine de la force de trente chevaux.

« Vous me faites plus étrange que je ne suis, Henri, dit Mme Wititterly avec un faible sourire.

— Non pas, Julia, non pas! La société dans laquelle vous entraîne nécessairement votre rang, vos relations, vos mérites, est un gouffre, un tourbillon d'une effrayante activité pour exciter votre sensibilité. Dieu du ciel! quand je pense à cette soirée où vous dansâtes avec le neveu du baronnet au bal d'Exeter! Il y a de quoi faire frémir.

— Il n'y a pas un seul de ces triomphes que je ne paye bien plus cher après.

— Et c'est justement pour cela qu'il vous faut une dame de compagnie dont le caractère vous présente une grande tranquillité, une grande douceur, une excessive sympathie, un repos parfait. »

Ici, M. et Mme Wititterly, dont la conversation s'adressait surtout, sans en avoir l'air, aux dames Nickleby, cessèrent leur dialogue, et regardèrent leur auditoire d'un air qui voulait dire : « Hein! qu'est-ce que vous dites de cela? »

« Mme Wititterly, dit son mari en s'adressant directement à Mme Nickleby, est recherchée et courtisée par les réunions les plus brillantes, les cercles les plus à la mode. Elle est impressionnée par l'opéra, le drame, les beaux-arts, le... la... le...

— La noblesse, mon cher ami.

— La noblesse, cela va sans dire, et le militaire. Elle se forme sur une immense variété de sujets une immense variété d'opinions qu'elle énonce avec une immense variété d'expressions. Il y a bien des gens, dans le grand monde, s'ils savaient l'opinion que Mme Wititterly a conçue de leur personne, qui ne porteraient pas la tête si haute.

— Henri, en voilà assez : ce n'est pas bien, dit la dame.

— Je ne cite aucun nom, Julia, répliqua M. Wititterly : ainsi personne n'a à se plaindre. J'entre seulement dans quelques détails pour montrer que vous n'êtes pas une personne comme une autre; qu'il y a un frottement perpétuel entre votre esprit et votre corps, et que vous avez besoin d'être calmée et choyée. A présent, il nous reste à nous informer positivement et avec exactitude des garanties que mademoiselle présente pour cet emploi. »

Il fallut donc, pour répondre à cette question, recommencer à nouveau la liste des qualités et des talents de Catherine, le tout interrompu par les interrogatoires de M. Wititterly. Enfin, il fut décidé qu'on irait aux informations et qu'on adresserait à Mlle Nickleby une réponse définitive dans les deux jours, sous le couvert de son oncle. Une fois convenus de leurs faits, le page reconduisit ces dames jusqu'à la fenêtre de l'escalier, où le gros valet de pied était de faction pour le relever et pour piloter ces dames saines et sauves jusqu'à la porte.

« Voilà des gens très distingués, évidemment, dit Mme Nickleby en prenant le bras de sa fille. Quelle personne supérieure que cette Mme Wititterly!

— Vous trouvez, maman? répliqua seulement Catherine.

— Comment! Et qui donc ne le trouverait pas, ma chère Catherine? Seulement elle est bien pâle et paraît bien épuisée. J'espère qu'elle ne touche pas encore à sa fin, mais j'en ai bien peur. »

Ces réflexions plongèrent naturellement la prévoyante mère dans une série de calculs de probabilités sur le temps que Mme Wititterly pouvait avoir encore à vivre, sur les chances qu'il y avait pour que le veuf inconsolable offrît sa main à Catherine. Elle n'était pas rentrée chez elle, qu'elle avait déjà affranchi l'âme de Mme Wititterly de ses liens terrestres, marié sa fille en grande pompe à Saint-George, Hanover-Square; elle n'avait plus qu'un point à résoudre, mais il n'était pas d'importance, à savoir si le magnifique bois de lit en acajou verni français, qu'on lui destinait à elle-même, serait dressé pour elle, au second étage, sur le derrière de la maison de la place Cadogan, ou au troisième, sur le devant. Entre les deux son cœur balançait encore; elle s'en tira sagement en prenant le parti de s'en rapporter à la décision de son gendre.

Informations prises, la réponse fut favorable, ce qui ne veut pas dire que Catherine en fût bien joyeuse; et au bout de la semaine, elle se transporta avec tous ses biens, meubles et valeurs, à l'hôtel de Mme Wititterly, où nous la laisserons pour le moment.

CHAPITRE XXII

Nicolas, accompagné de Smike, va chercher fortune. Il fait la rencontre de M. Vincent Crummles, dont on peut voir ici la profession.

Le capital dont Nicolas se trouvait légitime propriétaire, soit en biens propres, acquêts, argent réversible, reliquat et espérances, après avoir payé son loyer et soldé le brocanteur qui lui avait loué son misérable mobilier, montait, à un sou près, à la somme totale de vingt-cinq francs. Cela ne l'empêcha pas de saluer de bon cœur l'aurore du jour où il avait résolu de quitter Londres, et de sauter à bas de son lit avec cette vivacité d'humeur et cette résolution qui sont heureusement le partage de la jeunesse et l'aident à supporter la vie, sans quoi on ne verrait pas beaucoup de vieillards obstruer les chemins.

C'était par une matinée de printemps, froide, âpre, brumeuse. On voyait çà et là voltiger dans les rues quelques ombres vaporeuses à travers le brouillard; ou bien se dessiner la silhouette grossière d'un fiacre retournant au logis, et, à mesure qu'il approchait, il se dandinait, versant à droite et à gauche la petite croûte de gelée blanche qui avait blanchi son impériale, puis il se perdait de nouveau dans les nuages. On entendait par intervalles le pauvre ramoneur traîner la savate, pousser son cri perçant, pendant qu'il s'en allait, tout grelottant, commencer de bonne heure sa journée, ou bien c'était le pas pesant du veilleur officiel qui se promenait lentement de long en large, maudissant les heures paresseuses qui le séparaient encore du sommeil; ou le roulement des lourdes charrettes et des wagons; le trot des voitures plus légères qui portaient aux différents marchés de la ville des marchands ou des chalands; le tapage inutile des coups de marteau frappés à la porte de dormeurs obstinés. Tous ces bruits venaient frapper l'oreille de temps en temps, mais ils semblaient pourtant emmitouflés dans le brouillard, qui en amortissait la force et rendait les sons presque aussi insensibles à l'oreille que les objets étaient peu sensibles à la vue. A mesure que le jour paraissait, l'ombre inerte semblait s'épaissir à son tour, et ceux qui avaient eu le courage de se lever pour aller regarder dans la rue, derrière les rideaux de leur fenêtre, se hâtaient de regagner bien vite leurs lits à tâtons, et de s'enfoncer le nez dans leurs couvertures pour se rendormir.

Nicolas n'avait pas attendu que tous ces avant-coureurs du jour fussent réveillés dans la vie active de Londres pour se réveiller dans la Cité, et pour aller se planter sous les fenêtres de la maison qu'habitait sa mère : maison triste et sombre pour tout le monde, mais pour lui pleine de lumière et de vie. Car là du moins il y avait dans ces vieilles murailles un cœur qu'il savait prêt à battre comme le sien du même sang qui coulait dans ses veines, au seul mot d'insulte ou de déshonneur.

C'était le cœur de sa sœur. Aussi traversa-t-il la rue pour lever les yeux vers la fenêtre de la chambre où il savait qu'elle reposait. Elle n'était point ouverte ni éclairée. « Pauvre fille, pensa-t-il, elle ne se doute guère que je suis à l'épier ici. »

Il regarda de nouveau et se sentit presque contrarié que Catherine ne fût pas là pour échanger avec lui quelques mots d'adieu. Mais ce ne fut qu'un éclair, il s'en voulut après. « Bon Dieu, dit-il, que je suis enfant! »

« Ne vaut-il pas mieux, continua-t-il après avoir fait encore quelques pas, pour revenir ensuite à la même place, que les choses se passent comme cela? La première fois que je les ai quittées et que j'aurais pu leur dire au revoir plus de mille fois si j'avais voulu, je leur ai épargné la douleur d'une séparation; pourquoi ne pas faire de même aujourd'hui? » Pendant qu'il se raisonnait de la sorte, il s'imagina voir remuer le rideau et se persuada que Catherine était là, à la fenêtre; puis, par un de ces retours étranges que nous éprouvons tous dans nos sentiments, il se retira involontairement à l'écart dans une allée, pour qu'elle ne pût l'apercevoir. Il rit lui-même de sa faiblesse, appela sur elle la bénédiction du ciel, et se remit en marche d'un pas plus dégagé.

Smike l'attendait avec impatience, quand il entra dans son ancien logement, ainsi que Newman, qui avait dépensé un jour de revenu à leur payer un flacon de grog au lait et au rhum pour les réconforter contre les fatigues du voyage. Les paquets étaient ficelés; Smike n'eut plus qu'à les charger sur son épaule, et les voilà partis tous trois de compagnie. Car Newman Noggs avait insisté, la veille, pour les conduire aussi loin qu'il pourrait.

M. Mantalini affilait un couteau de table sur un cuir à rasoir. (P. 151.)

« Par où? demanda Newman d'un air soucieux.

— Par Kingston d'abord, répondit Nicolas.

— Et puis après? Pourquoi ne voulez-vous pas me dire où vous allez?

— Parce que je n'en sais en vérité rien moi-même, mon bon ami, répondit Nicolas en lui mettant la main sur l'épaule; et quand je le saurais, sans plan, sans dessein arrêté, comme je suis pour l'instant, je pourrais bien déménager vingt fois avant que vous ayez eu le temps de m'adresser une lettre.

— J'ai peur que vous ne méditiez quelque profond coup de tête, dit Newman d'un air de doute.

— Si profond, répliqua son jeune ami, que je ne pourrais pas moi-même en sonder la profondeur. Dans tous les cas, soyez assuré d'une chose, c'est que, quel que soit le parti que je vais prendre, je vous l'écrirai promptement.

— Ne l'oubliez pas, toujours.

— Il n'y a guère d'apparence. Je n'ai pas un si grand nombre d'amis que je puisse m'y perdre, jusqu'à oublier le meilleur. »

Ils marchèrent bien une couple d'heures à deviser ainsi tous deux, et ils auraient bien marché une couple de jours si Nicolas n'avait pas fini par s'asseoir sur une borne du chemin, déclarant sa résolution bien arrêté de ne pas faire un pas de plus, tant que Newman Noggs ne leur aurait pas tourné le dos. Newman demandait grâce. Il ne voulait plus les accompagner qu'un demi-mille, puis un quart de mille, puis quelques pas seulement; tout fut inutile, il fallut s'exécuter et revenir à Golden-Square, après avoir échangé bien des adieux et des souhaits aussi tendres que sincères, après s'être souvent retourné sur sa route pour agiter en l'air son chapeau en dernier signe de reconnaissance aux deux voyageurs, lorsqu'ils n'apparaissaient déjà plus que comme deux points dans l'espace.

« Ah çà, Smike, écoutez-moi, dit Nicolas pendant qu'il se remettait bravement en route; nous allons à Portsmouth. »

Smike approuva d'un signe de tête et sourit, sans se montrer autrement ému. Portsmouth ou Port-

Royal lui était tout un, pourvu qu'ils y allassent ensemble.

« Je ne suis pas bien au fait de tout cela, reprit Nicolas, mais Portsmouth est un port de mer, et, à défaut d'autre emploi, je dois croire que nous trouverons toujours bien à nous enrôler au service de quelque bâtiment. Je suis jeune et actif, je peux me rendre utile de bien des manières; et vous aussi.

— Je l'espère, répondit Smike. Quand j'étais à ce... vous savez ce que je veux dire.

— Oui, oui, je sais bien, dit Nicolas, vous n'avez pas besoin de nommer l'endroit.

— Eh bien, du temps que j'y étais, reprit Smike, dont les yeux étincelaient à l'idée de mettre en œuvre ses talents, je savais traire une vache et panser un cheval aussi bien que personne.

— Ah! dit gravement Nicolas, j'ai bien peur que l'on n'entretienne pas beaucoup d'animaux de ce genre à bord d'un vaisseau, et, si par hasard il s'y trouve quelque cheval, je ne pense pas qu'on se donne grand mal à l'étriller. Mais vous pourrez apprendre à faire quelque autre chose, vous sentez. Avec de la bonne volonté, on va loin.

— Et j'en ai beaucoup, dit Smike ranimé par l'espérance.

— Dieu sait que vous en avez; à la rigueur, vous n'en trouveriez pas l'emploi, que je travaillerai pour deux, ou ce sera bien difficile.

— Allons-nous faire toute la route aujourd'hui? demanda Smike après un moment de silence.

— Vos jambes ont beau avoir de la bonne volonté, dit Nicolas en souriant gaiement, ce serait les mettre à une épreuve trop difficile. Non. J'ai vu dans une carte qu'on m'avait prêtée à Londres que Godalming en est à trente et quelques milles; ce sera là notre couchée. Demain, nous nous remettrons en route, car nos moyens ne nous permettent pas de perdre du temps. Laissez-moi vous soulager de ce paquet : allons! à mon tour.

— Non, non, répondit Smike en faisant quelques pas en arrière; ne me demandez pas cela.

— Pourquoi pas?

— Laissez-moi faire au moins quelque chose pour vous; je ne vous montrerai jamais autant de reconnaissance que je vous en dois. Vous ne pouvez pas vous faire une idée de tous les projets que je repasse nuit et jour dans ma tête pour trouver moyen de vous faire plaisir.

— Vous êtes un nigaud; vous n'avez pas besoin de me dire cela; ne le sais-je pas bien? Il faudrait donc que j'eusse les yeux crevés ou l'esprit obtus pour ne pas le voir. Mais, pendant que j'y pense, puisque nous sommes seuls, ajouta-t-il en le regardant fixement entre les deux yeux, répondez-moi à cette question : avez-vous une bonne mémoire?

— Je ne sais pas, dit Smike en secouant la tête d'un air triste, je crois qu'elle était bonne autrefois, mais elle est partie aussi maintenant, je n'en ai plus.

— Qu'est-ce qui vous fait dire que vous en aviez autrefois? lui demanda Nicolas, saisissant au vol cette indication qui pouvait le mettre sur la voie pour éclaircir ce qu'il voulait savoir.

— Parce que, dans mon enfance, je me rappelais bien des choses; mais il y a longtemps, bien longtemps, si je ne me trompe. Là-bas, vous savez, d'où vous m'avez tiré, j'avais toujours la tête tournée et les idées confuses; je ne pouvais plus rien me rappeler; souvent même je ne comprenais plus ce qu'on me disait. Je... voyons... voyons un peu.

— Vous battez la campagne, n'est-ce pas? dit Nicolas en lui touchant le bras pour réveiller son attention.

— Non, répondit-il avec un regard effaré, c'est que je pensais encore à... Il ne put dire ces mots sans frissonner malgré lui.

— Ne pensez plus à cette prison, c'est bien fini pour vous, vous savez, reprit Nicolas en fixant ses yeux en plein sur le visage de son compagnon de voyage, qui commençait à retomber dans ses habitudes de physionomie stupide, qu'il n'avait pas encore complètement perdues. Vous rappelez-vous le premier jour que vous êtes allé en Yorkshire?

— Hein! cria l'autre.

— Vous savez, c'était avant que vous eussiez commencé à perdre la mémoire, dit Nicolas avec calme. Faisait-il froid ou chaud?

— Humide, répondit Smike, très humide. Très souvent je disais plus tard, quand il était tombé beaucoup d'eau, que c'était comme le jour de mon arrivée; et les autres se pressaient autour de moi pour rire de me voir pleurer quand il tombait une bonne pluie. Ils me disaient que je pleurais comme un enfant, et je n'en pleurais que davantage. J'avais la chair de poule rien qu'en me rappelant comment j'étais quand j'ai vu cette maudite porte pour la première fois.

— Vous dites comment j'étais, répéta Nicolas, sans paraître y attacher d'importance. Comment donc étiez-vous?

— J'étais si petit que, rien que d'y penser, on devait plutôt me plaindre et m'épargner.

— Alors vous n'y étiez pas venu tout seul?

— Non; oh non!

— Qu'est-ce qui était avec vous?

— Un homme, un homme brun et sec. On me l'a souvent dit à l'école, mais je me le rappelais déjà bien auparavant. Je fus bien aise de le quitter, il me faisait peur; mais les autres m'ont fait bien plus peur encore et m'ont encore traité plus durement que lui.

— Regardez-moi bien, lui dit Nicolas pour obtenir toute son attention. Allons, ne vous détournez pas. Vous ne vous rappelez pas quelque femme, quelque femme douce et bonne, qui se penchait quelquefois vers vous, pour baiser vos lèvres, en vous appelant mon enfant?

— Non, dit la pauvre créature en secouant la tête; non, jamais.

— Ni d'autre maison que celle du Yorkshire?

— Non, répondit Smike d'un air triste. Une chambre!... Je me rappelle que je couchais dans une chambre, une grande chambre isolée au haut de la maison, où il y avait une trappe dans le plafond. Combien de fois je me suis caché la tête dans les draps pour ne pas la voir, cette vilaine trappe qui me causait tant de frayeur! pensez, un enfant tout petit! tout seul, la nuit. Je me demandais toujours avec inquiétude ce qu'il pouvait y avoir derrière. Il y avait aussi une horloge, dans un coin. Je me rappelle cela, par exemple : je ne l'ai jamais oublié. Souvent, quand je fais de mauvais rêves, la chambre me revient toujours présente. J'y vois des choses et des gens que je n'y ai jamais vus alors, mais la chambre est toujours la même. Pour cela, ça ne change pas.

— Voulez-vous maintenant me laisser prendre le paquet? demanda Nicolas, changeant brusquement de conversation.

— Non, non. Allons, continuons notre route. »

En même temps, il hâtait le pas, préoccupé de l'idée qu'ils avaient perdu du temps à rester en place pendant tout le cours de ce dialogue. Nicolas l'observait de près et enregistrait dans sa mémoire chacun des mots qu'il avait prononcés.

Il était alors une heure de l'après-midi, et, quoiqu'une vapeur épaisse enveloppât encore la Cité qu'ils avaient laissée derrière eux, comme si le souffle de ses habitants avides planait sur leurs spéculations intéressées et montrait plus de sympathie pour rester dans cette région du calcul et du gain que pour remonter dans les régions plus tranquilles de l'air, la campagne était au contraire claire et radieuse. Parfois seulement, dans quelques vallons, ils rencontraient des vapeurs arriérées que le soleil n'avait pas forcées dans leurs dernières retraites; mais elles étaient bientôt passées, et, quand ils gravissaient les collines voisines, ils prenaient plaisir à voir au-dessous d'eux cette masse brumeuse s'ébranler lourdement sous la bénigne influence du jour naissant. Un brave soleil, un vaste et franc soleil, illuminait les verts pâturages et ridait la surface de l'eau comme sous le souffle d'une brise d'été, tout en laissant aux voyageurs la fraîcheur bienfaisante de cette saison précoce de l'année. La terre semblait rebondir sous leurs pieds : les clochettes des agneaux étaient pour leurs oreilles une douce musique. Égayés par la marche, stimulés par l'espérance, ils marchaient en avant, vaillants et forts comme des lions.

Le jour s'avance : toutes ces couleurs éclatantes s'adoucissent et prennent une teinte plus paisible, semblable aux espérances de la jeunesse tempérées par le progrès du temps, ou bien encore à ces traits juvéniles qui finissent par se fondre dans le calme et la sérénité de l'âge. Mais, pour être déjà sur leur déclin, elles n'en étaient guère moins belles que dans leur primeur, car la nature a doté chaque âge et chaque saison de ses beautés particulières. Et du matin jusqu'au soir, du berceau jusqu'à la tombe, ce n'est qu'une suite de changements si doux et si faciles qu'on en remarque à peine la marche rapide.

Enfin ils arrivèrent à Godalming; ils firent prix pour deux lits modestes, et dormirent comme des bienheureux. Le lendemain, de grand matin, ils étaient debout; pas avant le soleil cependant. Et puis en route! On n'était pas tout à fait frais et dispos comme la veille au départ, mais il restait encore assez d'espérance et d'entrain pour défier gaiement la fatigue.

La journée était plus forte que la précédente : il y avait des côtes longues et pénibles à gravir; et les voyages, c'est comme la vie : il y a des hauts et des bas; mais on a toujours bien plus de peine à monter qu'à descendre. Ils continuèrent donc avec persévérance, sans se décourager, et la persévérance n'a pas encore trouvé en face d'elle de montagne si haute qu'elle n'en ait vu la fin.

Arrivés au bord du *Bol de Punch du Diable*, Smike suivit avec un intérêt avide la lecture que fit Nicolas d'une inscription gravée là sur la pierre, élevée dans ce lieu sauvage, en souvenir d'un assassinat qui y avait été commis la nuit. Le gazon sur lequel ils étaient arrêtés avait donc été teint du sang de la victime; il avait coulé goutte à goutte dans le gouffre dont la forme a fait donner à ce lieu le nom qu'il porte à présent. Le *Bol du Diable*, se disait Nicolas penché sur l'abîme, n'a jamais reçu liqueur plus digne de Satan.

Ils reprirent leur route, toujours avec la même résolution, et finirent par se trouver dans une large et vaste étendue de dunes, entremêlées de petites collines et de petites plaines, pour varier de temps en temps l'uniformité de leur surface verdoyante. Ici s'élançait presque perpendiculairement vers le ciel une hauteur si abrupte, que les moutons et les chèvres avaient peine à s'y tenir pour brouter l'herbe de ses flancs. Là un tertre de verdure, dont la pente est insensible, s'effilait si délicatement, qu'il était bien difficile d'en reconnaître les limites. Des coteaux arrondis les uns sur les autres, des ondulations élégantes ou grossières, lisses ou raboteuses, gracieuses ou grotesques, jetées négligemment côte à côte, bornaient la vue de tous côtés. Et de temps en temps on entendait tout à coup un bruit inattendu, et l'on voyait s'envoler du sol une bande de corbeaux qui, après avoir croassé longtemps et longtemps tournoyé, dans leur vol circulaire, autour des collines d'alentour avant de se résoudre, tout à coup tendaient l'aile, plongeaient et rasaient, prompts comme l'éclair, la longue enfilade d'une vallée dont on commençait à voir dérouler l'amphithéâtre.

Petit à petit, la vue recula des deux côtés, et, après avoir été privés dans leur étroit horizon d'un paysage riche et étendu, ils se retrouvèrent bientôt en pleine campagne. En voyant qu'ils touchaient au terme de leur journée, ils se sentirent de nouvelles forces pour avancer; mais la route avait été laborieuse, ils avaient perdu du temps, et Smike était fatigué. Aussi le crépuscule était-il tombé quand ils s'arrêtèrent à la porte d'une auberge sur le grand chemin, encore à quatre lieues de Portsmouth.

« Quatre lieues! dit Nicolas, les deux mains appuyées sur son bâton de voyage et regardant Smike d'un air d'hésitation.

— Quatre grandes lieues, répéta l'aubergiste.

— La route est-elle bonne? demanda Nicolas.

— Très mauvaise, répondit l'aubergiste en véritable aubergiste qu'il était.

— J'ai pourtant besoin de continuer, dit Nicolas indécis; je ne sais que faire.

— Je ne voudrais pas avoir l'air de chercher à vous influencer; mais, si c'était moi, je ne continuerais pas.

— En vérité? demanda Nicolas encore incertain.

— Certainement non, si j'avais sous la main l'occasion de passer une bonne nuit, » dit l'aubergiste.

Et, en disant cela, il retroussa son tablier, mit ses mains dans ses goussets et fit un pas ou deux hors de la maison, pour regarder, avec l'air d'une parfaite indifférence, la route envahie déjà par les sombres ténèbres de la nuit.

Un coup d'œil jeté sur la figure décomposée de Smike fut ce qui détermina Nicolas; et, à l'instant, sans autre hésitation, il se décida à s'arrêter là.

L'aubergiste le vit entrer dans la cuisine, et, comme il y avait un bon feu :

« Il fait bien froid dehors, » dit-il.

Il aurait dit de même qu'il faisait bien chaud, s'il n'y avait pas eu de feu dans l'âtre.

« Qu'est-ce que vous avez à nous donner pour souper? fut naturellement la première question de Nicolas.

— Mais ce que vous voudrez, » fut naturellement aussi la réponse de l'aubergiste.

Nicolas parla de viande froide, mais il n'y avait pas de viande froide; d'œufs sur le plat, mais il n'y avait pas d'œufs; de côtelettes de mouton, mais il n'y avait pas une côtelette de mouton à une lieue à la ronde. Ce n'est pas comme la semaine dernière, où ils avaient tant de côtelettes de mouton, qu'ils n'en savaient que faire; mais, par exemple, après-demain ils allaient en avoir en quantité.

« En ce cas, dit Nicolas, ce que j'ai de mieux à faire, c'est de m'en rapporter entièrement à vous, comme je voulais le faire tout de suite, si vous ne m'en aviez pas empêché.

— Écoutez, voulez-vous que je vous dise? reprit l'aubergiste. Il y a là, dans le parloir, un monsieur qui a commandé un pouding au filet de bœuf avec des pommes de terre, pour neuf heures. Il y en a plus qu'il n'en a besoin, et je suis presque sûr que, si vous lui en demandiez la permission, vous pourriez souper avec lui. Je vais m'en assurer tout de suite.

— Non, non, dit Nicolas l'arrêtant. J'aime mieux pas. Je... au moins... baste! Pourquoi ne vous parlerais-je pas franchement? Tenez! vous voyez bien que je suis un voyageur de la plus humble catégorie et que j'ai fait tout le chemin à pied pour venir ici; il est donc plus que probable que le monsieur aimerait autant se priver de ma compagnie, et, tout poudreux que vous me voyez, je n'en ai pas moins l'âme trop fière pour me jeter à sa tête.

— Mais, mon cher monsieur, vous ne savez pas que c'est seulement M. Crummles. Je vous réponds que celui-là n'est pas formaliste.

— Non? dit Nicolas, qui n'était pas, il faut être franc, insensible au souvenir du pouding succulent, dont l'eau lui venait à la bouche.

— Certainement, répliqua l'aubergiste. Bien au contraire, je suis sûr qu'il aimera votre franchise. Mais nous allons en avoir bientôt le cœur net. Je ne vous demande qu'une minute. »

L'aubergiste se hâta donc d'entrer dans le parloir, sans attendre l'autorisation de Nicolas, qui vraiment ne fit aucun effort pour l'en empêcher, considérant sagement que, dans la circonstance, un souper de plus ou de moins n'était pas pour badiner. L'aubergiste reparut au bout d'un instant avec une physionomie conquérante.

« Enlevé! dit-il à voix basse. J'étais sûr qu'il ne demanderait pas mieux. Vous allez voir quelque

M. Crummles considérait de temps en temps Smike avec un grand intérêt. (P. 162.)

chose qui en vaut la peine, là dedans. Peste! comme ils se trémoussent! »

Et, sans attendre qu'on lui demandât des explications sur ces exclamations prononcées d'un air de ravissement, l'aubergiste avait déjà ouvert la porte toute grande pour faire passer Nicolas, suivi de Smike, toujours son paquet sur l'épaule, car il ne le portait pas avec moins de vigilance que si c'eût été un sac d'écus.

Nicolas s'attendait sans doute à voir quelque chose d'étrange, mais non pas quelque chose d'aussi étrange que le spectacle qui frappa sa vue. Au bout de la chambre, il y avait deux jeunes gens, l'un très grand, l'autre très petit, tous deux en costume de matelots, c'est-à-dire de matelots de théâtre, avec boucles et ceinturons, une queue et des pistolets; rien n'y manquait. Ils se livraient à ce qu'on appelle sur l'affiche un terrible combat, avec deux de ces sabres à garde couverte dont on se sert d'habitude sur les planches de nos boulevards. Le petit avait déjà pris l'avantage sur le grand, qui se voyait réduit à une situation critique. Ce duel à mort était surveillé par un homme gros et pesant, perché sur le coin d'une table, d'où il leur criait avec énergie de tirer plus d'étincelles du choc de leurs sabres, leur promettant, dans ce cas, de faire crouler la salle sous un tonnerre d'applaudissements à la première représentation.

« Monsieur Crummles, dit l'aubergiste avec un air d'humble déférence, voici le jeune gentleman en question. »

M. Vincent Crummles accueillit Nicolas avec un mouvement de tête qu'on pouvait prendre à volonté pour une politesse d'empereur romain ou pour un salut de chevalier de la bouteille, puis il dit à l'hôte de fermer la porte et de s'en aller.

« En voilà un tableau! ajouta M. Crummles en faisant signe à Nicolas de ne pas bouger pour ne point déranger les combattants. Le petit le tient! Si le grand ne le renverse pas en moins de trois secondes, je vous le donne pour un homme mort. Recommencez cela, enfants. »

Les deux champions retournent donc au temps, et se mettent à ferrailler jusqu'à ce que les sabres échauffés fassent jaillir une pluie d'étincelles, à la grande satisfaction de M. Crummles, qui paraissait considérer ce feu d'artifice comme un point capital. L'engagement commença par deux cents coups de sabre administrés par le petit et le grand matelot alternativement, sans résultat décisif; seulement, le petit fut abattu sur un genou; mais cela lui était bien égal, il ne s'en défendait pas moins vaillamment, dans cette position, de la main gauche, et se battait comme un lion, jusqu'à ce que le grand matelot lui eût fait tomber le sabre des mains. Oui, mais voilà-t-il pas que le petit, réduit à cette extrémité qu'on le croyait prêt à capituler tout de suite en criant merci, au lieu de cela, tire tout à coup de sa ceinture un gros pistolet dont il présente la gueule à la face du grand matelot, qui s'attendait si peu à cette surprise, qu'il donna au petit le temps de ramasser son sabre et de recommencer le combat. Alors on se remet à ferrailler avec une variété charmante de coups de fantaisie des deux parts : des coups de la main gauche, des coups par-dessous la jambe, par-dessus l'épaule droite, par-dessus l'épaule gauche. Le petit matelot lance aux jambes du grand matelot une vigoureuse estocade qui les aurait coupées tout net, si l'autre n'avait pas sauté par-dessus le sabre fatal; même attaque rendue au petit, qui l'esquive en sautant à son tour par-dessus le sabre de son adversaire. Alors, des feintes et des contre-feintes, tout en relevant sa culotte qui tombait faute de bretelles; et enfin le petit matelot, qui était évidemment le rôle noble de la pièce, car il avait toujours le dessus, fit une attaque désespérée, serra le bouton au grand matelot, qui, après quelques efforts inutiles, tomba à la renverse et expira dans de cruelles tortures, pendant que le petit, lui mettant le pied sur la poitrine, le perçait de part en part.

« Vous serez bissés plus d'une fois pour ce tableau-là, si vous voulez, enfants, dit M. Crummles; mais, pour le moment, reprenez haleine et allez changer. »

Après avoir adressé ces mots aux combattants, il salua Nicolas, qui put alors observer à loisir M. Crummles. Sa figure était de taille à bien répondre au reste de sa personne; sa lèvre inférieure était grosse et épaisse; sa voix enrouée annonçait qu'il devait crier souvent à tue-tête; ses cheveux noirs, rasés jusqu'au haut de la tête, lui laissaient la facilité de porter des perruques à caractères de toute forme et de tout modèle.

« Eh bien, qu'en dites-vous? demanda M. Crummles.

— Ma foi! c'est fort joli, excellent, dit Nicolas.

— Vous ne verrez pas souvent des gaillards comme ceux-là, je vous en réponds. »

Nicolas n'eut garde de le contredire; mais il eut le tort d'ajouter que « s'ils étaient un peu mieux assortis...

— Assortis! cria M. Crummles.

— Je veux dire que s'il n'y avait pas une si grande différence de taille...

— De taille! répéta M. Crummles; mais le plus beau du combat, c'est qu'il y ait toujours au moins un pied ou deux de différence. Comment voudriez-vous exciter l'intérêt de l'assemblée, je dis un intérêt légitime, s'il n'y a pas un tout petit homme aux prises avec un grand géant, ou même avec cinq ou six? Mais, malheureusement, nous n'avons pas assez de sujets dans la troupe pour aller jusque-là.

— Je comprends, répliqua Nicolas. Pardon, j'étais un grand sot, je le confesse, de n'avoir pas songé à cela.

— C'est là toute l'affaire, dit M. Crummles. Après-demain, nous débutons à Portsmouth; si vous allez par là, faites un tour au théâtre et vous m'en direz des nouvelles. »

Nicolas promit de ne pas y manquer, s'il pouvait, et, approchant sa chaise du feu, entra tout de suite en conversation avec le directeur. C'était un homme très expansif de sa nature, devenu peut-être un peu plus babillard encore par l'effet des grogs répétés qu'il savourait à longs traits, ou bien encore par la vertu du tabac, qu'il prenait en grande quantité, puisant à même dans un cornet de papier gris qu'il avait dans la poche de son gilet. Il se mit à conter ses affaires sans aucune réserve, s'étendant avec complaisance sur les mérites de sa troupe et sur les talents de sa famille : les deux combattants, les héros du duel au sabre, n'en étaient pas les moins honorables; les autres, tant dames que messieurs, s'étaient donné, à ce qu'il paraît, rendez-vous à Portsmouth pour le lendemain, où le père et les fils allaient les rejoindre. Ce n'était plus la saison des bains; mais M. Crummles comptait y faire une excursion profitable, après avoir rempli dernièrement un engagement au théâtre de Guilford, avec des applaudissements unanimes.

« Allez-vous par là? demanda le directeur.

— Ou...i, dit Nicolas, oui; c'est par là que je vais.

— Connaissez-vous un peu la ville? demanda le directeur, qui paraissait se croire en droit d'obtenir autant de confiance qu'il en montrait lui-même.

— Non, répondit Nicolas.

— Vous n'y avez jamais été?

— Jamais. »

M. Vincent Crummles répliqua par une petite toux sèche qui voulait dire : « Si vous êtes discret, gardez vos secrets pour vous, » et il se mit à puiser dans son cornet de papier tant de prises de tabac successives, que Nicolas se demandait avec surprise où tout cela pouvait passer.

Cependant M. Crummles considérait de temps en temps, avec un grand intérêt, Smike, qui dès son apparition semblait l'avoir émerveillé. Pour le moment, le compagnon de Nicolas était endormi sur sa chaise, baissant et relevant la tête tour à tour.

« Pardonnez-moi cette réflexion, dit le directeur en se penchant à l'oreille de Nicolas pour lui parler à voix basse, mais vous avez là un ami qui a une figure admirable.

— Le pauvre garçon! dit Nicolas, qui ne put s'empêcher de sourire, je la voudrais un peu plus dodue et moins hâve.

— Dodue! s'écria le directeur avec horreur; vous voudriez donc la gâter sans remède?

— Comment cela?

— Comment cela, monsieur? mais, tel qu'il est à présent, reprit le directeur frappant sur son genou avec expression, sans un bourrelet de graisse sur le corps, sans un grain de vermillon sur la face, cela ferait un acteur dans le genre affamé, tel qu'on n'en a jamais vu dans ce pays. Vous n'auriez qu'à lui faire endosser le costume d'apothicaire dans *Roméo et Juliette*, avec une pointe de rouge sur le nez, et il serait sûr d'être accueilli par une triple salve de bravos, aussitôt qu'il passerait la tête par la porte des avant-scènes, de l'autre côté du souffleur.

— Vous le jugez, dit Nicolas en riant de tout son cœur, au point de vue de l'art dramatique.

— Je crois bien, dit le directeur; je n'ai jamais vu de jeune artiste mieux taillé pour l'emploi depuis que je suis sur les planches, et j'y ai débuté dans les moutards que je n'avais pas plus de dix-huit mois. »

L'apparition du pouding au filet de bœuf, qui fit son entrée en même temps que M. Vincent Crummles junior, donna un autre cours à la conversation, ou plutôt l'arrêta pour un moment. Ces deux jeunes artistes maniaient leurs couteaux et leurs fourchettes avec non moins d'adresse que leurs briquets; et, comme toute la société avait l'appétit aussi aiguisé que ces armes terribles, on ne songea guère à parler en présence des apprêts faits pour le souper.

MM. Crummles fils n'eurent pas plutôt avalé le dernier morceau de comestible, qu'ils montrèrent, par une foule de bâillements à demi comprimés et de mouvements spasmodiques pour s'étirer les jambes, une inclination très prononcée à regagner leurs lits. Smike trahissait ce désir d'une façon bien plus vive encore, car pendant le souper même il était tombé plusieurs fois de sommeil, la bouche pleine. Nicolas proposa donc une retraite générale; mais le directeur ne voulut pas entendre de cette oreille-là, jurant qu'il s'était promis d'avoir le plaisir d'inviter sa nouvelle connaissance à prendre avec lui un bol de punch, et qu'il considérerait son refus comme des plus désobligeants pour sa personne.

« Laissez-les aller, dit M. Vincent Crummles; pendant ce temps-là nous allons passer tranquillement ensemble une bonne petite soirée au coin du feu. »

Nicolas ne se sentait pas très disposé d'ailleurs au sommeil. Il était si préoccupé! Aussi, après une courte résistance, il accepta la proposition, et, après avoir échangé une poignée de main avec les jeunes Crummles, pendant que le père, de son côté, donnait cordialement sa bénédiction du soir à Smike, il s'assit près du feu, vis-à-vis du gentleman directeur, pour l'aider à vider le bol annoncé, qui fit bientôt son apparition, fumant d'une manière tout à fait réjouissante à voir, et exhalant le parfum le plus agréable et le plus séduisant.

Mais en dépit du punch et même du directeur, qui ne tarissait pas en histoires divertissantes, tout en fumant sa pipe, dont il absorbait la vapeur avec une jouissance étonnante, Nicolas n'en était pas moins distrait et abattu. Ses pensées étaient ailleurs; elles retournaient vers la maison paternelle, où il était heureux autrefois, et quand elles revenaient vers sa condition présente, l'incertitude du lendemain l'accablait d'une tristesse invincible. Son attention errante ne l'empêchait pas d'entendre bourdonner la voix de son interlocuteur, mais elle le rendait sourd à ses paroles; et, quand M. Vincent Crummles, à la fin du récit d'une longue aventure qu'il termina par un grand éclat de rire, lui demanda ce qu'il aurait fait en pareil cas, il fut bien obligé de s'excuser de son mieux, en confessant son entière ignorance de tout ce qu'on venait de lui raconter.

« Allez! dit M. Crummles, je m'en étais bien aperçu; vous n'avez pas l'esprit tranquille. Qu'est-ce que vous avez qui vous tourmente? »

A un appel si direct, Nicolas ne put s'empêcher de sourire; mais comment y échapper? Il aima mieux avouer franchement qu'il avait des raisons de craindre de ne pas réussir dans le but qu'il s'était proposé en venant à Portsmouth.

« Et quel est ce but? demanda le directeur.

— C'est de trouver quelque chose à faire pour nous faire vivre moi et mon pauvre camarade. Voilà toute la vérité! aussi bien, il y a longtemps que vous l'aviez devinée; je veux au moins avoir à vos yeux le mérite de vous la dire de bonne grâce.

— Qu'est-ce que vous pouvez trouver à faire à Portsmouth plutôt qu'ailleurs? demanda M. Crummles en s'amusant à faire fondre sur le bord de sa pipe, à la chandelle, la cire dont elle était décorée et la lissant ensuite avec le bout de son petit doigt.

— Il ne manque pas de bâtiments, je suppose, prêts à mettre à la voile. J'y trouverai toujours bien un hamac de manière ou d'autre. Il y a bien à boire et à manger là comme ailleurs.

— De la viande salée et du rhum frais; une platée de pois secs avec du biscuit éventé, dit le directeur en tirant de sa pipe une bouffée pour l'entretenir, et en fondant sa cire de plus belle pour achever l'embellissement commencé.

— On peut avoir pis, dit Nicolas. Je ne serai pas le premier de mon âge et de ma condition qui aura pu s'y faire. Je ferai comme eux.

— Il faudra bien, si vous montez à bord; mais vous n'y monterez pas.

— Et pourquoi cela?

— Parce qu'il n'y a pas de patron ni de contre-maître qui voulût acheter vos services pour un morceau de petit salé, quand il peut se procurer au même prix un marin tout fait; et il n'en manque pas à Portsmouth, pas plus que d'huîtres dans les rues.

— Que voulez-vous dire? demanda Nicolas alarmé de cette prédiction décourageante prononcée d'un ton si assuré; on ne naît pas marin, il faut bien commencer par un apprentissage, je suppose?

— C'est vrai, dit M. Crummles avec un signe de tête; mais ce n'est pas à votre âge qu'on le commence, ni quand on est un jeune monsieur comme vous. »

Nicolas ne répondit rien; mais sa physionomie exprima l'abattement et il regardait tristement le feu sans le voir.

« Eh quoi! ne trouvez-vous pas quelque autre profession dont un jeune homme de votre tournure et de votre mérite puisse mieux s'accommoder et qui lui procure le moyen de voir le monde d'une manière plus avantageuse?

— Non, dit Nicolas en secouant la tête.

— Alors c'est moi qui vais vous en enseigner une, dit M. Crummles en jetant sa pipe au feu et en élevant la voix : le théâtre!

— Le théâtre? cria Nicolas presque aussi haut que lui.

— Oui, l'art théâtral; je professe moi-même l'art théâtral. Ma femme professe l'art théâtral. Mes enfants professent l'art théâtral. J'avais un chien qui y est entré en sevrage; il y a vécu, il est mort. Le petit poney de ma carriole y joue son rôle dans *Tamerlan*. Je vous engage, si vous voulez, vous et votre ami : vous n'avez qu'à dire un mot. Je ne serai pas fâché d'ailleurs de rafraîchir ma troupe.

— Mais, dit Nicolas, suffoqué par cette proposition si subite, je n'y entends absolument rien; je n'ai de ma vie joué un rôle, excepté peut-être à la distribution du collège.

— C'est égal; il y a de la comédie élégante dans votre tournure et vos manières, de la tragédie passionnée dans votre œil, de la farce amusante dans votre franc rire, dit M. Vincent Crummles. Vous réussirez aussi bien du premier coup que si vous n'aviez jamais fait que cela depuis que vous êtes au monde. »

Nicolas se rappela qu'après avoir payé l'hôte, il ne lui resterait plus que quelques gros sous dans sa poche, et il se sentit ébranlé.

« Vous pouvez, dit M. Crummles, nous rendre mille petits services. Quand ce ne serait que toutes les magnifiques affiches qu'un homme bien élevé comme vous peut composer pour les devantures de boutiques!

— Pour cela, dit Nicolas, je pourrais me charger de ce département.

— Je crois bien, répliqua M. Crummles. *Pour plus amples renseignements, voir les programmes détaillés*, etc., vous en feriez bien un demi-volume. Et les pièces donc! Vous seriez bien en état de nous en composer une où vous feriez figurer toute la troupe dans son éclat, chaque fois que besoin serait.

— Par exemple, reprit Nicolas, je ne suis pas aussi sûr de cela, quoique, dans l'occasion, je me sente capable de vous gribouiller de temps en temps quelque chose qui pourrait vous convenir.

— Justement il nous faut tout de suite une pièce nouvelle à grand spectacle. Laissez-moi récapituler les ressources particulières de cet établissement : un paysage splendide, tout neuf. Vous ne ne manquerez pas d'y introduire une vraie pompe et deux cuviers à lessive.

— Dans la pièce?

— Oui. Je les ai achetés bon marché l'autre jour à une vente, et ils feront un effet magnifique : c'est à l'instar de Londres. Vous savez, ils se procurent quelques costumes, quelques meubles, et on compose une pièce pour les faire valoir. Il y a beaucoup de théâtres qui entretiennent un auteur *ad hoc*.

— Vraiment? dit Nicolas.

— Comment donc! dit le directeur; mais cela se voit tous les jours. Cela fera très bien dans les affiches, en lignes séparées :

UNE POMPE NATURELLE!

DES CUVIERS SUPERBES!

GRAND SPECTACLE!

Vous ne seriez pas, par hasard, un peu dessinateur?

— Non, répondit Nicolas; c'est un talent dont je suis tout à fait dépourvu...

— Ah! tant pis! Que voulez-vous? dit le directeur. Sans cela, nous aurions eu, pour les répandre, de grandes lithographies représentant la dernière scène; on y aurait vu toute la profondeur du théâtre, avec la pompe et les cuviers au milieu; mais que voulez-vous? puisque vous ne l'êtes pas, tant pis!

— Et qu'est-ce que tout cela pourrait me rapporter? demanda Nicolas après quelques moments de réflexion. Pourrais-je y gagner ma vie?

— Gagner votre vie? Une vie de prince. Avec vos honoraires, ceux de votre ami et vos compositions, vous vous feriez... ah! certainement, vous vous feriez bien vingt-cinq francs par semaine.

— Vous plaisantez?

— Non, vraiment; et, si nous avions de bonnes recettes, vous vous feriez près du double. »

Nicolas haussa les épaules; mais quoi! il n'avait devant lui que la misère en perspective; et, en supposant qu'il pût trouver dans son courage la force de subir, sans se plaindre, les cruelles extrémités de la fatigue et du besoin, c'était bien la peine d'avoir arraché à son sort la victime de Squeers pour lui infliger un sort qui ne serait pas moins pénible pour lui. Et puis, il avait pu regarder comme rien une distance de vingt lieues quand il se trouvait dans la même ville que l'homme qui l'avait traité avec tant de barbarie et dont la présence réveillait en lui des pensées amères; mais à présent il se trouvait assez loin de Catherine et de sa mère. Que serait-ce s'il allait s'embarquer pour de lointains voyages, et que pendant ce temps-là la mort vînt les atteindre!

Ces réflexions le décidèrent; il s'empressa de déclarer que c'était marché fait, et le signa en tapant dans la main de M. Vincent Crummles.

CHAPITRE XXIII

Où l'on fait connaître au lecteur la troupe de M. Vincent Crummles, et ses affaires domestiques et théâtrales.

Grâce à l'étrange quadrupède que M. Crummles avait dans l'écurie de l'auberge sous le nom de poney, et à un véhicule de forme originale qu'il décorait du nom de phaéton à quatre roues, Nicolas continua sa route le lendemain matin avec moins de fatigue qu'il ne s'y était attendu. Le directeur et lui occupaient le devant; les petits messieurs Crummles étaient emballés ensemble avec Smike par derrière, en compagnie d'une manne d'osier, défendue contre la pluie par une toile cirée, et contenant les briquets, pistolets, queues postiches, costumes nautiques et autres ustensiles nécessaires à l'industrie de nos jeunes artistes.

Le poney ne se gêna pas sur la route pour montrer de temps en temps une certaine inclination à se coucher par terre; peut-être était-ce un souvenir de son éducation théâtrale. Cependant M. Vincent Crummles réussit assez bien à le tenir sur ses jambes, tantôt en secouant les rênes, tantôt en recourant au fouet. Quand ces moyens de douceur ne suffisaient pas pour persuader à l'animal de continuer gentiment son chemin, le fils aîné des Crummles était chargé de descendre pour lui administrer quelques bons coups de pied.

En lui prodiguant des encouragements de cette nature, on finissait par le convaincre de la nécessité d'avancer de temps en temps, et, au bout du compte, on allait son petit bonhomme de chemin, à la satisfaction de toutes les parties intéressées, comme M. Crumles en faisait judicieusement la remarque.

« Au fond c'est un bon poney, » dit M. Crummles en se tournant vers Nicolas.

Au fond, c'était possible; mais il n'avait pas pour lui les apparences; sa robe était de l'étoffe la plus grossière et la moins avantageuse. Aussi Nicolas, consciencieusement, se borna à répondre que cela pouvait bien être.

« Il a déjà fait bien des tours et des détours, ce petit poney, ajouta M. Crummles en lui lançant adroitement un coup de fouet sur la paupière de l'œil droit, en l'honneur de leur vieille intimité. C'est presque un membre de la troupe. Savez-vous que sa mère a eu son temps?

— En vérité?

— Pendant plus de quatorze ans elle a mangé dans un cirque un chausson de pommes en public; elle tirait le pistolet et se mettait un bonnet de coton pour aller se coucher; bref, elle jouait tout du long dans la farce. Quant à son père, c'était un danseur.

— Était-ce un artiste distingué?

— Il n'était pas fort. C'était seulement un poney vulgaire. La vérité est que, dans l'origine, c'était un locatis, et il n'a jamais pu s'élever au-dessus de son ancien métier. Il ne réussissait pas mal dans le mélodrame cependant, mais il était épais, trop épais. A la mort de la mère, il passa au vin de Porto.

— Comment? le vin de Porto?

— Oui, il buvait le vin de Porto avec le clown ; mais il était gourmand en diable, si bien qu'un beau jour il cassa le verre à pleines dents et en avala le fond et s'étrangla. Voilà ce que c'est que les mauvaises passions : il en mourut. »

Le descendant de cet infortuné exigeant, à mesure qu'il avançait, une attention redoublée de la part de M. Crummles, il ne resta plus au gentleman grand loisir pour soutenir la conversation. Nicolas en profita pour se livrer à ses propres pensées jusqu'à ce qu'ils arrivassent au pont-levis, à Portsmouth, où M. Crummles arrêta.

« Nous allons descendre ici, dit le directeur. Les enfants vont le mener à l'écurie et porter le bagage à mon logement. Vous ferez aussi bien, pour le moment, d'y faire aussi porter vos effets par la même occasion. »

Nicolas remercia M. Crummles de son offre obligeante et sauta à bas du phaéton, donna le bras à Smike et accompagna le directeur au théâtre de High-Street, tout inquiet et mal à l'aise à l'idée qu'on allait le présenter immédiatement dans un monde si nouveau pour lui.

Ils passèrent devant un grand nombre d'affiches collées contre les murs ou suspendues aux croisées, avec les noms de M. Vincent Crummles, Mme Vincent Crummles, M. Crummles fils aîné, M. P. Crummles junior et Mlle Crummles, imprimés en caractères monstres, avec le détail des pièces en très petites lettres ; puis, arrivés enfin à une entrée qui exhalait une forte odeur combinée de pelures d'orange et d'huile à quinquet, avec un arrière-goût de sciure de bois, ils grimpèrent à tâtons par un corridor obscur, descendirent une couple de marches, filèrent le long d'un petit labyrinthe de tentures en toile et de pots de peinture, si bien qu'à la fin ils se trouvèrent sur les planches du théâtre de Portsmouth.

« Nous y voilà ! » dit M. Crummles.

Quoiqu'il n'y fît pas très clair, Nicolas put reconnaître qu'il se trouvait très près de la première coulisse, à côté du trou du souffleur, contre des murailles nues, des toiles poudreuses, des nuages moisis, des draperies barbouillées à grands coups de brosse, et un parquet des plus malpropres. En portant les yeux autour de lui, sur le plafond, sur le parterre, les loges, la galerie, l'orchestre, les ornements et les décors en général, tout lui parut grossier, froid, triste, misérable.

« Est-ce que c'est là ce qu'on nomme un théâtre? lui dit tout bas Smike ébahi. J'avais toujours cru que ce devait être éblouissant de luxe et de lumière.

— Vous ne vous trompiez pas, répondit Nicolas, qui n'était guère moins surpris. Mais, voyez-vous, ce n'est pas pendant le jour, Smike, ce n'est que le soir. »

Pendant qu'il examinait ainsi curieusement les détails de l'édifice, la voix du directeur appela son attention vers l'avant-scène vis-à-vis. Là on voyait assise à une petite table d'acajou de forme oblongue, supportée sur des pieds rachitiques, une vaste et forte femme qui paraissait avoir entre quarante et cinquante ans, avec une robe de soie passée, tenant à la main, par les rubans, son chapeau qu'elle balançait à plaisir, les cheveux (des cheveux abondants) tressés en larges festons sur ses deux tempes.

« Monsieur Johnson, lui dit le directeur, car Nicolas avait gardé le nom que lui avait donné Newman Noggs chez les Kenwigs, que je vous présente Mme Vincent Crummles.

— Je suis charmée de vous voir, monsieur, dit Mme Vincent Crummles d'une voix sépulcrale. Je suis enchantée de vous voir, et plus heureuse encore de saluer en vous un membre d'avenir pour notre corps. »

La dame, en lui adressant ce compliment, lui tendit la main, une fameuse main, comme Nicolas put s'en apercevoir à l'étreinte puissante dont cette main de fer honora la sienne.

« Et ce jeune homme..., ajouta-t-elle en s'avançant vers Smike du pas d'une tragédienne qui marche sur la scène, conformément aux prescriptions de son rôle, ce jeune homme est votre compagnon? Soyez aussi le bienvenu, monsieur.

— Il fera bien l'affaire, qu'en pensez-vous, ma chère? dit le directeur en prenant une prise de tabac.

— Je le trouve admirable! répondit la dame; c'est une trouvaille, je vous assure. »

Comme Mme Crummles traversait le théâtre pour retourner à sa table, tout à coup on vit bondir sur la scène, par une ouverture mystérieuse, une petite fille en jupe jadis blanche, avec des plis jusqu'aux genoux, un pantalon court, des sandales, un spencer blanc, un chapeau de gaze lilas, un voile vert, des papillotes; elle fit une pirouette, deux entrechats, une seconde pirouette; puis, en regardant à l'autre aile, poussa un cri, fit un saut en avant, à six pouces de la rampe, et s'abattit dans une attitude de terreur charmante, en voyant un gentleman mal mis, avec une vieille paire de pantoufles en peau de buffle, s'approcher à grands pas, grinçant des dents et brandissant sa canne d'un air féroce.

« Les voilà dans *le Sauvage Indien et la Jeune Fille*, dit Mme Crummles.

— Ah! dit le directeur, le petit intermède de ballet! Très bien, continuez. Rangez-vous un peu par ici, s'il vous plaît, monsieur Johnson. C'est cela. Allons! »

Le directeur frappa dans ses mains, c'était le signal d'exécution. Le sauvage, devenu féroce, fit un chassé du côté de la jeune fille; mais la jeune fille l'évita en six pirouettes, et, à la dernière, elle tomba toute droite sur la pointe du pied. Cette évolution parut faire impression sur le sauvage, car, après s'être montré de plus en plus féroce et de plus en plus ardent à la chasse de sa proie dans les petits coins de la scène, il commença à se radoucir, et se donna plusieurs fois de petites tapes sur la joue avec les cinq doigts de la main droite, ce qui voulait dire, à n'en pouvoir douter, qu'il était frappé d'admiration de la beauté de la jeune personne. Sous l'influence de cette passion naissante, le sauvage commença à se donner de bons coups de poing dans la poitrine et à faire toute sorte d'autres démonstrations d'un amour irrésistible; mais ces procédés un peu prosaïques auront sans doute été cause que la demoiselle tombait de sommeil. Soit que ce fût là la raison, soit qu'il y en eût une autre, la voilà toujours qui tombe de sommeil. Pendant qu'elle dort comme une souche, sur un banc de gazon, le sauvage qui s'en aperçoit penche son oreille gauche sur sa main gauche, et hoche de la tête, pour faire savoir à tous ceux qui peuvent s'y intéresser qu'elle est bien réellement endormie et qu'elle ne fait pas semblant. Pendant qu'il est ainsi livré à lui-même, le sauvage exécute une danse à lui tout seul, et juste à son dernier pas la jeune fille s'éveille, se frotte les yeux, quitte son banc et se met aussi à danser toute seule; mais quelle danse! le sauvage en est en extase tout le temps, et, quand c'est fini, il va décrocher d'un arbre du voisinage quelque curiosité botanique, assez semblable à un cornichon confit, et l'offre à la jeune fille. Elle commence par faire des façons, mais en voyant le sauvage verser des larmes, elle est attendrie. Alors le sauvage bondit de joie. Alors la jeune fille bondit de bonheur, en respirant le doux parfum du cornichon confit. Alors le sauvage et la jeune fille dansent ensemble avec fureur, et, finalement, le sauvage tombe sur un genou, la jeune fille monte sur son autre genou et s'y tient droite sur une jambe, finissant ainsi le ballet et laissant à dessein les spectateurs dans un état d'incertitude charmante si elle célébrera décidément son mariage avec le sauvage, ou si elle retournera chez son papa.

« Très bien! à merveille, dit M. Crummles, bravo!

— Bravo! cria Nicolas, résolu à voir le beau côté des choses. Magnifique!

— Voici, monsieur, dit M. Vincent Crummles en lui présentant la jeune fille, voici l'enfant phénoménal, Mlle Ninette Crummles.

— Votre fille? demanda Nicolas.

— Ma fille, ma fille, répondit M. Vincent Crummles, l'idole de toutes les villes où nous allons, monsieur. Nous avons reçu en son honneur des lettres de compliment de la noblesse de tous les degrés dans presque tous les bourgs d'Angleterre.

— Je n'en suis pas surpris du tout, dit Nicolas; il faut que ce soit naturellement un vrai génie.

— Oh! c'est un!... » M. Crummles ne put aller plus loin; il ne trouva pas dans la langue de mot assez énergique pour définir l'enfant phénoménal. « Je vais vous dire, monsieur, ajouta-t-il, le talent de cette enfant est inimaginable. Il faut la voir; oui, il faut la voir pour s'en faire une faible idée. Là! là! ma fille, allez retrouver votre mère.

— Peut-on savoir quel âge elle a? » demanda Nicolas.

M. Crummles fixa ses yeux sur la figure de Nicolas à cette question, comme le font d'habitude certaines gens avant de répondre quelque chose qu'ils regardent eux-mêmes comme incroyable. « Eh bien, monsieur, elle a dix ans.

— Pas plus?

— Pas un jour de plus.

— Ma parole, dit Nicolas, c'est extraordinaire. »

C'était extraordinaire, en effet; car l'enfant phénoménal, malgré sa petite taille, avait une figure comparativement un peu vieillotte; et d'ailleurs on lui avait toujours connu exactement le même âge, non pas de mémoire d'homme dans le pays, mais toujours bien depuis cinq bonnes années. Après cela, comme on l'avait fait veiller très tard tous les soirs, et qu'on lui avait donné, depuis son enfance, du grog au genièvre à discrétion pour l'empêcher de grandir, peut-être fallait-il attribuer à ce système d'éducation la jeunesse phénoménale de l'enfant phénoménal.

Pendant ce petit dialogue, le gentleman qui avait fait le sauvage s'avança, les pieds dans ses souliers ordinaires, et ses pantoufles de sauvage à la main; il se tint à quelques pas de leur groupe, comme s'il avait le désir de prendre part à leur conversation. Trouvant l'ocasion favorable pour placer son mot :

« C'est un vrai talent, monsieur, » dit-il, en montrant de la tête Mlle Crummles. Nicolas ne manqua pas d'être de son avis.

« Ah! dit l'acteur, en serrant les dents, avec une respiration sifflante, elle ne devrait pas rester en province, certainement non.

— Que voulez-vous dire? dit le directeur.

— Je veux dire, répliqua l'autre avec chaleur, qu'un théâtre de province n'est pas digne d'elle, et que, si sa place n'est pas dans un des grands établissements de Londres, elle n'est nulle part; et je ne vais pas par quatre chemins pour vous dire que, sans l'envie et la jalousie de certaine personne que vous connaissez bien, elle y serait déjà. Voudriez-vous me présenter à monsieur, monsieur Crummles?

— M. Folair, dit le directeur, le présentant en effet à Nicolas.

— Heureux de faire votre connaissance, monsieur. »

M. Folair toucha de son index le bord de son chapeau et donna une poignée de main à Nicolas. « Un nouveau collègue, monsieur, à ce que l'on m'a dit?

— Un collègue bien indigne, répliqua Nicolas.

— Dites donc, lui murmura l'acteur à l'oreille, en le tirant à part pendant que Crummles les quittait pour parler à sa femme, avez-vous jamais vu pareille attrape?

— Pareille à quoi? »

M. Folair eut une grimace des plus comiques de son répertoire mimique, en montrant du doigt, par-dessus son épaule, la famille Crummles.

« Vous ne voulez pas parler de l'enfant phénoménal?

— L'enfant flouriménal, monsieur, répliqua M. Folair. Il n'y a pas une petite fille d'une intelligence ordinaire dans les écoles de charité qui ne pût mieux faire que cela; elle doit de belles grâces à son étoile d'être née fille de directeur.

— Vous avez l'air de prendre cela bien à cœur, dit Nicolas avec un sourire.

— C'est vrai, ma foi, et vous conviendrez que ce n'est pas sans raison, dit M. Folair en passant son bras dans celui de Nicolas et se promenant avec lui de long en large sur la scène. N'y a-t-il pas de quoi faire endêver de voir cette petite morveuse accaparer, tous les soirs, les rôles les plus avantageux et prélever déjà des honoraires sur les profits de la troupe, à laquelle on la fait avaler de force, pendant qu'il y en a tant d'autres à qui on fait des passe-droits? N'est-ce pas étrange de voir un homme se laisser aveugler sur les talents de sa chienne de famille jusqu'à sacrifier ses propres intérêts? Je connais, moi, une recette de vingt francs quarante centimes qui est venue un soir du mois dernier grossir la caisse à Southampton, seulement pour me voir danser la bourrée d'Écosse. Eh bien, quel en a été le résultat? c'est que depuis on ne m'a même plus mis en évidence. Jamais, pas une fois, pendant que l'on voit l'enfant phénoménal, avec ses guirlandes de fleurs artificielles, faire ses grimaces tous les soirs à deux gamins dans la galerie, à quatre pelés et un tondu dans le parterre.

— Autant que j'ai pu en juger tout à l'heure, dit Nicolas, vous devez être un membre important de la société.

— Oh! répondit M. Folair en battant ses pantoufles l'une contre l'autre pour en secouer la poussière, je ne m'en tire pas mal, c'est vrai. Il n'y a peut-être personne qui me surpasse dans mon genre. Mais, voyez-vous, d'être traité comme on l'est ici, cela vous met du plomb à la semelle en guise de blanc d'Espagne; c'est comme si on dansait avec les menottes, sans en avoir seulement le mérite aux yeux du public. Holà! vieux troubadour, comment va? »

Le gentleman auquel s'adressait cet appel amical était un homme au teint basané, un peu blafard, avec les cheveux longs, noirs, touffus, et des traces non équivoques d'une barbe épaisse et de favoris item, quoiqu'ils fussent rasés de près. Il n'avait pas l'air d'avoir plus de trente ans, quoique, de prime abord, on fût porté à le croire plus âgé, à voir sa figure longue et blême, qu'avait décolorée l'application journalière du plâtre et du vermillon. Il portait une chemise à pois, un vieil habit vert, rajeuni par des boutons dorés neufs, une cravate à grandes raies rouges et vertes, un pantalon bleu de roi. Il était orné aussi d'une canne assez commune en bois blanc, véritable canne de parade, car il ne s'en servait guère que pour lui faire décrire dans l'air des figures variées, presque toujours la tête en bas; ou, s'il lui rendait, pendant quelques secondes, son attitude naturelle, c'était pour se mettre en garde, pousser une ou deux bottes dans les coulisses, à tous les objets animés ou inanimés que le hasard envoyait sous sa main pour servir de plastron à ses coups.

« Eh bien, Tommy, dit-il, en portant une botte à son ami, qui la para adroitement avec sa pantoufle, quelles nouvelles?

— Un nouveau venu, voilà tout, répondit M. Folair, en regardant Nicolas.

— Faites donc les honneurs, Tommy, faites donc les honneurs, dit l'autre, en lui donnant d'un ton de reproche un petit coup du bout de sa canne sur le chef.

— Vous voyez M. Lenville, notre premier tragique, monsieur Johnson, dit l'artiste en pantomimes.

— Excepté pourtant quand il prend fantaisie au vieux patapouf de me remplacer en personne; vous n'auriez pas dû oublier ça, Tommy. Vous savez, monsieur, je suppose, ce que nous entendons par le vieux patapouf?

Le Sauvage Indien et la Jeune Fille. (P. 167.)

— Non, je ne comprends pas, répondit Nicolas.

— C'est Crummles, à qui nous donnons ce nom-là, pour rappeler son jeu lourd et pesant. Mais, pas de bêtises, je n'ai pas le temps de rire, il m'est tombé sur la tête un rôle de douze feuilles pour demain soir, et je n'y ai pas encore jeté les yeux ; heureusement que j'ai une facilité diabolique : c'est ce qui me console. »

Consolé par cette réflexion, M. Lenville tira de sa poche un manuscrit crasseux et chiffonné, poussa encore une botte à son ami, et se mit à marcher de long en large, se répétant par cœur son rôle à lui-même, sans oublier les gestes et les poses appropriés à la circonstance que pouvaient lui inspirer le texte ou son imagination.

Pendant ce temps-là, la troupe était presque au grand complet. Outre M. Lenville et son ami Tommy, était maintenant présent à l'appel un jeune homme élancé, aux yeux langoureux, qui jouait les amoureux découragés et chantait les airs de ténor ; il venait d'arriver, bras dessus bras dessous, avec le Jocrisse de la bande. Celui-là avait le nez retroussé, une bouche comme un four, une figure plate, des yeux hébétés. Près de l'enfant phénoménal, auquel il faisait une cour assidue, se tenait un vieux monsieur, un peu en goguette, râpé jusqu'à la corde : c'était lui qui jouait les vieillards sereins et vertueux. Mme Crummles avait aussi à ses côtés un vieux monsieur plein d'attentions pour elle ; sa tenue n'était pas tout à fait si ignoble, c'était lui qui jouait les vieillards moroses : vous savez, ces vieux grognards qui ont des neveux militaires, et qui sont toujours à les poursuivre, la canne haute, pour les forcer à épouser des héritières. Après cela venait une espèce d'aventurier en redingote à long poil, qui se promenait à grands pas le long de la rampe, faisant le moulinet avec sa badine, et marmottant à demi-voix, avec une grande vivacité, des tirades destinées à l'amusement d'un auditoire imaginaire. Il n'était plus si jeune qu'autrefois, et sa taille commençait à monter en graine. Mais il avait dans sa personne un air éventé qui annonçait en lui le héros des rodomontades. Il y avait encore un petit groupe de trois ou quatre jeunes gens aux joues creuses, aux sourcils épais, qui faisaient la conversation dans un coin. Mais c'étaient apparemment des personnages d'importance secondaire : on les laissait rire et causer ensemble, sans y faire la moindre attention.

Les dames étaient réunies en un petit peloton, toutes seules, autour de la table rachitique déjà nommée. On voyait Mlle Snevellicci, également propre à tous les emplois, depuis la danse des sorcières jusqu'au rôle de lady Macbeth, et qui paraissait toujours en culotte courte de soie bleu de ciel dans les représentations à son bénéfice. Du fond de son chapeau de paille, en forme de seau à charbon de terre, elle faisait des yeux à Nicolas, quoique absorbée en apparence dans le récit d'une histoire divertissante qu'elle confiait à Mlle Ledrook son amie. Mlle Ledrook, de son côté, avait apporté son ouvrage, et s'occupait, de l'air le plus naturel du monde, à monter une collerette. Après cela, Mlle Belawney. Cette demoiselle prétendait rarement à des rôles parlants ; on ne la voyait guère paraître sur la scène qu'en page à culotte de soie blanche, une jambe tendue avec grâce en avant, les yeux braqués sur la cantonade, à moins qu'elle n'entrât et sortît à la suite de M. Crummles dans la haute tragédie. Pour le moment, elle tortillait les boucles de cheveux de la belle Mlle Bravassa, qui avait eu autrefois son portrait gravé sur acier par un apprenti graveur ; on en mettait même en vente des exemplaires pendus à la fenêtre du pâtissier et de la fruitière, au cabinet de lecture, et au bureau des places, toutes les fois que les affiches annonçaient la représentation annuelle à son bénéfice. Puis Mme Lenville, avec son petit chiffon de chapeau à voile, arrangé précisément dans le goût coquet qu'elle savait propre à lui gagner le cœur de M. Lenville. Ensuite, Mlle Gazingi, avec un boa, imitation d'hermine, noué négligemment autour de son cou, et dont les deux bouts lui servaient à corriger, pour de rire, M. Crummles junior. Enfin n'oublions pas Mme Grudden en pelisse de drap brun et en chapeau de castor. Elle assistait Mme Crummles dans l'administration de ses affaires domestiques ; elle recevait l'argent à la porte, habillait ces dames, balayait le théâtre, tenait le cahier du souffleur lorsque ce fonctionnaire devait faire nombre sur la scène dans un tableau général ; elle jouait même d'inspiration toute espèce de rôle banal en toute occasion ; elle tenait sa place dans les affiches, tantôt sous un nom, tantôt sous un autre, selon l'effet plus ou moins satisfaisant qu'il pouvait présenter à l'œil : c'est le directeur qui en était juge.

M. Folair, après avoir confié obligeamment ces particularités à Nicolas, le laissa là pour se mêler à ses camarades, et la cérémonie de la présentation fut complétée par la déclaration publique de M. Vincent Crummles, qui proclama le nouvel acteur un prodige de savoir et de génie.

« Pardon, monsieur, dit Mlle Snevellici à Nicolas, en lui jetant un regard timide, n'avez-vous pas déjà joué à Canterbury ?

— Jamais, répondit Nicolas.

— Je me rappelle avoir vu là un gentleman (quelques moments seulement, car je quittais la troupe comme il y entrait) qui vous ressemblait tant que j'aurais juré que c'était vous.

— Je vous vois aujourd'hui, mademoiselle, pour la première fois, » reprit Nicolas, et il ajouta galamment : « Si je vous avais vue auparavant, vous pouvez croire que je ne l'aurais pas oublié.

— Ah ! en vérité ! Savez-vous que c'est très flatteur de votre part ? repartit Mlle Snevellici en s'inclinant avec grâce. A présent que je vous considère, je vois bien que le gentleman de Canterbury n'avait pas vos yeux... Vous allez dire que je suis bien ridicule de faire de pareilles remarques, n'est-ce pas ?

— Bien au contraire, dit Nicolas ; je ne puis que me trouver flatté que vous me fassiez l'honneur de me remarquer de manière ou d'autre.

— Oh ! les vilains hommes, comme ils ont de l'amour-propre ! » cria Mlle Snevellici. En même temps elle tomba dans une confusion ravissante, et tirant son mouchoir d'un sac de soie lilas fanée, avec un fermoir doré par le procédé Ruolz, elle s'adressa à miss Ledrook.

« Ma chère petite, dit Mlle Snevellici.

— Eh bien, qu'est-ce qu'il y a ?

— Ce n'est pas le même.

— Le même quoi ?

— Canterbury... Vous savez bien ce que je veux dire. Venez donc par ici, je veux vous conter quelque chose. »

Mais miss Ledrook ne voulait pas se déranger pour aller trouver miss Snevellicci, et alors miss Snevellicci fut obligée de se déranger pour aller trouver miss Ledrook, ce qu'elle fit en sautillant avec une légèreté véritablement enchanteresse ; et miss Ledrook fit évidemment la guerre à miss Snevellicci de son caprice pour Nicolas ; car, après quelques chuchotements folâtres, miss Snevellicci donna des tapes, mais de bonnes tapes, sur les doigts à Mlle Ledrook, pour lui apprendre, et revint à sa place toute honteuse ; cela faisait plaisir à voir.

« Messieurs et mesdames, dit M. Vincent Crummles, tenant à la main un morceau de papier sur lequel il venait d'écrire, demain matin, à dix heures, nous répéterons la *Lutte mortelle*. Que tout le monde soit là pour la cérémonie. Vous connaissez tous l'intrigue, le plan, la conduite de la pièce. Ainsi nous n'aurons besoin que d'une répétition. Tout le monde à dix heures, s'il vous plaît.

— Tout le monde à dix heures, répéta Mme Grudden en regardant à la ronde.

— Lundi matin nous aurons la lecture d'une pièce nouvelle, dit M. Crummles; je n'en sais pas encore le nom, mais je sais que chacun y aura un bon rôle; c'est M. Johnson qui voudra bien prendre ce soin.

— Hé! dit Nicolas en tressaillant, je...

— Lundi matin, répéta M. Crummles en élevant la voix pour dominer et comprimer les représentations de l'infortuné M. Johnson; voilà qui est réglé, messieurs et mesdames. »

Ces messieurs et ces dames ne se le firent pas dire deux fois, et, au bout de quelques minutes, il ne restait plus sur le théâtre que la famille Crummles, Nicolas et Smike.

« Je vous donne ma parole, dit Nicolas, en prenant à part le directeur, que je ne crois pas pouvoir être prêt pour lundi.

— Bah! bah! répliqua M. Crummles.

— En vérité, cela m'est impossible; mon imagination n'est pas accoutumée à ces tours de force; autrement peut-être que...

— Votre imagination! que diable a-t-elle à faire là dedans? cria le directeur avec vivacité.

— Mais tout, mon cher monsieur.

— Mais rien, mon cher monsieur, repartit M. Crummles avec des marques d'impatience; savez-vous le français?

— Parfaitement.

— C'est très bien, dit le directeur, prenant dans le tiroir de la table un rouleau de papier pour le donner à Nicolas. Là, vous n'avez qu'à me mettre cela en anglais, avec votre nom au bas du titre. Le diable m'emporte si je n'ai pas souvent dit que je ne devrais avoir dans ma troupe ni hommes ni femmes, mais seulement des professeurs de langue. Ils apprendraient leurs rôles dans l'original et le joueraient en anglais; cela nous épargnerait bien de la peine et de l'argent. »

Nicolas sourit, en mettant la pièce française dans sa poche.

« A propos, et votre logement? dit M. Crummles; que comptez-vous faire? »

Nicolas aurait bien voulu, pour la première semaine, qu'on lui dressât seulement un lit de sangle dans le parterre, mais il se contenta de répondre qu'il n'avait pas encore pensé à se loger.

« Alors, venez chez moi, dit M. Crummles, et mes garçons iront avec vous après le dîner pour vous montrer quelque chose qui pourra vous convenir. »

Ce n'était pas de refus. Nicolas et M. Crummles donnèrent chacun un bras à Mme Crummles pour paraître dans la rue avec plus de dignité.

Smike, les fils, le phénomène, prirent le plus court, et Mme Grudden resta au théâtre à prendre un morceau de bouilli froid et une pinte de porter dans le bureau de recette.

A voir Mme Crummles marcher fièrement sur le trottoir, on aurait pu la prendre pour un martyr qui marche à la mort, soutenu par la conscience de son innocence et ce courage héroïque que peut seul donner la vertu. M. Crummles, de son côté, avait pris l'air et la démarche d'un tyran endurci. A eux deux ils attiraient l'attention d'un bon nombre de passants; mais, quand ils entendaient murmurer tout bas près d'eux : « C'est M. et Mme Crummles », ou quand ils voyaient un petit garçon revenir sur ses pas pour les considérer en face, alors la sévère expression de leurs physionomies se déridait, pour montrer qu'ils étaient sensibles à cette popularité flatteuse.

M. Crummles demeurait dans la rue Saint-Thomas, maison d'un pilote du nom de Bulph, qui s'était donné le plaisir de peindre sa porte en vert-bateau, les fenêtres de même couleur, et qui avait sur le manteau de sa cheminée, dans son parloir, le petit doigt d'un noyé, avec d'autres curiosités naturelles et maritimes. Il avait aussi fait les frais d'un marteau en cuivre, d'une plaque en cuivre, d'une poignée de sonnette en cuivre, tout cela brillant et reluisant; et un mât donc, que j'allais oublier, avec un guidon au bout, dans son arrière-cour.

« Soyez le bienvenu, » dit Mme Crummles en se retournant vers Nicolas, quand ils furent arrivés à la porte d'une chambre au premier étage sur le devant, avec des fenêtres cintrées.

Nicolas lui fit un salut de remercîment poli, et ne dissimula pas le plaisir qu'il avait à voir la nappe mise.

« Nous n'avons qu'une épaule de mouton à la sauce à l'oignon, dit Mme Crummles toujours d'une voix sépulcrale; mais au petit bonheur, nous vous offrons la fortune du pot.

— Vous êtes bien bonne, répliqua Nicolas, je vais y faire honneur.

— Vincent, dit Mme Crummles, quelle heure est-il?

— Il y a cinq minutes que nous devrions être à table, » dit M. Crummles.

Mme Crummles tira la sonnette. « Qu'on nous monte le mouton à la sauce à l'oignon. »

L'esclave attaché au service des locataires de

M. Bulph disparaît et reparaît bientôt portant le splendide festin. Nicolas et l'enfant phénoménal se faisaient face à la table en fer à cheval; Smike et les jeunes Crummles dînaient sur le lit-canapé.

« Est-on amateur du théâtre à Portsmouth? demanda Nicolas.

— Non, répondit M. Crummles en secouant la tête, loin de là, loin de là.

— Je les plains, dit Mme Crummles.

— Et moi aussi, dit Nicolas, s'ils ne trouvent pas de plaisir dans les divertissements dramatiques dirigés d'une manière intéressante.

— Eh bien, monsieur, ils n'en trouvent pas, reprit M. Crummles; l'année dernière, le jour du bénéfice de l'enfant, où elle joua trois de ses rôles les plus populaires, et où elle apparut dans celui qu'elle a créé, celui de la fée Porc-Épic, la recette ne s'est pas montée à plus de cent quinze francs.

— Est-il possible? cria Nicolas.

— Et encore il y avait là-dessus cinquante francs de crédit, ajouta le phénomène.

— Et il y avait là-dessus cinquante francs de crédit, répéta M. Crummles. Et si je vous disais que Mme Crummles elle-même a joué devant une poignée d'amateurs.

— C'est vrai, dit la femme du directeur; mais vous savez, Vincent, que c'était au moins un public qui paraissait prendre goût à la représentation.

— Cela ne peut manquer quand on leur donne de bons acteurs, c'est bien le moins, répliqua M. Crummles : il le faut bien.

— Ne donnez-vous pas des leçons, madame? demanda Nicolas.

— Si fait, dit Mme Crummles.

— Il n'y en a pas ici, je suppose?

— J'en ai eu, dit Mme Crummles; j'ai reçu ici des élèves; j'ai été la maîtresse de la fille d'un marchand qui tenait la partie des biscuits de mer; mais on sut plus tard que la première fois qu'elle vint me trouver elle avait perdu la tête : c'est très extraordinaire, n'est-ce pas, que de songer, dans ce cas, à venir me demander de lui donner des leçons? »

Nicolas, qui ne trouvait pas la chose trop extraordinaire, crut à propos de ne rien dire.

« Voyons, dit le directeur en réfléchissant à ses affaires après le dîner, joueriez-vous bien quelque joli petit rôle avec notre enfant?

— Vous êtes bien bon, s'empressa de répondre Nicolas; mais je pense qu'il vaudrait peut-être mieux pour commencer, me donner quelqu'un de mieux assorti à ma taille; dans le cas où je viendrais à me troubler, il me semble que je me sentirais plus à mon aise.

— C'est vrai, dit le directeur, il faut tout prévoir; et puis cela vous donnera le temps de mieux vous préparer à pouvoir jouer un jour avec l'enfant, vous comprenez.

— Certainement, répliqua Nicolas en embrassant avec ardeur l'espérance qu'il se passerait encore bien du temps avant qu'il fût honoré d'une telle faveur.

— Alors je vais vous dire ce que nous ferons, dit M. Crummles : quand vous aurez composé cette pièce... à propos, n'oubliez pas d'y mettre la pompe et les cuviers... vous étudierez Roméo; Juliette sera miss Snevellicci; la vieille Grudden fera la nourrice. Oui, cela ira à merveille. Ah! et le pirate donc? Vous pourrez, par la même occasion, étudier le pirate, et Cassio et Jérémie Diddler; il ne vous sera pas bien difficile de vous fourrer cela dans la tête : un rôle aide l'autre, c'est toujours la même chose, les répliques, les gestes et tout. »

M. Crummles, après ces instructions un peu précipitées et passablement générales, jeta une foule de petits livres dans les mains défaillantes de Nicolas abasourdi; puis, ordonnant à son fils aîné d'accompagner le jeune homme pour lui faire voir des logements, il lui donna une poignée de main et lui souhaita le bonsoir.

Il ne manque pas à Portsmouth de bons appartements meublés; il n'est pas même difficile d'en trouver qui soient proportionnés aux ressources modestes d'un locataire malaisé; mais ils trouvèrent les premiers trop beaux, les seconds trop laids, et ils firent tant de maisons sans pouvoir s'arranger que Nicolas commençait à penser sérieusement à demander tout simplement la permission de coucher dans le théâtre. A la fin cependant ils tombèrent sur deux petites chambres, au troisième étage, où l'on montait du second par une échelle de meunier. C'était chez un marchand de tabac de Commonhard, sale rue qui descendait au quai. Nicolas se dépêcha bien vite de les retenir, trop heureux qu'on ne lui eût pas demandé de payer les huit jours d'avance.

« Là! déposons ici notre propriété personnelle, Smike, dit-il après avoir reconduit le jeune Crummles au bas de l'escalier. Voilà un singulier début, et il n'y a que Dieu qui puisse savoir comment cela finira; mais je suis fatigué de ces trois jours d'aventures; remettons nos réflexions à demain, si nous pouvons. »

CHAPITRE XXIV

Grande représentation au bénéfice de Mlle Snevellicci. Premiers débuts de Nicolas sur la scène.

Le lendemain matin de bonne heure, Nicolas fut sur pied, et pourtant il avait à faire un bout de toilette, quand il entendit monter l'escalier et il fut aussitôt hélé par la voix de M. Folair le pantomime et par celle de M. Lenville le tragédien.

« A la boutique! à la boutique! à la boutique! criait M. Folair.

— Hé! ho! y a-t-il quelqu'un ici? disait M. Lenville d'une voix de baryton.

— Le diable soit des gens, se dit Nicolas; je parie qu'ils viennent déjeuner. Un moment! on va vous ouvrir la porte.

— Ne vous pressez pas. » Et, pour passer le temps, ils prirent leurs cannes pour s'escrimer un peu sur l'étroit palier, ce qui n'était pas du tout amusant pour les locataires d'au-dessous.

« Entrez, dit Nicolas quand il eut achevé sa toilette; de par tous les diables, ne faites donc pas tant de bruit dehors!

— Tiens! la bonne petite chambrette, dit M. Lenville en entrant chez Nicolas, le chapeau à la main, pour pouvoir passer sous la porte; elle est diablement commode.

— Un homme un peu difficile pourrait bien la trouver un peu petite, dit Nicolas; car enfin c'est sans doute un grand avantage d'avoir tout sous sa main, au plafond, sur le plancher, ou sur les quatre murailles, sans être obligé de se déranger de sa chaise; mais c'est un avantage qu'on ne peut avoir que dans un appartement un peu étroit.

— Je ne le trouve pas du tout trop resserré pour un célibataire, reprit M. Lenville. Tiens! cela me rappelle que je ne le suis pas; et ma femme, monsieur Johnson, j'espère que vous lui ménagez un bon rôle dans votre pièce?

— J'ai jeté un coup d'œil sur le texte français hier au soir, dit Nicolas, le rôle est bon.

— Et moi, mon vieux camarade, qu'est-ce que vous ferez pour moi? demanda M. Lenville, portant une botte au feu qui n'en pouvait mais, avec le bout de sa canne, et l'essuyant avec le pan de son habit. Vous savez, il me faut du grognard et du bourru.

— Eh bien, mon cher, dit Nicolas, je vous fais mettre à la porte votre femme et vos enfants, puis, dans un accès de rage et de jalousie, vous poignardez votre fils aîné dans votre cabinet de travail.

— Quoi! c'est moi qui fais ça! s'écria M. Lenville; c'est charmant, à la bonne heure!

— Après quoi, dit Nicolas, vous êtes poursuivi par vos remords jusqu'au dernier acte, où vous vous décidez à vous détruire; mais, juste au moment où vous levez le pistolet vers votre tête, une horloge sonne une, deux, trois... dix heures.

— Ah! je vois, s'écria M. Lenville, c'est parfait.

— Vous vous arrêtez, dit Nicolas; vous vous rappelez avoir entendu dans votre enfance une horloge sonner une, deux, trois... dix; le pistolet vous tombe des mains; vous ne pouvez plus y tenir, vous fondez en larmes, et vous devenez à tout jamais le modèle de la plus pure vertu.

— Excellent! dit M. Lenville; la partie est sûre, succès complet; faites seulement baisser la toile sur une donnée de ce genre-là, et je vous garantis un triomphe certain.

— Et moi, avez-vous quelque chose de bon pour moi? demanda M. Folair d'un air inquiet.

— Voyons, dit Nicolas; vous, vous jouez le serviteur fidèle et dévoué: c'est vous qu'on met à la porte avec la femme et l'enfant.

— Toujours accouplé avec cet infernal phénomène, dit M. Folair en soupirant; et puis alors, n'est-ce pas, nous allons demeurer dans un méchant logement, où je n'ai pas de gages et où je fais du sentiment?

— Vous l'avez deviné, dit Nicolas; c'est justement là le programme.

— Oui, mais de manière ou d'autre il me faut une danse, vous savez, dit M. Folair; et, comme il vous en faudra une aussi pour le phénomène, vous auriez plus tôt fait de faire un pas de deux.

— Il n'y a rien de plus facile, dit M. Lenville en remarquant l'air effaré du jeune auteur dramatique.

— Ma foi, je ne vois pas du tout comment cela peut se faire, reprit Nicolas.

— Comment! cela ne va-t-il pas tout seul? continua M. Lenville; vous avez donc la berlue, de ne pas voir la chose? Vraiment, vous m'étonnez. Vous avez installé la dame infortunée, son petit enfant et son fidèle serviteur dans un pauvre logis, n'est-ce pas ? Eh bien, raisonnons un peu. La dame infortunée tombe dans un fauteuil : elle se cache la figure dans un mouchoir. « Qu'est-ce qui vous fait pleurer, maman ? dit le petit enfant. Ne pleurez pas, maman, ou vous allez me faire pleurer aussi. — Et moi aussi, dit le fidèle serviteur en se frottant les yeux avec sa manche. — Qu'est-ce que nous pourrions donc faire pour relever votre courage, chère maman ? dit le petit enfant. — Oui, qu'est-ce que nous pourrions faire ? répète le fidèle serviteur. — Ah ! Pierre, dit la dame infortunée, je voudrais bien pouvoir secouer ces pensées terribles. — Essayez, madame, essayez, dit le fidèle serviteur. Courage, madame, amusez-vous. — Oui, j'y suis résolue, dit la dame, je veux m'apprendre à souffrir vaillamment. Vous rappelez-vous, mon honnête ami, cette danse, qu'autrefois, dans des jours plus heureux, vous dansiez avec ce cher petit ange ? Elle n'a jamais manqué de calmer ma douleur. Ah ! je veux la voir une fois encore avant de descendre au tombeau. » Voilà. L'orchestre prélude *Avant de descendre au tombeau*, et en avant le pas de deux. Rien de plus naturel, n'est-il pas vrai, Tommy ?

— C'est cela, répondit M. Folair ; la dame infortunée, en proie à ses vieux souvenirs, se trouve mal quand la danse est finie, et la toile tombe sur ce tableau. »

Grâce à ces conseils, ou plutôt à ces leçons, fruit d'une longue expérience personnelle de ses deux collègues, Nicolas, après leur avoir donné à déjeuner de son mieux et s'être débarrassé d'eux, se remit avec succès à l'ouvrage, charmé de reconnaître que sa tâche n'était pas, à beaucoup près, aussi difficile qu'il l'avait cru d'abord. Il travailla d'arrache-pied toute la journée, et ne sortit que le soir pour aller au théâtre, où Smike se trouvait déjà pour représenter avec un autre comparse une insurrection générale à eux deux.

Mais ce n'étaient plus les mêmes gens ; quel changement ! Il eut peine à les reconnaître. Faux toupets, faux teint, faux muscles, faux mollets, c'était toute une métamorphose. M. Lenville était devenu un guerrier dans la fleur de l'âge, taillé en Hercule ; M. Crummles, la face ombragée d'une chevelure noire abondante, un proscrit écossais du port le plus majestueux. L'un des vieux gentlemen était geôlier, l'autre un patriarche vénérable ; le jocrisse, un combattant brave comme César, avec une pointe de belle humeur ; chacun des fils Crummles était un prince pur sang, et l'amoureux transi un captif au désespoir. Il y avait un banquet splendide, tout préparé pour le troisième acte : deux volailles en carton, une assiettée de biscuits, une bouteille d'abondance, un huilier avec des burettes pleines de vinaigre ; bref, il régnait dans les moindres détails une splendeur et une magnificence incomparables.

Nicolas tournait le dos à la toile, tantôt contemplant la première décoration, représentant une porte gothique à peu près de deux pieds plus basse que M. Crummles, qui devait faire par là son entrée, tantôt écoutant deux ou trois amateurs du paradis qui s'amusaient à casser des noix, et se demandant si ce n'était pas là tout le public, lorsque le directeur en personne vint familièrement l'accoster.

« Êtes-vous allé dans la salle ce soir ? demanda-t-il.

— Non, pas encore ; je vais y aller pour voir la pièce.

— La location n'a pas mal donné. Quatre places au milieu sur le devant de retenues, et toute une loge d'avant-scène.

— Vraiment ! dit Nicolas, c'est donc pour une famille ?

— Justement, répondit M. Crummles. C'est un spectacle vraiment intéressant. Il y a là six enfants qui ne viennent jamais que quand le phénomène doit jouer. »

Il aurait été bien difficile pour les auditeurs, famille ou non, de venir au théâtre un soir où le phénomène ne dût pas jouer, vu qu'il était toujours chargé de remplir tous les soirs deux ou trois rôles en moyenne. Mais Nicolas ne voulait pas blesser par cette observation les tendres sentiments d'un père, et, loin de s'arrêter à ce détail sans importance, il laissa M. Crummles continuer de plus belle, sans l'interrompre.

« Six enfants donc, reprit le directeur, le papa et la maman huit, la tante neuf, la gouvernante dix, le grand-père et la grand'mère douze. Il y a aussi le valet de pied, mais il se tient dehors avec un sac d'oranges et une carafe d'eau panée ; il peut regarder la pièce par-dessus le marché, à travers le petit carreau de vitre de la porte de la loge. Ce n'est pas cher, une guinée ; ils gagnent encore à prendre une loge.

— Comment pouvez-vous leur permettre d'amener tant de monde ? remarqua Nicolas.

— Il n'y a pas moyen d'empêcher cela, répondit Crummles. C'est reçu en province. Y a-t-il six enfants, il y a six personnes pour les tenir sur les genoux. Une loge de famille est toujours double en nombre. Grudden, le coup de sonnette pour l'orchestre. »

Mme Utilité obéit ; et en effet, quelques moments après, on entendit accorder trois violons. Cet exercice préparatoire ayant été prolongé tout le temps qu'on pouvait supposer que durerait la patience du public, un nouveau coup de sonnette vint y mettre fin et donner le signal pour commencer sérieusement, ce qui fit que l'orchestre se mit à jouer une multitude d'airs populaires avec variations involontaires.

Si Nicolas avait été étonné des heureux changements qu'avaient subis les acteurs, que dire de la merveilleuse transfiguration des dames! Lorsque, du fond d'un bon petit coin de la loge du directeur, il put voir Mlle Snevellicci dans toutes ses gloires de mousseline blanche à liséré d'or, et Mme Crummles dans toute sa dignité de femme de proscrit, et Mlle Bravassa dans toute sa sensibilité de confidente de Mlle Snevellicci, et Mlle Belawney dans son activité, en bas de soie blancs, de page infatigable, montant la garde en tous lieux, jurant de servir fidèlement tout le monde, à la vie et à la mort, il ne put contenir son admiration, qu'il témoigna par de grands applaudissements et l'attention la plus soutenue à la conduite de l'action.

Le sujet de la pièce était des plus intéressants. On ne pouvait pas dire qu'il appartînt plutôt à un siècle qu'à un autre, ni à une nation particulière ou à un pays déterminé, peut-être même était-ce ce qui en faisait le charme, parce que personne n'était préparé à l'avance à deviner la plus légère lueur des événements qui allaient se développer. Un proscrit avait eu le bonheur de faire quelque part quelque chose qui lui valait les honneurs d'un retour triomphal dans sa patrie, au bruit des acclamations et du violon. Il revenait voir sa femme, une dame d'un courage viril, qui parlait beaucoup des os de son père. Il paraît que ces os-là étaient restés sans sépulture, soit par un goût particulier du vieux monsieur, à son lit de mort, soit plutôt par la négligence impardonnable de ses parents. Ce point n'était pas éclairci. Cette femme de proscrit se trouvait, je ne sais comment, en relation avec un patriarche, qui demeurait dans un vieux château bien loin, bien loin. Le patriarche, de son côté, se trouvait être le père de plusieurs de ces messieurs et dames de la pièce, mais il ne savait pas précisément lesquels, incertain qu'il était si c'étaient les bons ou les mauvais qu'il avait élevés dans son château, quoique au fond il penchât plutôt pour cette dernière opinion. Dans cet état de malaise, il veut se récréer un peu par un banquet, pendant lequel quelqu'un vient, enveloppé dans un manteau, troubler son divertissement, en criant : « Garde à vous! » Ce quelqu'un-là n'était connu de personne (excepté de toute la salle, qui savait bien, elle, que c'était le proscrit lui-même, venu là pour des raisons restées inexpliquées, peut-être aussi pour chipper les couverts).

Il y avait aussi de petites surprises tout à fait agréables, sous forme de dialogues d'amour entre le captif au désespoir et Mlle Snevellicci, ou bien encore entre le combattant comique et Mlle Bravassa. De plus, M. Lenville avait plusieurs scènes tragiques dans les ténèbres de la nuit, pendant ses expéditions de coupe-jarret. Mais rien n'égalait l'adresse et la bravoure du combattant comique, qui savait, je ne sais comment, tout ce qui se disait dans la pièce, ni l'intrépidité de Mlle Snevellicci, qui, après avoir passé un pantalon collant, se rendait, dans cet équipage, à la prison de son amant captif, portant à la main un panier de rafraîchissements et une lanterne sourde. A la fin, on découvre que le patriarche était précisément l'homme qui avait traité avec si peu de façon les os du beau-père proscrit. Aussi la dame de ce dernier, à telle fin que de raison, va le trouver dans son château pour le tuer; elle se glisse à tâtons dans l'ombre d'une pièce obscure, où ils s'attrapent tous les uns après les autres, se prenant les uns pour les autres. Jugez de la confusion! coups de pistolet, mort d'homme, lueur de torches : après quoi le patriarche fait quatre pas en avant, pour faire observer, d'un air fin, qu'il connaît très bien maintenant ses enfants, et ne manquera pas de le leur dire, quand ils vont être rentrés. En attendant, il ne peut pas trouver une meilleure occasion que celle-là pour marier le jeune couple agonisant. Il unit donc leurs mains avec le plein et entier agrément du page infatigable, qui, se trouvant être à présent le seul personnage vivant de la pièce, montre le ciel du bout de son bonnet qu'il tient à la main droite, et la terre de sa main gauche, implore la bénédiction divine et fait signe au rideau de tomber là-dessus. Le rideau n'y manque pas, au milieu des applaudissements unanimes.

« Eh bien, qu'en dites-vous ? » demanda M. Crummles à Nicolas, quand il reparut dans l'entr'acte. M. Crummles était pourpre; il avait le visage tout en feu, parce que, voyez-vous, les proscrits sont de terribles gens pour crier à tue-tête.

« J'ai trouvé cela excellent, ma foi! répondit Nicolas. Mlle Snevellicci, en particulier, a fait merveilles.

— C'est un génie, dit M. Crummles, un vrai génie, cette petite fille-là. A propos, j'ai dans l'idée de donner votre pièce, vous savez, pour sa représentation à bénéfice.

— Ah! bon!

— Vous comprenez, dit M. Crummles, des jours comme cela, on est toujours sûr du succès, et, au pis aller, si elle ne réussissait pas tout à fait comme nous devons l'espérer, eh bien, ce serait à ses risques et périls, vous comprenez, non pas aux nôtres.

— Aux vôtres, vous voulez dire, reprit Nicolas.

— Aux miens, sans doute ; comment donc ai-je dit? répliqua M. Crummles. Pour lundi en huit, qu'en dites-vous? Vous aurez eu grandement le temps de finir la pièce et d'apprendre votre rôle d'amoureux.

— Grandement le temps, c'est beaucoup dire ; mais enfin je ne serai pas en retard, je l'espère.

— Très bien ; alors nous pouvons dire que voilà une affaire réglée. A présent, j'ai encore quelque chose à vous demander. Les jours à bénéfice, il faut toujours un peu de... comment appeler cela? un peu d'entregent, c'est l'usage.

— Auprès des amateurs qui patronnent le théâtre, je suppose, dit Nicolas.

— Précisément. Le fait est que Snevellicci a déjà eu à Portsmouth tant de représentations de ce genre, qu'elle a besoin de chauffer le succès. Un bénéfice à la mort de sa belle-mère, un bénéfice à la mort de feu son oncle, etc. D'un autre côté, Mme Crummles et moi, nous avons eu aussi des bénéfices pour l'anniversaire de la naissance de l'enfant phénoménal, de notre mariage, etc., de sorte qu'il y a bien quelque difficulté à en attraper encore un qui en vaille la peine. Eh bien, monsieur Johnson, ne viendrez-vous pas en aide à la pauvre fille? dit Crummles, assis sur un tambour et prenant une grande prise de tabac, en le regardant fixement dans le blanc des yeux.

— Comment l'entendez-vous? répliqua Nicolas.

— Ne pourriez-vous pas lui faire demain matin le sacrifice d'une demi-heure pour l'accompagner chez deux ou trois des principaux personnages de la ville? murmura doucement le directeur d'une voix persuasive.

— Ah! grand Dieu! dit Nicolas d'un air très peu disposé à le faire, j'en serais bien fâché.

— L'enfant l'accompagnera, monsieur Johnson. Dès les premiers moments qu'on m'en a parlé, j'ai donné la permission à l'enfant d'y aller. Vous voyez que tout se passera dans les règles de la plus stricte convenance. Mlle Snevellicci d'ailleurs est le temple même de l'honneur. Vous lui rendriez là un service capital : le gentleman venu de Londres, auteur de la pièce nouvelle, acteur dans la nouvelle pièce, premier début, croyez que tout cela donnerait des chances bien favorables à son bénéfice, monsieur Johnson.

— Je suis désolé de détruire des espérances flatteuses, surtout celles d'une demoiselle, réplique Nicolas ; mais réellement je ne puis me décider à m'associer à cette démarche.

— Vincent, que dit donc là M. Johnson? » demanda une voix tout contre son oreille, et, en se retournant, il se trouva nez à nez avec Mme Crummles et Mlle Snevellicci elle-même.

« Il n'est pas bien décidé, ma chère, répliqua M. Crummles en regardant Nicolas.

— Il n'est pas décidé, s'écria Mme Crummles, est-il possible?

— Oh! j'espère que non! cria Mlle Snevellicci ; certainement non, vous n'êtes pas assez cruel. Ah! mon Dieu!... et moi qui... Comment faire, après avoir compté là-dessus?

— M. Johnson ne persistera pas dans son refus, ma chère, dit Mme Crummles ; vous n'avez pas assez mauvaise opinion de lui pour le croire. Il sait bien que la galanterie, l'humanité, tous les bons sentiments qui lui sont naturels, sont en cause et plaident en votre faveur.

— Le cœur même d'un directeur y serait sensible, dit M. Crummles en souriant.

— Et celui d'une femme de directeur aussi, ajouta Mme Crummles, toujours sur le ton de la tragédie. Allons, allons, vous commencez à vous attendrir, est-ce que je ne vous connais pas bien?

— Il n'est pas dans ma nature, dit Nicolas, attendri en effet par cet appel à ses bons sentiments, de résister aux prières, tant qu'il ne s'agit pas d'une chose absolument contraire à mes principes, et je ne vois, à vrai dire, ici qu'un peu d'amour-propre qui me retient encore. Mais, après tout, je ne connais ici personne, personne ne me connaît. Soit! je me rends. »

Mlle Snevellicci n'eut pas plutôt entendu ces dernières paroles, qu'elle ne put s'empêcher de rougir de bonheur et d'exprimer sa reconnaissance dans des termes sur lesquels M. et Mme Crummles enchérirent encore. Tout fut arrangé à l'instant : Nicolas irait chez elle le lendemain matin à onze heures. En attendant ils se séparèrent tous, lui pour retourner au logis reprendre son métier d'auteur, Mlle Snevellicci dans la coulisse pour se costumer pour la seconde pièce, le directeur et sa femme pour calculer, dans leur âme désintéressée, le gain probable qu'ils feraient sur le bénéfice de Mlle Snevellicci, car une clause en bonne forme de leur traité leur adjugeait les deux tiers du profit à faire.

Le lendemain matin, à l'heure stipulée, Nicolas se rendit à la demeure de Mlle Snevellicci, chez un tailleur, sur la place appelée rue des Lombards. Le petit corridor exhalait une forte odeur de fer à repasser, et la fille du tailleur, qui était venue ouvrir la porte, était dans cet état d'animation qu'éprouve chaque ménagère à l'époque périodique d'une lessive domestique.

« Le drame, qui vient dorer de ses reflets brillants nos moments de mélancolie, est mort, bien mort, » dit M. Curdle. (P. 179.)

« N'est-ce pas ici que demeure Mlle Snevellicci? demanda Nicolas.

— Oui, monsieur, répondit la fille du tailleur.

— Auriez-vous la bonté de la prévenir que M. Johnson est ici?

— Oh! vous n'avez qu'à monter, s'il vous plaît, » répondit-elle avec un sourire.

Nicolas suivit la demoiselle, et fut introduit dans une petite pièce du premier, communiquant avec une chambre sur le derrière, où sans doute Mlle Snevellicci était à déjeuner dans son lit, autant qu'il put croire, en entendant un petit cliquetis mal dissimulé de tasses et de soucoupes.

La demoiselle passa dans l'autre chambre; le cliquetis cessa pour faire place à un chuchotement; puis elle revint presque tout de suite, en priant Nicolas de vouloir bien attendre un moment: Mlle Snevellicci allait se dépêcher.

En même temps elle releva le store de la fenêtre, sans doute dans l'espérance d'occuper les yeux de M. Johnson par la vue des passants, pour le distraire des petits soins qu'elle avait à prendre dans la chambre, prit devant le feu quelques objets qu'on y avait mis sécher et qui avaient tout l'air d'être une paire de bas, et disparut.

Comme le spectacle de la rue n'avait rien de bien intéressant, Nicolas se mit à examiner la chambre avec plus de cusiosité qu'il n'en aurait peut-être montré sans cela. Sur le sopha reposaient une vieille guitare, plusieurs morceaux de musique où était imprimé le pouce de l'artiste, et toute une litière de papillotes : le tout pêle-mêle avec un tas d'affiches de théâtre, et une paire malpropre de souliers de satin blanc à grandes rosettes bleu de ciel; sur le dos d'une chaise pendait un tablier de mousseline commencé, avec des pochettes ornées de rubans rouges, de ces tabliers que portent les soubrettes sur la scène, et que, par conséquent, on ne voit jamais que là. Debout, dans un coin, se tenait un abrégé de bottes à revers à l'usage de Mlle Snevellicci dans ses rôles de petit jockey; enfin on voyait près de là, sur une chaise, plié en un petit paquet, quelque chose que l'on pouvait soupçonner, sans médire, d'être la culotte courte qui tenait compagnie aux bas de soie.

Mais ce qu'il y avait peut-être de plus intéressant,

c'était l'album, tout grand ouvert, au milieu de quelques libretti in-12 épars sur la table. Dans cet album étaient collées une grande variété de réclames théâtrales en faveur de Mlle Snevellicci, extraites de différents journaux de province. On y lisait entre autres un dithyrambe en son honneur, dont voici le premier sixain :

> Chante, dieu de l'amour, et dis-nous dans tes chants
> Quelle fée a voulu, pour enchanter la terre,
> Douer Snevellicci de trois dons si touchants,
> Qui la rendent ici l'idole du parterre :
> Le sourire où se peint son esprit gracieux,
> Les pleurs d'une âme tendre, et le feu de ses yeux.

Venaient à la suite une foule innombrable d'allusions également flatteuses, toutes empruntées aux gazettes; par exemple :

« Nous remarquons à l'autre page de notre numéro l'annonce d'une représentation au bénéfice de Mlle Snevellicci pour mercredi. Nous y lisons qu'à cette occasion cette charmante actrice, du plus beau talent, veut faire jouir le public d'un spectacle capable de faire bondir de plaisir le cœur d'un misanthrope. Persuadés que nos concitoyens tiennent à se montrer fidèles à ces principes de bon goût qui leur ont valu depuis si longtemps une réputation méritée de connaisseurs distingués, nous prédisons d'avance à cette charmante actrice un accueil étourdissant. »

Dans une autre

« A nos correspondants.

« J. S. est dans l'erreur quand il suppose que la belle et admirable Snevellicci, qui captive tous les soirs les cœurs de ses auditeurs sur notre joli petit théâtre, n'est pas la même demoiselle qui a reçu dernièrement des propositions honorables du jeune gentleman, possesseur d'une immense fortune, qui réside à trente-quatre lieues de la bonne ville de York. Nous avons des raisons de croire que Mlle Snevellicci est bien la demoiselle dont il a été question dans cette affaire mystérieuse et romanesque, et dont la conduite, dans cette occasion, n'a pas fait moins d'honneur à son cœur et à son jugement que ses triomphes théâtrals n'en font tous les jours à son brillant génie. »

L'album de Mlle Snevellicci n'était guère rempli que de paragraphes de ce genre, avec de longues affiches de représentations à bénéfice, toutes finissant par ces mots : « Venir de bonne heure ! » en grosses capitales.

Nicolas en avait déjà lu un bon nombre et se trouvait absorbé, pour le moment, dans un récit triste et détaillé de la suite de circonstances qui avaient déterminé chez Mlle Snevellicci une luxation de la malléole interne du pied gauche : le pied lui avait glissé sur une pelure d'orange qu'un monstre à figure humaine (ainsi s'exprimait le rédacteur du journal) avait jetée sur la scène de Winchester. Il en était au moment où elle venait de se démettre la cheville, lorsqu'il la vit tomber du ciel en personne, coiffée du fameux chapeau à corridor, et tirée à quatre épingles, avec un millier d'excuses pour l'avoir fait attendre si longtemps après l'heure convenue.

« Mais je vous assure que c'est la faute de cette chère Ledrook, qui demeure avec moi : elle s'est trouvée si indisposée cette nuit, que j'ai cru qu'elle allait expirer dans mes bras.

— Destin digne d'envie ! répliqua Nicolas. Cependant croyez que je suis réellement fâché de ce que vous me dites là.

— Vilain flatteur que vous êtes ! dit Mlle Snevellicci en boutonnant ses gants avec une confusion inexprimable.

— Si c'est être flatteur que de rendre hommage à votre mérite et à vos charmes, reprit Nicolas la main sur l'album, vous avez ici bien des flatteurs.

— Ah ! faut-il que vous soyez terrible d'avoir lu de pareilles choses ! Je n'oserai plus jamais vous regarder en face. C'est vrai, j'en suis toute honteuse, dit Mlle Snevellicci en saisissant l'album pour l'emporter dans son cabinet. C'est cette négligente de Ledrook : elle est vraiment détestable.

— Et moi qui croyais que vous l'aviez laissé là tout exprès pour me le faire lire, dit Nicolas; car enfin la chose n'était pas invraisemblable.

— Je voudrais pour tout au monde que vous ne l'eussiez pas lu, répliqua Mlle Snevellicci; je n'ai jamais été si contrariée de ma vie, jamais. Mais c'est une vieille sans soin, il faudrait toujours être derrière elle. »

En ce moment la conversation fut interrompue par l'entrée du phénomène, qui avait eu la discrétion de rester jusque-là dans la chambre à coucher, et qui se présentait enfin, avec beaucoup de grâce et de vivacité, portant à la main une très petite ombrelle verte à large frange; la poignée du manche était absente. Après quelques mots sans intérêt, ils sortirent tous les trois dans la rue.

Le phénomène était un camarade de route assez incommode. Ce fut d'abord sa sandale qui lui sortit du pied droit, puis après celle du pied gauche; puis, quand on eut réparé ce double accident, ce fut une jambe du petit pantalon blanc qui se trouva plus longue que l'autre. Ensuite ce fut le tour du petit parasol vert à tomber à travers un grillage, d'où il fallut le repêcher avec de grandes difficultés et de grands efforts. Et c'est qu'il n'y avait pas moyen de la gronder, c'était la fille du directeur. Aussi Nicolas prit tout cela de bonne humeur, et se remit en marche, bras dessus, bras dessous, d'un côté avec Mlle Snevellicci, et de l'autre avec l'enfant terrible.

La première maison vers laquelle ils dirigèrent leurs pas était située sur une terrasse dont l'apparence annonçait des gens comme il faut. Au toc toc modeste de Mlle Snevellicci répondit un valet de pied qui, après lui avoir ouvert, l'entendant demander si Mme Curdle était chez elle, ouvrit de grands yeux, fit toutes sortes de grimaces, et finit par dire qu'il ne savait pas, mais qu'il allait voir. En même temps il les fit entrer dans un parloir où il donna le temps aux deux servantes de la maison d'aller voir, sous un prétexte ou sous un autre, les comédiens. Enfin, après avoir échangé leurs observations dans le corridor, après bien des chuchotements et des ricanements, il se décida à monter chez madame, pour lui porter le nom de Mlle Snevellicci.

Il est bon de savoir que les gens bien informés à Portsmouth regardaient Mme Curdle comme un parfait échantillon du goût de la capitale en matière de littérature dramatique. Quant à M. Curdle, il avait fait une brochure de soixante-quatre pages, petit in-8°, sur la moralité de feu le mari de la nourrice de Juliette dans *Roméo*, en réponse à cette question : Si c'était réellement en son temps un « bon vivant », comme l'avait prétendu le poète, ou si cette critique déguisée ne venait pas plutôt d'une injuste prévention de sa veuve. Il avait, par la même occasion, démontré que l'on ne pourrait changer la ponctuation reçue de toutes les pièces de Shakespeare sans les altérer notablement, et même sans en dénaturer le sens. Inutile de dire, par conséquent, que c'était un savant critique, un penseur original et profond.

« Ah! c'est vous, mademoiselle Snevellicci, dit Mme Curdle en entrant dans le parloir; et comment vous portez-vous ? »

Miss Snevellicci fit une révérence pleine de grâce; elle exprima l'espérance que Mme Curdle se portait bien, ainsi que M. Curdle, qui ne tarda pas à paraître. Mme Curdle était en négligé du matin, avec un petit bonnet planté sur le sommet de la tête. M. Curdle avait endossé une grande robe de chambre et tenait l'index de la main droite sur son front, d'après les portraits de Stern, depuis que je ne sais qui lui avait trouvé une grande ressemblance avec cet écrivain.

« J'ai pris la liberté de vous rendre visite pour vous demander, madame, si vous ne voudriez pas souscrire à mon bénéfice, dit Mlle Snevellicci en présentant son programme.

— Oh! Je ne sais vraiment qu'en dire, répliqua Mme Curdle; ce n'est pas comme si le théâtre était encore dans ses jours de grandeur et de gloire; — ne restez donc pas debout, mademoiselle Snevellicci, — aujourd'hui le drame est mort, bien mort.

— Certainement, dit M. Curdle, soit qu'on le considère comme l'incarnation merveilleuse des visions du poète, ou comme la réalisation de l'intellectualité humaine qui vient dorer de ses reflets brillantes nos moments de mélancolie, et ouvrir devant les yeux de notre esprit l'horizon magique d'un monde tout nouveau, le drame est mort, bien mort.

— Où trouver aujourd'hui un homme qui puisse nous rendre ces couleurs changeantes du prisme resplendissant dont le poète a revêtu le caractère d'Hamlet? dit Mme Curdle.

— Oui, où le trouver cet homme... au moins sur le théâtre ? dit M. Curdle, qui n'était pas fâché de faire cette réserve en sa faveur. Hamlet! fi donc! c'est ridicule. Hamlet est mort, bien mort. »

En proie à ces réflexions douloureuses, M. et Mme Curdle poussèrent un soupir et restèrent quelque temps sur leurs chaises sans dire un mot. A la fin, la dame, se tournant devant Mlle Snevellicci, lui demanda quelle pièce on devait jouer.

« Une pièce toute nouvelle, dit Mlle Snevellicci. C'est monsieur qui en est l'auteur, et il y joue un rôle pour son premier début au théâtre. M. Johnson, madame.

— J'espère, monsieur, que vous avez gardé fidèlement les unités ? dit M. Curdle.

— C'est la traduction d'une pièce française, dit Nicolas. On y trouve des incidents variés, un dialogue animé, des caractères fortement tracés.

— Tout cela n'est rien, monsieur, reprit M. Curdle, sans les unités. Dans un drame, les unités avant tout.

— Pourrais-je me permettre, monsieur, dit Nicolas hésitant entre le respect que lui imposait son rôle de circonstance et l'entraînement de son humeur moqueuse, me permettre de vous demander ce que c'est que les unités? »

M. Curdle toussa, pensa et dit :

« Les unités, monsieur, forment un corps, — comme qui dirait les tenons et les mortaises d'une charpente, — en matière de temps et de lieu, — une sorte d'union générale, si l'on veut bien me permettre cette expression hardie. Voilà, à mon sens, les unités dans le drame, autant que j'ai pu le reconnaître par l'étude approfondie que j'en ai faite, et Dieu sait si j'ai négligé de lire et de réfléchir beaucoup sur cette question. » Puis, se tournant vers le phénomène : « Je trouve, continua-t-il, en prenant l'un après l'autre tous les rôles de cet enfant, une unité de sentiment, une ampleur, une lumière nuancée, une chaleur de coloris, un ton, une harmonie, un éclat, un développement artistique de conceptions originales que je cherche en vain chez les acteurs plus anciens dans le métier. — Je ne sais pas si je me suis fait comprendre?

— Parfaitement, répondit Nicolas.

— Eh bien, vous voyez, dit M. Curdle en relevant sa cravate, voilà ma définition des unités dans le drame. »

Mme Curdle était restée à écouter cette explication lucide avec un air de vive sympathie, et, quand la tirade fut finie, elle demanda à M. Curdle si son intention était de souscrire.

« Mais, ma chère, je ne sais pas. En vérité, je n'en sais rien, dit M. Curdle. Si nous souscrivons, il faut qu'on sache bien que nous n'entendons pas par là garantir le mérite de la représentation. Il faut faire connaître au monde que nous n'y donnons pas la sanction de notre nom; que c'est purement une distinction que nous croyons devoir à Mlle Snevellicci. Une fois ce point bien et dûment établi, je regarderais volontiers comme un devoir d'étendre notre patronage au théâtre, même dans l'état de dégradation où il est tombé, par considération pour les personnes qui s'y trouvent associées.

— Avez-vous sur vous deux francs soixante centimes, mademoiselle Snevellicci, à me rendre sur cinq francs? » dit M. Curdle en étalant quatre pièces de cent sous.

Mlle Snevellicci tâta tous les coins de son ridicule, mais il n'y avait pas une pièce de monnaie. Quant à Nicolas, son titre d'auteur lui servit naturellement d'excuse pour le dispenser de chercher dans sa bourse et de tâter ses poches.

« Voyons, dit M. Curdle, deux fois cinq font dix. C'est bien cher, miss Snevellicci, cinq francs par personne dans les loges; c'est excessivement cher pour l'état actuel du théâtre. Trois places à deux francs cinquante dans les galeries font sept francs cinquante : voilà sept francs; nous n'aurons pas de discussion, je suppose, pour cinquante centimes; ce n'est pas cinquante centimes qui nous empêcheront d'être d'accord. »

La pauvre Mlle Snevellicci prit les sept francs en faisant beaucoup de frais de remercîments et de sourires, et Mme Curdle, après avoir, en sus, donné quelques instructions particulières pour qu'on leur gardât bien leurs places, pour qu'on époussetât bien la banquette, pour qu'on leur envoyât les deux coupons de bonne heure et qu'on eût soin qu'ils fussent propres, donna le signal de la clôture en tirant la sonnette.

« Voilà de drôles de gens! dit Nicolas quand ils furent dehors.

— Je vous assure, dit Mlle Snevellicci en lui prenant le bras, que je me trouve encore très heureuse qu'ils m'aient payé comptant. Je ne regrette pas mes cinquante centimes. Pour ce qui est du succès, cela ne les regarde pas. Avez-vous réussi, ils se vanteront de vous avoir toujours protégé. Faites-vous fiasco, ils l'auraient parié d'avance. »

A la première maison qu'ils visitèrent ensuite, ce fut, pour eux un vrai triomphe; c'était là que demeuraient les six enfants en question. Ils étaient tellement émerveillés du talent déployé en public par le phénomène, que, lorsqu'on les fit venir de leur appartement particulier pour qu'ils pussent voir de près la demoiselle, ils n'eurent rien de plus pressé que de lui fourrer le doigt dans l'œil avec une foule d'autres attentions délicates propres à cet âge intéressant.

« Je ne manquerai pas, certainement, dit la maîtresse de la maison après une réception des plus gracieuses, d'engager M. Borum à prendre une loge. Je n'emmènerai avec moi que deux enfants; le reste de la société se composera de gentlemen vos admirateurs, miss Snevellicci. Auguste, petit méchant, voulez-vous bien laisser la petite demoiselle tranquille? »

Auguste était un petit monsieur qui s'amusait à pincer le phénomène par derrière, sans doute pour s'assurer s'il était vrai qu'elle fût vivante.

« Vous devez être bien fatiguée, dit la maman en se retournant vers Mlle Snevellicci; je ne vous laisserai pas partir sans prendre un verre de vin. Mademoiselle Lane, ma chère, faites attention aux enfants, je vous prie. »

Mlle Lane était la gouvernante, et ce qui avait rendu l'observation de la mère nécessaire, c'était la conduite désordonnée de la plus jeune des demoiselles Borum, qui ne s'était pas contentée de chiper le petit parasol vert du phénomène, mais qui maintenant voulait l'emporter tout à fait pour son usage particulier, pendant que la malheureuse Ninette regardait d'un œil triste disparaître sa propriété.

« Mais où donc avez-vous pu apprendre tout ce que vous savez faire? dit l'excellente Mme Borum en s'adressant encore à miss Snevellicci. Je ne comprends pas... Emma, n'ouvrez donc pas des yeux hébétés comme cela... que vous puissiez rire dans une pièce, pleurer dans l'autre, et tout cela d'une façon si naturelle. Cela me passe.

— Je suis bien heureuse, madame, dit Mlle Snevellicci, de vous entendre exprimer une opinion qui m'est si favorable. C'est un vrai bonheur pour moi de penser que j'ai pu vous plaire.

— Me plaire! cria Mme Borum; et à qui donc cela ne plairait-il pas? Moi, j'irais volontiers au spectacle deux fois par semaine; j'en raffole.

Seulement je trouve que vous êtes quelquefois trop attendrissante. Ciel! dans quel état vous vous mettez! Que de larmes vous me faites répandre!... Mais, au nom du ciel! miss Lane, comment pouvez-vous les laisser tourmenter cette petite fille comme cela? »

La vérité est que le phénomène se voyait sur le point d'être écartelée. Il y avait déjà deux robustes petits garçons qui l'avaient saisie chacun par une main et la tiraient en sens contraires pour essayer leurs forces. Heureusement, miss Lane, qui avait à se reprocher d'avoir été trop occupée à regarder les grands personnages pour faire attention aux petits, avertie par la réprimande de Mme Borum, arracha la malheureuse enfant à cette torture, la restaura avec un verre de vin, et bientôt le phénomène fut emmené par sa société, heureux d'en être quitte pour emporter de là son chapeau de gaze lilas un peu aplati et sa robe blanche, ainsi que son pantalon, considérablement allongés par quelques solutions de continuité.

Ce fut une matinée assommante. Il y avait tant de visites à faire, et chacune des personnes visitées avait tant de choses différentes à demander! L'un voulait des tragédies, l'autre des comédies.

« Surtout pas de danse, disaient les uns.

— Il n'y a que cela d'amusant, » disaient les autres.

Ici, le chanteur comique avait décidément baissé beaucoup; là, on espérait bien qu'on lui donnerait un rôle plus long qu'à l'ordinaire. Il y avait des gens qui ne voulaient pas promettre d'y aller, parce qu'il y en avait d'autres qui ne voulaient pas non plus promettre d'y aller; mais il y en avait aussi qui ne voulaient pas y aller du tout, parce qu'il y en avait d'autres qui y allaient.

Enfin, petit à petit, après avoir promis aux uns de retrancher ceci, aux autres d'ajouter cela, miss Snevellicci s'engagea à donner un spectacle auquel on ne pouvait toujours pas reprocher d'être trop court ou trop uniforme, car il comptait, entre autres bagatelles, quatre pièces, des chants divers, quelques combats, plusieurs danses. A leur retour, je vous réponds qu'ils en avaient assez de leurs fatigues du jour.

Nicolas eut bientôt achevé sa pièce, et on la mit aussitôt à l'étude. Alors il s'occupa d'étudier lui-même son rôle avec une grande activité. Le jour de la répétition, il le joua, au dire de toute la troupe, dans la perfection; et puis enfin le grand jour arriva. Le crieur fit sa ronde dès le matin dans la ville, annonça le divertissement du soir à son de cloche dans tous les quartiers, les places et les carrefours. Des affiches-monstres de trois pieds de long sur neuf pouces de large furent dispersées dans toutes les directions. On les flanquait, à travers la grille, dans les cuisines des sous-sols; on les jetait dans la boîte aux journaux, sous tous les marteaux de porte; on les développait dans toutes les boutiques, on les placardait même sur tous les murs, mais avec moins de succès, vu qu'on avait eu le tort de confier l'entreprise de l'affichage à une personne illettrée, en l'absence de l'afficheur officiel indisposé, ce qui fit qu'il y en eut une partie de collées sens dessus dessous et l'autre en travers.

A cinq heures et demie, il y eut une poussade de quatre personnes à la porte de la galerie; à six heures moins un quart, la queue se composait d'une douzaine au moins d'amateurs; à six heures, on trépignait des pieds d'une manière effrayante, et, quand l'aîné des fils Crummles vint ouvrir la porte, s'il n'avait pas pris la précaution de se tenir derrière, il aurait risqué de perdre la vie.

Mme Grudden, en moins de dix minutes, fit une recette de dix-neuf francs quinze centimes.

Derrière la toile, mêmes symptômes d'agitation inaccoutumée. Mlle Snevellicci était dans un tel état de transpiration, qu'elle ne pouvait pas faire tenir son fard sur ses joues. Mme Crummles était si émue, que c'était à peine si elle pouvait se rappeler son rôle. Les anglaises de Mlle Bravassa se défrisaient de chaleur et d'impatience. Il n'y avait pas jusqu'à M. Crummles lui-même qui était toujours à regarder par le trou du rideau, pour revenir annoncer à chaque instant qu'il venait encore d'entrer un individu au parterre.

Enfin, enfin, le dernier coup d'archet, et la toile se lève sur la pièce nouvelle. Comme il n'y avait pas d'acteur remarquable dans la première scène, elle se passa d'une façon assez calme; mais, dans la seconde, à l'apparition de Mlle Snevellicci en compagnie du phénomène son enfant, quel tonnerre d'applaudissements! La loge des Borum tout entière se leva comme un seul homme, agitant mouchoirs et chapeaux, et vociférant des bravos à outrance. Mme Borum et la gouvernante jetèrent sur le théâtre des couronnes, dont les unes voltigèrent parmi les quinquets, et dont une autre alla décorer le chef d'un gros monsieur du parterre, trop occupé à regarder la pièce pour s'apercevoir seulement de cet insigne honneur. Le tailleur et sa famille tapaient des pieds sur le parquet des loges supérieures avec une telle fureur d'enthousiasme, qu'on put craindre un moment qu'ils n'allassent bientôt défoncer tout et passer au travers. Le garçon limonadier, avec sa *limonade et bière*, restait cloué au centre du théâtre. On vit même un jeune officier, soupçonné d'un attachement de cœur pour Mlle Snevellicci, s'enfoncer son lorgnon dans le coin de l'œil, sans doute pour cacher une larme. Une fois, deux fois, Mlle Snevellicci fit des révérences de plus en plus profondes, et une fois, deux fois, les applaudissements redoublèrent, de plus en plus éclatants. Enfin, quand le phénomène eut ramassé une des couronnes roussie par les quinquets et l'eut placée de travers sur l'œil gauche de Mlle Snevellicci, l'enthousiasme arriva à son paroxysme, et la pièce, un moment interrompue, reprit son cours.

Mais quand Nicolas en vint à sa scène passionnée avec Mme Crummles, c'est alors qu'on battit des mains; et quand Mme Crummles, son indigne mère, se mit à l'appeler en ricanant un petit présomptueux et qu'il fit tête à ses insultes, c'est alors qu'il y eut un tumulte d'applaudissements; et quand il eut sa querelle avec l'autre monsieur au sujet de la demoiselle, quand il mit sur la table sa boîte à pistolets, en disant que, si l'autre était un gentleman, il se battrait avec lui dans le salon même jusqu'à ce que les meubles fussent tachés du sang de l'un des combattants sinon de tous deux, c'est alors que, depuis les loges jusqu'au paradis, sans oublier le parterre, il n'y eut qu'un cri d'admiration retentissant; et quand il dit à la mère son fait, parce qu'elle ne voulait pas lâcher les biens de la demoiselle, et quand, la voyant s'attendrir, il s'attendrit à son tour et tomba sur un genou pour lui demander sa bénédiction, c'est alors qu'il fallait voir les dames sangloter de toutes parts; et quand il se cacha derrière un rideau dans l'obscurité, et que le mauvais parent porta des coups de son épée partout, excepté à l'endroit où l'on voyait parfaitement passer ses jambes, c'est alors qu'un frisson d'inquiétude et de crainte électrisa l'assemblée. Son port, sa taille, sa démarche, son air, tout ce qu'il disait, tout ce qu'il faisait était accueilli avec la même faveur. Il y avait une salve d'applaudissements à la fin de toutes ses tirades, et lorsque, en dernier lieu, dans la scène de la pompe et des cuviers, Mme Grudden alluma les feux du Bengale, et que tous les acteurs de la troupe qui n'avaient pas de rôle à jouer dans la scène vinrent se former en groupes ou se précipiter dans toutes les directions, non pas que cela fût nécessaire à l'action, mais seulement pour augmenter l'effet du tableau final, alors l'auditoire, qui, pendant ce temps-là, s'était accru considérablement, s'abandonna à des transports d'enthousiasme tels, que les murs de cette enceinte n'en avaient pas entendu depuis bien des années.

Bref, le succès de la pièce nouvelle et celui du nouvel acteur furent complets tous les deux, et quand on rappela, à la fin de la pièce, Mlle Snevellicci, ce fut Nicolas qui eût l'honneur de l'amener sur la scène et de partager avec elle les applaudissements.

CHAPITRE XXV

Concernant une demoiselle qui vient de Londres rejoindre la compagnie avec un vieil amateur qu'elle traîne à sa suite : cérémonie touchante qui s'ensuit.

Comme la pièce nouvelle était décidément un succès, elle fut annoncée pour tous les soirs de spectacle jusqu'à nouvel ordre, et l'on réduisit de trois à deux les jours de relâche par semaine. Nicolas toucha des témoignages plus solides encore de la faveur publique, car, dès le samedi suivant, il empochait, par l'intermédiaire de l'infatigable Mme Grudden, la somme de trente-sept francs cinquante. Cette rémunération, qui n'était pas à dédaigner, n'était rien encore en comparaison de l'honneur et de la réputation qui s'attachèrent à sa personne. M. Curdle lui fit hommage d'une brochure de sa façon, dédiée au théâtre, avec un autographe de sa main (trésor inestimable déjà par lui-même), qu'il consigna sur la couverture, le tout accompagné d'une lettre pleine d'expressions de son estime et de l'assurance spontanée qu'il serait heureux de lire avec lui Shakespeare pendant trois heures tous les matins, avant le déjeuner, tout le temps de son séjour à Portsmouth.

« Encore du nouveau, Johnson, dit un matin M. Crummles dans un accès de joie.

— Qu'est-ce que c'est? demanda Nicolas; le poney?

— Non, non, on n'en vient jamais au poney que quand on est à bout de ressources; et j'espère bien que nous n'aurons pas besoin d'y recourir du tout de cette saison. Non, non, il ne s'agit pas du poney.

— Un garçon phénoménal peut-être?

— Non, monsieur, répondit Crummles d'un air sérieux; il n'y a qu'un phénomène, et ce n'est pas un garçon, c'est une fille.

— C'est vrai, dit Nicolas; je vous demande pardon de cette plaisanterie. Mais alors je n'y suis plus du tout.

— Qu'est-ce que vous diriez, s'il nous venait une demoiselle de Londres? Mlle une telle, du théâtre royal de Drury-Lane?

— Je dirais qu'elle ferait merveille sur l'affiche.

— Vous avez mis le doigt dessus, dit M. Crummles, mais vous pourriez ajouter qu'elle ne fera pas moins d'effet sur la scène, sans craindre de vous tromper. Tenez, regardez-moi cela, et vous m'en direz votre façon de penser. »

En même temps il déploya aux yeux de Nicolas une affiche rouge, une affiche bleue, une affiche jaune, en tête desquelles on voyait en caractères gigantesques l'annonce suivante : « Début de l'incomparable miss Petowker, du théâtre royal de Drury-Lane. »

« Tiens! dit Nicolas, mais je connais cette dame-là.

— En ce cas, vous pouvez vous flatter de connaître le plus beau talent qu'ait jamais possédé une jeune personne, repartit M. Crummles roulant les affiches; un talent cependant d'un certain genre... d'un certain genre. La goule ou *la buveuse de sang*, ajouta M. Crummles avec un soupir prophétique, la goule n'aura qu'un temps, elle ne survivra pas à Mlle Petowker. C'est la première sylphide à moi connue que j'ai vue se tenir droite sur une jambe en jouant du tambourin de l'autre genou, une vraie sylphide.

— Et quand l'attendez-vous? demanda Nicolas.

— Aujourd'hui même. C'est une vieille amie de Mme Crummles. Mme Crummles l'a devinée de bonne heure, il n'y a personne comme elle pour cela. C'est elle qui lui a appris presque tout ce qu'elle sait. C'est Mme Crummles qui a été la première buveuse de sang.

— Comment, en vérité?

— Certainement, mais elle a été obligée d'y renoncer.

— Elle s'en est lassée?

— Non, c'est le public. Personne ne pouvait y résister, elle faisait frémir. Ah! vous ne connaissez pas encore sa capacité. »

Nicolas se hasarda à dire qu'il la connaissait bien.

« Non, non, c'est impossible, dit M. Crummles; c'est impossible, voyez-vous. Son pays ne la connaîtra que quand elle ne sera plus. Chaque année de sa vie fait éclater quelque talent nouveau chez cette femme étonnante. Voyez : mère de six enfants, dont trois vivants, tous artistes dramatiques.

— C'est extraordinaire, cria Nicolas.

— Ah! oui, c'est extraordinaire, allez! répliqua M. Crummles en prenant avec complaisance une prise de tabac et secouant la tête d'un air grave. Si je vous disais que moi-même j'ignorais qu'elle sût danser, jusqu'à son dernier jour de bénéfice, où elle a joué Juliette et Hélène Mac-Gregor, ce qui ne l'a pas empêchée de danser dans les entr'actes la bourrée écossaise sur la corde raide. La première fois que j'ai vu cette femme admirable, Johnson, continua M. Crummles en approchant sa chaise pour lui parler de plus près sur le ton d'une confiante amitié, elle se tenait toute droite sur la tête au bout d'une pique, entourée de feux d'artifice.

— Vous m'étonnez, dit Nicolas.

— Je crois bien, elle m'a étonné moi-même, ajouta M. Crummles de l'air le plus sérieux du monde; tant de grâce et tant de dignité tout ensemble! A partir de ce moment-là, je suis devenu son adorateur. »

L'arrivée de l'objet de ces éloges mérités vint brusquement mettre un terme au panégyrique de M. Crummles; presque aussitôt après, maître Percy Crummles entra avec une lettre venue par la poste, et adressée à sa gracieuse mère. Mme Crummles n'eut besoin que d'en voir la suscription pour s'écrier aussitôt : « D'Henriette Petowker, sur ma parole! » et en même temps elle se plongea dans cette lecture intéressante.

« Eh bien! et...? demanda M. Crummles.

— Oui, oui, tout va à merveille, répondit-elle avant d'avoir laissé M. Crummles achever sa question. J'en suis bien contente pour elle.

— C'est bien en effet la plus heureuse aventure que j'aie jamais vue, » dit M. Crummles. Et alors M Crummles, Mme Crummles et maître Percy Crummles tombèrent tous les trois dans un fou rire. Nicolas les laissa s'en donner à cœur joie et retourna chez lui, sans se rendre compte du rapport mystérieux qu'il pouvait y avoir entre Mlle Petowker et cet accès de gaieté, et songeant à l'extrême surprise de cette demoiselle quand elle apprendrait son enrôlement soudain dans une profession dont elle était elle-même une des glorieuses colonnes.

Mais à cet égard il était dans une profonde erreur. En effet, soit que M. Vincent Crummles eût préparé la voie, ou que Mlle Petowker eût quelque raison particulière de le traiter encore avec plus d'amabilité qu'à l'ordinaire, leur entrevue le lendemain au théâtre eut plutôt l'air de la rencontre d'une paire d'amis intimes, qui ne se sont jamais quittés depuis leur enfance, que d'une reconnaissance passagère entre un monsieur et une dame qui se sont vus seulement une douzaine de fois et encore par pur hasard. Miss Petowker, bien au contraire, commença par lui dire à l'oreille qu'elle n'avait pas dit un mot des Kenwigs à la famille Crummles, et qu'elle avait fait remonter leur connaissance réciproque à leur fréquentation respective des cercles les plus distingués et les plus à la mode; et, comme elle voyait Nicolas accueillir cette confidence avec une surprise qui n'était pas jouée, elle ajouta avec un coup d'œil des plus aimables, qu'elle avait voulu se créer ainsi des titres à son obligeance et qu'elle comptait la mettre à contribution avant peu.

Nicolas eut l'honneur, le soir même, de jouer dans une petite pièce avec miss Petowker; il ne put s'empêcher de remarquer qu'elle n'était guère applaudie avec chaleur que par un parapluie obstiné des secondes loges. Il remarqua bien aussi que l'enchanteresse lançait de temps en temps un regard fascinateur du côté même d'où partaient les bravos, et, à chaque coup d'œil nouveau, le parapluie répondait par un nouveau trémoussement. Il y eut même un moment où il crut voir, dans le coin qui était le point de mire des yeux de Mlle Petowker, une forme de chapeau qui ne lui était pas tout à fait inconnue; mais, occupé qu'il était de son rôle dans la pièce, il ne fit plus attention à ce détail et l'avait même complètement oublié quand il rentra chez lui.

Il venait de se mettre à table pour souper avec Smike, quand une personne de la maison frappa à sa porte et lui annonça qu'il y avait en bas un monsieur qui désirait parler à M. Johnson.

« Eh bien, en ce cas, il n'a qu'à monter : ce n'est pas plus difficile que cela, répliqua Nicolas. Sans doute un camarade qui a faim, Smike. »

Smike regarda le morceau de bœuf froid, calculant, sans rien dire, ce qu'il en fallait garder pour le dîner du lendemain, et remit dans l'assiette une tranche qu'il avait déjà coupée pour lui, pour réparer la brèche que le visiteur allait sans doute faire à leur propriété.

« Il faut que ce soit quelqu'un qui n'est pas encore venu ici, dit Nicolas, car je l'entends trébucher à chaque marche. Entrez, entrez!... Il n'est pas Dieu possible : M. Lillyvick! »

C'était lui, c'était le percepteur des taxes aquatiques qui, regardant Nicolas d'un œil fixe et d'un air impassible, lui donna une poignée de main avec la majesté la plus solennelle, et prit un siège au coin du feu.

« Eh ! dit Nicolas, vous ici? et depuis quand?

— Depuis ce matin, monsieur.

— Ah! je comprends; alors vous étiez au théâtre ce soir, et c'était votre par...

— Mon parapluie; le voici en personne. » Et M. Lillyvick présentait un gros parapluie de coton dont la pointe en fer était bien avariée. « Qu'est-ce que vous dites du spectacle?

— Autant qu'on peut en juger de la scène, il me semble qu'il a été très agréable.

— Agréable! cria le percepteur; vous pouvez dire hardiment, monsieur, qu'il était délicieux. »

M. Lillyvick, en même temps, se pencha en avant pour prononcer le dernier mot avec plus d'énergie, puis il se redressa, fronçant le sourcil et remuant la tête.

« Ah! dit Nicolas un peu surpris de ces symptômes d'approbation délirante; oui c'est une habile femme.

— C'est une divinité, répliqua M. Lillyvick en donnant du bout de son susdit parapluie un toc toc de percepteur sur le plancher. Vous pouvez croire, monsieur, que j'ai déjà connu plus d'une actrice divine; c'était moi qui allais percevoir, c'est-à-dire qui allais voir, qui allais souvent voir si je pouvais percevoir le montant de la taxe chez une dame actrice qui a demeuré plus de quatre ans dans ma circonscription; mais jamais, non, monsieur, jamais, de toutes ces divines créatures, actrices ou non, je n'en ai vu de plus divine que miss Henriette Petowker. »

Nicolas eut bien de la peine à s'empêcher de rire; il se garda bien de dire un mot. Il se contenta, pour toute réponse, de rendre chaque fois à M. Lillyvick ses signes de tête, et resta silencieux.

« Je voudrais vous dire un mot en particulier, » dit M. Lillyvick.

Nicolas regarda Smike, qui comprit son désir et disparut.

« Ce n'est pas grand'chose qu'un célibataire, dit M. Lillyvick.

— Vraiment? répondit Nicolas.

— Certainement, reprit le percepteur. Voilà bientôt soixante ans que je suis de ce monde, et je dois savoir ce qui en est.

— Qu'il doive le savoir, pensa Nicolas, c'est positif; mais qu'il le sache, c'est une autre question.

— Si un célibataire a eu le bonheur de mettre de côté un peu d'argent, dit M. Lillyvick, ses frères et sœurs, neveux et nièces pensent à cet argent beaucoup plus qu'à lui, fût-il même, en raison de son caractère public, le chef de la famille et pour ainsi dire le grand canal où débouchent tous les petits tuyaux. Ils ne font que souhaiter sa mort tout le temps, et rien n'égale leur découragement quand ils le voient en bonne santé. Et tout cela, parce qu'ils brûlent d'hériter de son petit bien! Cela ne vous étonne pas, n'est-ce pas?

— Oh! c'est vrai, trop vrai! répliqua Nicolas.

— La grande raison pour ne pas se marier, c'est que l'on craint la dépense, et c'est là ce qui m'a retenu. Autrement, parbleu! dit M. Lillyvick en faisant claquer ses doigts, j'aurais pu avoir cinquante femmes.

— De belles femmes? demanda Nicolas.

— Oui, monsieur, de belles femmes. Je ne dis pas d'aussi belles femmes qu'Henriette Petowker, celle-là n'est pas un modèle ordinaire, mais des femmes enfin telles que tout le monde ne peut pas se flatter d'en rencontrer tous les jours sur son chemin. Maintenant, supposez qu'un homme épouse une fortune, non pas précisément avec sa femme, mais dans sa femme même...

— Diantre! Mais alors, répliqua Nicolas, cet homme-là n'est pas à plaindre.

— C'est justement ce que je me dis, répliqua le percepteur en lui caressant par amitié la tête avec le manche de son parapluie; c'est justement ce que je me dis. Henriette Petowker, la fameuse Henriette Petowker, a par elle-même une fortune dans son talent, et je vais...

— En faire Mme Lillyvick? dit Nicolas.

— Non, monsieur, non, pas Mme Lillyvick, repartit le percepteur : une actrice garde toujours son nom, c'est la règle; mais enfin je vais l'épouser, et pas plus tard qu'après-demain.

— Je vous en fais mon compliment, monsieur, dit Nicolas.

— Merci, monsieur, continua le percepteur en boutonnant son gilet. Je toucherai ses honoraires, naturellement, et j'espère, après tout, que la vie n'est guère plus chère pour deux que pour un : c'est toujours une consolation.

— Une consolation! vous n'avez aucun besoin de consolation dans un pareil moment.

— Non, reprit M. Lillyvick en secouant la tête avec vivacité, non, vous avez raison.

— Mais qu'êtes-vous venus faire ici tous les deux, si vous êtes sur le point de vous marier, monsieur Lillyvick? demanda Nicolas.

— Voilà justement ce que je venais vous expliquer : la vérité est que nous avons jugé à propos de cacher notre mariage à la famille.

— La famille? dit Nicolas; quelle famille?

— Vous savez bien, les Kenwigs. Si par malheur ma nièce ou ses enfants en avaient entendu souffler mot avant mon départ, je les aurais vus tomber du haut mal à mes pieds, et je ne m'en serais jamais tiré avant de m'engager par serment à ne jamais épouser personne. Sans cela, qui sait s'ils n'auraient pas fait nommer une commission d'enquête pour me faire interdire? » Le percepteur, à ces mots, tremblait encore de tous ses membres en songeant à toutes les horribles choses qu'on aurait pu lui faire.

« C'est vrai, dit Nicolas, ils auraient été jaloux, ce n'est pas douteux.

— C'est pour éviter tout cela qu'Henriette Petowker et moi nous sommes convenus entre nous qu'elle viendrait ici, chez ses amis les Crummles, sous prétexte de s'enrôler dans leur troupe, et que moi, je quitterais Londres le lendemain pour aller la rejoindre à Guildford, dans la diligence. C'est ce que j'ai fait, et nous sommes arrivés ensemble de Guildford hier au soir. A présent, si nous avons pensé à vous faire confidence de notre secret, c'est dans la crainte qu'en écrivant à M. Noggs vous n'allassiez lui parler de nous. Nous partirons de chez les Crummles pour la célébration du mariage, et nous serons charmés de vous voir, soit avant la cérémonie à l'église, soit après, au déjeuner, à votre choix. Vous sentez, continua le percepteur qui tenait à éviter toute méprise sur ce point, que nous n'avons pas fait de folies : quelques rôties et du café, avec des crevettes peut-être, ou quelque chose comme cela pour se régaler, voilà tout.

— Bon, bon, je comprends, dit Nicolas; je serai très heureux d'aller vous voir; j'accepte votre invitation avec le plus grand plaisir. Où reste madame? chez les Crummles?

— Non pas, ils n'auraient pu la loger convenablement la nuit; elle a préféré descendre chez une de ses connaissances qui demeure déjà avec une autre demoiselle, toutes deux artistes dramatiques.

— C'est sans doute miss Snevellicci?

— Précisément, c'est là son nom.

— Et ce sont ces demoiselles, je suppose, qui seront ses filles d'honneur?

— Si c'était tout, dit le percepteur d'un air contrarié; mais on veut lui en donner quatre. J'ai peur qu'on ne vise un peu trop à la mise en scène.

— Oh que non! répliqua Nicolas, qui avait toutes les peines du monde à déguiser son envie de rire sous une toux peu naturelle. Et quelles seront les quatre?

— D'abord miss Snevellicci, cela va sans dire; miss Ledrook, puis le... le... phénomène, dit en grognant le percepteur.

— Ha! ha! cria Nicolas; excusez-moi, je ne sais pas ce que j'ai à rire comme cela ce soir. Ma foi, ce sera très joli : le phénomène, et puis après?

— Une autre demoiselle, je ne sais pas qui, répondit le percepteur en se levant, quelque autre amie d'Henriette Petowker; à propos, je vous recommande bien de n'en rien dire à personne, n'est-ce pas?

— Soyez tranquille, répondit Nicolas; c'est convenu. Ne voudriez-vous pas avant de partir accepter quelque chose?

— Non, dit le percepteur; je n'ai pas d'appétit. J'ai dans l'idée que ce doit être quelque chose de bien amusant que d'être marié, hein?

— Cela ne fait pas pour moi l'ombre d'un doute, répondit Nicolas.

— Certainement, reprit le percepteur, certainement..., oui, oui, sans aucun doute. Bonsoir. »

Là-dessus, M. Lillyvick, qui, pendant tout le cours de son entrevue, avait montré dans ses manières le mélange le plus extraordinaire de précipitation, d'hésitation, de confiance, de doute, d'entraînement, de déception, d'abattement, de présomption, descendit l'escalier et laissa Nicolas rire tout seul à son aise, tant qu'il voudrait.

Sans nous arrêter à rechercher si le jour suivant parut à Nicolas exactement composé du même nombre d'heures et de la même longueur qu'à l'ordinaire, nous demanderons la permission de remarquer au moins que les personnes qui avaient un intérêt plus direct dans la prochaine cérémonie trouvèrent qu'il s'écoula avec une rapidité prodigieuse. Ainsi, quand miss Petowker s'éveilla le lendemain matin dans la chambre de Mlle Snevellicci, elle ne voulut jamais croire qu'elle en fût déjà réellement au jour qui devait éclairer un si grand changement dans sa condition.

« Non, je ne le croirai jamais, dit-elle; réellement ce n'est pas possible; vous aurez beau dire, je ne pourrai jamais me décider à consommer un pareil sacrifice. »

A ces mots, Mlle Snevellicci et Mlle Ledrook, qui savaient parfaitement qu'il y avait déjà trois ou quatre ans que leur belle amie était décidée à faire de gaieté de cœur, aussitôt qu'on voudrait, ce terrible sacrifice, et qu'il ne lui avait manqué que la rencontre d'un monsieur un peu sortable pour le consommer, se mirent à lui prêcher le courage et la fermeté; à lui faire sentir combien elle devait être fière de se voir à même de faire à tout jamais le bonheur d'un objet digne de son choix; combien il était nécessaire à la béatitude de l'espèce humaine en général que les femmes, en pareille occasion, s'armassent de courage et de résignation; elles-mêmes, et toutes persuadées qu'elles étaient que la véritable félicité consistait dans le célibat, qu'elles ne voudraient pas changer pour tout l'or du monde, cependant, grâce à Dieu, si jamais elles devaient en venir là à leur tour, elles avaient l'espérance de connaître trop bien alors leur devoir pour s'y soustraire; elles ne s'en soumettraient qu'avec plus de douceur et d'humilité de cœur à une destinée que la Providence leur aurait visiblement imposée pour le contentement et la récompense de leurs frères et de leurs semblables.

« Ce serait, dit Mlle Snevellicci, un coup terrible pour moi, je l'avoue, de me voir obligée à rompre mes vieilles relations et tout ce que vous voudrez dans ce genre-là; mais je me soumettrais, ma chère, vous pouvez en être sûre.

— Et moi aussi, dit Mlle Ledrook. Je bénirais plutôt le joug conjugal que je ne le maudirais; j'ai déjà tant fait de malheureux, que j'en suis toute triste : c'est affreux, voyez-vous, de songer à cela.

— Certainement, dit Mlle Snevellicci; mais, voyez-vous, ma chère petite, nous n'avons que le temps de l'apprêter, ou vous verrez que nous serons en retard. »

Grâce à ce sermon pieux, et peut-être aussi à la crainte de se mettre en retard, la fiancée put supporter sans trop d'émoi la cérémonie de sa toilette de mariée. Après quoi, pour affermir ses membres délicats et lui donner une démarche plus assurée, on lui administra, par doses alternatives, quelques tasses de thé fort et quelques petits verres d'eau-de-vie.

« Eh bien, vous trouvez-vous un peu mieux, ma bonne amie? demanda Mlle Snevellicci.

— Oh, Lillyvick! cria la fiancée, si vous saviez toute la grandeur du sacrifice que je vais faire pour vous!

— Va, va, ma chère, il le sait bien, et il ne l'oubliera pas, dit Mlle Ledrook.

— En êtes-vous bien sûre? criait toujours Mlle Petowker, qui montrait réellement de grandes dispositions pour jouer la comédie; en êtes-vous bien sûre? Croyez-vous que Lillyvick se le rappellera toujours... toujours... toujours... toujours?... »

Personne ne peut dire où se serait arrêté ce transport de sensibilité, si Mlle Snevellicci n'avait pas annoncé au moment même l'arrivée d'un fiacre. La fiancée fut tellement étourdie de cette nouvelle, qu'elle réprima immédiatement divers symptômes alarmants qui continuaient d'être très violents, courut à la glace pour donner à sa toilette un dernier coup d'œil, et déclara avec calme qu'elle était prête à marcher au sacrifice.

En conséquence, on la porta plutôt qu'on ne la conduisit jusqu'à la voiture; et là on *la soutint*, comme disait Mlle Snevellicci, en lui faisant continuellement respirer un flacon de sel volatil, et continuellement déguster un flacon de cognac avec quelques autres stimulants de même nature; tant qu'enfin elles arrivèrent à la porte du directeur, déjà ouverte par les deux jeunes Crummles, qui portaient des cocardes blanches et qui s'étaient parés des gilets les plus distingués et les plus resplendissants de toute la garde-robe théâtrale. Les efforts combinés de ces deux messieurs et des filles d'honneur, assistés par le cocher, finirent par déposer miss Petowker, dans un état d'épuisement inquiétant, sur le palier du premier étage; mais là elle n'eut pas plutôt rencontré les yeux de son jeune fiancé, qu'elle se trouva mal, comme le voulait le décorum de la circonstance.

« Henriette Petowker! dit le percepteur, allons, remettez-vous, ma belle amie. »

Miss Petowker eut la force de se cramponner à la main du percepteur; mais elle n'eut pas la force de dire un mot : elle était trop émue.

« Quoi! je vous fais donc bien peur, Henriette Petowker? dit le percepteur.

— Oh! non, non, non, répondit la fiancée; mais tous les amis, les chers petits amis des jours de ma jeunesse, les abandonner tous; quel coup terrible! »

Après ces expressions générales de chagrin, miss Petowker se mit à compter un par un les chers petits amis des jours de sa jeunesse, en invitant chacun de ceux qui étaient présents, à son tour, à venir l'embrasser. Ce n'était pas tout : elle se ressouvint ensuite que Mme Crummles avait éte pour elle plus qu'une mère; après cela, que M. Crummles avait été pour elle plus qu'un père; après cela, que les petits MM. Crummles et Mlle Nina Crummles avaient été pour elle plus que des frères et sœurs. Tous ces souvenirs variés, avec accompagnement d'embrassades, ne laissèrent pas de durer longtemps; il fallut ensuite qu'on les menât bon train à l'église pour réparer le temps perdu.

La file de voitures se composait de deux fiacres. Dans le premier était Mlle Bravassa, la quatrième fille d'honneur, Mme Crummles, le percepteur et M. Folair, qu'il avait pris pour témoin dans cette occasion; l'autre voiture possédait la fiancée, M. Crummles, Mlle Snevellicci, Mlle Ledrook et le phénomène. Les costumes étaient magnifiques : les filles d'honneur étaient toutes couvertes de fleurs artificielles, et le phénomène, en particulier, disparaissait presque tout entier sous le bosquet portatif dans lequel elle était enchâssée. Mlle Ledrook, qui avait une tournure d'esprit un peu romanesque, portait sur le sein la miniature d'un officier général inconnu, qu'elle avait achetée à bon marché quelques jours auparavant. Les autres dames étalaient des articles éblouissants de bijouterie d'imitation, mais une imitation qu'on aurait jurée vraie; quant à Mme Crummles, elle posait dans tout l'éclat de sa majesté tragique, qui attirait l'admiration de tous les passants.

Cependant je ne sais pas si la mine de M. Crummles n'avait pas encore quelque chose de plus frappant et de mieux approprié à la circonstance que tous les autres membres de la compagnie. M. Crummles, qui représentait le père de la fiancée, avait eu l'idée heureuse et originale de se composer pour son rôle un costume particulier. Il s'était d'abord affublé d'une perruque de théâtre dans le style et sur le modèle de celle que l'on connaît généralement sous le nom de perruque de M. Pigeon, en harmonie avec un habillement complet de drap tabac du siècle précédent, des bas de soie gris et des souliers à boucles. Pour mieux entrer dans l'esprit de son rôle, il avait pris le parti de se montrer très affecté; et, par conséquent, lorsque le cortège passa sous le porche de l'église, les sanglots de ce père sensible fendaient si bien le cœur, que le bedeau lui proposa de se retirer un moment dans la sacristie, pour se remettre en buvant un verre d'eau avant le commencement de la cérémonie. Ce fut un beau spectacle de voir la procession se développer pour aller au chœur, la fiancée et ses quatre filles d'honneur formant un groupe convenu et répété d'avance; le percepteur suivi de son témoin, qui modelait sur lui sa démarche et ses gestes, de manière à faire mourir de rire quelques artistes de ses amis placés dans la galerie. M. Crummles marchait d'un pas faible et débile; Mme Crummles, au contraire, avançait de ce pas de théâtre composé d'une grande enjambée et d'une halte alternatives. Jamais vous ne vîtes spectacle où il y eût plus d'ensemble. La cérémonie ne fut pas longue, et quand toutes les personnes présentes eurent signé le registre, ce que M. Crummles ne put faire à son tour sans commencer par essuyer avec soin, avant de se la mettre sur le nez, une immense paire de lunettes, on revint déjeuner avec ardeur. Là on retrouva Nicolas, qui attendait le retour.

« Allons, vite! dit Crummles qui avait donné un coup de main à Mme Grudden pour le service, et, par parenthèse, il avait fait plus de frais que ne s'y attendait le percepteur, qui n'en était pas plus content; déjeunons! déjeunons! »

Il n'eut pas besoin de le dire deux fois : la société s'étouffa à se presser contre la table du mieux qu'elle put, et se mit à l'œuvre sans tarder, Mlle Petowker rougissant toutes les fois qu'on la regardait, et mangeant à mort toutes les fois qu'on ne la regardait pas. Quant à Lillyvick, il travaillait avec la froide résolution d'un homme qui s'est dit que, puisque c'est lui qui payera toutes ces bonnes choses, il est de son devoir d'en laisser le moins possible de reste pour les Crummles.

« N'est-ce pas que c'est bientôt fait? dit M. Folair au percepteur en se mettant les coudes sur la table pour lui adresser cette question.

— Qu'est-ce qui est bientôt fait, monsieur? demanda M. Lillyvick.

— Ce nœud-là, ce nœud qui vous rive à une femme, répondit M. Folair; ce n'est pas long, hein?

— Non, monsieur, répondit M. Lillyvick rouge de colère, ce n'est pas long; eh bien, après?

— Oh! rien, dit l'acteur, si ce n'est que ce n'est pas plus long que de se pendre; ha! ha! ha! »

M. Lillyvick posa sur la table son couteau et sa

fourchette, et promena autour de lui sur les convives un regard d'indignation et d'étonnement.

« Se pendre! » répéta M. Lillyvick.

Profond silence... pétrification générale, en voyant l'inexprimable dignité de M. Lillyvick.

« Se pendre! cria encore une fois M. Lillyvick. Serait-ce un parallèle que vous entendriez établir ici entre le mariage et la pendaison?

— Le nœud coulant, vous savez, dit M. Folair un peu dans ses petits souliers.

— Le nœud coulant, monsieur? reprit M. Lillyvick; qu'est-ce qui ose me parler de nœud coulant et d'Henriette Peto...

— Lillyvick, Lillyvick, lui souffla M. Crummles.

— Et d'Henriette Lillyvick à côté l'un de l'autre? dit le percepteur. Quoi! c'est dans cette maison, en présence de M. et de Mme Crummles, qui ont élevé une famille, modèle de talents et de vertus, pour en faire des anges et des phénomènes, qu'on viendra nous parler de nœuds coulants!

— Folair, dit M. Crummles, croyant qu'il était dans la décence de son rôle de se montrer touché de cette allusion à sa personne et à celle de son épouse, je ne m'attendais pas à cela de votre part.

— Tiens! vous aussi, dit l'acteur infortuné. Ah çà, qu'ai-je donc fait?

— Ce que vous avez fait, monsieur? cria M. Lillyvick; vous avez visé la société au cœur.

— Et vous avez du même coup blessé les meilleurs et les plus tendres sentiments, ajouta Crummles, fidèle à son personnage de père noble.

— Et les liens les plus importants et les plus estimables de l'ordre social, dit le percepteur. Nœud coulant! comme si le mariage était un piège où l'on se fait prendre, attraper, lier par la patte, au lieu d'en faire un engagement réciproque, libre et glorieux.

— Mon intention n'était pas de vous dire que vous aviez été pris au piège, attrapé et lié par la patte, répondit l'acteur; j'en suis fâché, que voulez-vous que je vous dise?

— Et vous avez raison de l'être, monsieur, continua Lillyvick; et je suis charmé de voir qu'il vous reste encore assez de bons sentiments pour cela. »

Cette réplique parut devoir terminer la querelle. Mais Mme Lillyvick avait réfléchi qu'elle ne pouvait pas trouver une meilleure occasion (maintenant que l'attention de la compagnie n'avait plus d'autre objet) pour verser des torrents de larmes, et réclamer les soins des quatre filles d'honneur, qui coururent en effet à son secours; seulement ce ne fut pas sans quelque confusion, car, la chambre étant très petite et la nappe très longue, le premier mouvement de ces dames entraîna un régiment d'assiettes de la table au parquet. Cependant, sans tenir compte de cette circonstance, Mme Lillyvick se refusa à rien entendre avant qu'on eût fait jurer aux deux champions que les choses n'iraient pas plus loin : ce qu'ils consentirent à faire après une défense honorable; et, à partir de ce moment, M. Folair resta à bouder sur sa chaise, se contentant de pincer Nicolas à la jambe toutes les fois que l'autre disait quelque chose. C'était une manière d'exprimer son mépris, et pour la personne et pour les sentiments de l'orateur.

Il y eut ensuite un grand nombre de discours prononcés, les uns par Nicolas, les autres par Crummles, d'autres par le percepteur; chacun des fils Crummles fit le sien par forme de remercîment. Le phénomène, au nom des filles d'honneur, en adressa un aussi à la mariée, et c'est celui-là qui fit verser des larmes à Mme Crummles. On chanta un peu. Mlle Ledrook et Mlle Bravassa se livrèrent à cet exercice, et vraisemblablement on ne s'en serait pas tenu là, si le cocher du fiacre, qui attendait à la porte pour emporter l'heureux couple à l'endroit où il devait prendre le bateau à vapeur de Ryde, n'avait pas fini par envoyer un message péremptoire déclarant que, s'ils ne venaient pas tout de suite, il ne manquerait pas d'exiger un franc quatre-vingts centimes de plus en sus du prix convenu.

Cette menace effrayante fut le signal de la séparation. Après les adieux les plus pathétiques, M. Lillyvick et son épouse partirent pour Ryde, où ils devaient passer le lendemain et le surlendemain, dans une retraite absolue, accompagnés seulement de l'enfant phénoménal, qui avait été choisie, sur la demande expresse de M. Lillyvick, en qualité de fille d'honneur accompagnadour. La vérité est que M. Lillyvick s'était assuré, en la demandant de préférence à toute autre, que les gens du bateau à vapeur, trompés par sa petite taille, ne lui feraient payer que demi-place.

Comme c'était un jour de relâche, M. Crummles manifesta l'intention de ne pas quitter la place que l'on n'eût eu raison de tout ce qui restait à boire; mais Nicolas, qui avait à jouer le lendemain soir le rôle de Roméo pour la première fois, réussit à s'esquiver dans un moment de confusion déterminée par le développement inattendu des symptômes d'ivresse les moins équivoques chez Mme Grudden.

En désertant ainsi le poste, il ne céda pas seulement à son goût, mais il n'était pas sans inquiétude sur le compte de Smike qui avait à remplir le rôle de l'apothicaire, et qui n'avait encore pu réussir à se mettre rien dans la tête de cette création de Shakespeare, si ce n'est l'idée générale et vague qu'il avait bien faim. Quant à cela, il l'avait appris avec une merveilleuse facilité, grâce sans doute aux vieux souvenirs de Dotheboys-Hall.

« Je ne sais plus que faire, Smike, dit Nicolas en posant le livre ; j'ai peur, mon pauvre garçon, que vous ne puissiez jamais l'apprendre par cœur.

— J'en ai bien peur aussi, dit Smike en secouant la tête. Je crois pourtant que si vous... mais ce serait bien ennuyeux pour vous.

— Quoi? demanda Nicolas ; ne vous inquiétez pas de moi.

— Je crois, dit Smike, que si vous vous donniez la peine de me le dire par petits morceaux en me le répétant bien des fois, à force de l'entendre de votre bouche, je finirais par être capable de m'en souvenir.

— Croyez-vous? s'écria Nicolas. Eh bien, voyons qui se lassera le premier; ce ne sera pas moi, Smike, je vous en avertis. Commençons donc : *Qui est-ce qui m'appelle si haut là-bas?*

— *Qui est-ce qui m'appelle si haut là-bas?* dit Smike.

— *Qui est-ce qui m'appelle si haut là-bas?* répéta Nicolas.

— *Qui est-ce qui m'appelle si haut là-bas?* » cria Smike.

Et ils continuèrent ainsi bien des fois à se demander qui est-ce qui les appelait si haut là-bas, tant qu'enfin Smike ayant appris cette phrase par cœur, Nicolas passa à une autre ; puis il se hasarda à en dire deux à la fois, puis trois, et ainsi de suite jusqu'à ce que le pauvre Smike, à minuit, découvrit avec une joie inexprimable qu'il commençait réellement à se rappeler quelque chose de son auteur.

Le lendemain matin, de bonne heure, ils recommencèrent sur nouveaux frais, et Smike, rendu plus confiant par les progrès qu'il avait déjà faits, en fit de plus rapides encore et travailla de meilleur cœur. A mesure qu'il commençait à retenir assez fidèlement les mots, Nicolas lui montrait les gestes ; il lui apprenait à entrer sur la scène, les deux mains étalées sur son estomac, et à le frotter de temps en temps, conformément à la tradition suivie dans les pantomimes des théâtres, pour indiquer au public qu'on voudrait bien avoir quelque chose à manger. Après la répétition du matin, ils se mirent encore à l'ouvrage, sans s'arrêter, excepté pour dîner sur le pouce, jusqu'à l'heure de la représentation. Jamais maître n'eut d'élève plus appliqué, plus humble, plus docile ; jamais élève n'eut de maître plus patient, plus infatigable, plus sérieux et plus bienveillant.

Au théâtre, quand ils furent costumés, Nicolas recommença ses instructions et les renouvela chaque fois qu'il n'était pas en scène. Il ne perdit pas ses peines, car, si Roméo fut accueilli par des applaudissements chaleureux et honoré d'une faveur universelle, Smike aussi, de son côté, fut déclaré un vrai prodige par les acteurs aussi bien que par les auditeurs, qui le proclamèrent tout d'une voix le prince des apothicaires.

CHAPITRE XXVI

Danger réel qui menace le repos de Mlle Nickleby.

Nous sommes transportés dans une longue file de pièces magnifiques d'un appartement de Regent-street. Pour les classes tristes et laborieuses, il est déjà trois heures de l'après-midi ; pour les oisifs et les gens de plaisir, le matin se lève à peine. Les personnages sont lord Frédérick Verisopht et son ami sir Mulberry Hawk.

Ces beaux fils étaient étendus nonchalamment, chacun sur un sofa, et séparés seulement l'un de l'autre par une table sur laquelle on voyait servis, dans une riche confusion, les éléments d'un déjeuner encore intact. Des journaux jonchaient la chambre ; mais, comme les mets qui décoraient la table, ils étaient restés là sans qu'on y eût seulement touché ; et cependant ce n'était pas l'entraînement de la conversation qui pouvait nuire aux séductions des feuilles publiques, car les deux convives n'échangeaient pas un mot ensemble, pas un son ne se faisait entendre, excepté peut-être le bruit d'un mouvement que faisait l'un ou l'autre pour accommoder le coussin sur lequel il reposait, aux besoins de sa tête appesantie ; alors une exclamation d'impatience qui trahissait son malaise semblait réveiller chez son compagnon un sentiment analogue.

On en voyait assez déjà pour comprendre les excès de débauche auxquels ils s'étaient livrés la veille ; mais il y avait encore bien d'autres signes des divers amusements dans lesquels ils avaient passé la soiré précédente. Des billes de billard sales et gluantes, deux chapeaux bossués, une bouteille de vin de Champagne avec un gant malpropre tortillé autour du goulot pour être plus ferme dans la main de celui qui voudrait s'en faire une arme offensive, une canne en morceaux, une boîte à jeu sans couvercle, une bourse vide, une chaîne de montre arrachée, une poignée d'argent pêle-mêle avec des fragments de cigares à demi fumés, dans des cendres de tabac réduit en poussière, témoignaient, avec bien d'autres traces non moins évidentes, du trouble et du désordre nés des orgies élégantes de la nuit précédente.

Lord Frédérick Verisopht fut le premier à ouvrir la bouche. Laissant tomber ses pieds chaussés de pantoufles sur le parquet et poussant un long bâillement, il fit des efforts pour se mettre sur son séant et tourna ses yeux pleins d'une triste langueur vers son ami, en l'appelant d'une voix avinée.

« Hallo ! répondit sir Mulberry en se retournant.

— Est-ce que nous allons rester là toute la journée? dit le lord.

— Ma foi! je ne sais pas si nous sommes capables de faire autre chose, au moins pour un bout de temps, répliqua sir Mulberry; pour moi, je n'ai pas pour deux liards de vie dans le corps ce matin.

— La vie! cria lord Verisopht; eh bien, moi, il me semble qu'il ne pourrait rien m'arriver de meilleur et de plus agréable que de mourir tout de suite.

— Alors, qui vous empêche de mourir? » dit sir Mulberry.

Et là-dessus il se retourna de l'autre côté comme un homme qui veut encore essayer de faire un somme.

L'élève distingué d'un maître aussi fameux approcha sa chaise de la table pour tâter de quelques mets, mais son appétit s'y refusa; il se traîna jusqu'à la fenêtre, fit quelques tours dans la chambre en portant les mains à sa tête où bouillonnait la fièvre, et finalement se jeta encore sur son sofa, en appelant de nouveau son compagnon endormi.

« Que diable me voulez-vous? » grommela sir Mulberry en se redressant sur son coude.

Malgré la mauvaise humeur bien visible dont il prononça ces paroles, il ne se crut pas sans doute tout à fait maître de rester ainsi en silence, car, après s'être étendu bien des fois, après avoir déclaré en frissonnant qu'il faisait un froid infernal, il essaya à son tour de goûter au déjeuner, et se trouvant moins de répugnance pour y faire honneur que son ami moins robuste, il s'installa à la table.

« Dites donc ! commença-t-il en tenant un morceau à la pointe de sa fourchette; si nous en revenions à cet amour de Nickleby?

— Quel amour de Nickleby? l'usurier ou la fille? demanda Verisopht.

— Vous savez bien ce que je veux dire, répliqua sir Mulberry; la fille, parbleu !

— Vous m'aviez promis de me la trouver, dit lord Verisopht.

— C'est vrai; mais j'y ai réfléchi depuis, vous aviez l'air de vous défier de moi ; en ce cas, cherchez-la vous-même.

— No... on.

— Eh bien, moi, je vous dis que si; vous la chercherez vous-même. Je ne veux pas pour cela vous laisser dans l'embarras; je sais bien que, si je ne m'en mêlais pas, vous chercheriez longtemps; ce n'est pas ça. Vous la chercherez et vous la trouverez, car je vous mettrai sur la voie.

— Eh bien, le diable m'emporte, si vous n'êtes pas de la tête aux pieds un réel, un véritable, un franc ami, dit le jeune lord, que les dernières paroles avaient tout à fait réveillé.

— Tenez! je vais vous dire tout, reprit sir Mulberry : la petite était une amorce à votre intention, le jour du dîner.

— Non, cria le jeune lord; que diable!...

— C'était une amorce à votre intention, répéta son ami; je le tiens du vieux Nickleby lui-même.

— Vieux renard, va! s'écria lord Verisopht; fameux coquin !

— Oui, continua sir Mulberry, il s'est dit que cette petite créature étant assez gentille...

— Gentille, dit en l'interrompant le jeune lord; sur mon âme, Hawk, c'est une beauté parfaite... un... un tableau, une statue... une... une... oui, sur mon âme, c'est comme cela que je la juge.

— Bon! répliqua sir Mulberry en haussant les épaules comme s'il eût été désintéressé dans l'affaire : chacun a son goût; si le mien ne s'accorde pas avec le vôtre, tant mieux !

— Chien de rusé! répondit le lord; avec tout cela vous l'aviez joliment accaparée, l'autre jour.

— C'est à peine si j'ai pu lui dire un mot; c'est bon pour un caprice, répliqua sir Mulberry, pas plus; elle n'en vaut pas la peine. Si vous avez sérieusement du goût pour la nièce, vous n'avez qu'à dire à l'oncle que vous voulez savoir où elle demeure, avec qui et chez qui, ou que vous lui retirez votre pratique. N'ayez pas peur qu'il vous fasse attendre.

— Pourquoi ne m'avoir pas dit cela plus tôt, demanda lord Verisopht, au lieu de me laisser brûler, consumer, faire du mauvais sang pendant un siècle?

— Ma foi! la première raison, dit négligemment sir Mulberry, c'est que je n'y ai pas pensé; la seconde, c'est que je ne vous croyais pas si amoureux. »

Mais la vérité, c'est que, depuis le dîner chez

Ralph Nickleby, sir Mulberry Hawk avait essayé secrètement tous les moyens en son pouvoir pour découvrir d'où Catherine était venue et où elle était retournée le jour de cette apparition et de cette disparition subites. Or, ne pouvant s'adresser à Ralph, avec qui il n'avait eu aucune relation depuis qu'ils s'étaient séparés assez mal à cette occasion, tous ses efforts échouèrent complètement, et c'est ce qui l'avait déterminé à confier en substance au jeune lord l'aveu qui était échappé à l'honorable usurier. Il y fut encouragé par plusieurs considérations, et en particulier par le désir de s'assurer adroitement de tout ce que le jeune homme pouvait avoir appris lui-même. A la vérité, le désir de se retrouver avec la nièce de Nickleby, de faire feu de toutes ses batteries pour réduire son orgueil et se venger de son mépris, dominait en lui toute autre pensée. Mais c'était de sa part une tactique habile et qui ne pouvait tourner qu'à son avantage sous tous les rapports, que cette circonstance d'avoir arraché à Ralph Nickleby l'aveu de son intention secrète en appelant sa nièce en pareille société, rapprochée du désintéressement manifeste avec lequel il en faisait franchement confidence à son ami. Cela ne pouvait que servir puissamment ses intérêts de ce côté, et par conséquent faciliter de plus en plus le passage déjà fréquent et rapide de l'argent de lord Frédérick Verisopht des poches de ce jeune fou dans celles de sir Mulberry Hawk.

Ce n'était pas mal raisonner, et, par suite de ce raisonnement, son ami et lui furent bientôt prêts à se rendre chez Ralph Nickleby pour y exécuter un plan d'opérations de l'invention de sir Mulberry lui-même, destiné en apparence à servir la passion du lord, mais en réalité à satisfaire la sienne.

Ils trouvèrent Ralph chez lui et seul. En les faisant entrer dans le salon, le souvenir de la scène qui s'y était passée sembla lui revenir dans la pensée, car il jeta sur sir Mulberry un regard singulier, auquel l'autre ne répondit que par un sourire des plus insignifiants.

Ils commencèrent par un court entretien sur leurs affaires d'argent; après quoi, fidèle aux instructions de son ami, le jeune lord pria Ralph, avec un peu d'embarras, de lui donner quelques moments d'entretien particulier.

« Ah! s'écria sir Mulberry simulant la surprise, vous voulez être seuls; très bien! très bien! je vais passer dans la chambre voisine : seulement ne me laissez pas là trop longtemps. »

Sir Mulberry mit son chapeau et disparut, en fredonnant un couplet, par la porte de communication entre les deux salons, et la ferma derrière lui.

« Eh bien, milord, dit Ralph, qu'avez-vous à me dire?

— Nickleby, lui dit son client en se couchant tout de son long sur le sofa où il était seulement assis auparavant, pour approcher de plus près ses lèvres de l'oreille du vieux grigou, quelle jolie nièce vous avez!

— Vous trouvez, milord? répondit Ralph; c'est possible, c'est possible; je ne me tourmente pas beaucoup l'esprit de ces choses-là.

— Oh! vous savez bien que c'est la plus jolie petite fille; vous ne pouvez pas dire que vous ne le savez pas, Nickleby; allons! allons! convenez-en.

— Dame! je crois qu'en effet elle en a la réputation, et peut-être qu'elle la mérite. Mais je ne le croirais pas, que je m'en rapporterais encore à vous là-dessus, car votre goût, milord, fait loi. »

Il n'y avait que le jeune homme à qui ces mots étaient adressés qui pût s'y méprendre; mais lui, il n'avait ni oreilles pour entendre le ton moqueur du rire qui les accompagnait, ni yeux pour voir le regard de mépris que Nickleby ne cherchait pas à dissimuler. Au lieu d'en être offensé, il prit le compliment au sérieux.

« A la bonne heure! cela peut être, Nickleby; mais passons là-dessus... Je veux savoir où demeure cette beauté, pour me donner encore le plaisir de la voir.

— En vérité! continua Ralph toujours sur le même ton.

— Ne parlez pas si haut, lui dit l'autre en jouant son rôle jusqu'au bout dans la perfection, je ne veux pas que Hawk nous entende.

— Vous savez que c'est votre rival, n'est-ce pas? dit Ralph en le regardant d'un air sérieux.

— Lui, ne l'est-il pas toujours? le diable d'homme! Raison de plus pour que je me cache de lui. Ha! ha! ha!... Il va me faire une jolie scène, pour vous avoir parlé en tête à tête sans lui. Voyons, Nickleby, décidément, où demeure-t-elle? je ne vous demande que cela; dites-moi où elle demeure.

— Le voilà qui mord à l'hameçon, se dit Ralph; cela va bien.

— Eh bien, Nickleby, où demeure-t-elle?

— Écoutez, milord, dit Ralph en se frottant lentement les mains l'une dans l'autre; réellement j'ai besoin d'y réfléchir avant de vous le dire.

— Non pas! de par le diable, Nickleby, pas la moindre réflexion : où est-ce?

— Elle n'a rien à gagner à votre connaissance, répliqua Ralph : elle a reçu une éducation honnête et vertueuse; c'est une bonne petite fille sans protection... Pauvre fille, va! »

Ralph murmura ce court résumé de la situation de Catherine, comme en passant, et sans avoir l'intention d'en parler à d'autres qu'à lui-même. Mais en même temps, le regard sournois qu'il adressait au jeune lord trahissait son indigne tricherie.

« Puisque je vous dis que je veux seulement la voir, cria son client : on peut regarder une jolie femme sans qu'il y ait du mal à cela, n'est-ce pas? Ainsi, où demeure-t-elle? Vous savez, Nickleby, que vous faites de l'argent gros comme vous avec moi : eh bien, je vous donne ma parole que je n'en irai jamais trouver d'autres que vous, si vous voulez seulement me dire cela.

— Puisque vous me le promettez, milord, dit Ralph ayant l'air de vaincre avec peine sa répugnance, comme je n'ai rien de plus à cœur que de vous obliger, et qu'il n'y a pas de mal à cela (vous me l'assurez), je vais vous le dire; mais vous ferez bien de le garder pour vous, pour vous seul, vous m'entendez? » Et en même temps il montrait la chambre voisine avec un signe de tête expressif.

Le jeune lord ayant l'air de ne pas sentir moins que lui la nécessité de cette précaution, Ralph lui révéla la demeure et la situation de sa nièce chez Mme Wititterly, en lui faisant observer que, d'après ce qu'il avait entendu dire de cette maison, on y était très avide de connaissances du beau monde, et qu'un lord ne trouverait sans doute pas beaucoup de difficultés à s'y introduire, s'il y était disposé.

« Comme vous n'avez d'autre but que de la revoir, ce serait pour vous, en tout cas, un moyen d'y réussir. »

Lord Verisopht, pour reconnaître le service que lui rendait Ralph, secoua amicalement, à plusieurs reprises, sa main rude et calleuse, en lui disant tout bas qu'il ferait bien d'en rester là pour aujourd'hui, et cria à sir Mulberry-Hawk qu'il pouvait rentrer.

« Je croyais que vous aviez mis votre bonnet de nuit, dit sir Mulberry, qui reparut d'un air assez maussade.

— Je suis fâché de vous avoir fait attendre si longtemps, lui dit sa dupe; mais Nickleby a été si terriblement amusant, que je ne pouvais par m'arracher de là.

— Non, non, dit Ralph, c'était bien Votre Seigneurie; vous connaissez l'esprit, la gaieté, l'élégance, le mérite de lord Frédérick... Prenez garde au pas, milord... Sir Mulberry, laissez passer, je vous prie. »

Avec force révérences bien humbles, force politesses de ce genre, et toujours avec le même ricanement sur la face, Ralph se mit en devoir de reconduire ses visiteurs jusqu'au bas de l'escalier. Et pendant tout le temps, rien qu'un léger mouvement de dédain caché dans le coin de ses lèvres ne pouvait faire croire qu'il eût remarqué l'air étonné dont sir Mulberry Hawk semblait le complimenter de l'assurance et de l'habileté avec laquelle il soutenait son personnage en coquin achevé.

Avant de se séparer, ils avaient entendu sonner à la porte, et Noggs venait d'ouvrir au moment où ils arrivaient dans le vestibule. En toute circonstance, Newman Noggs se serait contenté de recevoir le nouveau venu en silence, ou l'aurait prié seulement de se ranger pour laisser passer la société. Mais il n'eut pas plutôt vu qui c'était, que pour des raisons à lui connues, il se départit hardiment de la règle établie dans la maison de Ralph pendant les heures d'affaires, pour crier, d'une voix claire et sonore, en regardant venir le respectable trio : « Mme Nickleby!

— Mme Nickleby! » cria sir Mulberry Hawk, pendant que son ami se retournait pour le regarder en face d'un air étonné.

En effet, c'était bien la bonne dame qui, toujours obligeante, venait, tout essoufflée, apporter sans retard à M. Nickleby la proposition d'un locataire qui s'était présenté pour louer la maison vacante qu'elle occupait dans la Cité.

« C'est quelqu'un que vous ne connaissez pas, dit Ralph; entrez au bureau, ma... ma chère; je suis à vous à l'instant.

— Quelqu'un que je ne connais pas! s'écria sir Mulberry, faisant un pas vers la dame, surprise de cette démarche. N'est-ce pas Mme Nickleby, la mère de Mlle Nickleby, cette délicieuse personne que j'ai eu le bonheur de voir ici la dernière fois que j'y ai dîné? Mais non, je me trompe, ajouta sir Mulberry s'interrompant; non, cela ne peut pas être : ce sont bien les mêmes traits, le même air incomparable de... Mais non, non, madame est trop jeune pour cela.

— Il me semble, mon beau-frère, dit Mme Nickleby en répondant au compliment par une salutation pleine de grâce, que vous pourriez dire à monsieur, s'il tient à le savoir, que Catherine Nickleby est bien ma fille.

— Sa fille, milord! cria sir Mulberry en se tournant vers son ami; la fille de madame, milord!

— Milord! se dit en elle-même Mme Nickleby. Eh bien, voici la première fois que...

— En ce cas, milord, dit sir Mulberry, madame a bien fait de se marier; si elle n'avait pas eu cette obligeance, nous ne lui devrions pas le bonheur de connaître sa fille, la charmante Mlle Nickleby. Remarquez-vous, milord, quelle ressemblance extraordinaire? Nickleby, présentez-nous donc. »

Ralph le fit à contre-cœur.

« Sur mon honneur, je suis enchanté de cette

« Nickleby, lui dit son client en se couchant sur le sofa, quelle jolie nièce vous avez ! » (P. 191.)

occasion, » dit lord Frédérick en passant devant sir Mulberry.

Mme Nickleby était trop émue de ces salutations si amicales et si imprévues (que n'avait-elle pu les prévoir? elle eût mis au moins son autre chapeau!), qu'elle ne sut que répondre sur le moment; elle se contenta de saluer et de sourire, avec une agitation visible sur toute sa personne.

« Eh bien, comment va Mlle Nickleby? dit lord Frédérick; j'espère qu'elle est en bonne santé.

— Très bien, je vous remercie, milord, répondit Mme Nickleby commençant à se remettre, très bien. Elle a été assez mal pendant quelques jours après le dîner chez son oncle, et j'ai dans l'idée qu'elle aura attrapé un rhume dans ce fiacre, en revenant à la maison. Les fiacres, milord, sont si désagréables, qu'il vaut encore mieux, je crois, aller à pied. Par exemple, je me suis laissé dire qu'on peut faire condamner un cocher de fiacre à la transportation perpétuelle quand il a un carreau cassé; eh bien, ils sont si négligents, qu'ils ont presque tous des carreaux cassés. J'ai eu une fois la figure enflée par une fluxion pendant six semaines, milord, pour avoir été en fiacre. Je crois bien que c'était un fiacre, ajouta-t-elle en réfléchissant; cependant je n'en suis pas sûre : ce pourrait bien être un petit coupé. Tout ce que je sais, c'est qu'il était vert-bouteille, avec un grand numéro qui commençait par un zéro et finissait par un neuf. Non, au contraire, il commençait par un neuf et finissait par un zéro; bien, c'est cela! Et, par conséquent, on pourrait tout de suite savoir au timbre, pour peu qu'on voulût s'en informer, si c'était un fiacre ou un petit coupé. Enfin, toujours est-il qu'il y avait un carreau cassé, et que j'en ai eu la figure enflée pendant six semaines. Je crois que c'est le même fiacre que nous avons trouvé depuis avec la capote rabattue pendant tout le temps; nous n'y aurions même pas fait attention, si on ne nous avait pas fait payer pour cela un franc vingt-cinq centimes en sus par heure, car tel est le règlement, à moins qu'il n'ait changé, et, en vérité, c'est un règlement odieux. Je ne m'y connais pas, c'est vrai, mais je crois pouvoir dire que la loi des céréales n'est rien auprès de cet acte inique du parlement. »

Après cette excursion un peu longue, tout d'une haleine, Mme Nickleby s'arrêta brusquement comme elle avait commencé, pour répéter que Catherine se portait très bien. « Et même, ajouta-t-elle, je crois qu'elle ne s'est jamais mieux portée depuis sa coqueluche, qu'elle a eu en même temps que la fièvre scarlatine et la rougeole : c'est bien la vérité.

— La lettre que vous avez là est-elle pour moi? demanda Ralph d'un ton bourru, en montrant le petit paquet que Mme Nickleby tenait à la main.

— Oui, mon beau-frère, répondit Mme Nickleby; et j'ai fait tout le chemin à pied pour vous l'apporter.

— Tout le chemin à pied! cria sir Mulberry, saisissant l'occasion qui se présentait de découvrir sa demeure; il y a une chienne de trotte. Combien comptez-vous de distance?

— De distance? Voyons : il y a plus d'un grand kilomètre de la porte de notre maison à Old-Bailey.

— Non, non, pas tant, reprit sir Mulberry.

— Oh que si! dit Mme Nickleby; je m'en rapporte à milord.

— Moi, je suis de l'avis de Mme Nickleby, dit lord Frédéric d'un air solennel; je crois qu'il y a plus d'un grand kilomètre.

— C'est bien le compte, à un mètre près, dit Mme Nickleby. Voyez donc : Newgate-street tout du long, puis Cheapside, jusqu'à Lombard-street, Gracechurch-street tout du long, Thomas-street, jusqu'au quai de Spigwiffin. Oh! certainement, il y a plus d'un grand kilomètre.

— C'est vrai; en y réfléchissant, je commence à le croire, répliqua sir Mulberry. Mais vous ne vous proposez pas sans doute de retourner à pied.

— Oh non! je prendrai un omnibus. Ah! mon beau-frère, du vivant de mon pauvre cher Nicolas, je n'ai jamais pris d'omnibus; mais que voulez-vous? à présent il faut bien...

— C'est bon, c'est bon, reprit Ralph impatienté; je crois, en effet, que vous ferez bien de vous en retourner avant qu'il fasse nuit.

— Merci, mon beau-frère, vous avez raison. Je pense comme vous, et je vais tout de suite vous souhaiter le bonsoir.

— Vous ne voulez pas rester à... vous reposer? dit Ralph, qui n'offrait jamais un verre d'eau que lorsqu'il prévoyait pouvoir y gagner quelque chose.

— Ah! bon Dieu, non! répondit Mme Nickleby en jetant un coup d'œil sur la pendule.

— Lord Frédérick, dit sir Mulberry, nous allons du côté de Mme Nickleby; si vous voulez, nous la mettrons dans l'omnibus.

— C'est cela, ou...i.

— Ah! vraiment, je crains de vous gêner, » dit Mme Nickleby.

Mais sir Mulberry Hawk et lord Verisopht ne voulurent pas entendre parler de la laisser aller seule, et, prenant congé de Ralph, qui paraissait croire, avec raison, qu'il n'avait rien de mieux à faire, pour ne pas ajouter au ridicule de sa situation, que de rester simple spectateur de leur combat de politesse, ils quittèrent la maison ayant entre eux deux Mme Nickleby. Quant à la bonne dame, rien ne pourrait dépeindre dans quelle extase de satisfaction l'avaient mise les attentions des deux gentlemen titrés, et la conviction que Catherine n'avait plus qu'à se baisser et en prendre, avec le choix entre deux fortunes brillantes et deux maris des mieux qualifiés.

Pendant qu'elle se berçait à plaisir dans le cours irrésistible de ses pensées ambitieuses et qu'elle lisait dans l'avenir la grandeur future de sa fille, sir Mulberry Hawk et son ami échangeaient des regards moqueurs par-dessus son chapeau, ce chapeau qu'elle avait tant de regret de n'avoir pas laissé chez elle, et ne tarissaient pas en admiration respectueuse sur les perfections infinies de Mlle Nickleby.

« Quelles jouissances, quelles consolations, quel bonheur vous devez trouver dans la société de cette aimable personne! disait sir Mulberry en donnant à sa voix l'accent de la plus tendre émotion.

— C'est vrai, monsieur, répondit Mme Nickleby, c'est bien la meilleure créature, le cœur le plus dévoué, l'esprit le plus...

— Oui, elle a l'air d'en avoir beaucoup, de l'esprit, dit lord Verisopht avec l'air d'un connaisseur en fait d'esprit.

— Pour cela, je puis vous en répondre, milord, continua Mme Nickleby. Quand elle était à sa pension, en Devonshire, on la regardait généralement comme celle qui en avait le plus, sans exception, et certainement il n'en manquait pas d'autres qui en avaient beaucoup aussi, vous pouvez croire. Vingt-cinq demoiselles, toutes payant douze cent cinquante francs par an, non compris les mémoires, avec les deux demoiselles Dowdles, les plus charmantes femmes, les plus élégantes, les plus séduisantes... Mon Dieu! ajoutait Mme Nickleby, je n'oublierai jamais la satisfaction qu'elle nous donnait, à son pauvre cher père et à moi, quand elle était à sa pension; jamais je n'oublierai la jolie lettre qu'elle nous écrivait tous les six mois pour nous dire qu'elle était la première de tout l'établissement, et celle qui avait fait le plus de progrès. Rien que d'y penser, j'en suis encore tout émue. Les pensionnaires écrivaient toutes leurs lettres elles-mêmes. Le maître d'écriture n'avait plus qu'à les retoucher au verre grossissant, avec une plume d'argent. Du moins, je crois bien que les demoiselles les écrivaient elles-mêmes, bien que Catherine ne s'en soit jamais expliquée bien clairement, parce que, disait-elle, elle ne reconnaissait plus là son écriture. Mais, dans tous les cas, je sais qu'elles copiaient toutes cette circulaire qu'on leur donnait pour écrire à leurs parents, qui naturellement étaient bien enchantés de la recevoir, bien enchantés. »

Tels étaient les souvenirs qui servirent à Mme Nickleby à charmer les ennuis du chemin jusqu'à la station de l'omnibus. Là, l'extrême politesse de ses nouveaux amis ne leur permit pas de la laisser seule jusqu'au départ. Alors seulement ils lui tirèrent leur chapeau avec la plus respectueuse déférence, et lui envoyèrent des baisers d'adieu avec leurs gants de chevreau jaune-paille, jusqu'à ce qu'elle et l'omnibus eurent entièrement disparu à leurs yeux.

Mme Nickleby alla s'enfoncer dans un coin de la voiture, ferma les yeux et se livra à son aise à une foule de suppositions, toutes plus agréables les unes que les autres. Catherine ne lui avait jamais dit un mot de la rencontre qu'elle avait faite de ces gentlemen, ce qui prouvait bien, selon elle, qu'elle avait une forte inclination pour l'un d'eux. Mais lequel? voilà la question. Le lord était plus jeune que l'autre, et son titre supérieur. Mais Catherine n'était pas fille à se laisser séduire par de si pauvres considérations. « Je ne contrarierai jamais ses inclinations, se disait Mme Nickleby; mais, si c'était moi, je ne ferais aucune comparaison entre Sa Seigneurie et sir Mulberry. Sir Mulberry est un gentleman si plein d'attentions délicates, il a de si belles manières, une si belle tournure; il a tout pour lui! J'espère que c'est sir Mulberry qu'elle a distingué; oui, ce doit être lui. » Et alors voilà ses pensées qui s'envolent et l'emportent vers ses anciennes prophéties, au temps où elle avait prédit tant de fois que Catherine sans fortune ferait un plus beau mariage que bien des demoiselles fières de leurs dots superbes; et repassant dans son imagination, avec toute la vivacité de la tendresse d'une mère, la beauté, la grâce de la pauvre fille qui avait accepté si vaillamment la lutte cruelle de sa vie d'épreuves laborieuses, son cœur débordait en un ruisseau de larmes qui inondait ses joues.

Pendant ce temps-là, Ralph se promenait de long en large dans son arrière-cabinet, l'esprit troublé de ce qui venait de se passer. Dire que Ralph aimait quelqu'un, ou même qu'il s'intéressait, dans l'acception la plus ordinaire du mot, à quelqu'une des créatures du bon Dieu, ce serait la fiction la plus extravagante. Et cependant, sans le vouloir, de temps en temps il se surprenait à penser à sa nièce avec une ombre de compassion et de pitié. A travers l'épais nuage de dégoût ou d'indifférence dans lequel il confondait hommes, femmes et enfants, Catherine lui apparaissait comme une faible lueur, un petit rayon pâle et débile, qui perçait pourtant ces ténèbres, et la montrait à ses yeux plus pure et plus lumineuse que tous les visages humains qui eussent jamais occupé un de ses regards.

« Je suis fâché, se disait-il, de ce que j'ai fait. Cependant c'était un moyen de m'assurer ce jeune fou jusqu'à ce que je l'aie mis à sec. Vendre une jeune fille, l'exposer à la séduction, à l'insulte, à des propos grossiers! avec tout cela voilà déjà cinquante mille francs que cela m'a rapporté. Bah! les mères qui marient leurs filles en font autant tous les jours. »

Il s'assit et calcula sur ses doigts les chances pour et contre.

« Quand je ne les aurais pas mis aujourd'hui sur la piste, cette sotte femme l'aurait fait. Si sa fille est aussi sûre d'elle qu'elle doit l'être, qu'a-t-elle à craindre? Elle en sera quitte pour un peu de tracas, d'humiliation, au pis pour quelques larmes. Ma foi! dit Ralph à haute voix en se parlant à lui-même, c'est à elle à se tirer de là, c'est à elle à se tirer de là. » Et là-dessus il ferma à clef son coffre-fort.

CHAPITRE XXVII

Mme Nickleby fait la connaissance de MM. Pyke et Pluck, qui lui montrent un intérêt et une affection inimaginables.

Il y avait longtemps que Mme Nickleby n'était rentrée chez elle le cœur aussi fier et le visage aussi important qu'en descendant de l'omnibus, dont elle continua de ressasser en son esprit les charmantes visions, comme elle n'avait pas cessé de faire tout le long du chemin. Lady Mulberry Hawk, voilà son idée fixe. Lady Mulberry Hawk! « Mardi dernier, à Saint-Georges, place de Hanovre, par-devant le très révérend évêque de Landaff, sir Mulberry Hawk, de Mulberry-Château Galles du Nord, a épousé Catherine, fille unique de feu Nicolas Nickleby, esquire, de Devonshire... En vérité, cria Mme Nickleby, interrompant son rêve, voilà qui résonne tout à fait bien à l'oreille!»

Après avoir accompli, toujours en idée, la cérémonie, sans oublier les plaisirs qui la suivent, le tout à son parfait contentement, l'ardente imagination de Mme Nickleby lui représenta la longue suite d'honneurs et de distinctions qui allaient pleuvoir sur Catherine dans sa nouvelle condition, dans sa sphère brillante. D'abord elle allait être présentée à la cour, cela va sans dire. Puis, à l'anniversaire de sa naissance, le dix-neuf juillet (à trois heures dix minutes du matin, par parenthèse, car elle se rappelait bien avoir demandé l'heure au moment même), sir Mulberry donnait un grand festin à tous ses fermiers et tenanciers, et leur faisait la remise de trois pour cent sur le montant du dernier semestre, comme on ne manquait pas d'en faire l'observation avec éloge dans le *Times*, au chapitre des nouvelles du grand monde, pour la plus grande satisfaction des lecteurs émerveillés d'une telle largesse. Puis le portrait de Catherine se trouvait dans une demi-douzaine au moins de calendriers élégants, avec un petit poème en regard, imprimé en mignonne :

VERS INSPIRÉS PAR LA CONTEMPLATION
DU PORTRAIT DE LADY MULBERRY HAWK,
PAR SIR DINGLEBY DABBER.

Peut-être même l'un de ces almanachs, un peu plus étendu que les autres, contiendrait aussi un portrait de la mère de lady Mulberry Hawk, avec des vers en son honneur, par le père de sir Dingleby Dabber. On a vu des choses plus extraordinaires et des portraits moins intéressants. A cette pensée rapide, la bonne dame prenait à son insu une expression de physionomie souriante et languissante, caractère obligé de tous ces portraits, et qui contribue peut-être à les rendre tous si charmants et si agréables.

C'est à bâtir tous ces châteaux en l'air, dans son imagination triomphante, que Mme Nickleby ocupa sa soirée entière, après avoir eu l'honneur de se voir présenter les amis titrés de Ralph. Et la nuit son sommeil s'en ressentit, car elle n'eut que des rêves prophétiques, dorés comme ses rêves du soir. Le lendemain elle était en train de préparer son dîner frugal, toujours sous l'empire des mêmes idées, un peu décolorées pourtant par le sommeil et le grand jour, quand la bonne qu'elle avait prise, tant pour lui tenir compagnie que pour l'assister dans les soins du ménage, se précipita dans la chambre avec tous les symptômes d'une agitation inaccoutumée, lui annonçant qu'il y avait deux messieurs qui attendaient dans le corridor la permission de monter la voir.

« Bonté divine! crie Mme Nickleby en ajustant à la hâte son tour et son bonnet, si c'étaient... Quel ennui! les faire attendre si longtemps dans le corridor. Mais allez donc, stupide que vous êtes, et priez-les de monter. »

Pendant que la bonne allait exécuter cette commission, Mme Nickleby se dépêcha de fourrer dans un buffet tous les vestiges de son déjeuner. Elle n'eut après cela que le temps bien juste de s'asseoir et de composer son visage, avant que les deux visiteurs, qui lui étaient parfaitement inconnus, se fussent présentés devant elle.

« Comment vous portez-*vous?* dit un de ces messieurs, en appuyant très fort sur le dernier mot de sa question.

— *Comment* vous portez-vous? » dit l'autre monsieur, qui, pour varier ce salut uniforme, aima mieux appuyer sur le premier mot.

Mme Nickleby fit la révérence, sourit, fit une seconde révérence, et remarqua en même temps, en se frottant les mains, qu'elle n'avait pas... réellement... l'honneur de...

« De nous connaître, dit le premier. C'est nous

qui avons à nous en plaindre, madame Nickleby. N'est-ce pas nous qui avons à nous en plaindre, Pyke ?

— C'est nous, Pluck, sans aucun doute, répondit l'autre.

— Nous en avons exprimé souvent le regret, je crois. Qu'en dites-vous, Pyke ?

— Bien souvent, Pluck, répondit son partner.

— Heureusement qu'aujourd'hui, dit le premier interlocuteur, nous goûtons ce bonheur après lequel nous avons tant de fois langui et soupiré. Voyons, Pyke, avons-nous ou n'avons nous pas langui et soupiré après ce bonheur ?

— Vous me faites là une question inutile, Pluck ; vous savez bien ce qui en est, dit Pyke d'un ton de reproche.

— Vous l'entendez, madame, dit Pluck se retournant vers elle, vous entendez le témoignage irrécusable de mon ami Pyke ? A propos, cela me rappelle que, dans une société civilisée, on ne doit pas s'affranchir des formes de la politesse. Permettez-moi de vous présenter Pyke, madame Nickleby. »

M. Pyke, la main sur le cœur, s'inclina aussi bas qu'il le put.

« A présent, dit M. Pluck, faut-il que je me présente moi-même avec les mêmes cérémonies ? Faut-il que je vous dise moi-même que je m'appelle Pluck, ou que je demande à mon ami Pyke, que sa présentation en forme autorise à le faire, de me rendre ce service en vous disant, madame Nickleby, que je m'appelle Pluck ? Faut-il que je réclame l'honneur de votre connaissance seulement au nom du vif intérêt que je prends à ce qui vous touche ou en me faisant connaître à vous comme l'ami de sir Mulberry Hawk ? Voilà, madame Nickleby, les réflexions que je soumets à votre jugement.

— Un ami de sir Mulberry Hawk ne saurait avoir de meilleure recommandation près de moi, dit gracieusement Mme Nickleby.

— Je suis charmé de ces dispositions, dit M. Pluck en prenant une chaise pour s'asseoir tout près de Mme Nickleby. C'est un grand bonheur pour moi de voir que vous tenez en si haute estime mon excellent ami sir Mulberry, et, entre nous, madame Nickleby, sir Mulberry sera bien heureux de l'apprendre ; mais je dis très heureux, madame Nickleby. Pyke, vous pouvez vous asseoir.

— La bonne opinion que je puis avoir de sir Mulberry, dit Mme Nickleby, toute glorieuse en elle-même de sa finesse merveilleuse, ne saurait avoir une grande importance pour un gentleman comme lui.

— Une grande importance ! s'écria M. Pluck. Pyke ! quelle importance peut avoir pour notre ami sir Mulberry la bonne opinion de Mme Nickleby ?

— Quelle importance ? répéta son écho.

— Oui, recommença Pluck ; n'a-t-elle pas la plus grande importance pour un gentleman comme lui ?

— La plus grande importance, répéta Pyke.

— Mme Nickleby ne peut pas ignorer, dit M. Pluck, l'impression immense que cette charmante fille a...

— Pluck, lui dit son ami, prenez garde.

— Pyke a raison, marmotta M. Pluck après quelques moments de silence. Je n'aurais pas dû parler de cela. Pyke a tout à fait raison. Je vous remercie, Pyke.

— Eh bien, réellement, se disait Mme Nickleby en elle-même, je n'ai jamais vu pareille délicatesse. »

M. Pluck, après avoir fait semblant, pendant quelques minutes, de se trouver dans le plus grand embarras, recommença la conversation, en priant Mme Nickleby de ne pas faire attention à ce qui lui était échappé par inadvertance et de n'en accuser que son imprudence, sa témérité, son indiscrétion. Il n'avait qu'une excuse à faire valoir auprès d'elle : c'étaient ses bonnes intentions, auxquelles il la suppliait de croire avec confiance.

« Mais, continua-t-il, quand je vois, d'un côté, tant de bonté, tant de charmes, et, de l'autre, tant d'ardeur, tant de dévouement, je... Ah ! pardonnez-moi, madame, c'est sans intention que j'y revenais encore. Voyons, Pyke, parlons d'autre chose.

— Nous avons promis, dit Pyke, à sir Mulberry et à lord Frédérick de venir ce matin nous informer si vous n'aviez pas pris un rhume hier au soir.

— Pas le moins du monde, répondit Mme Nickleby. Veuillez bien remercier Sa Seigneurie et sir Mulberry de leur exquise politesse ; mais je n'ai point attrapé de rhume, et c'est d'autant plus singulier que j'y suis en effet sujette, très sujette. J'en ai gagné un, un jour, je crois que c'était en 1817. Voyons, quatre et cinq font neuf... oui, c'était bien en 1817. J'ai cru que je n'en guérirais jamais. Et, en effet, je n'ai pu m'en débarrasser qu'à l'aide d'un remède dont vous n'avez peut-être jamais entendu parler, monsieur Pluck. Vous prenez quatre litres d'eau presque bouillante, avec une livre de sel gris, douze sous de son de première qualité, et vous y tenez la tête... qu'est-ce que je dis donc, la tête ?... les pieds pendant vingt minutes, tous les soirs au moment de vous coucher. C'est une recette très extraordinaire, n'est-ce pas ? J'en ai fait usage, pour la première fois, le lendemain de Noël, et, pas plus tard qu'à la mi-avril, mon rhume était parti. Vraiment, quand on y pense, cela tient du prodige, car je l'avais déjà depuis le commencement de septembre.

— Mais c'était une abominable calamité! dit M. Pyke.

— Parfaitement horrible! s'écria M. Pluck.

— Heureusement que nous avons la consolation d'apprendre que Mme Nickleby s'en est bien remise, n'est-ce pas, Pluck? dit M. Pyke.

— C'est là la circonstance qui donne au récit un si palpitant intérêt, répliqua M. Pluck.

— Mais à propos, dit Pyke, comme se rappelant tout à coup quelque chose qu'il avait oublié, il ne faut pas que le plaisir de cet entretien nous fasse perdre de vue notre mission; nous sommes venus en mission, madame Nickleby.

— En mission! s'écria la bonne dame, qui vit aussitôt se présenter à son esprit, sous les plus vives couleurs, une demande en mariage pour Catherine.

— De la part de sir Mulberry, reprit Pyke. Vous devez vous ennuyer ici, toute seule?

— Un peu, je l'avoue, dit Mme Nickleby.

— Eh bien, sir Mulberry Hawk nous envoie vous présenter ses compliments, en vous priant instamment d'accepter une place dans sa loge pour ce soir, dit M. Pluck.

— Ah ciel! dit Mme Nickleby, et moi qui ne sors jamais, jamais.

— Raison de plus, ma chère madame Nickleby, pour sortir ce soir, repartit M. Pluck. Pyke, priez donc Mme Nickleby.

— Oh! je vous en prie, dit Pyke.

— Vous ne pouvez absolument pas faire autrement, dit Pluck avec insistance.

— Vous êtes bien bon, dit Mme Nickleby encore indécise, mais...

— Il n'y a pas de mais, ma chère madame Nickleby: ce n'est pas un mot qui puisse se trouver dans notre vocabulaire. Votre beau-frère est de la partie, sir Mulberry est de la partie, Pyke est de la partie, il n'est donc pas possible de refuser. Sir Mulberry vous enverra prendre en voiture à sept heures moins vingt minutes, pour que vous arriviez au lever du rideau. Vous ne serez pas assez cruelle pour désespérer toute la société, madame Nickleby.

— Vous êtes si pressent qu'en vérité je ne sais que répondre, répliqua la digne Mme Nickleby.

— Écoutez: vous n'en direz rien, pas un mot, pas le plus petit mot, très chère madame, lui dit à l'oreille l'honorable M. Pluck. Je sais qu'en vous faisant la confidence que je vais vous faire, je manque à la discrétion que j'ai promise; mais j'espère que vous la trouverez excusable, et pourtant, si mon ami Pyke pouvait seulement s'en douter, avec la délicatesse des sentiments d'honneur que je lui connais, madame Nickleby, il n'attendrait seulement pas le dîner pour me faire une querelle. »

Mme Nickleby jeta un regard craintif sur le belliqueux Pyke qui était allé à la fenêtre, et M. Pluck, lui serrant la main, continua sa confidence.

« Votre fille a fait une conquête, mais une conquête dont vous me permettrez de vous faire mes compliments. C'est sir Mulberry, chère madame, sir Mulberry qui est son esclave dévoué. Hem!

— Ha! cria M. Pyke en ce moment, décrochant quelque chose du manteau de la cheminée d'un air théâtral. Qu'est-ce? que vois-je?

— Que voyez-vous, mon cher ami? demanda M. Pluck.

— Voilà bien la figure, la physionomie, l'expression faiblement reproduites, il est vrai, imparfaitement rendues, mais enfin c'est toujours la figure, la physionomie, cria M. Pyke en se jetant dans un fauteuil, une miniature dans la main.

— Quoi! je la reconnais d'ici, s'écria M. Pluck dans un accès d'enthousiasme; n'est-ce pas là, chère madame, la faible image de...?

— C'est le portrait de ma fille, » dit Mme Nickleby avec orgueil. Et c'était bien lui en effet, vu que la petite demoiselle la Creevy l'avait apporté la veille au soir pour le faire voir à la mère.

M. Pyke ne se fut pas plutôt assuré qu'il ne s'était pas trompé dans ses conjectures, qu'il se lança dans les éloges les plus extravagants de l'original divin dont il avait en main le portrait, et, dans la chaleur de son enthousiasme, il embrassait mille fois la miniature, pendant que M. Pluck pressait contre son cœur la main de Mme Nickleby en lui enviant le bonheur d'être la mère d'une telle fille, avec le témoignage d'une affection si profonde et si tendre qu'il en avait, ou peu s'en faut, la larme à l'œil.

La pauvre Mme Nickleby, qui avait commencé par lui prêter l'oreille avec un plaisir bien facile à comprendre, finit par être toute confuse de ces marques de respectueux attachement pour elle et sa famille; et la servante elle-même, qui était venue regarder à travers la porte, resta comme clouée là par son étonnement, en voyant les transports et l'extase des deux amis nouveaux qui rendaient visite à Mme Nickleby.

Cependant, petit à petit, ces émotions vives finirent par se calmer, et Mme Nickleby ne manqua pas d'entretenir ses hôtes de ses regrets amers sur sa fortune passée. Elle leur fit même une description pittoresque de son ancienne maison de campagne, sans oublier le détail des différentes chambres, pas même le petit cabinet destiné aux provisions. Elle compta toutes les marches qu'il y avait à descendre pour aller au jardin, leur indiqua le détour qu'il fallait prendre en sortant du parloir; elle leur fit le catalogue de tous les ustensiles intéressants que l'on trouvait dans la cuisine. Par une liaison d'idées naturelle, elle passa de la cuisine à la buanderie, où elle se trouva embarrassée au milieu de tous les instruments employés pour brasser la bière. Je ne sais quand elle s'en serait tirée, si M. Pyke, en entendant parler de bière, ne s'était en même temps rappelé, par une heureuse analogie, qu'il avait une soif terrible.

« Vous ne savez pas, Pluck, je vais vous dire quelque chose : si vous voulez envoyer chercher au cabaret voisin un pot de bière half-and-half, franchement et véritablement je le boirai avec plaisir. »

Et en effet, franchement et véritablement, M. Pyke l'avala avec l'aide de M. Pluck, pendant que Mme Nickleby ne savait ce qu'elle devait admirer le plus, de la complaisance ou de l'habileté qu'ils montraient à boire à même du pot d'étain. Elle ne savait pas, comme nous pouvons l'expliquer à nos lecteurs, qu'il n'est pas rare de voir les gens qui font métier, comme MM. Pyke et Pluck, de vivre de leur esprit ou plutôt du défaut d'esprit des autres, réduits de temps en temps à de dures nécessités, et par conséquent accoutumés, en pareille occasion, à des régals de la nature la plus simple et la plus primitive.

« Ainsi donc, à sept heures moins vingt minutes, dit M. Pyke en levant le siège, la voiture sera devant votre porte. Voyons, regardons encore une fois, une petite fois, cette charmante fille. Ah! la voici; toujours la même, toujours la même, elle n'a pas changé (par parenthèse, où M. Pyke avait-il pris qu'une miniature pût changer en si peu de temps?). Ah! Pluck! Pluck! »

M. Pluck, à cette interpellation, ne fit d'autre réponse que de baiser la main de Mme Nickleby avec une grande démonstration de tendresse et d'attachement. M. Pyke, de son côté, en fit autant, et les deux gentlemen se retirèrent à la hâte.

Il n'était pas rare que Mme Nickleby se félicitât elle-même de la pénétration et de la finesse dont la nature l'avait douée. Mais cette fois elle se sentit plus que jamais charmée d'avoir tout deviné d'avance par la seule force de son esprit prévoyant. N'était-ce pas l'accomplissement exact de ses plans de la veille? Elle n'avait jamais vu sir Mulberry et Catherine ensemble; bien mieux, elle n'avait même jamais entendu prononcer le nom de sir Mulberry; et cependant ne s'était-elle pas dit tout de suite où en étaient les choses? Triomphe d'autant plus glorieux, qu'à présent il n'y avait plus l'ombre d'un doute. Quand toutes ces attentions flatteuses dont elle était l'objet n'en seraient pas une preuve suffisante, l'ami de cœur, le confident de sir Mulberry n'avait-il pas assez souvent laissé échapper son secret? « Ce cher M. Pluck, dit-elle, je suis folle de lui; c'est sûr : il est si aimable! »

Cependant il y avait quelque chose qui lui gâtait un peu son bonheur : c'est qu'elle n'avait personne à qui le confier. Deux ou trois fois elle fut sur le point d'aller trouver directement miss la Creevy pour tout lui dire; mais, après réflexion : « Je ne sais pas, dit-elle, si je ferais bien; c'est une très honnête personne, mais j'ai peur qu'elle ne soit beaucoup trop au-dessous du rang de sir Mulberry pour que nous fassions société avec elle, cette pauvre petite femme. » Cette grave considération la fit renoncer à l'idée de prendre l'artiste pour confidente; elle fut obligée de s'en tenir à quelques mots de vague et de mystérieuse espérance où elle fit entrevoir à la bonne une augmentation de gages. Inutile de dire que la bonne reçut cette communication, si obscure qu'elle pût être, avec des marques de vénération et de respect pour l'aurore du nouvel horizon ouvert à la grandeur de Mme Nickleby.

La voiture en question ne se fit pas attendre; ce n'était pas un fiacre, mais bien un coupé bourgeois, avec un laquais derrière, dont les mollets, un peu gros pour sa taille, n'en auraient pas moins pu servir, en tant que mollets, de modèles excellents à l'Académie royale de peinture.

C'était plaisir d'entendre le bruit et le fracas avec lequel il ferma la portière et monta par derrière, après avoir mis Mme Nickleby dans la voiture. Aussi la pauvre dame, qui ne se doutait guère qu'en appliquant sa grande canne au bout de son nez, le laquais de Sa Seigneurie s'en servait pour faire au cocher par-dessus la capote des signes télégraphiques très peu respectueux pour elle, se tenait assise sur les coussins, pleine d'une raideur et d'une dignité bien justifiées par le sentiment d'une position qui devait la rendre si fière.

A la porte du théâtre, nouveau bruit, nouveau fracas pour ouvrir et fermer la portière, et là MM. Pyke et Pluck attendaient son arrivée pour la conduire à sa loge. Ces messieurs étaient si polis que M. Pyke, avec des jurons effroyables, menaça d'une mornifle un vieux bonhomme qui se trouvait par hasard devant elle une lanterne à la main, embarrassant le passage. Mme Nickleby, sans s'expliquer autrement l'étymologie du mot *mornifle*, n'en était pas moins effrayée en voyant l'emportement de M. Pyke et ne doutait pas qu'il n'y eût du sang de versé au bout de ce mot-là. Aussi était-elle alarmée plus qu'on ne peut dire de ce qui allait en arriver. Heureusement cependant que M. Pyke s'en tint à une mornifle purement nominale et il n'y eut pas d'autres incidents jusqu'à la loge, si ce n'est que le même gentleman, en véritable matamore, exprima le désir d'écrabouiller l'ouvreuse de loge en second pour lui apprendre à se tromper de numéro.

Mme Nickleby avait à peine eu le temps de prendre un fauteuil derrière la draperie de la loge que sir Mulberry et lord Verisopht arrivèrent habillés de la tête aux pieds, et des pieds à la tête, du bout des gants au bout des bottes, de la manière la plus riche et la plus élégante. Sir Mulberry était un peu plus enroué que la veille, et lord Verisopht un peu plus endormi et un peu plus excentrique. Mme Nickleby, en rapprochant cette remarque d'une autre observation qu'elle put faire sur le peu de solidité qu'ils semblaient avoir sur les jambes, en conclut, avec beaucoup de vraisemblance, qu'ils sortaient de dîner.

« Nous venons... nous venons... de boire à la santé de votre admirable fille, madame Nickleby, lui dit à l'oreille sir Mulberry, en s'asseyant derrière elle.

— Oh! oh! se dit en elle-même d'un air de connaisseur la bonne dame, quand le vin entre par le gosier, la vérité sort par les lèvres. Vous êtes bien bon, sir Mulberry.

— Non, non, ma parole d'honneur! répliqua sir Mulberry Hawk, c'est vous qui êtes bien bonne. Ce n'est pas nous, ma parole d'honneur; c'est vraiment une grande bonté de votre part d'être venue ce soir.

— Dites plutôt que c'est une grande bonté de la vôtre de m'y avoir invitée, répliqua Mme Nickleby en remuant la tête avec un petit air étrangement narquois.

— Je suis si impatient de faire votre connaissance, si impatient de cultiver la bonne opinion que vous avez montrée pour moi, si désireux de voir s'établir entre nous comme une harmonie délicieuse de bon accord domestique, qu'il ne faut pas me croire le moins du monde désintéressé dans ce que je fais. Je suis diablement égoïste, allez; oh! oui, je le suis, ma parole d'honneur!

— Et moi, sir Mulberry, je suis bien sûre de n'en rien croire; vous avez la figure trop ouverte et trop généreuse pour être égoïste.

— Quel admirable tact d'observation vous avez là! dit sir Mulberry Hawk.

— Oh non! je ne me flatte pas de cela; je ne vois pas bien loin au contraire, sir Mulberry, répliqua Mme Nickleby d'un ton de voix destiné pourtant à faire sentir au baron qu'elle voyait plus loin qu'on ne croyait peut-être.

— Eh bien, dit le baronnet, vous le croirez si vous voulez, mais vous me faites peur, répéta sir Mulberry en regardant ses compagnons à la ronde. Oui, messieurs, Mme Nickleby me fait peur, avec cette immense habileté qu'elle a pour deviner les choses. »

MM. Pyke et Pluk secouèrent la tête d'un air mystérieux, en déclarant que, pour leur part, il y avait déjà longtemps qu'ils s'en étaient bien aperçus; sur quoi Mme Nickleby rit du bout des lèvres, sir Mulberry ne se gêna pas pour rire franchement, et Pyke et Pluck rirent tous deux aux éclats.

« Mais où donc est mon beau-frère, monsieur Mulberry? demanda Mme Nickleby; je serais ici déplacée s'il n'y venait pas : j'espère qu'il ne tardera pas.

— Pyke, demanda sir Mulberry en tirant de sa poche son cure-dent et en se dandinant renversé dans son fauteuil, comme s'il ne voulait pas se donner la peine d'inventer une réponse mensongère à cette question, où est Ralph Nickleby?

— Pluck, dit Pyke singeant le baronnet et passant le mensonge à son ami, où est Ralph Nickleby? »

M. Pluck allait répliquer par quelque réponse évasive, lorsque le bruit causé par l'entrée d'une société particulière dans la loge voisine parut attirer l'attention de ces quatre messieurs, qui échangèrent des mines très significatives. Et quand les nouveaux spectateurs entamèrent ensemble une conversation, sir Mulberry eut tout à coup l'air d'y prêter une oreille très attentive, et supplia les autres de ne pas souffler un mot, pas un mot.

« Pourquoi donc? dit Mme Nickleby; qu'est-ce qu'il y a?

— Chut! répliqua sir Mulberry posant sa main sur son bras. Lord Frédérick, est-ce que vous ne reconnaissez pas le son de cette voix?

— Le diable m'emporte si je ne l'ai pas prise pour celle de Mlle Nickleby.

— Comment, milord? s'écria Mme Nickleby en avançant la tête devant la draperie; mais en effet, Catherine! c'est bien ma chère Catherine.

— Quoi! c'est vous? Vous ici, maman! Est-il possible?

— Si c'est possible? Vous voyez.

— Mais qui... qui donc, au nom du ciel, avez-vous là avec vous, maman? dit Catherine en se retirant en arrière à la vue d'un homme qui lui souriait et lui envoyait des baisers.

— Qui donc voulez-vous que ce soit, ma chère? répondit Mme Nickleby en se penchant du côté de Mme Wititterly et élevant un peu la voix pour

Sir Mulberry Hawk et son ami échangeaient des regards moqueurs par-dessus son chapeau. (P. 194.)

mieux se faire entendre de cette dame. Je suis avec M. Pyke, M. Pluck, sir Mulberry Hawk et lord Frédérick Verisopht.

— Dieu du ciel ! se dit Catherine; comment peut-elle se trouver en pareille société ? »

Cette pensée traversa son esprit comme un éclair, et en même temps, au milieu de cette surprise rapide, le souvenir de ce qui s'était passé au grand dîner de Ralph vint l'assaillir avec tant de violence qu'elle devint d'une pâleur extrême et montra les symptômes d'une agitation subite. Mme Nickleby, qui s'en aperçut aussitôt, ne manqua pas, avec sa pénétration ordinaire, d'en attribuer intérieurement la cause à un amour violent; mais, toute charmée qu'elle était de cette découverte, qui faisait tant d'honneur à son coup d'œil vif et sûr, sa tendresse maternelle n'en fut pas moins émue, et par conséquent elle se mit à quitter sa loge avec toutes sortes de simagrées pour passer précipitamment dans celle de Mme Wititterly. Mme Wititterly, de son côté, ravie de la glorieuse pensée qu'elle pouvait compter parmi ses visiteurs un lord et un baronnet, fit signe à M. Wititterly d'ouvrir la porte sans perdre de temps; et leur loge, en moins de trente secondes, fut envahie par la société de Mme Nickleby, qui la remplit jusqu'à la porte, où MM. Pyke et Pluck n'avaient que la place, et bien juste, de passer leur tête et leur gilet blanc.

« Ma chère Catherine, dit Mme Nickleby en embrassant sa fille avec une vive tendresse ; comme vous aviez mauvaise mine tout à l'heure ! Je vous assure que vous m'avez fait peur.

— C'était imagination toute pure, ma mère, la... la... réflexion des bougies peut-être, répliqua Catherine, jetant autour d'elle des regards troublés et ne sachant comment donner tout bas à sa mère un avis ou une explication qui ne fût pas entendu de tout le monde.

— Je crois que vous n'avez pas vu sir Mulberry Hawk, ma chère. »

Catherine s'inclina à peine et tourna la tête du côté de la scène en se mordant les lèvres.

Mais sir Mulberry Hawk n'était pas homme à se laisser rebuter pour si peu : il avança la main et miss Nickleby fut bien obligée de tendre la sienne, sur l'observation que lui en fit sa mère. Sir Mulberry, en la serrant, murmura une foule de compliments que Catherine, au souvenir de leur dernier entretien, considéra comme autant d'aggravations de l'insulte qu'il lui avait faite alors. Il fallut ensuite reconnaître à son tour lord Verisopht et essuyer les salutations de M. Pyke et de M. Pluck. Enfin, comme si ce n'eût pas été assez, elle se vit obligée, sur la demande de Mme Wititterly, de passer à la présentation officielle de tous ces odieux personnages, dont la vue ne lui inspirait que de l'indignation et de l'horreur.

« Mme Wititterly est charmée, dit M. Wititterly en se frottant les mains, charmée, je vous assure, milord, de lier avec vous aujourd'hui une connaissance qui ne fera, j'espère, milord, que devenir plus intime. Julia, ma chère, ne vous laissez pas trop émouvoir; vous savez qu'il faut vous observer. Mme Wititterly est d'une sensibilité, sir Mulberry, dont vous ne vous faites pas d'idée. La flamme d'une bougie, la lueur d'une lampe, le duvet de la pêche, la poussière des ailes d'un papillon ne sont pas plus frêles et plus délicats; un simple souffle, milord, et vous la verrez disparaître. »

Sir Mulberry eut l'air de croire que ce serait un procédé bien commode si l'on pouvait la faire disparaître rien qu'en soufflant dessus; toutefois il répondit que le plaisir témoigné par M. Wititterly était réciproque. Lord Verisopht répéta qu'il était réciproque, et l'on entendit, comme un murmure lointain, la voix de MM. Pyke et Pluck répéter en écho : *Réciproque.*

« Vous ne sauriez croire, milord, combien je prends d'intérêt aux drames, dit Mme Wititterly avec un sourire languissant.

— Oui. C'est très intéressant, répliqua lord Verisopht.

— Je ne puis pas entendre Shakespeare sans être sûre d'en être malade, dit Mme Wititterly. Le lendemain je suis à moitié morte. La réaction est si forte après une tragédie, milord, et Shakespeare est un être si délicieux!

— Oh oui! répliqua lord Verisopht, c'est un habile homme.

— Le croiriez-vous, milord? dit Mme Wititterly après un long silence, je trouve que, si je prends tant d'intérêt à ses pièces, c'est surtout depuis que j'ai visité cette chère pauvre petite maison où il est né. Y avez-vous jamais été, milord?

— Non, jamais, répondit Verisopht.

— Eh bien, réellement, vous auriez tort de ne pas y aller, reprit Mme Wititterly d'un ton traînant et plein de langueur. Je ne sais pas comment cela se fait, mais sitôt que vous avez vu les lieux et écrit votre nom sur le petit registre, vous vous sentez inspiré de manière ou d'autre par un feu intérieur qui vous enflamme.

— Oh oui! répondit lord Verisopht; certainement, je veux y aller.

— Julia, m'amour, dit M. Wititterly se mêlant de la conversation, vous induisez Sa Seigneurie en erreur. Oui, milord, elle vous induit en erreur involontairement. C'est votre tempérament poétique, ma chère, votre âme aérienne, votre imagination brûlante qui vous donnent ce feu sacré du génie et du sentiment : mais les lieux, ils n'y sont pour rien, pour rien du tout, ma chère.

— Je croirais volontiers, dit Mme Nickleby, qui jusque-là s'était contentée d'écouter en silence, que les lieux pourraient bien y être pour quelque chose. Peu de jours après mon mariage, je suis allée avec mon pauvre cher M. Nickleby, de Birmingham à Stratford, en chaise de poste. Était-ce bien une chaise de poste? dit Mme Nickleby réfléchissant. Oui, ce devait être une chaise de poste, car je me rappelle très bien avoir fait la remarque, à cette époque, que le conducteur avait un garde-vue vert sur l'œil gauche. Nous partîmes donc en chaise de poste pour Birmingham, et, après avoir visité la tombe et la maison natale de Shakespeare, nous retournâmes à l'auberge du lieu où nous passâmes la nuit; et je me souviens que, pendant toute cette nuit-là, je ne fis autre chose que de rêver d'un monsieur tout noir, de grandeur naturelle, en plâtre de Paris, avec un collet rabattu, fermé par un cordonnet à deux glands, appuyé contre un pilier d'un air rêveur; et lorsque, en m'éveillant le lendemain, j'en fis la description à M. Nickleby, il me dit que c'était exactement le portrait de Shakespeare, de son vivant; n'était-ce pas curieux? Stratford; je ne me trompe pas, continua Mme Nickleby réfléchissant toujours, c'était bien Stratford; oui, c'est cela, car je me rappelle positivement que j'étais enceinte alors de mon fils Nicolas, et que j'avais eu bien peur le jour même, en voyant un de ces petits Italiens qui colportent leurs images en plâtre, et en vérité, madame, je fus bien heureuse, murmura-t-elle tout bas à l'oreille de Mme Wititterly, que mon fils, après cela, ne soit pas devenu un Shakespeare. Je tremble de penser que j'aurais pu avoir un regard. »

Quand Mme Nickleby eut fini le récit de cette anecdote plus ou moins amusante, Pyke et Pluck, toujours occupés des intérêts de leur patron, proposèrent d'emmener dans la loge voisine une partie de la société, et ils prirent si adroitement leurs mesures, que Catherine, en dépit de tout ce qu'elle put dire, dut se laisser emmener par sir Mulberry Hawk. Elle fut accompagnée, il est vrai, de sa mère et de M. Pluck; mais la bonne dame se flattait d'avoir trop de discrétion pour ne pas détourner les yeux pendant toute la soirée, tout entière, en apparence absorbée par les plaisanteries et la conversation de M. Pluck, qui, de son côté, placé précisément auprès de Mme Nickleby en sentinelle, pour l'occuper d'autre chose, fit toutes sortes de frais pour captiver son attention.

Lord Frédérick Verisopht resta dans la loge d'à côté pour essuyer la conversation de Mme Wititterly, et on lui laissa M. Pyke pour placer de temps en temps un mot quand il serait nécessaire. Quant à M. Wititterly, il avait bien assez à faire d'aller dans toute la salle informer ceux de ses amis et connaissances qu'il put y rencontrer, que ces deux messieurs des premières loges, qu'ils voyaient en train de causer avec Mme Wititterly, étaient l'illustre lord Frédérick Verisopht et son plus intime ami, l'aimable sir Mulberry Hawk. En recevant cette confidence, il y eut plusieurs respectables mères de famille qui en furent dévorées de jalousie et de rage, et seize demoiselles à marier qui en furent presque réduites au désespoir.

Enfin la soirée finit, mais Catherine eut encore le dégoût de se voir reconduire en bas par cet homme qu'elle détestait, sir Mulberry; et MM. Pyke et Pluck manœuvrèrent encore avec tant d'habileté, qu'elle et le baronnet se trouvèrent à quelque distance en arrière de la société, comme par un pur effet du hasard.

« Ne vous pressez pas, ne vous pressez pas, » dit sir Mulberry, en voyant Catherine hâter le pas et se disposer à quitter son bras.

Elle ne répondit pas, mais elle ne fit que marcher plus vite.

« Qu'est-ce que vous faites donc? dit froidement sir Mulberry en l'arrêtant tout court.

— Ne cherchez pas à me retenir, monsieur, dit Catherine courroucée.

— Et pourquoi pas? repartit sir Mulberry; pourquoi donc, ma belle enfant? voulez-vous faire croire que vous êtes fâchée?

— Faire croire! répéta Catherine indignée; comment avez-vous l'audace de me parler, monsieur, de vous adresser à moi, de paraître en ma présence?

— Vous n'êtes jamais si jolie que quand vous êtes en colère, miss Nickleby, dit sir Mulberry en se baissant pour mieux la voir en face.

— Tenez, monsieur, dit Catherine, je n'ai pour vous que le plus profond sentiment de haine et de mépris. Si vous trouvez en effet du plaisir à voir un regard de dégoût et d'aversion, vous pouvez... Mais laissez-moi rejoindre ma société, monsieur, à l'instant : quelles que soient les considérations qui m'ont retenue jusqu'ici, je les sacrifierai toutes pour faire un éclat auquel vous, vous-même, vous ne serez pas insensible, si vous ne me laissez pas immédiatement descendre. »

Sir Mulberry ne fit que sourire, la regarder de plus près encore et retenir son bras en s'avançant doucement vers la porte.

« Si vous continuez, sans respect pour mon sexe ou pour ma situation qui me laisse sans protection, cette persécution lâche et grossière, dit Catherine, sans trop savoir ce qu'elle disait, dans le tumulte des sentiments qui l'agitaient, j'ai un frère qui vous le fera payer cher un jour.

— Ma parole d'honneur, s'écria sir Mulberry comme s'il s'était entretenu tranquillement avec lui-même, tout en passant son bras autour de la taille de sa belle ennemie, elle n'en est que mille fois plus charmante, et je la trouve mieux comme cela que lorsqu'elle a les yeux baissés, ou que ses traits sont dans un calme parfait. »

Catherine arrive enfin, elle ne sait comment, aux couloirs où l'attendait la compagnie, poursuit sa route sans regarder personne, se dégage brusquement de son cavalier, se précipite dans la voiture, se jette dans le coin le plus sombre, et fond en larmes.

MM. Pyke et Pluck, qui savaient bien leur métier, mirent la société en révolution à force de crier à tue-tête pour demander des voitures et de faire des querelles d'Allemand à de pauvres gens bien inoffensifs qui attendaient à la porte. Ils profitèrent de ce tumulte habile pour planter dans son coupé Mme Nickleby tout effrayée, puis, après s'en être débarrassés, ce fut le tour de Mme Wititterly, qu'ils jetèrent exprès dans un état de frayeur et d'égarement causé par tout ce vacarme, pour qu'elle ne fît pas attention aux larmes de sa demoiselle de compagnie. Enfin, les voitures étant parties avec leur précieux fardeau, les quatre honorables, restés seuls sous le portique, se mirent à rire ensemble et s'en donnèrent à cœur joie.

« Là! dit sir Mulberry en se tournant vers le

noble lord, ne vous avais-je pas bien dit hier au soir que, si nous pouvions savoir d'un de leurs domestiques, en lui faisant donner quelque argent par ce brave camarade, où ils devaient aller passer la soirée, et nous établir nous-mêmes près d'eux avec la mère, ces gens-là ne nous résisteraient pas longtemps? Eh bien, vous voyez, ç'a été l'affaire de vingt-quatre heures.

— Ou...i, répondit la dupe; mais, avec tout cela, j'ai été, moi, condamné à la société de la vieille femme toute la soirée.

— Vous l'entendez! dit sir Mulberry en se retournant vers ses deux acolytes, vous l'entendez! il n'est jamais content, il grogne toujours. N'y a-t-il pas de quoi vous faire renoncer à jamais servir les intérêts de quelqu'un? N'y a-t-il pas de quoi vous faire damner? »

Pyke demanda à Pluck s'il n'y avait pas de quoi faire damner, et Pluck fit la même question à Pyke; tous deux s'abstinrent de répondre.

« N'est-ce pas la vérité? demanda Verisopht. N'est-ce pas comme cela que ça s'est passé?

— N'est-ce pas comme cela que ça s'est passé? répéta sir Mulberry; mais comment vouliez-vous donc que cela se passât? Vous voulez réussir à vous faire inviter du premier coup chez les gens pour pouvoir y aller quand vous voudrez, vous en retourner quand vous voudrez, y rester tant que vous voudrez, y faire ce que vous voudrez, et vous ne voulez pas, vous, un lord, faire un peu l'aimable auprès de la maîtresse de la maison, qui est folle des grands seigneurs. Et qu'est-ce que cela me fait, à moi, cette petite fille, si ce n'était pas par amitié pour vous? N'était-ce pas bien amusant pour moi d'être toute la soirée à lui chanter vos louanges et à essuyer ses rebuffades et sa mauvaise humeur, tout cela pour vous? Croyez-vous donc qu'on soit de bois? Allez, si c'était un autre que vous... Mais voilà comme vous vous montrez reconnaissant!

— Allons, vous êtes un bon diable, dit le pauvre jeune homme en lui prenant le bras; ma parole d'honneur, vous êtes un bon diable.

— C'est bon; mais, voyons, avais-je raison? demanda sir Mulberry.

— Tout à fait raison.

— Et n'ai-je pas agi comme un pauvre chien, un chien de nigaud qui veut faire plaisir à son maître?

— Ou-i, ou-i, vous avez agi en ami, répliqua le lord.

— A la bonne heure, reprit sir Mulberry, me voilà satisfait; à présent il ne nous reste plus qu'à aller prendre notre revanche contre le baron allemand et le Français qui nous ont si bien nettoyés hier soir. »

Là-dessus, l'ami prit le bras de son compagnon et l'emmena avec lui, tout en se retournant vers MM. Pyke et Pluck avec un coup d'œil d'intelligence et un sourire de mépris à l'adresse de sa dupe imbécile, pendant que ces messieurs se fourraient leurs mouchoirs dans la bouche, pour s'empêcher de trahir leur gaieté par des éclats de rire, et suivaient à quelques pas de distance leur patron et sa victime.

CHAPITRE XXVIII

Miss Nickleby, poussée au désespoir par la poursuite de sir Mulberry Hawk, ne trouve d'autre ressource pour faire face aux difficultés et aux ennuis qui l'assiègent, que d'en appeler à la protection de son oncle.

Le lendemain matin, comme toujours, amena bien des réflexions, mais elles étaient de nature bien différente, selon les personnes qui avaient été réunies la veille d'une manière si inattendue, grâce à l'active industrie de MM. Pyke et Pluck.

Chez sir Mulberry Hawk, les réflexions (il m'en coûte de donner ce nom à un plan de dissipation systématique et raisonnée inventé par un homme pour rapporter à lui seul toute joie, tout regret, toute peine, tout plaisir, ne voulant voir dans l'intelligence dont il a reçu le don qu'un instrument d'avilissement pour lui-même et de dégradation pour la nature humaine dont il porte en lui l'image)... les réflexions de sir Mulberry Hawk donc portaient tout entières sur Catherine Nickleby; en résumé il se disait qu'elle était véritablement charmante; que son humeur rebelle ne pouvait tenir longtemps contre un homme aussi habile, aussi roué que lui; que c'était une conquête à faire honneur à son mérite et à rehausser singulièrement sa réputation dans le monde; et cette dernière considération, peut-être la plus importante aux yeux de sir Mulberry, ne doit pas effaroucher l'esprit scrupuleux de nos lecteurs, s'ils veulent bien se rappeler que la plupart des hommes vivent dans un monde à eux, dans un cercle limité, dont l'estime et les applaudissements sont le but unique de leur ambition. Eh bien, son monde à lui ne se composait que de libertins, et il agissait en conséquence.

Il n' y a pas d'autres explications à tous ces traits d'injustice, d'oppression, de la plus extravagante bigoterie que nous voyons tous le jours accomplis sous nos yeux. On est dans l'usage de trompeter bien haut son étonnement, son indignation de voir les acteurs principaux de ces scènes déplorables jeter si hardiment le gant à l'opinion du monde. On se trompe et l'erreur est grossière ; c'est précisément, au contraire, parce qu'ils se sont faits les esclaves de l'opinion de leur petit monde particulier, que ces choses-là se passent au grand scandale du monde véritable, qui reste muet d'étonnement.

Mme Nickleby aussi avait ses réflexions du matin ; celles-là étaient de la nature la plus flatteuse pour son amour-propre; et, sous l'influence des illusions de plaisir et d'orgueil auxquelles elle était en proie, elle s'assit à son secrétaire, pour écrire à Catherine une longue lettre, dans laquelle elle lui donnait son approbation pleine et entière pour l'heureux choix qu'elle avait fait; et à ce propos elle élevait au ciel sir Mulberry, ajoutant, pour rassurer davantage l'inclination de sa fille, que c'était précisément l'homme qu'elle, Mme Nickleby, aurait souhaité pour gendre, si elle avait été à même de choisir à son goût dans toute l'espèce humaine. Aussi la bonne dame, après un court préambule, pour bien établir que sans doute on ne supposait pas qu'elle eût vécu si longtemps dans le monde pour ne pas le connaître, traçait à sa fille tout un code de préceptes à suivre pendant le temps que durait la cour d'un prétendant ; préceptes sûrs, car elle les avait vérifiés par son expérience propre et personnelle. Mais avant tout, elle lui recommandait une réserve pudique des plus strictes, non pas seulement comme une chose louable en elle-même, mais comme un appât matériel, tout à fait propre à aiguiser et à entretenir l'ardeur d'un amoureux. « Aussi, continuait Mme Nickleby, je n'ai jamais eu de plus grand plaisir de ma vie que de remarquer, l'autre soir, que votre bon sens naturel vous en avait donné le conseil avant moi. » Là-dessus, après différentes allusions au plaisir qu'elle ressentait de voir sa fille hériter déjà si heureusement de son jugement et de son discernement, qu'il fallait espérer qu'elle réussirait avec l'âge à en avoir autant qu'elle, Mme Nickleby termina son interminable lettre.

Les réflexions de la pauvre Catherine n'étaient pas si gaies, surtout quand elle eut reçu ce message presque illisible, qui n'était guère qu'une félicitation en quatre pages bien serrées, écrites en long et en travers, sur le triste sujet qui ne lui avait pas permis de fermer l'œil de toute la nuit, et qui l'avait tenue éveillée et tout en pleurs dans sa chambre. Le pis encore, c'est que, pour ajouter à ces épreuves, il n'en fallait pas moins, de toute nécessité, faire l'aimable auprès de Mme Wititterly, qui, se sentant fort abattue après la fatigue de la soirée précédente, devait naturellement attendre que sa demoiselle de compagnie (puisqu'elle était payée pour cela) se mettrait en frais de belle humeur.

Passons sur les réflexions de M. Wititterly : celui-là ne fit pas autre chose, tout le jour, que d'aller partout épancher une espèce de frémissement de plaisir qu'il ressentait encore d'avoir donné la veille une poignée de main à un lord et d'avoir eu l'honneur de l'inviter à venir le voir chez lui.

Le lord en question, dont la réflexion n'avait jamais été le fort, n'en était pas non plus autrement tourmenté à son réveil. Il se régalait seulement de la conversation de MM. Pyke et Pluck, qui, pour aiguiser leur esprit, se payaient à discrétion, aux frais du jeune lord, une foule de liquides pétillants et de stimulants de première qualité.

Il était quatre heures de l'après-midi, je veux dire de cette après-midi vulgaire qui se règle sur le soleil ou l'horloge ; et Mme Wititterly était accoudée, selon sa coutume, sur le sofa du salon, pendant que Catherine lui faisait la lecture d'un roman moderne en trois volumes, intitulé *Dame Flabella*, que le soi-disant Alphonse était allé chercher le matin même au cabinet de lecture. C'était une œuvre qu'on aurait cru faite exprès pour l'état maladif de Mme Wititterly, vu qu'il n'y avait pas une ligne, du commencement à la fin, qui pût donner la moindre crainte d'éveiller la moindre émotion de qui que ce fût au monde. Catherine lisait donc :

« Cherisette, dit dame Flabella, en glissant ses petits pieds de souris dans les pantoufles de satin bleu qui avaient été l'occasion involontaire d'une altercation demi-rieuse demi-sérieuse entre elle et le jeune colonel Befillaire *dans le salon de danse* (l'ouvrage était hérissé de citations françaises de même force), *dans le salon de danse* du duc de Mincefeuille la veille au soir. *Cherisette, ma chère, donnez-moi de l'eau de Cologne, s'il vous plaît, mon enfant.*

» *Merci*, c'est-à-dire je vous remercie, dit dame Flabella, dont la fine et fidèle Cherisette venait d'arroser à longs flots, d'une senteur parfumée, le *mouchoir*, élégante batiste garnie de la plus riche dentelle, et brodée aux quatre coins du chiffre de

Flabella, avec les armes héraldiques pleines de magnificence de cette noble famille.

» *Merci*, c'est bien.

» A cet instant, pendant que dame Flabella respirait cette odeur délicieuse en tenant le *mouchoir* à son nez d'une forme exquise, mais taillé dans le style mélancolique, la porte du *boudoir* (artistement dissimulée par les riches tentures de damas de soie bleu de ciel d'Italie) s'ouvrit à deux battants, et deux *valets de chambre*, revêtus de leurs somptueuses livrées, or et fleur de pêcher, s'avancèrent d'un pas discret dans la chambre. Derrière eux marchait un page en *bas de soie*, qui, les laissant à distance faire les révérences les plus gracieuses du monde, s'approcha, mit un genou en terre aux pieds de son aimable maîtresse, et lui présenta, sur un plateau d'or magnifiquement ciselé, un *billet* parfumé.

« Dame Flabella, avec une agitation dont elle ne fut pas maîtresse, déchira à la hâte l'*enveloppe* et brisa le cachet odorant. C'était un mot de Befillaire, le jeune colonel à la taille élancée, à la voix métallique, son Befillaire, pour tout dire. »

— Ah! c'est charmant! dit la patronne de Catherine interrompant la lecture par cette exclamation qui trahissait ses prétentions littéraires. C'est de la poésie, en vérité. Relisez-moi cette description, mademoiselle Nickleby. »

Catherine obéit.

« Quelle douceur! dit Mme Wititterly avec un soupir. Quelle volupté, n'est-ce pas? quelle mollesse!

— Oui, je trouve aussi, répliqua doucement Catherine, c'est plein de mollesse!

— Fermez le livre, mademoiselle Nickleby, dit Mme Wititterly. Je ne pourrais plus rien entendre lire aujourd'hui. Je regretterais de gâter l'impression de cette description ravissante. Fermez le livre. »

Catherine ne se fit pas prier deux fois; et pendant qu'elle le fermait, Mme Wititterly, soulevant son lorgnon d'une main languissante, trouva que sa lectrice était bien pâle.

« C'est un reste de la peur que m'a faite ce... ce bruit et cette confusion d'hier au soir, dit Catherine.

— Quelle drôle de chose! » s'écria Mme Wititterly avec un air de surprise. Et vraiment, en effet, quand on y pense, n'est-ce pas bien drôle qu'une demoiselle de compagnie se permette d'avoir aussi des émotions? Aussi Mme Wititterly n'aurait pas regardé avec plus de curiosité quelque machine à vapeur, ou quelque autre pièce ingénieuse d'un mécanisme extraordinaire.

« Comment donc avez-vous fait la connaissance de lord Frédérick et de ces autres délicieuses créatures, mon enfant? demanda Mme Wititterly, toujours l'œil fixé sur Catherine à travers son lorgnon.

— Je les ai rencontrés chez mon oncle, dit Catherine, vexée contre elle-même de sentir la rougeur lui monter au visage, sans pouvoir retenir le sang qui se portait violemment à sa tête toutes les fois qu'elle pensait à cet homme.

— Y a-t-il longtemps que vous les connaissez?

— Non, répondit Catherine, il n'y a pas longtemps.

— J'ai été charmée de l'occasion de cette respectable personne, je veux parler de votre mère, pour nous faire faire leur connaissance, dit Mme Wititterly d'un ton de supériorité. Justement il y avait quelques-uns de nos amis qui étaient sur le point de nous les présenter. C'est une singulière coïncidence. »

Ceci était dit pour que Mlle Nickleby ne fût pas trop fière de l'avantage et de l'honneur d'avoir connu avant elle quatre grands personnages comme ceux-là, car Pyke et Pluck étaient compris dans les *délicieuses créatures*. Mais cette intention fut perdue pour Mlle Nickleby, qui n'y fit pas attention, par la raison qu'elle n'était pas fière du tout de les connaître.

« Ils nous ont demandé la permission de nous rendre visite, dit Mme Wititterly, et je l'ai donnée, comme de raison.

— Est-ce que vous les attendez aujourd'hui? » demanda timidement Catherine.

La réponse de Mme Wititterly se perdit dans le bruit d'un choc terrible du marteau de la porte; il vibrait encore, lorsqu'on vit s'arrêter un cabriolet élégant, d'où sautèrent à la fois sir Mulberry Hawk et son ami lord Verisopht.

« Ce sont eux, dit Catherine en se levant de son siège et en se précipitant pour sortir.

— Miss Nickleby! cria Mme Wititterly tout épouvantée de voir une demoiselle de compagnie prendre la liberté de quitter la chambre sans avoir au préalable demandé et obtenu sa permission en bonne forme, gardez-vous bien, je vous prie, de vous en aller.

— Vous êtes bien bonne, madame, mais...

— Au nom du ciel, mademoiselle, ne m'agacez pas les nerfs en me faisant trop parler, dit Mme Wititterly d'un air revêche. Mon Dieu! mademoiselle Nickleby, je vous dis... »

En vain Catherine protesta-t-elle qu'elle ne se sentait pas bien, car on entendait déjà sur l'escalier le pas des visiteurs encore inconnus. Elle reprit son siège et s'était à peine rassise, que le soi-disant page s'élança dans le salon pour annoncer M. Pyke, M. Pluck, lord Verisopht et sir Mulberry Hawk, tout d'une haleine.

« La chose du monde la plus extraordinaire! dit M. Pluck en saluant les deux dames avec une cordialité parfaite. Comme cela se rencontre! Au moment où Pyke et moi nous venions de frapper, lord Frédérick et sir Mulberry Hawk mettaient justement pied à terre.

— Juste au moment où nous venions de frapper, dit Pyke.

— Peu importe comment vous soyez venus, messieurs; l'important c'est que vous soyez venus, dit Mme Wititterly, qui, à force de rester trois ans et demi couchée sur le même sofa, avait fini par se composer à son usage toute une pantomime de poses gracieuses, et elle en abusait alors pour choisir dans son répertoire celles qu'elle pouvait croire les plus propres à frapper d'étonnement ses visiteurs. Soyez sûrs que j'en suis enchantée!

— Et comment se porte Mlle Nickleby? dit, en s'approchant de Catherine, sir Mulberry à voix basse, non pas assez basse pourtant pour échapper à l'attention de Mme Wititterly.

— Mais elle souffre encore, à ce qu'il paraît, du vacarme effrayant d'hier au soir, dit la dame; et, pour ma part, je n'en suis pas étonnée, car j'en ai moi-même les nerfs brisés.

— Et cependant vous avez une mine, reprit sir Mulberry en se tournant vers elle, vous avez pourtant une mine...

— Au-dessus de tout ce qu'on peut dire, » dit M. Pyke venant en aide à son patron. Le mot fut répété par M. Pluck, bien entendu.

« J'ai bien peur, milord, dit Mme Wititterly en s'adressant au jeune gentleman qui était resté tout ce temps-là à teter le bout de sa canne en silence et à dévisager Catherine, j'ai bien peur que sir Mulberry ne soit un flatteur.

— Oh! en diable, » répliqua Verisopht. Après avoir exprimé avec cette énergie un sentiment si distingué, il retourna à sa première occupation.

« Mais Mlle Nickleby ne perd rien non plus à cette petite indisposition, dit sir Mulberry, en fixant sur elle un regard impudent. Je l'ai toujours vue charmante, mais, sur ma parole, madame, je trouve que vous lui avez donné de plus encore quelques-uns de vos charmes. »

A voir le feu qui embrasa à ces mots les joues de la pauvre fille, on aurait pu croire, sans témérité, que si Mme Wititterly lui avait donné quelqu'un de ses charmes, c'était surtout le fard dont elle décorait les siennes. Mme Wititterly convint, non sans faire quelques façons, que Catherine était jolie. Mais, dès ce moment, elle commença à ne plus trouver sir Mulberry une aussi *délicieuse créature* qu'elle l'avait supposé d'abord. Car on peut bien prendre plaisir à la compagnie d'un flatteur habile quand on est son unique idole, mais du moment qu'il se met à égarer ailleurs ses compliments, son goût devient à l'instant plus que douteux.

« Pyke! dit le vigilant M. Pluck, qui remarqua l'effet des éloges donnés à Mlle Nickleby.

— Eh bien, Pluck? dit Pyke.

— Y a-t-il quelqu'un, lui demanda M. Pluck d'un air mystérieux, quelqu'un de votre connaissance dont Mme Wititterly vous rappelle le profil?

— Me rappelle le profil? répondit Pyke. Certainement.

— Eh bien, qui cela? dit Pluck toujours avec le même air de mystère. La duchesse de B...?

— Non, la comtesse de B..., répliqua Pyke avec la trace visible à peine d'un sourire moqueur dans le coin de ses lèvres; vous savez que des deux sœurs la plus belle c'est la comtesse, et non pas la duchesse.

— C'est vrai, dit Pluck, la comtesse de B... C'est une ressemblance merveilleuse.

— Ce qu'il y a de plus saisissant, » dit Pyke.

En voilà un succès! Voyez-vous d'ici Mme Wititterly proclamée, sur le témoignage de deux témoins fidèles et compétents, le portrait véritable d'une comtesse! Voilà ce qu'on gagne à fréquenter la bonne société. Elle serait bien restée vingt-quatre ans à patauger dans la société des gens de rien sans jamais entendre de pareils compliments. Et comment aurait-elle pu les entendre? ces gens-là savaient-ils seulement ce que c'est qu'une comtesse?

Les deux gentlemen s'étant assurés, en voyant avec quelle avidité elle mordait à l'hameçon, qu'ils pourraient oser beaucoup en fait d'adulations contre cet appétit vorace, commencèrent à lui administrer ce doux poison à grandes doses, ce qui donnait à sir Mulberry Hawk tout le temps d'ennuyer Mlle Nickleby de questions ou d'observations auxquelles elle ne pouvait se dispenser de répondre. Lord Verisopht, pendant ce temps-là, s'amusait à sa manière, sans crainte des jaloux : il respirait le parfum de la pomme d'or qui couronnait le bout de sa canne, en la portant toujours à son nez : il y serait encore, si M. Wititterly, en rentrant chez lui, n'eût ramené la conversation à son sujet de prédilection.

« Milord, dit-il, je suis charmé, honoré, fier; je vous en prie, milord, restez assis, ne vous dérangez pas; oui, fier, très fier. »

Mme Wititterly n'en était pas plus contente. Elle aurait bien voulu contenir la joie indiscrète de son mari. Elle aussi crevait d'orgueil dans sa peau; mais elle n'aurait pas été fâchée de laisser croire à ses illustres hôtes que leur visite n'était pour elle qu'un événement tout simple et tout ordinaire, et qu'il ne se passait pas de jour dans la semaine qu'elle ne vît chez elle des lords et des baronnets.

« C'est un grand honneur, assurément, dit M. Wititterly; le malheur est que Julia, ma tendre amie, va en souffrir demain.

— En souffrir? cria lord Verisopht.

— La réaction, milord, la réaction, dit M. Wititterly; cette violente secousse qui vient ensuite ébranler son système nerveux : un affaissement, un abattement, une prostration, une lassitude, une faiblesse! Tenez, milord, si sir Tumley Snuffim pouvait voir en ce moment cette délicate créature, il ne donnerait pas *cela* de sa vie. » Pour mieux faire comprendre *cela*, M. Wititterly prit dans sa tabatière une prise de tabac, qu'il lança légèrement en l'air, comme un emblème de l'existence fugitive de son épouse adorée.

« Pas *cela*, répéta-t-il en regardant autour de lui de l'air le plus sérieux du monde; non, sir Tumley Snuffim ne donnerait pas cela de la vie de Mme Wititterly. »

M. Wititterly dit ces paroles avec une sorte de joie à la fois fière et recueillie, comme un homme qui ne se fait pas d'illusion sur l'état désespéré de sa femme, mais qui ne se dissimule pas non plus l'honneur qu'il en reçoit. Mme Wititterly, de son côté, soupirait et roulait des yeux modestes, comme une femme qui a le sentiment de cette distinction glorieuse, mais qui veut la soutenir avec autant d'humilité que faire se peut.

« Mme Wititterly, dit le mari, est la cliente favorite de sir Tumley Snuffim. Je crois pouvoir dire que Mme Wititterly est la première personne qui ait expérimenté le nouveau médicament auquel on attribue la mort d'une famille entière aux sablonnières de Kensington. Je crois bien que c'est elle qui a été la première. Si je me trompe, ma chère Julia, vous pouvez me reprendre.

— Je crois que j'ai été la première, » dit Mme Wititterly d'une voix débile.

En voyant que son patron ne savait trop comment se mêler à la conversation, dont il n'avait d'ailleurs nulle envie, l'intrépide M. Pyke monta encore à la brèche à sa place, et, pour ne pas avoir l'air de dévier de la question, il demanda si ce médicament avait bon goût.

« Non, monsieur, bien loin de là! il n'avait pas même ce triste mérite, dit M. Wititterly.

— Alors Mme Wititterly est un vrai martyr, continua-t-il en s'inclinant devant cette sainte femme.

— Je le crois, vraiment, dit Mme Wititterly avec un sourire.

— Et moi, je le crois aussi, ma chère Julia, répliqua son mari d'un ton qui semblait dire : « On n'y met pas de vanité, mais enfin on est toujours bien aise de tenir à ses avantages ». S'il y a quelqu'un, milord, ajouta-t-il en se retournant vers le jeune lord, qui veuille me présenter un martyr plus réel que Mme Wititterly, je serai charmé de le voir, ce martyr, mâle ou femelle, milord... je ne dis que cela. »

Pyke et Pluck ne furent pas les derniers à faire observer qu'il ne pouvait pas y avoir au monde de privilège plus flatteur; puis, comme la visite, pendant tout ce bavardage, s'était prolongée plus qu'on ne pensait, sur un signe de sir Mulberry, ils levèrent le siège pour se retirer. Sir Mulberry et lord Verisopht furent aussi bientôt debout. On échangea force protestations d'amitié, force assurances du plaisir qu'on se promettait infailliblement d'une connaissance si heureuse, force instances pour qu'à toute heure et toujours ces messieurs tinssent la maison des Wititterly pour très honorée de les recevoir sous son toit.

Et, en effet, ils y vinrent à toute heure et toujours : aujourd'hui pour y dîner, demain pour souper, après-demain pour dîner encore. C'étaient des allées et venues continuelles : tantôt on allait ensemble, en partie, visiter les places publiques; tantôt on se rencontrait par hasard en flânant dans le parc, et dans toutes ces occasions miss Nickleby se voyait exposée à la persécution constante, impitoyable, de sir Mulberry Hawk, qui commençait à se faire un point d'honneur de ne pas descendre par un échec dans l'estime de sa clique même. Il y allait de sa réputation de réduire l'orgueil de la rebelle; aussi ne lui laissait-il plus ni paix ni trêve, excepté aux heures, aux tristes heures où elle se retirait le soir dans sa chambre solitaire, pour y pleurer sur son chagrin du jour. Ainsi se déroulait le plan infernal de sir Mulberry, secondé par l'habile exécution de Pyke et Pluck, ses dignes auxiliaires.

Une quinzaine se passa : c'était bien assez pour ouvrir les yeux des gens les plus simples et les plus faibles d'esprit, pour leur faire voir clair comme le jour que lord Verisopht, tout lord qu'il était, et sir Mulberry Hawk, avec son titre de baronnet, n'étaient pas des gens accoutumés à la bonne compagnie, et que ni leurs habitudes, ni leurs manières, ni leurs goûts, ni leur conversation, rien enfin ne les rendait propres à jeter un grand lustre sur une société de dames; mais auprès de Mme Wititterly leurs titres leur tenaient lieu de tout. La grossièreté devenait de l'originalité; la trivialité se traduisait en une excentricité charmante; l'insolence passait pour une indépendance de caractère qu'on ne pouvait se flatter de trouver que chez les gens assez heureux pour s'être frottés au grand monde.

« Je sais ce que c'est, » dit le pauvre Noggs en tirant de sa poche quelque chose qui ressemblait à un vieux torchon. (P. 213).

Quand la maîtresse inventait des noms si flatteurs pour colorer la tenue de ses nouveaux amis, que vouliez-vous que fît la demoiselle de compagnie? Quand ils en étaient venus à ne plus s'imposer aucune contrainte devant la dame du logis, comment ne se seraient-ils pas crus plus libres encore avec une fille à ses gages? Hélas! il y avait quelque chose de pis encore. A mesure que sir Mulberry Hawk mettait moins de déguisement à faire éclater son attachement pour Catherine, Mme Wititterly devenait de plus en plus jalouse de la supériorité des agréments de Mlle Nickleby. Encore si ce sentiment l'avait poussée à bannir sa rivale du salon quand elle recevait pareille compagnie, Catherine aurait béni dans son cœur l'heureux effet de ses préventions injustes; mais, malheureusement pour elle, elle possédait cette grâce naïve et cette distinction franche et aisée dans les manières, enfin ces mille attraits sans nom qui font le charme de la société des femmes, et qui ne pouvaient être plus nécessaires nulle part que dans une maison dont la maîtresse était une vraie poupée vivante. Il en résulta donc que Catherine, doublement mortifiée, devint l'âme du cercle formé par sir Mulberry et ses amis, et se vit exposée, par cela même, à toutes les humeurs et les bourrasques de Mme Wititterly après le départ de ses hôtes. En un mot, elle fut bientôt la plus misérable du monde.

Mme Wititterly n'avait jamais, par égard pour sir Mulberry, affronté une explication franche ; elle se bornait, quand elle était plus aigrie que de coutume, à s'en prendre, comme toutes les dames, à la mauvaise qualité de ses nerfs. Cependant, le jour où elle vit poindre dans son esprit, et se développer, petit à petit, l'affreuse idée que lord Verisopht aussi en tenait pour Catherine, et qu'elle, Mme Wititterly, passait ainsi au numéro deux, personnage secondaire dans sa propre maison, elle devint en proie au sentiment le plus vif et le plus passionné de la plus vertueuse indignation, et crut de son devoir, en sa double qualité de femme mariée et de membre moral de la société, d'en parler sans délai avec *la jeune personne*.

En conséquence, le lendemain matin, pendant la lecture du roman, Mme Wititterly profita d'une pause pour rompre la glace.

« Mademoiselle Nickleby, dit Mme Wititterly, je désire vous parler très sérieusement. Je suis fâchée d'y être réduite, très fâchée, je vous assure ; mais votre conduite ne me laisse pas le choix. »

Ici Mme Wititterly imprima à sa tête non pas de ces mouvements désordonnés qu'agite la colère, mais de ces petits mouvements modérés qu'inspire la vertu ; puis, avant de passer outre, elle parut craindre que son émotion ne ramenât ses palpitations de cœur.

« Votre tenue, mademoiselle Nickleby, reprit la dame, est loin, bien loin de me plaire. Personne ne désire plus vivement que moi de vous voir bien tourner ; mais, si vous continuez, mademoiselle Nickleby, cela ne peut pas être, vous pouvez y compter.

— Madame ! s'écria Catherine outrée.

— Ne m'agitez pas en me parlant de cette manière, mademoiselle Nickleby ; je vous le défends ! dit Mme Wititterly avec beaucoup de violence pour un être réputé si débile, ou vous me forcerez à sonner Alphonse. »

Catherine la regarda sans ajouter un mot.

« Je ne suppose pas, mademoiselle Nickleby, reprit Mme Wititterly, que vous ayez la prétention, en me regardant de cette façon, de m'empêcher de vous dire ce que j'ai à vous dire pour obéir à un devoir impérieux. Vous n'avez pas besoin de me faire des yeux ! reprit-elle dans un éclat de dépit soudain. Moi, je ne suis pas sir Mulberry ni lord Frédérick Verisopht, mademoiselle Nickleby, ni M. Pyke, pas plus que M. Pluck. »

Catherine la regarda encore, mais avec moins d'assurance, et, appuyant son coude sur la table voisine, elle se cacha les yeux dans sa main.

« S'il s'était passé quelque chose comme cela quand j'étais fille, moi, continua Mme Wititterly (et, par parenthèse, elle ne parlait pas d'hier au soir), je puis dire que personne n'aurait voulu le croire.

— Et c'est de même aujourd'hui, j'espère, murmura Catherine. Non, personne ne voudrait croire, sans y avoir passé, tout ce que j'ai été condamnée à supporter de souffrances.

— Ne me parlez pas, s'il vous plaît, d'être condamnée à supporter des souffrances, mademoiselle Nickleby, dit Mme Wititterly d'un ton de voix perçant, mal en rapport avec ce tempérament souffreteux : je ne veux pas qu'on me réponde, mademoiselle Nickleby ; je ne suis pas accoutumée à ce qu'on me réponde, et je ne le permettrai jamais à qui que ce soit, entendez-vous ? ajouta-t-elle, en s'arrêtant pour lui donner le temps de répondre, tout en disant qu'elle ne voulait pas qu'on lui répondît.

— Oui, madame, je vous entends, répondit Catherine ; je suis même surprise de vous entendre, plus surprise que je ne saurais le dire.

— Je vous ai toujours considérée, dit Mme Wititterly, comme une jeune personne d'une tenue satisfaisante pour la classe à laquelle vous appartenez, et, comme vous avez la fraîcheur de la santé, que vous vous habillez proprement, et ainsi de suite, je me suis intéressée à vous, je m'y intéresse même encore : c'est un devoir que je crois avoir rempli par considération pour cette respectable dame votre mère. Voilà les raisons, mademoiselle Nickleby, pour lesquelles il faut que je vous dise, une fois pour toutes, et je vous prie de ne pas l'oublier, que j'insiste absolument pour une réforme immédiate dans votre ton hardi avec les gentlemen qui viennent me voir. En vérité, ce n'est point du tout un ton convenable, ajouta-t-elle en abaissant sa paupière sur ses chastes yeux ; c'est indécent, tout à fait indécent.

— Ah ! s'écria Catherine, en levant les yeux au ciel et en joignant les mains dans son angoisse, n'est-ce pas aussi une épreuve trop cruelle, trop horrible à supporter ? N'était-ce donc pas assez de souffrir comme je souffrais, nuit et jour ? d'avoir presque perdu l'estime de moi-même à mes propres yeux, en me voyant en contact journalier avec de telles gens ? Il me manquait encore d'avoir à subir une accusation si injuste, si mal fondée !

— Vous aurez la bonté de vous rappeler, mademoiselle Nickleby, dit Mme Wititterly, qu'en vous servant des termes : *injuste*, *mal fondée*, vous avez l'air de m'accuser de dire des choses qui ne sont pas vraies.

— Si je vous en accuse ! dit Catherine avec une honnête indignation. Ah ! que vous me fassiez de pareils reproches, spontanément ou parce qu'ils vous sont soufflés par d'autres, peu importe : ils n'en sont pas moins faux, de la fausseté la plus vile, la plus basse, la plus grossière. Quoi! il est possible qu'une personne de mon sexe, qui ne m'a pas perdue de vue un moment, n'ait pas remarqué les tourments que j'ai endurés de la part de ces hommes! Il est possible que vous, madame, vous ayez pu être là, toujours présente, sans remarquer la liberté insultante que trahissait chacun de leurs regards! Il est possible que vous ayez fermé les yeux, pour ne point voir que ces libertins, sans aucun respect pour vous comme pour eux-mêmes, au mépris des lois de l'honneur et de la décence même, n'ont eu qu'un but en s'introduisant dans votre maison, celui de sacrifier à leurs abominables desseins une pauvre fille sans amis, sans protecteurs, qui, au lieu de se croire réduite un jour à cette confession humiliante, devait au moins espérer de votre âge, si différent du sien, l'aide et la sympathie qu'une femme doit à une femme! Non, je ne crois pas, je ne puis pas croire que ce soit possible. »

Pour peu que la pauvre Catherine eût possédé la moindre connaissance du monde, elle ne se serait certainement pas permis, même sous l'empire des sentiments qui l'avaient entraînée, une tirade aussi imprudente, dont l'effet était facile à prévoir avec un peu d'expérience. En effet, tant qu'elle n'attaqua que la véracité de Mme Wititterly, cette dame reçut le choc avec un calme exemplaire et mit une patience héroïque à écouter le récit que fit Catherine de ses souffrances. Mais, quand il fut question du peu de respect que ces gentlemen avaient montré pour elle, elle commença à laisser voir une émotion violente, et n'était pas encore remise de ce coup, lorsque, en entendant parler de la différence d'âge, elle retomba sur le sofa en poussant des cris affreux.

« Qu'est-ce qu'il y a? cria M. Wititterly, s'élançant d'un bond dans la chambre. Ciel! que vois-je? Julia! Julia! levez les yeux, ô ma vie! mon bonheur! levez les yeux. »

Mais Julia baissait au contraire les yeux avec persévérance et criait toujours plus fort. Alors M. Wititterly se mit à tirer la sonnette, à danser comme un possédé autour du sofa où reposait Mme Wititterly, à demander à grands cris sir Tumley Snuffim, et à insister chaque fois pour obtenir des explications sur la scène qu'il avait sous les yeux.

« Veux-tu courir chercher sir Tumley? cria M. Wititterly en montrant ses poings menaçants au page. Je le savais bien, mademoiselle Nickleby, disait-il en se retournant pour la regarder d'un air de triomphe douloureux, que la société ne lui valait rien. Elle est toute âme, voyez-vous, jusqu'au bout des ongles. » Et, sur cette déclaration, M. Wititterly prit dans ses bras la forme évanouie de cette âme délicate et l'emporta corporellement jusque sur son lit.

Catherine attendit que sir Tumley Snuffim eût fait sa visite, examiné la malade, et répondu que, par l'intervention spéciale de la miséricordieuse Providence (ce furent les propres expressions de sir Tumley), Mme Wititterly venait de s'endormir; alors elle s'habilla à la hâte pour sortir, annonça qu'elle serait de retour dans une couple d'heures, et courut chez son oncle.

La matinée avait été bonne pour Ralph Nickleby; il n'avait jamais été plus heureux en affaires, et, tout en se promenant dans son petit cabinet, les mains croisées derrière le dos, faisant dans son esprit l'addition de toutes les sommes qui étaient entrées ou qui allaient entrer dans sa nasse, par suite de l'affaire conclue le matin, sa bouche laissait deviner un sourire dur et triste, pendant que la raideur des lignes et des courbes dont il était formé, unie au regard astucieux de son œil froid et brillant, disait assez que, s'il fallait encore trouver, pour augmenter ses profits, quelque nouvel effort de résolution ou de ruse, il en avait de reste à son usage.

« A la bonne heure, disait Ralph, en faisant allusion, sans aucun doute, à quelque opération du jour. Ah! il brave l'usurier! c'est bon, nous allons voir. Ah! la probité est la meilleure politique, dit-il; eh bien, je suis curieux de voir si c'est vrai. »

Puis il s'arrêtait, puis il reprenait sa promenade.

« Ah! dit-il, se déridant par un sourire, il est bien aise de mettre dans la balance son caractère et son honnêteté connue contre le pouvoir de l'argent, ou, comme il l'appelle, d'un vil métal. Il faut donc que ce soit un bien grand imbécile! Vil métal! Comment peut-on dire cela? Vil métal!... Mais qui est là?

— Moi, dit Newmann Noggs passant la tête par la porte; votre nièce...

— Eh bien, quoi, ma nièce ? demanda Ralph contrarié.

— Elle est ici.

— Ici? »

Newman rejeta sa tête du côté de son petit bureau pour montrer qu'elle était là, à attendre.

« Qu'est-ce qu'elle veut? demanda Ralph.

— Je ne sais pas, répondit Newman; faut-il que je le lui demande? ajouta-t-il vivement.

— Non, faites-la entrer... Un moment, attendez. »

Il se dépêcha de faire disparaître un petit coffre à argent fermé au cadenas, qu'il avait sur la table et qu'il remplaça par une bourse vide. « Là ! dit-il, à présent elle peut entrer. »

Newman, qui n'avait pu retenir un sourire comique en voyant cette manœuvre, fit signe à la demoiselle d'approcher, lui donna une chaise et se retira, jetant par-dessus l'épaule un regard furtif à Ralph. En même temps il sortit sans se presser, clopin-clopant.

« Eh bien, dit Ralph d'un ton rude encore, quoiqu'il y eût pourtant dans ses manières une expression moins dure qu'avec tout autre; eh bien, ma chère, qu'est-ce qu'il y a de nouveau? »

Catherine leva ses yeux remplis de larmes et fit un effort sur son émotion pour pouvoir répondre, mais en vain. Alors elle laissa retomber sa tête et demeura silencieuse. Ralph, sans voir son visage, voyait pourtant bien qu'elle pleurait.

« Je vois d'ici ce que c'est, se dit-il en lui-même après l'avoir regardée quelque temps en silence; oui, je sais d'avance ce qu'elle va me dire. » Et il parut un moment déconcerté de voir la détresse de sa belle nièce; mais il se ravisa bientôt. « Bon! bon! pensa-t-il, le grand mal! quelques larmes versées, qui ne seront pas perdues pour elle. C'est un excellent apprentissage pour une jeune fille, un excellent apprentissage. »

« Voyons! qu'est-ce qu'il y a? » demanda Ralph en approchant sa chaise et en s'asseyant en face d'elle.

Il fut bientôt frappé de la fermeté soudaine avec laquelle Catherine leva les yeux sur lui pour lui répondre.

« Ce qu'il y a, monsieur? dit-elle; ce qui m'amène devant vous, c'est quelque chose qui doit vous faire monter la rougeur au visage comme à moi, et allumer votre honte; j'ai grandement à me plaindre, monsieur; ma sensibilité a été outragée, insultée, blessée mortellement, et par qui? par vos amis.

— Mes amis! cria Ralph d'un ton rude; moi, je n'ai pas d'amis, ma petite.

— Eh bien, reprit-elle promptement, par les hommes que j'ai vus chez vous. S'ils n'étaient pas de vos amis, et que vous les connussiez bien cependant, il n'en est que plus honteux à vous de m'avoir jetée au milieu d'eux. Du moins, en m'exposant aux affronts que j'ai reçus ici, si vous aviez pu les accuser d'avoir trahi votre confiance, et vous reprocher à vous-même de n'avoir pas assez bien connu vos hôtes, c'était peut-être une excuse, si faible qu'elle pût être. Mais, si vous l'avez fait, comme à présent j'en suis sûre, sans vous faire d'illusion sur leur caractère, ah! c'était de votre part bien lâche et bien cruel! »

Ralph recula sa chaise, frappé d'étonnement en entendant parler avec tant de franchise, et lança sur elle un de ses plus rudes regards. Mais elle, elle le soutint en face, fièrement et vaillamment; et, toute pâle qu'elle était, son visage n'en était que plus noble et plus beau, éclairé par le feu de ses yeux. Jamais elle n'avait été si belle.

« Vous avez, à ce que je vois, du sang de votre frère dans les veines, dit Ralph, d'une voix presque menaçante, car l'œil flamboyant de Catherine lui avait rappelé sa dernière entrevue avec Nicolas.

— Je l'espère bien, dit Catherine; c'est mon orgueil de le croire. Je suis jeune, mon oncle, et ce sang dont vous parlez, toutes les difficultés et toutes les misères de ma position l'avaient refoulé dans mon cœur; mais il reflue aujourd'hui, il se révolte enfin contre l'outrage, et il en arrivera ce qui pourra; mais je viens, moi, la fille de votre frère, vous déclarer que je ne veux plus supporter ces insultes.

— Quelles insultes, petite? demanda Ralph avec aigreur.

— Rappelez-vous ce qui s'est passé ici, et vous pourrez vous répondre en ma place, répliqua-t-elle en rougissant jusqu'au blanc des yeux. Mon oncle, il est de votre devoir, et j'espère aussi qu'il est dans vos sentiments, de m'affranchir de la société indigne et avilissante à laquelle je suis livrée maintenant. Je ne veux pas, ajouta-t-elle en s'approchant de lui vivement et lui mettant la main sur l'épaule, je ne veux pas montrer de violence ni de colère. Pardon, mon cher oncle, si j'ai paru le faire; mais vous ne savez pas, et vous ne pouvez pas savoir tout ce que j'ai souffert. Vous ne savez pas ce que c'est que le cœur d'une jeune fille. Il serait injuste de vous en faire un reproche, vous ne pouvez pas le connaître; mais, quand je vous dis que je suis malheureuse et que j'ai le cœur brisé de douleur, je suis sûre que vous ne me refuserez pas votre aide; j'en suis sûre; oh! oui, j'en suis sûre. »

Ralph la considéra un instant, puis détourna la tête et frappa du pied sur le parquet comme un homme agacé.

« J'ai patienté de jour en jour, dit Catherine en se penchant vers lui et en plaçant dans sa main sa petite main timide; j'avais toujours l'espoir de voir cesser ces persécutions. J'ai patienté de jour en jour, forcée de donner à mon visage l'expression de la bonne humeur au moment où j'étais le plus malheureuse; et pas une âme pour me conseiller, pour me soutenir, pour me protéger! Maman se berce de l'idée que ce sont des hommes honorables, riches, distingués. Comment voulez-vous?... comment voulez-vous que j'aille la détromper, quand je la vois si heureuse de ses petites illusions, son seul bonheur après tout? Quant à la dame chez laquelle vous m'avez placée, ce n'est point du tout une personne à laquelle on puisse se confier dans des matières si délicates. J'ai donc fini par venir à vous, le seul ami que j'aie près de moi, presque le seul ami que j'aie au monde, pour vous implorer, pour vous supplier de m'assister.

— Et comment voulez-vous que je vous assiste, mon enfant? dit Ralph en se levant de sa chaise et en recommençant à se promener de long en large dans la chambre, les mains derrière le dos, comme avant l'arrivée de Catherine.

— Vous avez de l'influence sur un de ces hommes, je le sais, répliqua Catherine, je l'ai vu; un mot de vous suffirait peut-être pour le faire renoncer à cette lâche conduite.

— Non, dit Ralph se retournant aussitôt; du moins, en supposant que cela soit vrai, ce mot, je ne peux pas le dire.

— Vous ne pouvez pas le dire?

— Non, dit Ralph en s'arrêtant tout court et en serrant convulsivement ses mains derrière le dos, je ne puis pas le dire. »

Catherine recula d'un pas ou deux et regarda comme si elle doutait qu'elle eût bien entendu.

« Nous sommes liés d'affaires, dit Ralph en se balançant alternativement sur les talons et sur la pointe des pieds et en regardant froidement sa nièce en face : liés d'affaires, et il faut que je le ménage. D'ailleurs, de quoi vous plaignez-vous, après tout? Qu'est-ce qui n'a pas ses chagrins? Eh bien, vous avez les vôtres. Et encore, combien de filles seraient fières d'avoir de tels galants à leurs pieds!

— Fières! cria Catherine.

— Je ne dis pas, répliqua Ralph en levant l'index, que vous n'ayez pas raison de mépriser leur exemple. Non, vous faites en cela preuve de bon sens, et je vous connaissais assez pour y avoir compté tout d'abord. Mais voyons : sous tous les autres rapports, vous n'êtes pas si malheureuse; ce n'est pas la mer à boire. Si ce jeune lord vous suit à la piste comme un chien pour fatiguer vos oreilles de son radotage insensé, après? C'est une passion contraire à l'honneur, je le veux bien, mais elle ne durera pas longtemps. Un de ces matins, il s'enflammera pour quelque nouvelle idole, et vous laissera tranquille. En attendant...

— En attendant, interrompit Catherine, avec un juste sentiment d'orgueil et d'indignation, je serais la honte de mon sexe et le jouet de l'autre; condamnée, sans avoir droit de m'en plaindre, par toutes les femmes dont l'estime vaut quelque chose, et méprisée par tous les hommes honnêtes; dégradée dans ma propre estime, et avilie aux yeux des autres. Non, non, quand il faudrait gratter la terre avec mes ongles, quand il faudrait m'atteler à la plus rude charrue, cela ne sera pas. Ne vous y trompez pas, je ferai honneur jusqu'au bout à votre recommandation, je resterai dans la maison où vous m'avez placée jusqu'à ce que je sois autorisée à la quitter, d'après les termes mêmes de mon engagement; mais pour ce qui est de revoir ces hommes, sachez-le bien, jamais! Et puis, quand je sortirai de là, j'irai me cacher bien loin d'eux et de tous. J'accepterai le service le plus rude, s'il peut m'aider à soutenir ma mère, trop heureuse de vivre au moins en face avec moi-même et pleine de confiance en Dieu, qui, lui, ne me délaissera pas! »

En prononçant ces derniers mots, elle fit signe de la main à Ralph Nickleby de ne pas se déranger, et sortit, le laissant immobile sur ses pieds comme une statue.

Catherine fut si surprise, en fermant la porte de la chambre, de voir, tout près derrière, Newman Noggs debout, droit comme un I, au fond d'une petite niche pratiquée dans la muraille, avec l'air d'un épouvantail à moineaux, que c'est à peine si elle put retenir un cri d'étonnement; mais, Newman lui recommandant le silence en mettant un doigt sur ses lèvres, elle eut la présence d'esprit de ne pas dire un mot.

« Non, dit Newman, en sortant doucement de sa cachette et l'accompagnant dans le vestibule, non, ne pleurez pas. » Et, en disant cela, Newman laissait couler deux grosses larmes le long de ses joues.

« Je sais ce que c'est, allez, dit le pauvre Noggs en tirant de sa poche quelque chose qui ressemblait à un vieux torchon, pour en essuyer les yeux de Catherine aussi doucement qu'une nourrice essuie ceux de son enfant. Allons! allons! voilà que vous pleurez maintenant. Eh bien, à la bonne heure! c'est bon, j'aime cela; vous avez eu raison tout à l'heure de ne pas pleurer devant lui. Oui, oui. Ha! ha! ha! Oh oui! pauvre malheureuse! »

En poussant ces exclamations, Newman s'essuyait aussi les yeux avec le susdit torchon, et s'en allait boitillant vers la porte de la rue, qu'il lui ouvrit, et la laissa passer.

« Ne pleurez plus, lui dit-il tout bas, je vous reverrai bientôt; ha! ha! ha! et un autre aussi vous reverra; oui, oui. Ho! ho!

— Que Dieu vous récompense, répondit Catherine en se hâtant de sortir, qu'il vous bénisse!

— Et vous de même, répliqua Newman en rouvrant un peu la porte pour lui répondre. Ha! ha! ha! Ho! ho! ho! »

Et Newman la rouvrit encore pour lui faire avec

la tête de petits signes d'amitié avec un nouvel éclat de rire, et la referma pour secouer sa tête tristement et fondre en larmes.

Ralph resta dans la même attitude jusqu'à ce qu'il eut entendu fermer la porte. Alors il haussa les épaules, fit quelques tours dans la chambre, plus rapides d'abord, puis plus lents par degrés, à mesure qu'il revenait à lui, et finalement s'assit devant son bureau.

Expliquez-moi, si vous pouvez, ce singulier problème de la nature humaine. Ralph, en ce moment, ne ressentait aucun remords de sa conduite envers cette jeune fille innocente, au cœur franc et loyal; les libertins dont elle était victime n'avaient pas fait autre chose que ce qu'il avait prévu d'avance, ou plutôt ce qu'il avait précisément désiré dans l'intérêt de ses affaires, et cependant il leur en voulait de l'avoir fait, il les en détestait davantage au fond de l'âme.

« Vilains que vous êtes, disait-il en fronçant le sourcil, en fermant les poings pour en menacer de loin le visage des deux débauchés; vous me le payerez; oh! oui, vous me le payerez cher. »

Et il retourna, pour se consoler, à ses registres et à ses cartons. Au lieu de cela, s'il eût seulement tourné le bouton de la porte, il eût vu dans la pièce voisine un spectacle qui lui aurait causé une singulière surprise.

Ce spectacle n'avait qu'un acteur: c'était Newman Noggs. Placé à une petite distance de la porte, en la regardant d'un air courroucé, et les manches retroussées jusqu'au coude, il était en train de distribuer, dans le vide de l'air, une volée des plus vigoureux, des plus savants, des plus redoublés coups de poing qu'on pût voir.

On aurait pu, au premier abord, être tenté de croire que c'était purement, chez un homme d'habitudes sédentaires, un exercice hygiénique pour se développer la poitrine et se fortifier les muscles des bras; mais alors la figure de Newman Noggs n'aurait pas eu cette expression de colère et de bonheur tout ensemble. Il n'aurait pas eu la face toute couverte de sueur. Il n'aurait pas montré cette énergie surprenante à diriger une grêle de coups sur un panneau de la porte, à la hauteur de cinq pieds du sol. Il ne se serait pas acharné à cette besogne avec une ardeur si infatigable. La vérité, c'est qu'il rossait sans quartier, dans son imagination, le tyran de sa personne réelle, M. Ralph Nickleby.

CHAPITRE XXIX

Nous retournons à Nicolas : divisions intérieures qui éclatent dans la troupe de M. Vincent Crummles.

Le succès inespéré qu'il avait obtenu et l'accueil favorable qu'on lui avait fait à Portsmouth décidèrent M. Crummles à prolonger d'une quinzaine son séjour dans cette ville, au delà du terme qu'il avait assigné d'abord à son excursion théâtrale. Nicolas y joua une infinie variété de rôles, toujours avec le même engouement du public, et la foule s'y porta toujours avec une constance si encourageante, que le directeur considéra comme une chose très profitable pour lui-même de donner, avant son départ, une représentation au bénéfice de l'artiste chéri des loges et du parterre. Nicolas, ayant accepté les conditions qui lui furent proposées, tira de cette représentation une somme ronde de 500 francs pour le moins.

Quand il se vit à la tête de cette fortune qui lui tombait des nues, son premier soin fut d'envoyer par la poste à l'honnête John Browdie le montant de ce prêt généreux qu'il lui avait fait d'un si bon cœur, sans oublier dans sa lettre l'expression de tous ses sentiments d'estime et de reconnaissance, non plus que ses souhaits sincères pour le bonheur de son ménage. En même temps il fit passer à Newman Noggs la moitié de son petit trésor, en le priant de saisir la première occasion d'en faire présent à Catherine en secret, et de lui transmettre l'assurance la plus cordiale de sa tendresse et de son affection. Quant à son genre de vie, il n'en faisait pas mention. Il se bornait à prévenir Newman que ses lettres lui parviendraient à l'adresse de Johnson, bureau restant, Portsmouth. Il le priait au nom de leur amitié de lui donner dans sa réponse les plus grands détails sur la situation de sa mère et de sa sœur, avec un récit circonstancié de toutes les grandes et belles choses que Ralph Nickleby avait faites pour elles depuis leur séparation.

« Je vous trouve bien abattu, lui dit Smike le le soir du départ de la lettre.

— Il n'en est rien, répondit Nicolas avec une

feinte gaieté; car il ne voulait pas, par un aveu de sa peine, attrister le pauvre garçon pour toute la nuit; c'est que je pensais à ma sœur, Smike.

— Votre sœur?

— Oui.

— Vous ressemble-t-elle? demanda Smike.

— Mais on le dit, répliqua Nicolas en riant; seulement elle est beaucoup mieux.

— En ce cas elle est bien belle, dit Smike après avoir un peu réfléchi, en joignant les mains et en fixant les yeux sur son ami.

— Mon cher garçon, savez-vous que quelqu'un qui ne vous connaîtrait pas comme je vous connais, vous accuserait d'être un parfait courtisan?

— Je ne sais seulement pas ce que c'est, répliqua Smike, en hochant la tête. Est-ce que je la verrai quelque jour, votre sœur?

— Je crois bien, cria Nicolas, nous serons tous réunis un de ces jours, quand nous serons riches, Smike.

— Comment se fait-il, vous qui êtes si bon et si tendre pour moi, que vous n'ayez personne qui soit bon et tendre pour vous? demanda Smike. C'est une chose qui me passe.

— Oh! ce serait une longue histoire, répliqua Nicolas, et que vous auriez peut-être quelque peine à comprendre : c'est que j'ai un ennemi, voyez-vous. Vous savez ce que c'est?

— Oh oui! je le sais.

— Eh bien, c'est lui qui en est cause. Il est riche, celui-là, et n'est pas aussi aisé à punir que le vôtre, votre ancien ennemi, M. Squeers. C'est mon oncle, mais ce n'en est pas moins un méchant, et qui m'a fait bien du mal.

— Est-ce vrai? demanda Smike vivement, en faisant un pas en avant. Quel est son nom? Je veux savoir son nom.

— Ralph... Ralph Nickleby.

— Ralph Nickleby, répéta Smike, Ralph; je vais apprendre ce nom-là par cœur. »

En effet, il le marmotta plus de vingt fois entre ses lèvres; il le marmottait encore, lorsqu'un coup frappé avec force à la porte vint le distraire de cette occupation. Sans attendre qu'on lui ouvrît, M. Folair, l'illustre pantomime, avait déjà passé sa tête.

La tête de M. Folair était ordinairement ornée d'un chapeau rond, dont la forme était extraordinairement haute et les bords très retroussés. Il avait cru devoir, pour l'occasion présente, le mettre sur le coin de l'oreille, en plaçant le derrière devant, sans doute parce qu'il était moins usé. Il portait autour du cou un cache-nez de laine tricotée rouge-feu, dont les bouts pendants passaient sous un habit râpé acheté de rencontre, qui lui serrait la taille, et boutonné de haut en bas. A la main il avait un gant très sale et une canne bon marché surmontée d'une poignée en verre. Bref, il y avait dans toute sa personne quelque chose d'éblouissant et une prétention de toilette inusitée.

« Bonsoir, monsieur, dit M. Folair en ôtant son grand chapeau et en passant ses doigts dans ses cheveux; voici un message dont je suis porteur. Hum!

— De qui et pourquoi? demanda Nicolas. Je vous trouve singulièrement mystérieux ce soir.

— Froid peut-être, répondit M. Folair; il est possible que vous me trouviez froid; ce n'est pas ma faute, monsieur Johnson, c'est celle de ma position. C'est ma position d'ami commun, monsieur, qui l'exige. » Là-dessus M. Folair s'arrêta d'un air composé, plongea la main dans le chapeau déjà décrit, en tira un petit morceau de papier gris plié avec soin, le développa, y prit une lettre à laquelle il avait servi d'enveloppe pour la tenir plus propre, et la passa à Nicolas en disant : « Ayez la bonté de lire cela, monsieur. »

Nicolas n'en revenait pas. Cependant il prit la lettre, rompit le cachet, tout en suivant des yeux M. Folair, qui, fronçant le sourcil et plissant le coin de sa bouche pour plus de dignité, restait assis sans bouger, les yeux obstinément fixés sur le plafond. La lettre était adressée à Johnson Esq... tout court, par l'intermédiaire d'Auguste Folair, et l'étonnement de Nicolas alla toujours croissant, quand il la trouva conçue en ces termes laconiques :

« M. Lenville présente ses très humbles respects à M. Johnson et le prie d'avoir l'obligeance de lui faire savoir à quelle heure il lui sera plus commode, demain matin, de venir le trouver au théâtre pour se faire tirer le nez par M. Lenville en présence de la compagnie.

» M. Lenville recommande à M. Johnson de ne pas négliger de lui donner un rendez-vous, parce qu'il a invité deux ou trois artistes de ses amis à assister à la cérémonie, et qu'il ne peut pas absolument se dispenser de leur donner ce plaisir.

» Portsmouth, mardi soir, etc. »

Tout indigné qu'il était de cette impertinence, il trouvait ce cartel si absurde, qu'il fut obligé de se mordre les lèvres et de relire la lettre deux ou trois fois avant de pouvoir reprendre la gravité et le sérieux nécessaires pour s'adresser au commissionnaire de son ennemi, dont les yeux n'avaient pas un seul moment perdu de vue le plafond, et dont l'expression n'avait pas varié davantage.

« Connaissez-vous, monsieur, lui demanda-t-il à la fin, le contenu de cette lettre?

— Oui, répondit M. Folair en se détournant pour

le regarder et en reportant avec soin ses yeux vers le plafond.

— En ce cas, je vous trouve bien hardi de me l'apporter, monsieur, dit Nicolas en la déchirant en mille morceaux qu'il jeta à la tête du messager. Vous n'avez donc pas eu peur de vous faire jeter du haut en bas des escaliers à coups de pied dans le derrière? »

M. Folair tourna la tête (cette tête qui venait de recevoir de nouveaux ornements, sous l'averse de petits morceaux de papier que Nicolas venait de faire pleuvoir sur elle), regarda Nicolas, et, toujours avec la même dignité imperturbable, répondit par ce simple mot :

« Non!

— En ce cas, dit Nicolas en lui prenant son grand chapeau, qu'il fit sauter du côté de la porte, je vous conseille, monsieur, de suivre cette partie intéressante de votre vêtement, si vous ne voulez pas vous exposer à une cruelle déception, avant qu'il soit seulement deux secondes.

— Dites donc, Johnson, s'écria M. Folair, en perdant en un moment toute sa dignité, pas de ces bêtises-là; vous savez bien qu'on ne plaisante pas avec la garde-robe des gens.

— Détalez, reprit Nicolas, il faut que vous soyez bien impudent pour vous être chargé d'un pareil message, polisson que vous êtes.

— Allons, allons, dit M. Folair en déroulant son cache-nez et en se défaisant petit à petit de cet agrément. Là! en voilà bien assez.

— Assez! cria Nicolas en s'avançant vers lui; allons, filez, monsieur.

— Allons! allons! écoutez-moi donc, disait M. Folair en agitant ses mains pour lui faire signe de se calmer; ce n'était pas sérieux; je ne m'en suis chargé que pour rire.

— Eh bien, quand vous voudrez rire une autre fois, vous ferez bien d'y faire plus d'attention, dit Nicolas, ou on pourrait vous montrer que c'est une plaisanterie qui n'est pas sans danger que de venir proposer à un homme de lui tirer le nez. Et le cartel, dites-moi, est-il aussi pour rire?

— Non, non, c'est bien ce qu'il y a de plus plaisant : il est très sérieux, au contraire, et c'est une affaire d'honneur. »

Nicolas ne put s'empêcher de rire en voyant devant lui cet original, si bien fait en tout temps pour mettre plutôt en gaieté qu'en colère, mais plus risible alors que jamais, un genou en terre pour ramasser son chapeau, son vieux chapeau rond, et simulant la plus vive inquiétude pour le duvet de son couvre-chef compromis peut-être dans cette chute, le brosser diligemment avec sa manche, quoiqu'il sût bien que sa coiffure était chauve depuis plusieurs mois.

« Allons! monsieur, dit Nicolas en riant malgré lui. Ayez la bonté de vous expliquer.

— Eh bien, je vais vous dire comment c'est venu, dit M. Folair en prenant une chaise avec le plus grand sang-froid. Depuis votre entrée dans la troupe, Lenville n'a plus joué que les seconds emplois, et, au lieu d'avoir tous les soirs une réception comme autrefois, on ne s'est pas plus occupé de lui que s'il n'existait pas.

— Que voulez-vous dire par là, une réception? demanda Nicolas.

— Par Jupiter! s'écria M. Folair, il faut, Johnson, que vous soyez le pastoureau le plus naïf. Mais une réception, c'est un applaudissement général de la salle quand vous entrez en scène. Si bien donc qu'il faisait tous les soirs ses entrées sans voir seulement deux mains se lever en sa faveur, tandis que vous, vous avez toujours deux salves d'applaudissements au moins, quelquefois trois; tant qu'enfin le désespoir l'a pris, et pas plus tard qu'hier au soir il a eu presque envie de jouer son rôle de Tibalt avec une vraie épée, pour vous découdre le casaquin; pas un coup dangereux, mais tout juste assez pour vous mettre sur le flanc pendant un mois ou deux.

— Merci de la précaution, dit Nicolas.

— Moi, je pense, dit M. Folair du plus grand sérieux du monde, vu les circonstances, que cela pouvait se faire, car il y allait de son honneur d'artiste. Mais enfin le cœur lui a manqué; et alors il s'est mis à chercher quelque autre moyen de se venger de vous et de se rendre lui-même populaire, car c'est là l'affaire : se faire connaître, il n'y a que cela. Dieu de Dieu! s'il vous avait pincé, dit M. Folair en s'arrêtant pour faire un petit calcul mental; cela lui aurait rapporté... oh! oui, cela lui aurait bien rapporté dix ou douze francs par semaine. Toute la ville serait venue voir l'acteur qui aurait presque tué un homme par mégarde. On me dirait que cela lui aurait valu un engagement à Londres, que je n'en serais pas étonné. Enfin il a donc été obligé d'aviser à d'autres moyens pour rentrer dans sa popularité, et il s'est arrêté à celui-là. Ce n'était réellement pas une mauvaise idée : si vous faisiez une reculade, il vous tirait le nez et le faisait mettre dans le journal; si vous lui intentiez un procès, le procès était mis aussi dans le journal, et, dans l'un comme dans l'autre cas, il faisait parler de lui autant que de vous : vous comprenez?

— Certainement, dit Nicolas. Mais renversons la question et supposons que ce fût moi qui lui tirasse le bout du nez, qu'en dites-vous? était-ce là pour lui un moyen de faire fortune?

— Ouais! répliqua M. Folair en se grattant la

Le tragédien porta sur Nicolas un regard qui commença à la pointe de ses bottes et finit à la pointe de ses cheveux. (P. 218.)

tête, je ne pense pas; ce ne serait pas très romanesque, et le moyen ne serait pas bon pour se faire connaître favorablement. Mais, à vous dire vrai, il n'a pas compté là-dessus. Votre ton dans la conversation est toujours si poli, et vous savez vous faire si bien venir auprès des dames que personne de nous ne vous a supposé l'idée de faire mine de résister. Mais, dans ce cas-là même, il a en réserve quelque moyen de se tirer d'affaire aisément, soyez-en sûr.

— Oui? reprit Nicolas; eh bien, nous le verrons demain matin, pas plus tard. En attendant, je vous laisse maître de raconter notre entrevue comme il vous plaira; bonsoir. »

Comme M. Folair était bien connu parmi ses camarades pour un homme qui n'avait pas grands scrupules et qui ne se plaisait qu'à faire du mal, Nicolas n'avait pas douté un moment que ce ne fût lui qui eût en secret soufflé le feu, et que, de plus, il ne fût disposé à s'acquitter de sa mission avec beaucoup de hauteur, s'il n'avait pas été tout de suite déconcerté par l'accueil inattendu qu'il avait reçu. Mais, comme il ne valait pas la peine qu'on le prît au sérieux, Nicolas congédia ce pantomime en lui faisant entendre gentiment que, s'il recommençait à l'insulter, il pouvait s'attendre à se voir casser la tête. M. Folair, tout à fait reconnaissant de cet avertissement utile, se remit en route pour aller conférer avec son ami M. Lenville, et lui raconter les circonstances de sa mission de la manière la plus propre à laisser continuer la plaisanterie.

Il faut croire qu'il lui avait rapporté que Nicolas avait reçu le cartel en tremblant de tous ses membres, car le lendemain matin, lorsqu'il se rendit au théâtre à l'heure accoutumée, sans hésiter le moins du monde, il trouva toute la troupe assemblée, dans l'attente évidente de quelque événement, et M. Lenville assis majestueusement sur une table, sifflant en manière de défi, avec la figure la plus tragique qu'il avait pu trouver dans son répertoire.

Or les dames étaient du parti de Nicolas, mais les messieurs, tous plus ou moins jaloux, étaient de celui du tragédien déconfit. Les derniers formaient donc un petit groupe autour du redoutable M. Lenville, et les premières se tenaient à une petite distance, donnant des signes d'agitation et d'anxiété. Quand Nicolas s'arrêta devant elles pour les saluer, M. Lenville poussa un éclat de rire insultant, et fit en passant quelques remarques générales sur l'histoire naturelle des roquets.

« Ah! dit Nicolas en se retournant tranquillement pour le regarder, c'est vous?

— Esclave! » répliqua M. Lenville en faisant un geste avec son bras droit et s'approchant de Nicolas par une enjambée théâtrale. Il n'alla pas plus loin pour le moment, tout étonné qu'il était de voir que son adversaire ne se montrait pas aussi effrayé qu'il s'y était attendu : ce qui lui fit faire tout court une halte assez maladroite, aux grands éclats de rire des dames assemblées.

« Vil objet de ma colère et de ma haine, dit M. Lenville, vous êtes trop heureux que je vous méprise. »

Nicolas, qui ne s'attendait pas à lui voir jouer sérieusement la comédie, se mit à rire à cœur joie, et les dames, pour l'encourager, de rire bien plus fort, ce qui donna à M. Lenville l'occasion de prendre son sourire le plus amer et d'exprimer son opinion : qu'elles n'étaient toutes que des poupées.

« Mais ce ne sont pas elles qui vous sauveront de mon courroux, dit le tragédien en portant sur Nicolas un regard qui commença à la pointe de ses bottes et finit à la pointe de ses cheveux, pour redescendre de la pointe de ses cheveux à la pointe de ses bottes. (Ce regard en partie double a, comme tout le monde le sait, le privilège d'exprimer les défis sur la scène). Non! elles ne vous sauveront pas, mioche! »

Et M. Lenville se croisa les bras et regarda Nicolas avec cette expression de physionomie dont il avait l'habitude dans ses rôles mélodramatiques, toutes les fois que le tyran obligé de la pièce prononça ses mots : « *Qu'on l'entraîne au donjon, dans le cachot le plus profond des souterrains du château.* » Quand ce regard était accompagné d'un petit cliquetis des fers de la victime, il n'avait jamais manqué de faire un très bel effet dans son temps.

Mais, cette fois, soit à cause des fers qui étaient absents, soit autrement, le regard terrible de M. Lenville ne fit pas d'autre effet sur son adversaire que de redoubler sa bonne humeur et son envie de rire. Un ou deux messieurs, qui n'étaient venus positivement que pour voir tirer Nicolas par le bout du nez, commencèrent à trouver le temps long et à murmurer que, si on avait en effet l'intention de faire quelque chose, il valait mieux en finir; et que, si M. Lenville ne voulait rien faire du tout, il n'avait qu'à le dire, au lieu de les tenir là le bec dans l'eau. Voyant qu'il n'y avait pas moyen de reculer, le tragédien releva le parement de sa manche droite, pour accomplir en règle l'opération annoncée, et s'avança d'un pas majestueux près de Nicolas, qui le laissa approcher à distance raisonnable, sans montrer la moindre émotion, et le flanqua par terre d'un coup de poing.

Le tragédien déconfit était encore étendu tout de son long sur le dos, quand Mme Lenville (on se rappelle que cette dame était dans une situation intéressante) s'élança du milieu des autres dames et, poussant un cri perçant, se jeta sur le corps de son mari.

« Voyez-vous, monstre, voyez-vous *cela?* cria M. Lenville en se remettant sur son séant et en montrant sa femme infortunée qui, le genou à terre, le tenait étroitement serré par la taille.

— Allons! dit Nicolas en lui faisant un signe de tête victorieux, demandez-moi pardon de la lettre insolente que vous m'avez écrite hier au soir, et ne perdez pas de temps à bavarder.

— Jamais! cria M. Lenville.

— Si! si! si! lui dit sa femme à grands cris; faites-le pour moi, pour mon enfant; Lenville, ne vous arrêtez point à un vain point d'honneur, ou votre femme ne sera bientôt plus qu'un triste cadavre à vos pieds.

— Je ne puis résister à cela, dit M. Lenville en regardant autour de lui et en passant le dos de sa main le long de ses yeux. Les liens de la nature sont bien puissants; l'époux trop tendre, et le père déjà faible, bien que je ne le sois encore qu'en espérance, fléchit devant cette prière; je demande pardon, dit-il.

— Un pardon humble et repentant, dit Nicolas.

— Humble et repentant, répéta le tragédien d'un air triste et farouche; mais c'est seulement pour la sauver que je me sacrifie, car il viendra un jour...

— Très heureux, dit Nicolas; je souhaite qu'il soit très heureux pour Mme Lenville; et ce jour-là, le jour où vous serez père, vous reprendrez vos excuses, si vous en avez le courage. Allons! une autre fois, monsieur, réfléchissez davantage avant de vous laisser emporter à votre jalousie, et surtout ayez soin de ne pas trop vous avancer, avant de vous assurer du caractère de votre adversaire. »

En lui faisant cet adieu, il ramassa la canne de bois blanc que M. Lenville avait laissée tomber de ses mains, et, la cassant par le milieu, il lui en jeta les morceaux et se retira, en faisant en passant un léger salut aux spectateurs de cette scène.

Le soir, Nicolas fut traité avec la plus profonde déférence : les gens qui s'étaient montrés les plus impatients, le matin, de lui voir tirer le nez, saisirent la première occasion de le prendre à part pour lui exprimer chaudement leur satisfaction de la manière dont il avait traité cet animal de Lenville qui était véritablement insupportable ; et tous lui assurèrent, par une coïncidence remarquable, qu'ils lui auraient déjà donné aussi une bonne leçon s'ils n'avaient pas été retenus par pure compassion ; et certes, à en juger par la conclusion uniforme de toutes ces confidences, il faut croire que la compassion jouait chez eux un grand rôle et qu'il n'y avait pas de gens plus charitables que les membres mâles de la troupe de M. Crummles.

Nicolas ne fut pas plus enivré de sa victoire qu'il ne l'avait été de son grand succès sur le petit théâtre de Portsmouth. Il y mit la même modération et la même bonhomie. M. Lenville, tout penaud, fit pourtant un dernier effort pour prendre sa revanche, en envoyant un gamin siffler au paradis. Mais l'indignation populaire en fit immédiatement justice en le mettant à la porte sans lui rendre son argent.

« Eh bien, Smike, lui dit Nicolas après la fin de la première pièce, et lorsqu'il était déjà presque rhabillé pour retourner chez lui, avons-nous encore une lettre?

— Oui, répondit Smike ; en voici une que je viens de prendre au bureau.

— De Newman Noggs, dit Nicolas en jetant les yeux sur l'écriture chiffonnée de l'adresse ; ce n'est pas facile à déchiffrer. Voyons ! voyons ! »

A force de se casser la tête pendant une demi-heure à étudier la lettre, il finit par en lire le contenu, qui n'était certes pas de nature à le tranquilliser. Newman prenait sur lui de lui renvoyer les deux cent cinquante francs, après s'être assuré que ni Mme Nickleby ni Catherine n'avaient réellement besoin d'argent pour le moment, tandis que Nicolas pourrait avant peu avoir besoin de toutes ses ressources. Il le priait de ne pas s'alarmer de ce qu'il allait lui dire ; qu'il n'avait pas de mauvaises nouvelles à lui donner ; que tout le monde était en bonne santé. Mais, ajoutait-il, il pourrait se présenter bientôt peut-être telle circonstance qui rendrait absolument nécessaire à Catherine d'avoir auprès d'elle la protection de son frère ; et, dans ce cas, il ne manquerait pas de lui écrire par un des prochains courriers.

Nicolas lut et relut ce passage, et plus il le lisait, plus il commençait à craindre quelque perfidie de la part de Ralph ; une fois ou deux, il fut tenté de se rendre à Londres à tout hasard, sans attendre seulement une heure ; mais un moment de réflexion suffit pour lui faire comprendre que, si sa présence eût été nécessaire, Newman le lui aurait dit tout de suite franchement.

« Dans tous les cas, je ferai bien, dit Nicolas, de préparer ici tout le monde à me voir, s'il le faut, précipiter mon départ. Je n'ai pas de temps à perdre. »

Et aussitôt il prit son chapeau et se rendit au foyer.

« Eh bien, monsieur Johnson, lui dit Mme Crummles qui était sur son trône en grand costume de reine, avec le phénomène qui représentait la jeune vierge dans ses bras maternels, la semaine prochaine nous nous mettons en route pour Ryde, de là pour Winchester, de là pour... »

Nicolas l'interrompit.

« J'ai quelque raison de craindre, dit-il, qu'avant votre départ même je ne sois obligé de me séparer de vous tout à fait.

— Tout à fait ! cria Mme Crummles levant les mains d'étonnement.

— Tout à fait ! cria Mlle Snevellici en tremblant de tout son corps dans sa culotte courte, si bien qu'elle fut obligée de mettre sa main sur l'épaule de la directrice pour se soutenir.

— Comment ! Il ne veut sans doute pas dire qu'il s'en va ! s'écria Mme Grudden faisant quelques pas vers Mme Crummles. Plus souvent ! c'est des bêtises ! »

Le phénomène, en sa qualité de créature sensible et irritable, poussa un grand cri, et miss Bravassa, de compagnie avec miss Belawney, versèrent des larmes, ma parole d'honneur. Les acteurs eux-mêmes, le sexe fort de la troupe, s'arrêtèrent au milieu de leur conversation pour répéter en chœur : « Il s'en va ! » Mais, par exemple, il faut être franc, bon nombre d'entre eux, surtout parmi ceux qui avaient été les plus empressés à lui faire leurs félicitations le jour même, guignèrent de l'œil en se regardant les uns les autres, comme des gens qui n'étaient pas fâchés de perdre un rival trop écrasant pour leur mérite. Ce fut, en particulier, le sentiment de l'honnête M. Folair, qui s'en ouvrit franchement en costume de sauvage à un démon avec lequel il trinquait, un verre de bière à la main.

Nicolas dit en peu de mots qu'il craignait d'y être obligé, sans pourtant l'annoncer comme une chose certaine. Puis, s'esquivant au plus tôt, il retourna chez lui épeler encore la lettre de Newman et y réfléchir à son aise.

Ah! comme toutes les occupations, toutes les pensées auxquelles il s'était livré depuis quelques semaines lui parurent vaines et frivoles pendant cette longue nuit sans sommeil, lorsque son imagination lui représentait sans cesse et toujours Catherine, la triste, la malheureuse Catherine, du sein de ses peines et de sa détresse, n'appelant, ne souhaitant, n'espérant que lui!

CHAPITRE XXX

Fêtes données en l'honneur de Nicolas, qui se sépare tout à coup de la société de M. Vincent Crummles et de ses camarades de théâtre.

M. Crummles n'eut pas plutôt appris que Nicolas avait annoncé publiquement la probabilité de son prochain départ, qu'en songeant à la perte qu'il allait faire d'un membre si important de sa troupe, il s'abandonna au chagrin et à l'abattement. Dans l'excès de son désespoir, il alla jusqu'à faire de vagues promesses d'une augmentation prochaine, non seulement dans les honoraires fixes de l'artiste, mais aussi dans le revenu éventuel de ses droits d'auteur. Enfin, quand il eut trouvé Nicolas inflexible dans sa résolution de quitter la troupe (car il venait de s'y décider absolument, même dans le cas où il ne recevrait pas d'autres nouvelles de Newman, voulant à tout hasard se tranquilliser l'esprit en allant reconnaître à Londres la position exacte de sa sœur), M. Crummles en fut réduit à se consoler par l'espérance qu'il pouvait revenir, et à prendre des mesures promptes et énergiques pour tirer au moins de sa présence tout le parti qu'il pourrait avant son départ.

« Voyons, dit M. Crummles en ôtant sa perruque de proscrit pour avoir les idées plus fraîches dans l'examen de cette importante question, voyons : c'est aujourd'hui mercredi. La première chose que nous ferons demain matin, ce sera de mettre des affiches annonçant positivement votre dernière représentation pour l'après-midi.

— Mais, vous savez, il est bien possible que ce ne soit pas la dernière. A moins que je ne sois rappelé précipitamment, je serais fâché de vous laisser dans l'embarras en vous quittant avant la fin de la semaine.

— Tant mieux! reprit M. Crummles; cela fait que vous pourrez nous donner encore une dernière représentation, jeudi; rengagé pour une soirée seulement, vendredi; et, pour céder au désir d'un grand nombre de personnes influentes qui patronnent le théâtre et qui ont eu le désagrément de ne pouvoir se procurer des places, samedi. Voilà qui doit nous faire trois recettes très convenables.

— Alors je vais donc avoir trois dernières représentations? demanda Nicolas en souriant.

— C'est vrai! répliqua le directeur en se grattant la tête d'un air contrarié, cela n'en fait que trois : c'est trop peu. C'est vraiment un massacre de s'en tenir là, c'est même contre les règles; mais enfin que voulez-vous? on ne peut faire que ce qu'on peut, il n'y a pas à dire. Seulement il nous faudrait bien quelque petite nouveauté. Est-ce que vous ne pourriez pas nous chanter une chanson comique, à cheval sur le poney, hein?

— Non, répondit Nicolas, je m'en sens tout à fait incapable.

— C'est dommage : cela nous a quelquefois rapporté gros, dit M. Crummles visiblement désappointé. Qu'est-ce que vous dites d'un beau feu d'artifice?

— Ce serait un peu cher, répliqua Nicolas tout sec.

— Bah! avec une pièce de quarante sous on en verrait la fin, dit M. Crummles. Vous, par exemple, sur une estrade de deux marches, avec le phénomène, faisant tableau; ADIEU sur un transparent par derrière; neuf personnes sur les ailes avec un pétard dans chaque main : les dix-huit pétards partant ensemble. Ah! ce serait tout à fait grand, un magnifique coup d'œil à voir de la salle, un vrai coup d'œil. »

Comme la solennité de cet effet merveilleux ne paraissait pas avoir converti Nicolas, qui reçut au contraire la proposition de la manière la moins respectueuse par un grand éclat de rire, M. Crummles vit bien que c'était un projet avorté, et fit seulement, d'un air triste, l'observation qu'alors il faudrait enjoliver le mieux qu'ils pourraient l'affiche d'annonce de combats et de bourrées écossaises; que, pour le reste, on s'en tiendrait au drame pur.

Pressé de passer à l'exécution immédiate de son plan, le directeur se rendit sur-le-champ dans un petit cabinet de toilette voisin, où Mme Crummles était, pour le moment, occupée à échanger le costume d'une impératrice de mélodrame contre la toilette d'une matrone du dix-neuvième siècle. Et là, avec l'aide de cette dame et de l'incomparable Mme Grudden (un vrai génie pour les affiches : elle n'avait pas son pareil pour semer à grands traits les points d'exclamation; personne ne pouvait disputer à sa longue expérience la science des grandes lettres capitales et de la place qu'elles devaient nécessairement occuper), il se mit sérieusement à l'œuvre pour composer l'affiche.

« Ouf! » dit Nicolas avec un soupir, en se renversant dans le fauteuil du souffleur, après avoir fait jouer le télégraphe pour donner à Smike les conseils nécessaires à son rôle. Smike jouait, comme intermède, celui d'un tailleur peu étoffé, avec un habit auquel il manquait un pan, un petit mouchoir de poche percé d'un grand trou, un bonnet de nuit en laine, le nez rouge, et les autres attributs convenus des tailleurs de théâtre. « Ouf! que je voudrais donc que tout cela fût fini!

— Fini! monsieur Johnson? répéta une voix de femme derrière lui avec une espèce de surprise et d'un ton de reproche.

— L'exclamation n'est pas galante, c'est vrai, dit Nicolas en reconnaissant dans son interlocuteur Mlle Snevellicci; vous pouvez être sûre que je ne me la serais pas permise si j'avais pu croire que vous fussiez là pour l'entendre. »

Le tailleur, justement, quittait la scène à la fin de la pièce, couvert d'applaudissements.

« Quel charmant jeune homme que ce M. Digby! » dit Mlle Snevellicci. M. Digby était le nom de guerre de Smike.

« Je vais de ce pas lui faire part de vos sentiments; cela lui fera plaisir, reprit Nicolas.

— Êtes-vous méchant! répliqua Mlle Snevellicci; ce n'est pas, après tout, qu'il me serait bien égal qu'il sût mon opinion sur son compte. Il y a telle autre personne avec laquelle ce serait... »

Mlle Snevellicci n'alla pas plus loin, dans l'espérance sans doute de provoquer quelque question; mais la question ne fut pas faite; Nicolas avait alors des pensées plus sérieuses.

« C'est une grande bonté de votre part, reprit Mlle Snevellicci après un court silence, de rester ici à l'attendre tous les soirs, tous les soirs; fatigué ou non, de vous donner tant de mal après lui, et toujours avec autant de plaisir et d'empressement que si cela vous rapportait des monts d'or.

— Il mérite bien toute l'affection que je peux lui montrer, et mieux encore, dit Nicolas; c'est le cœur le plus reconnaissant, le plus loyal, le plus affectueux qui ait jamais battu dans une poitrine humaine.

— C'est égal, il est bien drôle, observa Mlle Snevellicci, n'est-ce pas? »

Nicolas branla la tête et répondit à Mlle Snevellicci : « C'est vrai, Dieu me pardonne, et surtout à ceux qui l'ont mis dans cet état.

— C'est toujours un garçon qui est diablement boutonné, dit M. Folair qui venait d'arriver pour se mêler à la conversation. Il n'y a pas à dire que personne puisse rien tirer de lui.

— Et qu'est-ce qu'on voudrait tirer de lui? demanda Nicolas en se tournant un peu brusquement.

— Diantre! quelle soupe au lait! comme vous vous emportez, monsieur Johnson, répliqua M. Folair en relevant le quartier de son chausson de danse; je ne parlais que de la curiosité bien naturelle aux gens de savoir ce qu'il a fait toute sa vie.

— Le pauvre garçon! je croyais qu'il n'était que trop visible qu'il n'a pas assez d'intelligence pour avoir jamais rien fait d'important ni pour eux ni pour personne.

— A la bonne heure! réplique l'acteur en se mirant et s'admirant dans un quinquet à réflecteur. Mais c'est là le nœud de la question, vous comprenez?

— Quelle question? demanda Nicolas.

— Mais qui il est? ce qu'il est? comment il se fait que deux personnes aussi différentes que vous l'êtes soient devenues inséparables? répondit M. Folair enchanté de l'occasion de dire quelque chose de désagréable. Les voilà, les questions que tout le monde se fait.

— Tout le monde de la troupe, je suppose, dit Nicolas avec mépris.

— Au dedans comme au dehors, répliqua l'acteur. Tenez, Lenville, par exemple.

— Je croyais pourtant l'avoir fait taire, dit vivement Nicolas, le rouge lui montant à la figure.

— Peut-être bien, continua l'imperturbable M. Folair; alors c'est qu'il disait cela avant que vous l'ayez fait taire. Lenville donc prétend que vous êtes un artiste de renom, qu'il n'y a que le mystère qui vous entoure qui ait pu vous décider à venir vous associer à notre troupe, et que Crummles vous garde le secret parce qu'il en profite. Ce n'est pas, comme dit Lenville, qu'il y ait du mal à cela, si ce n'est que vous aurez eu quelque mauvaise affaire qui vous aura forcé de vous sauver de quelque part pour avoir fait quelque chose.

— Ah! dit Nicolas, qui riait jaune.

— Voilà en partie ses suppositions, ajouta M. Folair. Je ne vous en parle qu'à titre d'ami commun et sous le sceau du secret. Je ne suis pas son homme, vous le savez; eh bien, il veut absolument voir dans Digby plutôt un fripon qu'un imbécile. Et quant au vieux Flaggers, qui fait ici, comme vous le savez, la grosse besogne, il croit se rappeler que, du temps qu'il était commissionnaire à Covent-Garden, il y a bientôt six mois, il y avait toujours un filou qui était en mouvement pour ouvrir les portières, qui était tout le portrait de Digby. Cela n'empêche pas, comme il le dit très bien, que ce peut bien n'être pas lui, mais seulement son frère ou quelque proche parent. »

Nicolas poussa un nouveau cri de surprise.

« Ah! vraiment!

— Oui, dit M. Folair, toujours avec le même calme; voilà ce qu'on dit; j'ai pensé que vous seriez bien aise de le savoir : c'est pour cela que je vous en ai parlé. Oh! bénédiction! voici enfin le phénomène, mon boulet, ma croix. Ah! que je voudrais te voir... Me voilà prêt, ma mignonne... imbécile... Vous pouvez sonner, madame Grudden.»

Ces formes de compliments si diverses n'étaient pas non plus prononcées du même ton. Il disait tout haut : *ma mignonne*, pour flatter la crédule enfant; mais sa *croix* et son *boulet* faisaient partie d'un aparté dans lequel était compris Nicolas. M. Folair suivit des yeux le lever de la toile, regarda avec un rire moqueur la réception faite à Mlle Crummles, la vierge du ballet, et reculant d'une semelle ou deux pour s'avancer sur la scène de manière à produire plus d'effet, il poussa d'abord un hurlement préliminaire, puis il se mit à grincer des dents et à brandir son tomahawk de fer-blanc, en sa qualité de sauvage indien.

« Voilà un échantillon des sottes histoires qu'ils inventent sur notre compte et qu'ils font après circuler de bouche en bouche, se disait Nicolas. Qu'un homme vienne à commettre un horrible attentat contre la société dont il est membre, petit ou grand, il n'a qu'à réussir, son crime sera bien vite oublié ; mais, par exemple, on ne lui pardonnera jamais son succès.

— J'espère que vous ne faites pas attention à ce que dit cette mauvaise langue, monsieur Johnson? insinua Mlle Snevellicci de sa voix la plus douce et la plus séduisante.

— Qui? moi! répondit Nicolas; si j'étais pour rester ici, je me donnerais peut-être la peine de démêler cette intrigue; mais, dans ma situation, ils peuvent bien s'enrouer à parler tant qu'ils voudront, ce n'est pas moi qui les empêcherai. Mais voici, ajouta-t-il en voyant approcher Smike, une des victimes de leurs mauvais propos. Nous allons vous souhaiter ensemble le bonsoir.

— Pas du tout, ni l'un ni l'autre vous ne me quitterez comme cela; il faut que vous veniez chez nous voir maman, qui ne fait que d'arriver à Portsmouth aujourd'hui, et qui se meurt d'envie de vous voir. Ledrook, ma chère, je vous charge de persuader M. Johnson.

— Voilà qui est bon, répondit Mlle Ledrook avec une extrême vivacité, si vous-même vous ne l'avez pas persuadé... »

Miss Ledrook n'en dit pas davantage, mais ses rires folâtres disaient assez pour elle que, si miss Snevellicci ne réussissait pas à le persuader, c'est que personne ne pourrait le faire.

« M. et Mme Lillyvick ont loué dans notre maison et partagent notre salon pour le moment, dit Mlle Snevellicci; j'espère que cela va vous décider.

— Vous pouvez être sûre, répondit Nicolas, qu'il n'y a rien au-dessus de votre invitation elle-même pour me décider à l'accepter.

— Oh! je sais bien que non, » repartit mis Snevellicci. Mais Mlle Ledrook jura sa parole d'honneur que son amie savait bien que si; et alors Mlle Snevellicci dit que Mlle Ledrook était une petite étourdie; et alors Mlle Ledrook dit que Mlle Snevellicci n'avait pas besoin de rougir si fort pour cela; et alors Mlle Snevellicci se mit à battre Mlle Ledrook; et alors Mlle Ledrook le rendit à Mlle Snevellicci.

« Allons, dit Mlle Ledrook, il est grand temps que nous partions, ou nous allons faire croire à cette pauvre Mme Snevellicci que M. Johnson lui a enlevé sa fille, et, ma foi, ce serait bien une autre histoire.

— Ma chère Ledrook, lui dit Mlle Snevellicci en prenant un petit air boudeur, comment pouvez-vous dire des choses comme ça? »

Miss Ledrook, sans autre réponse, prit le bras de Smike, laissant son amie avec Nicolas les rejoindre quand cela leur plairait. Il paraît que cela leur plut tout de suite, ou au moins à Nicolas, qui ne se sentait pas de goût, dans la circonstance, pour un tête-à-tête.

Les sujets de conversation ne manquèrent pas en chemin. D'abord il se trouva que Mlle Snevellicci avait un petit panier à emporter à la maison, et Mlle Ledrook un petit carton, tous deux contenant certains accessoires de costume théâtral, que mesdames les actrices portaient et rapportaient tous les soirs. Nicolas insista pour prendre le panier, mais miss Snevellicci résista. Elle voulait le porter elle-même. Il s'ensuivit naturellement une lutte, dans laquelle Nicolas victorieux finit par conquérir le panier et le carton. Après cela, Nicolas s'avisa de faire le curieux. Qu'est-ce donc qu'il pouvait y avoir dans ce panier? et il essayait d'y regarder. Mais Mlle Snevellicci poussait un cri perçant, en déclarant que pour sûr, si elle croyait qu'il eût vu quelque chose, elle allait se trouver mal. Alors Nicolas se retourna du côté du carton, dont il voulait aussi pénétrer le secret. Mais il ne trouve pas Mlle Ledrook moins alarmée que son amie, et les deux demoiselles, de concert, jurent qu'elles ne feront pas un pas de plus sans avoir fait promettre à Nicolas de ne plus regarder ni carton ni panier. Enfin Nicolas capitule et s'engage à ne plus se montrer si curieux, et l'on se remet en route; je vous laisse à penser si ce fut sans de continuels éclats de rire de ces dames, qui ne cessaient de protester qu'elles n'avaient jamais vu, de leur vie vivante, un si méchant homme; jamais!

Toutes ces plaisanteries abrégèrent bien le chemin. Ils arrivèrent à la maison du tailleur en moins de rien; la société se trouva assez nombreuse pour simuler une petite soirée, car il y avait déjà M. et Mme Lillyvick, et non seulement la maman de Mlle Snevellicci, mais aussi son papa, et quel papa! Comme c'était un bel homme, M. Snevellicci! un nez crochu, un grand front blanc, décoré d'une chevelure noire toute frisée, de grosses pommettes bien saillantes; enfin, au total, une figure magnifique, n'étaient les bourgeons dont elle était couverte, et encore peut-être n'était-ce que l'effet de la boisson. Il avait une poitrine large, le papa de Mlle Snevellicci, et, par-dessus, un habit bleu râpé, boutonné, bien serré avec des boutons dorés. Il n'eut pas vu plutôt entrer Nicolas dans la chambre, qu'aussitôt il passa les deux premiers doigts de sa main droite entre les boutons du milieu et, plantant avec grâce son autre bras sur sa hanche, il avait l'air de dire : « Maintenant vous voyez, mon petit damoiseau, que vous avez à qui parler. »

Tel était le papa de Mlle Snevellicci, telle était son attitude quand il reçut Nicolas; on reconnaissait tout de suite un homme du métier. En effet, c'était un véritable enfant de la balle. Il avait commencé par jouer, dès l'âge de dix ans, les diablotins, dans les pantomimes de Noël. Il savait un peu chanter, un peu danser, un peu faire assaut, un peu jouer sur la scène, un peu tout faire, mais rien qu'un peu. Quelquefois on l'avait vu figurer dans les ballets, quelquefois dans les chœurs, sur tous les théâtres de Londres. Sa tournure lui avait valu d'être toujours choisi pour jouer les militaires en visite ou les seigneurs muets (vous savez, de ces gentilshommes qui sont bien habillés, et qui viennent, bras dessus, bras dessous, avec une petite dame à l'air égrillard, aux jupons courts); et il jouait ces rôles avec tant de naturel, qu'on avait vu plus d'une fois le parterre faire bravo dans l'idée que c'était véritablement *quelqu'un* qui entrait en scène. Voilà donc le papa de Mlle Snevellicci. Il ne nous reste plus à dire que quelques petites choses pour les faire connaître; par exemple, que ses envieux lui faisaient la réputation de rosser de temps en temps la maman de Mlle Snevellicci, qui elle-même dansait encore, avec une petite tournure assez proprette, et quelques restes de vieux attraits. Malgré tout, comme elle savait qu'elle était un peu vieille pour affronter l'éclat resplendissant de la rampe, elle ne dansait plus qu'au second plan, et ce soir-là même, fidèle à ses habitudes prévoyantes, elle se tenait un peu éloignée des chandelles.

Nicolas fut présenté en grande cérémonie au couple illustre; et, après la présentation, le papa de Mlle Snevellicci, tout parfumé d'une forte odeur de grog au rhum, déclara qu'il était charmé de faire la connaissance d'un gentleman d'un si beau talent, et même, après s'être donné le temps de l'observer davantage, il ne fit pas difficulté d'avouer qu'il n'avait pas rencontré une si belle prestance depuis le début de son ami, M. Glavornelly, au théâtre de Cobourg.

« Vous l'avez vu sans doute, monsieur? dit le papa Snevellicci.

— Mon Dieu non, répondit Nicolas.

— Quoi! vous n'avez jamais vu mon ami Glavornelly, monsieur? dit le papa Snevellicci. Alors vous n'avez jamais rien vu. S'il vivait encore!

— Oh! dit Nicolas, il est donc mort?

— Il est mort, dit M. Snevellicci, et enterré, mais non pas dans l'abbaye de Westminster, et c'est une honte. C'était un... enfin n'en parlons plus. Il est parti pour ce pèlerinage d'où voyageur n'est jamais revenu. Là du moins il est apprécié à sa valeur. »

Papa Snevellicci ne put pas prononcer ces mots sans se frotter le nez avec un mouchoir jaune-serin, pour faire entendre à la compagnie que ces souvenirs lui étaient toujours bien sensibles.

« Eh! bonjour, monsieur Lillyvick, dit Nicolas, comment vous portez-vous?

— Très bien, monsieur, répondit le percepteur; il n'est rien tel que le mariage, voyez-vous.

— Vraiment? dit Nicolas en riant.

— Non, monsieur, il n'y a rien de tel, répliqua M. Lillyvick d'un air solennel. Comment la trouvez-vous, lui dit-il ensuite tout bas en le tirant à part, comment la trouvez-vous ce soir?

— Plus belle que jamais, répondit Nicolas jetant un coup d'œil sur Mme Lillyvick, ci-devant miss Petowker.

— Tenez! monsieur, voyez-vous, il y a en elle quelque chose, je ne sais quel prestige, que je n'ai jamais vu ailleurs. Regardez, la voilà qui se dérange pour mettre la cafetière sur la table : hein? n'y a-t-il pas là quelque chose qui vous fascine?

— Allez! vous êtes né coiffé, dit Nicolas.

— Ha! ha! ha! reprit le percepteur, je ne dis pas ça; dame! cependant, c'est possible, je ne dis pas non. Ce qu'il y a de sûr, c'est que je n'aurais pas pu mieux rencontrer quand j'aurais été jeune, n'est-il pas vrai? Vous-même, auriez-vous pu rencontrer mieux, hein? dites, dites donc. » Et en même temps qu'il le pressait de questions, M. Lillyvick lui enfonçait son coude dans les côtes, riant aux éclats d'une telle force que, lorsqu'il voulut réprimer l'expression de son contentement, sa figure en était devenue toute pourpre.

Cependant, grâce aux soins réunis de toutes les dames à la fois, la nappe se trouva mise sur deux tables que l'on avait mariées ensemble; mariage mal assorti s'il en fut jamais, car, pendant que l'une était étroite et haute, l'autre était basse et large. Il y avait des huîtres au haut bout, du saucisson à l'autre extrémité, une paire de mouchettes au milieu du service, et des pommes de terre cuites au four, qui se promenaient de place en place, selon le bon plaisir des convives. On avait apporté de la chambre à coucher deux chaises de plus. Mlle Snevellicci tenait la place d'honneur, M. Lillyvick était en face. Nicolas n'avait pas l'avantage de siéger auprès d'elle, mais il avait maman Snevellicci à sa droite et papa Snevellicci vis-à-vis. Bref, c'est lui qui fut le héros de la fête; et, quand on eut desservi la table pour apporter un verre de punch, papa Snevellicci se leva et proposa la santé du jeune homme, la santé de Nicolas en des termes et avec des allusions si touchantes à son prochain départ, que miss Snevellicci fut obligée, pour cacher ses larmes, de se retirer dans sa chambre à coucher.

« Surtout, qu'on n'ait pas l'air d'y faire attention! dit Mlle Ledrook, qui l'avait accompagnée, en parlant à la société de la chambre à coucher dont elle avait entr'ouvert la porte; vous aurez l'air de croire, quand elle va revenir, que c'est qu'elle s'est donné trop de mal à préparer la table. »

Et miss Ledrook, avant de refermer la porte, accompagna cet avertissement de tant de petits signes de tête mystérieux, de tant de petites mines intelligentes, que toute la compagnie gardait un profond silence, pendant que papa Snevellicci, ouvrant des yeux grands comme des portes cochères, qu'il fixait tour à tour sur chacun des convives, mais plus particulièrement sur Nicolas, ne cessait d'emplir et de vider son verre, jusqu'à ce que toutes les dames revinrent de leur chambre en un peloton avec miss Snevellicci au milieu d'elles.

« Vous n'avez pas besoin de vous tourmenter beaucoup, monsieur Snevellicci, dit Mme Lillyvick; elle est seulement un peu faible, un peu agacée; elle est comme cela depuis ce matin.

— Ah! dit M. Snevellicci, voilà tout; et ce n'est donc que cela?

— Oui, ce n'est que cela; surtout pas de mauvaise plaisanterie! » crièrent toutes les dames à la fois.

Mais ce n'était pas là exactement le genre de réponse auquel un homme de l'importance de M. Snevellicci sentait qu'il avait droit, et comme homme et comme père. Il se mit donc à entretenir l'infortunée Mme Snevellicci et à lui demander ce que diable elle voulait dire avec toutes ses énigmes.

« Au nom du ciel, mon cher..., dit Mme Snevellicci.

— Je vous prie de ne pas m'appeler votre cher, madame, dit M. Snevellicci, s'il vous plaît.

— Papa, je vous en prie, finissez, dit Mlle Snevellicci s'interposant entre eux.

— Finir quoi, ma fille?

— De parler comme cela.

— De parler comme cela? reprit M. Snevellicci; j'espère que vous ne supposez pas qu'il y ait ici personne qui puisse m'empêcher de parler comme je veux.

— Personne n'y pense, papa.

— Mais quand ils y penseraient, qui donc m'en empêcherait? Je n'ai pas à me cacher, moi. Je m'appelle Snevellicci, on me trouve à Board-Court, rue de l'Arc, quand je suis à Londres, et quand je n'y suis pas, on n'a qu'à m'aller demander à la porte du théâtre. Je vous réponds qu'on m'y connaît, à la porte du théâtre; il y a bien des gens qui ont vu mon portrait chez le marchand de cigares du coin. Ce n'est pas d'aujourd'hui non plus que mon nom a été imprimé dans le journal, n'est-ce pas? Ne pas parler comme cela! Tenez, je vais vous dire : si je venais à savoir qu'un homme se fût permis de plaisanter avec les sentiments de ma fille, je ne parlerais pas; je n'aurais pas besoin de parler pour le confondre. C'est comme cela que je suis, moi. »

Et M. Snevellicci, finissant le reste avec des gestes, donnait trois bons coups de son poing droit dans la paume de sa main gauche, dessinait en l'air un nez imaginaire, qu'il tirait entre son pouce et son index en le pinçant bien fort, et puis il avalait d'un trait un autre verre de liquide, en répétant : « Voilà comme je suis, moi. »

Il faut dire que les hommes publics ont leurs défauts comme tous les autres; il n'est donc pas extraordinaire que celui de M. Snevellicci fût d'être un peu adonné à la boisson. Tenez, soyons francs : il n'était presque jamais à jeun. Seulement il reconnaissait trois degrés distincts dans le progrès de l'ivresse : l'ivresse majestueuse, l'ivresse querelleuse, l'ivresse amoureuse; mais dans les réu-

L'autre cligne de l'œil et, par signes, boit à la santé de Mme Lillywick. (P. 226.)

nions particulières il les pratiquait toutes trois, passant de l'une à l'autre avec une rapidité de transition souvent embarrassante pour ceux qui n'avaient pas l'honneur de bien le connaître.

Ainsi, M. Snevellicci n'eut pas plutôt avalé son second verre de punch, qu'oubliant presque aussitôt les sympathies qu'il venait de faire paraître de son ardeur belliqueuse, il promena sur tous les visages un sourire aimable, en proposant ce toast avec une extrême vivacité : « Les dames!... Honneur aux dames!

» Je les aime, dit M. Snevellicci en promenant ses yeux tout autour de la table; je les aime toutes.

— Pas toutes, lui dit doucement M. Lillyvick.

— Si... toutes, répéta M. Snevellicci.

— Permettez, dit M. Lillyvick, vous auriez l'air d'y comprendre les femmes mariées.

— Monsieur, je les aime comme les autres, » dit M. Snevellicci.

Le percepteur, frappé d'étonnement, promenait sur toutes les figures qui l'entouraient des yeux surpris qui semblaient dire : « En voilà un joli coco! » et il ne se montra pas peu étonné de ne point lire dans les traits de Mme Lillyvick les marques d'indignation et d'horreur qu'il espérait y voir.

« Oui; mais, dit M. Snevellicci, si je les aime, elles m'aiment aussi : c'est un prêté rendu. »

Et, comme si cet aveu n'était pas déjà un attentat assez direct contre les plus saintes lois de la morale, savez-vous ce que fait M. Snevellicci? Il se met à cligner de l'œil... à cligner de l'œil ouvertement et sans déguisement aucun; il se met à cligner de l'œil droit... à l'adresse d'Henriette Lillyvick.

Le percepteur, frappé d'étonnement, en tombe à la renverse sur sa chaise. Qu'un homme se fût permis de cligner de l'œil à Henriette Petowker, c'était d'une indécence qui n'avait pas de nom; mais à Henriette Lillyvick! Ce n'est pas tout : pendant qu'il a encore la chair de poule, et qu'il se demande si ce n'est pas par hasard un mauvais rêve, l'autre recligne de l'œil, et boit, par signes, à la santé de Mme Lillyvick; il s'oublie jusqu'à lui envoyer de loin un baiser. Ah! pour le coup, M. Lillyvick ne peut pas tenir sur sa chaise; il va droit à l'autre bout de la salle, et tombe (c'est le mot), il tombe sur lui sans dire gare. M. Lillyvick pesait son poids: aussi, quand il tomba sur M. Snevellicci, M. Snevellicci tomba sous la table, où M. Lillyvick le suivit à son tour. Les dames poussent un cri de détresse.

« A-t-on jamais vu? dit Nicolas; ils sont donc fous? » Puis en même temps il plonge sous la table, remorque le percepteur de vive force, et le jette sur sa chaise, plié en deux comme un chiffon. « Qu'est-ce que vous prétendez faire?... Qu'est-ce que vous voulez?... Qu'avez-vous donc? »

Ce que Nicolas venait de faire pour le percepteur, Smike, de son côté, le faisait pour M. Snevellicci, qui se mit à regarder son adversaire d'un œil stupide et aviné.

« Voyez, monsieur, dit Lillyvick à Nicolas en lui montrant son épouse abasourdie, voyez la pureté et la grâce en personne dont la sensibilité vient d'être outragée... violée, monsieur.

— Là! dit-il assez de bêtises! s'écria Mme Lillyvick en répondant au regard de Nicolas, qui ne semblait rien comprendre à tout cela; personne ne m'a pourtant rien dit.

— Rien dit, Henriette! cria le percepteur; croyez-vous que je ne l'ai pas vu vous...? » M. Lillyvick ne put pas prendre sur lui de prononcer le mot, mais il simula la chose par le mouvement de son œil droit.

« Eh bien, après? cria Mme Lillyvick; est-ce que vous supposez, par hasard, que personne ne me regardera plus? Le mariage ne laisserait pas que d'être amusant, par ma foi! s'il fallait se condamner à ces privations-là.

— Comment! cria le collecteur, vous n'en êtes pas plus émue que cela?

— Émue! répéta Mme Lillyvick avec dédain; tenez, vous n'avez qu'une chose à faire : c'est de tomber à genoux et de demander pardon à toute la société.

— Pardon, ma chère! dit le percepteur déconfit.

— Oui, et à moi toute la première, répliqua Mme Lillyvick; est-ce que vous croyez que ce n'est pas moi qui suis le mieux à même de juger ce qu'on me fait de convenable ou d'indécent?

— Elle a raison, crièrent toutes les dames; ne croyez-vous pas que nous ne serions pas les premières à nous plaindre, s'il y avait quelque chose qui en valût la peine?

— Ne croyez-vous pas, monsieur, qu'elles ne savent pas ce qu'elles ont à faire? » dit le papa de Mlle Snevellicci en relevant le col de sa chemise et en marmottant quelques menaces de casser des margoulettes, s'il n'était pas retenu par la considération des cheveux blancs. En même temps, il regarda, pendant quelques secondes M. Lillyvick d'un œil hardi et courroucé; puis, se levant de sa chaise d'un air délibéré, il embrassa toutes les dames à la ronde, en commençant par Mme Lillyvick.

Le malheureux percepteur regardait piteusement sa femme comme pour s'assurer s'il restait encore dans Mme Lillyvick quelque trait de miss Petowker, et ne s'étant que trop convaincu que son malheur était consommé, il demanda pardon à toute la société avec une grande humilité, et se rassit tellement abattu, découragé, désenchanté, qu'on ne pouvait s'empêcher de le plaindre, malgré son égoïsme et ses manies.

Le papa de Mlle Snevellicci, exalté par son triomphe et par l'épreuve incontestable qu'il venait de faire de sa popularité dans le beau sexe, ne tarda pas à devenir jovial, pour ne pas dire tapageur. Tantôt c'était une chanson qu'il entonnait sans en être prié, et une chanson qui ne finissait pas; tantôt c'étaient des prouesses de sa jeunesse, dont il régalait dans l'entr'acte les oreilles de la société; il racontait toutes les femmes magnifiques soupçonnées dans le public d'avoir eu un caprice pour lui; il en citait plusieurs par leurs noms pour leur porter une santé, et ne manquait pas l'occasion de remarquer que, s'il n'avait pas été si négligent de ses intérêts, il roulerait, à l'heure qu'il est, dans sa voiture à quatre chevaux. Heureusement ces réminiscences ne paraissaient pas éveiller des sentiments bien douloureux dans l'âme de Mme Snevellicci, qui s'occupait tranquillement, pendant ce temps, à édifier Nicolas sur toutes les qualités et les mérites infinis de sa fille. La fille, de son côté, ne s'oubliait pas pour faire valoir ses moyens de séduction les plus victorieux, qui pourtant, malgré le concours des petits artifices de Mlle Ledrook, échouèrent net contre l'indifférence de Nicolas. Il avait encore tout frais dans la mémoire le souvenir peu encourageant de Mlle Squeers; aussi résista-t-il avec fermeté à toutes les fascinations braquées contre son cœur, et mit une telle réserve dans toute sa conduite, que, lorsqu'il prit congé des dames, il n'y eut qu'une voix pour le proclamer un monstre d'insensibilité.

Le lendemain de bonne heure, les affiches étaient mises et le public averti, avec toutes les couleurs de l'arc-en-ciel, et des lettres de fantaisie qui figuraient, dans leurs contours, la collection complète des difformités résultant d'une déviation de l'épine dorsale, que M. Johnson aurait l'honneur de faire le soir ses adieux à la ville ; qu'on était donc invité à retenir ses places de bonne heure, vu l'affluence considérable de spectateurs qui se portaient à ses représentations. Car c'est un fait curieux dans l'histoire dramatique, mais un fait trop avéré pour qu'il puisse y avoir de contestations là-dessus, qu'il faut renoncer à attirer du monde au théâtre, à moins qu'on ne commence par faire croire aux amateurs qu'ils ne pourront jamais y entrer.

Nicolas, en arrivant le soir, ne savait trop comment s'expliquer le trouble inaccoutumé et l'excitation visible qu'il remarquait dans la physionomie de toute la troupe ; mais on ne le laissa pas longtemps dans l'embarras. Avant même qu'il eût pu faire une question, M. Crummles s'approcha de lui, et, d'un ton de voix qui exprimait son trouble, l'informa qu'il y avait dans les loges un directeur de Londres.

« C'est le phénomène, voyez-vous, monsieur, disait Crummles, en entraînant Nicolas au petit trou du rideau, pour lui faire voir par là le directeur de Londres. Je ne fais pas le moindre doute que c'est la renommée du phénomène; tenez, le voilà ! ce monsieur en manteau avec une chemise sans col. Mais, Johnson, je ne la donnerai pas à moins de deux cent cinquante francs par semaine ; elle ne montera pas sur la scène dans un théâtre de Londres pour un sou de moins. Et puis, qu'ils n'aillent pas s'imaginer que je vais leur donner l'enfant sans qu'ils prennent la mère. Ils enrôleront Mme Crummles par la même occasion. Cinq cents francs la paire par semaine. A moins, je vais vous dire, qu'ils ne me comprennent aussi dans le marché avec les deux garçons, parce qu'alors je leur donnerais toute la famille pour sept cent cinquante. On ne peut pas mieux dire. Il faut bien qu'ils nous prennent tous en bloc, si pas un de nous ne veut quitter les autres. Cela se fait quelquefois à Londres et ça va tout seul. Sept cent cinquante francs par semaine, c'est bien bon marché, Johnson ; vraiment c'est pour rien. »

Nicolas ne contesta pas ce point et M. Vincent Crummles, prenant coup sur coup plusieurs prises de tabac pour se calmer, se dépêcha d'aller conter à Mme Crummles qu'il venait décidément d'arrêter les seules conditions auxquelles il consentirait à traiter, et qu'il était bien résolu à ne pas en rabattre un liard.

Voilà donc tout le monde habillé ; la toile se lève, et l'excitation causée par la présence du directeur dans la salle monta à son paroxysme. Chaque artiste en particulier se trouve savoir de bonne source que c'est pour lui ou pour elle qu'il est venu voir son jeu, et tous, par conséquent, sont dans un grand trémoussement d'inquiétude et d'impatience. Ceux qui n'étaient pas sur le premier plan en scène vont bien vite prendre sur le côté une place d'où ils puissent, en tendant le cou, voir et se faire voir. D'autres vont se porter en reconnaissance dans les deux petites loges d'avant-scène réservées pour observer de là le directeur de Londres. Il y eut un moment où l'on vit sourire le directeur de Londres : c'est en voyant le jocrisse essayer d'attraper une mouche à viande, pendant que Mme Crummles en était justement au plus beau de ses grands effets. « Très bien, mon joli garçon, dit M. Crummles en montrant le poing au jocrisse quand il rentra dans les coulisses. Vous quitterez la troupe pas plus tard que samedi. »

Il n'y avait donc pour tous les acteurs en général et pour chacun en particulier qu'un spectateur dans la salle : c'était le directeur de Londres ; la pièce ne se jouait, à vrai dire, que pour lui. Quand M. Lenville, dans un transport de colère irrésistible, appela l'empereur un mécréant, et que, par réflexion, il dit, en mordant son gant : « Mais non, il faut dissimuler » ; au lieu d'abaisser d'un air sombre ses regards sur les planches, pour attendre la réplique, comme cela se fait toujours en pareil cas, lui, il tint son œil bravement fixé sur le directeur de Londres. Quand Mlle Bravassa chanta sa charmante chansonnette à son amoureux, qui se tenait tout prêt, selon l'usage, à lui prendre la main dans l'intervalle des couplets, au lieu de se regarder l'un l'autre tendrement, qu'est-qu'ils regardaient? Le directeur de Londres. C'est pour lui tout seul que M. Crummles mourut en scène, et, quand les deux gardes vinrent emporter son cadavre, après une mort affreuse, son cadavre ouvrit l'œil pour lancer une œillade au directeur de Londres.

Mais malheureusement on finit par s'apercevoir que le directeur de Londres s'était endormi. Il ne tarda pas à se réveiller, et partit tout de suite, au grand désappointement de toute la troupe, qui passa sa colère sur le malheureux jocrisse, déclarant que c'était sa bouffonnerie intempestive qui avait fait tout le mal ; et M. Crummles annonça qu'il y avait longtemps qu'il hésitait à prendre ce parti, mais que décidément il ne pouvait pas patienter davantage, et qu'il lui serait donc obligé de lui faire l'amitié de chercher ailleurs un autre engagement.

Désintéressé dans la question, Nicolas n'y trouva qu'un sujet de divertissement très amusant et surtout de satisfaction véritable, quand il vit disparaître l'illustre personnage avant qu'il eût lui-même paru sur la scène. Il joua de son mieux dans les deux dernières pièces, et, après avoir été accueilli avec *une faveur unanime et des applaudissements sans exemple*, pour nous servir des propres termes de l'affiche du lendemain, imprimée la veille deux heures avant la représentation, il prit Smike par le bras et s'en retourna avec lui coucher à la maison.

Le lendemain matin arriva une lettre de Newman Noggs, toute couverte de pâtés d'encre, très laconique, très petite, très sale et très mystérieuse. Il y pressait Nicolas de revenir à Londres sur-le-champ, sans perdre un instant, ce soir même s'il était possible.

« J'y serai, dit Nicolas; Dieu sait que si je suis resté ici, c'était contre ma volonté; enfin, j'ai cru bien faire. Et pourvu que je n'y sois pas resté trop longtemps! Que peut-il donc être arrivé? Smike, mon brave garçon, tiens, prends ma bourse; emballe nos effets; va payer les petites dettes que nous pouvons avoir; vite! et nous aurons le temps d'être prêts pour prendre la diligence de ce matin. Je vais seulement leur dire en deux mots que nous partons; je suis à toi dans un moment. »

En même temps il prit son chapeau et courut en toute hâte au logis de M. Crummles, frappa le marteau de si bon cœur qu'il réveilla le directeur, et que M. Bulph, le pilote, dans l'excès de sa surprise, faillit lâcher sa pipe, qu'il avait toujours entre les dents.

La porte s'ouvre: Nicolas enjambe les escaliers sans autre cérémonie, et tombant comme une bombe dans le salon du premier sur le devant, dont les volets étaient encore fermés, il trouve sur pied les deux fils Crummles, qui s'étaient réveillés en sursaut et passaient leur pantalon avec une extrême vivacité, en proie à la pensée sinistre qu'il n'était encore que minuit et que le feu était apparemment dans la maison.

Avant qu'il eût eu le temps de les rassurer, M. Crummles était descendu avec son peignoir de flanelle et son bonnet de nuit. Nicolas lui expliqua rapidement qu'il était survenu des circonstances qui le rappelaient impérieusement à Londres, à l'instant même.

« Ainsi, au revoir, dit Nicolas, au revoir, au revoir. »

Il était déjà presque au bas de l'escalier que M. Crummles, encore tout saisi, n'avait pu ouvrir la bouche que pour lui représenter que les affiches...

« Je n'y peux rien, répliqua Nicolas; je vous laisse en dédommagement ce que vous me devez sur cette semaine, et si ce n'est pas assez, dites-moi tout de suite ce qu'il vous faut. Surtout dépêchez-vous.

— C'est bon, nous sommes quittes, répondit Crummles; mais, dites-moi, ne pouvez-vous pas nous donner encore ce soir?

— Pas une heure, pas une minute, reprit Nicolas dans son impatience.

— Ne vous arrêterez-vous pas au moins le temps de dire un mot à Mme Crummles? demanda le directeur en l'accompagnant jusque sur le pas de la porte.

— Je ne m'arrêterais pas même pour prolonger ma vie de vingt ans. Tenez, donnez-moi la main, et recevez tous mes remerciements. Mon Dieu! je crains de m'être amusé ici trop longtemps. »

En prononçant ces mots, il frappa du pied la terre dans son impatience, s'arracha des bras du directeur, qui ne voulait pas le lâcher, et, partant comme un trait, disparut bientôt à sa vue.

« Voyez donc, voyez donc, dit M. Crummles toujours les yeux fixés dans la rue, sur le point où il venait de le perdre de vue; ah! s'il jouait seulement comme cela, qu'il ferait d'argent! Je suis fâché qu'il nous quitte sitôt: il m'était bien utile. Mais il ne sait pas ce qu'il veut; c'est un jeune étourdi. Oh! les jeunes gens, les jeunes gens, c'est si imprudent! »

M. Crummles, une fois lancé dans les réflexions morales, n'en aurait pas fini de sitôt; mais, en portant machinalement la main à la poche de son gilet, sa tabatière ordinaire, il ne trouva pas la moindre poche de ce côté, et se rappela tout à coup qu'il n'avait pas plus de gilet que de poche; puis, jetant un coup d'œil sur l'extrême simplicité de son costume, il ferma brusquement la porte et se sauva dans sa chambre.

Smike n'avait pas perdu son temps pendant l'absence de Nicolas, et, grâce à son activité, tout se trouva bientôt prêt pour leur départ. Ils se dépêchèrent de casser une croûte, et, moins d'une demi-heure après, ils étaient au bureau de la diligence, tout essoufflés de leur course rapide. Comme ils avaient encore quelques minutes devant eux, Nicolas donna des arrhes pour arrêter ses places, et se précipita chez le fripier d'à côté, pour y acheter à Smike un paletot. Le manteau aurait été un peu large pour un cent-garde, mais le fripier ayant déclaré qu'il allait à Smike comme un gant, Nicolas en fit l'emplette; dans son impatience, il l'eût acheté tout de même, s'il avait été le double.

En arrivant à la voiture, déjà arrêtée en pleine rue et prête à partir, Nicolas fut bien étonné de se sentir tout à coup étreindre d'un embrassement amical, mais violent, qui faillit lui faire perdre l'équilibre; et son étonnement redoubla en entendant la voix de M. Crummles s'écrier: « C'est lui! c'est mon ami! mon cher ami!

— Au nom du ciel! cria Nicolas en se débattant entre les bras du directeur, que venez-vous faire? »

Le directeur, sans lui répondre, le pressait de nouveau contre son cœur en s'écriant : « Adieu, mon noble ami! mon vrai cœur de lion! »

La vérité est que M. Crummles, qui ne perdait jamais l'occasion d'un coup de théâtre, était revenu tout exprès pour faire des adieux publics et solennels à Nicolas; et, pour en augmenter l'effet, il se mit, en dépit de la répugnance de l'autre pour être le héros de cette mise en scène, à lui infliger coup sur coup de ces embrassades dramatiques dont voici la règle : l'embrasseur se pose le menton sur l'épaule de l'embrassé et ils regardent, comme Janus, chacun de leur côté. M. Crummles appliqua la règle dans toute sa pureté, fidèle au grand style du mélodrame, répandant en même temps avec profusion les formules d'adieu les plus attendrissantes qu'il put trouver dans son répertoire. Mais ce n'était pas tout : maître Crummles, le fils aîné, faisait la même cérémonie avec Smike, et maître Percy Crummles, le fils cadet, vêtu d'un très petit manteau d'occasion en camelot, jeté tragiquement par-dessus l'épaule, se tenait près de là, debout, dans l'attitude d'un satellite du tyran attendant Oreste et Pylade pour les conduire à l'échafaud.

Les spectateurs en riaient de bon cœur; et Nicolas, voyant que c'était encore le meilleur parti à prendre, en fit autant de son côté, aussitôt qu'il fut parvenu à se dégager; puis, allant au secours de Smike, fort étonné de tout ceci, il grimpa derrière lui sur l'impériale, et de là envoya de la main un baiser en l'honneur de Mme Crummles absente. La voiture roulait déjà.

CHAPITRE XXXI

De Ralph Nickleby et de Newman Noggs, ainsi que de quelques précautions sages dont on verra plus tard le bon ou le mauvais succès.

Ce matin-là même, dans une heureuse ignorance du parti qu'avait pris son neveu, et ne se doutant guère que Nicolas avançait au grand trot de quatre bons chevaux vers la sphère d'activité dans laquelle il se mouvait lui-même, de sorte que chaque minute qui s'écoulait les rapprochait l'un de l'autre, Ralph Nickleby était à son bureau, occupé de ses affaires comme toujours, et cependant, malgré lui, distrait de temps en temps par le souvenir de son entrevue de la veille avec Catherine, sa nièce. Chaque fois qu'il venait à y penser, il chassait ces idées importunes en marmottant quelque interjection maussade, puis se remettait avec une nouvelle ardeur à méditer sur son grand-livre; mais, en dépit de tous ses efforts, son esprit suivait un autre cours, et toujours, toujours la même pensée venait le troubler dans ses calculs et l'arracher à l'examen sérieux des chiffres sur lesquels il fixait en vain les yeux. A la fin Ralph posa sa plume, et se renversa dans son fauteuil, comme un homme décidé à s'abandonner au courant qu'il ne pouvait remonter, et à laisser sa réflexion l'entraîner au gré de son caprice, pour voir si ce ne serait pas le moyen d'en être quitte un peu plus tôt.

« Je ne suis pas homme à me laisser émouvoir par un joli minois, murmurait Ralph en lui-même d'un air chagrin. Je sais bien ce qu'il y a dessous, un crâne qui fait la grimace; et les gens comme moi qui ne s'amusent pas à considérer la surface des choses, aiment mieux en voir le fond que la séduisante couverture. Et cependant je me sens presque de l'affection pour cette petite fille, ou du moins je m'en sentirais si son éducation ne l'avait pas faite si fière et si susceptible. Si le garçon était seulement noyé ou pendu et la mère dans la bière, ma maison deviendrait la maison de Catherine. Ma fois! si cela leur arrivait, je n'en serais pas fâché. »

Malgré la haine mortelle que Ralph se sentait pour son neveu, et le mépris amer qu'il portait aux ridicules de la pauvre Mme Nickleby; malgré la bassesse de sa conduite passée, présente et même future, si besoin était, envers la pauvre Catherine, cependant, chose étrange! ses pensées en ce moment prenaient un tour moins sauvage, une teinte moins sombre. Il rêvait à ce que serait sa maison si Catherine y prenait place. Il la mettait en imagination là, dans ce fauteuil vide, la regardait, l'écoutait, sentait par souvenir sur son bras la pression légère de sa main tremblante; il jonchait ses riches appartements de mille petits objets qui attestent en silence la présence ou le travail d'une femme. Alors il retombait sur son foyer sans feu, sur la triste splendeur de son salon muet, et cet aperçu rapide d'une vie meilleure, tout en traversant pour arriver à lui ses habitudes d'esprit insensibles et égoïstes, lui faisait sentir pourtant qu'on peut être riche, et cependant pauvre d'amis, pauvre d'enfants et seul au monde. L'or pour un moment perdait à ses yeux tout son lustre, puisqu'il y avait de ces trésors du cœur, les plus précieux de tout, qu'il ne pouvait donner.

Il ne fallait pas grand'chose pour bannir de pareilles réflexions de l'esprit d'un pareil homme. En promenant vaguement ses regards à travers la cour vers la fenêtre de l'autre bureau, il s'aperçut tout à coup qu'il était observé de près par Newman Noggs, qui, le bout de son nez rouge collé contre la vitre, faisait semblant de tailler sa plume avec un reste rouillé de lame de canif, mais qui, en réalité, fixant sur son patron un œil scrutateur, trahissait par l'expression de sa physionomie une attention ardente et curieuse.

En un clin d'œil Ralph quitta son attitude rêveuse pour reprendre l'air appliqué qu'il portait toujours dans l'examen de ses affaires. La figure de Newman s'évanouit et, avec elle, le train irrégulier des pensées fugitives qui assiégeaient M. Nickleby.

Au bout de quelques minutes il tira la sonnette. Newman accourut à ses ordres, et Ralph jeta sur lui un regard furtif, comme s'il eût craint de lire dans ses traits un reflet de ses derniers rêves.

Mais la physionomie de Newman Noggs ne laissait rien soupçonner des secrets qu'il avait pu surprendre. Imaginez-vous un homme qui a bien deux yeux dans la tête, et tout grands ouverts, mais immobiles et sans regard, et vous avez le portrait de Newman Noggs, pendant que Ralph l'examine.

« Eh bien, quoi? grommela Ralph.

— Ah! dit Newman, en animant tout de suite son regard et en le baissant sur son maître, je croyais que vous aviez sonné. » Et, après cette remarque laconique, il se retourne et s'en va clopinant.

« Restez. »

Newman resta, sans témoigner la moindre surprise.

« Je vous ai sonné.

— Je le savais bien.

— Alors, pourquoi faites-vous mine de vous en aller, puisque vous le saviez?

— Je croyais que vous m'aviez sonné pour le plaisir de me dire que vous ne m'aviez pas sonné, répliqua Newman; ce n'est pas rare.

— Qui vous a donné la hardiesse de venir m'épier et de me dévisager comme vous faites, drôle? demanda Ralph.

— Dévisager! cria Newman; vous! ha! ha! » Ce fut là toute l'explication qu'il voulut bien donner.

« Faites attention, monsieur, dit Ralph en le regardant fixement; il ne s'agit pas ici de faire l'ivrogne ou l'imbécile. Voyez-vous ce paquet?

— Il est assez gros pour cela.

— Vous allez le porter dans la Cité, à Cross, Broad-street, où vous le déposerez. Allons vite, vous m'entendez? »

Newman fit son signe de tête habituel d'un air hargneux, pour exprimer qu'il entendait, et sortit de la chambre, où il rentra quelques secondes après avec son chapeau. Après avoir tenté une foule d'essais infructueux pour y faire tenir dans le fond le paquet, qui pouvait bien avoir deux pieds carrés, il finit par le mettre sous son bras, ajusta ses gants sans doigts avec une précision et un soin exemplaires, toujours les yeux fixés sur Ralph Nickleby, plaça son chapeau sur sa tête avec la même précaution, vraie ou simulée, que si c'était un castor tout battant neuf, de la première qualité, et finit par partir pour faire sa commission.

Il s'en acquitta avec beaucoup de promptitude et de vivacité, ne s'arrêtant qu'une demi-minute devant le comptoir d'un cabaret; encore peut-on dire que c'était son chemin d'y passer, car il entra par une porte et sortit par l'autre. Mais, en revenant, quand il fut au Strand, Newman commença à flâner, de l'air incertain d'un homme qui ne sait trop s'il doit avancer ou reculer. Après avoir réfléchi un moment, il prit son parti et frappa d'une main modeste deux coups de marteau, ou plutôt un coup de marteau sec et nerveux à la porte de miss la Creevy.

La porte s'ouvrit; une espèce de bonne qui se trouva nez à nez avec le drôle de visiteur qui se présentait si matin, n'eut pas l'air d'en concevoir l'impression la plus favorable, et ne l'eut pas plutôt vu qu'elle ferma presque la porte en se plaçant de sa personne dans l'étroite ouverture, comme pour en barrer le passage, et demanda ce qu'il voulait. Mais Newman, se bornant à prononcer le monosyllabe *Noggs* comme un de ces mots cabalistiques qui font tomber serrures et verrous, la jeta de côté pour passer son chemin, avant que la bonne, étonnée, pût seulement songer à l'en empêcher.

« Entrez, s'il vous plaît, » dit Mlle la Creevy en réponse aux petits coups donnés par Noggs avec avec le revers de ses doigts, et il entra.

« Bonté divine! cria Mlle la Creevy tressaillant en voyant Newman entrer sans plus de façon; qu'est-ce que vous voulez, monsieur?

— Je vois bien, dit Newman avec un salut, que vous m'avez oublié, et je m'en étonne. Que ceux qui m'ont connu dans d'autres temps ne me reconnaissent plus, je trouve cela tout naturel; mais à présent il y a peu de gens qui m'oublient après m'avoir vu seulement une fois. » Et en disant ces mots il jetait un coup d'œil sur ses habits râpés et secouait légèrement la tête.

« C'est vrai, je ne vous reconnaissais pas, dit miss la Creevy en se levant pour recevoir Newman, qui avait déjà fait plus de la moitié du chemin, et j'en suis toute honteuse ; car vous êtes trop bon et trop obligeant pour qu'on doive vous oublier, monsieur Noggs. Asseyez-vous donc, vous allez me parler de Mlle Nickleby : la pauvre chère fille ! voilà plusieurs semaines que je ne l'ai pas vue.

— Comment cela se fait-il ? demanda Newman.

— Mais, monsieur Noggs, je vais vous dire la vérité : c'est que je suis allée faire un petit tour à la campagne pour la première fois depuis quinze ans.

— C'est un long bail, dit Newman en ayant l'air de la plaindre.

— Oh ! oui, c'est un long bail dans la vie, quoique, de manière ou d'autre, grâce à Dieu, les jours qu'on passe dans la solitude s'écoulent aussi paisiblement et aussi doucement que les autres, répliqua l'artiste en miniature. Vous saurez donc, monsieur Noggs, que j'ai un frère, c'est mon seul parent; et j'avais passé tout ce temps-là sans le voir. Ce n'est pas que nous ayons jamais eu rien ensemble; mais il avait débuté dans le commerce en province, il s'y était marié, et au milieu des nouveaux liens d'affection qu'il s'était formés, vous sentez bien qu'il put aisément oublier une pauvre petite femme comme moi. C'était bien naturel. Et n'allez pas croire que j'en parle ainsi pour m'en plaindre, car je me suis toujours dit à moi-même : C'est tout simple, ce pauvre cher John est en train de faire son chemin dans le monde. Il a une femme pour lui confier ses soucis et ses peines, des enfants pour folâtrer autour de lui; que Dieu répande sur eux toutes ses bénédictions et nous fasse la grâce de nous réunir un jour pour ne plus nous séparer ! Mais ne voilà-t-il pas, monsieur Noggs, continua miss la Creevy prenant feu et battant des mains, que ce même frère, parvenu à Londres sans se donner de cesse qu'il n'ait trouvé mon adresse, ne voilà-t-il pas qu'il vient ici, s'assied dans ce fauteuil même, et se met à pleurer comme un enfant de la joie qu'il avait de me voir. Ne voilà-t-il pas qu'il insiste pour m'emmener à la campagne, chez lui (oh ! le bel endroit, monsieur Noggs ! un grand jardin, je ne sais combien de domaine, un homme en livrée pour servir à table, des vaches, des chevaux, des cochons, et je ne sais plus quoi), ne voilà-t-il pas qu'il me force d'y rester un grand mois ! Si je l'avais cru, j'y serais restée toute ma vie, oui, toute ma vie. Il m'en priait assez, et sa femme aussi, et leurs enfants aussi, ces pauvres enfants; figurez-vous qu'ils sont quatre, dont une, la fille aînée, à laquelle ils avaient donné, il y a huit bonnes années, mon nom de baptême, en souvenir de sa tante. Je n'ai jamais été si heureuse, non, de ma vie vivante. »

Et la digne femme se cachait la figure avec son mouchoir pour sangloter à son aise ; car elle avait le cœur trop plein, et elle saisissait la première occasion de l'épancher ainsi.

« Mais, mon Dieu ! dit miss la Creevy en s'essuyant les yeux après un moment de silence et en fourrant son mouchoir dans sa poche avec beaucoup de vivacité et de résolution, combien vous devez me trouver ridicule, monsieur Noggs ! Cependant croyez bien que je n'en aurais jamais rien dit si ce n'avait pas été pour vous expliquer comment il se fait que je n'aie pas vu depuis longtemps miss Nickleby.

— Et la vieille dame, l'avez-vous vue ? demanda Newman.

— Qui ? Mme Nickleby ? dit miss la Creevy. A propos, voulez-vous que je vous dise, monsieur Noggs ? Si vous voulez rester dans ses petits papiers, vous ferez bien de ne plus l'appeler la vieille dame, car j'ai dans l'idée qu'elle n'aurait pas grand plaisir à vous entendre lui donner ce titre. Oui, je l'ai vue; j'y suis allée avant-hier soir; mais elle était montée sur des échasses ; elle avait pris des airs si grands, si mystérieux, que je n'en ai rien pu tirer. Il est vrai, voyez-vous, qu'en la trouvant si mal montée, je me suis mis aussi dans la tête de garder mon décorum, et nous nous sommes quittées en grande cérémonie. J'avais pensé qu'elle reviendrait me voir; mais je ne l'ai pas revue.

— Quant à Mlle Nickleby ?... dit Newman.

— Elle est venue deux fois me voir pendant que je n'y étais pas, répondit miss la Creevy. J'avais peur qu'elle n'eût pas grand plaisir à recevoir ma visite chez sa grande dame, sur la place de... je ne me rappelle plus le nom ; c'est ce qui fait que j'ai attendu un jour ou deux, bien décidée à lui écrire si je ne la revoyais pas.

— Ah ! s'écria Newman en faisant craquer ses doigts.

— Mais vous, dit miss la Creevy, j'espère bien que vous allez me donner des nouvelles de tout le monde; et d'abord comment va ce vieux grigou, votre loup-garou de Golden-square ? Je parie qu'il va bien ; ces gens-là ne sont jamais malades. Aussi ce n'est pas de sa santé que je m'inquiète, je voudrais seulement vous demander ce qu'il fait, comment il se conduit.

— Malédiction ! cria Newman en lançant par terre son chapeau chéri, il se conduit comme un chien d'animal.

— Dieu de Dieu! monsieur Noggs, je vous assure que vous me faites trembler, s'écria miss la Creevy pâlissant.

— Je lui aurais volontiers mis la figure en compote avant-hier soir si j'en avais eu le cœur, dit Newman, qui ne pouvait rester en place et qui montrait le poing par méprise à un innocent portrait de M. Canning accroché sur la cheminée. Il ne s'en est pas fallu de beaucoup; j'ai été obligé, pour me contraindre, de mettre mes mains dans mes poches et de les y tenir emprisonnées; mais bah! je finirai quelque jour par lui faire son affaire dans le petit parloir de derrière, je suis sûr que je finirai par là. Il y a déjà longtemps que ce serait fait, si je n'avais pas eu peur d'empirer encore les choses; mais patience, un beau matin je m'enfermerai avec lui à double tour, et il faudra qu'il me passe par les mains avant que je m'en aille, c'est sûr.

— Remettez-vous donc, monsieur Noggs, dit miss la Creevy, ou je vais crier comme une folle; je sens que je ne pourrais pas m'en empêcher.

— C'est égal, répondit Newman en continuant de se promener à grands pas de long en large. Il arrive ce soir, je lui ai écrit. Il ne se doute guère que je sais tout; il ne se doute guère que je l'épie; le fourbe! le brigand! il ne s'en doute guère, bien sûr, bien sûr, mais c'est égal. Il aura affaire à moi, moi, Newman Noggs. Oh! oh! le gredin! »

Une fois emporté par cet accès extravagant d'une fureur trop légitime, Newman Noggs s'agita dans la chambre en prenant les postures les plus excentriques qu'on puisse donner au corps humain; tantôt il se mettait en garde pour boxer avec les petites miniatures rangées le long du mur, tantôt il s'assénait à lui-même de violents coups de poing sur la tête, comme pour ajouter à l'illusion, jusqu'à ce qu'enfin il se rassit sur le siège qu'il occupait d'abord, épuisé et haletant.

« Là! là! dit-il en ramassant son chapeau, cela m'a fait du bien; maintenant que je me sens mieux, je vais tout vous dire. »

Miss la Creevy ne se rassura pas tout de suite complètement, tant elle avait été mise hors d'elle par les transports violents de son visiteur. Mais, une fois que ce fut fini, Newman lui fit un récit fidèle de tout ce qui s'était passé dans l'entrevue de Catherine et de son oncle, n'oubliant pas, en tête de sa narration, les soupçons antérieurs qu'il avait conçus à cet égard, et pourquoi. Enfin il réserva, pour terminer sa narration, la confidence du parti qu'il avait pris d'écrire secrètement à Nicolas.

Si l'indignation de la petite demoiselle la Creevy ne se répandait pas en manifestations extérieures aussi singulières que celles de Newman, elle n'y perdait rien, à l'intérieur, en violence et en intensité. Je n'aurais pas voulu pour Ralph que quelque hasard l'amenât là dans sa chambre en ce moment. Il n'est pas sûr qu'il n'eût pas trouvé dans miss la Creevy une ennemie plus dangereuse que Newman Noggs lui-même.

« Dieu me pardonne! dit miss la Creevy (c'était une précaution qu'elle prenait toujours pour mettre à l'aise sa colère). En vérité, je crois que, si je le pouvais, je lui planterais cela avec plaisir dans le cœur. »

Ce n'était pas une arme bien redoutable que celle dont miss la Creevy menaçait Ralph : ce n'était réellement, ni plus ni moins, qu'un crayon de mine de plomb qu'elle tenait à la main; mais, quand elle reconnut son erreur, la petite exaspérée l'échangea contre un canif de nacre, dont elle dessina dans l'air un coup désespéré qui aurait été dans le cas de déranger la mie de pain d'une petite flûte de deux sous.

« A partir de ce soir, dit Newman, elle ne restera pas là où elle est, c'est une consolation.

— Rester là? cria miss la Creevy; il y a longtemps qu'elle devrait être sortie.

— Ah! si nous avions su! répliqua Newman; mais nous ne le savions pas; et puis personne n'avait le droit d'intervenir que son frère. La mère est bien peu de chose, la pauvre femme! Quant à ce jeune homme, il sera ici ce soir.

— Ah! mon Dieu! cria miss la Creevy; mais il va faire quelque mauvais coup, monsieur Noggs, si vous allez lui dire tout à son arrivée. »

A cette réflexion, Newman cessa de se frotter les mains et prit un air sérieux.

« Vous pouvez compter là-dessus, dit miss la Creevy avec vivacité. Si vous ne mettez pas beaucoup de prudence dans les confidences que vous allez lui faire, il se portera à quelque violence contre son oncle ou contre un de ces hommes-là, sans calculer les calamités terribles qu'il peut attirer sur sa tête, ou la peine et le chagrin qu'il peut donner aux autres.

— Et moi qui n'avais pas pensé à cela! reprit Newman de plus en plus déconcerté; j'étais venu seulement vous prier de recevoir sa sœur, dans le cas où il l'amènerait ici; mais...

— Mais, dit miss la Creevy en l'interrompant, ce dont je vous parle est bien plus important; il aurait mieux valu y penser tout de suite, car personne ne peut dire comment tout ceci finira, si l'on n'y met beaucoup de prudence et de discrétion.

— Que voulez-vous que j'y fasse? cria Newman en se grattant la tête d'un air très perplexe et très contrarié. S'il venait pourtant me parler d'aller

Newmann Noggs s'agita dans la chambre en prenant les postures les plus excentriques. (P. 232.)

leur brûler la cervelle, je serais bien obligé de lui dire en conscience : Bravo, Nicolas ! et ne les manquez pas. »

Miss la Creevy ne put pas retenir un petit cri en entendant cette déclaration, et sur-le-champ elle exigea de Newmann la promesse solennelle de faire tous ses efforts pour calmer la colère de Nicolas. Elle eut de la peine, mais enfin elle la lui arracha; puis ils délibérèrent en commun sur le moyen le plus sûr et le moins périlleux de lui faire connaître les circonstances qui avaient rendu sa présence nécessaire.

« Il faut d'abord lui laisser le temps de refroidir un peu sa tête avant de pouvoir rien faire, dit miss la Creevy ; c'est de la plus grande importance; il ne faut pas qu'il en sache rien avant ce soir et bien tard.

— Mais, répliqua Newman, il va être à Londres entre six et sept heures. Comment voulez-vous que je ne réponde pas à ses questions?

— Alors il ne faut pas rester chez vous, dit miss la Creevy. Rien ne vous est plus facile que d'avoir été retenu dehors par des affaires, et de ne pas pouvoir revenir chez vous avant minuit, au plus tôt.

— Alors il va venir ici tout droit?

— Cela pourrait bien être, dit miss la Creevy; mais il ne me trouvera pas à la maison, car, aussitôt que vous allez me quitter, j'irai de ce pas à la Cité m'entendre avec Mme Nickleby pour l'emmener au spectacle, de manière qu'il ne puisse pas même savoir où demeure sa sœur. »

Après quelques débats, ce plan parut en effet le plus sûr et le plus praticable; on finit donc par s'y arrêter, et Newman, muni de quelques instructions supplémentaires, que miss la Creevy ne lui épargna pas, prit congé d'elle et se remit à trotter du côté de Golden-square, ruminant tout le long du chemin une foule infinie de probabilités pour ou contre, qui se livraient bataille dans son cerveau et qui toutes prenaient leur origine dans la conversation qu'il venait d'avoir avec l'amie de Nicolas.

CHAPITRE XXXII

Ayant trait principalement à une conversation intéressante, et aux résultats intéressants de cette conversation.

« Enfin nous sommes à Londres, cria Nicolas en mettant bas son paletot et en réveillant Smike qui venait de faire un bon somme; je croyais que nous n'y arriverions jamais. »

Le cocher regarda Nicolas par-dessus l'épaule d'un air assez mécontent. « Et pourtant, dit-il, vous pouvez dire que vous êtes venu d'un bon pas!

— Oh! je le sais bien; mais j'étais si impatient de toucher au terme de mon voyage, que c'est là ce qui m'a fait trouver le temps long.

— A la bonne heure, reprit le cocher; si le temps vous a semblé long, avec des bêtes comme celles qui vous traînaient, il faut croire, en effet, que c'est que vous aviez une impatience qui n'est pas ordinaire. » Et en même temps il envoya son fouet pincer les mollets d'un petit garçon dans la rue, en manière de conversation.

Les voilà donc qui se mettent à rouler à travers le bruit, le fracas, la foule des rues de Londres. Tantôt ils voient se développer au loin devant eux la double file des lanternes de gaz avec leur lumière éclatante, entremêlée çà et là des lueurs bleues ou jaunes, qui brillent à la montre d'un pharmacien. D'autres flots de lumière jaillissent de l'étalage des magasins, où les joyaux étincelants, la soie et le velours avec leurs riches couleurs, les articles enfin les plus somptueux dont le luxe aime à se parer, se succèdent dans une profusion pleine de magnificence et d'éclat. Le long des rues s'écoulaient sans fin, à flots pressés, des passants qui se coudoyaient dans la foule et se pressaient d'arriver à leur but, sans regarder seulement les richesses déployées tout le long de leur chemin dans les boutiques, pendant que des véhicules de toutes formes et de toutes façons se confondaient ensemble en une masse mouvante, semblable à une eau courante, et venaient ajouter le bruit incessant de leurs roues au reste du tumulte et du tapage.

C'était pour eux un curieux coup d'œil, en courant au travers de ces objets toujours changeants, toujours variés, de voir le singulier panorama qui se déroulait devant leurs yeux : des dépôts d'étoffes splendides, le rendez-vous des produits des quatre parties du monde; des magasins séduisants, contenant tout ce qui peut aiguiser et stimuler l'appétit rassasié et donner un nouvel attrait à des régals trop répétés; des vases d'or et d'argent façonnés avec un goût exquis en urnes, en plats, en gobelets; des fusils, des épées, des pistolets, des instruments de destruction brevetés; des mécaniques de fer pour redresser les tortus, des langes pour les nouveau-nés; des drogues pour les malades; des bières pour y mettre les morts, des cimetières pour y mettre les bières, tout cela s'arrangeait ensemble et se pavanait côte à côte; tout cela semblait glisser dans une danse confuse et bigarrée, comme les groupes fantastiques du vieux peintre hollandais, offrant ensemble une sérieuse leçon à la foule indifférente qui passait et repassait toujours.

Et cependant il ne manquait pas dans la foule même de nouveaux sujets de réflexion, pour ajouter à l'effet des tableaux qui se présentaient à leurs yeux : les haillons du chanteur de ballade s'agitaient, sales et dégoûtants, à la riche lumière qui éclairait les trésors du bijoutier; des figures pâles et ratatinées voltigeaient autour des fenêtres qui étalaient des mets appétissants, des yeux affamés erraient sur une profusion de bonnes choses, dont ils n'étaient séparés que par une mince feuille de verre : c'était pour eux un mur d'airain. Des ombres demi-nues et grelottantes s'arrêtaient ébahies devant les châles de Chine et les soies brochées de l'Inde. Il y avait une soirée de baptême chez un gros marchand de cercueils, et un écusson funèbre venait d'arrêter les apprêts d'un mariage dans le plus bel hôtel du chemin. La vie et la mort se tenaient par la main; l'opulence et la pauvreté marchaient côte à côte; le cadavre apoplectique et le squelette du meurt-de-faim gisaient à la distance de quelques pouces, séparés par une cloison.

Mais enfin c'était Londres, comme put s'en convaincre la vieille dame de l'intérieur, qui, plus d'une lieue avant Kingston, passa la tête à la portière pour crier au conducteur qu'à coup sûr Londres devait être passé et qu'il avait oublié de l'y descendre.

Nicolas retint deux lits pour Smike et pour lui dans l'auberge de la diligence et courut sans perdre un moment au logement de Newman Noggs, car chaque minute qui se succédait ne faisait qu'accroître son anxiété et son impatience. Il n'en était plus maître. Il y avait du charbon au feu et une chandelle restée allumée dans la mansarde de Newman. Le carreau était balayé avec soin, la chambre aussi confortable qu'elle pouvait l'être. De la viande dans une assiette, de la bière dans un pot, tout cela placé en ordre sur la table; le soin et les attentions de Newman Noggs se montraient partout, mais Newman n'y était pas en personne.

« Savez-vous à quelle heure il sera chez lui? demanda Nicolas en frappant à la porte du voisin de Newman sur le devant.

— Ah! monsieur Johnson, dit Crowl, qui vint le recevoir, je vous souhaite le bonjour; comme vous avez bonne mine! je n'aurais jamais cru...

— Pardon, dit Nicolas l'interrompant, je vous avais fait une question... je suis extrêmement pressé d'en avoir la réponse.

— Mais, répliqua Crowl, il a une affaire qui va le retenir dehors, à son grand regret, au moins jusqu'à minuit; je puis vous assurer qu'il était bien ennuyé de sortir; mais il n'y avait pas moyen de faire autrement; en attendant, il m'a chargé de vous dire de ne pas vous gêner ici, de faire comme chez vous et de prendre patience en causant avec moi. Me voici à votre disposition. »

Et dans son empressement à faire tout ce qui était en son pouvoir pour mieux prouver son désir de faire prendre patience aux autres, M. Crowl, en disant cela, approcha sa chaise de la table, et, se servant une bonne assiettée de bœuf froid, invita Nicolas et Smike à suivre son exemple.

Nicolas était trop contrarié et trop inquiet pour songer à rien prendre. Quand il eut vu Smike installé à table comme il faut, il sortit, malgré les bons conseils que M. Crowl lui prodigua, la bouche pleine, recommandant à son compagnon de retenir Newman dans le cas où il viendrait à rentrer avant lui.

Miss la Creevy ne s'était pas trompée dans ses conjectures : c'est chez elle que Nicolas se rendit tout droit. L'ayant trouvée sortie, il se mit à délibérer un moment avec lui-même s'il irait chez sa mère, au risque de la compromettre avec Ralph Nickleby. Enfin, pleinement convaincu que Newman n'aurait pas tant pressé son retour s'il n'y avait pas eu des raisons majeures qui réclamassent sa présence à la maison, il se détermina à aller voir, et se dirigea en toute hâte vers la demeure de sa mère.

Mme Nickleby ne devait pas revenir chez elle, dit la bonne, avant minuit au plus tôt. Pour ce qui est de miss Nickleby, elle croyait qu'elle se portait bien, mais cette demoiselle ne demeurait plus à la maison et n'y venait que très rarement. Elle ne pouvait pas dire où elle restait, mais ce qu'elle pouvait assurer positivement, c'est que ce n'était pas chez Mme Mantalini.

Nicolas, dont le cœur battait avec violence, dans la crainte de quelque catastrophe inconnue, vint retrouver Smike. Newman n'avait pas reparu; il ne fallait pas compter le revoir avant minuit. Ne pourrait-on pas au moins l'envoyer chercher seulement pour quelques minutes ou lui faire passer deux mots auxquels il pourrait répondre de vive voix? C'était tout à fait impraticable. Il n'était pas à Golden-square, et sans doute il était allé faire quelque commission lointaine.

Nicolas essaya de rester là tranquillement, mais il n'y put pas durer : il était trop ému, trop agacé. Il lui semblait qu'il perdait son temps à rester en place. C'était une idée absurde, il le savait bien, mais il n'en était pas maître. Il prit donc son chapeau pour aller encore errer à l'aventure.

Cette fois, il alla promener ses rêveries vers l'ouest de la ville, précipitant ses pas dans les longues rues qui traversent ce quartier, en proie à mille craintes, mille pressentiments qui le poursuivaient toujours. Il prit par Hyde-Park, silencieux et désert à cette heure, et redoubla de vitesse, comme pour devancer la cause de ses propres pensées. Mais non, elles n'en revenaient que plus obstinées, plus pressées, plus nombreuses, maintenant qu'il n'y avait plus même le spectacle mobile de Londres pour distraire son attention. Il n'avait plus qu'une idée, qui s'était emparée de son esprit : c'est qu'il était arrivé quelque catastrophe si affreuse, que tout le monde le fuyait pour n'avoir pas à la lui révéler. Mais il n'en restait pas moins l'éternelle question : Qu'est-ce que ce peut être? Nicolas n'y pouvait répondre; il avait beau se harasser de fatigue, il n'en était pas plus avancé, au contraire; il sortit du parc bien plus troublé, bien plus agité qu'il n'y était entré.

Il n'avait presque rien pris depuis six heures du matin, et se sentait exténué de faim, de soif et de fatigue. Il s'en retournait donc languissamment vers la demeure de Newman, le long d'une de ces rues populeuses qui séparent Park-Lane de Bond-street, quand il passa devant un hôtel garni de belle apparence, et s'arrêta machinalement à le considérer.

« Tout doit être ici bien cher, se dit Nicolas, mais on peut se régaler partout d'un biscuit et d'un verre de vin sans grands frais... et encore, on ne sait pas! »

Il marcha donc quelques pas; mais, quand il vit de loin se dérouler la longue file de lanternes qui lui masquait son chemin, et qu'il réfléchit au temps qu'il lui fallait encore avant d'être au bout, disposé d'ailleurs par le tour de ses pensées à suivre son premier mouvement, tenté par la curiosité et peut-être par un singulier mélange de sentiments qu'il aurait eu bien du mal à définir lui-même, Nicolas revint sur ses pas et entra dans le café qui dépendait de l'hôtel.

La salle était magnifiquement meublée, les murs étaient tapissés des tentures les plus élégantes en papier français et enrichis d'une corniche dorée du plus joli dessin. Le parquet était couvert d'un tapis somptueux, et deux glaces superbes, l'une sur la cheminée, l'autre en face, dans toute la hauteur de la salle, multipliaient la vue des autres ornements dont elle était décorée et ajoutaient à la beauté de l'effet général. Il y avait dans le compartiment auprès de la cheminée une société un peu bruyante composée de quatre personnes; puis, plus loin, deux autres messieurs seulement, tous deux âgés, tous deux à part.

Il ne fallait pas longtemps à un étranger pour reconnaître les lieux; aussi Nicolas vit-il tout cela d'un coup d'œil et alla-t-il prendre place dans le compartiment voisin de la société en question en leur tournant le dos; puis il attendit, pour demander son carafon de Bordeaux, qu'un des vieux gentlemen qu'il avait vus dans un coin eût réglé avec le garçon un *item* de son addition dont le prix lui paraissait exagéré, prit un journal et se mit à lire.

Il n'en avait pas encore parcouru vingt lignes, et se sentait à moitié assoupi, lorsqu'il tressaillit tout à coup en entendant prononcer le nom de sa sœur : *A la petite Catherine Nickleby!* Tels furent les mots qui frappèrent son oreille. Il releva la tête tout étonné, et vit alors, dans la glace vis-à-vis, que deux des convives étaient debout devant la cheminée. Cela ne peut venir que de l'un d'eux, pensa Nicolas; il prêta l'oreille pour en entendre davantage, réprima l'indignation légitime qu'il ressentait, car le ton dont ces mots étaient prononcés était loin d'être respectueux, et l'extérieur de l'individu qu'il soupçonnait d'avoir pris la parole avait quelque chose de grossier et de fanfaron.

En l'examinant de plus près, toujours dans la glace, il le vit en conversation, le dos au feu, avec un personnage plus jeune que lui, qui tournait le dos à la compagnie, son chapeau sur la tête, en ajustant devant la glace le col de sa chemise. Ils chuchotaient ensemble, et de temps en temps poussaient un grand éclat de rire, sans que Nicolas pût leur entendre répéter les mots qui avaient attiré son attention.

A la fin, ces messieurs reprirent leurs sièges; on demanda encore une bouteille de vin, et la gaieté générale n'en devint que plus bruyante. Cependant pas une parole qui intéressât personne de sa connaissance. Nicolas commençait à se persuader que c'était son imagination surexcitée qui avait formé les sons dont avaient été frappées ses oreilles, et transformé d'autres mots en un nom qui occupait sa pensée tout entière.

« Pourtant, se disait Nicolas, c'est bien extraordinaire; si seulement ç'avait été *Catherine*, ou même *Catherine Nickleby*, j'en aurais été moins surpris, mais *à la petite Catherine Nickleby!* »

Au même instant on lui apporta son vin; il en avala un verre et reprit le journal, puis tout d'un coup : « *A la petite Catherine Nickleby!* cria une voix derrière lui.

— Je ne m'étais pas trompé, murmura Nicolas; et le journal lui tomba des mains; oui, c'est bien l'homme que j'avais supposé.

— Puisqu'on n'a pas accepté la santé tout à l'heure, dit la voix, parce que le vin n'était pas frais, nous allons cette fois lui offrir notre premier verre de ce nouveau flacon : *A la petite Catherine Nickleby!*

— *A la petite Catherine Nickleby!* » répétèrent les trois autres. Et les verres furent vidés à l'instant.

Vivement excité par l'insolence et le ton des gens qui se permettaient de prononcer ainsi sans façon le nom de sa sœur dans un lieu public, Nicolas prit feu d'abord, mais il se contint par réflexion avec beaucoup de peine, et ne tourna même pas la tête.

« La petite gueuse! dit la même voix, c'est bien une Nickleby, la digne nièce de son oncle Ralph. Elle refuse pour se faire prier. C'est comme lui : pour en attraper quelque chose, il faut le traquer à la piste, et, si l'argent en paraît doublement agréable, le marché en devient doublement onéreux; car vous êtes impatient, et lui, il ne l'est pas. C'est une ruse infernale.

— Une ruse infernale! » répétèrent les voix.

Nicolas tremblait de peur que le bruit fait par les deux vieux messieurs pour se lever de table et s'en aller, ne lui fît perdre un mot de cette conversation pour lui si palpitante. Mais elle ne fut reprise qu'apres leur départ, et cette fois sans réserve.

« Je crains, dit le plus jeune des quatre, que la vieille femme n'en soit devenue jalouse et ne l'ait mise sous clef. Cela me fait cet effet-là, je vous assure.

— Eh bien, si elles se disputent, et que la petite Nickleby s'en retourne chez sa mère, tant mieux, dit le premier interlocuteur. Je fais tout ce que je veux de la vieille dame ; elle croira tout ce que je lui dirai.

— C'est ma foi vrai, répliqua l'autre. Ha! ha! la pauvre diablesse! »

Les deux voix jumelles qui n'allaient jamais l'une sans l'autre se mirent à rire à leur tour, comme tout le monde, aux dépens de Mme Nickleby. La rage brûlait les joues de Nicolas; mais il sut se maîtriser pour le moment : il voulait en entendre davantage.

Ce qu'il entendit n'a pas besoin d'être répété ici. Il suffit de savoir qu'à mesure que le flacon de vin circulait à la ronde, il en entendit assez pour bien connaître les sentiments et les plans de ceux dont il écoutait la conversation; assez pour le mettre au fait de toutes les viles pratiques de Ralph, pour lui révéler la véritable raison qui réclamait sa présence à Londres. Bien plus, il entendit tourner en dérision les souffrances de sa sœur, railler et calomnier brutalement sa vertu. Il entendit son nom passer de bouche en bouche pour donner lieu aux paris les plus grossiers et les plus insolents, aux paroles les plus libres, aux plaisanteries les plus licencieuses. L'homme qui avait pris le premier la parole donnait le ton à la conversation, ou plutôt il n'y avait à parler que pour lui; les autres se contentaient de le stimuler de temps en temps par quelques observations sans importance.

C'est donc à lui que s'adressa Nicolas, quand il se sentit assez remis pour se présenter devant leur société, et donner un libre cours aux paroles enflammées de colère qui lui brûlaient la gorge.

« Je voudrais vous dire un mot, monsieur, dit Nicolas.

— A moi, monsieur? repartit sir Mulberry Hawk en le toisant de la tête aux pieds, avec une expression de surprise et de dédain.

— Je vous ai dit que c'était à vous, répliqua Nicolas d'une voix embarrassée, car il étouffait de colère.

— Voilà un mystérieux étranger, ma parole d'honneur! s'écria sir Mulberry en portant son verre à ses lèvres et regardant ses amis l'un après l'autre.

— Voulez-vous, oui ou non, venir échanger à part quelques mots avec moi? » dit Nicolas rudement.

Sir Mulberry abaissa un moment son verre en lui disant de décliner son nom et d'expliquer ce qu'il voulait, ou de le laisser tranquille.

Nicolas tira une carte de sa poche et la lui jeta devant lui.

« Voilà, monsieur! dit Nicolas, mon nom vous fera deviner le reste. »

En effet, en le lisant sur la carte, sir Mulberry ne put se défendre d'une expression d'étonnement passagère et même de quelque confusion; mais il reprit bientôt son aplomb, et, passant la carte à lord Verisopht, qui était assis en face de lui, il prit à la glace un cure-dents et le porta à sa bouche tout tranquillement.

« Votre nom et votre adresse? dit Nicolas, qui devenait plus pâle à mesure que sa tête s'échauffait.

— Je ne vous donnerai ni l'un ni l'autre, répliqua sir Mulberry.

— S'il y a ici un homme d'honneur, dit Nicolas en promenant ses yeux sur les autres personnages, pendant que ses lèvres blanches et tremblantes pouvaient à peine articuler ces mots, il ne me cachera pas le nom et la demeure de cet homme-là. »

Silence complet.

« Je suis le frère de la demoiselle qui vient d'être le sujet de votre conversation. Je vous dénonce monsieur comme un menteur, et je vous déclare que c'est un lâche; s'il a ici un ami, que cet ami lui épargne le déshonneur de chercher encore quelque misérable subterfuge pour cacher son nom. Il n'y gagnera rien, car je suis décidé à le savoir, et je ne le laisserai pas aller auparavant. »

Sir Mulberry le regarda d'un œil de mépris, puis s'adressant à ses amis :

« Laissez-le parler, dit-il; je n'ai rien de sérieux à dire à des individus de sa classe, et il peut parler comme cela jusqu'à minuit, sans que je lui casse la tête, par considération pour sa jolie sœur.

— Vous n'avez ni âme ni cœur, vil gredin, dit Nicolas, et je le ferai savoir au monde entier; mais je connaîtrai votre nom, quand je devrais vous suivre jusqu'à demain dans les rues : je vous verrai bien rentrer chez vous. »

La main de sir Mulberry, par un mouvement involontaire, se ferma sur la carafe, et on put voir le moment où il allait la lancer à la tête de son provocateur; mais il se contenta de remplir son verre, avec un rire de mépris.

Nicolas alla s'asseoir juste en face de la société, appela le garçon et lui paya la carte.

« Connaissez-vous le nom de ce monsieur? » lui dit-il de manière à être entendu, en lui montrant sir Mulberry.

Sir Mulberry se mit à rire un peu plus fort, et l'on entendit après l'écho de deux voix jumelles, mais un écho affaibli.

« Le gentleman qui est là, monsieur? répliqua le garçon qui n'était pas novice dans son métier, et répondait à Nicolas tout juste avec assez de politesse pour ne pas se compromettre, et cependant avec assez d'impertinence pour plaire à ses habitués; non, monsieur; je ne sais pas, monsieur.

— Et vous, monsieur, cria sir Mulberry au garçon, comme il se retirait, connaissez-vous le nom de cet individu?

— Son nom, monsieur? Non, monsieur.

— Eh bien, si vous voulez le savoir, vous le trouverez là-dessus, dit sir Mulberry en lui jetant la carte de Nicolas; et puis, quand vous l'aurez déchiffré, vous me jetterez ce morceau de cartonlà au feu; vous m'entendez? »

Le domestique ricana en regardant du coin de l'œil Nicolas, et prit un mezzo-termine en plaçant la carte à la glace de la cheminée. Cela fait, il se retira.

Nicolas, se croisant les bras et se mordant les lèvres, restait sur sa chaise parfaitement immobile. Mais son attitude exprimait sa détermination bien arrêtée d'exécuter la menace qu'il avait faite à sir Mulberry de le suivre jusque chez lui.

On voyait bien aussi, au ton de quelques observations que le plus jeune de la bande faisait à son ami, qu'il n'approuvait pas sa conduite dans cette circonstance, et qu'il le pressait de satisfaire à la demande de Nicolas; mais sir Mulberry, qui était un peu en train, et par suite dans un état d'entêtement obstiné, imposa bientôt silence aux représentations de son jeune ami, trop faible pour insister davantage, et même, pour s'en délivrer tout à fait, il voulut absolument que les autres le laissassent seul.

Le jeune gentleman et les deux inséparables se levèrent là-dessus au bout de peu de temps pour partir, et se retirèrent, laissant leur ami en tête à tête avec Nicolas.

Il est facile de concevoir que, dans l'état de ce jeune homme, les minutes semblaient avoir des ailes de plomb, et que le tic tac monotone d'un coucou français ou même le son criard de son petit carillon pour marquer les quarts n'étaient pas pour faire paraître plus rapide le cours des heures; mais cela ne l'empêchait pas de rester cloué sur son siège, pendant qu'en face, sir Mulberry Hawk, couché sur sa banquette, les jambes sur le coussin, son mouchoir négligemment jeté sur ses genoux, achevait son flacon de bordeaux avec le sang-froid le plus intrépide et l'indifférence la plus parfaite.

Ils restèrent comme cela plus d'une heure dans un silence absolu, et une heure qui parut à Nicolas avoir duré trois heures au moins, quoique le petit carillon n'eût sonné que quatre fois. A plusieurs reprises, il promena autour de lui des regards impatients et colères; mais il retrouvait toujours sir Mulberry dans la même posture, portant de temps en temps son verre à ses lèvres, et regardant le mur d'en face comme s'il ne savait seulement pas qu'il y eût là quelqu'un.

A la fin, il bâilla, étendit ses membres, se leva, alla tranquillement se regarder dans la glace, se retourna, et fit à Nicolas l'honneur de fixer sur lui un regard méprisant et prolongé. Nicolas le lui rendit de bon cœur. Sir Mulberry haussa les épaules, sourit du bout des lèvres, tira la sonnette et demanda au garçon son paletot.

Le garçon l'apporta et tint la porte ouverte.

« Vous n'avez pas besoin d'attendre, » dit sir Mulberry; et le tête-à-tête recommença.

Sir Mulberry fit plusieurs tours dans la chambre de long en large, sifflant tout le temps d'un air insouciant, s'arrêta à la table, pour finir le dernier verre de bordeaux qu'il venait de se verser quelques minutes avant, prit son chapeau, l'ajusta dans la glace sur sa tête, mit ses gants et finalement sortit.

Nicolas, que le sang-froid de l'autre avait irrité et exalté presque jusqu'à la folie, s'élança de son siège et le suivit de si près qu'avant que la porte eût roulé sur ses gonds derrière sir Mulberry, ils étaient ensemble côte à côte dans la rue.

Il y avait un cabriolet bourgeois qui attendait; le groom ouvrit le tablier et sauta à la tête du cheval pour le tenir.

« Voulez-vous me dire votre nom? demanda Nicolas d'une voix étouffée.

— Non! répondit l'autre d'un ton farouche en accompagnant son refus d'un juron; non!

— Si vous vous fiez à la vitesse de votre cheval, dit Nicolas, je vous avertis qu'elle ne vous servira de rien. Je suis décidé à vous accompagner; je vous jure que je ne vous quitterai pas, dussé-je m'accrocher à votre marchepied.

— Faites-le et vous allez voir comme je vais vous corriger à coups de fouet, reprit sir Mulberry.

— Vous êtes un infâme!

— Vous êtes un saute-ruisseau! voilà tout.

— Je suis le fils d'un gentleman de province, votre égal par la naissance et l'éducation, et je vaux mieux que vous, je m'en flatte, pour tout le reste. Je vous le répète, Mlle Nickleby est ma sœur. Voulez-vous, oui ou non, me donner satisfaction de votre conduite odieuse et brutale?

— A un champion digne de moi, oui; à vous, non, répliqua sir Mulberry en prenant en main les rênes. Ote-toi de là, chien! William, lâche-lui la tête.

— Vous ferez mieux de n'en pas courir le risque, cria Nicolas en sautant sur le marchepied derrière sir Mulberry, et saisissant les rênes. Songez-y, il n'est plus maître du cheval. Je ne vous laisserai pas partir, croyez-en ma parole, avant de savoir de vous qui vous êtes. »

Le groom hésitait, car la jument, un fier animal, une bête de race, se cabrait avec tant de violence qu'il avait du mal à la contenir.

« Lâche-la, te dis-je! » lui dit son maître d'une voix de tonnerre.

Le groom obéit, l'animal se mit à ruer et à se cabrer, à briser tout en mille morceaux; mais Nicolas, insensible au danger et n'écoutant que sa furie, restait ferme à sa place et retenait les rênes.

« Voulez-vous lâcher?

— Voulez-vous me dire qui vous êtes?

— Non!

— Non? »

Ces mots furent échangés plus vite que la pensée, et sir Mulberry, prenant son fouet par le milieu, en asséna des coups furieux sur la tête et sur les épaules de Nicolas. Le fouet se brise dans la lutte. Nicolas en saisit le manche et en frappe son adversaire à la face et la lui fend depuis l'œil jusqu'à la lèvre. Il voit la plaie s'ouvrir, il voit la jument partir au grand galop, puis il ne voit plus rien, et, dans l'éblouissement qui le prend, il se sent jeté raide par terre.

Toute l'attention du public s'était portée à l'instant sur la personne emportée dans la voiture à fond de train. Nicolas restait seul, et jugeant sagement qu'en pareil cas ce serait folie à lui de vouloir courir après, il tourne le coin d'une rue de traverse, pour gagner la première place de fiacres venue. Il sent, au bout de quelques minutes, qu'il chancelle comme un homme ivre, et s'aperçoit, pour la première fois, que le sang lui ruisselle sur la figure et la poitrine.

CHAPITRE XXXIII

Où M. Ralph Nickleby est déchargé, par un procédé très expéditif, de tout commerce avec sa famille.

Smike et Newman Noggs, qui, dans son impatience, était revenu chez lui longtemps avant l'heure indiquée, étaient assis ensemble devant le feu, écoutant avec anxiété chaque pas qui montait l'escalier, chaque bruit qui se faisait entendre dans la maison, dans l'espérance que c'était Nicolas qui arrivait. Le temps se passe, il se fait tard, et cependant il avait promis de ne rester qu'une heure dehors. Son absence prolongée commençait à les alarmer sérieusement tous les deux, comme on aurait pu le voir aux yeux mornes qu'ils tournaient l'un vers l'autre à chaque désappointement nouveau.

Enfin on entend un fiacre s'arrêter, et Newman sort bien vite avec une chandelle, pour éclairer Nicolas dans l'escalier. En le voyant dans l'état où nous l'avons laissé au dernier chapitre, il resta pétrifié d'étonnement et d'horreur.

« Soyez tranquilles, dit Nicolas en entrant avec précipitation dans la chambre. Je n'ai pas de mal : un peu d'eau et une cuvette, il n'en faut pas davantage pour tout réparer.

— Pas de mal? cria Newman en passant rapidement les mains sur le dos et sur les bras de Nicolas, pour s'assurer qu'il n'avait rien de cassé. Qu'est-ce que vous venez donc de faire?

— Je sais tout, dit Nicolas sans répondre à sa question. J'en ai entendu une partie, j'ai deviné le reste. Cependant, avant de laver une de ces gouttes de sang qui vous occupent, je veux apprendre tout de votre bouche. Vous voyez, je suis calme. Mon parti est pris; à présent, mon ami, parlez franchement. Car il ne s'agit plus de rien pallier, de rien calculer, de ménager Ralph Nickleby.

— Vos vêtements sont déchirés en plusieurs endroits; vous boitez, je suis sûr que vous souffrez quelque part, dit Newman; laissez-moi commencer par voir si vous vous êtes fait du mal.

— Je n'ai rien à vous faire voir, je ne me suis pas fait de mal, je n'ai qu'un peu de raideur et d'engourdissement qui va bientôt se passer, dit Nicolas en s'asseyant avec quelque difficulté. Mais, quand je me serais cassé tous les membres, pour peu que je conservasse ma connaissance, je ne vous laisserais pas bander une de mes plaies que vous ne m'eussiez dit tout ce que j'ai le droit de savoir. Allons, ajouta-t-il en tendant la main à Noggs, vous aussi, vous avez eu une sœur, vous me l'avez dit, qui est morte avant vos malheurs : eh bien, pensez à elle, Newman, et parlez.

— Oui, je vais parler, dit Noggs; je vais vous dire toute la vérité. »

Newman parla donc; de temps en temps Nicolas confirmait d'un signe de tête les détails qu'il avait déjà recueillis par lui-même. Mais il tenait toujours ses yeux fixés sur le feu, sans les porter ailleurs une seule fois.

Après avoir fini son récit, Newman insista pour que son jeune ami ôtât son habit et laissât panser les coups qu'il pouvait avoir reçus. Nicolas commença par faire quelque résistance, mais finit par consentir; et pendant qu'on lui frottait d'huile, de vinaigre et d'autres liniments non moins efficaces, empruntés par Noggs chez tous les locataires de la maison, quelques contusions qu'il pouvait avoir sur les bras et sur les épaules, il raconta comment il les avait reçues. Son récit fit sur l'imagination ardente de Newman une si forte impression, qu'en entendant les détails de la querelle, au moment surtout où elle prit un si grand caractère de violence, il se mit lui-même sans y penser à l'unisson en frottant Nicolas jusqu'au sang. Le patient même en aurait crié peut-être, tant le zèle de Newman le faisait réellement souffrir; mais il n'en fit que rire, en voyant que, pour le moment, ce brave homme se croyait aux prises avec sir Mulberry Hawk et le frottait de main de maître, au lieu du client réel dont il avait entrepris la cure.

Après ce martyre d'un nouveau genre, Nicolas convint avec Newman que le lendemain matin, pendant qu'il serait occupé à autre chose, on se tiendrait tout prêt pour le déménagement immédiat de sa mère et qu'on prierait miss la Creevy de venir elle-même y préparer Mme Nickleby. Après il s'enveloppa du paletot de Smike, et s'en retourna à l'auberge où ils devaient passer la nuit. Là il écrivit à l'adresse de Ralph quelques lignes que Newman s'était chargé de lui remettre le lendemain. Après quoi, il essaya de trouver dans son lit le repos dont il avait tant besoin.

On dit qu'on a vu des gens, dans l'ivresse, rouler au fond des précipices et n'en ressentir aucun mal une fois qu'ils avaient retrouvé l'usage de leur raison. L'ivresse n'a pas seule ce privilège; c'est une observation qui s'applique également à beaucoup d'autres accès de passion violente. Ce qu'il y a de sûr, c'est que, si Nicolas, en s'éveillant le lendemain, ressentit encore quelques douleurs dans les premiers moments, il n'en fut pas moins sur pied avec assez de facilité à sept heures sonnantes, et fut bientôt aussi alerte que s'il n'avait rien eu.

Après s'être contenté de jeter un coup d'œil dans la chambre de Smike, pour lui dire qu'il n'allait pas tarder à recevoir la visite de Newman Noggs, Nicolas descendit dans la rue, monta dans un fiacre, dit au cocher de le conduire chez Mme Wititterly, à l'adresse que Newman lui avait donnée la veille au soir.

Il n'était encore que sept heures trois quarts quand ils arrivèrent à la place Cadogan. Nicolas commençait à craindre de ne trouver personne sur pied si matin, lorsqu'il vit avec plaisir une servante occupée à nettoyer les marches. De fonctionnaire en fonctionnaire, il arriva au soi-disant page, qui parut sur l'horizon tout échevelé, le visage échauffé et bouffi, en page qui vient de sortir du lit.

Il sut de ce jeune gentleman que Mlle Nickleby était allée faire sa petite promenade du matin dans le jardin en face. A la question de savoir s'il ne pourrait pas aller la chercher, le page répondit de manière à laisser penser que la chose était horriblement difficile. Mais à la vue de ce talisman qu'on appelle un shilling, et que Nicolas fit briller à ses yeux, le page plein d'ardeur trouva tout d'un coup la chose très facile.

« Dites à Mlle Nickleby que c'est son frère qui est ici et qui se meurt d'envie de la voir, » dit Nicolas.

Les boutons plaqués disparurent avec une vivacité qui ne leur était pas ordinaire, et Nicolas se mit à arpenter la chambre dans un état d'agitation fiévreuse qui lui rendait insupportable le moindre retard. Bientôt heureusement il entendit un pas léger bien connu de son cœur et de son oreille, et, avant qu'il se fût seulement détourné pour aller au-devant de sa sœur, Catherine était pendue à son cou et le baignait de larmes.

« Ma chère et tendre enfant, dit Nicolas en l'embrassant, comme vous êtes pâle!

— Ah! mon cher frère, j'ai été si malheureuse ici! » Et la pauvre fille sanglotait. « J'ai tant... tant... tant souffert! Nicolas, mon ami, ne me laissez pas ici, j'y mourrais de chagrin.

— Vous laisser! répondit Nicolas, je ne vous laisserai plus ni ici, ni ailleurs, Catherine..., jamais. » En disant cela, il pleurait malgré lui, plein d'une émotion tendre, en la pressant contre son cœur. « J'ai besoin que vous me disiez, ma sœur, que j'ai fait pour le mieux; que je ne vous aurais pas quittée si je n'avais pas craint de faire retomber ma disgrâce sur votre tête; que je n'en ai pas moins souffert que vous; en un mot, que, si j'ai eu quelque tort, c'était sans le savoir et faute de connaître le monde.

— Et pourquoi voulez-vous que je vous dise ce que nous savons tous si bien? répliqua-t-elle d'un ton à calmer le trouble de son frère. Nicolas!... mon cher Nicolas! comment pouvez-vous vous laisser attendrir ainsi?

— Ah! dit son frère, si vous saviez tous les reproches que je me fais, en voyant les peines par où vous avez passé, en vous retrouvant si changée et pourtant si bonne toujours et si patiente!... Dieu! cria Nicolas en fermant le poing et en changeant tout à coup de ton et de physionomie, je sens encore une fois mon sang bouillonner dans mes veines; il faut que vous sortiez d'ici sur-le-champ avec moi; vous n'y auriez pas même couché cette nuit, si j'avais su plus tôt ce que je sais. A qui

Le fouet se brise dans la lutte, Nicolas en saisit le manche et en frappe son adversaire à la face. (P. 239.)

faut-il que je m'adresse pour annoncer que je vous emmène? »

Cette question ne pouvait venir plus à propos, car M. Wititterly entrait à l'instant même, et Catherine en profita pour lui présenter son frère, qui lui fit part en même temps de son projet et de la nécessité où il était de ne pas le différer d'une minute.

« Vous savez, dit M. Wititterly avec la gravité d'un homme qui tient le bon bout, vous savez que le trimestre n'est pas même à moitié expiré; par conséquent...

— Par conséquent, reprit Nicolas en l'interrompant, elle doit perdre son trimestre. Monsieur, je vous prie de nous excuser si nous nous montrons si pressés; mais des circonstances impérieuses exigent que j'éloigne ma sœur à l'instant même, et je n'ai pas un moment à perdre; si vous voulez bien me le permettre, j'enverrai chercher les effets qu'elle peut avoir ici dans le cours de la journée. »

M. Wititterly s'inclina sans faire la moindre difficulté sur le départ immédiat de Catherine, qui lui faisait d'ailleurs, il faut bien l'avouer, plus de plaisir que de peine, car sir Tumley Snuffim avait exprimé l'opinion que cette demoiselle n'allait pas à la constitution de Mme Wititterly.

« Quant à la petite bagatelle de ce qui lui est dû, dit M. Wititterly, je la... (violent accès de toux qui l'interrompt mal à propos). je la... devrai à Mlle Nickleby. »

Il est bon de savoir que M. Wititterly aimait assez à devoir quelques petites choses, et à les devoir toujours. Il n'y a pas d'homme qui n'ait son faible. C'était là celui de M. Wititterly.

« S'il vous plaît, monsieur, » dit Nicolas; puis, renouvelant ses excuses d'un si brusque départ, il enlève, pour ainsi dire, Catherine dans le fiacre, et recommande au cocher de les mener bon pas à la Cité.

C'est donc vers la Cité qu'ils courent en effet, autant du moins qu'on peut l'espérer d'un fiacre. Il se trouvait justement que les coursiers demeuraient à la Chapelle Blanche, et qu'ils avaient l'habitude d'y retourner déjeuner... les jours où ils déjeunaient. L'espérance du picotin leur fit donc presser la course avec plus d'activité qu'on ne devait raisonnablement s'y attendre.

Nicolas envoya devant lui Catherine prévenir en haut sa mère, pour qu'elle ne fût pas alarmée de son apparition subite, et, quand elle fut préparée, il se présenta devant elle avec beaucoup de respect et d'affection. Newman, de son côté, n'avait pas perdu de temps. Il y avait déjà une petite charrette à bras à la porte, et l'on se dépêchait d'y transporter les effets.

Mais, par exemple, Mme Nickleby n'était pas femme à se presser jamais, pas plus qu'à comprendre à demi-mot les choses qu'on voudrait effleurer à raison de leur importance ou de leur délicatesse. Aussi, bien que la bonne dame ait déjà eu à subir une préparation d'une grande heure de la part de la petite Mlle la Creevy, et qu'elle fût en ce moment éclairée sur la situation par les explications les plus claires de Nicolas et de sa sœur tout ensemble, elle était encore dans un état d'égarement et de confusion si étrange, qu'elle ne voulait comprendre pour rien au monde la nécessité de précipiter ainsi les choses.

« Pourquoi, mon cher Nicolas, ne demandez-vous pas à votre oncle quelles pouvaient être en cela ses intentions? disait Mme Nickleby.

— Ma chère mère, répondait Nicolas, ce n'est plus le temps d'aller discuter avec lui. Nous n'avons plus qu'une chose à faire, c'est de le rejeter loin de nous avec le mépris et l'indignation qu'il mérite. Votre honneur, votre réputation exigent qu'après la découverte de sa conduite infâme vous ne lui ayez plus aucune obligation, pas même l'abri qu'il vous donne entre ces quatre murs.

— Vous avez bien raison, dit Mme Nickleby, pleurant amèrement. C'est une brute, un monstre, et ces quatre murs ne sont pas même cachés sous un badigeon; si ce plafond est propre, c'est que je l'ai fait blanchir au lait de chaux pour trente-six sous, et je ne peux pas me consoler de penser que c'est trente-six sous qui vont passer dans sa poche. Je n'aurais jamais pu croire cela, jamais.

— Ni vous, ni moi, ni personne, dit Nicolas.

— Bonté du ciel! s'écria Mme Nickleby; et dire que sir Mulberry Hawk est un aussi mauvais sujet que me l'a dépeint miss la Creevy; moi qui me félicitais tous les jours de voir ses attentions pour notre chère Catherine; moi qui ne pensais qu'au bonheur que ce serait pour toute la famille s'il s'alliait avec nous et qu'il s'intéressât à vous procurer quelque bonne place du gouvernement! Il y a, savez-vous, de très bonnes places à la cour (par exemple, une de nos amies, miss Crapley à Exeter; ma chère Catherine, vous vous rappelez?); eh bien, il en avait une comme cela; et si je ne me trompe, les fonctions n'en étaient pas bien pénibles. La principale obligation était de porter des bas de soie et une perruque avec des bourses qui ressemblent à ces porte-montres qu'on accroche sur la cheminée; et dire que voilà comment tout cela devait finir!... Ah! vraiment, il y a de quoi en mourir, c'est sûr. » Et Mme Nickleby, en exprimant ainsi son chagrin, rouvrait piteusement la source de ses larmes.

Comme Nicolas et sa sœur étaient obligés, pendant ce temps-là, de veiller au transport de son petit mobilier, c'est miss la Creevy qui dut se dévouer à consoler la bonne dame, et en effet elle lui représentait avec beaucoup de douceur qu'elle devait réellement ne pas tant s'affliger et reprendre courage.

« Ah! sans doute, miss la Creevy, dit-elle avec une pétulance assez naturelle dans la triste situation où elle se trouvait, cela vous est bien aisé à dire, du courage! mais si vous aviez eu autant d'occasions de prendre courage que moi... Et puis, dit Mme Nickleby en tournant bride, songez un peu à M. Pyke et à M. Pluck, les deux plus parfaits gentlemen qui soient au monde. Qu'est-ce que je vais leur dire?... qu'est-ce que vous voulez que j'aille leur dire? Par exemple, si j'allais leur dire : « On m'assure que votre ami sir Mulberry est un mauvais sujet fini », ils se moqueraient de moi.

— Ils ne se moqueront plus de nous, je vous le garantis, dit Nicolas en s'avançant vers elle; venez, ma mère, il y a un fiacre à la porte, et, jusqu'à lundi du moins, nous allons retourner à notre ancien domicile.

— Et vous y trouverez tout prêt à vous recevoir, et un cœur ravi de vous y voir, par-dessus le marché, ajouta miss la Creevy; à présent, laissez-moi descendre avec vous. »

Mais Mme Nickleby n'était pas si facile à mettre en mouvement; et d'abord elle insista pour aller voir en haut si l'on n'avait rien laissé; et puis au moment où elle montait sur le marchepied de la voiture, elle crut se rappeler un petit pot de faïence qu'on avait oublié sur la tablette de l'arrière-cuisine; et puis, quand elle fut dedans, elle se rappela avec inquiétude un parapluie vert qui devait être derrière une porte qu'elle ne pouvait dire. A la fin, outré de désespoir, Nicolas donna ordre au cocher de partir, et le choc causé par le brusque départ de la voiture fit tomber des mains de Mme Nickleby un shilling dans la paille. Heureusement! car, lorsqu'elle l'eut retrouvé, il était déjà trop tard pour chercher dans ses souvenirs malencontreux ce qu'elle pouvait avoir encore oublié à la maison.

Nicolas, après avoir bien fait charger les effets, congédié la domestique et fermé la porte à clef, sauta dans un cabriolet et se fit conduire près de Golden-square, dans une rue de traverse, où il avait donné rendez-vous à Noggs, et tout cela si lestement qu'il était tout au plus neuf heures et demie quand il y arriva.

« Voici la lettre pour Ralph, dit Nicolas, et voici la clef. Surtout, quand vous viendrez me voir ce soir, pas un mot devant le monde de ce qui s'est passé hier : les mauvaises nouvelles ne vont déjà que trop vite, et ma mère et ma sœur les sauront toujours assez tôt. Avez-vous entendu dire s'il s'est fait beaucoup de mal? »

Newman secoua la tête, voulant dire qu'il n'en savait rien.

« Je cours m'en assurer sans perdre de temps.

— Vous feriez mieux de prendre un peu de repos, répliqua Newman; vous êtes malade; vous avez la fièvre. »

Nicolas lui fit signe de la main assez négligemment que ce n'était pas la peine d'en parler, et dissimula l'indisposition qu'il ressentait depuis qu'il n'était plus soutenu par l'excitation des premiers moments. Il se dépêcha de prendre congé de Newman Noggs, et le quitta.

Newman n'était pas à trois minutes de Golden-square; mais dans le cours de ces trois minutes il prit et remit la lettre dans son chapeau plus de vingt fois. Ce fut d'abord par devant qu'il voulut la voir, puis par derrière, puis ensuite des deux côtés, puis la suscription, puis le cachet, autant d'objets d'admiration pour Newman; puis enfin il la tint à longueur de bras, comme pour en examiner délicieusement l'ensemble, et, après tout cela, il se frotta les mains, heureux comme un roi de la commission dont il s'était chargé.

Il ouvrit son bureau, pendit son chapeau au clou accoutumé, posa la lettre et la clef sur la table, et attendit avec impatience que Ralph Nickleby fît son apparition. Il n'attendit pas longtemps : au bout de quelques minutes, le craquement bien connu de ses bottes résonna au haut de l'escalier, et la sonnette se fit entendre.

« La poste est-elle venue?

— Non.

— Y a-t-il d'autres lettres?

— Une. » Newman la mit sur son bureau en le considérant attentivement.

« Qu'est-ce que c'est que cela? demanda Ralph en prenant la clef déposée avec la lettre.

— Un petit garçon les a apportées ensemble, il n'y a pas plus d'un quart d'heure. »

Ralph jeta un coup d'œil sur l'adresse, ouvrit la lettre, et lut ce qui suit :

« Je vous connais à présent. Tous les reproches que je pourrais vous faire ne vaudraient pas, pour vous faire rougir de votre infamie jusqu'au fond de votre cœur, ces simples mots : Je vous connais maintenant.

» La veuve de votre frère avec sa fille orpheline se trouveraient déshonorées de chercher un abri sous votre toit. Elles vous fuient avec mépris, avec dégoût. Votre famille vous renie, votre famille, qui ne se connaît pas d'autres taches que les liens du sang et la communauté de nom qui l'unissent à vous.

» Vous êtes vieux, je laisse à la tombe le soin de vous punir. Puissent tous les souvenirs de votre vie s'attacher à votre mauvais cœur pour le ronger, et envelopper de leurs noires ombres votre lit de mort! »

Ralph Nickleby relut cette lettre avec l'expression la plus sombre, et devint profondément rêveur. Le papier était échappé de ses mains et déjà tombé par terre, qu'il avait les doigts crispés comme s'il le tenait encore.

Tout à coup il se lève en sursaut de sa chaise, il fourre la lettre toute chiffonnée dans sa poche, et se retourne furieux du côté de Newman Noggs, comme pour lui demander ce qu'il faisait là. Mais Newman se tenait immobile, le dos tourné à son maître, suivant avec le tronçon usé et noirci d'une vieille plume une liste de chiffres sur une table d'intérêts affichée contre la muraille. Son attention tout entière à ses calculs semblait détachée de tout autre objet.

CHAPITRE XXXIV

Visite faite à M. Ralph Nickleby par des personnes qui sont déjà de notre connaissance.

« Combien donc de diables d'heures me laisserez-vous sonner à cette vieille casserole de sonnette que Dieu confonde, dont un seul frétillement suffit pour vous faire tomber du haut mal le gaillard le plus robuste, ou que le diable m'emporte? dit M. Mantalini à Newman Noggs, tout en s'essuyant les bottes sur le décrottoir de Ralph Nickleby.

— Je n'avais entendu sonner qu'une fois, répondit Newman.

— Alors il faut que vous soyez le plus immensément et le plus abominablement sourd, dit M. Mantalini, aussi sourd qu'un poteau du diable. »

Pendant ce temps-là, M. Mantalini, qui avait gagné le corridor, se dirigeait sans cérémonie vers la porte du bureau de Ralph, quand Newman lui barra le passage en lui disant que M. Nickleby ne voulait pas être dérangé, et finit par lui demander si c'était quelque chose de pressé qu'il avait à lui communiquer.

« Je crois bien! dit M. Mantalini, diablement pressé; c'est pour fondre quelques sales chiffons en une coquine de sauce de petite monnaie luisante, brillante, sonnante, retentissante. »

Pendant que Newman annonçait l'objet de sa visite, l'objet lui-même entrait sans façon dans la chambre, et, serrant la main calleuse de Ralph avec une vivacité d'action peu commune, lui jurait ses grands dieux qu'il ne lui avait jamais vu si bonne mine de toute sa vie.

« Il y a comme un velours de pêche sur votre diable de figure, dit M. Mantalini en prenant une chaise sans attendre d'en être prié et en s'arrangeant les cheveux et les moustaches; vous avez un air jeune et gaillard, ou que le diable m'emporte.

— Nous voici seuls, répondit Ralph sèchement; qu'est-ce qu'il vous faut?

— C'est délicieux! cria M. Mantalini, déployant en riant tout l'émail de son râtelier; ce qu'il me faut! oui, ah! ah! c'est délicieux! ce qu'il me faut! ah! ah! de par tous les diables!

— Je vous demande ce qu'il vous faut! répéta Ralph avec aigreur.

— Parbleu! un chien d'escompte. Pas autre chose, répondit M. Mantalini en ricanant et en secouant la tête de la manière la plus bouffonne.

— L'argent est rare, dit Ralph.

— A qui le dites-vous? Diablement rare, ou vous ne me verriez pas ici.

— Les temps sont durs : on sait à peine à qui se fier, continua Ralph. Je n'ai pas besoin de faire d'affaires en ce moment, ou, pour mieux dire, tenez, j'aime mieux n'en pas faire. Cependant, comme vous êtes un ami... Combien avez-vous là de billets?

— Deux.

— Quel en est le montant?

— Une chienne de bagatelle, dix-huit cents francs...

— L'échéance?

— Deux mois et quatre jours.

— Eh bien, je veux bien les prendre, mais c'est à cause de vous, songez-y bien; à cause de vous. Je ne le ferais pas pour d'autres... Je les prends à six cents francs d'escompte.

— Ah! nom d'un chien! cria M. Mantalini, dont la figure s'allongea d'une aune, à cette aimable proposition.

— Eh bien, il vous reste douze cents francs, reprit Ralph; qu'est-ce que vous en voulez donc? Voyons, laissez-moi regarder les noms.

— Vous êtes diablement serré, Nickleby, lui dit Mantalini d'un ton de reproche.

— Laissez-moi voir les noms, répliqua Ralph, qui, dans son impatience, tendit la main pour se faire donner les billets. Bon! ce n'est pas fameux, mais ce n'est pas non plus trop véreux. Acceptez-vous mes offres, et voulez-vous de l'argent? Moi, je n'y tiens pas, au contraire.

— Diable! Nickleby, ne pourriez-vous pas...?

— Non, répliqua Ralph en l'interrompant; je ne peux pas. Voulez-vous de l'argent? Prenez-le, voyez : il ne s'agit pas ici d'attendre, d'aller à la Cité chercher à négocier les billets avec quelque autre personne sans garantie. Est-ce fait ou non? »

En même temps Ralph poussa quelques papiers sur son bureau et remua, comme par accident et sans y faire attention, son coffre d'argent courant. Le bruit du métal cher à Mantalini décida son irrésolution. Il conclut le marché sans attendre et Ralph lui compta les espèces sur la table.

M. Mantalini ne les avait pas encore entièrement ramassées, quand on entendit sonner à la porte; et qui vit-on entrer immédiatement, annoncée par Newman Noggs, Mme Mantalini en personne, dont la vue mit M. Mantalini dans le plus grand embarras; aussi se dépêcha-t-il avec une vivacité remarquable d'empocher son argent.

« Ah! vous voilà ici? dit Mme Mantalini en remuant la tête.

— Oui, mon âme; oui, ma vie; c'est bien moi, répliqua l'époux folâtre en se jetant à quatre pattes comme un chat pour courir après un écu égaré qui venait de lui échapper des mains. C'est bien moi, délices de mon existence, que vous voyez sur le carreau, occupé à ramasser de mon mieux un peu de ce diable d'or ou d'argent.

— Vous me faites honte, dit Mme Mantalini avec une grande indignation.

— Vous faire honte, moi! femme adorable? Mais non; je sais bien que toutes ces paroles sont d'une douceur séduisante; ce sont seulement autant de petites coquines de menteries, reprit M. Mantalini. Elle sait bien qu'il ne lui fait pas honte, son petit bibi chéri. »

Quelles que fussent les circonstances qui avaient dessillé les yeux de Mme Mantalini, ce qu'il y a de sûr, c'est que, pour le moment, le petit bibi chéri sembla s'être mépris en comptant sans réserve sur l'affection de sa femme. Mme Mantalini, pour toute réponse, lui lança un regard de mépris, et, se tournant vers Ralph, lui fit des excuses de cette visite inattendue.

« La faute, dit-elle, en est tout entière à la mauvaise conduite et aux indignes procédés de M. Mantalini.

— De qui? de moi? mon délicieux sirop d'ananas.

— Oui, de vous, répondit sa femme. Mais je ne le souffrirai pas. Je ne veux pas me laisser ruiner par les prodigalités extravagantes d'un homme. Je prie monsieur Nickleby de vouloir bien entendre le parti que je suis décidée à suivre à votre égard.

— Je vous en prie, madame, ne me mêlez pas là dedans. Arrangez cela entre vous... entre vous seuls.

— Non, je n'entends pas vous y mêler du tout. La seule faveur que je vous demande, c'est de vous rappeler au besoin la déclaration que je lui fais ici de mes fermes intentions, oui, monsieur, de mes fermes intentions, répéta Mme Mantalini en lançant à son époux un regard de colère.

— Monsieur! cria Mantalini, je crois qu'elle m'a appelé monsieur; moi qui raffole d'elle, de toute l'ardeur diabolique de mon cœur; elle qui m'a subjugué de son regard fascinateur, comme le plus pur et le plus angélique des serpents à sonnettes; voilà le dernier coup porté à ma sensibilité. Elle pourra se flatter de m'avoir précipité dans un diable de désespoir.

— Ne parlez pas de sensibilité, monsieur, reprit Mme Mantalini en prenant une chaise et en lui tournant le dos. C'est vous qui ne respectez pas la mienne.

— Quoi! mon âme, je ne respecte pas la vôtre? s'écria M. Mantalini.

— Non, » répliqua sa femme.

Et malgré toutes sortes de cajoleries de la part de M. Mantalini, Mme Mantalini dit non une fois encore, et cela d'un ton si déterminé, avec un mauvais vouloir de parti pris si manifeste, que cela ne laissa pas d'inquiéter M. Mantalini.

« Voyez-vous, monsieur Nickleby, dit-elle en s'adressant à Ralph (qui se tenait appuyé sur son fauteuil les mains derrière le dos et regardait l'aimable couple avec un sourire de mépris le plus suprême et le moins dissimulé), son extravagance, oui, son extravagance ne connaît plus de bornes.

— Vraiment? qui aurait cru cela? répondit Ralph d'un ton de sarcasme.

— Eh bien, monsieur Nickleby, c'est comme cela, continua Mme Mantalini; j'en suis on ne peut plus malheureuse : dans des appréhensions continuelles, dans des embarras et des difficultés sans fin; et ce n'est pas encore tout, dit-elle en s'essuyant les yeux; voilà bien pis : ce matin même, il a pris des papiers importants sans m'en demander la permission. »

M. Mantalini poussa un sourd gémissement, et par précaution boutonna son gousset.

« Depuis nos derniers malheurs, continua Mme Mantalini, je suis obligée de payer très cher Mlle Knag pour qu'elle serve de prête-nom à mon commerce, et je ne puis en vérité plus encourager mon mari dans son gaspillage extravagant. Comme je ne fais aucun doute qu'il ne soit venu tout droit ici, monsieur Nickleby, pour faire de l'argent avec les papiers dont je vous parlais tout à l'heure, comme vous nous avez déjà assistés bien des fois, et que personne ne connaît mieux que vous nos affaires, je vais vous faire connaître aussi le parti auquel sa conduite m'a forcée de recourir. »

M. Mantalini, placé derrière sa femme, poussa un nouveau gémissement, et, par-dessus le chapeau de Mme Mantalini, fixant en guise de lorgnon un louis d'or à son œil gauche, cligna de l'œil droit à l'ami Ralph, puis, après avoir joué cette comédie avec une dextérité merveilleuse, il fit retomber la pièce d'or dans sa poche et recommença ses gémissements, avec tous les signes d'un repentir toujours croissant.

Mme Mantalini, pour abréger, à la vue des marques d'impatience qui se manifestaient dans la physionomie de Ralph, se hâta d'ajouter :

« J'ai pris la résolution de le pensionner.

— De me quoi, mon amour? demanda M. Mantalini, qui avait l'air de n'avoir pas bien entendu.

— De lui faire, dit Mme Mantalini les yeux tournés vers Ralph, car elle se gardait bien, par prudence, de jeter le moindre coup d'œil du côté de son mari, dont les grâces infinies auraient pu ébranler sa résolution, de lui faire une pension; et j'espère qu'avec mille écus par an, pour son entretien et ses menus plaisirs, il devra se considérer comme un homme bien heureux. »

M. Mantalini, avec un grand décorum, attendit qu'elle eût énoncé en propres termes le montant de la pension; mais il n'eut pas plutôt entendu le chiffre, qu'il jeta par terre sa canne et son chapeau, tira de sa poche son mouchoir et laissa sa sensibilité s'épancher en mugissements attendrissants.

« Damnation! s'écria-t-il, en sautant tout à coup de sa chaise et en retombant aussitôt dans sa chaise, assez souvent pour affecter les nerfs de son épouse épouvantée; mais non, c'est un démon d'abominable cauchemar, ce n'est pas une réalité, non. »

Et M. Mantalini, rassuré par cette supposition ingénieuse, ferma les yeux comme un homme décidé à attendre patiemment la fin d'un mauvais rêve.

« Je trouve cet arrangement-là très judicieux, dit Ralph en ricanant, pour peu que votre mari veuille s'y conformer fidèlement, madame, comme il le fera sans doute.

— Nom d'un chien! s'écria M. Mantalini en ouvrant les yeux à la voix de Ralph; c'était une horrible réalité; oui, je le vois, la voilà assise là devant moi. Voilà les gracieux contours de ses formes charmantes; comment ne pas les reconnaître? Il n'y a qu'elle pour avoir de ces charmes-là. Ne me parlez pas des contours de mes deux comtesses, elles n'en avaient pas du tout, et quant à la douairière, les siens étaient diablement vilains. Ah! c'est bien cette beauté enivrante qui fait que je ne puis me fâcher contre elle, même en ce moment.

— Vous ne pouvez vous en prendre qu'à vous de ce qui vous arrive, Alfred, reprit Mme Mantalini d'un ton de reproche encore, mais d'un ton de reproche adouci.

— Oui, je le sais, cria M. Mantalini en faisant semblant de se tirer les cheveux; je suis un vilain animal. Mais je sais bien ce que je vais faire. Je vais changer un souverain en gros sous, j'en lesterai mes poches et j'irai me noyer dans la Tamise. Mais, c'est égal, même noyé je ne serai pas fâché contre elle, car je mettrai en route une lettre à la poste pour lui dire où elle trouvera le corps. Quelle charmante veuve cela va faire! et moi, je ne serai plus qu'un cadavre. Il y a bien des jolies femmes qui pleureront; mais elle, elle rira comme un diable.

— Alfred, méchant, cruel que vous êtes! dit Mme Mantalini, qui ne put s'empêcher de sangloter à cet horrible tableau.

— Elle m'appelle cruel, moi! moi qui vais pour l'amour d'elle faire de mon corps un vilain cadavre tout froid et tout humide! s'écria M. Mantalini.

— Vous savez, répliqua Mme Mantalini, que rien que de vous entendre parler de ces choses-là, cela me fend le cœur.

— Eh quoi! voulez-vous que je vive pour être l'objet de votre méfiance? cria son mari. Quoi! j'aurais coupé mon cœur en je ne sais combien de mille petits morceaux, que je lui ai donnés tous l'un après l'autre, à cette charmante petite diable d'enchanteresse, et cela pour vivre en butte à ses soupçons! nom d'un chien! non, c'est impossible.

— Demandez à M. Nickleby si la somme dont j'ai parlé n'est pas raisonnable, répondit Mme Mantalini.

— Je me moque bien d'une somme, répliqua son mari inconsolable, je me moque bien de vos odieuses pensions; eh bien, je serai cadavre, voilà tout. »

Mme Mantalini ne put entendre M. Mantalini répéter cette fatale menace sans se tordre les mains, sans implorer l'intervention de Ralph Nickleby.

Enfin, après bien des pourparlers, après une énorme quantité de larmes, après plusieurs tentatives de M. Mantalini pour se diriger du côté de la porte, dans l'intention d'aller immédiatement commettre quelque acte de violence contre lui-même, ce généreux gentleman se laissa fléchir et finit par promettre, non sans peine, qu'il ne deviendrait pas cadavre. Une fois ce point important obtenu, Mme Mantalini remit sur le tapis la question de la pension. M. Mantalini recommença ses refus, répétant toujours qu'il vivrait avec le plus grand plaisir de pain et d'eau, qu'il n'avait aucune répugnance à traîner la savate. La seule existence à laquelle il ne pouvait se résigner, c'était de se voir en butte à la défiance de l'objet de son affection la plus dévouée et la plus désintéressée. Nouvelles larmes de Mme Mantalini, dont les yeux, faiblement ouverts par quelques révélations récentes sur les défauts de M. Mantalini, ne demandaient pas mieux que de se fermer encore en sa faveur; aussi le résultat de toute cette scène fut que Mme Mantalini n'abandonna pas précisément, mais ajourna la question de la pension. Ralph ne s'y trompa pas : il vit bien que M. Mantalini venait de contracter un nouveau bail de sa vie désordonnée, et que, dans tous les cas, ce n'était pas encore pour cette fois que seraient consommées sa chute et sa ruine.

« Mais, se disait Ralph, cela ne peut toujours pas tarder; n'est-ce pas l'histoire de toutes les amours (quand je pense qu'il faut parler le jargon des petits garçons et des petites filles)? L'amour donc est bien volage, et pourtant celui peut-être qui dure le plus longtemps, apparemment parce qu'il naît d'un plus grand aveuglement et qu'il est entretenu par la vanité, c'est celui qui n'a pas d'autres racines que l'attrait d'une tête à moustaches, comme ce méchant babouin. Qu'est-ce que ça me fait? Tout cela amène l'eau à mon moulin; laissons-les donc continuer leur folie; plus elle durera, plus elle me rapportera. »

Telles étaient les réflexions agréables dont s'occupait Ralph Nickleby, pendant que l'heureux couple échangeait une foule de petites caresses et de petits soins tendres qu'il avait l'air de ne pas voir.

« Si vous n'avez plus rien à dire à M. Nickleby, dit Mme Mantalini, nous allons lui souhaiter le bonjour, car j'ai peur que nous ne l'ayons déjà retenu que trop longtemps. »

M. Mantalini, en réponse à cette invitation, commença par donner de son doigt léger quelques petits coups sur le nez de Mme Mantalini; puis il finit par déclarer qu'il n'avait plus rien à dire.

« Ah chien! mais si, ajouta-t-il presque aussitôt, en entraînant Ralph dans un coin de la chambre; à propos! et l'affaire de votre ami sir Mulberry! Voilà une diable d'aventure! la plus étrange que j'ai jamais vue!... hein?

— Que voulez-vous dire? demanda Ralph.

— Comment, diable! vous ne savez donc pas?...

— Je ne sais, répondit Ralph avec un grand sang-froid, que ce que je lis ce matin dans le journal : qu'il est tombé de son cabriolet hier soir, qu'il s'est fait beaucoup de mal, et que sa vie court quelque danger. Mais je ne vois rien d'extraordinaire là dedans. Il ne faut pas crier miracle quand les gens font bonne chère, et conduisent ensuite eux-mêmes leur voiture après dîner.

— Hui!... cria M. Mantalini avec une espèce de sifflement prolongé; alors je vois bien que vous ne savez pas comment la chose s'est passée.

— Ma foi non, si ce n'est pas ce que je supposais! répliqua Ralph en haussant les épaules d'un air d'indifférence, comme pour faire entendre à son interlocuteur qu'il n'avait aucune curiosité d'en savoir davantage.

— Diable! vous m'étonnez, » cria Mantalini.

Ralph haussa encore les épaules, voulant dire qu'il ne fallait pas grand'chose pour étonner M. Mantalini, et jeta un regard d'intelligence à Newman Noggs, dont la figure s'était déjà montrée plusieurs fois derrière la porte vitrée; car c'était une de ses fonctions, quand son patron recevait la visite de gens sans conséquence, de se présenter de temps en temps, comme s'il avait entendu le signal de la sonnette pour les reconduire, manière polie de leur faire savoir qu'il était temps de déguerpir.

« Quoi! vous ne savez pas, dit M. Mantalini en prenant Ralph par un bouton de son habit, que ce n'est pas du tout un accident, mais une diable d'attaque, un abominable guet-apens de votre neveu?

— Comment? dit en grondant Ralph Nickleby, les poings crispés et la figure livide.

— Sapristi! Nickleby, dit Mantalini alarmé de ces démonstrations belliqueuses, à ce que je vois, l'oncle est un fort tigre aussi, comme le neveu.

— Continuez, cria Ralph; dites-moi ce que cela signifie. Qu'est-ce que c'est que tous ces contes? Qui vous l'a dit? Parlez, dit-il en grommelant. Voyons! m'entendez-vous?

— Diable! Nickleby, dit M. Mantalini en se retirant tout doucement du côté de sa femme, savez-vous que vous avez l'air d'un terrible mauvais génie, avec votre physionomie féroce? Vous êtes dans le cas de faire perdre connaissance à cette petite délicieuse âme de ma vie, en vous laissant emporter aux ravages brûlants de la plus enragée colère que j'aie jamais vue, le diable m'emporte!

— Bah! répliqua Ralph en faisant semblant de sourire, ce n'est qu'une frime.

— Si c'est une frime, dit M. Mantalini en ramassant sa canne, c'est une chienne de mauvaise frime, comme on en voit aux petites-maisons. »

Ralph affecta de sourire, et demanda encore de qui M. Mantalini tenait cette nouvelle.

« De Pyke, répondit Mantalini, et c'est un chien, celui-là, qui est diablement agréable avec ses beaux petits airs de gentleman; il est diablement bouffon, avec ses prétentions de paysan endimanché.

— Eh bien, qu'est-ce qu'il vous a dit? demanda Ralph en fronçant le sourcil.

— Voici l'histoire: votre neveu a rencontré sir Mulberry dans un café; il est tombé sur lui avec une férocité abominable, l'a poursuivi jusqu'à son cabriolet en jurant de ne pas le quitter jusque chez lui, quand il devrait monter sur le dos du cheval ou s'attacher à sa queue. Il lui a cassé la figure (une diable de belle figure dans son état naturel!), il a effrayé le cheval, s'est fait jeter par terre avec sir Mulberry, et...

— Et s'est tué? interrompit Ralph l'œil étincelant d'espérance, n'est-ce pas?... il est mort? »

Mantalini fit signe de la tête qu'il n'en était rien.

« Ouf! dit Ralph en détournant la tête, il ne s'est donc rien fait?... Attendez un moment, ajouta-t-il en se retournant vers Mantalini. Mais au moins s'est-il cassé un bras, une jambe? s'est-il démis l'épaule? s'est-il enfoncé une ou deux côtes? En attendant la potence, est-ce qu'il n'a pas attrapé quelque bonne blessure bien douloureuse, bien longue à guérir, pour la peine? Voyons! vous avez dû entendre parler de cela?

— Non, répondit Mantalini, branlant encore la tête. A moins qu'il n'ait été brisé en tant de petits morceaux que le vent n'a eu qu'à souffler dessus pour les emporter, je n'ai pas entendu dire qu'il ait du mal; au contraire, il est parti aussi tranquille et aussi bien portant que... le diable, dit M. Mantalini après avoir été un peu longtemps dans l'embarras pour trouver cette comparaison.

— Et dit-on, demanda Ralph avec un peu d'hésitation, quelle a été la cause de la querelle?

— Vraiment! répondit M. Mantalini d'un ton d'admiration, vous êtes bien le plus habile démon que je connaisse, le plus rusé, le plus fin, le plus superlatif vieux renard; sapristi! dire que vous allez maintenant faire semblant d'ignorer que c'est la petite nièce aux yeux éveillés... la plus gracieuse, la plus douce, la plus jolie!...

— Alfred! cria Mme Mantalini le rappelant à l'ordre.

— Elle a raison, toujours raison, reprit M. Mantalini d'un ton câlin. Quand elle dit qu'il est temps de partir, c'est qu'il en est temps en effet, et il faut qu'elle parte. Partons! Tout à l'heure dans les rues, quand il ira bras dessus, bras dessous, avec sa tulipe chérie, toutes les femmes diront avec envie: « En voilà une qui a un diablement bel homme! » Et tous les hommes diront avec ravissement: « En voilà un qui a une diablement belle femme! » Et les femmes auront raison, et les hommes n'auront pas tort... ma parole d'honneur, ou le diable m'emporte! »

M. Mantalini, sur ces réflexions accompagnées de plusieurs autres, toutes aussi raisonnables, envoya du bout de ses gants un baiser en signe d'adieu à Ralph Nickleby, et, prenant sous son bras le bras de son épouse, l'emmena en faisant une foule de petites minauderies.

« Là! là! murmura Ralph en se jetant dans son fauteuil, voilà ce démon encore une fois déchaîné, et, à chaque fois, il ne manque pas de venir me contrarier. Il ne semble fait que pour cela. Il m'a dit un jour que nous aurions tôt ou tard un règlement de compte à faire entre nous. Eh bien, je ne veux pas le faire mentir, je veux lui régler son compte.

— Êtes-vous chez vous? demanda Newman en passant brusquement la tête à la porte.

— Non, » répondit Ralph aussi brusquement.

La tête de Newman disparut, puis elle reparut presque tout de suite.

« Vous êtes bien sûr que vous n'y êtes pas? dit Newman.

— Imbécile! Qu'est-ce que cela veut dire? cria Ralph d'un ton bourru.

— C'est qu'il est là à attendre depuis l'arrivée des autres et qu'il doit vous avoir entendu parler. Voilà tout, dit Newman en se frottant les mains.

— Qui est-ce? » demanda Ralph poussé à bout par la nouvelle qu'il avait apprise tout à l'heure et maintenant par le sang-froid dépitant de son clerc.

Newman n'eut pas besoin de répondre; au moment où on ne s'y attendait guère, entra l'individu en question, qui, braquant tout à coup son œil, son œil unique, sur Ralph Nickleby, lui fit avec humilité force révérences, s'assit dans un fauteuil, les mains sur les genoux, gêné dans son pantalon noir, qui n'était pas fait pour s'asseoir, car il était si court, que dans cette position les jambes s'en trouvaient relevées à la hauteur des revers de ses bottes à la Wellington.

« Eh mais! quelle surprise! dit Ralph en regardant de près son visiteur et terminant cet examen attentif par un demi-sourire, je ne sais pourquoi je ne vous ai pas reconnu plus tôt, monsieur Squeers.

— Oh! répliqua le digne homme, vous auriez

« Regardez-moi ces larmes, si ce n'est pas comme de la graisse. » (P. 249.)

eu moins de peine à me reconnaître si toutes mes affaires ne m'avaient pas empêché de venir vous voir plus tôt.

— Dites-moi, brave homme, dit Squeers en s'adressant à Newman, aidez-moi donc ce petit garçon à descendre du tabouret, là-bas dans votre bureau, et dites-lui de venir ici, voulez-vous?... Oh! mais il est descendu lui-même... Je vous présente mon fils, monsieur, le petit Wackford. Qu'est-ce que vous en dites, monsieur, comme échantillon de la nourriture qu'on leur donne à Dotheboys-Hall? Voyez s'il ne va pas crever sa veste et son pantalon, faire éclater les coutures et sauter jusqu'aux boutons avec sa graisse; est-ce de la chair, ça? cria Squeers en faisant tourner le petit garçon sur son pivot et en lui fourrant le poing dans les parties les plus charnues pour faire boursoufler son embonpoint, ce qui avait l'air de faire un médiocre plaisir à son héritier présomptif. Est-ce ferme? est-ce solide? Je parie qu'on ne lui trouverait pas sur le corps de quoi pincer seulement entre l'index et le pouce... n'importe où. »

Quelque satisfaisant que l'on pût supposer l'état de maître Squeers, cela n'allait pas cependant jusqu'à en faire une chair aussi compacte que voulait bien le dire monsieur son père; et lorsque celui-ci poussa la démonstration jusqu'à faire l'expérience entre le pouce et l'index, l'autre poussa un cri aigu et se frotta la place de la manière la plus naturelle du monde.

« Tiens! dit M. Squeers un peu déconcerté, il paraît que j'ai trouvé là le défaut de la cuirasse. Après cela, il faut dire que nous avons déjeuné de bonne heure ce matin, et qu'il n'a pas encore fait son goûter; mais je suis sûr qu'après son dîner on ne lui prendrait seulement pas cela entre deux portes. Tenez! monsieur, ajouta Squeers d'un air triomphant, pendant que maître Wackford s'essuyait les yeux avec la manche de sa veste, regardez-moi ces larmes, si ce n'est pas comme de la graisse.

— Il a bonne mine, certainement, répondit Ralph, qui, pour des raisons à lui connues, paraissait désirer de ménager le maître d'école.

Mais je ne vous ai pas demandé de nouvelles de Mme Squeers; et vous-même, comment vous portez-vous?

— Mme Squeers, monsieur, est comme toujours, répliqua le propriétaire de Dotheboys, la mère de tous ces petits garçons, la bénédiction, la consolation, la joie de tous ceux qui ont le bonheur de la connaître. Un de nos élèves, qui s'était gorgé d'aliments au point de s'en rendre malade (ils n'en font pas d'autres), a attrapé un abcès la semaine dernière. Il fallait la voir à la besogne avec un canif. Dieu de Dieu! dit M. Squeers avec un profond soupir et des mouvements de tête répétés en l'honneur de son épouse, quel ornement pour la société qu'une femme comme cela! »

M. Squeers resta absorbé quelques secondes dans ses réflexions, après cet éloge, comme s'il se trouvait, par une transition naturelle, ramené des perfections de sa femme à la douceur paisible du village de Dotheboys, près de Greta-Bridge, en Yorkshire; puis il regarda Ralph pour voir s'il lui dirait quelque chose.

« Êtes-vous bien remis des voies de fait de ce gredin? demanda Ralph.

— C'est à peine passé, si toutefois c'est fini, répliqua Squeers. Je n'étais qu'une plaie, monsieur, depuis ici jusque-là (et il promenait ses doigts de la pointe de ses bottes à la racine de ses cheveux); du vinaigre et du papier brouillard, du papier brouillard et du vinaigre, depuis le matin jusqu'au soir. Je parie que j'ai bien consommé en tout une demi-rame de papier brouillard. A me voir en peloton dans la cuisine, tout le corps couvert d'emplâtres, vous auriez dit d'un gros paquet de gémissements enveloppé de papier brouillard. Comment est-ce que je gémissais, Wackford, dites? bien fort, ou bien doucement? demanda M. Squeers, appelant son fils en témoignage.

— Bien fort, répondit Wackford.

— Et les pensionnaires, Wackford, étaient-ils contents ou fâchés de me voir dans ce triste état? demanda M. Squeers d'un air sentimental.

— Cont...

— Comment? cria Squeers en l'arrêtant à temps.

— Fâchés, répondit son fils.

— Ah! dit Squeers en lui donnant un bon soufflet; allons, une autre fois, tâchez de n'avoir pas ainsi vos mains dans vos goussets et de ne pas vous tromper quand on vous interroge; ne criez pas comme cela chez le monsieur, ou j'abandonnerai Dotheboys et ma famille pour ne plus jamais y remettre les pieds. Et alors on verrait ce que deviendraient ces chers enfants, ces précieux pensionnaires, laissés à eux-mêmes dans le monde, sans l'appui de leur meilleur ami, de leur second père.

— Avez-vous eu besoin de recourir aux soins d'un médecin? demanda Ralph.

— Si j'en ai eu besoin! répondit Squeers; sans compter qu'il m'a remis sa note, et qui montait haut. Et pourtant je l'ai payée. »

Ralph releva les sourcils avec une expression qu'on pouvait prendre à volonté pour de l'étonnement ou de la sympathie.

« Oui-dà! je l'ai payée, sans rabattre un denier, reprit Squeers, qui semblait trop bien connaître l'homme auquel il avait affaire pour le supposer capable de se laisser prendre à quelque finesse et de rien débourser pour l'indemniser; mais, au bout du compte, cet argent-là n'est pas sorti de ma poche.

— Non? dit Ralph.

— Pas un rouge liard, répliqua Squeers. Le fait est que nous ne faisons payer aucune note aux parents en sus de la pension, excepté celle des visites du médecin, quand on l'appelle, et nous ne l'appelons que quand nous sommes sûrs des chalands, vous comprenez!

— Je comprends, dit Ralph.

— Très bien! alors, quand on m'eut remis mon mémoire, nous avons pris cinq pensionnaires, tous enfants de petits commerçants, de bonnes payes, qui n'avaient jamais eu la scarlatine. Nous en avons envoyé un en commission dans une chaumière du village où nous savions qu'il pouvait l'attraper. Il n'y manqua pas. Nous fîmes coucher les quatre autres avec lui, et les voilà qui l'attrapent tous; le médecin leur rend une visite en bloc, et moi je divise le total de mon mémoire entre mes cinq gaillards, je l'ajoute à leur petite note, et les parents payent ma maladie. Ha! ha! ha!

— Ce n'était pas mal imaginé, dit Ralph en regardant l'instituteur du coin de l'œil.

— Je crois bien, repartit Squeers. C'est toujours comme cela que nous faisons. Tenez, quand Mme Squeers est accouchée du petit Wackford, ici présent, nous avons fait gagner la coqueluche à une demi-douzaine de pensionnaires, et partagé entre eux les frais des couches, y compris la garde. Ha! ha! ha! »

Règle générale, Ralph ne riait jamais; mais dans cette occasion il fit tout ce qu'il put pour avoir l'air de rire, et laissa M. Squeers s'en donner à cœur joie, au souvenir de ce bon tour, après quoi il lui demanda ce qui l'amenait à Londres.

« Une affaire de justice assez désagréable, répondit Squeers en se grattant la tête. Il s'agit d'une action qu'on m'intente pour un cas de prétendue négligence envers un pensionnaire. Je ne sais pas de quoi ils se plaignent. Il a pourtant été mis au vert comme les autres, un vert excellent. »

Ralph parut ne pas bien comprendre cette explication.

« Je vais vous expliquer ce que nous entendons par mettre au vert, dit Squeers en élevant la voix, persuadé que, si Ralph ne l'avait pas compris, il fallait qu'il fût sourd. Quand un pensionnaire devient languissant, mal à son aise, qu'il ne se sent plus d'appétit, nous le changeons de régime... nous le mettons à la porte une heure ou deux tous les jours pour qu'il aille, pendant ce temps-là, dans le champ de navets d'un voisin, ou, quelquefois, quand c'est une indisposition plus délicate, dans un champ de carottes et de navets, alternativement, et là il en mange à discrétion. Il n'y a pas dans tout le pays de meilleur champ de navets que celui où nous avons envoyé ce garçon, et cependant ne voilà-t-il pas qu'il y attrape un rhume, une indigestion, je ne sais quoi, et que ses parents dirigent une poursuite judiciaire contre moi? Qu'en dites-vous? Auriez-vous jamais cru, ajouta Squeers, en s'agitant sur sa chaise avec l'impatience d'un homme exaspéré par une injustice, qu'on pût porter l'ingratitude jusque-là? Dites, est-ce croyable?

— Certainement, c'est une vilaine affaire, dit Ralph.

— Vous pouvez le dire hardiment, répliqua Squeers, très vilaine. Je défie qu'on trouve un homme qui aime la jeunesse comme moi. Il y a, à l'heure qu'il est, à Dotheboys-Hall pour vingt mille francs de jeunes gens par an. J'en prendrais pour quarante mille si je les trouvais, que je n'en aimerais pas moins tendrement chaque individu à cinq cents francs par tête, tant j'aime la jeunesse.

— Êtes-vous toujours descendu à votre ancien logement?

— Oui, nous sommes au *Sarrasin*, répondit Squeers; et, comme nous voici à la fin du semestre, nous continuerons d'y rester, jusqu'à ce que j'aie récolté l'argent qui m'est dû, et, j'espère aussi, quelques nouveaux pensionnaires. C'est pour cela que j'ai amené le petit Wackford; il est bon à montrer aux parents. Je le montrerai même cette fois-ci dans la réclame... Voyez-moi ce garçon-là... un pensionnaire comme les autres, quoi!... N'est-ce pas un vrai succès, un bel exemple d'élève à l'engrais?

— Je voudrais vous dire un mot en particulier, dit Ralph, qui, depuis quelque temps, parlait et écoutait machinalement, absorbé dans ses réflexions.

— Un mot! autant qu'il vous plaira, monsieur, reprit Squeers. Wackford, allez jouer dans l'autre bureau, mais ne vous remuez pas trop, pour ne pas vous maigrir, cela ne ferait pas mon affaire. Vous n'auriez pas là quelques pièces de deux sous, monsieur Nickleby? dit Squeers en faisant sonner dans sa poche un paquet de clefs, et marmottant entre ses dents qu'il n'avait que des écus et pas de menue monnaie.

— Je crois que si, dit Ralph sans se presser, et en tirant d'un vieux tiroir, après force recherches, un gros sou, un petit sou et une pièce de deux liards.

— Merci, dit Squeers en les donnant à son fils. Tenez, allez acheter une tarte. Le clerc de M. Nickleby va vous conduire chez le pâtissier. Surtout achetez-en une bien nourrissante. La pâtisserie, ajouta M. Squeers en fermant la porte sur maître Wackford, lui rend la peau luisante, et les parents prennent cela pour un signe de bonne santé. »

Après cette explication, assaisonnée de petits airs fins et narquois, M. Squeers prit sa chaise, et la porta vis-à-vis de M. Nickleby pour le voir de plus près; puis, l'ayant plantée là à son entière satisfaction, il s'assit dessus.

« Écoutez-moi bien, » dit Ralph en se penchant un peu vers lui.

Squeers fit signe de la tête qu'il l'écoutait avec attention.

« Je ne suppose pas, continua Ralph, que vous soyez assez simple pour pardonner ou pour oublier, de gaîté de cœur, les violences dont vous avez souffert, ni la honte de cet affront.

— Pas si bête! répliqua Squeers vivement.

— Ou pour perdre l'occasion de les rendre avec usure, s'il s'en présentait une ?...

— Donnez-m'en une, et vous verrez.

— Est-ce pour quelque chose comme cela que vous êtes venu me voir? dit Ralph levant les yeux sur le maître de pension.

— N... n... non, que je sache, répliqua Squeers; c'était seulement dans l'espérance qu'il vous serait possible d'ajouter à la bagatelle que vous m'avez déjà envoyée quelque argent de plus pour me dédommager de...

— Ah! cria Ralph en l'interrompant. Il est inutile d'aller plus loin. »

Après un assez long silence, pendant lequel Ralph paraissait tout entier à ses réflexions, il reprit la parole pour faire cette question :

« Qu'est-ce que c'est que ce garçon qu'il a emmené avec lui? »

Squeers dit son nom.

« Était-il jeune ou vieux, robuste ou maladif, doux ou mutin? Voyons, parlons franchement, reprit Ralph.

— Mais il n'était pas jeune, répondit Squeers, c'est-à-dire pas jeune pour un petit garçon, vous savez?

— Cela veut dire que ce n'était pas du tout un petit garçon, n'est-ce pas?

— Eh bien, répondit Squeers avec vivacité, comme si cette observation l'avait mis plus à l'aise, il pouvait avoir vingt ans. Pourtant il ne paraissait pas son âge, quand on le connaissait, parce qu'il lui manquait là quelque chose. » Et Squeers se portait la main au front. « Vous savez, vous auriez frappé vingt fois à la porte; pas de réponse, il n'y avait personne à la maison.

— Et puis, à propos de frapper à la porte, vous frappiez peut-être assez souvent? marmotta Ralph entre ses dents.

— Mais, pas mal, répondit Squeers avec un rire forcé.

— Quand vous m'avez envoyé un reçu de la petite bagatelle dont vous parliez tout à l'heure, dit Ralph, vous m'avez écrit dans la lettre que c'était un enfant depuis longtemps abandonné par sa famille, et que vous n'aviez pas le moindre indice qui pût vous mettre sur la trace de ce qu'il était. Est-ce la vérité?

— C'est malheureusement trop vrai, répliqua Squeers, qui se mettait de plus en plus à son aise et devenait plus familier à mesure que Ralph devenait lui-même moins réservé dans ses questions. Il y a maintenant quatorze ans, comme on peut le voir sur mon livre d'admission, un particulier d'assez mauvaise mine me l'amena, un soir d'automne, et me le laissa après m'avoir payé d'avance son premier quartier de cent vingt-cinq francs. L'enfant pouvait avoir alors cinq ou six ans, pas davantage.

— Est-ce là tout ce que vous savez sur son compte?

— Ma foi! j'ai le regret de le dire, mais c'est à peu près tout; j'ai toujours reçu la pension pendant sept ou huit ans, et puis après, rien. Il m'avait donné une adresse à Londres, ce garnement, mais, quand j'allai pour me faire rembourser, j'ai trouvé visage de bois, comme de raison. Ainsi, j'ai gardé le garçon par... par...

— Par charité, dit Ralph.

— Par charité, comme vous dites, répondit Squeers en se frottant les genoux, et c'est justement au moment où il commence à pouvoir me rendre quelques petits services, que ce mauvais gredin de Nickleby vient me l'enlever. Mais ce qu'il y a de plus vexant et de plus déplorable dans tout cela, continua-t-il en baissant la voix et approchant sa chaise tout près de Ralph, c'est que dernièrement on est venu s'informer de lui, non pas chez moi, mais d'une manière indirecte à des gens de notre village. Ainsi, c'est précisément lorsque j'aurais pu me faire payer tout l'arriéré... qui sait? quand peut-être même (ce n'est pas la première fois que cela se serait vu dans notre profession) on y aurait ajouté un cadeau pour lui trouver une place dans une ferme, ou pour l'embarquer comme matelot, afin de ménager l'honneur de sa famille, si c'est un enfant naturel, comme j'en ai pas mal; eh bien, c'est juste là le moment que ce scélérat de Nickleby choisit pour me le subtiliser, pour me voler comme dans un bois.

— Vous et moi nous pourrons avant peu nous trouver quittes avec lui, dit Ralph en portant la main sur le bras de l'instituteur du Yorkshire.

— Quittes! répéta Squeers. Ah! je lui donnerais bien volontiers encore du retour, avec du temps pour le payer. S'il pouvait seulement tomber sous la patte de Mme Squeers! Dieu du ciel! je crois qu'elle le tuerait, monsieur Nickleby, elle n'en ferait qu'une bouchée.

— Eh bien, dit Ralph, nous reparlerons de cela; il me faut un peu de temps pour y songer. Il faudrait, pour bien faire, le blesser au cœur dans ses affections et ses sentiments... Si je pouvais le frapper dans ce garçon qu'il aime!...

— Frappez-le comme vous voudrez, monsieur, mais seulement frappez ferme, voilà tout, et là-dessus je vais vous souhaiter le bonjour... Hé, dites-donc, décrochez-moi le chapeau du petit, qui est là au clou dans le coin, et descendez mon fils du tabouret, voulez-vous? »

En donnant à Newman Noggs ces instructions assez impolies, M. Squeers passa lui-même dans l'autre bureau, arrangea le chapeau sur la tête de Wackford avec une sollicitude toute paternelle, pendant que Newman, la plume derrière l'oreille, restait assis, raide et immobile, sur son escabeau, regardant effrontément tour à tour le père et le fils.

« C'est un joli garçon, n'est-ce pas? dit Squeers en penchant la tête de côté et en se reculant de quelques pas pour mieux admirer les proportions avantageuses de son héritier.

— Magnifique, dit Newman.

— Et puis un joli petit embonpoint, n'est-ce pas? l'embonpoint de vingt enfants au moins!

— Ah! répliqua Newman, en regardant brusquement Squeers sous le nez, de vingt enfants! ce n'est pas assez, il a pris tout pour lui; tant pis pour les autres. Ha! ha! ha! Oh, mon Dieu! »

Après ces observations un peu décousues, Newman retomba devant son bureau et se remit à écrire avec une rapidité merveilleuse.

« Ouais! qu'est-ce qu'il veut dire, celui-là? cria Squeers à qui le rouge montait au visage. Est-ce qu'il est gris? »

Pas de réplique de Newman.

« Ou fou ? »

Mais Newman avait l'air de ne pas seulement se douter qu'il y eût là quelqu'un avec lui. Aussi M. Squeers, enhardi, se donna la satisfaction de dire que sans doute il était l'un et l'autre, et partit là-dessus, emmenant le petit Wackford, jeune homme de haute espérance.

Nous avons vu Ralph Nickleby aux prises avec un certain sentiment d'intérêt naissant pour Catherine : sa haine pour Nicolas en ce moment croissait exactement dans la même proportion. Il est possible que, pour expier sa faiblesse à ses propres yeux, il se dédommageât de l'inclination qu'il ressentait pour l'une en détestant l'autre plus que jamais. Et puis de se voir bravé, méprisé, représenté à sa nièce sous les couleurs les plus noires et les plus odieuses, de savoir qu'on l'instruisait à le haïr, à le mépriser elle-même, à redouter son approche comme une atmosphère empestée, sa compagnie comme une lèpre ; de savoir tout cela, et de savoir en même temps que l'auteur de ses tourments était ce même petit drôle qui, pauvre et dépendant de lui, lui avait tenu tête dès leur première entrevue, qui, depuis, l'avait bravé ouvertement à son nez et à sa barbe ; toutes ces pensées avaient tellement exaspéré sa malignité, ordinairement froide et sournoise, qu'il n'aurait rien épargné peut-être en ce moment pour la satisfaire, s'il avait eu sous la main quelque vengeance sûre et prompte.

Mais il n'en avait pas, heureusement pour Nicolas. Il eut beau ruminer tout le jour ; il eut beau se mettre la cervelle à l'envers pour inventer des plans et des projets favorables à sa haine, la nuit le trouva encore ressassant le même rêve et poursuivant sans fruit les mêmes chimères.

« Quand mon frère avait son âge, disait Ralph, les premières comparaisons qu'on faisait entre nous étaient toujours à mon désavantage. Lui, il était franc, libéral, vif et gai ; moi, j'étais rusé, ladre, j'avais de la glace et non du sang dans les veines, pas d'autre passion que l'économie, pas d'autre ardeur que la soif du gain. Je ne l'avais pas oublié la première fois que j'ai vu ce petit drôle, mais je me le rappelle aujourd'hui mieux que jamais. »

Dans sa colère, il avait déchiré la lettre de Nicolas en atomes imperceptibles qu'il avait lancés en l'air, et qui retombaient maintenant comme une pluie fine autour de lui.

« Les souvenirs qui voltigent autour de mon esprit, poursuivit-il avec un sourire amer, n'ont pas plus de consistance que ces atomes. S'ils viennent m'assaillir en foule, c'est que j'ai le tort de m'y prêter. Faisons mieux, et puisqu'il y a encore des gens qui affectent de mépriser le pouvoir de l'or, montrons-leur un peu ce que c'est. »

Cette réflexion remonta Ralph Nickleby et le disposa mieux au sommeil : il alla donc se coucher l'esprit plus satisfait.

CHAPITRE XXXV

Smike est présenté à Mme et Mlle Nickleby. Nicolas, de son côté, fait de nouvelles connaissances. On entrevoit des jours meilleurs pour la famille.

Après avoir établi sa mère et sa sœur dans l'appartement de l'excellente miss la Creevy, après s'être assuré que la vie de sir Mulberry Hawk n'était pas en danger, Nicolas tourna ses pensées du côté du pauvre Smike, qui, après avoir déjeuné avec Newman Noggs, était resté désolé dans la mansarde de leur ami, à attendre avec une grande anxiété des nouvelles ultérieures de son protecteur.

« Comme il doit à présent faire partie de notre petit ménage, partout où nous demeurerons, et quel que soit le sort que nous réserve la fortune, il faut, pensa Nicolas, que je présente le pauvre garçon en bonne et due forme. Je ne doute pas que ma mère et ma sœur ne l'accueillent favorablement pour lui-même ; mais, s'il faut ajouter quelque chose à leurs bonnes dispositions pour lui, je sais qu'elles s'y prêteront volontiers pour me faire plaisir. »

En disant « ma mère et ma sœur », Nicolas ne voulait parler que de sa mère, car, pour Catherine, il était sûr d'elle. Mais il connaissait les faiblesses de sa mère, et il craignait que Smike ne se mît pas aussi aisément dans les bonnes grâces de Mme Nickleby. Cependant, en partant pour accomplir cette cérémonie, il se disait qu'elle ne pouvait manquer de s'attacher à lui, quand elle connaîtrait sa nature dévouée, et que, comme elle ne serait pas longue à s'en apercevoir, Smike n'aurait à subir qu'une courte épreuve.

« J'avais peur, dit Smike dans sa joie de revoir son ami, qu'il ne vous fût survenu encore quelque nouvel accident. J'ai fini par trouver le temps si long, que je craignais presque de vous avoir perdu.

— Perdu ! répliqua gaiement Nicolas, n'ayez pas peur. Vous n'êtes pas près d'être débarrassé de moi, je vous en réponds. Il m'arrivera encore plus d'une fois de remonter sur l'eau. Plus fort on pousse la balle, plus vite elle rebondit, Smike. Mais, allons, je suis chargé de vous emmener à la maison.

— A la maison ? balbutia Smike en reculant avec timidité.

— Eh bien, oui ! répliqua Nicolas en lui prenant le bras ; pourquoi pas ?

— Autrefois, je ne dis pas, j'ai eu de ces rêves, jour et nuit, nuit et jour, pendant bien des années. A la maison ! combien j'ai souhaité ce bonheur ! mais j'ai fini par me lasser de mes espérances, il ne m'en est resté qu'une peine plus amère. Mais aujourd'hui...

— Eh bien quoi, aujourd'hui ? lui demanda Nicolas en le regardant avec bonté ; qu'est-ce qu'il y a aujourd'hui, mon vieux camarade ?

— Je ne vous quitterais pas pour aller *à la maison*, où que ce fût sur la terre, répliqua Smike en lui serrant la main. J'en excepte un lieu seulement, un seul ; je ne deviendrai jamais vieux ; et si j'étais sûr que ce fût votre main qui me déposât dans la tombe, si je pouvais espérer, avant de mourir, que vous viendriez l'animer quelquefois d'un de vos sourires si bons, si bienveillants, par un beau jour, un jour d'été, quand tout serait vivant dans la nature, et non pas mort comme moi, cette maison-là, j'y retournerais volontiers sans verser une larme.

— Et pourquoi songer à tout cela, mon pauvre garçon, si vous pouvez vivre heureux avec moi ? dit Nicolas.

— Parce que, si je change, moi, au moins je ne verrai pas les autres changer autour de moi ; s'ils m'oubliaient, j'aurais le bonheur de ne pas le savoir ; et puis, au cimetière, nous nous ressemblons tous ; ici je ne ressemble à personne : je ne suis qu'un pauvre génie ; mais je vois bien cela.

— Vous êtes un enfant, un nigaud, lui dit Nicolas gaiement. Si c'est là ce que vous voulez dire, nous sommes d'accord. Ne voilà-t-il pas une jolie mine à présenter aux dames, et à ma jolie sœur encore, sur laquelle vous m'avez tant de fois questionné ! Ah ! je ne reconnais plus votre galanterie du Yorkshire. Fi ! que c'est vilain ! »

Smike reprit sa bonne humeur et sourit.

« Quand je vous parle de venir à la maison, poursuivit Nicolas, c'est de la mienne que je vous parle et par conséquent de la vôtre. Si par là j'avais voulu dire un logis en général compris entre quatre murailles et recouvert d'un toit, qu'on appelle une maison, je serais bien embarrassé moi-même de vous en décrire la position ; mais ce n'est pas de cela qu'il s'agit. La maison dont je parle, c'est la place où, en attendant mieux, tous ceux que j'aime sont groupés ensemble. Que ce soit la tente des bohémiens, ou la grange du paysan, s'ils y sont tous, c'est ma maison, et vous n'avez que faire, quant à présent, de vous alarmer à ce nom. Ma maison n'a rien qui doive vous effrayer ni par son étendue ni par sa magnificence. »

En même temps, Nicolas prit son compagnon par le bras, et, tout en causant avec lui de cela et d'autre chose, en variant, le long du chemin, les sujets pour amuser son esprit et soutenir son intérêt, ils se trouvèrent à la porte de miss la Creevy.

« Et voilà, ma chère Catherine, dit Nicolas en entrant dans la chambre où sa sœur était assise toute seule, l'ami fidèle, le compagnon de voyage dévoué, que je vous ai priée de recevoir. »

Le pauvre Smike commença par être terriblement timide et gauche ; il avait si grand'peur ! Mais, lorsque Catherine se fut avancée vers lui avec bonté, et qu'elle lui eut dit, d'une voix pleine de douceur, combien il y avait longtemps qu'elle avait le désir de le voir, d'après tout ce que lui avait dit son frère ; combien elle lui devait de remercîments d'avoir été pour Nicolas une consolation constante dans leurs épreuves et leurs revers ; alors il ne savait s'il devait rire ou pleurer, et son embarras changea de nature sans être moins grand. Pourtant il prit sur lui de dire d'une voix entrecoupée qu'il n'avait pas d'autre ami que Nicolas, et qu'il donnerait de bon cœur sa vie pour lui. Et Catherine, douce et sage comme elle était, ne voulut pas avoir l'air de remarquer son embarras pour ne pas l'accroître. Aussi reprit-il presque tout de suite son assurance, et se trouva-t-il comme chez lui.

Après cela ce fut le tour de miss la Creevy. Elle aussi, il fallait le lui présenter, et, si miss la Creevy était une bien bonne personne, elle avait aussi la langue bien pendue. Ce n'est pas qu'elle entreprit tout de suite Smike, elle aurait craint de le mettre mal à son aise ; mais elle s'en dédommagea avec Nicolas et sa sœur. Puis, après avoir donné à Smike le temps de se préparer, elle lui fit par-ci par-là toutes sortes de questions. « Vous connaissez-vous en portraits ? trouvez-vous que celui-là dans le coin me ressemble? qu'en pensez-vous? Je crois qu'il n'aurait pas perdu à me rajeunir de dix ans. N'êtes-vous pas de mon avis? Ne trouvez-vous pas, en général, que les jeunes dames sont mieux (et ce n'est pas seulement en peinture) que les vieilles? » Toutes observations d'une gaieté innocente et folâtre qu'elle savait assaisonner d'une humeur si joviale et si amusante, que Smike lui fit en lui-même la déclaration qu'il n'avait jamais vu de dame plus aimable, sans en excepter Mme Grudden du théâtre de M. Vincent Crummles; et pourtant c'était une bien aimable dame et qui parlait peut-être encore plus, mais, dans tous les cas, certainement plus haut que miss la Creevy.

Enfin la porte s'ouvrit encore pour laisser passage à une dame en deuil, et Nicolas alla l'embrasser avec tendresse en l'appelant sa mère; puis il l'amena près de la chaise d'où s'était levé Smike en la voyant entrer.

« Ma chère mère, dit Nicolas, vous êtes toujours si bonne aux affligés, si empressée à leur venir en aide, que vous ne pouvez manquer, je le sais, d'être bien disposée en sa faveur.

— Ne doutez pas, mon cher Nicolas, répliqua Mme Nickleby en regardant sa nouvelle connaissance d'un air peu émerveillé, et lui rendant son salut avec plus de majesté qu'il n'eût fallu peut-être en pareille circonstance, ne doutez pas que vos amis n'aient (c'est trop juste et trop naturel, vous le savez) tout droit à mon bon accueil, et par conséquent que j'en aie un très grand plaisir à voir tous ceux auxquels vous prenez intérêt. Cela ne peut pas faire l'ombre d'un doute. Certainement non, pas le moins du monde; mais en même temps laissez-moi vous dire, mon cher Nicolas, comme je le disais toujours à votre pauvre cher père, quand il m'amenait des messieurs à dîner sans qu'il y eût rien à la maison, que, s'il était venu seulement l'avant-veille (aujourd'hui ce n'est pas l'avant-veille que je dois dire, mais bien l'année dernière), nous aurions été plus à même de le mieux recevoir. »

Après ces observations, Mme Nickleby se tourna vers sa fille, et lui demanda à voix basse, mais de manière à être entendue, si ce monsieur allait passer chez eux toute la nuit. « Car dans ce cas, ma chère Catherine, dit-elle, je ne sais pas où il serait possible de le mettre coucher; il n'y a de place nulle part. »

Catherine fit quelques pas vers sa mère avec sa grâce ordinaire, et, sans montrer ni contrariété ni dépit, lui glissa quelques mots à l'oreille.

« Mon Dieu! ma chère Catherine, dit Mme Nickleby en reculant de quelques pas, comme vous êtes tourmentante! Croyez-vous que je ne savais pas bien cela sans que vous eussiez besoin de me le dire? Mais c'est justement ce que je viens de dire à Nicolas; je lui ai répété que j'en étais satisfaite... A propos, mon cher Nicolas, ajouta-t-elle en se tournant vers lui d'un air moins contraint qu'auparavant, et le nom de votre ami, vous ne me l'avez pas dit?

— Son nom, ma mère? c'est Smike. »

Personne ne pouvait prévoir l'effet de cette réponse toute simple; mais Mme Nickleby n'eut pas plutôt entendu prononcer ce nom, qu'elle se laissa tomber sur sa chaise et se mit à pleurer sans rime ni raison.

« Qu'avez-vous? s'écria Nicolas en se précipitant vers elle pour la soutenir.

— Ah! cela ressemble à Pyke, cria Mme Nickleby; cela ressemble tout à fait à Pyke. Ah! qu'on ne me parle pas... je vais être mieux, je le sens. »

Là-dessus, elle n'oublia aucun des symptômes de la pâmoison dans toutes ses phases; puis, se faisant verser un grand verre d'eau dont elle prit la valeur d'une cuillerée à bouche, et dont elle jeta le reste, Mme Nickleby se trouva mieux, et s'excusa avec un sourire languissant d'être si enfant; mais elle ne pouvait pas s'en empêcher.

« C'est un mal de famille, dit Mme Nickleby: il ne faut donc pas m'en vouloir de ma sensibilité. Votre grand'maman, Catherine, était exactement de même, mais tout à fait de même: la moindre émotion, la plus légère surprise, et elle se trouvait mal sur-le-champ. Je lui ai entendu dire et redire que du temps qu'elle était demoiselle, avant son mariage, elle tournait un jour le coin de la rue d'Oxford, lorsqu'elle se heurta contre son coiffeur, qui se sauvait de la poursuite d'un ours... ou bien, attendez, c'était peut-être l'ours qui se sauvait de la poursuite du coiffeur. Enfin, je n'en sais rien, mais ce que je sais bien, c'est que le coiffeur était un très joli homme, et qui avait même les manières très élégantes, ce qui du reste ne fait rien à l'affaire. »

Mme Nickleby, une fois lancée, sans s'en apercevoir, dans ses accès d'humeur rétrospective, devint plus traitable à partir de ce moment, et, par des transitions faciles dans la conversation, passa à une foule d'autres anecdotes qui n'étaient pas moins bien appropriées au sujet.

« M. Smike est du Yorkshire, n'est-ce pas, mon cher Nicolas? dit-elle après le dîner, en reprenant la parole après une assez longue pause.

— C'est bien cela, ma mère, répondit Nicolas; je vois que vous n'avez pas oublié sa triste histoire.

— O Dieu! non, cria Mme Nickleby. Certes, oui, une triste histoire! vous avez bien raison... Vous n'avez jamais eu l'occasion, monsieur Smike, lui dit la bonne dame, de dîner chez les Grimble de Grimblehall, un peu au nord du comté? Non? M. Thomas Grimble, un homme très fier: six grandes filles très aimables, et le plus beau parc du pays!

— Ma bonne mère, à quoi pensez-vous? dit Nicolas; comment pouvez-vous croire que l'infortuné souffre-douleur d'un maître de pension du Yorkshire eût l'occasion de recevoir des cartes d'invitation de toute la noblesse et la bourgeoisie du voisinage?

— Mais réellement, mon cher, je ne vois pas ce qu'il y aurait là d'extraordinaire; je sais bien que moi, quand j'étais en pension, j'allais toujours au moins quatre fois par an chez les Hawkins à Taunton-vale, et certes ils sont beaucoup plus riches que les Grimble et alliés à leur maison par mariage. Ainsi, vous voyez bien que ce n'est pas déjà si invraisemblable. »

Après avoir écrasé Nicolas par cette réponse triomphante, voilà qu'il prit tout à coup à Mme Nickleby une attaque subite de défaut de mémoire et une envie irrésistible de substituer au nom de Smike qu'elle avait oublié, celui de M. Slammons. Quand on l'en fit s'apercevoir, elle s'en excusa sur la ressemblance étonnante des deux noms dans la prononciation, vu qu'ils commençaient tous les deux par un *s*, et qu'il y avait un *m* commun dans le mot.

Smike ne fut peut-être pas frappé comme elle de cette ressemblance; mais il montra tant d'attention et mit tant de complaisance à écouter Mme Nickleby, qu'ils furent bientôt dans les meilleurs termes, et que, sensible à cette déférence, Mme Nickleby ne tarda pas à manifester la plus haute estime pour son caractère et sa tenue en général.

Le petit cercle de famille continua donc de vivre sur le pied de la plus agréable intimité jusqu'au lundi matin, où Nicolas se retira pour se recueillir un moment, réfléchir sérieusement à l'état de ses affaires, et prendre, s'il lui était possible, un parti qui pût le mettre à même de soutenir ces objets de son affection, dont l'existence dépendait entièrement désormais de son activité et de son succès.

M. Crummles lui revint plus d'une fois à l'esprit; mais, si Catherine était déjà au fait de tous les détails de ses relations avec cet illustre directeur, sa mère ne l'était pas, et il prévoyait de sa part mille objections embarrassantes à ce qu'il choisît pour carrière le théâtre. Il avait d'ailleurs d'autres raisons plus graves encore de ne plus songer à reprendre ce genre de vie. No seulement les profits en étaient médiocres et précaires, surtout s'il ne devait jamais, comme il en avait l'intime conviction, s'élever à une grande distinction même en province; mais encore il faudrait qu'il traînât sa sœur de ville en ville, de foire en foire. Quelle autre société pourrait-il lui donner que celle des gens avec lesquels il serait obligé de se mêler presque sans choix? « Non, dit Nicolas, c'est impossible, il faut nécessairement que je prenne un autre parti. »

C'était facile à dire, ce n'était pas facile à faire, avec aussi peu d'expérience du monde qu'il en avait pu gagner dans ses épreuves pénibles mais courtes, avec une bonne dose de confiance téméraire et de précipitation juvénile et une très petite somme d'argent devant lui. Pas bien riche d'argent, mais plus pauvre encore d'amis, qu'allait-il devenir? « Parbleu! dit Nicolas, je vais retourner à mon bureau de placement. »

Il ne pouvait s'empêcher de rire en lui-même de voir avec quelle ardeur il se mit en marche pour l'accomplissement d'un dessein dont il blâmait intérieurement tout à l'heure la précipitation. Mais il n'en allait pas moins droit à son but, se figurant à mesure qu'il approchait du bureau toute espèce de chances brillantes ou d'impossibilités absolues et se disant, peut-être avec raison, que c'était un grand bonheur pour lui que ce tempérament impétueux et bouillant qu'il avait reçu de la nature.

Le bureau paraissait exactement dans le même état que la dernière fois qu'il y était allé, et même, à deux ou trois exceptions près, il y reconnut les mêmes écriteaux à la fenêtre. C'étaient toujours les mêmes maîtres et les mêmes maîtresses respectables qui demandaient toujours des domestiques également vertueux; c'étaient les mêmes domestiques vertueux qui demandaient toujours des maîtres ou des maîtresses également respectables. C'étaient les mêmes terres magnifiques qui sollicitaient un placement de capitaux; c'étaient les mêmes capitaux incalculables qui cherchaient des terres pour garantir un bon placement: en un mot c'était toujours la même profusion d'occasions excellentes offertes à tous les gens qui voulaient faire fortune. Et la preuve la plus éclatante de la prospérité nationale, c'est que, depuis si longtemps, il ne s'était encore présenté personne pour saisir au vol des avantages si précieux.

Quand Nicolas s'arrêta devant la croisée pour y lire les annonces, le hasard voulut qu'un vieux gentleman en fît autant; et Nicolas, en les parcourant des yeux, de droite à gauche, pour y découvrir quelque placard intéressant en grosses capitales, rencontra l'inconnu, dont l'extérieur provoqua sa curiosité et lui fit un moment suspendre ses recherches pour l'examiner de plus près.

C'était un gros bel homme de bonne mine, por-

La nuit le trouva encore ressassant le même rêve. (P. 253.)

tant un habit bleu à larges pans, ample et aisé, sans taille, pour ainsi dire, pour plus de commodité. Une culotte courte et de grandes guêtres sur ses jambes robustes; sur la tête un chapeau blanc, bas de forme, à larges bords, comme en porte un riche campagnard. Il avait son habit boutonné. Son double menton, avec ses nombreuses fossettes, s'étalait à l'aise dans les plis d'une cravate blanche, non pas une de ces cravates apoplectiques, toutes raides d'empois, mais une de ces bonnes et vastes cravates blanches du temps jadis, avec lesquelles on pouvait aller se coucher sans crainte de s'étrangler. Mais ce qui attira principalement l'attention de Nicolas, c'était l'œil de ce brave homme : un œil clair, scintillant, honnête, un œil heureux et content. Il était donc planté là, debout, le nez en l'air, une main dans le revers de son habit, l'autre jouant avec sa chaîne de montre en or, contemporaine de sa jeunesse; la tête un peu de côté, et le chapeau encore plus de côté que la tête, mais ce n'était que par accident : on voyait bien que ce n'était pas sa posture habituelle; le tout relevé d'un sourire agréable qui se jouait autour de ses lèvres, avec une expression comique de finesse, de simplicité, de bonté, de bonne humeur, tout ensemble fondus dans la physionomie vive et enjouée de ce vieillard appétissant. Aussi Nicolas serait resté là à le regarder jusqu'à demain, oubliant volontiers toutes les mines revêches et les visages bourrus qui ne sont pas rares sous la calotte des cieux.

Mais il n'eut pas le temps de prolonger beaucoup son plaisir, car l'étranger, sans avoir l'air de se douter qu'il fût devenu l'objet du regard observateur de Nicolas, jeta par hasard les yeux sur lui, ce qui lui fit naturellement ramener les siens vers les séductions des affiches collées à la fenêtre, pour ne pas le blesser par une curiosité indiscrète.

Cependant le gentleman ne bougeait pas de là, laissant errer ses yeux d'un placard à l'autre, sans que Nicolas osât lever la tête pour le considérer davantage. Sous ces dehors singuliers et bizarres, c'était plaisir de voir l'air le plus avenant du monde : il semblait que tout parlât en sa faveur; c'était un de ces portraits où les lumières, habilement distribuées par l'artiste dans le coin de la bouche et dans le pli des yeux, ne piquent pas seulement l'intérêt du spectateur, mais lui font aimer le modèle en personne.

Cela posé, vous ne serez pas surpris que Nicolas se donnât le plaisir de le considérer et que le gentleman le prît plus d'une fois sur le fait. Nicolas, à chaque fois, rougissait d'un air embarrassé ; car le fait est qu'il s'était déjà demandé si par hasard l'étranger ne serait pas venu là chercher un employé ou un secrétaire, et il lui semblait que, dans ce cas, le vieux monsieur devait lire son secret écrit sur sa figure.

Tout cela fut l'affaire de quelques minutes, bien que les détails en soient plus longs dans un conte. L'étranger allait partir, quand Nicolas, rencontrant ses yeux, se vit pris encore une fois en flagrant délit, et, dans son embarras, balbutia un mot d'excuse.

« Il n'y a pas de mal à cela; oh! mon Dieu! il n'y a pas de mal, » dit le bon vieillard.

Ces paroles furent dites d'un ton si amical et d'une voix qui répondait si bien à la bonne mine de l'étranger, enfin avec une telle cordialité de manières, que Nicolas se sentit encouragé à dire quelques mots de plus.

« Voilà un grand choix de bonnes occasions, monsieur, dit-il avec un demi-sourire en montrant la croisée du bureau.

— Oui, il y a déjà bien des gens à la recherche d'un emploi qui s'y sont laissé prendre; ce n'est pas d'aujourd'hui, ma foi! les pauvres garçons! les pauvres garçons ! »

En même temps il se mit en route; mais, croyant voir que Nicolas ouvrait la bouche pour lui parler, il ralentit complaisamment son pas, comme s'il ne voulait pas le désobliger en le quittant trop brusquement. Il y eut donc entre eux un moment de cette hésitation que l'on voit quelquefois dans la rue entre deux passants qui se sont fait de la tête un signe de reconnaissance, mais qui ne savent pas trop s'ils doivent revenir sur leurs pas pour s'aborder, ou s'ils doivent continuer leur chemin; Nicolas finit pourtant par se trouver côte à côte avec le vieux gentleman.

« Vous vouliez parler, jeune homme? Qu'est-ce que vous vouliez me dire?

— Oh ! rien: seulement que j'espérais presque, ou plutôt que je m'imaginais que vous aviez quelque raison de venir consulter ces annonces.

— Ah! et quelle raison? voyons, quelle raison? répliqua le bon vieux en jetant un regard en coulisse à Nicolas. Vous pensiez peut-être que je venais chercher une place; hein! n'est-ce pas vrai? »

Nicolas secoua la tête vivement pour combattre cette supposition.

« Ah ! ah ! dit en riant le gentleman, qui se frottait et se tordait les mains comme un linge qui sort de la lessive ; dans tous les cas, il n'y avait pas de mal à vous de le croire, en me voyant examiner ces écriteaux. Moi, dans le commencement, j'en ai pensé autant de vous, ma parole d'honneur; ainsi vous voyez bien.

— Vous pouviez le croire au commencement comme à la fin, monsieur, sans avoir peur de vous tromper, répliqua Nicolas.

— Comment? cria le vieux gentleman en le considérant des pieds à la tête; il n'est pas Dieu possible! Non, non; un jeune homme de bonne mine comme vous, réduit à cette extrémité? oh! non, non, non! »

Nicolas le salua, et, lui souhaitant le bonjour, tourna les talons.

« Un moment, dit l'autre en lui faisant signe de le suivre dans une rue de traverse pour causer plus à l'aise, sans crainte d'être interrompus; qu'est-ce que vous dites là?

— Mon Dieu! voici tout simplement la chose. Votre air de bonté et vos manières, si peu semblables à tout ce que j'ai rencontré jusqu'ici, m'ont arraché l'aveu que je vous ai fait, et que, pour tout au monde, je n'aurais jamais eu l'idée de faire à aucun autre inconnu dans ce désert de Londres.

— Désert! ah! oui, c'en est un, c'en est bien un. Certes, oui! c'est un désert, dit le vieillard avec beaucoup de chaleur. Il fut un temps où c'était un désert aussi pour moi! J'y suis venu pieds nus..., je ne l'ai jamais oublié, Dieu merci! »

Et il leva son chapeau d'un air grave pour honorer

le nom de Dieu qu'il invoquait. « Voyons, qu'avez-vous?... qu'est-ce que c'est?... comment cela s'est-il fait? dit-il en posant sa main sur l'épaule de Nicolas et remontant la rue avec lui. Je vois que vous êtes..., n'est-ce pas? » Et il mit le doigt sur la manche de l'habit de deuil de l'orphelin. « De qui?... dites-le-moi.

— De mon père, répondit Nicolas.

— Ah! dit le vieux gentleman avec vivacité. C'est bien triste pour un jeune homme d'avoir perdu son père. Et la mère restée veuve peut-être? »

Nicolas répondit par un soupir.

« Avec des frères et des sœurs, n'est-ce pas?

— Une sœur, répliqua Nicolas.

— Pauvre enfant! pauvre enfant! L'éducation est une grande chose, une bien grande chose.... Moi, je n'en ai pas reçu : je ne l'en apprécie que mieux chez les autres. Oh! oui, c'est une bien belle chose. Contez-moi votre histoire. Je veux tout savoir, et surtout ne croyez pas que ce soit par une sotte curiosité; non, non. »

Il y avait dans son langage un entrain si bienveillant, un mépris si complet de toutes ces réserves de convention froides et compassées, que Nicolas ne put résister à cet appel. Entre gens qui ont des qualités de cœur franches et solides, il n'y a rien qui se gagne comme la confiance et le besoin d'un épanchement réciproque. Nicolas s'y abandonna avec effusion. Il n'oublia dans son récit aucun des points importants à connaître; il ne supprima que les noms, et glissa le plus légèrement qu'il lui fut possible sur les torts de son oncle avec Catherine. Le bon vieillard l'écoutait avec une attention soutenue, et, quand il eut fini, il lui prit le bras sous son bras.

« Pas un mot de plus, pas un mot. Venez avec moi : nous n'avons pas une minute à perdre. »

En même temps, il le ramenait dans la rue d'Oxford, arrêtait un omnibus, y poussait Nicolas et montait derrière lui.

Comme il paraissait dans un état extraordinaire d'émotion et de trouble, et qu'il fermait la bouche à Nicolas chaque fois qu'il allait parler, en lui répétant : « Pas un mot de plus, mon cher monsieur, pour rien au monde, pas un mot de plus », Nicolas crut devoir renoncer à toute explication. Ils firent donc le voyage de la Cité sans échanger une parole; et, plus ils avançaient, plus Nicolas était embarrassé de deviner comment finirait l'aventure.

Une fois devant la Banque, le vieux gentleman descendit avec la même vivacité, et, reprenant le bras de Nicolas, il l'entraîna par la rue de Threadneedle, tourna des ruelles, enfila des passages à droite, tant qu'enfin ils aboutirent à un petit square frais et tranquille. Il le mena droit à une maison de commerce la plus propre, quoique la plus antique, de toute la place; la porte n'avait pas d'autre inscription que ces mots : *Cheeryble frères.* Mais un coup d'œil rapide jeté par Nicolas sur des ballots déposés près de là lui fit supposer que les frères Cheeryble étaient des négociants allemands.

Là, traversant un magasin qui présentait l'apparence d'un commerce actif et prospère, M. Cheeryble — car Nicolas n'hésita pas à lui donner ce titre en voyant le respect que lui témoignaient sur son passage les employés et les commissionnaires — le conduisit dans un petit comptoir formé par des cloisons vitrées, une espèce de cage de verre, où l'on voyait assis tout frais et tout propret, comme si on l'y avait renfermé dans le temps, avant d'en poser le couvercle, sans qu'il en fût jamais sorti, un commis déjà sur l'âge, gras, joufflu, avec des lunettes d'argent et des cheveux poudrés.

« Timothée, mon frère est-il dans son cabinet? dit M. Cheeryble avec la même douceur dans les manières que lui connaissait déjà Nicolas.

— Oui, monsieur, il y est, répondit le gros commis en tournant ses lunettes vers son patron et ses yeux vers Nicolas; mais il est avec M. Trimmers.

— Ah! Et savez-vous pourquoi il est venu, M. Trimmers?

— Il fait une souscription pour la veuve et les enfants d'un homme qui s'est tué ce matin dans les docks des Indes orientales, écrasé par une tonne de sucre.

— L'excellent homme! dit M. Cheeryble avec enthousiasme, le brave homme! J'ai bien des obligations à Trimmers; c'est un de nos meilleurs amis. C'est toujours lui qui nous fait connaître une foule de cas que nous ne pourrions jamais découvrir par nous-mêmes. J'en suis bien reconnaissant à Trimmers. » Et M. Cheeryble se frotta les mains avec délices, et, quand M. Trimmers vint à passer pour s'en aller, il courut à lui, l'arrêta sur le pas de la porte et le prit par la main.

« Je vous dois mille remercîments, dix mille remercîments, c'est une vraie marque d'amitié de votre part, une vraie marque d'amitié, dit M. Cheeryble en l'attirant dans un coin pour n'être pas entendu. Combien y a-t-il d'enfants, et qu'est-ce que mon frère Ned a donné pour eux, Trimmers?

— Il y a six enfants, et votre frère nous a donné cinq cents francs.

— Mon frère Ned est un brave homme, et vous aussi, Trimmers, vous êtes un brave homme, dit le vieux gentleman en lui prenant les mains dans les siennes, tout tremblant d'émotion; inscrivez-moi aussi pour cinq cents francs, ou bien... une minute, une petite minute! il ne faut pas que nous ayons l'air d'y mettre de l'ostentation : inscrivez-moi pour deux cent cinquante francs et Tim Linkinwater pour deux cent cinquante francs aussi. Timothée, faites une traite de cinq cents francs au nom de M. Trimmers ; que Dieu bénisse votre charité, Trimmers ! Mais venez donc dîner quelque jour de cette semaine avec nous. Vous trouverez toujours votre couvert, et des gens charmés de vous recevoir. Bonjour, mon cher monsieur... Timothée, une traite pour M. Trimmers. Écrasé par une tonne de sucre, et six pauvres enfants ! Mon Dieu, mon Dieu ! »

Toutes ces paroles étaient prononcées aussi vite que possible par M. Cheeryble, pour prévenir les remontrances amicales qu'aurait pu lui faire le collecteur de la souscription sur le chiffre élevé de son offrande ; et, pour y échapper plus sûrement, il se hâta d'emmener Nicolas, non moins ému qu'étonné de ce qu'il venait de voir et d'entendre en si peu de temps, vers la porte entr'ouverte d'un cabinet voisin.

« Frère Ned, dit M. Cheeryble en frappant à la porte avec le revers de ses doigts et en se baissant pour écouter la réponse; êtes-vous occupé, mon cher frère? ou avez-vous le temps d'entendre deux mots?

— Frère Charles, mon bon ami, répondit une voix dont l'intonation était si semblable à l'autre, que Nicolas tressaillit et fut tenté de croire que c'était la même, entrez donc tout de suite, sans frapper, et sans me faire de pareilles questions. »

En effet, ils entrèrent sans plus attendre. L'étonnement de Nicolas redoubla de plus en plus quand il vit frère Charles échanger un salut chaleureux avec un autre vieux gentleman du même type et du même modèle, même figure, même stature, même gilet, même cravate, mêmes guêtres et mêmes culottes, enfin même chapeau blanc accroché à la muraille.

Pendant qu'ils se donnaient une poignée de main, leurs deux figures s'animaient d'un regard d'affection tendre dont on aurait aimé l'innocence dans les traits mêmes d'un enfant, et qui chez des vieillards semblait plus saisissante encore. Pourtant, malgré leur ressemblance, Nicolas remarqua que le dernier était un peu plus épais que son frère. C'était, avec une légère nuance de plus d'originalité dans sa démarche et dans sa tenue, la seule différence sensible qui les distinguât. A tout prendre, c'étaient bien deux jumeaux : personne n'aurait pu s'y tromper.

« Frère Ned, dit le protecteur de Nicolas, après avoir fermé la porte, voici un jeune homme de mes amis, auquel il faut que nous venions en aide. Nous allons commencer pour lui comme pour nous, par prendre des renseignements sur les détails qu'il m'a confiés, et, s'ils se confirment, comme je n'en fais aucun doute, il faut que nous l'aidions, frère Ned.

— Mais, mon cher frère, il suffit de ce que vous me dites, répliqua l'autre; il n'est pas besoin de renseignements après vous. Ainsi nous l'aiderons; qu'est-ce qu'il faut faire? que demande-t-il? Où est Tim Linkinwater? Faisons-le venir pour conférer avec nous. »

Pour compléter leur ressemblance, les deux frères avaient dans leur langage la même chaleur et la même vivacité; ils avaient perdu tous deux les mêmes dents, je pense, ce qui leur donnait une prononciation uniforme; et, quand ils parlaient, ce n'était pas seulement avec cette bonhomie parfaite que donne une grande sérénité d'âme : on aurait dit qu'au banquet où les avait conviés la fortune, ils avaient choisi, dans le pouding servi sur leur table, les raisins de Corinthe les plus sucrés pour en garder dans leur bouche quelques grains qui donnaient plus de douceur à leur parole.

« Où est Tim Linkinwater? dit le frère Ned.

— Un moment, un moment, dit le frère Charles en prenant l'autre à part. J'ai une idée, mon cher frère; j'ai une idée. Voilà que Tim se fait vieux, et Tim a toujours été un serviteur fidèle; et je ne crois pas que d'attendre la mort du pauvre garçon, pour lui élever un petit tombeau de famille et donner une pension à son père et à sa mère, ce fût une récompense suffisante pour ses bons et loyaux services.

— Non, non, répliqua l'autre, certainement non. Nous n'aurions pas fait la moitié de notre devoir.

— Eh bien, si nous pouvions alléger sa besogne et le décider à aller de temps en temps coucher et prendre l'air à la campagne, ne fût-ce que deux ou trois fois la semaine (et cela serait facile, s'il voulait seulement venir à son travail une heure plus tard le matin), le vieux Tim Linkinwater rajeunirait, j'en suis sûr, et vous savez qu'il a trois bonnes années de plus que nous... Voyez-vous cela, frère Ned? Hein ! le vieux Tim Linkinwater rajeuni ! Dame ! je me rappelle avoir vu le vieux Tim Linkinwater petit garçon comme nous! Ha! ha! ha! le pauvre Tim ! »

Et les bons vieux camarades se mirent à rire ensemble aux éclats, tous deux la larme à l'œil, en pensant au vieux Tim Linkinwater.

« Mais écoutez d'abord, frère Ned, dit l'autre avec chaleur, en s'asseyant ainsi que son frère avec Nicolas au milieu d'eux, je m'en vais vous conter tout cela moi-même, parce que le jeune homme est modeste et bien élevé, Ned; et je ne voudrais pas lui faire recommencer son histoire tout du long, comme si c'était un mendiant, ou que nous eussions l'air de mettre en doute sa véracité. Non, non, ce ne serait pas bien.

— Non, non, répéta le frère Ned avec un signe de tête plein de gravité ; vous avez raison, mon cher frère, vous avez raison.

— C'est donc moi qui vais parler à sa place : il me reprendra si je me trompe ; en attendant, vous verrez, frère Ned, et vous en serez touché, que son histoire nous rappelle la nôtre quand nous sommes venus tous deux, jeunes et sans amis, gagner notre premier shilling dans cette grande cité. »

Les deux jumeaux se serrèrent la main en silence, et le frère Charles raconta, avec sa simplicité familière, les détails qu'il avait recueillis de la bouche de Nicolas. Après cela la conversation fut longue, et, quand elle fut terminée, il y eut une conférence secrète qui ne fut guère plus courte entre frère Ned et Tim Linkinwater dans une autre chambre. Nous devons dire, à l'honneur de Nicolas, qu'il n'avait pas passé dix minutes avec les deux frères, qu'attendri par l'expression nouvelle et répétée de leurs bontés et de leur sympathie, il lui était impossible d'y répondre autrement que par des gestes de remercîment, tant il sanglotait comme un enfant.

Si bien donc que le frère Ned et Tim Linkinwater revinrent ensemble, et Timothée à l'instant s'approcha de Nicolas et lui dit en deux mots à l'oreille (Tim n'était pas un grand bavard) qu'il avait pris son adresse dans le Strand, et qu'il passerait chez lui le soir même, à huit heures ; après quoi Timothée essuya ses lunettes, et les remit devant ses yeux pour mieux se préparer à entendre ce que les frères Cheeryble pourraient avoir encore à lui dire.

« Timothée, dit le frère Charles, vous savez que nous avons l'intention de placer ce jeune homme au comptoir? »

Le frère Ned répondit que Timothée en était prévenu et qu'il approuvait leur résolution.

Timothée fit un signe de tête affirmatif et se redressa de manière à paraître plus gras encore et plus important que d'habitude. Il y eut ensuite un profond silence, que Timothée rompit tout à coup de l'air le plus résolu.

« Oui ; mais, vous savez, je ne veux pas venir une heure plus tard au bureau, je ne veux pas aller coucher et prendre l'air à la campagne. Non, non, ne parlons pas de campagne, ce serait joli par le temps qui court! Oui, ma foi! Ah bien!

— Diantre d'obstiné! dit frère Charles en le regardant sans la moindre étincelle de colère, ou plutôt avec une physionomie toute rayonnante de son attachement pour le vieux commis ; diantre d'obstiné! Que voulez-vous dire, monsieur?

— Je veux dire, répondit Timothée, que voici quarante-quatre ans (et pour faire ce calcul il avait la plume en main, et il traçait dans l'air une addition imaginaire avant d'en avoir fait le total), quarante-quatre ans au mois de mai prochain que je tiens les livres de Cheeryble frères. Tous les matins, excepté les dimanches, à neuf heures sonnantes, j'ai été là pour ouvrir la caisse ; tous les soirs, à dix heures et demie, excepté les jours du courrier étranger (parce que ces jours-là je ne pouvais pas partir avant onze heures quarante minutes), j'ai fait le tour de la maison pour m'assurer que les portes étaient fermées et les feux éteints ; je n'ai pas découché une seule fois de ma mansarde sur le derrière. Voici là, au milieu de la fenêtre, la même caisse de réséda avec les mêmes pots à fleurs, deux de chaque côté, que j'ai apportés avec moi en entrant ici. Il n'y a pas, je l'ai toujours dit et je le dirai toujours, non, il n'y a pas dans le monde un square comme celui-ci. Quand je vous dis qu'il n'y en a pas, continua Timothée avec un redoublement d'énergie et un sérieux risible, c'est qu'il n'y en a pas. Pour le plaisir comme pour les affaires, en hiver comme en été, peu m'importe, il n'y a rien de pareil. Il n'y a pas dans toute l'Angleterre une fontaine aussi belle que la pompe de la cour ; il n'y a pas dans toute l'Angleterre une si belle vue que la vue de ma fenêtre ; tous les matins j'en ai joui avant de me faire la barbe, et par conséquent je dois la connaître. Voilà la chambre, ajouta Timothée dont l'émotion altérait un peu la voix, où j'ai couché quarante-quatre ans ; et, si cela ne vous gênait pas et ne dérangeait en rien vos affaires, c'est là que je voudrais mourir avec votre permission.

— Diantre de Tim Linkinwater! Ne voilà-t-il pas qu'il parle de mourir! crièrent à la fois, comme de concert, les deux jumeaux en se mouchant avec violence.

— Voilà ce que j'avais à vous dire, monsieur Edwin et monsieur Charles, dit Timothée en reprenant sa pose majestueuse ; ce n'est pas la première fois que vous me parlez de me mettre à la retraite, mais que ce soit la dernière fois, je vous prie, et qu'il n'en soit plus jamais question. »

Là-dessus Tim Linkinwater se retira fièrement pour se renfermer dans sa cage de verre, de l'air d'un homme qui leur avait dit leur fait, et qui était fermement résolu à n'en rien rabattre.

Les frères échangèrent quelques coups d'œil et toussèrent une douzaine de fois avant de dire mot.

« Cela n'empêche pas, frère Ned, reprit l'autre avec chaleur, qu'il faut lui faire prendre un parti ;

tant pis pour ses vieux scrupules, cela devient insupportable.

— Il aura beau dire, nous en ferons notre associé, frère Ned, et, s'il ne veut pas se rendre à l'amiable, nous l'y forcerons par la violence.

— Vous avez bien raison, répliqua l'autre frère en secouant la tête comme un homme bien décidé, vous avez bien raison, mon cher frère; s'il ne veut pas entendre raison, eh bien, nous le ferons malgré lui, et nous lui montrerons que nous savons faire respecter notre autorité; nous aurons une querelle avec lui, frère Charles.

— Oui, certainement, nous l'aurons, dit l'autre. Nous aurons une querelle avec Tim Linkinwater. Mais, en attendant, mon cher frère, nous retenons là notre jeune ami, pendant que sa pauvre mère et sa sœur sont peut-être inquiètes de ne pas le voir rentrer. Souhaitons-lui le bonjour pour le moment; et, tenez, mon cher monsieur, ne perdez pas cette petite boîte; et... non, non, pas un mot de remercîment, prenez garde seulement dans les rues en passant dans la foule. »

Et les deux frères se dépêchèrent de lui ouvrir la porte, tout en l'ahurissant par des paroles décousues et sans suite, comme celles-là, pour arrêter l'expression de sa reconnaissance, lui donnant des poignées de main tout le long du chemin en le reconduisant, et feignant avec très peu de succès, car ils n'étaient pas très habiles à feindre, de ne pas du tout s'apercevoir des sentiments auxquels il était en proie.

Nicolas, en effet, avait le cœur trop plein pour se montrer au dehors avant de s'être un peu remis; enfin il quitta le coin de la porte dans lequel il s'était tenu caché pour dominer son émotion, et il surprit, en se glissant dans la rue, les yeux des deux frères qui le regardaient à la dérobée dans un coin de la cage de verre où sans doute ils délibéraient s'ils poursuivraient sans délai l'assaut livré à Tim Linkinwater, ou, si, devant une si belle défense, ils lèveraient le siège pour le moment.

De raconter le bonheur et la surprise qui vinrent animer la vivacité de miss la Creevy au récit de cette aventure, de décrire tout ce qui fut, en conséquence, ou fait, ou dit, ou pensé, ou espéré, ou prophétisé, ce serait dépasser les bornes de notre cadre et ralentir notre marche. Disons seulement, en peu de mots, que M. Timothée Linkinwater arriva à l'heure exacte de son rendez-vous; que, malgré son originalité, malgré le soin jaloux avec lequel il veillait à ce que la libéralité sans bornes de ses patrons ne fût pas mal placée, il crut devoir leur faire sur Nicolas le rapport le plus favorable, et que, dès le lendemain, le jeune aspirant fut nommé au siège vacant dans le comptoir des frères Cheeryble, aux appointements de mille écus par an.

« Eh! qu'en dites-vous, cher frère? dit le premier protecteur de Nicolas; si nous leur louions ce petit cottage de Bow, maintenant vacant, à un prix un peu moins élevé que le prix ordinaire? Hein! frère Ned?

— Gratis même, dit le frère Ned. Nous sommes riches, et franchement ce serait une honte de toucher d'eux le prix d'un loyer dans l'état où ils sont. Logeons-les pour rien du tout, mon cher frère, pour rien du tout.

— Frère Ned, il vaudrait peut-être mieux demander quelque chose, reprit l'autre avec douceur; ce serait un moyen de leur faire conserver des habitudes d'économie, voyez-vous, et aussi de ne point les accabler du poids d'une reconnaissance excessive pour les obligations qu'ils croiront nous devoir. Nous pourrions mettre le loyer à quatre ou cinq cents francs, et, s'il nous était payé exactement, nous le capitaliserions de manière ou d'autre à leur profit. Je pourrais même en secret faire, à titre de prêt, une petite avance de fonds pour leur procurer un mobilier, et vous, frère Ned, vous en feriez peut-être autant de votre côté; et si nous sommes contents d'eux, comme je l'espère, n'ayez pas peur, nous changerons le prêt en pur don, mais doucement, frère Ned, petit à petit, pour ne pas les humilier; eh bien, qu'en dites-vous, frère? »

Frère Ned n'eut garde de contredire d'aussi bonnes raisons; au contraire, il eût regretté plutôt de ne pas les avoir trouvées lui-même. En moins de huit jours, Nicolas fut installé dans sa place, et Mme Nickleby avec Catherine dans leur petite maison; que d'espérance, de mouvement, de contentement en une semaine!

Mais celle qui suivit ne fut pas moins heureuse dans le cottage; ce fut une semaine de découvertes et de surprises : tous les soirs, au retour de Nicolas, on avait trouvé quelque chose de nouveau. Aujourd'hui, c'était un pied de chasselas, demain une marmite. Une autre fois, c'était la clef du parloir sur le devant qu'on avait repêchée au fond de la fontaine, et ainsi de suite tous les jours. Après cela, cette chambre-ci fut embellie de rideaux de mousseline; celle-là devint presque élégante, grâce à une jalousie nouvelle; enfin on n'aurait jamais cru possible auparavant, disait-on, d'en faire quelque chose de si joli. Ce n'est pas le tout, et miss la Creevy donc, qui était venue en omnibus passer un jour ou deux à les aider, et qui était toujours à courir après un petit paquet de papier gris, dans lequel elle avait apporté des pointes, pour les clouer avec un grand marteau, les manches retroussées jusqu'au coude, trottant partout, trébuchant à chaque marche, culbutant dans les escaliers, et se frottant la place; et Mme Nickleby qui faisait beaucoup de bruit et peu de besogne; et Catherine qui s'occupait sans bruit partout et s'émerveillait de toute chose; et Smike qui entretenait le jardin à ravir, et Nicolas qui aidait et encourageait tout son monde; enfin la paix, la joie du bonheur domestique revenues au logis, avec cette saveur piquante que communique aux plaisirs simples, et ces délices que peut seul donner à la famille, désormais réunie, le souvenir de la séparation et du malheur.

Bref, les Nickleby pauvres étaient unis et heureux, pendant que Nickleby le riche était seul et misérable.

CHAPITRE XXXVI

Scènes de la vie privée : affaires de famille. M. Kenwigs reçoit un choc violent, mais Mme Kenwigs ne va pas mal pour sa position.

Il pouvait être sept heures du soir, et il commençait à faire noir dans les rues étroites qui avoisinent Golden-square, quand M. Kenwigs envoya chercher une paire de gants blancs en chevreau, des meilleur marché, ceux de vingt-huit sous; puis il choisit le plus fort; il se trouva que c'était la main droite. Il descendit l'escalier d'un air agité mais majestueux, et se mit en devoir d'envelopper, pour l'assourdir, le bout du marteau de la porte d'entrée. Après cette opération, exécutée avec une rare élégance, M. Kenwigs tira la porte sur lui, et traversa la rue de l'autre côté pour en voir l'effet. Après s'être assuré qu'il n'y avait rien de mieux dans son genre, M. Kenwigs revint sur ses pas, appela Morleena par le trou de la serrure pour qu'elle vînt lui ouvrir la porte, disparut dans la maison et ne reparut plus..

A considérer la chose sous un point de vue philosophique, je serais bien embarrassé de vous dire pourquoi M. Kenwigs se donnait la peine d'envelopper ce marteau plutôt que celui de quelque noble ou de quelque gentleman à quatre lieues à la ronde, vu que, pour la plus grande commodité des nombreux locataires de sa maison, la porte d'entrée restait toujours ouverte, et que le marteau ne servait pas. Le premier étage, le second, le troisième avaient chacun leur sonnette particulière. Quant aux mansardes, elles ne recevaient jamais de visiteurs. Quiconque avait affaire dans le parloir de chaque appartement, n'avait qu'à y entrer tout droit : il n'y avait pas à se tromper; quant à la cuisine, on y descendait par un escalier particulier du sous-sol. Ainsi donc, à l'envisager sous le rapport de la nécessité ou même de l'utilité, cette cérémonie faite au marteau n'avait pas de raison d'être.

Oui, mais il n'est pas dit que l'on ne fait la toilette aux marteaux que dans un but vulgaire d'*utilitarisme :* ici, par exemple. Il y a des formes polies et des cérémonies d'obligation dans le monde civilisé; autrement, que deviendrait le genre humain? Il retomberait à l'état de barbarie. On n'a jamais vu une dame comme il faut accoucher, disons mieux, il ne peut y avoir d'accouchement comme il faut, sans que l'on ait ganté bien et dûment le marteau de la porte. Or Mme Kenwigs se rendait la justice qu'elle était une dame comme il faut. Elle était en couches. Donc M. Kenwigs avait raison d'envelopper d'un gant blanc en chevreau, pas cher, le marteau désormais silencieux.

« Je ne sais pas même, dit M. Kenwigs en relevant le col de sa chemise et en remontant l'escalier d'un pas grave, si je ne ferais pas bien, comme c'est un garçon, de le faire mettre dans les journaux. »

Tout en songeant à l'opportunité de cette mesure et à l'immense sensation qu'elle ne pouvait manquer de faire dans le voisinage, M. Kenwigs se rendit au salon, où une foule de petits articles du premier âge chauffaient devant le feu sur un séchoir, pendant que le docteur, M. Lumbey, faisait sauter à dada, sur ses genoux, le poupon..., entendons-nous..., le poupon de l'année dernière, pas le nouveau-né d'aujourd'hui.

« C'est un beau garçon, monsieur Kenwigs, dit le docteur Lumbey.

— Ainsi, monsieur, vous le regardez comme un beau garçon?

— Le plus beau garçon que j'aie jamais vu de ma vie; jamais je n'ai vu pareil poupon. »

Par parenthèse, une chose bien rassurante à penser, et qui donne un démenti formel aux frondeurs qui prétendent que l'espèce humaine est en décadence, c'est que chaque fois qu'un enfant vient au monde, c'est toujours le dernier venu qui est le plus beau : demandez plutôt à l'accoucheur.

« Ja...mais je n'ai vu pareil poupon, dit le docteur Lumbey.

— Morleena était une jolie pouponne, remarqua M. Kenwigs, qui crut voir dans l'assertion du docteur une attaque implicite contre le reste de la famille.

— C'étaient tous de jolis poupons, » dit M. Lumbey. Et il se mit à bercer l'enfant d'un air pensif. Peut-être pensait-il à ce qu'il demanderait sur le mémoire pour avoir bercé l'enfant, mais il n'y a que lui qui puisse le savoir.

Pendant cette courte conversation, miss Morleena, en sa qualité de fille aînée, appelée naturellement à représenter sa mère indisposée, s'était mise à bousculer les trois autres et à leur distribuer de bonnes taloches. Elle était infatigable, et s'y mettait de si bon cœur, que M. Kenwigs ne pouvait la voir si bonne et si raisonnable sans en verser des larmes de joie; il ne put même s'empêcher de déclarer que, pour l'intelligence et la tenue, cette enfant-là était une véritable femme.

« Ce sera un trésor pour l'homme qu'elle épousera, monsieur, dit M. Kenwigs à demi-voix, et je suis sûr qu'elle fera quelque grand mariage, monsieur Lumbey.

— Je n'en serais pas du tout étonné, répliqua le docteur.

— Vous ne l'avez jamais vue danser, monsieur, n'est-ce pas? » demanda M. Kenwigs.

Le docteur secoua la tête.

« Oh! alors, dit M. Kenwigs qui parut le plaindre de tout son cœur, vous ne savez pas ce dont elle est capable. »

Il y avait eu pendant ce temps-là un grand remue-ménage et des allées et venues continuelles d'une chambre à l'autre. La porte de l'autre pièce avait été ouverte et fermée tout doucement plus de vingt fois par minute (car il était bien recommandé de laisser Mme Kenwigs tranquille), et l'on avait fait l'exposition du poupon pour une quarantaine de députations de l'élite des amies de Mme Kenwigs, qui s'étaient réunies dans le corridor et sur le pas de la porte pour discuter l'événement dans toutes ses conséquences prévues. Bien mieux, l'intérêt s'était étendu à la rue tout entière, et l'on voyait des groupes de dames formés à chaque pas. Il y en avait même qui se trouvaient dans la condition intéressante où Mme Kenwigs se montrait en public pas plus tard qu'hier au soir. Toutes ces bonnes commères apportaient à la conversation le tribut de leur expérience sur ce chapitre. Deux ou trois d'entre elles se faisaient un grand honneur d'avoir prophétisé, l'avant-veille, l'heure exacte où cela se passerait. Quelques autres racontaient comment elles s'étaient doutées de la chose en voyant tout à coup M. Kenwigs devenir pâle et courir de toutes ses forces dans la rue. Enfin l'une disait une chose, l'autre une autre, mais toutes disaient quelque chose, et toutes parlaient ensemble, bien d'accord sur ces deux points : premièrement que c'était une chose tout à fait méritoire et vraiment digne d'éloges à Mme Kenwigs d'avoir fait ce qu'elle avait fait; puis, secondement, qu'il n'y avait pas de docteur aussi habile et aussi savant que le docteur Lumbey.

Le docteur Lumbey, au milieu de tout ce tintamarre, était donc assis comme nous l'avons vu dans la chambre du premier sur le devant, berçant l'enfant qu'on lui avait mis dans les bras et causant avec M. Kenwigs. C'était un gros homme d'apparence assez rustique, qui n'avait pas de col de chemise, ou peu s'en faut, et dont la barbe n'avait pas été faite depuis quarante-huit heures; car le docteur Lumbey était très répandu et le quartier très prolifique. Aussi, dans ces deux jours, n'y avait-il pas eu moins de trois marteaux enveloppés d'un gant l'un après l'autre.

« Eh bien, monsieur? dit M. Lumbey, ça fait six; vous finirez, monsieur, par avoir une belle famille.

— Mais, monsieur, reprit M. Kenwigs, c'est bien assez de six.

— Bah! bah! bah! dit le docteur, quel enfantillage! ce n'est pas assez de moitié. » Et le docteur se mit à rire aux éclats, mais pas autant cependant qu'une dame mariée des amies de Mme Kenwigs, qui venait de sortir de la chambre de la malade pour donner de ses nouvelles et, par la même occasion, prendre un petit coup de grog à l'eau-de-vie. La plaisanterie du docteur lui parut une des meilleures qu'on eût jamais faites.

« Il est vrai, dit M. Kenwigs en prenant sur son genou sa fille cadette, qu'ils n'attendent pas après; ils ont des espérances.

— Ah! vraiment! dit le docteur Lumbey.

— Et de bonnes, si je ne me trompe, n'est-ce pas? demanda la dame mariée.

— Mais, madame, dit M. Kenwigs, ce n'est pas précisément à moi à dire ce qu'elles sont ou ce qu'elles ne sont pas; ce n'est pas à moi à faire l'éloge d'une famille avec laquelle j'ai l'honneur de m'être allié; et puis, en même temps, Mme Kenwigs est... Tenez! continua brusquement M. Kenwigs en élevant la voix à mesure qu'il parlait, je ne donnerais pas leurs prétentions pour moins de deux mille cinq cents francs par tête : peut-être plus, mais certainement pas moins.

« Oui, mais, vous savez, je ne veux pas venir une heure plus tard au bureau. » (P. 261.)

— Et c'est une jolie petite fortune, dit la dame mariée.

— Mme Kenwigs, dit le mari en prenant dans la tabatière du docteur une prise de tabac qui le fit éternuer horriblement fort, parce qu'il n'en avait pas l'habitude, Mme Kenwigs a des parents qui pourraient laisser à dix personnes deux mille cinq cents francs par tête, et ne pas être réduits à mendier leur pain pour cela.

— Ah! je sais qui vous voulez dire, répliqua la dame mariée avec un signe de tête malin.

— Je n'ai nommé personne; je ne veux nommer personne, dit M. Kenwigs d'un air mystérieux; mais, par exemple, je peux dire que plusieurs de mes amis se sont trouvés ici, dans cette chambre même, avec un parent de Mme Kenwigs qui tiendrait bien sa place dans les meilleurs sociétés.

— Je me suis trouvée avec lui, dit la dame mariée en lançant un coup d'œil du côté du docteur Lumbey.

— Il est naturellement bien flatteur pour mes sentiments comme père de voir un homme comme cela embrasser mes enfants et s'intéresser à eux. Il est naturellement très flatteur pour mes sentiments comme homme de connaître cet homme-là; et naturellement aussi il sera très flatteur pour mes sentiments comme époux de lui faire part de cet événement. »

Après avoir ainsi parlé de ses sentiments, M. Kenwigs remit en place la queue blonde de sa seconde demoiselle, en lui recommandant d'être bonne fille et de bien faire attention à ce que lui disait sa sœur Morleena.

« Je trouve, dit M. Lumbey frappé d'un enthousiasme soudain pour Morleena, que cette petite fille ressemble tous les jours davantage à sa mère.

— Là! reprit la dame mariée; voyez-vous ce que je dis toujours, ce que j'ai toujours dit: c'est tout son portrait! » Et la dame mariée, ayant ainsi tourné l'attention générale sur la demoiselle en question, profita de la circonstance pour prendre encore un coup de grog au cognac, et un bon petit coup, je vous assure.

« Oui, dit M. Kenwigs après quelques moments de réflexion, il y a une certaine ressemblance; mais quelle femme que Mme Kenwigs avant son mariage! Dieu de Dieu, quelle femme! »

M. Lumbey hocha la tête de l'air le plus solennel, comme pour faire entendre que ce devait être un astre.

« On parle de fées, cria M. Kenwigs, eh bien, moi, je n'ai jamais vu de sylphide pareille, jamais! et des manières donc, si enjouées et pourtant si sévères et si convenables en même temps. Je ne dis rien de sa tournure, tout le monde sait bien, continua M. Kenwigs, mais d'une voix plus basse par modestie, que ce fut sa tournure qui servit dans ce temps-là de modèle au peintre qui fit l'enseigne de la *Grande-Bretagne* sur la route d'Holloway.

— Mais on n'a qu'à la voir encore aujourd'hui, dit la dame mariée; je vous demande si on dirait jamais qu'elle a six enfants?

— On se ferait moquer de soi.

— Elle a plutôt l'air d'être sa fille, répliqua la dame mariée.

— C'est vrai, ajouta M. Lumbey, elle a bien plutôt l'air de cela. »

M. Kenwigs allait faire quelques observations encore, sans doute à l'appui de cette opinion, quand une autre dame mariée, qui venait de donner un coup d'œil dans la chambre de Mme Kenwigs pour ranimer et encourager l'accouchée, peut-être aussi pour aider à vider les assiettes, les verres et les bouteilles qui traînaient par là, passa la tête par la porte pour annoncer qu'elle venait de descendre en entendant sonner, et qu'il y avait à la porte un gentleman qui demandait à voir M. Kenwigs tout à fait en particulier.

A ces mots, l'image de son illustre parent trotta dans la cervelle de M. Kenwigs, et, sous l'influence de cette heureuse vision, il se dépêcha d'envoyer Morleena chercher tout de suite le gentleman.

« Tiens! dit M. Kenwigs, qui s'était mis en face de la porte pour jouir le premier de la vue du visiteur annoncé, c'est M. Johnson; comment vous portez-vous, monsieur? »

Nicolas lui donna une poignée de main, embrassa ses anciennes élèves à la ronde, remit à la garde de Morleena un gros paquet de joujoux, salua le docteur et les dames mariées, et demanda des nouvelles de Mme Kenwigs d'un ton plein d'intérêt, qui alla tout de suite au cœur de la garde, occupée à faire chauffer devant le feu, dans une petite casserole, je ne sais quelle composition mystérieuse.

« J'ai mille excuses à vous faire, dit Nicolas, de venir vous voir dans un moment comme celui-ci; mais je ne l'ai su qu'après avoir sonné, et puis mon temps est tellement pris maintenant, que j'avais peur de ne pas pouvoir revenir de quelques jours d'ici.

— Vous ne pouviez venir plus à propos, monsieur, dit M. Kenwigs; la situation de Mme Kenwigs, monsieur, ne peut nous empêcher, j'espère, d'avoir un petit bout de conversation ensemble, vous et moi.

— Vous êtes bien bon, » dit Nicolas.

Nouvel incident. Encore une dame mariée qui vient donner l'importante nouvelle que le poupon a commencé à teter comme un homme; sur quoi les deux autres dames mariées déjà nommées se précipitent tumultueusement dans la chambre à coucher pour voir si c'est possible.

« Je vous disais donc, reprit Nicolas, qu'avant de quitter la province où j'étais resté quelque temps, je me suis chargé d'une commission pour vous.

— Ah! vraiment, dit M. Kenwigs.

— Et je regrette, reprit Nicolas, d'avoir déjà passé quelques jours à Londres sans trouver le moment de m'en acquitter.

— Il n'y a pas grand mal à cela, dit M. Kenwigs; ce n'est pas comme une omelette qu'il faut servir toute chaude... Une commission de la province! dit M. Kenwigs en ruminant en lui-même, voilà quelque chose de curieux. Je ne connais personne en province.

— Miss Petowker, continua Nicolas.

— Ah! c'est donc d'elle, dit M. Kenwigs; ah! bien, Mme Kenwigs sera bien aise de savoir de ses nouvelles. Henriette Petowker! n'est-ce pas bien singulier que vous vous soyez ainsi rencontrés en province? Eh bien? »

En l'entendant prononcer le nom de leur ancienne bonne amie, les quatre demoiselles Kenwigs vinrent se mettre en rond autour de Nicolas, les yeux et la bouche tout grands ouverts pour mieux entendre. M. Kenwigs lui-même montrait quelque curiosité, quoique paisible et sans défiance.

« Ma commission, dit Nicolas avec un peu d'hésitation, intéresse les affaires de famille.

— Oh! c'est égal, dit Kenwigs en regardant du coin de l'œil M. Lumbey, qui enrageait d'avoir toujours sur les genoux le petit Kenwigs, sans que personne vînt le débarrasser du précieux fardeau dont il avait eu l'imprudence de se charger. Vous pouvez parler, il n'y a ici que des amis. »

Nicolas toussa deux ou trois fois et parut avoir de la peine à se mettre en train.

« C'est à Portsmouth qu'elle est, Henriette Petowker? demanda M. Kenwigs.

— Oui, répondit Nicolas, ainsi que M. Lillyvick. »

M. Kenwigs devint pâle, cependant il se remit bientôt. « Voilà encore, dit-il, une singulière coïncidence.

— C'est lui, dit Nicolas, qui m'a chargé d'une commission pour vous. »

M. Kenwigs sembla renaître. L'oncle, connaissant la situation délicate de sa nièce, les envoyait prier sans doute de lui donner des détails particuliers. Oui, c'est cela, c'était bien aimable de sa part, on le reconnaissait bien là.

« Il m'a prié d'abord de vous exprimer toute sa tendresse, dit Nicolas.

— Je lui en suis bien reconnaissant, je vous jure. Votre grand-oncle Lillyvick, mes enfants! cria M. Kenwigs expliquant d'un air aimable aux petites filles le message de leur excellent oncle.

— Toute sa tendresse, reprit Nicolas; et de vous dire qu'il n'avait pas eu le temps de vous écrire, mais qu'il était marié avec miss Petowker. »

M. Kenwigs sauta de sa chaise avec une figure pétrifiée, saisit la cadette par sa queue et se cacha la face dans son mouchoir. Morleena tomba toute raide sur la chaise de sa petite sœur, absolument comme elle avait vu faire à sa mère quand elle se trouvait mal; les deux autres petites Kenwigs poussèrent des cris d'effroi.

« Mes enfants, mes petits-enfants, frustrés, dépouillés, floués! s'écria M. Kenwigs, avec des gestes si violents, qu'en tirant, sans le savoir, la queue blonde de sa cadette, il l'enleva sur la pointe du pied, et la retint pendant quelques secondes dans cette attitude. Infâme brute! traître!

— Entendez-vous le vilain homme? cria la garde d'un ton de colère; qu'est-ce qu'il veut donc avec tout ce beau tapage?

— Taisez-vous, femme, dit M. Kenwigs en courroux.

— Je ne veux pas me taire, moi, répliqua la garde; c'est à vous à vous taire, malheureux! N'avez-vous pas plus d'égards que cela pour votre nouveau-né?

— Non, non, répondit M. Kenwigs.

— Vous n'en êtes que plus coupable, reprit la garde. Fi! monstre dénaturé que vous êtes!

— Non, qu'il meure! cria M. Kenwigs emporté par la colère, qu'il meure! Il n'y a pas d'espérance à attendre, il n'y a pas de succession à faire; nous n'avons pas besoin de nouveau-nés ici. Je m'en moque bien! qu'on les emporte, qu'on les porte à l'hospice des enfants trouvés! »

Après cette terrible explosion, M. Kenwigs se rassit sur sa chaise, bravant la garde, qui se dépêcha de courir dans la chambre voisine pour ramener sur ses pas un flot de respectables dames, leur déclarant que M. Kenwigs venait sans doute d'être pris d'une attaque de folie furieuse, vu qu'il blasphémait contre ses enfants.

Les apparences n'étaient certainement que trop favorables à la supposition de la garde. La véhémence et l'énergie que M. Kenwigs venait de mettre dans ses paroles, le soin qu'il avait pris pourtant de les comprimer de toutes ses forces pour empêcher ses lamentations de parvenir jusqu'aux oreilles de Mme Kenwigs, tout cela lui avait fait monter le sang à la tête et rendu la face toute bleue, sans compter que l'émotion des couches de sa femme et les petits coups répétés d'une grande variété de liqueurs cordiales un peu fortes, qu'il avait prises, contre son habitude, pour célébrer un si beau jour, avaient gonflé et dilaté ses traits d'une façon tout à fait extraordinaire. Cependant Nicolas et le docteur, d'abord témoins impassibles de cette scène, où ils ne savaient pas bien si M. Kenwigs ne jouait pas la comédie, étant intervenus pour expliquer la cause trop légitime de son emportement, l'indignation des respectables dames fit place à la pitié, et elles le supplièrent avec beaucoup de sensibilité d'aller tranquillement se coucher.

« Après toutes les attentions, dit M. Kenwigs promenant autour de lui un regard douloureux, toutes les attentions que j'ai eues pour cet homme-là, les huîtres que je lui ai données à manger, les pintes d'ale que je lui ai données à boire, ici même!

— Oui, c'est navrant! c'est indigne! nous le savons bien, dit une des dames mariées; mais vous devez songer à votre chère et digne femme.

— Oui, oui, et à tout ce qu'elle a souffert! crièrent ensemble une foule de voix. Allons! montrez-vous un brave homme.

— Et les cadeaux qu'on lui a faits! recommença M. Kenwigs, ne pouvant s'arracher au souvenir de son malheur; et les pipes! les tabatières!... une paire de galoches en caoutchouc, qui m'avait coûté six francs six sous.

— Ah! il ne faut pas penser à cela; c'est trop douloureux, cria le chœur des dames; mais, allez, n'ayez pas peur, il le payera! »

M. Kenwigs regarda les dames d'un air sérieux, pour voir si elles parlaient au propre ou au figuré. Il aurait mieux aimé qu'on le payât sans figure, puis il finit par ne rien dire et, reposant sa tête sur sa main, il s'affaissa dans une espèce d'assoupissement.

Alors les matrones remirent sur le tapis la nécessité de conduire à son lit le bon gentleman.

Demain il serait tout à fait mieux ; elles savaient bien, par expérience, comment cela se passe chez les hommes, quand ils voient leur femme dans l'état de Mme Kenwigs. M. Kenwigs n'avait que faire d'en rougir; cela lui faisait au contraire beaucoup d'honneur. Ces dames voyaient son trouble avec plaisir; elles en étaient bien aises, c'était la marque d'un bon cœur; l'une d'elles fit même observer à ce propos que son mari, en pareille occasion, perdait presque toujours la tête, tant il était tourmenté, et que la fois qu'elle accoucha de son petit Jeannot, le père fut près d'une semaine avant de revenir à lui. Pendant tout ce temps-là il ne faisait que crier : « Est-ce un garçon? est-il bien vrai que ce soit un garçon? » si bien que cela fendait le cœur de tous ceux qui l'entendaient.

A la fin, Morleena, qui avait tout à fait oublié qu'elle s'était trouvée mal, en voyant que personne n'y faisait attention, vint annoncer qu'il y avait une chambre prête pour son père désolé; et M. Kenwigs, après avoir presque étouffé ses quatre filles dans ses embrassements énergiques, accepta le bras du docteur d'un côté, le secours de Nicolas qui le soutenait de l'autre, et se laissa conduire un étage plus haut dans une chambre à coucher préparée pour la circonstance.

Ce ne fut qu'après l'avoir vu bien endormi, et l'avoir entendu ronfler de la manière la plus satisfaisante, après avoir ensuite présidé à la distribution des joujoux entre toutes les petites Kenwigs, à la joie de leur cœur, que Nicolas se retira. Les matrones s'écoulèrent aussi l'une après l'autre, à l'exception de six ou huit amies intimes, bien décidées à passer la nuit; les lumières disparurent graduellement dans les maisons du voisinage. On publia un dernier bulletin qui apprit au public que Mme Kenwigs était aussi bien qu'elle pouvait être, et enfin on laissa toute la famille se livrer au repos.

CHAPITRE XXXVII

Progrès de Nicolas dans les bonnes grâces des frères Cheeryble et de M. Timothée Linkinwater. Les frères donnent un banquet à l'occasion d'un grand anniversaire. Nicolas, en rentrant chez lui après la fête, reçoit des lèvres de Mme Nickleby une importante et mystérieuse confidence.

Sans doute le square où était situé le comptoir des frères Cheeryble ne répondait pas entièrement aux espérances extravagantes qu'un étranger aurait pu concevoir d'après les dithyrambes et les panégyriques de Tim Linkinwater; mais ce n'en était pas moins, pour être au cœur du centre des affaires dans une ville comme Londres, un petit coin qui valait son prix. Il y avait dans le voisinage plus d'un grave personnage qui lui gardait une place honorable dans ses souvenirs reconnaissants, quoiqu'il n'y eût personne qui eût le droit de faire remonter plus haut cette reconnaissance, et qui portât plus ce square favori dans son cœur que l'enthousiaste Timothée.

Et qu'on n'aille pas croire, parce qu'on est accoutumé à voir sous ses yeux tous les jours la gravité aristocratique de Grosvenor-square ou de Hanover-square, les airs de douairière froids et stériles de Fitzroy-square, ou encore les allées sablées et les bancs de jardin si élégants des squares de Russell et d'Euston; qu'on n'aille pas croire que l'affection de Tim Linkinwater ou des autres partisans de cette localité fût soutenue et excitée par quelque association d'idées rafraîchissantes, avec un feuillage par exemple, même sombre, ou avec un gazon, même rare et maigre, non; il n'y avait dans le square de la Cité pas d'autre enclos que le petit treillage autour de la lanterne de gaz au milieu de la place, ni d'autre gazon que le chiendent qui pousse au pied. C'est un petit endroit tranquille, peu fréquenté, retiré même, favorable aux méditations mélancoliques, aux rendez-vous à long cours; on y voit de tous côtés se promener de long en large, chacun à son tour, tous les gens qui viennent y croquer le marmot, éveillant les échos au bruit de leurs pas monotones sur les pavés usés par le temps; on les voit, pour se distraire, commencer par compter les fenêtres, et puis finir par compter les briques de toutes les grandes et silencieuses maisons qui l'entourent. En hiver, la neige y reste encore volontiers longtemps après qu'elle s'est fondue dans les rues et sur les routes; en été, le soleil s'en tient à distance respectueuse, et ne lui envoie qu'avec discrétion quelques-uns de ses gais rayons, gardant sa chaleur brûlante et toutes ses splendeurs pour des places plus brûlantes et moins imposantes.

Celle-ci est si paisible, que vous pourriez y entendre le tic tac de votre montre quand vous vous arrêtez un moment à respirer le frais dans son atmosphère réfrigérante. Il y règne un bourdonnement lointain, non pas de moucherons, mais des voitures de la Cité; c'est le seul bruit qui trouble sa solitude. Le facteur harassé se repose en passant contre le poteau du coin, où il trouve une chaleur douce, mais non pas brûlante, quand ailleurs tout rôtit au soleil. Il laisse flotter languissamment à l'air son tablier blanc; sa tête retombe peu à peu sur sa poitrine, ses yeux luttent longtemps avant de se fermer tout à fait, mais il finit lui-même par céder à l'influence soporifique de cette latitude, et se livre insensiblement au sommeil. Puis, en se réveillant, il tressaille tout à coup et recule quelques pas en arrière, les yeux fixés devant lui avec une expression de surprise étrange. Qu'est-ce donc qu'il regarde? est-ce un faiseur de tours ou un petit garçon qui joue à la poquette? Est-ce un spectre qui lui apparaît? Est-ce un orgue qui frappe ses oreilles? Non, c'est quelque chose de bien plus extraordinaire : il voit un papillon sur la place, un vrai papillon, un papillon en vie, qui s'est égaré, le malheureux, loin du suc des fleurs, pour venir voltiger sur les piques en fer qui couronnent la grille poudreuse des sous-sols.

Mais, s'il n'y avait pas au dehors de grands sujets de distraction ou d'observation pour Nicolas chez les frères Cheeryble, il n'en manquait pas au dedans pour l'amuser et l'intéresser vivement. Là il ne se trouvait presque pas un objet, animé ou inanimé, qui ne rappelât pour sa part la méthode scrupuleuse et l'exactitude parfaite de M. Timothée Linkinwater. Aussi ponctuel que la pendule du bureau, le meilleur régulateur de Londres, selon lui, après l'horloge d'une vieille église inconnue, cachée dans un coin, près de là (car Timothée ne voulait pas croire à la perfection tant vantée de l'horloge des Horse-guards : il la regardait comme une fiction ridicule inventée par la jalousie des beaux messieurs de ce quartier élégant), le vieux caissier observait dans le retour des plus minces travaux du jour, comme dans l'arrangement des plus minces objets de son petit cabinet, un ordre précis et régulier. C'eût été réellement une cage de verre destinée à recouvrir des curiosités de prix qu'elle n'eût pas été mieux rangée. Le papier, les plumes, l'encre, la règle, les pains à cacheter, la cire, la poudrière, le peloton de fil, la boîte d'allumettes, le chapeau de Timothée, les gants de Timothée pliés avec un soin scrupuleux, l'habit numéro un de Timothée pendu au mur comme un autre lui-même, tout avait sa place fixe, mesurée à un pouce près. Après la pendule incomparable, il n'y avait pas au monde un instrument aussi sûr, aussi irréprochable que le petit thermomètre accroché derrière la porte. Il n'y avait pas non plus dans tout l'univers un oiseau qui eût des habitudes aussi méthodiques, aussi régulières que le merle aveugle qui passait là sa vie à rêver et à sommeiller dans une bonne grande cage; malheureusement il avait perdu la voix, par suite de son grand âge, bien des années avant que Timothée en eût fait l'emplette. Il n'y avait pas, dans tous les recueils d'anecdotes, une histoire aussi intéressante que celle de l'acquisition qu'en avait faite Timothée. Il fallait l'entendre raconter comment, par compassion pour les souffrances de cet oiseau presque mort d'inanition, il l'avait acheté dans l'intention charitable de terminer sa malheureuse existence; comment il avait pris le parti d'attendre trois jours pour voir si ce petit meurt-de-faim reviendrait à l'existence; comment, au bout de vingt-quatre heures, il avait donné signe de vie; comment il se ranima, reprit son appétit et sa bonne mine, petit à petit, au point de devenir, qui l'eût cru? « tel que vous le voyez, monsieur », disait Timothée en jetant avec orgueil un coup d'œil sur la cage. Et puis, il fallait voir quand Timothée, d'un ton mélodieux, lui criait : « Dick! » comme Dick, jusque-là immobile et sans vie, un vrai merle empaillé, ou une imitation de merle en bois assez grossière, faisait tout à coup trois petits sauts pour venir passer son bec au travers des barreaux de sa cage, et tourner du côté de son vieux maître sa tête sans regard! et qui peut dire quel était alors le plus heureux, de l'oiseau ou de Tim Linkinwater?

Ce n'était pas là tout. La bienveillance des bons frères se lisait partout dans les moindres détails de la maison. Les commis et les facteurs étaient de solides gaillards dont la mine faisait plaisir à voir. Au milieu des affiches maritimes des annonces de bateaux à vapeur en partance, qui décoraient les murs du comptoir, se trouvaient des projets de maisons de secours, des rapports d'établissements charitables, des plans d'hospices et d'hôpitaux à fonder. Cela n'empêchait pas de voir pendus à la cheminée deux sabres et une espingole, pour faire peur aux voleurs; mais il faut dire que les deux sabres étaient émoussés et ébréchés et que l'espingole était rouillée dans l'âme. Partout ailleurs, en voyant en étalage cet épouvantail innocent, on n'aurait pu s'empêcher d'en rire; mais là il semblait que même les armes offensives, les instruments de la violence, s'étaient soumis à l'influence pacifique qui régait en ces lieux pour se transformer en emblèmes de miséricorde et de pardon.

Telles furent les impressions qui frappèrent vivement l'esprit de Nicolas le matin même du jour où il vint prendre possession du tabouret vacant, et où il promena autour de lui des yeux plus libres et plus satisfaits qu'il n'avait fait depuis longtemps. Sans doute ce fut pour lui un stimulant pour son énergie, un aiguillon pour son courage, car, pendant les deux premières semaines, il se leva plus matin et se coucha plus tard pour consasacrer toutes ses heures de liberté à l'étude des mystères de la tenue des livres et des autres règles de comptabilité commerciale. Il s'y appliqua avec tant de suite et de persévérance, que, malgré son ignorance antérieure de ces connaissances spéciales, il fit de grands progrès. Jusque-là la science du commerce s'était bornée pour lui, dans sa pension, à l'énoncé de deux ou trois nombres d'une longueur plus ou moins démesurée, sur un cahier d'arithmétique, décoré, pour flatter l'œil des parents, de l'effigie d'un gros cygne que la main du maître d'écriture s'était surpassée à dessiner en contours élégants; néanmoins, au bout d'une quinzaine de zèle et de patience, il se trouva en état de confier à M. Linkinwater ses espérances de succès et de réclamer de lui la promesse qu'il lui avait faite de l'associer désormais à ses travaux sérieux.

Il faisait beau voir Tim Linkinwater prendre doucement un registre massif et un volumineux journal, les tourner et les retourner avec complaisance, en essuyer amoureusement la poussière, et sur le dos et sur la tranche, en ouvrir çà et là les feuillets et reposer sur ces lignes de comptes, belles, pures et sans taches, des yeux où l'orgueil le disputait à un sentiment de regret douloureux.

« Quarante-quatre ans au mois de mai prochain! dit Timothée; que d'autres registres depuis ce temps! quarante-quatre ans! »

Timothée referma son grand-livre.

« Allons! allons, dit Nicolas, je brûle de commencer. »

Tim Linkinwater secoua la tête d'un air de reproche. M. Nickleby n'avait pas assez le sentiment de la difficulté et de l'importance de la tâche qu'il entreprenait là. S'il allait faire quelque erreur, bon Dieu! une rature!

Que la jeunesse est aventureuse! vraiment on ne comprend pas quelquefois les hardiesses auxquelles elle est capable de se porter. Quand je pense que, sans prendre seulement la précaution de bien s'asseoir sur son tabouret, point du tout, en se mettant à son aise, debout à son pupitre, le sourire sur les lèvres (ceci est positif, M. Linkinwater l'a vu, et il n'en revenait pas, il l'a assez souvent répété depuis), Nicolas trempa sa plume dans l'encrier vis-à-vis, et la plongea, le téméraire! dans les livres de Cheeryble frères.

Tim Linkinwater en pâlit, et, se tenant assis en équilibre sur les deux pieds de devant de son tabouret, penché sur Nicolas, il le regardait par-dessus l'épaule sans oser seulement souffler, tant il le suivait avec inquiétude. Frère Charles et frère Ned entrèrent l'un après l'autre dans le bureau; mais Tim Linkinwater, sans se retourner pour les voir, leur fit de la main un signe d'impatience, pour qu'ils eussent à observer le plus profond silence, pendant que ses yeux, tendus et inquiets, suivaient dans tous ses mouvements le bec de la plume novice.

Les deux frères étaient là à regarder ce tableau, la figure riante; mais Tim Linkinwater ne riait pas, lui; il ne remuait seulement pas. Enfin, au bout de quelques minutes, il reprit sa respiration avec une espèce de long soupir, et, toujours en équilibre sur son tabouret, sans changer de position, il jeta un coup d'œil à la dérobée sur frère Charles, lui montrant secrètement Nicolas du bout de sa plume, et fit, d'un air grave et décidé, un signe de tête satisfait qui voulait dire clairement: « Il ira. »

Frère Charles y répondit par le même signe de tête, et échangea un bon gros sourire avec frère Ned; mais justement Nicolas s'arrêta en ce moment, pour passer à une autre page, et Tim Linkinwater, incapable de contenir plus longtemps sa joie, descendit de son tabouret et saisit avec ravissement son jeune ami par la main.

« C'est lui qui a fait cela, dit Timothée en se retournant vers ses patrons et en remuant la tête d'un air de triomphe. Ses grands B et ses grands D sont exactement comme les miens; il pointe tous ses I et barre tous ses T à mesure qu'il écrit. Il n'y a pas dans toute la ville de Londres un jeune homme de sa force, ajouta-t-il en donnant une tape sur l'épaule de Nicolas; il n'y en a pas. Qu'on ne dise pas non. La Cité n'a pas son égal, je l'en défie, la Cité. »

En jetant ainsi le gant à la Cité, Tim Linkinwater frappa sur le pupitre un coup si vigoureux dans son entraînement, que le vieux merle en tomba tout effaré de son perchoir, et rompit son mutisme, pour pousser un faible croassement dans le paroxysme de son étonnement.

« Bravo! Tim, bravo! cria frère Charles, presque aussi enchanté que Timothée lui-même, et battant des mains de bon cœur; je le savais bien, moi, que notre jeune ami ferait des efforts pour réussir, et je ne doutais pas de son propre succès. N'est-ce pas que je vous l'ai dit souvent, frère Ned?

— Oui, mon cher frère, c'est vrai. Et vous aviez bien raison. Tim Linkinwater est hors de lui, mais son émotion est légitime, très légitime. Tim est un joli garçon. Tim Linkinwater, oui, monsieur, vous êtes un joli garçon.

— Mais voyez donc comme c'est agréable! dit Timothée sans faire attention à cet éloge personnel et en détournant ses lunettes du registre pour les diriger sur les deux frères. Voyez comme c'est agréable! Croyez-vous que je ne me sois pas souvent demandé avec inquiétude ce que deviendraient après moi ces livres-là? Croyez-vous que je n'aie pas souvent pensé que, quand je n'y serai plus, les choses pourraient bien aller ici tout de travers? Mais maintenant, continua-t-il en désignant du doigt Nicolas, maintenant, avec quelques leçons que je lui donnerai encore, je suis tranquille. Les affaires iront leur train quand je serai mort tout comme de mon vivant; rien de changé, et j'emporterai la satisfaction de savoir qu'il n'y aura jamais eu de livres, jamais, non jamais, comme les livres de Cheeryble frères. »

Après cette explosion de sentiments, M. Linkinwater ne retint plus un rire superbe et provocant à l'adresse des cités de Londres et de Westminster; puis il retourna tranquillement à son pupitre, reporter à la colonne des dizaines le nombre soixante-seize, qu'il avait retenu sur la colonne précédente, et continua ses comptes comme si de rien n'était.

« Tim Linkinwater, monsieur, dit le frère Charles, donnez-moi la main, monsieur. Que je vous voie vous occuper d'autre chose avant d'avoir reçu nos compliments et nos vœux pour votre anniversaire! Que Dieu vous garde, Timothée, que Dieu vous garde!

— Mon cher frère, dit l'autre en saisissant la main de Timothée, Linkinwater a l'air plus jeune de dix ans qu'à son dernier anniversaire.

— Frère Ned, mon bon ami, reprit l'autre, je vais vous dire : je suis sûr que Tim Linkinwater est né à l'âge de cent cinquante ans, mais qu'il redescend tout doucement jusqu'à vingt-cinq, car il a un an de moins tous les ans, le jour de son anniversaire.

— C'est cela, frère Charles, c'est bien cela. Il n'y a pas l'ombre d'un doute.

— Rappelez-vous, Tim, dit frère Charles, que nous dînons aujourd'hui à cinq heures et demie, au lieu de deux heures. Vous savez que, le jour de votre anniversaire, nous changeons toujours notre heure. Monsieur Nickleby, mon cher monsieur, vous serez des nôtres. Tim Linkinwater, donnez-moi votre tabatière comme un souvenir pour mon frère Ned et pour moi, du plus fieffé et du plus dévoué coquin que nous aimions tous les deux, et recevez celle-ci en échange comme un faible gage d'estime et de respect de notre part; surtout, nous vous défendons de l'ouvrir avant de vous coucher, et de jamais nous en reparler, ou je tue le merle. Chien de merle, va! il y a plus de six ans qu'il percherait dans une cage en or, pour peu que cela lui eût fait plaisir à lui ou à son maître. A présent, frère Ned, mon cher ami, me voilà prêt. A cinq heures et demie, rappelez-vous bien, monsieur Nickleby! Tim Linkinwater, ayez bien soin, monsieur, que M. Nickleby ne l'oublie pas. Me voilà, frère Ned. »

Et les deux jumeaux, toujours jasant, toujours riant, pour éviter, selon leur habitude, les remercîments qu'ils auraient à essuyer de la reconnaissance des autres, se mirent à trotter ensemble, bras dessus bras dessous, charmés d'avoir laissé dans les mains de Tim Linkinwater une riche tabatière en or contenant un billet de banque qui valait bien dix fois la tabatière.

A cinq heures un quart arriva, selon l'usage antique et solennel, la sœur de Tim Linkinwater, aussi ponctuelle que son frère. Aussitôt commencèrent, entre elle et la vieille gouvernante, des explications à n'en plus finir relativement au bonnet de la sœur de Timothée : elle l'avait pourtant bien envoyé par un petit commissionnaire; elle l'avait vu partir de la maison garnie où elle prenait sa pension; comment se faisait-il qu'il ne fût pas encore arrivé? elle l'avait bien emballé dans un carton, enveloppé le carton d'un mouchoir, et passé le mouchoir au bras du petit garçon. Ce n'est pas tout : elle avait bien mis l'adresse de sa destination, tout au long, sans abréviation, au dos d'une vieille lettre, et elle n'avait pas manqué de menacer le petit drôle d'une foule de punitions horribles, capables de faire frémir la nature humaine, s'il ne la portait pas au galop, sans s'amuser à flâner en route. La sœur de Tim Linkinwater se lamentait : la gouvernante la plaignait, et toutes deux avançaient la tête par la fenêtre du second étage, pour regarder si elles ne verraient rien venir. Ce n'était guère la peine, car elles ne l'auraient pas plutôt vu venir qu'il aurait déjà tourné le coin de la rue, à cinq minutes de la maison. Mais voilà qui est plus fort : tout à coup, au moment où elles s'y attendaient le moins, elles voient précisément, dans la direction opposée, apparaître le commissionnaire, portant avec beaucoup de précaution le précieux carton; il était tout essoufflé et hors d'haleine, la figure toute rouge de l'exercice violent auquel il venait de se livrer. Ce n'est pas étonnant; il avait commencé par prendre l'air derrière un fiacre qui allait au bout de la ville, puis en revenant il avait suivi deux polichinelles et n'avait pas voulu quitter les faiseurs de tours, avant de les voir rentrer chez eux avec leurs échasses. Enfin le bonnet était arrivé en bon état. C'était une consolation : on avait encore celle de n'être pas obligé de le gronder, à quoi bon? Le petit garçon s'en retourna donc gaiement, et la sœur de Tim Linkinwater descendit se présenter à la compagnie, juste cinq minutes après que la pendule infaillible de son frère eut sonné la demie.

La compagnie se composait des frères Cheeryble, de Tim Linkinwater, d'un ami de Timothée au visage vermeil couronné de cheveux blancs (c'était un commis de la Banque en retraite), enfin de Nicolas, dont on fit la présentation en règle à la sœur de Tim Linkinwater avec les formes les plus graves et les plus solennelles. Les convives étant donc au complet, frère Ned sonna pour demander le dîner; on vint annoncer qu'il était servi; il s'empara du bras de la sœur de Tim Linkinwater, pour la conduire dans la salle à manger, où le couvert était mis avec une certaine cérémonie. Puis le frère Ned prit le haut bout, frère Charles lui fit vis-à-vis; la sœur de Tim Linkinwater à la gauche du frère Ned; Tim Linkinwater à la droite; un gros maître d'hôtel déjà ancien, gros rougeaud à jambes courtes, se mit à son poste derrière le fauteuil de frère Ned, où il se tenait fixe, immobile, sauf quelques signes télégraphiques qu'il faisait de la main droite, pour se préparer à découvrir les plats avec une élégante dextérité.

« Frère Charles, dit Ned en commençant le bénédicité : « Pour ces biens et tous ceux que nous vous devons... »

— « Seigneur, faites que nous vous soyons fidèlement reconnaissants, » acheva frère Charles.

Aussitôt le maître d'hôtel apoplectique enleva rapidement le couvercle de la soupière, et passa tout de suite de son immobilité majestueuse à une activité violente.

La conversation devint animée, et il n'y avait pas de danger que la bonne humeur des glorieux jumeaux la laissât dépérir, car ils mettaient tout le monde en train : aussi la sœur de Tim Linkinwater, dès le premier verre de champagne, se lança-t-elle dans un long récit bien détaillé de la vie de son frère, dès son bas âge, tout en prenant la précaution de commencer par rappeler qu'elle était de beaucoup la cadette de Timothée, mais qu'elle avait recueilli ces faits dans les traditions de la famille, qui en avait conservé et perpétué le souvenir. Après cette biographie, frère Ned y ajouta malicieusement un détail oublié, à savoir que trente-cinq ans auparavant, Tim Linkinwater avait été véhémentement soupçonné d'avoir reçu un billet doux, et que des renseignements, il est vrai un peu vagues, l'avaient accusé à cette époque de s'être laissé voir au bas de Cheapside donnant le bras à une vieille fille extrêmement jolie. Jugez si cette imputation fut accueillie par une explosion d'éclats de rire; on alla jusqu'à prétendre que Tim Linkinwater n'avait pu s'empêcher de rougir, et, sommé de s'expliquer, au nom de la morale publique, il y répondit par une dénégation formelle. « Mais, d'ailleurs, ajouta-t-il, quand ce serait vrai, où serait le mal? » Cette défense équivoque redoubla le rire éclatant du commis de la Banque en retraite, qui jura ses grands dieux qu'il n'avait jamais entendu de réponse plus amusante de sa vie, et que Tim Linkinwater n'en ferait pas de longtemps qui fît oublier celle-là.

La gaieté de cette petite fête n'empêcha pas les bons frères d'évoquer un souvenir plus grave à l'occasion de ce jour anniversaire où se mêlaient pour eux le plaisir et la peine. Nicolas se sentit ému à la fois et du sujet de l'incident et de la manière simple et franche dont ils satisfirent à ce pieux devoir. Quand on eut ôté la nappe et mis en circulation les flacons, il se fit un profond silence, et la face joyeuse des frères Cheeryble prit une expression, je ne dirai pas de tristesse, mais de regret sérieux, peu ordinaire dans un festin. Nicolas, frappé de ce changement subit, ne savait où en chercher la cause, lorsque tous deux se levèrent ensemble, et que celui qui occupait le haut bout de la table, s'inclinant vers l'autre, lui dit à voix basse, comme pour montrer que c'était à lui seul que s'adressaient ses paroles :

« Frère Charles, mon brave et cher camarade, ce jour nous ramène tous les ans un autre souvenir qui ne doit jamais être oublié, ni de vous, ni de moi. Le même jour, qui nous a donné un ami si fidèle, si excellent, si incomparable, nous a ravi à tous deux la meilleure, la plus tendre des mères. Plût à Dieu qu'elle eût assez vécu pour voir aujourd'hui notre prospérité et la partager avec nous! Plût à Dieu que nous eussions pu lui faire connaître toute l'étendue de notre affection pour elle au sein de la fortune, comme nous avons essayé de le faire dans la pauvreté de notre première jeunesse! Mais Dieu ne l'a pas voulu. Mon cher frère, à la mémoire de notre mère!

— Braves gens! pensa Nicolas; et dire que parmi les personnes de leur rang il y en a je ne sais combien qui, les connaissant comme ils les connaissent, ne voudraient pas pour tout au monde les inviter à dîner, parce qu'ils mangent avec leurs couteaux et ne sont jamais allés au collège! »

Mais on n'avait pas le temps de philosopher, car la gaieté avait repris son tour, et, le flacon de porto se trouvant bientôt vide, frère Ned tira la

Le docteur se mit à rire aux éclats, mais pas autant cependant qu'une dame mariée qui sortait de la chambre de la malade. (P. 264.)

sonnette : le maître d'hôtel ne tarda pas à reparaître.

« David, dit frère Ned.

— Monsieur? répondit le maître d'hôtel.

— Une bouteille de tokay, David, pour boire à la santé de M. Linkinwater. »

A l'instant même, par un trait d'habileté qui était en possession, depuis plusieurs années, de faire l'admiration générale de la société, le maître d'hôtel apoplectique, ramenant sa main gauche, cachée derrière le bas de son dos, la montra munie de la bouteille demandée, avec le tire-bouchon déjà planté au cœur. Il la déboucha d'un seul coup et plaça la fameuse bouteille et son bouchon devant son maître, avec la gravité d'un homme qui sait rendre justice à son adresse.

« Ah ! dit frère Ned en commençant par examiner d'abord le bouchon, puis remplissant son verre, pendant que le maître d'hôtel continuait de se donner des airs aimables et généreux, comme si les vins lui appartenaient en propriété, mais qu'il fût bien aise d'en faire les honneurs à la société, il n'a pas mauvaise mine, David.

— Je crois bien, répliqua David; vous auriez bien de la peine à trouver ailleurs un verre de ce vin-là, et M. Linkinwater le sait bien. Savez-vous que ce vin-là a été mis en bouteille le jour où M. Linkinwater est venu célébrer ici son premier anniversaire ? Oui, c'est ce jour-là même qu'il a été mis en bouteille.

— Non, David, non, dit frère Charles.

— C'est moi qui l'ai enregistré moi-même au chapitre des vins, s'il vous plaît, dit David du ton d'un homme sûr de lui. Il n'y avait pas plus de vingt ans, monsieur, que M. Linkinwater était ici, quand on a mis en bouteille cette pièce de tokay.

— David a raison, frère Charles, dit Ned. Je me le rappelle comme lui. Tout le monde est-il ici, David ?

— Oui, monsieur, les gens sont à la porte, répondit le maître d'hôtel.

— Faites-les entrer, David, faites-les entrer. »

En recevant cet ordre, le vieux maître d'hôtel plaça devant son maître un petit plateau avec des verres propres, puis il ouvrit la porte à ces employés et à ces facteurs de bonne mine que Nicolas avait déjà vus en bas. Ils étaient quatre en tout, qui entrèrent en rougissant, avec force révérences, un ricanement embarrassé, soutenus à l'arrière-garde par la gouvernante, la cuisinière et la femme de chambre.

« Sept, dit frère Ned en remplissant de tokay le même nombre de verres, et David, cela fait huit. Là, maintenant, vous allez tous boire à la santé de votre meilleur ami, M. Timothée Linkinwater, et lui souhaiter santé et longue vie, accompagnées de plusieurs autres anniversaires comme celui-ci, tant pour son compte que pour celui de vos vieux maîtres, qui le regardent comme un trésor inestimable. Monsieur Tim Linkinwater, à votre santé ! Que le diable vous emporte, monsieur Tim Linkinwater ! Que Dieu vous bénisse ! »

Sans paraître le moins du monde embarrassé de cette contradiction étrange dans les termes, frère Ned appliqua à Tim Linkinwater une tape dans le dos, qui lui donna, pour le moment, l'air aussi apoplectique qu'au maître d'hôtel, et vida d'un trait son verre de tokay.

A peine tout le monde avait-il fait honneur au toast porté à Tim Linkinwater, que le plus intrépide et le plus décidé des subalternes là présents, jouant des coudes pour passer devant ses camarades, rouge jusqu'aux oreilles, et ne sachant quelle contenance faire, se tira, sur le milieu du front, une boucle de cheveux, en forme de salut respectueux adressé à la compagnie, et fit la harangue suivante, en se frottant tout le temps la paume de la main bien fort sur son mouchoir de coton bleu.

« Vous voulez bien, messieurs, nous accorder tous les ans la liberté de prendre la parole. Nous allons faire, s'il vous plaît, comme à l'ordinaire. D'autant plus qu'il n'y a rien de tel que le présent, et qu'un bon tiens ne vaut pas deux tu l'auras, c'est bien connu... c'est-à-dire, c'est le contraire, mais cela revient au même (un repos : le maître d'hôtel ne paraît pas convaincu). Ce que nous venons de dire, c'est qu'il n'y a jamais eu (se tournant vers le maître d'hôtel) des maîtres aussi (se tournant vers la cuisinière) nobles, excellents (se tournant vers tout le monde sans voir personne), grands, généreux, affables, que ceux qui viennent de nous régaler si largement aujourd'hui ; et nous venons les remercier de toute la bonté qu'ils mettent constamment à répandre partout leur... et leur souhaiter longue vie et le paradis à la fin de leurs jours. »

A la fin de cette harangue, qui aurait pu être beaucoup plus élégante, sans aller aussi droit au but, tout le corps des subalternes, sur le commandement du maître d'hôtel apoplectique, poussa trois hourras reconnaissants ; seulement, à la grande indignation de leur capitaine, l'ensemble aurait pu être plus régulier, si les femmes ne s'étaient pas obstinées à pousser, en leur particulier, une foule de petits hourras criards, également en désaccord avec le ton et la mesure. Cela fait, ils battirent en retraite ; la sœur de Tim Linkinwater ne tarda pas à suivre leur exemple. Les autres, au bout de quelque temps, se levèrent aussi de table, pour prendre le thé et le café, et faire une partie de cartes.

A dix heures et demie, heure indue pour le square, entra un petit plateau de sandwiches avec un bol de bishop, qui, venant couronner l'effet du vieux tokay et des autres spiritueux, rendit Tim Linkinwater si communicatif, qu'il tira Nicolas à l'écart pour lui donner à entendre en confidence que tout ce que l'on avait dit de la demoiselle extrêmement jolie était vrai, et qu'elle valait au moins le portrait qu'on en avait fait. Elle valait même mieux ; seulement elle était trop pressée de changer de position, et c'est ce qui avait fait que, pendant que Timothée lui faisait la cour et hésitait à renoncer au célibat, la belle en avait pris un autre. « Après tout, je puis bien dire que c'est ma faute, ajouta Timothée. Je vous montrerai quelque jour dans ma chambre en haut une gravure qui m'a coûté trente francs. Je l'ai achetée quelque temps après notre brouille. Vous n'en parlerez à personne. Mais jamais vous n'avez vu pareille ressemblance ; on dirait son portrait, monsieur. »

Avec tout cela, il était plus de onze heures, et la sœur de Tim Linkinwater, maintenant habillée pour le départ, ayant déclaré qu'il y avait une grande heure qu'elle devrait être rendue chez elle, on envoya chercher une voiture, dans laquelle elle fut mise en grande cérémonie par les soins du frère Ned, pendant que le frère Charles donnait avec précision l'adresse et des instructions particulières au cocher. Heureux cocher ! avec le shilling qu'on lui paya d'avance en sus du tarif, pour reconnaître le soin qu'il devait prendre de la dame, il eut encore la chance de se voir étranglé, ou peu s'en faut, par un verre de spiritueux qu'on lui versa : liquide généreux, d'une force si peu commune, que, sous prétexte de lui donner du ton, il lui ôta presque un moment la respiration.

Enfin voilà la voiture qui roule et la sœur de Tim Linkinwater en route pour retourner commodément chez elle. Nicolas et l'ami de Tim Linkinwater, à leur tour, prennent congé de la société, et laissent le vieux Timothée aller se coucher ainsi que les excellents frères.

Nicolas avait du chemin à faire pour retourner chez lui : aussi n'y fut-il pas avant minuit passé.

En arrivant, il y trouva Smike et sa mère, qui avaient voulu attendre son retour. Il n'était pas dans leurs habitudes de veiller si tard. Ils avaient espéré le revoir au moins deux heures plus tôt. Cependant Smike ne s'était pas ennuyé, car Mme Nickleby lui avait déroulé l'arbre généalogique de sa famille du côté maternel, y compris l'esquisse biographique de ses principaux rejetons ; et Smike, de son côté, était resté la bouche ouverte d'étonnement, sans savoir ce que tout cela voulait dire, et se demandant si c'était appris par cœur dans un livre, ou si Mme Nickleby trouvait tout cela dans sa tête, si bien donc qu'ils avaient passé ensemble une bonne petite soirée.

Nicolas, avant d'aller se coucher, ne put s'empêcher de s'étendre avec complaisance sur toutes les bontés et la munificence des frères Cheeryble, et de raconter à sa mère le succès merveilleux dont avaient été récompensés ses efforts en ce jour. Mais il avait dit à peine une douzaine de mots, que Mme Nickleby, avec une foule d'œillades et de signes de tête, dont il ne comprenait pas le sens, fit remarquer que M. Smike devait être harassé, et déclara qu'elle ne voulait pas lui permettre absolument de rester là une minute de plus à lui tenir compagnie.

« Voyez-vous, dit Mme Nickleby à Nicolas, quand Smike fut sorti de la chambre après lui avoir souhaité le bonsoir, c'est assurément un très honnête garçon, mais vous m'excuserez, mon cher Nicolas, de ne pas aimer à faire cela devant du monde; franchement, ce ne serait pas du tout convenable devant un jeune homme, quoique, après tout, je ne voie réellement pas le mal qu'il peut y avoir, si ce n'est que c'est une chose reconnue pour être malséante. Il ne manque pas de gens cependant qui ne sont pas de cet avis, et je ne vois pas pourquoi on leur donnerait tort, quand il est bien monté et que les bordures sont bien plissées à petits plis, car, vous comprenez, cela y fait beaucoup. »

Après cette préface, Mme Nickleby prit son bonnet de nuit entre les feuillets d'un livre de prières in-folio, où il avait été mis sous presse, et le noua sous son menton, toujours parlant à tort et à travers selon son habitude.

« On en dira ce qu'on voudra, mais c'est bien commode, un bonnet de nuit, et vous seriez vous-même de mon avis, Nicolas, si vous aviez des cordons d'attache au vôtre, et si vous l'enfonciez bien sur votre tête, comme un chrétien que vous êtes, au lieu de le pencher tout à fait sur le haut de votre tête, comme le turban d'un mécréant; et cependant vous auriez tort de croire que ce fût une chose ridicule et indigne d'un homme que de trop s'occuper de son bonnet de nuit. Car j'ai souvent entendu votre pauvre cher père, et le révérend M..., je ne sais plus son nom, vous savez bien, celui qui faisait ordinairement la prière dans cette vieille église dont le petit clocher si curieux était surmonté d'une girouette qui a été jetée par terre par le vent, huit jours avant votre naissance. Je leur ai souvent entendu dire que les jeunes gens de l'Université sont très difficiles pour leurs bonnets de nuit, et que les bonnets de nuit d'Oxford sont renommés pour leur force et leur solidité, de sorte que ces jeunes messieurs ne s'aviseraient pas d'aller se coucher sans en mettre un, et, si je ne me trompe, tout le monde s'accorde à dire qu'ils savent bien ce qui est bon, et qu'ils ont bien soin de leurs petites personnes. »

Nicolas se mit à rire, et, sans vouloir pénétrer davantage dans le sujet de cette longue harangue, il revint sur les divertissements de l'anniversaire dont il avait eu sa part; et Mme Nickleby ayant montré tout à coup une grande curiosité d'en connaître les détails, avec force questions sur ce qu'on avait eu à dîner, sur le service de table, si c'était trop cuit ou pas assez cuit, sur les personnes qui étaient là; sur ce que les MM. Cheeryble avaient dit, sur ce que Nicolas avait dit, et sur ce qu'avaient dit les MM. Cheeryble lorsqu'il avait dit cela. Nicolas, pour satisfaire aux désirs de sa mère, fit la description complète et détaillée des cérémonies du jour, sans oublier les circonstances intéressantes de son petit triomphe du matin.

« Mais, ajouta-t-il, il est pourtant bien tard ; eh bien, je suis assez égoïste pour regretter que Catherine ne m'ait pas attendu ici ; je lui aurais tout conté; le long du chemin, je me faisais un plaisir de penser que j'allais lui en faire le récit.

— Catherine, dit Mme Nickleby en mettant ses pieds sur le garde-feu dont elle approcha sa chaise, comme une personne qui s'installe à son aise avant de commencer une histoire de longue haleine, Catherine est allée se coucher il y a bien déjà une couple d'heures, et je suis charmée, mon cher Nicolas, de l'y avoir décidée, parce que je désirais beaucoup me ménager l'occasion de vous dire quelques mots; vous verrez que ce n'est pas sans raison, et d'ailleurs c'est naturellement un véritable plaisir et une précieuse consolation d'avoir un grand fils, avec lequel on puisse communiquer en toute confiance et se consulter au besoin. Franchement, je ne sais pas trop à quoi servirait d'avoir des fils, si ce n'était pas pour pouvoir en faire ses confidents. »

Nicolas s'arrêta tout court, au milieu d'un bâillement provoqué par le sommeil, en entendant ce préambule, et fixa sur elle des yeux attentifs.

« Il y avait une dame dans notre voisinage, dit Mme Nickleby, c'est ce que nous disions des fils qui me remet cela en mémoire, une dame de notre voisinage, du temps que nous vivions près de Dawlish, je crois qu'elle s'appelait Rogers; c'est cela : je ne me trompe pas..., à moins que ce ne fût Murphy. C'est toujours l'un ou l'autre.

— Est-ce d'elle, ma mère, que vous vouliez m'entretenir? dit Nicolas tranquillement.

— D'elle! cria Mme Nickleby; est-il possible, mon cher Nicolas? il faut que vous soyez bien ridicule, mais c'est justement comme cela qu'était votre pauvre père..., justement comme cela : l'esprit toujours distrait, incapable de fixer jamais ses idées sur un sujet deux minutes de suite. Je crois encore le voir, dit Mme Nickleby en essuyant ses yeux humides, me regarder comme vous faites pendant que je lui parlais de ses affaires, persuadée, bien à tort, qu'il avait toute sa tête à lui. Quelqu'un qui serait venu nous surprendre dans cet entretien, aurait pu croire, à nous voir, que c'était moi qui le troublais et confondais ses idées, au lieu de les éclaircir, au contraire, comme je faisais; oui vraiment on aurait pu le croire.

— Mon Dieu ! ma mère, je suis bien fâché d'avoir eu le malheur d'hériter de lui cette lenteur de conception; mais je vous promets de faire de mon mieux pour vous comprendre, si vous voulez seulement aller droit au but; me voilà tout prêt.

— Votre pauvre papa, dit Mme Nickleby d'un air pensif, n'a reconnu que trop tard ce qu'il aurait dû faire s'il m'avait écoutée. » Trop tard ! elle eût aussitôt fait de dire jamais; car M. Nickleby était parti de ce monde avant d'y avoir réussi. Après cela, ce n'était pas bien extraordinaire, car Mme Nickleby elle-même n'avait jamais su ce qu'elle voulait.

« Mais, dit Mme Nickleby en séchant ses larmes, passons là-dessus; cela n'a aucun rapport, non, certainement, pas le moindre, avec le monsieur de la maison d'à côté.

— Mais ce monsieur lui-même, ce monsieur d'à côté, quel rapport a-t-il avec nous? répliqua Nicolas.

— N'en parlez pas si cavalièrement, Nicolas; je suis sûre que c'est un gentleman; il a bien les manières d'un gentleman, il en a même tout l'extérieur, si ce n'est cependant qu'il porte des culottes courtes et des bas de laine gris tricotés. Mais cela peut être une originalité; peut-être aussi met-il de l'amour-propre à montrer ses jambes, cela n'aurait rien d'extraordinaire; le prince régent avait aussi l'amour-propre de faire belle jambe. Daniel Lambert, le gros Daniel, lui aussi, aimait à montrer ses jambes; Mlle Biffin aussi aimait à montrer... non, dit Mme Nickleby se reprenant, ce n'étaient pas ses jambes, c'était seulement le bout de son petit pied; mais le principe est le même. »

Nicolas ouvrait toujours de grands yeux, sans rien comprendre à cette nouvelle introduction. Au reste, Mme Nickleby ne parut pas surprise de son étonnement.

« Comment ne seriez-vous pas surpris, mon cher Nicolas, dit-elle, si vous saviez combien je l'ai été moi-même ? Ç'a été comme un coup de foudre qui m'a glacé le sang. Vous savez que le fond de son jardin touche au fond du nôtre; j'ai donc pu le voir bien des fois, assis sous son petit berceau au milieu de ses haricots rouges, ou soignant ses melons sur couche; je voyais bien qu'il me regardait souvent fixement, mais je n'y faisais pas attention, parce qu'en notre qualité de nouveaux venus, nous devions nous attendre à piquer la curiosité de nos voisins; mais, quand il s'est mis à nous jeter ses concombres par-dessus le mur mitoyen...

— Jeter ses concombres par-dessus notre mur ! répéta Nicolas ébahi.

— Oui, mon cher Nicolas, répéta Mme Nickleby d'un ton sérieux, ses concombres par-dessus notre mur, et même ses potirons.

— L'impudent coquin ! dit Nicolas prenant feu tout de suite; quelles peuvent être ses intentions?

— Je ne crois pas du tout que ses intentions aient rien d'inconvenant, répliqua Mme Nickleby.

— Comment! dit Nickleby, jeter des concombres et des potirons à la tête des gens pendant qu'ils se promènent dans leur jardin, et on viendra me dire que c'est dans des intentions qui n'ont rien d'inconvenant! »

Nicolas s'arrêta tout court, car il put voir une expression indicible de triomphe calme et tranquille, mêlée à une confusion pleine de modestie, couver sous les garnitures à petits plis de Mme Nickleby; son attention s'éveilla donc tout à coup.

« Que l'on dise que c'est un homme très imprudent, étourdi, léger, dit Mme Nickleby, blâmable même (au moins je suppose qu'il y a des gens qui pourraient le juger ainsi); moi, je ne puis naturellement m'exprimer aussi sévèrement à son égard, surtout après avoir si souvent défendu votre pauvre cher papa contre l'opinion publique qui le blâmait de me rechercher en mariage, quoique, à dire vrai, je pense aussi que ce monsieur aurait pu trouver un autre moyen de me faire connaître ses sentiments. Mais enfin, jusqu'à présent et dans la mesure discrète qu'il a observée, ses attentions n'en sont pas moins plutôt flatteuses qu'autrement, et, quoique je ne doive jamais songer à me remarier tant que je n'aurai point établi ma chère petite Catherine...

— Mais assurément, ma mère, il est impossible qu'une pareille idée vous ait même un instant traversé la cervelle.

— Mon Dieu, mon cher Nicolas, répliqua sa mère d'un ton maussade, si vous vous donniez seulement la peine de m'écouter, vous verriez que c'est précisément là ce que je dis. Certainement, je n'y ai jamais pensé sérieusement, et vous m'en voyez tout étonnée et toute surprise que vous m'en croyiez capable. Tout ce que je veux dire, c'est qu'il faut chercher quel est le moyen le plus convenable pour repousser avec civilité et délicatesse ses avances et surtout prendre garde, en blessant trop fort sa sensibilité, de le pousser au désespoir ou à quelque chose comme cela. Dieu du ciel! s'écria Mme Nickleby avec un sourire mal dissimulé, supposé qu'il allât se porter à quelque extrémité contre sa personne, jugez, Nicolas, si je ne me le reprocherais pas toute ma vie! »

Malgré son inquiétude et son dépit, Nicolas put à peine lui répondre sans rire.

« Enfin, ma mère, croyez-vous probable que le plus cruel refus pût entraîner de pareilles conséquences?

— Ma foi! mon cher, je n'en sais rien, reprit Mme Nickleby, je n'en sais vraiment rien. Tenez! il y avait justement avant-hier, dans le *Times*, un extrait de je ne sais quel journal français, où il s'agissait d'un ouvrier cordonnier qui, furieux contre une jeune fille du village voisin, parce qu'elle n'avait pas voulu s'enfermer hermétiquement avec lui dans un cabinet au troisième étage, pour s'asphyxier ensemble par le charbon, alla se cacher dans un bois avec un couteau pointu, et, se précipitant sur elle au moment où elle passait par là avec quelques amis, commença par se tuer, puis après cela tous les amis, et enfin la fille; je me trompe, commença par tuer tous les amis, puis la fille, et enfin lui-même. Ne trouvez-vous pas que cela fait frémir? C'est singulier, ajouta Mme Nickleby après quelques moments de silence, je ne sais comment cela se fait, mais ce sont toujours les ouvriers cordonniers qui font toujours de ces choses-là en France, sur le journal. Je ne m'explique pas cela; il faut donc qu'il y ait quelque chose dans le cuir.

— Oui, mais cet homme, qui n'est pas un cordonnier, qu'a-t-il fait, ma mère, qu'a-t-il dit? demanda Nicolas poussé à bout, tout en faisant son possible pour paraître aussi patient, aussi résigné que Mme Nickleby elle-même. Car enfin, vous le savez aussi bien que moi, les légumes n'ont pas de langue qui puisse transformer un concombre en déclaration d'amour.

— Mon cher, répliqua sa mère en secouant la tête et en regardant les cendres de l'âtre, il a fait et dit toutes sortes de choses.

— Mais êtes-vous bien sûre de ne pas vous être trompée?

— Me tromper! cria Mme Nickleby; me supposez-vous assez niaise pour ne pas savoir distinguer si un homme parle pour de rire ou pour de bon?

— Bien! bien! murmura Nicolas.

— Chaque fois que je me mets à la fenêtre, il m'envoie des baisers d'une main et place l'autre sur son cœur; je sais bien que c'est très ridicule de sa part, et je ne doute pas que vous ne le trouviez très mauvais; mais je dois dire qu'il le fait d'une manière respectueuse, très respectueuse et très tendre même, extrêmement tendre. Pour ce qui est de cela, il n'y a rien qui ne lui fasse beaucoup d'honneur. Et puis enfin, tous ces cadeaux qu'il fait pleuvoir pour moi toute la journée pardessus le mur, ils sont vraiment d'une très belle qualité. Hier encore, nous avons mangé un de ses concombres à dîner, et nous allons confire les autres pour l'hiver prochain. Enfin, hier au soir, continua Mme Nickleby avec une confusion toujours croissante, pendant que je me promenais dans le jardin, il est venu doucement passer la tête pardessus le mur pour me proposer de m'enlever et de m'épouser après. Il a la voix aussi claire qu'une cloche ou qu'un harmonica, tout à fait une voix d'harmonica; malgré cela, je n'ai pas voulu l'écouter. Ainsi, mon cher Nicolas, vous le voyez, que dois-je faire? c'est là toute la question.

— Catherine a-t-elle entendu parler de cela? demanda Nicolas.

— Je ne lui en ai pas encore ouvert la bouche.

— Alors, au nom du ciel! répondit Nicolas en se levant, ne lui en parlez pas, elle en aurait trop de chagrin. Quant à ce que vous avez à faire, ma chère mère, vous n'avez qu'à suivre les inspirations de votre bon sens et de votre bon cœur, en vous rappelant toujours avec respect la mémoire de mon père. Vous avez mille moyens de faire éclater votre dégoût pour ces attentions imbéciles. Montrez-vous ferme, et si elles se renouvellent, je saurai bien y mettre promptement un terme, quoique je préférasse ne pas avoir à intervenir dans une affaire si ridicule, où il vous suffira de vous faire respecter vous-même. C'est ce que les femmes font tous les jours, surtout à votre âge et dans votre condition, quand elles se trouvent en face de circonstances qui ne méritent pas plus que celle-ci d'occuper leur esprit. Je voudrais bien ne pas vous donner le désagrément de paraître prendre la chose à cœur et de la traiter sérieusement, ne fût-ce qu'un moment. Vieux stupide, va! faut-il être idiot! »

En disant ces mots, Nicolas embrassa sa mère, lui souhaita une bonne nuit, et tous deux se retirèrent dans leur chambre.

Il faut rendre justice à Mme Nickleby : elle aimait trop véritablement ses enfants pour songer sérieusement à convoler en secondes noces, quand elle aurait assez oublié le souvenir de son défunt mari pour se sentir entraînée par son inclination vers de nouveaux liens. Mais, s'il n'y avait pas en elle de mauvais instinct ni d'égoïsme étroit dans son cœur, c'était une tête faible et vide. Et elle trouvait quelque chose de si flatteur pour son amour-propre à pouvoir se dire qu'elle avait fait à son âge une passion, et une passion malheureuse, qu'elle ne pouvait se résoudre à congédier lestement, et avec aussi peu de ménagement que Nicolas l'exigeait d'elle, le gentleman inconnu qui lui avait procuré le plaisir de lui refuser sa main. Quant à ces épithètes d'imbécile, ridicule, stupide, dont Nicolas n'avait pas été chiche, « je ne vois pas cela du tout, se disait Mme Nickleby, conversant avec elle-même dans sa chambre; son amour est un amour sans espoir, c'est vrai, mais j'avoue que je ne vois pas du tout que ce soit pour cela un vieux stupide ni un vieil idiot. Le pauvre garçon! il est à plaindre selon moi, et voilà tout. »

Mme Nickleby ne termina pas ces réflexions sans donner un coup d'œil au miroir de sa toilette; elle recula même de quelques pas pour mieux juger l'effet et chercher à se rappeler qui donc lui avait toujours prophétisé que, quand Nicolas aurait vingt et un ans, elle aurait plutôt l'air de sa sœur que de sa mère. Après avoir vainement essayé de se remémorer le nom de son autorité, elle se décida à mettre l'éteignoir sur sa bougie, et leva la jalousie pour donner passage au petit jour qui commençait à poindre.

« Il ne fait pas bien clair pour distinguer les objets, murmura Mme Nickleby en regardant par la fenêtre dans le jardin; mais je crois, ma parole d'honneur! qu'il y a encore un autre énorme potiron, planté, en ce moment, au bout des tessons de bouteilles qui garnissent le mur mitoyen. »

CHAPITRE XXXVIII

Comprenant certains détails d'une visite de condoléance qui pourrait bien avoir des suites importantes. Smike, au moment où il s'y attend le moins, fait la rencontre d'un vieil ami qui l'invite à venir chez lui, et l'emmène sans vouloir accepter d'excuses.

Catherine Nickleby ne se doutait pas le moins du monde des démonstrations amoureuses de leur voisin, pas plus que de leurs résultats sur le cœur inflammable de sa maman; elle jouissait donc sans trouble d'un commencement de calme et de bonheur auquel elle était restée depuis longtemps étrangère, et qu'elle ne connaissait plus même par occasion rapide et passagère; elle vivait désormais sous le même toit que son frère bien-aimé, après avoir été séparée de lui d'une manière si soudaine et si cruelle! son âme respirait plus librement, affranchie des persécutions insolentes dont le souvenir seul faisait rougir sa joue et palpiter son cœur. Enfin, c'était pour elle toute une métamorphose. Elle avait repris son humeur, sa gaieté primitive; ses pas avaient retrouvé leur élasticité légère, la fraîcheur était revenue colorer ses joues flétries; Catherine Nickleby n'avait jamais été si belle.

C'était aussi l'opinion de miss la Creevy, opinion fondée sur une foule d'observations et de réflexions auxquelles elle se livra sans relâche, une fois que le cottage eut été, comme elle le disait dans son langage figuré, ramoné de la tête aux pieds depuis la cheminée sur les toits jusqu'au décrottoir à la porte, et que l'activité de la petite femme put enfin se porter de la maison aux gens qui l'habitaient.

« Ce que je vous déclare que je n'ai pas encore pu faire depuis que je suis venue ici pour la première fois, disait-elle, car je n'ai pas eu le temps de m'occuper d'autre chose que de marteau, de clous, de tourne-vis et de vrilles, faisant le métier de serrurier depuis le matin jusqu'au soir.

— C'est que, reprit Catherine en souriant, vous ne gardez jamais une pensée pour vous-même.

— Ma foi! ma chère enfant, je serais une grande dupe de penser à moi, quand il y a tant d'autres sujets plus agréables auxquels je puis penser. A propos! tenez, il y a encore quelqu'un à qui je pensais : savez-vous que je remarque un grand changement très extraordinaire?

— Qui donc? demanda Catherine d'un air inquiet; ce n'est toujours pas...

— Non, ma chère, non, ce n'est pas votre frère, répondit miss la Creevy en allant au-devant de sa question : celui-là, c'est toujours la même perfection de bonté, de tendresse, d'esprit, assaisonnée d'un peu de je ne veux pas dire quoi dans l'occasion; lui, il n'a pas changé depuis que je l'ai vu pour la première fois; non, mais c'est Smike, comme il veut qu'on appelle ce pauvre garçon, car il ne veut pas entendre parler de mettre un monsieur devant son nom. Eh bien! Smike a terriblement changé en peu de temps.

— Comment cela? demanda Catherine, je ne vois rien dans sa santé...

— Non : dans la santé, c'est possible, dit miss la Creevy après un moment de réflexion, quoique ce soit une existence bien frêle et bien usée et que je lui trouve une mine qui me navrerait le cœur si je la voyais chez vous. Mais non, je ne voulais pas parler de la santé.

— Eh bien alors?

— Je ne sais pas trop, continua miss la Creevy, mais je l'ai observé, et il m'a fait venir bien des fois les larmes aux yeux. Vous me direz que ce n'est pas très difficile, parce que je pleure pour un rien; mais c'est égal, je crois qu'ici ce n'est pas malheureusement sans cause et sans raison. Il me semble que, depuis qu'il est ici, il a eu quelque motif particulier de reconnaître de plus en plus la faiblesse de son intelligence; il y est plus sensible quand il s'aperçoit qu'il divague de temps en temps, et qu'il ne peut pas comprendre les choses les plus simples; il en éprouve plus de chagrin. Je l'ai bien regardé, quand vous n'y étiez pas, ma chère, assis à part d'un air si triste, qu'il faisait peine à voir. Puis après, quand il se levait pour sortir, il était dans un tel état de mélancolie et d'abattement, que je ne puis pas vous dire toute la peine que j'en ressentais. Il n'y a pas plus de trois semaines, c'était un garçon sans souci, remuant, d'une gaieté bruyante, enfin, à ce qu'il semblait, heureux tout le long du jour. Aujourd'hui, ce n'est plus rien de tout cela; c'est toujours une nature dévouée, innocente, fidèle, aimante; mais pour le reste, plus rien.

— Espérons que cela se passera, dit Catherine; le pauvre garçon!

— Je l'espère comme vous, répliqua sa petite amie avec une gravité qui ne lui était pas ordinaire; espérons-le pour lui, ce pauvre malheureux! Cependant, ajouta-t-elle en reprenant le ton d'enjouement babillard qui ne la quittait guère, je vous ai dit ce que j'avais à vous dire, et vous aurez peut-être trouvé que c'était un peu long, ce que j'avais à vous dire, peut-être même que j'avais tort de le dire : je n'en serais pas du tout étonnée. En attendant, je m'en vais l'égayer ce soir, car, s'il me sert de cavalier tout du long du chemin jusqu'au Strand, je m'en vais parler, parler, parler, sans lui laisser de repos jusqu'à ce que je trouve moyen de le faire rire de quelque chose. Ainsi, plus tôt il va s'en aller, mieux cela vaudra pour lui, et pour moi aussi; car, pendant que je suis là, ma domestique pourrait bien faire la coquette avec quelque beau monsieur qui me dévaliserа ma maison, quoique à dire vrai je ne voie pas trop ce qu'il aurait à emporter, le malheureux, après mes tables et quelques chaises, excepté pourtant mes miniatures. Encore il faudrait que ce fût un voleur bien habile pour en tirer grand profit; car moi, je suis bien obligée de le reconnaître parce que c'est l'exacte vérité, je n'en retire rien du tout. »

Tout en parlant, miss la Creevy enveloppa sa figure dans un chapeau collant et sa personne dans un gros châle qu'elle serra étroitement autour de sa taille, au moyen d'une grande épingle, puis elle déclara que l'omnibus pourrait passer quand il voudrait, qu'elle était maintenant toute prête.

Mais il fallait encore prendre congé de Mme Nickleby, et ce n'était pas peu de chose. La bonne dame n'était pas au bout de ses réminiscences plus ou moins applicables à la circonstance, que déjà l'omnibus était à la porte. Voilà miss la Creevy tout en l'air. Plus elle se trouble, moins elle avance : ainsi, en voulant sécrètement donner la pièce à la bonne derrière la porte, elle tire de son sac une masse de gros sous qui roulent dans tous les coins du corridor et lui prennent un temps considérable à les ramasser. Naturellement il fallut encore embrasser Catherine et Mme Nickleby avant le départ, chercher le petit panier et le paquet de papier gris, pour les emporter. Pendant ce temps-là, l'omnibus, comme disait miss la Creevy, jurait à faire trembler. Enfin il fit semblant de s'en aller. Alors miss la Creevy part comme un trait, faisant avec la plus grande volubilité des excuses à tous les voyageurs, leur assurant qu'elle était bien fâchée de les avoir fait attendre, pendant qu'elle cherche des yeux une place commode. Le conducteur pousse Smike dedans et donne au cocher le signal du départ, et le large véhicule s'ébranle et roule en faisant autant de bruit pour le moins qu'une douzaine de haquets.

Laissons-le poursuivre son voyage, au gré du conducteur que nous venons de voir si important et qui maintenant se balance avec grâce sur son petit marchepied par derrière, en reprenant son cigare odoriférant. Laissons-le s'arrêter, repartir, galoper ou trottiner, selon que cet estimable fonctionnaire le juge bon et convenable; l'occasion nous tente d'aller chercher des nouvelles de sir Mulberry Hawk et de nous informer si, depuis que nous l'avons quitté, il s'est bien remis du mal qu'il s'était fait en tombant violemment de son cabriolet, lors de sa querelle avec le fougueux Nicolas.

Le voilà avec une côte brisée, le corps tout meurtri, la figure endommagée par des cicatrices toutes fraîches, pâle encore et épuisé par la douleur et par la fièvre, étendu sur le dos dans le lit qui le retient, par ordre du médecin, prisonnier pour quelques semaines encore. Dans la pièce voisine, M. Pyke et M. Pluck sont à table, occupés à boire copieusement, variant de temps en temps les murmures monotones de leur conversation par un éclat de rire à demi étouffé, pendant que le jeune lord, le seul membre de leur société qui ne fût pas tout à fait perdu sans remède, car c'était dans le fond un cœur honnête, est assis à côté de son mentor, un cigare à la bouche, et se dispose à lui lire, à la lueur d'une lampe, les passages et les nouvelles qu'il choisit dans le journal, les plus propres, à ce qu'il lui semble, à intéresser ou amuser son malade. « Maudits chiens! dit sir Mulberry, en retournant avec impatience la tête du côté de la pièce voisine, rien ne peut donc faire taire leur infernal gosier? »

MM. Pyke et Pluck, en entendant cette exclamation, s'arrêtent immédiatement en se faisant l'un à l'autre un signe d'intelligence et se versent une rasade en dédommagement du silence qui leur était imposé.

« Morbleu! murmura-t-il entre ses dents, en se tordant de colère dans son lit, ce matelas n'est-il pas assez dur, cette chambre assez triste, et mes douleurs assez cuisantes sans qu'ils me mettent encore à la torture? Quelle heure est-il?

— Huit heures et demie, répondit son ami.

— Tenez! approchez la table et reprenons les cartes, dit sir Mulberry; encore un piquet, allons! »

Il était curieux de le voir au milieu de ses souffrances, incapable de se remuer, si ce n'est pour tourner la tête de droite ou de gauche, observer tous les mouvements de son jeune ami, à chaque carte jouée. Quelle ardeur et quel intérêt il apportait au jeu, et cependant quelle adresse et quel sang-froid il montrait en même temps! Il en avait vingt fois plus qu'il n'en fallait pour un tel adversaire, incapable de lui tenir tête, même quand la fortune le favorisait de quelques cartes heureuses. Sir Mulberry gagna toutes les parties, et quand son camarade, lassé de perdre, jeta les cartes sur la table et refusa de continuer, il dégagea du lit et lança sur la table son bras amaigri, pour faire rafle des enjeux avec un juron victorieux et ce même rire si rauque, quoique moins vigoureux aujourd'hui, qui retentissait il y a quelques mois dans la salle à manger de Ralph Nickleby.

Son domestique entre pour lui annoncer que M. Ralph Nickleby est en bas et vient savoir comment il va ce soir.

« Mieux, répond-il impatienté.

— M. Nickleby demande, monsieur...

— Mieux, vous dis-je, » réplique sir Mulberry en frappant de la main sur la table.

Le domestique hésite un moment, puis se décide à dire que M. Nickleby demande la permission de voir sir Mulberry Hawk, si cela ne le gêne pas.

« Cela me gêne, je ne peux pas le voir, je ne peux voir personne, lui dit son maître avec plus d'énergie encore. Vous le savez bien, imbécile!

— Pardon, monsieur, répond le domestique. Mais M. Nickleby a fait tant d'instances... »

Le fait est que Ralph Nickleby avait graissé la patte du domestique, qui, dans l'espérance d'être encore bien payé en pareille occasion, voulait gagner son argent; aussi tenait-il la porte entr'ouverte sans sortir, et n'avait-il pas l'air pressé de s'en aller.

« Vous a-t-il dit qu'il eût à me parler d'affaires? demanda sir Mulberry après un moment de réflexion.

— Il a seulement demandé à vous voir en particulier; voilà tout ce que m'a dit M. Nickleby.

— Vous allez lui dire de monter. Tenez! auparavant, lui cria sir Mulberry en passant sa main sur ses traits altérés, prenez cette lampe et posez-la sur son pied derrière moi; reculez cette table et placez une chaise là... encore un peu plus loin. C'est bien. »

Le domestique exécuta cet ordre en serviteur intelligent, qui en comprenait les motifs, et sortit. Lord Frédérick Verisopht passa dans une chambre à côté, en disant qu'il allait revenir au bout d'un moment, et ferma derrière lui les deux battants de la porte.

Puis on entendit un pas discret dans l'escalier, et l'on vit Ralph Nickleby, le chapeau à la main, se glisser modestement dans la chambre, le corps incliné dans l'attitude d'un profond respect et les yeux fixés sur la figure de son honorable client.

« Eh bien, Nickleby, lui dit sir Mulberry en lui montrant la chaise qu'il avait fait préparer à côté de son lit, et lui faisant de la main un signe d'insouciance affectée; il m'est arrivé un accident désagréable, vous savez...

« Ce qui est arrivé n'était pas prémédité, et c'est de votre faute plutôt que de la sienne. » (P. 283.)

— Je le sais, répondit Ralph, toujours regardant fixement; désagréable en effet. Je ne vous aurais pas reconnu, sir Mulberry; tiens! tiens! c'est très désagréable. »

Les manières de Ralph étaient pleines d'une profonde humilité et d'un respect étudié. Le ton adouci de sa voix était bien celui qu'une attention délicate pour un malade devait dicter à l'étranger qui lui rendait visite; mais, pendant que sir Mulberry lui tournait le dos, la figure de Ralph faisait avec ses manières polies un étrange contraste. Debout, dans son attitude habituelle, regardant avec calme l'homme étendu devant lui comme une masse inerte, tous ceux de ses traits qui n'étaient pas cachés à l'ombre de ses sourcils refrognés portaient la trace d'un sourire moqueur.

« Asseyez-vous, dit sir Mulberry en tournant la tête de son côté comme par un effort violent. Je suis donc bien extraordinaire, que vous vous tenez là debout à me regarder comme une histoire? »

Au moment où il se retourna, Ralph recula d'un pas ou deux, comme ne pouvant s'empêcher de témoigner ainsi son profond étonnement, tout en cherchant à se contraindre, et s'assit avec un air de confusion joué à s'y méprendre.

« Sir Mulberry, dit-il, je suis venu en bas tous les jours, et souvent deux fois par jour dans les commencements, savoir de vos nouvelles. Ce soir, en raison de notre vieille connaissance et des affaires antérieures que nous avons faites ensemble, à la satisfaction, j'espère, de tous les deux, je n'ai pu résister au désir de demander à vous voir. Est-ce que vous avez... souffert beaucoup? continua-t-il en se penchant vers le malade et en laissant toujours éclater sur sa figure son infernal sourire, pendant que l'autre tenait les yeux fermés.

— Oui, plus que je n'aurais voulu, mais moins peut-être que ne l'auraient voulu certaines rosses de notre connaissance, qui jouent gros jeu avec nous, je vous en réponds, » répondit sir Mulberry, en tirant sa couverture d'une main toujours agitée.

Ralph haussa les épaules comme pour se plaindre du ton d'irritation violente dont ces paroles lui avaient été adressées, car il y avait dans son langage comme dans ses manières une aisance froide et désespérante, qui agaçait tellement le malade, qu'il avait peine à le supporter.

« Et qu'y a-t-il, demanda sir Mulberry, dans ces affaires que nous avons faites ensemble, qui vous amène ici ce soir?

— Rien, répliqua Ralph; il y a bien quelques billets de milord qui ont besoin d'être renouvelés; mais nous attendrons que vous soyez sur pied. J'étais... j'étais venu, continua-t-il d'un ton plus bas, mais en appuyant plus encore sur chaque mot, j'étais venu vous dire tout le regret que j'avais que ce fût un de mes parents, un parent que j'ai renié, il est vrai, qui vous eût infligé une punition si...

— Punition! interrompit sir Mulberry.

— Je sais qu'elle est sévère, dit Ralph, ayant l'air de se méprendre sur le sens de l'interruption de sir Mulberry, et je n'en étais que plus impatient de venir vous dire que je renie ce vagabond, que je ne le reconnais plus pour un des miens, que je l'abandonne au châtiment mérité qu'il pourra recevoir de vous ou de tout autre. Tordez-lui le cou si vous voulez, ce n'est pas moi qui vous en empêcherai.

— Ah! ce conte que l'on m'a fait ici a donc déjà couru le monde, à ce que je vois? demanda sir Mulberry, en serrant les poings et grinçant des dents.

— On ne parle pas d'autre chose, répliqua Ralph; il n'y a pas de club, pas de cercle de jeu, qui n'en ait retenti. On m'a même dit, continua-t-il en regardant l'autre en face, qu'on en avait fait une bonne chanson. Je ne l'ai pas entendu chanter moi-même : je ne m'occupe guère de tout cela; mais on m'a dit qu'on l'avait fait imprimer, soi-disant pour la faire circuler sous le manteau; maintenant elle court les rues, comme vous pensez.

— Ils en ont menti, dit sir Mulberry; je vous dis qu'il n'y a rien de vrai dans tout cela. La jument a eu peur, voilà tout.

— Eh bien, eux, ils disent que c'est lui qui lui a fait peur, repartit Ralph, toujours aussi calme, aussi impassible. Il y en a bien qui vont jusqu'à dire qu'il vous a fait peur aussi. Pour cela, par exemple, je suis bien sûr que ce n'est pas vrai, et je l'ai dit hardiment, partout et tous les jours; je ne suis pas un casseur d'assiettes, mais je ne veux pas souffrir qu'on dise cela de vous. »

Aussitôt que sir Mulberry put trouver dans sa colère quelques mots à lier ensemble, Ralph se pencha vers lui, porta la main à l'oreille pour mieux entendre, conservant toujours dans les traits son calme stéréotypé, comme si chaque ligne de sa physionomie rigide avait été coulée en bronze.

« Attendez seulement que je puisse sortir de ce maudit lit, dit le patient qui, dans son emportement, frappait sur sa jambe cassée, sans s'en apercevoir, et je veux tirer de lui une vengeance dont il sera parlé; oui, nom de D..., je me vengerai. Il a pu, favorisé par le hasard, me marquer à la face pour une quinzaine de jours, mais, moi, je lui laisserai des marques qui le suivront jusqu'au tombeau. Je veux lui couper le nez et les oreilles, lui donner le fouet, l'estropier pour sa vie; et ce n'est pas tout : à son nez et à sa barbe, je veux forcer ce bel échantillon de chasteté, cette fine fleur de pruderie, sa bégueule de sœur, à... »

Soit que Ralph lui-même ne pût entendre ces dernières menaces sans que son sang glacé s'en émût et portât à ses joues le témoignage visible de son mécontentement, soit que sir Mulberry se rappelât à temps que, tout fripon, tout usurier qu'il était dans l'âme, le vieux Nickleby devait avoir quelquefois, dans sa première enfance, enlacé dans ses bras le cou d'un frère, le père de Catherine, il n'alla pas plus loin, se contentant de menacer du poing son ennemi absent, et de confirmer, par un serment horrible, ses promesses de vengeance.

Ralph, pendant ce temps-là, considérait d'un œil perçant le malade en délire. « Il est sûr, dit-il en rompant enfin le silence, que c'est bien humiliant pour un homme renommé comme le lion, le roué, le héros de tous les rendez-vous à la mode, d'avoir reçu cette leçon d'un petit polisson! »

Sir Mulberry lui darda un regard furieux, mais ne l'atteignit pas : Ralph avait les yeux baissés, et sa figure ne trahissait aucune expression particulière; il avait seulement l'air pensif.

« Un enfant, un méchant galopin, continua Ralph, contre un homme qui n'aurait qu'à se laisser tomber pour l'écraser de son poids. Sans parler de son habileté à... Je ne me trompe pas, continua-t-il en relevant les yeux, vous étiez passé maître à la boxe, autrefois, n'est-il pas vrai? »

Le malade fit un geste d'impatience, que Ralph aima mieux prendre pour un signe d'assentiment.

« Ah! je savais bien que je ne me trompais pas. C'était avant que nous eussions fait connaissance; mais c'est égal, j'en étais bien sûr. Lui, il est actif et souple, je suppose; mais qu'est-ce que cela auprès de tous vos autres avantages? C'est la chance; ces chiens de bandits-là ont toujours la chance pour eux.

— Eh bien, qu'il en fasse provision pour notre

prochaine rencontre, dit sir Mulberry Hawk, car je le retrouverai, quand il se sauverait au bout du monde.

— Oh ! reprit Ralph vivement, il n'a pas envie de se sauver ; il vous attend, monsieur, tranquillement, à Londres même, au grand soleil, faisant blanc de son épée, et regardant par les rues si vous n'y êtes pas. »

En disant cela, Ralph se rembrunissait, et, cédant enfin à un transport de haine, en se représentant Nicolas triomphant : « Si nous vivions seulement, dit-il, dans un pays où on pût faire de ces choses-là sans danger, que je donnerais de l'argent de bon cœur pour lui faire poignarder l'âme et le faire jeter au chenil, où les chiens le mangeraient ! »

Ralph avait à peine donné, à son client étonné, cet échantillon de son excellent cœur et de son affection de famille, lorsque lord Verisopht se montra, au moment où il prenait son chapeau pour s'en aller.

« Que diable avez-vous donc, dit-il, vous et Nickleby, à faire tout ce tapage? Je n'ai jamais rien entendu de pareil : crock, crock, crock ; baou, ouaou, ouaou. De quoi donc s'agit-il ?

— C'est sir Mulberry, milord, qui a eu un accès de colère, répondit Ralph les yeux tournés vers le malade.

— Il ne s'agit toujours pas d'argent, j'espère ? les affaires ne vont pas plus mal, n'est-ce pas, Nickleby ?

— Non, milord, non ; sur cet article-là sir Mulberry et moi nous sommes toujours d'accord. Mais c'est qu'il a eu occasion de se rappeler les détails de... »

Ralph n'eut pas besoin d'en dire davantage, sir Mulberry ne lui en laissa pas le temps ; il s'empara lui-même du sujet et se mit à vociférer contre Nicolas des menaces et des serments presque aussi furieux que tout à l'heure.

Ralph, qui avait un talent d'observation peu ordinaire, fut surpris de voir, pendant cette tirade, l'accueil qu'elle parut recevoir de lord Frédéric Verisopht. Il avait commencé par friser ses moustaches de l'air le plus dégagé et le plus indifférent ; mais, à mesure que sir Mulberry se donnait carrière, ses traits s'altérèrent, et il surprit bien plus encore son observateur lorsque, après cette philippique, le jeune lord, sans dissimuler son mécontentement, le pria sèchement de ne plus jamais reparler devant lui de cette affaire.

« Rappelez-vous cela, Hawk, ajouta-t-il avec une énergie qui ne lui était pas ordinaire. Jamais je ne seconderai, jamais je ne permettrai, si je puis l'empêcher, une lâche attaque contre ce jeune garçon.

— Comment, lâche? s'écria son ami.

— Oui, répéta l'autre en le regardant en face. Si vous aviez commencé par lui dire votre nom et lui remettre votre carte, quitte à trouver après, dans sa position ou sa personne, des excuses pour ne point vous battre avec lui, ce n'était pas encore bien magnifique ; ma parole d'honneur, c'était déjà assez vilain comme cela. Mais de la façon que cela s'est passé, vous avez eu tort. Moi aussi, j'ai eu tort de ne pas intervenir, et je m'en repens. Ce qui vous est arrivé après était purement accidentel, ce n'était point prémédité, et c'est de votre faute plus que de la sienne. Il n'en portera pas la peine, croyez-moi ; cela ne doit pas être et cela ne sera pas. »

En répétant avec insistance cette déclaration, le jeune lord tourna les talons ; mais, avant de sortir, il revint sur ses pas pour dire avec plus de véhémence encore :

« Je suis convaincu maintenant, oui, sur mon honneur, j'en suis convaincu. La sœur est une personne aussi modeste et aussi vertueuse qu'elle est belle ; et, quant au frère, tout ce que je peux dire, c'est qu'il s'est conduit en bon frère, comme un homme de cœur et d'honneur. Je voudrais seulement de toute mon âme pouvoir en dire autant de nous tous.

— Est-ce bien là votre élève, demanda tranquillement Nickleby, ou quelque innocent tout frais sorti des mains d'un curé de village ?

— Ce sont de ces accès qui prennent de temps en temps aux blancs-becs ; il a besoin que je le forme, répliqua sir Mulberry Hawk en se mordant les lèvres et lui montrant la porte. Laissez-moi faire ! »

Ralph échangea un regard familier avec sa vieille connaissance, car cette surprise inquiétante avait tout à coup renoué leur intimité, et il reprit le chemin de sa maison d'un pas lent et d'un air soucieux.

Pendant cette entrevue, et longtemps même avant le dénouement, l'omnibus s'était soulagé de miss la Creevy et de son garde du corps ; ils étaient maintenant arrivés à sa porte. Là, la petite artiste ne voulut, pour rien au monde, laisser retourner Smike sans l'avoir réconforté au préalable d'un petit coup de quelque liquide généreux, accompagné d'un biscuit. Et comme Smike ne montra aucune répugnance à boire un petit coup de ce liquide généreux, en y trempant un biscuit ; comme, au contraire, il n'était pas fâché de se donner des jambes pour revenir à Bow, il s'arrêta un peu plus longtemps qu'il ne voulait d'abord, et il y avait déjà une demi-heure que la brune était venue quand il se remit en route pour retourner à la maison.

Il n'y avait pas de danger qu'il perdît son chemin, car c'était toujours tout droit, et il n'y avait guère de jours qu'il n'y eût passé en accompagnant Nicolas le soir et le matin. Miss la Creevy et son cavalier se séparèrent donc en toute tranquillité, se donnèrent une bonne poignée de main, et Smike partit, chargé de mille compliments encore pour Mme et Mlle Nickleby.

Arrivé au pied de Ludgate-Hill, il prit un détour pour satisfaire sa curiosité : il voulait voir Newgate en passant. Après avoir considéré avec beaucoup de soin et de terreur, pendant quelques minutes, les sombres murailles de la prison, il revint sur ses pas et se mit à marcher d'un bon pas à travers la Cité. Pourtant il s'arrêtait de temps en temps pour regarder à la montre de quelque boutique dont l'étalage le frappait plus que les autres, puis faisait encore un petit bout de chemin, puis s'arrêtait encore, et ainsi de suite, comme font les provinciaux.

Il y avait déjà longtemps qu'il regardait à la fenêtre d'un bijoutier, regrettant de ne pouvoir emporter quelque jolie bagatelle pour en faire cadeau à la maison, et se figurant le plaisir qu'il aurait à l'offrir, quand toutes les horloges sonnèrent huit heures trois quarts. Réveillé par leur carillon, il se remit à courir, et il franchissait justement le coin d'une rue de traverse, quand il se sentit heurté d'un coup si violent et si soudain, qu'il fut obligé de se retenir à un poteau de lanterne pour s'empêcher de tomber. Au même instant, un petit drôle s'empara de sa jambe, et fit vibrer à ses oreilles un cri perçant : « A moi, papa ! c'est lui, hourra ! »

Smike ne connaissait que trop cette voix. Il abaissa ses yeux désespérés sur l'individu auquel elle appartenait, et, frissonnant des pieds à la tête, n'eut que le temps de se retourner pour se trouver face à face de M. Squeers, qui l'avait accroché au collet avec le bec de son parapluie, et se pendait à l'autre bout de toutes ses forces pour retenir sa victime. Le cri d'allégresse venait de maître Wackford, qui, sans faire attention à ses coups de pied et à sa résistance, ne lâchait pas plus sa jambe que le bouledogue ne lâche sa proie.

Il lui suffit d'un coup d'œil pour lui révéler tout son malheur, paralyser ses moyens et le rendre incapable de proférer un son.

« Quelle chance ! cria M. Squeers, tirant petit à petit son parapluie comme on tire la corde d'un puits, sans le décrocher, avant que sa main fût arrivée jusqu'au collet et pût le tenir ferme, quelle délicieuse chance ! Wackford, mon garçon, appelle un de ces fiacres.

— Un fiacre, papa ? cria le petit Wackford.

— Oui, monsieur, un fiacre. » Et ses yeux se repaissaient de l'effroi empreint sur la figure de Smike. « Tant pis pour ma bourse, il faut que nous le mettions en voiture.

— Qu'est-ce qu'il a fait ? demanda un manœuvre qui passait là chargé d'une hottée de briques, et que Squeers avait appelé à son aide, ainsi que son camarade, quand il avait lancé si adroitement son parapluie.

— Tout ! répondit M. Squeers en regardant fixement son ancien élève avec une sorte de tremblement de joie. Tout ! il s'est sauvé, monsieur ; il a pris part à des attaques de buveur de sang contre son maître ; il n'y a pas de crime qu'il n'ait commis. Ah ! mon Dieu ! mon Dieu ! quelle délicieuse chance ! »

L'homme regardait Smike pour entendre sa défense, mais le pauvre diable avait entièrement perdu le peu de moyens qu'il avait. Le fiacre arrive. Maître Wackford y monte le premier ; Squeers lui pousse sa prise, monte derrière ses talons, et lève les glaces. Le cocher s'assied sur son siège et va son petit train, laissant les deux maçons jaser comme bon leur semble sur l'incident, avec une marchande de pommes et un petit gamin qui sortait d'une école du soir, seuls témoins de la scène qui venait de se passer.

M. Squeers s'assit sur la banquette vis-à-vis de l'infortuné Smike, et, les mains fièrement plantées sur ses genoux, le regarda, pendant au moins cinq minutes, dans le blanc des yeux, avant de se remettre de son extase ; après quoi il poussa un grand cri et se mit à claquer à droite et à gauche la figure de son élève plusieurs fois consécutives.

« Quoi ! ce n'est pas un songe ! dit Squeers ; c'est lui en chair et en os. Oui, vraiment, je le reconnais au toucher. » Et après avoir renouvelé ses expériences concluantes, M. Squeers, pour varier ses plaisirs, lui administra quelques coups de poing sur l'oreille, en poussant à chaque fois un éclat de rire plus long et plus bruyant.

« Votre maman, mon garçon, dit Squeers à son fils, est dans le cas d'en crever de joie dans sa peau quand elle va savoir cela.

— Je crois bien, papa, répliqua maître Wackford.

— Quand on pense, dit Squeers, que nous tournons vous et moi le coin d'une rue, et que nous nous trouvons nez à nez avec lui juste au bon moment ; puis encore que je l'accroche du premier coup avec mon parapluie, aussi juste et aussi ferme que si je l'avais accroché avec un grappin. Ha ! ha !

— Et moi, dites donc, papa, ne l'ai-je pas gentiment empoigné par la jambe? dit le petit Wackford.

— C'est vrai, mon garçon, vous vous êtes bien conduit, dit M. Squeers en lui donnant de petites tapes d'amitié sur la tête; aussi je vous donnerai pour la peine la plus jolie veste à la hussarde et le plus beau gilet qu'apporteront les premiers pensionnaires, entendez-vous bien? Continuez comme vous avez commencé; faites tout ce que vous voyez faire à votre père, et, quand vous mourrez, vous irez tout de go au paradis, sans qu'on vous arrête à vous faire des questions à la porte. »

Après cette promesse encourageante, M. Squeers se remit à taper tout doucement la tête de son fils et à taper plus fort celle de Smike, en lui demandant d'un ton gouailleur comment il se trouvait de ce régime-là.

« Laissez-moi retourner à la maison, répliqua Smike en se redressant furieux.

— Pour cela, vous pouvez en être sûr, que vous allez y retourner. Ne vous inquiétez pas, vous y retournerez, à la maison, je vous en réponds, et bientôt vous allez vous retrouver au paisible village de Dotheboys en Yorkshire, avant huit jours, mon jeune ami, et, si jamais vous en sortez, je vous donne la permission de n'y plus revenir. Où sont les habits avec lesquels vous vous êtes sauvé, ingrat voleur que vous êtes? » dit M. Squeers d'une voix sévère.

Smike jeta les yeux sur l'habillement propre et décent qu'il devait aux soins de Nicolas, et se tordit les mains de désespoir.

« Savez-vous qu'une fois hors de Old-Bailey j'aurai le droit de vous pendre, pour vous être enfui avec des effets qui m'appartiennent? dit Squers; savez-vous que c'est un cas de potence? je ne sais même pas si ce n'est pas un cas d'anatomie, de s'esquiver d'une maison habitée avec une valeur de cent vingt-cinq francs. Hein! savez-vous ça? A combien estimez-vous les habits que vous m'avez emportés? Savez-vous que cette botte à la Wellington que vous aviez à un pied coûtait trente-cinq francs la paire, quand il y en avait deux, et que le soulier que vous aviez à l'autre pied valait neuf francs trente-cinq? Mais vous êtes bien heureux, en retombant entre mes mains, d'être venu tout droit au grand bazar de la miséricorde. Remerciez votre étoile de m'avoir choisi tout exprès pour vous servir cet article, je vous en donnerai comme il faut. »

Il n'y avait pas besoin d'être dans la confidence de M. Squeers pour voir que cet article de miséricorde dont il se disait si bien pourvu, il en manquait absolument, et si quelqu'un pouvait en douter encore, il n'aurait pas tardé à reconnaître son erreur, en le voyant faire succéder à cette promesse les coups de pointe qu'il portait en pleine poitrine à Smike, avec le fer de son parapluie, accompagnés d'une grêle d'estocades en tierce et en quarte sur la tête et sur les épaules avec les côtes du même instrument.

« Parbleu! dit M. Squeers quand il s'arrêta pour se reposer la main, je n'avais jamais rossé d'élève en fiacre; ce n'est pas bien commode, mais la nouveauté m'en plaît. »

Pauvre Smike! Il parait les coups de son mieux, et finit par se recoquiller dans un coin de la voiture, la tête dans ses mains et les coudes sur ses genoux. Il était stupéfié, abasourdi, et ne songeait pas plus à faire quelque effort pour essayer d'échapper à la toute-puissance de Squeers, maintenant qu'il n'avait plus là d'ami pour lui parler et le conseiller, qu'il n'y avait songé pendant les longues et tristes années de son martyre en Yorkshire, avant l'arrivée de Nicolas.

Il croyait que la course ne finirait jamais. Que de rues enfilées les unes après les autres, et cependant ils trottaient toujours! Enfin M. Squeers commença à passer la tête à chaque minute par la portière, pour donner une foule d'indications successives au cocher. Après avoir traversé, non sans difficulté, quelques rues isolées nouvellement construites, comme le montraient assez l'aspect des maisons et le mauvais état des chemins, M. Squeers se pendit tout à coup au cordon de toute sa force, et lui cria : « Arrêtez!

— A-t-on jamais vu tirer le bras d'un homme comme cela? dit le cocher en colère.

— C'est ici. La seconde de ces quatre petites maisons à un étage, avec des volets verts; il y a sur la porte une plaque de cuivre avec le nom de Snawley.

— Ne pouviez-vous pas dire cela sans m'arracher le bras? demanda le cocher.

— Non! brailla M. Squeers. Si vous dites un mot de plus, je vais vous faire faire un procès-verbal pour avoir un carreau cassé. Arrêtez. »

Le cocher, docile aux instructions de son bourgeois, arrêta à la porte de M. Snawley. M. Snawley, on se le rappelle, était ce tartufe à la face luisante qui avait confié aux soins paternels de M. Squeers les deux enfants de sa femme, comme nous l'avons raconté au quatrième chapitre de cette histoire. Sa maison se trouvait sur les extrêmes limites de quelques nouveaux établissements contigus à Somers-town, et M. Squeers y avait loué un logement pour quelques jours, parce qu'il avait à faire à Londres un séjour un peu plus long que d'habitude, et que d'ailleurs la *Tête de Sarrasin*, ayant appris à connaître à ses dépens l'appétit de maître Wackford, avait refusé de le traiter à des conditions plus favorables qu'une grande personne.

« Nous voilà! dit Squeers en bousculant Smike devant lui dans la petite salle où M. Snawley et sa femme étaient en train de manger un homard pour leur souper. Voici le vagabond, le traître, le rebelle, le monstre d'ingratitude!

— Quoi! l'élève qui s'était sauvé! cria Snawley en laissant de saisissement retomber ses mains sur la table, le couteau et la fourchette en l'air, et écarquillant ses grands yeux.

— Lui-même, dit Squeers en mettant son poing sous le nez de Smike, le retirant et recommençant plusieurs fois la même menace avec la physionomie la plus féroce. S'il n'y avait pas là une dame, je lui... mais, patience, il n'y perdra rien. »

Et M. Squeers se mit à raconter où, quand et comment il avait rattrapé son fugitif.

« Il est clair que c'est un coup de la Providence, dit M. Snawley en baissant les yeux avec un air d'humilité, et élevant sa fourchette, avec un morceau de homard au bout, vers le plafond, pour remercier le ciel.

— Il n'y a pas de doute, c'est la Providence qui se déclare contre lui, réplique Squeers en se grattant le nez.

— Cela ne pouvait être autrement, comme de juste. Il n'y a pas à s'y méprendre.

— Les mauvais cœurs et les mauvaises actions sont toujours punis, monsieur, dit M. Snawley.

— Il n'y a pas d'exemple du contraire, » réplique Squeers tout en tirant de son portefeuille un petit paquet de lettres, pour voir s'il n'en avait pas perdu dans la bagarre.

Quand il fut tranquille de ce côté : « Vous voyez bien, madame Snawley, dit-il : j'ai été le bienfaiteur de ce garçon-là, je l'ai nourri, instruit, vêtu, blanchi. J'ai été l'ami de ce garçon-là, son ami universel, classique, commercial, mathématique, philosophique et trigonométrique. Mon fils Wackford, mon propre fils, a été pour lui un frère. Mme Squeers a été pour lui une mère, une grand' mère, une tante, ah! je pourrais même dire un oncle, enfin tout. Elle n'a jamais élevé personne dans du coton, excepté vos deux charmants, vos deux délicieux petits enfants, comme elle a élevé ce garçon-là dans du coton. Eh bien, quelle en est la récompense? Je lui ai prodigué le lait de notre commune tendresse; mais, maintenant, je sens, quand je le regarde, que ce lait-là tourne et s'aigrit sur mon cœur.

— C'est bien possible, monsieur, dit Mme Snawley, c'est bien possible.

— Mais où a-t-il été tout ce temps-là? demanda Snawley; serait-il resté avec?...

— Ah! monsieur, dit Squeers en l'interrompant et se retournant vers Smike; êtes-vous resté avec ce démon de Nickleby, monsieur? »

Mais ni questions ni taloches ne purent arracher là-dessus un mot de réponse à Smike. Il avait pris en lui-même la résolution de périr plutôt dans l'affreuse prison où il allait retourner, que de prononcer une syllabe qui pût compromettre son premier, son unique ami. Il avait eu le temps de se rappeler les recommandations que lui avait faites Nicolas en quittant le Yorkshire, de garder un profond secret sur sa vie passée. Il avait une idée vague et confuse que son bienfaiteur pouvait bien avoir commis un crime en l'emmenant, un crime terrible, qui l'exposerait à un châtiment redoutable s'il était découvert, et cette crainte avait aussi contribué à le mettre dans l'état de terreur stupide où il était retombé.

Telles étaient les pensées (si on peut donner ce nom aux visions imparfaites qui erraient sans suite dans son cerveau affaibli) qui vinrent assaillir l'esprit de Smike et le rendirent également sourd à l'éloquence persuasive de Squeers ou à ses procédés d'intimidation. Voyant tous ses efforts inutiles, M. Squeers le conduisit dans une petite chambre en haut sur le derrière, pour y passer la nuit; puis, après avoir pris la précaution de lui faire quitter ses souliers, son gilet et son habit, et de fermer par-dessus lui la porte en dehors, dans le cas peu vraisemblable où il retrouverait l'énergie de tenter encore une évasion, le digne gentleman l'abandonna à ses réflexions.

Ces réflexions, personne ne peut dire ce qu'elles étaient, ce que fut le désespoir de cette pauvre créature quand il retomba dans ses pensées uniques, dans le souvenir récent de sa dernière demeure, des amis si chers, des visages si doux qu'il y laissait. Il entrevoyait tous ces rêves dans une espèce d'engourdissement douloureux, sommeil lourd et pénible d'une intelligence qui n'avait pu se développer sous le régime de cruautés dont il avait été victime dans sa première enfance. Combien il faut pour cela d'années de souffrances et de misère, sans un rayon d'espérance! Comme il faut que ces cordes du cœur, qui vibrent une prompte réponse à la douceur et à l'affection, se soient rouillées ou brisées dans leurs secrètes attaches, sans avoir même à renvoyer l'écho languissant de quelque vieux chant de bonheur ou d'amour! Comme il faut qu'il ait été sombre, le jour, le triste jour où cette lueur à peine apparue dans l'esprit s'est ensevelie à tout jamais dans les ombres d'un long crépuscule, d'une nuit plus sombre et plus triste encore!

Pourtant, même alors il aurait pu se réveiller peut-être au son de certaines voix aimées, mais elles ne pouvaient pénétrer jusqu'à lui. Aussi, quand il se glissa à tâtons dans son lit, il était redevenu déjà la même créature insouciante, découragée, flétrie, que Nicolas avait trouvée et transformée en arrivant à Dotheboys-Hall.

CHAPITRE XXXIX

Dans lequel Smike retrouve encore un autre vieil ami, mais cette fois la rencontre est heureuse et l'occasion lui profite.

La nuit si pleine d'angoisses pour le pauvre malheureux avait fait place à une matinée d'été claire et pure de tout nuage, au moment où une diligence du Nord traversait gaiement à grand bruit les rues d'Islington, encore silencieuses, annonçant son approche par un avertissement sonore du conducteur, qui jouait sur son cor la fanfare du retour. Bientôt le bruit cessa, elle venait de s'arrêter tout près du bureau de la poste.

Il n'y avait de voyageurs à l'extérieur qu'un bon gros provincial, à la mise honnête, qui, planté sur l'impériale, les yeux fixés sur le dôme de la cathédrale de Saint-Paul, paraissait absorbé dans une admiration stupéfaite, au point de rester entièrement insensible au remue-ménage du bagage et des effets qu'on descendait de la voiture, jusqu'à ce qu'enfin, une des fenêtres de l'intérieur s'étant abaissée avec vivacité, il se retourna pour regarder, et se trouva face à face avec une jolie petite figure de femme qui venait de mettre le nez à la portière.

« Vois donc, ma fille, cria le villageois en montrant du doigt l'objet de son admiration, c'est l'église de Saint-Paul; trédame! en voilà une qui est de taille!

— Dieu du ciel, John! je n'aurais jamais cru qu'elle pût être seulement moitié si haute. Quel monstre!

— Un monstre! ma foi, madame Browdie, je crois que vous avez dit le mot; répliqua le provincial d'un air de bonne humeur en descendant lentement avec son large pardessus; et cet autre bâtiment-là, de l'autre côté de la rue, qu'est-ce que ce peut être, croyez-vous? Je vous le donnerais bien en douze mois, pour réussir à le deviner; ce n'est pas autre chose qu'un bureau de poste. Ah! ah! ils ne risquent rien de doubler les ports de lettres pour faire leurs frais; un bureau de poste! qu'est-ce que vous dites de cela? Eh bien, si c'est comme cela que sont les bureaux de poste, je voudrais bien voir un peu la maison du lord-maire. »

A ces mots, John Browdie, car c'était lui, ouvrit la portière, passa la tête dans l'intérieur, et donnant une petite tape sur la joue de Mme Browdie, ci-devant Mlle Price, tomba dans un bruyant accès de fou rire.

« Bon! dit John, voilà-t-il pas, Dieu me pardonne, qu'elle s'est encore rendormie.

— Elle n'a fait que cela toute cette nuit et toute la journée d'hier, à l'exception de deux ou trois minutes, de temps en temps, reprit la douce amie de John Browdie, et encore j'aurais mieux aimé qu'elle dormît toujours, tant elle était maussade chaque fois qu'elle se réveillait. »

De qui donc parlaient-ils? C'était d'une personne profondément assoupie, tellement enveloppée sous les plis de son châle et de son manteau, qu'il eût été impossible au plus fin de deviner son sexe, sous un chapeau de castor brun, à voile vert, qui décorait sa tête, et qui, à force d'être cogné et aplati, l'espace de quatre-vingt-cinq lieues, contre le coin de la voiture, d'où sortaient encore en ce moment les ronflements bruyants de la dame, présentait un aspect si risible, qu'il n'en fallait pas tant pour mettre en mouvement les muscles toujours prêts à rire de la grosse face vermeille de Browdie.

« Ohé! cria John en tirant un bout du voile de la dormeuse; allons! réveillons-nous, pas moins! »

Ce ne fut pas sans se renfoncer encore bien des fois dans son coin, sans pousser bien des exclamations d'impatience et de fatigue, que la personne en question finit par pouvoir se tenir sur son séant; et alors, sous une masse informe de castor écrasé, avec un hémicycle de papillotes bleues autour de la tête, vous auriez pu reconnaître, devinez quoi! les traits délicats de miss Fanny Squeers.

« Ah ! Tilda ! cria Mlle Squeers, m'avez-vous assez donné de coups de pied tout le long de cette chienne de nuit ?

— Par exemple ! j'aime bien cela, répliqua son amie en riant, lorsque c'est vous qui avez pris, sans vous gêner, presque toute la voiture à vous seule.

— Écoutez, Tilda, dit Mlle Squeers sérieusement, ne dites pas non, parce que c'est la vérité et qu'il est inutile que vous essayiez de me persuader le contraire. Il est possible que vous ne vous en soyez pas aperçue : vous dormiez si bien ; mais, moi, je n'ai pas seulement fermé l'œil ; ainsi j'espère que vous pouvez me croire. »

En faisant cette réponse, Mlle Squeers ajustait son voile et son chapeau, mais avec peu de succès, car il n'aurait fallu rien moins que la baguette d'un magicien et la suspension complète de toutes les lois de la nature pour donner à son couvre-chef une forme régulière ou une figure humaine. Pourtant elle finit par se flatter qu'elle n'avait pas encore l'air trop malpropre. Elle secoua les miettes de sandwiches et les restes de biscuits qui s'étaient accumulés dans son giron, et profita du bras que lui offrait John Browdie pour descendre de voiture.

« Là ! dit John au cocher dont il venait de faire approcher le fiacre, en faisant monter les dames et charger le bagage, nous allons à l'hôtel de Sarah, mon garçon.

— Là-z-où ? cria le cocher.

— Qu'est-ce que vous dites donc, Browdie ? interrompit Mlle Squeers ; cette idée ! c'est à la *Tête de Sarrasin.*

— Je savais toujours bien qu'il y avait du Sarah là dedans, c'est le *sin* qui m'avait échappé ; à présent vous savez oùsque c'est, brave homme ?

— Oh ! ah ! je connais ça, répondit le cocher d'un air refrogné en fermant la portière.

— Tilda, ma chère, réellement, reprit Mlle Squeers d'un ton de reproche, on va nous prendre pour je ne sais qui.

— Qu'ils nous prennent comme ils voudront, et, s'ils ne nous prennent pas, qu'ils nous laissent, dit John Browdie. Nous ne sommes pas venus à Londres pour autre chose que pour nous amuser, n'est-ce pas ?

— Je l'espère, monsieur Browdie, répliqua Mlle Squeers visiblement contrariée.

— Eh bien alors, dit John, qu'est-ce que ça fait ? Je n'ai pu me marier que depuis quatre jours, parce que la mort de mon pauvre vieux père a tout retardé ; c'est donc une noce complète, la fille, le garçon, la demoiselle d'honneur ; si ce n'est pas l'occasion pour un homme de se donner du plaisir, quand est-ce donc qu'il s'en donnera ? hein ? sapristi ! je vous le demande. »

Et pour commencer à se donner du plaisir, sans perdre de temps, M. Browdie appliqua un gros baiser sur les joues de sa femme et eut bien du mal à en prendre un à miss Squeers, qui l'égratignait bel et bien en luttant contre cette douce violence avec un courage de Lucrèce. Ce ne fut qu'en arrivant à la *Tête de Sarrasin* qu'il sortit vainqueur de la résistance pudique ou des simagrées de la jeune rebelle.

Une fois là, ils se retirèrent tous dans leur chambre, chacun de leur côté : après un si long voyage, le sommeil n'était pas de trop ; mais ils se retrouvèrent à midi à table, devant un déjeuner substantiel servi par les soins de M. John Browdie dans un petit cabinet particulier au premier étage avec vue de tous côtés sur les écuries.

Il fallait voir maintenant Mlle Squeers, débarrassée du castor brun et du voile vert et des papillotes de papier bleu, parée dans sa splendeur virginale d'un spencer et d'une jupe blanche, avec un chapeau de mousseline blanche, garni en dedans d'une rose de Damas artificielle, tout épanouie. Ses cheveux luxuriants, frisés en boucles si serrées qu'elles n'avaient pas à craindre d'être dérangées par le vent, et le tour de son chapeau couronné de petites roses de Damas en bouton, qu'on pouvait prendre pour les dignes enfants de la grosse, la mère aux autres, à laquelle elles tenaient compagnie. Il fallait voir aussi la large ceinture de ruban de damas bien assortie avec toute cette petite famille de roses, comme elle prenait bien les contours de sa taille flexible, sans compter qu'elle dissimulait par derrière avec un art ingénieux le défaut du spencer, malheureusement un peu court. Il fallait voir tout cela, et puis aussi autour de ses poignets des bracelets de corail dont les grains un peu rares laissaient trop voir le cordon noir par lequel ils étaient enfilés, et le collier de corail qui reposait sur son cou, laissant pendre sur son corsage un cœur de cornaline isolé, l'emblème de ses affections libres et dégagées. En vérité, à contempler toutes ces séductions muettes mais expressives, tous ces appels secrets aux plus purs sentiments de notre nature, il y avait de quoi faire fondre les glaces de l'âge et mettre en combustion les ardeurs de la jeunesse.

Le domestique qui servait n'y fut pas insensible : tout domestique qu'il était, il se permettait d'avoir de la sensibilité et des passions comme un autre, et il regarda miss Squeers sous le nez en lui donnant les rôties pour le thé.

« Papa est-il ici, savez-vous ? demanda miss Squeers avec dignité.

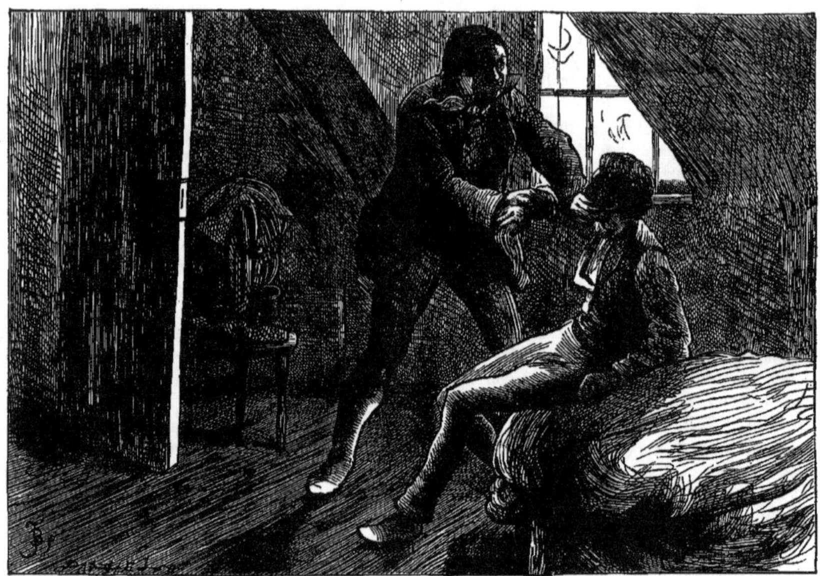

Il ferma la bouche au captif avec sa large main. (P. 291.)

— Plaît-il, mademoiselle ?

— Papa, répéta-t-elle, est-il ici ?

— Ici où, mademoiselle ?

— Ici, dans la maison, répliqua miss Squeers. Papa, M. Wackford Squeers ; il reste ici ; est-il chez lui ?

— Je n'ai pas entendu dire qu'il y eût un gentleman de ce nom dans la maison, mademoiselle, répliqua le garçon ; peut-être est-il en bas au café ; je vais voir. »

Voilà-t-il pas quelque chose de joli, ma foi ! Mlle Squeers, tout le long du chemin jusqu'à Londres, n'avait parlé que de leur faire voir comme ils seraient bien reçus et bien traités, en arrivant ; avec quel respect serait accueilli son nom et celui de sa famille ; et puis on venait lui dire tout tranquillement qu'on ne savait pas si son père était descendu dans l'hôtel, comme si c'était le premier venu, disait Mlle Squeers dans un violent accès d'indignation.

« Eh bien, c'est cela ; informez-vous, l'homme, dit John Browdie ; et puis, par la même occasion, vous me monterez encore un pâté de pigeons : voulez-vous ?... L'animal ! murmura John en regardant le plat déjà vide, pendant que le garçon se retirait, il vous appelle ça un pâté : trois pigeonneaux avec deux liards de farce et une croûte si légère qu'on ne sait pas, quand on l'a dans la bouche, si elle y est encore ou si elle n'y est plus. A ce compte-là, il doit falloir bien des pâtés pour faire un déjeuner. »

Au bout d'un court intervalle, dont John profita pour dire deux mots au jambon et s'administrer une tranche de bœuf froid, le garçon revint avec un autre pâté et la nouvelle que M. Squeers ne restait pas dans la maison, mais qu'il y venait tous les jours, et qu'aussitôt qu'il serait arrivé on le ferait monter. Là-dessus il sortit, et n'avait pas tourné les talons qu'il rentrait avec M. Squeers et son intéressant héritier.

« Par exemple, qui est-ce qui se serait attendu à cela ? dit M. Squeers après avoir salué d'abord la compagnie, et reçu de sa fille quelques nouvelles de son ménage.

— Vous êtes bien surpris, papa, de me voir ici, répliqua la demoiselle d'un ton de dépit ; mais c'est que, comme vous voyez, miss Tilda a fini par se marier.

— Et moi, je suis parti tout droit pour voir Londres, voyez-vous ça, monsieur l'instituteur? dit John en livrant une attaque furieuse au pâté.

— C'est la mode à présent, tous les jeunes gens qui se marient n'en font pas d'autres, repartit Squeers. Ils ne s'inquiètent pas plus de la dépense que de rien du tout; et cependant combien ne vaudrait-il pas mieux mettre cet argent-là de côté pour l'éducation future de quelque petit garçon, par exemple; car les marmots vous arrivent, continua M. Squeers en moraliste profond, sans que vous vous en aperceviez. J'y ai été pris, j'en sais quelque chose.

— Voulez-vous prendre une bouchée? dit John.

— Merci, pour moi, non, répondit Squeers; mais si vous voulez seulement laisser mon petit Wackford prendre un peu de gras, je vous en serais obligé. Non, pas de fourchette, il prendra cela avec ses doigts; autrement le garçon le ferait payer, et ils n'ont pas besoin de cela. Ils gagnent déjà bien assez comme cela sur les pâtés..., et vous, monsieur, si vous entendez monter le garçon, fourrez ça dans votre poche et mettez-vous à la fenêtre pour regarder le paysage, vous m'entendez bien?

— Oh! n'ayez pas peur, papa, je connais cela, répliqua l'enfant docile.

— Eh bien, dit Squeers en se tournant vers sa fille; c'est à votre tour maintenant à vous marier bientôt; il est grand temps.

— Oh! dit miss Squeers d'un air agacé, je ne suis pas pressée.

— Vraiment, Fanny? cria sa bonne amie avec un peu de malice.

— Non, Tilda, répliqua miss Squeers en secouant la tête avec énergie. Voyez-vous, moi, je peux attendre.

— Mais il me semble que c'est aussi ce que font les amoureux, continua Mme Browdie.

— Oh! moi, je ne les attire guère, vous savez, Tilda? repartit miss Squeers.

— Je le sais, répondit son amie; quant à cela, c'est extrêmement vrai. »

Le ton de sarcasme dont fut lancée cette repartie aurait pu provoquer une réplique acrimonieuse de la part de Mlle Squeers, dont le caractère, naturellement rageur, encore aigri par la fatigue et les cahots cuisants du voyage, s'irritait d'ailleurs au souvenir du mauvais succès de ses anciennes prétentions sur M. Browdie. La réplique acrimonieuse aurait amené beaucoup d'autres répliques, qui auraient pu amener Dieu sait quoi, si, par bonheur, la conversation n'avait pas, précisément au même instant, changé de sujet, grâce à M. Squeers lui-même.

« Je parie que vous ne devinez pas sur qui nous avons mis la main, Wackford et moi.

— Papa, ce n'est pas M...? » Miss Squeers n'eut pas la force de finir sa phrase, mais Mme Browdie vint à son secours et la finit pour elle. « Nickleby? dit-elle.

— Non, dit Squeers, mais le numéro deux.

— Ce ne serait pas Smike peut-être? cria Mlle Squeers en battant des mains.

— Justement, c'est lui, répondit le père; je vous l'ai empoigné bel et bien.

— Comment! s'écria John Browdie en poussant son assiette, empoigné ce pauvre... (il se reprit) cet infernal coquin? Et où est-il donc?

— Parbleu! dans mon logement, reprit Squeers; je vous l'ai enfermé à double tour dans la chambre de derrière, au deuxième étage, l'homme dedans, la clef dehors.

— Quoi! vrai! dans ton logement? Tu le tiens dans ton logement? Ha! ha! L'Angleterre n'a pas ton pareil. Donne-moi ta main, l'ami. Il faut que je te donne une poignée de main pour ce bon tour. Il le tient dans son logement!

— Oui, dit Squeers, chancelant sur sa chaise du coup de poing amical que le robuste naturel du Yorkshire venait de lui donner dans la poitrine en manière de compliment. C'est bon! merci; mais ne recommencez pas. Je sais bien que vous ne vouliez pas me faire de mal, mais vous m'en avez fait tout de même. Eh bien, qu'est-ce que vous dites de cela? Ce n'est pas mauvais, hein?

— Mauvais! répéta John Browdie; rien que de l'entendre, les bras m'en tombent.

— Je savais bien que j'allais vous surprendre un peu, dit Squeers en se frottant les mains. Cela a été bien joué, allez, et prestement.

— Comment donc ça? demanda John en rapprochant de lui sa chaise; voyons, contez-nous cela tout par le menu. »

Tout en désespérant de satisfaire l'impatience de John Browdie, M. Squeers se mit alors à raconter avec volubilité par quel heureux hasard Smike était tombé entre ses mains, et ne s'arrêta pas d'un bout à l'autre, excepté quand il était interrompu par les cris d'admiration de ses auditeurs.

« Et n'ayez pas peur qu'il m'échappe, ajouta Squeers en finissant et d'un air fin; j'ai pris mes précautions, j'ai arrêté pour demain matin trois places d'impériale; il sera entre moi et Wackford, et je me suis arrangé pour laisser à mon agent à Londres le soin de faire solder mes comptes et de m'envoyer les nouveaux pensionnaires. Vous voyez que vous avez bien fait de venir aujourd'hui, ou, sans cela, vous ne nous auriez pas trouvés ici. Mais, puisque c'est comme cela, à moins que vous ne veniez prendre le thé chez moi ce soir, nous ne nous reverrons plus avant mon départ.

— Eh bien, c'est dit, répliqua John en lui secouant la main, vous nous verrez ce soir, quand vous demeureriez à six lieues d'ici.

— Vrai! vous voulez venir? » reprit M. Squeers, qui ne s'était guère attendu à lui voir accepter avec tant d'empressement son invitation, sans quoi il y aurait regardé à deux fois avant de la faire.

John Browdie, pour toute réponse, lui donna encore une poignée de main.

Leur intention, disait-il, n'était pas de commencer à visiter Londres le jour même de leur arrivée : ainsi ils seraient chez M. Snawley à six heures sans faute, et, quelques moments après, la conversation finit par le départ de M. Squeers et de son fils.

Tout le reste de la journée, M. Browdie fut dans un état d'excitation des plus étranges; il lui prenait par moments des explosions de fou rire à tout rompre. Il n'avait que le temps de prendre son chapeau et de s'en aller passer son accès dans la cour de l'auberge. Il ne tenait pas en place, il ne faisait qu'aller et venir, claquant des mains, dansant des pas de danses rustiques les plus comiques; en un mot, toute sa conduite avait quelque chose de si extraordinaire, que miss Squeers le crut fou, et prit des ménagements avec Mathilde pour lui communiquer longuement son opinion à cet égard. Néanmoins Mme Browdie, loin de se montrer alarmée, déclara qu'elle l'avait déjà vu plus d'une fois dans cet état; qu'elle savait bien, par expérience, que cela finirait par une petite indisposition, mais que les conséquences n'avaient rien de grave, et que ce qu'il y avait de mieux à faire, c'était de le laisser tranquille.

Le résultat lui donna raison. En effet, dès le soir même, pendant qu'ils étaient tous à table dans la salle à manger de M. Snawley, sur la brune, John Browdie se trouva si mal à son aise, et se sentit un étourdissement si violent, que la société en conçut les plus vives alarmes, excepté pourtant son excellente moitié, qui, seule conservant toute sa présence d'esprit, leur assura que, si M. Squeers voulait seulement lui prêter son lit une heure ou deux, en le laissant entièrement seul, son mal se passerait aussi vite qu'il était venu. Tout le monde convint que c'était le meilleur parti à prendre, plutôt que d'envoyer tout de suite chercher le médecin. On monta donc John en le soutenant à grand'peine le long de l'escalier. La chose n'était pas bien commode : ce grand corps était d'un poids énorme, et, s'il montait trois marches, il en reculait deux. Enfin on le hissa sur le lit, on l'y laissa sous la garde de sa femme, qui revint dans la salle commune au bout de quelques minutes, avec l'heureuse nouvelle qu'il dormait comme un loir.

La vérité est que, dans ce moment même, au lieu de dormir comme un loir, John Browdie était assis sur son lit, rouge comme un coq, et se fourrant un coin de l'oreiller dans la bouche pour s'empêcher de rire aux éclats. Une fois qu'il eut réprimé cette envie, il ôta ses souliers, se glissa sans bruit vers la chambre voisine où Smike était retenu prisonnier, tourna la clef en dehors, entra comme un trait, ferma la bouche au captif avec sa large main, avant qu'il pût pousser un cri d'effroi, et lui dit à l'oreille :

« Ouais! est-ce que tu ne me reconnais pas, mon garçon? Browdie... celui que tu as rencontré après la bonne volée donnée au maître d'école?

— Si, si, cria Smike; oh! secourez-moi!

— Te secourir! répliqua John en lui fermant encore la bouche pour qu'il n'en dît pas davantage; est-ce que tu devrais avoir besoin de secours, si tu n'étais pas le plus grand nigaud que la terre ait porté! Qu'est-ce que tu es venu faire ici?

— C'est lui qui m'a emmené; c'est lui! cria Smike.

— Il t'a emmené! Tu ne pouvais pas lui écrabouiller la tête ou te jeter par terre en lui allongeant des coups de pied, en criant à la garde? Quand j'avais ton âge, j'aurais voulu en manger douze comme lui! Mais, va, tu n'es qu'un pauvre idiot, ajouta John d'un air de pitié, et, Dieu me pardonne, j'ai tort de gronder ainsi une pauvre créature comme toi. »

Smike allait ouvrir la bouche pour répondre, mais Browdie l'arrêta.

« Tiens-toi tranquille, et pas un mot avant que je te le dise. »

Après cette sage précaution, John Browdie secoua la tête d'un air résolu, et, tirant de sa poche un tournevis, il se mit à dévisser la serrure, comme s'il n'avait jamais fait que cela, et la posa par terre avec l'instrument à côté.

« Vois-tu çà? eh bien, c'est toi qui l'as fait; à présent, file! »

Smike le regardait, la bouche béante, sans comprendre un mot.

« Je te dis de filer, répéta John, et lestement! Sais-tu où tu demeures?... Oui?... bon. Ces habits-là, est-ce à toi ou au maître d'école?

— Ce sont les miens, répondit Smike, pendant que l'autre le poussait dans la chambre voisine et lui montrait une paire de souliers et un habit posés sur une chaise.

— Mets-les vite. » Et en même temps, John, pour l'aider, lui passait le bras droit dans la manche gauche, et lui mettait le pan de l'habit à la place du collet. « A présent, suis-moi, et, quand tu auras gagné la porte, tourne à droite, qu'on ne te voie pas partir.

— Mais... mais il va m'entendre fermer la porte, répliqua Smike tremblant à cette idée de la tête aux pieds.

— Qu'est-ce que tu as besoin de la fermer, nigaud? Est-ce que tu as peur d'enrhumer le maître d'école, hein?

— N...on, dit Smike dont les dents claquaient de frayeur; mais il m'a déjà rattrapé, il me rattrapera encore; oh! bien sûr, il me rattrapera encore.

— Il me rattrapera! il me rattrapera! reprit John impatienté; il ne te rattrapera pas, te dis-je. Je ne veux pas avoir l'air avec lui d'un mauvais voisin : c'est pour ça que je veux lui laisser croire que tu t'es sauvé de toi-même; mais s'il sort de la salle avant que tu aies décampé, gare à ses os! je ne te laisserai pas reprendre. S'il s'aperçoit de ton départ tout de suite, je lui ferai faire fausse route, je t'en réponds. Mais, si tu as du cœur, tu seras rendu chez toi avant qu'il se doute seulement que tu n'es plus ici. Allons! »

Smike, qui avait tout juste assez d'intelligence pour comprendre que toutes les paroles de John étaient autant d'encouragements, s'apprêtait à le suivre d'un pas tremblant, quand Browdie lui murmura tout bas :

« Tu vas dire au jeune maître que j'ai épousé Mathilde Price, et qu'il n'a qu'à m'écrire à la *Tête de Sarrasin;* dis-lui que je ne lui garde pas de rancune. Nom d'un chien! je vais crever de rire si j'ai le malheur de penser à cette soirée-là. Ah! mon Dieu! je crois encore le voir acharné contre les tartines de beurre. »

C'était un souvenir périlleux pour John dans un pareil moment : il en éprouva un chatouillement qui manqua d'éclater en un rire bruyant, il ne s'en fallut pas de l'épaisseur d'un cheveu. Heureusement pourtant il eut la force de se retenir, descendit à pas de loup, tirant Smike derrière lui, se plaça devant la porte de la salle pour barrer le passage au premier qui voudrait sortir et lui fit signe de décamper.

Une fois là, Smike ne se le fit pas dire deux fois. Il ouvrit la porte tout doucement, et, jetant sur son libérateur un regard de reconnaissance et de frayeur tout ensemble, il prit à droite et se mit à courir comme le vent.

John resta à son poste quelques minutes, puis, voyant que la conversation dans la salle continuait son train, remonta quatre à quatre, toujours avec la même précaution, écouta pendant une heure par-dessus la rampe s'il entendait quelque bruit. Tout restait parfaitement tranquille. Il regagna donc le lit de M. Squeers, et, tirant la couverture par-dessus sa tête, se mit à rire aux larmes.

Quelqu'un qui aurait pu voir le lit s'agiter sous les sanglots de rire étouffés, avec la grosse figure rougeaude du robuste naturel du Yorkshire apparaissant de temps en temps entre deux draps, comme un hippopotame en goguette qui viendrait respirer à la surface de l'eau, pour faire encore après le plongeon dans de nouvelles convulsions de gaieté folâtre, ne se serait guère moins amusé pour son compte que ne le faisait John Browdie lui-même.

CHAPITRE XL

Nicolas devient amoureux. Il emploie un médiateur dont les démarches sont couronnées d'un succès inattendu, excepté pourtant sur un seul point.

Se voyant une fois hors des griffes de son ancien persécuteur, Smike n'eut pas besoin d'être stimulé davantage pour faire tous les efforts et pour appeler à son aide toute l'énergie dont il était capable. Sans perdre un seul instant à réfléchir au chemin qu'il prenait, sans s'occuper de savoir s'il le conduisait chez lui, ou s'il ne l'éloignait pas au contraire, il se mit à fuir avec une vélocité surprenante et une persévérance infatigable. La crainte lui donnait des ailes, et la voix trop connue de Squeers semblait retentir à ses oreilles sous la forme de cris imaginaires poussés par une troupe d'ennemis acharnés à sa poursuite. Les sens troublés du pauvre garçon lui faisaient pour ainsi dire sentir déjà derrière lui leur haleine; ils pressaient ses pas, ils suivaient sa piste, quelquefois distancés, il est vrai, dans cette course fantastique, mais quelquefois aussi gagnant sur lui du terrain, selon les alternatives d'espérance ou de crainte dont il se sentait agité. Longtemps encore, après s'être convaincu que c'étaient de vains sons qui n'avaient d'existence que dans le désordre de son ceaveau, il n'en continuait pas moins sa course toujours aussi impétueuse, que son épuisement et sa faiblesse ne pouvaient pas retarder d'un moment. Ce ne fut que lorsque l'obscurité et le silence d'une grande route dans la campagne le rappelèrent au sentiment des objets extérieurs, et qu'au-dessus de sa tête le ciel étoilé l'avertit de la marche rapide du temps, qu'enfin, couvert de sueur et de poussière, hors d'haleine, il s'arrêta pour écouter et regarder autour de lui.

Tout était calme et silencieux; une masse de lumière dans le lointain, qui jetait sur le ciel une teinte enflammée, marquait la place de la grande cité. Les champs solitaires, séparés par des haies et des fossés, qu'il avait percés, franchis ou traversés dans sa fuite, bordaient la route des deux côtés du chemin. Il était tard, Smike était bien sûr qu'on ne pouvait l'avoir suivi à la trace par où il avait passé; et, s'il devait espérer de retourner chez lui, c'était à coup sûr à l'heure qu'il était, à l'ombre d'une nuit déjà avancée. Smike lui-même, malgré son peu d'intelligence, encore aveuglé par la crainte, finit petit à petit par le comprendre. Il avait eu d'abord une idée vague, une idée enfantine : c'était de faire dix ou douze kilomètres dans la campagne, et de revenir ensuite chez lui par un large circuit, qui l'affranchirait du souci de passer par Londres, tant il appréhendait de traverser les rues tout seul et de s'y rencontrer encore en face de son terrible ennemi; mais, cédant enfin à des inspirations plus raisonnables, il revint sur ses pas, prit la grande route, toujours avec crainte et tremblement, et se dirigea vers Londres d'un pied léger, presque aussi rapidement qu'il avait fui la résidence provisoire de M. Squeers.

A l'heure où il rentra dans la ville par les quartiers de l'Ouest, la plus grande partie des boutiques et des magasins étaient fermés; la foule, qui était sortie vers le soir pour prendre l'air après un jour brûlant, avait déjà regagné ses pénates, excepté quelques traînards qui flânaient encore dans les rues avant d'aller retrouver leur lit, mais il en restait encore assez pour lui indiquer de temps en temps son chemin, et, à force de questions répétées, il finit par se trouver à la porte de Newman Noggs.

Newman avait passé justement cette soirée à courir par voies et par chemins dans les rues de traverse et dans tous les coins de la ville, à la recherche de la personne même qui venait soulever en ce moment son marteau, pendant que Nicolas avait fait de son côté des battues qui n'avaient pas été plus heureuses. Newman était donc assis à table, devant un misérable souper, d'un air triste et mélancolique, lorsque ses oreilles entendirent le coup timide et incertain donné par Smike à sa porte. Son inquiétude le tenait sur le qui-vive, attentif au moindre bruit. Aussitôt donc il descendit l'escalier, et, poussant un cri de joyeuse surprise, entraîna derrière lui le visiteur inespéré dans le corridor et jusqu'au haut de l'escalier sans lui dire un seul mot. Ce ne fut que lorsqu'il l'eut déposé en sûreté dans son galetas, la porte bien fermée derrière eux, qu'il prépara une grande cruche de gin et d'eau; il la porta à la bouche de Smike, comme on présente une tasse de ricin à la bouche d'un enfant rebelle en lui recommandant de l'avaler jusqu'à la dernière goutte.

Newman parut singulièrement déconcerté en voyant que Smike ne faisait guère que tremper ses lèvres dans la précieuse composition qu'il avait préparée de ses mains. Déjà il levait la cruche pour s'en accommoder lui-même, en poussant un profond soupir de compassion pour la faiblesse de son pauvre ami, lorsque, en entendant Smike commencer le récit de ses aventures, il arrêta son bras à mi-chemin, prêta l'oreille et resta en suspens la cruche à la main.

Newman était assez drôle à voir changer à chaque instant d'attitude, à mesure que Smike avançait dans son récit. Il avait commencé par se redresser en se frottant les lèvres du revers de la main, cérémonie préparatoire pour se disposer à boire un coup; puis, au nom de Squeers, il mit la cruche sous son bras, ouvrit de grands yeux et regarda devant lui, au comble de l'étonnement. Quand Smike en vint aux coups qu'il avait reçus dans le fiacre, l'autre se hâta de poser la cruche sur la table, et se mit à arpenter la chambre de sa marche boiteuse, dans un état d'excitation impossible à décrire, s'arrêtant de temps en temps brusquement pour écouter avec plus d'attention. Lorsqu'il fut question de John Browdie, il retomba lentement et par degrés sur sa chaise, se frottant les mains sur les genoux avec un mouvement de plus en plus rapide, à mesure que la narration devenait plus intéressante, et finit par un éclat de rire combiné avec un cri bruyant de ha! ha! ha! après quoi il demanda, d'un air inquiet et découragé, s'il y avait lieu de croire en effet que John Browdie et Squeers n'en seraient pas venus aux mains par hasard.

« Non! je ne pense pas, répliqua Smike, je ne crois pas que Squeers ait pu s'apercevoir de mon évasion avant que je fusse déjà bien loin. »

Newman se gratta la tête avec les apparences du plus grand désappointement, puis il reprit la cruche et se mit à en déguster le délicieux contenu, adressant en même temps à Smike, par-dessus les bords, un sourire ardent et sauvage.

« Vous allez rester ici, dit Newman, vous êtes fatigué, harassé; moi, j'irai leur annoncer votre retour; vous pouvez vous vanter de leur avoir fait une belle peur. M. Nicolas...

— Que Dieu bénisse! cria Smike.

— Ainsi soit-il! répliqua Newman. M. Nicolas n'a pas eu une minute de paix ni de repos, pas plus que la vieille dame ni que miss Nickleby elle-même.

— Oh! non, non! est-ce que vous croyez qu'elle a pensé à moi? Qui? elle? oh! est-ce vrai?... est-ce bien vrai? Ne me dites pas cela, si ça n'est pas.

— Certainement si, cria Newman, c'est un bien noble cœur; elle est aussi bonne que belle.

— Oui, oui, cria Smike, vous avez bien raison.

— Si gracieuse et si douce! dit Newman.

— Oui, oui, cria Smike avec un redoublement de vivacité.

— Ce qui ne l'empêche pas, poursuivit Newman, d'être un modèle de franchise et de loyauté. »

Il allait continuer sur ce ton, lorsque, dans son enthousiasme, en regardant par hasard son compagnon, il s'aperçut qu'il s'était couvert la face de ses mains, et que des larmes furtives coulaient entre ses doigts.

Un moment auparavant, ces mêmes yeux, maintenant baignés de pleurs, étincelaient d'une flamme inaccoutumée, et tous les traits de son visage s'étaient illuminés d'une ardeur qui en avait fait, pour un moment, une créature toute différente d'elle-même.

« Ah! bon! bon! murmura Newman comme un homme embarrassé de sa découverte, je n'en suis pas surpris, j'y avais déjà pensé plus d'une fois; avec un bon naturel comme celui-là, c'était inévitable. Pauvre garçon!... oui, oui, il le sent lui-même... c'est ce qui l'attendait... cela lui rappelle ses premiers maux... Ah! c'est bien cela; oui, je connais cela... hum!... »

Le ton dont Newman Noggs exprimait ces réflexions ambiguës montrait assez qu'il n'envisageait pas du tout avec satisfaction le sentiment qui les lui avait inspirées. Il resta assis quelques minutes d'un air rêveur, jetant de temps en temps à Smike un regard d'inquiétude et de pitié, qui montrait assez qu'il avait plus d'une raison de sympathiser lui-même avec ses tristes pensées.

Enfin il remit sur le tapis la proposition qu'il avait déjà faite : c'était que Smike passât la nuit où il était. Pendant ce temps-là, lui, Noggs, irait tout de suite calmer au cottage l'inquiétude de la famille. Mais Smike n'ayant pas voulu entendre parler de cela, dans l'impatience où il était de revoir ses amis, ils sortirent ensemble, la nuit étant déjà bien avancée, et Smike, fatigué par sa course rapide, avait si mal aux pieds, qu'il pouvait à peine suivre Noggs en clopinant. Le soleil était déjà levé depuis une heure, lorsqu'ils arrivèrent au lieu de leur destination.

Nicolas, qui avait passé la nuit, sans pouvoir fermer l'œil, à combiner des plans chimériques pour retrouver l'ami qu'il avait perdu, n'eut pas plutôt entendu à la porte le son de leurs voix bien connues, qu'il se jeta en bas de son lit pour les faire entrer, plein de joie. Le bruit de leur conversation, de leurs félicitations, de leur indignation eut bientôt réveillé tout le reste de la famille, et Smike reçut un accueil cordial et empressé non seulement de Catherine, mais aussi de Mme Nickleby, qui l'assura de son estime éternelle et de sa protection à tout jamais. Elle eut même l'obligeance de raconter, à cette occasion, pour son amusement plutôt que pour celui de la société, une histoire extrêmement remarquable tirée d'un livre dont elle n'avait jamais su le titre. Mais il s'agissait d'une évasion miraculeuse d'une prison qu'elle ne pouvait pas se rappeler, au profit d'un officier dont elle avait oublié le nom, puni pour un crime dont elle n'avait gardé qu'un souvenir très imparfait.

Nicolas commença par supposer que son oncle ne devait pas être entièrement étranger à cette tentative hardie qui avait été si près de réussir. Mais, après mûres réflexions, il fut plutôt porté à croire que c'était à M. Squeers que revenait tout l'honneur de l'enlèvement de Smike; et, pour mieux s'en assurer, il résolut de s'adresser à John Browdie lui-même, pour connaître mieux les détails; en attendant, il se rendit à ses occupations ordinaires, rêvant tout le long du chemin à une infinie variété de plans, tous également fondés sur les principes les plus rigoureux de la justice distributive, mais malheureusement aussi tous plus inexécutables les uns que les autres, pour punir comme il le méritait le maître de pension du Yorkshire.

« Un beau temps, monsieur Linkinwater, dit Nicolas en entrant dans le bureau.

— Ah! répliqua Timothée; qu'on vienne donc nous parler de la campagne! qu'est-ce que vous dites de ce temps-là, hein, pour un temps de Londres?

— Cela n'empêche pas qu'il est un peu plus beau hors de la ville.

— Plus beau! répéta Tim Linkinwater, je voudrais que vous le vissiez seulement de la croisée de ma chambre à coucher.

— Et vous, je voudrais que vous le vissiez de la mienne, répliqua Nicolas avec un sourire.

— Bah ! bah ! dit Tim Linkinwater, ne me parlez pas de cela. La campagne (Bow était pour Timothée un véritable lieu champêtre), des bêtises ! Vous pouvez à la campagne vous procurer des œufs frais et des fleurs, c'est vrai, mais voilà tout; et encore, quand je veux des œufs frais pour mon déjeuner, je n'ai qu'à aller au marché de Londonhall ; on en trouve là tous les matins, et, quant aux fleurs, vous n'avez qu'à monter l'escalier, et quand vous aurez senti mon réséda ou regardé ma giroflée double, qui est à la fenêtre de la mansarde n° 6, sur la cour, vous ne regretterez pas votre peine.

— Une giroflée double, au n° 6, sur la cour ? Il y en a donc une ? dit Nicolas.

— S'il y en a une ! répliqua Timothée ; je crois bien, et encore le pot n'est pas fameux : il est fêlé et n'a pas d'égout. Il y avait même, ce printemps, des jacinthes en fleur dans... mais vous allez vous moquer, j'en suis sûr.

— Me moquer de quoi ?

— De ce qu'elles étaient fleuries dans de vieilles bouteilles à cirage, dit Timothée.

— Comment donc ? mais il n'y a pas de quoi rire, » répliqua Nicolas.

Timothée le regarda sérieusement un moment, comme s'il se fût senti encouragé par le ton de sa réponse à se montrer plus communicatif avec lui sur ce sujet ; puis, mettant derrière l'oreille sa plume qu'il venait de tailler, et faisant claquer gentiment son canif en fermant la lame :

« Voyez-vous, dit-il, monsieur Nickleby, ces fleurs-là appartiennent à un pauvre petit garçon malade et bossu. Il semble que ce soit le seul plaisir de sa triste existence. Voyons ! combien y a-t-il d'années, dit Timothée en réfléchissant, que je l'ai vu pour la première fois, tout petit, se traînant sur une paire de béquilles ? Ma foi ! ce n'est pas bien vieux. Ça ne paraîtrait rien pour un autre, mais lui, quand j'y pense, c'est bien long, bien long. Savez-vous, continua-t-il, que c'est bien pénible de voir un petit enfant contrefait, isolé des autres enfants, les regardant actifs et joyeux se livrer à des ébats qu'il ne peut que suivre des yeux sans y prendre part ? J'en ai eu le cœur navré plus d'une fois.

— C'est que ce cœur-là est bon, dit Nicolas, de s'arracher ainsi à ses préoccupations journalières et de pouvoir donner quelques instants à des observations comme celle-là. Vous disiez donc...

— Que ces fleurs appartiennent à ce pauvre petit garçon, dit Timothée : voilà tout. Quand le temps est beau et qu'il peut se traîner hors de son lit, il vient mettre sa chaise tout près de la fenêtre et s'y assied, occupé tout le jour à les regarder et à les soigner. Nous avons commencé par nous saluer d'un signe de tête ; nous avons fini par nous parler. « Autrefois, quand je lui souhaitais le bonjour en lui demandant comment il allait, il prenait un visage souriant, et me disait : « Mieux. » Mais à présent il se contente de secouer la tête et se penche sur ses vieilles plantes pour les soigner de plus près. Que ce doit être triste de ne pas voir autre chose, pendant des mois et des années, que les tuiles des toits voisins et les nuages qui passent ! Heureusement qu'il est plein de patience.

— N'a-t-il personne auprès de lui dans la maison, demanda Nicolas, pour égayer sa solitude ou pour secourir sa faiblesse ?

— Son père y demeure, je crois, répliqua Timothée, et j'y vois encore d'autres gens, mais personne n'a l'air de faire grande attention aux douleurs du pauvre estropié. Je lui ai demandé bien des fois si je ne pouvais pas lui être bon à quelque chose, il m'a toujours fait la même réponse : « Rien. » Depuis quelque temps, sa voix est devenue trop faible pour se faire entendre. Mais je vois encore au mouvement de ses lèvres que sa réponse est toujours la même. A présent, comme il ne peut plus quitter son lit, on l'a approché tout contre la fenêtre. Il y reste étendu toute la journée, regardant tantôt le ciel, tantôt ses fleurs, qu'il se donne encore la peine d'arroser et d'arranger lui-même de ses petites mains amaigries. Le soir, quand il voit de la chandelle dans ma chambre, il tire le rideau de sa croisée et le laisse comme cela jusqu'à ce que je sois couché. Il semble que cela lui tienne compagnie de savoir que je suis là. Aussi je m'assieds souvent à ma fenêtre une heure ou deux. Quelquefois même je me lève la nuit pour regarder la lueur triste et sombre qui éclaire sa petite chambre, et je me demande s'il dort ou s'il veille.

» Bientôt il ne veillera plus, il dormira toute sa nuit, dit Timothée, pour ne plus se réveiller que dans le ciel. Nous n'avons pourtant jamais seulement serré la main l'un de l'autre de toute notre vie ; eh bien, cela n'empêche pas que je le regretterai comme un vieil ami. A présent, dites-moi si, dans toutes vos fleurs de campagne, il y en a une qui pût m'intéresser autant que celle-là ? Croyez-vous franchement que je ne verrais pas avec moins de peine se flétrir sous mes yeux mille espèces de ces fleurs d'élite, décorées aujourd'hui des noms latins les plus rudes que l'on puisse inventer, plutôt que de voir disparaître ce pot fêlé et ces bouteilles noircies quand on les emportera au grenier ? La campagne ! cria Timothée avec un mépris superbe ; ne savez-vous pas qu'il n'y a qu'à Londres que je puisse avoir une cour comme celle-là, au-dessous de ma chambre à coucher ? »

Là-dessus Timothée se détourna, sous prétexte de se plonger dans ses calculs, et se hâta de profiter de l'occasion pour s'essuyer les yeux, pendant qu'il supposait Nicolas occupé à regarder ailleurs.

Soit que les calculs de Timothée fussent ce jour-là plus compliqués que d'habitude, soit que ces souvenirs attendrissants eussent, en effet, troublé sa sérénité ordinaire, quand Nicolas, au retour d'une commission qu'il avait à faire, lui demanda si M. Charles Cheeryble était seul dans son cabinet, Timothée lui répondit tout de suite, et sans la moindre hésitation, qu'il n'y avait personne avec lui, quoiqu'il n'y eût pas dix minutes qu'il y fût entré quelqu'un, et que Timothée se fît un point d'honneur tout particulier de ne jamais laisser déranger les deux frères quand ils étaient occupés avec quelque visiteur.

« En ce cas, je vais tout de suite lui porter cette lettre, » dit Nicolas; et en même temps il alla frapper à la porte du cabinet.

Pas de réponse.

Il frappe encore : personne ne répond encore.

« C'est qu'il n'y est pas, pensa Nicolas. Je vais toujours mettre la lettre sur son bureau. »

Il ouvre donc la porte et entre. Mais il n'a rien de plus pressé que de revenir sur ses pas en voyant, à son grand étonnement et avec quelque embarras, une demoiselle aux pieds de M. Cheeryble qui la suppliait de se relever, engageant une personne tierce, qui avait tout l'air de la domestique de la la demoiselle, à joindre ses efforts aux siens pour la déterminer à ne point rester dans cette position.

Nicolas balbutia quelque excuse assez gauche, et se retirait précipitamment, quand la demoiselle, en tournant un peu la tête, lui présenta les traits de la charmante jeune fille qu'il avait vue au bureau de placement lors de sa première visite à cet etablissement. Puis, en jetant un coup d'œil sur la domestique, il reconnut cette même bonne, de modeste apparence, qui l'accompagnait alors. Suspendu entre l'admiration que lui inspirait la vue des charmes de la demoiselle et la confusion où le jetait la surprise de cette reconnaissance inattendue, il resta immobile comme une souche, dans un tel état de saisissement et d'embarras, qu'il se sentit pour le moment également incapable de parler ni de bouger.

« Ma chère madame, ma chère demoiselle, criait le frère Charles dans une agitation violente, finissez, je vous prie; pas un mot de plus, je vous en conjure; ce que je vous demande à mains jointes, c'est de vous lever. Nous..., nous ne sommes pas seuls. »

En même temps, il releva la jeune personne, qui alla prendre une chaise en chancelant et s'évanouit.

« Elle se trouve mal, monsieur, dit Nicolas se précipitant vers elle.

— Pauvre enfant, cria le frère Charles, pauvre enfant! Où est le frère Ned? Ned, mon cher frère, venez un peu, je vous prie.

— Frère Charles, mon cher ami, répliqua Ned en entrant brusquement dans la chambre, qu'est-ce qu'il y a? quoi?

— Chut! chut! pas un mot de plus, au nom du ciel, frère Ned, répliqua l'autre. Sonnez la gouvernante, mon cher frère; appelez Tim Linkinwater. Monsieur Tim Linkinwater, venez vite. Mon cher monsieur Nickleby, je vous en prie et vous en supplie, laissez-nous seuls.

— Il me semble qu'elle est mieux, dit Nicolas, qui, dans son zèle à considérer la malade, n'avait pas même entendu qu'on le priait de sortir.

— Pauvre mignonne! cria frère Charles en prenant doucement la main de la jeune fille dans la sienne et lui tenant la tête posée sur son bras. Frère Ned, mon cher ami, je comprends votre étonnement de voir une scène pareille ici, dans notre cabinet d'affaires, mais... » Avant d'en dire davantage, il se rappela la présence de Nicolas, et, lui serrant la main, le pria avec instance de quitter la chambre et de lui envoyer sans retard Tim Linkinwater.

Nicolas se retira immédiatement, et, en retournant au bureau, trouva la vieille gouvernante et Tim Linkinwater qui se coudoyaient l'un l'autre, dans leur empressement extraordinaire à se rendre près des frères Cheeryble. Sans s'arrêter à écouter Nicolas, Tim Linkinwater se précipita dans le cabinet, et Nicolas entendit aussitôt fermer en dedans la porte à double tour.

Il eut le temps de réfléchir à son aise sur cet incident, car l'absence de Timothée dura près d'une heure, pendant laquelle Nicolas ne fit autre chose que penser à la demoiselle, à sa beauté incomparable, aux raisons qui l'avaient amenée là, au mystère dont on entourait cette affaire. Plus il y pensait, plus il se perdait en conjectures et plus il brûlait de savoir ce que c'était que cette jeune personne, qu'il ne connaissait pas et qu'il aurait pourtant reconnue entre mille. Puis il se promenait de long en large dans son bureau, poursuivi par ce visage et cette tournure dont il avait toujours devant les yeux l'image vive et présente; son esprit écartait tout autre sujet pour ne songer qu'à celui-là.

Enfin Tim Linkinwater revient... d'une froideur désespérante, des papiers à la main, la plume entre les dents, tout comme si de rien n'était.

Plusieurs bonnes et quelques petits garçons restèrent pétrifiés par l'apparition de Noggs. (P. 299.)

« Est-elle tout à fait remise? demanda Nicolas avec impétuosité.

— Qui ça? répondit Tim Linkinwater.

— Qui ça! répéta Nicolas; la jeune demoiselle.

— Combien font quatre cent vingt-sept fois trois mille deux cent trente-huit, monsieur Nickleby? demanda Timothée en reprenant sa plume à la main.

— Tout à l'heure, reprit Nicolas; répondez d'abord à ma question; je vous demandais...

— Ah! cette demoiselle? dit Timothée en mettant ses lunettes, oui, oui; oh! elle est tout à fait bien.

— Tout à fait bien, n'est-ce pas?

— Tout à fait, répliqua M. Linkinwater gravement.

— Est-ce qu'elle pourra retourner chez elle aujourd'hui?

— Elle est partie.

— Partie?

— Oui.

— J'espère qu'elle n'a pas loin à aller? dit Nicolas en regardant l'autre d'un œil curieux.

— Mais, reprit l'imperturbable Timothée, moi aussi. »

Nicolas hasarda encore une ou deux observations, mais il était évident que Tim Linkinwater avait ses raisons pour éluder ses questions et qu'il était résolu à ne plus donner aucun renseignement sur la belle inconnue, qui avait éveillé un si vif intérêt dans le cœur de son jeune ami. Sans se laisser décourager par cet échec, Nicolas revint le lendemain à la charge, enhardi par l'occasion, car il trouva M. Linkinwater moins taciturne et moins boutonné qu'à l'ordinaire ; mais, sitôt qu'il revint à son sujet favori, l'autre retomba dans un état de taciturnité plus désespérant que jamais, et, après avoir répondu d'abord par monosyllabes, il finit par ne plus répondre du tout, lui laissant le soin d'interpréter comme il voudrait quelques mouvements de tête ou d'épaules parfaitement insignifiants, qui ne faisaient qu'aiguiser l'appétit féroce de Nicolas, tourmenté par un besoin déraisonnable de satisfaire sa curiosité.

Battu sur tous les points, il n'avait plus d'autre espoir que d'épier la prochaine visite de la demoiselle ; mais il n'en est pas plus avancé : les jours se passent et la demoiselle ne revient pas. Il avait beau examiner avec attention la suscription de toutes les lettres adressées dans ses bureaux aux patrons, il n'y en avait pas une qu'il pût supposer de son écriture. Deux ou trois fois on le chargea de commissions au dehors, qui devaient le tenir éloigné quelque temps, et qui étaient dans les attributions ordinaires de Tim Linkinwater. Nicolas ne put s'empêcher de soupçonner qu'on faisait exprès, pour une raison ou pour une autre, de l'envoyer en ville pendant que la demoiselle venait à la maison. Mais rien ne justifiait ses soupçons, et il n'y avait pas de danger que Timothée se laissât prendre à lui faire quelque aveu ou à lui donner quelque indice qui pût les confirmer en rien.

Les obstacles et le mystère ne sont pas absolument nécessaires à l'amour pour alimenter sa flamme, mais ce sont le plus souvent pour lui de puissants auxiliaires. « Loin des yeux, loin du cœur, » dit le proverbe : cela peut être vrai pour l'amitié, quoique, à vrai dire, les attachements infidèles n'aient pas toujours besoin de l'absence pour y trouver une excuse, et qu'elle aide plutôt, au contraire, à en prolonger le semblant, comme les pierres fausses imitent mieux à distance le pur éclat du diamant. Mais l'amour se nourrit surtout des ardeurs d'une imagination vive ; il a la mémoire longue et l'entretien facile ; il vit de peu, presque de rien. Aussi est-ce souvent dans les séparations, et sous l'empire des circonstances les plus difficiles, qu'il prend son plus riche développement. Nous en avons un exemple dans Nicolas, qui, à force de rêver uniquement à son inconnue, de jour en jour et d'heure en heure, en vint à croire à la fin qu'il en était amoureux fou, et qu'il n'y avait jamais eu au monde d'amour aussi mal servi par la fortune, aussi persécuté que le sien.

Quoi qu'il en soit, il avait beau aimer et languir à l'instar des modèles les plus orthodoxes du genre, que pouvait-il faire ? Choisir Catherine pour confidente ? mais il se sentait retenu sur-le-champ par cette considération bien simple qu'il n'avait rien à lui dire, car il n'avait pas même une fois en sa vie eu l'avantage de parler à l'objet de sa passion, ou même de reposer sur elle ses yeux, si ce n'est en deux occasions ; encore n'avait-elle fait alors que paraître et disparaître avec la rapidité de l'éclair, ou, comme disait Nicolas dans ses éternelles conversations avec lui-même sur ce sujet intéressant, ce n'avait été qu'une apparition de jeunesse et de beauté trop brillante pour durer longtemps. Ce qu'il y a de sûr, c'est que son ardeur et son dévouement restaient sans récompense : on ne voyait plus la demoiselle. C'était donc de l'amour en pure perte, et quel amour ! de quoi en défrayer honnêtement une douzaine de gentlemen de notre temps. Tout ce que gagnait Nicolas, c'était de devenir tous les jours plus mélancolique, plus sentimental, plus langoureux.

Les choses en étaient là, quand la banqueroute d'un correspondant des frères Cheeryble, en Allemagne, imposa à Tim Linkinwater et à Nicolas un travail forcé pour la vérification de comptes longs et embrouillés, embrassant un laps de temps considérable. Pour en finir plus tôt, Tim Linkinwater ouvrit l'avis que, pendant une semaine ou deux, on restât au bureau jusqu'à dix heures du soir. Nicolas accueillit de grand cœur cette proposition, car rien ne rebutait son zèle pour le service de ses chers patrons, pas même son amour romanesque, quoique l'amour ne soit guère compatible avec les affaires. Dès leur première veille, le soir, à neuf heures, arriva, non pas la demoiselle en personne, mais sa suivante, qui, après être restée enfermée quelque temps avec le frère Charles, partit, pour revenir le lendemain à la même heure, et le surlendemain, et ainsi de suite.

Ces visites répétées enflammèrent la curiosité de Nicolas au plus haut degré. Le supplice de Tantale n'était rien auprès de ses tourments ; et, désespérant de pouvoir approfondir ce mystère sans négliger son devoir, il confia son secret tout entier à Newman Noggs, le priant en grâce de faire le guet toute la soirée, de suivre la jeune fille jusque chez elle, de prendre tous les renseignements qu'il pourrait se procurer sur le nom, la condition, l'histoire de sa maîtresse, sans cependant exciter de soupçons, enfin de lui faire du tout un rapport fidèle et détaillé dans le plus bref délai.

Jugez si Newman Noggs était fier de cette preuve de confiance. Dès le soir même il alla se poster dans le square, une grande heure d'avance; il se planta derrière la pompe, enfonça son chapeau sur ses yeux, et se mit à faire le pied de grue avec un air de mystère si peu dissimulé, qu'il ne devait pas manquer d'éveiller les soupçons de tous les passants. Aussi, plusieurs bonnes qui vinrent tirer de l'eau dans leurs seaux, et quelques petits garçons qui s'arrêtèrent pour boire au robinet, restèrent pétrifiés par l'apparition de Newman Noggs, jetant un regard furtif derrière la pompe sans rien montrer de sa personne que sa figure, la figure d'un ogre qui sent la chair fraîche.

La messagère ne se fit pas attendre : elle entra à son heure habituelle, et repartit un peu plus tard. Newman et Nicolas s'étaient donné rendez-vous, l'un pour le lendemain soir, en cas de non-succès, l'autre pour le surlendemain, quand même. Le point de réunion était une certaine taverne à mi-chemin entre la Cité et Golden-square : Nicolas y attendit vainement son confident le premier jour; mais, le second, il n'arriva qu'après lui et fut reçu par Newman à bras ouverts.

« Tout va bien, dit-il tout bas à Nicolas. Asseyez-vous, asseyez-vous, mon brave jeune homme, et laissez-moi vous conter tout cela. »

Nicolas prit un siège et demanda avec empressement ce qu'il y avait de nouveau.

« Du nouveau ! il y en a, et beaucoup, dit Newman dans une espèce de transport de ravissement. Tout va bien, ne vous inquiétez pas. Voyons ! par où commencer? Soyez tranquille; du courage! Tout va bien.

— Vraiment? dit Nicolas vivement.

— Quand je vous le dis, c'est que c'est vrai.

— Eh bien, qu'est-ce qu'il y a? Son nom d'abord, mon cher ami.

— Crevisse, répondit Newman.

— Crevisse ! répondit Nicolas indigné.

— Vous l'avez dit. Je me rappelle ce nom-là à cause de sa ressemblance avec écrevisse.

— Crevisse ! répéta encore Nicolas avec plus d'énergie que tout à l'heure. C'est impossible, il faut que vous vous soyez trompé, c'est sans doute le nom de sa domestique.

— Non pas, non pas, dit Newman secouant la tête en homme sûr de ne pas se tromper : Mlle Cécile Crevisse.

— Cécile, ah! reprit Nicolas marmottant les deux noms à la suite l'un de l'autre, et recommençant sur tous les tons, à la bonne heure ! Cécile est un joli nom.

— Très joli, et la petite aussi, dit Newman.

— Qui cela ? demanda Nicolas.

— Mlle Crevisse.

— Mais où donc l'avez-vous vue?

— Ne vous inquiétez pas, mon cher garçon, répondit Noggs en lui donnant une tape sur l'épaule. Je l'ai vue, et vous la verrez aussi. J'ai arrangé tout cela.

— Mon cher Newman, cria Nicolas en lui serrant la main avec force, vous ne plaisantez pas?

— Du tout, répliqua Newman. Je vous parle sérieusement. Tout cela est exact. Vous la verrez demain soir. Elle consent à entendre votre déclaration. Je l'ai persuadée. C'est un prodige d'affabilité, de bonté, de douceur, de beauté.

— Oh ! j'en étais sûr, dit Nicolas. C'est bien elle, Newman, je la reconnais à ce portrait. » Et il pressait la main de Newman à le faire crier.

« Doucement donc, fit Noggs.

— Où demeure-t-elle ? cria Nicolas. Qu'avez-vous appris sur son compte? A-t-elle un père, une mère, des frères, des sœurs? Qu'est-ce qu'elle a dit ? Comment avez-vous fait pour la voir ? N'a-t-elle pas été bien étonnée? Lui avez-vous dit combien je désirais ardemment de m'entretenir avec elle? Lui avez-vous dit où je l'ai vue pour la première fois? Lui avez-vous dit comment, où, quand, depuis combien de temps, et combien de fois j'ai pensé à sa charmante figure qui, dans mes plus amers chagrins, m'apparaissait comme un reflet d'un monde meilleur? Dites, Newman, dites donc ! »

Le pauvre Noggs était littéralement suffoqué par ce flot de questions qui venaient l'assaillir, sans lui laisser seulement le temps de respirer. A chaque parole de cet interrogatoire, il faisait sur sa chaise un mouvement spasmodique, et ne cessait de fixer sur Nicolas des yeux empreints d'une expression de perplexité comique.

« Non, dit-il, je ne lui pas parlé de cela.

— Pas parlé de quoi?

— Du reflet d'un monde meilleur. Je ne lui ai pas dit non plus qui vous étiez ni où vous l'aviez vue pour la première fois. Mais, par exemple, je lui ai dit que vous l'aimiez à la folie.

— Vous aviez bien raison, Newman, répliqua Nicolas avec sa fougue ordinaire. Dieu sait combien c'est vrai.

— Je lui ai dit encore qu'il y avait longtemps que vous nourrissiez secrètement cette passion pour elle.

— Oui, oui, c'est encore vrai; et qu'a-t-elle dit à cela?

— Elle s'est mise à rougir.

— Bon, cela devait être, » dit Nicolas satisfait.

Alors Newman, poursuivant son récit, lui raconta que la demoiselle était seule d'enfant dans la maison; qu'elle n'avait plus de mère; qu'elle demeurait avec son père, et que, si elle avait consenti à accorder une entrevue à son prétendant, c'était sur les instances de sa domestique, qui paraissait exercer sur elle une grande influence. Il avait lui-même eu besoin de déployer l'éloquence la plus pathétique pour l'amener là; il avait été bien formellement entendu qu'elle consentait purement et simplement à entendre la déclaration de Nicolas, sans prendre aucun engagement, ni rien promettre de ses dispositions à son égard. Quant au mystère de ses relations avec les frères Cheeryble, Newman ne pouvait en rien l'éclaircir; il n'avait même voulu y faire aucune allusion, ni dans ses conversations préliminaires avec la servante, ni plus tard dans son entrevue avec la demoiselle; il s'était borné à leur faire connaître qu'il avait été chargé de suivre la bonne jusque chez elle, sans dire de quel endroit. Au reste, Newman, d'après quelques mots échappés à la domestique, avait conjecturé que la demoiselle menait une vie triste et misérable sous l'autorité rigoureuse de son père, homme d'un caractère violent et brutal. C'était même à cette circonstance qu'il attribuait la démarche de la demoiselle auprès des frères Cheeryble, pour se mettre sous leur protection et les intéresser à son sort, et le parti qu'elle avait pris à grand'peine d'accorder à Nicolas l'entrevue sollicitée pour lui. C'était, selon lui, une déduction logique dont la conséquence sortait naturellement des prémisses. N'était-il pas, en effet, tout naturel qu'une demoiselle, dans une situation si peu digne d'envie, n'eût rien de plus pressé que de changer de condition?

On comprend que Newman, en raison de ses habitudes, n'était pas homme à donner tous ces renseignements d'une haleine, et qu'il fallut bien des questions pour tirer de lui ces longs détails. Nicolas sut de même que Noggs, allant au-devant du peu de confiance que pouvait inspirer le costume de l'ambassadeur, avait expliqué la modestie de son extérieur par la nécessité de prendre un travestissement pour mieux remplir ses fonctions délicates. Et, quand son ami lui demanda comment il avait été entraîné par son zèle jusqu'à solliciter une entrevue, il répondit qu'ayant trouvé la demoiselle bien disposée à cet égard, il avait cru satisfaire à la fois aux intérêts de sa cause et aux lois de la chevalerie, en profitant de cette précieuse occasion pour mettre Nicolas à même de pousser sa pointe. Après cent questions et cent réponses de ce genre, répétées plus de vingt fois, ils se séparèrent, se donnant rendez-vous pour le lendemain à dix heures et demie du soir, afin de ne pas manquer l'entrevue, fixée à onze heures.

« Il faut avouer qu'il y a de drôles de choses dans le monde, pensait en lui-même Nicolas en revenant chez lui. Je n'avais jamais eu cette ambition, je n'en aurais même pas eu l'idée, tant cela me semblait impossible. De connaître à la longue quelque particularité sur le sort d'une personne à laquelle je prenais beaucoup d'intérêt, de la voir dans la rue, de passer et repasser moi-même devant sa maison, de la rencontrer quelquefois sur son chemin, d'arriver enfin à concevoir l'espérance qu'un jour viendrait où je serais en position de lui parler de mon amour, toutes mes prétentions n'allaient pas au delà, et voilà que déjà... Mais je serais un grand fou de me plaindre de ma bonne fortune. »

Cependant, au fond, il se sentait mécontent, et dans ce mécontentement il y avait quelque chose de plus qu'une simple réaction de sentiments. Il en voulait à la demoiselle de s'être rendue si facilement. « Car enfin, se disait-il, si elle m'avait connu, c'est différent ; mais se rendre au premier venu ! » Certes, ce n'était pas du tout agréable. L'instant d'après, c'était contre lui-même qu'il était fâché; il se reprochait ces soupçons honteux. Comment croire qu'il pût rien entrer d'équivoque dans le temple même de l'honneur? et, au besoin, l'estime des frères Cheeryble n'était-elle pas un garant assez sûr de sa conduite honorable. « Le fait est que je m'y perds, disait-il; cette demoiselle est un mystère d'un bout à l'autre. » Cette conclusion n'était guère plus satisfaisante que ses premières réflexions, et ne faisait que le lancer davantage dans un nouvel océan de conjectures chimériques où il trébuchait à chaque pas; il resta dans cet embarras jusqu'à ce que l'horloge, en sonnant dix heures, lui rappelât l'heure du rendez-vous.

Nicolas avait fait toilette. Newman Noggs lui-même avait fait aussi quelques frais. Son habit, qui ne s'était jamais vu à pareille fête, présentait un ensemble de boutons presque complet, et les épingles, qui faisaient l'office de reprises perdues, étaient attachées assez proprement. Il portait son chapeau d'un air coquet, avec son mouchoir dans le fond de la forme; seulement, il y en avait un bout chiffonné qui pendait par derrière comme une queue, et dont on ne peut faire honneur à l'esprit inventif de Noggs, entièrement innocent de cet embellissement fortuit. Il ne s'en apercevait même pas, car l'état d'excitation de ses nerfs le rendait insensible à toute autre chose que le grand objet de leur expédition.

Ils traversèrent les rues dans un profond silence et, après avoir marché quelque temps d'un bon pas, ils en trouvèrent une de pauvre apparence et peu fréquentée, près de la route d'Ege-ware.

« Numéro douze, dit Newman.

— Ah! dit Nicolas en regardant autour de lui.

— Une bonne petite rue, dit Newman.

— Oui, un peu triste. »

Newman laissa passer cette observation sans y répondre; mais, s'arrêtant brusquement, il planta Nicolas le dos contre une des grilles des sous-sols et lui recommanda de rester là à attendre sans remuer ni pieds ni pattes, jusqu'à ce qu'il fût allé en éclaireur pousser une reconnaissance. En effet, il se mit à trotter en clopinant, regardant à chaque instant par-dessus son épaule, pour s'assurer que Nicolas observait fidèlement ses instructions. Puis il monta les marches d'une maison, à peu près à douze portes de là, et disparut.

Il ne fut pas longtemps à reparaître, et revint, toujours clopinant; mais il s'arrêta à moitié chemin et fit signe à Nicolas de le suivre.

« Eh bien? dit Nicolas en s'avançant vers lui sur la pointe du pied.

— Tout va bien! répliqua Newman transporté de joie, on vous attend. Il n'y a personne à la maison, cela se trouve bien. Ha! ha! »

Après ces paroles encourageantes, il se glissa devant une porte sur laquelle Nicolas aperçut en passant une plaque de cuivre avec ce mot en grosses lettres : « Crevisse »; puis, s'arrêtant à la grille de service qui se trouvait ouverte, il fit signe à son jeune ami de descendre avec lui.

« Où diable me menez-vous? dit Nicolas en se reculant. Est-ce que nous allons à la cuisine, comme des valets, chercher les plats et les assiettes?

— Chut! répliqua Newman, le vieux Crevisse est féroce comme un Turc. Il tuerait tout et soufflèterait la demoiselle; cela lui arrive déjà bien assez souvent.

— Comment! s'écria Nicolas furieux, voulez-dire par là qu'il y ait au monde un téméraire qui soufflette une si charmante... »

Il n'eut pas le temps pour le moment d'achever son compliment, car Newman le poussa si doucement, qu'il manqua de le précipiter au bas de l'escalier. Nicolas comprit que le plus sage était d'en rire, et descendit sans plus dire mot; mais sa physionomie, pour le moment, ne trahissait guère l'espérance ni le ravissement d'un amoureux bien épris. Derrière lui descendait Newman, qui serait bien descendu la tête la première sans l'assistance opportune de Nicolas. Nicolas lui donna la main pour le suivre à son tour dans un corridor pavé, noir à faire peur, et de là dans une arrière-cuisine, ou, si vous l'aimez mieux, dans une cave où ils s'arrêtèrent, engloutis dans la plus sombre obscurité.

« Ah çà! dit Nicolas tout bas, d'un ton peu satisfait, je suppose que ce n'est pas là tout, n'est-ce pas?

— Non, non, répondit Noggs; elles vont être ici dans la minute. Tout va bien.

— Je suis bien aise de vous entendre m'en donner l'assurance; j'avoue que je ne l'aurais pas cru. »

Ils n'échangèrent plus une parole. Nicolas, debout, entendait seulement la respiration bruyante de Newman Noggs, et croyait voir briller son nez rouge comme une braise au milieu des ténèbres dans lesquelles ils étaient ensevelis. Tout à coup un bruit de pas discrets frappe son oreille, et immédiatement après une voix de femme demande si le gentleman n'est pas là.

« Si, répondit Nicolas en se retournant vers le coin d'où la voix se faisait entendre. Qui est-ce qui est là?

— Oh! ce n'est que moi, monsieur, répondit la voix... Maintenant, si vous voulez venir, madame? »

Une lumière lointaine vint éclairer la cuisine, puis la servante entra, portant une chandelle, et suivie de sa jeune maîtresse, qui semblait accablée de pudeur et de confusion.

A la vue de la demoiselle, Nicolas tressaillit et changea de couleur. Son cœur battit avec violence, et lui, restait là, comme s'il eût pris tout à coup racine dans le sol. Au même instant, car la demoiselle et la chandelle avaient à peine eu le temps d'entrer ensemble, on entend à la porte de la rue un furieux coup de marteau qui fait sauter Newman Noggs avec une agilité surprenante, du baril de bière sur lequel, nouveau Bacchus, il s'était assis à califourchon, et il s'écrie brusquement, la figure pâle comme un linge : « Crevisse, morbleu! »

La demoiselle jeta un cri perçant; la servante se tordit les mains; Nicolas portait de l'une à l'autre ses regards stupéfaits; Newman courait de droite à gauche, fourrant les mains successivement dans toutes les poches qu'il possédait, et en retournant la doublure dans l'excès de son irrésolution. Cela ne dura qu'un moment, mais assez pour accumuler en une minute tout ce que l'imagination peut rêver de plus abominable confusion.

« Sortez, au nom du ciel! Nous avons eu tort, c'est Dieu qui nous punit, cria la demoiselle. Sortez, ou je suis perdue sans ressource.

— Voulez-vous me permettre de vous dire un mot, cria Nicolas, un seul mot? Il n'en faudra pas plus pour expliquer toute cette mésaventure. »

Mais autant en emporta le vent; car la jeune dame était déjà remontée, les yeux égarés de frayeur. Il voulait la suivre, sans Newman qui se cramponna à son collet pour le retenir et l'entraîna dans le corridor par où ils étaient entrés.

« Laissez-moi, Newman, de par tous les diables! cria Nicolas. Il faut que je lui parle, je le veux; je ne quitterai pas cette maison sans lui dire...

— Sa réputation... son honneur... de la violence... Réfléchissez, dit Newman en le serrant de ses deux bras et en le poussant devant lui. Laissez-les ouvrir la porte au père; sitôt qu'elle sera refermée, nous nous en irons tout de suite par où nous sommes venus. Allons! par ici. Bon! »

Vaincu par les remontrances de Newman, par les larmes et les prières de la servante, et par ce terrible coup de marteau qui allait toujours son train, Nicolas se laissa entraîner; et juste au moment où Crevisse faisait son entrée par la porte, Noggs et lui firent leur sortie par la grille.

Ils se mirent à courir le long de plusieurs rues sans s'arrêter et sans dire un mot. Enfin ils firent halte et se regardèrent dans le blanc des yeux aussi consternés l'un que l'autre.

« Ne craignez rien, dit Newman en reprenant haleine; ne vous laissez pas décourager, tout va bien. On ne sera pas toujours si malheureux. Personne ne pouvait prévoir ça. J'ai fait de mon mieux.

— A merveille, répliqua Nicolas en lui prenant la main; à merveille, comme un brave et fidèle ami. Seulement, écoutez bien, Newman, je ne suis point désappointé du tout, et je ne vous en sais pas moins gré de votre zèle; seulement, vous vous êtes trompé de demoiselle.

— Comment! cria Newman Noggs, attrapé par la servante?

— Newman, Newman, dit Nicolas en lui mettant la main sur l'épaule, vous vous étiez aussi trompé de servante. »

Newman laissa retomber sa mâchoire inférieure de saisissement et regarda en face Nicolas, avec son bon œil fixe et immobile, et comme cloué dans sa tête.

« Ne prenez pas la chose à cœur, dit Nicolas, cela n'a pas d'importance. Vous voyez que cela m'est égal. Vous avez suivi cette bonne pour une autre, voilà tout. »

Et voilà tout, en effet. Était-ce que Newman Noggs, à force de regarder de côté derrière la pompe, avait fini par se fatiguer la vue et se tromper de direction? Était-ce que, croyant avoir du temps de reste, il était allé se réconforter avec quelques gouttes d'un liquide plus généreux que celui de la pompe? Qu'on l'explique comme on voudra, le fait est qu'il s'était trompé. Nicolas s'en retourna chez lui pour rêver à cette aventure, et surtout pour réfléchir à son aise sur les charmes de sa jeune et belle inconnue, plus inconnue que jamais.

CHAPITRE XLI

Contenant quelques épisodes romanesques des amours de Mme Nickleby avec le gentleman en culotte courte, son voisin porte à porte.

A partir de cette dernière conversation intéressante que Mme Nickleby avait eue avec son fils, elle s'était mise à déployer une attention inaccoutumée dans le soin de sa parure, ajoutant, jour par jour, à ces vêtements sérieux et conformes à la gravité de son âge, qui jusqu'alors avaient composé son costume, une grande variété d'enjolivements et d'atours qui en eux-mêmes n'étaient pas considérables, mais qui, dans leur ensemble, et surtout dans leur but, avaient une certaine importance. Il n'y avait pas jusqu'à sa robe noire qui n'empruntât quelque agrément à l'élégante gentillesse avec laquelle elle était portée, et ses habits de deuil prenaient un tout autre caractère, sous la main habile qui relevait leurs attraits languissants par une disposition savante d'ornements supplémentaires, placés à propos. Ce n'est pas qu'ils fussent toujours bien frais ni bien coûteux; c'étaient des restes de splendeur passée, échappés au naufrage domestique de la bonne dame, et qui dormaient en paix dans le coin obscur de quelque tiroir ou de quelque cassette; mais, en troublant leur repos pour donner à son deuil un air plus jeune et plus coquet, Mme Nickleby transformait ces gages de respect et de tendre affection pour les morts en emblèmes redoutables des intentions les plus meurtrières et les plus assassines contre les vivants.

Cette révolution dans les habitudes de Mme Nickleby pouvait tenir à un sentiment élevé du devoir, et à des inspirations de la nature la plus honorable. Peut-être aussi cette dame avait-elle fini par se reprocher la faiblesse avec laquelle elle s'abandonnait à un chagrin stérile, ou par sentir la nécessité de donner dans sa personne un exemple légitime de propreté et de décorum à sa fille encore novice dans l'art de plaire. Après cela, devoir à part, et sans parler de sa responsabilité maternelle, ce changement se justifiait aisément par le simple sentiment de la charité la plus pure et la plus désintéressée. Le gentleman d'à côté avait été vilipendé par Nicolas. On l'avait traité rudement d'idiot et de vieil imbécile. Or ces attaques contre son intelligence retombaient bien un peu sur Mme Nickleby : il est donc possible qu'elle eût compris qu'en bonne chrétienne elle devait, pour l'honneur de cette victime d'une criante injustice, ne rien négliger pour prouver qu'il n'était ni l'un ni l'autre. Pouvait-elle mieux faire, je vous le demande, pour un but si louable et si vertueux, que de démontrer à tous les yeux, en mettant en relief ses avantages personnels, que la passion du monsieur était la chose du monde la plus naturelle et la plus raisonnable, et le résultat tout simple (résultat facile à prévoir pour toute personne sage et discrète) de l'imprudence avec laquelle elle avait déployé ses charmes dans toutes les séductions de leur maturité, sans ménagement et sans réserve, sous l'œil même, pour ainsi dire, d'un cœur trop ardent et trop inflammable?

« Ah! disait Mme Nickleby en secouant la tête d'un air grave, si Nicolas savait tout ce que son pauvre cher père a souffert avant notre union, du temps que je ne lui montrais que de la haine, il aurait un peu plus d'indulgence. Je n'oublierai jamais cette matinée où je le regardai avec mépris, lorsqu'il m'offrit de porter mon ombrelle, ou bien encore cette soirée où je lui ai fait la moue tout le temps; c'est vraiment bien heureux qu'il n'ait pas pris le parti d'émigrer alors, mais je suis sûre que mes rigueurs lui en ont donné l'idée. »

Le défunt n'aurait-il pas mieux fait d'émigrer avant son mariage? C'était une question sur laquelle Mme Nickleby n'eut pas le temps de s'appesantir; car, au milieu de ses réflexions, elle vit entrer dans la chambre Gatherine, sa fille, sa boîte à ouvrage à la main, et il n'en fallait pas tant, à coup sûr, pour donner aux pensées de Mme Nickleby un cours tout différent.

« Ma chère Catherine, dit-elle, je ne sais pas comment cela se fait, mais une journée d'été belle et chaude comme celle-ci, avec le chant des oiseaux de tous côtés, me rappelle toujours un cochon de lait à la broche avec une sauce à l'oignon à la française.

— Voilà une singulière association d'idées, maman, qu'en dites-vous?

— Ma foi, je ne sais pas, répliqua Mme Nickleby. Cochon de lait à la broche! Voyons! cinq semaines après votre baptême, nous eûmes à la broche... non... ce ne pouvait pas être un cochon de lait; car je me rappelle qu'il y avait deux pièces à découper, et votre pauvre papa et moi nous n'aurions jamais eu l'idée de faire rôtir à la fois deux cochons de lait; c'étaient sans doute des perdrix... Cochon de lait à la broche! Maintenant que j'y pense, je ne crois pas que nous en ayons eu jamais à la maison, car votre papa ne pouvait même pas souffrir d'en voir quelqu'un étalé dans les boutiques. Il disait qu'il croyait voir des petits enfants de lait, si ce n'est que les petits cochons ont le teint beaucoup plus beau; or il avait horreur des petits enfants : la crainte qu'il avait de voir augmenter sa famille lui donnait pour eux une répugnance invincible... Mais alors, qu'est-ce qui peut donc m'avoir mis cela dans la tête? Ah! je me rappelle avoir dîné un jour chez Mme Bevan (vous savez, dans la grande rue, en détournant devant le carrossier, où cet ivrogne est tombé un jour par le soupirail d'une maison vacante, huit jours avant le terme, et ne fut découvert que lorsque le nouveau locataire fit son emménagement). Eh bien, là, il y avait un cochon de lait à la broche. C'est là, sans aucun doute, ce qui me fait penser aux petits cochons, dans l'été. Avec cela qu'il y avait dans la salle à manger un petit serin qui n'a fait que chanter tout le temps du dîner... C'est-à-dire, non, ce n'était pas un petit serin, c'était une perruche, et elle ne chantait pas précisément, mais elle parlait et jurait à faire frémir; je crois bien que ce doit être ça, ou plutôt à présent j'en suis sûre. Ne pensez-vous pas comme moi, ma chère?

— Comment donc! mais il n'y a pas l'ombre d'un doute, maman, répondit gaiement Catherine avec un sourire.

— Non, ne plaisantez pas. Voyons! Catherine, dites-moi si vous ne pensez pas comme moi, reprit Mme Nickleby avec autant de gravité que si c'eût été une question de l'intérêt le plus vif et le plus pressant. Si vous n'êtes pas de mon avis, dites-le : il faut être franche, surtout quand il s'agit d'un sujet véritablement aussi curieux et aussi remarquable que cette étrange relation d'idées. »

Catherine ne put s'empêcher de rire encore, en répétant qu'elle était parfaitement convaincue, et, dans la crainte que sa mère n'eût pas encore épuisé cette question ou cette conversation déjà longue, elle lui proposa d'emporter leur ouvrage dans la serre, pour y jouir du beau temps.

Mme Nickleby ne se fit pas prier deux fois, et elles partirent pour la serre, ce qui coupa court à toute discussion.

« Eh bien, dit Mme Nickleby en s'asseyant à sa place, j'avoue que je n'ai jamais vu une si bonne créature que Smike. Vraiment, le mal qu'il s'est donné pour entrelacer en berceau tous ces petits arbustes, et pour élever au pied les fleurs les plus embaumées, est au-dessus de tous les remercîments... Pourtant, ma chère Catherine, j'aurais désiré qu'il n'eût pas mis tout le sable de votre côté pour ne me laisser que la terre.

— Chère maman, répondit Catherine avec empressement, mettez-vous à ma place..., je vous en prie, pour m'obliger, maman.

— Non, ma chère, je n'en ferai rien..., j'ai ma place et je la garde, dit Mme Nickleby; tiens, qu'est-ce que cela? » Catherine regarda sa mère pour savoir ce qu'elle voulait dire. « Voyez s'il n'a pas été chercher, je ne sais où, deux ou trois pieds de ces fleurs que je vous disais l'autre soir que j'aimais tant, en vous demandant si vous n'étiez pas comme moi; non, je me trompe, c'était vous qui les aimiez, disiez-vous, et qui me demandiez si je n'étais pas comme vous..., mais cela revient au même... Eh bien, les voilà... Je vous assure que je trouve que c'est une attention bien aimable de sa part; je n'en vois pas, ajouta-t-elle en regardant de plus près autour d'elle, je n'en vois pas de mon côté; c'est qu'apparemment elles se plaisent mieux près du sable. Vous pouvez en être sûre, Catherine; c'est pour cela qu'il les aura plantées toutes près de vous, et qu'il aura mis tout le sable de votre côté, qui est plus exposé au soleil, et je vous assure que ce n'est pas maladroit du tout; moi-même, je n'aurais peut-être pas eu l'idée d'y penser.

— Maman, dit Catherine la tête penchée sur son ouvrage de manière à cacher presque son visage, avant votre mariage...

— Mon Dieu, ma chère Catherine, dit en l'interrompant Mme Nickleby, qu'est-ce qui peut, je vous le demande, vous transporter ainsi à l'époque qui a précédé mon mariage, quand je vous parle du soin de Smike et de ses attentions pour moi? On dirait que vous ne prenez pas le moindre intérêt au jardin.

— Ah! maman, dit Catherine relevant la tête, vous savez bien que si.

— Alors, ma chère, comment se fait-il que vous ayez l'air de ne pas seulement vous apercevoir de la propreté élégante avec laquelle il est tenu? Vraiment, Catherine, je trouve cela bien drôle de votre part.

— Mais, maman, repartit Catherine doucement, je vous assure que je m'en aperçois bien; pauvre garçon!

— Au moins je ne vous en entends jamais parler, reprit Mme Nickleby, c'est tout ce que je peux en dire. » Comme la bonne dame ne restait pas volontiers longtemps sur le même sujet, elle fut bientôt se prendre au petit piège que lui avait tendu sa fille, et lui demanda ce qu'elle voulait dire tout à l'heure.

« A propos de quoi donc, maman? dit Catherine, qui probablement avait déjà entièrement oublié son essai infructueux pour faire diversion à l'éloge de Smike.

— Mais, ma chère Catherine, répondit sa mère, qu'avez-vous donc? Dormez-vous ou avez-vous perdu l'esprit? Ne me parliez-vous pas du temps avant mon mariage?

— Ah! oui, maman, dit Catherine, je me rappelle la question que je voulais vous faire : avant votre mariage, avez-vous eu beaucoup de prétendants?

— Des prétendants! ma chère, cria Mme Nickleby avec un sourire de satisfaction superbe; de compte fait, Catherine, je dois en avoir eu au moins une douzaine.

— Ah! maman, reprit Catherine d'un ton moins satisfait.

— Oui, ma chère, une douzaine, et sans compter encore votre pauvre papa ni un jeune gentleman que je rencontrais alors à la salle de danse, et qui envoyait des montres et des bracelets chez nous, enveloppés dans du papier doré (bien entendu qu'on n'a jamais voulu les recevoir), et qui, plus tard, a eu le malheur d'aller à Botany-Bay sur un bâtiment de guerre, je veux dire sur un bâtiment de condamnés; puis, dit-on, il se sauva dans un bois, tua des moutons : je ne sais pas comment il se fait qu'il y ait là des moutons. Enfin il allait être pendu, lorsqu'il s'étrangla par accident, et alors le gouvernement lui a remis sa peine. Après cela, dit Mme Nickleby récapitulant ses conquêtes sur le bout de ses doigts, en commençant par le pouce gauche, j'avais le jeune Lukin, Mogley, Tipslark, Cabbery, Smifser... »

Parvenue, dans son compte, à son petit doigt, Mme Nickleby allait faire un report sur l'autre main, lorsque sa fille et elle tressaillirent toutes deux vivement en entendant un « hem! » bruyant qui avait l'air de venir des fondations mêmes du mur mitoyen.

« Maman, qu'est-ce que c'est que cela? dit Catherine à voix basse.

— Je ne sais qu'en dire, répondit Mme Nickleby visiblement émue, à moins que ce ne soit le gentleman d'à côté. Je ne vois pas ce qui pourrait...

Il finit par se tenir en équilibre sur une jambe. (P. 309.)

— Ah! ah! hem! » cria la même voix, et cela non pas sur le ton d'une de ces petites toux ordinaires par lesquelles on prélude pour éclaircir sa voix, mais plutôt comme une espèce de beuglement qui alla réveiller tous les échos du voisinage, et se prolongea de manière à laisser croire que l'auteur de ce mugissement sans nom devait en avoir la face cramoisie.

« Je sais maintenant, ma chère, dit Mme Nickleby en posant sa main sur celle de Catherine; ne craignez rien, ma petite, ce n'est pas à vous que cela s'adresse, et ce n'est point du tout pour faire peur aux gens; il faut rendre justice à tout le monde, Catherine, c'est un devoir pour moi. »

Et, en parlant ainsi, Mme Nickleby hocha la tête et caressa bien des fois le dos de la main de sa fille. On voyait qu'elle aurait pu, si elle avait voulu, révéler un secret des plus importants, mais, Dieu merci! elle savait se retenir, et certainement n'en ferait rien.

« Mais que voulez-vous dire, maman? demanda Catherine, surprise au dernier point.

— Ne vous agitez pas comme cela, ma chère, répliqua Mme Nickleby en regardant du côté du mur mitoyen. Vous voyez bien que, moi, je suis calme, et certes, s'il était permis à quelqu'un d'être agité, je serais, vu les circonstances, bien excusable de l'être; mais je ne le suis pas, Catherine, je ne le suis pas du tout.

— Mais, maman, on avait l'air de vouloir attirer notre attention, dit Catherine.

— On voulait, en effet, attirer notre attention, ma chère, ou au moins, continua Mme Nickleby en se redressant et en caressant la main de sa fille d'un manière plus tendre encore, attirer l'attention de l'une de nous..., hem! Vous n'avez que faire de vous tourmenter, ma fille. »

Catherine paraissait n'y rien comprendre, et elle allait demander de plus amples explications, lorsqu'on entendit, dans la même direction qu'auparavant, comme le bruit d'une lutte violente, une espèce de cri de guerre sauvage poussé par une voix déjà cassée, accompagnée de trépignements violents sur le sable, et ce vacarme n'était pas encore fini, qu'on voyait s'élever dans l'air, avec la rapidité d'une fusée, un gros concombre qui descendit bientôt et vint, par ricochet, rouler aux pieds de Mme Nickleby.

Cet étrange phénomène fut suivi d'un autre exactement pareil, mais après cela ce fut un beau potiron de grosseur monstrueuse qu'on vit tourner dans le vide et venir s'abattre encore dans le jardin; puis plusieurs concombres partirent ensemble, puis enfin, pour le bouquet, l'air fut obscurci par une grêle d'oignons, de radis et d'autres petits légumes qui couronnèrent en tombant, en roulant, en rebondissant de toutes parts, ce feu d'artifice végétal.

Catherine alors se leva de sa chaise un peu alarmée et prit sa mère par la main pour courir toutes les deux à la maison. Mais, chose singulière, elle sentait de la part de Mme Nickleby plus de résistance que d'empressement à la suivre, et, jetant les yeux du côté où regardait cette dame, elle fut tout à coup effrayée par l'apparition d'un vieux bonnet de velours noir qui, petit à petit, comme si celui qui en était armé montait une échelle ou un marchepied, s'élevait au-dessus du mur de séparation entre leur jardin et le cottage voisin. Quelques degrés de plus et le bonnet lui-même fut suivi d'une grosse tête et d'un vieux visage percé d'une paire d'yeux gris les plus extraordinaires du monde; des yeux égarés, tout grands ouverts, roulant dans leur orbite avec un regard hébété, languissant, niais, hideux à voir.

« Maman! cria Catherine véritablement épouvantée cette fois, ne vous arrêtez donc pas, ne perdez donc pas un instant; venez donc, maman, je vous en prie.

— Catherine, ma chère, répondit sa mère en la retenant dans sa course, que vous êtes donc enfant; je suis toute honteuse de vous voir comme cela. Comment pouvez-vous espérer de jamais vous tirer d'embarras dans la vie, si vous montrez toujours autant de faiblesse!... Qu'est-ce que vous voulez, monsieur? dit Mme Nickleby, en s'adressant à l'étranger indiscret, avec un air de mécontentement démenti par son sourire. Pourquoi vous permettez-vous de venir regarder dans ce jardin?

— Reine de mon âme! réplique l'autre en joignant ses mains pour l'implorer, buvez un petit coup dans ce gobelet.

— Mais c'est absurde, monsieur, dit Mme Nickleby... Catherine, ma mignonne, tenez-vous tranquille.

— Pourquoi ne voulez-vous pas boire un petit coup dans ce gobelet? répéta l'étranger avec insistance, en penchant la tête sur son épaule droite de l'air le plus suppliant, et en posant sa main sur son cœur. Oh! je vous en prie, un petit coup dans le gobelet.

— Je ne consentirai jamais à faire pareille chose, monsieur, dit Mme Nickleby; je vous en prie, allez-vous-en.

— Pourquoi faut-il, dit le vieux monsieur, en montant un échelon de plus et en s'accoudant sur le mur avec autant d'aisance que s'il regardait par la fenêtre, pourquoi faut-il que la beauté montre toujours un cœur si rebelle, même à une passion aussi honorable et aussi respectueuse que la mienne? » Ici il sourit, envoya des baisers avec sa main et fit plusieurs salutations très humbles. « C'est la faute des abeilles qui, après la saison du miel, lorsqu'on croit les avoir étouffées avec le soufre, s'envolent réellement en Barbarie, et vont, de leurs chants monotones, bercer le sommeil des Maures dans l'esclavage; ou peut-être, ajouta-t-il en baissant la voix et parlant du bout des lèvres, peut-être cela vient-il de ce que l'on a vu dernièrement la statue de Charing-Cross se promener à minuit en redingote devant la Bourse, bras dessus, bras dessous, avec la pompe de Ald-Gate.

— Vous entendez, maman? murmura Catherine.

— Chut, ma fille, réplique Mme Nickleby du même ton; vous voyez qu'il est très poli et je crois même qu'il nous faisait tout à l'heure une citation de quelque poète. Ne m'ennuyez donc pas comme cela..., laissez-moi, vous me pincez jusqu'au sang... Retirez-vous d'ici, monsieur.

— D'ici, dit le gentleman d'un air languissant; oh oui, d'ici, certainement.

— Sans doute, continua Mme Nickleby, vous n'avez que faire ici; vous n'êtes pas là chez vous, monsieur, vous devez le savoir.

— Je le sais bien, dit le vieux monsieur en mettant son doigt contre son nez avec un air de familiarité très répréhensible; je sais que c'est ici un lieu sacré, enchanté, où les charmes les plus divins (ici nouveau baiser envoyé avec la main, nouvelles salutations très humbles), où les charmes les plus divins répandent sur les jardins d'alentour une vertu mellifique qui développe chez les fruits et les légumes une maturité précoce. Pour ce qui est de cela, je ne l'ignore pas. Mais voulez-vous me permettre, ô la plus belle de toutes les créatures, de vous faire une question pendant que la planète Vénus est allée faire je ne sais quoi chez les horseguards? car si elle était là, jalouse comme elle est de la supériorité de vos appas, elle viendrait interrompre notre entretien.

— Catherine, dit Mme Nickleby en se tournant vers sa fille, je suis vraiment bien embarrassée; je ne sais que répondre à ce gentleman, et cependant, vous le savez, on ne doit jamais manquer de politesse.

— Chère maman, répondit Catherine, ne lui dites pas un mot, mais sauvons-nous à toutes jambes et enfermons-nous à la maison jusqu'au retour de Nicolas. »

Mme Nickleby prit alors de grands airs, pour ne pas dire des airs méprisants, à cette proposition humiliante; et, se tournant vers le vieux monsieur, qui les observait avec une attention stupide pendant leur pourparler : « Monsieur, dit-elle, si vous voulez vous conduire en parfait gentleman, comme vous paraissez l'être, à en juger par votre langage et... et... votre mine) tout le portrait de votre grand-papa, ma chère Catherine, dans ses beaux jours), et me faire tout uniment la question que vous avez à m'adresser, je veux bien y répondre. »

S'il est vrai que l'excellent papa de Mme Nickleby ressemblait, dans ses beaux jours, au voisin à présent occupé à regarder par-dessus le mur, il faut avouer que ce devait être pour le moins, à la fleur de son âge, un vieux bonhomme bien ridicule. Ce fut sans doute aussi l'opinion de Catherine, qui prit sur elle d'examiner avec quelque attention le vivant portrait de son grand-père, au moment où il ôta son bonnet de velours noir pour exposer au jour une tête parfaitement chauve, et faire une longue kyrielle de révérences, avec accompagnement, à chaque fois, de baisers aériens. Enfin, après s'être épuisé, selon toute apparence, dans cet exercice fatigant, il se couvrit encore la tête, tira avec beaucoup de soin son bonnet par-dessus ses oreilles, et, reprenant sa première attitude, parla en ces termes :

« Voici la question... »

Ici il s'interrompit pour regarder de tous les côtés autour de lui, et s'assurer, d'une manière certaine, qu'il n'y avait personne à l'écouter. Quand il fut bien sûr de son fait, il se donna plusieurs fois une petite tape sur le nez, avec un air rusé, comme s'il se félicitait en lui-même de sa précaution, puis, étendant le cou, il dit d'un ton de mystère, quoique assez haut :

« N'êtes-vous pas une princesse?

— Vous vous moquez de moi, monsieur, répliqua Mme Nickleby, en faisant semblant d'opérer sa retraite du côté de sa maison.

— Du tout; mais, franchement, en êtes-vous une? dit le vieux gentleman.

— Vous savez bien que non, monsieur.

— Alors ne seriez-vous pas parente de l'archevêque de Canterbury? demanda-t-il avec beaucoup d'intérêt, ou bien du pape de Rome, ou de l'orateur de la Chambre des Communes? Veuillez m'excuser si je fais erreur, mais on m'a dit que vous étiez la nièce des commissaires du pavage, et la belle-fille du lord-maire et de la cour du conseil municipal, ce qui établirait naturellement votre parenté avec ces trois grands personnages.

— Monsieur, répondit Mme Nickleby avec vivacité, quiconque a tenu sur mon compte de tels propos a pris d'étranges libertés avec moi, et, si mon fils Nicolas venait à le savoir, je suis certaine qu'il ne permettrait pas un instant qu'on abusât ainsi de mon nom. Cette idée! ajouta Mme Nickleby en se redressant, la nièce des commissaires du pavage!

— Je vous en prie, maman, venons-nous-en, lui dit tout bas Catherine.

— Je vous en prie, maman! Quelle bêtise, Catherine! dit Mme Nickleby d'un ton courroucé; mais voilà toujours comme vous êtes. Si l'on m'avait prise pour la nièce de quelque méchant moineau, cela vous aurait été égal, et vous vous révoltez à l'idée qu'on fasse de moi une cousine du pape. Mais je sais bien que personne ne s'intéresse à moi; aussi je n'y compte guère. » Et Mme Nickleby pleurnichait.

« Des larmes! cria le vieux gentleman en faisant un saut si énergique qu'il dégringola deux échelons et s'égratigna le menton contre le mur... Allons! attrapez-moi ces globules de cristal, qu'on les saisisse, qu'on les mette en bouteille, qu'on les bouche bien, qu'on les cachette avec mon Cupidon, qu'on les étiquète première qualité, et qu'on les range sur la quatorzième planche avec une barre de fer par-dessus pour les empêcher de partir. Cela ferait un bruit de tonnerre. »

Tout en exécutant ces commandements, comme s'il y avait eu là une douzaine de domestiques empressés à accomplir ses ordres, il retournait son bonnet de velours et le remettait avec une grande dignité sur le coin de la tête, de manière à se cacher l'œil droit et les trois quarts du nez, puis, le poing sur la hanche, il avait l'air de porter un défi insolent à un moineau qu'il voyait près de lui sur une branche, jusqu'à ce que l'oiseau se dérobât par la fuite à son air menaçant. Alors il mit son bonnet dans sa poche, d'un air de grande satisfaction, et prit les manières les plus respectueuses pour s'adresser à Mme Nickleby.

« Belle madame (telles furent ses expressions), si j'ai fait quelque méprise au sujet de votre famille ou de vos relations, je vous demande humblement pardon ; si j'ai supposé que vous étiez alliée à des puissances étrangères, ou à des comités nationaux, c'est parce que vous avez dans toute votre personne des manières, un port, une dignité qui me serviront d'excuse, quand je dirai qu'il n'y a personne qui puisse rivaliser avec vous à cet égard, si ce n'est peut-être, par exception, la Muse tragique, quand par hasard elle joue de l'orgue de barbarie devant la Compagnie des Indes orientales. Je ne suis plus un jeune homme, madame, comme vous voyez, et, quoique des personnes qui vous ressemblent ne sachent pas ce que c'est de vieillir, je prends la liberté d'espérer que nous sommes faits l'un pour l'autre.

— Vous voyez ce que je vous avais dit, Catherine, ma chère fille, dit Mme Nickleby d'une voix défaillante et tournant les yeux par modestie.

— Madame, dit avec volubilité le vieux gentleman en relevant sa main droite avec une négligence qui ne manquait pas de grâce, comme s'il eût fait peu de cas de la fortune, j'ai des terres, des biches, des canaux, des étangs poissonneux, des pêcheries de baleines qui m'appartiennent dans la mer du Nord, et plusieurs bancs d'huîtres d'un grand rapport dans l'Océan Pacifique. Prenez seulement la peine d'aller à la Banque, ôtez le chapeau à trois cornes de l'huissier robuste qui y fait sentinelle, et vous trouverez, dans la doublure du fond, ma carte enveloppée dans un morceau de papier bleu. On peut aussi visiter ma canne chez le chapelain de la Chambre des Communes, auquel il est expressément défendu de recevoir de l'argent pour la montrer. J'ai des ennemis autour de moi, madame, continua-t-il en regardant du côté de sa maison, et en parlant tout bas : ils ne me laisseront pas de repos qu'ils ne m'aient dépouillé de mes biens. Si j'avais l'avantage d'obtenir votre cœur et votre main, vous pourriez vous adresser au lord chancelier, ou même, au besoin, appeler la force armée. Rien qu'en envoyant mon cure-dent au commandant en chef, cela suffirait; et alors nous ferons maison nette avant la cérémonie du mariage. Après cela, l'amour, le bonheur et le ravissement; le ravissement, le bonheur et l'amour. Ah! soyez à moi, soyez à moi! »

En répétant ces derniers mots avec un enthousiasme délirant, le vieux gentleman remit son bonnet de velours noir, et, fixant les yeux avec vivacité sur le ciel, dit quelques mots assez peu intelligibles sur un ballon qu'il attendait et qui était un peu en retard, et finit par répéter son refrain :

« Soyez à moi, soyez à moi!

— Ma chère Catherine, dit Mme Nickleby, je ne me sens pas la force de parler, et pourtant il est nécessaire, pour le bonheur de tout le monde, que nous en finissions une fois pour toutes.

— Mais, au contraire, maman, reprit sa fille, il n'y a pas du tout nécessité que vous disiez un mot.

— Permettez-moi, s'il vous plaît, ma chère, de juger par moi-même de ce qui me regarde, dit Mme Nickleby.

— Soyez à moi, soyez à moi! » cria le vieux gentleman.

Mme Nickleby fixa sur la terre des yeux pudiques, et dit :

« Monsieur, je pourrais me dispenser de faire connaître à un étranger si de pareilles propositions de sa part sont reçues ou non de la mienne avec des sentiments de reconnaissance ou de sympathie, avec cela qu'elles sont accompagnées de circonstances véritablement singulières; cependant il peut être en même temps permis de dire, quant à présent, et dans une certaine mesure (locution familière à Mme Nickleby), qu'on ne peut voir qu'avec plaisir et satisfaction les sentiments qu'on inspire.

— Soyez à moi, soyez à moi! cria le vieux gentleman. Gog et Magog, Gog et Magog, soyez à moi, soyez à moi, soyez à moi!

Mme Nickleby reprit son discours avec un sérieux imperturbable :

« Monsieur, il me suffira de vous dire, et je suis sûre que vous interpréterez mes paroles comme une réponse décisive qui ne vous laissera plus d'espoir, que j'ai pris la résolution de rester veuve et de me dévouer uniquement à mes enfants; car j'ai des enfants, monsieur. Il est vrai qu'il y a beaucoup de personnes, dont vous pourriez partager l'erreur, qui se refusent à le croire malgré tout; mais c'est la vérité, et même de grands enfants. Nous serons charmés de vous avoir pour voisin, charmés, enchantés, je vous assure; mais à tout autre titre, c'est impossible, tout à fait impossible. Que je sois encore assez jeune pour me remarier, je ne dis ni oui, ni non; mais je ne veux pas en entendre parler pour tout au monde. Je me suis promis de ne jamais me remarier, et je ne me remarierai jamais. Il m'est très pénible d'avoir à refuser vos offres, et j'aurais bien mieux aimé que vous ne me les eussiez pas faites; mais enfin, c'est la réponse que depuis longtemps j'étais résolue à faire, et que je ferai toujours. »

Toutes les parties de cette harangue n'étaient pas destinées au vieux gentleman seulement; il y en avait quelques-unes à l'adresse de Catherine, et d'autres qui pouvaient passer pour un soliloque. Dans tous les cas, l'effet ne fut pas ce qu'on devait en attendre. En entendant les conclusions négatives de l'objet de ses feux, l'amant, au lieu de se désespérer, parut se livrer à une inattention assez peu respectueuse; puis, à peine Mme Nickleby eut-elle fini de parler, qu'au grand effroi de cette dame et sa fille, il se mit tout à coup à mettre bas son habit et à sauter sur le chaperon du mur, où il prit des poses propres à déployer en plein les agréments de sa culotte courte et de ses bas de laine grise tricotée; il finit par se tenir en équilibre sur une jambe en répétant avec un redoublement de véhémence son beuglement favori.

Il était en train de faire un trille prolongé sur la dernière note, embelli de quelques fioritures, quand on vit une main sale se glisser doucement, mais vivement, le long du mur, comme pour attraper une mouche; et, en effet, elle saisit avec la plus grande dextérité une des chevilles du vieux gentleman, puis, aussitôt, l'autre main fit son apparition de la même manière et empoigna l'autre cheville.

Le vieux gentleman, ainsi pris au piège, leva une fois ou deux les jambes avec assez de difficulté, comme une mécanique dont les ressorts grossiers sont raides ou rouillés; puis, regardant au bas du mur dans son jardin, il poussa un grand éclat de rire.

« Ah! c'est donc vous? dit le vieux gentleman.

— Oui, c'est moi! réplique une voix rude.

— Et comment va l'empereur de Tartarie?

— Oh! toujours de même, ni mieux ni pis.

— Et le jeune prince de la Chine, dit le vieux gentleman avec beaucoup d'intérêt, est-il réconcilié avec son beau-père, le grand négociant en pommes de terre?

— Non, répondit la voix rude, et ce qui est bien plus fort, c'est qu'il dit qu'il ne se réconciliera jamais avec lui.

— En ce cas, dit le vieux gentleman, je ferai peut-être bien de descendre.

— C'est cela, lui répondit-on de l'autre côté, je crois que vous ne ferez pas mal. »

Alors une des mains se détacha avec précaution d'une des jambes prisonnières; le vieux gentleman se baissa pour se mettre sur son séant, et il se retournait pour sourire à Mme Nickleby et la saluer encore, lorsqu'on le vit disparaître avec précipitation, comme si quelqu'un l'avait tiré en bas par les jambes.

Catherine se sentit soulagée par cette disparition soudaine, et se disposait à parler à sa mère, lorsque les mains sales reparurent à l'horizon, suivies immédiatement d'un gros homme trapu qui venait de monter à l'échelle précédemment occupée par leur étrange voisin.

« Je vous demande pardon, mesdames, dit le nouveau venu, ricanant et touchant par respect le bord de son chapeau; n'a-t-il pas fait la cour à l'une de vous?

— Oui, dit Catherine.

— Ah! réplique l'homme en prenant son mouchoir dans son chapeau pour s'essuyer le front, il n'y manque jamais, voyez-vous; il n'y a rien qui puisse l'empêcher de faire la cour à quelque dame.

— Pauvre homme! on n'a pas besoin de vous demander s'il est fou.

— Oh! pour cela non, réplique l'homme en regardant le fond de son chapeau pour y lancer son mouchoir et le remettant sur sa tête; cela se voit bien tout seul.

— Et y a-t-il longtemps? demanda Catherine.

— Voilà déjà assez longtemps.

— Et il n'y a pas d'espérance de guérison? dit Catherine émue de compassion.

— Pas la moindre; et ce serait bien dommage, reprit le gardien des fous, il n'en vaut pas pis pour avoir perdu la tête. C'était bien l'individu le plus cruel, la plus mauvaise tête, le plus insupportable vieux drôle qu'on pût voir.

— Vraiment? dit Catherine.

— Par saint Georges! réplique le gardien en secouant la tête avec tant d'énergie qu'il fut obligé de plisser son front pour retenir son chapeau, je n'ai pas encore rencontré un pareil vagabond et mon camarade en dit autant. Il a fait mourir sa pauvre femme de chagrin; il a mis ses filles à la porte; ses garçons couraient les rues; enfin, par bonheur, il est devenu fou, de colère, d'avarice, d'égoïsme, de boisson et de ripaille. Sans cela il aurait rendu fous tous les autres. De l'espoir pour lui! un vieux coquin comme lui! il n'y en a déjà pas tant de l'espoir, pour le prodiguer; mais je parierais bien un écu que, s'il y en a encore, on le garde pour de meilleurs sujets que lui. »

Après cette profession de foi, le gardien secoua encore la tête comme pour dire que ce serait bien malheureux qu'il en fût autrement; puis, touchant son chapeau d'un air grognon, non pas qu'il fût de mauvaise humeur contre ces dames, mais seulement contre son prisonnier, il descendit de l'échelle et l'emporta.

Pendant cette conversation, Mme Nickleby avait regardé cet homme d'un air sévère et défiant. Elle poussa alors un profond soupir, prit ses lèvres pincées, et secoua la tête comme une personne qui n'est point du tout convaincue.

« Pauvre malheureux! dit Catherine.

— Ah oui! bien malheureux, repartit Mme Nickleby; n'est-il pas honteux qu'on tolère des choses pareilles? Fi!

— Et comment pourrait-on l'empêcher, maman? dit Catherine tristement. Les infirmités de la nature humaine...

— La nature humaine! dit Mme Nickleby; comment! vous êtes assez simple pour supposer que ce pauvre gentleman est fou?

— Et comment voulez-vous, maman, quand on l'a vu, qu'on n'en soit pas bien persuadé?

— Eh bien alors, moi, je vous dis, Catherine, répondit Mme Nickleby, qu'il n'en est rien, et que je ne comprends pas que vous puissiez vous en laisser ainsi imposer. C'est un complot de ces gens-là pour mettre la main sur ses biens. Ne le lui avez-vous pas entendu dire à lui-même? Je ne dis pas qu'il n'est pas un peu original, un peu léger, et cela peut être; il n'est pas le seul; mais tout à fait fou! et s'exprimer comme il le fait dans un langage aussi respectueux et même aussi poétique; et faire sa déclaration avec tant de bon sens, de discernement, de prudence, et non pas courir les rues pour aller se mettre à genoux aux pieds du premier brin de fille qu'il rencontrerait comme pourrait faire un fou; non, non, Catherine, il y a beaucoup trop de raison dans sa folie, soyez-en sûre, ma chère. »

CHAPITRE XLII

Paraphrase de cet adage philosophique : qu'il n'est si bons amis qui ne se quittent.

Le bitume des trottoirs de Snow-hill avait été toute la journée à frire et à rôtir en plein soleil, et les deux têtes jumelles du Sarrasin qui montait la garde à l'entrée de l'hôtellerie, dont elles représentent, en partie double, et l'enseigne et le nom, avaient l'air (du moins c'était le sentiment des voyageurs harassés et tirant la jambe qui les regardaient en passant) plus féroces encore qu'à l'ordinaire, irritées sans doute d'avoir cuit dans leur jus, sous un soleil brûlant, lorsque, dans un des plus petits salons de l'auberge, dont la fenêtre ouverte sur la cour recevait, sous la forme d'une vapeur à couper au couteau, les émanations qui s'exhalaient de la sueur fumante des chevaux dans l'écurie, on vit le service ordinaire d'une table à thé, rangé dans un ordre ragoûtant et propret, flanqué de grosses pièces de résistance rôties et bouillies : une langue, un pâté de pigeons, une volaille froide, un cruchon d'ale et quelques autres menus objets du même genre, que dans nos villes et nos cités dégénérées on réserve généralement à présent pour les pique-niques, les dîners de table d'hôte ou les déjeuners dînatoires.

M. John Browdie, les mains dans les poches, voltigeait sans cesse autour de ces friandises, s'arrêtant seulement de temps en temps pour chasser les mouches du sucrier avec le mouchoir de sa femme, ou pour plonger une cuiller à thé dans le pot au lait et déguster la crème, ou pour casser une croûte, couper une tranche et avaler le tout en deux fois, comme une couple de pilules; et chaque fois qu'il sortait de faire un doigt de cour aux comestibles, il regardait à sa montre et déclarait, avec une impatience vraiment pathétique, qu'il ne lui était plus possible d'attendre seulement deux minutes de plus.

« Mathilde! dit-il à sa femme, qui reposait sur un sofa, les yeux demi-ouverts, demi-fermés.

— Eh bien, John?

— Eh bien, John! répéta son mari impatienté; voyons, ma fille, as-tu faim?

— Pas beaucoup, dit Mme Browdie.

— Pas beaucoup? répéta encore John en levant les yeux au plafond; peut-on dire pas beaucoup, quand nous avons dîné à trois heures et consommé seulement après un goûter de petits gâteaux, qui ne fait qu'irriter l'appétit d'un homme au lieu de l'apaiser? pas beaucoup!

— Monsieur! dit le garçon en passant la tête à la porte, voici un gentleman pour vous.

— Un quoi pour moi! cria John, comme s'il avait compris que ce fût une lettre ou paquet.

— Un gentleman, monsieur.

— Sapristi ! mon garçon, dit John, qu'est-ce que tu as besoin de venir me dire ça? qu'il entre!

— Êtes-vous chez vous, monsieur ?

— Chez moi ! cria John, je voudrais bien y être ; il y a deux heures que j'aurais pris mon thé. Ah çà! puisque j'ai déjà dit à l'autre garçon de lui dire d'entrer et de se dépêcher, que nous mourions de faim, qu'il entre donc.

— Ah ! ah ! tiens! donnez-moi la main, monsieur Nickleby. Par exemple, je peux bien dire que voilà un des beaux jours de ma vie. Comment allez-vous? Eh bien, c'est égal, je suis content de vous voir. »

Dans la chaleur de l'accueil cordial qu'il fit à Nicolas, John Browdie oublia qu'il avait faim ; il lui donnait à chaque instant une nouvelle poignée de mains en lui appliquant sur la paume une tape qui n'était pas mince, pour ajouter encore un témoignage plus frappant à ses démonstrations de satisfaction.

« Eh oui! c'est elle, dit John, remarquant que Nicolas venait de regarder sa femme. La voilà, nous ne nous disputerons plus pour elle à présent. Ah chien ! quand je pense à ça!... Mais est-ce que vous ne voulez pas prendre un morceau? Prenez donc, mon garçon ; tenez : *Pour tous les biens que nous allons recevoir*, etc. »

Je ne doute pas, pour ma part, que le bénédicité n'ait été bien et dûment achevé; mais on n'en entendit pas davantage, car John s'était mis à si bien jouer des couteaux et des fourchettes, que pour le moment il ne pouvait plus parler.

« Monsieur Browdie, dit Nicolas en avançant une chaise pour la nouvelle mariée, avec votre permission, je vais profiter de l'usage pour prendre la liberté de...

— Prenez tout ce que vous voudrez, dit John, et, quand il n'y aura plus rien dans le plat, dites au garçon d'en monter. »

Sans s'expliquer sur ce malentendu, Nicolas embrassa Mme Browdie rougissante, et la conduisit à sa chaise.

« C'est bon! dit John, qui ne s'attendait pas à cela ; ne vous gênez pas, faites comme chez vous.

— Vous pouvez y compter, répliqua Nicolas ; j'y mets pourtant une condition.

— Laquelle donc?

— C'est que vous me ferez parrain la première fois qu'il vous en faudra un.

— Là ! vous l'entendez, cria John posant son couteau et sa fourchette. Parrain, ha! ha ! ha! Mathilde, entendez-vous? parrain ! Allez, mon garçon, ne dites plus un mot, vous ne pourriez que gâter ça; le mot est bon. Quand j'aurai besoin d'un... parrain ! ha ! ha! ha! »

Jamais homme ne fut aussi chatouillé jusqu'aux larmes par quelque bonne plaisanterie des temps passés, que John Browdie fut émerveillé de celle-là. C'éatit un rire étouffé, c'étaient de grands éclats de rire, c'étaient des quintes de rire qui le suffoquaient en lui fourrant des morceaux de bœuf tout entiers dans le cornet. Il n'en riait que plus fort et continuait de manger en même temps; la face toute rouge, le front tout noir, il toussait, il criait, il se remettait, il repartait avec de nouveaux rires, qu'il essayait de réprimer. Il avait une rechute d'étouffement, se faisait taper dans le dos, frappait des pieds, faisait peur à sa femme; enfin il revint à lui dans un état d'épuisement extrême; l'eau lui coulait des yeux comme d'une fontaine, ce qui ne l'empêchait pas de répéter encore d'une voix affaiblie : « Parrain!... dites donc, Mathilde, un parrain! » et cela sur un ton qui prouvait que la saillie de Nicolas lui causait un si vif plaisir, qu'il défiait même la souffrance.

« Vous rappelez-vous le soir où nous avons, pour la première fois, pris du thé ensemble? dit Nicolas.

— N'ayez pas peur que je l'oublie jamais, allez, répliqua John Browdie.

— C'était un terrible garçon ce soir-là, n'est-ce pas, madame Browdie? dit Nicolas, un vrai tigre.

— Ah ! c'est quand nous sommes retournés à la maison, monsieur Nickleby, qu'il fallait l'entendre. C'est là que c'était un vrai tigre, répliqua Mathilde ; je n'ai jamais eu si grand'peur de ma vie.

— Allons, allons, dit John en ricanant avec une bouche grimaçante, vous vous faites plus peureuse que vous n'êtes.

— C'est si vrai, répliqua Mme Browdie, que j'étais presque décidée à ne plus vous parler de ma vie.

— Presque, dit John en ricanant encore plus fort, presque décidée! et tout le long du chemin elle ne faisait que me câl ner et me cajoler... « Pourquoi donc, lui disais-je, vous êtes vous laissé courtiser par ce garçon-là (c'était de vous que je parlais)? — Je vous assure que vous vous trompez, » me disait-elle, et elle me serrait le bras. « Ah! je me trompe, » que je lui disais. « Oui, » qu'elle me répondait, et elle me serrait encore plus fort.

— Mon Dieu! John, s'écria sa jolie petite femme pour arrêter ce torrent de réminiscences indiscrètes, en rougissant jusque dans le blanc des yeux, comment pouvez-vous dire des bêtises pareilles? Comme si jamais j'avais seulement songé à ce que vous dites là !

— Je ne sais pas si vous y aviez songé, quoique j'en sois à peu près sûr; mais, réplique John, ce que je sais bien, c'est que vous le faisiez tout de même... « Oui, que je lui disais, vous êtes une inconstante, une infidèle, une vraie girouette. — Non, je ne suis pas une infidèle, qu'elle me disait. — Ne me dites pas cela, que je lui répondais, après ce qui s'est passé avec le jeune maître de là-bas. — Lui! qu'elle me faisait en se récriant. — Oui, lui! — Tenez, John, qu'elle me dit en se rapprochant de mon oreille et en me serrant toujours le bras de plus en plus fort, croyez-vous vraiment possible qu'ayant un bel homme comme vous pour me faire la cour, j'aurais voulu vous changer pour un méchant petit père fouetteur comme lui?... » Voilà ce qu'elle a dit. Ha! ha! ha! elle vous a appelé père fouetteur. Ma foi! là-dessus je lui ai dit: « Eh bien, vous n'avez qu'à fixer le jour des noces, et ne pensons plus à cela. Ha! ha! ha! »

Nicolas rit de bon cœur à ce récit, surtout en ce qu'il avait de peu flatteur pour son amour-propre, charmé de donner ainsi le change aux inquiétudes de Mathilde, dont les protestations se trouvèrent noyées dans l'hilarité générale. La bonne humeur de Nicolas la mit donc à son aise, et, tout en désavouant le propos qu'on lui prêtait, elle en rit elle-même si franchement, que Nicolas ne put s'empêcher de croire que l'histoire était parfaitement vraie dans ses détails essentiels.

« Voici la seconde fois, dit Nicolas, que nous nous trouvons à table ensemble, et la troisième seulement que je vous vois; eh bien, je me trouve aussi à mon aise avec vous qu'avec de vieux amis.

— C'est tout comme moi, dit John.

— Et moi aussi, ajouta sa jeune épouse.

— Oui; mais, dit Nicolas, ce n'est pas la même chose. Moi, j'ai des raisons particulières de reconnaissance. Sans votre bon cœur, mon brave ami, moi qui n'y avais aucun droit, je ne sais pas ce que je serais devenu, ni comment je me serais tiré d'affaire dans ce moment-là.

— Parlez donc d'autre chose, répliqua John d'un air bourru. Vous m'ennuyez.

— En ce cas, continua Nicolas en souriant, je vais vous chanter une autre chanson, mais toujours sur le même air. Je vous ai déjà dit dans ma lettre tout ce que je sentais de gratitude pour l'intérêt que vous avez témoigné à ce pauvre Smike, en lui rendant la liberté au risque de vous attirer des désagréments. Mais je ne saurais assez vous répéter combien nous vous sommes tous reconnaissants, lui, moi, et d'autres encore que vous ne connaissez pas, pour avoir eu pitié de lui.

— Ah! s'écria Mme Browdie; toute cette soirée-là j'étais sur les épines.

— Ont-ils eu l'air de vous croire pour quelque chose dans sa délivrance? demanda Nicolas à John Browdie.

— Ils n'y ont seulement pas pensé, répondit le gros rieur en montrant ses dents d'une oreille à l'autre. J'étais là bien à mon aise dans le lit du maître d'école, longtemps encore après la brune, et personne ne venait. C'est bon! que je me disais; maintenant le garçon a pris de l'avance; s'il n'est pas chez lui à l'heure qu'il est, c'est qu'il n'y sera jamais. Ainsi vous pouvez venir quand vous voudrez, vous nous trouverez prêts: c'est du maître d'école que je parlais, vous comprenez?

— Je comprends bien, dit Nicolas.

— Bon! le voilà donc qui vient. J'entends fermer la porte en bas et monter à tâtons... Allez doucement, vous ne tomberez pas, que je me dis en moi-même; prenez votre temps, monsieur, il n'y a rien qui presse... Le voilà à la porte, il tourne la clef, il tourne la clef, il tourne toujours, il aurait pu tourner jusqu'à demain, la serrure était par terre... « Holà! » qu'il crie. Oui, que je me dis, criez, mon bonhomme, tant que vous voudrez, vous ne réveillerez personne. « Holà, hé! » et puis il s'arrête. « Tu ferais mieux de ne pas m'irriter davantage, disait le maître d'école quelques minutes après; Smike, je vais te briser les os... » Encore une pause. Alors tout à coup il demande de la lumière, on apporte une chandelle. Vous jugez du tintamarre... « Il est parti, qu'il dit rouge de colère et comme un fou furieux. Est-ce que vous n'avez rien entendu? — Ah oui! que je fais, je viens d'entendre fermer la porte d'entrée dans l'instant; et puis tout de suite après j'ai entendu courir par là (je ne lui montrais pas le bon côté). — Au secours! qu'il crie. — J'y vais, que je dis... » Et nous voilà partis au rebours. Ho! ho! ho!

— Avez-vous été loin comme cela? demanda Nicolas.

— Si nous avons été loin? répliqua John; je lui ai joliment dégourdi les jambes pendant un quart d'heure. Il était bon à voir, allez! le maître d'école, sans chapeau, pataugeant jusqu'aux genoux dans l'eau et dans la boue, trébuchant sur des barrières, culbutant dans des fossés, beuglant comme une vache enragée, ouvrant son œil, son œil unique, tout grand pour découvrir son échappé, ses pans d'habit voltigeant par derrière, et toute sa personne crottée jusqu'à l'échine, y compris le museau. J'ai cru que j'allais tomber par terre en pâmoison à force de rire. »

Rien que d'y penser, John recommençait de plus belle, et la contagion passant à ses auditeurs, ce fut bientôt un trio d'éclats de rire, en je ne sais combien de couplets, tant qu'enfin ils n'en purent plus.

Nicolas embrassa Mme Browdie et la conduisit à sa chaise. (P. 311.)

« C'est un mauvais homme, dit John en s'essuyant les yeux, un très mauvais homme, votre maître d'école.

— Je ne peux pas le voir en peinture, John, dit sa femme.

— Allons donc! reprit John, c'est pourtant à vous que je dois sa connaissance : sans vous, je ne saurais seulement pas ce que c'est. C'est vous qui me l'avez fait connaître.

— Je ne pouvais pas, John, répliqua sa femme, renier Fanny Squeers, mon ancienne camarade d'enfance, n'est-ce pas?

— Bien, ma fille, répéta John, c'est justement ce que je dis. Il faut vivre en bons voisins, voilà tout, et le traiter comme une vieille connaissance. Moi, je ne demande pas autre chose; pas de bruit, tant qu'on peut l'éviter. Ne pensez-vous pas comme moi, Nickleby?

— Certainement, répondit Nicolas, et vous avez été fidèle à vos principes, le jour où je vous ai rencontré à cheval sur la route, après notre soirée orageuse.

— Sans doute, dit John. Quand j'ai dit quelque chose, je le tiens.

— Et vous avez raison ; et vous agissez là comme un brave homme, quoique peut-être pas comme un enfant du Yorkshire, s'il est vrai, comme on le dit à Londres, que ce soit le pays des gasconnades. A propos! ne me disiez-vous pas dans votre lettre que vous avez ici Mlle Squeers avec vous?

— Oui, répliqua John, c'est la fille d'honneur de Mathilde, et une drôle de fille d'honneur! Il n'y a pas de danger qu'elle se presse de se marier, celle-là.

— Taisez-vous donc, John, dit Mme Browdie, qui n'en goûtait pas moins la plaisanterie contre les vieilles filles, maintenant qu'elle avait ce qu'il lui fallait.

— C'est l'amoureux qui pourra se vanter d'être né coiffé, dit John en clignant de l'œil à cette idée-là ; en voilà un qui aura de la chance, une fameuse chance !

— Voyez-vous, monsieur Nickleby, dit Mathilde, c'est parce qu'elle est ici avec nous que John vous a écrit pour vous inviter à venir ce soir ; nous avons pensé qu'il vous serait médiocrement agréable de vous rencontrer avec elle, après ce qui s'est passé.

— Sans le moindre doute. Vous avez eu bien raison, dit Nicolas, l'interrompant.

— Surtout, remarqua Mme Browdie, en prenant un air malin, d'après ce que nous savons de vos amours du temps jadis.

— Ce que nous savons ! vraiment ? dit Nicolas, en secouant la tête. Moi, je n'en sais rien, mais je suppose que vous m'avez joué là quelque mauvais tour.

— Soyez-en sûr, elle n'y aura pas manqué, dit John Browdie, en passant son large index par une des jolies petites boucles de la chevelure de sa femme, dont il paraissait très fier. Elle a toujours été aussi maligne qu'un...

— Qu'un quoi ? dit Mathilde.

— Qu'une femme, là ! répondit John. Je ne connais rien au-dessus de ça.

— Vous alliez me parler de Mlle Squeers, dit Nicolas, pour couper court à de certaines petites privautés conjugales, qui commençaient à marcher bon train entre M. et Mme Browdie, et qui rendaient la position d'un tiers un peu embarrassante, ne fût-ce que parce que cela l'excitait plutôt qu'autrement.

— Ah ! oui, répliqua Mme Browdie... John, finissez donc... John a fixé notre entrevue à ce soir, parce qu'elle avait résolu d'aller prendre le thé chez son père. Pour éviter les anicroches, et pour être sûrs d'être seuls entre nous, John a promis d'aller la rechercher chez son père.

— C'est très bien arrangé comme cela, dit Nicolas, je ne regrette qu'une chose, c'est de vous donner tant d'embarras.

— Pas le moins du monde, répondit Mme Browdie, car nous avions, John et moi, beaucoup de plaisir à vous voir. Savez-vous, monsieur Nickleby, ajouta-t-elle avec son sourire le plus narquois, que Fanny Squeers m'avait tout l'air de vous aimer beaucoup ?

— Je lui en ai beaucoup d'obligation, dit Nicolas, mais je vous donne ma parole que je n'ai jamais eu la prétention de faire aucune impression sur son cœur virginal.

— Qu'est-ce que vous me dites là ? continua Mme Browdie ; ce n'est pas possible : car, voyons, sérieusement et sans rire, Fanny elle-même m'a donné à entendre que vous lui aviez fait votre déclaration, et que vous alliez vous unir par des engagements irrévocables et solennels.

— Vraiment, madame, vraiment ! se mit à crier une femme d'une voix perçante, vraiment ! elle vous a donné à entendre que moi, moi ! j'allais m'unir à un assassin, un voleur, qui a versé le sang de papa. Pouvez-vous... pouvez-vous croire, madame, que j'aimais beaucoup un être que je méprise comme la boue de mes souliers, que je ne daignerais pas toucher avec des pincettes de cuisine, de peur de me salir et de me noircir les doigts ? Pouvez-vous le croire, madame, le pouvez-vous ? Oh ! basse et vile Mathilde ! »

Ces reproches sortaient de la bouche de Mlle Squeers en personne. C'est elle qui venait d'ouvrir la porte toute grande et de développer aux yeux étonnés des Browdie et de Nicolas, non seulement ses propres appas, arrangés avec symétrie dans les blancs et chastes vêtements déjà décrits (seulement un peu plus malpropres, cela se conçoit), mais aussi l'imposante paire de Wackfords, père et fils, qui lui servait d'escorte.

« Voilà donc le prix, continua Mlle Squeers que la colère rendait éloquente, voilà le prix de toute ma patience, de toute mon amitié pour ce cœur à double visage, cette vipère, cette... cette sirène ! » Mlle Squeers fut longtemps à trouver cette dernière épithète, mais elle finit par la lancer d'un air triomphant, comme un argument sans réplique. « Voilà le prix, n'est-ce pas, de toute mon indulgence à supporter sa perfidie, la bassesse de ses sentiments, sa fausseté, la coquetterie qu'elle déploie pour attraper des amants vulgaires, d'une manière qui me faisait rougir pour mon... pour mon...

— Sexe, » lui souffla M. Squeers en regardant les spectateurs d'un mauvais œil. C'est bien le cas de dire d'*un* mauvais œil.

« Oui, dit toujours Mlle Squeers ; mais heureusement, et j'en remercie mon étoile, que maman en est aussi...

— Bravo, bravo ! dit tout bas M. Squeers, et je voudrais, pour tout au monde, qu'elle fût ici : elle dirait leur fait à tous ces gens-là.

— Voilà le prix, n'est-ce pas ? dit Mlle Squeers (levant la tête et l'abaissant ensuite avec majesté, pour regarder par terre d'un air de mépris), de la bonté avec laquelle j'ai bien voulu faire attention à elle, la tirer de la crotte, et me ravaler jusqu'à la couvrir de mon patronage.

— Allons, allons ! répliqua Mme Browdie, malgré tous les efforts que faisait son époux pour la retenir et l'empêcher de venir se mettre au premier plan ; ne dites donc pas des bêtises pareilles !

— Est-ce que je ne vous ai pas couverte de mon patronage, madame ?

— Non, répondit Mme Browdie.

— Allez! dit Mlle Squeers avec hauteur, vous devriez rougir; mais non, votre front ne sait pas rougir; il est incapable d'exprimer aucun autre sentiment que l'audace et l'effronterie.

— Dites donc, se mit à dire John Browdie, que ces attaques répétées contre sa femme commençaient à piquer au jeu, doucement, s'il vous plaît, doucement!

— Oh! vous, monsieur Browdie, reprit Mlle Squeers en l'arrêtant promptement, je vous plains; je n'ai rien pour vous ni contre vous, qu'un sentiment de parfaite pitié.

— Ah! dit John.

— Oui, répéta Mlle Squeers en regardant de côté son cher père, quoique je sois, selon vous, une *drôle* de demoiselle d'honneur, et qu'il *n'y ait pas de danger que je me presse de me marier*, et que mon mari doive avoir *de la chance*, je n'ai pour vous, monsieur, que des sentiments de pitié. »

Ici, Mlle Squeers regarda encore de côté son vénérable père, qui la regardait aussi de côté, comme pour lui dire : «Bon! attrape ça, mon garçon.

— Moi, je sais bien ce qui vous attend, dit Mlle Squeers en secouant avec violence toute l'économie de sa frisure; je sais bien la vie qui s'ouvre devant vous, et vous seriez mon plus cruel, mon plus mortel ennemi, que je ne pourrais vous souhaiter rien de pis.

— Pendant que vous êtes en train de souhaiter, ne souhaiteriez-vous pas plutôt d'être sa femme, le cas échéant? demanda Mme Browdie avec la plus grande douceur de ton et de manière.

— Ah! madame, que vous avez de l'esprit, répliqua Mlle Squeers avec une profonde révérence, presque autant d'esprit que de finesse. Car vous avez mis beaucoup de finesse, madame, à choisir si à propos le moment où j'irais prendre le thé chez papa, pour ne pas revenir avant qu'on vînt me chercher. C'est grand dommage que vous n'ayez pas pensé qu'on pouvait être aussi fine que vous et déjouer vos plans.

— Vous pouvez quitter ces grands airs, mon enfant, dit la ci-devant Mlle Price en se donnant à présent des airs de matrone, vous ne réussirez pas à me vexer comme cela.

— Vous pouvez vous dispenser de faire ainsi la madame avec moi, répondit Mlle Squeers, je ne le souffrirai pas. Voilà donc le prix, n'est-ce pas?

— La voilà encore avec son prix..., cria John Browdie impatienté. Voyons, Fanny, que ça finisse; persuadez-vous une bonne fois que c'est là le prix, et n'ennuyez plus personne à demander sans fin si c'est le prix ou si ce n'est pas le prix.

— On ne vous demandait pas votre avis, monsieur Browdie, répondit Mlle Squeers avec une politesse étudiée, mais je vous en remercie tout de même; ayez seulement la bonté de ne pas vous permettre de m'appeler par mon petit nom. On a beau avoir de la pitié pour quelqu'un, ce n'est pas une raison pour qu'on oublie ce qu'on se doit à soi-même, monsieur Browdie. Mathilde! dit Mlle Squeers avec un tel redoublement de violence que John en sauta dans ses bottes, je renonce à vous pour toujours, mademoiselle, je vous abandonne, je vous renie; je ne voudrais pas, ajouta-t-elle d'une voix solennelle, avoir une enfant qui s'appelât Mathilde, quand ce nom-là devrait la sauver du tombeau.

— Quant à ce qui est de ça, remarqua John, il sera toujours temps de chercher un nom à la petite, quand elle sera venue.

— John, dit Mme Browdie par voie de conciliation, ne la taquinez pas.

— Ah! taquiner. Vraiment! cria Mlle Squeers en montant sur ses échasses; taquiner! en vérité? Hé! hé! hé! taquiner! Ne la taquinez pas; prenez garde de lui faire de la peine, je vous prie.

— Écoutez, Fanny dit Mme Browdie, vous savez qu'on est exposé à ne pas entendre toujours des compliments quand on écoute aux portes. Je n'y peux rien; seulement, j'en suis vraiment fâchée; mais, vous me croirez si vous voulez, Fanny, j'ai tant de fois prêché vos louanges en votre absence, que vous pourriez bien me pardonner ce que j'ai dit là! une fois n'est pas coutume.

— Ah! c'est très bien, madame! cria Mlle Squeers avec une autre révérence; bien des remercîments de votre bonté; il ne me manque plus que de me mettre à vos genoux pour vous prier de m'épargner une autre fois.

— Je ne crois pas, reprit Mme Browdie, avoir jamais dit du mal de vous, même tout à l'heure. Dans tous les cas, vous ne pouvez pas vous plaindre que je n'aie pas dit la vérité; mais, quoi qu'il en soit, j'en suis très fâchée et je vous en demande bien pardon. Combien de fois, Fanny, n'avez-vous pas dit pis de moi? et cependant je ne vous en ai jamais gardé rancune; j'espère que vous ferez de même avec moi. »

Mlle Squeers, au lieu de faire une réponse directe, se contenta de toiser son ancienne amie des pieds à la tête et de lever le nez de l'air du plus ineffable dédain. Elle ne put s'empêcher cependant de laisser échapper, sans en faire connaître l'application, les termes de « drôlesse », de « gueuse », et d' « être méprisable », et ces exclamations, prononcées en se mordant les lèvres pour de bon, avec une grande difficulté d'avaler et une respiration entrecoupée, pouvaient donner à croire que les sentiments intérieurs de Mlle Squeers, mal comprimés dans son sein, ne demandaient qu'à éclater au dehors.

Pendant le cours de cette conversation, maître Wackford, voyant qu'on ne faisait aucune attention à lui, et entraîné par ses inclinations favorites, s'était, petit à petit, avancé de côté vers la table. Il commença ses attaques contre la nourriture par de légères escarmouches, consistant, par exemple, à torcher avec ses doigts le tour des plats et à les lécher après avec un plaisir infini; à prendre une tartine de pain et à la promener sur la surface du beurre dans l'assiette; à empocher des morceaux de sucre, sans cesser d'avoir l'air, pendant tout ce temps-là, d'être absorbé dans ses pensées, et ainsi de suite. Mais, quand il vit que toutes ces petites libertés passaient inaperçues, il en prit naturellement de plus grandes, et, après s'être administré déjà une bonne petite collation froide, il farfouillait, pour le moment, au fond du pâté.

Tout ce petit manège n'avait point échappé à M. Squeers; seulement, tant que l'attention de la société fut tout entière à des objets plus intéressants, il se complaisait dans la pensée que son héritier présomptif s'engraissait aux frais de l'ennemi; mais une fois qu'un peu de calme passager dans les débats dut lui faire craindre que le petit Wackford ne fût pris en flagrant délit, il fit semblant de s'en apercevoir lui-même pour la première fois, et appliqua sur la joue du jeune gentleman une claque à faire trembler jusqu'aux tasses dans leurs soucoupes.

« Quoi! cria M. Squeers, manger les restes des ennemis de son père! Ne voyez-vous pas, enfant dénaturé! que cela n'est bon qu'à vous empoisonner?

— Laissez-le donc manger: ça ne lui fera pas de mal, dit John, enchanté d'avoir enfin affaire à un homme. Je voudrais voir là toute l'école; je leur donnerais de quoi restaurer leurs pauvres petits estomacs, quand je devrais y dépenser mon dernier sou. »

Squeers le regarda en coulisse avec l'expression de malice la plus infernale qui pût se trahir sur sa face, et elle était riche en expressions de ce genre, puis il lui montra le poing, mais furtivement.

« Allons! allons! maître d'école, dit John, pas de bêtises, parce que, voyez-vous, si je vous montrais le mien, moi, vous n'auriez qu'à en sentir le vent pour tomber par terre.

— Je suis sûr que c'était vous, reprit Squeers, qui avez fait échapper mon pensionnaire. C'est vous, n'est-ce pas, avouez-le?

— Moi! répondit John en élevant la voix. Eh bien, oui, c'est moi; qu'est-ce que ça me fait, c'est moi; après?

— Vous l'entendez, ma fille, il avoue que c'est lui, dit Squeers, s'adressant à sa fille vous avez bien entendu que c'est lui?

— C'est lui! c'est lui! cria John. Voilà bien plus fort, ce que je vais vous dire. Si tu rattrapes un autre petit échappé, ce sera encore moi qui le ferai sauver. Rattrapes-en vingt, trente, c'est moi qui les sauverai vingt, trente fois. Et voilà encore bien plus fort, à présent que tu m'as fait monter la moutarde au nez, tu n'es qu'un vieux coquin. Et tu es bien heureux d'en être un vieux, car je t'aurais flanqué une raclée quand tu t'es permis de venir conter à un honnête homme comment tu avais rossé le pauvre garçon dans le fiacre.

— Un honnête homme! cria Squeers en ricanant.

— Ah! oui, un honnête homme, répliqua John, qui n'a qu'une chose à se reprocher, c'est d'avoir jamais mis les pieds chez toi.

— Diffamation, dit Squeers triomphant, et deux témoins. Wackford sait prêter serment, il ne sera pas embarrassé. Ah! nous vous tenons, monsieur. Ah! *coquin!* » M. Squeers tira son agenda pour en prendre note. « Très bien! je ne donnerais pas pour cinq cents francs ce que ça me rapportera aux prochaines assises, monsieur, sans compter l'honneur.

— Les assises! cria John, qu'est-ce que tu me chantes avec tes assises? Ce n'est pas la première fois, l'ami, qu'ils y vont aux assises, les maîtres d'école du Yorkshire, et je ne te conseille pas de revenir là-dessus, c'est trop chatouilleux. »

M. Squeers secoua la tête d'un air menaçant; il était pâle de colère. Puis, donnant le bras à sa fille, et tirant le petit Wackford par la main, il opéra sa retraite du côté de la porte.

« Quant à vous, monsieur, dit-il en se retournant vers Nicolas, qui, satisfait de lui avoir donné son compte déjà une bonne fois, s'était exprès abstenu de prendre part à la discussion, vous verrez si vous aurez affaire à moi avant peu. Ah! vous escamotez les enfants, c'est bon. Prenez garde que les pères, n'oubliez pas cela, que les pères ne viennent les réclamer et me les renvoyer pour en faire ce que je veux, malgré vos dents.

— Je n'ai pas peur de ça, répliqua Nicolas en haussant les épaules et tournant le dos avec mépris.

— Non? répliqua Squeers avec un regard diabolique. Allons, partons.

— Je vais quitter avec papa cette société-là pour toujours, dit Mlle Squeers en portant autour d'elle des yeux pleins de mépris et de hauteur. Je serais honteuse de respirer le même air avec de pareilles gens. Pauvre M. Browdie! hé! hé! hé! il me fait pitié, vraiment. Quelle dupe! hé! hé! hé! Perfide et artificieuse Mathilde! »

Après ce nouvel accès de sombre et majestueuse colère, miss Squeers vida les lieux et, pour soutenir jusqu'au bout la dignité de son rôle, on l'entendait encore sangloter, crier et s'agiter dans le corridor.

John Browdie resta debout derrière la table, à promener ses yeux de sa femme à Nicolas, de Nicolas à sa femme, la bouche toute grande ouverte, jusqu'à ce que sa main tomba par hasard sur le cruchon d'ale, qu'il porta par habitude à ses lèvres; il y cacha quelque temps une partie de sa physionomie, reprit haleine, passa la bière à Nicolas et tira le cordon de la sonnette.

« Holà! garçon! dit-il gaiement, alerte. Emporte-moi tout cela, et qu'on nous fasse pour souper quelques grillades, un bon plat et bien conditionné, à dix heures. Apporte-nous un grog au cognac et une paire de pantoufles, vos plus grandes, et lestement. Sarpejeu! ajouta-t-il en se frottant les mains, je n'ai plus à sortir ce soir pour aller chercher personne; ma femme, nous allons commencer pour tout de bon à passer ensemble nos soirées conjugales. »

CHAPITRE XLIII

Faisant office d'huissier introducteur, en présentant à la société un certain nombre de personnages divers.

L'orage avait depuis longtemps fait place au calme le plus profond, et la soirée était déjà pas mal avancée. Quant au souper, il n'en était plus question que pour le digérer; et la digestion s'en faisait, grâce à une tranquillité parfaite, à une conversation enjouée, à un usage modéré du grog au cognac, dans des conditions aussi favorables que peuvent le désirer les connaisseurs qui ont étudié l'anatomie et les fonctions de la constitution humaine, lorsque les trois amis, ou plutôt les deux amis, car aux yeux de la religion comme de la municipalité, en vertu de leur union dans le saint état du mariage, M. et Mme Browdie ne faisaient plus qu'un, furent mis en émoi par un bruit de colère et de menaces au bas des escaliers, qui atteignit bientôt une telle consistance, avec accompagnement d'expressions si hyperboliquement féroces et sanguinaires, qu'on eût pu croire que la tête du Sarrasin était véritablement descendue dans l'établissement pour se planter sur les épaules de quelque Sarrasin réel, vivant, féroce, inexorable.

Au lieu de dégénérer promptement, après les premiers éclats, en un simple grognement de murmures sourds, comme presque toujours cela se passe dans les disputes des tavernes, des assemblées législatives ou autres, le tumulte dont nous parlons ne faisait au contraire que s'accroître, et, quoique les cris ne parussent sortir que d'une paire de poumons, ils paraissaient d'une qualité tellement supérieure et répétaient avec tant de plaisir et de vigueur les mots de « Coquin! gueux! insolent! canaille! » et une variété d'autres compliments qui n'étaient pas moins flatteurs pour l'adversaire auquel on les adressait, qu'un concert d'une douzaine de voix, dans des circonstances ordinaires, n'aurait pas fait la moitié autant de tapage, ni produit, il s'en faut, un aussi grand émoi.

« Tiens! qu'est-ce qu'il y a donc? » dit Nicolas en se précipitant vers la porte.

John Browdie avait déjà fait quelques enjambées dans la même direction, lorsque Mme Browdie devint pâle, s'appuya sur sa chaise, et pria son mari d'une voix défaillante de faire attention que, s'il allait s'exposer à quelque danger, son intention était d'avoir immédiatement une attaque de nerfs, et qu'elle pourrait avoir des suites plus sérieuses qu'il ne croyait.

John parut un peu déconcerté de cette dernière partie de l'avis que lui donna sa femme, quoique en même temps sa physionomie laissât paraître une espèce d'orgueil et de joie paternels; mais enfin, ne pouvant se résoudre à se tenir là les bras croisés pendant qu'on se battait ailleurs, il fit avec sa femme une espèce de compromis en lui prenant le bras pour descendre promptement sur les pas de Nicolas, qui était déjà au bas de l'escalier.

Le corridor du café de l'hôtel était le théâtre du désordre, et l'on y voyait rassemblé tout l'établissement, habitués et domestiques, sans compter deux ou trois cochers et valets d'écurie. Ils formaient le cercle autour d'un jeune homme auquel on pouvait donner, d'après sa mine, deux ou trois ans de plus qu'à Nicolas, et qui ne paraissait pas s'être contenté des provocations dont nous venons de parler tout à l'heure; il fallait qu'il eût poussé bien plus loin son indignation, car il n'avait plus à ses pieds que des bas, et l'on voyait seulement, non loin de là, une paire de pantoufles à la hauteur de la tête d'un personnage inconnu, étendu tout de son long dans un coin vis-à-vis, et qui avait tout l'air d'avoir été premièrement couché par terre par un coup de pied bien appliqué, puis ensuite souffleté gentiment avec les pantoufles.

Les chalands du café, les garçons, les cochers, les valets d'écurie, sans parler d'une fille de comptoir qui regardait par derrière la fenêtre à demi ouverte, avaient l'air pour le moment, autant qu'on en pouvait juger par leurs clignements d'yeux, leurs hochements de tête, leurs exclamations échangées à voix basse, fortement disposés à prendre parti contre le jeune gentleman, qui n'avait plus que ses bas dans les pieds. Nicolas s'en aperçut, et voyant un jeune homme à peu près de son âge qui n'avait pas l'air d'être un tapageur de profession, dans une situation difficile, cédant à une inspiration généreuse, qui n'est pas rare chez les jeunes gens, se sentit au contraire vigoureusement disposé à prendre son parti contre tout le monde, et c'est ce qui fit qu'il se jeta étourdiment au centre du groupe, demandant, d'un ton plus vif peut-être qu'il n'était prudent de le faire en pareille circonstance, pourquoi tout ce bruit-là.

« Hallo! dit un des valets d'écurie, voilà quelque prince déguisé.

— Place pour le fils aîné de l'empereur de Russie, messieurs! » cria l'autre.

Sans faire attention à ces plaisanteries toujours sûres de l'accueil le plus sympathique lorsqu'elles s'attaquent dans la foule aux personnes bien mises, Nicolas regarda négligemment autour de lui, et, s'adressant au jeune gentleman qui avait eu le temps de ramasser ses pantoufles et de les chausser, il lui répéta d'un air courtois sa question.

« Oh, mon Dieu! rien du tout, » répondit-il.

Là-dessus il s'éleva un murmure des spectateurs, et quelques-uns des plus hardis se mirent à crier : « Ah! rien du tout! -- Excusez du peu! — Rien du tout, hein! — Il appelle cela rien, ce monsieur, il est bien heureux de trouver que ce n'est rien. » Après avoir épuisé leur répertoire d'expressions ironiques du même genre, deux ou trois individus de l'écurie commencèrent à bousculer Nicolas et le jeune gentleman, auteur du tumulte, tantôt tombant sur eux par accident, tantôt leur marchant sur les pieds, et ainsi de suite. Mais, comme chacun pouvait en prendre sa part en payant son écot, et que ce n'était pas ici comme une partie de cartes où le nombre de joueurs est nécessairement limité, John Browdie se mit aussi de la partie, et faisant une trouée dans la foule, au grand effroi de sa femme, tombant à droite, tombant à gauche, tombant en avant, tombant en arrière sur ceux qui le gênaient, enfonçant même du coude par occasion le chapeau du plus grand des deux valets d'écurie, qui s'étaient montrés particulièrement hostiles à la cause de Nicolas, il fit bientôt prendre une autre tournure à l'affaire, et plus d'un gaillard solide se recula en boitillant à distance respectueuse, maudissant, les larmes dans les yeux, le lourdaud de campagnard dont le pied venait d'écraser le sien.

« Que je le voie recommencer, dit le monsieur qui avait été étendu dans le coin d'un coup de pied dans le derrière, se relevant en même temps, non pas, comme on pouvait le croire, pour prendre sa revanche contre son adversaire, mais de peur que Browdie, sans y faire attention, ne lui marchât sur le corps, que je le voie recommencer! je ne dis que ça.

— Eh bien, moi, que je vous entende recommencer vos observations, dit le jeune homme, et je vais d'un coup de poing vous envoyer la tête au beau milieu de ces verres à boire qui sont là, derrière vous. »

Là-dessus, un des garçons, qui n'avait cessé de se frotter les mains de plaisir en voyant cette scène divertissante, tant qu'il s'était agi seulement de casser des têtes et non des verres, conjura sérieusement les spectateurs d'aller chercher la police, assurant qu'autrement il était bien sûr qu'il y aurait mort d'homme, et que d'ailleurs c'était lui qui était responsable de la porcelaine et des cristaux de l'établissement.

« Ce n'est pas la peine que personne se dérange pour aller chercher la police, dit le jeune homme, je veux rester à l'auberge toute la nuit, et l'on me trouvera bien ici demain matin, si l'on veut m'attaquer en justice.

— Pourquoi l'avez-vous frappé, aussi? dit l'un des assistants.

— Oui, pourquoi l'avez-vous frappé? » demandèrent tous les autres.

Le jeune homme, qui n'avait pas le bonheur de jouir de la popularité de ces honnêtes gens, regarda froidement autour de lui, et s'adressant à Nicolas :

« Vous me demandiez tout à l'heure, dit-il, ce qu'il y avait? Voici ce qu'il y a, c'est bien simple. Cet individu, que vous voyez là-bas, était en train de boire, avec un de ses amis, dans le café, quand je suis venu moi-même y passer une demi-heure avant d'aller au lit; car j'ai préféré coucher ici, plutôt que d'aller à cette heure avancée de la nuit à la maison, où on ne m'attend que demain. Si bien que cet individu se mit à s'exprimer en termes malhonnêtes et d'une familiarité insolente sur le compte d'une demoiselle que j'ai l'honneur de connaître et que je reconnus dans sa conversation au portrait qu'il en fit au milieu de quelques inventions de son cru. Comme il parlait assez haut pour se faire entendre des personnes qui étaient là, je lui représentai très poliment qu'il se trompait dans ses conjectures, et, comme elles étaient d'une nature offensante, je le priai de ne pas recommencer. En effet, il se contint un bout de temps; mais, comme il se mit en sortant à renouer conversation avec plus d'insolence que jamais, je n'ai pas pu m'empêcher de sauter sur lui et de lui faciliter son départ au moyen d'un coup de pied, qui l'a mis dans la position où vous venez de le voir tout à l'heure. Eh bien, je prétends savoir mieux que personne ce que j'ai à faire, ajouta le jeune homme encore un peu échauffé de sa récente querelle, et s'il y a quelqu'un ici qui juge à propos de reprendre la discussion pour son propre compte, ce n'est pas moi qui m'y opposerai : qu'il vienne. »

Il se trouva justement que, dans la disposition d'esprit où était Nicolas, il n'y avait pas une dispute dont le dénoûment lui parût plus louable et plus honorable. Toujours poursuivi par le souvenir de sa belle inconnue, il ne pouvait pas y avoir de sujet de querelle auquel il se montrât plus sympathique; et naturellement il se disait que c'était là ce qu'il aurait fait lui-même, si quelque hâbleur audacieux avait osé parler d'elle d'une manière légère en sa présence. Sensible à ces considérations, il épousa avec une grande chaleur la querelle du jeune gentleman, déclarant qu'il avait bien fait et qu'il ne l'en estimait que plus, et aussitôt John Browdie, sans être tout à fait aussi sûr du point de droit, protesta avec autant de véhémence que l'avait fait Nicolas.

« Qu'il y prenne garde, je ne dis que ça, dit l'adversaire maltraité qui se faisait en ce moment donner un coup de brosse par le garçon pour faire disparaître les traces de sa dernière chute sur le parquet poudreux. Il me le payera de m'avoir frappé pour rien. Je ne lui dis que ça. Ne voilà-t-il pas à présent qu'il ne sera plus permis à un homme de trouver jolie une jolie fille, sans se faire mettre en pièces pour cela? »

Cette réflexion parut toucher d'une manière toute particulière la demoiselle de comptoir, qui dit, en arrangeant son bonnet devant la glace, qu'il ne manquerait plus que cela, et que, s'il fallait punir les gens pour des actions si innocentes et si naturelles, il y aurait bientôt plus de battus que de personnes pour les battre, et que, pour elle, elle ne comprenait pas la conduite du gentleman. Voilà quelle était son opinion.

« Ma chère demoiselle, lui dit le jeune gentleman à l'oreille en s'avançant du côté de la fenêtre.

— Cela ne signifie rien, monsieur, répliqua la demoiselle sèchement, quoiqu'elle ne pût s'empêcher en se détournant de sourire et de se mordre les lèvres (sur quoi Mme Browdie, qui était encore debout sur l'escalier, lui jeta un regard de dédain et cria à son mari de revenir).

— Mais écoutez-moi donc, dit le jeune homme toujours tout bas. Si l'on était criminel pour oser trouver jolie une jolie figure, je serais moi-même le plus grand coupable du monde en ce moment, car je ne sais pas résister à cela; une jolie figure fait sur moi l'effet le plus extraordinaire : elle m'apaise et me subjugue au milieu même de l'emportement le plus fougueux et le plus obstiné. Vous n'avez qu'à voir l'effet que la vôtre a déjà produit sur moi.

— Oh! c'est très joli, répliqua la demoiselle en secouant la tête; mais...

— Oui, je sais que c'est très joli, dit le jeune homme en contemplant avec un air d'admiration la figure de la demoiselle de comptoir; c'est justement là, vous savez, ce que je vous disais à l'instant; mais on ne doit parler de la beauté qu'avec respect, en termes honnêtes, comme il sied à un privilège si précieux et si excellent, tandis que ce drôle ne sait pas plus... »

La jeune personne interrompit là la conversation en passant la tête par la fenêtre pour demander d'une voix perçante au garçon si c'est que cet homme qui venait de se faire battre avait l'intention de rester dans le corridor toute la nuit, ou s'il voulait bien débarrasser le passage. Les garçons transmirent les instructions de la demoiselle aux valets d'écurie, qui ne furent pas longs à changer de ton aussi, si bien que l'infortunée victime fut en un clin d'œil jetée à la porte comme un paquet.

« Je suis sûr d'avoir déjà vu ce drôle-là, dit Nicolas.

— Vraiment ? répliqua sa nouvelle connaissance.

— Oh! je le parierais, dit Nicolas en réfléchissant; où donc puis-je avoir...? Tiens j'y suis, c'est le commis d'un bureau de placement, dans le beau quartier de Londres. Je savais bien que sa figure ne m'était pas inconnue. »

Et c'était bien en effet Tom, le vilain commis en question.

« Quelle drôle de chose! dit Nicolas en réfléchissant à tous les incidents étranges qui de temps en temps, au moment où il s'y attendait le moins, lui ramenaient ce bureau de placement sous les yeux, sans rime ni raison.

— Je vous suis très obligé de la bonté que vous avez mise à vous faire l'avocat de ma cause lorsqu'elle en avait tant besoin, dit en riant le jeune homme, et il tira sa carte de sa poche pour la lui remettre. Peut-être voudrez-vous bien me faire la faveur de me dire où je puis aller vous offrir mes remercîments? »

Nicolas prit la carte, et, en y jetant involontairement les yeux, en même temps qu'il répondait au compliment poli du jeune homme, il montra tout à coup la plus grande surprise.

« Monsieur Frank Cheeryble! dit Nicolas. Vous ne seriez pas, par hasard, le neveu de Cheeryble frères que l'on attend demain?

— Je ne me donne pas d'habitude, répondit M. Frank en plaisantant, le titre de neveu de Cheeryble frères. Mais je suis en effet le neveu des deux excellents frères connus sous cette raison commerciale, et j'en suis tout fier; mais vous, monsieur, je vois que vous devez être monsieur Nickleby, dont j'ai tant entendu parler. Ma foi, je ne m'attendais pas à faire ainsi votre connaissance; mais, pour être singulière, cette rencontre ne m'en est pas moins agréable, je vous assure. »

Nicolas paya ces compliments de la même monnaie, et ils échangèrent des poignées de main cordiales. Puis il lui présenta John Browdie, qui n'avait pas encore pu revenir de son admiration pour le jeune inconnu, depuis qu'il avait su si habilement retourner la demoiselle de comptoir. Puis vint la présentation à Mme Browdie, puis finalement ils montèrent tous pour passer ensemble une demi-heure d'amusement véritable et de satisfaction réciproque; mais disons à l'honneur de Mme John Browdie qu'elle commença la conversation par déclarer que, de toutes les petites effrontées qu'elle avait jamais vues, la demoiselle d'en bas était bien la plus légère et la plus laide.

Ce M. Frank Cheeryble, à en juger par le dernier incident, était un jeune homme qui avait la tête un peu chaude. Ce n'est pas absolument un miracle ni un phénomène dans l'histoire philosophique de l'humanité; mais c'était en même temps un garçon de bonne humeur, qui avait de l'entrain et de la gaieté, dont la physionomie et la manière rappelaient tout à fait à Nicolas les excellents frères. Son ton était simple comme le leur. Il avait dans toute sa personne cet air de franche bonhomie qui gagne naturellement le cœur de tous ceux qui ont quelques sentiments généreux. De plus, c'était un garçon de bonne mine, intelligent, plein de vivacité, extrêmement enjoué, et qui, au bout de cinq minutes, s'était fait à toutes les excentricités de John Browdie, aussi aisément que s'il l'eût connu d'enfance. Aussi ne faut-il pas s'étonner qu'au moment où il fallut se séparer pour aller coucher, il eût produit l'impression la plus favorable, non seulement sur le digne enfant du Yorkshire et sur sa femme, mais encore sur Nicolas, qui, ruminant tout cela le long de son chemin, en retournant chez lui, finit par conclure qu'il venait de jeter là les fondements d'une liaison très agréable et très désirable pour lui.

« Mais n'est-ce pas une chose extraordinaire, se disait Nicolas, que la rencontre de cet employé du bureau de placement? Il n'est pas vraisemblable que le neveu connaisse cette belle demoiselle. Lorsque Tim Linkinwater m'a donné à entendre l'autre jour que M. Franck venait ici pour être associé à ses oncles, il m'a dit en même temps qu'il était resté en Allemagne pendant quatre ans, pour y diriger les affaires de la maison, et qu'il avait passé les six derniers mois à établir une agence d'affaires dans le nord de l'Angleterre : cela fait bien quatre ans et demi... quatre ans et demi! Elle, elle ne peut pas avoir plus de dix-sept ans, mettons dix-huit tout au plus; c'était donc une enfant quand il a quitté Londres. Il ne pouvait la connaître, probablement même il ne l'avait jamais vue. Ainsi ce n'est pas lui qui peut me donner des renseignements sur elle; et, dans tous les cas, ajoutait Nicolas pour répondre à son idée fixe, il ne peut pas y avoir de danger qu'elle ait eu une première inclination de ce côté; c'est évident. »

Serait-il vrai que l'égoïsme fût un ingrédient nécessaire dans la composition chimique de cette passion qu'on appelle l'amour? ou bien vaut-il mieux croire toutes les belles choses qu'en ont dites les poètes, dans l'exercice de leur vocation infaillible? Il y a sans contredit des exemples authentiques de messieurs qui ont cédé leurs dames ou de dames qui ont cédé leurs messieurs avec des circonstances qui font le plus grand honneur à leur magnanimité; mais est-il aussi sûr que la majorité de ces messieurs et de ces dames n'ont pas fait de nécessité vertu, et n'ont pas noblement renoncé à ce qu'ils savaient bien ne pouvoir atteindre, à peu près comme un simple soldat de nos armées pourrait faire le vœu de ne jamais accepter l'ordre de la Jarretière, ou comme un pauvre curé, très pieux et très instruit, mais sans famille, je ne parle pas de ses enfants qui lui en font souvent une considérable, pourrait renoncer à un évêché?

Voilà, par exemple, Nicolas Nickleby qui se serait reproché comme une bassesse de calculer en lui-même les chances que sa rencontre avec Franck pouvait lui donner d'accroître sa faveur auprès des frères Cheeryble, le voilà déjà plongé dans un

Il tomba à genoux et joignit les mains d'un air désespéré. (P. 325.)

autre ordre de calculs bien plus déraisonnables. Ce même neveu ne serait-il pas par hasard son rival dans le cœur de la belle inconnue? C'était une question qu'il discutait en lui-même avec autant de gravité que si, une fois réglée, elle devait décider toutes les autres; et il revenait incessamment sur ce sujet, tout indigné, tout contrarié qu'il y eût quelqu'un au monde qui se permît de faire la cour à une femme avec laquelle il n'avait pas échangé un seul mot dans toute sa vie.

A coup sûr, loin de méconnaître le mérite de sa nouvelle connaissance, il se le serait plutôt exagéré; mais enfin c'était déjà de la part de son rival supposé une espèce d'outrage personnel que d'avoir du mérite, du moins aux yeux de cette demoiselle seulement, car partout ailleurs Nicolas lui permettait volontiers d'en avoir autant qu'il lui plairait. Vous voyez bien qu'il y avait dans tout cela un égoïsme véritable. Et pourtant Nicolas était une des natures les plus franches et les plus généreuses; il n'y avait peut-être pas d'homme qui eût moins de pensées basses et sordides; et nous n'avons aucune raison de supposer qu'amoureux fou comme il l'était, ses pensées et ses sentiments ne fussent pas en tout semblables à ceux de tous les gens qui se trouvent aussi dans cet état de passion que les poètes nous représentent comme sublime.

Au reste, il ne s'amusa pas à analyser, comme nous le faisons, ses secrets sentiments; il alla toujours son train, continuant ses rêves tout le long du chemin, et puis toute la nuit sur le même sujet. Car, après s'être bien persuadé que Franck ne pouvait connaître ni par conséquent courtiser la demoiselle mystérieuse, il commença à entrevoir qu'il n'en était guère plus avancé, que peut-être ne la reverrait-il jamais. Puis, sur cette hypothèse, il construisait le plus ingénieux échafaudage de chagrins plus affligeants les uns que les autres. La vision chimérique qu'il s'était faite à propos de M. Franck n'était plus rien auprès : c'était comme le supplice de Tantale qui ne lui laissait aucun repos et fatiguait jusqu'à son sommeil.

Malgré tout ce qu'on a pu dire de contraire en prose ou en vers, il n'y a pas encore un cas d'observation bien établi qui autorise à croire que jamais l'aurore ait différé ou hâté d'une heure son retour pour se donner le plaisir jaloux de désespérer quelque amoureux inoffensif. Le soleil sait bien qu'il a des devoirs publics à remplir, et, docile aux tables dressées dans l'observatoire de Greenwich, il se lève invariablement selon les prescriptions de l'almanach, sans jamais se laisser influencer par aucune considération particulière. L'aurore ramena donc aussi pour Nicolas l'ouverture régulière de son bureau, le train courant des affaires, et par-dessus le marché M. Franck Cheeryble, accompagné d'une suite de sourires et de compliments de bon accueil des dignes frères, et d'une réception plus grave et plus bureaucratique, mais non moins cordiale au fond, de la part de M. Tim Linkinwater.

« Comprend-on que M. Franck et M. Nickleby se soient rencontrés hier au soir? dit Tim Linkinwater, descendant lentement de son tabouret et promenant ses yeux autour du bureau, le dos appuyé contre son pupitre, comme il faisait toujours quand il avait quelque chose de très particulier à dire. Il y a dans cette rencontre des deux jeunes gens hier au soir une coïncidence vraiment remarquable. Et puis qu'on vienne me dire à présent qu'il y ait un lieu au monde comme Londres pour ces coïncidences-là!

— Je ne m'y connais pas, dit Franck, mais...

— Vous ne vous y connaissez pas, monsieur Francis? reprit Timothée en l'interrompant d'un air obstiné; à la bonne heure; mais il n'est pas grand besoin de s'y connaître. S'il y a un autre lieu au monde pour cela, où est-il? Est-ce en Europe? Non, sans aucun doute. Est-ce en Asie? pas davantage. En Afrique? pas le moins du monde. En Amérique? vous savez bien vous-même le contraire. Eh bien, alors, dit Timothée, en se croisant les bras, où est-ce?

— Je n'avais pas l'intention de vous contester ce point-là, Timothée, dit le jeune Cheeryble en riant. Je ne voudrais pas commettre une pareille hérésie. Tout ce que je voulais vous dire, quand vous m'avez interrompu, c'est que j'en suis très obligé à la coïncidence, voilà tout.

— Oh! si vous ne me contestez pas ce point-là, dit Timothée en se radoucissant, c'est différent. Eh bien; tenez, je vais vous dire : je n'aurais pas été fâché que vous me l'eussiez contesté; je voudrais bien qu'on me le contestât, vous ou tout autre. Je vous aurais bientôt terrassé mon homme par un argument sans réplique, » ajouta Timothée en tapant doucement ses lunettes sur l'index de sa main gauche.

Comme il n'y avait là personne pour défendre contre Timothée les quatre parties du monde, ou plutôt pour subir l'échec honteux que lui aurait infailliblement procuré une telle témérité, Timothée ne poussa pas plus loin sa démonstration devenue inutile et remonta sur son tabouret.

« Frère Ned, dit Charles, après avoir donné à Timothée quelques petites tapes d'amitié dans le dos, nous devons nous trouver très heureux d'avoir près de nous maintenant deux jeunes gens de la force de notre neveu Franck et de M. Nickleby; ce doit être pour nous une source de plaisir et de grande satisfaction.

— Certainement, Charles, certainement, répondit l'autre.

— Quant à Timothée, ajouta le frère Ned, ce n'est pas la peine d'en parler, c'est un petit garçon, un enfant que nous regardons comme rien du tout, et auquel il ne faut pas penser. Qu'est-ce que vous dites de cela, monsieur Timothée, vilain garnement?

— Je dis que je suis jaloux de vos deux favoris, et que je vais chercher une autre place. Ainsi vous n'avez qu'à vous pourvoir de votre côté, s'il vous plaît. »

Timothée trouva cette plaisanterie si délicieuse, si extraordinaire, si mirobolante, qu'il posa sa plume sur l'encrier, et, descendant ou plutôt se précipitant de son siège, en dépit de ses habitudes méthodiques, il se mit à se pâmer de rire, secouant sa tête tout le temps si violemment, qu'il s'en échappa une nuée d'atomes de poudre qui volèrent par tout le bureau. Les frères n'étaient pas en reste non plus, et riaient d'aussi bon cœur que lui à l'idée d'une séparation volontaire. Nicolas et Franck faisaient chorus, et riaient encore plus fort que les autres, peut-être pour dissimuler une autre émotion produite chez eux par ce petit incident. Et à vrai dire, après les premiers éclats de rire, l'attendrissement gagnait aussi les trois vieux amis, sans qu'ils voulussent le laisser paraître. Ainsi cet accès de gaieté franche et naïve leur procura plus de bonheur et de vrai plaisir que jamais assemblée élégante n'en a trouvé peut-être dans le trait d'esprit le plus aigu, décoché contre quelque absent.

« Monsieur Nickleby, dit le frère Charles en l'attirant à part et lui pressant doucement la main, je suis impatient, mon cher monsieur, de voir si vous êtes établi convenablement et à votre aise dans votre cottage. Nous nous reprocherions de laisser ceux qui nous rendent service souffrir de quelque privation ou de quelque gêne qu'il serait en notre pouvoir de faire disparaître. Je désire aussi beaucoup voir votre mère et votre sœur, faire connaissance avec elles, monsieur Nickleby, et trouver une occasion de relever leur courage en leur donnant l'assurance que tous les petits services que nous pourrons leur rendre sont bien au-dessous de tout ce que nous devons à votre zèle et à l'ardeur que vous déployez dans votre emploi. Pas un mot, mon cher monsieur, je vous en prie. C'est demain dimanche. Je prendrai la liberté d'y aller vers l'heure du thé, dans l'espérance de vous trouver chez vous. Si vous n'y êtes pas, vous savez, ou si ces dames ont de la répugnance pour une visite intempestive, et qu'elles préfèrent ne pas nous voir encore, je puis y retourner un autre jour : tous les jours me conviendront. Que cela soit bien entendu entre nous. Dites-moi, frère Ned, mon cher ami, je voudrais vous dire un mot par là. »

Les deux jumeaux sortirent du bureau, en se donnant le bras. Nicolas crut voir dans cette nouvelle preuve d'amitié, et dans toutes celles qui lui furent prodiguées ce jour-là même, une espèce de bienvenue par laquelle les frères voulaient fêter le retour de leur neveu, en lui renouvelant à lui-même toutes les assurances flatteuses qu'il en avait déjà reçues auparavant, et ces attentions délicates ajoutaient de plus en plus à ses sentiments d'affection reconnaissante.

La nouvelle qu'elle allait recevoir le lendemain une visite (et quelle visite!) éveilla dans l'âme de Mme Nickleby un mélange de ravissement et de regret; car, si elle y voyait d'un côté le gage de sa prochaine rentrée dans la bonne société et dans les plaisirs presque oubliés déjà de visites du matin, de soirées pour prendre le thé, etc., elle ne pouvait pas, de l'autre, s'empêcher de songer avec amertume et découragement qu'elle n'avait plus sa théière d'argent, dont le couvercle était surmonté d'un bouton en ivoire, ni son petit pot au lait assorti, qui avaient fait la joie de son cœur dans le temps jadis, et qu'elle avait bien soin de garder toute l'année d'un bout à l'autre, enveloppés dans leur coiffe de chamois sur une certaine tablette tout en haut, que son imagination attristée lui représentait encore avec les plus vives couleurs, comme si elle y était.

« Je me demande qui est-ce qui a acheté à la vente cette boîte aux épices, dit Mme Nickleby en secouant la tête; elle était toujours dans le coin à gauche, tout près des oignons confits. Vous vous rappelez cette boîte aux épices, Catherine?

— Parfaitement, maman.

— Je serais tentée de croire qu'il n'en est rien, Catherine, répondit Mme Nickleby d'un ton sévère, à voir l'air froid et indifférent dont vous en parlez. Il y a dans les pertes que nous avons faites, je l'avoue, quelque chose qui m'est plus pénible encore que ces pertes mêmes, soyez-en sûre, Catherine, je vous le dis sincèrement (et Mme Nickleby se frottait le nez de l'air le plus contrarié du monde), c'est de voir autour de moi des gens qui prennent les choses avec un si beau calme et une froideur si désespérante.

— Ma chère maman, dit Catherine en glissant doucement son bras autour du cou de sa mère, pourquoi dire des choses que je sais bien que vous ne pensez pas? Comment voulez-vous que je croie sérieusement que vous êtes fâchée de me voir heureuse et contente? Vous et Nicolas, vous me restez tous les deux; nous voici réunis encore une fois; cela ne vaut-il pas bien quelques misérables bagatelles dont nous ne sentons jamais le besoin? Après que j'ai vu de mes yeux toute la misère et la désolation que la mort peut traîner après elle, que j'ai connu la douleur de vivre seule et solitaire au milieu même de la foule, que j'ai passé par l'agonie d'une séparation cruelle au sein de l'affliction et de la pauvreté qui nous auraient rendu plus nécessaire la consolation de les supporter ensemble, pouvez-vous vous étonner que je trouve ici un lieu de tranquillité et de repos, où, vous sentant à mes côtés, je ne sens plus ni désir ni regret? Il fut un temps, ce n'est pas encore bien loin de nous, où toutes les douceurs de notre ancienne existence revenaient souvent tourmenter ma mémoire, je l'avoue, plus souvent peut-être que vous ne pouvez croire; mais j'affectais de ne point y penser, dans l'espérance que je réussirais à vous les faire moins regretter à vous-même. Ah! non, je n'étais pas insensible. Plût à Dieu que je l'eusse été, j'en aurais été plus heureuse. Chère maman, dit Catherine avec une vive émotion, je ne vois plus qu'une différence entre cette maison où nous sommes et celle où nous avons tous passé tant d'heureuses années : c'est que le meilleur, le plus noble cœur qui ait jamais souffert en ce monde, a disparu d'ici pour monter en paix dans les cieux.

— Catherine! ma chère Catherine! cria Mme Nickleby.

— J'ai pensé bien des fois, dit Catherine en soupirant, à ses paroles si tendres. Vers la fin, quand il montait se coucher, en passant devant la petite chambre, il y regardait et me disait : « Que la bénédiction de Dieu soit sur vous, ma chère petite », et sa figure était si pâle, maman! Oh! oui, il avait le cœur brisé, c'était de chagrin. A cette époque-là je ne pensais guère à ça, j'étais trop jeune. »

Un flot de larmes vint au secours de Catherine et soulagea sa peine. Elle posa sa tête sur le sein de sa mère et pleura comme un petit enfant.

C'est une remarque à faire à l'honneur de notre nature, qu'aussitôt que notre cœur se sent touché et attendri par quelque pensée de bonheur tranquille ou d'affection pure, seul moment où la mémoire des morts lui revient avec le plus de puissance irrésistible, on croirait que nos bonnes pensées, que nos sympathies honnêtes sont des charmes dont la vertu donne à l'âme le pouvoir d'entretenir quelque commerce vague et mystérieux avec les esprits de ceux que nous avons chèrement aimés dans la vie. Hélas! combien de fois, combien de temps ces anges patients voltigent-ils au-dessus de notre tête, attendant en vain, pour correspondre avec nous, le mot magique qu'il nous serait souvent si facile de prononcer et qui sort si rarement de notre bouche que bientôt même on l'oublie à jamais.

La pauvre Mme Nickleby était trop accoutumée à dire sans réserve tout ce qui lui passait par la tête, pour qu'il lui fût jamais venu dans l'idée que sa fille pût nourrir de semblables pensées en secret, d'autant plus que les rudes épreuves et les plus injustes reproches ne lui en avaient jamais arraché la confidence. Mais maintenant que le bonheur dont les faisait jouir tout ce que Nicolas venait de leur dire, ainsi que les habitudes paisibles de leur nouvelle vie, avait rappelé ces souvenirs dans l'âme de Catherine avec tant de force qu'elle n'avait pu les réprimer, Mme Nickleby commença à entrevoir qu'elle pouvait bien avoir été de temps en temps un peu irréfléchie, et elle sentit quelque chose qui ressemblait au remords en embrassant sa fille et en cédant aux émotions qu'une conversation pareille avait naturellement éveillées.

Jugez si ce soir-là on mit tout en l'air dans la maison, et si on fit d'immenses préparatifs pour la visite annoncée; on n'oublia pas même un grand bouquet, qu'on se procura chez le jardinier d'à côté et que l'on divisa en une foule d'autres plus petits pour orner la maison. Mme Nickleby en aurait volontiers tapissé tout le salon d'après les principes de goût qui lui étaient particuliers, et qui n'auraient pas manqué d'attirer l'attention, si Catherine ne s'était pas offerte à lui en épargner la peine, pour les disposer elle-même avec l'élégance la plus simple et la plus naturelle. Jamais le cottage n'avait paru plus joli que lorsqu'il fut le lendemain éclairé par le jour le plus gai et le soleil le plus brillant; mais ni l'orgueil de Smike, en regardant son jardin, ni celui de Mme Nickleby, en passant en revue son mobilier, ni celui de Catherine, en jetant partout son coup d'œil de maîtresse de maison, n'approchaient de l'orgueil avec lequel Nicolas contemplait Catherine elle-même; et, en effet, le plus riche château de toute l'Angleterre aurait été fier de trouver dans la beauté de ses traits et dans l'élégance de ses formes son ornement le plus rare et le plus précieux.

Vers six heures du soir, Mme Nickleby fut jetée dans la plus vive agitation par le coup de marteau depuis si longtemps attendu, et son agitation ne fit que s'accroître en entendant le pas de deux paires de bottes dans le corridor, ce qui fit prophétiser à la bonne dame, hors d'elle-même, que ce devaient être les deux MM. Cheeryble, et tout en se trompant elle ne se trompait pas. Ce n'étaient pas les deux frères, comme elle l'avait auguré, mais c'étaient M. Charles Cheeryble et M. Franck Cheeryble, son neveu, qui commença par s'excuser de cette visite indiscrète, en demandant mille pardons qui lui furent tous accordés de la meilleure grâce du monde par Mme Nickleby, car elle avait compté ses cuillers et savait qu'elle en aurait plus qu'il n'en fallait pour son thé. L'apparition de ce visiteur imprévu ne causa donc pas le moindre embarras (si ce n'est peut-être à Catherine, qui en fut quitte pour rougir deux ou trois fois dans le commencement). Et d'ailleurs le vieux gentleman fut si cordial et si bon, et le jeune gentleman l'imita si bien en cela, qu'il n'y avait pas trace de cette raideur cérémonieuse qui gâte presque toujours une première entrevue, et que Catherine se surprit plus d'une fois à se demander quand est-ce que la présentation officielle allait commencer.

Une fois à table à prendre le thé, la conversation s'engagea sur une foule de sujets variés; elle fut même plus d'une fois animée par des discussions qui ne manquaient pas d'avoir leur côté plaisant. Par exemple, en faisant allusion au récent voyage de son neveu en Allemagne, le vieux Cheeryble informa la compagnie que le susdit jeune M. Cheeryble était véhémentement soupçonné d'être devenu passionnément amoureux de la fille d'un certain bourgmestre allemand : accusation que le jeune M. Cheeryble repoussa de toutes les forces de son indignation, ce qui fournit à Mme Nickleby l'occasion de remarquer finement que la chaleur même de cette résistance lui donnait lieu de penser qu'il devait y avoir quelque chose de vrai. Alors le jeune M. Cheeryble supplia instamment le vieux M. Cheeryble de confesser qu'il avait voulu seulement plaisanter, ce que le vieux M. Cheeryble finit par avouer après s'être bien fait prier, car le jeune M. Cheeryble y tenait si expressément, que, selon l'observation répétée depuis bien des fois par Mme Nickleby, en se rappelant cette scène, il en eut le visage tout coloré : et elle en fit d'autant plus volontiers la remarque, que les jeunes gens en général ne forment pas une classe renommée pour sa discrétion et sa modestie, surtout quand il s'agit d'une conquête, car alors ce n'est pas leur visage qui se colore d'une rougeur modeste, mais c'est plutôt l'histoire de leurs amours qu'ils colorent à leur guise, sans respect pour la vérité.

Après le thé on fit un tour dans le jardin, et, comme la soirée était belle, on le quitta pour enfiler quelques sentiers dans la campagne et se promener de long en large sur le chemin jusqu'à la brune. La société tout entière sembla trouver le temps très court. Catherine conduisait la bande, s'appuyant sur le bras de son frère, et causant avec lui et M. Franck Cheeryble. Mme Nickleby et le frère Charles suivaient par derrière à une petite distance. La pauvre dame était si sensible à la bonté que son cavalier mettait à lui exprimer son amitié pour Nicolas et son admiration pour Catherine, que le torrent impétueux de ses divagations ordinaires se contint pour cette fois dans des limites raisonnables. Smike, qui n'avait jamais été de sa vie l'objet d'un plus vif intérêt que dans cette journée, marchait près d'eux, voltigeant d'un groupe à l'autre, selon que le frère Charles lui mettait la main sur l'épaule, le retenait près de lui, ou que Nicolas se retournait d'un visage souriant pour lui faire signe de venir causer avec son vieil ami, celui qui le comprenait le mieux, et qui savait le moyen inconnu aux autres de dérider son front.

L'orgueil est un des sept péchés capitaux; mais ce n'est sans doute pas l'orgueil qu'une mère éprouve en pensant à ses enfants, ou ce serait un péché composé de deux vertus cardinales : la foi et l'espérance. Péché ou vertu, cet orgueil-là gonfla le cœur de Mme Nickleby pendant toute la soirée, et, quand on reprit le chemin de la maison, on voyait encore briller, à la lumière, sur ses joues, les traces des plus douces larmes qu'elle eût versées jamais. Après un petit souper, dont la gaieté tranquille était en parfaite harmonie avec ces dispositions d'esprit, les deux gentlemen finirent par prendre congé de ces dames. Il y eut encore là, au départ, une circonstance qui devint l'occasion d'une foule de plaisanteries amusantes : c'est que M. Franck Cheeryble serra une fois de plus qu'il n'est d'usage la main de Catherine, oubliant tout à fait qu'il lui avait déjà dit adieu. L'oncle Charles y vit une preuve accablante que son neveu distrait ne pensait qu'à sa flamme allemande, supposition qui fut aussitôt accueillie par un immense éclat de rire. Il ne faut pas grand'chose pour égayer des cœurs innocents.

Bref, ce fut un jour de bonheur tranquille et serein; nous avons tous quelques beaux jours (j'en souhaite même beaucoup de pareils à mes lecteurs) sur lesquels nous revenons toujours avec un plaisir particulier. Eh bien, c'était un de ceux-là, et bien des fois plus tard il en fut parlé comme d'un jour qui tenait une place mémorable dans le calendrier de ceux qui avaient eu le bonheur d'en prendre leur part.

Pourtant, n'y avait-il pas une exception, et pour celui qui avait le plus besoin d'être heureux?

Qui est-ce donc que celui-là qui, dans le silence de sa chambre, tomba à genoux pour faire à Dieu la prière que lui avait apprise son premier ami, puis joignit les mains et les étendit dans le vide, d'un air désespéré, avant de tomber la face contre terre dans un accès du chagrin le plus amer?

CHAPITRE XLIV

M. Ralph Nickleby rompt avec une ancienne connaissance. On pourrait aussi conclure du contenu de ce chapitre que, même entre mari et femme, il ne faut pas pousser les plaisanteries trop loin.

Il y a des gens qui, ne vivant uniquement que pour s'enrichir n'importe comment, et qui, ne se faisant aucune illusion sur la bassesse et la turpitude des moyens auxquels ils ont recours journellement dans ce but, affectent néanmoins, au point de s'y tromper quelquefois eux-mêmes, une grande dignité morale, et secouent la tête ou poussent de profonds soupirs, en se plaignant de la corruption du monde. Parmi les plus abominables coquins qui aient jamais posé le pied ou plutôt qui aient jamais rampé sur cette terre (car c'est la seule attitude qui convienne à ces êtres bas et dégradés), il y en a qui vous enregistrent bravement, jour par jour, leurs faits et gestes dans un journal, et tiennent avec le ciel un compte ouvert de doit et avoir, où l'on est toujours sûr de trouver la balance à leur avantage. Est-ce une insulte gratuite à la Providence (s'il y a rien de gratuit dans l'âme intéressée, vile et fausse de ces hommes qui se traînent dans les sentiers les plus fangeux de la vie), ou bien est-ce réellement une espérance qu'ils conservent encore de tromper jusqu'au ciel même et de faire dans l'autre monde un placement par les mêmes procédés qui leur ont procuré de bons placements dans celui-ci? Il ne s'agit pas de savoir comment cela se fait; ce qu'il y a de sûr, c'est que cela est; et ce qu'il y a de sûr aussi, c'est qu'une pareille exactitude dans la tenue des livres de ces messieurs, comme l'ont prouvé certains mémoires biographiques qui ont révélé bien des choses, ne peut pas manquer d'avoir son utilité, quand ce ne serait que d'épargner de la peine et du temps à l'ange chargé de tenir là-haut la comptabilité.

Ralph Nickleby n'était pas de ces gens-là : grave, inflexible, obstiné, impénétrable, Ralph ne se souciait de rien, dans la vie ou après la vie, que de la satisfaction de ces deux passions, dont la première était l'avarice, l'appétit le plus impérieux de sa nature, et dont la seconde était la haine. Ne voulant voir en lui-même qu'un type de l'humanité tout entière, il ne se donnait pas la peine de dissimuler son véritable caractère aux yeux du monde en général ; et, dans le fond de son cœur, sitôt qu'il lui venait une mauvaise pensée, il se hâtait de l'accueillir avec joie et de la caresser avec amour. Le seul précepte de philosophie que Ralph Nickleby pratiquât à la lettre, c'était le *connais-toi toi-même.* Il se connaissait bien lui-même, et c'est pour cela qu'il haïssait tous les hommes, parce qu'il aimait à croire qu'ils lui ressemblaient tous, ayant été jetés dans le même moule. En effet, s'il n'y a pas d'homme qui se haïsse lui-même (le plus insensible d'entre nous a trop d'amour-propre pour cela), toutefois la plupart des hommes jugent, sans le savoir, des autres par eux-mêmes : et l'on peut établir en règle générale que ceux qui ont l'habitude de tourner en dérision la nature humaine et qui affectent de la mépriser, ne sont pas non plus ses meilleurs ni ses plus honorables échantillons.

Mais c'est aux aventures de Ralph lui-même que nous avons affaire. Ralph se tenait donc debout, regardant Newman Noggs d'un air refrogné pendant que l'élégant commis ôtait ses gants sans doigts, les étendait soigneusement sur la paume de sa main gauche, les étalant avec sa main droite pour en polir les plis, et se disposait à les rouler de l'air le plus affairé, comme s'il oubliait en ce moment tout autre soin devant l'intérêt majeur de ce cérémonial.

« Parti de Londres ! dit Ralph lentement; vous vous serez trompé, vous retournerez.

— Pas trompé, répliqua Newman; pas même partant, parti.

— Ce n'est donc plus un homme? Est-ce une femme ou un enfant? marmotta Ralph avec un geste courroucé.

— Je ne sais pas, dit Newman, mais il est parti. »

Plus le mot *parti* semblait désagréable à Ralph Nickleby, plus Newman Noggs semblait éprouver à le répéter un plaisir inexprimable. Il le prononçait à pleine bouche, appuyant dessus aussi longtemps qu'il pouvait le faire décemment; et quand il ne pouvait plus en prolonger le son sans affectation, on voyait qu'il ouvrait encore la bouche pour se le répéter en dedans, comme si c'était au moins pour lui une consolation.

« Et où cela est-il parti ? dit Ralph.

— France, répliqua Newman... le danger d'une seconde attaque d'érysipèle... une mauvaise attaque... à la tête. Alors les médecins lui ont ordonné de partir et il est pa-a-r-ti.

— Et lord Frédérick?

— Il est par-ti aussi, répliqua Newman.

— Alors il emporte avec lui ses taloches, n'est-ce pas? dit Ralph en se détournant. Il empoche les coups, et file sans dire mot et sans obtenir la moindre réparation !

— Il est trop malade, dit Newman.

— Trop malade! répéta Ralph ; mais moi, j'aurais été mourant que je m'en serais vengé ; au contraire, je n'en aurais été que plus prompt à me venger, si j'avais été à sa place. Mais il est trop malade ! pauvre sir Mulberry ! trop malade ! »

En prononçant ces mots avec un suprême mépris et l'apparence d'une grande irritation intérieure, Ralph se hâta de faire signe à Newman de sortir, et, se jetant sur sa chaise, il se mit à battre du pied sur le parquet avec impatience.

« Il faut que ce garçon-là soit sorcier, dit Ralph en grinçant des dents ; les circonstances conspirent pour l'aider. Parlez-moi des faveurs de la fortune ! Qu'est-ce que c'est que l'argent même, au prix d'un bonheur insolent comme celui-là ? »

Il fourra avec colère ses mains dans ses poches, mais cependant ses premières réflexions furent sans doute adoucies par quelques pensées consolantes, car sa figure se détendit, et, s'il y avait encore dans les plis de son front une expression sérieuse, elle trahissait plutôt la méditation et le calcul que le désappointement.

« Après tout, murmura Ralph, Hawk finira toujours par revenir, et, si je connais bien mon homme, comme je dois à présent le connaître, sa fureur n'aura rien perdu de sa violence pour attendre. Obligé de vivre dans la solitude, combien un homme de son caractère doit trouver monotone une chambre de malade ! Ne pas vivre ! ne pas boire ! ne pas jouer ! ne rien faire enfin de ce qu'il aime et de ce qui fait le fond de son existence ! Il n'y a pas de danger qu'il oublie de lui faire payer cher tout cela. Il n'y en a pas beaucoup qui en fussent capables, mais lui moins que personne. »

Il sourit et secoua la tête, posa son menton sur sa main, rêva et sourit encore, puis, au bout d'un moment, il se leva et tira la sonnette.

« Et ce M. Squeers, est-il venu ici ? dit Ralph.

— Il est venu hier au soir ; il était encore ici quand je suis parti, répondit Newman.

— Je le sais bien, imbécile! Ce n'est pas là ce que je vous demande, dit Ralph en pleine colère. Est-il venu depuis? a-t-il passé ici ce matin?

— Non, brailla Newman de toute sa force.

— S'il vient en mon absence..., je suis sûr qu'il sera ici ce soir à neuf heures..., qu'il attende..., et s'il y a un autre homme avec lui, comme c'est possible, dit Ralph en se reprenant, qu'il attende aussi.

— Qu'ils attendent tous les deux, dit Newman.

— Oui, répliqua Ralph en tournant vers lui des yeux courroucés. Voyons, aidez-moi à passer ce spencer, au lieu de toujours répéter après moi comme un perroquet qui croasse.

— Je voudrais bien être un perroquet, dit Newman d'un air boudeur.

— Je le voudrais bien aussi, répliqua Ralph en boutonnant son spencer; il y a longtemps que je vous aurais tordu le cou. »

Newman ne répondit rien à ce compliment; mais, en ajustant par derrière le collet du spencer de son patron, il regarda un moment par-dessus l'épaule, comme s'il avait l'intention de commencer par lui tordre le nez. Cependant, en rencontrant l'œil de Ralph, il rappela ses doigts prêts à s'égarer, et se frotta lui-même le nez avec une véhémence tout à fait étonnante.

Ralph, qui n'avait point pénétré ses intentions excentriques, se contenta de jeter sur son commis un regard menaçant, en lui recommandant d'avoir soin de ne pas faire d'erreur, prit ses gants et son chapeau et sortit.

Il fallait qu'il eût une clientèle bien extraordinaire et bien mélangée, car il faisait des visites tout à fait hétérogènes, tantôt dans de riches hôtels, tantôt dans de pauvres petites maisons; mais elles se ressemblaient toutes à ses yeux par un but commun, l'argent. Sa figure était un talisman pour les portiers et les serviteurs de ses clients opulents, et le faisait admettre à l'instant, quoiqu'il trottât à pied, pendant qu'il en voyait d'autres refusés à la porte avec leurs beaux équipages. Ici son ton était doux et sa civilité servile; son pas léger rebondissait sans bruit sur le tapis moelleux; sa voix murmurante n'était entendue que de la personne même à laquelle elle s'adressait. Mais dans les habitations pauvres Ralph n'était plus le même homme : dès son entrée dans le corridor, ses bottes craquaient hardiment; en demandant l'argent qui lui était redû, sa voix était haute et aigre, ses menaces étaient grossières et insolentes. Il avait encore une autre classe de pratiques chez lesquelles il jouait un personnage tout différent : c'étaient les procureurs de réputation véreuse, qui lui prêtaient leur ministère pour contracter des affaires nouvelles ou tirer de nouveaux profits d'affaires déjà anciennes. Là Ralph avait l'humeur familière et plaisante; il s'égayait sur les nouvelles du jour, et n'était jamais plus agréable que sur les banqueroutes et les difficultés pécuniaires qui faisaient aller son négoce. Bref, il eût été difficile de reconnaître ce Janus multiple sous tant de visages divers, sans le volumineux portefeuille de cuir plein de billets et d'obligations qu'il tirait de sa poche en entrant dans chaque maison, et l'éternel refrain de ses plaintes uniformes, chanté seulement sur des airs différents, « de ce que le monde le croyait riche, et qu'en effet il devrait l'être s'il avait ce qu'on lui devait. Mais quoi! quand une fois l'argent était dehors, il ne voulait plus rentrer, ni intérêt ni principal, et l'on avait bien du mal à vivre, je dis à vivre au jour le jour ».

Quand il avait fait sa tournée jusqu'à Pimlico, en prenant seulement le temps de faire en route un piètre dîner dans quelque cuisine bourgeoise, Ralph revenait chez lui tout le long du parc de Saint-James.

Ce jour-là donc on voyait bien, aux plis de son front et à ses lèvres pincées, mais plus encore à sa complète indifférence pour tous les objets qui pouvaient frapper sa vue, sans qu'il parût les voir, qu'il roulait dans sa tête quelque projet profond. Complètement absorbé dans ses méditations, Ralph, cet homme fier de sa vue perçante, ne s'aperçut pas même qu'il était suivi par une ombre obstinée, qui tantôt marchait sans bruit derrière lui d'un pas clandestin, tantôt le devançait de quelques pieds, ou même se glissait à ses côtés sans le quitter des yeux un moment, et qui plongeait sur lui un œil si pénétrant, un regard si avide et si attentif, qu'il rappelait plutôt ces figures de fantaisie que le peintre introduit sur sa toile dans une scène dramatique ou celles qui agitent nos mauvais rêves, que l'examen soutenu de l'observateur le plus infatigable.

Il y avait déjà quelque temps que le ciel s'était couvert de nuages sombres, et les premières gouttes d'un orage violent forcèrent Ralph à chercher un abri sous un arbre. Il y était appuyé les bras croisés, enseveli dans ses pensées, lorsque, en levant les yeux par hasard, il rencontra tout à coup ceux d'un homme qui venait de faire sans bruit le tour du tronc pour le regarder en face d'un œil scrutateur. La figure de l'usurier prit à l'instant une expression que l'étranger parut se rappeler sans hésiter, car elle le décida à faire un pas vers lui en l'appelant par son nom.

Étonné, dans le premier moment, Ralph recula quelque peu et le toisa de la tête aux pieds. Un homme sec, hâve, décrépit, à peu près du même âge que lui, le corps courbé, la figure sinistre, rendue plus répugnante encore par des joues creuses et affamées, le teint hâlé, les sourcils épais et noirs, que ses cheveux tout blancs faisaient paraître plus noirs encore; des vêtements grossiers et râpés, d'une forme étrange et bizarre; enfin, dans toute sa personne, les marques irrécusables de l'abjection et de la dégradation : voilà d'abord tout ce qu'il en put voir. Mais, à mesure qu'il le regardait davantage, la figure et les traits de l'inconnu lui parurent graduellement moins étrangers; il lui sembla qu'ils se fondaient et se transformaient en quelque image qui lui était familière, jusqu'à ce qu'enfin une illusion d'optique parut en composer un homme qu'il avait connu de longues années auparavant, mais qu'il avait oublié et perdu de vue depuis longtemps déjà.

L'homme vit que la reconnaissance était réciproque, et fit signe à Ralph de reprendre sa première place au pied de l'arbre, au lieu de rester à la pluie, à laquelle, dans ses premiers moments de surprise, il n'avait pas même songé, et lui adressa ces paroles d'une voix enrouée et affaiblie.

« Je suis sûr que vous ne m'auriez pas reconnu, à ma voix, monsieur Nickleby? dit-il.

— Non, répondit Ralph en fixant sur lui un regard sévère; cependant il y a quelque chose que je me rappelle.

— Il n'y a plus grand'chose en moi que vous puissiez vous rappeler après ces huit dernières années, répliqua l'autre.

— Il y en a bien assez comme cela, dit Ralph négligemment en détournant la tête. Il n'y en a que trop.

— Si j'avais pu douter que ce fût bien vous, monsieur Nickleby, dit l'autre, votre accueil et vos manières ne m'auraient pas laissé longtemps en suspens.

— Est-ce que vous espériez mieux? demanda Ralph avec aigreur.

— Non, dit l'homme.

— Vous aviez raison; et, puisque cela ne vous surprend pas, pourquoi montrez-vous de la surprise? »

L'étranger se tut d'abord. Il paraissait disposé à répondre par quelque reproche, mais il se domina.

« Monsieur Nickleby, lui dit-il sans autre préambule, voulez-vous bien entendre quelques mots que j'ai à vous dire?

— Je suis obligé d'attendre ici que la pluie cesse un peu, dit Ralph en regardant le temps; si vous me parlez, monsieur, je n'irai pas me boucher les oreilles, quoique je ne promette pas pour cela d'en être moins sourd à vos paroles.

— Je possédais autrefois votre confiance... »

Au début, Ralph se retourna et sourit involontairement.

« Enfin, dit l'autre, je possédais votre confiance autant que jamais homme a pu la posséder.

— Ah! répliqua Ralph en se croisant les bras; ceci, c'est autre chose, c'est tout autre chose.

— Allons, ne jouons pas sur les mots, monsieur Nickleby, au nom de l'humanité!

— Au nom de quoi? demanda Ralph.

— De l'humanité, répliqua l'autre rudement. J'ai faim, et je n'ai pas de quoi manger. Vous devez voir en moi un grand changement après une si longue absence. Je dis que vous devez le voir, car je le vois moi-même, quoique je l'aie subi lentement et par degrés insensibles. Si cela ne suffisait pas pour émouvoir votre pitié, sachez donc que je n'ai pas de pain, je ne parle pas du pain quotidien de l'oraison dominicale qui, dans ces riches cités, comprend à peu près toutes les jouissances du monde pour le riche, et la nourriture grossière qui peut suffire à soutenir la vie du pauvre; non, le pain dont je parle, le pain dont je manque, le pain que je demande, c'est une croûte de pain sec. Quand le reste ne vous toucherait pas, j'espère que du moins vous ne serez pas insensible à mon dénûment.

— Est-ce la forme banale que vous avez adoptée pour mendier, monsieur? dit Ralph; vous n'avez pas mal étudié votre rôle; mais, si vous voulez prendre conseil d'un homme qui sait ce que c'est que le monde, je vous recommanderai de parler moins haut, un peu moins haut, ou vous risquez fort de mourir de faim tout de bon. »

En disant cela, Ralph tenait son poing gauche étroitement serré dans sa main droite, et, penchant un peu la tête d'un côté en laissant retomber son menton sur sa poitrine, il considérait d'un air sombre et refrogné celui qui venait de s'adresser à lui. Il était dans l'attitude où l'artiste pourrait représenter l'Insensibilité même.

« Je ne suis à Londres que depuis hier, dit le vieillard en jetant un coup d'œil sur ses vêtements salis par le voyage et sur sa chaussure usée.

— Le premier jour que vous y avez passé devrait bien être le dernier, répliqua Ralph.

— Je n'ai fait que chercher, pendant ce temps-là, partout où je croyais avoir l'espérance de vous rencontrer, reprit l'autre plus humblement, et je vous rencontre enfin, au moment où j'y avais presque renoncé, monsieur Nickleby. »

Il parut attendre un moment quelque réponse, mais sans succès.

« J'ai près de soixante ans, je suis sans ressources et sans appui comme un enfant de six ans. » (P. 329.)

« Je suis, continua-t-il, un malheureux proscrit, bien misérable ; j'ai près de soixante ans, je suis sans ressource et sans appui comme un enfant de six ans.

— Et moi aussi, j'ai soixante ans, dit Ralph ; mais je ne suis pas pour cela sans ressource et sans appui. Travaillez au lieu de faire de belles tirades sur le pain comme tout à l'heure ; gagnez-en, cela vaudra mieux.

— Et comment? cria l'autre ; où ? Faites-m'en connaître les moyens. Voulez-vous me les fournir, dites, voulez-vous ?

— Ce ne serait pas la première fois, reprit Ralph avec un grand sang-froid, et je pense que vous n'avez pas besoin de me demander si je suis prêt à recommencer.

— Il y a un peu plus de vingt ans, dit l'autre d'une voix étouffée, que nous avons fait notre première rencontre. Vous vous rappelez ? je venais vous réclamer ma part de profit dans une affaire que je vous avais procurée ; et pour punir ma persistance, vous m'avez fait arrêter comme étant mon créancier pour une avance de deux cent cinquante francs et quelques centimes, à cinquante pour cent d'intérêt ou à peu près.

— Je me rappelle quelque chose comme cela, répliqua Ralph d'un air insouciant; et puis après?

— Nous ne nous sommes pas brouillés là-dessus. J'ai fait ma soumission sous les verrous et les grilles derrière lesquelles vous m'aviez claquemuré; et, comme vous n'étiez pas alors aussi huppé qu'aujourd'hui, vous n'avez pas été fâché de reprendre un commis un peu dégourdi et qui s'entendît à votre genre de trafic.

— Dites que vous avez imploré, mendié mon assistance, et que j'ai cédé à vos prières, répondit Ralph. C'était bien de la bonté de ma part, ou peut-être avais-je besoin de vous, je ne me le rappelle pas. Cependant je suis porté à croire que vous pouviez me servir, car sans cela je vous aurais bien laissé implorer ma pitié jusqu'au lendemain. Vous étiez un homme utile, pas trop honnête, pas trop scrupuleux, pas trop délicat, ni d'action, ni de sentiment, mais enfin vous étiez un homme utile.

— Utile! je le crois bien, dit l'étranger. Vous m'aviez déjà bien vexé, bien maltraité, plusieurs années auparavant, sans que je vous servisse moins fidèlement jusqu'alors, malgré votre dureté. N'est-ce pas vrai? »

Ralph ne répondit pas.

« N'est-ce pas vrai? répéta l'autre.

— Vous aviez fait votre besogne, répéta Ralph, et moi, je vous avais payé vos gages. Il me semble que nous ne nous devions rien, nous étions quittes.

— Alors, peut-être; mais depuis?

— Si nous ne le sommes pas depuis, c'est que nous ne l'étions pas même alors; car, vous venez de le dire vous-même, vous me deviez de l'argent et vous m'en devez encore.

— Oui; mais ce n'est pas tout, dit l'étranger avec vivacité: ce n'est pas tout, remarquez bien. Je n'avais pas oublié le mal que vous m'aviez fait comme vous pouvez le croire; aussi la rancune d'un côté, et, de l'autre, l'espoir de gagner à cela quelque argent, me firent profiter de ma position près de vous pour m'emparer d'un secret qui me donnât prise sur vous. Je le tiens, et vous sacrifieriez bien la moitié de ce que vous possédez pour le connaître; mais ce n'est que par moi que vous pouvez le connaître. Je vous ai donc quitté, bien longtemps après, vous vous rappelez, et, pour un pauvre petit démêlé avec la loi que, vous autres agioteurs, vous ne craignez pas de violer impunément tous les jours, je fus condamné à être transporté pendant sept ans. Vous voyez dans quel état je suis revenu. Maintenant, monsieur Nickleby, ajouta-t-il avec un léger mélange d'humilité et d'assurance, voyons! que voulez-vous faire pour moi? Comment voulez-vous reconnaître, ou plutôt, franchement, combien voulez-vous payer mon secret? Mes prétentions ne sont pas énormes, mais enfin il faut que je vive, et je ne puis pas vivre sans boire ni manger. L'argent est de votre côté: la faim et la soif sont du mien. Vous pouvez vous en tirer à bon marché.

— Est-ce tout? dit Ralph, fixant toujours sur son ancien commis le même regard de mépris inflexible, et remuant seulement les lèvres.

— C'est de vous que cela dépend, monsieur Nickleby; c'est tout et ce n'est pas tout, selon qu'il vous plaira.

— Eh bien alors, monsieur... je ne sais quel nom vous donner, dit Ralph.

— Mon ancien nom, si vous voulez.

— Eh bien donc, écoutez-moi bien, monsieur Brooker, dit Ralph avec l'accent d'une colère rentrée. Écoutez-moi bien, car ce sont les derniers mots que vous entendrez jamais de moi. Il y a longtemps que je vous connais pour être un franc coquin; mais vous n'avez pas le cœur solide, et les travaux forcés avec un boulet au pied et une nourriture moins abondante que du temps où je vous *vexais* et vous *maltraitais*, ont déjà singulièrement hébété vos esprits; sans cela vous ne viendriez pas me débiter de pareilles fariboles. Vous! un secret qui vous donne prise sur moi! Eh bien, gardez-le ou dites-le à tout le monde, comme vous voudrez, je vous laisse le choix.

— Je n'ai pas envie de le dire à tout le monde, reprit Brooker; à quoi cela me servirait-il?

— A quoi cela vous servirait-il? dit Ralph; à peu près autant que de venir me faire ces contes, je vous assure. Tenez! jouons cartes sur table; je suis un homme soigneux et je sais toutes mes affaires sur le bout de mon doigt. Je connais le monde et le monde me connaît. Tout ce que vous avez pu ramasser en ouvrant tout grands vos yeux et vos oreilles quand vous étiez à mon service, le monde le sait et l'exagère même. Vous ne pouvez plus rien lui dire de moi qui le surprenne, à moins pourtant que vous ne chantiez mes louanges; mais alors il vous huerait comme un menteur. Eh bien, tout cela ne me ferait trouver ni moins d'affaires, ni moins de confiance dans mes clients; bien au contraire, il n'y a pas de jour que je ne sois honni ou menacé par l'un ou par l'autre; mais, après tout, les choses n'en vont pas moins leur petit train, et je n'en suis pas plus pauvre.

— Il ne s'agit pas ici de vous honnir ou de vous menacer, répondit l'homme. Je viens vous parler seulement de quelque chose que vous avez perdu de mon fait, de quelque chose que je puis seul vous rendre, d'un secret enfin qui peut mourir avec moi, sans que jamais vous ayez le moyen de le rattraper.

— Je puis me flatter, dit Ralph, d'être joliment soigneux de mon argent, et, généralement, je ne me fie qu'à moi pour le garder. Je surveille de près les gens à qui j'ai affaire, et je vous ai surveillé de près plus que personne. Ainsi donc je vous fais cadeau de tout ce que vous avez pu me prendre.

— Ceux qui portent votre nom vous sont-ils encore chers? dit l'homme avec énergie; en ce cas...

— Non, répondit Ralph, outré de cette insistance et poursuivi par le souvenir de Nicolas, que la dernière question venait de raviver encore. Non, ils ne me sont pas chers. Si vous étiez venu me demander l'aumône comme tous les mendiants, je vous aurais jeté une pièce de dix sous en mémoire de vos bons tours d'autrefois; mais, puisque vous venez essayer l'effet de ces chantages, vieux comme le monde, sur un homme que vous devriez pourtant mieux connaître, je ne vous donnerai pas seulement deux sous, quand ce serait pour ne pas vous laisser crever de faim; et rappelez-vous bien ceci, monsieur le gibier de potence, dit Ralph en le menaçant avec la main : si jamais nous nous rencontrons et que vous ayez le front de me tendre la main, vous retournerez voir encore ce que c'est qu'une prison. Vous aurez le temps de consolider la prise que vous avez sur moi dans l'intervalle des travaux forcés auxquels on emploie les vagabonds comme vous. Voilà le cas que je fais de vos balivernes : attrape. »

Après avoir étonné de son ton dédaigneux le misérable objet de sa colère, qui soutint son regard méprisant sans prononcer un mot, Ralph s'en retourna de son pas ordinaire, sans montrer la moindre curiosité de voir ce que devenait son interlocuteur, et même sans regarder une fois derrière lui. L'homme resta à la même place, les yeux toujours fixés sur son ancien patron, jusqu'à ce qu'il l'eut perdu de vue tout à fait; puis, se croisant les bras sous l'aisselle comme si l'humidité et le besoin glaçaient ses membres, il s'en alla le long du chemin d'un pas traînant, demandant l'aumône aux passants.

Ralph, sans être le moins du monde ému de ce qui venait de se passer, après les menaces qu'il laissait comme adieu à son compagnon de rencontre, se remit en route d'une marche délibérée, et, tournant par le parc, laissant Golden Square à sa droite, enfilant quelques rues du beau quartier de l'Ouest, il finit par arriver à celle où résidait Mme Mantalini. Le nom de cette dame avait disparu de la plaque flamboyante attachée à la porte; c'était celui de miss Knag qui avait pris sa place. Mais les robes et les chapeaux se montraient encore avec le même éclat derrière les fenêtres du premier, au crépuscule d'un soir d'été, et l'établissement paraissait avoir conservé toute son ancienne physionomie, sauf ce petit changement ostensible dans le nom de la propriétaire.

« Hum! murmura Ralph en se caressant le menton d'un air de connaisseur et en examinant la maison de haut en bas. Voilà des gens qui font assez bonne mine, ils ne peuvent pas aller bien loin pourtant; mais, si je puis me tenir au courant et arriver à temps, mon affaire est bonne et les profits sont clairs. Il ne faut pas que je les perde de vue : voilà tout. »

Là-dessus, il hocha la tête d'un air de satisfaction, et s'apprêtait à se retirer, quand son oreille subtile intercepta un son de voix confuses et le bruit d'une vague rumeur mêlée à un grand remue-ménage dans l'escalier de la maison même qui venait d'être l'objet de son examen curieux.

Pendant qu'il ne savait pas encore s'il devait frapper à la porte ou écouter par le trou de la serrure, une servante de Mme Mantalini, qu'il avait déjà vue souvent, ouvrit brusquement et se précipita dehors, les rubans bleus de son bonnet flottant en l'air.

« Holà! ici! arrêtez donc, cria Ralph. Qu'est-ce qu'il y a? Est-ce que vous ne me voyez pas, vous ne m'avez donc pas entendu frapper?

— Ah! monsieur Nickleby, dit la fille, montez, pour l'amour de Dieu! Le bourgeois est allé recommencer.

— Recommencer quoi? dit Ralph sèchement. Qu'est-ce que vous voulez dire?

— Je savais bien qu'il recommencerait si on l'y réduisait, s'écria-t-elle; il y a longtemps que je le disais.

— Voyons, dit Ralph en l'attrapant par le poignet; venez donc par ici, petite sotte, et n'allez pas colporter ainsi des secrets de famille dans le voisinage pour détruire le crédit de l'établissement. Venez par ici, m'entendez-vous? »

Sans autre formalité, il emmène ou plutôt il entraîne dans la maison la servante effrayée en fermant la porte; il la fait monter devant lui et la suit sans cérémonie.

Guidé par le bruit d'un grand nombre de voix parlant toutes ensemble, il passe, dans son impatience, par-devant la servante dès les premières marches de l'escalier, et monte rapidement jusqu'au petit salon, où il se trouve tout à coup, avec stupéfaction, en face d'une scène de désordre inexprimable.

Toutes les demoiselles de l'atelier étaient là, les

unes en chapeau, les autres en cheveux, toutes dans des attitudes diverses, mais en proie aux mêmes alarmes et montrant la même affliction. Il y en avait de groupées autour de Mme Mantalini, qui était assise tout en larmes, d'autres autour de M. Mantalini, sans contredit le personnage le plus saisissant de toute la troupe. Il était étendu tout de son long, les pieds sur le parquet, la tête et les épaules soutenues par un grand laquais qui ne paraissait pas trop savoir qu'en faire. M. Mantalini avait les yeux fermés, la figure pâle, les cheveux jusqu'à un certain point hérissés, les favoris et les moustaches aplatis, les dents serrées, une petite fiole dans la main droite et une petite cuiller à thé dans la main gauche. Ses bras, ses pieds, ses jambes, ses épaules, tout était raide et inerte. Néanmoins Mme Mantalini, au lieu de verser des larmes sur le corps de son bien-aimé, criait et tempêtait sur sa chaise. Tout cela au milieu d'un tumulte de langues tout à fait étourdissant, et dont la confusion paraissait avoir mis l'infortuné laquais dans la perplexité la plus désespérante.

« Qu'est-ce qu'il y a donc ici? » dit Ralph en s'avançant brusquement.

A cette question, les clameurs devinrent vingt fois plus bruyantes, et firent éclater en même temps une foule de réponses contradictoires. « Il s'est empoisonné. — Il ne s'est pas empoisonné. — Envoyez chercher le médecin. — N'en faites rien. — Il se meurt. — Ce n'est pas vrai, il fait semblant. » Sans compter d'autres cris divers proférés avec une volubilité étourdissante, jusqu'à ce qu'enfin on vit Mme Mantalini en conversation directe avec Ralph. Alors la curiosité de savoir ce qu'elle pouvait lui dire calma la douleur de ces dames, et, comme d'un accord unanime, rétablit à l'instant un silence profond, qui ne fut pas même interrompu par le moindre chuchotement.

« Monsieur Nickleby, dit Mme Mantalini, par quel hasard êtes-vous venu en ce moment? Quelle singulière rencontre! »

Ici on entendit une voix tremblotante pousser, dans une espèce de délire supposé, ces mots autrefois sûrs de leur effet : « Diable de charmante petite femme! » Mais personne n'y fit attention que le grand laquais. En effet, dans son effroi d'entendre sortir ces sons gutturaux d'entre ses doigts, pour ainsi dire, il laissa tomber lourdement sur le parquet la tête de son maître, qui sonna le creux en tombant, et, sans essayer seulement de la relever, se mit à regarder fixement l'assistance, comme s'il venait de faire un chef-d'œuvre.

« Quoi qu'il en soit, continua Mme Mantalini séchant ses larmes et parlant avec beaucoup d'indignation, je suis bien aise de cette occasion pour dire devant vous et devant tout le monde, une fois pour toutes, que je ne veux plus continuer à entretenir les extravagances et les désordres de monsieur. J'ai eu assez longtemps la sottise d'être sa dupe. Désormais il se tirera d'affaires comme il pourra, et dépensera autant d'argent qu'il voudra, aux frais ou au profit de qui bon lui semblera, mais non pas à mes dépens; et par conséquent vous ferez bien de ne plus vous y fier maintenant. »

Là-dessus, Mme Mantalini, insensible comme un marbre aux lamentations les plus pathétiques de la part de son mari, le laissa maudire l'apothicaire de ne pas avoir mis dans la fiole une dose d'acide prussique assez forte, et se consoler en pensant qu'il allait prendre encore une fiole ou deux pour en finir. Puis elle se mit à dérouler la liste des nombreux méfaits de cet aimable gentleman, de ses galanteries, de ses trahisons, de ses extravagances, de ses infidélités (surtout de ses infidélités). Puis elle finit par protester contre l'idée qu'on pût croire qu'elle conservât pour lui le moindre reste d'affection, et par donner en preuve de son indifférence absolue qu'elle l'avait laissé s'empoisonner déjà six fois depuis quinze jours, et sans dire même un simple mot pour le sauver de la mort.

« Mais ce n'est pas tout, ajouta-t-elle en soupirant, il me faut une séparation qui me rende ma liberté, et je la veux. S'il me la refuse à l'amiable, je l'aurai judiciairement. Je sais que c'est mon droit, et j'espère que mon sort servira de leçon à toutes les demoiselles qui peuvent voir cette scène pénible. »

Mlle Knag, sans contredit la plus âgée de toutes ces demoiselles, porta la parole en leur nom pour dire du ton le plus solennel que ce serait une leçon pour elle; et toutes les jeunes personnes firent chorus, à l'exception d'une ou deux qui paraissaient douter dans leur conscience que de si belles moustaches pussent avoir tort.

« Pourquoi dire tout cela devant tant de monde? lui murmura Ralph à voix basse; vous savez bien que vous ne parlez pas sérieusement.

— Je parle très sérieusement, répliqua tout haut Mme Mantalini en faisant un mouvement de retraite vers Mlle Knag.

— A la bonne heure! Mais réfléchissez, insista Ralph, qui avait intérêt dans l'affaire; il ne faut pas aller si vite en besogne. Vous savez qu'une femme mariée n'a pas de biens en propre.

— Pas la moindre petite somme du diable, dit M. Mantalini en se relevant et s'appuyant sur son coude.

— Je sais tout cela, repartit Mme Mantalini en

remuant la tête; aussi, moi, je n'ai plus rien. Le commerce, le magasin, la maison, tout enfin appartient à Mlle Knag.

— Pour cela, madame Mantalini, c'est la vérité pure, dit Mlle Knag, qui avait fait à l'amiable des arrangements secrets avec sa maitresse, c'est la vérité toute pure, madame Mantalini; certainement; il n'y a rien de plus vrai. Et je puis dire que je ne me suis jamais tant applaudie de ma vie d'avoir eu la force de résister à toutes les offres matrimoniales qu'on m'a faites, si avantageuses qu'elles pussent être, en comparant le bonheur de ma position actuelle avec votre disgrâce si malheureuse et si peu méritée, madame Mantalini.

— Diable de vieille fille! cria M. Mantalini en se tournant du côté de sa femme. Comment! mon amour ne soufflettera pas et ne pincera pas jusqu'au sang l'envieuse douairière qui se permet des réflexions sur son délicieux esclave? ».

Mais les flatteries de M. Mantalini avaient fait leur temps.

« Mlle Knag, monsieur, lui dit sa femme, est mon intime amie. » Et M. Mantalini eut beau lui décocher des œillades meurtrières, et se retourner le blanc des yeux jusqu'à risquer de ne plus pouvoir jamais les remettre en place, Mme Mantalini ne fit pas mine de s'attendrir le moins du monde.

Il faut rendre justice à Mlle Knag, c'était à elle que revenait tout l'honneur de ce revirement subit. Reconnaissant par la balance des comptes journaliers qu'il n'y avait pas moyen d'espérer que son industrie pût prospérer ou même continuer d'exister tant que M. Mantalini aurait la haute main dans la dépense, et, fortement intéressée maintenant au succès de la maison, elle s'était soigneusement appliquée à vérifier et constater quelques particularités de la conduite privée de ce gentleman. Une fois sûre de son fait, elle avait su les présenter avec tant d'évidence et d'adresse à Mme Mantalini, qu'elle lui avait, par ses révélations, dessillé les yeux, mieux que n'avaient pu le faire, depuis plusieurs années, les raisonnements philosophiques les plus rigoureux. La découverte providentielle qu'elle avait faite d'une correspondance trop tendre, où Mme Mantalini était dépeinte par son mari comme une *vieille femme bien ordinaire*, avait porté le dernier coup à ses doutes et décidé la question.

Cependant, malgré sa résolution, Mme Mantalini pleurait à fendre l'âme. Appuyée sur le bras de Mlle Knag, elle fit signe qu'elle voulait sortir, et toutes ces demoiselles, lui formant un cortège de pleureuses, accompagnèrent sa retraite.

« Nickleby, dit M. Mantalini tout en pleurs, vous venez d'être témoin de cette infernale cruauté de la part de cette damnée d'enchanteresse contre son esclave le plus soumis; eh bien, Dieu me damne si je ne pardonne pas à cette femme!

— Pardonner! répéta Mme Mantalini courroucée.

— Je lui pardonne, Nickleby. Vous allez me blâmer; le monde va me blâmer; les femmes vont me blâmer; tout le monde va me rire au nez, me turlupiner, me railler, se moquer de moi en diable; on va dire : « Elle ne connaissait pas son bonheur; aussi pourquoi était-il si faible? pourquoi était-il si tendre? C'était au fond un bon diable; malheureusement il l'aimait trop. Il n'avait pas le courage de la voir de mauvaise humeur et de supporter les vilains mots dont elle l'accablait. Quel diable de malheur! il n'y en eut jamais de plus diabolique. » Mais c'est égal, je lui pardonne. »

A la fin de cette harangue sentimentale, M. Mantalini tomba à plat, étendu sans connaissance et sans mouvement, jusqu'à ce que les femmes eurent quitté la chambre. Après quoi il se remit tout doucement sur son séant, et regarda fixement Nickleby d'un air penaud, tenant encore sa fiole d'une main et sa cuiller à thé de l'autre.

« Vous pouvez maintenant laisser de côté toutes ces giries, et vous ne risquez rien de recommencer à vivre d'industrie.

— Diable! Nickleby, comme vous dites cela! vous ne parlez pas sérieusement?

— Je ne plaisante pas souvent, dit Ralph; bonne nuit!

— Non; mais que venez-vous de dire là, Nickleby? dit Mantalini.

— Peut-être que je me trompe, répliqua Ralph, je vous le souhaite; en tous cas, vous savez mieux que moi ce qui en est; bonne nuit! »

En vain, Mantalini le pria de rester pour lui donner conseil; Ralph l'abandonna à ses tristes réflexions et s'en alla tranquillement.

« Ho, ho! se dit-il en lui-même, le vent a tourné plus vite que je ne croyais; moitié coquin et moitié fou, il s'est laissé arracher le masque. Hum!... je crois que vos beaux jours sont passés, mon beau monsieur. »

Tout en disant cela, il crayonna une note sur son agenda, où le nom de Mantalini figurait avec honneur, et voyant à sa montre qu'il était entre neuf et dix, il se dépêcha de retourner chez lui.

« Sont-ils ici? » demanda-t-il en entrant à Newman.

Newman fit signe que oui : « Venus il y a une demi-heure.

— Ils sont deux, dont l'un est un gros homme luisant?

— Oui, dit Newman, dans votre cabinet.

— Bon ! allez me chercher une voiture.

— Une voiture ! quoi ! vous... aller en voiture ?... Eh ! » bégaya Newman.

Ralph répéta ses ordres d'un air mécontent, et Noggs, bien excusable de se montrer surpris d'une circonstance si extraordinaire, si contraire aux habitudes de son patron, car il ne l'avait vu de sa vie prendre un fiacre, alla faire sa commission et revint promptement avec le véhicule.

M. Squeers y monta d'abord, puis Ralph, puis le troisième personnage que Newman n'avait jamais vu. Newman se tint sur le pas de la porte pour les voir partir, sans se donner la peine de se demander où il pouvait aller et pourquoi faire, jusqu'au moment où il entendit par hasard Ralph donner au cocher le nom et l'adresse de la personne chez laquelle il devait les mener.

Aussi prompt que l'éclair, Newman, dans son étonnement, court chercher au bureau son chapeau, et s'élance après la voiture, dans l'intention sans doute de monter derrière ; mais il n'y avait plus moyen, elle avait sur lui trop d'avance : il fallut renoncer à l'espoir de l'atteindre dans sa course ; Newman resta au beau milieu de la rue, à la regarder la bouche béante.

« Au fait, dit Noggs en s'arrêtant pour reprendre haleine, qu'aurais-je gagné à monter derrière ? Il m'aurait vu... Ah ! c'est là qu'il va ! Qu'est-ce que cela va devenir ? Si je l'avais seulement su hier, j'aurais pu le dire... Ah ! c'est là qu'il va ! Il y a quelque méchanceté là-dessous ; il n'en peut être autrement. »

Ses réflexions furent interrompues par l'approche d'un homme à cheveux gris, d'un extérieur fort extraordinaire, mais peu avantageux, qui, s'avançant vers lui d'un pas timide, lui demanda la charité.

Newman, encore plongé dans ses méditations, se détourna sans lui répondre ; mais l'homme le suivit et lui dépeignit sa misère sous des couleurs si vives, que Newman (la dernière personne assurément dont on pût espérer de recevoir l'aumône, il n'en avait déjà pas trop pour lui) chercha dans son chapeau s'il n'avait pas un sou, car, lorsqu'il avait quelque argent, c'est là qu'il le mettait dans un coin de son mouchoir.

Pendant qu'il était occupé à en défaire le nœud avec ses dents, le pauvre lui dit quelque chose qui attira son attention, et, de fil en aiguille, Newman finit par s'en aller côte à côte avec lui, l'étranger parlant avec chaleur, et Newman l'écoutant avec intérêt.

CHAPITRE XLV

Contenant des choses surprenantes.

« Comme nous nous en allons de Londres demain soir, et que je ne crois pas avoir été jamais si heureux de ma vie ni de mes jours, monsieur Nickleby, ma foi ! je veux boire encore un coup à votre santé et au plaisir de notre prochaine rencontre. »

Ainsi parlait John Browdie en se frottant les mains avec de grandes démonstrations de joie et en regardant autour de lui avec sa bonne face rougeaude, sur laquelle brillait une expression en parfaite harmonie avec la déclaration qu'il venait de faire.

Quant au temps précis où John se trouvait dans ces heureuses dispositions, c'était le même soir dont il était question dans le dernier chapitre : la scène se passait dans le cottage, et les personnages se composaient de Nicolas, Mme Nickleby, Mme Browdie, Catherine Nickleby et Smike.

Quelle bonne soirée ils avaient passée là ! Mme Nickleby, connaissant les obligations que son fils avait à l'honnête villageois du Yorkshire, avait consenti, après s'être fait un peu prier, à inviter M. et Mme Browdie à venir prendre le thé chez elle. Cela n'allait pas tout seul ; il y eut bien des difficultés et des protocoles ; elle n'avait pas eu l'occasion de commencer par rendre visite à Mme Browdie, car Mme Nickleby avait beau dire et redire avec complaisance, comme le font presque toujours les gens pointilleux, qu'elle n'avait pas l'ombre d'amour-propre et qu'elle ne tenait pas le moins du monde à l'étiquette, il n'y avait pas en réalité de partisan plus fidèle des formes et des cérémonies ; et comme il était évident qu'avant de s'être fait visite, elle était censée, poliment parlant et selon toutes les lois de la société, ne pas même savoir qu'il y eût une Mme Browdie au monde, elle se trouvait, selon elle, dans une situation particulièrement pénible et délicate.

« C'est de moi, mon cher, disait Mme Nickleby, que doit venir la première visite, cela ne peut pas se passer autrement; le fait est qu'il doit y avoir de ma part une espèce d'avance polie qui montre à cette jeune dame que je désire faire sa connaissance. Eh bien, il y a un jeune homme qui a l'air très respectable, ajouta Mme Nickleby après quelques moments de réflexion : c'est le conducteur d'un des omnibus qui passent par ici; il porte un chapeau verni, votre sœur et moi nous l'avons souvent remarqué; il a aussi une verrue sur le nez, n'est-ce pas, Catherine? tout à fait comme un domestique de maison bourgeoise.

— Est-ce que tous les domestiques de maison bourgeoise, ma mère, ont une verrue sur le nez? demanda Nicolas.

— Mon cher Nicolas, quelle absurdité vous me faites dire! répondit-elle. Ne voyez-vous pas bien que c'est son chapeau verni qui le fait ressembler à un domestique de maison bourgeoise, et non pas sa verrue sur le nez? Quoique ce ne fût pourtant pas encore une chose aussi ridicule qu'on pourrait le croire, car nous avons eu une fois un valet de chambre qui avait non seulement une verrue, mais aussi une loupe, et une grosse loupe encore. Je me rappelle même qu'il nous demanda d'augmenter ses gages en conséquence, parce que cette loupe était pour lui d'un gros entretien. Mais, voyons! où en étais-je? Ah! bon, m'y voici; ce qu'il y aurait de mieux à faire, ce serait de charger ce jeune homme (je suis sûre qu'on en serait quitte pour une bouteille de bière) de remettre ma carte et de présenter mes compliments aux deux Têtes de Sarrasin. Ma foi! si le garçon de l'auberge allait le prendre pour un domestique de maison bourgeoise, tant mieux! alors Mme Browdie n'aurait plus qu'à m'envoyer aussi sa carte par le porteur, qui n'aurait qu'à nous avertir lui-même, en passant, par un double coup de marteau à la porte, et tout serait fini.

— Mais, ma chère mère, dit Nicolas, je ne suppose pas que des gens naïfs et primitifs comme ceux-là sachent ce que c'est que d'avoir seulement une carte.

— Oh! alors, mon cher Nicolas, cela change bien la thèse, répliqua Mme Nickleby; si vous mettez la question sur ce terrain, vous sentez que je n'ai plus rien à dire, si ce n'est que je ne mets point du tout en doute que ce ne soient de braves gens et que je ne m'oppose point du tout à ce qu'ils viennent prendre avec nous le thé si cela leur fait plaisir, et qu'enfin je ferai mon possible pour être très civile avec eux dans ce cas. »

Ce fut donc une affaire réglée, et Mme Nickleby, prenant ainsi le rôle de protection et de condescendance qui convenait à son rang et à sa longue expérience matrimoniale, invita M. et Mme Browdie, qui acceptèrent sans façon; et, comme ils se montrèrent pleins de déférence pour Mme Nickleby, qu'ils parurent apprécier à son gré ses grandes manières, qu'enfin ils trouvèrent tout à merveille, la bonne dame daigna plus d'une fois, dans la soirée, glisser un mot en leur faveur dans l'oreille de Catherine, disant qu'elle n'avait jamais vu de plus honnêtes gens, ni qui eussent une meilleure tenue.

Et c'est comme cela que John Browdie en était venu à déclarer dans la salle à manger, après le souper, c'est-à-dire à onze heures moins vingt après midi, qu'il n'avait jamais été si heureux de sa vie ni de ses jours.

Mme Browdie, de son côté, ne témoignait pas moins de contentement; car cette jeune ménagère, dont la beauté rustique faisait un contraste piquant avec les charmes plus délicats de Catherine, sans qu'elles eussent ni l'une ni l'autre à souffrir de ce contraste qui servait plutôt à les faire valoir toutes les deux, ne pouvait se lasser d'admirer les manières douces et séduisantes de la jeune demoiselle, ainsi que l'affabilité obligeante de la vieille dame. Et puis Catherine avait eu l'adresse de tourner la conversation sur des sujets où une demoiselle de la campagne un peu timide et désorientée dans une autre compagnie pouvait reprendre ses avantages et se sentir plus à l'aise. Quant à Mme Nickleby, si elle ne fut pas toujours aussi heureuse dans le choix de ses sujets de conversation, si elle se montra, selon l'expression de Mme Browdie, un peu élevée pour elle dans son langage et dans ses idées, elle se fit pourtant aussi bienveillante que possible, et, dans son intérêt sympathique pour le jeune couple, elle alla jusqu'à se donner obligeamment la peine d'occuper les oreilles avides de Mme Browdie de très longues leçons sur la tenue du ménage, avec force explications dont les exemples divers étaient toujours tirés de l'économie domestique en usage dans son cottage. Et pourtant, il faut le dire, comme c'était Catherine qui en avait exclusivement le soin, la bonne dame avait autant de droits de s'en attribuer l'honneur en pratique ou en théorie que pourrait le faire quelque statue des douze apôtres qui servent à l'embellissement de l'extérieur de la cathédrale de Saint-Paul.

« M. Browdie, disait Catherine à sa jeune femme, est bien le meilleur homme, le plus cordial, le plus gai que j'aie jamais vu; je suis sûre que, si j'étais accablée par le poids de je ne sais combien de chagrins, je n'aurais qu'à le regarder pour être heureuse.

— Vous avez raison, Catherine, dit Mme Nickleby,

il a l'air d'un excellent homme, et je vous assure, madame, que ce sera toujours avec plaisir, réellement avec plaisir à présent, que je vous verrai venir nous rendre visite comme cela sans gêne et sans cérémonie. Nous ne ferons rien d'extraordinaire, ajouta-t-elle d'un ton à laisser croire que ce n'était pas faute de pouvoir en faire au besoin; pas d'embarras, pas de préparatifs, je ne le souffrirai pas. Je vous avais bien dit, ma chère Catherine, que vous ne feriez que gêner Mme Browdie autrement, et que ce serait de notre part une folie et un mauvais procédé.

— Je vous en ai, madame, la plus grande obligation, répondit Mme Browdie avec reconnaissance. Allons, John, voilà qu'il est près de onze heures. J'ai peur, madame, que nous ne vous fassions coucher trop tard.

— Trop tard! cria Mme Nickleby avec un mince filet d'éclat de rire et une petite toux au bout, comme on met un point d'exclamation après une interjection admirative; c'est au contraire de bonne heure pour nous. Si vous saviez jusqu'à quelle heure nous avions l'habitude de veiller! Minuit, une heure, deux et trois heures du matin, ce n'était rien pour nous. Les bals, les dîners, les parties de cartes...; les gens que nous avions l'habitude de voir étaient de vrais roués. Quand j'y pense encore quelquefois, je me demande avec étonnement comment nous pouvions y résister, et véritablement c'est l'inconvénient d'avoir de grandes relations sociales et d'être trop recherché par le monde. Aussi je recommande bien aux jeunes ménages d'avoir le courage de ne pas s'y laisser entraîner; mais, au reste, heureusement, comme de raison, qu'il y a très peu de jeunes ménages qui soient en position d'avoir à lutter contre de semblables tentations. Nous avions surtout une famille qui demeurait à un quart de lieue de chez nous, pas précisément sur la route, mais en tournant tout de suite à gauche à cette barrière où la malle de Plymouth a passé sur le corps d'un âne, une famille composée des gens les plus extraordinaires pour faire tous les jours des parties extravagantes. C'est là, par exemple, qu'on ne ménageait ni le champagne ni les fleurs artificielles, ni les verres de couleur, ni enfin toutes les délicatesses en vins, viandes et liqueurs, que le gastronome le plus éprouvé puisse souhaiter. Je ne crois pas que jamais ils aient leurs pareils, les Peltirogus. Vous vous rappelez, Catherine, les Peltirogus? »

Catherine vit bien que, dans l'intérêt des visiteurs, il était temps d'arrêter ce flux de réminiscences. Aussi répondit-elle à l'instant qu'elle avait conservé des Peltirogus un souvenir présent et vivant; puis elle se hâta d'ajouter que M. Browdie avait à moitié promis, au commencement de la soirée, de chanter à la société une chanson du Yorkshire, et qu'elle le sommait de remplir sa promesse, persuadée que sa mère aurait à l'entendre un plaisir inexprimable. Mme Nickleby soutint sa fille de la meilleure grâce du monde, d'autant plus qu'il y avait là dedans deux choses qui la flattaient secrètement : une espèce de patronage et de protection d'abord à exercer sur les Browdie, et puis la reconnaissance implicite de son goût supérieur, et comme une réputation de connaisseur en pareille matière. John Browdie commença donc à chercher dans sa tête les mots d'une chansonnette du Nord et à s'aider de la mémoire de sa femme, puis il se livra, sur sa chaise, à divers mouvements et balancements qui n'eurent pas l'effet désiré de mieux le mettre sur la voie.

Alors il choisit pour point de mire sur le plafond, afin de mieux fixer ses souvenirs, une mouche en particulier au milieu de toutes ses camarades endormies, et se mit à chanter d'une voix de tonnerre une romance sentimentale dont l'auteur avait mis les paroles dans la bouche d'un berger mélancolique qui se mourait de désespoir et d'amour.

Il avait à peine fini le premier couplet, car c'était comme un fait exprès, qu'il fut brusquement interrompu par un coup de marteau si violent et si fort à la porte de la rue, que les dames en tressaillirent et que John Browdie s'arrêta tout court.

« Ce ne peut être qu'une méprise, dit Nicolas sans y attacher d'importance, nous ne connaissons personne qui puisse nous rendre visite à cette heure de la nuit. »

Cependant Mme Nickleby n'était pas aussi tranquille : elle fit une foule de suppositions en un moment. Peut-être que la maison Cheeryble venait d'être incendiée; peut-être que les bons frères avaient envoyé prévenir Nicolas qu'ils lui donnaient un intérêt dans leur société (jugez comme l'heure était bien choisie pour lui faire cette communication!); ou peut-être encore que M. Linkinwater s'était sauvé avec la caisse, ou peut-être que miss la Creevy était malade, ou peut-être que...

Mais elle fut arrêtée dans ses conjectures par une exclamation subite de Catherine, et par l'apparition de Ralph Nickleby, qui entra dans la chambre.

« Restez, » dit Ralph à Nicolas, qui se leva brusquement, et à Catherine, qui s'avançait vers son frère pour s'attacher à son bras : « Avant que ce garçon dise un mot, écoutez-moi. »

Nicolas se mordit les lèvres et secoua la tête d'un air menaçant; mais il lui fut impossible pour le moment d'articuler une syllabe. Catherine se serra contre lui, Smike se réfugia derrière eux, et John

M. Squeers battit une douzaine d'entrechats. (P. 342.)

Browdie, qui, d'après ce qu'il avait entendu dire de Ralph, ne parut pas avoir grande difficulté à le reconnaître, se tint entre son jeune ami et le vieil usurier, avec l'intention de les empêcher, l'un ou l'autre, d'avancer un pas de plus.

« Écoutez-moi, vous dis-je, répéta Ralph, et ne l'écoutez pas.

— Alors, reprit John, dépêchez-vous, monsieur, de dire ce que vous avez à dire, et tâchez de ne pas vous échauffer le sang ; vous ferez mieux de vous le rafraîchir.

— Oh ! vous, dit Ralph, je vous reconnaîtrais à votre langue, comme lui (en montrant Smike) à sa mine.

— Ne lui parlez pas, dit Nicolas recouvrant la parole, je ne souffrirai pas cela ; je ne veux pas l'entendre, je ne connais pas cet homme-là, je ne peux pas respirer l'air qu'il corrompt par sa présence ; sa présence elle-même est une insulte pour ma sœur ; je suis honteux de le voir ici, je ne souffrirai pas que...

— Tenez-vous tranquille, cria John en lui appuyant sa large main sur la poitrine.

— Alors, qu'il se retire à l'instant, dit Nicolas en se débattant, qu'il se retire, s'il ne veut pas que je porte la main sur lui ; je ne lui permettrai pas de rester ici. John — John Browdie — suis-je ici chez moi ? — me prenez-vous pour un enfant ? Rien que de le voir là, cria Nicolas enflammé de colère, regarder avec tant de calme des gens qui connaissent trop la noirceur et la lâcheté de son cœur, j'en deviendrai fou. »

John Browdie ne répondit pas un mot à toutes ces exclamations, mais il retint toujours Nicolas sans lâcher prise, le laissa parler et reprit à son tour :

« Il y a là quelque chose à dire et quelque chose à entendre. Vous y avez plus d'intérêt que vous ne croyez. Quand je vous dis que je me doute déjà de quelque chose ! Tenez, qu'est-ce que c'est donc que cette ombre que je vois là-bas, derrière la porte ?... Eh ! le maître d'école ! Montre-toi donc, mon homme, ne sois pas comme cela tout honteux ; et vous, le vieux monsieur, allons, faites donc entrer le maître d'école. »

En s'entendant apostropher, M. Squeers, qui était resté en arrière, dans le corridor, à attendre le moment où son apparition serait utile pour faire son entrée avec plus d'effet, se vit obligé de ne pas la différer davantage, et se présenta comme un intrus, d'un pas timide et d'un air piteux. John ne put s'empêcher d'en rire, d'une gaieté si franche et si divertissante, que Catherine elle-même, au milieu de cette scène de surprise et d'inquiétude pénible, eut bien de la peine à ne pas faire comme lui, tout en roulant des larmes dans ses yeux.

« Quand vous aurez fini de vous amuser, monsieur..., dit Ralph impatienté.

— C'est à peu près fini pour le quart d'heure, répliqua John.

— Ne vous gênez pas, monsieur, j'ai le temps. »

Et, en effet, Ralph attendit qu'il y eût un parfait silence; puis, se tournant du côté de Mme Nickleby, mais sans quitter des yeux le visage de Catherine, parce qu'il tenait beaucoup à surveiller l'effet qu'il produisait sur elle : « Maintenant, madame, dit-il, écoutez-moi ; je n'imagine pas que vous soyez pour rien dans une très belle tartine que m'a adressée ce petit jeune homme, votre fils; je ne sais que trop que, soumise à sa volonté, vous n'êtes pas libre de faire la vôtre ; que vos conseils, votre opinion, vos désirs, tout ce qui devrait avoir, selon la nature et la raison, quelque influence sur lui (car autrement à quoi bon pourrait servir votre haute expérience?), ne sont absolument d'aucun poids et ne comptent pour rien dans ses décisions. »

Mme Nickleby secoua la tête en soupirant; elle semblait dire : « Il y a du bon dans ce qu'il dit, certainement. »

« C'est pour cette raison, en partie, et aussi parce que je n'ai pas envie de me laisser déshonorer par les actes d'un petit drôle que, moi, je me suis vu obligé de renier et qui, après cela, dans sa majesté risible, fait semblant... ah ! ah ! de me renier lui-même, que je me présente ici ce soir. Ma visite a encore un autre motif, un motif d'humanité : je viens ici, ajouta-t-il en promenant ses regards autour de lui avec un sourire provocant et victorieux, traînant et pesant sur les mots comme s'il ne voulait rien perdre du plaisir de les prononcer, je viens rendre un fils à son père; oui, monsieur, continua-t-il en s'inclinant vers Nicolas pour jouir de sa surprise, car Nicolas avait changé de couleur, rendre un fils à son père, un fils égaré, entraîné, dérobé peut-être, et séquestré par vos soins, dans l'intention peut-être de lui voler quelque jour la malheureuse petite portion d'héritage qui pourrait lui revenir.

— Pour ce qui est de cela, vous savez que vous mentez, dit Nicolas fièrement.

— Pour ce qui est de cela, je sais que je dis la vérité; nous avons ici son père.

— Ici même, dit M. Squeers en ricanant et faisant un pas en avant; vous entendez bien? Ici. Est-ce que je ne vous avais pas bien dit de prendre garde que son père ne vînt vous le reprendre pour me le renvoyer? Eh bien, il se trouve justement que son père est mon ami : ainsi je vais le ravoir et tout de suite. Hein! que dites-vous de cela? Je suis sûr que vous regrettez de vous être donné tant de mal pour si peu de profit, n'est-ce pas?

— Ce n'est toujours pas pour rien, dit Nicolas en détournant tranquillement la tête; car vous portez sur le corps certaines marques bien réelles dont vous m'êtes redevable et qui vous démangeront longtemps. Vous ne risquez rien de les frotter à votre aise quelques mois encore pour les faire disparaître, monsieur Squeers. »

Piqué de cette réponse, l'estimable instituteur porta un coup d'œil rapide sur la table, comme s'il y eût cherché un cruchon ou une bouteille pour les jeter à la tête de Nicolas; mais, s'il en eut un instant la pensée, il en fut bientôt détourné par Ralph, qui, le prenant par le coude, lui rappela qu'il était temps de faire entrer le père pour réclamer son enfant.

Ravi d'être choisi pour cette mission toute d'affection paternelle, M. Squeers se hâta de sortir, et revint presque aussitôt, escortant un personnage luisant, à la figure huileuse, qui, s'échappant aussitôt de ses bras et présentant à la compagnie les traits et la tournure de M. Snawley, se précipita sur Smike, et, fourrant sous son bras la tête du pauvre garçon, en manière d'embrassement un peu rude, éleva bien haut dans le vide de l'air son chapeau à larges bords en signe de reconnaissance profonde pour le ciel qui lui rendait l'objet de son amour et s'écriant en même temps : « Ah ! qui m'aurait dit la dernière fois que je l'ai vu que c'est ici que j'aurais le bonheur de le retrouver encore ! J'étais bien loin de le penser.

— Tranquillisez-vous, monsieur, dit Ralph avec une expression de sympathie qui jurait avec son ton habituel, à présent vous le tenez bien.

— Je le tiens ; ah ! n'est-ce pas que je le tiens enfin? c'est donc bien vrai que je le tiens ! cria M. Snawley, qui ne voulait pas en croire son bonheur; oui, c'est bien lui, c'est lui en chair et en os !

— Les os, je ne dis pas, reprit John Browdie, mais la chair, il n'y en a guère. »

M. Snawley, absorbé dans les mouvements de sa sensibilité paternelle, ne releva pas cette marque inconvenante, et, pour mieux s'assurer que son fils lui était bien rendu, il lui fourrait encore sous son bras la tête qu'il tenait prisonnière.

« Qu'est-ce qui faisait, dit Snawley, que je pris

tout de suite à lui un si grand intérêt quand ce digne instituteur me l'a ramené dernièrement chez moi? qu'est-ce qui faisait que je brûlais du désir de le châtier sévèrement pour s'être ainsi dérobé par la fuite aux soins de ses meilleurs amis, ses maîtres et ses pasteurs?

— C'était l'instinct paternel, monsieur, dit Squeers.

— Vous l'avez dit, monsieur, répliqua Snawley, c'était ce sentiment élevé que l'on trouve partout, soit dans l'antiquité, chez les Romains et les Grecs, soit aujourd'hui même chez les bêtes qui courent les champs comme chez les oiseaux qui volent dans l'air! excepté pourtant chez les lapins et les matous, qui dévorent quelquefois leur progéniture. Comme mon cœur soupirait après lui! je l'aurais... je ne sais pas ce que je ne lui aurais pas fait pour soulager la colère paternelle que m'avait inspirée sa fuite.

— C'est ce qui fait bien voir, monsieur, ce que c'est que la nature, dit M. Squeers; c'est une bien drôle de chose, allez, que la nature!

— Oui, c'est une sainte chose, monsieur, reprit Snawley.

— Je crois bien, ajouta M. Squeers avec un soupir de componction; je voudrais bien savoir comment nous ferions sans elle. La nature, dit M. Squeers d'un ton solennel, elle est plus facile à concevoir qu'à décrire; ah! monsieur, quel bonheur si on restait toujours dans l'état de nature! »

Pendant ce dialogue philosophique, les assistants étaient restés dans une espèce de stupeur: Nicolas n'en revenait pas; il promenait ses yeux perçants de Snawley à Squeers, de Squeers à Ralph, partagé entre le dégoût, le doute et la surprise; Smike profita de ce moment de repos pour échapper à son père et se réfugier près de Nicolas, le suppliant, dans les termes les plus émouvants, de ne jamais l'abandonner, de le laisser vivre et mourir près de lui.

« S'il est vrai que vous soyez le père de ce jeune homme, dit Nicolas, regardez le triste état où il est, et dites-moi si vous avez, en effet, l'intention de le renvoyer dans ce repaire honteux d'où je l'ai tiré!

— Encore des calomnies! cria Squeers; vous vous rappellerez cela; vous ne valez pas la poudre et le plomb d'un coup de pistolet, mais vous me le payerez d'une manière ou d'une autre.

— Arrêtez, dit Ralph interrompant cette scène au moment où Snawley allait reprendre la parole; allons au fait au lieu de nous disputer avec des vauriens sans cervelle. Voici votre fils, et vous êtes prêt à en donner la preuve?... Et vous, monsieur Squeers, vous reconnaissez bien ce garçon pour être le même que vous avez gardé chez vous depuis nombre d'années sous le nom de Smike, n'est-ce pas?

— Si je le reconnais, répondit Squeers, par exemple!

— Bien, dit Ralph; quelques mots suffiront pour tout expliquer; n'aviez-vous pas, monsieur Snawley, un fils de votre première femme?

— Oui, monsieur, et c'est celui que vous voyez devant vous.

— C'est ce que nous allons faire voir, dit Ralph. N'étiez-vous pas séparé de votre femme, et n'avait-elle pas emmené avec elle son enfant quand il n'avait encore qu'un an? Un an et demi après votre séparation, n'avez-vous pas reçu d'elle la nouvelle que l'enfant était mort, et ne l'avez-vous pas cru?

— Certainement, je l'ai cru, répliqua Snawley; aussi ma joie de...

— Soyez raisonnable, monsieur, je vous en prie, dit Ralph; ne mêlons pas la sensibilité aux affaires. Votre femme donc est morte, il y a à peu près dix-huit mois, dans un petit endroit où elle était femme de charge dans une famille; est-ce bien cela?

— C'est bien cela, répondit Snawley.

— A son lit de mort elle vous écrivit une lettre d'aveu qui, ne portant d'autre suscription que votre nom sans adresse, a mis nécessairement beaucoup de temps avant de vous parvenir: vous ne l'avez reçue qu'il y a peu de jours?

— Tout cela, monsieur, dit Snawley, est d'une exactitude parfaite: il n'y a pas un détail inexact.

— Or, reprit Ralph, elle vous confessait, dans cette lettre, que la mort de son fils, dont elle vous avait entretenu, n'était qu'une invention de sa part pour blesser vos sentiments, car il semble que vous en étiez venus ensemble à vous jouer tous les plus mauvais tours que vous pouviez. Or cet enfant, prétendu mort, était réellement vivant, quoique d'une intelligence faible et bornée. Elle l'avait fait placer, par une personne de confiance, dans une pension à bon marché du Yorkshire. Elle avait payé les frais de son éducation pendant quelques années; puis, se voyant pauvre et partant pour un long voyage qui la séparait de lui, elle l'avait petit à petit abandonné. Elle finissait par vous demander pardon de tous ses torts? »

Snawley répandait par un petit signe de tête et par de grands soupirs en s'essuyant les yeux.

« Cette pension, continua Ralph, c'était celle de M. Squeers; l'enfant lui avait été confié sous le nom de Smike. Toutes les explications ont été satisfaisantes; les dates correspondent exactement avec les livres de M. Squeers, qui est en ce moment domicilié chez vous. Vous avez deux autres enfants dans sa pension; vous lui avez communiqué les dernières déclarations de votre femme mourante : il vous a amené vers moi comme vers l'homme dont la recommandation lui avait fait recevoir chez lui le futur ravisseur de votre fils, et moi, je vous amène ici à mon tour. N'est-ce pas cela?

— Vous parlez, monsieur, réplique Snawley, comme un livre, mais comme un bon livre qui ne dit rien que de vrai.

— Voici votre portefeuille, dit Ralph qui en tira un de la poche de son habit; il contient, n'est-il pas vrai, les certificats de votre premier mariage et de la naissance de l'enfant; deux lettres de votre femme et plusieurs autres papiers qui peuvent servir directement ou indirectement à confirmer ces faits?

— Tout y est, monsieur.

— Et vous ne vous opposez pas à ce qu'on en prenne ici connaissance, de manière à bien établir, aux yeux de ces gens-là, vos titres en droit et en raison à réclamer votre fils, pour exercer sur lui, sans délai, votre autorité? C'est du moins ce que j'ai cru comprendre.

— C'est bien en effet mon intention; je ne l'aurais pas expliquée mieux que vous ne faites, monsieur.

— Eh bien donc, dit Ralph en plaçant le portefeuille sur la table, ils n'ont qu'à les examiner si cela leur fait plaisir. Seulement, comme ce sont les pièces originales, je vous recommanderai de ne pas vous éloigner pendant qu'on les examine, pour être sûr de ne pas les perdre. »

A ces mots, Ralph prit un siège sans qu'on lui en eût fait la politesse, et, serrant les lèvres jusque-là légèrement séparées par un sourire diabolique, il se croisa les bras et regarda son neveu pour la première fois.

Sensible à l'insulte grossière que contenaient ses dernières paroles, Nicolas jeta sur lui un regard indigné; cependant il prit sur lui de son mieux d'examiner de près les documents en question, avec l'aide de John Browdie. Ils étaient irréprochables; les certificats étaient des extraits réguliers des registres de paroisse, avec signatures authentiques; la première lettre de la femme avait bien l'air d'avoir été écrite et conservée depuis plusieurs années; elle concordait exactement, pour l'écriture, avec la seconde, en tenant compte pour celle-ci de ce qu'elle avait été écrite par une personne *in extremis;* enfin, il y avait plusieurs autres chiffons de papier d'enregistrement et des notes qui paraissaient également à l'abri de tout soupçon.

« Cher Nicolas, lui dit Catherine à l'oreille, après avoir suivi avec inquiétude la lecture de ces pièces par-dessus son épaule, est-ce donc bien vrai? faut-il les croire?

— J'en ai peur, dit Nicolas; et vous, John, qu'en dites-vous? »

John se gratta la tête, la secoua, mais ne dit rien du tout.

« Vous remarquerez, madame, dit Ralph en s'adressant à Mme Nickleby, que ce jeune garçon étant encore mineur et d'une intelligence bornée, nous aurions pu venir ici, armés de tous les pouvoirs de la loi, et soutenus d'une troupe de satellites de la justice : et je n'y aurais pas manqué, madame, si je n'avais voulu ménager votre sensibilité et celle de votre fille.

— Vous avez déjà bien montré ce que vous savez faire pour ménager sa sensibilité, dit Nicolas en serrant sa sœur contre lui.

— Merci, réplique Ralph; je suis on ne peut plus sensible à vos éloges.

— Eh bien, dit Squeers, à présent, qu'est-ce que nous faisons là? Les chevaux de fiacre vont attraper un rhume, si nous les laissons là sans bouger. Il y en a déjà un qui éternue d'une force! Il vient d'en ouvrir la porte toute grande. Quel est l'ordre et la marche?... Hein! n'emmenons-nous pas avec nous le jeune Snawley?

— Non, non! réplique Smike en reculant, et se cramponnant après Nicolas; non, je vous en prie, non! Je ne veux pas vous quitter pour aller avec lui, non, non!

— Voilà qui est bien cruel! dit Snawley en regardant ses amis, comme pour implorer leur appui. Je vous demande si c'est pour ça que les parents mettent des enfants au monde!

— Je vous demande si c'est pour *ça* (montrant du doigt M. Squeers) que les parents mettent des enfants au monde, dit John Browdie tout crûment.

— Ne faites pas attention, repartit M. Squeers en se tapant le bout du nez pour se moquer de John.

— Ne faites pas attention, dit John; non, c'est vrai, ni moi ni d'autres. Vous voudriez bien qu'on ne fît pas attention à vous, maître d'école. C'est ce qu'il vous faut, qu'on ne regarde pas de trop près à des gens de votre trempe. Voyons, où est-ce que vous allez maintenant? Surtout ne me marchez pas sur les pieds, dites donc. »

En effet, Squeers s'avançait pour s'emparer de Smike; mais John, qui ne badinait pas, lui avait allongé dans la poitrine un coup de coude si habilement dirigé, que l'instituteur chancelant tourna sur ses talons et se renversa sur Ralph Nickleby. Dans ses efforts impuissants pour reprendre son équilibre, il le poussa sur sa chaise et tomba sur lui lourdement.

Cette circonstance accidentelle devint le signal d'une attaque décisive. Au milieu d'un grand tapage, occasionné par les prières et les supplications de Smike, les cris et les exclamations des femmes, l'altercation véhémente des hommes, les nouveaux venus firent mine d'enlever l'enfant prodigue de vive force; déjà même Squeers était en effet parvenu à mettre sur lui la main pour l'entraîner dehors, lorsque Nicolas, jusqu'alors irrésolu, se décida enfin, saisit notre homme par le collet, et, le secouant de manière que toutes les dents lui branlaient dans la tête, le conduisit ainsi poliment jusqu'à la porte de la chambre, qu'il ferma sur lui après l'avoir jeté dans le corridor.

« A présent, dit Nicolas aux deux autres, ayez, s'il vous plaît, la complaisance de suivre votre ami.

— Je veux mon fils, dit Snawley.

— Votre fils, répliqua Nicolas, est libre dans son choix. Il veut rester, qu'il reste.

— Vous ne voulez pas me le donner? dit Snawley.

— Non, je ne vous le donnerais pas malgré lui, pour en faire la victime des brutalités auxquelles vous voulez l'abandonner, quand ce ne serait qu'un chien ou un chat.

— Prenez un chandelier pour frapper ce misérable Nickleby et le jeter par terre, criait Squeers par le trou de la serrure, et surtout n'oubliez pas de m'apporter mon chapeau, quelqu'un de vous, si vous ne voulez pas qu'il me le vole.

— Je suis désolée assurément, disait Mme Nickleby, qui était restée tout ce temps-là dans un coin avec Mme Browdie à pleurer et à se mordre les doigts, pendant que Catherine, pâle, mais calme, s'était tenue le plus près possible de son frère, je suis désolée de tout ceci. Je ne vois pas quel parti prendre, je vous assure. Nicolas doit savoir ce qu'il a à faire, et je m'en rapporte à lui. Mais vraiment c'est aussi une terrible responsabilité à prendre que de garder les enfants des autres, quoique je sois obligée de convenir que le jeune M. Snawley est certainement aussi serviable et aussi complaisant qu'on peut l'être. Mais est-ce qu'on ne pourrait pas arranger cela à l'amiable? Qui empêcherait, par exemple, le père de M. Snawley de nous payer une petite pension pour son fils? On pourrait convenir de lui donner du poisson deux fois la semaine, deux fois du pouding, ou du baba, ou quelque chose comme cela; il me semble que tout le monde trouverait son compte à cet arrangement. »

Ce mezzo-termine, malgré les larmes et les soupirs dont il était accompagné, était trop raisonnable pour avoir le moindre succès. Personne n'y fit seulement attention, et la pauvre Mme Nickleby en fut quitte pour développer à Mme Browdie les avantages de ce plan incompris, et tous les malheurs qui avaient résulté dans mainte et mainte occasion de ce qu'on n'avait pas suivi ses avis.

« Vous, monsieur, dit Snawley s'adressant à Smike, qui tremblait de tous ses membres, vous êtes un fils ingrat, dénaturé, méchant. Vous ne voulez pas que je vous aime d'un amour qui ferait mon bonheur. Voulez-vous venir à la maison?

— Non, non! cria Smike, en reculant de plus belle.

— Il n'a jamais aimé personne, braillait Squeers, toujours par le trou de la serrure.

» Il ne m'a jamais aimé moi-même; il n'a jamais aimé Wackford, un vrai chérubin. Comment voulez-vous, après cela, qu'il aime son père? Il ne l'aimera jamais, son père : jamais. Est-ce qu'il sait seulement ce que c'est que d'avoir un père? Est-ce qu'il peut comprendre cela? Il est trop bouché. »

M. Snawley regarda fixement son fils pendant une bonne minute, puis, se couvrant les yeux d'une main et levant son chapeau de l'autre vers le ciel, parut tout entier à sa douleur de voir une si noire ingratitude. Enfin, essuyant ses yeux sur sa manche, il ramassa le chapeau de M. Squeers, le mit sous son bras, le sien sous l'autre, et sortit d'un pas lent et mélancolique.

Ralph ne resta qu'un instant après lui pour dire à Nicolas : « Vous voyez, dans tous les cas, monsieur, que votre roman est tombé dans l'eau. Il ne s'agit plus ici d'un inconnu : ce n'est plus le fils persécuté d'un grand personnage. C'est tout bonnement le fils idiot, imbécile, d'un pauvre petit commerçant. Nous verrons ce que va devenir votre haute sympathie devant une découverte aussi commune.

— Vous le verrez, dit Nicolas, en lui montrant la porte.

— Je veux que vous sachiez bien, monsieur, ajouta Ralph, que je n'ai jamais assez compté sur votre bon sens pour croire que vous le rendriez ce soir. Vous avez pour cela trop d'orgueil, d'entêtement; vous tenez trop à vous faire une réputation de beaux sentiments. Tout cela, monsieur, on l'abattra, on l'écrasera, on le foulera aux pieds, et avant peu. Vous allez apprendre à connaître à vos dépens ce que c'est que les poursuites fatigantes et ruineuses de la justice dans ses formalités les plus oppressives; vous allez connaître ses tortures de toutes les heures, ses jours sans repos, ses nuits sans sommeil. Voilà les épreuves que je vous prépare pour briser ce cœur hautain, si confiant dans sa force. Et, quand vous aurez fait de cette maison un enfer, quand vous aurez appelé sur ce malheureux-là et sur tous ceux qui se plaisent à voir en vous un héros en herbe les cruelles conséquences de votre obstination, alors nous réglerons le vieux compte que nous avons ensemble : nous verrons qui est-ce qui aura le dernier, et qui s'en tirera le plus avantageusement, même aux yeux du monde. »

Ralph Nickleby se retira ; mais M. Squeers, qui avait entendu une partie de ces adieux du bon oncle, et qui se sentait alors dans un paroxysme de méchanceté impuissante, ne put s'empêcher de retourner à la porte de la salle à manger pour y battre une douzaine d'entrechats avec accompagnement de contorsions sauvages et de grimaces hideuses, emblèmes figuratifs de sa confiance triomphante dans la chute prochaine et la défaite assurée de Nicolas.

Après avoir exécuté cette danse guerrière, où son pantalon court et ses grandes bottes jouèrent un rôle important, M. Squeers suivit ses amis, pendant que la famille se livrait à ses réflexions sur ce qui venait de se passer.

CHAPITRE XLVI

Jette quelque jour sur les amours de Nicolas. Mais est-ce un bien ? est-ce un mal ? Nous en laisserons juger le lecteur.

Après avoir mûrement réfléchi à la position pénible et embarrassante dans laquelle il se trouvait placé, Nicolas se décida à s'en ouvrir franchement aux bons frères sans perdre de temps. Il profita donc de la première occasion qu'il rencontra de se trouver seul avec M. Charles Cheeryble, le lendemain soir, pour lui raconter la petite histoire de Smike et pour lui exprimer d'un ton modeste, mais assuré, l'espérance que son excellent protecteur voudrait bien, en raison des circonstances, approuver le parti extrême qu'il avait pris de s'interposer entre le père et le fils et même de soutenir le dernier dans sa désobéissance, quelle que fût la couleur qu'on ne manquerait pas de donner à l'horreur et à la crainte qu'il paraissait éprouver de son père ; car il n'ignorait pas que de pareils sentiments étaient en apparence assez odieux, assez contraires aux lois de la nature pour exposer ceux qui passeraient pour les encourager à devenir les objets de la haine et de la réprobation générales.

« En vérité, disait Nicolas, la répugnance qu'il éprouve pour cet homme paraît si profonde, que j'ai peine à croire qu'il soit réellement son fils ; il semble que la nature ne lui a pas mis dans le cœur le moindre sentiment d'affection pour lui, et certainement la nature ne peut jamais se tromper.

— Mon cher monsieur, répliqua le frère Charles, je vois que vous partagez une erreur bien commune en imputant à la nature des choses avec lesquelles elle n'a pas le moindre rapport et dont elle n'est nullement responsable. En parlant de la nature comme d'une abstraction, on perd de vue la nature elle-même. Voici un pauvre garçon qui n'a jamais su par expérience ce que c'est que la tendresse d'un père, qui n'a guère connu toute sa vie que souffrances et chagrins ; le voici présenté à un homme qu'on lui dit être son père et qui commence l'exercice de sa paternité par lui signifier son intention de mettre fin à son bonheur, encore si court et si récent, pour le plonger de nouveau dans ses misères passées et l'enlever au seul ami qu'il ait jamais eu, car vous avez été le premier et le seul. Supposez, dans ce cas, que la nature eût mis au cœur de ce jeune homme une secrète attraction vers son père qui l'éloignerait de son ami ; la nature jouerait alors le rôle d'un imposteur et d'un idiot. »

Nicolas fut charmé de voir le vieux gentleman parler avec tant de chaleur, et, pour le laisser s'étendre davantage sur ce sujet, il ne répondit rien.

« Tous les jours, dit le frère Charles, sous une forme ou sous une autre, j'ai quelque preuve nouvelle de ces sortes de méprises. Ce sont des parents qui n'ont jamais montré d'amour à leurs enfants et qui se plaignent de les voir manquer à l'affection naturelle qu'ils leur doivent. Ce sont des enfants qui n'ont jamais rempli leurs devoirs envers leurs parents et qui se plaignent que leurs parents n'ont pas pour eux d'affection naturelle. Ce sont des législateurs qui, les trouvant également à plaindre les uns et les autres de n'avoir jamais pu épanouir au soleil de la vie leurs affections réciproques, en prennent occasion de sermonner bien haut et les parents et les enfants tout ensemble, et de crier que les liens mêmes de la nature ne sont plus respectés. Les affections et les instincts naturels, mon cher monsieur, sont bien, sans contredit, le chef-d'œuvre de la puissance divine ; mais, comme tous ses autres chefs-d'œuvre, ils ont besoin qu'on les soigne et qu'on les cultive, ou bien il n'est pas moins dans la nature qu'ils s'effacent alors complètement pour faire place à d'autres sentiments ; c'est ainsi qu'on voit les fruits les plus doux de la terre, lorsqu'on en néglige la culture, périr étouffés sous le chiendent et les ronces. Voilà les réflexions que je voudrais qu'on fît plus souvent ; et il vaudrait mieux se rappeler plus à propos les obligations que la nature impose, et en parler un peu moins à tort et à travers. »

Après cela, le frère Charles, qui s'était fort échauffé dans ce monologue, s'arrêta pour se calmer un peu, puis il continua en ces termes :

« Vous êtes sans doute surpris, mon cher monsieur, que je n'aie pas montré plus d'étonnement en entendant votre récit tout à l'heure ; cela s'explique aisément : votre oncle est venu ici ce matin. »

Nicolas rougit et fit un pas ou deux en arrière.

« Oui, dit le vieux gentleman en frappant avec vivacité sur son bureau, il est venu ici, dans cette chambre même ; il est resté sourd à la raison, aux sentiments de famille, à la justice ; mais frère Ned ne l'a pas ménagé : frère Ned, monsieur, aurait tiré des larmes d'une pierre.

— Et il était venu pour...? dit Nicolas.

— Pour se plaindre de vous, répondit le frère Charles ; pour verser dans nos oreilles le poison du mensonge et de la calomnie ; mais il en a été pour ses frais et n'y a gagné que quelques bonnes vérités qu'on lui a dites. Frère Ned, mon cher monsieur Nickleby, frère Ned est un vrai lion, et Tim Linkinwater aussi. Certainement Timothée est un vrai lion ; nous avions commencé par le faire venir pour lui tenir tête, et en effet il lui a sauté sur le corps dès le premier signal.

— Comment pourrais-je, dit Nicolas, reconnaître jamais toutes les obligations que vos bontés m'imposent chaque jour ?

— En gardant sur ce sujet, mon cher monsieur, un silence absolu, répliqua frère Charles. On vous rendra justice, ou du moins on ne vous fera pas de mal, ni à vous ni aux vôtres, comptez là-dessus ; on ne vous arrachera pas un cheveu de la tête, ni à votre jeune ami, ni à votre mère, ni à votre sœur ; je l'ai déclaré ; frère Ned l'a déclaré et Tim Linkinwater l'a déclaré comme nous ; nous tous, nous l'avons déclaré et nous tiendrons tous notre parole. J'ai vu le père, si c'est vraiment le père, et je ne vois pas de raison pour qu'il ne le soit pas ; c'est un barbare et un hypocrite, monsieur Nickleby ; je ne le lui ai pas envoyé dire : « Monsieur, lui ai-je dit, vous êtes un barbare ! » oui, ma foi, je le lui ai dit comme cela : « Vous êtes un barbare, monsieur ! » et vraiment j'en suis charmé ; je suis charmé de lui avoir dit que c'était un barbare, cela me fait plaisir d'y penser. »

Pendant tout ce temps-là, frère Charles avait été tellement entraîné par son indignation, que Nicolas, croyant le moment favorable, allait risquer de dire un mot de sa reconnaissance ; mais M. Cheeryble lui mit doucement la main sur le bras, lui fit signe de s'asseoir et s'essuyant la figure :

« C'est une affaire finie pour le moment, continua-t-il, n'en dites plus un mot ; j'ai à vous parler sur un autre sujet, un sujet confidentiel, monsieur Nickleby ; il faut nous remettre, calmons-nous. »

Il fit deux ou trois tours dans la chambre, reprit sa chaise, et, l'approchant plus près de Nicolas :

« Je vais, lui dit-il, mon cher monsieur, vous charger d'une mission de confiance dans une affaire très délicate.

— Vous n'aurez pas de peine, monsieur, dit Nicolas, à trouver quelque messager plus habile ; mais j'ose dire que vous n'en trouverez pas un qui soit plus disposé à justifier votre confiance par son zèle.

— Pour cela, j'en suis bien sûr, reprit le frère Charles, j'en suis bien sûr ; vous n'aurez pas de peine à croire que je pense comme vous à cet égard, quand je vous dirai que l'objet de cette mission est une jeune demoiselle.

— Une jeune demoiselle, monsieur ! cria Nicolas en tremblant d'émotion et avide d'entendre la suite.

— Une très belle demoiselle, dit M. Cheeryble gravement.

— Après, monsieur, s'il vous plaît, répliqua Nicolas.

— Je réfléchis, continua le frère Charles d'un air triste, à ce qu'il semblait à Nicolas, et avec une expression pénible, au moyen de vous mettre au courant. Le hasard vous a fait rencontrer ici dans ce cabinet, un matin, mon cher monsieur, une demoiselle qui se trouvait mal ; vous le rappelez-vous ? Vous avez peut-être oublié ?

— Non, non, répliqua Nicolas vivement ; je... je me le rappelle très bien, au contraire.

— Eh bien, c'est elle qui est la demoiselle dont je parle, » dit le frère Charles.

Comme le fameux perroquet de la foire, Nicolas ne put prononcer un mot, mais il n'en pensait pas moins.

« C'est la fille, dit M. Cheeryble, d'une dame que j'ai connue elle-même jeune, belle et demoiselle ; elle avait quelques années de plus que moi, et je vous avouerai que je... c'est un mot qui me coûte à prononcer aujourd'hui... je l'aimais tendrement: cela va peut-être vous faire rire d'entendre une tête grise comme moi parler d'amour, mais je ne m'en fâcherai pas; je sais bien que, lorsque j'avais votre âge, j'en aurais fait autant.

— Je n'en ai point du tout envie, croyez-le bien, dit Nicolas.

— Elle avait une sœur, continua M. Cheeryble, qui allait épouser, quand elle mourut, mon cher frère Ned; elle aussi, elle est morte maintenant comme sa sœur, et voilà bien des années. Celle dont je vous parle se maria... par inclination, et Dieu sait que, si mes prières avaient eu auprès de lui quelque pouvoir, la vie de la pauvre femme aurait été une vie de bonheur. »

Il y eut ici un court silence que respecta Nicolas. Le vieux gentleman reprit avec calme :

« S'il avait suffi des vœux et des espérances que je formais sincèrement du plus profond de mon cœur pour épargner à mon rival préféré les épreuves de l'adversité, lui aussi il n'aurait eu qu'une vie de paix et de bonheur; mais qu'il vous suffise de savoir qu'il en fut tout autrement... Hélas! non, elle ne fut pas heureuse... Ils tombèrent bientôt dans des embarras d'affaires et des difficultés sans nombre. Un an avant sa mort, elle se vit réduite à venir faire un appel à mon ancienne amitié; elle était bien changée, cruellement changée, abattue par la souffrance et les mauvais traitements: l'âme brisée comme le corps par le chagrin. Il s'empara de l'argent que, pour procurer à sa femme une heure de tranquillité d'esprit, j'aurais prodigué sans ménagement. Que dis-je? il l'envoya souvent en rechercher encore après; et, tout en le gaspillant pour ses plaisirs, il faisait, du succès même des prières que sa femme m'adressait, un sujet de plaisanteries cruelles et de reproches amers; il savait bien, disait-il, qu'elle se repentait cruellement du choix qu'elle avait fait; qu'au fond elle ne l'avait épousé que par des motifs d'intérêt et de vanité (c'était dans sa jeunesse, au moment où elle le prit pour époux, un gai viveur lancé dans le grand monde), et il cherchait à rejeter sur elle de la manière la plus injuste et la plus dure les causes de cette ruine et de cette décadence dont sa mauvaise conduite était seule coupable. A l'époque dont je vous parle, la demoiselle en question n'était encore qu'une toute petite fille, et je ne la revis plus jusqu'au jour où vous l'avez rencontrée ici vous-même; mais mon neveu Franck... »

Nicolas tressaillit, s'excusa, en balbutiant, de cette émotion involontaire et pria son patron de continuer.

« Mon neveu Franck, disais-je donc, reprit M. Cheeryble, la rencontra aussi par hasard et la perdit de vue, une minute après, pendant les deux jours qui suivirent son retour en Angleterre; son père alla cacher sa vie dans un coin obscur pour échapper à ses créanciers. Malade, pauvre, aux portes du tombeau, elle, pendant ce temps-là, cette enfant digne d'un meilleur père (Dieu nous pardonne ce souhait qui semble accuser sa sagesse!), ne recula devant aucune privation, bravant la honte et la misère, tout ce qu'il y a de plus effrayant pour un jeune cœur si pur et si délicat, afin de pouvoir le soutenir, n'ayant au milieu de ses peines d'autre auxiliaire dans l'accomplissement de ses devoirs pénibles qu'une fidèle servante autrefois aide de cuisine dans la maison, maintenant leur unique domestique, mais bien digne par sa loyauté et son dévouement d'être, oui, monsieur, d'être la femme de quelque Tim Linkinwater. »

Après cet éloge fait en l'honneur de la pauvre servante avec une énergie et une complaisance impossibles à décrire, frère Charles se renversa sur sa chaise et continua jusqu'à la fin son récit avec plus de sang-froid.

En voici la substance: résistant avec une noble fierté à toutes les offres de secours et de pension que pouvaient lui faire les amis de feu sa mère, parce qu'ils y mettaient pour condition de quitter le misérable qui était après tout son père, et qui serait resté par là sans ressources et sans amis; renonçant même par un instinct de délicatesse à vouloir intéresser en leur faveur le cœur noble et loyal que détestait son père et dont il avait outragé les intentions nobles et généreuses par des interprétations calomnieuses, la jeune fille avait lutté seule et sans appui pour le nourrir du fruit de son travail. Au sein de la pauvreté et de l'affliction dont elle était accablée, ses mains infatigables n'avaient jamais quitté sa tâche incessante. Jamais les fantaisies bourrues d'un malade qui n'avait pour se soutenir ni les souvenirs consolants du passé ni l'espérance de l'avenir n'avaient lassé sa patience. Jamais elle n'avait regretté l'existence plus douce qu'on lui avait offerte et qu'elle avait refusée. Jamais elle ne s'était plainte de la destinée pénible qu'elle avait volontairement acceptée. Tous les petits talents qu'elle avait pu acquérir dans des jours plus heureux, elle les avait mis à contribution et pratiqués dans un seul but, celui de soutenir son père, et cela pendant deux années entières, travaillant tout le jour, souvent aussi la nuit; maniant tour à tour l'aiguille, la plume et le pinceau; ne craignant pas, en qualité d'institutrice à domicile, de s'exposer à tous les caprices, à toutes les indignités que des femmes (et pourtant elles ont aussi des filles) se permettent trop souvent avec les personnes de leur sexe qui remplissent ce rôle dans leur maison. Car il semble qu'elles veuillent ainsi venger leur jalousie d'une intelligence dont elles sont obligées de reconnaître la supériorité, et c'est pour cela que le plus souvent elles font leurs victimes des maîtresses de leurs enfants, leurs supérieures sans aucun doute et sans aucune comparaison par la culture de l'esprit, et qu'elles leur font souffrir plus de vexations que l'escroc le plus effronté n'en peut faire endurer à son laquais. Elle avait dévoré toutes ces amertumes pendant deux grandes années, et puis, après avoir essayé son courage, sans l'épuiser jamais, dans toutes ces industries successives, elle avait reconnu qu'elle était impuissante à atteindre le but unique de ses efforts et de sa vie tout entière. Vaincue par des déceptions continuelles, des difficultés toujours renaissantes, elle s'était vue obligée de revenir chercher l'ancien ami de sa mère et de finir par décharger dans son âme le secret des peines dont son cœur était oppressé.

« Eussé-je été pauvre, dit le frère Charles les yeux étincelants, eussé-je été pauvre, monsieur Nickleby, mon cher monsieur, et, Dieu merci! je ne le suis pas, je me serais refusé (d'ailleurs tout le monde l'aurait fait comme moi) les choses les plus nécessaires à la vie pour lui venir en aide; et pourtant, même avec notre fortune, il ne nous est pas facile de la secourir comme nous voudrions. Si son père était mort, il n'y aurait rien de plus aisé : elle viendrait chez nous partager et égayer notre heureux logis, elle deviendrait comme notre enfant ou notre sœur; mais il vit toujours et personne ne peut le tirer d'affaire. On l'a déjà essayé en vain bien des fois, et ce n'est pas sans de bonnes raisons que tout le monde a fini par l'abandonner.

— Mais ne pourrait-on pas persuader à cette demoiselle?... dit Nicolas, qui s'arrêta dans la crainte d'en avoir déjà trop dit.

— Quoi? de le laisser là? dit frère Charles. Qu'est-ce qui aurait le courage d'engager un enfant à délaisser son père? On lui avait déjà proposé de consentir seulement à ne le voir que par occasion (ce n'est pas moi pourtant), mais toujours sans succès.

— Au moins, est-il bon pour elle? dit Nicolas; sait-il reconnaître son affection?

— La bonté, la vraie bonté, celle qui rend dévouement pour dévouement, n'est pas dans sa nature, répondit M. Cheeryble; du reste, il a pour elle toute la bonté que peut avoir un homme comme lui; la mère avait beau être la plus aimante, la plus confiante des femmes, cela ne l'a pas empêchée d'être, depuis son mariage jusqu'à sa mort, victime de sa légèreté lâche et cruelle, et cela ne l'a pas empêchée non plus de l'aimer toujours. A son lit de mort, c'est elle encore qui l'a recommandé aux soins de sa fille, et sa fille ne l'a jamais oublié, elle ne l'oubliera jamais.

— N'avez-vous donc aucune influence sur lui? demanda Nicolas.

— Moi! mon cher monsieur, je serais le dernier à en avoir; il a contre moi une haine et une jalousie si aveugles, que, s'il venait à apprendre que sa fille m'a ouvert son cœur, il ne cesserait de lui rendre la vie malheureuse par ses reproches. Et pourtant... voyez quel est ce caractère vain et égoïste!... Quand il viendrait à savoir que c'est de moi qu'elle tient jusqu'au dernier sou qu'elle lui rapporte, il ne renoncerait pas pour cela à satisfaire, aux dépens de la bourse épuisée de sa fille, la moindre de ses fantaisies.

— Quel gredin! il n'a donc pas d'âme? dit Nicolas indigné.

— N'employons pas les gros mots, dit frère Charles avec douceur; il faut nous plier nous-mêmes aux circonstances où cette jeune demoiselle se trouve placée. Les secours que j'ai pu lui faire accepter, j'ai été obligé, sur ses propres instances, de les diviser par petites portions, de peur que, s'il venait à s'apercevoir qu'elle pût se procurer trop aisément de l'argent, il ne le prodiguât encore en folles dépenses avec plus d'ardeur. Elle a donc fait bien des allées et venues secrètement le soir, pour venir recevoir notre offrande; mais cela ne peut plus durer comme cela, monsieur Nickleby, j'en suis honteux moi-même. »

Puis, petit à petit il expliqua comment son frère et lui avaient médité dans leur cerveau bien des plans et des projets pour venir au secours de cette jeune fille de la manière la plus prudente et la plus délicate, sans que son père soupçonnât la source de leur petit bien-être; comment ils avaient fini par trouver qu'ils ne pouvaient rien faire mieux que de faire semblant de lui acheter à un prix assez élevé les petits dessins et les jolis travaux d'aiguille qu'elle pouvait faire, en ayant soin de lui faire toujours des commandes. C'était pour les aider dans ce but, — car ils étaient obligés de se faire représenter dans ce commerce par quelque intermédiaire, — qu'après mûre délibération ils s'étaient décidés à charger Nicolas de cette mission délicate.

« Le père me connaît, dit frère Charles; il connaît aussi mon frère Ned : ainsi nous ne pouvons nous présenter ni l'un ni l'autre. Franck est un excellent garçon, un brave garçon, mais nous avons peur de le trouver un peu volage et un peu léger dans une question qui demande tant de ménagements; et puis, qui sait, il pourrait prendre feu un peu trop vite, car la demoiselle est bien belle,

CORBEIL. — Imprimeries réunies, A, rue Mignon, 2, Paris.

monsieur, tout le portrait de sa pauvre mère, et, s'il venait à s'éprendre d'elle avant de s'en être bien rendu compte lui-même, il ne ferait que porter le trouble et le chagrin dans un cœur innocent où nous nous trouverions heureux, au contraire, de pouvoir ramener par degrés le bonheur et la paix. Avec cela, il avait déjà pris un intérêt extraordinaire à son sort la première fois qu'il la rencontra, car, si les renseignements que nous avons pris sont exacts, c'était pour elle qu'il avait fait tout ce tapage qui a été l'occasion de votre première connaissance. »

Nicolas balbutia qu'il s'était déjà douté que cela pouvait bien être, et, pour justifier cette supposition qu'il avait faite, il raconta où et quand il avait vu lui-même la jeune personne.

« Eh bien, vous voyez, continua frère Charles, que lui non plus ne pourrait pas convenir. Quant à Tim Linkinwater, il n'en faut pas parler; car Timothée, monsieur, est un gaillard si terrible, que rien ne pourrait l'empêcher d'en venir aux gros mots avec le père en moins de cinq minutes d'entrevue. Vous ne connaissez pas Timothée, monsieur; vous ne pouvez pas vous le figurer lorsqu'il est excité par quelque circonstance qui agit fortement sur sa sensibilité; alors, monsieur, il devient effrayant, Tim Linkinwater..., tout à fait effrayant! C'est donc sur vous que nous reposerons toute notre confiance; nous avons trouvé en vous, ou plutôt j'ai trouvé en vous, mais cela revient au même, car mon frère Ned et moi, c'est la même chose, si ce n'est qu'il est bien le meilleur homme de la terre, et qu'il n'a pas, qu'il n'aura jamais son pareil dans le monde..., je répète donc que nous avons trouvé en vous les vertus et les affections domestiques unies à une grande délicatesse de sentiment qui vous rendent tout à fait propre à une telle mission; c'est donc vous, monsieur, qui ferez l'affaire.

— Et la demoiselle, monsieur, dit Nicolas, si embarrassé qu'il ne savait trop que dire, a-t-elle... se prête-t-elle à cette ruse innocente?

— Oui, oui, répondit M. Cheeryble; du moins elle sait que vous venez de notre part; seulement elle ne sait pas l'emploi que nous ferons de ces petits objets que vous irez lui acheter pour nous de temps en temps. Peut-être même, à force d'habileté... mais il en faudrait beaucoup... peut-être pourriez-vous lui laisser croire que nous gagnons sur elle... Eh! eh! »

Cette supposition innocente et naïve rendait le frère Charles si heureux, il trouvait tant de plaisir à penser qu'il ne serait pas impossible d'amener la jeune personne à supposer qu'elle ne leur avait pas d'obligation, que Nicolas ne voulut pas troubler son bonheur en élevant le moindre doute à cet égard.

Mais, par exemple, pendant toute cette conversation, il avait toujours eu sur le bout des lèvres un aveu prêt à s'échapper. Il ne s'en fallut de rien qu'il ne déclarât à M. Cheeryble que les objections qui le faisaient renoncer à employer son neveu pour cette commission ne s'appliquaient pas avec moins de force et de justice à lui-même. Vingt fois il fut sur le point d'ouvrir son cœur tout entier et de demander grâce; mais chaque fois aussi ce mouvement fut suivi d'un autre instinct plus fort qui venait modérer sa candeur et retenait sur sa langue son secret prêt à s'envoler. « Et pourquoi, se disait Nicolas, irais-je semer des difficultés dans l'exécution de ce dessein si bienveillant et si généreux? Avec l'amour et le respect que j'ai pour cette bonne et charmante jeune fille, il me conviendrait bien d'aller jouer le personnage d'un fat et d'un freluquet qui voudrait lui épargner le danger de s'amouracher de sa personne! Et puis, ne suis-je donc pas sûr de moi? L'honneur ne me fait-il pas un devoir de réprimer ma passion? Cet excellent homme, qui m'a choisi dans cette affaire, n'a-t-il pas droit d'attendre de moi tous les services du plus entier dévouement, et seraient-ce de misérables considérations personnelles qui pourraient m'empêcher de les lui rendre? »

A chacune des questions que Nicolas se posait ainsi en lui-même, une voix intérieure répondait aussi avec la plus grande énergie : « Non! » Il finit même par se regarder comme un glorieux martyr de son devoir, et se résigna noblement à tous les sacrifices. Mais, pour peu qu'il se fût examiné de plus près, il aurait facilement découvert qu'il ne faisait qu'obéir à ses plus chers désirs. C'est toujours comme cela : nous sommes d'habiles escamoteurs avec nos propres sentiments, et nous savons, en un tour de main, changer nos faiblesses mêmes en vertus héroïques et magnanimes.

M. Cheeryble, naturellement, ne se doutait guère des réflexions qui se présentaient alors à son jeune ami; il se mit donc à lui donner les pouvoirs et les instructions nécessaires pour faire sa première visite dès le lendemain matin; puis, quand tous les préliminaires eurent été bien réglés et le secret le plus absolu recommandé, Nicolas retourna chez lui, le soir, en proie à une foule de pensées.

L'endroit où l'avait adressé M. Cheeryble formait une rangée de maisons sans élégance et même sans propreté, située dans les limites privilégiées de la prison du Banc du roi, à quelques centaines de pas de l'obélisque de Saint-Georges-des-Champs. Ces limites privilégiées forment comme un asile auprès de la prison; elles comprennent une douzaine de rues où les débiteurs qui peuvent se procurer de l'argent pour payer des droits assez considérables dont leurs créanciers ne retirent aucun profit, sont autorisés à résider en toute sûreté, grâce à la sagesse de ces lois éclairées qui laissent le débiteur sans argent mourir de faim dans un cachot, sans même lui fournir la nourriture, les vêtements, le logement et le chauffage qu'elles ne refusent pas aux criminels convaincus des plus noirs forfaits, à la honte du genre humain. Pour moi, je trouve que de toutes les plaisantes fictions qui représentent la loi toujours occupée à bien équilibrer sa balance, il n'y en a pas de plus plaisante ni de plus amusante pour l'observateur, dans la pratique, que celle qui suppose tout homme égal devant son impartialité, et toutes ses grâces accessibles à tout individu, sans tenir le moindre compte de la monnaie qui garnit son gousset.

C'est vers cette rangée de maisons que Nicolas dirigea ses pas suivant les indications de M. Charles Cheeryble, sans se troubler la cervelle de la moindre réflexion sur la balance de Thémis, et c'est à cette rangée de maisons qu'il arriva enfin, le cœur palpitant, après avoir eu à traverser d'abord un faubourg sale et poudreux qui, en fait d'objets intéressants, présente partout aux yeux des théâtres de marionnettes, des huîtres, des crabes et des homards, du gingerbeer, des voitures de déménagement, des boutiques de fruitières, des étalages de fripiers.

Devant chacune de ces maisons étaient des jardinets complètement négligés sous tous les autres rapports, mais qui formaient comme autant de petits magasins de poussière, qui attendaient là que le vent tournât le coin de la rue pour venir la balayer sur la route. Nicolas s'arrêta devant l'une d'elles, ouvrit la grille mal assurée qui pendillait sur ses gonds brisés, s'entre-bâillant devant les visiteurs, mais pas assez pour les laisser passer. Il y passa pourtant, et frappa à la porte d'entrée d'une main tremblante.

La maison, à l'intérieur, offrait une assez pauvre apparence : une fenêtre sombre, au parloir, garnie de jalousies mal peintes et de rideaux de mousseline malpropres, croisant au bas des vitres à l'aide de cordons lâches et mous ; mais, après avoir ouvert la porte, on ne trouvait pas que l'intérieur répondît mal au dehors. L'escalier était garni d'un tapis passé ; le corridor, d'une toile cirée qui n'avait pas souffert moins d'avaries ; pour plus d'agrément, on voyait, en passant dans le parloir sur le devant, fumer (quoiqu'il ne fût pas encore midi) un de ces messieurs les privilégiés du Banc du roi, pendant que la dame de la maison était activement occupée à mastiquer avec de l'encaustique les pieds disjoints d'un bois de lit à la porte de l'arrière-salle, sans doute pour recevoir quelque nouveau locataire qui avait eu le bonheur de la louer pour son domicile.

Nicolas eut tout le temps de faire ces observations, pendant que le petit saute-ruisseau chargé de faire les commissions des locataires de la maison descendait quatre à quatre l'escalier de la cuisine pour crier après la domestique de Mlle Bray. La servante, en effet, ne se fit pas attendre ; elle sortit d'une espèce de cave éloignée, pour faire son apparition au grand jour, et pria Nicolas de la suivre, sans faire attention aux symptômes d'agitation nerveuse et de malaise fiévreux que trahissait toute la personne du jeune étranger, et cela tout bonnement pour avoir demandé à voir la jeune demoiselle.

Il monta néanmoins, fut introduit dans une pièce sur le devant, où il vit, assise près de la fenêtre, à une petite table fournie de tous les ustensiles nécessaires pour les dessins ébauchés, la belle jeune fille qui occupait sa pensée, et qui, dans ce moment même, entourée de tout le prestige nouveau dont le récit du frère Charles avait embelli son histoire aux yeux de Nicolas, lui semblait mille fois plus belle encore qu'il ne l'avait jamais supposé.

Mais ce furent surtout les petites décorations pleines de grâce et d'élégance répandues autour de cette chambre si pauvrement meublée qui allèrent au cœur de Nicolas : des fleurs, des plantes, des oiseaux, la harpe, le vieux piano dont les touches avaient rendu sous ses doigts des sons plus joyeux au temps jadis. Par combien de peines et d'efforts avait-elle pu réussir à conserver aujourd'hui ces deux derniers anneaux de la chaîne brisée, qui la rattachaient, par le souvenir, à la maison maternelle où elle n'était plus? Il n'y avait pas de si mince ornement qui ne fût un témoin de son courage et de sa patience ; elle y avait consacré ses heures de loisir ; elle y avait répandu cette grâce charmante dont la main d'une femme sait embellir avec goût tous les petits objets qu'elle touche ; elle y avait laissé comme l'empreinte des soins délicats qu'elle en avait pris. Nicolas croyait voir la petite chambre animée d'un sourire céleste ; il lui semblait que le dévouement éclatant d'une si faible et si jeune créature avait illuminé d'un de ses rayons les objets inanimés dont il était entouré, pour les rendre aussi éclatants que lui-même ; il lui semblait voir l'auréole dont les anciens peintres environnent la tête des anges et des séraphins dans un monde d'innocence et de pureté, se jouer autour d'un ange comme eux. L'illusion était complète ; la lumière de l'auréole était visible à ses yeux.

Et cependant Nicolas était dans les limites de la

prison du Banc du roi! Encore, si la scène s'était passée en Italie, au coucher du soleil, sur quelque terrasse splendide! Mais, qu'importe? n'y a-t-il pas un ciel vaste qui couvre le monde entier? Qu'il soit bleu d'azur ou chargé de nuages, n'y a-t-il pas derrière ce premier ciel un ciel pur qui se révèle aussi brillant à tous les cœurs? C'est celui-là sans doute que voyait Nicolas, et dont ses pensées avaient emprunté l'éclat radieux.

Il ne faudrait pas croire qu'il eût tout aperçu d'un coup d'œil; au contraire, il ne s'était pas même douté jusque-là de la présence d'un malade étendu dans un fauteuil, la tête soutenue sur des oreillers, et qui, à force de se mouvoir sans cesse et sans repos dans son impatience, finit par attirer son attention.

C'était un homme qui avait à peine cinquante ans, mais que sa maigreur faisait paraître beaucoup plus âgé. Ses traits présentaient les restes d'une belle figure, quoique les traces de l'âge n'eussent pu dissimuler l'ardeur des passions impétueuses et violentes, au lieu d'y reproduire l'expression d'émotions plus douces, qui donnent souvent plus d'attraits à des visages moins favorisés de la nature. Il avait le regard effaré; son corps et ses membres étaient usés jusqu'aux os, mais on voyait encore dans son grand œil, au fond de son orbite, quelque chose de l'ancienne flamme qui l'animait. Elle semblait même se raviver encore pendant qu'il frappait à coups redoublés le parquet d'un gros bâton sur lequel il s'appuyait dans son fauteuil, et qu'il appelait avec impatience sa fille par son nom.

« Madeleine, qui est-ce? Nous n'avons besoin de personne ici. Qui est-ce qui a laissé entrer un étranger? De quoi s'agit-il?

— Je crois..., dit la jeune demoiselle en s'inclinant, non sans quelque confusion, pour répondre au salut de Nicolas.

— Vous croyez toujours, répondit son père avec pétulance; de quoi s'agit-il? »

Pendant ce temps-là, Nicolas avait retrouvé assez de présence d'esprit pour s'expliquer lui-même. Il s'annonça, ainsi qu'il avait été convenu d'avance, comme envoyé pour commander une paire de petits écrans et du velours peint pour couvrir une ottomane. On désirait que ces articles fussent du dessin le plus élégant : on ne tenait pas au temps ni à la dépense. Il était aussi chargé de payer les deux dessins déjà livrés; et, s'avançant vers la petite table avec de grands remercîments, il y déposa un billet de banque plié sous enveloppe et cacheté.

« Madeleine, dit le père, regardez si le compte y est; ouvrez l'enveloppe, ma chère amie.

— Je sais bien que le compte y est, papa, j'en suis sûre.

— Donnez-moi cela, dit M. Bray en tendant la main, dont il ouvrait et fermait les doigts osseux avec une impatience nerveuse. Voyons!... J'en suis sûre! j'en suis sûre; c'est toujours comme cela; comment pouvez-vous en être sûre sans y voir? Cent vingt-cinq francs, est-ce bien le compte?

— Tout à fait, » dit Madeleine en se penchant sur lui. Elle mit tant d'empressement à ranger les coussins sous la tête de son père, que Nicolas ne put voir sa figure; mais, au moment où elle s'était baissée, il avait cru surprendre une larme dans ses yeux.

« Tirez la sonnette; tirez donc la sonnette! dit le malade avec la même vivacité maladive et montrant le cordon de sa main tremblante qui froissait en l'air le billet de banque; dites à la bonne d'aller le changer... d'aller me chercher un journal... de m'acheter du raisin... qu'elle apporte encore une bouteille du même vin que la semaine dernière... et puis... et puis, je ne me rappelle plus la moitié de ce qu'il me faut, mais elle retournera, qu'elle commence toujours par là... qu'elle commence par là! Allons, Madeleine, ma chère fille, vite, vite qu'on se dépêche! mon Dieu, que vous êtes donc lente! »

« Il se rappelle bien ce qu'il lui faut, pensa Nicolas; mais elle, il ne songe pas même si elle a besoin de quelque chose. » Peut-être laissa-t-il transpirer sa pensée dans sa physionomie, car le malade, se tournant de son côté d'un air très bourru, lui demanda si c'est qu'il attendait un reçu.

« Oh! cela ne fait rien du tout, dit Nicolas.

— Rien du tout? Qu'entendez-vous par là, monsieur? répondit le père avec aigreur; est-ce que par hasard, avec votre méchant billet de banque, vous croiriez nous faire une faveur ou un cadeau, quand il ne s'agit ici que d'une affaire commerciale où vous payez pour valeur reçue? Diable! monsieur, si vous ne savez pas apprécier le temps qu'ont coûté les marchandises dont vous trafiquez et le mérite particulier de leur confection, il ne faut pas vous imaginer pour cela que ce soit de l'argent perdu. Savez-vous, monsieur, que vous parlez à un gentleman qui avait autrefois le moyen d'acheter cinquante individus comme vous et tout ce que vous possédez par-dessus le marché?... Que voulez-vous dire par là?

— Je veux dire simplement que je compte faire plus d'une affaire avec mademoiselle, et que, si elle veut bien le permettre, je lui épargnerai la peine de remplir ces formalités.

— Eh bien, moi, je veux dire, s'il vous plaît, repartit le père, que nous remplirons toutes les formalités qu'il faudra. Ma fille, monsieur, ne demande de ménagements ni à vous ni à personne; ayez la bonté de vous en tenir strictement au détail de votre commerce et de n'en plus sortir. Voilà-t-il pas maintenant que tous les petits commerçants vont se mettre à la protéger de leur pitié! jour de Dieu, il ne manquerait plus que cela! Madeleine, ma fille, donnez-lui un reçu, et à l'avenir n'y manquez jamais. »

Pendant qu'elle faisait semblant d'écrire et que Nicolas réfléchissait sur ce caractère qui, pour être étrange, n'en est pas moins assez commun, le malade, qui paraissait de temps en temps tourmenté par des douleurs vives, s'affaissa dans son fauteuil en gémissant et murmurant tout ensemble d'une voix faible qu'il y avait une heure que la bonne était partie et que tout le monde conspirait pour le pousser à bout.

« Quand est-ce, dit Nicolas en prenant la quittance supposée, quand est-ce que je... dois repasser? »

C'est à la demoiselle même qu'il adressait cette question, mais ce fut le père qui y répondit immédiatement.

« Quand on vous dira de revenir, monsieur, et pas avant. Il ne s'agit pas de nous ennuyer et de nous persécuter. Ma chère Madeleine, quand est-ce que ce monsieur doit revenir?

— Oh! pas de longtemps, pas avant trois ou quatre semaines : ce n'est pas nécessaire, je puis m'en passer, dit la jeune dame avec beaucoup de vivacité.

— Comment, nous pouvons nous en passer? lui dit tout bas son père avec insistance. Trois ou quatre semaines, Madeleine! Mais vous n'y pensez pas, trois ou quatre semaines!

— Alors, plus tôt, plus tôt, si vous voulez, dit la demoiselle en se retournant du côté de Nicolas.

— Trois ou quatre semaines! marmottait toujours le père; mais, Madeleine, en vérité! Ne rien gagner pendant trois ou quatre semaines!

— C'est bien long, madame, dit Nicolas.

— Ah! vous trouvez? reprit le père avec colère. Si j'avais la fantaisie de mendier des secours et de m'incliner seulement pour demander l'aide de gens que je méprise, ce n'est pas trois ou quatre mois, monsieur, que je pourrais attendre sans que ce fût trop long, c'est trois ou quatre ans que je n'aurais pas besoin de votre argent. Il faudrait seulement, monsieur, que je voulusse me résoudre à sacrifier mon indépendance; mais, comme je ne le veux pas, repassez dans huit jours. »

Nicolas fit une salutation profonde à la demoiselle et se retira en réfléchissant aux singulières idées que M. Bray se faisait de l'indépendance, et en souhaitant ardemment que Dieu n'envoyât que rarement ces caractères indépendants habiter l'humble argile dont il a pétri le corps humain.

En descendant les escaliers, il entendit au-dessus de lui un pas léger et vit, en se retournant, la jeune fille sur le palier jetant sur lui un regard timide et ne sachant si elle devait le rappeler ou non. Le moyen le plus sûr de trancher la question, c'était de remonter quelques marches; c'est ce que fit Nicolas.

« Je ne sais pas, monsieur, lui dit précipitamment Madeleine, si je fais bien de vous adresser cette prière, mais, je vous en supplie, ne dites rien aux chers amis de ma pauvre mère de ce qui s'est passé là devant vous. Voyez-vous, il a souffert beaucoup cette nuit, c'est ce qui le met de mauvaise humeur ce matin. Je vous le demande, monsieur, comme une grâce, comme une faveur pour moi. »

Nicolas répliqua avec chaleur qu'il suffirait que ce fût de sa part un simple désir pour qu'il fût bien aise de le satisfaire au péril même de sa vie.

« Vous parlez là un peu vite, monsieur.

— Je parle dans la sincérité de mon âme, répondit Nicolas, dont les lèvres tremblaient en même temps; jamais homme n'a parlé plus sérieusement. Je n'ai pas l'habitude de déguiser mes sentiments, et d'ailleurs je ne pourrais vous cacher mon cœur tout entier, chère madame, aussi vrai que je sais toute votre histoire et que je nourris pour vous les mêmes sentiments que tout homme ou tout ange doit éprouver en vous voyant et en entendant le récit de vos peines. Je vous prie d'être persuadée que je donnerais volontiers ma vie pour vous servir. »

La demoiselle détourna la tête sans pouvoir cacher ses larmes.

« Pardonnez-moi, dit Nicolas avec une ardeur dont l'empressement n'ôtait rien à son respect, pardonnez-moi de paraître vous en avoir trop dit, ou d'avoir l'air de me prévaloir des secrètes confidences que j'ai reçues, mais je n'ai pu me résoudre à vous quitter comme si l'intérêt et la sympathie que j'éprouve pour vous expiraient avec la commission dont je suis chargé aujourd'hui. Non, ce n'est point une affection passagère que vous m'avez inspirée. A partir de ce moment, je suis votre serviteur à toujours, votre humble mais dévoué serviteur : et ni vous, ni celui qui m'a donné sa confiance, vous n'aurez à rougir de ce dévouement fidèle et loyal, fondé sur l'honneur même; car, si vous pouviez lire au fond de ce pur sentiment de mon cœur, vous n'y trouveriez que le respect le plus profond pour votre personne. Si j'étais capable de donner un autre sens à mes paroles, je serais indigne de l'estime de celui qui m'a donné la sienne, je trahirais la nature même qui a mis sur mes lèvres ces paroles honnêtes, en les déshonorant par un mensonge. »

Elle lui fit signe de la main qu'il était temps de partir, mais ne dit pas un mot. Nicolas de son côté garda le silence et se retira. Ainsi finit sa première entrevue avec Madeleine Bray.

CHAPITRE XLVII

M. Ralph Nickleby, dans un entretien confidentiel avec un autre de ses anciens amis, concerte un projet dont ils se promettent tous deux de tirer avantage.

« Voilà les trois quarts passés, murmurait Newman Noggs en entendant la sonnerie d'une église voisine, et c'est à deux heures que je dîne. Il le fait exprès; il y tient; c'est bien là lui! »

C'était dans le petit trou qui lui servait de bureau et perché sur le haut de son tabouret officiel, que Newman s'adressait ce monologue, et le sujet du monologue se rapportait, comme tous les murmures par lesquels Newman avait l'habitude d'exhaler ses plaintes, à Ralph Nickleby.

« Il faut que cet homme-là n'ait jamais eu d'appétit, dit Newman, que pour les livres, sous et deniers. Quant à cela, par exemple, il en est gourmand comme un loup. Je voudrais pour sa peine qu'on lui fît avaler un échantillon de toutes nos pièces de monnaie. Un gros sou serait déjà un joli morceau, mais l'écu de six francs! Ha! ha! »

L'image de Ralph Nickleby avalant de force un écu de six francs rendit à Newman un peu de bonne humeur, et, sous l'influence de cette heureuse disposition, il tira lentement de son pupitre une de ces bouteilles portatives généralement connues sous le nom de pistolets de poche, et, la secouant tout contre son oreille pour jouir du son agréable et rafraîchissant produit par le liquide agité, il dérida ses traits, qui se déridèrent bien mieux encore quand il se fut gargarisé avec une gorgée de la précieuse liqueur; il remit le bouchon et fit claquer deux ou trois fois ses lèvres comme un homme qui savoure son bonheur; mais le parfum du liquide s'évapora bientôt, et alors revinrent les doléances.

« Trois heures, dans cinq minutes, dit Newman en grognant, et j'ai déjeuné à huit heures! Dieu sait quel déjeuner!... et l'heure exacte de mon dîner est à deux heures. Car enfin j'aurais pu avoir à la maison quelque bon petit morceau de rosbif tout chaud qui se serait refroidi depuis ce temps-là à m'attendre. Je n'en ai pas, c'est vrai, mais qu'en sait-il?... « Ne partez pas avant mon retour, ne partez pas avant mon retour! » Tous les jours le même refrain! mais alors pourquoi choisissez-vous toujours poûr sortir l'heure de mon dîner? hein?... C'est donc pour me vexer? hein? »

Ces mots, quoique prononcés sur un ton très élevé, ne s'adressaient cependant qu'au vide des airs; pourtant Newman Noggs, en entendant de sa propre bouche la récapitulation de ses justes griefs, en parut plus ému, et dans son désespoir il aplatit d'un coup de poing son vieux chapeau sur sa tête, ajusta sur ses mains ses gants impérissables et jura sur la tête de ses pères qu'il en arriverait ce qui pourrait, mais qu'il voulait aller dîner à l'instant même.

Et, passant à l'exécution immédiate de sa résolution, il était déjà dans le corridor, quand le bruit du passe-partout dans la porte d'entrée lui fit opérer précipitamment sa retraite au fond de son bureau.

« Le voici! murmura-t-il, et il y a quelqu'un avec lui; je l'entends déjà me dire : « Attendez que ce monsieur soit parti! » Eh bien, non, moi, je ne veux pas attendre. Attrape ça! »

En même temps Newman se glissa dans un grand placard vide à deux battants, et le ferma sur lui dans l'intention de s'échapper aussitôt que Ralph serait entré lui-même dans son cabinet.

« Noggs! cria Ralph. Où est-il fourré?... Noggs! »

Mais pas plus de Noggs que s'il n'existait pas.

« Je suis sûr que l'animal est allé dîner malgré ma défense, murmura Ralph en regardant dans le bureau et en tirant sa montre pour voir l'heure... Hum! hum! Tenez, Gride, vous ferez aussi bien de venir ici; mon commis est sorti et le soleil donne dans mon cabinet. Cette pièce est à l'ombre, et, si cela vous est égal, nous serons plus au frais.

— Cela m'est égal, monsieur Nickleby, tout à fait égal. Je ne tiens pas à une chambre plutôt qu'à une autre. Ah! comment donc? mais on est très bien ici, très bien! »

L'individu que nous présentons ici pour la première fois aux lecteurs était un petit vieillard de soixante-dix à soixante-quinze ans, très maigre, très courbé, avec une légère déviation de la colonne vertébrale. Il portait un habit gris à collet très étroit, un gilet de soie noire à raies d'un très ancien modèle et un pantalon si court, qu'il laissait voir dans toute leur laideur ses jambes de fuseau. Les seuls ornements qui rehaussaient sa toilette étaient une chaîne de montre en acier à laquelle pendillaient de grands cachets en or, et un ruban noir destiné, d'après une mode déjà si ancienne qu'elle était même alors surannée, à réunir par derrière ses cheveux gris en une petite queue. Son nez et son menton étaient pointus et saillants; ses mâchoires étaient rentrées en elles-mêmes, faute de dents pour les retenir. Sa figure était ridée et jaunâtre, excepté vers les pommettes de ses joues, bariolées par les couleurs panachées d'une pomme de reinette à la fin de l'hiver. A la place où jadis avait été sa barbe on voyait encore quelques touffes grises dont l'apparence grêle et languissante semblait, comme ses sourcils râpés, protester contre la stérilité du sol où elles prenaient leur nourriture. Toute sa tournure, son air, son attitude représentaient la docilité basse et rampante du chat; et, quant à l'expression de sa figure, elle consistait uniquement dans certains plis du coin de l'œil qui laissaient lire, dans son regard rusé, un mélange d'astuce, de libertinage, de sournoiserie et d'avarice. Tel est le portrait véritable du vieil Arthur Gride qui n'avait pas une ride à la face, ni dans tout son costume le moindre pli qui ne rappelât la ladrerie la plus avide et la plus rapace, et qui ne le désignât clairement comme appartenant à la même catégorie sociale que M. Ralph Nickleby. Tel est le portrait véritable du vieil Arthur Gride tel qu'il était, assis sur une chaise de canne, les yeux levés sur la figure de Ralph Nickleby, qui, du haut du grand tabouret sur lequel il se balançait, les bras étendus sur ses genoux, plongeait aussi ses yeux dans ceux de son visiteur pour percer ses intentions secrètes; car il savait bien que, quelle que fût l'affaire qui l'amenait, ils seraient à deux de jeu.

« Et comment vous êtes-vous porté? dit Gride en feignant un vif intérêt pour la santé de Ralph; car je ne vous ai pas vu depuis... non, ma foi, pas depuis...

— Pas depuis longtemps, dit Ralph avec un sourire particulier, qui voulait dire qu'il n'était pas la dupe de ces formules de compliment, et qu'il savait bien que ce n'était pas pour cela que son ami était venu lui rendre visite. Il s'en est peu fallu que vous ne me vissiez pas, car je venais justement de mettre la clef dans la porte quand vous avez tourné le coin de la rue.

— J'ai dû bonheur! reprit Gride.

— C'est ce qu'on dit, » répliqua Ralph sèchement.

Le vieil usurier branla le menton et se mit à sourire, mais sans faire aucune autre observation, et ils restèrent tous les deux un petit bout de temps sur leurs chaises sans rien dire. Chacun d'eux obervait l'autre, pour l'attaquer à son avantage.

« Eh bien, Gride, dit Ralph à la fin, d'où vient le vent aujourd'hui?

— Ha! ha! monsieur Nickleby, vous êtes un homme terrible, cria l'autre, charmé de voir que Ralph le mît lui-même sur la voie pour lui parler d'affaires; Dieu de Dieu! quel terrible homme vous faites!

— Bah! répondit Ralph, je vous parlais comme cela parce que vous avez, vous, des manières câlines et des allures glissantes. Je ne dis pas que cela ne vaille pas mieux, mais je n'ai pas la patience de procéder comme cela.

— Vous êtes un vrai génie de nature, monsieur Nickleby, dit le vieil Arthur, et si profond, ah!

— Assez profond, répondit Ralph, pour saisir que j'ai besoin de l'être le plus que je peux, quand des hommes comme vous se mettent à me faire des compliments. Vous savez que je vous ai vu de près flatter et cajoler les gens, et je n'ai pas oublié ce qu'il leur en coûtait!

— Ha! ha! ha! reprit Arthur en se frottant les mains; ah! vous vous le rappelez, cela ne m'étonne pas, il n'y a pas d'homme comme vous pour ces choses-là, et vraiment j'ai bien du plaisir à voir que vous vous rappelez le bon vieux temps. Ah! Dieu!

— A présent, dit Ralph avec un grand sang-froid, voyons, d'où vient le vent, encore une fois? Qu'est-ce qui vous amène?

— Là, là! voyez! cria l'autre; il ne peut pas même parler du bon vieux temps sans passer tout de suite aux affaires positives. Ah! Dieu de Dieu! quel homme!

— Et quelle est cette affaire du bon vieux temps que vous venez remettre sur le tapis? Car je sais bien que vous ne venez que pour cela, et qu'autrement vous ne parleriez pas tant du bon vieux temps.

— Il se méfie de tout le monde; moi-même il me soupçonne, cria le vieil Arthur en levant les mains au ciel. Moi-même! Grand Dieu! Même moi! Quel homme! Il n'y a qu'un Nickleby dans le monde; je ne connais personne comme lui. C'est un géant, nous ne sommes que des pygmées. Un géant, un vrai géant! »

Ralph regardait avec un sourire tranquille le vieux renard rire d'un air affecté, pendant que Newman Noggs, dans son armoire, se sentait le cœur faillir à mesure que l'image de son dîner devenait de plus en plus problématique.

« C'est égal, cria le vieil Arthur, il faut que j'en passe par où il veut; il n'y a pas à le contrarier; l'homme de tête, comme disent les Écossais, et les Écossais ne sont pas bêtes, ne cause que d'affaires et ne donne pas son temps gratis; et il a bien raison, le temps est de l'argent. C'est de l'argent que le temps!

— Il faut que ce soit vous ou moi qui ayons fait ce proverbe, dit Ralph. Je crois bien que le temps est de l'argent, et de bon argent encore, pour ceux à qui il rapporte intérêt. Le temps est de l'argent! Bien mieux, c'est qu'il en coûte aussi, de l'argent; il n'y a pas même d'article plus dispendieux. Je sais des gens qui pourraient en dire quelque chose, ou je ne m'y connais pas. »

En réponse à cette saillie, le vieil Arthur recommença de lever les mains au ciel et de s'écrier au milieu de son rire étouffé : « Quel homme! » Après quoi il approcha sa chaise basse un peu plus près du tabouret de Ralph, et de là, fixant les yeux sur sa figure impassible :

« Qu'est-ce que vous diriez, lui demanda-t-il, si j'allais vous annoncer que je vais..., que je vais me marier!

— Mais je dirais, répliqua Ralph, en abaissant froidement les yeux sur lui, que vous avez vos raisons pour me faire un mensonge, et que ce n'est pas la première fois, pas plus que ce ne sera la dernière. Je dirais que vous ne me surprenez pas et que je ne me laisse pas prendre à ça.

— Eh bien, je vous annonce sérieusement que je vais le faire, dit le vieil Arthur.

— Et moi, je vous répète sérieusement ce que je viens de vous dire. Voyons! tenez-vous bien, que je vous réponde. Quel diable d'air mielleux vous prenez là! Il y a quelque chose là-dessous.

— Tenez! Je ne voudrais pas vous attraper, vous savez, reprit Arthur Gride d'un air de bonhomie; d'ailleurs je n'y réussirais pas, ce serait une folie de ma part de l'essayer. Moi, attraper M. Nickleby! le pygmée attraper le géant! Eh bien, je vous répète ma question... hé! hé! hé! Qu'est-ce que vous diriez si j'allais vous annoncer que je vais me marier?

— A quelque vieille sorcière? dit Ralph.

— Non pas, non pas, cria Arthur en se frottant les mains avec un air de ravissement. Encore une erreur! Je suis bien aise de trouver M. Nickleby en défaut; et cette fois il y est bien... Non, c'est une jeune et belle fille, fraîche, aimable, charmante, et dix-neuf ans à peine : des yeux noirs, avec de longs cils, des lèvres lisses et vermeilles qui appellent le baiser; des grappes magnifiques de cheveux abondants qui donnent aux mains la démangeaison d'y passer les doigts; une taille qui vous donne l'envie, malgré vous, de serrer l'air dans vos dix doigts comme si vous arrondissiez votre bras autour d'elle; de petits pieds qui trottinent si légèrement, qu'ils n'ont pas l'air de toucher le sol. Eh bien, je vais épouser tout cela, monsieur, tout cela. Hé! hé!

— Diable! voilà un radotage qui passe la permission, dit Ralph après avoir écouté, en retroussant le coin de ses lèvres, les adorations du vieux pécheur; et quel est le nom de la jeune fille?

— Ah! quel homme profond! voyez comme il est profond! s'écria le vieil Arthur; il devine que j'ai besoin de son aide: il devine qu'il peut me donner un coup d'épaule, il devine qu'il en tirera profit. Il voit tout d'un seul coup d'œil! Son nom? c'est... Il n'y a personne ici qui puisse nous entendre?

— Ouais! qui diable voulez-vous qu'il y ait? répondit Ralph brusquement.

— Je ne savais pas si, par hasard, il n'y aurait pas quelqu'un à monter ou à descendre l'escalier, dit Arthur Gride après avoir ouvert la porte pour regarder dehors, et l'avoir ensuite soigneusement refermée; ou bien encore votre commis aurait pu revenir et écouter à la porte. Les commis et les domestiques, il n'y a rien de pareil pour écouter aux portes, et j'aurais été désolé que M. Noggs...

— Diable soit de M. Noggs! dit Ralph avec un ton d'aigreur; continuez donc toujours ce que vous avez à me dire.

— Ma foi! diable soit de M. Noggs si vous voulez, répliqua Gride, ce n'est pas moi qui vous contredirai là-dessus. Le nom de la demoiselle est donc...

— Voyons! dit Ralph, dont les lenteurs et l'hésitation du vieil Arthur irritaient la curiosité; son nom?

— Madeleine Bray! »

Arthur Gride avait paru compter sur ce nom pour produire de l'effet sur Ralph; mais, s'il produisit quelque effet, il n'y parut guère sur sa physionomie; et, loin de trahir la moindre émotion, il répéta ce nom avec calme à plusieurs reprises, comme s'il cherchait à se rappeler où et quand il l'avait déjà entendu prononcer.

« Bray! dit Ralph, Bray! j'ai connu un jeune Bray qui... Mais non, il n'avait pas de fille.

— Comment! vous ne vous rappelez pas Bray? répondit le vieil Arthur.

— Non, dit Ralph le regardant d'un air impassible.

« Est-ce que par hasard, avec votre méchant billet de banque, vous croiriez nous faire une faveur? » (P. 348.)

— Walter Bray! ce beau des beaux, qui a rendu sa jolie femme si malheureuse?

— Si vous n'avez pas d'autre marque distinctive que celle-là pour me rappeler votre beau des beaux, dit Ralph en haussant les épaules, comment voulez-vous que je le reconnaisse parmi les neuf dixièmes de tous les beaux que j'ai jamais connus?

— Ta, ta, ta! Ce Bray, qui habite maintenant dans les limites privilégiées du Banc du roi; vous ne pouvez pas avoir oublié Bray; nous avons fait assez d'affaires avec lui tous les deux; il vous doit même de l'argent.

— Ah! celui-là? répliqua Ralph; bon! bon! vous commencez à vous expliquer plus clairement. Ah! c'est la fille de celui-là dont vous me parlez? »

Ces paroles avaient beau être dites du ton le plus naturel du monde; sous ce ton naturel, le vieil Arthur Gride, qui n'était pas un sot, aurait dû reconnaître l'intention secrète de Ralph, de l'amener à donner des explications et des détails plus développés qu'il n'en avait envie, ou que Ralph n'aurait pu vraisemblablement s'en procurer autrement; mais le vieil Arthur, entraîné par la conversation, donna dans le piège et prit au sérieux l'incertitude apparente qu'avait montrée son ami. « Je savais bien qu'il ne vous faudrait pas longtemps pour vous le rappeler.

— Vous avez raison, répondit Ralph ; mais, voyez-vous, le vieil Arthur Gride et le mariage sont des mots qui jurent tellement ensemble, que vous m'aviez troublé. Le vieil Arthur Gride avec des yeux noirs, avec de longs cils, et des lèvres qui appellent le baiser, et des grappes de cheveux dans lesquelles il voudrait passer ses doigts, et des tailles qu'il voudrait serrer dans ses mains, et des petits pieds qui ne touchent rien en marchant, toutes ces belles choses et le vieil Arthur Gride forment un accouplement monstrueux. Mais ce n'est rien encore auprès du mariage du vieil Arthur Gride avec la fille d'un beau des beaux ruiné aujourd'hui, locataire dans les limites du Banc du roi. Ceci, c'est à n'y pas croire, tant la chose me paraît mythologique. Franchement, mon vieux camarade, si vous avez besoin que je vous donne un coup de main dans cette affaire, comme je n'en doute pas, puisque vous êtes venu me voir, expliquez-vous, et droit au fait; surtout n'allez pas me rabâcher que c'est dans mon intérêt, parce que je sais bien qu'il faut avant tout que ce soit dans le vôtre; et grandement encore, sans quoi vous ne me serviriez pas ce plat de votre métier. »

Il y avait non seulement dans les paroles de Ralph, mais aussi dans le ton de sa voix et dans les regards dont il les accompagnait, assez d'aigreur et de raillerie amère pour faire prendre feu au sang glacé du vieil usurier et colorer de honte même ses joues flétries; mais, loin de montrer quelque colère, il se contenta de répéter son vieux refrain : « Cruel homme! » et de secouer sa tête de droite et de gauche comme s'il ne pouvait s'empêcher de rire de ses saillies joviales et de son franc parler. Toutefois, comme il lut dans les traits de son interlocuteur qu'il était temps de se dépêcher et d'arriver au but, il prit l'air sérieux qui convient pour traiter les affaires, et il entra dans le développement précis de l'objet de sa négociation.

Il commença par insister sur ce fait que Madeleine Bray s'était sacrifiée au soutien de son père, qui n'avait pas d'autre ami sur la terre, et qu'elle était l'esclave soumise de ses moindres désirs. Ralph répondit à cela qu'il en avait déjà entendu quelque chose et que, c'était une sotte; que, si elle avait connu un peu plus ce que c'est que le monde, elle n'aurait pas agi comme cela.

Gride, en second lieu, parla du caractère du père, qu'il représenta comme un homme qui avait peut-être pour sa fille toute l'affection qu'il pouvait avoir pour quelqu'un, mais qui s'aimait lui-même par-dessus toute chose. Ralph observa que cela allait sans dire, vu que la chose était toute naturelle et qu'il n'y avait pas de mal à cela.

Troisièmement, le vieil Arthur articula que la jeune fille était un morceau délicat et que sa beauté lui avait véritablement donné le goût d'en faire sa femme. A cela Ralph ne daigna répondre que par un sourire blessant et par un coup d'œil de dégoût sur le vieillard décrépit qui lui parlait d'amour.

« A présent, dit Gride, passons au petit plan que j'ai imaginé, car j'aurais dû vous dire, si vous ne l'avez pas déjà deviné, que je ne me suis pas encore présenté au père; mais vous devinez tout : ah! quel fin matois!

— En ce cas, dit Ralph avec impatience, ne vous y jouez pas; vous savez qu'il ne faut pas se jouer à plus fort que soi...

— Toujours une réponse à tout sur le bout de la langue, cria le vieil Arthur en levant dans son admiration les mains et les yeux vers le ciel. Il n'est jamais pris; mon Dieu! qu'on est heureux d'avoir tant d'esprit argent comptant et tant d'argent comptant pour faire honneur à son esprit! » Puis il changea tout à coup de ton pour continuer ainsi : « J'ai déjà fait plus d'une fois, dans les six derniers mois, le chemin du logement de Bray, car il y a juste six mois que j'ai vu pour la première fois ce morceau friand : oh! oui, bien friand! Mais laissons cela pour le moment. C'est moi qui le fais poursuivre comme créancier pour la somme de trente-sept mille cinq cents francs.

— Vous avez l'air de dire que vous êtes son seul créancier poursuivant, dit Ralph en tirant son portefeuille; vous auriez tort, car je le suis aussi pour vingt-quatre mille trois cent soixante-quinze francs quatre-vingt-cinq centimes.

— Oui, je le sais, dit vivement le vieil Arthur, vous êtes le seul avec moi, il n'y en a pas d'autre. Tout le monde ne va pas faire la dépense de coffrer un débiteur et on s'en rapporte à nous pour le serrer de près, je vous en réponds. Il n'y a que vous et moi qui nous soyons laissé prendre à ce traquenard. Dieu de Dieu! quel abîme sans fond! j'y ai presque laissé toute ma fortune. Quand je pense que nous lui avons prêté notre argent sur simples billets, sans autre garantie que le nom d'un endosseur que tout le monde supposait alors aussi bon que de l'or en barre, et qui, tout à coup, a tourné comme vous savez! Quand je pense qu'au moment de mettre la main sur lui il est mort insolvable! Ah! j'ai bien manqué d'être ruiné du coup; il ne s'en fallait de guère.

— Et votre plan, dit Ralph, vous ne m'en parlez pas? A quoi cela sert-il de crier misère entre nous sur les désagréments de notre trafic, puisqu'il n'y a là personne pour nous entendre?

— C'est égal, c'est toujours bon à dire, répondit le vieil Arthur avec son gros rire, même quand il n'y a personne pour nous entendre ; cela entretient la main. Eh bien, si j'allais m'offrir pour gendre à Bray, à la simple condition que, le jour même de mon mariage, il reprendra tout tranquillement sa liberté avec une pension à manger de l'autre côté de la Manche comme un gentleman (je sais que cela ne peut pas durer longtemps ; j'ai consulté son docteur, qui m'a déclaré qu'il avait une maladie du cœur qui n'ira pas loin), et si on lui faisait valoir avec esprit, si on lui faisait toucher au doigt les avantages de cette proposition, croyez-vous qu'il pût me résister ? Et, s'il ne peut pas me résister à moi, croyez-vous que sa fille puisse lui résister non plus ? Croyez-vous qu'avant une semaine, un mois, un jour, enfin au moment même où je la demanderai, je ne fasse pas de Madeleine Mme Arthur Gride, la jolie Mme Arthur Gride ? mon petit bichon, mon petit poulot de Mme Arthur Gride ?

— Continuez, dit Ralph en secouant la tête comme un homme qui ne se payait pas de cela, et d'un ton froidement étudié qui faisait un étrange contraste avec les transports passionnés auxquels son ami s'était laissé entraîner par degrés..., continuez, ce n'est pas pour me parler de ces fadaises que vous êtes venu me voir.

— Là ! que vous êtes pressant ! cria le vieil Arthur en se rapprochant de Ralph tout contre lui. Eh bien, non, c'est vrai, je ne dis pas que c'est pour cela. Je suis venu vous demander ce que vous me prendriez, en cas de réussite auprès du père, pour la créance que vous avez sur lui. Vingt-cinq pour cent ? trente pour cent ? Non ? allons ! cinquante pour cent. Je veux bien aller jusque-là pour un ami comme vous, nous avons toujours été si bien ensemble que vous devriez bien pourtant être moins exigeant. Eh bien, est-ce dit ?

— Vous n'avez pas fini, dit Ralph immobile comme une pierre.

— C'est vrai, j'ai encore quelque chose à vous dire ; mais quoi ! vous ne m'en donnez pas le temps. Le voici : il me faut quelqu'un pour m'appuyer dans cette affaire, quelqu'un qui soit en état de parler, de presser, d'emporter une difficulté, un homme de votre force enfin. Moi, je n'en suis pas capable, je suis un pauvre diable trop timide et trop sensible pour cela. Je vous propose donc, pour la peine que je vous donne, un bon prix d'une créance dont vous n'attendiez plus un sou depuis longtemps, de me rendre auprès de lui un service d'ami dont j'ai besoin.

— Vous n'avez pas tout dit encore, cria Ralph.

— Mais si, je vous assure.

— Non, non. Je vous dis que non.

— Ah ! répondit le vieil Arthur en faisant semblant d'être tout à coup éclairé par un trait de lumière, vous voulez dire que j'ai à vous parler encore de quelque chose qui concerne mes intérêts et mes intentions. Est-ce la peine de vous en parler ?

— Je crois que vous ferez bien, répondit Ralph sèchement.

— Je ne voulais pas vous ennuyer de ces détails, dit Arthur Gride, parce que je supposais qu'il suffisait de vous entretenir de vos propres intérêts dans cette affaire. C'est bien aimable à vous de vouloir ainsi vous intéresser à ce qui me touche seul. Certainement, c'est bien aimable à vous. Eh bien, supposons que j'eusse connaissance de quelque bien, un petit bien, très peu de chose, sur lequel ce charmant petit poulet eût des titres à faire valoir et dont personne ne s'est douté jusqu'à ce jour, mais dont son mari pourrait faire son profit, connaissant la chose comme je la connais. Cette circonstance expliquerait...

— Elle expliquerait tout, répondit Ralph brusquement ; à présent laissez-moi me rendre compte de la chose et réfléchir à ce que je dois vous demander pour la peine que je vous aiderai à réussir.

— Surtout ne soyez pas trop exigeant, cria le vieil Arthur en levant vers lui les mains dans la posture d'un suppliant et lui répétant d'une voix tremblante : Ne soyez pas trop exigeant avec moi ; c'est un très petit bien, très peu de chose, contentez-vous de cinquante pour cent, et c'est marché fait. C'est plus que je ne devrais offrir, mais vous êtes si bon !... Cinquante pour cent ; c'est convenu, n'est-ce pas ? »

Sans faire aucune attention à ses supplications, Ralph resta trois ou quatre minutes à réfléchir profondément sur sa chaise, regardant d'un air pensif son solliciteur. Quand il eut bien médité, il rompit le silence, et, à la manière dont il parla, il eût été injuste de lui reprocher de recourir à des circonlocutions inutiles ou de ne pas aller droit au but.

« Si vous épousiez cette jeune fille sans mon aide, dit Ralph, vous êtes toujours dans l'obligation de me payer la dette de son père en totalité, car c'est le seul moyen de le mettre en liberté. Il est donc clair que vous devez m'en donner le montant sans déduction et sans frais, ou bien tout ce que je gagnerais à l'honneur que vous m'avez fait de me choisir pour confident, ce serait de perdre quelque chose que j'aurais eu sans cela. Voilà donc le premier article de notre traité ; voici le second : pour la peine que je me serai donnée à négocier cette affaire, à persuader le père, à vous faire la courte échelle, il sera stipulé que vous me donnerez deux mille cinq cents francs... C'est une bagatelle en comparaison des lèvres vermeilles, des cheveux en grappes et de toutes ces autres belles choses que vous aurez à vous tout seul. Enfin, troisième et dernier article, vous me signerez aujourd'hui même l'engagement de m'acquitter le tout le jour de votre mariage avec Madeleine Bray, avant midi sonnant. Vous me disiez tout à l'heure que j'étais en état de parler, de presser, d'emporter une difficulté; eh bien, je tiens à emporter celle-là, et je suis décidé à n'en rien rabattre. Vous accepterez mes conditions si cela vous fait plaisir...; sinon, mariez-vous sans moi si vous pouvez, ma créance sera toujours payée. »

Prières, protestations, contre-propositions d'Arthur Gride, Ralph fut sourd à tout; il ne voulut pas même rentrer dans la discussion du sujet; il laissa le vieil Arthur se donner carrière sur l'énormité de ses exigences, sur les modifications qu'il y faudrait apporter; il le laissa faire, de moment en moment, un pas de plus vers les conditions auxquelles il résistait d'abord, sans bouger sur sa chaise, sans rien dire, parfaitement muet, examinant l'un après l'autre, avec l'air de ne rien entendre, les papiers et les notes de son portefeuille.

En voyant son ami rester ferme comme un roc, Arthur Gride, qui, avant de venir, s'était préparé à quelque désagrément de ce genre, finit, bon gré mal gré, par signer tous les articles du traité, y compris l'engagement en question, sur papier timbré (Ralph en avait toujours une provision toute prête). Il y mit seulement la condition que M. Nickleby l'accompagnerait sur l'heure même au logement de Bray, pour entamer immédiatement les négociations, dans le cas où ils viendraient à trouver les circonstances propices et favorables à leur dessein.

En exécution de cette convention, la digne paire d'amis sortit presque aussitôt, et Newman Noggs apparut, bouteille en main, s'élançant aussi de son armoire, par-dessus laquelle, entr'ouvrant la porte supérieure, il avait plus d'une fois, au risque périlleux d'être découvert, passé sa trogne pour mieux entendre certaines parties du complot ou certains points de la discussion qui l'intéressaient davantage.

« Je n'ai plus faim, dit Newman en mettant son flacon dans sa poche; j'ai dîné. »

Après cette observation, faite d'un ton dolent et chagrin, il alla d'un saut jusqu'à la porte et revint de même sur ses pas.

« Je ne sais pas, dit-il, quelle est, ni quelle peut être cette jeune fille, mais je la plains de tout mon cœur et de toute mon âme, sans pouvoir la défendre, pas plus que mille autres personnes exposées comme elle tous les jours à de lâches complots, quoique je n'en sache pas de plus vil que celui-ci. Après tout, la connaissance que j'en ai n'ajoute rien à son malheur; elle n'est pénible que pour moi. Le mal n'en est pas plus grand parce que je le connais; seulement, en m'affligeant, il fait une victime de plus. Gride et Nickleby! qu'ils sont bien accouplés ensemble!... Ah! les gredins! gredins! gredins! »

Et chaque fois qu'il répétait ce mot, Newman Noggs, entraîné par ses réflexions, donnait un nouveau renfoncement à son infortuné chapeau. Il faut dire que son cerveau était un peu surexcité par le contenu du pistolet de poche auquel il avait dit deux mots pendant sa séquestration volontaire au fond de l'armoire. Enfin il sortit pour aller chercher les consolations que pouvaient lui donner une tranche de bœuf et des choux verts dans quelque restaurant à bon marché.

Cependant les deux coalisés s'étaient rendus dans cette maison que nous connaissons déjà pour avoir été visitée quelques jours auparavant par Nicolas. Ayant été admis auprès de M. Bray, dont la fille était sortie pour l'instant, ils avaient fini, après des manœuvres savantes qui faisaient beaucoup d'honneur à l'habileté de Ralph, par rompre la glace et mettre sur le tapis le véritable objet de leur visite au malade.

« Vous voyez devant vous votre solliciteur, monsieur Bray, dit Ralph au patient qui n'était pas encore revenu de sa surprise et qui, du fond de son fauteuil, promenait alternativement ses yeux de l'un à l'autre. Qu'est-ce que cela fait qu'il ait eu le malheur d'être en partie la cause de votre détention ici? J'ai fait comme lui; que voulez-vous? il faut bien que tout le monde vive; vous avez trop d'expérience du monde pour ne pas voir les choses sous leur véritable jour. Nous venons vous offrir la meilleure réparation qui soit en notre pouvoir, et voyez quelle réparation! Il s'agit d'un mariage qu'on vous propose et que bien des pères, comtes, barons ou baronnets, seraient bien aises de happer pour leurs filles : M. Arthur Gride avec une fortune princière, n'est-ce pas une bonne aubaine?

— Ma fille, monsieur, répondit Bray avec hauteur, grâce à l'éducation que je lui ai donnée, payera richement l'apport de la plus belle fortune qu'un homme puisse lui offrir en échange de sa main!

— C'est précisément ce que je vous disais, reprit l'artificieux Nickleby en se tournant vers son ami, le vieil Arthur Gride; précisément ce qui m'a fait considérer la chose comme facile et convenable. Les avantages sont partagés; personne ne devra rien à l'autre. Vous avez de l'argent, miss

Madeleine a du mérite et de la beauté. Elle n'est pas riche; vous, vous n'êtes pas jeune : troc pour troc... Vous êtes quittes... Un vrai mariage du bon Dieu.

— En effet, ajouta Arthur Gride en jetant une œillade hideuse à son futur beau-père. C'est le bon Dieu, dit-on, qui écrit les mariages là-haut. Le nôtre sera donc par conséquent prédestiné!

— Et puis, n'oubliez pas, monsieur Bray, dit Ralph, qui se hâta de substituer au raisonnement stupide de Gride des considérations plus terre à terre, mais plus palpables, n'oubliez pas les conséquences nécessaires de l'acceptation ou du refus que vous allez faire des propositions de mon ami.

— Comment voulez-vous que ce soit moi qui accepte ou qui refuse? répliqua M. Bray, bien convaincu, malgré son objection, que c'était lui en effet qui déciderait la chose. C'est à ma fille d'accepter ou de refuser; vous savez que c'est à ma fille.

— C'est vrai, dit Ralph d'un ton pénétré. Cependant vous avez toujours le pouvoir de la conseiller, de lui exposer les raisons pour et contre, de hasarder un désir.

— Hasarder un désir, monsieur! répondit le débiteur tour à tour humble et fier, sans jamais cesser d'être égoïste avant tout; je suis son père, il me semble, et j'irais hasarder un désir! tourner autour du pot! Croyez-vous, par hasard, comme les amis de sa mère, mes ennemis (au diable soient-ils!), qu'elle ait fait avec moi autre chose que son devoir, monsieur, son devoir bien strict? ou bien supposez-vous que, parce que j'ai été malheureux, ce soit une raison suffisante pour avoir changé nos positions relatives, et que ce soit à elle de commander, à moi d'obéir? Hasarder un désir! Ce serait drôle! Peut-être vous imaginez-vous, parce que vous me voyez ici à peine capable de me lever de mon fauteuil sans l'aide d'un bras, que je suis battu de l'oiseau, sans courage et sans caractère, sans pouvoir pour décider moi-même des intérêts de mon enfant... Ah! j'ai toujours le pouvoir de hasarder un désir! Il ne manquerait plus que cela.

— Pardon, dit Ralph, qui connaissait bien son homme et qui avait pris ses mesures en conséquence, vous ne m'avez pas laissé achever; j'allais vous dire qu'il vous suffirait de hasarder un désir, rien qu'un désir, pour que ce fût pour elle comme un ordre.

— Ah! à la bonne heure, j'entends cela, repartit M. Bray exaspéré. Vous n'avez peut-être jamais entendu parler de cela; mais sachez qu'il fut un temps où je n'étais pas embarrassé de triompher de la résistance de toute la famille de sa mère. Ils avaient pour eux leur crédit et leurs richesses; mais, moi, j'avais ma volonté et cela me suffisait.

— Voilà encore, répliqua Ralph d'un ton aussi adouci que pouvait le permettre son caractère, que vous ne m'avez pas laissé parler jusqu'au bout. Vous êtes un homme tout à fait propre encore à briller dans le monde. Vous avez encore bien des années devant vous, du moins si vous viviez plus librement, au grand air, sous un ciel plus pur et dans une société de votre choix. La gaieté est votre élément. Ce n'est pas d'aujourd'hui que vous en avez donné la preuve. Eh bien, à vous les plaisirs de la mode et la liberté, à vous la France avec une pension qui vous permettrait d'y trouver les jouissances du luxe; vous auriez encore un long bail à faire avec la vie, ou plutôt vous renaîtriez à une nouvelle existence. Vous avez déjà fait autrefois du bruit à Londres par votre goût pour la dépense et le plaisir. Vous pourriez briller encore sur un nouveau théâtre en mettant à profit l'expérience du passé, et vivre un peu aux dépens des autres au lieu de laisser les autres vivre à vos dépens. Maintenant, retournons la médaille. Qu'avez-vous à attendre d'un refus? Rien autre chose qu'une pierre tumulaire dans le cimetière voisin; quand? peut-être dans vingt ans, peut-être dans deux ans, c'est ce que je ne sais pas : voilà tout. »

M. Bray restait le coude appuyé sur le bras de son fauteuil et la main devant la figure.

« Je parle franchement, dit Ralph en s'asseyant auprès de lui, parce que je sens vivement. Il est de mon intérêt que vous donniez votre fille en mariage à mon ami Gride, parce qu'alors il me paye, au moins il me paye en partie. Vous voyez que je ne m'en cache pas : je joue cartes sur table; mais, vous aussi, vous avez votre intérêt à faire adopter ce parti à votre fille; ne perdez point cela de vue. Elle fera peut-être quelque objection, quelque représentation. Elle pleurera, elle dira qu'il est trop vieux, que ce serait la rendre malheureuse pour toute la vie; mais alors qu'arrive-t-il? »

Quelques gestes échappés au malade montraient que chacun de ses arguments portait coup et qu'il n'en perdait pas une syllabe, pas plus que Ralph ne perdait le moindre signe qui pouvait trahir les secrets sentiments de M. Bray.

« Je vous disais donc, poursuivit l'usurier artificieux, si elle ne l'épouse pas, qu'arrive-t-il? ou du moins que doit-il arriver? Certes, une fois mort, les gens que vous détestez feraient son bonheur; mais pouvez-vous en supporter la pensée?

— Non, répondit Bray poussé par un sentiment de rancune invincible.

— Je le savais bien, dit Ralph tranquillement. S'il faut que ce soit la mort de quelqu'un qui lui profite, ajouta-t-il en baissant la voix, il vaut mieux que ce soit celle de son mari. Ne l'exposez pas à soupirer après la vôtre comme le signal assuré de sa délivrance et de son bonheur. Examinons les objections. Voyons cela de près. Voici : Son prétendu est un vieillard ; mais ne voit-on pas tous les jours des hommes d'une grande famille et d'une grande fortune, qui par conséquent n'ont pas votre excuse, puisqu'ils ont sous la main les jouissances de la vie et le superflu de la richesse, marier leurs filles à des vieillards, ou même, ce qui est bien pis, à des jeunes gens sans cœur et sans cervelle, parce qu'ils ont des titres qui chatouillent doucement leur orgueil, des biens qui garantissent leurs intérêts de famille, une influence qui leur assure un siège au parlement? C'est à vous de décider pour elle, monsieur ; elle ne peut pas avoir un meilleur juge de ce qu'il lui faut, et elle vous en aura de la reconnaissance toute sa vie.

— Chut... chut ! cria M. Bray, tressaillant tout à coup et mettant sa main tremblante sur la bouche de Ralph pour le faire taire ; la voici, je l'entends à la porte. »

Dans ce mouvement précipité de M. Bray inquiet et confus, il y avait comme un éclair de conscience, une étincelle d'honnêteté qui leur montrait sous leur vrai jour tous les sophismes de ce cruel dessein, et qui en éclairait toute la bassesse, toute la honte, toute la barbarie. Le père retomba dans son fauteuil, pâle et tremblant ; Arthur Gride, dans son embarras, chercha partout son chapeau, sans oser lever ses yeux attachés au parquet. Il n'y eut pas jusqu'à Ralph qui ne fît le chien couchant et ne se sentît l'oreille basse en présence d'une jeune fille innocente.

Mais, si l'effet fut subit, il ne fut pas moins rapide. Ralph fut le premier à se remettre, et, voyant dans les yeux de Madeleine une expression d'inquiétude, il pria la pauvre fille de se calmer, en l'assurant qu'elle n'avait rien à craindre.

« Ce n'est rien qu'une crise soudaine, dit Ralph en jetant un coup d'œil sur M. Bray ; mais le voilà tout à fait remis. »

Le cœur le plus dur, le plus émoussé par l'expérience du monde, n'aurait pu rester insensible en voyant cette jeune et belle créature dont ils venaient, une minute auparavant, de concerter entre eux la perte, jeter ses bras autour du cou de son père, lui prodiguer des mots de tendresse et d'amour, les paroles les plus douces que puisse entendre l'oreille d'un père, que puissent former les lèvres d'un enfant ; mais Ralph la regardait froidement, pendant qu'Arthur Gride, dont les yeux chassieux ne voyaient que les agréments physiques de sa victime, sans pénétrer jusqu'à l'âme qui les animait, laissait percer une espèce d'intérêt fantastique. Mais, grand Dieu ! que cet intérêt était loin de ressembler aux sentiments qu'inspire d'ordinaire la contemplation de la vertu !

« Madeleine, lui dit son père en se dégageant doucement de ses embrassements, ce n'est rien.

— Mais vous avez déjà eu pareille crise hier, et c'est bien terrible de vous voir toujours souffrir ainsi ! Est-ce que vous ne voulez pas que je vous fasse quelque chose ?

— Non, rien maintenant. Voici deux messieurs, Madeleine, dont l'un ne vous est pas inconnu... Elle me disait toujours, ajouta M. Bray en s'adressant à Arthur Gride, que rien que de vous voir j'avais une rechute. Elle ne pouvait pas dire autrement, sachant ce qu'elle savait, et rien de plus, de nos relations et de leurs suites ; mais, soyez tranquille, elle pourra bien changer d'idée là-dessus : il n'est pas rare, vous savez, que les jeunes filles changent d'idée. Vous êtes bien fatiguée, ma petite ?

— Mais non, je vous assure.

— Je vous assure que si, vous en faites trop.

— Je voudrais en faire davantage.

— Je sais cela ; mais vous en faites plus que vos forces, ma chère enfant. Cette vie misérable de travail journalier, de fatigue incessante est trop pénible pour vous ; il est impossible que vous y résistiez, pauvre Madeleine ! »

En lui disant ce petit mot tendre, M. Bray attira sa fille dans ses bras et lui baisa la joue avec vivacité.

Ralph, qui ne le perdait pas de vue, crut devoir les laisser seuls, et s'avança du côté de la porte en faisant signe à Gride de le suivre.

« Vous nous reverrez ? dit Ralph.

— Oui, oui, répondit M. Bray en se hâtant d'écarter sa fille, dans huit jours : je ne vous demande que huit jours.

— Huit jours, soit ! dit Ralph en se tournant vers son compagnon ; ainsi, d'aujourd'hui en huit. Je vous salue, et vous, mademoiselle Madeleine, je vous baise les mains.

— Vous ne partirez pas sans me donner une poignée de main, Gride, dit M. Bray en tendant la main au vieil Arthur, qui s'inclina humblement. Je vous sais gré de vos intentions, et je suis bien aise de vous le dire. Je vous devais de l'argent ; ce n'est pas votre faute... Ma chère Madeleine, votre main à Gride !

— Grand Dieu ! si mademoiselle daignait !... seulement le bout des doigts, » dit Arthur hésitant à avancer sa main et la retirant timidement après. Madeleine recula involontairement devant cette figure de marmouset ; cependant, docile à son père, elle lui mit dans la main le bout des doigts, qu'elle retira aussitôt. Arthur allait les serrer pour les porter à ses lèvres, lorsque, trompé dans son attente par leur retraite précipitée, il en fut quitte pour appliquer à ses propres doigts un baiser amoureux, après lequel il se mit à suivre, avec une foule de grimaces tendres et passionnées, son ami, qui déjà l'attendait dans la rue.

« Eh bien, qu'en dites-vous? qu'en dites-vous? Qu'en dit le géant au pygmée? demanda Arthur Gride en rejoignant Ralph.

— Qu'en dit le pygmée au géant? répondit Ralph en relevant ses sourcils et en jetant sur son questionneur un regard de mépris.

— Le pygmée ne sait que dire, répliqua Arthur Gride, il est entre la crainte et l'espérance; mais n'est-ce pas que c'est un friand morceau?

— Je n'ai pas grand goût pour la beauté, répondit Ralph en grognant.

— Mais moi, j'en ai, dit Arthur en se frottant les mains. Ah! Dieu! comme ses yeux étaient jolis pendant qu'elle se penchait tendrement sur lui. Quels longs cils! Quelle frange délicate! Elle... elle... me regardait si doucement!

— Pas bien amoureusement, toujours, dit Ralph.

— Ah! vous ne trouvez pas, répliqua le vieil Arthur; mais est-ce que vous ne pensez pas que cela pourra venir?... Qu'en dites-vous? »

Ralph, en le regardant, fronça le sourcil d'un air dédaigneux et lui dit en ricanant entre ses dents :

« Avez-vous remarqué qu'il lui a dit qu'elle était fatiguée, qu'elle travaillait trop, qu'elle faisait plus que ses forces?

— Oui; eh bien?

— Croyez-vous qu'il lui en ait jamais ouvert la bouche auparavant? Et puis encore, quand il lui a dit qu'elle ne pourrait résister à cette vie-là? Allez! allez! il va bientôt lui faire changer de vie.

— Alors vous croyez donc la chose faite? dit le vieil Arthur en fixant sur son compagnon ses petits yeux libidineux.

— Je regarde cela comme une chose faite, dit Ralph; il en est déjà à chercher à se justifier lui-même à nos propres yeux, en nous faisant croire qu'il ne songe qu'au bonheur de sa fille et point du tout au sien, en jouant un rôle de père vertueux si prévoyant, si tendre pour sa fille, qu'elle aura peine à le reconnaître. J'ai vu tout à l'heure dans l'œil de Madeleine une larme de douce surprise; avant peu elle en versera beaucoup des larmes de surprise; mais elles ne seront pas si douces. Allez! nous pouvons attendre avec confiance la semaine prochaine. »

Ce fut le cœur bien gros et bien triste que Nicolas, accablé par une foule d'idées pénibles, reprit son chemin vers le comptoir des frères Cheeryble. Toutes les vaines espérances dont il s'était bercé, toutes les visions agréables qui avaient assailli son esprit et qui s'étaient groupées autour de la belle image de Madeleine Bray étaient maintenant dissipées sans qu'il restât le moindre vestige de leurs brillantes illusions.

CHAPITRE XLVIII

Au bénéfice de M. Vincent Crummles, et bien décidément pour sa dernière représentation sur notre théâtre.

Ce serait faire injure à la nature honnête de Nicolas et méconnaître la magnanimité de son caractère de supposer que la révélation du secret mystérieux dont jusque-là Madeleine Bray était entourée, au point qu'il ignorait même son nom, avait calmé son ardeur ou refroidi les flammes de sa passion. S'il avait eu pour elle auparavant un de ces sentiments que les jeunes gens tiennent toujours prêts pour les attraits de la beauté, il éprouvait maintenant au dedans de lui-même que les siens étaient bien plus forts et plus profonds; mais le respect dû à ce cœur innocent et pur, les égards que méritait sa situation solitaire et abandonnée, la sympathie naturelle qu'on ressent pour les épreuves d'une femme si jeune et si belle, ou l'admiration qu'inspirait son grand et noble caractère, tout semblait l'élever dans une sphère où il ne pouvait l'atteindre, et tout en imprimant à son amour plus de force et de vivacité respectueuse, lui murmurait tout bas à l'oreille que cet amour était sans espoir.

« Je tiendrai ma parole, je ferai ce que je lui ai promis, dit Nicolas avec fermeté. La mission que j'ai à remplir n'est pas ordinaire; le double devoir qui m'est imposé, je veux l'accomplir avec la plus scrupuleuse fidélité. En pareil cas, mes sentiments secrets doivent passer après; je saurai en faire le sacrifice. »

Cependant ces sentiments secrets n'en existaient pas moins, et Nicolas, à son insu, les encourageait plus qu'il ne croyait. Sa raison (si la raison y était pour quelque chose), c'était qu'il ne pouvait faire de tort qu'à son propre repos, et que, s'il les gardait pour lui seul par le sentiment du devoir, c'était bien le moins qu'il eût le droit de s'en entretenir avec lui-même pour se dédommager de son dévouement héroïque.

Toutes ces pensées, jointes à ce qu'il avait vu le matin même et à l'espérance de sa visite prochaine, l'avaient rendu d'une société triste et distraite. Aussi Tim Linkinwater, inquiet de ce changement d'humeur, en vint-il à soupçonner que sans doute il avait fait quelque erreur de chiffres qui pesait sur sa conscience et le conjura-t-il, au nom de l'honneur, s'il en était ainsi, de lui en faire l'aveu sincère et de réparer sa faute, fût-ce même au prix d'une rature, plutôt que de s'exposer à voir sa vie tout entière empoisonnée par les remords les plus amers et les plus cuisants.

Mais, pour toute réponse à ces représentations amicales et à bien d'autres instances, où M. Franck s'unit à M. Timothée, pour lui rendre la paix de l'âme, Nicolas, au contraire, jurait qu'il n'avait jamais été plus gai de sa vie : ce qui ne l'empêcha pas, pendant toute la journée, et plus encore le soir, en retournant chez lui, de revenir toujours dans sa pensée sur le même sujet, de ruminer toujours les mêmes choses et d'arriver toujours aux mêmes conclusions.

C'est surtout quand ils se trouvent dans cette disposition vague, rêveuse, incertaine, qu'on voit les gens rôder et flâner sans savoir pourquoi, lire sur les murs avec une grande attention les placards et les affiches, sans comprendre un mot de ce qu'ils contiennent, s'arrêter à la montre des boutiques et des magasins, et ouvrir de grands yeux pour voir des choses qu'ils ne voient pas. C'est ce qui fit que Nicolas se surprit à étudier avec le plus vif intérêt une grande affiche dramatique, suspendue à la porte d'un petit théâtre, devant lequel il fallait qu'il passât pour aller chez lui, et à lire, d'un bout à l'autre, une liste des acteurs et des actrices qui avaient promis d'embellir de leur présence un bénéfice du soir même. A voir la gravité qu'il y mettait, on aurait cru sa curiosité excitée par un catalogue des noms illustres des messieurs et des dames qui occupaient les pages les plus brillantes du livre du destin, et qu'il lisait lui-même avec anxiété l'arrêt de ses futures destinées. Quand il s'en aperçut, il sourit tout le premier de sa distraction étrange, et il se préparait à continuer sa route, lorsque, en jetant un dernier coup d'œil sur les premières lignes de l'affiche, il y vit annoncée, en grands caractères, avec de grands espaces pour les distancer : *Sans remise, la dernière représentation de M. Vincent Crummles, le celèbre artiste de province.*

« Quel conte ! dit Nicolas en se retournant ; ce n'est pas possible ! »

C'était au contraire bien vrai. Dans une ligne à part se trouvait l'annonce de la première représentation d'un nouveau mélodrame. Une autre ligne, à part aussi, annonçait la sixième représentation d'un mélodrame ancien. Une troisième ligne était consacrée à la suite des débuts de l'incomparable avaleur de sabres africain qui avait eu la bonté de consentir à continuer une semaine de plus à faire le bonheur du public de Londres. Une quatrième ligne avertissait aussi les passants que M. Snittle Timberry, rétabli de l'indisposition grave qui l'avait retenu quelque temps loin du théâtre, reparaîtrait aujourd'hui même. Une cinquième ligne disait qu'il y avait tous les soirs, à chaque représentation, des bravos, des larmes, de grands éclats de rire. Une sixième déclarait que c'était décidément la dernière représentation de M. Vincent Crummles, le célèbre artiste de province.

« Ce ne peut être que lui, pensa Nicolas ; il n'est pas possible qu'il y ait deux Vincent Crummles au monde. »

Pour mieux s'en assurer, il se remit à lire l'affiche. Il y trouva dans la première pièce un baron, dont le fils Roberto était joué par un jeune Crummles, et son neveu Spalatro par un M. Percy Crummles, tous pour leur dernière représentation. De plus, il y avait dans la pièce une danse de caractère intercalée, et un solo dansé au son des castagnettes par l'enfant phénoménal... pour sa dernière représentation. Il n'y avait plus de doute ; et Nicolas, bien sûr cette fois de ne pas se tromper, après avoir fait remettre à M. Crummles un bout de papier sur lequel il avait écrit au crayon son nom de guerre, M. Johnson, fut introduit par un brigand à grande ceinture bouclée qui lui serrait la taille, à grands gantelets de cuir sur les mains, et se trouva en présence de son ancien directeur.

M. Crummles se montra sincèrement charmé de le revoir ; il quitta précipitamment pour lui une petite glace devant laquelle il s'attifait, portant un sourcil touffu collé en zigzag autour de son œil gauche, et tenant l'autre à la main ainsi que le mollet destiné à l'une de ses jambes, et vint l'embrasser cordialement. Sa première parole fut que Mme Crummles serait bien heureuse de pouvoir lui dire adieu avant son départ.

« Car il faut vous dire, monsieur Johnson,

M. Johnson fut introduit par un brigand à grande ceinture bouclée qui lui serrait la taille. (P. 360.)

qu'elle a toujours eu un faible pour vous, et cela dès la première entrevue. Aussi, la première fois que nous avons dîné ensemble, je me suis dit : Voilà un garçon dont il n'y a pas à s'inquiéter. Un homme que Mme Crummles trouvait à son goût était bien sûr de faire son chemin. Ah ! Johnson, quelle femme !

— Je lui suis bien reconnaissant, dit Nicolas, de sa bonne opinion et de sa bienveillance pour moi en toutes choses ; mais où donc allez-vous, que vous me parlez de me dire adieu ?

— Est-ce que vous n'avez pas vu cela dans le journal ? dit Crummles avec une certaine dignité.

— Non, répliqua Nicolas.

— Vous m'étonnez, dit le directeur ; c'était à l'article *Variétés*. J'avais par là quelque part le paragraphe qui me regarde ; mais je ne sais plus si je vais pouvoir le retrouver... Ah ! justement ! le voici. »

Et M. Crummles, tout en disant qu'il l'avait sans doute perdu, tira du gousset de son pantalon bourgeois, maintenant suspendu à une espèce de portemanteau dans la chambre, pêle-mêle avec les effets de plusieurs autres artistes, un petit morceau de journal à peu près d'un pouce carré qu'il lui donna à lire.

« L'habile M. Vincent Crummles, depuis long-
» temps si favorablement connu du public en sa
» qualité de directeur de province et d'acteur d'un
» mérite peu ordinaire, est sur le point de traver-
» ser l'Atlantique pour une expédition dramatique.
» On nous assure que Crummles part accompagné
» de sa dame et de son honorable famille. Nous ne
» connaissons pas d'artiste qui soit supérieur à
» Crummles dans la spécialité de ses rôles, ni
» d'homme qui mérite à plus juste titre, par son
» caractère public ou particulier, d'emporter les
» regrets sincères d'un plus grand nombre d'amis.
» Crummles est assuré du succès ! »

« Voici encore un autre petit bout d'article, lui dit M. Crummles en lui passant un morceau de papier de moins en moins volumineux. Celui-ci est extrait de la *Correspondance*. »

Nicolas lut tout haut ce qui suit, signé : *Philo-Dramaticus*.

« Crummles, acteur et directeur de province,

» doit avoir au plus de quarante-trois à quarante-
» quatre ans; *il n'est pas vrai* que Crummles soit
» Prussien, car il est né à Chelsea. »

« Hum, dit Nicolas, voilà un drôle de paragraphe.

— Très drôle, répondit Crummles en se grattant l'aile du nez et regardant Nicolas avec l'air d'une grande indifférence; je ne peux pas deviner qui est-ce qui a mis cela ; ce n'est toujours pas moi. »

M. Crummles, toujours les yeux fixés sur Nicolas, secoua la tête deux ou trois fois avec une profonde gravité et se mit à plier les extraits de journaux qui le concernaient et à les remettre dans son gousset, en observant qu'il ne savait pas du tout où diable les journaux allaient prendre tout ce qu'ils disaient.

« Ah ! voilà une nouvelle qui m'étonne bien, dit Nicolas, partir pour l'Amérique! Vous n'y pensiez pas du temps que nous étions ensemble.

— Non, répliqua Crummles, je n'y pensais pas. Le fait est, voyez-vous, monsieur Johnson, que Mme Crummles (quelle femme extraordinaire !)... » Ici M. Crummles baissa la voix et chuchota quelque chose à l'oreille de Nicolas.

« Ah! dit Nicolas en souriant, c'est en vue d'un accroissement dans votre famille?

— Un septième accroissement, Johnson, répondit M. Crummles d'un air solennel. J'avais bien cru que le phénomène fermerait la marche; mais nous avons tout l'air d'en avoir encore un autre. Oh! c'est une femme extrêmement remarquable.

— Recevez mes compliments, dit Nicolas; j'espère que vous aurez deux phénomènes au lieu d'un.

— Mais il est à peu près sûr que ce ne sera pas un enfant ordinaire, ou je serais bien trompé, repartit M. Crummles. Le talent des trois autres brille surtout dans les combats et la pantomime sérieuse; je voudrais bien que ce petit-là eût du goût pour les jeunes premiers tragiques; j'entends dire qu'ils en sont à court en Amérique. En tout cas, on le prendra tel qu'il sera. Après cela, il peut avoir du goût pour la corde raide; il peut avoir du génie pour toutes sortes de choses, pour peu qu'il tienne de sa mère, Johnson, car elle, c'est un génie universel; mais, quel que soit son génie, vous pouvez être sûr qu'entre nos mains il ne restera pas inculte. »

Tout en s'exprimant en ces termes graves et solennels, M. Crummles se collait au-dessus de l'œil son autre sourcil, s'ajustait ses mollets postiches et les couvrait d'une paire de jambes couleur de chair jaunâtre, pas très propre aux genoux, à force d'avoir traîné par terre dans les malédictions, les prières, les agonies et autres effets en honneur dans le drame pathétique.

L'ex-directeur de Nicolas ne perdit pas de temps, en complétant sa toilette, pour l'informer qu'il avait une assez belle indemnité de voyage, par suite d'un engagement avantageux qu'il avait été assez heureux pour contracter avec un théâtre d'Amérique, et que Mme Crummles et lui, qui ne pouvaient pas avoir l'espérance de durer toujours, car on n'est pas immortel, excepté dans le sens figuré du mot qui vous assure une vie éternelle dans les fastes de la gloire, avaient formé le projet d'établir là leur dernière résidence. Ils avaient l'espérance d'y acheter quelque propriété qui pût les faire vivre dans leur vieillesse et passer, après eux, entre les mains de leurs enfants. Nicolas approuva fort cette résolution, et la conversation tourna sur ceux de leurs amis communs dont le sort pouvait le mieux intéresser Nicolas et dont M. Crummles était à même de lui donner des nouvelles. Mlle Snevellicci, par exemple, avait fait un bon mariage; elle avait épousé un jeune chandelier, bien à son aise, fournisseur de chandelles pour le théâtre. Quant à M. Lillyvick, il ne faisait pas tout ce qu'il voulait sous le sceptre tyrannique de Mme Lillyvick, qui avait établi dans sa maison un empire suprême et sans partage.

Nicolas répondit à ces confidences de M. Crummles en lui confiant à son tour son vrai nom, sa situation, ses espérances, et en lui donnant quelques éclaircissements, dans les termes les plus généraux qu'il put le faire, sur les circonstances qui avaient précédé leurs premières relations.

Après l'avoir félicité de tout son cœur des changements heureux survenus dans sa fortune, M. Crummles lui annonça que, le lendemain matin même, sa famille et lui partaient pour Liverpool, où ils trouveraient prêt à mettre à la voile le vaisseau qui devait les arracher aux rivages de l'Angleterre, et il prévint Nicolas que, s'il voulait dire un dernier adieu à Mme Crummles, il fallait qu'il acceptât une place au souper de départ donné le soir même en l'honneur de la famille dans une taverne voisine. C'est M. Snittle Timberry qui devait le présider. Les honneurs de la vice-présidence étaient dévolus à l'avaleur de sabres africain.

Cependant le foyer des acteurs s'était rempli petit à petit, l'air y devenait étouffant et la foule plus compacte, enrichie tout nouvellement encore de la présence de quatre gentlemen qui venaient de se tuer les uns les autres dans la pièce que l'on représentait sur le théâtre. Nicolas se hâta d'accepter l'invitation et de promettre de revenir après la représentation. Il se hâta surtout de sortir, car il préférait l'air frais et pur d'une soirée d'été, au dehors, au parfum composé du gaz, des peaux d'orange et de la poudre à canon qui empestait les coulisses resplendissant de l'éclat des quinquets.

Il profita de cet intervalle pour aller acheter une tabatière d'argent; ses moyens ne lui permettaient pas de l'acheter en or; c'était un souvenir qu'il destinait à M. Crummles. Il y joignit une paire de boucles d'oreilles pour Mme Crummles, un collier pour le phénomène, une épingle flamboyante pour chacun des jeunes fils, puis il fit un petit tour de promenade rafraîchissante, revint au théâtre peu de temps après le rendez-vous, trouva les lumières éteintes, la salle vide, le rideau relevé pour la nuit, et M. Crummles se promenant de long en large sur la scène, en attendant sa venue.

« Timberry ne va pas tarder, dit M. Crummles; il a été obligé de jouer ce soir jusqu'au bout; il remplit dans la dernière pièce le rôle d'un nègre fidèle; c'est ce qui fait qu'il est un peu plus longtemps à se débarbouiller.

— Au fait! dit Nicolas, il me semble que c'est un rôle assez déplaisant.

— Mais non, je ne trouve pas, répliqua M. Crummles, cela s'en va aisément avec de l'eau; il n'y a, comme vous savez, que le cou et la figure. Ah! nous avions autrefois dans notre troupe un premier tragique qui ne jouait jamais Othello sans se faire tout noir des pieds à la tête. Et c'est ce que j'appelle jouer son rôle en conscience et avec le sentiment de la chose; mais cela ne se voit pas tous les jours, malheureusement. »

En effet, M. Snittle Timberry fit son entrée, bras dessus bras dessous avec l'avaleur africain. On lui présenta Nicolas, sur quoi, il leva son chapeau un demi-pied de haut, en disant qu'il était très fier de faire sa connaissance. L'avaleur en dit autant, et, tout Africain qu'il était, Nicolas ne put s'empêcher de remarquer que, pour la figure et la prononciation, il ressemblait terriblement à un Irlandais.

« Je vois par l'affiche que vous sortez d'être malade, monsieur, dit Nicolas à M. Timberry; j'espère que vous ne serez pas fatigué ce soir de manière à vous en trouver plus mal? »

M. Timberry répondit en hochant la tête d'un air sombre, se frappa la poitrine à plusieurs reprises d'une manière très significative, et, se drapant dans son manteau : « Mais n'importe, dit-il, n'importe, allons! »

C'est une chose remarquable que, sur la scène, c'est justement au moment où les personnages sont dans une de ces situations désespérées qui les réduisent à un état complet de faiblesse et d'épuisement qu'ils ne manquent jamais d'exécuter les tours de force qui supposent le plus de présence d'esprit et de vigueur des muscles. Ainsi, voilà un prince ou un chef de brigands blessé; il a perdu tout son sang; il en est tellement affaibli qu'il ne peut bouger; mais on entend les doux sons de la musique, et alors on le voit approcher à quatre pattes d'un cottage voisin pour y demander du secours, et il fait tout le long du chemin une telle collection de bonds divers et de tortillements, il retrousse ses jambes avec tant de souplesse, il tombe et se relève tant de fois, qu'il faut assurément, pour jouer ce rôle de moribond, un hercule bien stylé à faire tout ce qu'il veut de son corps. Eh bien, M. Snittle Timberry s'était fait si bien comme une seconde nature de ses poses forcées, que, tout le long du chemin, pour aller du théâtre à la taverne, où le souper était servi, il se livra à une série d'exercices gymnastiques qui faisaient l'admiration de tout le monde, pour mieux prouver sans doute la gravité de son indisposition récente et les effets désastreux qu'elle avait produits sur son système nerveux.

« Par exemple! dit Mme Crummles quand on lui présenta Nicolas, voilà un bonheur auquel je ne m'attendais pas.

— Ni moi non plus, répliqua Nicolas; c'est un hasard heureux qui m'a procuré cette occasion de vous voir, quand d'ailleurs j'aurais donné quelque chose de bien bon cœur pour avoir ce plaisir.

— Voici quelqu'un de votre connaissance, dit Mme Crummles en faisant avancer le phénomène, en robe de gaze bleue, avec d'immenses volants et en pantalon de même étoffe; et puis en voici encore un autre, continua-t-elle en présentant successivement les jeunes Crummles. A propos, comment se porte votre ami, le fidèle Digby?

— Digby? dit Nicolas, oubliant un instant l'ancien nom de guerre de Smike; ah! j'y suis, il se porte tout à fait... qu'est-ce que j'allais donc dire? il est loin de bien se porter.

— Comment? s'écria Mme Crummles, en reculant de deux pas comme dans la tragédie.

— J'ai peur, dit Nicolas en secouant la tête et en souriant sans en avoir envie, que votre époux, madame Crummles, ne fût encore plus frappé que la première fois qu'il l'a vu de son aptitude physique à jouer les apothicaires affamés.

— Que voulez-vous dire? répondit Mme Crummles du ton qui lui valait le plus d'applaudissements au théâtre; d'où vient cet air triste?

— Je veux dire que j'ai un lâche ennemi qui a voulu me frapper dans la personne de mon ami, et que, dans l'espérance de me faire de la peine, il le persécute, il lui inflige de telles tortures d'inquiétude et de terreur que... mais excusez-moi, dit Nicolas en se retenant, ce sont des choses dont je ferais mieux de ne pas parler, et dont je ne parle jamais, excepté à ceux qui sont au fait de mes tracas; pardon, je m'étais un moment oublié. »

Nicolas termina ses excuses par un salut respectueux au phénomène et se hâta de changer de sujet, se reprochant en lui-même son impétuosité, et se demandant ce que Mme Crummles devait penser d'une explosion de sentiments si soudaine.

A vrai dire, si cette dame y pensa, elle n'y pensa guère, car, à la vue du souper servi sur la table, elle donna sa main à Nicolas, pour aller se placer d'un pas majestueux à la gauche de M. Snittle Timberry. Nicolas eut l'honneur d'être près d'elle, de l'autre côté; M. Crummles, à la droite du président. Autour du vice-président se groupèrent le phénomène et ses jeunes frères.

Les convives étaient au nombre de vingt-cinq ou trente, tous artistes dramatiques, engagés ou non à quelque théâtre de Londres, et tous intimes de M. et de Mme Crummles. Les messieurs et les dames étaient presque en nombre égal. Comme c'étaient les premiers qui avaient fait les frais de cette petite partie, chacun d'eux avait eu le privilège d'amener avec lui quelqu'une de ces dernières.

C'était, en somme, une réunion très distinguée, car, indépendamment des planètes secondaires qui vinrent en cette occasion se ranger, en satellites bien appris, autour de leur soleil dramatique, M. Snittle Timberry, il y avait là un homme de lettres qui avait dramatisé, dans son temps, deux cent quarante-sept romans à peine publiés, quelques-uns même encore sous presse, ce qui faisait par conséquent que c'était un homme de lettres.

C'était lui qui était assis à la gauche de Nicolas: il lui avait été présenté du bout de la table par son ami l'avaleur africain, qui avait profité de l'occasion pour faire un éloge pompeux de sa glorieuse réputation.

« Je suis heureux, dit poliment Nicolas, de faire connaissance d'un homme si distingué par son mérite.

— Monsieur, répliqua le personnage, soyez le bienvenu parmi nous. L'honneur est réciproque, comme j'ai l'habitude de le dire, de l'auteur et de moi quand je mets son livre en drame. Avez-vous jamais entendu définir la gloire?

— Plus d'une fois, je vous assure, répliqua Nicolas avec un sourire; et vous, quelle est votre définition?

— Quand je mets un livre en drame, monsieur, dit l'homme de lettres, c'est de la gloire... pour son auteur.

— Ah! c'est comme ça que vous l'entendez?

— Oui, monsieur, voilà la gloire!

— A ce compte, l'archevêque Turpin, Améric Vespuce et tous les plagiaires pourraient se vanter d'avoir créé la gloire des célébrités qu'ils ont pillées avec tant d'impudence.

— Je ne connais pas ces messieurs-là, répondit l'homme de lettres.

— Il est vrai que vous avez pour vous l'exemple de Shakespeare, qui a mis sur la scène des histoires déjà publiées.

— Vous voulez parler de ce cher William, monsieur? C'est vrai, il a fait comme nous. Certainement William était un metteur en œuvre, et même il ne s'en acquittait pas mal, à tout prendre.

— Vous m'avez interrompu, comme j'allais dire, répliqua Nicolas, que Shakespeare a tiré le sujet de plusieurs de ses pièces de contes et de légendes antiques tombés dans le domaine public, mais qu'à mon avis il y a aujourd'hui dans votre profession bien des messieurs qui ne se gênent pas pour aller plus loin.

— Vous avez bien raison, monsieur, dit en l'interrompant le dramaturge, renversé d'un air fat sur le dos de sa chaise, et donnant de l'exercice à son cure-dent; l'intelligence humaine, monsieur, a progressé depuis son temps, elle progresse, elle progressera...

— Quand je disais qu'ils sont allés plus loin, monsieur, reprit Nicolas, je ne l'entendais pas du tout comme vous. Si Shakespeare a fait entrer dans le cercle magique de son génie universel les traditions qui se rattachaient d'une manière particulière à son but, s'il a fait, des matières les plus communes, des astres radieux capables de jeter sur le monde, pendant des siècles, une lumière resplendissante, vous, vous fourrez quand même dans le cercle magique de votre imbécillité des sujets qui répugnent à l'essence même du théâtre, et vous rapetissez tout, comme tout s'agrandissait sous ses mains. Vous prenez, par exemple, les livres encore incomplets d'auteurs vivants, vous les leur arrachez des mains, encore humides de la presse, pour tailler, couper, rogner, pour les proportionner à la force et à la taille de vos acteurs, à la capacité de vos théâtres; vous cousez à l'œuvre originale le dénoûment qui leur manquait encore; vous brochez en courant, avec une précipitation cruelle, des idées que le créateur de son œuvre médite maintenant même dans le travail de ses journées laborieuses, dans les fatigues de ses nuits sans sommeil. Vous vous emparez des incidents qu'il invente, du dialogue qu'il élabore, des derniers mots qu'il a tracés de sa plume, il n'y a pas plus de quinze jours, vous vous en servez pour deviner le reste, pour anticiper sur la marche de son plan... tout cela sans sa permission et contre son gré. Et puis, pour qu'il n'y manque rien, vous publiez, dans une plate brochure, un fouillis insipide d'extraits sans suite empruntés à son livre mutilé; vous y mettez votre nom, votre nom d'*auteur*, sans oublier d'y joindre, pour le recommander davantage, la longue énumération de cent autres outrages que vous avez déjà commis contre l'honnêteté littéraire. Je voudrais bien qu'on me fît voir la différence qu'il peut y avoir entre un vol de cette nature et l'adresse malhonnête du filou qui vient, au milieu de la rue, me prendre mon mouchoir dans ma poche. Je n'en vois qu'une : c'est que la législation de notre pays s'intéresse à mon mouchoir, mais que, pour nos cervelles, elle nous laisse le soin de les défendre nous-mêmes contre les entreprises des gens, excepté pourtant quand on vient les attaquer à coups de bâton.

— Il faut bien vivre, monsieur, dit l'homme de lettres en haussant les épaules.

— Vous m'avouerez, répliqua Nicolas, que si la raison est bonne pour vous, elle ne serait pas invoquée avec moins de force par l'auteur que vous dépouillez. Mais, si vous mettez la question sur ce terrain, je n'ai plus qu'une chose à dire : c'est que, si j'étais auteur et vous dramatiste, quelle que fût votre soif ordinaire, j'aimerais mieux vous payer à boire à discrétion pendant six mois à la taverne, que de partager avec vous une niche du temple de la gloire pendant six cents générations, dussiez-vous vous contenter du coin le plus humble de mon piédestal. »

Au train que prenait la conversation, il y avait à craindre que le ton n'en devînt plus aigre, lorsque heureusement Mme Crummles intervint pour l'empêcher de dégénérer en une querelle violente ; ce qu'elle fit par quelques questions adroites adressées à l'homme de lettres sur le plan de la demi-douzaine de pièces nouvelles qu'il venait de composer, de contrat fait avec la direction, pour faire paraître sur la scène l'avaleur de sabres africain, dans la multiplicité variée de ses exercices incomparables. Il se trouva dès lors engagé naturellement avec cette dame dans une conversation animée, dont l'intérêt dissipa promptement toutes les vapeurs de ses dernières discussions avec Nicolas.

Lorsque les pièces de résistance eurent successivement disparu de la table, lorsque à leur place le punch, le vin, les liqueurs, placés devant la société passèrent de main en main, les convives, qui s'étaient réunis jusque-là, pour la conversation, en petits groupes de trois ou quatre, retombèrent peu à peu dans un profond silence, regardant la plupart, de temps en temps, du côté de M. Snittle Timberry. Quelques-uns même, plus hardis que les autres, faisaient raisonner sur la table le revers des phalanges de leurs doigts, et ne craignaient pas d'exprimer hautement leur impatience en réveillant le zèle du président par des encouragements comme ceux-ci :

« Allons, Timberry !... vous dormez, monsieur le président... Nos verres sont pleins, monsieur, et n'attendent plus qu'un toast. »

A ces observations, M. Timberry ne daigna pas faire d'autre réponse que de frapper sa poitrine comme pour faciliter le passage de sa respiration embarrassée, sans oublier d'autres marques apparentes de l'indisposition à laquelle il était bien aise de faire croire qu'il était encore en proie... car, sur le théâtre comme ailleurs, il ne faut pas faire trop bon marché de sa personne... Cependant M. Crummles, qui savait mieux que personne que c'était lui qui serait le sujet du prochain toast, restait gracieusement assis, le bras négligemment passé sur le dos de sa chaise, et, de temps en temps, levant son verre jusqu'à ses lèvres, il y buvait quelques gouttes de punch, du même air dont il était accoutumé à avaler de longues gorgées de rien du tout dans les gobelets de carton des banquets somptueux représentés sur la scène.

Enfin, M. Snittle Timberry se leva dans l'attitude classique des orateurs, une main dans le devant de son gilet, l'autre sur la tabatière de son voisin, et se voyant accueilli d'avance avec un grand enthousiasme, il proposa, avec accompagnement de compliments et de titres glorieux, la santé de son ami M. Vincent Crummles; puis il enfila un discours passablement long, dont le caractère principal fut qu'il étendit sa main droite d'un côté, sa main gauche de l'autre, et que, de temps à autre, il prononça le nom de M. et de Mme Crummles, en saisissant leur main et en la serrant entre les siennes. Ceci fait, M. Vincent Crummles parla à son tour pour adresser ses remercîments à l'assemblée. Ensuite l'avaleur africain proposa la santé de Mme Vincent Crummles en termes touchants. On entendit de gros soupirs et des sanglots s'échapper de la poitrine des dames, et en particulier de Mme Crummles, ce qui n'empêcha pas cette femme héroïque d'insister pour répondre par son petit discours de remercîment, et elle s'en tira de manière que jamais discours de remercîment n'a depuis surpassé ni même égalé le sien. M. Snittle Timberry ne put pas non plus résister au désir de porter un nouveau toast aux enfants Crummles, qui ne purent répondre que par l'organe de M. Vincent Crummles, leur père. Il ne se fit pas prier pour régaler la compagnie de cette petite harangue supplémentaire, dans laquelle il chanta leurs vertus, leurs mérites excellents, les souhaitant pour fils et pour filles à tous les messieurs et à toutes les dames là présents, qui jouirent de ce souhait en silence. A ces solennités succéda un intervalle de repos égayé par des distractions musicales et d'autres intermèdes prévus. Ils ne furent pas plutôt finis, que M. Crummles proposa la santé de cet artiste éminent, l'honneur et l'ornement de sa profession, M. Snittle Timberry; puis, un peu plus tard, dans la soirée, il porta la santé de cet autre artiste, également l'honneur et l'ornement de sa profession, l'avaleur africain, auquel il donnait, avec sa permission, le titre de son cher ami; et, en effet, l'avaleur africain, d'un geste gracieux, accorda cette permission qu'il n'avait aucune raison particulière de refuser. C'était le tour de l'homme de lettres à voir tout le monde boire à sa santé; mais il fallut y renoncer quand on découvrit qu'il avait commencé lui-même par boire trop de petits verres à sa propre santé et qu'il ronflait sur les marches de l'escalier. Ce furent les dames qui profitèrent de l'honneur qu'on lui avait réservé. Enfin, après une séance très longue, M. Snittle Timberry leva le siège, et la compagnie se dispersa au milieu des embrassements et des adieux.

Nicolas resta le dernier pour distribuer ses petits cadeaux. Après avoir fait le tour de la famille, quand il arriva à M. Crummles, il ne put s'empêcher de remarquer en lui-même la différence de leur séparation présente, pleine de naturel et de simplicité et des adieux théâtrals que le directeur lui avait faits à Portsmouth. Ses grands airs dramatiques avaient entièrement disparu, et, quand il lui mit la main dans la sienne, il le fit avec une tristesse si touchante que, s'il avait pu en garder la recette, pour les scènes pathétiques de ce genre, dans ses rôles, elle eût suffi pour en faire le meilleur artiste acteur de son temps dans la comédie bourgeoise; et, lorsque Nicolas la reçut avec toute la chaleur sincère et cordiale qu'il ressentait en effet, Vincent Crummles en fut ému jusqu'aux larmes.

« Le bon temps! dit le pauvre homme, la bonne petite vie que nous avons menée ensemble! Nous n'avons jamais eu un mot plus haut que l'autre. Je suis sûr que demain matin j'aurai bien du plaisir à penser que je vous ai revu la veille, mais aujourd'hui je voudrais presque que nous ne nous fussions pas revus. »

Nicolas se préparait à relever l'abattement de ces adieux par quelque gaie réplique, lorsqu'il fut tout à fait déconcerté par l'apparition subite de Mme Grudden, qui avait, à ce qu'il paraît, refusé de prendre part au souper avec les autres pour pouvoir se lever de meilleure heure le lendemain et qui, pour le moment, s'élança d'une chambre à coucher voisine avec des vêtements blancs tout à fait extraordinaires. Nicolas reconnut bien que ce n'était point une robe lorsqu'elle lui passa les bras autour du cou et l'embrassa à l'étouffer.

« Quoi! dit Nicolas, se soumettant d'aussi bonne grâce à ses marques d'affection que s'il les avait reçues de la plus belle personne du monde, est-ce que vous partez aussi?

— Partir! répondit Mme Grudden; eh! mon Dieu! que voudriez-vous donc qu'ils fissent sans moi? »

Nicolas subit une autre embrassade de meilleure grâce encore que la première fois, s'il était possible, se dégagea de ses bras et de loin agita son chapeau, aussi gaiement que s'il n'avait pas été profondément touché dans son cœur, pour faire aux Vincent Crummles le dernier signe d'adieu.

CHAPITRE XLIX

Suite des faits et gestes de la famille Nickleby et conclusion des amours du voisin en culotte courte.

Pendant que Nicolas, absorbé tout entier dans l'immense intérêt de ses dernières aventures, n'avait pas d'autre occupation pour ses heures de loisir que de penser à Madeleine Bray, pendant qu'en exécution des commissions dont le chargeait le frère Charles dans sa tendre sollicitude pour elle, il lui rendait de fréquentes visites dont la dernière était toujours la plus dangereuse pour son repos et portait un nouveau coup à ses résolutions magnanimes, Mme Nickleby et Catherine continuaient de vivre dans une solitude paisible, sans autre trouble, sans autre souci que les tentatives fatigantes renouvelées par M. Snawley pour se remettre en possession de son fils. Pourtant elles avaient un autre sujet d'alarmes : c'était de voir la santé de Smike, depuis longtemps sur son déclin, prendre de jour en jour un caractère moins vague et plus inquiétant, et souvent elles s'en entretenaient avec Nicolas dans les termes de l'appréhension la plus vive, car le pauvre garçon était cher à toute la maison.

Ce n'est pas qu'il eût à se reprocher de les avoir

troublés par la moindre plainte ou par le plus léger murmure ; il ne songeait qu'à une chose, à multiplier tous les petits services qu'il pouvait leur rendre, à leur renvoyer au moins, en échange de leurs bienfaits, un visage heureux et content, à cacher à leurs yeux amis, tous les signes qui auraient pu leur faire lire dans ses traits quelque sombre pressentiment ; mais il avait beau faire : souvent, trop souvent, elles voyaient bien que son œil brillait d'un éclat fiévreux dans cet orbite cave où il était enfoncé ; que sa joue creuse était animée d'un ton coloré ; que sa respiration était lourde et gênée ; que sa constitution tout entière devenait de plus en plus faible et épuisée.

Il faut avouer que c'est un terrible mal que celui qui se plaît à préparer ainsi sa victime d'avance, à la mûrir pour la mort ; qui, tous les jours, semble raffiner les dehors grossiers de sa proie ; qui écrit tous les jours dans ses traits, pour l'œil familier qui sait y lire, les signes infaillibles de la prochaine métamorphose ; mal terrible, en effet, où la lutte entre l'âme et le corps est si lente, si calme, si solennelle, et pourtant d'un progrès si sûr, que, jour par jour, atome par atome, la partie mortelle dépérit et disparaît, pendant que l'esprit plus vif et plus léger, à mesure qu'il se dégage de son fardeau et sent venir l'immortalité, n'a l'air de regarder sa transformation que comme une étape de la vie mortelle ! Mal étrange où la vie et la mort sont si étroitement unies et mêlées ensemble, qu'il semble que la mort emporte à la vie ses couleurs chaudes et vives comme la vie emprunte à la mort ses formes sèches et décharnées ! Mal rebelle, incurable à la médecine, inexorable pour le riche comme pour le pauvre, qui tantôt s'avance à pas de géant, tantôt marche languissamment d'un pied tardif, mais qui, lent ou précipité, est toujours sûr d'arriver à son but.

Quoique l'esprit de Nicolas se refusât à y croire, il n'avait pu s'empêcher de songer quelquefois à ce mal affreux, et c'est pour cela qu'il avait fait examiner Smike par un des premiers médecins de Londres. Le docteur avait déclaré qu'il ne voyait point de sujet de s'alarmer encore, que les symptômes actuels n'étaient pas de nature à motiver une réponse décisive ; certainement la constitution avait éprouvé dès le bas âge un choc bien violent, mais pourtant on ne pouvait encore rien affirmer ; le docteur n'en disait pas davantage.

Cependant, au bout du compte, Smike n'avait pas l'air d'empirer, et, comme il n'était pas difficile de trouver dans les tourments et l'agitation de ces dernières épreuves des raisons suffisantes pour expliquer les symptômes de son mal, Nicolas aimait à nourrir l'espérance de voir bientôt son ami recouvrer la santé. Il la faisait partager à sa sœur et à sa mère ; et, comme l'objet de leur commune sollicitude n'avait pas l'air de ressentir lui-même ni souffrance, ni abattement, que tous les jours au contraire il répondait, le sourire sur les lèvres, qu'il se sentait mieux que la veille, leurs craintes se dissipèrent et le bonheur général revint encore par degrés habiter la maison.

Plus tard, dans les années qui suivirent, Nicolas mainte et mainte fois repassa dans son souvenir cette période de sa vie, et se représenta ces scènes domestiques d'un repos humble et tranquille, qui lui rappelait alors sa première jeunesse. Mainte et mainte fois, au crépuscule d'une soirée d'été ou devant le feu pétillant de l'hiver, ses pensées mélancoliques retournèrent vers ces temps passés et s'arrêtèrent, avec un chagrin qui n'était pas sans charme, sur les plus minces souvenirs dont les détails se pressaient dans son esprit. C'était la petite chambre où ils étaient si souvent restés assis, à la tombée du jour, à rêver ensemble des projets de bonheur. C'était la voix folâtre et le rire joyeux de Catherine, qui leur manquait bien, quand elle était sortie par hasard et qu'ils restaient tristement à attendre son retour, ne rompant le silence que pour exprimer leur ennui de son absence. C'était l'ardeur avec laquelle le pauvre Smike s'élançait du coin obscur où il se tenait d'ordinaire pour aller la recevoir à son arrivée, ou bien les larmes qu'ils voyaient souvent alors baigner son visage, sans pouvoir se rendre compte de cet étrange mélange de joie et de tristesse. Il n'y avait pas, dans l'histoire de ces jours tranquilles, un incident si petit, un mot si futile, un regard si fugitif, alors inaperçu, qui ne se retraçât frais et vivant à sa mémoire, quand le temps eut adouci plus tard ses soucis et ses peines. Ses souvenirs refleurissaient alors sans avoir été flétris par la poussière desséchante des années, verts au contraire, jeunes et vigoureux comme le rejeton de la veille.

Mais ces souvenirs ne se bornaient pas là, et nous ne devons pas oublier plusieurs autres personnes qui s'y trouvèrent mêlées ; ce qui nous ramène naturellement aux détails de notre histoire commencée : qu'elle reprenne donc son train accoutumé. Nous promettons aux lecteurs de modérer désormais ses allures anticipées, ses écarts désordonnés, et de la contenir dans le cours régulier de ses développements légitimes.

Si les frères Cheeryble témoignaient tous les jours à Nicolas, par quelque nouvelle preuve de leur bienveillance solide, qu'ils le trouvaient de plus en plus digne de leur estime et de leur confiance, ils ne négligeaient pas non plus de la répandre sur ceux qui lui appartenaient. Mme Nickleby reçut bien des petits cadeaux, toujours les mieux accommodés à ses besoins, qui ne contribuèrent pas peu à l'amélioration du ménage et à l'embellissement du cottage. Catherine avait fini par se faire, grâce à eux, sur son étagère, une exposition éblouissante des plus petits objets de fantaisie. Quant à leur société, si ce n'était pas frère Charles ou frère Ned qui venait leur dire un petit bonjour tous les dimanches ou un petit bonsoir dans la semaine, M. Tim Linkinwater ne manquait guère de faire de leur maison son but de promenade et son lieu de repos tous les soirs. Notez qu'il n'avait pas, dans toute sa vie, voulu faire plus d'une demi-douzaine de connaissances et qu'il n'avait encore aimé personne comme ses nouveaux amis. Enfin, trois fois au moins la semaine, je ne sais comment cela se faisait, mais il y avait toujours quelque étrange concours de circonstances qui faisait que M. Franck Cheeryble, pour une affaire ou pour une autre, passait devant leur porte et naturellement il entrait par politesse.

« C'est bien le jeune homme le plus attentif que j'aie jamais vu, Catherine, dit à sa fille Mme Nickleby un soir qu'elle venait d'en faire le sujet d'un éloge détaillé pendant lequel Catherine avait gardé un profond silence.

— Attentif, maman? répondit Catherine.

— Bon Dieu! Catherine, s'écria Mme Nickleby avec sa vivacité ordinaire, qu'avez-vous donc, qu'est-ce qui vous prend? vous voilà toute rouge!

— Ah! maman, comme vous vous figurez toujours des choses étranges!

— Ma chère Catherine, je ne me figure rien du tout, je suis bien certaine de mon fait; mais, d'ailleurs, voilà que c'est passé, par conséquent peu importe que ce fût ou non... Mais de quoi donc étions-nous en train de parler?... Ah! de M. Franck. Je n'ai vu de ma vie autant d'attention à personne!

— Vous ne dites pas cela sérieusement, maman, répondit Catherine, qui se sentit rougir de manière à ne pas pouvoir le nier cette fois.

— Je ne parle pas sérieusement! répliqua Mme Nickleby; et pourquoi donc ne parlerais-je pas sérieusement? Très sérieusement, au contraire, et je puis dire que sa politesse et ses attentions pour moi sont une des choses qui m'ont donné le plus de plaisir, de satisfaction, de contentement depuis bien longtemps. On ne rencontre pas tous les jours ces formes-là maintenant chez les jeunes gens, et c'est ce qui fait que, quand on les rencontre, on en est encore plus frappé.

— Ah! des attentions pour vous, maman, repartit Catherine vivement; ah! certainement je n'y étais pas.

— Ma chère Catherine, répliqua Mme Nickleby, quelle étrange fille vous faites! et de qui donc croyiez-vous que je voulais parler? Que m'aurait importé qu'il fît attention à quelque autre? Seulement je suis fâchée de savoir qu'il aime une dame allemande.

— Mais, maman, il a dit positivement le contraire; ne vous rappelez-vous pas qu'il a démenti cette plaisanterie le soir même où il vint nous voir pour la première fois? Et d'ailleurs, ajouta Catherine d'un ton plus doux, pourquoi en serions-nous fâchées? qu'est-ce que cela nous fait, maman?

— A *nous*, Catherine? Il est possible que cela ne nous fasse rien; mais, moi, j'avoue que cela *me* fait quelque chose. J'aime qu'un Anglais soit Anglais jusqu'au bout et non pas moitié Anglais, moitié je ne sais quoi; aussi, la première fois qu'il viendra, je lui dirai tout net que je voudrais qu'il épousât une Anglaise comme lui. Nous verrons ce qu'il dira à cela.

— Je vous en prie, maman, dit Catherine avec la plus grande vivacité, n'en faites rien, au nom du ciel! pensez combien cela serait...

— Eh bien, ma chère, combien cela serait quoi? » dit Mme Nickleby en ouvrant des yeux tout grands d'étonnement.

Avant que Catherine eût eu le temps de répondre, un drôle de petit coup de marteau à la porte, bien connu de la maison, annonça une visite de miss la Creevy, qui se présenta bientôt en personne. Sa vue fit oublier, en dépit d'elle, à Mme Nickleby les *raisonnements* qu'elle préparait contre sa fille pour la confondre, et la jeta dans une foule de suppositions sur la voiture qu'avait dû prendre leur bonne amie pour venir: comme quoi le conducteur qui l'avait amenée devait être ou l'homme en bras de chemise, ou l'homme à l'œil de taffetas noir. Quel qu'il fût, avait-il retrouvé l'ombrelle qu'elle avait laissée dans l'omnibus la semaine dernière? Peut-être s'étaient-ils arrêtés longtemps, en venant, à la maison de *mi-chemin;* peut-être, au contraire, qu'étant au complet ils avaient fait le chemin tout d'une traite. Enfin, disait Mme Nickleby, ils avaient sûrement rattrapé et passé Nicolas sur la route.

« Je ne l'ai pas vu du tout, dit Mlle la Creevy; je n'ai rencontré que ce cher brave homme de M. Tim Linkinwater.

— Je parie qu'il faisait sa petite promenade de tous les soirs, et qu'il venait se reposer à la maison avant de retourner à la Cité, dit Mme Nickleby.

— Je pense comme vous, répliqua miss la Creevy, d'autant plus qu'il était avec M. Franck Cheeryble.

— Ce n'est sûrement pas là, dit Catherine, ce qui vous fait croire qu'il doive venir ici?

« Ah! ah! s'écria le vieux gentleman en serrant les mains de toutes ses forces, c'est elle que je revois! » (P. 373.)

— Je vous demande pardon, ma chère. M. Franck Cheeryble n'est pas un grand marcheur pour son âge, et je remarque que généralement il tombe de fatigue et se sent le besoin de se reposer longtemps quand il est venu jusqu'ici. Mais où est mon bon ami? continua la petite femme cherchant autour d'elle, après un coup d'œil malin à l'adresse de Catherine. Il ne s'est pas sauvé encore une fois, je suppose?

— Ah! vous parlez de Smike, dit Mme Nickleby; il était ici il n'y a qu'un instant. »

Après information, on sut, au grand étonnement de la bonne dame, que Smike venait au moment même de monter se coucher.

« Là! voyez! dit Mme Nickleby, quelle étrange créature! Mardi dernier..., était-ce mardi? mais oui, pour sûr...; vous vous rappelez, ma chère Catherine, la dernière fois qu'est venu le jeune M. Cheeryble...; mardi dernier donc, il a fait absolument de même, juste au moment où il a entendu frapper à la porte. Ce ne peut pas être par répugnance pour le monde, car il aime toutes les personnes qui aiment Nicolas, et il sait si M. Franck Cheeryble est de ce nombre. Mais ce qu'il y a de plus étrange là dedans, c'est qu'il ne se couche pas : ce n'est donc pas pour se reposer qu'il se retire. Or je sais qu'il ne se couche pas, car ma chambre est tout contre la sienne, et mardi dernier, quand je suis montée, plusieurs heures après lui, je n'ai pas même vu ses souliers à la porte, et cependant il n'avait pas de chandelle : il faut qu'il soit resté là dans l'obscurité à bouder sur sa chaise. Ma parole, quand je pense à cela, je trouve que c'est bien extraordinaire. »

Comme elle ne trouva pas d'écho parmi ses auditeurs, qui gardaient un profond silence, soit parce qu'elles ne savaient que dire, soit par discrétion pour ne pas l'interrompre, Mme Nickleby, selon sa vieille habitude, se mit à suivre le fil de son discours.

« J'espère, dit-elle, que, malgré cette conduite inexplicable, il n'en est pas cependant à se mettre au lit pour y passer toute sa vie, comme la *femme altérée de Tutbury* ou le *revenant de Cock-Lane,* et d'autres êtres non moins fantastiques. Par parenthèse, il y en avait un des deux qui avait avec nous quelques rapports de famille. Il faudrait que je regardasse dans quelques vieilles lettres que j'ai là-haut, pour savoir si ce n'était pas mon grand-père qui a été camarade de classe du revenant de Cock-Lane, ou si ce n'est pas plutôt ma grand'mère qui a été en pension avec la femme altérée de Tutbury. Vous connaissez bien cette histoire, miss la Creevy? Quel était donc celui des deux qui ne faisait aucune attention à ce que disait M. le curé? Était-ce le revenant de Cock-Lane, ou la femme altérée de Tutbury?

— Je crois que c'est le revenant de Cock-Lane.

— Eh bien, maintenant je n'ai plus aucun doute, dit Mme Nickleby, c'était lui qui était le camarade de classe de mon grand-père, car je me rappelle que le maître d'école était un dissident, et cela expliquerait, en grande partie, la conduite inconvenante du revenant de Cock-Lane envers le ministre quand il fut devenu grand. Ah! ciel! élever un revenant!... Je vous disais donc, ma fille... »

Où l'auraient menée, Dieu le sait, ses réflexions sur ce thème sans but et sans fin, si heureusement l'arrivée de Tim Linkinwater avec M. Franck Cheeryble n'était pas venue y mettre un terme. Mais la bonne dame mit tant d'empressement à les recevoir, qu'elle en perdit de vue tout autre intérêt.

« Que je suis donc fâchée que Nicolas ne soit pas à la maison! dit-elle. Catherine, ma chère, vous ne risquez rien de vous multiplier; il faut que vous comptiez pour deux, pour Nicolas et pour vous-même.

— Mlle Nickleby n'a pas besoin, ce me semble, d'être autre chose qu'elle-même; si vous voulez bien le permettre, je m'oppose tout à fait à ce qu'elle y change rien.

— Dans tous les cas, c'est à elle à vous retenir, repartit Mme Nickleby. M. Linkinwater parle de s'en aller dans dix minutes, mais je ne peux pas vous laisser partir si tôt. Nicolas m'en voudrait bien fort, j'en suis sûre. Ma chère Catherine... »

Elle acheva la phrase à Catherine par une foule de signes de tête, de froncements de sourcils, de clignements d'yeux assez peu intelligibles, que sa fille interpréta comme autant d'invitations à faire des instances auprès des visiteurs pour qu'ils prolongeassent leur visite. Et Catherine, en fille bien apprise, n'y manqua pas. Cependant il est à remarquer que c'est à Tim Linkinwater seulement que s'adressèrent ses prières; et ses manières trahissaient un certain embarras qui ne lui ôtait rien de sa grâce accoutumée, qui ajoutait plutôt à ses charmes en colorant ses joues, mais auquel l'œil même de Mme Nickleby ne pouvait pas se méprendre. Heureusement que la tournure de son esprit ne portait guère la bonne dame à la réflexion, excepté dans les occasions malheureuses où ces réflexions pouvaient se faire tout haut et s'épancher à grands cris. Elle attribua donc simplement la rougeur de sa fille à ce qu'elle était contrariée de n'avoir pas mis sa belle robe, « quoique vraiment, ajouta-t-elle, je ne l'aie jamais vue plus à son avantage ». Bien convaincue d'avoir trouvé la vraie cause du trouble de sa fille, et se félicitant une fois de plus de l'heureuse intuition qui chez elle ne se trompait jamais, elle ne songea plus qu'à s'applaudir d'être si fine et si bonne connaisseuse.

Nicolas ne revenait pas, et Smike ne reparaissait pas. Chose étonnante! la petite société n'en fut pas moins de la plus belle humeur du monde. Si je vous disais qu'il y eut comme un échange d'agaceries entre miss la Creevy et Tim Linkinwater; que le vieux caissier fit une foule de plaisanteries plus drôles les unes que les autres; qu'il devint, petit à petit, des plus galants, pour ne pas dire tendre. La petite miss la Creevy n'était pas en reste. Quel feu! quelle gaieté! elle alla jusqu'à railler Timothée d'être resté garçon toute sa vie, et le convertit même, car il s'oublia jusqu'à déclarer que, s'il pouvait trouver quelqu'un qui lui convînt, il ne disait pas qu'il ne changerait pas de condition. Là-dessus miss la Creevy l'avertit qu'elle avait son affaire; elle connaissait une dame qui lui conviendrait parfaitement et qui possédait une jolie fortune. Mais Timothée se montra peu sensible à cette dernière séduction. Timothée était un homme de cœur, ce n'était pas la fortune qu'il cherchait, c'était le mérite personnel et un caractère enjoué, dans celle dont il voudrait faire sa femme; avec de pareilles qualités, ils auraient toujours assez d'argent pour satisfaire aux besoins modérés d'un honnête ménage. Miss la Creevy n'était pas pour le contredire dans ces bons sentiments; bien au contraire, elle et Mme Nickleby ne trouvaient pas assez d'éloges pour les encourager; et Timothée, ne connaissant plus rien, se lança à bride abattue dans un grand nombre d'autres déclarations, qui faisaient également honneur à son désintéressement et à son dévouement délicat pour le beau sexe; jugez s'il grandit encore dans l'estime de ces dames. Toute cette scène fut jouée avec un mélange comique de sérieux et de badinage, qui donna lieu à de grands éclats de rire, et leur fit passer une soirée ravissante.

C'était ordinairement Catherine qui était l'âme

et la vie de la conversation chez elle; mais ce jour-là elle était plus réservée que de coutume... C'était peut-être parce que miss la Creevy et Timothée avaient pris le dé et ne le rendaient pas... Elle se tenait à part des interlocuteurs, assise à la fenêtre, à regarder l'ombre du soir qui s'avançait dans le ciel, à jouir des beautés calmes de la nuit; doux spectacle qui n'avait pas apparemment moins d'attrait pour Franck, car il commença par rester près de là le nez en l'air, puis il prit une chaise près d'elle, par sympathie. Après cela, tout le monde sait qu'on a tant de choses à se dire sur une soirée d'été, et qu'on ne se les dit jamais mieux qu'à voix basse, pour mieux se conformer au repos tranquille de ces heures sereines. N'est-ce pas aussi le moment où le dialogue s'interrompt par de longues pauses? Puis il se ravive par un mot ou deux, dits avec expression. Vient ensuite un intervalle de silence, qui n'est pourtant pas un silence parfait, car on détourne la tête, on baisse les yeux vers la terre... On est encore sujet à d'autres habitudes qui ne valent pas la peine d'en parler. Par exemple, on n'aime pas à voir allumer les bougies, on confond les heures avec les minutes : toutes influences naturelles et irrésistibles de ce temps de la journée qu'on appelle le soir, comme pourraient l'attester tant de livres aimables qui nous prêteraient au besoin leur témoignage. Et voilà pourquoi Mme Nickleby avait grand tort, lorsqu'on finit par apporter les bougies, de se montrer surprise que les yeux brillants de Catherine se refusassent à soutenir l'éclat des lumières, qu'elle fût obligée de commencer par détourner la tête, et même par sortir un moment pour se réconforter. Ce n'était pourtant pas bien extraordinaire. Quand on est restée assise si longtemps dans les ténèbres, il n'y a rien d'éblouissant comme la lumière des bougies, et vous n'avez qu'à demander à toutes les jeunes personnes, elles vous diront qu'il n'y a rien là que de très naturel. Ce n'est pas que les vieilles gens l'ignorent; mais il y a si longtemps qu'ils le savent, qu'ils oublient quelquefois ces choses-là, et c'est bien dommage.

Cependant la surprise de la bonne dame ne finit pas là. Elle redoubla plutôt, quand elle fit la découverte que Catherine n'avait pas le moindre appétit à souper. Personne même ne pourrait dire tous les efforts de rhétorique que Mme Nickleby, dans son inquiétude, se préparait à faire pour persuader à sa fille d'avoir faim, lorsque l'attention générale fut, pour le moment, attirée par un bruit étrange et d'autant plus merveilleux qu'au dire de la servante pâle et tremblante (et chacun put s'assurer qu'elle avait raison), ce bruit descendait par la cheminée de la chambre voisine.

Quand une fois chacun se fut bien convaincu, malgré l'invraisemblance de la chose, que le bruit venait en effet de la cheminée en question, et qu'il continuait d'y entretenir des sons variés, tantôt grondants, tantôt discordants, mais toujours étouffés par le tuyau de la cheminée, Franck Cheeryble prit une bougie, Tim Linkinwater s'arma d'une paire de pincettes, et ils se mettaient en devoir de vérifier incontinent la cause de ce tapage, lorsque Mme Nickleby, prête à se trouver mal, ne voulut pas entendre parler d'être laissée seule dans le salon. Après un petit pourparler qui se termina par une irruption en masse dans la chambre hantée par les esprits, Mme Nickleby serait demeurée seule avec la domestique, si miss la Creevy, prévenue que cette fille avait eu des attaques de nerfs dans son enfance, n'avait pas consenti à rester avec elle pour donner l'alarme au besoin ou pour appliquer les remèdes nécessaires.

En s'avançant vers la porte de la chambre mystérieuse, l'expédition ne fut pas peu surprise d'entendre chanter, avec l'expression de mélancolie la plus affectée, une voix humaine, mais une voix humaine qui semblait sortir du fond d'une demi-douzaine de lits de plume superposés. Elle chantait l'air autrefois populaire :

L'infidèle a trahi sa foi.

Aussitôt les confédérés font irruption sans crier gare, et leur étonnement redouble, en voyant que cette complainte romanesque devait venir de quelque individu planté dans le corps de la cheminée, dont on n'apercevait encore que les jambes, pendillant par la grille au charbon, et qui sans doute attendait avec impatience, pour mettre pied à terre, qu'on voulût bien décrocher le rideau de tôle qui cachait l'embouchure.

A ce spectacle burlesque si peu en rapport avec les habitudes régulières de ses opérations commerciales, Tim Linkinwater sentit ses moyens complètement paralysés. Il avait commencé par administrer à l'étranger quelques bons petits coups de pincettes dans les mollets, mais sans aucun effet. Il y avait donc renoncé et se contentait pour le moment de battre l'une contre l'autre les deux branches de son arme peu meurtrière, comme s'il leur faisait sonner la charge pour recommencer l'assaut.

« Il faut que ce soit quelque ivrogne, dit Franck : ce n'est pas un voleur qui s'annoncerait aux gens avec si peu de façon. »

Tout en faisant cette réflexion avec une grande indignation, il leva la bougie pour mieux voir les jambes de l'ennemi, et s'apprêtait à les tirer sans plus de cérémonie, quand Mme Nickleby, joignant les mains, poussa un son aigu entre le cri de terreur et l'exclamation banale, demandant avec instance qu'on voulût bien lui dire si, par hasard, ses yeux ne l'avaient point trompée, et si les membres en question n'étaient pas couronnés d'une culotte courte et habillés de bas de laine grise tricotés.

« Justement! cria Franck en approchant la lumière pour passer l'examen! voilà bien déjà la culotte courte et... et de gros bas gris. Est-ce que vous connaissez l'homme, madame?

— Ma chère Catherine, dit Mme Nickleby d'un ton délibéré, et s'asseyant sur une chaise, avec cet air de résignation désespérée, qui semblait annoncer qu'au point où en étaient venues les choses, tout déguisement était désormais inutile, ayez la bonté, mon enfant, d'expliquer positivement ce qui en est. Je n'ai jamais donné d'encouragement à sa passion... jamais... pas le moindre, vous le savez, ma chère; je vous en prends à témoin. Il a toujours été respectueux... extrêmement respectueux... dans sa déclaration, c'est vrai; vous y étiez vous-même. Cependant je dois dire que, s'il faut me voir persécutée de cette manière, s'il faut m'attendre à voir ses légumes, dont je ne me rappelle pas le nom, et tous ses produits horticoles rouler sur mes pas dans mon jardin; s'il faut que les gens viennent, par amour pour moi, s'étouffer dans mes cheminées, réellement je ne sais plus que devenir. C'est une chose très ennuyeuse. Avant d'épouser votre cher papa, j'ai eu certainement alors bien des contrariétés, mais jamais de pareilles, et celles-là au moins je devais m'y attendre, et j'y étais préparée. J'étais loin d'avoir votre âge, ma chère, que déjà un jeune gentleman, qui se plaçait près de nous au temple, s'amusait presque tous les dimanches à graver, avec la pointe de son couteau, mon nom en grosses lettres sur le devant de son banc pendant le sermon. Je ne peux pas dire que cela ne me fit pas plaisir, c'est bien naturel; mais en même temps c'était assez ennuyeux, car le banc était justement en vue, et le bedeau le fit sortir plusieurs fois de l'église pour l'avoir pris sur le fait. Mais enfin tout cela n'est rien auprès du procédé de ce monsieur. Cette fois, c'est bien pis et plus embarrassant. J'aimerais bien mieux, ma chère Catherine, continua Mme Nickleby avec une grande solennité et un torrent de larmes, oh! oui, j'aimerais bien mieux être laide à faire peur: je ne serais pas exposée à tous les tourments qu'on me fait endurer. »

Rien ne peut peindre l'étonnement de Franck Cheeryble et de Tim Linkinwater. Ils se regardaient l'un l'autre, puis ils regardaient Catherine, comme pour demander le mot de l'énigme. Elle sentait bien que des explications étaient devenues nécessaires; mais, partagée, comme elle l'était, entre la terreur qu'elle avait éprouvée à l'apparition des jambes de l'amoureux, la crainte que le propriétaire des bas gris ne fût réellement suffoqué, l'embarras de trouver à cette scène mystérieuse une solution qui ne fût pas trop ridicule, elle était hors d'état de prononcer un mot.

« Il me fait beaucoup de peine, reprit Mme Nickleby en séchant ses larmes, beaucoup de peine; mais, pourtant qu'on ne lui enlève pas un cheveu de la tête, je vous en conjure; pas un cheveu de la tête. »

Vu l'état des choses, il n'aurait pas été aussi facile que Mme Nickleby paraissait le craindre, d'enlever un cheveu de la tête du gentleman, car cette partie de sa personne physique n'était pas celle qu'il présentait à ses agresseurs; elle était, pour le moment, occupée, quelques pieds plus haut, dans la cheminée dont le tuyau n'était pas large. Jusque-là il n'avait pas cessé de chanter sa complainte sur la banqueroute que la belle inconnue avait faite à sa foi; mais ses croassements amoureux n'avaient plus la même vigueur, et il ruait des pieds avec violence, comme si la respiration commençait à lui manquer; M. Franck Cheeryble crut le moment venu de ne plus rien marchander: il le tira par ses chausses avec une telle ardeur, qu'il le jeta tout palpitant sur le parquet, un peu plus vivement qu'il n'en avait eu le dessein.

« Oui, oui, dit Catherine aussitôt qu'elle put voir à plein le singulier visiteur qui faisait son entrée si brusquement dans la chambre, je le reconnais; je vous en prie, ne lui faites pas de mal. S'est-il blessé? J'espère que non... Faites-moi le plaisir de vous assurer s'il ne s'est point fait de mal.

— Lui! point du tout, je vous assure, répliqua Franck en tâtant avec précaution et presque avec tendresse le protégé de Catherine. Il ne s'est pas fait le moindre mal.

— Ne le laissez pas approcher, dit-elle en se reculant le plus loin qu'elle put.

— Non, non, n'ayez pas peur, répliqua Franck, il ne bougera pas de là; vous voyez que je le tiens. Mais voulez-vous me permettre de vous demander ce que tout cela signifie, et si vous n'attendiez pas la visite de ce vieux monsieur?

— Point du tout, dit Catherine; par exemple! Mais... quoique maman ne soit pas de mon avis là-dessus, je vous dirai que c'est un fou qui s'est échappé de la maison voisine et qui aura trouvé quelque occasion de venir se réfugier ici.

— Catherine, dit avec une dignité sévère Mme Nickleby blessée dans ses sentiments, vous m'étonnez.

— Ma chère maman..., reprit Catherine avec l'air d'un doux reproche.

— Vous m'étonnez, répéta Mme Nickleby. Je vous assure, Catherine, que je ne me serais jamais attendue à vous voir prendre le parti des gens qui persécutent cet infortuné gentleman, quand vous savez vous-même les abominables desseins qu'ils ont formés pour s'emparer de ses biens, car c'est là le fin mot. Il serait plus charitable à vous, Catherine, de prier M. Linkinwater ou M. Cheeryble d'intervenir en sa faveur pour lui faire rendre justice. Vous ne devriez pas vous laisser ainsi influencer par vos sentiments personnels : ce n'est pas bien... pas bien du tout. Et moi donc, si je m'abandonnais à mes sentiments ! car enfin, s'il y a quelqu'un qui doive être indigné, n'est-ce pas moi, moi qui ai tant de raisons de l'être? Et cependant, en même temps, je ne voudrais pas pour tout au monde commettre une pareille injustice. Non, continua Mme Nickleby en redressant fièrement la tête, qu'elle détournait néanmoins avec une modestie pleine de majesté, pour me faire comprendre de ce gentleman, il me suffirait de lui dire, de lui répéter la réponse qu'il a déjà reçue de moi l'autre jour : il n'en recevra jamais d'autre. Je veux bien le croire égaré par un sentiment sincère quand il se met, pour l'amour de moi, dans des situations si effrayantes, mais je ne l'en prie pas moins d'avoir la bonté de s'en aller tout de suite, ou il me sera impossible de m'en taire à mon fils Nicolas. Je lui suis reconnaissante, très reconnaissante, mais je ne puis pas un instant prêter l'oreille à ses déclarations. C'est tout à fait impossible. »

Pendant le cours de cette longue tirade, le vieux gentleman, le nez et les joues embellis par de larges taches de suie dérobées à la cheminée qu'il venait de ramoner, était assis par terre, les bras croisés, regardant les spectateurs dans un profond silence et d'un air véritablement majestueux. Il ne paraissait pas avoir la moindre idée de tout ce que Mme Nickleby venait de débiter sur son compte; seulement, quand elle eut achevé sa harangue, il lui fit l'honneur de la regarder longtemps en face, et de lui demander si elle avait fini.

« Je n'ai plus rien à ajouter, répliqua cette dame avec modestie ; réellement, je ne saurais plus que dire.

— Très bien ! dit le vieux gentleman en élevant la voix. Alors, garçon, apportez-moi une bouteille d'éclair, un verre propre et un tire-bouchon. »

Comme le garçon ne venait pas à cet appel, le vieux gentleman, après un moment de silence, éleva de nouveau la voix pour demander une sandwiche au tonnerre. Comme cet article de consommation ne venait pas davantage, il voulut au moins se faire servir une fricassée de revers de bottes au coulis de poissons rouges, et finit par un éclat de rire bruyant, couronné par un beuglement long, sonore, retentissant.

Mme Nickleby, loin de se rendre à l'opinion exprimée sur la physionomie de tous les assistants en présence de ces actes de folie, secoua la tête d'une manière significative, en femme résolue à ne rien voir dans tout cela que des marques légères d'originalité un peu excentrique; et rien n'aurait pu l'empêcher de conserver ce sentiment jusqu'à la fin de ses jours, sans une suite de circonstances nouvelles qui vinrent s'ajouter à cette scène burlesque et changèrent la thèse du tout au tout.

Il est bon de savoir que miss la Creevy, restée seule avec la bonne pour surveiller ses nerfs, ne voyant rien d'imminent dans son état, et se sentant une vive démangeaison d'aller voir ce qui se passait de l'autre côté, se précipita dans la chambre, au moment où le vieux gentleman soufflait comme un bœuf. Par quel hasard se fit-il, je ne sais, qu'en l'apercevant ce monsieur aussitôt coupa court à cet exercice, se dressa tout à coup sur ses pieds, et se mit à lui envoyer avec sa main des baisers passionnés. Qu'on juge de la terreur de la petite artiste ; elle ne savait où elle en était, et ne trouva rien de mieux que d'aller chercher au plus tôt un refuge derrière Tim Linkinwater.

« Ah! ah! cria le vieux gentleman en croisant les mains et les serrant ensemble de toutes ses forces; c'est elle que je revois! la voici, c'est bien elle ! mon amour, ma vie, ma fiancée, ma beauté nonpareille! La voilà donc enfin revenue... enfin... Vivent le gaz et les longues guêtres ! »

Mme Nickleby parut un moment déconcertée, mais ce fut l'affaire d'un instant. Elle fit plusieurs fois à Mlle la Creevy et aux autres spectateurs des signes de tête incompris, elle fronça le sourcil, elle sourit d'un air grave ; tout cela pour leur faire entendre qu'elle savait bien que c'était un malentendu, qu'elle tenait la clef de l'énigme et qu'en moins d'une minute elle allait tout éclaircir.

« La voilà revenue ! disait le vieux gentleman en mettant la main sur son cœur. Cormoran et sapajou! la voilà revenue! Qu'elle veuille seulement m'accepter pour esclave, et tout mon or est à ses pieds. Où trouver tant de grâces, de beautés séduisantes? Est-ce chez l'impératrice de Madagascar? non; chez la reine Pomaré? non ; chez Mme Roland qui prend tous les matins un bain gratis dans le Kalydor? non. Mettez-les toutes ensemble, confondues avec les trois Grâces, les neuf Muses et les quatorze pâtissières de la rue d'Oxford, et vous n'en ferez pas une femme aussi jolie de moitié. Ouais! je vous en défie. »

Après ce dithyrambe, le vieux gentleman fit claquer ses doigts plus de vingt fois, et s'arrêta à contempler en extase les charmes de miss la Creevy. Mme Nickleby profita de cet intervalle favorable pour entrer immédiatement en matière, non pas cependant sans avoir fait précéder ses explications d'une petite toux en manière de préface.

« Certes, je suis heureuse, en pareille circonstance, de voir qu'on en prenne une autre pour moi : c'est une grande consolation dans l'embarras où je me trouvais sans cela. Et je dois dire que c'est la première fois que j'ai été l'objet d'une telle méprise, excepté pourtant quand on m'a prise pour ma fille Catherine, ce qui n'est pas rare. Dans ce dernier cas, il fallait que les gens fussent bien simples pour se tromper de la sorte, mais enfin ils me prenaient pour elle, et, comme vous pensez bien, ce n'était pas ma faute. Ce serait aussi par trop pénible qu'on me rendît responsable de ces erreurs-là. Mais ici je me reprocherais toujours d'avoir souffert que qui que ce fût, particulièrement une personne à laquelle j'ai tant d'obligations, éprouvât des contrariétés pour moi, et je crois de mon devoir de déclarer au gentleman qu'il se trompe, que c'est moi la dame dont je ne sais quel impertinent lui avait dit qu'elle était la nièce du comité de pavage général, et que c'est moi qui le prie et le supplie de se retirer tranquillement, ne fût-ce que pour... (ici Mme Nickleby sourit et rougit à la fois) pour me faire plaisir. » On devait s'attendre à voir le vieux gentleman touché jusqu'au fond de l'âme de la délicatesse de cet appel généreux à sa sensibilité. C'était bien le moins qu'il y répondît par quelque politesse. Quel fut donc le choc affreux qui vint frapper Mme Nickleby, lorsque, s'adressant à elle en personne, de la manière la moins équivoque, il répliqua d'une voix glapissante : « Arrière, vieille chatte !

— Monsieur ! s'écria Mme Nickleby presque défaillante.

— Vieille chatte ! » Car il osa le répéter avec les noms de toutes les chattes connues, depuis Minette et Griselide jusqu'à Puss, Tit et Grimalkin. « Pchi ! pchi ! » En même temps il sifflait entre ses dents comme un matou effarouché, faisait avec les bras des moulinets effrayants, tantôt en s'approchant avec fureur, tantôt en reculant avec frayeur devant Mme Nickleby, figurant à peu près cette espèce de danse sauvage qu'on voit représenter aux paysans les jours de marché pour faire peur aux cochons, aux vaches et autre bétail, lorsque ces animaux indociles veulent prendre à droite au lieu de tourner à gauche.

Mme Nickleby ne perdit pas son temps à répondre un seul mot, elle poussa un cri de surprise et d'horreur et s'évanouit.

« Laissez-moi soigner maman, dit promptement Catherine ; ce ne sera rien, Dieu merci ! mais, je vous en prie, emmenez l'homme ; vite, qu'on l'emmène ! »

Franck ne savait trop comment exécuter cet ordre. Heureusement il s'avisa d'un stratagème ingénieux qui réussit à merveille. Il pria miss la Creevy de marcher quelques pas en avant, bien sûr que le vieux gentleman ne manquerait pas de la suivre. En effet, il se mit à sa poursuite dans un ravissement bien flatteur pour cette demoiselle, mais toujours sous la garde vigilante de Tim Linkinwater d'un côté, et de Franck Cheeryble de l'autre.

« Catherine, murmura Mme Nickleby reprenant ses esprits aussitôt qu'il n'y eut plus là personne pour la voir évanouie, est-il parti ? »

Quand elle fut assurée du fait :

« Ah ! Catherine, dit-elle, je ne me pardonnerai jamais, non jamais ! Ce pauvre gentleman a décidément perdu la tête, et c'est moi, malheureuse, qui en suis la cause.

— Vous, la cause ! dit Catherine dans un étonnement profond.

— Moi-même, ma chère enfant, répliqua Mme Nickleby avec un calme plein de désespoir. Vous l'avez vu l'autre jour, vous le voyez aujourd'hui : quel changement ! Je l'avais bien dit à votre frère, et ce n'est pas d'aujourd'hui que j'avais peur que mon refus ne fût un coup trop violent pour lui. Vous voyez en effet ce qui en est résulté. Je veux bien qu'il fût un peu exalté ; mais que de raison, de sensibilité, d'honnêteté dans son langage, lorsque nous l'avons vu dans le jardin, vous vous rappelez ? Comparez cela avec les abominables sottises qu'il a dites ce soir et ses procédés insensés envers cette pauvre petite malheureuse vieille fille ; convenez qu'il n'y a personne qui puisse douter de sa folie.

— Personne, assurément, dit Catherine avec douceur.

— Ni moi non plus, lui répondit sa mère ; mais au moins, si j'en ai été cause sans le vouloir, j'ai la satisfaction de penser que je ne mérite aucun reproche. Je l'ai dit à Nicolas ; je lui ai dit : Mon cher Nicolas, de la prudence ; n'allons pas trop vite. C'est à peine s'il m'écoutait. Si l'on avait traité les choses en douceur dès le commencement, comme je le voulais..., mais Nicolas et vous, vous êtes tout le portrait de votre pauvre papa. Enfin ! j'ai ma conscience pour moi et c'est beaucoup. »

Après s'être ainsi lavé les mains de toute responsabilité sur ce point pour les fautes passées, présentes et à venir, Mme Nickleby eut la bonté d'exprimer le vœu que jamais ses enfants n'eussent de plus grands reproches à se faire que leur mère, puis elle se prépara à recevoir le cortège, qui revint bientôt annoncer que le vieux gentleman était coffré et rendu à la surveillance de ses gardiens, qui ne s'étaient pas seulement aperçus de son absence pendant qu'ils se régalaient à table avec quelques amis.

La paix étant ainsi rétablie, il y eut une demi-heure de conversation délicieuse, selon l'expression de Franck, en causant avec Tim Linkinwater, chemin faisant, pour revenir chez eux. Et Timothée voyant enfin à sa montre qu'il était grand temps de partir, ces dames restèrent seules, malgré les offres pressantes de Franck de leur tenir compagnie jusqu'à l'arrivée de Nicolas, n'importe à quelle heure, si la brusque invasion de leur voisin malencontreux leur laissait la moindre crainte de rester toutes seules; mais, en voyant leur résolution qui ne laissait plus de prétexte à son insistance pour monter la garde près d'elles, il fut obligé d'abandonner la citadelle et d'opérer sa retraite avec le fidèle Timothée.

Il se passa près de trois heures ensuite dans un silence absolu. Quand Nicolas revint, Catherine fut toute honteuse de voir combien elle était restée de temps, sans s'en apercevoir, assise toute seule, plongée dans ses pensées.

« Vraiment! dit-elle, je ne croyais pas qu'il y eût plus d'une demi-heure.

— Il faut donc, Catherine, reprit gaiement Nicolas, que ces pensées-là aient été bien agréables pour vous faire passer le temps si vite. Je voudrais bien les connaître. »

Catherine, confuse, s'amusa à remuer je ne sais quoi sur la table : elle leva les yeux avec un sourire, et les baissa avec une larme.

« Eh bien, Catherine, dit Nicolas, en attirant sa sœur sur son sein et lui baisant le front, voyons donc un peu ce visage ; non? Ah! je n'ai pas eu le temps de le voir, vilaine méchante!... Mieux que cela, Catherine. Allons! laissez-moi le regarder plus longtemps, je veux y lire le secret de vos pensées. »

Cette proposition avait beau être faite sans la moindre connaissance, sans le moindre soupçon de ce qui se passait dans son cœur, Catherine n'en fut pas moins alarmée de penser qu'il pourrait deviner ses pensées. Nicolas s'en aperçut et changea en riant de sujet pour parler de la maison. C'est ainsi qu'il vint à savoir, petit à petit, en montant l'escalier avec elle, que Smike avait passé la soirée tout seul ; petit à petit, car c'était encore un sujet dont Catherine paraissait s'entretenir avec quelque répugnance.

« Le pauvre garçon, dit Nicolas en donnant un petit coup à sa porte ; qu'est-ce que tout cela veut donc dire? »

Catherine était suspendue au bras de son frère. La porte s'ouvrit trop brusquement pour qu'elle eût le temps de le quitter avant que Smike, pâle, hagard, tout habillé, se trouvât face à face avec eux.

« Vous n'étiez donc pas allé vous coucher? dit Nicolas.

— N...on, fut toute sa réponse.

— Pourquoi non? dit Nicolas en retenant le bras de sa sœur, qui faisait un effort pour se retirer.

— Je n'aurais pas pu dormir, dit Smike en serrant la main que lui présentait son ami.

— Vous n'êtes donc pas bien? » répliqua Nicolas.

Smike s'empressa de répondre qu'il était mieux au contraire, bien mieux.

« Alors, pourquoi vous abandonner à ces accès de mélancolie? lui demanda Nicolas avec douceur; ou pourquoi ne pas nous en dire au moins la cause? Vous n'étiez pas comme ça, Smike!

— C'est vrai, je m'en aperçois moi-même, répliqua-t-il. Je vous en dirai la raison quelque jour, mais pas aujourd'hui. Je m'en veux moi-même : vous êtes tous si bons, si bienveillants pour moi; mais je ne peux pas m'en empêcher, j'ai le cœur si plein... Vous ne savez pas tout ce que j'ai dans le cœur! »

Il tordit la main de Nicolas avant de la lui rendre, et, jetant un coup d'œil attendri sur le frère et la sœur, debout devant lui et se tenant par le bras, comme s'il y avait dans l'image de leur mutuelle affection quelque chose qui touchait profondément son âme, il se retira dans sa chambre, où ce fut bientôt la seule créature qui veillât encore sous ce toit paisible.

CHAPITRE L

Grave catastrophe.

Les petites courses de Hampton étaient en plein exercice : la gaieté coulait à pleins bords ; le jour était éblouissant ; le soleil, au haut d'un ciel sans nuage, brillait de son plus vif éclat ; le siège des cochers, le haut des tentes, faisaient flotter dans les airs des banderoles aux couleurs resplendissantes, qui n'avaient jamais eu de reflets plus éclatants.

Les vieux drapeaux défraîchis semblaient remis à neuf sous un ciel étincelant ; les dorures ternies reluisaient plus brillantes ; la toile sale et jaunâtre qui défendait les spectateurs contre les ardeurs du jour paraissait blanche comme la neige ; il n'y avait pas jusqu'aux haillons du mendiant qui ne se décorassent d'une teinte assez poétique pour que la charité s'oubliât elle-même dans un sentiment d'admiration passionnée en présence d'une pauvreté si pittoresque.

C'était enfin une de ces scènes d'activité vivante et animée, prises à leur beau moment de vivacité et de fraîcheur, où elles ne peuvent manquer de plaire ; car, pour peu que l'œil soit fatigué de spectacle ou de lumière, pour peu que l'oreille soit étourdie de bruit et de tapage sans fin, l'œil n'a qu'à se reposer, n'importe où, sur des visages curieux, heureux, expressifs, et l'oreille n'a qu'à confondre ces sons étourdissants dans l'explosion générale de joie et d'allégresse qui égaye ce tableau. Même la figure hâlée des enfants de Bohême, groupés ou couchés demi-nus, contribue au plaisir. On aime à voir dans leurs traits que le soleil a passé par là, à y reconnaître l'air et la lumière dont ils sont baignés tous les jours ; on sent que ce sont de vrais enfants qui vivent comme des enfants de la nature. Si leur oreiller est quelquefois humide, ce n'est pas de leurs larmes, c'est de la rosée du ciel. Les membres de leurs petites filles sont libres comme l'air, au lieu d'être soumis de force aux horribles tortures qui imposent à leur sexe, dans les fabriques, la gêne la plus pénible et les grimaces les plus disgracieuses. Ils vivent au jour le jour, c'est vrai, mais au milieu des arbres qui se balancent sur leur tête, et non parmi les affreuses machines qui vieillissent l'enfant avant qu'il sache seulement ce que c'est que l'enfance, et lui donnent d'avance toutes les infirmités et la faiblesse de l'âge, sans pouvoir seulement lui donner, comme l'âge, le bonheur de mourir.

Plût à Dieu qu'ils fussent vrais les vieux contes dont nous bercent nos nourrices, et que les Bohémiens, ces prétendus voleurs d'enfants, en volassent par là, à la douzaine !

La grande course du jour venait de finir, et, de chaque côté de la corde, les longues lignes de spectateurs, se rompant tout à coup pour verser la foule dans l'enceinte, donnaient à la scène une animation nouvelle et un mouvement plein de vie. Il y en avait qui se précipitaient de ce côté pour apercevoir le cheval vainqueur ; d'autres couraient de droite et de gauche, avec non moins d'ardeur, à la recherche de leur cocher qu'ils avaient laissé occupé à choisir une bonne place pour leur voiture. Ici un petit groupe se formait autour d'une table pour voir plumer quelque innocent badaud à un jeu de hasard. Plus loin, un autre industriel, entouré de ses compères dissimulés sous des travestissements divers · l'un avec des lunettes, l'autre avec un lorgnon et un chapeau à la dernière mode, l'autre habillé en fermier cossu, son manteau sur le bras et ses billets de banque dans un grand portefeuille de cuir, et tous avec leurs gros fouets à la main pour figurer d'innocents campagnards qui étaient venus sur le bidet voir la fête, essayaient par leur bagout bruyant et sonore, ou par l'annonce de quelque tour d'adresse, de faire tomber dans le panneau un chaland imprudent, pendant que messieurs les associés, dont la mine basse jurait avec leur linge blanc et leur costume élégant, trahissaient le vif intérêt qu'ils prenaient au succès de la chose, en échangeant entre eux un regard furtif, à l'arrivée de quelque nouveau venu. Ailleurs, des flâneurs prenaient place à l'arrière d'un large cercle de curieux assemblés autour d'un bateleur ambulant et de son orchestre retentissant, ou se pressaient pour voir le classique combat de taureaux. Cependant les ventriloques, occupés à des dialogues intéressants avec des poupées de bois, des diseuses de bonne aventure occupées à faire taire les cris importuns des enfants qui gênent leur commerce, partageaient avec

« Lâchez-moi, » s'écriait sir Mulberry d'une voix épaisse et enrouée. (P. 382.)

toutes ces professions variées l'honneur d'attirer l'attention générale du public. Les cabarets en plein vent étaient pleins. On commençait à entendre dans les équipages le cliquetis des verres; on y vidait les paniers chargés de toutes sortes de provisions séduisantes; on jouait des couteaux et des fourchettes; le champagne faisait sauter le bouchon; les yeux, animés déjà par le plaisir, pétillaient bien mieux encore, et les filous comptaient le produit de leur journée, acquis à la sueur de leur front. L'attention, concentrée tout à l'heure sur un seul point, se partageait maintenant entre mille intérêts différents, et partout où vous portiez les regards, vous ne pouviez plus voir qu'une réunion confuse, un joyeux pêle-mêle de rieurs, de causeurs, de joueurs, de voleurs, de mendiants et de mascarades.

Les joueurs surtout n'avaient pas à se plaindre. Une foule de baraques disposées en salons de jeu étalaient aux yeux le luxe de leurs tapis moelleux, de leurs portières à grandes raies, de leurs rideaux cramoisis, de leurs toits élevés, de leurs pots de géraniums et de leurs domestiques en livrée. Il y avait le club des Étrangers, le club de l'Athenæum, le club de Hampton, le club de Saint-James, une lieue de clubs, ou peu s'en faut, à l'usage des joueurs : il y avait le *rouge et noir*, la *merveille*, et le *lansquenet*.

Entrons dans un de ces temples de la fortune, nous y trouverons des personnages de notre connaissance.

Voyez d'abord ces trois tables de jeu, entourées de joueurs et de curieux. Quoique ce soit la salle la plus vaste dans son genre de tout le champ de course, quoiqu'on ait pris la précaution d'en relever la toile pour donner plus d'air et de pratiquer deux portes pour établir un courant, il y fait une chaleur atroce. A l'exception de deux ou trois personnages qui tiennent à la main quelques pièces d'or égarées dans une pile d'écus, pour y puiser à chaque tour de bille le montant de leur enjeu, avec le calme diligent d'un joueur de profession qui n'a fait autre chose ce matin, cette nuit, hier et tous les jours, vous n'apercevrez pas chez les autres de caractère intéressant. Ce sont, pour la plupart, des jeunes gens attirés par la curiosité, qui risquent quelques petites sommes pour continuer les amusements du jour, sans montrer grand intérêt de perte ou de gain. Cependant voici deux individus qui méritent d'attirer en passant notre attention, comme des échantillons remarquables d'une classe particulière.

L'un d'eux est un homme de cinquante-six à cinquante-huit ans ; il est assis sur une chaise près d'une des entrées du salon, les mains croisées sur la pomme de sa canne et son menton posé sur ses mains. C'est un homme grand, gros, haut de buste, boutonné jusqu'au cou dans un petit habit vert qui le fait encore paraître plus long qu'il n'est. Il porte une culotte courte, des guêtres, une cravate blanche et un chapeau blanc à larges bords. Au milieu du bruit et des bourdonnements de la salle, des allées et venues perpétuelles des passants, il conserve un calme impassible ; sa figure ne laisse pas percer la moindre émotion, pas même l'expression de l'ennui, bien moins encore, aux yeux de l'observateur superficiel, la plus légère marque d'intérêt à ce qui se fait : il est là sur sa chaise, tranquille et recueilli. Quelquefois, mais bien rarement, il salue de la tête une figure qui passe, ou fait signe à un domestique d'aller voir ce qu'on lui veut à une table où on l'appelle ; mais c'est pour retomber, le moment d'après, dans son état habituel d'insensibilité. Est-ce un vieux monsieur, sourd comme un pot, qui est venu se reposer là ? cela pourrait bien être ; est-ce une personne qui attend patiemment un ami en retard, sans faire seulement attention aux gens qui sont là ? est-ce un malade atteint de catalepsie, ou pétrifié par l'usage de l'opium ? Tout le monde se retourne pour le regarder. Lui, il ne fait pas un geste, pas un mouvement d'yeux ; il laisse passer les uns, puis les autres, puis les autres encore, sans y faire seulement attention. Quand il bouge, par hasard, on se demande comment il a fait pour voir ce qui l'a dérangé de ses habitudes, et, de fait, il a l'air aveugle autant que sourd. Eh bien, il n'y a pas un visage qui entre ou qui sort sans qu'il l'ait vu ; il ne se fait pas un geste aux trois tables qui lui échappe ; les banquiers ne disent pas un mot qui soit perdu pour ses oreilles ; il n'y a pas un gagnant ni un perdant qu'il n'enregistre dans sa mémoire : c'est le propriétaire du lieu.

L'autre préside la table de la roulette. Il a probablement dix ans de moins que le premier. C'est un gaillard trapu, ventru, l'air robuste, la lèvre inférieure un peu retroussée, peut-être par l'habitude de compter en dedans l'argent à mesure qu'il le paye ; mais, au fond, sa mine n'est pas déplaisante, elle serait plutôt honnête et franche. Il a mis habit bas, parce qu'il fait chaud, et se tient debout derrière la table, avec un rempart d'écus de toutes les dimensions devant lui, sans compter un petit coffre à billets de banque. Il n'y a pas d'interruption dans le jeu. Vingt joueurs environ parient à la fois. L'homme fait rouler la bille, compte l'argent des enjeux, les retire de la couleur perdante, paye les gagnants, et tout cela en un clin d'œil ; il recommence à faire rouler la bille, et tient toujours les joueurs en haleine. Quelle promptitude merveilleuse ! et jamais d'hésitation, jamais d'erreur, jamais de temps d'arrêt, jamais de repos dans la répétition de ces phrases incohérentes que l'habitude, et peut-être le besoin d'avoir toujours quelque chose à dire pour entretenir le jeu, lui fait réciter constamment, avec la même expression monotone et dans le même ordre, tout le long du jour.

« Rouge et noire de Paris, messieurs ! faites votre jeu et vos enjeux, tout le temps que la bille roule. Rouge et noire de Paris, messieurs ! c'est un jeu français, messieurs ; c'est moi qui l'ai importé, c'est connu. Rouge et noire de Paris ! la noire gagne, la noire... Arrêtez un moment, monsieur, je vais vous payer tout de suite ; cinquante francs ici, douze francs cinquante là, soixante-quinze là et vingt-cinq par ici. Messieurs, la bille roule ; tant que la bille roule, vous pouvez, monsieur ; le beau du jeu, messieurs, c'est que vous pouvez doubler vos enjeux ou engager votre argent tout le temps que la bille roule... Encore la noire ; c'est la noire qui gagne ; je n'ai jamais vu chose pareille, jamais de ma vie, ma parole d'honneur. Si un de ces messieurs avait soutenu la noire depuis cinq minutes, il aurait gagné douze cents francs en quatre tours de bille, c'est sûr. Messieurs, nous avons du porto, du xerès, des cigares, d'excellent champagne. Garçon ! une bouteille de champagne et douze ou quinze cigares ; ne nous refusons rien, messieurs ; et des verres propres, garçon. Tout le temps que la bille roule..., j'ai perdu trois mille francs hier, messieurs, en un tour de bille ; c'est connu... Comment vous portez-vous, monsieur (à un monsieur qu'il reconnaît, et sans changer de ton, lui faisant seulement du coin de l'œil un signe imperceptible) ? Voulez-vous prendre un verre de xerès, monsieur ? Garçon ! un verre propre et du xerès à monsieur ; vous le passerez à la ronde, n'est-ce pas, garçon ? Voici le rouge et noire de Paris ! Tout le temps que la bille roule, messieurs, faites votre jeu et vos enjeux. Voici le rouge et noire de Paris, jeu nouveau que j'ai importé moi-même, c'est connu. Messieurs, la bille roule ! »

Cet estimable fonctionnaire était tout entier à son emploi, quand on vit entrer dans la baraque une demi-douzaine de personnages qu'il salua respectueusement, sans discontinuer cependant ni ses paroles, ni sa besogne. En même temps il appela par un coup d'œil l'attention d'un individu qui était près de lui sur le plus grand des nouveaux venus, auquel le propriétaire ôtait son chapeau. C'était sir Mulberry Hawk, accompagné de son élève, et d'une escorte de gens d'une mise élégante, mais d'un caractère plus que suspect.

Le propriétaire, à voix basse, souhaita le bonjour à sir Mulberry, qui du même ton l'envoya au diable et se retourna pour continuer la conversation avec son cortège.

Il était évidemment agacé par la certitude où il était qu'en se montrant pour la première fois en public, après ce qui lui était arrivé, il devenait nécessairement un objet de curiosité. Et il était facile de voir que, s'il se montrait aux courses ce jour-là, c'était moins pour prendre sa part des plaisirs de la fête que pour y rencontrer à la fois un grand nombre de ses connaissances et se débarrasser d'un coup des ennuis de sa rentrée officielle. Il restait encore sur sa figure une légère cicatrice, qu'il ne cessait de dissimuler avec son gant toutes les fois qu'il rencontrait quelqu'un qui venait à le reconnaître. Car il ne se passait pas de minute que quelque allant et venant ne le saluât en passant; et la précaution qu'il prenait de cacher sa blessure ne faisait que rendre plus visible la honte qu'il ressentait de sa mésaventure.

« Ah! c'est vous, Hawk? dit un élégant portant un habit à la dernière mode, une cravate d'un goût exquis et tous les autres accessoires de toilette qui font la réputation d'un dandy. Comment cela va-t-il, mon vieux? »

Or il est bon de savoir que c'était un homme qui faisait concurrence à sir Mulberry pour mettre la dernière main à l'éducation des jeunes gentilshommes, et par conséquent le personnage que Hawk détestait le plus cordialement et craignait le plus de rencontrer en cette occasion. Ils se donnèrent une poignée de main avec les démonstrations de la satisfaction la plus vive.

« Eh bien, mon vieux, cela va-t-il mieux à présent, hein?

— Très bien, très bien, dit Mulberry.

— Ah! j'en suis bien aise, dit l'autre; et vous, Verisopht, comment vous portez-vous? Il est un peu battu de l'oiseau, ce me semble, notre ami. Il n'a pas encore repris tout à fait son assiette. Hein? »

Notez que ce monsieur avait les dents très blanches et que, toutes les fois que la conversation ne prêtait pas à rire, il finissait généralement par cette interjection commode, pour ne pas perdre l'occasion de montrer la blancheur de son râtelier.

« Mais, dit le jeune lord négligemment, il est tout à fait dans son assiette ordinaire; il n'y a rien de changé, que je sache.

— Ma parole d'honneur, repartit l'autre, je suis charmé de cette nouvelle. Y a-t-il longtemps que vous avez quitté Bruxelles?

— Nous ne sommes arrivés à Londres, dit lord Frédérick, que cette nuit, assez tard. »

Pendant ce temps-là, sir Mulberry s'était retourné pour causer avec un de ses acolytes, et faisait semblant de ne pas entendre cette conversation.

« Eh bien, continua son rival, affectant de parler tout bas à lord Verisopht, je vous assure qu'il faut avoir le courage et la hardiesse de Hawk pour se montrer sitôt en public : ce que j'en dis, c'est dans son intérêt; mais vraiment il a du courage. Il s'est absenté tout juste assez, voyez-vous, pour exciter la curiosité, mais pas assez pour faire oublier aux gens cette diable de désagréable... A propos... vous connaissez, comme de raison, les détails publiés sur cette affaire; pourquoi donc n'avez-vous pas démenti ces maudits journaux? Il est bien rare que je les lise, mais je les ai parcourus dans cette espérance, et franchement...

— Eh bien, parcourez-les demain..., non, après-demain, voulez-vous? interrompit sir Mulberry en se retournant tout à coup.

— Ma foi, mon cher ami, je ne lis guère les journaux, dit l'autre en haussant les épaules; mais je lirai celui-là pour vous faire plaisir. Qu'est-ce que nous y verrons?

— Bonjour! » répondit sir Mulberry en tournant brusquement sur ses talons avec son pupille. Puis ils reprirent le pas de flâneurs nonchalants dont ils étaient entrés, et parcoururent le salon tranquillement, bras dessus bras dessous.

« Ce n'est pas un cas de mort violente que je lui donnerai le plaisir de lire dans le journal après-demain, marmotta sir Mulberry avec un gros juron, mais il ne s'en faudra de guère. On peut couper la figure à un homme à coups de cravache et l'étriller à coups de canne sans le faire mourir sous le bâton. »

Lord Frédérick ne répondit rien; mais il y avait dans son air quelque chose de déplaisant pour sir Mulberry, qui continua d'un ton aussi féroce que s'il avait parlé à Nicolas lui-même, au lieu de s'adresser à son ami.

« J'ai envoyé ce matin avant huit heures Jenkins chez le vieux Nickleby; Nickleby n'a pas perdu de temps; il était chez moi avant le retour de l'autre. En cinq minutes il m'a mis au courant de tout; je sais où trouver le gredin; il m'a dit le lieu et l'heure. Mais pas tant de paroles, demain sera bientôt venu.

— Et qu'est-ce qu'on fera demain? » demanda lord Frédérick languissamment.

Sir Mulberry Hawk l'honora d'un regard courroucé, mais ne daigna pas lui faire d'autre réponse. Ils continuèrent leur promenade taciturne, occupés chacun de leurs secrètes pensées, jusqu'à ce qu'ils eurent traversé la foule; et, quand ils se virent seuls, sir Mulberry fit un demi-tour pour s'en aller.

« Un instant, lui dit son compagnon, je veux vous parler... sérieusement; ne vous en retournez pas; promenons-nous encore ici quelques minutes.

— Que pouvez-vous avoir à me dire? lui répondit son mentor en dégageant son bras; ne puis-je aussi bien l'entendre là-bas qu'ici?

— Hawk! répliqua l'autre, dites-moi, il faut que je sache...

— *Il faut* que je sache! interrompit Hawk d'un ton dédaigneux. Ouais! alors continuez; s'il faut que vous sachiez, je vois bien qu'il n'y a pas moyen que j'y échappe. Ah! il faut que je sache!

— Eh bien, il faut que je vous demande, si vous voulez, répliqua lord Frédérick, il faut que j'insiste pour obtenir de vous une réponse claire et nette... Ce que vous venez de me dire là tout à l'heure, était-ce tout simplement une boutade de mauvaise humeur, un mot en l'air, ou bien avez-vous sérieusement l'intention d'agir comme vous l'avez dit? Est-ce un projet bien arrêté après mûre réflexion?

— Mais, dit sir Mulberry en ricanant, est-ce que vous ne vous rappelez pas ce qui s'est passé certain soir que je suis resté sur le pavé avec une jambe cassée?

— Parfaitement bien.

— Alors, au nom du diable, reprit sir Mulberry, vous n'avez pas besoin d'autre réponse, celle-là suffit, je pense. »

Tel était l'ascendant qu'il avait pris depuis longtemps sur sa dupe, telle était l'obéissance et la soumission dont il lui avait fait contracter l'habitude, que le jeune homme sembla hésiter un moment à continuer l'entretien sur le même sujet; mais bientôt, reprenant courage, et comme honteux de lui-même, il repartit avec colère : « Si je me rappelle bien ce qui s'est passé alors, vous devez vous rappeler aussi que je me suis expliqué franchement à cet égard, et que je vous ai dit que vos menaces d'aujourd'hui ne s'effectueraient jamais à ma connaissance et de mon consentement.

— Est-ce que vous voudriez m'en empêcher? demanda sir Mulberry avec un éclat de rire.

— ... Ou...i, je vous en empêcherai, si je peux, répliqua l'autre vivement.

— Voilà au moins une clause prudente; vous avez bien fait de l'ajouter en cas de besoin, dit sir Mulberry. Écoutez, occupez-vous de vos affaires et laissez-moi m'occuper des miennes.

— C'est que cette affaire-ci est aussi bien la mienne que la vôtre, continua lord Frédérick; j'en ferai mon affaire, ou plutôt j'en fais dès à présent mon affaire; j'y suis déjà assez compromis comme cela.

— En ce cas, faites donc de votre côté ce qu'il vous plaira et comme il vous plaira, dit sir Mulberry affectant un ton dégagé et un air de bonne humeur. Je ne puis pas mieux dire : je ne vous demande rien, je vous laisse libre, faites comme moi. Je ne conseillerais à personne de venir me contrarier dans l'exécution de mes projets; j'espère que vous me connaissez assez pour n'en rien faire. Le fait est, à ce que je vois, que vous avez cru devoir me donner un avis; je ne doute pas de vos intentions; elles peuvent être bonnes, mais l'avis est loin de l'être, et je n'en veux pas. A présent, s'il vous plaît, nous allons retourner à ma voiture: je ne m'amuse pas du tout ici, bien au contraire; si nous poussions plus loin cette conversation, nous pourrions bien en venir à une querelle : ce qui ne serait pas une preuve de sagesse, ni de votre part, ni de la mienne. »

Là-dessus, sans attendre d'autre observation, sir Mulberry Hawk se mit à bâiller et s'éloigna tout tranquillement.

C'était de sa part une marque de tact et la preuve qu'il connaissait bien le caractère du jeune lord, de le traiter comme il faisait. Sir Mulberry avait vu clairement que c'était le moment ou jamais d'établir solidement sa domination. Il savait que, dès l'instant où il s'emporterait, le jeune homme s'emporterait aussi, et, bien des fois, quand il s'était présenté quelque circonstance de nature à diminuer son influence, il s'était bien trouvé, pour mieux l'assurer, d'adopter ce ton rassis et laconique, et, dans le cas présent, il ne doutait pas que le succès ne répondît à sa confiance.

Mais il lui en coûtait de dissimuler ainsi sa colère sous des dehors insouciants et sous cet air d'indifférence que son habile expérience lui faisait juger nécessaire; aussi, dans son for intérieur, il se promettait bien de faire payer cher cette pénible contrainte à Nicolas, en ajoutant à la sévérité de sa vengeance quelque dédommagement de plus pour cette mortification nouvelle. Un jour ou l'autre, de manière ou d'autre, Nicolas n'en serait pas le bon marchand. Quant au jeune lord, tant qu'il n'avait été qu'un instrument passif dans ses mains, sir Mulberry n'avait eu pour lui que du mépris; mais aujourd'hui ce n'était plus du mépris, c'était un commencement de haine en le voyant assez osé pour se permettre des opinions différentes de la sienne, et même pour affecter avec lui un ton de hauteur et de supériorité.

Il ne savait que trop combien il dépendait, dans le sens le plus vil et le plus lâche du mot, de ce jeune écervelé, et l'humiliation qu'il lui avait aujourd'hui infligée ne lui en semblait que plus amère. Aussi, du moment qu'il commença à le haïr, il mesura sa haine, c'est assez l'ordinaire, sur l'étendue même des torts que l'autre pouvait avoir à lui reprocher. Qu'on n'oublie pas que sir Mulberry Hawk avait dupé, surpris, trompé son élève de toutes les manières, et l'on ne sera pas étonné qu'en commençant à le détester, il le détestât à l'instant même de tout son cœur.

D'un autre côté, le jeune lord avait pensé (chose rare chez lui!), et même sérieusement, à l'affaire de Nicolas et à toutes les circonstances préliminaires. Disons à son honneur qu'après mûre réflexion il avait pris une résolution honnête et courageuse. La conduite grossière et insultante de sir Mulberry dans cette occasion avait produit une impression profonde sur son esprit. Il n'avait pu non plus s'empêcher de concevoir, depuis quelque temps, le soupçon trop naturel que son mentor, en l'engageant dans une poursuite amoureuse contre Mlle Nickleby, travaillait pour son propre compte. Il était véritablement honteux du rôle qu'on lui avait fait jouer dans cette affaire, et profondément mortifié par un certain pressentiment qu'il avait été pris pour dupe. Pendant le temps qu'ils venaient de passer loin du monde, il avait eu tout le loisir nécessaire pour réfléchir là-dessus à son aise, et, toutes les fois que l'indolence naturelle de son caractère lui avait permis de le faire, il n'en avait pas manqué l'occasion. Nous passons quelques autres circonstances qui, pour être insignifiantes, n'en avaient pas moins contribué à confirmer ses soupçons. En un mot, il ne fallait plus qu'un souffle pour allumer sa colère contre sir Mulberry. C'est le dédain et le ton insolent de celui-ci dans leur dernière conversation, la seule qu'ils eussent jamais eue sur ce sujet depuis l'événement, qui précipitèrent la crise.

Pour le moment, ils allèrent rejoindre leur société, mais chacun d'eux emportait dans son cœur un germe de haine, qui devait bientôt éclater contre l'autre. Le jeune homme, en particulier, était poursuivi par les menaces de vengeance rancunière prononcées contre Nicolas, et bien décidé à l'empêcher, s'il pouvait, par quelque mesure énergique; mais, le pis de l'affaire, c'est que sir Mulberry, tout fier de l'avoir réduit au silence, ne put s'empêcher, dans l'ivresse de son triomphe, de poursuivre ses prétendus avantages. Il y avait là M. Pyke, M. Pluck, le colonel Chawser et d'autres gentlemen de la même clique, et sir Mulberry attachait une grande importance à leur faire voir qu'il n'avait rien perdu de son influence. Dans le commencement, le jeune lord se borna à rêver silencieusement aux mesures qu'il devait prendre pour briser immédiatement toute relation avec son ancien ami; mais, petit à petit, le rouge lui monta au visage, et il se sentit exaspéré par des plaisanteries et des familiarités dont quelques heures auparavant il n'aurait fait que s'amuser. Il n'y gagnait pas grand'chose, car, pour donner à sir Mulberry la réplique en pareille compagnie, lord Frédérick n'était pas de force à lui tenir tête; pourtant il n'y eut pas encore là de rupture violente. Ils s'en retournèrent à Londres au milieu des exclamations admiratives de Pyke, Pluck et compagnie, qui protestaient, tout le long du chemin, que jamais sir Mulberry n'avait eu de sa vie tant d'entrain.

Ils dînèrent ensemble. Le dîner était somptueux; le vin coulait à flots; on ne l'avait pas épargné déjà tout le reste du jour. Sir Mulberry buvait pour se dédommager de son abstinence forcée, le jeune lord pour noyer son indignation dans son verre, et le reste de la société parce que le vin était excellent et ne leur coûtait rien. Il était près de minuit lorsqu'ils se levèrent vivement, hors d'eux-mêmes, échauffés par le vin, le sang bouillant, la tête en feu, pour passer à la table de jeu.

Là ils se trouvèrent en face d'une autre société qui n'était pas plus raisonnable. L'excitation du jeu, la chaleur du salon, l'éclat des bougies, n'étaient guère propres à calmer la fièvre de leurs sens. Au milieu de ce tourbillon de bruit et de sensations confuses, ils étaient en proie à un véritable délire. Il n'y en avait pas un, dans l'enivrement sauvage du moment, qui fût capable de penser à la valeur de l'argent, à sa ruine, au lendemain. « Encore du vin! » criait-on de toutes parts; et les verres se vidaient l'un après l'autre dans leur gosier brûlant et desséché, à travers leurs lèvres bouillantes toutes gercées par la soif. Le vin leur faisait l'effet de l'huile que l'on verse sur un ardent brasier. La discussion s'animait, l'orgie montait toujours, les verres se brisaient en éclats sur le parquet, en s'échappant des mains qui ne pouvaient plus les porter jusqu'aux lèvres; les lèvres proféraient des jurons dont elles avaient à peine la force de prononcer les sons. Les joueurs ivres maudissaient à grands cris le sort qui les avait fait perdre. Il y en avait qui dansaient, d'autres qui chantaient, d'autres qui déchiraient des cartes dans un transport de rage! Le tumulte et la folie régnaient en maîtresses, lorsqu'on entendit un tapage qui fit taire tous les autres et qu'on vit deux hommes, se tenant l'un l'autre à la gorge, lutter au milieu du salon.

Une douzaine de voix jusque-là silencieuses appelèrent au secours pour les séparer. Ceux qui avaient eu la prudence de garder leur tête pour gagner au jeu et qui vivaient de ces scènes de désordre, se jetèrent sur les combattants, les séparèrent de force et les entraînèrent à quelque distance l'un de l'autre.

« Lâchez-moi, s'écriait sir Mulberry d'une voix épaisse et enrouée, c'est lui qui m'a frappé : vous m'entendez, je vous dis qu'il m'a frappé. N'ai-je pas ici quelque ami? Qu'il vienne! Ah! c'est vous, Westwood, vous venez de m'entendre dire qu'il m'a frappé.

— Oui, oui, je vous ai entendu, répliqua l'un de ceux qui le retenaient; retirez-vous, laissez passer la nuit là-dessus.

— Non, de par tous les diables! répliqua-t-il; il y a là une douzaine de témoins qui ont vu donner le soufflet.

— Il sera bien temps demain, dit l'autre.

— Il ne sera pas temps du tout, cria sir Mulberry : ce soir, tout de suite, ici même! » Sa fureur était si grande, qu'il était là, les poings fermés, s'arrachant les cheveux et trépignant des pieds sans pouvoir articuler.

« Qu'est-ce que c'est donc, milord? disait à lord Verisopht un de ceux qui l'entouraient; est-ce qu'il y a eu des soufflets?

— Non, il n'y en a eu qu'un, répondit-il encore tout ému : c'est moi qui l'ai donné. Je suis bien aise que tout le monde le sache ici. A présent il faut arranger l'affaire avec lui. Capitaine Adams, dit le jeune lord en jetant un regard rapide autour de lui et en s'adressant à l'un de ceux qui les avaient séparés, dites-moi, je voudrais bien vous dire un mot. »

La personne en question s'approcha, prit son bras, l'emmena quelques pas plus loin dans un coin, où les rejoignirent bientôt sir Mulberry et son ami Westwood.

Il y a peut-être des endroits mieux famés où une telle affaire aurait pu éveiller la sympathie pour ou contre et donner lieu à quelque remontrance amicale, à quelque intervention officieuse. Peut-être alors aurait-on pu l'arrêter sur-le-champ et laisser au temps et à la réflexion le soin de calmer les esprits à jeun; mais le lieu de la scène était au contraire un rendez-vous de mauvais sujets, un bouge de la pire espèce. Troublée au milieu de ses débauches, la société se sépara. Les uns s'en allèrent chancelants, avec l'air de cette gravité stupide, hébétée par le vin; les autres discutant à grand bruit les détails de la scène qui venait de se passer sous leurs yeux. Les honorables habitués, dont l'industrie était de vivre du produit de leur gain, se dirent l'un à l'autre en s'en allant que Hawk était un bon tireur. Quant à ceux qui avaient fait le plus de tapage, ils tombèrent endormis sur les sofas et n'y pensèrent plus.

Cependant les deux seconds, car nous pouvons maintenant leur donner ce titre, après avoir eu chacun une longue conférence à part avec celui qui l'avait choisi pour témoin, se réunirent dans une autre pièce. C'étaient deux hommes sans âme, de vrais roués, tous deux initiés au monde et à ses vices les plus corrompus, tous deux des paniers percés, tous deux en interdiction de biens pour dettes, tous deux se faisant honneur de ces turpitudes auxquelles la société sait trouver des noms élégants et des excuses de convention dans son indulgence dépravée. C'étaient donc par conséquent deux de ces gentlemen connus dans le monde pour être très chatouilleux sur leur honneur personnel et très pointilleux à l'endroit de l'honneur des autres.

Ils se trouvaient l'un et l'autre d'une humeur plus vive et plus gaie que jamais, car il était à peu près sûr qu'une affaire comme celle-là ferait du bruit, et elle ne pouvait manquer de donner un nouveau relief à leur réputation.

« Voilà un cas qui se présente assez mal, Adams, dit M. Westwood en se redressant.

— C'est vrai, répondit le capitaine; il y a eu un soufflet de donné, et par conséquent je ne vois plus rien à faire qu'une affaire.

— Pas d'excuses, je suppose?

— Pas la moindre de notre côté, quand on perdrait son temps à en demander jusqu'à la fin du monde. Il paraît que le fond de la querelle, c'est quelque chose comme une petite fille sur le compte de laquelle sir Mulberry a tenu des propos qui ont blessé lord Frédérick. Mais il s'y est joint à la suite une longue récrimination sur une foule d'autres contrariétés et de sujets de reproches réciproques. Sir Mulberry a employé le sarcasme; lord Frédérick était monté, et l'a frappé dans la chaleur de la dispute, avec des circonstances qui n'ont pas diminué la gravité de la chose. Et, ma foi! à moins que sir Mulberry ne soit disposé à se rétracter complètement, lord Frédérick est prêt à tenir le soufflet pour bon.

— Alors il n'y a plus rien à dire : il ne reste qu'à régler l'heure et le lieu du rendez-vous. C'est une responsabilité, mais il est important d'en finir. Voyez-vous de l'inconvénient à ce que ce soit au lever du soleil?

— Diable! dit le capitaine en regardant sa

montre. La chose est bien récente; mais, comme il paraît que cela remonte loin, et que toute négociation serait peine perdue, j'accepte.

— Après ce qui s'est passé ici, il est possible qu'il en perce bientôt au dehors quelque chose qui nous oblige à lever le pied sans délai, et à quitter Londres à temps, dit M. Westwood. Qu'est-ce que vous dites d'un des prés, le long de la rivière, en face de Twickenham? »

Le capitaine n'avait pas d'objection.

« Voulez-vous que nous nous rejoignions dans l'avenue d'ormes qui mène de Petersham à Ham-House, pour régler en arrivent le lieu précis du combat? »

La proposition fut adoptée. Après quelques autres préliminaires aussi laconiques, on décida le chemin que prendrait chaque adversaire pour éviter tout soupçon, et on se sépara.

« Nous n'avons guère plus de temps à présent qu'il ne nous en faut, milord, dit le capitaine à lord Frédérick, pour venir prendre chez moi ma boîte de pistolets, et nous en aller tout doucement au rendez-vous. Si vous me permettez de renvoyer votre domestique, nous prendrons mon cabriolet, car j'ai peur que le vôtre ne nous fasse reconnaître. »

Quand une fois ils furent dans la rue, quel contraste avec la scène dont ils sortaient! Le petit jour commençait à poindre. La lumière jaunâtre qui éclairait le salon avait fait place à la lueur claire, brillante, glorieuse du matin. Au lieu de l'atmosphère chaude, étouffante, chargée de l'odeur des lampes expirantes et des vapeurs de l'orgie, l'air libre, l'air frais, l'air pur et salubre! Mais hélas! la tête fiévreuse sur laquelle soufflait cet air pur, aspirait avec lui le remords d'une vie passée dans la dissipation et le regret des occasions perdues. Lord Verisopht, les veines gonflées, la peau brûlante, l'œil hagard et farouche, les idées en désordre, l'esprit perdu, croyait lire dans la lumière du jour un reproche, et reculait involontairement devant les feux de l'aurore comme devant un spectacle effrayant et hideux.

« Du frisson? dit le capitaine. Vous avez froid?

— Un peu.

— Il fait frais quand on sort d'une chambre chaude. Enveloppez-vous dans ce manteau. Bon, bon, nous voilà bien. »

Ils traversèrent les rues tranquilles, troublées seulement par le bruit des roues, descendirent un moment au logis du capitaine, quittèrent la ville et se trouvèrent sur la route, sans avoir été contrariés ni inquiétés dans leur marche.

Les champs, les arbres, les jardins, les haies, que tout paraissait beau! Le jeune homme avait passé devant plus de mille fois auparavant sans les voir. Il en était frappé aujourd'hui. Tous ces objets portaient à son âme la sérénité et la paix, et n'y trouvaient qu'un chaos de pensées confuses; et cependant, au milieu du désordre de son esprit, elles lui laissaient une impression bienfaisante. Il n'avait pas à réprimer chez lui le vil sentiment de la peur, mais la colère qui le possédait devenait plus calme, à mesure qu'il jetait les yeux autour de lui, et, quoique toutes les illusions qu'il s'était faites autrefois sur son indigne précepteur de corruption fussent maintenant dissipées, il aurait mieux aimé ne l'avoir jamais connu que d'en être venu à cette extrémité.

La nuit passée, le jour de la veille, bien d'autres jours, bien d'autres nuits encore se confondaient dans sa mémoire en un tourbillon vertigineux. Il lui était impossible de distinguer les temps et les époques. Tantôt le bruit des roues sur le macadam frappait ses oreilles d'une harmonie sauvage dans laquelle il croyait reconnaître des bribes d'airs oubliés. Tantôt il n'entendait plus rien qu'un son étourdissant, semblable à celui d'un torrent qui s'écoule. Mais son compagnon n'avait qu'à railler son silence, et ils recommençaient à causer et à rire avec des éclats bruyants. Quand ils s'arrêtèrent, il fut tout étonné de se trouver un cigare à la bouche : il eut besoin de réfléchir pour se rappeler où et quand il s'était mis à fumer.

Ils s'arrêtèrent donc à la porte de l'avenue et mirent pied à terre, laissant la voiture aux soins du domestique, garçon dégourdi, qui n'était guère moins accoutumé que son maître à ces expéditions clandestines. Sir Mulberry y était déjà avec son témoin. Ils marchèrent tous les quatre, dans un profond silence, le long des ormes qui, s'élevant en berceau au-dessus de leurs têtes, formaient une longue perspective d'arceaux gothiques, couronnés de verdure, s'ouvrant au loin, comme une brèche dans les ruines, sur un ciel pur.

Après une courte halte, pendant laquelle les témoins échangèrent quelques paroles, ils tournèrent enfin à droite, suivirent un sentier à travers une petite prairie, passèrent près de Ham-House, pour arriver à un champ derrière la maison. C'est là qu'ils s'arrêtèrent. On mesura l'espace, on accomplit quelques formalités réglées par le code de l'honneur : les deux adversaires furent placés en face, à la distance convenue, et sir Mulberry tourna les yeux, pour la première fois, vers son jeune ami. Il était pâle, les yeux injectés de sang, les vêtements en désordre, la tête échevelée. Ce n'étaient peut-être que les suites d'une journée fatigante et d'une nuit sans sommeil. Quant à sa figure, elle n'exprimait que la colère et la haine. Il porta la main devant ses yeux, pour regarder en face, quelques minutes, d'une contenance ferme, l'ennemi qu'il avait devant lui, prit l'arme qu'on lui présenta, baissa l'œil sur le point de mire, et ne le releva plus jusqu'au signal donné; le coup partit aussitôt.

Son jeune adversaire avait tiré presque en même temps. A l'instant même le jeune lord tourna vivement la tête, fixa sur son meurtrier un regard affreux, et, sans gémir, sans broncher, tomba raide mort.

« Il est tué! cria Westwood, qui était accouru avec l'autre témoin et se tenait un genou en terre près du cadavre.

— Je m'en lave les mains, dit sir Mulberry. C'est lui qui l'a voulu; il m'y a forcé malgré moi.

— Capitaine Adams, cria Westwood, à la hâte, je vous prends à témoin que tout s'est passé dans les règles. Hawk, nous n'avons pas un moment à perdre. Il nous faut partir à l'instant, et nous dépêcher de passer la Manche. L'affaire n'est déjà pas bonne, mais elle pourrait devenir encore plus mauvaise si nous tardons un moment! Adams, je vous conseille de veiller à votre propre sûreté et de ne pas rester ici. Vous savez, les vivants avant les morts. Au revoir. »

A ces mots, il saisit le bras de sir Mulberry et l'entraîna sur ses pas. Le capitaine Adams ne resta qu'un instant, le temps de se convaincre que l'accident était sans remède, prit sa course dans la même direction, pour s'entendre avec son domestique sur les moyens d'enlever le corps et d'assurer en même temps sa retraite.

Ainsi périt lord Frédérick Verisopht, de la main même qu'il avait remplie de ses dons et qu'il avait étreinte avec amitié plus de mille fois, victime de l'homme sans lequel, après une vie heureuse et longue peut-être, il serait mort entouré, à son chevet, des figures bénies de ses chers enfants.

Le soleil se levait fièrement à l'horizon dans toute sa majesté; la Tamise, glorieuse, suivait son cours sinueux; les feuilles s'agitaient avec un bruit léger, au souffle de la brise. Les oiseaux versaient dans l'air, du sein de chaque arbre au vert feuillage, leurs chants joyeux; le papillon, créature d'un jour, se balançait sur ses petites ailes; le jour éveillait partout le mouvement et la lumière. Seulement, au milieu de tout cela, sur le gazon qu'il foulait de son poids et dont chaque brin contenait mille vies imperceptibles, était étendu l'homme mort, la face immobile et raide tournée vers le ciel.

CHAPITRE LI

Au moment où le complot de M. Ralph Nickleby et de son ami touche au succès, la mèche est éventée par un tiers qu'ils n'avaient pas admis dans leur confidence.

Dans une vieille maison, horriblement sombre et poudreuse, qui semblait être tombée en décrépitude avec son maître, et avoir pris avec lui les rides et le teint jaunâtre de la vieillesse, à force de la tenir cachée à la lumière du jour, comme lui à force de tenir son argent caché dans ses coffres, demeurait Arthur Gride. On y voyait rangés, dans un ordre monotone, le long des murs obscurs, de vieilles chaises et de vieilles tables qui n'avaient pas coûté cher de façon, aux formes massives, raides et froides comme des cœurs d'avares. On y voyait des armoires amincies par l'usage, molles et flexibles à force de s'être ouvertes et fermées sur les tiroirs qu'elles renfermaient, tremblotantes au moindre mouvement (sans doute par appréhension et par crainte des voleurs), qui se blottissaient dans des coins sombres d'où elles ne pouvaient projeter d'ombre sur le parquet, et où on aurait dit qu'elles étaient allées se tapir pour se dérober aux regards. Sur l'escalier, une grande pendule toute refrognée, avec ses longues aiguilles toutes maigres et sa face affamée, son balancier monotone, dont le tic tac parlait tout bas prudemment, sa sonnerie, dont le timbre faible et languissant, semblable à la voix cassée d'un vieillard, râlait en marquant l'heure, comme un homme qui meurt de faim sur la paille.

N'ayez pas peur qu'il y eût là, auprès du feu, quelque bon canapé pour vous inviter au bien-être et au repos; il y avait des fauteuils, c'est vrai, mais ils paraissaient mal à leur aise. Ils retroussaient leurs bras d'un air soupçonneux et timide, comme des gens qui se tiennent sur leurs gardes. Il y en avait d'autres dont les formes grêles et élancées pouvaient faire croire qu'ils s'étaient redressés de toute leur hauteur pour effaroucher, de leurs regards les plus effrayants, l'imprudent visiteur qui s'aventurerait à les prendre. D'autres en-

L'homme mort était étendu, la face immobile et raide, tournée vers le ciel. (P. 384.)

core, s'appuyaient sur leurs voisins ou s'accotaient, pour se soutenir, contre le mur, peut-être pour déployer, avec une certaine ostentation, toute leur incommodité, ayant l'air de prendre les gens à témoin qu'ils ne valaient pas la peine qu'on y touchât. Les bois de lit, avec leurs pieds lourds, leurs piliers carrés, ressemblaient plutôt à des tombeaux dressés pour les cauchemars de l'insomnie ; leurs rideaux moisis se ramassaient en petits plis les uns contre les autres, pour se communiquer tout bas, de proche en proche, quand ils étaient froissés par le vent, leurs craintes tremblantes sur la sécurité des objets séduisants qui pouvaient tenter les voleurs, dans l'ombre des cabinets voisins soigneusement fermés.

C'est du fond de la chambre la plus triste et la plus affamée de cette maison, le temple de la tristesse et de la faim, qu'un beau matin se firent entendre les accents chevrotants de la voix du vieux Gride gazouillant, d'un ton de croquemort, la queue de quelque chansonnette oubliée :

Ta ri ta ta,
Jette-moi là
Tes vieux souliers, car je t'épouse.
Toute fille en sera jalouse.

Peut-être ne savait-il plus que ce refrain, dont il répéterait encore les notes aiguës et tremblotantes, si un violent accès de toux n'était venu l'obliger à se modérer et à poursuivre en silence les soins dont il était en ce moment occupé.

Ces soins consistaient à tirer, des planches d'une garde-robe vermoulue, quantité de hardes malpropres, l'une après l'autre, et à leur faire subir un examen soigneux et minutieux, en les tenant devant ses yeux contre le jour; puis, après les avoir remises absolument dans leurs plis, il les rangeait dans l'un des deux tas qu'il avait près de lui. Il se gardait bien de jamais prendre à la fois, dans l'armoire, deux articles de toilette ; il ne les prenait qu'à mesure, un par un, et ne manquait pas de fermer la porte de la garde-robe et de tourner la clef à chaque visite nouvelle qu'il faisait à ses planches.

« L'habit tabac ! dit Arthur Gride en inspectant un habit usé jusqu'à la corde ; étais-je bien couleur tabac? je ne me rappelle plus. »

En y réfléchissant, il ne parut pas satisfait de ses souvenirs, car il replia ce vêtement, le mit de côté et monta sur une chaise pour en prendre une autre, toujours en chantonnant :

Jeunesse, amour et beauté,
Argent, fraîcheur et santé.
Oh! l'heureuse épouse!
Toute fille en sera jalouse.

« Je ne vois pas où ils vont toujours chercher la jeunesse dans leurs chansons, dit le vieil Arthur, ce ne peut être que pour le besoin du vers. Après ça, cette chansonnette-ci n'est pas fameuse; une pauvre petite chanson de campagne qu'on m'a apprise dans mon enfance ; tiens! mais... un instant! la jeunesse, ce n'est peut-être pas déjà si bête !... c'est la mariée qu'ils veulent dire... ma foi! oui, hé ! hé ! hé! c'est de la mariée qu'ils veulent parler. Ma foi ! c'est excellent, excellent, sans compter que c'est vrai, très vrai. »

Il fut si heureux de cette découverte, qu'il recommença le couplet avec un redoublement d'énergie, accompagné par instants d'un balancement de tête tout à fait folâtre. « Mais reprenons nos occupations, dit-il.

» Le vert-bouteille, oh! c'était un fameux habit que le vert-bouteille, sans compter que je l'ai acheté si bon marché au fripier, et encore... hé! hé! hé! c'est qu'il y avait un vieux shilling dans la poche de côté. Quand on pense que le fripier ne s'était pas seulement aperçu qu'il y avait un shilling dedans. Moi, par exemple, je ne l'ai pas manqué; je m'en étais déjà aperçu en tâtant le drap pour en examiner la qualité. L'imbécile! et puis il n'est pas malchanceux ce vert-bouteille, il m'a porté bonheur, dès le premier jour que je l'ai porté : le vieux lord Mallowford a été brûlé dans son lit, et toutes ses dettes remboursées; décidément, je veux me marier en vert-bouteille. Peg!... Peg Sliderskew... je mettrai le vert-bouteille. »

A cet appel répété deux ou trois fois d'une voix retentissante, à la porte de la chambre, on vit bientôt paraître une petite vieille, mince, terreuse, chassieuse, boiteuse, hideuse, qui, essuyant du coin de son tablier sale sa figure ratatinée, lui demanda à voix basse, comme les sourds n'y manquent jamais :

« Est-ce que vous m'appelez, ou si c'est la pendule qui sonne? J'ai l'oreille si dure à présent, que je n'y connais plus rien ; cependant, quand j'entends du bruit, je sais bien comme de raison que c'est vous qui le faites, puisque, excepté vous, il n'y a jamais âme qui vive dans la maison.

— C'est moi, Peg..., moi, dit Arthur Gride en se donnant une tape sur la poitrine pour qu'à défaut du son sa gouvernante pût comprendre le geste.

— Vous? eh bien, reprit Peg, qu'est-ce que vous voulez ?

— Je veux me marier en vert-bouteille, cria Arthur Gride.

— C'est bien trop bon pour se marier, maître, répliqua Peg après avoir jeté un coup d'œil sur l'habit. Est-ce que vous n'avez pas quelque chose de plus mauvais que ça?

— Rien de convenable.

— Comment, pas convenable? si j'étais que de vous, je porterais mes habits de tous les jours, bravement... hein!

— Ils ne sont pas assez bien, Peg, lui répondit son maître.

— Pas assez quoi?

— Bien.

— Bien pourquoi? répliqua Peg d'un ton bourru; ils seront toujours assez bien pour le vieux qui les porte. »

Arthur Gride marmotta une imprécation contre la surdité de sa gouvernante, et lui cria dans l'oreille :

« Ils ne sont pas assez gaillards; je veux que tout le monde me regarde pour admirer ma tournure.

— Regarde! cria Peg; si elle est aussi jolie que vous dites, elle ne vous regardera pas beaucoup, maître, vous pouvez en être sûr; et quant à vous faire regarder, que vous soyez jaune, rémoulade, vert-bouteille, bleu de ciel ou carreaux écossais, vous n'y gagnerez pas grand'chose. »

Charmée du compliment consolant qu'elle venait de lui faire, Peg Sliderskew se mit à ramasser l'habillement favorisé d'une préférence par Arthur Gride, le prit en paquet dans ses bras décharnés et resta là à faire des grimaces, à rire du coin de la bouche, à cligner ses yeux humides, comme un de ces marmousets dont le sculpteur s'est amusé à sabrer la figure dans quelque bas-relief fantastique.

« Ah! vous êtes d'humeur à rire aujourd'hui, à ce qu'il paraît, Peg, lui dit son maître d'assez mauvaise grâce.

— Dame, n'y a-t-il pas de quoi? reprit la petite vieille; je ne rirai pas toujours, et peut-être même avant peu, s'il vient quelqu'un ici pour me commander en maître, car, je suis bien aise de vous le dire, Peg Sliderskew ne se laissera pas monter sur le dos : il y a trop d'années qu'elle dirige la maison; mais, vous le savez bien, je n'ai pas besoin de vous le dire, cela ne m'irait pas, d'abord; non, non, ni à vous non plus. Vous n'avez qu'à essayer, et vous serez bientôt ruiné, ruiné, ruiné.

— Dieu! Dieu! je n'ai garde de l'essayer jamais, dit Arthur Gride, effrayé rien que d'entendre prononcer ce mot : du diable si j'essaye! Ce ne serait déjà pas si difficile de me ruiner; il faut, au contraire, que nous redoublions de soins, d'économie, car nous allons avoir une bouche de plus dans la maison; seulement, il ne faut pas..., il ne faut pas que notre économie aille jusqu'à lui faire perdre sa bonne mine, car j'ai bien du plaisir à la voir comme cela.

— Prenez garde, vous pourriez bien finir par trouver que les bonnes mines coûtent cher, repartit Peg en remuant son index d'un air prophétique.

— Mais vous ne savez donc pas qu'elle peut gagner de l'argent par elle-même? dit Arthur Gride en examinant avec attention l'effet que cette communication allait produire sur la physionomie de la vieille; elle sait dessiner, peindre, confectionner toutes sortes de jolies petites choses pour orner les chaises et les fauteuils; elle sait faire des pantoufles, Peg, des cordons de montre, des chaînes en cheveux, mille et mille petites bagatelles élégantes dont je ne serais pas même capable de vous réciter tous les noms; et puis elle sait jouer du piano (qui plus est, c'est qu'elle en a un), elle chante comme un petit oiseau. Sa toilette et son entretien ne coûteront pas cher, allez, Peg; ne pensez-vous pas comme moi?

— Sans doute, si vous ne vous laissez pas attraper, répliqua Peg.

— Attraper! moi! s'écria Arthur; sachez bien que votre vieux maître, Peg, ne se laisse pas comme cela attraper par de jolis minois : non pas, non pas, ni par de vieilles laiderons non plus, madame Sliderskew, ajouta-t-il à voix basse en manière de monologue.

— Je ne sais ce que vous dites là entre vos dents, dit Peg, mais je vois bien que c'est quelque chose que vous ne voulez pas que j'entende.

— Sapristi! il faut que cette femme-là ait le diable au corps, » marmotta son bourgeois; puis il se hâta d'ajouter bien haut avec un regard caressant, qui ne le rendait pas plus beau : « Je disais que je m'en rapportais entièrement à vous pour mes intérêts, Peg, voilà tout.

— Eh bien, répliqua Peg satisfaite, vous n'avez qu'à vous en rapporter à moi et ne plus vous inquiéter de rien. »

« Oui, va-t'en voir s'ils viennent, » pensa Arthur Gride en lui-même; mais s'il le pensa, il eut bien soin de ne pas seulement remuer les lèvres; la vieille s'en serait aperçue. Encore n'était-il pas bien rassuré : il avait peur qu'elle ne lût jusqu'au fond de ses pensées mêmes; aussi lui lança-t-il encore une œillade câline en lui disant :

« Il y a des points à faire dans le vert-bouteille; vous prendrez pour le coudre de la soie noire première qualité; vous en achèterez un écheveau. L'habit a besoin aussi de quelques boutons neufs et frais. Ah! une bonne idée, Peg! je suis sûr d'avance qu'elle vous plaira. Comme je n'ai encore rien donné à ma fiancée, et que les petites filles aiment ces attentions-là, vous frotterez un peu ce collier étincelant que j'ai là-haut, pour que je le lui donne le jour de ses noces. Quel bonheur de l'arrondir moi-même autour de son charmant petit cou! Mais, par exemple, je le lui reprendrai le lendemain. Hé! hé! hé! Je le mets sous clef, et puis ni vu ni connu : qui est-ce qui sera attrapé de nous deux, elle ou moi, je vous le demande, Peg? »

Ce plan ingénieux parut tout à fait du goût de Mme Sliderskew, et elle en exprima sa satisfaction par une suite de contorsions et de tortillements de corps et de tête qui n'étaient pas pour ajouter à ses charmes naturels, et qu'elle continua jusqu'à ce qu'elle eut passé le pas de la porte. Là sa physionomie changea en un tour de main, pour prendre une expression aigre et méchante, et, entre ses mâchoires de travers, elle murmura de tout son cœur des malédictions contre la future Mme Gride, tout en remontant l'escalier presque à quatre pattes et en s'arrêtant à chaque marche pour reprendre sa respiration.

« La vieille sorcière! dit Arthur Gride quand il se vit seul; heureusement qu'elle est très sobre et très sourde; sa nourriture ne me coûte presque rien; quant à écouter aux portes, il n'y a pas de danger, elle n'entendrait rien. C'est une femme charmante... pour ce que j'en veux faire; c'est une vieille gouvernante de maison très discrète et qui vaut son pesant de... cuivre. »

Après avoir ainsi chanté les mérites de sa domestique, le vieil Arthur retourna au refrain de sa chansonnette; puis, ayant mis de côté l'habit décidément destiné à faire valoir ses formes gracieuses le jour prochain des noces, il replaça les autres avec le même soin qu'il avait mis à les prendre, dans les coins humides où ils reposaient en silence depuis bien des années.

En entendant sonner à la porte, il se dépêcha de terminer cette opération et de fermer l'armoire. Quoiqu'il n'y eût pas besoin de se presser beaucoup, car la discrète Marguerite entendait rarement la sonnette et ne reconnaissait qu'il y avait quelqu'un à la porte que lorsque, par hasard, elle jetait un coup d'œil égaré au plafond de la cuisine, et qu'elle voyait branler le battant, cependant, quelques moments après, Marguerite entra en boitillant suivie de Newman Noggs.

« Ah! monsieur Noggs! cria Arthur Gride en se frottant les mains; mon bon ami monsieur Noggs, quelle nouvelle m'apportez-vous? »

Newman, la figure immobile et impassible, l'œil fixe, puisqu'il ne pouvait pas bouger, lui répondit en lui mettant un billet dans la main : « Une lettre de M. Nickleby, le porteur attend la réponse.

— Ne voudriez-vous pas prendre...? »

Newman leva les yeux, tout alléché, en faisant claquer ses lèvres.

« Une... chaise? dit Arthur Gride.

— Non, répondit Newman; merci. »

Arthur ouvrit la lettre d'une main tremblante, en dévora le contenu avec une avidité sans pareille, la relut plusieurs fois, toujours avec un rire étouffé. Il n'avait pas le courage de la quitter des yeux. Enfin, il la lut et la relut tant de fois, que Newman crut devoir lui rappeler qu'il était là à l'attendre.

« Réponse, dit-il; le porteur attend.

— C'est vrai, répliqua le vieil Arthur; oui, oui, ma foi, je l'avais presque oublié.

— Je voyais bien que vous l'oubliiez, dit Newman.

— Vous avez bien fait de m'en faire ressouvenir, monsieur Noggs, vraiment oui, dit Arthur. Je vais écrire deux mots; vous me voyez... vous me voyez... un peu agité, monsieur Noggs, c'est que la nouvelle est...

— Mauvaise? interrompit Newman.

— Non, monsieur Noggs, je vous remercie, bonne, bonne, au contraire; la meilleure nouvelle du monde. Je vais prendre une plume et de l'encre pour écrire deux mots de réponse; je ne veux pas vous retenir longtemps; je sais, monsieur Noggs, que vous êtes un vrai trésor pour votre maître, et qu'il ne peut se passer de vous; aussi, quand il parle de vous, c'est dans des termes qui vous étonneraient vous-même. C'est comme moi, je vous prie de croire, je n'en parle pas autrement non plus. »

« Oui, se dit Newman en le voyant sortir pour chercher son écritoire, je me le rappelle bien; *je donne M. Noggs au diable de tout mon cœur*, voilà comme vous en parlez. »

Gride, en sortant, avait laissé tomber la lettre par terre; Newman, poussé par la curiosité de savoir la tournure que prenait le complot dont il avait entendu dresser le plan du fond de son armoire, commença par regarder avec soin si personne ne pouvait le voir, puis la ramassa et lut rapidement ce qui suit :

« Gride,

» J'ai revu Bray ce matin, et, selon votre désir, j'ai proposé de faire le mariage après-demain. Il n'y a pas d'objection de sa part; quant à elle, elle ne tient pas à un jour plus qu'à l'autre. Nous nous y rendrons ensemble : soyez chez moi à sept heures du matin; je n'ai pas besoin de vous recommander de l'exactitude.

» En attendant, suspendez vos visites à la fille : vous les avez renouvelées dans ces derniers temps plus que de raison; vous savez bien qu'elle ne brûle pas précisément de vous voir; vous faisiez là une imprudence. Contenez, si vous pouvez, votre ardeur juvénile quarante-huit heures encore, et laissez-la seule avec son père : vous ne feriez que défaire ce qu'il fait, et ce serait dommage, car il s'en acquitte bien.

» Votre très humble,

» Ralph NICKLEBY. »

En entendant le bruit des pas de Gride, qui revenait, Newman laissa retomber la lettre au même endroit, et, pour mieux l'y fixer, donna dessus un bon coup de talon, puis il se hâta de retourner sur sa chaise d'une seule enjambée, prenant un air aussi innocent que l'enfant qui vient de naître. Arthur Gride, après avoir regardé avec inquiétude autour de lui, vit par terre la lettre qu'il cherchait, la ramassa, s'assit à son bureau pour écrire, regardant du coin de l'œil Newman Noggs, qui regardait lui-même le mur d'en face avec une attention si remarquable qu'Arthur en fut tout alarmé.

« Est-ce que vous voyez là quelque chose de particulier, monsieur Noggs? » dit Arthur en essayant de suivre la direction des yeux de Newman.

Peine perdue ! c'était une chose impossible et que jamais personne n'avait pu faire.

« Oh ! rien, une toile d'araignée, répliqua Newman.

— Oh ! est-ce là tout?

— Non, il y a une mouche dedans.

— Il n'en manque pas ici de toiles d'araignées, repartit Arthur Gride.

— C'est comme chez nous, répondit Newman, ni de mouches non plus pour s'y faire prendre. »

Newman parut enchanté de cette repartie, et, pour célébrer son succès, il se mit, au grand désagrément des nerfs d'Arthur Gride, à tirer de ses doigts une foule de craquements dans les jointures, qu'on aurait pu prendre, avec un peu de bonne volonté, pour une charge de mousqueterie dans le lointain. Arthur finit pourtant par pouvoir achever sa lettre à Ralph, et la remit en mains propres à l'excentrique messager de son noble ami.

« Voilà, monsieur Noggs, » dit Gride.

Newman le salua d'un signe de tête, mit la lettre dans son chapeau et s'en allait, lorsque Gride, qui, dans l'enthousiasme de son bonheur, ne connaissait plus rien, lui fit signe de revenir sur ses pas, et lui dit tout bas d'une voix perçante avec un ricanement qui lui rida toute la face au point de lui cacher presque les yeux :

« Voulez-vous..., voulez-vous prendre une petite goutte de quelque chose, seulement pour y goûter? »

Qu'Arthur Gride eût offert à Newman de boire ensemble un petit coup d'amitié (et il en était bien incapable), Newman n'aurait pas voulu à ce titre accepter de lui le vin le plus généreux. Mais ici c'était un ladre qui proposait dans l'espérance d'être refusé, et Newman ne fut pas fâché de lui jouer un mauvais tour en acceptant tout net, pour voir un peu ce qu'il dirait, et pour le punir à sa manière.

Arthur Gride, pris au piège, s'approcha donc de l'armoire. Il y avait une tablette chargée de grandes chopes flamandes et de bouteilles curieuses, les unes avec des goulots longs comme des cous de cigogne, les autres avec de gros ventres hollandais et de petits goulots apoplectiques : c'est là qu'il prit une bouteille poudreuse d'assez bonne mine, avec deux verres d'une petitesse microscopique.

« Vous n'avez jamais goûté de cela, dit-il, c'est de l'eau d'or. Je l'aimerais rien que pour son nom. Nom délicieux ! de l'eau d'or ! Dieu de Dieu ! n'est-ce pas péché d'en boire ? »

Et en effet le cœur avait l'air de lui manquer à cette pensée. Il s'amusait avec le bouchon de manière à laisser craindre que tout cela ne finît par remettre la bouteille en place sans y toucher. Newman en eut la peur : il prit un des petits verricules, et le toqua deux ou trois fois contre la bouteille, comme pour rappeler doucement à l'autre qu'il ne lui avait encore rien donné. Arthur poussa un profond soupir avant de consommer le sacrifice, le remplit lentement, non pas jusqu'au bord pourtant, puis remplit le sien à son tour.

« Un instant ! un instant ! Ne buvez pas encore, dit-il en arrêtant la main de Newman prêt à boire. Vous voyez bien, voilà vingt ans qu'on m'en a fait cadeau, et quand j'en prends une goutte, ce qui m'arrive très... très rarement, j'aime à y réfléchir auparavant, pour taquiner ma soif. Voyons ! porterons-nous une santé? Oui, c'est cela, nous allons porter une santé, n'est-ce pas, monsieur Noggs?

— Ah ! dit Newman impatienté du retard et surtout de l'exiguïté du verre, dépêchons-nous : le porteur attend.

— Mais, je vais vous dire, nous allons boire, hé ! hé ! hé ! à la santé d'une dame.

— Des dames? dit Newman.

— Non pas, monsieur Noggs, non pas; d'*une* dame. Vous êtes étonné de m'entendre dire d'*une* dame; je vois bien que vous êtes étonné. Eh bien, c'est de la petite Madeleine. Voici mon toast, monsieur Noggs : à la petite Madeleine !

— A Madeleine ! » dit Newman en ajoutant en lui-même, par restriction mentale : « Que Dieu la protège ! »

La promptitude et l'indifférence avec laquelle Newman expédia sa ration d'eau d'or frappèrent le vieil Arthur d'une si profonde surprise, qu'il ne pouvait en revenir et restait là à le regarder, la bouche ouverte, sans avoir la force de respirer. Newman n'eut seulement pas l'air de s'en apercevoir et le laissa savourer son nectar à son aise, ou le reverser dans la bouteille, par réflexion, si cela lui convenait, et partit, après avoir offensé mortellement la dignité de Peg Sliderskew, en la bousculant dans le corridor, sans seulement crier gare.

M. Gride et sa gouvernante ne furent pas plutôt seuls qu'ils se formèrent immédiatement en petit comité exécutif pour discuter et régler tous les points de la réception qui serait faite à la jeune fiancée. Mais les comités, en général, dans leurs délibérations, sont si longs et si ennuyeux, que celui-là pourrait bien ne pas être plus amusant que les autres. Nous ferons donc mieux de sortir avec Newman Noggs et de nous attacher à ses pas. Aussi bien nous aurions été toujours obligés de le faire, car la nécessité nous presse, et nécessité n'a pas de loi; tout le monde sait cela.

« Vous avez été bien longtemps, dit Ralph à Newman, quand celui-ci fut de retour.

— C'est lui qui a été bien longtemps, répliqua Newman.

— Bah! s'écria Ralph impatienté. Voyons! donnez-moi sa lettre, si vous en avez une; sa réponse, en tout cas; et surtout, restez : j'ai deux mots à vous dire, monsieur. »

Newman lui remit la lettre, et prit l'air le plus vertueux et le plus innocent, pendant que son patron en brisait le cachet et y jetait les yeux.

« Il ne manquera pas de venir! marmotta Ralph en la déchirant en mille morceaux; belle nouvelle, ma foi! c'est bien la peine de me dire cela. Noggs, quel était, je vous prie, monsieur, l'homme avec lequel je vous ai vu dans la rue hier au soir?

— Je ne le connais pas.

— Vous ferez bien de vous en rafraîchir la mémoire, monsieur, dit Ralph d'un air menaçant.

— Quand je vous dis, répliqua Newman hardiment, que je ne le connais pas! Il est venu ici deux fois demander après vous : vous n'y étiez pas. Il est revenu : vous l'avez mis à la porte vous-même. Il a dit s'appeler Brooker.

— Je sais bien tout cela, dit Ralph; mais après?

— Mais après? Eh bien, il a rôdé autour de la maison; il m'a suivi dans la rue. Tous les soirs il vient me tourmenter pour que je lui donne les moyens de se trouver avec vous, face à face, comme il prétend s'y être trouvé déjà une fois, il n'y a pas encore longtemps. Il veut, dit-il, vous voir seulement face à face, et alors vous ne demanderez pas mieux de l'entendre jusqu'au bout, toujours à ce qu'il dit.

— Et que répondez-vous à cela? demanda Ralph en jetant un coup d'œil perçant à son souffre-douleur.

— Que cela ne me regarde pas; que je ne veux pas l'introduire chez vous; qu'il n'a qu'à vous attraper dans la rue, si c'est là tout ce qu'il demande. Mais non, il ne veut pas de cela : vous refuseriez de l'écouter comme cela, à ce qu'il dit. Il faut qu'il vous tienne seul dans une chambre, la porte fermée à clef, à vous parler sans crainte, et alors il vous fera bien changer de ton et vous forcera bien à l'écouter patiemment.

— L'impudent gredin! murmura Ralph entre ses dents.

— Je n'en sais pas davantage, dit Newman, et je vous répète que je ne le connais pas. Peut-être lui-même n'en sait-il pas plus là-dessus que vous, qui pourriez bien le connaître mieux que personne.

— Je ne dis pas non, répliqua Ralph.

— Eh bien, répliqua Newman de mauvaise humeur, ce n'est pas une raison pour me dire que je le connais, voilà tout. Vous allez peut-être aussi me demander pourquoi je ne vous en ai jamais parlé auparavant : avec cela que je serais bien reçu à vous conter tout ce qu'on dit de vous! Quand, par hasard, cela m'arrive, qu'est-ce que j'y gagne? que vous m'appelez un âne, une brute, et que vous prenez feu comme un dragon volant. »

Tout cela était exact, et Newman avait fait preuve d'adresse en allant au-devant d'une question qui était en effet déjà sur les lèvres de Ralph.

« C'est un fainéant, un sacripant, dit celui-ci, un vagabond qui s'est échappé de Botany-Bay, où il faisait un voyage pour ses crimes; un coquin qu'on aura lâché pour qu'il allât se faire pendre ailleurs; un filou qui a l'audace de se frotter à moi, quoiqu'il sache bien que je le connais. La première fois qu'il viendra vous ennuyer, mettez-le entre les mains de la police, comme essayant d'extorquer de l'argent par des mensonges et des menaces, entendez-vous? Et après cela je m'en charge; je l'enverrai se rafraîchir les talons un bon bout de temps au cachot, et je vous réponds qu'il sortira de là doux comme un mouton; vous m'entendez bien, n'est-ce pas?

— Oui, dit Newman.

— Eh bien, répondit Ralph, n'y manquez pas; je vous donnerai quelque chose. Vous pouvez vous en aller. »

Newman profita de la permission, et revint s'enfermer dans son petit bureau, où il resta tout le jour plongé dans de sérieuses réflexions. Le soir, quand il fut libre, il courut à la Cité reprendre son ancien poste, derrière la pompe, pour voir sortir Nicolas; car Newman Noggs avait son amour-propre, et ne se sentait pas le courage d'aller se présenter chez les frères Cheeryble dans l'accoutrement misérable qu'il était réduit à porter, pour s'annoncer comme l'ami de leur protégé.

Il n'y avait pas cinq minutes qu'il y était, quand il eut le plaisir de voir arriver Nicolas. Aussitôt il sortit de son embuscade pour aller au-devant de lui. Nicolas, de son côté, ne fut pas moins charmé de sa rencontre, car il y avait quelque temps qu'il ne l'avait vu ; ils se serrèrent la main avec chaleur.

« Justement, je pensais à vous à l'instant même, dit Nicolas.

— Cela se trouve bien : vous voyez que j'en fais autant; je n'ai pas pu m'empêcher de venir vous trouver ce soir. Je voulais vous dire que je me crois sur la voie de quelque découverte.

— Et qu'est-ce que ce peut être? répliqua Nicolas en souriant à cette singulière communication.

— Je ne sais pas ce que c'est ou ce que ce n'est pas, dit Newman, mais c'est un secret où votre oncle est intéressé. Malheureusement je n'ai pas encore pu découvrir comment, quoique j'aie déjà là-dessus des soupçons très positifs; mais je ne veux pas vous en donner encore connaissance, de peur que cela ne vous fasse de la peine.

— A moi ! de la peine, s'écria Nicolas; est-ce que j'y suis intéressé?

— Je crois que oui, répliqua Newman; je me suis fourré dans la tête que vous devez y être intéressé. J'ai rencontré un homme qui en sait plus long qu'il ne veut en dire, et il m'a déjà lâché quelques demi-confidences qui me tourmentent..., mais bien fort », dit Newman en se grattant le nez de manière qu'il devint pourpre de rouge qu'il était, et en fixant les yeux sur Nicolas pendant ce temps-là de toutes sa forces.

Étonné de le voir devenu tout à coup si mystérieux, Nicolas lui fit une foule de questions pour tirer de lui quelque chose, mais en vain; il fut impossible d'obtenir de Newman le moindre éclaircissement. C'était toujours la même répétition : combien il était inquiet et perplexe! combien il fallait de précautions ! comment Ralph, ce renard aux yeux de lynx, l'avait déjà vu dans la compagnie d'un correspondant inconnu; toute la peine qu'il avait eue à le dérouter par une extrême discrétion dans ses manières et une grande habileté dans ses réponses ; heureusement qu'il était sur ses gardes, et que, dès l'origine, il s'était préparé à cette lutte de finesse.

Nicolas n'avait pas oublié les goûts de son compagnon, et il suffisait de voir son nez pour les connaître : c'était comme un fanal placé sur la figure pour en avertir les passants. Il l'attira donc dans une petite taverne borgne, où il se mit à repasser avec lui l'origine et les progrès de leur intimité, reprenant un à un, comme cela se fait souvent, les petits incidents les plus intéressants qui l'avaient signalée; c'est ainsi qu'ils arrivèrent à la mystification de l'affaire Cécilia *Crevisse*.

« A propos! dit Newman, cela me rappelle que vous ne m'avez jamais dit le vrai nom de votre dulcinée.

— Madeleine ! cria Nicolas.

— Madeleine ! s'écria aussi Newman; quelle Madeleine? son autre nom?... Voyons! quel est son autre nom?

— Bray, dit Nicolas, tout étonné de cette ardeur de questions.

— C'est cela même, s'écria Newman. Diable! ça va mal. Comment aussi restez-vous là à vous croiser les bras, à regarder faire ce mariage abominable, sans faire rien seulement pour essayer au moins de la sauver?

— Que voulez-vous dire? s'écria Nicolas, en bondissant. Un mariage ! Êtes-vous fou?

— Il y en a un de nous deux qui est fou. Qui sait si ce n'est pas elle qui est folle? Mais vous êtes donc aveugle, sourd, paralysé, mort et enterré? dit Newman. Vous ne savez donc pas que, dans vingt-quatre heures, grâce à votre oncle Ralph, elle va épouser un homme qui ne vaut pas mieux que lui, pire encore si c'était possible ? Vous ne savez donc pas que, dans vingt-quatre heures, elle va être sacrifiée, aussi sûr que vous êtes là vivant devant moi, à un vieux coquin, un vrai fils du diable, qui en remontrerait à son père?

— Faites attention à ce que vous dites, répliqua Nicolas. Au nom du ciel ! faites-y attention. Je suis tout seul à Londres ; je n'ai pas là le secours des personnes qui pourraient lui tendre la main dans le naufrage; ils sont partis loin d'ici. Voyons! qu'est-ce que vous voulez dire?

— Je n'avais jamais entendu prononcer son nom, dit Newman suffoqué. Pourquoi ne me l'avez-vous jamais dit? Comment pouvais-je le savoir? Au moins nous aurions eu le temps de nous retourner.

— Qu'est-ce que vous voulez dire? » répétait Nicolas.

Il ne fut pas facile de lui arracher ce qu'il voulait dire. Pourtant enfin, après une longue série de pantomimes variées des plus étranges qui n'éclaircissaient rien, Nicolas, qui n'était guère moins exaspéré que Newman, le mit de force sur son siège et de force l'y retint jusqu'à ce qu'il eût conté son conte.

La rage, la surprise, l'indignation, toutes les passions déchaînées entrèrent en foule dans le cœur du malheureux, à mesure qu'il entendit dérouler tous les détails du complot. Et il ne les eut pas plutôt entendus jusqu'au bout, qu'il partit comme un trait, pâle comme la mort et tremblant comme la feuille.

Newman courut à sa poursuite, car il craignait quelque éclat.

« Arrêtez! criait-il, arrêtez! Il va faire un mauvais coup! Il va assassiner un homme! Holà! eh! au voleur! arrêtez le voleur. »

CHAPITRE LII

Nicolas commence par désespérer de sauver Madeleine Bray, mais ensuite il reprend courage et veut faire un effort. Détails domestiques sur les Kenwigs et les Lillyvick.

Voyant que Newman était résolu à employer tous les moyens pour arrêter sa marche, et craignant que quelque passant malencontreux attiré par les cris de : « Arrêtez le voleur! » ne lui mît en effet la main sur le collet et ne le plaçât dans une position désagréable, dont il ne pourrait se tirer sans quelque difficulté, Nicolas se mit à ralentir le pas et se laissa rejoindre par Newman Noggs, et il était grandement temps, car le malheureux clerc était tellement essoufflé qu'il n'aurait pas pu tenir une minute de plus.

« Je vais de ce pas chez Bray, dit Nicolas, je veux le voir, et, si je n'éveille pas chez lui quelque sentiment d'humanité, quelque étincelle d'affection pour sa fille, privée de l'appui d'une mère et des secours de l'amitié, c'est qu'il ne bat plus rien dans sa poitrine.

— Vous n'en ferez rien, répliqua Newman, gardez-vous-en bien.

— Eh bien, alors, dit Nicolas avec la même vivacité, je vais suivre ma première idée, je vais tout droit chez Ralph Nickleby.

— Pendant que vous ferez le chemin, il sera déjà au lit.

— Je saurai bien l'en faire sortir, dit Nicolas.

— Bah! bah! dit Noggs, calmez-vous.

— Écoutez, repartit Nicolas après un moment de silence, en tenant, pendant qu'il parlait, la main de son ami dans la sienne, vous êtes le meilleur de mes amis, Newman; j'ai déjà résisté à bien des épreuves, mais aujourd'hui l'événement dont il s'agit détruit le bonheur d'une autre, et d'une manière si cruelle, que je vous déclare que vous voyez en moi un homme réduit au désespoir. »

Et, en effet, il semblait qu'il n'y eût pas d'espoir. Quel usage faire du secret que Newman Noggs avait surpris du fond de son armoire? Il n'y avait rien dans le complot formé entre Ralph Nickleby et Gride qui pût donner prétexte à une opposition légale contre le mariage; rien même qui pût y faire renoncer Bray, qui certainement, sans en connaître positivement les détails, devait en soupçonner le fond. Quant aux intérêts cachés que quelques mots d'Arthur Gride n'avaient guère fait qu'indiquer, il était évident qu'il y avait là encore quelque fraude nouvelle dont Madeleine était victime; mais, dans la bouche de Newman Noggs, et sous l'influence répétée de son pistolet de poche, les détails en restaient tout à fait inintelligibles et plongés dans les plus profondes ténèbres.

« Je ne vois pas le moindre rayon d'espérance, dit Nicolas.

— Raison de plus pour garder son sang-froid, sa raison, sa réflexion, sa tête libre, dit Newman en pesant sur chaque mot alternativement et en s'arrêtant pour en voir l'effet sur le visage de son ami. Où sont les frères?

— Ils sont tous deux à l'étranger pour affaires de commerce, et ne reviendront pas avant huit jours.

— Mais n'y a-t-il pas moyen de correspondre avec eux, d'en avoir seulement un à Londres demain soir?

— Impossible, dit Nicolas, la mer nous sépare. En supposant les vents plus favorables, l'aller et le retour seuls nous prendraient trois fois vingt-quatre heures.

— Et leur neveu, dit Newman, ou leur vieux caissier?

— Et que feraient-ils plus que moi? répliqua Nicolas; au contraire, c'est avec eux surtout qu'on m'a recommandé le silence le plus discret sur ce sujet. Quelle excuse pourrais-je donner pour avoir trahi la confiance que l'on me montre, lorsqu'il n'y a plus qu'un miracle qui puisse sauver la victime?

— Réfléchissez, dit Newman avec insistance, n'y a-t-il pas quelque moyen?

— Non, dit Nicolas dans un profond abattement,

« Je veux me marier en vert-bouteille, » cria Arthur Gride. (P. 386.)

non : le père presse le mariage..., la fille y consent, les deux démons qui la poursuivent la tiennent maintenant dans leurs griffes; ils ont pour eux la loi, l'autorité, la force, l'argent, le crédit. Quel espoir voulez-vous qu'il me reste?

— L'espoir jusqu'au tombeau! dit Newman en lui donnant une tape d'encouragement sur le dos; toujours l'espoir! c'est un bon et fidèle ami que l'espoir. Ne l'abandonnez pas, si vous ne voulez pas qu'il vous abandonne. Vous m'entendez bien, Nicolas, cela ne sert à rien de se désespérer; il faut remuer ciel et terre. C'est toujours quelque chose que de pouvoir se dire qu'on a fait tout ce qu'on pouvait; mais surtout ne jetez pas le manche après la cognée, ou ce ne sera plus la peine de rien faire; l'espoir! l'espoir jusqu'au tombeau! »

Nicolas avait besoin d'encouragements; la nouvelle qu'il venait de recevoir de la conjuration des deux usuriers était venue le frapper comme un coup de foudre; le peu de temps qui lui restait pour faire quelques efforts contraires, la probabilité ou plutôt la certitude qu'il ne fallait plus que quelques heures pour lui enlever Madeleine, pour la condamner à un malheur affreux, qui sait? peut-être même à une mort prématurée, tout se réunissait pour le terrasser et l'anéantir. Il n'avait pas formé une seule espérance, il n'en avait pas couvé, sans le savoir, une seule dans son cœur pour le succès de ses amours, qu'il ne vît en ce moment tomber à ses pieds morte et détruite à jamais; il n'y avait pas un charme dont sa mémoire ou son imagination eût entouré son idole, qui ne vînt se représenter à lui dans son angoisse pour augmenter sa peine et ajouter une nouvelle amertume à son désespoir. Il n'y avait pas un sentiment de sympathie pour le triste sort de sa jeune amie ou d'admiration pour son héroïsme et son courage qui ne le fît trembler d'indignation dans tous ses membres et qui ne gonflât son cœur jusqu'à en rompre tous les vaisseaux.

Mais, si Nicolas ne trouvait dans son cœur qu'une affliction stérile, au lieu d'y trouver des ressources, heureusement celui de Newman ne lui manqua pas; il y avait dans ses remontrances et dans ses conseils un fond d'intérêt si pressant, et dans ses manières tant de sincérité et de chaleur, que, malgré leur forme étrange et bizarre, elles n'en donnaient pas moins à Nicolas une nouvelle vigueur; et ce fut grâce à cet utile secours qu'après avoir continué de marcher avec lui un bout de chemin en silence, il put dire à son ami :

« Je vous remercie de vos bons conseils, Newman, et j'en profiterai. Il y a encore une démarche que du moins je puis faire, que je dois faire, et je m'en occuperai demain.

— Qu'est-ce que c'est? demanda Noggs avec inquiétude; surtout vous ne voulez pas aller menacer Ralph? Vous ne voulez pas aller voir le père?

— Non, Newman, répondit Nicolas, c'est la fille que je veux aller voir. Je veux faire tout ce qu'auraient pu faire, après tout, les frères eux-mêmes s'ils avaient été ici, comme malheureusement ils n'y sont pas. Je veux discuter avec elle cette union monstrueuse, lui montrer toutes les horreurs de la situation où elle se précipite, peut-être par un entraînement téméraire et faute de réflexion. Je veux la prier au moins de prendre du temps. Il ne lui a peut-être manqué qu'un bon conseil pour la sauver : qui sait si ce n'est pas à moi qu'il est réservé de lui faire faire ces réflexions salutaires, quoiqu'il soit déjà bien tard et qu'elle soit suspendue sur le bord de l'abîme?

— Voilà de braves paroles, dit Newman; à la bonne heure, bravo! oui, c'est très bien!

— Et croyez-en ma parole, continua Nicolas dans son honnête enthousiasme. Dans cet effort que je veux faire, il n'y a ni égoïsme, ni intérêt personnel; il n'y a que de la pitié pour elle, de l'horreur et du mépris pour les machinations auxquelles elle est près de succomber. Il y aurait là vingt rivaux, et vingt rivaux préférés, à me disputer son amour, que je le ferais tout de même.

— Oui, vous le feriez, j'en suis sûr; mais où donc courez-vous comme cela?

— A la maison, répondit Nicolas; venez-vous avec moi, ou s'il faut que je vous dise bonsoir?

— Je vous accompagnerai encore un peu, si vous voulez me promettre seulement de marcher, et non pas de courir comme vous faites, dit Noggs.

— Non, pas ce soir, dit vivement Nicolas; je ne puis pas marcher votre pas. Si je n'allais pas plus vite, je sens que j'étoufferais. Demain, je vous dirai tout ce qui se sera passé.

— Par ma foi! dit Newman en le suivant des yeux, c'est un garçon qui est parfois bien violent, et je ne l'en aime que davantage; d'ailleurs il n'a ici que trop d'excuses, car le diable s'en mêle. Espoir! espoir! moi qui lui recommande l'espoir. Quand Ralph Nickleby et Gride ont mis leur malice en commun..., quel espoir contre de tels adversaires? ho! ho! »

C'était un rire bien amer que celui qui terminait ainsi le monologue de Newman Noggs, et le mouvement de tête dont il l'accompagna n'était pas moins triste, ni sa physionomie moins sombre, quand il revint sur ses pas et se remit péniblement en marche.

En toute autre circonstance, il n'aurait pas manqué de passer par quelque méchante taverne ou quelque cabaret, d'autant plus que cela ne l'aurait pas beaucoup dérangé (le lecteur le prendra dans le sens qu'il voudra); mais, ce soir-là, Newman avait trop de chagrin et d'inquiétude pour attendre aucune consolation de ce remède ordinaire, et c'est ce qui fit qu'il se rendit tout droit chez lui, en proie à son abattement et à ses réflexions mélancoliques.

Or vous saurez que miss Morleena Kenwigs avait reçu, dans l'après-midi, une invitation à se rendre le lendemain, par le bateau à vapeur du pont de Westminster, à l'île du Pâté-d'Anguille, à Twickenham. C'était une partie de plaisir avec déjeuner froid, bière en bouteilles, cidre et crevettes. On devait danser en plein air au son d'un orchestre de musiciens ambulants qui s'y rendaient tout exprès. Le bateau à vapeur était loué, pour la circonstance, par un maître de danse à la mode, pour l'agrément de sa nombreuse clientèle; et, par un retour de reconnaissance, ses élèves, pour montrer l'estime qu'ils faisaient de leur maître de danse, avaient acheté pour leur compte et fait acheter à leurs amis un certain nombre de billets bleu de ciel, qui leur donnaient le droit de s'associer à l'expédition. C'est d'un de ces billets bleu de ciel qu'une voisine ambitieuse avait fait hommage à miss Morleena Kenwigs, en l'invitant à se joindre à ses filles; et Mme Kenwigs pensant, comme de raison, que l'honneur de la famille était intéressé à ce que miss Morleena étalât la toilette la plus brillante, quoique prise au dépourvu par un si court délai, qu'il fallait faire voir au maître de danse qu'il n'était pas le seul maître de danse de ce monde, qu'il y en avait d'autres, qu'il était bon de montrer à tous les pères et mères présents dans l'île du Pâté-d'Anguille que leurs enfants n'étaient pas les seuls qui pussent recevoir une jolie éducation, Mme Kenwigs, sous l'empire de ces préoccupations, et pressée par les préparatifs qu'il fallait faire, s'était déjà pâmée deux fois. Mais, n'importe, soutenue par la ferme résolution de faire honneur au nom de la famille, ou de mourir à la peine, elle travaillait encore avec un courage infatigable, lorsque Newman rentra chez lui.

Mme Kenwigs avait été tellement occupée, depuis le reçu du billet, à repasser les collerettes, à plisser les volants, à décorer les jupes, sans compter, par-ci par-là, un évanouissement ou deux (ce qui prend toujours un peu de temps), qu'il n'y avait pas plus d'une demi-heure qu'elle venait de s'apercevoir que les blondes queues de miss Morleena étaient devenues trop longues, ou, comme on dit, montées en graine, et qu'à moins de passer par les mains d'un coiffeur habile, loin de remporter, sur les filles de ces autres papas et mamans, dont on s'était promis la honte, une victoire signalée, c'était elle, au contraire, qui éprouverait un échec humiliant. Cette découverte avait jeté Mme Kenwigs dans le désespoir; car, pour aller jusque chez le coiffeur, il fallait traverser trois rues au risque des voitures. Il était impossible de penser à laisser Morleena y aller seule, quand même la décence l'aurait permis, et Mme Kenwigs était très scrupuleuse sur les convenances. D'un autre côté, M. Kenwigs n'était pas revenu de son travail, et personne pour conduire Morleena chez le coiffeur.

Mme Kenwigs en était si outrée, qu'elle commença par claquer miss Kenwigs comme étant la cause de ces contrariétés, puis elle finit par verser des larmes.

« Ingrate enfant que vous êtes! disait-elle; après toute la peine que je me suis donnée pour vous ce soir!

— Mais, maman, ce n'est pas ma faute, répliqua Morleena aussi toute en larmes; comment voulez-vous que j'empêche mes cheveux de grandir?

— Taisez-vous, vilaine petite fille, dit Mme Kenwigs; ne me parlez pas. Quand je voudrais vous laisser aller seule, au risque d'être poursuivie par des insolents, ne sais-je pas bien que vous n'auriez rien de plus pressé que d'aller dire à Laure Chopkins (c'était la fille de l'ambitieuse voisine) quelle robe vous allez mettre demain. Je vous connais bien; vous n'avez pas du tout d'amour-propre, et il n'y a pas à vous perdre de vue un seul instant. »

Tout en déplorant en ces termes les dispositions perverses de sa fille aînée, Mme Kenwigs faisait encore couler de ses yeux de nouvelles larmes de contrariété, et finit par déclarer qu'elle ne croyait pas qu'il y eût au monde personne de si malheureux qu'elle. Là-dessus, Morleena Kenwigs versa aussi de nouvelles larmes, et la mère et la fille se mirent à sangloter à qui mieux mieux.

Voilà où en étaient les choses, lorsqu'on entendit d'en haut le pas boitillant de Newman qui grimpait l'escalier. Aussitôt l'espérance rentre dans le cœur maternel avec le bruit de ces pas bienheureux et ne laisse plus sur sa physionomie que de légères traces de sa dernière émotion. Elle va donc au-devant de son voisin sur le palier, et lui expose leur embarras, en finissant par le supplier d'escorter Morleena jusque chez le coiffeur.

« Je n'aurais jamais osé, monsieur Noggs, vous demander ce service, si je ne connaissais pas toute votre bonté, toute votre obligeance. Oh! non, jamais! je ne suis qu'une femme, monsieur Noggs, mais rien au monde ne pourrait me décider à demander une faveur à quelqu'un que je croirais capable de me la refuser, pas plus qu'à voir mes enfants écrasés et foulés aux pieds par la basse jalousie des envieux. »

Mme Kenwigs n'aurait pas fait toutes ces déclarations à Newman, qu'il était assez bon enfant naturellement pour ne pas lui refuser ce bon office; aussi, en moins de deux minutes, miss Morleena et lui étaient en route pour la boutique du coiffeur.

Ce n'était pas exactement une boutique de coiffeur. A la voir, les gens grossiers qui ont un tour d'esprit vulgaire et commun auraient plutôt dit que c'était une boutique de barbier; le fait est qu'on ne s'y bornait pas à tailler et à friser avec élégance les cheveux des dames et à soigner la tête des petits enfants, mais qu'on y faisait aussi la barbe d'une main légère. Mais cela n'empêchait pas que ce ne fût un établissement tout à fait distingué; des gens même disaient de premier ordre. Et de fait, on y voyait dans la montre, avec d'autres jolies choses, le buste en cire d'une belle blonde et d'un beau brun qui faisaient l'admiration de tout le voisinage. Il y avait même des dames qui étaient allées jusqu'à dire que le beau brun n'était rien autre chose que le portrait véritable du jeune et aimable patron de l'établissement. Ce qui donnait quelque valeur à cette assertion, c'était la grande ressemblance qu'il y avait entre la coiffure de sa tête réelle et vivante, et celle de sa tête de cire. En effet, elles étaient aussi luisantes l'une que l'autre, elles avaient toutes deux au milieu une ligne étroite, tracée au cordeau comme une allée de jardin, et des deux côtés une égale profusion de boucles circulaires retroussées en l'air comme des accroche-cœurs; mais cependant les personnes du sexe les mieux informées ne faisaient aucun cas de cette assertion, car, sans vouloir faire tort (elles étaient trop justes pour cela) à la jolie figure et à la belle tournure du patron, elles regardaient la tête du beau brun dans la montre comme une espèce d'échantillon abstrait et parfait de la beauté masculine, qui n'était peut-être réalisable par hasard que chez les anges et les militaires, mais qui fait rarement à la nature humaine l'honneur de s'y incorporer pour charmer les yeux des mortels.

Tel était l'établissement de coiffure où M. Noggs conduisit Mlle Kenwigs saine et sauve. Le patron, qui savait que Mlle Kenwigs avait trois sœurs, chacune avec deux queues blondes, ce qui pouvait lui rapporter au moins une pièce de dix sous par tête tous les mois, planta là immédiatement un vieux monsieur qu'il venait de savonner pour lui faire la barbe, le repassant à son garçon (qui ne jouissait pas d'une grande popularité chez les dames, parce qu'il était déjà d'un certain âge et qu'il prenait du ventre), et se hâta de coiffer la demoiselle lui-même.

Au moment où venait de s'opérer ce changement à vue, il se présenta justement, pour se faire raser, un bon gros farceur de charbonnier, la pipe à la bouche, qui, en se passant la main sous le menton, demanda quand il y aurait quelqu'un de libre pour lui faire la barbe.

Le garçon à qui s'adressait cette question regarda son jeune patron d'un air indécis, comme un homme qui ne veut pas se compromettre avant de savoir ce qu'il doit répondre. Le jeune patron jette alors sur le charbonnier un regard méprisant et lui dit :

« On ne peut pas vous faire la barbe ici, mon brave homme.

— Pourquoi donc ? dit le charbonnier.

— On ne fait pas ici la barbe aux personnes de votre classe.

— Bah ! dit le charbonnier, la semaine dernière, en regardant par la fenêtre, je vous ai bien vu faire la barbe à un boulanger.

— Il faut bien, mon garçon, répliqua le jeune patron, s'arrêter quelque part. Nous n'allons pas au-dessous des boulangers. Si nous descendions plus bas, nos pratiques nous laisseraient là, et nous n'aurions plus qu'à mettre la clef sur la porte. Il faut que vous alliez chercher ailleurs, cela nous serait impossible ici. »

Le postulant se mit à le regarder en face, puis à lui faire une grimace en se tournant du côté de Newman, qui paraissait charmé de cette occasion de rire ; promenant ensuite autour de la boutique des yeux narquois qui n'avaient pas l'air d'avoir grande idée de la qualité des pots de pommade et autres articles étalés en vente, il ôta sa pipe de sa bouche, siffla tout haut en guise d'adieu, remit sa pipe, et s'en alla.

Le vieux monsieur qu'on venait de savonner et qui était là sur une chaise tourna tristement la tête au mur vis-à-vis ; il ne parut pas seulement s'apercevoir de cet incident, tant la rêverie profonde où il était plongé le rendait insensible à tout ce qui se passait autour de lui, et il fallait que cette rêverie fût d'une nature bien lugubre, à en juger par les soupirs qu'il poussait de temps en temps. Le patron se mit donc à coiffer Mlle Kenwigs, le garçon à ratisser sa victime, et Newman Noggs à lire le journal du dimanche précédent ; mais tous trois en silence, car la tristesse du vieux monsieur semblait les avoir gagnés tous, lorsque miss Kenwigs laissa échapper un petit cri perçant qui fit lever les yeux à Newman, bien étonné de voir quelle en était la cause ; c'est qu'en effet le vieux monsieur, en tournant la tête, avait montré aux yeux de sa nièce ébahie les traits de M. Lillyvick, le percepteur des taxes.

Certainement c'étaient les traits de M. Lillyvick, mais bien changés par exemple. Autrefois, si jamais vieux monsieur se piquait de ne paraître en public qu'avec sa barbe faite et le visage frais, c'était bien M. Lillyvick. Si jamais percepteur, en sa qualité de percepteur, prenait devant tout le monde un air de dignité solennelle, comme un homme qui porte le monde dans son registre et qui va lui demander compte de deux trimestres en retard, c'était bien M. Lillyvick. Hélas ! et voilà maintenant M. Lillyvick assis là sur cette chaise avec le reste d'une barbe d'au moins huit jours sur son menton étonné, avec un jabot de chemise sale et chiffonné sur la poitrine au lieu de lever hardiment la crête ; avec une mine si honteuse, si abattue, si découragée, si humiliée et si malheureuse, qu'on aurait réuni l'expression de mortification et de mécompte de quarante mauvaises payes à qui le percepteur vient de couper les eaux de la ville, pour leur apprendre à être plus exactes dans leur payement, que tout cela n'aurait rien été auprès de la mine penaude et contrite de M. Lillyvick, le percepteur des taxes.

« Monsieur Lillyvick ! » dit Newman Noggs ne pouvant en croire ses yeux.

Et M. Lillyvick commença un gémissement qu'il voulut dissimuler ensuite par une petite toux, mais le gémissement était bien un bel et bon gémissement, tandis que la petite toux n'était qu'une frime.

« Oh ! est-ce que vous auriez quelque chose ? dit Newman Noggs.

— Quelque chose ! monsieur, cria M. Lillyvick. Le robinet de la vie est à sec, monsieur, il ne reste plus que la lie au fond du réservoir. »

En entendant ce style, qui n'était pas très clair, mais dont il attribua le genre théâtral à son association récente avec des artistes dramatiques, Newman se disposait à faire quelque autre question ; mais M. Lillyvick, qui s'en aperçut, l'en empêcha en lui serrant d'abord tristement la main dans la sienne, puis en lui faisant signe de l'autre de ne pas l'interroger.

« Attendez que l'on m'ait rasé, dit M. Lillyvick; je vais être expédié avant Morleena..., car c'est Morleena, n'est-ce pas?

— Oui, sans doute, dit Newman.

— Les Kenwigs ont aussi un garçon, n'est-ce pas? »

Newman répondit encore affirmativement.

« Et est-il gentil, le petit garçon? demanda le percepteur.

— Mais, pas trop mal, répondit Newman, qui trouvait la question un peu embarrassante.

— Suzanne Kenwigs, reprit l'autre, disait souvent que, si jamais elle avait encore un petit garçon, elle espérait bien qu'il me ressemblerait. Me ressemble-t-il, monsieur Noggs? »

Autre question embarrassante que Newman éluda en répondant à M. Lillyvick qu'en effet le petit garçon pourrait bien lui ressembler plus tard.

« Je serais bien aise, dit M. Lillyvick, d'avoir quelqu'un qui me ressemblât par quelque endroit avant de mourir.

— Mourir? vous n'y êtes pas, dans tous les cas, dit Newman.

— Attendez que je sois rasé, » répliqua M. Lillyvick d'une voix solennelle; et, se remettant entre les mains du garçon, il ne dit plus un mot.

C'était cela qui était drôle, si drôle même aux yeux de miss Morleena, que cette demoiselle, au risque de se faire couper l'oreille, ne put s'empêcher de se retourner plus de vingt fois pendant le précédent dialogue. Toutefois M. Lillyvick n'eut pas seulement l'air de la connaître; au contraire, il essayait (au moins c'était l'opinion de Newman Noggs) d'échapper à ses regards et de se replier sur lui-même toutes les fois qu'il attirait son attention. Newman se demandait avec étonnement ce qui avait pu occasionner un pareil changement de la part du percepteur des taxes; mais, réfléchissant, en véritable philosophe, qu'il le saurait toujours tôt ou tard, et qu'il pouvait parfaitement attendre, il ne se laissa, au bout du compte, troubler que le moins possible par la singularité de manières du vieux gentleman.

Enfin, voici les cheveux coupés et frisés, et le vieux monsieur, qui était resté quelque temps à attendre, se lève aussi pour s'en aller. Il prend le bras de Newman, pendant que celui-ci continue dans la rue son office d'écuyer accompagnadour de Mlle Kenwigs, et marche quelque temps avec eux sans faire la moindre observation. Newman, qui pouvait se vanter de n'avoir pas son égal pour les habitudes taciturnes, ne fit aucun effort pour rompre le silence; aussi était-on déjà tout près de la maison quand M. Lillyvick se décida à ouvrir la bouche.

« Dites-moi, monsieur Noggs, les Kenwigs ont dû être bien saisis de cette nouvelle.

— Quelle nouvelle? répondit Newman.

— De... mon...

— Mariage? demanda Newman.

— Ah! répliqua M. Lillyvick en poussant encore un gémissement qu'il ne songea pas même à dissimuler par une petite toux.

— Nous l'avons longtemps tenu caché à maman, interrompit Mlle Morleena; mais cela ne l'a pas empêchée de bien pleurer quand elle l'a su. Papa a été aussi bien abattu, mais il va mieux maintenant; et moi aussi, j'ai été bien malade, mais je vais mieux aussi.

— Est-ce que vous embrasseriez votre grand-oncle Lillyvick, s'il vous le demandait, Morleena? dit le percepteur avec quelque hésitation.

— Certainement, mon oncle Lillyvick, répondit Morleena avec l'énergie combinée de son père et de sa mère; mais non pas la tante Lillyvick; ce n'est pas ma tante, et je ne lui donnerai jamais ce nom. »

Morleena avait à peine achevé de prononcer ces mots, que M. Lillyvick l'enleva dans ses bras pour mieux l'embrasser, et, voyant qu'ils étaient arrivés déjà à la porte des Kenwigs, il monta droit à leur salon, portant toujours dans ses bras miss Morleena, qu'il déposa au milieu de la chambre, pendant que M. et Mme Kenwigs étaient à souper. A la vue de leur oncle parjure, Mme Kenwigs devint pâle et se trouva mal, tandis que M. Kenwigs se leva avec majesté.

« Kenwigs, dit le percepteur, donnez-moi une poignée de main.

— Monsieur, dit M. Kenwigs, il est passé le temps où j'étais fier de donner une poignée de main à un homme comme celui que je vois maintenant devant mes yeux; il est passé, monsieur, le temps où une visite de cet homme excitait dans mon sein et dans celui de ma famille des sensations à la fois naturelles et flatteuses; mais aujourd'hui je regarde ce même homme avec des émotions qui surpassent tout ce qu'on peut dire, et je me demande ce qu'il a fait de son honneur, de sa loyauté, enfin de sa nature humaine.

— Suzanne Kenwigs, dit M. Lillyvick en se tournant humblement vers sa nièce, est-ce que vous ne voulez rien me dire?

— Et comment voulez-vous qu'elle le puisse, monsieur? dit M. Kenwigs en frappant sur la table avec énergie. La nourriture d'un petit enfant bien portant, ainsi que le chagrin ressenti de votre conduite cruelle, l'ont réduite à ce point de faiblesse, que c'est à peine si quatre pintes de bière par jour peuvent suffire à la soutenir.

— Je suis charmé, dit le pauvre percepteur avec douceur, d'apprendre que ce soit un petit enfant bien portant, j'en suis charmé. »

C'était là prendre les Kenwigs par leur faible. Aussi, à l'instant même, Mme Kenwigs fondit en larmes et M. Kenwigs montra la plus vive émotion.

« Mon sentiment le plus cher, dit-il tristement, pendant tout le temps que nous avons attendu la venue de cet enfant, c'était de me dire ceci : Si c'est un garçon, comme je l'espère, car j'ai entendu dire bien des fois à son oncle Lillyvick qu'il préférerait que celui-ci fût un garçon, si c'est un garçon, que dira l'oncle Lillyvick, quel est le nom qu'il voudra qu'on lui donne? L'appellera-t-on Pierre? ou Alexandre? ou Pompée? ou Diogène? ou comment? Et aujourd'hui, quand je le regarde, pauvre enfant chéri, innocent, abandonné, tout ce qu'il peut faire avec ses petits bras, c'est de déchirer son petit bonnet. Tout ce qu'il peut faire avec ses petites jambes, c'est de se donner des coups de pied à soi-même. Quand je le vois étendu dans le giron de sa mère, roucoulant, et, dans son état d'innocence, s'étouffant presque en se fourrant son petit poing dans la bouche, quand je le vois et que je pense que son oncle Lillyvick, ici présent, qui devait tant l'aimer, s'est retiré de lui, je me sens saisir d'un sentiment de vengeance impossible à décrire, et il me semble entendre le cher et précieux enfant me dire lui-même de haïr son oncle. »

Ce tableau touchant émut si profondément Mme Kenwigs, qu'elle essaya longtemps vainement d'amener à bien quelques paroles imparfaites qui avortèrent en route, noyées et submergées dans des flots de larmes. Enfin :

« Mon oncle, dit-elle, qui l'aurait jamais cru, que vous nous tourneriez ainsi le dos, à moi, à mes chers enfants et à Kenwigs, qui est l'auteur de leur existence? Vous, autrefois si bon et si tendre pour nous que, si quelqu'un nous avait prophétisé chose pareille, nous l'aurions foudroyé de notre mépris! Vous, dont nous avons donné le nom, au pied de l'autel, à notre premier petit garçon! Ah! pensée cruelle!

— Croyez-vous, dit M. Kenwigs, que nous pensions à l'argent, croyez-vous que notre chagrin eût un motif intéressé?

— Non! cria Mme Kenwigs, je me moque de tout cela.

— Et moi aussi, dit M. Kenwigs, et je m'en suis toujours moqué.

— C'est ma sensibilité, dit Mme Kenwigs, qui a été lacérée sans pitié. C'est mon cœur qui a été déchiré par les plus tristes angoisses. J'ai été délaissée dans mes couches; mon enfant inoffensif en est devenu tout grognon et tout mal à son aise; Morleena en est devenue à rien; eh bien, tout cela, je l'oublie et le pardonne, car, je le sens, mon oncle, je ne pourrais jamais me quereller avec vous. Mais ne me demandez jamais de la recevoir, *elle*, jamais! car je ne le veux pas, non! je ne le veux pas! veux pas! veux pas! veux pas!

— Suzanne, ma chère Suzanne, dit M. Kenwigs, pas tant d'émotion, songez à votre enfant.

— Oui! dit Mme Kenwigs en poussant un grand cri, je veux songer à mon enfant! mon enfant à moi, dont il n'y a pas d'oncles qui puissent me dépouiller! Mon enfant, haï, méprisé, abandonné, qu'on a planté là. »

Et ici les sensations de Mme Kenwigs devinrent si violentes, que M. Kenwigs s'empressa de lui administrer de la corne de cerf intérieurement, du vinaigre extérieurement, et de mettre en pièces un lacet de corset, quatre cordons de jupe et un certain nombre de petits boutons.

Newman était resté spectateur de cette scène, car M. Lillyvick lui avait fait signe de ne pas se retirer, et M. Kenwigs lui avait fait ensuite un signe de tête qui pouvait passer pour une invitation de continuer à les honorer de sa présence. Mais il était resté jusque-là spectateur silencieux. Alors pourtant il se permit de faire à Mme Kenwigs quelques représentations et de la supplier de se remettre, car il avait sur elle quelque influence; ce que voyant M. Lillyvick, il profita d'un moment de calme de sa nièce, et lui dit d'une voix défaillante :

« Ce n'est pas moi qui vous demanderai jamais de recevoir ma..., je n'ai pas besoin de vous dire quoi, vous savez bien ce que je veux dire, Suzanne, et vous, Kenwigs : il y a eu hier huit jours qu'elle s'est fait enlever par un capitaine à demi-solde. »

Tableau! étonnement simultané de M. et Mme Kenwigs.

« Enlevée par un capitaine à demi-solde, répéta M. Lillyvick : honteusement, traîtreusement enlevée par un capitaine à demi-solde, une méchante trogne de capitaine à qui personne n'aurait jamais pensé. C'est ici, dans cette chambre, continua M. Lillyvick en promenant tristement ses regards autour de lui, que j'ai vu pour la première fois Henriette Petowker. C'est ici, dans cette chambre, que je la renie pour toujours! »

A la bonne heure, voilà une déclaration qui changeait bien la face des choses. Mme Kenwigs se jeta au cou du vieux gentleman, en se faisant des reproches amers de la dureté qu'elle venait de lui montrer, et en s'écriant : « Si j'ai tant souffert, combien, mon cher oncle, vous avez dû plus souffrir encore ! » M. Kenwigs serra la main de son ancien protecteur et lui voua une amitié éternelle et un remords qui ne s'effacerait jamais. Mme Kenwigs fut saisie d'horreur en pensant qu'elle avait pu réchauffer dans son sein un pareil serpent, une couleuvre, un aspic, une vipère, un vil crocodile comme Henriette Petowker. M. Kenwigs déclara qu'il fallait qu'elle fût tout cela et bien autre chose pour n'avoir pu se corriger en voyant si longtemps sous ses yeux l'exemple de vertu de Mme Kenwigs. Mme Kenwigs se rappela avoir entendu dire souvent à M. Kenwigs qu'il n'était pas édifié de la conduite de miss Petowker, et qu'il ne s'expliquait pas l'aveuglement de son épouse pour cette misérable créature. M. Kenwigs se rappela bien quelques soupçons qui lui avaient traversé l'esprit, mais il ne s'était jamais étonné de ne pas les voir partagés par Mme Kenwigs, qui était la chasteté, la pureté, la loyauté même, pendant qu'Henriette était toute bassesse, toute fausseté, toute trahison. Mais M. et Mme Kenwigs furent unanimes à déclarer, avec la plus vive émotion et en versant des larmes de sympathie, que c'était un bien pour un mal, et ils conjurèrent ensemble le bon percepteur, au lieu de s'abandonner à des regrets stériles, de chercher sa consolation dans la société de parents affectionnés et fidèles, dont les bras et les cœurs lui seraient toujours ouverts.

« Par attachement et par estime pour vous, Suzanne, et vous, Kenwigs, dit M. Lillyvick, car ce n'est pas par esprit de vengeance ou de ressentiment contre elle, elle n'en vaut pas la peine, je veux demain matin placer sur la tête de vos enfants, avec réversibilité sur les plus vivants à l'époque de leur majorité ou de leur mariage, l'argent que je voulais autrefois leur léguer par testament. L'acte sera passé demain, et M. Noggs voudra bien être un de nos témoins ; il verra si je tiens ma promesse. »

Le moyen de résister à cette offre grande et généreuse ! M. Kenwigs, Mme Kenwigs, Mlle Morleena Kenwigs sanglotèrent tous à qui mieux mieux, et, le bruit de leurs sanglots gagnant les chambres voisines, les petits enfants qui étaient au lit se mirent à faire chorus par leurs cris d'attendrissement. M. Kenwigs, la tête perdue, se précipita et reparut bientôt, les portant dans ses bras, deux par deux, et les déposa en bonnet de nuit et en chemise longue aux pieds de M. Lillyvick, pour qu'ils pussent de là faire monter vers lui l'expression de leurs remercîments et vers le ciel leurs prières pour son bonheur.

« A présent, dit M. Lillyvick, à la suite de cette scène déchirante et quand on eut remporté les enfants, à présent donnez-moi quelque chose pour souper. Cela s'est passé à sept lieues de Londres. Je suis arrivé ce matin, je suis resté toute la journée à badauder sans pouvoir me résoudre à venir vous voir. Moi qui ne la contrariais en rien, qui la laissais en liberté de faire tout ce qu'elle voulait, et voilà comme elle m'en a récompensé ! J'avais douze petites cuillers et six cents francs en or, que j'ai bien regrettés d'abord ; ce n'est pas agréable à perdre. J'ai peur de n'avoir jamais la force de continuer à soulever le marteau de mes contribuables pour frapper mon toc toc accoutumé dans mes rondes ; mais, je vous en prie, n'en parlons plus. Les petites cuillers pouvaient bien valoir... n'y pensons plus, n'y pensons plus ! »

Tout en marmottant ces regrets cuisants, le percepteur laissa couler une ou deux larmes, mais on le conduisit à un fauteuil où l'on obtint de lui, sans avoir besoin de trop le prier, qu'il se décidât de bon cœur à souper ; puis, quand il eut fini de fumer sa première pipe et qu'il eut absorbé une demi-douzaine de verres d'un punch de six francs sacrifié par M. Kenwigs pour le retour de l'oncle au sein de sa famille, comme autrefois le veau gras de l'enfant prodigue, il parut, quoiqu'il eût toujours l'oreille basse, résigné décidément à son sort, peut-être même plus satisfait qu'autrement de la fugue de sa femme.

Autre tableau : M. Kenwigs enlace d'une main la taille de Mme Kenwigs ; son autre main soutient sa pipe, qui, par parenthèse, le fait tousser et clignoter pas mal, car il n'était pas grand fumeur ; il repose ses yeux sur Morleena, assise elle-même sur un genou de son oncle, et s'écrie : « Quand je vois cet homme respectable revenir au milieu de la famille dont il fait l'ornement, quand je vois ses affections se développer dans ces épanchements légitimes, je trouve que sa nature est aussi élevée et aussi étendue que sa situation sociale, où il joue un rôle si honorable, et je crois entendre la voix de mes enfants au berceau, dont il a assuré l'existence, me murmurer doucement à l'oreille : Voici un événement que le ciel même regarde avec bonheur. »

CHAPITRE LIII

Le complot de MM. Ralph Nickleby et Arthur Gride suit son cours.

Animé d'une de ces résolutions vigoureuses et déterminées que des circonstances exceptionnelles inspirent quelquefois aux natures même les plus indolentes, l'adorateur de Madeleine Bray, qui était au contraire tout feu et tout ardeur, en voyant poindre le jour, sauta à bas de sa couche agitée, que le sommeil n'avait pas visitée de toute la nuit, et se prépara à la dernière tentative sur laquelle reposait le dernier espoir, espoir faible et fragile, d'un heureux succès.

Il est possible que, pour les esprits inquiets et ardents, le matin soit l'heure naturelle de l'énergie et de l'activité ; cependant ce n'est pas le moment où l'espérance est la plus vive, ni le courage le plus entreprenant et le plus spontané. Dans les positions critiques et périlleuses, l'habitude de les envisager, un examen consciencieux des difficultés qui nous entourent, en nous familiarisant avec le danger, diminuent par degrés nos appréhensions, et produisent une indifférence relative, quelquefois même une vague et mystérieuse confiance dans quelque secours inconnu, dont nous serions bien embarrassés d'avoir à expliquer la nature ou la force. Mais, quand nous abordons ces réflexions le matin, à tête reposée, après avoir traversé cette sombre et silencieuse lacune qui sépare déjà le jour d'aujourd'hui du jour d'hier, quand il nous faut river de nouveau chacun de ces anneaux dont se compose la brillante chaîne de l'espérance, quand notre enthousiasme s'est calmé pour faire place à la calme et froide raison, le doute et les appréhensions renaissent. Quand le voyageur reprend sa route, au grand jour, il voit se développer devant lui les montagnes escarpées et les plaines inconnues que les ténèbres de la nuit avaient complaisamment dérobées a sa vue, pour ne point abattre son courage ; il en est de même du pèlerin de la vie humaine : les rayons du soleil levant lui montrent chaque jour quelque nouvel obstacle à surmonter, quelque pic à atteindre. Lui aussi, il voit s'étendre devant lui un horizon qu'il ne soupçonnait pas la veille au soir ; et la lumière qui vient dorer gaiement tous les spectacles de la nature, semble se faire un jeu de mettre en relief tous les tristes obstacles qui s'élèvent entre la tombe et lui.

C'est dans ces dispositions que Nicolas, avec l'impatience naturelle qui tenait à sa situation, sortit doucement de chez lui de bonne heure. Pourquoi de si bonne heure ? Il n'en savait rien. Au contraire, il n'ignorait pas qu'il avait encore à passer bien des heures avant de pouvoir parler à Madeleine, et qu'il n'y avait rien à faire dans l'intervalle que de laisser couler le temps ; mais c'est égal, il lui semblait que ce serait gaspiller ce temps précieux que de le perdre à rester au lit ; il aimait mieux le perdre à errer dans Londres, comme s'il suffisait de se lever et de remuer pour arriver plutôt au but.

Et cependant, à mesure qu'il arpentait les rues, et qu'il y voyait, d'un œil distrait, le jour ramener par degrés le tracas et le bruit, tout semblait lui présenter quelque nouveau sujet de découragement. La veille au soir, il trouvait si monstrueux le sacrifice d'une femme jeune, aimante et belle au misérable qu'on lui destinait pour époux, qu'il ne pouvait y croire, et, plus il s'échauffait sur cette idée, plus il restait convaincu qu'il se déclarerait quelque secours inattendu qui viendrait l'arracher de ses griffes. Mais le matin, en pensant à la marche régulière des choses, jour par jour, heure par heure, réglées comme un cadran ; en pensant à la jeunesse qui meurt ainsi que la beauté, pendant que l'âge hideux de l'avarice et de la rapine continue doucement son chemin ; comment la cupidité rusée s'enrichit, pendant qu'il y a tant de cœurs honnêtes que leur vertu n'empêche pas d'être pauvres et tristes ; combien il y a peu de mortels fortunés qui occupent les riches hôtels, pendant qu'il y en a tant d'autres qui habitent des trous infects ; combien même qui se lèvent chaque matin, se couchent chaque soir, vivent et meurent, de père en fils, de mère en fille, de race en race, de génération en génération, sans avoir un chez-eux pour abriter leur tête, sans voir un seul homme mettre au service de leur misère l'énergie charitable de ses efforts et de son caractère ; combien de femmes et d'enfants, poursuivant, non pas le luxe ni les splendeurs de la vie opulente, mais simplement le moyen de soutenir leur misérable et chiche existence, divisés par classes dans cette

« Je vous supplie de réfléchir encore au parti funeste dans lequel on vous a précipitée. » (P. 404.)

même ville, comptés, numérotés dans le recensement de la police avec autant d'exactitude que les grandes familles et les personnages de haut rang le sont sur le livre de la noblesse, s'en distinguaient seulement par cette légère différence qu'ils étaient dressés, prédestinés, dès leur enfance, à faire les métiers les plus criminels et les plus odieux ; comment l'ignorance trouvait partout des juges pour la punir, nulle part des maîtres pour l'instruire ; comment la geôle s'ouvrait toujours, comment la potence était toujours en exercice pour des milliers de malheureux nés dans une situation qui les a faits coupables dès le berceau, sans quoi ils gagneraient aujourd'hui leur pain honnêtement, et vivraient en paix ; combien étaient déjà morts dans l'âme, sans espérance de la voir revivre jamais ; combien d'autres, que leur éducation et leur fortune ont mis si bien sur la voie qu'ils ne pourraient s'égarer, en dépit de leurs vices, détournent avec mépris leurs yeux du malheureux frappé fatalement par la loi, quand il ne pouvait guère faire autre chose, et qu'on aurait dû plutôt s'étonner de lui voir faire quelque chose de bien, qu'à eux quelque chose de mal; combien il y avait d'injustice, de misère, d'iniquité, ce qui n'empêchait pas le monde d'aller son petit train d'un bout de l'année à l'autre, avec la même indifférence et la même insouciance, sans que personne songeât à guérir ou à réformer le mal. En pensant à tout cela, et en isolant de la masse le petit cas particulier qui occupait toutes ses pensées, Nicolas sentit bien qu'il n'y avait guère lieu d'espérer, et ne vit point de raison raisonnable pour que son sort ne formât pas un des atomes perdus dans l'ensemble infini des chagrins et des peines enchaînées l'une à l'autre, pour qu'il n'apportât pas au grand total le petit tribut de son humble et mesquine unité.

Mais, si la jeunesse a le privilège d'évoquer à volonté les plus tristes tableaux sous les couleurs les plus sombres, elle a heureusement aussi le privilège de ne point s'y arrêter longtemps. A force de réfléchir à ce qu'il avait à faire, et de rappeler, petit à petit, ses dispositions de la veille, interrompues par la nuit, Nicolas reprit insensiblement toute son énergie, et, quand la matinée fut assez avancée pour ce qu'il voulait faire, il ne pensa plus qu'à en tirer le meilleur parti possible. Après un déjeuner précipité et l'expédition de quelques affaires urgentes, il dirigea ses pas vers la demeure de Madeleine Bray, et ne resta pas longtemps en route.

Il avait prévu qu'il était très possible qu'on ne lui laissât pas voir la demoiselle, quoiqu'on n'en eût jamais fait difficulté, et il réfléchissait au moyen le plus sûr de pénétrer jusqu'à elle dans cette supposition, lorsque, en arrivant à la porte de la maison, il la trouva entre-bâillée. La négligence de la personne qui ne l'avait point fermée en sortant lui offrait une occasion d'entrer sans cérémonie; il en profita pour monter et frapper à la chambre où on avait coutume de le recevoir : une voix lui cria d'entrer; il ne se fit pas prier.

Bray était seul avec sa fille. Depuis trois semaines que Nicolas ne l'avait vue, il s'était opéré dans les traits de cette charmante demoiselle un changement qui ne témoignait que trop visiblement de toute la souffrance morale qu'elle avait eu à endurer et à comprimer pendant ce court intervalle. Il n'y a pas de mots pour exprimer, pas de comparaison pour représenter la pâleur effrayante, la blancheur claire et transparente du beau visage qui se tourna vers lui quand il entra. Ses cheveux magnifiques, d'un brun foncé, voilaient sa face et retombaient sur son cou, dont la blancheur les faisait paraître noirs comme la plume d'un corbeau. Son œil sombre avait quelque chose d'inquiet et d'égaré, mais toujours la même patience dans le regard, la même expression de douleur douce et résignée qu'il lui avait toujours connue, sans aucune trace de larmes. Sa beauté, plus saisissante peut-être que jamais, avait pris un caractère grave et triste, qui lui parut plus pénible et plus attendrissant que l'agonie d'un chagrin violent. Le sien était calme et contenu, mais il était empreint et gravé dans sa physionomie comme si l'effort violent qui avait réussi à lui donner cette contrainte discrète sous les yeux de son père, en dominant l'amertume de ses pensées, avait buriné au passage l'expression rapide de la douleur dans ses traits, pour y laisser une marque toujours vivante de son triomphe.

Le père était assis vis-à-vis d'elle. Il ne la regardait pas précisément en face, mais seulement de côté, et causait d'un air de bonne humeur qui déguisait mal les pensées pénibles dont il était agité. Les crayons, les pinceaux, n'étaient pas à leur place accoutumée sur la table. En général, tous les autres témoins de ses occupations ordinaires avaient également disparu. Les petits vases que Nicolas avait toujours vus remplis de fleurs fraîches étaient vides ou ne contenaient plus que quelques tiges flétries comme leurs feuilles. La serge qui couvrait pendant la nuit la cage du serin n'avait pas encore été retirée; le pauvre oiseau avait été oublié par sa maîtresse.

Il y a des moments où l'esprit, plus vivement excité par ses peines intérieures à recevoir des impressions vives, voit beaucoup d'un seul coup d'œil; aussi Nicolas n'avait eu que la peine d'ouvrir les yeux pour se rendre compte de tout, lorsque M. Bray accueillit sa visite par ces mots prononcés d'un ton impatient :

« Eh bien, monsieur, qu'est-ce que vous voulez? Dites tout de suite, s'il vous plaît, la commission dont vous êtes chargé, car ma fille et moi nous sommes occupés d'affaires bien autrement importantes que celle qui vous amène; ainsi, monsieur, dépêchez-vous de nous expliquer la vôtre sans phrases. »

Il était facile à Nicolas de voir que l'impatience nerveuse témoignée par Bray dans ses paroles n'était pas réelle, et qu'au fond du cœur il était, au contraire, ravi d'une interruption qui devait avoir pour effet de donner le change à l'attention de sa fille. Involontairement il porta les yeux sur lui pendant qu'il parlait, et remarqua son embarras, car Bray rougissait et détournait la tête.

Cependant, s'il avait en effet le désir de distraire les pensées de Madeleine en la forçant de prendre part à l'entretien, il ne fut pas trompé dans son attente, car elle se leva, fit quelques pas vers Nicolas, et tendit la main comme pour recevoir la lettre qu'on lui apportait sans doute.

« Madeleine, lui dit son père d'un air maussade, que faites-vous là, ma chère amie?

— C'est que sans doute Mlle Bray s'attendait à recevoir un billet, dit Nicolas en parlant très distinctement et en appelant l'attention de Madeleine sur le sens mystérieux de ses paroles par l'énergie avec laquelle il appuyait sur chaque mot; mais mon patron n'est pas en Angleterre, sans quoi je me serais présenté avec une lettre. J'espère que mademoiselle voudra bien me donner du temps..., un peu de temps; je ne demande qu'un très court délai.

— Si vous n'êtes venu que pour cela, monsieur, dit M. Bray, vous n'avez pas besoin de vous tourmenter. Chère Madeleine, je ne savais pas que ce monsieur fût votre débiteur.

— Oh! pour une bagatelle, je crois, répondit Madeleine d'une voix abattue.

— Vous vous imaginez peut-être, dit Bray en retournant sa chaise pour regarder en face Nicolas, que, sans les misérables sommes que vous apportez de temps en temps pour indemniser ma fille de l'emploi qu'elle veut bien faire de ses loisirs, nous n'aurions qu'à mourir de faim?

— Je n'ai jamais eu de pareilles idées, répliqua Nicolas.

— Ah! vous n'avez pas eu de pareilles idées, reprit le malade en ricanant; vous savez bien que si. Ces idées-là, non seulement vous les avez eues, mais vous les avez toujours chaque fois que vous venez ici. Croyez-vous, jeune homme, que je ne connaisse pas bien ces petits commerçants et l'orgueil qu'ils puisent dans leur bourse lorsque, par une heureuse circonstance, ils mettent un jour ou deux le grappin... ou croient le mettre... sur un gentleman.

— Ce n'est pas avec un gentleman, dit Nicolas respectueusement, c'est avec une demoiselle que mon commerce me met en rapport.

— C'est avec la fille d'un gentleman, monsieur, répondit le malade. Ce n'est donc pas la peine d'avocasser; mais voyons, vous avez sans doute des ***commandes***? N'avez-vous pas de nouvelles ***commandes*** pour ma fille, monsieur? »

Nicolas ne se trompa pas sur les motifs de ce ton victorieux dont M. Bray lui faisait subir un interrogatoire; mais il se rappela la nécessité de garder jusqu'au bout le rôle dont il s'était chargé, et présenta un morceau de papier qui était censé contenir une liste de quelques dessins dont son patron demandait l'exécution et qu'il avait prise sur lui dans la prévision qu'elle pourrait lui servir.

« Ah! dit M. Bray, voilà les commandes, n'est-ce pas?

— Si vous tenez à vous servir de ce mot..., oui, monsieur, répliqua Nicolas.

— Eh bien, vous pouvez dire à votre maître, reprit Bray en repoussant le papier avec un sourire triomphant, que ma fille, Mlle Madeleine Bray, ne daigne plus désormais se livrer à de pareils travaux; qu'elle n'est pas à sa discrétion et à ses ordres, comme il paraît le croire; que nous n'avons pas besoin de son argent pour vivre, comme il s'en flatte; qu'il n'a qu'à donner ce qu'il peut nous devoir au premier mendiant qui passera devant sa boutique, si mieux il n'aime en faire un *item* à la colonne de ses profits, la première fois qu'il relèvera ses comptes; enfin qu'il peut aller au diable, je ne l'en empêche pas. Voilà, monsieur, comme je reçois ses commandes.

— Et voilà, se dit en lui-même Nicolas, comme l'homme qui vend sa fille, malgré ses larmes, entend l'indépendance! »

Heureusement, le père était trop enivré des grandes destinées qui s'ouvraient encore devant lui, pour remarquer l'air de mépris qu'il aurait pu lire sur la figure de Nicolas; car le jeune homme indigné n'aurait pu s'empêcher de le faire paraître, même au milieu des tortures.

« Là! continua-t-il après un moment de silence; vous avez maintenant la réponse, vous n'avez plus qu'à vous retirer, à moins que vous n'ayez encore des... ha! ha!... des commandes.

— Je n'en ai pas, dit Nicolas, et vous me rendrez la justice que, par considération pour votre ancienne situation dans le monde, je ne me suis pas servi de ce terme, ni d'aucun autre qui, bien innocent en lui-même, aurait pu être interprété comme une prétention de ma part ou comme une dépendance de la vôtre. Non, je n'ai pas de commandes, je n'ai que des craintes... des craintes que je suis venu vous exprimer, au risque de vous déplaire... Je crains donc que vous ne condamniez cette jeune demoiselle à un pire supplice que de soutenir votre existence par le travail de ses mains, dût-elle y perdre la santé et la vie. Voilà ce que je crains, et c'est sur votre propre conduite, sur votre ton railleur avec moi, que je fonde ces craintes. Je laisse à votre conscience, monsieur, le soin de vous dire si elles sont vraies ou mensongères.

— Au nom du ciel! cria Madeleine se jetant toute tremblante au travers de leur conversation; n'oubliez pas, monsieur, qu'il est malade.

— Malade! cria l'autre suffoqué et respirant à peine; malade! malade! Un méchant calicot viendra m'insulter à mon nez et à ma barbe, et elle le prie, par pitié pour moi, de ne pas oublier que je suis malade! »

Aussitôt son mal le reprit avec une telle violence, que Nicolas craignit un moment pour sa vie; mais, l'ayant vu revenir de sa syncope, il se retira, après avoir fait comprendre par un signe à la demoiselle qu'il avait quelque chose d'important à lui communiquer et qu'il allait l'attendre sur le palier. De là il put entendre le père reprendre connaissance petit à petit, sans pourtant faire la moindre allusion à la scène qui venait de se passer, comme s'il n'en avait eu qu'un souvenir confus. Il finit par demander qu'on le laissât seul.

« Ah! se dit Nicolas; si cette faible chance qui se présente pouvait au moins n'être pas perdue! Si je pouvais réussir à obtenir d'elle huit jours seulement de réflexion!

— Vous avez sans doute quelque commission pour moi? dit Madeleine en venant le retrouver dans un état de grande agitation; mais, je vous en prie, je vous en supplie, veuillez la remettre de quelques jours : après-demain... vous pourrez venir.

— Ce sera trop tard... trop tard pour ce que j'ai à vous dire, répondit Nicolas; et d'ailleurs vous ne serez plus ici. Ah! madame, pour peu que vous croyiez devoir une pensée à celui qui m'a envoyé près de vous, pour peu que vous n'ayez pas sacrifié tout à fait la paix de votre esprit et la tranquillité de votre âme, je vous demande, au nom de Dieu, de vouloir bien m'entendre un moment. »

Elle voulut rentrer, mais Nicolas la retint doucement comme elle passait devant lui.

« Veuillez m'entendre, dit Nicolas, ou plutôt, ce n'est pas moi que je vous prie d'entendre, c'est surtout l'homme au nom duquel je vous parle, qui est en ce moment loin de vous, et ne peut pas savoir le danger où vous êtes. Au nom du ciel! écoutez-moi. »

La pauvre servante se tenait là debout, les yeux gonflés et rougis par ses larmes, et Nicolas l'implora aussi dans des termes si pathétiques, qu'elle ouvrit une porte voisine par où elle conduisit, en la soutenant, sa maîtresse défaillante, dans la chambre voisine, en faisant signe à Nicolas de l'y suivre.

« Laissez-moi, monsieur, je vous prie, dit la demoiselle.

— Je ne veux pas, je ne veux pas vous laisser ainsi, dit Nicolas. J'ai un devoir à remplir, et, si ce n'est pas ici, ce sera dans la chambre que nous venons de quitter, aux risques et périls de M. Bray, qu'il faut que je vous supplie de réfléchir encore au parti funeste dans lequel on vous a précipitée.

— De quel parti voulez-vous parler, monsieur, et qui m'y a précipitée? demanda la demoiselle, en faisant tout ce qu'elle pouvait pour prendre un air de dignité offensée.

— Je parle de ce mariage, répondit Nicolas, de ce mariage fixé à demain par un homme qu'on est sûr de rencontrer partout où il y a un mauvais coup à faire, et jamais où il s'agit de faire quelque bien, de ce mariage dont l'histoire m'est connue mieux qu'à vous, beaucoup mieux. Je sais les trames qu'on tisse autour de vous; je sais les ouvriers habiles qui les ont ourdies : on vous trahit, on vous vend... pour un peu d'or, pour quelques pièces de monnaie rouillées par les larmes, et peut-être rougies par le sang des débiteurs ruinés qui, dans leur désespoir, ont porté sur eux-mêmes leurs mains meurtrières.

— Vous avez, dites-vous, un devoir à remplir, répliqua Madeleine, vous n'êtes pas le seul; moi aussi, j'en ai un, et je le remplirai avec l'aide de Dieu.

— Dites plutôt avec l'aide des démons, répliqua Nicolas, avec l'aide de gens, sans en excepter votre futur mari, qui sont...

— Arrêtez, je ne dois pas entendre ces choses-là, s'écria Madeleine en faisant de vains efforts pour réprimer un frisson que la moindre allusion au nom d'Arthur Gride semblait avoir provoqué; si c'est un mal, c'est un mal dont je ne dois me prendre qu'à moi : je ne suis précipitée dans ce parti par personne, je le prends de moi-même, librement et de mon choix. Vous voyez qu'il ne s'agit ici ni de force, ni de contrainte : dites-le bien à mon cher et bien-aimé protecteur; portez-lui mes souhaits et mes remerciments, dont je vous dois une part, et laissez-moi pour toujours.

— Non, il faut que je vous supplie encore avec toute l'ardeur dont je me sens animé, s'écria Nicolas, de reculer ce mariage d'une semaine seulement; non, il faut que je vous supplie encore de songer, plus sérieusement que vous ne l'avez pu faire sous l'influence qui vous domine, à la résolution que vous allez prendre. Il est possible que vous ne connaissiez pas pleinement toute la turpitude de l'homme à qui vous allez donner votre main, mais vous n'êtes pas sans en connaître quelque chose. Vous l'avez entendu parler, vous avez vu son visage; réfléchissez, réfléchissez encore, avant qu'il soit trop tard, à l'engagement sacrilége qu'on va exiger de vous à l'autel; à la foi que vous allez lui jurer, sans consulter votre cœur; aux paroles solennelles que vous allez prononcer en sentant que la nature et la raison se révoltent contre elles; à la chute que vous allez faire dans votre propre estime et qui s'aggravera de plus en plus tous les jours, à mesure que son odieux caractère se révélera davantage. Évitez avec horreur la société dégoûtante de ce misérable, comme vous voudriez éviter la contagion et la peste; subissez, s'il le faut, le travail et la peine; mais lui, fuyez-le, fuyez-le dans l'intérêt de votre bonheur; car, croyez-moi, ce n'est pas un vain mot, la pauvreté la plus abjecte, la condition la plus malheureuse dans ce monde soutenue par une conscience droite et pure, ce serait du bonheur au prix de la destinée à laquelle vous allez vous condamner en devenant la femme d'un homme pareil. »

Longtemps avant que Nicolas eût cessé de parler, la demoiselle s'était caché la face dans ses mains et donnait un libre cours à ses larmes. Pourtant elle finit par s'adresser à lui d'une voix troublée d'abord par l'émotion, mais qui se raffermit graduellement à mesure qu'elle avança dans sa réponse.

« Je ne vous dissimulerai pas, monsieur... quoique ce fût peut-être mon devoir... que j'ai eu de grandes peines d'esprit, le cœur brisé pour mieux dire, depuis que je vous ai vu. Non, je n'aime pas ce gentleman. La différence de nos âges, de nos goûts, de nos habitudes s'y oppose; il le sait, et cela ne l'empêche pas de m'offrir sa main. En l'acceptant, j'accepte le moyen, le seul qui me reste, de rendre la liberté à mon père, qui se meurt dans ce lieu d'exil. Je prolonge sa vie peut être de quelques années; je lui rends de l'aisance..., je pourrais mieux dire, plus que de l'aisance... et je soulage un cœur généreux d'un fardeau bien pénible, en ne lui laissant plus le soin d'assister un homme qui, permettez-moi de le dire avec douleur, ne sympathise pas avec son noble cœur; mais n'allez pas m'estimer assez peu pour me croire capable de feindre un amour que je ne ressens pas. N'allez pas me faire cette réputation : je sens mon cœur faillir à cette seule pensée. Mais, si la raison ou la nature ne me permet pas d'aimer l'homme qui paye si cher le mince honneur d'obtenir ma main, je puis toujours remplir avec lui mes devoirs de femme, je puis lui donner tout ce qu'il attend de moi, et je le ferai. Il consent à me prendre telle que je suis, je lui ai donné ma parole; c'est le moment de m'en réjouir plutôt que d'en pleurer, j'y suis résolue. L'intérêt que vous prenez au sort désespéré d'une fille sans appui comme moi, la délicatesse avec laquelle vous avez répondu à la confiance de vos amis, la discrétion fidèle que vous avez mise à remplir vos promesses envers moi méritent mes remercîments les plus chaleureux, et vous pouvez voir que j'y suis sensible jusqu'aux larmes; mais il ne faut pas croire que je me repente, ni que je sois malheureuse; je suis heureuse, au contraire, de penser à tout le bonheur que je puis répandre autour de moi par un si léger sacrifice, et je suis sûre que je le serai encore davantage plus tard, quand j'y reviendrai par la pensée et que tout sera fini.

— Vous ne pouvez pas vous-même parler de votre bonheur sans que vos pleurs redoublent, dit Nicolas, et vous fuyez en vain le spectacle de l'avenir lugubre qui vous apparaît chargé de tant de maux. Remettez ce mariage d'une semaine, rien que d'une semaine!

— Il me parlait justement, quand vous êtes entré, avec une gaieté qui me rappelle déjà des temps bien éloignés, car il y a bien longtemps de cela, de la liberté qu'il allait recouvrer demain, dit Madeleine avec une fermeté passagère; de cet heureux changement, de l'air pur qu'il allait enfin respirer, de tous les objets, de tous les tableaux nouveaux qui allaient rajeunir sa constitution épuisée. Comme son œil brillait, comme son visage resplendissait, rien que d'y penser! Oh non! je ne remettrai pas son bonheur d'une minute.

— Tout cela, ce n'est qu'artifice et que ruse pour peser sur votre volonté, cria Nicolas.

— Je ne veux plus, dit Madeleine précipitamment, rien entendre là-dessus, je n'en ai déjà que trop entendu, plus que je n'aurais dû sans doute. Tout ce que je viens de vous dire, monsieur, je vous l'ai dit comme au représentant de l'ami bien cher auquel j'espère que vous voudrez bien le répéter fidèlement. Dans quelque temps d'ici, quand je me sentirai plus calme et que je me serai faite à mon nouveau genre de vie, si je dois vivre assez longtemps pour cela, je lui écrirai. En attendant, je prie tous les saints anges de verser leurs bénédictions sur sa tête et de veiller sur son bonheur. »

Elle se hâtait de quitter Nicolas, lorsqu'il se jeta au-devant d'elle en la suppliant de réfléchir une fois encore au sort au-devant duquel elle courait avec tant d'empressement.

« Songez-y, disait Nicolas avec des prières déchirantes; il n'y aura plus à s'en dédire après. Une fois le mal fait, plus de remède, tout regret devient superflu et n'en reste que plus profond et plus amer. Mon Dieu! qu'est-ce que je pourrais donc dire pour vous arrêter sur le bord de l'abîme? Qu'est-ce que je pourrais donc faire pour vous sauver?

— Rien! répliqua-t-elle d'un air égaré. Dieu merci! voici ma dernière épreuve, c'était la plus cruelle. Prenez pitié de moi, monsieur, je vous en prie, ne me percez pas le cœur par vos prières pressantes; je... je l'entends qui m'appelle. Je... je ne dois pas, je ne veux pas rester ici un instant de plus.

— Mais, reprit Nicolas toujours avec la même vivacité et la même rapidité de langage, si c'était un complot, un complot dont je ne tiens pas encore le fil, mais que je puis pénétrer avec le temps; si vous aviez, sans le savoir, des titres à une fortune qui vous fût due et dont le recouvrement vous procurât les mêmes avantages que vous recherchez dans ce mariage, est-ce que vous ne vous rétracteriez pas?

— Non, non, non, c'est impossible, c'est une illusion, et, d'ailleurs, différer, ce serait lui donner la mort. Le voilà qui m'appelle encore!

— C'est peut-être, dit Nicolas, la dernière fois que nous nous reverrons sur la terre; il est à souhaiter pour moi que je ne vous revoie plus jamais!

— Pour moi aussi! pour moi aussi! répliqua Madeleine sans faire attention à ce qu'elle disait; il viendra un temps où le seul souvenir de cet entretien avec vous pourra me rendre folle; mais ne manquez pas de leur dire que vous m'avez laissée calme et heureuse, et recevez pour vous mes vœux au ciel et les bénédictions de mon cœur reconnaissant. »

Elle était partie. Nicolas sortit en chancelant de la maison, poursuivi par le tableau dont il venait de voir le dénoûment, comme par le fantôme de quelque rêve délirant. Le jour passa; le soir, après avoir réussi à mettre un peu d'ordre dans ses pensées, il sortit de nouveau.

Ce soir-là, le dernier soir du célibat d'Arthur Gride, le trouva comme de raison ivre de joie et d'une humeur charmante. L'habit vert-bouteille avait reçu un bon coup de brosse et pendait là tout prêt pour le lendemain matin. Peg Sliderskew avait rendu ses comptes; l'emploi des trente-six sous qu'on lui donnait pour la dépense deux fois au plus par jour, sans jamais lui donner plus à la fois, avait été par elle soigneusement justifié. Tous les préparatifs étaient faits pour le prochain régal. Un autre qu'Arthur serait peut-être resté plongé dans des rêves de bonheur; mais, lui, il préféra s'asseoir à son bureau pour faire le relevé de ses recettes sur un vieux et sale registre de parchemin, dont le fermoir était rouillé.

« Pauvre petit! dit-il en riant dans sa gorge et tombant à genoux devant un coffre-fort fixé dans le parquet par de bons écrous et dans lequel il plongea son bras presque jusqu'à l'épaule pour en tirer doucement le volume aux pages graisseuses. Pauvre petit! je n'ai pourtant pas d'autre bibliothèque, je n'ai qu'un livre en tout; mais il est vrai de dire que c'est bien un des plus amusants qu'on ait jamais écrits. Oh! le bon livre, où il n'y a rien que de réel et de vrai! C'est ce qui m'en plaît. Vrai comme la banque d'Angleterre, et réel comme sa monnaie d'or et d'argent; Arthur Gride *fecit*. Hé! hé! hé! trouvez-moi donc un de vos romanciers qui vous fasse un aussi bon livre que cela; un livre composé pour l'usage d'une seule personne, tiré à un exemplaire seulement; un livre qui n'est destiné à être lu que par moi, et pas par d'autres. Hi! hi! hi! »

En marmottant ce monologue entre ses dents, Arthur porta sur la table son précieux bouquin, le plaça avec soin sur un pupitre poudreux, prit ses lunettes et se mit à plonger dans les feuillets du registre.

« C'est une bien grosse somme, dit-il d'une voix plaintive, que j'ai à payer à M. Nickleby. La dette entière à acquitter : vingt-quatre mille trois cent quatre-vingt-deux francs soixante-quinze centimes, plus mon billet de douze mille cinq cents francs; total : trente-six mille huit cent quarante-deux francs soixante-quinze centimes, pour demain midi précis. Je sais bien que ma petite poulette m'apporte un dédommagement, mais, avec tout cela, reste toujours à savoir si je n'aurais pas pu faire mes affaires moi-même. *Jamais poltron n'eut belle amie.* Je m'en veux d'avoir été si poltron; est-ce que je ne pouvais pas hardiment faire mes offres à Bray moi-même, et gagner d'un seul coup trente-six mille huit cent quarante-deux francs soixante-quinze centimes? »

Le vieil usurier fut si accablé par ces réflexions déchirantes, qu'il poussa du fond de sa poitrine deux ou trois grognements douloureux et déclara, les mains levées vers le ciel, que décidément il mourrait sur la paille! Cependant, après mûre réflexion, en supputant que, dans tous les cas, il lui aurait fallu payer tout entière, ou peu s'en faut, la dette de Ralph, et qu'il n'était pas bien sûr qu'il eût réussi dans son entreprise à lui tout seul, il reprit son assiette et, pour se consoler, parcourut, en remuant les lèvres, une foule d'items de la nature la plus satisfaisante, jusqu'au moment où Peg, en entrant, interrompit cette occupation réjouissante.

« Ah! Marguerite! dit Arthur. Qu'est-ce que c'est? qu'est-ce qu'il y a, Marguerite?

— C'est la volaille, répliqua Marguerite, qui tenait à la main une assiette sur laquelle se pavanait une petite, une toute petite volaille; un phénomène de volaille microscopique, et si maigre, si décharnée!...

— Voilà une belle pièce! dit Arthur après s'être au préalable informé du prix, qu'il n'avait pas trouvé exagéré pour le volume de l'animal. Avec une tranche de jambon, un œuf pour faire la sauce, des pommes de terre, des choux verts, un chausson de pommes et un petit morceau de fromage, nous aurons un dîner impérial; et nous ne serons que deux pour tout cela: elle et moi, et vous aussi, Marguerite, cela va sans dire, après nous.

— N'allez pas, après cela, vous plaindre qu'on dépense trop, toujours, dit Mme Sliderskew en faisant la mine.

— J'ai peur, reprit Arthur en gémissant, que nous ne soyons obligés de vivre un peu somptueusement la première semaine ; mais il faudra nous rattraper après. Je suis bien décidé à ne pas manger plus que mon appétit, et je sais que vous aimez trop votre vieux maître pour manger plus que votre appétit non plus, n'est-ce pas, Marguerite?

— Que je quoi? dit Peg.

— Que vous aimez trop votre vieux maître...

— Ah bien, oui! ne comptez pas là-dessus.

— Ah! quelle patience! Au diable la vieille sorcière! cria M. Gride. Que vous l'aimez trop pour manger plus que votre appétit, aux dépens de sa bourse.

— Aux quoi?

— Morbleu! c'est toujours le mot important qu'elle ne veut pas entendre; n'ayez pas peur qu'elle fasse répéter les autres. Aux dépens de sa bourse, chameau! »

Comme la dernière épithète, peu flatteuse pour les charmes de Mme Sliderskew, ne fut prononcée qu'à voix basse, Marguerite n'en fut point offensée et se contenta de répondre à la question principale par un grognement sourd qui coïncida justement avec un coup de sonnette à la porte d'entrée.

« Voilà la sonnette, dit Arthur en la lui montrant.

— Oui, oui, je le sais bien, répliqua Marguerite.

— Alors pourquoi n'y allez-vous pas? brailla Arthur.

— Aller où? Je ne fais pas de mal ici, à ce qu'il me semble? »

Arthur Gride se mit à répéter le mot sonnette de toutes les forces de ses poumons, et Mme Sliderskew, malgré la dureté de son oreille, ayant fini par comprendre son maître, dont les mains, par une pantomime expressive, imitaient les gestes d'un homme qui tire le cordon de la porte, Marguerite se mit en route, après avoir demandé avec aigreur pourquoi il n'avait pas commencé par là, au lieu de lui faire un tas d'histoires sur des sujets qui n'avaient aucun rapport avec la chose, et de la retenir là, pendant qu'elle avait son demi-litre de bière qui l'attendait sur les marches de l'escalier.

« Madame Marguerite, dit Arthur en lui-même en la suivant des yeux, vous commencez à n'être plus la même; d'où vient ce changement, je n'en sais rien ; mais, si cela dure, nous ne vivrons pas longtemps d'accord, à ce que je vois. Vous devenez maussade, ce me semble; en ce cas, madame Marguerite, vous ferez aussi bien de quitter la place de vous-même, si vous ne voulez pas qu'on vous la fasse quitter de force; et pour moi, c'est tout un. » Tout en disant ces mots, il retournait les feuillets de son registre et bientôt tomba sur un article qui attira son attention et lui fit oublier, en présence de l'intérêt puissant qu'il paraissait y mettre, tout au monde, y compris Peg Sliderskew.

Il n'y avait pas dans la chambre d'autre lumière que celle d'une lampe sombre et crasseuse dont la mèche charbonnée, obscurcie encore par un abat-jour épais, concentrait ses faibles rayons sur un très petit espace, laissant tout le reste dans une ombre lugubre. Cette lampe, l'usurier l'avait tellement rapprochée de lui, qu'il n'en était séparé que par la place strictement nécessaire pour y mettre le registre sur lequel il s'était penché. Dans l'attitude où il était, les coudes sur son bureau, ses pommettes saillantes appuyées sur ses mains, la lampe jetait toujours assez d'éclat pour faire mieux ressortir la laideur de ses traits encadrés dans la petite table sur laquelle il était accoudé, laissant tout le reste de la chambre enseveli dans les ténèbres. En levant les yeux pour les porter machinalement devant lui pendant qu'il faisait un calcul mental, Arthur Gride rencontra tout à coup le regard d'un homme fixé sur lui.

« Au voleur! au voleur! cria l'usurier en se levant vivement et serrant son registre contre sa poitrine. Au meurtre! à l'assassin!

— Qu'est-ce qu'il y a? dit la figure en s'avançant.

— Retirez-vous! s'écria le misérable tout tremblant. Est-ce un homme ou un... un...?

— Et qui voulez-vous donc que je sois, si je ne suis pas un homme?

— Certainement, certainement, cria Arthur Gride en ombrageant ses yeux de sa main pour mieux voir; c'est bien un homme, ce n'est pas un esprit. Au voleur! au voleur!

— Et pourquoi donc pousser ces cris? Serait-ce par hasard que vous savez qui je suis et que vous voulez m'effrayer par là? dit l'étranger en se rapprochant de lui. Vous voyez bien que je ne suis pas un voleur.

— Alors, cria Gride quelque peu rassuré, mais reculant toujours devant son visiteur, comment vous trouvez-vous là, comment vous appelez-vous? que me voulez-vous?

— Vous n'avez pas besoin de savoir comment je m'appelle : je me trouve là parce que j'y ai été amené par votre servante; je vous ai interpellé deux ou trois fois, mais vous étiez absorbé trop profondément dans la lecture de votre registre pour m'entendre, et j'ai été obligé d'attendre en silence que vous fussiez moins occupé. Quant à ce que je veux, je vais vous le dire, maintenant que vous êtes assez remis pour m'écouter et me comprendre. »

Arthur Gride s'étant risqué à regarder avec plus d'attention l'inconnu, et voyant que c'était un jeune homme de bonne mine et de figure honnête, revint prendre son siège en marmottant pour excuse qu'on n'était entouré que de mauvais sujets, qu'il avait déjà eu à défendre sa maison contre des entreprises de ce genre, et que c'était là ce qui l'avait rendu plus circonspect et plus craintif; il fit à son visiteur la politesse de le prier de s'asseoir, politesse que l'autre n'accepta pas.

Ce refus donna à penser à Gride, qui fit un geste d'inquiétude. « Mon Dieu! dit Nicolas, car c'était lui, rassurez-vous; si je reste debout, ce n'est pas pour me ménager les moyens de vous attaquer avec plus d'avantage; écoutez-moi: vous vous mariez demain matin?

— N...on, répondit Gride; qui est-ce qui vous a dit que je me mariais? d'où savez-vous cela?

— N'importe d'où, répliqua Nicolas, je le sais. La demoiselle dont vous allez recevoir la main vous hait et vous méprise. Son sang se fige rien qu'en entendant prononcer votre nom. Le vautour et l'agneau, le rat et la colombe feraient des couples mieux assortis que le vôtre: vous voyez si je vous connais. »

Gride le regarda comme pétrifié d'étonnement, mais sans dire un mot; il ne s'en sentait pas la force.

« C'est un complot, poursuivit Nicolas, que vous avez ourdi avec un autre, Ralph Nickleby, pour ne pas le nommer. Vous le payez pour la peine qu'il se donne à obtenir la vente qu'on vous fait de Madeleine Bray. Ne le niez pas; je vois d'ici un mensonge qui tremble sur vos lèvres. »

Il s'arrêta, mais voyant qu'Arthur ne faisait pas de réponse, il continua :

« Au reste, vous ne vous oubliez pas non plus; vous la dépouillez à votre profit. Comment cela, par quel moyen? je ne veux pas souiller l'honnêteté de ma cause en vous trompant par une fausseté, je n'en sais rien. Je n'en sais rien quant à présent; mais je ne suis pas le seul qui m'intéresse à cette affaire. Si l'énergie suffit pour espérer de découvrir un jour votre fraude et votre perfidie avant votre mort, si la richesse, la vengeance, un ressentiment légitime peuvent donner la force de suivre à la trace vos démarches tortueuses et de vous poursuivre jusqu'au bout, vous aurez un terrible compte à nous rendre. Nous sommes déjà sur la piste; vous qui savez ce que nous ne savons pas encore, vous pouvez juger seul si nous en avons encore pour longtemps avant de vous tenir. »

Il s'arrêta encore une fois, et Arthur Gride continua de l'observer en silence, d'un œil étincelant.

« Si vous étiez un homme dont on pût avoir l'espérance d'invoquer avec succès la compassion ou l'humanité, dit Nicolas, je vous rappellerais l'abandon où vit cette demoiselle sans appui, son innocence, sa jeunesse, son mérite, sa beauté, sa piété filiale si exemplaire, et je finirais par en appeler plus directement, comme elle l'a fait elle-même, à votre pitié, à votre humanité; mais non, je veux vous prendre par où l'on peut seulement prendre les hommes comme vous, et je vous demande quelle est la somme que vous voulez pour vous indemniser. Rappelez-vous le danger auquel vous vous trouvez exposé; vous voyez que j'en sais assez pour pouvoir en savoir bientôt davantage. Débattez en vous-même le gain auquel vous pouvez prétendre et le risque que vous courez sans cela, et dites-moi votre prix. »

Le vieil Arthur Gride remua les lèvres; mais elles ne firent qu'ébaucher au coin de sa bouche un sourire qui le rendit encore plus laid, et reprirent leur immobilité sans avoir prononcé une parole.

« Si vous croyez, dit Nicolas, qu'on ne vous payerait pas, sachez que miss Bray a des amis opulents qui prodigueront volontiers leur or et leur sang, s'il le faut, pour la sauver dans sa détresse. Dites-moi seulement votre prix; différez vos noces de quelques jours, et vous verrez s'ils refusent de vous payer. Vous m'entendez? »

Lorsque Nicolas avait commencé de parler, l'impression d'Arthur Gride avait été que Ralph Nickleby l'avait trahi; mais, à mesure qu'il l'écouta, il se convainquit davantage que, de quelque manière qu'il eût réussi à pénétrer ce secret, ce jeune homme agissait franchement pour lui-même, sans avoir rien à démêler avec Ralph. Il n'y avait qu'une chose qu'il parût savoir avec certitude, c'est que lui, Gride, payait à Ralph la dette de Bray; mais c'était une circonstance qui n'avait rien d'extraordinaire pour personne, quand on connaissait l'état misérable du débiteur, et Ralph lui-même n'en avait pas fait mystère. Quant à la fraude dont Madeleine devait être la victime, l'inconnu en savait si peu la nature et l'étendue, qu'on devait croire que c'était plutôt chez lui un soupçon en l'air ou une inspiration heureuse du hasard; en tout cas, il n'avait évidemment pas la clef de l'énigme et n'était pas en état de lui nuire, tant qu'il saurait la garder précieusement cachée dans son sein. L'allusion à des amis puissants, l'offre d'une somme d'argent, n'avait aucune consistance aux yeux de

« Au voleur! au voleur! » cria l'usurier en serrant son registre contre sa poitrine. (P. 407.)

Gride, qui ne voyait là dedans que des moyens dilatoires. « Et d'ailleurs, se disait-il en jetant un coup d'œil sur Nicolas, dont la hardiesse et l'audace le faisaient trembler de colère, quand vous m'offririez de l'argent gros comme vous, monsieur le freluquet, cela ne m'empêcherait pas de prendre cette jolie poulette pour femme, et de vous passer la plume sous le nez, petit blanc-bec. »

La longue habitude qu'avait Gride de peser le pour et le contre de tout ce que lui disaient ses clients, de balancer dans son esprit les chances contraires, de lire sur leur figure pour aider à ses calculs, sans avoir l'air le moins du monde d'y faire attention, lui avait donné la faculté de se décider promptement et de tirer des déductions très habiles des prémisses les plus embarrassantes, les plus embrouillées, souvent même les plus contradictoires; aussi, pendant que Nicolas continuait de lui parler, il l'avait suivi pas à pas dans tous ses arguments et ses suppositions, et se trouva à la fin aussi bien préparé que s'il avait réfléchi là-dessus depuis quinze jours.

« Si je vous entends! cria-t-il en se levant brusquement de son siège, ouvrant les volets de la fenêtre et enlevant le store; vous allez voir. Au secours! au secours!

— Que faites-vous? dit Nicolas en le saisissant par le bras.

— Ce que je fais? je vais crier au voleur, au meurtre, à l'assassin; je vais jeter l'alarme dans tout le voisinage; me colleter avec vous, me barbouiller d'un peu de sang, et prêter serment devant le juge que vous êtes venu pour me voler, si vous ne sortez à l'instant même... Voilà! répliqua Gride, en retirant la tête de la fenêtre avec une grimace horrible à voir; voilà ce que je vais faire.

— Misérable! cria Nicolas.

— Ah! vous viendrez ici me menacer, dit Gride que sa jalousie contre Nicolas et l'assurance de son triomphe avaient changé en un véritable démon;

BOURLOTON. — Imprimeries réunies, A, rue Mignon, 2, Paris.

vous, l'amant supplanté et désappointé! hi! hi! hi!... Mais c'est égal, vous ne l'aurez pas, pas plus qu'elle ne vous aura. Elle est ma femme, mon amour de petite femme. Ne croyez-vous pas qu'elle va vous regretter? ne croyez-vous pas qu'elle va pleurer? Au fait, j'aimerais assez à la voir pleurer... Je m'en moque pas mal. Elle n'en doit être que plus jolie à voir pleurer!

— Monstre abominable! dit Nicolas étouffant de colère.

— Encore une minute, cria Arthur Gride, et je vais mettre sur pied toute la rue en poussant de tels cris, qu'ils seraient capables de m'éveiller moi-même dans les bras de la charmante Madeleine.

— Lâche gredin! dit Nicolas; si vous étiez seulement un peu plus jeune...

— Pour cela, c'est vrai, dit Arthur Gride en ricanant; si j'étais seulement un peu plus jeune, ce serait moins humiliant pour vous; mais dire que je suis laid et vieux, et que c'est à moi que la petite Madeleine vous sacrifie!

— Écoutez, dit Nicolas, et rendez grâces à Dieu de ce que j'ai assez d'empire sur moi-même pour ne pas vous jeter par la fenêtre, ce que vous ne pourriez pas éviter si je vous empoignais une bonne fois. Vous vous trompez; je ne suis point l'amant de cette demoiselle. Jamais il n'y a eu entre nous ni engagements ni conventions, ni même un mot d'amour; elle ne sait seulement pas mon nom.

— Eh bien, je lui demanderai tout cela... je le lui demanderai en lui appliquant de tendres baisers, dit Arthur Gride; et alors elle me le dira; elle me les rendra à son tour, et nous rirons à gorge déployée, et nous nous embrasserons, et nous ferons un tas de folies en pensant au pauvre jeune homme qui aurait bien voulu l'avoir, mais qui n'a pas pu, parce que c'est à moi qu'elle était promise. »

En entendant ces provocations insultantes, la figure de Nicolas prit une expression qui fit craindre à Arthur Gride de lui voir mettre à exécution sa menace de le flanquer par la fenêtre; car il avança la tête dans la rue en se cramponnant après la croisée avec ses deux mains, et jeta les hauts cris; mais Nicolas, ne jugeant pas nécessaire de se trouver mêlé à la bagarre, lui lança en partant un défi méprisant, et sortit de la chambre, puis de la maison, d'un pas ferme et assuré. Arthur Gride le vit traverser la rue, et aussitôt, retirant la tête, barricada la fenêtre en dedans, et alla s'asseoir pour respirer un peu.

« Si jamais elle s'avise de devenir maussade ou grognon, voilà de quoi la remettre à sa place, dit-il quand il se sentit mieux. Elle sera bien étonnée de voir que je connais ce godelureau, et, si je m'y prends bien, j'aurai là un bon moyen de lui rabattre le caquet et de la faire marcher droit. Je ne suis pas fâché, après tout, qu'il ne soit venu personne au secours; j'ai bien fait de ne pas crier trop haut. Comprend-on cette audace, d'entrer dans ma maison, de pénétrer jusqu'à moi!... Mais bah! je vais joliment triompher demain pendant qu'il se rongera les ongles; à moins qu'il n'aille se jeter à l'eau ou se couper la gorge. Pourquoi pas? Ma foi, il ne manquerait plus que cela; mon bonheur serait complet. »

Quand il fut rentré dans son assiette en réfléchissant ainsi à son prochain triomphe, Arthur Gride mit de côté son registre, ferma le coffre avec grande précaution, descendit à la cuisine pour avertir Peg Sliderskew d'aller se coucher, et la gronda d'avoir laissé entrer ainsi un étranger.

Mais il trouva l'innocente Marguerite incapable de comprendre le tort qu'elle pouvait avoir eu d'introduire un visiteur, et lui fit prendre la chandelle pour l'éclairer, pendant qu'il allait faire son tour accoutumé dans la maison, vérifier si tout était bien fermé, et tourner de ses propres mains la clef de la porte d'entrée.

Tout en mettant les verrous, il disait entre ses dents : « Le verrou est mis en haut, le verrou est mis en bas... la chaîne... la barre... le double tour, et j'emporte la clef pour la mettre sous mon oreiller. A présent, s'il vient quelque amoureux éconduit, il faudra donc qu'il passe par le trou de la serrure. Maintenant, allons nous coucher jusqu'à cinq heures et demie; car c'est l'heure à laquelle il faut que je me lève pour aller me marier, Marguerite. » Là-dessus, il donna une petite tape d'amitié à Mme Sliderskew sous le menton. Il sembla même un moment disposé à célébrer les funérailles de son célibat en imprimant un baiser sur les lèvres ratatinées de la vieille; mais il se ravisa, se contenta de lui donner une petite tape sur la joue au lieu de cette autre familiarité moins innocente, et, se dérobant au danger, prit modestement le chemin de sa chambre à coucher.

CHAPITRE LIV

Projets manqués.

Il n'y a pas beaucoup de gens qui restent au lit trop tard, endormis plus longtemps qu'il ne faut, le jour de leur noce. On cite une légende de je ne sais quel personnage très renommé pour son esprit distrait, qui, en ouvrant les yeux le matin du jour où il allait épouser une jeune femme, et ne s'en souvenant plus du tout, tança ses domestiques pour lui avoir préparé sur sa chaise les beaux habits destinés à le parer ce jour-là. Mais il est vrai qu'on cite aussi la légende d'un jeune gentleman qui, sans respect pour les canons de l'Église, dirigés justement contre de pareils méfaits, conçut une passion violente pour sa grand'mère. Voilà deux cas d'un genre bien différent, mais aussi extraordinaires l'un que l'autre, et je doute que les générations futures soient disposées à suivre volontiers ni l'un ni l'autre exemple.

Arthur Gride était déjà embelli, depuis une heure au moins, de son habillement de noce vert-bouteille, avant que Mme Sliderskew, sortie des bras de Morphée, vînt frapper à la porte de sa chambre; et il avait déjà descendu les escaliers en grande toilette, il s'était déjà léché les lèvres d'une petite goutte de son cordial favori, avant que cette dame, ou plutôt cet échantillon délicat des temps rétrospectifs, eût orné la cuisine de sa présence.

« Voyez-vous ça! disait Marguerite grommelant, tout en s'acquittant de ses fonctions domestiques, au milieu du petit tas de cendres qu'elle venait d'enlever de la grille rouillée de la cheminée. Voyez-vous ça, des noces à monsieur! de belles noces, ma foi! Il lui faut quelque chose de mieux que sa vieille Marguerite pour prendre soin de lui, à ce qu'il paraît, et cela après m'avoir dit mainte et mainte fois, pour me faire prendre en patience la maigre chère, les piètres gages et le feu mesquin qu'il me donnait à la maison: « Mon testament, Marguerite, mon testament! Je suis célibataire..., pas d'amis..., pas de parents, Marguerite. » Que de mensonges! Aujourd'hui, le voilà qui va m'amener une nouvelle maîtresse, un petit brin de fille qui sort de nourrice. S'il lui fallait une femme à ce vieux fou, pourquoi n'en prendre pas une d'un âge mieux assorti avec le sien, et qui connaisse ses habitudes? Une femme comme moi n'était-elle pas mieux son fait? Mais, non; monsieur veut mieux que cela; eh bien, vous aurez un plat de mon métier, mon bel ami. »

Pendant que Mme Sliderskew, dominée par un sentiment de désappointement qui renversait tous ses rêves, et sensible peut-être au peu d'estime que son maître paraissait faire de sa personne en lui préférant une étrangère, ne se gênait pas pour exprimer ainsi ses plaintes à demi-voix au bas de l'escalier, Arthur Gride était dans le parloir à réfléchir sur le petit événement de la veille au soir.

« Je ne peux pas m'imaginer, disait-il, où il a pu prendre ce qu'il sait, à moins que je n'aie eu l'indiscrétion d'en laisser entrevoir quelque chose... à Bray, par exemple, et qu'on ne m'ait entendu. C'est possible; je n'en serais pas étonné. M. Nickleby me grondait souvent de lui parler avant d'avoir passé le pas de la porte... Je me garderai bien d'aller lui conter ça, car il m'en dirait de belles! J'en serais abasourdi toute la journée. »

En général, Ralph était regardé et considéré, dans sa société, comme un génie supérieur; mais Arthur Gride, en particulier, s'était fait de son caractère morne et inflexible, ainsi que de son habileté consommée, une si haute idée, qu'il avait peur de lui. Naturellement lâche et servile au fond de l'âme, il se mettait à plat ventre devant Ralph Nickleby; et même, quand ils n'avaient pas, comme aujourd'hui, des intérêts communs, il lui aurait plutôt léché les pieds, et se serait couché volontiers dans la poussière devant ses pas, plutôt que de lui rendre coup pour coup, ou de répondre à ses sarcasmes autrement que par la bassesse d'un esclave vil et rampant.

C'est chez lui qu'Arthur Gride se rendit à l'instant, selon leurs conventions, et lui raconta comment, la veille au soir, il lui était venu un jeune fanfaron qu'il n'avait jamais vu, qui s'était permis d'entrer jusque dans sa maison, et qui avait essayé de le faire renoncer, par ses menaces, aux noces projetées. Enfin, il lui fit, en raccourci, le récit de tout ce qu'avait dit et fait Nicolas. Il se tut seulement, comme il se l'était promis, sur la crainte qu'il avait d'avoir laissé échapper son secret.

« Eh bien, après? dit Ralph.

— Oh! voilà tout, répliqua Gride.

— Il a essayé de vous effrayer, dit Ralph, et vous, je suppose que vous vous êtes laissé effrayer, n'est-ce pas?

— C'est bien moi, au contraire, qui l'ai effrayé en criant au voleur, à l'assassin, répliqua Gride. Il y a même eu un instant où j'y allais bon jeu, bon argent, voyez-vous; j'avais bien envie de le faire arrêter sur ma parole, comme un homme qui était venu me demander la bourse ou la vie.

— Comment donc! dit Ralph en le regardant de travers; vous êtes jaloux par-dessus le marché?

— Là! le voilà-t-il pas? s'écria Arthur en se frottant les mains et en affectant de rire.

— Pourquoi toutes ces grimaces, mon cher? lui dit Ralph. Certainement que vous êtes jaloux, et, franchement, vous n'avez pas tort.

— Non, non, non... J'aurais tort, avouez-le, et ne pensez pas que je n'aurais pas tort, cria Arthur d'une voix émue; n'est-ce pas? Voyons! parlez franchement.

— Dame! réfléchissons un peu, répondit Ralph. Voici un vieillard qui va forcer une jeune fille à l'épouser; survient à ce vieillard un jeune et beau garçon... Vous m'avez dit que c'était un beau garçon, n'est-ce pas?

— Non! répliqua Arthur Gride en grognant.

— Oh! reprit Ralph, je croyais que si. Eh bien, beau ou pas, il survient à ce vieillard un jeune gaillard qui le provoque de la manière la plus insultante, et lui déclare que sa maîtresse n'a pour lui que de la haine. Pourquoi vous imaginez-vous qu'il fait tout cela? Serait-ce par pur amour de la philosophie?

— Ce n'est toujours pas par amour pour la demoiselle, répliqua Gride; car il a dit lui-même qu'il n'y avait pas eu entre eux une seule parole d'amour.

— Ah! il a dit cela! répéta Ralph avec un air de mépris. Eh bien, il y a une chose qui me plaît dans ce garçon-là, c'est la candeur avec laquelle il vient vous donner le conseil de bien tenir votre... comment appelez-vous ça? votre mignonne, ou votre poulotte, n'importe, soigneusement sous clef. Garde à vous, Gride, garde à vous! Certainement c'est une conquête glorieuse d'enlever cette Hélène à un jeune galant qui vous la disputait : c'est très glorieux pour un vieillard. Il ne s'agit plus après cela que de ne pas la perdre, quand une fois vous l'aurez; voilà tout.

— Quel homme! » cria Arthur Gride, affectant, au milieu de ses angoisses réelles, de trouver toutes ces plaisanteries extrêmement divertissantes. Puis il ajouta d'un ton inquiet : « C'est cela, il ne faut pas la perdre, voilà tout. Et ce n'est pas bien difficile, n'est-ce pas?

— Pas bien difficile! repartit Ralph en ricanant; comment donc! mais il n'y a personne qui ne sache combien c'est chose facile de garder et de surveiller une femme. Mais, allons! il est bientôt temps de célébrer votre bonheur. Voulez-vous me payer le billet? Je suppose que vous serez bien aise de vous épargner ainsi la peine de vous en occuper plus tard.

— Ah! quel homme! recommença Arthur avec un nouveau croassement.

— Pourquoi pas? dit Ralph. Je suppose que personne ne vous en payera l'intérêt d'ici à midi. Qu'en pensez-vous?

— Mais, reprit l'autre en regardant Ralph avec toute la finesse que pouvait exprimer sa physionomie sournoise, je suppose que vous êtes dans le même cas.

— Allons! dites plutôt tout de suite, reprit Ralph en frisant sa lèvre avec un sourire moqueur, que vous n'avez pas l'argent sur vous; que vous ne vous attendiez pas à cette proposition, sans quoi vous n'auriez pas manqué de l'apporter pour satisfaire l'homme du monde que vous êtes le plus disposé à contenter. Je connais tout cela. Nous avons l'un pour l'autre exactement le même degré de confiance. Êtes-vous prêt à partir? »

Gride qui, pendant cette dernière tirade, n'avait fait que témoigner par des grimaces, des signes de tête et des exclamations marmottées entre ses dents, son admiration pour la perspicacité du maître fourbe, répondit qu'il était prêt, et sortit en même temps de son chapeau une paire de grands nœuds de faveur blanche, attacha l'un sur son cœur avec une épingle, et eut toutes les peines du monde à obtenir que son ami prît l'autre pour en faire autant. Puis, dans ce bel accoutrement, ils montèrent dans le fiacre que Ralph avait fait attendre à la porte, et se firent mener à la résidence de la belle et triste fiancée.

Gride, en approchant de la maison, sentait faillir son courage, mais son esprit abattu fut plus que jamais, en entrant, saisi de crainte et de frayeur, en n'y trouvant partout qu'un silence lugubre. Le seul visage qu'ils aperçurent d'abord, celui de la pauvre servante, était défiguré par les larmes et l'insomnie. Personne pour venir les recevoir et saluer leur bienvenue : ils se glissèrent furtivement le long de l'escalier jusqu'au salon d'attente, comme deux filous plutôt que comme un prétendu escorté de son garçon d'honneur.

« Ma foi! dit Ralph en parlant malgré lui à voix basse et d'un ton presque ému, on se croirait plutôt ici à un enterrement qu'à une noce.

— Hé! hé! répondit l'autre d'un rire forcé. Êtes-vous... amusant!

— Ce n'est pas sans besoin, répondit Ralph sèchement; car la chose par elle-même n'a rien de récréatif. Quelle entrée triste et glaciale! Allons! gai, gai, monsieur l'amoureux, n'ayez donc pas l'air d'un chien noyé.

— Laissez faire, laissez faire, dit Gride, vous allez voir. Mais... mais... est-ce que vous croyez qu'elle ne va pas venir tout de suite nous recevoir? hein?

— Ouais, je suppose qu'elle ne viendra qu'à la dernière extrémité, répliqua Ralph en regardant à sa montre; et il lui reste encore une bonne demi-heure à nous faire croquer le marmot. Tâchez, d'ici là, de modérer votre ardeur impatiente.

— Je... je... ne suis pas impatient, balbutia Arthur; je ne voudrais pas la brusquer pour tout au monde. Ah! mon Dieu! j'en serais bien fâché. Qu'elle prenne son temps... à son aise. Son temps sera toujours le nôtre. »

Pendant que Ralph fixait sur son compagnon tremblotant un regard perçant qui lui faisait comprendre qu'il connaissait aussi bien que lui-même la véritable raison de cette grande résignation et de cette patience magnanime, on entendit des pas dans l'escalier. C'était Bray lui-même, qui venait sur la pointe du pied, levant la main avec un geste de mystère, comme s'il y avait eu là quelque malade dont l'état demandait à n'être point troublé par le bruit de leurs voix.

« Chut! dit-il tout bas; elle a été très mal à son aise la nuit dernière. J'ai vu le moment où son cœur allait se briser. En ce moment elle s'habille et pleure amèrement dans sa chambre; mais elle est mieux; la voilà calmée... nous ne pouvons lui demander davantage.

— Elle est prête, n'est-ce pas? dit Ralph.

— Oui, toute prête.

— Et il n'y a pas à craindre qu'elle nous retarde par des faiblesses de petite fille, des pâmoisons ou n'importe quoi? dit Ralph.

— Non, on peut être tranquille à présent, répondit Bray. Je l'ai raisonnée ce matin. Tenez, venez un peu par ici. »

Il emmena Ralph Nickleby au bout de la chambre, en lui montrant Gride accroupi dans un coin, s'en prenant dans son agitation nerveuse aux boutons de son habit, et montrant dans la bassesse naturelle de ses traits une expression d'anxiété caduque dont les crispations ajoutaient une nouvelle horreur à sa décrépitude.

« Regardez-moi cet homme, dit Bray à voix basse avec un sentiment de dégoût, et dites-moi si ce n'est pas pourtant une chose bien cruelle!

— Qu'est-ce que vous voyez là de si cruel? lui demanda Ralph d'un air aussi innocent que s'il ne comprenait rien du tout à l'observation de l'autre.

— Ce mariage, répondit Bray. Pouvez-vous me faire une pareille question? Ne le savez-vous pas aussi bien que moi? ».

Ralph haussa les épaules, sans faire d'autre réponse à la faiblesse de Bray, releva ses sourcils, et retroussa ses lèvres, comme un homme qui aurait bien des choses à dire là-dessus, mais qui les réserve pour une meilleure occasion, ou qui ne juge pas que l'objection qu'on lui fait mérite l'honneur d'une réponse.

« Regardez-le, je vous dis, répéta Bray, n'est-ce pas bien cruel?

— Non, répliqua Ralph sans sourciller.

— Eh bien, moi, je vous dis que si, reprit Bray de plus en plus excité. C'est une chose cruelle, lâche et vile. »

Quand les gens sont sur le point de commettre ou d'autoriser une injustice, il n'est pas rare de les voir alors exprimer quelque pitié pour la victime; ils croient en cela jouer un rôle de vertu et d'honnêteté qui les relève beaucoup à leurs yeux au-dessus de leurs complices insensibles. C'est une espèce de protestation morale des principes contre les œuvres qui semble les mettre en paix avec leur conscience. Il faut rendre à Ralph cette justice que ce genre de dissimulation hypocrite n'était pas dans ses habitudes. Mais il savait entrer dans l'esprit de ceux qui la pratiquaient, et il laissa Bray dire et redire à son aise, avec la plus grande véhémence, qu'ils avaient là comploté une chose des plus cruelles, sans lui faire un mot d'objection.

Puis, quand il lui eut laissé jeter son feu : « Est-ce que vous ne voyez pas, lui dit-il, que cet homme-là n'a plus que le souffle? Est-ce que vous ne voyez pas sa peau ratatinée, sèche et flétrie? S'il était moins vieux, je ne dis pas, ce serait peut-être cruel; mais dans l'état où il est! Écoutez, monsieur Bray, il ne peut tarder à mourir et à faire de sa femme une veuve jeune et riche; que Mlle Madeleine consulte aujourd'hui votre goût, demain ce sera le sien qu'elle consultera à son tour dans le choix d'un mari.

— C'est vrai, c'est vrai, dit Bray en se rongeant les ongles, et visiblement mal à son aise. Je ne pouvais rien faire de mieux pour elle que de lui donner le conseil d'accepter ces propositions, n'est-il pas vrai? Je vous le demande, Nickleby, vous qui connaissez le monde, n'est-ce pas que je ne pouvais rien faire de mieux?

— Assurément, répliqua Ralph. Et d'ailleurs, monsieur, ne savons-nous pas bien qu'il y a cent pères à deux lieues à la ronde, je dis des plus huppés, des gens bien placés, riches, solides, qui seraient charmés de donner leurs filles, et encore du retour par-dessus le marché, à cet homme que vous voyez là-bas avec sa mine de babouin ou de momie.

— Je le crois bien qu'il y en a! s'écria Bray saisissant avec avidité une occasion de se justifier à lui-même sa résolution dénaturée. C'est ce que je n'ai cessé de lui répéter hier au soir et ce matin.

— Et vous lui avez dit la vérité, et vous aviez raison. Cependant, si vous voulez que je vous parle franchement, moi, si j'avais une fille, et que ma liberté, mon plaisir, bien mieux, ma santé même et ma vie dépendissent d'un mariage fait à ma guise, j'espère bien que je n'aurais pas besoin de lui pousser des arguments pour la faire consentir à mes désirs. »

Bray regarda Ralph comme pour voir s'il parlait sérieusement et en faisant de la tête un signe ou deux d'assentiment aux paroles qu'il venait d'entendre.

« Il faut, dit-il, que je monte quelques minutes pour finir ma toilette. Quand je redescendrai, je vous amènerai Madeleine. A propos, savez-vous que j'ai eu un drôle de rêve cette nuit; voilà que je me le rappelle à présent, pour la première fois. Figurez-vous que je croyais être déjà à ce matin; nous venions, vous et moi, de causer ensemble, comme nous faisons en ce moment même. Je montai l'escalier, justement pour le motif qui fait que je vous quitte. Je tendis ma main à Madeleine pour prendre la sienne et l'emmener, mais voilà que le plancher manque sous mes pas, je tombe d'une hauteur incommensurable, une de ces hauteurs fabuleuses qu'on ne rencontre que dans les songes, et je me trouve au bout du compte, où cela? dans un tombeau!

— Bon! et puis après cela vous vous éveillez, et vous vous retrouvez, cette fois, étendu sur le dos, la tête pendante hors du lit, ou l'estomac fatigué par une mauvaise digestion, dit Ralph. Bast! monsieur Bray, faites comme moi (maintenant surtout que vous allez voir s'ouvrir devant vous une nouvelle carrière de plaisir et de jouissances sans fin), occupez-vous un peu plus pendant le jour que vous ne pouvez faire ici, et je vous réponds que vous n'aurez pas du temps de reste pour vous rappeler vos songes de la nuit. »

Ralph le suivit d'un regard assuré jusqu'à la porte, puis retournant vers le fiancé :

« Gride, lui dit-il quand ils furent seuls, écoutez-moi bien. Je vous garantis que voilà un homme à qui vous n'avez pas longtemps à payer pension. C'est toujours comme ça dans vos marchés, il faut que vous soyez né coiffé. S'il n'est pas déjà inscrit pour faire le grand voyage avant quelques mois, j'y perds mon latin. »

Arthur répondit par un gloussement de joie folâtre à cette prophétie, qui flattait si agréablement ses oreilles.

Ralph se jeta sur une chaise, et ils restèrent à attendre tous les deux dans un profond silence. Ralph en lui-même pensait, en riant du bout des lèvres, au singulier changement qu'il avait vu chez Bray, et à la facilité avec laquelle leur complicité avait abattu son orgueil et établi entre eux une familiarité inattendue, quand son oreille attentive crut entendre le frôlement d'une robe de femme dans l'escalier, et le pas d'un homme en même temps.

« Alerte! dit-il en frappant du pied sur le parquet d'un air impatienté, réveillez-vous donc, Gride, et n'ayez pas l'air d'un homme empaillé. Les voici. Voyons! un effort sur vos vieux os. Traînez-vous, si vous pouvez, par ici au-devant d'eux. Vite, vite! »

Gride fit donc un effort, se leva lourdement, et se tint tout contre Ralph, faisant des grâces et des révérences pour saluer l'épousée, quand la porte s'ouvrit et donna passage à... non, ce n'était ni Bray ni sa fille, c'était Nicolas et sa sœur Catherine.

Si quelque apparition épouvantable évoquée du monde infernal s'était soudainement présentée devant lui, Ralph n'aurait pas été plus saisi qu'il ne le fut alors; on l'aurait dit frappé de la foudre. Ses bras retombèrent sans vie à ses côtés; il chancela en reculant d'un pas; la bouche ouverte, la figure pâle comme un mort, il resta à les considérer dans une rage muette. Il avait les yeux hors de la tête, et les convulsions de la colère, qui défiguraient ses traits, empêchaient de reconnaître en lui cet homme impassible, maître de ses sentiments, cet homme de pierre ou de fer qui, une minute auparavant, paraissait insensible à toute émotion.

« Voilà l'homme qui est venu chez moi hier soir, lui dit tout bas Gride en le poussant du coude... L'homme qui est venu chez moi hier soir!

— Je le vois bien, murmura Ralph. Je le savais, ce n'était pas si difficile à deviner. Je l'ai toujours dans mon chemin. Que je me tourne deçà ou delà, que j'aille ou vienne, toujours, toujours lui. »

Quant à Nicolas, sa figure pâle, ses narines gonflées, ses lèvres tremblantes, quoique fermement pressées l'une contre l'autre, montraient assez la lutte intérieure qui se livrait dans son âme. Mais il réprimait son émotion, et, serrant doucement le bras de Catherine pour la rassurer, il se tenait droit et ferme, face à face avec son indigne parent.

Debout, côte à côte, le frère et la sœur, dans une attitude noble et gracieuse qui faisait valoir leur taille élégante, avaient ensemble un air de ressemblance qui aurait frappé les yeux de tout le monde, quand ils n'auraient pas été rapprochés comme en ce moment. La physionomie, le port, jusqu'au regard et à l'expression du frère, se réfléchissaient dans la sœur comme dans un miroir, mais adouci et comme raffiné, pour ne point faire tort à l'attrait élégant de ses formes délicates et de sa grâce féminine. On était encore plus saisi de retrouver dans le visage de Ralph une ressemblance indéfinissable avec ce couple fraternel. Et cependant, si les autres n'avaient jamais été plus beaux qu'en ce moment, lui, il n'avait jamais été plus laid. Pendant que le frère et la sœur n'avaient jamais eu une mine plus fière, lui, il n'avait jamais eu une mine plus basse. Singulier rapprochement! C'est à l'instant que ses traits empruntaient à ses pensées haineuses leur expression dure et grossière, que cette ressemblance naturelle, en dépit du contraste, se montrait plus sensible.

« Sortez! fut le premier mot qu'il put prononcer en grinçant des dents. Sortez! Qu'est-ce que vous venez faire ici, menteur, coquin, lâche, voleur?

— Je viens ici, dit Nicolas d'une voix sourde, pour sauver votre victime, si je peux. S'il y a un menteur et un coquin, c'est vous; vous n'êtes pas autre chose à toutes les heures de votre vie. Quant au vol, c'est votre état. Et pour la lâcheté, si vous n'étiez pas le plus lâche des hommes, vous ne seriez pas ici maintenant. Il n'est pas en votre pouvoir de m'effrayer avec de gros mots ou des violences. Je suis ici, et j'y resterai jusqu'à ce que j'aie accompli ma mission.

— Vous, petite fille, dit Ralph, retirez-vous. Avec lui nous ne craindrons pas d'employer la force, mais il m'en coûterait de vous faire de la peine, si nous pouvons faire autrement. Ainsi retirez-vous, petite sotte, et laissez là ce drôle pour que nous le traitions comme il mérite.

— Non, je ne me retirerai pas, s'écria Catherine, dont les yeux lançaient des éclairs, et dont la joue s'était enflammée d'une honnête rougeur. Essayez donc de lui faire violence, et vous allez voir comme vous en serez les bons marchands. Ah! avec moi, à la bonne heure, vous emploieriez la force, je ne suis qu'une fille, vous n'y regardez pas de si près. Mais, si je n'ai que la force d'une faible fille, j'ai le cœur d'une femme, et ce n'est pas vous qui viendrez le faire changer de résolution.

— Et quelle est, s'il vous plaît, cette résolution, ma belle dame? dit Ralph.

— C'est d'offrir dans ce moment suprême, répliqua Nicolas, à l'objet infortuné de votre odieux complot un refuge et un abri. Si la vue du mari que vous n'avez pas honte de lui proposer ne suffit pas pour la décider, j'espère qu'elle ne résistera pas aux prières et aux supplications d'une femme comme elle. En tout cas, nous en essayerons. Moi-même, je vais faire connaître à son père de quelle part je viens et qui je représente, pour qu'il sache bien, s'il consomme ce sacrifice, toute l'horreur, toute la cruauté, toute la bassesse de sa conduite. C'est ici que je vais l'attendre avec sa fille. Voilà pourquoi vous nous voyez ma sœur et moi; voilà ce que nous sommes venus faire. Et comme nous ne sommes pas venus pour vous voir ou vous parler, nous ne nous abaisserons pas jusqu'à vous dire un mot de plus.

— Voyez-vous ça! dit Ralph. Et vous, madame, vous persistez à rester là, répondez? »

Le sein de sa nièce se souleva, gonflé par l'indignation qu'elle éprouvait de son apostrophe railleuse, mais elle ne répondit pas un mot.

« A présent, Gride, faites bien attention, dit Ralph. Vous voyez bien ce garnement-là. Je suis honteux de dire que c'est le fils de mon frère; un réprouvé, un mauvais sujet, souillé de toutes les bassesses et de tous les crimes. Eh bien, ce garçon-là vient ici aujourd'hui troubler une cérémonie solennelle. Il sait d'avance toutes les conséquences de l'audace qu'il y a à se présenter en un pareil moment dans une maison étrangère, à vouloir y rester de force, il n'y a donc plus qu'une chose à faire, c'est de le mettre à la porte à coups de pied dans le derrière, et à le traîner dans le ruisseau comme un vagabond qu'il est. Ce drôle-là, remarquez bien, n'amène ici sa sœur que pour lui servir de sauvegarde à lui-même; il compte que nous n'aurons pas le cœur d'exposer au spectacle des outrages et des corrections qu'il mérite, et qui ne sont pas nouveaux pour lui, une jeune fille assez imbécile pour le protéger de sa présence. J'ai eu beau avertir la petite sotte de s'en aller, il la retient près de lui, comme vous voyez, et s'attache aux cordons de son tablier comme un moutard aux jupes de sa mère. Ne voilà-t-il pas un joli garçon pour faire le rodomont comme vous l'avez entendu tout à l'heure!

— Et comme je l'ai entendu hier soir, dit Arthur Gride; comme je l'ai entendu hier soir, quand il s'est faufilé dans mon domicile et que, hé! hé! hé! et qu'il s'est faufilé lestement dehors, presque mort de frayeur! Et c'est là l'homme qui voudrait épouser Madeleine! N'y a-t-il pas autre chose qu'on pourrait faire, monsieur, pour vous être agréable, sans vous céder ma femme? Payer vos dettes, par exemple, ou bien vous mettre dans vos meubles, ou vous donner quelques billets de banque, pour vous servir de linges à barbe, quand vous aurez de la barbe? Hé! hé hé!

— Une fois, deux fois, petite fille, dit Ralph en se tournant encore vers Catherine; persistez-vous à rester ici pour vous faire jeter à bas de l'escalier, comme une gourgandine? car je vous jure que c'est ce que je vais faire, si vous restez plus longtemps. Vous ne répondez pas? Eh bien, en ce cas, ne vous en prenez qu'à votre frère de ce que vous allez voir. Gride, appelez Bray, qu'il descende sans sa fille. Qu'on la garde là-haut. »

Nicolas alla se poster devant la porte, et de cette voix comprimée dont il avait déjà parlé tout à l'heure, sans trahir d'ailleurs plus d'émotion qu'auparavant :

« Si vous tenez à votre peau, dit-il, restez où vous êtes, monsieur.

— Ne l'écoutez pas, dit Ralph; c'est moi seul que vous devez écouter : appelez Bray, Gride.

— N'écoutez ni l'un ni l'autre, si vous voulez, reprit Nicolas; mais écoutez votre intérêt, et vous vous tiendrez tranquille.

— Voulez-vous appeler Bray? cria Ralph.

— Rappelez-vous, dit Nicolas, que, si vous m'approchez, vous vous en repentirez. »

Gride hésitait. Pendant ce temps-là, Ralph, furieux comme un tigre qu'on irrite, fit un pas pour ouvrir la porte, et, pour écarter Catherine, lui saisit rudement le bras. Nicolas, l'œil étincelant, le saisit lui-même au collet. Au même instant, on entendit tomber à l'étage supérieur, avec une grande violence, un corps pesant, dont la chute fut suivie tout de suite d'un cri de terreur véritablement effrayant.

Ils s'arrêtèrent tous immobiles, se regardant les uns les autres. Un nouveau cri succéda au premier; puis un bruit de pieds qui s'agitent avec empressement; puis des voix perçantes qui s'écrient: « Il est mort! »

« Arrière, misérables! cria Nicolas à son tour, lâchant la bride au sentiment de colère qu'il avait contenu jusque-là. Si mon opinion ne me trompe pas, vous vous êtes pris dans vos propres filets. »

Il se précipite hors de la chambre, s'élance au haut de l'escalier, dans la direction du bruit qu'il avait entendu, perce à travers une foule de personnes qui encombraient une petite chambre à coucher, et trouve Bray raide mort sur le plancher. Sa fille était étendue sur son cadavre, qu'elle serrait de ses bras.

« Comment cela s'est-il fait? » cria-t-il en regardant autour de lui d'un œil égaré.

Plusieurs voix lui répondirent ensemble qu'on avait vu Bray, par la porte entr'ouverte, couché sur son fauteuil dans une position singulière et incommode; qu'on lui avait adressé la parole à plusieurs reprises, sans obtenir de réponse; qu'on l'avait supposé endormi, jusqu'à ce qu'enfin, quelqu'un l'ayant secoué par le bras, il était tombé lourdement sur le plancher : on s'était alors aperçu qu'il était mort.

« Quel est le propriétaire de cette maison? » dit précipitamment Nicolas.

On lui montra du doigt une femme âgée.

« Madame, lui dit-il en mettant un genou en terre pour détacher doucement les bras de Madeleine de la masse inerte et sans vie à laquelle ils se tenaient enlacés, je représente les meilleurs amis de mademoiselle : sa servante ici présente le sait bien; il faut que je l'arrache à cette scène affreuse. Voici ma sœur, vous pouvez lui confier ce précieux dépôt. Vous verrez sur ma carte mon nom et mon adresse, et vous recevrez de moi toutes les indications nécessaires pour les arrangements qu'il faudra faire. Voyons! écartez-vous tous; au nom du ciel! donnez-nous de l'air et de l'espace. »

Tout le monde se recula, non moins étonné de la vivacité et du ton impérieux du jeune homme que de l'événement inattendu qui troublait la maison. Nicolas, prenant dans ses bras la jeune fille privée de sentiment, l'emporta de la chambre à l'étage inférieur, dans le salon qu'il venait de quitter, suivi de la fidèle servante, qu'il envoya immédiatement chercher une voiture, pendant que Catherine et lui, courbés sur leur belle pupille, essayaient en vain de la rappeler à elle. Grâce à la diligence de la servante, la voiture fut à la porte en quelques minutes.

Ralph Nickleby et Gride, pétrifiés et comme paralysés par l'horrible accident qui venait de renverser si soudainement tous leurs plans, le seul point par lequel ils y fussent sensibles, subjugués d'ailleurs par l'énergie et la précipitation extraordinaires de Nicolas, qui ne connaissait pas d'obstacle, regardaient passer cette fantasmagorie comme un songe. Ce ne fut que lorsque tout fut prêt pour entraîner à l'instant Madeleine, que Ralph rompit le silence en déclarant qu'il ne la laisserait pas emmener.

« Qu'est-ce qui a dit cela? cria Nicolas en se relevant des genoux de Madeleine pour le regarder en face, sans quitter la main de la jeune fille encore sans mouvement.

— Moi! répondit Ralph d'une voix enrouée.

— Chut! chut! cria Gride dans son effroi, en s'accrochant toujours à son bras; laissez-le parler.

— Oui, dit Nicolas, étendant en l'air le bras qu'il avait de libre, laissez-moi parler; laissez-moi vous dire que vos créances à tous deux sont absorbées dans celle que vient d'exiger la nature, plus puis-

Il emmena Ralph Nickleby au bout de la chambre, en lui montrant Gride accroupi dans un coin. (P. 413.)

sante que vous; que le billet payable à midi n'est plus qu'un chiffon de papier sans valeur; que vos intrigues frauduleuses vont apparaître au grand jour; que vos complots sont connus des hommes et condamnés de Dieu; que vous êtes des misérables et que je me ris de votre colère.

— Voilà un homme, dit Ralph d'une voix à peine intelligible, voilà un homme qui réclame sa femme, et il l'aura.

— Cet homme qui la réclame, réclame ce qui ne lui appartient pas; et il y aurait là cinquante hommes comme vous pour le soutenir, que je vous dis qu'il ne l'aura pas.

— Et qui l'en empêchera?

— Moi.

— Je voudrais bien un peu savoir de quel droit? dit Ralph; de quel droit, s'il vous plaît?

— De quel droit? le voici, pour que vous n'y reveniez plus : c'est que ceux dont je sers la cause, et près desquels vous avez voulu me desservir par de viles calomnies, sont ses meilleurs et ses plus chers amis; c'est en leur nom que je l'emmène; rangez-vous.

— Encore un mot! cria Ralph, la bouche écumante.

— Pas un mot, répliqua Nicolas; ou plutôt, écoutez bien le dernier que je vous adresse : Faites attention à vous, et rappelez-vous bien l'avertissement que je vous donne; le jour décline pour vous, la nuit commence...

— Malédiction! oui, ma plus mortelle malédiction sur vous, petit drôle.

— Et qui est-ce qui voudra se charger d'accomplir vos malédictions? Malédictions ou bénédictions d'un homme comme vous, que valent-elles? Je vous dis que la vérité se fait jour, que le malheur s'amoncelle sur votre tête, que tout l'édifice des plans odieux que vous avez élevé à grand'peine pendant toute votre vie s'écroule et tombe en poussière, que vous ne faites plus un pas qui ne soit surveillé, qu'aujourd'hui même deux cent cinquante mille francs de votre fortune mal acquise ont disparu dans une grande ruine.

— C'est faux! s'écria Ralph reculant d'horreur.

— C'est vrai, et vous allez bien le savoir. A présent, je n'ai plus de mots à perdre avec vous. Otez-vous de la porte. Catherine, sortez la première... Surtout gardez-vous de porter la main sur elle, ou sur cette jeune fille, ou sur moi; gardez-vous d'effleurer seulement leur robe... Passez, ma sœur, vous allez voir s'il va encore bloquer la porte. »

Arthur Gride, dans son trouble ou par malice, se trouva sur le passage; Nicolas l'écarta avec une telle violence, que l'autre se mit à pirouetter tout autour de la chambre, jusqu'à ce qu'il rencontra un coin de la muraille qui l'étendit par terre tout de son long. Alors, prenant la jeune fille, il se précipita dehors, l'emportant dans ses bras victorieux. Personne ne témoigna l'envie de l'arrêter en route. Perçant au travers de la populace que le bruit de tous ces incidents avait amassée autour de la maison, et portant, dans son émotion, Madeleine aussi aisément qu'il eût fait d'un enfant, il arriva à la voiture où l'attendaient Catherine et la servante, leur confia la jeune fille et sauta sur le siège près du cocher, qui toucha les chevaux et partit.

CHAPITRE LV

Affaires de famille, soucis, espérances, désappointements et chagrins.

Quoique Nicolas et sa sœur eussent mis Mme Nickleby au courant de tous les détails qu'ils pouvaient connaître de l'histoire de Madeleine Bray, quoiqu'on lui eût bien expliqué la responsabilité particulière de son fils dans cette affaire, et qu'on l'eût même préparée d'avance à la possibilité qu'elle eût à recevoir chez elle cette jeune demoiselle, tout improbable que dût paraître la chose quelques minutes encore avant l'événement, cependant, depuis le moment où elle avait reçu cette confidence, la veille au soir, elle était restée absorbée dans un état de déplaisir et de profonde mystification, contre lequel venaient échouer toutes les représentations et tous les raisonnements, et qui ne fit que s'aggraver de plus en plus à chaque monologue, à chaque réflexion nouvelle.

« Mais au nom du ciel, Catherine, disait la bonne dame, si MM. Cheeryble ne veulent pas qu'on marie cette fille, pourquoi ne font-ils pas passer un bill contre le lord chancelier? Pourquoi ne pas constituer à la demoiselle une protection juridique? Pourquoi ne pas l'enfermer provisoirement en prison pour plus de sûreté?... J'en ai vu cent fois des exemples dans le journal... Ou s'il est vrai qu'ils l'aiment autant que le dit Nicolas, pourquoi ne l'épousent-ils pas eux-mêmes... l'un d'eux seulement, bien entendu? Et même en supposant que, tout en voulant empêcher ce mariage, ils ne veuillent pas l'épouser eux-mêmes, pourquoi, je vous prie, faire de Nicolas un chevalier errant occupé à courir le monde pour faire rompre les bans des gens?

— Je crains, chère maman, répondait doucement Catherine, que vous ne compreniez pas bien la situation.

— Bien! ma fille, grand merci de votre politesse, répliqua Mme Nickleby; il me semble pourtant que j'ai été mariée moi-même, et que j'en ai vu marier d'autres. Ah! je ne comprends pas! à la bonne heure!

— Je sais bien, chère maman, reprenait Catherine, que vous avez acquis une grande expérience, et je ne la mets pas en doute; je veux dire seulement que peut-être dans cette affaire vous ne comprenez pas parfaitement toutes les circonstances, et c'est notre faute; nous ne vous les avons sans doute pas bien expliquées.

— Pour cela, vous avez bien raison, repartit la mère sèchement; il est très probable que vous m'avez mal renseignée; je n'en suis pas responsable, j'espère. Pourtant, comme ces circonstances dont vous parlez sont assez claires par elles-mêmes, je prendrai la liberté, ma mie, de vous dire que je les comprends à merveille, quelle que soit l'opinion contraire que vous puissiez en avoir, vous et Nicolas. Ne semble-t-il pas que tout soit perdu parce que cette demoiselle Madeleine va épouser quelqu'un de plus âgé qu'elle? Est-ce que votre pauvre papa n'était pas plus âgé que moi? et de quatre ans et demi encore! Jeanne Dibabs..., vous savez bien, les Dibabs qui demeuraient dans cette jolie petite maison blanche à un étage, recouverte de chaume et toute tapissée de lierre et de plantes grimpantes, avec un charmant petit portail garni de chèvrefeuille et de toute sorte de choses? Vous vous rappelez même que souvent les perce-oreilles tombaient dans votre thé, le soir pendant l'été, et, quand une fois ils étaient tombés sur le dos dans la tasse, ils remuaient les pattes à faire trembler? Vous rappelez-vous aussi comme les grenouilles venaient quelquefois se glisser jusque dans les lanternes en toile métallique, quand on y passait la nuit, et montaient tout du long pour vous regarder par les petits trous, comme des chrétiens?... Eh bien, donc, cette Jeanne Dibabs, elle a bien épousé un homme beaucoup plus âgé qu'elle, et de son plein gré, en dépit de tout ce qu'on a pu lui dire pour l'en détourner, et elle en était éprise plus qu'on ne peut dire. On n'a pas fait tant de bruit de Jeanne Dibabs, et cela n'a pas empêché que son mari ne fût un homme excellent, honorable, et dont on ne disait que du bien. Pourquoi donc alors faire tant de bruit du mariage de cette Mlle Madeleine?

— Son mari est bien plus âgé, il n'est pas du tout de son goût, et le caractère de l'homme est exactement le contraire de celui que vous venez de décrire, disait Catherine; jugez, ma mère, s'il y a la moindre ressemblance. »

A cela Mme Nickleby se contentait de répondre qu'elle savait bien qu'elle n'avait pas de bon sens; que ce serait bien sa faute si elle ne le savait pas; que ses enfants le lui répétaient assez tous les jours, sur tous les tons; qu'à la vérité, à raison de ce qu'elle était un peu leur aînée, il y avait des gens assez simples pour croire peut-être qu'elle devait raisonnablement en savoir plus long qu'eux; mais non, elle savait bien que c'était elle qui avait tort, toujours tort; elle ne pouvait pas avoir raison, il n'y avait que ses enfants qui avaient toujours raison, et elle n'avait rien de mieux à faire que d'être toujours de leur avis. Pendant une heure de suite, toutes les concessions, toutes les déférences de Catherine n'obtinrent d'autre réponse : « Oh! certainement! pourquoi me demander quelque chose, à moi?... On sait bien que mon opinion à moi ne tire pas à conséquence... Qu'importe ce que je puis dire, moi? »

Et, quand elle voulait se donner l'air d'être trop résignée pour rien dire, elle se contentait d'exprimer les mêmes sentiments en hochant la tête, en levant les yeux en l'air, en commençant de petits gémissements qu'elle terminait, pour les dissimuler, en une petite toux. Elle en était encore là lorsque Nicolas et Catherine revinrent avec l'objet de leur tendre sollicitude. Satisfaite alors d'avoir suffisamment établi son importance, à ce qu'il lui semblait, par son abnégation prétendue, prenant d'ailleurs au fond un intérêt véritable aux épreuves de cette jeune et belle victime, non seulement elle se mit à déployer toute son activité et tout son zèle, mais elle crut qu'il y allait de son honneur de louer hautement la conduite de son fils, et ne cessa de déclarer, avec un coup d'œil expressif, qu'il était bien heureux que les choses fussent comme elles étaient, et de faire entendre qu'elles ne se seraient jamais passées comme cela sans ses encouragements et ses conseils.

Sans rechercher si Mme Nickleby avait ou non une grande part dans le succès de cette affaire, il est du moins hors de doute qu'elle eut tout lieu de s'en applaudir. Les frères Cheeryble, à leur retour, donnèrent tant d'éloges à Nicolas pour ses soins intelligents, et montrèrent tant de joie du changement heureux qui leur rendait leur jeune favorite après des épreuves si cruelles et des dangers si menaçants, qu'à partir de ce moment, comme elle le répéta souvent à sa fille, la fortune de la famille lui parut faite, ou c'était tout comme. M. Charles Cheeryble, dans ses premiers transports de surprise et de joie, le lui avait dit positivement ou à peu près. Aussi, sans s'expliquer davantage sur la portée de ces mots un peu ambigus, elle ne revenait jamais sur ce sujet qu'elle ne prît un air de mystère et d'importance et ne se livrât à des visions d'opulence, de grandeur et de dignité, dont les formes vagues et nébuleuses ne l'empêchaient pas d'être alors aussi heureuse que si la fortune eût réellement donné un établissement solide à ses rêves de magnificence et de splendeur.

Quant à Madeleine, le choc terrible et soudain qu'elle venait de recevoir, mêlé à sa grande affliction et à ses longues souffrances, avait porté un rude coup à ses forces. Elle ne sortit de l'état de stupeur où l'avait plongée d'abord, pour son bonheur, la mort de son père, que pour tomber dans une fièvre aiguë et dans une maladie dangereuse. Quand les facultés physiques, toutes délicates qu'elles peuvent être, se trouvent en face d'une crise qui les excite, elles puisent dans l'énergie de l'esprit une vigueur surnaturelle qui les soutient; mais le courage passe avec le danger, les forces succombent, et alors leur degré de prostration ne peut se mesurer que sur l'étendue des efforts qu'il leur a fallu faire. Aussi le mal de Madeleine, au lieu d'être d'une nature légère et passagère, alla jusqu'à menacer sa raison et sa vie même.

Comment, dès les premiers progrès d'une lente convalescence, après une maladie si grave et si dangereuse, n'aurait-elle pas été touchée des attentions incessantes d'une garde aussi soigneuse, aussi tendre que l'était Catherine? Cette voix prudente et adoucie, ce pas discret dans la chambre, cette main délicate dans ses soins, ces mille petits services de l'amitié rendus à chaque instant sans trouble et sans bruit, que nous sentons si vivement quand nous sommes malades, quoique nous ne les oubliions que trop vite après, sur qui pouvaient-ils faire une impression plus profonde que sur un jeune cœur qui débordait de tous ces sentiments d'affection vive et pure, le trésor d'une femme? sur un cœur presque étranger jusque-là aux caresses et au dévouement de son propre sexe, à moins qu'il ne l'eût deviné par lui-même? sur un cœur rendu, par le malheur et la souffrance, plus avide encore d'une sympathie si longtemps inconnue, si longtemps souhaitée vainement? Ne nous étonnons donc pas que les premières heures qui les unirent valussent des années entières d'épreuve pour leur amitié. Ne nous étonnons pas que chaque heure de convalescence doublât la force de leurs épanchements, lorsque Catherine, émue en racontant le passé à sa malade reconnaissante, un passé de quelques semaines qui paraissait vieux comme un siècle, prodiguait les éloges de son enthousiasme à la conduite de son frère bien-aimé. Faudrait-il même s'étonner que ces éloges trouvassent un écho rapide dans le sein de Madeleine, et qu'en voyant si souvent l'image de Nicolas retracée jusque dans les traits de sa sœur, elle finît par ne plus les séparer dans sa pensée, et qu'elle eût elle-même quelquefois de la peine à démêler au fond de son cœur la différence des sentiments qu'elle éprouvait pour l'un et l'autre, mêlant, à son insu, à sa gratitude pour Nicolas quelque chose de l'affection plus tendre qu'elle avait vouée à Catherine?

« Ma chère amie, disait Mme Nickleby en entrant dans la chambre avec une précaution étudiée, faite pour agacer les nerfs d'un malade cent fois plus que l'arrivée d'un carabinier au grand galop, comment vous trouvez-vous ce soir? Vous allez mieux, j'espère?

— Presque bien, maman, se hâtait de répondre Catherine, en posant son ouvrage pour prendre dans sa main la main de Madeleine.

— Catherine, reprenait Mme Nickleby d'un ton de reproche, ne parlez donc pas si haut. » Et la bonne dame avait une manière de parler tout bas qui aurait glacé le sang d'un hercule dans ses veines.

Catherine acceptait tranquillement ce reproche immérité de Mme Nickleby, qui faisait craquer toutes les planches du parquet et voltiger tous les rideaux en marchant doucement à sa manière, sur la pointe du pied.

« Mon fils Nicolas, ajoutait-elle, vient de rentrer à l'instant, et je viens moi-même, comme d'habitude, ma chère, savoir de votre propre bouche, avec exactitude, comment vous vous trouvez, car il ne s'en rapporterait pas à moi, il veut que ce soit de vous que je tienne mes nouvelles.

— Il est rentré plus tard que d'habitude ce soir, disait quelquefois Madeleine, d'une bonne demi-heure.

— Là! je n'ai jamais vu de ma vie des gens comme vous, vraiment, s'écriait Mme Nickleby dans le plus grand étonnement; jamais de ma vie. Je ne me doutais pas le moins du monde que Nicolas fût en retard. M. Nickleby disait toujours — Catherine, ma chère enfant, c'est de votre pauvre cher papa que je parle — il disait toujours qu'il n'y avait pas de meilleure pendule au monde que l'appétit; et cependant vous, ma chère demoiselle Bray, ce n'est pas l'appétit qui vous règle. Plût à Dieu que vous en eussiez davantage; et, j'y pense, pourquoi donc ne vous fait-on pas prendre quelque chose pour vous donner de l'appétit? Je ne sais pas si c'est vrai, mais j'ai entendu dire qu'il n'y a rien qui donne de l'appétit comme deux ou trois douzaines de petits homards anglais, quoique, à vrai dire, cela me paraisse un cercle vicieux; car, enfin, pour les manger, il faut commencer par avoir de l'appétit. Qu'est-ce que je dis donc, des homards! c'est des huîtres que je voulais dire, mais cela revient au même... je ne m'explique toujours pas comment vous pouvez calculer le retour de Nicolas avec tant de...

— Nous parlions justement de lui dans l'instant, maman; c'est pour cela que...

— Il me semble, Catherine, que vous ne parlez jamais d'autre chose, et, franchement, je ne comprends pas que vous soyez si indiscrète. Vous avez bien assez d'autres sujets de conversation, peut-être; et, quand vous savez toute l'importance qu'il y a à distraire Mlle Bray et à la récréer par une causerie intéressante, réellement je trouve extraordinaire que vous soyez toujours à lui carillonner aux oreilles le même dinn dinn, don, don, toujours et toujours. Ma foi! Catherine, vous êtes une belle garde-malade; je sais bien que vous ne le faites pas exprès, mais je peux bien dire que sans moi je ne sais pas réellement comment le moral de Mlle Bray pourrait se relever; c'est ce que je dis tous les jours au docteur. Il me dit, de son côté, qu'il ne sait pas comment je fais pour me conserver comme je suis, et la vérité est que je m'étonne moi-même de me soutenir si bien. Ce n'est pas sans peine; mais, quand je pense à tout ce qui ne peut se passer de moi dans cette maison, je suis bien obligée de faire de mon mieux. Je n'ai pas de mérite à cela : il le faut, et je me résigne. »

Là-dessus, Mme Nickleby prit un fauteuil et, pendant trois grands quarts d'heure, se lança à perte de vue dans une foule de sujets de distraction où il n'y avait guère que son esprit de distrait. Enfin elle se retira pour aller distraire à son tour Nicolas, pendant son souper. Après avoir commencé par lui confier, apparemment pour lui relever aussi le moral, que décidément elle trouvait la malade empirée, elle continua de lui récréer le cœur en lui racontant que Mlle Bray était triste, indolente, abattue, ce qui tenait à ce que Catherine, sottement, ne l'entretenait que de lui et de leurs affaires de famille.

Après avoir consolé Nicolas par ces nouvelles encourageantes, elle entra dans le détail de tout ce qu'elle avait eu à faire dans la journée, et ne put s'empêcher de se montrer de temps en temps émue jusqu'aux larmes, en pensant quel malheur ce serait pour sa famille, à laquelle elle était si nécessaire, si elle venait à lui être enlevée.

D'autres fois, quand Nicolas revenait le soir, c'était en compagnie de M. Franck Cheeryble, qui était chargé par ses oncles de venir savoir comment Madeleine avait passé la journée. Dans ces occasions, qui se répétaient très souvent, Mme Nickleby n'avait garde de s'endormir : d'après certains signes auxquels sa vigilance ne s'était point trompée, elle avait conjecturé finement que M. Franck, avec tout ce bel intérêt de ses oncles pour Madeleine, venait au moins autant pour voir Catherine que pour chercher des nouvelles de la malade au nom des frères Cheeryble ; d'autant plus que ces messieurs étaient en relations journalières avec le docteur ; qu'ils faisaient eux-mêmes de fréquentes visites à la maison, et que tous les matins ils avaient des détails circonstanciés de la bouche même de Nicolas. C'est alors que Mme Nickleby était toute fière ; jamais on n'avait vu femme si grave et si discrète, ni si mystérieuse non plus ; jamais général d'armée n'usa d'une tactique plus savante, et ne combina des plans plus impénétrables qu'elle, pour sonder M. Franck et vérifier ses soupçons. Et, quand elle se crut sûre de son fait, quelle adresse dans ses manœuvres pour l'amener à la choisir pour confidente et à s'adresser à son intervention charitable ! Mme Nickleby faisait feu de toutes ses batteries pour s'assurer le succès ; elle savait les masquer et les démasquer à propos pour porter le trouble chez l'ennemi. Tantôt elle était pleine de cordialité gracieuse, tantôt de raideur glaciale. Aujourd'hui, on aurait dit qu'elle voulait épancher tous les secrets de son cœur dans le sein de son infortunée victime ; le lendemain, elle le tenait à distance et le recevait avec une réserve calculée, comme si elle venait d'être éclairée d'un rayon de lumière, et qu'en devinant ses intentions elle eût résolu de les étouffer dans leur germe : comme si elle croyait de son devoir rigoureux d'agir en vrai Spartiate, et de décourager, une fois pour toutes, des espérances qui ne devaient jamais se réaliser. Quelquefois même, quand elle était sûre que Nicolas n'était pas là pour l'entendre, et que Catherine était montée près de son amie pour lui donner des soins empressés, la digne matrone laissait échapper des demi-confidences sur l'intention où elle était d'envoyer sa fille passer trois ou quatre ans en France, ou en Écosse, pour restaurer sa santé altérée par ses dernières fatigues ; ou faire un tour en Amérique, n'importe où, pourvu que ce fût une menace de longue et douloureuse séparation. Ce n'était pas tout : elle alla une fois jusqu'à faire entendre, en termes obscurs, que sa fille avait inspiré depuis longtemps une passion au fils d'un de ses anciens voisins, un M. Horace Peltirogus (le jeune gentleman pouvait bien avoir alors à peu près quatre ans), et elle poussa la ruse jusqu'à représenter cette affaire comme un arrangement convenu entre les familles : on n'attendait plus que l'assentiment définitif de sa fille pour la mener à l'autel et consommer le bonheur ineffable de tout le monde.

Elle était encore dans toute l'ivresse de son orgueil et de sa gloire d'avoir fait jouer cette mine décisive le soir même, avec un succès sans pareil, lorsqu'elle profita d'une occasion où elle se vit seule avec Nicolas, avant d'aller au lit, pour le pressentir sur le sujet qui occupait toutes ses pensées. Elle ne faisait aucun doute qu'ils ne fussent tous les deux du même avis sur ce point. Elle commença par attaquer la question en faisant sur l'amabilité de M. Franck Cheeryble en général des observations tout à sa louange.

« Vous avez bien raison, ma mère, dit Nicolas, c'est un charmant garçon.

— Et de bonne mine, ce qui ne gâte rien, reprit Mme Nickleby.

— Tout à fait de bonne mine, répondit Nicolas.

— Qu'est-ce que vous dites de son nez, mon cher ? poursuivit Mme Nickleby pour intéresser de plus en plus Nicolas à ce sujet de conversation.

— Que voulez-vous que je dise de son nez ? répéta Nicolas.

— Ah ! répliqua sa mère, je vous demande quel style de nez vous lui trouvez, à quel ordre d'architecture, pour ainsi dire, il appartient, selon vous. Je ne suis pas bien forte sur les nez. Comment appelleriez-vous le sien, grec ou romain ?

— Ma foi ! ma mère, dit Nicolas en riant, autant que je me rappelle, je le rangerais plutôt dans l'ordre composite, l'ordre des nez mixtes. Mais j'avoue que je ne me rappelle pas parfaitement le sien. Pourtant, si cela peut vous être agréable, j'y regarderai de plus près pour vous en faire part.

— Vous me ferez plaisir, mon cher, dit Mme Nickleby de l'air le plus sérieux du monde.

— Très bien, je n'y manquerai pas. »

Et Nicolas, croyant le sujet épuisé, reprit sa lecture commencée ; mais cela ne faisait pas le compte de Mme Nickleby, et après un moment de réflexion :

« Il vous est très attaché, mon cher fils, » reprit-elle.

Nicolas répondit de bonne humeur, en fermant son livre, qu'il en était bien aise, et fit seulement la remarque que sa mère paraissait déjà bien avant dans la confidence de leur nouvel ami.

« Hem! dit Mme Nickleby, je n'en sais rien, mais je crois très nécessaire qu'il y ait quelqu'un qui y soit, dans sa confidence, tout à fait nécessaire. »

Encouragée par un regard de curiosité qu'elle surprit chez son fils, et fière de posséder à elle toute seule un secret de cette importance, Mme Nickleby continua d'un ton très animé :

« Vraiment, mon cher Nicolas, je ne comprends pas que cela vous ait échappé, quoique, à vrai dire, il soit certain que, dans une certaine mesure, c'est une de ces choses qui peuvent sauter aux yeux d'une femme, sans frapper ceux d'un homme, surtout au début. Je ne me flatte pas d'avoir plus de pénétration qu'une autre en pareille matière. Je puis en avoir davantage, c'est à ceux qui me connaissent à le dire, et je crois bien qu'ils le pensent. Mais ce n'est pas à moi à insister là-dessus, ce serait manquer à la modestie, et d'ailleurs cela ne fait rien à la question. »

Nicolas moucha la chandelle, mit ses mains dans ses goussets, se renversa dans son fauteuil, et prit un air de patience douloureuse et de mélancolique résignation.

« Je crois de mon devoir, mon cher Nicolas, reprit sa mère, de vous dire ce que je sais, non seulement parce que vous avez le droit de le connaître aussi, comme tout ce qui se passe dans notre famille, mais parce qu'il dépend de vous de seconder nos vues et de faire réussir la chose; et il n'est point douteux qu'en pareille circonstance il vaut toujours mieux éclaircir ses doutes plus tôt que plus tard. Or il y a une foule de moyens que vous pouvez employer : soit en allant faire un petit tour de promenade dans le jardin; soit en montant pour un moment dans votre chambre; soit en ayant l'air de faire un somme sur votre chaise; soit en prétextant une affaire que vous aviez oubliée, qui vous appelle dehors pour une heure ou deux, avec Smike. Tout cela paraît peu de chose, et peut-être trouvez-vous drôle que j'y attache tant d'importance; et cependant, mon cher ami, je puis vous assurer (et vous le verrez vous-même un de ces jours, si vous devenez jamais amoureux, comme je l'espère, pourvu que votre prétendue soit une fille honnête et respectable; d'ailleurs vous êtes incapable de placer votre affection autrement), je puis vous assurer que ces petites choses-là ont beaucoup plus d'importance que vous ne pourriez le croire. Si votre pauvre papa était encore de ce monde, il vous dirait lui-même toute la conséquence de laisser seuls le jeune homme avec la demoiselle. Vous sentez bien qu'il ne s'agirait pas de quitter la chambre comme si vous le faisiez exprès, mais comme par pur accident, et vous reviendriez de même. Si vous toussez dans le corridor avant d'ouvrir la porte, ou si vous sifflez sans faire semblant de rien, ou si vous fredonnez un air, et bien d'autres choses de la sorte, pour leur faire entendre que vous arrivez, cela vaut toujours mieux; parce que, comme de raison, quoiqu'il n'y ait rien de mal dans ces entrevues secrètes, il y a toujours quelque confusion à se voir surpris l'un et l'autre quand on est... quand on est assis sur le sofa, et... une foule de choses. C'est bien ridicule sans doute, mais enfin c'est comme cela. »

Nicolas avait beau regarder sa mère pendant cette longue tirade avec un profond étonnement, qui s'accrut par degrés avec les confidences de Mme Nickleby, elle n'en fut pas troublée le moins du monde : bien au contraire, elle n'y vit que l'admiration inspirée par sa haute expérience des manœuvres antématrimoniales. Aussi, après avoir un moment interrompu le fil de son discours pour remarquer seulement, avec une certaine complaisance, qu'elle savait bien qu'elle allait l'étonner, elle repartit de plus belle pour entrer dans l'exposé des preuves dont les détails étaient des plus incohérents. Enfin, pour le bouquet, elle établit, sans conteste, que M. Franck Cheeryble était passionnément amoureux de Catherine.

« De qui? cria Nicolas.

— De Catherine, répéta Mme Nickleby.

— Quoi, notre Catherine? ma sœur?

— Bon Dieu! Nicolas, reprit Mme Nickleby, de quelle Catherine voulez-vous donc que ce soit? Vous imaginez-vous que j'irais me soucier de tout cela le moins du monde, et y prendre le moindre intérêt s'il s'agissait de toute autre que de votre sœur.

— Mais, ma chère mère, dit Nicolas, assurément ce n'est pas possible.

— Très bien, mon cher ami, répliqua Mme Nickleby avec une grande assurance. Eh bien, attendez et vous verrez : je ne vous dis que cela. »

Nicolas jusqu'alors n'avait jamais un moment arrêté sa pensée sur la possibilité de l'incident dont sa mère venait de lui faire part. Depuis quelque temps, il avait été trop souvent absent de la maison et trop occupé d'autres soins; mais d'ailleurs ses idées avaient pris un autre cours, et, s'il avait remarqué la fréquence des visites de Franck Cheeryble, c'était pour en concevoir le soupçon jaloux qu'apparemment ce jeune homme ressentait pour Madeleine un intérêt de la même nature que celui qu'il éprouvait lui-même. Même en cet instant, quoiqu'il vît bien que les conjectures d'une mère vigilante eussent dans ce cas plus d'apparence que les siennes, et quoiqu'il se rappelât aussitôt une foule de petites circonstances dont la réunion semblait en effet donner raison aux suppositions dont elle se montrait triomphante, il n'était pas encore bien convaincu qu'il ne fallût pas les attribuer simplement à la galanterie inconsidérée d'un jeune homme naturellement aimant, qui ne se serait pas montré moins empressé avec toute autre jeune fille aimable et belle. Du moins il l'espérait encore, et par conséquent il cherchait à se le persuader.

« Je suis troublé de ce que vous me dites là, dit-il après un moment de réflexion, quoique j'aime à croire encore que vous vous trompez.

— Je ne vois pas pourquoi vous aimeriez à le croire, dit Mme Nickleby; je vous avoue que cela me surprend; mais, dans tous les cas, vous pouvez compter que je ne me trompe pas.

— Et Catherine?

— Ah! pour cela, c'est justement, mon cher, le point sur lequel je ne suis pas encore fixée. Pendant cette maladie de Madeleine, elle n'a presque pas quitté son chevet. Jamais on n'a vu deux personnes s'attacher si vivement l'une à l'autre; et puis, je vais vous l'avouer, Nicolas, je l'ai tenue de temps en temps un peu à l'écart, parce que c'est, selon moi, un excellent moyen pour garder un jeune homme en haleine. Il ne faut pas qu'il soit trop sûr de son fait, vous sentez? »

La pauvre mère disait tout cela avec un tel mélange de joie du cœur et de satisfaction d'amour-propre, qu'on ne saurait dire la peine qu'éprouvait Nicolas d'être obligé de briser ses espérances. Mais il sentait que l'honneur ne lui laissait pas le choix et que son devoir le commandait impérieusement.

« Ma chère mère, lui dit-il avec douceur, ne voyez-vous pas que, si M. Franck avait en effet une inclination sérieuse pour Catherine, et que nous eussions la faiblesse de l'encourager, nous ferions là une action malhonnête, et que nous jouerions un rôle plein d'ingratitude? En vous demandant si vous ne le voyez pas, je ne sens que trop qu'en effet vous n'y avez pas pensé; autrement vous y auriez mis plus de réserve. Permettez-moi de vous expliquer ma pensée. Vous savez combien nous sommes pauvres. »

Mme Nickleby secoua la tête en disant, à travers ses larmes, que pauvreté n'est pas vice.

« Non, dit Nicolas, et c'est pour cela même qu'il faut puiser dans notre pauvreté un noble orgueil qui nous défende contre toute tentation d'actions mauvaises, contraires à la délicatesse, et nous laisse ce respect de nous-mêmes que l'indigent peut garder à l'égal du plus fier monarque. Songez à tout ce que nous devons aux frères Cheeryble; rappelez-vous ce qu'ils ont fait, ce qu'ils font tous les jours pour nous, avec une générosité et une délicatesse que nous ne payerions pas assez du sacrifice de notre vie même. La belle récompense, pour reconnaître leurs bienfaits, que de permettre à leur neveu, leur unique parent, on peut dire leur fils, pour lequel il serait insensé de supposer qu'ils n'ont pas formé déjà des plans d'établissement dignes de son éducation et de la fortune dont il doit hériter un jour, de lui permettre d'épouser une jeune fille sans dot et sans espérances, une jeune fille qui nous tient de si près que personne ne pourra douter que nous ne lui ayons tendu un piège, que c'était une intrigue préméditée, un vil calcul arrêté entre nous trois! Rendez-vous bien compte de notre position, ma mère. Que diriez-vous si, ce mariage une fois convenu, les frères Cheeryble, en venant nous faire ici une de ces visites généreuses qui les amènent souvent chez nous, vous aviez à leur confesser la vérité? Vous sentiriez-vous à votre aise? ne vous reprocheriez-vous pas d'avoir joué un rôle au moins équivoque? »

La pauvre Mme Nickleby pleurait bien plus encore et se débattait, en murmurant, avec moins d'assurance, que M. Franck commencerait par demander d'abord le consentement de ses oncles.

« Je veux bien, dit Nicolas; c'est une démarche qui le placerait, lui, dans une meilleure situation près d'eux; mais nous, qui nous laverait de leurs soupçons? La distance qui nous sépare les uns des autres en serait-elle moins grande? les avantages que nous avions à gagner dans cette union, qu'on supposerait intéressée, en seraient-ils moins évidents? Tenez! ajouta-t-il d'un ton moins sérieux, nous pourrions bien, dans tout ceci, compter sans notre hôte; je crois, je suis presque sûr que nous sommes dupes de quelque erreur; mais, s'il en était autrement, je connais assez Catherine pour savoir qu'elle pensera là-dessus comme moi: et vous aussi, ma mère, je vous connais assez pour être assuré que vous ferez de même après quelques moments de réflexion. »

A force de représentations et de prières, Nicolas obtint de sa mère la promesse de faire tout son possible pour penser là-dessus comme lui, et que, si M. Franck persévérait dans ses attentions, elle essayerait de le décourager de son mieux, ou qu'au moins elle ne se prêterait en rien à les seconder. Quant à lui, il se décida à ne point en parler à Catherine avant d'être bien convaincu qu'il y eût réellement nécessité de le faire, se réservant d'ailleurs de s'assurer aussi bien que possible, par ses observations personnelles, de l'état exact des choses. C'était penser sagement; mais un nouveau sujet d'anxiété cruelle vint l'arrêter dans l'exécution de ce plan.

La santé de Smike était devenue alarmante; l'épuisement de ses forces ne lui permettait plus d'aller d'une chambre à l'autre sans l'appui d'un bras. Sa maigreur et l'altération de ses traits faisaient peine à voir. Le même médecin qu'il avait appelé d'abord l'avertit que la seule et dernière chance d'espérance qui restât de le sauver, c'était de l'éloigner de Londres au plus vite. On lui désigna comme la résidence la plus favorable la partie du Devonshire où Nicolas avait été élevé lui-même. Mais on ne lui laissa pas ignorer, avec tous les ménagements qu'on put prendre, que, quelle que fût la personne qui l'y accompagnerait, elle devait s'attendre à tout, car tous les symptômes d'une consomption rapide s'étaient déclarés, et il était bien possible qu'il n'en revînt jamais.

Les bons frères, qui connaissaient déjà le triste état du pauvre Smike, avaient envoyé Timothée pour assister à la consultation. Le jour même, frère Charles appela Nicolas dans son cabinet et lui dit :

« Mon cher monsieur, il n'y a pas de temps à perdre. Il ne faut pas laisser mourir ce pauvre garçon sans avoir mis en usage les derniers moyens de lui sauver la vie. Il ne faut pas non plus qu'on le laisse mourir seul, dans un pays où il serait étranger. Emmenez-le demain matin, veillez à ce qu'il ne lui manque aucun des soins que réclame son état, et ne le quittez pas, ne le quittez pas, mon cher monsieur, avant d'avoir reconnu qu'il n'y a plus de danger immédiat. Il y aurait de la cruauté à vous séparer en ce moment l'un de l'autre; non, non! Timothée ira vous voir ce soir et vous faire ses adieux... Frère Ned, mon cher ami, M. Nicolas est là pour vous serrer la main avant son départ. M. Nickleby ne sera pas longtemps absent. Ce pauvre garçon va se remettre promptement, très promptement, et alors on trouvera là-bas quelques bonnes gens, quelques honnêtes villageois à qui on pourra le confier, et M. Nickleby ira et viendra de temps en temps, n'est-ce pas, frère Ned? et il aurait tort de se laisser aller au chagrin; son ami se remettra promptement, j'en suis sûr, n'est-ce pas, frère Ned, n'est-ce pas? »

Il est inutile de dire pourquoi Timothée vint le soir même au cottage et la mission dont il était chargé. Dès le lendemain matin, Nicolas se mit en route avec son camarade défaillant.

Personne, personne excepté celui qui n'avait jamais trouvé ailleurs que chez les amis réunis à son départ un regard de tendresse ou une parole de pitié, ne pourrait exprimer les angoisses de l'âme, les pensées amères, le chagrin stérile qui empoisonnaient pour lui cette séparation dernière.

« Regardez, s'écriait Nicolas avec vivacité en passant la tête à la portière, regardez, Smike, ils sont encore là tous au coin du sentier. Et tenez! voici Catherine, cette pauvre Catherine à qui vous disiez que vous n'auriez jamais le courage de dire adieu, la voici qui agite de loin son mouchoir. Ne vous en allez pas sans lui faire quelque signe d'adieu.

— Je ne puis pas, non, cria son compagnon tremblant, en se rejetant en arrière dans la voiture et en se couvrant les yeux. Est-ce que vous la voyez toujours? Est-ce qu'elle est encore là?

— Certainement, lui dit Nicolas d'un air sérieux. Tenez! la voilà qui vous fait encore un salut de la main. Je viens de le lui rendre pour vous. A présent on ne peut plus la voir. Ne vous attendrissez pas comme cela, mon cher ami, vous les reverrez tous encore. »

Smike, à cet encouragement, répondit en élevant ses mains flétries et les joignant avec ferveur : « Dans le ciel, dit-il; j'adresse humblement cette prière à Dieu; dans le ciel! »

Et cette prière avait l'air de sortir du fond d'un cœur brisé à tout jamais.

« Il vous manque donc quelque chose? » dit Ralph en fureur en le prenant au collet. (P. 427.)

CHAPITRE LVI

Après avoir vu déjouer par son neveu ses derniers complots, Ralph Nickleby couve un projet de vengeance que lui suggère le hasard, et associe à ses desseins un auxiliaire éprouvé.

Le cours des événements nous entraîne : l'historien est obligé de les suivre; c'est ce qui nous force à retourner au point où nous en étions, avant le dernier chapitre, lorsque nous avons laissé Ralph Nickleby avec Arthur Gride dans la maison où la mort venait de planter si soudainement sa sombre et triste bannière.

Les poings fermés, les dents serrées si dur et si ferme que ses mâchoires semblaient fixées et rivées par le fer, Ralph se tint quelques minutes debout, dans l'attitude qu'il avait prise pour adresser à son neveu ses dernières insultes. A l'exception de sa respiration haletante, sa raideur et son immobilité auraient pu le faire prendre pour une statue de bronze. Bientôt il commença, par degrés insensibles, à se détendre comme un homme qui se réveille d'un sommeil de plomb. Il secoua un moment son poing crispé vers la porte par où Nicolas avait disparu; puis, le cachant dans son sein comme pour ne pas laisser paraître ce signe d'émotion, il se retourna pour regarder en face l'usurier, moins hardi, qui ne s'était pas encore relevé de sa chute.

Le misérable couard, qui tremblait encore de tous ses membres et dont les rares cheveux gris s'agitaient et se hérissaient sur sa tête sous l'empire de sa terreur, vacillait sur ses jambes en rencontrant l'œil fixe de Ralph, et, se cachant la face dans ses deux mains, protesta, en se traînant vers la porte, qu'il n'y avait point de sa faute.

« Et qui vous dit le contraire? répondit Ralph d'une voix sourde ; qui vous dit le contraire?

— C'est que vous me regardez d'un air! reprit Gride timidement; on dirait que vous trouvez à me blâmer dans tout ceci.

— Bah! murmura Ralph avec un rire forcé, s'il y a quelqu'un à blâmer, c'est lui, de n'avoir pas vécu seulement une heure de plus; une heure de plus, il ne nous en fallait pas davantage. Il n'y a personne à blâmer que lui.

— N...o...n, personne, n'est-il pas vrai? dit Gride.

— C'est un malheur, voilà tout, répliqua Ralph; mais j'ai un vieux compte à régler avec ce jeune gars qui vous a soufflé votre maîtresse. Ce n'est pas pour ses rodomontades de tout à l'heure, car nous en aurions eu bientôt raison sans ce maudit accident. »

Il y avait dans le calme des paroles de Ralph quelque chose de si peu naturel, quand on le comparait avec sa physionomie et l'expression de ses traits, dont chaque nerf, chaque muscle, contractés par des mouvements spasmodiques, trahissaient, en dépit d'eux, des passions terribles à voir; il y avait quelque chose de si peu naturel, de si effrayant dans le contraste de sa voix rude, lente, ferme, entrecoupée seulement par la respiration haletante d'un ivrogne qui détache péniblement chaque mot, avec les traces visibles des passions les plus sauvages se révoltant contre la contrainte qu'on leur impose, que, si le cadavre de Bray était venu se planter à sa place devant le malheureux Gride, il ne l'aurait pas épouvanté davantage.

« Et la voiture, dit Ralph après une lutte intérieure aussi violente qu'un homme qui se débat contre un accès d'épilepsie, est-elle toujours à la porte? »

Gride fut charmé de ce prétexte pour aller voir à la fenêtre, pendant que Ralph, immobile de l'autre côté, mettait en pièces sa chemise, de la main qu'il tenait contre sa poitrine, et murmurait d'une voix rauque :

« Deux cent cinquante mille francs! C'est bien deux cent cinquante mille francs qu'il m'a dit! Juste la somme que j'ai en effet comptée hier pour les deux hypothèques, et qui devait courir à partir de demain à de gros intérêts. Si cette maison avait fait banqueroute, et que ce fût lui qui m'en eût le premier porté la nouvelle!... La voiture est-elle là?

— Oui, oui, dit Gride en tressaillant au ton sauvage dont était faite cette question. Elle y est. Dieu! Dieu! quel homme inflammable vous faites!

— Venez ici, dit Ralph en lui faisant signe d'approcher; il ne faut pas que nous ayons l'air ému. Nous allons sortir en nous donnant le bras.

— Aïe! vous me pincez jusqu'au sang, » cria Gride.

Ralph le lâcha d'un air impatienté, et, descendant d'un pas ferme et grave, comme à l'ordinaire, monta en voiture, suivi d'Arthur Gride, qui, après avoir regardé Ralph indécis, quand le cocher demanda où il devait les conduire, en le voyant silencieux et absorbé, se fit ramener chez lui.

Pendant la route, Ralph resta dans son coin, les bras croisés, sans prononcer une parole. Le menton appuyé sur sa poitrine, l'air consterné, et les yeux voilés par ses sourcils refrognés, il ne donna pas signe de vie et parut plongé dans le sommeil jusqu'au moment où la voiture s'arrêta. Alors il releva la tête, et, regardant par la portière, il demanda où ils étaient.

« Chez moi, répondit le triste Gride, qui n'avait pas compté retrouver sa maison si solitaire. Oui, vraiment, chez moi.

— C'est vrai, dit Ralph; je n'avais pas fait attention au chemin que nous avons pris. Je voudrais bien avoir un verre d'eau fraîche. Je trouverai cela chez vous, je suppose?

— Vous y trouverez un verre de... tout ce que vous voudrez, répondit Gride en gémissant. Cocher, ce n'est pas la peine de frapper, sonnez seulement. »

Le cocher sonne, sonne, et resonne. Puis il prend le marteau et frappe à fatiguer les échos des rues voisines; puis il écoute à la porte. Personne. La maison restait aussi silencieuse qu'une tombe.

« Qu'est-ce que cela veut dire? demanda Ralph avec impatience.

— Marguerite est si sourde! répondit Gride, visiblement inquiet et alarmé. Voyons! cocher, sonnez, sonnez encore, elle verra peut-être remuer la sonnette. »

Et le cocher de carillonner tour à tour avec la sonnette et le marteau. Les voisins mettaient le nez à la fenêtre, et se demandaient les uns aux autres, à travers la rue, si la gouvernante du vieux Gride ne serait pas morte d'une attaque d'apoplexie. D'autres se groupaient autour du fiacre et donnaient carrière à leurs suppositions téméraires. « Elle se sera endormie, disaient les uns. — Elle sera morte de combustion spontanée, disaient les autres. — Mais non, disait une voix, c'est qu'elle est ivre. — Vous vous trompez, reprit un gros farceur, elle aura vu quelque chose de bon à manger, et, comme elle n'y est pas accoutumée, elle en aura eu une telle peur, qu'elle sera tombée en attaque de nerfs. » Cette dernière conjecture fut particulièrement du goût de l'assistance, qui ne pût s'empêcher de pousser de grands éclats de rire, et qu'on eut beaucoup de peine à empêcher de passer par-dessus la grille, pour descendre à la cuisine s'assurer du fait en enfonçant les portes. Ce n'est pas tout. Comme on savait, à la ronde, qu'Arthur était sorti le matin pour prendre femme, ce n'étaient que questions et quolibets indiscrets sur sa belle maîtresse. La plupart voulaient absolument qu'elle fût dans le fiacre, déguisée en Ralph Nickleby, et la populace s'indignait, d'une façon plaisante, de cette entrée nuptiale d'une jeune mariée en bottes et en pantalon; on n'entendait de tous côtés que des murmures et des huées. Enfin les deux usuriers trouvèrent un asile dans une maison voisine, et, s'étant procuré une échelle, ils grimpèrent par-dessus le mur de l'arrière-cour, qui n'était pas très haut, et descendirent de l'autre côté sains et saufs.

« Ma foi! dit Arthur en se retournant vers Ralph quand ils furent seuls, je ne sais pas si je dois entrer; j'ai peur. Si nous allions la trouver assassinée... étendue sur les carreaux avec un coup de fourgon qui lui eût fait sauter la cervelle. Dites donc?

— Eh bien, après? dit Ralph; je donnerais bien quelque chose pour que cela se vît plus souvent, et que ce fût plus facile à faire. Restez là, si vous voulez, à frissonner et à vous écarquiller les yeux... Moi, j'entre. »

Il se mit d'abord à tirer de l'eau à la pompe de la cour, il en but une bonne gorgée et s'aspergea la tête et la figure, reprit son assurance accoutumée, et entra le premier dans la maison : Gride s'attacha à ses pas.

C'était bien l'obscurité ordinaire de ses appartements; rien de changé : chaque pièce était toujours aussi triste, aussi silencieuse; chaque meuble aussi délabré, à sa place invariable. Le cœur de fer de la vieille et lugubre pendule, insensible au bruit du dehors, battait toujours lourdement dans sa boîte poudreuse. Les armoires boiteuses étaient, comme d'habitude, reculées loin des yeux dans leurs coins mélancoliques. Les mêmes échos funèbres répétaient le bruit des pas; le faucheux s'arrêtait dans sa course agile, effarouché par la vue d'un être humain dans son domaine héréditaire, et restait suspendu, sans mouvement, le long du mur, faisant le mort, en attendant que ces intrus fussent passés.

Les deux usuriers visitèrent la maison depuis la cave jusqu'au grenier, faisant crier chaque porte sur ses gonds, pour regarder dans chaque chambre déserte. Pas de Marguerite. Ils finirent par venir s'asseoir dans la pièce ordinairement occupée par Arthur Gride, pour se délasser de leurs inutiles recherches.

« La vieille sorcière est sortie, je suppose, dit Ralph en se préparant à s'en aller, pour quelque emplette, afin de mieux fêter vos noces. Tenez, je déchire notre billet; nous n'en avons plus que faire. »

Gride, qui venait de regarder avec soin tout autour de la chambre, tomba tout à coup à genoux devant un grand coffre, et poussa un cri d'effroi épouvantable.

« Qu'est-ce que vous avez donc? dit Ralph en se retournant avec colère.

— Volé! volé! cria Gride.

— Volé? de l'argent?

— Non, non, non; pis que cela, bien pis.

— Quoi donc?

— C'est bien pis que de l'argent. Ah! si ce n'était que de l'argent! répéta le vieux ladre en farfouillant dans les papiers du coffre, comme une bête sauvage qui gratte la terre de ses pattes. Elle aurait bien mieux fait de me voler de l'argent... tout mon argent... avec cela que je n'en garde guère. Elle aurait mieux fait de me réduire à la mendicité, au lieu de faire ce qu'elle a fait.

— Fait quoi? dit Ralph. Voyons! qu'est-ce qu'elle a fait, radoteur du diable? »

Gride, toujours sans répondre, plongeait et replongeait ses mains crochues dans les papiers, en criant, en hurlant comme un possédé.

« Il vous manque donc quelque chose? dit Ralph en fureur en le prenant au collet. Qu'est-ce que c'est?

— Des papiers, des actes. Je suis un homme perdu, ruiné, ruiné! Je suis volé, je suis perdu! Elle m'a vu le lire..., cela m'arrivait souvent..., elle m'a épié..., elle m'a vu le mettre dans son étui..., l'étui n'y est plus... Malédiction sur elle! elle m'a volé.

— Mais quoi? cria Ralph illuminé d'une inspiration soudaine qui faisait étinceler ses yeux et trembler tous ses membres, pendant qu'il tenait dans ses serres le bras décharné de Gride, quoi?

— Elle ne sait pourtant pas ce que c'est; elle ne sait pas lire, continuait à crier Gride sans faire attention aux questions de l'autre. Il n'y a pas d'autre moyen pour elle d'en tirer de l'argent que de le garder caché. Elle se le fera lire par quelqu'un qui lui dira ce qu'elle doit en faire. Elle et son complice, ils en tireront de l'argent, et impunément encore. Ils s'en feront même un mérite : ils diront qu'ils l'ont trouvé..., qu'ils savaient bien que je l'avais... et ils porteront témoignage contre moi... La seule personne qui puisse en souffrir, c'est moi... moi... moi...

— Un peu de calme, dit Ralph en serrant encore plus fort, et en lui jetant de côté un coup d'œil fixe et ardent, qui indiquait assez qu'il avait trouvé quelque expédient utile à lui communiquer. Entendez un peu raison. Elle ne peut pas être allée bien loin. Je vais mettre la police à ses trousses. Vous n'avez qu'à déclarer ce qu'elle vous a dérobé, et ils sauront bien la rattraper, comptez-y. A la garde! au secours!

— Non, non, non, cria le vieux poltron en fermant la bouche à Ralph; je ne peux pas, je n'ose pas.

— Au secours! au secours! criait toujours Ralph.

— Non, non, non, répétait l'autre en trépignant comme un fou furieux. Quand je vous dis que non; je n'ose pas, je n'ose pas.

— Vous n'osez pas déclarer publiquement qu'on vous a volé?

— Non, répliqua Gride en se tordant les mains. Chut! chut! pas un mot de cela. Il ne faut pas qu'on en sache un mot. Je suis perdu. De quelque côté que je me tourne, je suis perdu, je suis trahi. On me livrera à la justice. On me fera mourir dans les cachots de Newgate. »

Ces exclamations frénétiques où se mêlaient à la fois, d'une manière risible et bizarre, la crainte, la douleur et la rage chez ce misérable, frappé d'une terreur panique, descendirent bientôt du ton des cris les plus aigus aux murmures plaintifs d'un lâche désespoir, entrecoupés de temps en temps d'un hurlement nouveau, chaque fois que ses recherches dans le coffre amenaient la découverte de quelque perte nouvelle. Ralph le laissa là, en s'excusant d'être obligé de le quitter sitôt, et, au grand désappointement des flâneurs dans la rue, auxquels il déclara que ce n'était rien, il monta en voiture et se fit conduire chez lui.

Une lettre l'attendait sur sa table. Il l'y laissa quelque temps, comme s'il n'avait pas le courage de l'ouvrir: il finit pourtant par là et devint pâle comme un mort.

« Le malheur est consommé, dit-il: la maison a fait banqueroute. Je vois ce que c'est. Le bruit s'en sera répandu dans la Cité dès hier soir, et les Cheeryble en auront eu vent. C'est bien, c'est bien. »

Il parcourut à grands pas sa chambre dans une agitation violente, puis s'arrêta.

« Deux cent cinquante mille francs! et je ne les avais déposés là que pour un jour, un seul jour! Que d'années de soucis et de peines, que de jours cuisants, que de nuits sans sommeil m'ont coûté ces deux cent cinquante mille francs! Deux cent cinquante mille francs! Que de belles dames aux joues fardées seraient venues me caresser de leurs sourires! Que de prodigues imbéciles seraient venus m'offrir leurs compliments du bout des lèvres, tout en me maudissant du fond du cœur, pendant le temps qu'il me fallait pour doubler mon capital! Comme je les aurais pincés, moulus, broyés à plaisir, tous ces emprunteurs nécessiteux, à la langue dorée, aux yeux câlins, aux épîtres courtoises! Vous n'avez qu'à croire le sot langage du monde: ils vous disent tous que les gens comme moi sont obligés d'acheter leur richesse par bien des dissimulations et des bassesses, en s'humiliant, en flattant, en rampant comme des chiens couchants. Et c'est tout le contraire. Qui peut dire tous les mensonges, tous les détours vils et abjects, toutes les ondulations que m'auraient valus encore mes deux cent cinquante mille francs de la part d'un tas de parvenus qui, sans mon argent, me tourneraient le dos avec mépris, comme ils font chaque jour à des gens qui valent mieux qu'eux? Et si je les avais doublés, gagné cent pour cent, changé ma pièce d'or en un double louis, il n'y aurait pas dans tous mes sacs un écu qui ne représentât deux cent cinquante mille faussetés méprisables, commises, non pas par le créancier, non, non, n'en croyez rien, mais par le débiteur, l'honnête, le libéral, selon vous, le généreux, le confiant débiteur qui se croirait déshonoré de mettre de côté une pièce de dix sous de son revenu. »

C'est ainsi que pour donner le change à ses regrets amers, Ralph, en se promenant à grands pas dans la chambre, versait sur les pratiques ordinaires du monde ses sarcasmes les plus amers. Mais, à mesure qu'il ramenait son esprit à la pensée de sa perte récente, il montrait un cœur et un visage moins résolus, tant qu'enfin, se laissant tomber sur son fauteuil dont il faisait craquer les bras dans son étreinte nerveuse: « J'ai vu le temps, dit-il, où rien n'aurait pu m'émouvoir comme la perte de cette grosse somme, non, rien au monde. Les naissances, les morts, les mariages, tous ces événements qui ont tant d'intérêt pour la plupart des hommes, qu'est-ce que tout cela me fait, à moins qu'ils ne me fassent perdre ou gagner? Eh bien, en ce moment, sur ma parole, ce n'est pas tant à cette perte que je suis sensible qu'à son air triomphant en me l'annonçant. C'est à lui que je la devrais (il me semble que je la lui dois), je ne l'en détesterais pas davantage. Patience! que je puisse seulement me venger, à petits coups, lentement, mais sûrement; que je prenne seulement une fois le dessus et que je fasse pencher la balance de mon côté, et nous verrons. »

Ses réflexions furent longues et profondes ; elles se terminèrent par une lettre qu'il chargea Newmann de porter à l'adresse de M. Squeers à la *Tête de Sarrasin*. Noggs devait s'informer si l'autre était arrivé à Londres et, dans ce cas, attendre une réponse. Il revint avec la nouvelle que M. Squeers était arrivé le matin même par la diligence, qu'il avait reçu la lettre étant encore au lit, mais qu'il faisait ses compliments à M. Nickleby et qu'il allait se lever pour venir le voir à l'instant.

En effet, il ne se fit pas longtemps attendre. Mais, dans l'intervalle, Ralph avait eu le temps de faire disparaître tout signe d'émotion et de reprendre sa physionomie ordinaire, c'est-à-dire dure, immobile, inflexible, à laquelle il devait peut-être en grande partie son influence incontestable sur un grand nombre de gens qui ne se piquaient pas d'être pointilleux à l'endroit de la moralité.

« Eh bien, monsieur Squeers, lui dit-il en accueillant ce digne homme avec son sourire accoutumé, moitié figue, moitié raisin, comment vous portez-vous ?

— Mais, monsieur, dit M. Squeers, pas trop mal. Ma famille, les petits garçons, tout cela va bien, sauf une espèce de gourme qui court la maison et qui ôte aux écoliers l'appétit. Mais que voulez-vous ? c'est ce temps-là, tout le monde en souffre, comme je leur dis chaque fois qu'il leur survient quelque épreuve. Les épreuves, monsieur, sont le lot de l'humanité. La mort elle-même, monsieur, est une épreuve. On ne voit que cela, dans ce monde, des épreuves ! et, si un petit garçon regimbe contre les épreuves et vous ennuie de ses plaintes, il faut bien le gourmer pour le mettre à la raison ; c'est encore conforme au texte de l'Écriture, vous savez.

— Monsieur Squeers, dit Ralph sèchement.

— Monsieur !

— Nous laisserons là, s'il vous plaît, ces précieuses tirades de moralité, pour parler affaires.

— De tout mon cœur, répliqua Squeers, et d'abord que je vous dise...

— Que je dise d'abord moi-même, s'il vous plaît, ce que j'ai à dire... Noggs ! »

Newman se laissa appeler deux ou trois fois avant de se présenter.

« Est-ce que monsieur m'appelle ? dit-il.

— Oui. Allez dîner, et dépêchons... M'entendez-vous ?

— Il n'est pas l'heure, dit Newman d'un air mécontent.

— C'est mon heure, ce doit être la vôtre : ne vous le faites pas dire deux fois.

— Vous changez d'heure tous les jours ; ce n'est pas juste.

— Comme vous n'avez pas beaucoup de cuisinières, vous n'aurez pas beaucoup d'excuses à leur faire de les déranger. Allons ! partez, monsieur. »

Non seulement Ralph lui intima cet ordre de son air le plus impérieux ; mais, sous prétexte d'aller chercher quelques papiers dans le cabinet de Newman, il s'assura de son départ, et alla derrière lui barrer la porte, pour l'empêcher de rentrer en secret, à l'aide de son passe-partout.

« J'ai des raisons de soupçonner le drôle, dit Ralph en rentrant dans son bureau. Aussi, jusqu'à ce que j'aie avisé au moyen le plus expéditif et le plus commode de consommer sa ruine, je veux toujours le tenir à distance.

— Si vous vouliez consommer sa ruine, dit Squeers, je crois que vous n'auriez pas grand mal. » Et il se mit à ricaner.

« Peut-être que non. Pas plus que pour bien d'autres gens que je connais. Vous disiez donc que... ? »

L'air dégagé dont Ralph avait parlé de ruiner son homme et la réflexion qu'il y avait ajoutée, par forme d'insinuation, n'avait pas manqué son but. M. Squeers, embarrassé, dit avec un peu d'hésitation et d'un ton plus soumis :

« Mais, ce que je voulais vous dire, monsieur, c'est que l'affaire relative à ce fils ingrat et dénaturé de M. Snawley me crée bien des ennuis et des désagréments, sans compter que cela me prend un temps considérable, pendant lequel je suis obligé de laisser des semaines entières Mme Squeers dans le veuvage. C'est un plaisir pour moi de traiter avec vous, sans aucun doute...

— Sans aucun doute, répéta Ralph sèchement.

— Oui, c'est ce que je disais, reprit M. Squeers en se frottant les genoux ; mais, en même temps, quand il faut venir, comme moi, de plus de vingt-quatre lieues pour une assignation, ce n'est pas amusant, sans compter les risques que l'on court.

— Quels risques ?

— Je dis : sans compter les risques, répondit Squeers d'une manière évasive.

— Et moi, je vous répète : quels risques ? répliqua Ralph avec hauteur.

— Quels risques ? reprit Squeers en se frottant les genoux encore plus fort... Mais il n'est pas nécessaire d'insister là-dessus, il y a des choses dont il vaut mieux ne plus parler. Oh ! vous savez bien vous-même les risques que je veux dire.

— Combien de fois vous ai-je dit, combien de fois faut-il vous redire que vous ne courez aucun risque ? Qu'est-ce que vous avez affirmé par serment en justice, ou qu'est-ce que vous avez encore à affirmer par serment? qu'à telle époque on vous a amené un pensionnaire du nom de Smike; qu'il est resté chez vous un certain nombre d'années; que vous l'avez perdu dans telles et telles circonstances; que vous l'avez retrouvé; que vous avez telle et telle preuve pour constater son identité. Tout cela, c'est la vérité, n'est-ce pas?

— Oui, répliqua Squeers, tout cela est bien la vérité.

— Eh bien, alors, où sont donc les risques à courir? S'il y a quelqu'un qui prête un faux serment, ce n'est pas vous, c'est Snawley, et je le paye moins cher que vous.

— Il est sûr qu'il vous a pris bon marché, Snawley, remarqua Squeers.

— Bon marché! continua Ralph avec humeur. A la bonne heure, mais cela ne l'empêche pas de s'en acquitter consciencieusement; quelle figure hypocrite dans ses dépositions! quel air de petit saint! au lieu que vous... des risques! je ne sais pas ce que vous voulez dire. Les certificats sont authentiques : comme quoi Snawley a eu un autre fils; comme quoi il a été marié deux fois; comme quoi sa première femme est morte, et, à moins qu'elle ne revienne elle-même pour dire que ce n'est pas elle qui a écrit la lettre, je ne connais que Snawley qui puisse dire que Smike n'est pas son fils, et que son vrai fils est, depuis longtemps, mangé aux vers. S'il y a un parjure, c'est Snawley qui le risque, et j'imagine qu'il n'en est pas à son début. Quels sont donc les risques que vous courez?

— Dame! répondit Squeers en s'agitant sur sa chaise, si vous le prenez par là, et vous, où sont les vôtres?

— Où sont les miens? Qu'est-ce que cela fait où sont les miens? Si je ne parais pas dans l'affaire, vous n'y paraissez pas non plus. Snawley lui-même, après tout, n'a qu'une chose à faire, c'est de ne pas se démentir dans le conte qu'il a forgé : et le seul risque qu'il ait à courir, c'est de se trahir lui-même. Et puis, après cela, venez donc me parler de vos risques dans le complot!

— Oui, des risques, je vous le répète, répondit Squeers contrarié et visiblement mal à son aise. N'allez-vous pas me faire croire maintenant que c'est une faveur pour laquelle je vous dois de la reconnaissance?

— Appelez-le comme vous voudrez, dit Ralph s'échauffant, mais écoutez-moi. Dans l'origine, quand on a fabriqué cette histoire, de quoi s'agissait-il? de vous venger d'un garnement qui vous avait fait du tort dans votre commerce, et qui vous avait presque laissé mort sur la place; c'était de vous mettre à même de rentrer en possession d'un pauvre diable de moribond que vous teniez à recouvrer, parce que, en lui faisant expier sa part de complicité dans l'affaire, vous saviez bien qu'en même temps ce serait pour votre ennemi la plus rude punition à lui infliger que de lui reprendre son protégé. N'est-il pas vrai, monsieur Squeers?

— Mais, monsieur, répliqua Squeers vaincu par les arguments entassés par Ralph pour le mettre dans son tort, et par son ton sévère et inflexible, c'est vrai jusqu'à un certain point.

— Qu'entendez-vous par là?

— Mais jusqu'à un certain point qui veut dire naturellement que ce n'était pas pour moi tout seul, et que vous aviez bien aussi une vieille rancune à satisfaire.

— Si je n'en avais pas eu, dit Ralph sans se déconcerter le moins du monde, vous imaginez-vous que je vous aurais aidé là dedans?

— Oh! je sais bien que non, répliqua Squeers. Je tenais seulement à poser carrément la question, pour qu'il n'y ait pas de malentendu entre nous.

— Cela allait tout seul, reprit Ralph. Mais, par exemple, tout n'est pas égal entre nous : c'est moi qui paye la folle enchère. L'argent que je sacrifie à ma haine, vous, vous l'empochez au profit de la vôtre. Vous êtes au moins aussi avare que vindicatif. Je ne dis pas que je vaille mieux que vous. Mais enfin quel est le mieux partagé, de celui qui peut tirer de la chose argent et vengeance du même coup de filet, et qui, dans tous les cas, s'il n'est pas sûr de sa vengeance, est bien sûr de l'argent qu'il tient, ou de celui qui n'est sûr que d'une chose, d'avoir dépensé son argent d'abord, qu'il puisse ou non se venger après? »

En voyant que M. Squeers en était réduit à ne plus répondre que par un sourire forcé et des haussements d'épaules : « Vous voyez bien, lui dit Ralph, que vous feriez mieux de vous taire et de me remercier de tous ces avantages. » Puis, fixant sur lui un regard assuré, il se mit à lui raconter les derniers événements.

Premièrement, comment Nicolas était venu lui mettre des bâtons dans la roue à propos d'un projet de mariage qu'il avait formé pour certaine demoiselle, et avait profité de la confusion où les avait jetés la mort subite du père pour s'adjuger à lui-même la jeune personne, et l'emmener en triomphe.

Secondement, qu'en vertu d'un contrat ou d'un testament, dans tous les cas d'un acte authentique, au profit de la demoiselle, et qu'on pourrait aisément trier dans les autres papiers, si on pouvait une fois s'insinuer dans l'endroit où il était déposé, elle se trouvait héritière d'un bien considérable, sans le savoir; mais que, si elle avait une fois connaissance du titre, elle en avait assez pour faire de son mari (notez que ce serait Nicolas, sans aucun doute) un homme riche et fortuné, c'est-à-dire un ennemi des plus redoutables.

Troisièmement, que ce titre se trouvait mêlé à d'autres papiers volés à un homme qui les avait lui-même obtenus ou recélés d'une manière frauduleuse, ce qui l'empêchait de se hasarder à faire des poursuites judiciaires, et que lui, Ralph, connaissait la personne qui les avait volés.

M. Squeers prêtait avec avidité l'oreille à ces détails intéressants; il en dévorait chaque syllabe, ouvrant la bouche toute grande, aussi bien que son œil unique, et s'étonnant en lui-même des raisons particulières qui lui valaient l'honneur d'une pareille confidence de la part de Ralph, sans savoir encore où il voulait en venir.

« Maintenant, dit Ralph en se penchant en avant vers son auditeur et en lui plaçant la main sur l'épaule, écoutez bien le plan que j'ai conçu et qu'il faut, quand je l'aurai mûri, mettre à exécution. Il n'y a personne que la jeune fille et son mari qui puissent tirer aucun profit de ce titre, et ils ne peuvent eux-mêmes en tirer aucun avantage que s'ils s'en procurent la possession : c'est un point que j'ai découvert et qui ne souffre pas l'ombre d'un doute. Eh bien, c'est cet acte que je dois avoir entre les mains, et celui qui me l'apportera, je lui donnerai cinquante guinées en beaux louis d'or, et je brûlerai le titre devant lui. »

M. Squeers, après avoir suivi de l'œil le mouvement de Ralph qui étendait la main vers le foyer pour faire le geste d'un homme qui jette le papier au feu, lui dit, avec un gros soupir :

« C'est bien, mais qui est-ce qui vous l'apportera?

— Peut-être personne, car il faudra se donner du mal pour se le procurer, dit Ralph ; mais, s'il y a un homme au monde qui en soit capable, c'est vous ! »

L'air consterné que Squeers prit tout d'abord à cette ouverture et son refus tout net de la commission auraient ébranlé bien des gens, peut-être même fait renoncer immédiatement tout autre à son dessein; mais Ralph n'eut pas même l'air de s'en apercevoir. Il laissa le maître de pension jaser là-dessus à perte d'haleine, puis ensuite il reprit, avec le même sang-froid que s'il n'avait pas été seulement interrompu, le cours de ses propositions, avec tous les développements propres à les faire valoir, en insistant sur les points qui devaient le plus toucher son interlocuteur.

C'était l'âge, la décrépitude, la faiblesse de Mme Sliderskew, le peu d'apparence qu'elle eût aucun complice, peut-être même aucune connaissance, vu ses habitudes sédentaires et son long séjour dans une maison aussi solitaire que celle de Gride. Raison de plus pour supposer que le vol commis par elle n'était pas la conséquence d'un plan concerté d'avance ; autrement, elle aurait mieux aimé épier une occasion de voler une bonne somme d'argent. L'embarras où elle ne pourrait manquer de se trouver quand elle viendrait à réfléchir à ce qu'elle avait fait, et qu'elle se verrait encombrée de documents dont elle ignorait complètement la valeur. La facilité relative qu'aurait une personne bien au fait de sa position, une fois insinuée chez elle et mettant ses inquiétudes à profit, à se glisser dans sa confiance et à obtenir d'elle, sous un prétexte ou sous un autre, la remise volontaire du titre désiré. De plus, la résidence habituelle et constante de M. Squeers dans un pays si éloigné de Londres faisait de son association passagère avec Mme Sliderskew une vraie farce de carnaval, une mascarade dans laquelle il était impossible qu'on vînt à le reconnaître, ni sur le moment ni plus tard. L'impossibilité pour Ralph de s'en charger lui-même, parce qu'elle le connaissait déjà de vue. Tout cela entremêlé de différents commentaires sur le tact exquis et la haute expérience de M. Squeers, de sorte que ce serait pour lui un pur amusement, un jeu d'enfant, que de mettre dedans une vieille bonne femme comme elle. Ralph ne s'en tint pas là : ajouta à ces moyens de persuasion habiles une vive peinture de la honteuse défaite de Nicolas, s'ils pouvaient réussir à lui faire épouser une mendiante au lieu d'une héritière en espérance. Il dit un mot en passant de l'avantage immense qu'il y avait pour un homme dans la situation de Squeers à se faire un ami comme lui; il rappela en détail tous les services qu'il lui avait déjà rendus depuis qu'ils s'étaient connus pour la première fois, et en particulier le bon témoignage qu'il avait porté en sa faveur dans une affaire où on imputait à ses mauvais traitements la mort d'un enfant maladif décédé dans sa pension. Il est vrai que cette mort heureuse faisait l'affaire de Ralph et de ses clients, mais il se garda bien de lui faire connaître cette particularité. Enfin, il fit entendre qu'il pourrait porter jusqu'à dix-huit cents francs, qui sait? peut-être même jusqu'à deux mille cinq cents, en cas de succès plein et entier, la somme de douze cents francs qu'il avait promise d'abord.

Après avoir bien et dûment entendu tout du long cette kyrielle d'arguments, M. Squeers se croisa les jambes, les décroisa, se gratta la tête, se frotta l'œil, examina la paume de sa main, se rongea les ongles, avec bien d'autres signes d'embarras et d'indécision, et demanda « si les deux mille cinq cents francs en question étaient bien le dernier mot de M. Nickleby ».

Voyant M. Nickleby déterminé à ne pas dépasser ce chiffre, il se mit encore à s'agiter, à réfléchir, hasarda avec aussi peu de succès la même question, à savoir s'il n'irait pas bien jusqu'à trois mille francs, et finit par déclarer qu'il fallait bien faire quelque chose pour un ami, que c'était dans ses principes, et que par conséquent il se chargeait de l'affaire.

« Oui, mais, dit-il, comment arriver jusqu'à la bonne femme? voilà ce qui m'embarrasse.

— Je n'en sais trop rien, répliqua Ralph, mais je vais essayer. J'ai déjà déterré plus d'une fois dans la ville des gens capables de se cacher mieux qu'elle. Je connais des endroits où, avec une guinée ou deux, bien placées, on peut résoudre des problèmes plus difficiles, et compter sur la discrétion par-dessus le marché. Mais j'entends sonner mon clerc à la porte. Il est temps de nous séparer. Pour éviter les allées et venues, vous ferez bien d'attendre chez vous que je vous donne des nouvelles.

— Bon! reprit Squeers; à propos, si vous ne réussissez pas à la trouver, vous payerez mes frais à l'auberge et vous me donnerez quelque chose pour indemniser le temps perdu?

— A la bonne heure, dit Ralph en rechignant; je veux bien. Vous n'avez plus rien à me dire? » Squeers secoua la tête et prit le chemin de la porte, où Ralph l'accompagna, s'étonnant tout haut, pour être entendu de Newman, de trouver la porte barrée comme si on était en pleine nuit, fit entrer Noggs, sortir Squeers, et revint dans son cabinet.

« A présent, murmura-t-il entre ses dents, quoi qu'il arrive, me voilà ferme et assuré. Que je puisse me donner seulement cette petite réparation de la perte que je viens de faire et de l'échec que je viens de subir; que je sois seulement assez heureux pour lui ravir cette espérance qui doit lui être si chère : je ne demande que cela pour le moment. Ce sera le premier anneau d'une chaîne dont je vais l'enlacer, et que je veux lui forger de main de maître. »

CHAPITRE LVII

Comment l'auxiliaire de Ralph se mit à l'œuvre et comment il réussit.

C'était par une soirée triste, sombre, humide, une soirée d'automne. Dans une chambre au dernier étage d'une méchante baraque, située au fond d'une rue obscure, ou plutôt d'une cour près de Lambeth, était assis, tout seul, un borgne étrangement accoutré. Son habillement grotesque cachait-il un travestissement ou dénotait-il sa misère? Quoi qu'il en soit, il était enveloppé d'une large redingote, dont les bras étaient bien deux fois aussi longs que les siens, et dont l'ampleur de haut en bas aurait suffi largement pour l'ensevelir tout entier de la tête aux pieds, sans qu'on eût besoin de tirer la vieille étoffe crasseuse dont elle était faite.

Sous ce déguisement, et dans un quartier si éloigné de ses habitudes et de ses occupations, si pauvre et si peu respectable, l'œil de Mme Squeers elle-même aurait eu peine à reconnaître son seigneur et maître, quelque pénétrante que l'on suppose la sagacité de cette tendre épouse, illuminée par ses sentiments d'affection conjugale. C'était pourtant bien le seigneur et maître de Mme Squeers. Il avait l'air d'assez mauvaise humeur, son seigneur et maître, quoiqu'il puisât quelque consolation dans une bouteille placée devant lui sur la table ; il jetait autour de la chambre un regard où se peignaient, avec un profond dégoût pour les objets dont il était entouré, le souvenir et le regret impatient de quelques lieux éloignés et de quelques personnes absentes.

Le fait est qu'il n'y avait pas grand agrément ni dans la chambre sur laquelle errait la vue de M. Squeers avec si peu de plaisir, ni dans la ruelle étroite dont il eût eu la perspective, s'il avait tenté de s'approcher de la fenêtre. La mansarde qu'il occupait était nue et laide. Le lit et les quelques meubles de première nécessité qu'elle renfermait étaient des plus vulgaires, dans un état caduc, et d'une apparence moins que séduisante. La ruelle était sale, boueuse et déserte. Comme elle n'avait qu'une issue, elle n'était guère traversée que par ses rares habitants, et, comme la soirée n'était pas engageante pour sortir, on n'y voyait d'autres signes de vie que la chétive lueur de quelques chandelles fumeuses derrière les vitres noircies; on n'y entendait que le clapotage de la pluie, ou de

« Voyez-vous cela ? c'est une bouteille. » (P. 435.)

temps en temps le lourd battement de quelque porte qui craquait en se fermant.

M. Squeers continuait de promener autour de lui son regard mélancolique et d'écouter en silence ces bruits monotones, variés seulement par le frôlement de sa grande redingote, quand il en tirait de temps à autre son bras pour l'allonger vers la bouteille et la porter à ses lèvres. M. Squeers ne fit pas autre chose pendant assez longtemps, jusqu'à ce que le redoublement des ténèbres l'avertit qu'il était temps de moucher sa chandelle. Un peu réveillé par cet exercice, il leva les yeux vers le plafond, et les fixant sur des figures bizarres et fantastiques qu'y avaient dessinées la pluie et l'humidité pénétrant à travers la toiture, il s'adressa à lui-même le monologue que voici :

« C'est bon ! voilà qui est joli ! très joli, ma foi ! Voilà combien de semaines ? six au moins, que je suis ici pour chasser cette méchante vieille, petite... voleuse (M. Squeers eut du mal à se décider à lâcher cette épithète) et, pendant ce temps-là, Dotheboys Hall va à la diable. Voilà ce que c'est que de se faire attraper par ce rusé matois de Nickleby. Vous ne savez jamais où vous en êtes avec lui, et, si vous hasardez un sou, il vous fait bientôt perdre un écu. »

Cet apophtegme financier rappela naturellement à M. Squeers qu'il s'agissait pour lui d'un millier d'écus. Pensée divertissante qui détendit les plis de son front et lui fit lever le coude pour déguster la bouteille d'un air plus enchanté que jamais.

Le monologue reprend : « Je n'ai pas encore vu ni connu de scie tranchante ni de lime patiente comme ce Nickleby. Il est impossible de s'en faire une idée. C'est une vraie lime sourde, ce Nickleby. Il fallait le voir tourner, virer, trotter, creuser jour par jour son sillon, sa sape ou sa mine, pour aboutir au repaire qui cachait cette précieuse Mme Peg Sliderskew et me préparer le chemin. Comme il rampait, comme il glissait, comme il s'insinuait, le vieil aspic aux traits hideux, à l'œil vitreux, au sang de glace ! Ah ! voilà un homme qui aurait fait florès dans notre partie ; mais, bah ! c'était pour lui un trop petit théâtre. Son génie aurait éclaté comme une bombe dans cette étroite prison, et, en dépit de tous les obstacles, il aurait tout brisé sur ses pas, jusqu'à ce qu'il se fût élevé à lui-même un monument de... allons, c'est bon! gardons le reste pour une meilleure occasion. »

L'éloquence de M. Squeers fit ici une halte; nouvelle accolade à la bouteille, après quoi il tira de sa poche une lettre graisseuse dont il se mit à lire par cœur le contenu comme un homme qui l'a déjà étudiée bien des fois, et qui ne veut que s'en rafraîchir la mémoire, à défaut d'autre amusement plus agréable.

« *Les cochons se porte bien*, lut M. Squeers. *Les vaches se porte bien, et les pensionnaires boulotte. Le jeune Sprouter cligne de l'œil.* Vraiment? Je vais le faire cligner, moi, à mon retour. *Cobbey continue de renifler en mangeant à dîner, et répond que le bouilli est si dur que ça le fait renifler.* C'est parfait, Cobbey, je vous ferai bien renifler sans bouilli. *Pitcher a encore eu une fièvre typhoïde.* Voyez-vous ça? *Ses parents sont venus le retirer, et il est mort chez eux le lendemain.* Je suis sûr que c'était pour me faire enrager : toujours le même système. Il fallait que ce fût ce gamin-là pour mourir justement à l'expiration du trimestre et m'emporter tout mon profit : c'est pousser la rancune bien loin. *Palmer cadet a dit qu'il voudrait être au ciel.* Ma parole d'honneur, je ne sais que faire de ce garnement, il a toujours comme cela des idées épouvantables. Une autre fois, n'a-t-il pas été jusqu'à dire qu'il voudrait bien être un âne, parce qu'au moins il n'aurait pas un père qui ne l'aime pas. Comprend-on une pareille horreur de la part d'un enfant de six ans? »

M. Squeers fut tellement ému de voir cet exemple de dureté de cœur dans un enfant d'un âge encore si tendre, que, dans sa colère, il laissa là l'épître de sa dame pour chercher des consolations dans un autre ordre d'idées.

« C'est bien long, six semaines, pour rester à Londres tout ce temps-là, dit-il. Et ne voilà-t-il pas un joli bijou de logement pour y demeurer seulement huit jours! Après cela, deux mille cinq cents francs, cela fait cinq pensionnaires; et encore cinq pensionnaires mettent une année entière à payer deux mille cinq cents francs, sans compter qu'il faut en déduire la nourriture et l'entretien. Et puis le temps que je passe ici ne me cause aucun dommage. La pension court toujours comme si j'étais là, et je peux m'en fier à Mme Squeers pour les bien tenir. Je n'aurai à regagner le temps perdu que pour une misère, un petit arriéré de coups de verges à liquider pour me mettre au courant; mais il ne me faut pas plus de deux jours pour acquitter mes dettes, et d'ailleurs deux mille cinq cents francs valent bien un petit surcroît de besogne. Mais voici bientôt le moment d'aller trouver la bonne femme. D'après ce qu'elle m'a dit hier au soir, j'ai lieu de croire que c'est aujourd'hui que nous allons terminer, ou jamais. Commençons par prendre encore un petit verre pour porter une santé à mon succès et me mettre de belle humeur. Madame Squeers, ma bien-aimée, à votre santé! »

Et, de son œil unique, il salua, selon l'usage, la dame qui était sensée lui faire raison de sa santé comme si elle eût été là. Dans son enthousiasme sans doute, il s'oublia jusqu'à se verser une rasade à pleins bords et la vider d'un trait. Or, comme le liquide était un spiritueux actif et qu'il n'avait pas épargné ses visites à la bouteille, il n'est pas surprenant qu'il se trouvât cette fois d'une gaieté parfaite, l'esprit monté à la hauteur de sa mission.

Sa mission ne fut pas longtemps un mystère. En effet, après avoir fait quelques tours dans la chambre pour se dégourdir les jambes, il prit la bouteille sous son bras, le verre à sa main, souffla la chandelle, ce qui annonçait qu'il s'attendait à ne pas revenir tout de suite, se glissa à la dérobée vers l'escalier, grimpa à pas de loup jusqu'à une porte vis-à-vis de sa chambre et il y tapa trois petits coups.

« Qu'ai-je besoin de frapper à la porte, dit-il par réflexion, puisqu'elle n'entend pas? Je ne suppose pas que je la surprenne indiscrètement à faire quelque chose d'extraordinaire, et d'ailleurs, qu'est-ce que cela me fait? »

Sans autre préambule, M. Squeers poussa le loquet, et, passant la tête dans un grenier bien autrement déplorable que celui qu'il venait de quitter, s'assura qu'il n'y avait personne que la vieille, qui se chauffait à un feu misérable (car si l'on était encore en automne, le temps était froid comme en hiver), entra et lui donna une petite tape sur l'épaule.

« Eh bien, ma Slider? dit M. Squeers d'un ton jovial.

— Est-ce vous? demanda Peg.

— Certainement que c'est moi. *Moi*, première personne du singulier nominatif, s'accordant avec le verbe *c'est*, et gouverné par *Squeers*, sous-entendu, comme *le cheval, la rose.* Exception : quand l'*h* est aspirée, *le, la* perdent la voyelle finale, comme, dans *l'hâne, l'hamour,* » répondit M. Squeers, citant au hasard des bribes de grammaire.

Puis abaissant la voix à son ton ordinaire, pour n'être pas entendu de Marguerite :

« Dans tous les cas, c'est moi ou ce n'est pas moi, vieille sorcière, tu n'en es pas plus avancée. »

En même temps il prit un tabouret, le mit auprès du feu et s'assit dessus en face d'elle, plaça le verre sur le carreau, la bouteille au milieu, et se mit à recommencer d'une voix de stentor :

« Eh bien, ma Slider ?

— Ah ! à la bonne heure ! je vous entends, vous, dit Peg de l'air le plus gracieux.

— Vous voyez, je ne vous ai pas manqué de parole.

— C'est ce qu'on disait dans mon pays, répondit Peg avec assurance ; mais moi, je trouve l'huile meilleure.

— Meilleure que quoi ? dit Squeers d'une voix à faire trembler les murailles, en ajoutant à voix basse un petit supplément de compliments.

— Non, dit Peg, certainement non.

— Jamais je n'ai vu de monstre pareil, marmotta Squeers de l'air le plus aimable du monde, pendant que Peg, l'œil fixé sur ses traits, riait à gorge déployée, comme une femme enchantée de l'à-propos de ses réponses. Voyez-vous cela ? C'est une bouteille.

— Je vois bien.

— Et voyez-vous ceci ? C'est un verre. »

Peg ne s'y trompa pas non plus.

« Regardez bien, reprit Squeers en accompagnant ses remarques de gestes démonstratifs : je remplis le verre avec la bouteille ; je vous dis : A votre santé ! et je le vide. Après cela, j'y passe gentiment une petite goutte pour le rincer, je la jette à regret dans le feu... Là, nous allons mettre le feu à la cheminée... Je le remplis de nouveau et je vous le passe.

— A la vôtre, dit Peg.

— Elle entend cela, c'est déjà quelque chose, murmura Squeers, en admirant avec quelle vivacité Mme Sliderskew vous sablait son verre de brandy, au risque d'étouffer après dans ses affreux hoquets. Voyons ! à présent, causons un peu. Comment va le rhumatisme ? »

Mme Sliderskew, avec force œillades, force sourires, force regards expressifs, qui tous également trahissaient son goût vif pour M. Squeers, sa personne, ses manières, sa conversation, lui répondit que son rhumatisme allait mieux.

Devenu de plus en plus facétieux, grâce à la bouteille, M. Squeers continua ses plaisanteries :

« Et d'où viennent les rhumatismes ? Qu'est-ce que cela veut dire ? Pourquoi a-t-on des rhumatismes ? Hein ? »

Mme Sliderskew répondit, en femme d'esprit, qu'elle ne le savait pas, mais que c'était peut-être parce qu'on ne pouvait pas s'en empêcher.

« La rougeole, les rhumatismes, la coqueluche, la toux, la fièvre, le lumbago, répliqua-t-il, tout cela c'est de la philosophie, rien autre chose. Les corps terrestres, philosophie. S'il y a un clou qui loche dans quelque corps céleste, c'est de la philosophie. S'il y a un clou qui loche dans un corps terrestre, toujours de la philosophie. Ou bien il peut se faire quelquefois qu'il y ait un peu de métaphysique, mais ce n'est pas commun. La philosophie est mon talisman, ma selle à tous chevaux. Qu'un parent me fasse une question sur quelque matière classique, commerciale ou mathématique : « Monsieur, lui dis-je gravement, permettez-moi d'abord de vous demander si vous êtes philosophe. — Non, monsieur Squeers, dit-il, je ne le suis pas. — En ce cas, monsieur, j'en suis bien fâché, mais je ne pourrais pas vous expliquer cela. Naturellement le bon parent s'en va avec le regret de n'être point philosophe, et la conviction, comme de juste, que je le suis. »

Tout cela était débité avec un air de profondeur avinée et de gravité comique. M. Squeers tenait son œil braqué sur Mme Sliderskew, qui n'avait garde d'entendre un mot. Il termina ses réflexions en se servant à la bouteille, et la passa à Marguerite, qui fit honneur à cette politesse.

« Voilà le moment de mettre le feu aux poudres, se dit M. Squeers. Savez-vous, ma Slider, que vous êtes rajeunie de vingt ans ? »

Le compliment ne fut pas désagréable à Mme Sliderskew, qui en rit de bon cœur, sans que sa modestie lui permît cependant d'y donner un assentiment verbal.

« Je dis vingt ans de moins que la première fois que je vins me présenter chez vous, vous rappelez-vous ?

— Je crois bien : vous m'avez fait assez grand' peur.

— Vraiment ? dit Squeers. En effet, c'est assez drôle de voir un étranger s'introduire chez soi sans autre recommandation que de vous dire qu'il sait vos affaires, votre nom, pourquoi vous vivez si retirée, ce que vous avez chipé, à qui vous l'avez chipé, n'est-ce pas ? »

Peg reconnut la vérité de cette réflexion par un signe de tête bien prononcé.

« C'est que, voyez-vous, moi, je suis au courant de tout ce qui se fait dans ce genre-là, continua Squeers. Il ne se passe rien comme cela que je n'y sois pour quelque chose. Je suis une espèce d'homme de loi de première qualité, et connu pour mon habileté. Je suis l'ami intime et le conseiller de confiance de presque tous les hommes, les femmes, les enfants qui se trouvent dans l'embarras pour avoir eu les doigts trop agiles. »

M. Squeers allait défiler le chapelet de tous ses talents et de ses mérites variés, car c'était concerté entre lui et Ralph Nickleby, et d'ailleurs il puisait dans la bouteille un flot d'éloquence intarissable, lorsque Mme Sliderskew l'interrompit pour lui crier à tue-tête, en se croisant les bras et en remuant la tête comme une pagode :

« Ha! ha! ha! Il ne s'est donc pas seulement marié, ah! il n'est pas marié?

— Non, répliqua Squeers, je peux vous en répondre.

— Et il est survenu un jeune godelureau qui lui a enlevé sa femme à son nez et à sa barbe!

— Comme vous dites, et ce n'est pas là tout. On m'a assuré qu'il l'a rossé comme il faut, qu'il a cassé les vitres, et lui a fait avaler ses rubans de marié, jusqu'à l'étrangler.

— Contez-moi donc encore tout ça, cria Marguerite, dont la malice prenait un singulier plaisir à se faire répéter toujours la déconvenue de son ancien bourgeois, et dont les yeux pétillaient d'une joie qui ne faisait qu'ajouter à sa laideur hideuse; je veux encore en entendre les détails, en commençant par le commencement, comme si vous ne m'aviez jamais rien dit. N'oubliez pas un mot, et ceci, et cela, tout, en recommençant au moment même où il est allé le matin à la maison de sa belle. »

M. Squeers, tout en gratifiant fréquemment Mme Sliderskew de la liqueur enchanteresse dont il prenait lui-même abondamment sa part pour soutenir les efforts de sa voix, eut la complaisance de lui décrire, par le menu, la déconfiture d'Arthur Gride, avec tous les enjolivements que lui suggéra en passant son imagination inventive, dont la fertilité avait séduit tout d'abord la vieille, dès leur première entrevue. Mme Sliderskew, en l'écoutant, était dans l'extase du bonheur, elle roulait sa tête dans tous les sens, elle levait ses épaules décharnées, elle ridait sa face cadavéreuse, avec des variations d'abominable laideur si multiples et si compliquées, que M. Squeers lui-même ne pouvait pas revenir de son étonnement, égal à son dégoût.

« Ah! le vieux bouc! le vieux traître! disait-elle. M'a-t-il flouée avec ses fourberies et ses promesses trompeuses; mais c'est égal, il a trouvé à qui parler, je suis femme à lui rendre la monnaie de sa pièce.

— Mieux que ça, Slider, reprit Squeers; vous auriez pu être quittes, s'il s'était marié; mais avec son désappointement par-dessus le marché, c'est vous qui avez du retour, et fièrement. A propos, cela me rappelle, ajouta-t-il en lui passant le verre, que, si vous désirez avoir mon opinion sur ces actes, pour savoir ce que vous ferez bien de garder, et ce que vous ferez bien de jeter au feu, voilà le moment, Slider.

— Oh! il n'y a pas de presse, dit Peg, en clignant de l'œil d'un air malin.

— Ah! très bien! moi, je n'y tiens pas. Ce que j'en disais, c'est que vous me l'aviez demandé, vous savez. Vous pensez bien que je ne vous réclamerai pas un sou pour cela, entre amis. Mais, comme de raison, vous savez mieux que personne ce que vous avez à faire. Seulement il faut que vous ayez un fameux toupet, voilà tout.

— Comment, un toupet? dit Marguerite.

— Dame! je veux dire que, si c'était moi, je n'oserais pas garder des papiers qui peuvent me faire pendre; je ne les laisserais pas traîner là, quand je pourrais en faire de l'argent : ceux qui ne pourraient me servir de rien, je m'en déferais; les autres, je les serrerais en sûreté quelque part, voilà tout. Mais, après cela, chacun sait mieux que personne ce qu'il veut faire. Tout ce que je voulais dire, c'est que moi, je ne ferais pas comme ça.

— Allons! tenez! dit Marguerite, il faut que vous les regardiez.

— Moi! je n'ai pas besoin d'y regarder, répliqua Squeers affectant d'être contrarié. Vous avez l'air de me faire une grâce. Vous n'avez qu'à les montrer à quelque autre et à lui demander son avis. »

M. Squeers aurait peut-être continué plus longtemps la farce, si Mme Sliderskew, dans son empressement à rentrer dans l'honneur de ses bonnes grâces, ne s'était pas mise à lui témoigner une affection si inquiétante qu'il eut peur un moment de se voir étouffé par ses caresses. Il se hâta de réprimer, de la meilleure grâce possible, ces petites familiarités qu'il est juste d'imputer plutôt à la bouteille qu'à un écart de tempérament de Mme Sliderskew, et protesta qu'il avait voulu plaisanter. Pour lui prouver qu'il était toujours disposé à lui rendre service, il se déclara prêt à examiner les actes à l'instant même, si c'était le moyen de donner satisfaction et consolation aux inquiétudes de sa belle amie.

« Puisque vous voilà levée, ma Slider, brailla Squeers, mettez donc le verrou à la porte, pour que nous ne soyons pas dérangés. »

Peg se mit à trotter vers la porte, poussa le verrou, se traîna au bout de la chambre, et tira de derrière le charbon de terre qui remplissait le bas de son buffet une petite boîte de bois blanc. Elle la mit sur le carreau, aux pieds de Squeers, alla chercher sous son oreiller une petite clef avec laquelle elle lui fit signe d'ouvrir la caisse. M. Squeers, qui n'avait pas perdu un seul de ses mouvements, s'empressa de le faire, et, relevant le couvercle, plongea ses yeux ravis sur les documents dont elle était pleine.

« A présent vous voyez, dit Peg en se mettant à genoux sur le carreau près de lui, et en arrêtant un moment la main impatiente du prétendu homme de loi, tout ce qui ne peut pas servir, nous allons le jeter au feu; tout ce qui peut nous rapporter de l'argent, nous le garderons. Et s'il y a quelques papiers qui puissent nous aider à le mettre en peine, à lui torturer le cœur, à le mettre en lambeaux, ceux-là nous les trierons avec un soin particulier. Car c'est là ce que je veux, c'est là ce que j'ai espéré faire quand je lui ai faussé compagnie.

— Je savais bien, dit Squeers, que vous ne l'aimiez pas autrement; mais je m'étonne que vous ne lui ayez pas emporté de l'argent, pendant que vous y étiez.

— Emporté quoi?

— De l'argent, hurla Squeers... Ma parole, je crois qu'elle m'entend bien, mais qu'elle a juré de me rompre un vaisseau dans la poitrine, pour avoir le plaisir de me soigner après comme garde-malade... De l'argent, Slider, de l'argent!

— La belle question! cria Peg avec un air de mépris. Si j'avais pris de l'argent à Arthur Gride, il aurait remué ciel et terre pour me trouver; il aurait flairé son cher argent, il l'aurait déterré au bout du monde. Non, non, pas si bête! Je lui ai pris ses secrets, et je savais bien qu'il ne voudrait pas les rendre publics, quand ils vaudraient leur pesant d'or. C'est un vieux renard, un vieux roué, un vieux sans-cœur; il a commencé par me laisser mourir de faim et fini par m'attraper; aussi, si je le pouvais, je le tuerais sans pitié, comme un chien.

— Très bien! bravo! dit Squeers. Mais, d'abord et d'un, Slider, jetez la boîte au feu, il ne faut jamais garder des choses qui puissent vous compromettre... retenez bien ce point-ci. Pendant que vous allez la mettre en morceaux, ce qui ne vous sera pas difficile, car elle est vieille et pourrie, pour la faire brûler en détail, moi, je vais faire l'inventaire des papiers, pour vous dire ce que c'est. »

Peg ayant accepté cet arrangement, M. Squeers retourna la boîte sens dessus dessous, en renversa le contenu sur le carreau et la lui passa. Il comptait que la destruction de la boîte occuperait toute l'attention de la vieille et lui permettrait de dissimuler la soustraction de quelque pièce à sa convenance.

« Là! dit Squeers, vous poussez les morceaux avec les pincettes entre les barreaux de la grille, vous les faites flamber, et moi, pendant ce temps-là, je vais lire. Voyons! » En parlant ainsi, il posa vivement à terre la chandelle auprès de lui avec une grimace satanique, et procéda à l'examen.

Si la bonne femme n'avait pas été sourde comme un pot, elle n'aurait pas manqué d'entendre, quand elle était allée à la porte, la respiration haletante de deux personnes cachées derrière; et, à moins d'être bien renseignées sur son infirmité, ces deux personnes n'auraient rien eu alors de plus pressé que d'entrer sur-le-champ ou de détaler au plus vite. Mais, comme elles savaient à qui elles avaient affaire, elles restèrent coites à la porte, sans qu'on s'en aperçût; puis, trouvant que le verrou n'était pas fermé, parce qu'il n'avait pas de gâche, elles entrèrent avec précaution et s'avancèrent à pas de loup dans la chambre.

Pendant qu'elles se glissaient petit à petit sur la pointe du pied, en retenant leur respiration, Squeers et la vieille sorcière, qui ne s'attendaient pas qu'ils eussent quelqu'un sur leurs talons, s'occupaient tranquillement de leur petite affaire : la vieille, tournant sa face ridée tout près des barreaux de la grille dans l'âtre, et gonflant ses joues pour souffler dans les cendres et faire prendre le feu; Squeers se baissant pour lire à la chandelle, qui mettait en relief toute son horrible figure, comme la lueur du feu faisait valoir celle de sa compagne; tous deux, absorbés dans leur emploi, et rayonnant d'une joie qui contrastait singulièrement avec l'air d'anxiété des nouveaux venus, qui profitaient par derrière du plus léger bruit fait par les autres pour avancer un pas, et s'arrêtaient tout court quand le bruit avait cessé; ajoutez à cela la grande chambre nue et sombre, les murs humides, la lueur douteuse et vacillante de la chandelle, et vous aurez une scène capable d'intéresser le spectateur le plus froid et le plus indifférent, une scène à rester longtemps gravée dans la mémoire.

Ces visiteurs clandestins, c'étaient M. Franck Cheeryble d'une part, et Newman Noggs de l'autre. Newman avait empoigné par son bout rouillé un vieux soufflet et lui faisait décrire au-dessus de sa tête une courbe élégante, avant de le faire descendre sur celle de Squeers, lorsque Franck lui arrêta le bras d'un geste sévère, et, faisant un pas de plus en avant, s'approcha si près derrière le maître de pension; qu'en se penchant un peu par-dessus son épaule il pouvait lire avec lui les pièces qu'il tenait à la main.

M. Squeers, qui n'était pas autrement érudit, parut terriblement embarrassé de comprendre sa première prise, un acte écrit en gros, et qui n'en était pas plus lisible, à moins d'avoir un œil exercé. Il essaya de le lire d'abord de gauche à droite, puis de droite à gauche, toujours avec le même succès, puis à l'envers, sans en être plus avancé.

« Ha! ha! ha! dit en riant Marguerite, à genoux devant le feu qu'elle nourrissait des débris de la cassette, et faisant, dans l'ivresse de sa joie, des grimaces de possédée. Qu'est-ce qu'il y a donc d'écrit là? hein?

— Rien de particulier, répliqua Squeers en lui poussant du pied le grimoire. Ce n'est qu'un vieux bail, à ce que je peux croire. Jetez-le au feu. »

Mme Sliderskew fit comme il avait dit, en demandant ce que signifiait le second.

« Celui-ci? dit Squeers; c'est une liasse de reconnaissances et de billets à échéance renouvelés par six ou huit gentlemen. Mais comme ce sont tous des M. P.[1], cela n'est bon à rien. Jetez-les aussi au feu. »

Même obéissance de Marguerite, même question sur le suivant.

« Celui-ci, dit Squeers, a l'air d'un contrat de vente du droit de présentation à la cure de Purechurch, dans la vallée de Cashup. Soignez celui-là, Slider, au nom du ciel! ne l'égarez pas. Il nous rapportera gros aux prochaines enchères.

— Et l'autre après? demanda Peg.

— Mais, dit Squeers, celui-ci, d'après deux lettres y jointes, m'a l'air d'être l'obligation d'un curé de campagne de donner mille francs sur son traitement, pour en emprunter cinq cents. Soignez aussi celui-là; car, s'il ne paye pas, nous aurons bientôt mis l'évêque à ses trousses. Nous ne sommes pas sans savoir ce que veut dire la parabole du trou d'aiguille et du chameau... Il faut, bon gré, mal gré, qu'un prêtre vive de son revenu, si maigre qu'il soit, s'il veut monter au ciel; il n'y a pas à dire... C'est drôle, mais c'est comme ça.

— Qu'est-ce que vous voyez là? dit Peg.

— Oh! rien, répliqua Squeers; je regardais seulement. »

Newman, le fougueux Newman, levait encore le bras armé du soufflet. Mais Franck, par un geste rapide, le lui retint encore, sans faire de bruit.

« Tenez! dit Squeers, des billets... gardez-moi cela. Une cédule du procureur... cela aussi... Deux garanties; ayez-en soin. Résiliation de bail; au feu... Ah! Madeleine Bray!... *à l'époque de son mariage ou de sa majorité, ladite Madeleine...* Tenez! brûlez-moi ça. »

Mais il se garda bien de le passer à la vieille; il lui substitua un vieux parchemin qu'il tenait exprès d'avance à la main, et, pendant qu'elle avait le dos tourné, il fourra dans la poche de côté de sa grande houppelande le titre dont l'intitulé avait frappé sa vue, et poussa un cri de triomphe.

« Je le tiens! je le tiens! hourra! Le plan était bon, malgré les chances contraires, et nous y voilà enfin! »

Peg demanda ce qu'il avait à rire, mais sans obtenir de réponse. Il fut impossible de retenir plus longtemps le bras de Newman. Le soufflet, descendant de tout son poids sous la main vigoureuse de Noggs sur le crâne de M. Squeers, le renversa sur le carreau, et l'étendit tout de son long, privé de sentiment.

CHAPITRE LVIII

Clôture d'un des épisodes de cette histoire.

Pour adoucir à son malade la fatigue d'un si long voyage, dans l'état d'épuisement où il se trouvait, Nicolas en fit deux journées. A la fin de la seconde, il arriva à quelques kilomètres du lieu où il avait passé les plus belles années de sa vie. Il y retrouvait, avec des pensées douces et paisibles, le souvenir vivant et pénible des circonstances qui l'avaient exilé avec sa famille de leur ancienne résidence, pour aller errer dans la solitude du monde, à la merci des étrangers.

Il n'avait pas besoin de ces réflexions, que la mémoire du passé et le retour vers les scènes de notre jeunesse éveillent d'ordinaire dans les âmes les plus insensibles, pour sentir son cœur s'attendrir et le rendre plus compatissant encore aux souffrances de son ami. Nuit et jour, en tout temps, à toute heure, vigilant, attentif, empressé à accomplir le devoir qu'il s'était imposé de veiller lui-même sur l'être abandonné de tout autre secours, dont le reste de vie s'écoulait rapidement, comme la dernière poussière du sablier, pour disparaître bientôt tout à fait, il était toujours à ses côtés, sans le quitter un instant. Il l'encourageait, il ranimait ses esprits, il épiait ses désirs et ses besoins pour y satisfaire, il le soutenait, il l'égayait de son mieux, il n'avait plus d'autre occupation sans cesse et toujours.

Ils louèrent un appartement modeste dans une

1. M. P., membre du Parlement.

petite ferme entourée de prairies, où Nicolas enfant aimait à s'ébattre avec une troupe de camarades; c'est là qu'ils fixèrent leur lieu de repos.

Dans les premiers temps Smike avait encore la force de faire un tour dans le voisinage de la maison, pas bien loin à la fois, sans autre aide, sans autre soutien que le bras de Nicolas. Rien alors ne paraissait lui inspirer autant d'intérêt que la vue des lieux qui, dans son enfance, avaient été le plus souvent témoins des jeux de son ami. Pour complaire à son goût, et dans l'espérance que son imagination satisfaite tromperait ainsi les tristes heures de son cher malade, en lui procurant l'occasion d'y penser d'abord et d'en parler après, Nicolas choisissait de préférence ce théâtre de ses premiers jeux pour but de leurs excursions journalières. Il le conduisait d'un lieu à l'autre dans une petite carriole, attelée d'un poney, et lui prêtait l'appui de son bras pour visiter à pas lents ses anciennes promenades, que Smike ne quittait jamais au coucher du soleil sans jeter un long regard d'adieu sur celles qui lui paraissaient les plus calmes et les plus belles.

C'était dans ces occasions que Nicolas, cédant presque à son insu à l'influence de ses anciens souvenirs, lui montrait quelque arbre qu'il avait escaladé vingt fois pour aller voir les petits oiseaux dans leur nid, la branche d'où il poussait un cri pour attirer l'attention de la petite Catherine, qui s'arrêtait effrayée de la hauteur où il s'était élevé, tout en l'excitant, sans le savoir, à monter plus haut encore, par son étonnement même. Ou bien, c'était le vieux manoir devant lequel ils passaient tous les jours, levant les yeux vers la petite fenêtre par laquelle le soleil venait darder ses rayons et l'éveiller par une belle matinée d'été (tout alors était pour lui de belles matinées d'été). Ou bien, il grimpait par-dessus le mur du jardin, d'où il pouvait voir encore le même buisson de roses que Catherine avait reçu en cadeau sentimental de quelque petit amoureux de son âge et qu'elle avait planté de ses propres mains. Ou bien encore, il y avait la longue rangée de haies où Nicolas et sa sœur cueillaient brin à brin un bouquet de fleurs sauvages. Ici les pelouses et les chemins ombragés où ils s'étaient si souvent égarés ensemble. Pas un sentier, pas un ruisseau, pas un taillis, pas une chaumière qui ne fût lié à quelque événement enfantin qui lui revenait tout à coup en mémoire comme tous les souvenirs d'enfance. Des riens, un mot peut-être, un rire, un regard, un chagrin passager, une idée rapide, un éclair de frayeur naïve : et pourtant ces riens charmants se détachent plus nets et plus distincts sur le fond de notre mémoire que les épreuves les plus cruelles et les afflictions les plus profondes de l'an passé, dans un autre âge.

Dans une de ces excursions, ils traversèrent un jour le cimetière où était le tombeau de son père. « Ici même, dit Nicolas avec émotion, nous venions souvent nous promener avant de savoir ce que c'est que la mort; nous ne songions guère qu'un jour la terre y recouvrirait des cendres précieuses. Le silence du lieu nous invitait à nous y asseoir pour prendre quelque repos, en causant tout bas. Une fois, Catherine se perdit : après une heure de recherche inutile, on la trouva tranquillement endormie sous cet arbre qui jette son ombre sur la tombe de mon père. Il aimait passionnément sa fille, et, en la relevant dans ses bras, tout endormie, il recommanda qu'au jour de sa mort on l'enterrât à la place où la chère petite avait reposé sa tête. Vous voyez que l'on n'a pas oublié son vœu. »

Smike ne fit pas d'observation sur le moment, mais le soir, comme Nicolas était assis à son chevet, Smike tressaillit tout à coup comme s'il se fût réveillé en sursaut, et, mettant sa main dans celle de son ami, il lui adressa les larmes aux yeux une prière : c'était de lui faire une promesse solennelle.

« Qu'est-ce que c'est? lui dit Nicolas avec douceur; si j'ai le pouvoir, ou seulement l'espérance de la remplir, vous savez bien que ce n'est pas la volonté qui me manquera.

— Je le sais bien, répliqua-t-il. Eh bien, promettez-moi, quand je mourrai, qu'on m'enterrera près, aussi près qu'on y pourra creuser ma fosse, de l'arbre que nous avons vu aujourd'hui. »

Nicolas lui en fit la promesse, en peu de mots, mais graves et solennels. Alors son pauvre ami, gardant toujours sa main dans la sienne, se retourna comme pour dormir; mais il poussa bien des sanglots étouffés, il pressa bien des fois la main qu'il tenait sur son lit avant de lâcher prise insensiblement pour sommeiller enfin.

Au bout d'une quinzaine, il ne pouvait déjà plus continuer à marcher. Une fois ou deux, Nicolas le mena en voiture, le corps soutenu par des oreillers; mais le mouvement de la voiture lui faisait mal et lui donnait des évanouissements, dangereux dans l'état de faiblesse où il était. Il y avait dans la maison un vieux sofa sur lequel il aimait à rester étendu de préférence dans le jour. Quand il faisait du soleil et que le temps était chaud, Nicolas faisait rouler le lit de repos dans le verger qui était devant la porte, il enveloppait bien le malade et l'y transportait doucement pour y passer assis près de lui des heures entières.

Ce fut dans une de ces occasions que se passa une circonstance que Nicolas regarda d'abord comme une pure vision du cerveau malade de Smike, mais dont il ne reconnut que trop tard la triste réalité.

Il avait porté là son ami dans ses bras (le pauvre garçon! Ce n'était pas difficile. Un enfant en aurait fait autant), pour voir le coucher du soleil, et, après l'avoir bien installé sur le sofa, il avait pris une chaise près de lui. Comme il avait passé toute la nuit précédente à veiller à ses côtés, il céda à la double fatigue de l'esprit et du corps, et insensiblement s'assoupit.

Il n'y avait pas cinq minutes qu'il avait fermé l'œil, quand il fut réveillé tout à coup par un grand cri. Il sauta sur sa chaise, dans cet état de frayeur où l'on se trouve en sortant soudainement du sommeil, et, à son grand étonnement, il vit que Smike avait eu la force de se lever sur son séant : les yeux lui sortaient de la tête, une sueur froide lui coulait du front, un tremblement convulsif agitait ses membres, il l'appelait avec terreur à son secours.

« Grand Dieu! qu'y a-t-il? dit Nicolas en se jetant sur lui. Calmez-vous; vous venez donc d'avoir un rêve?

— Non, non, non, cria Smike en s'accrochant après lui; tenez-moi bien : ne me lâchez pas... Là, là, derrière l'arbre. »

Nicolas suivit la direction de ses yeux, à quelque distance derrière la chaise qu'il venait de quitter lui-même; mais il n'y avait rien.

« Ce n'est qu'un jeu de votre imagination, lui dit-il en essayant de lui remettre les sens; ce ne peut être que cela.

— Je ne me suis pas trompé : je l'ai vu tout comme je vous vois. Oh! promettez-moi de me garder avec vous; jurez-moi que vous ne m'abandonnerez pas, pas un instant.

— Moi! vous abandonner! jamais, répondit Nicolas. Recouchez-vous : vous voyez bien que je suis près de vous. A présent, contez-moi cela : qu'est-ce que c'était?

— Vous rappelez-vous, lui dit Smike à voix basse en jetant un coup d'œil d'effroi autour de lui, vous rappelez-vous que je vous ai parlé de l'homme qui m'a emmené dans le temps à la pension?

— Assurément.

— Tout à l'heure, en levant les yeux vers cet arbre, celui-là qui est tout seul avec un gros tronc, eh bien, il était là, debout, les yeux fixés sur moi.

— Voyons! dit Nicolas, réfléchissez un moment. Je suppose, pour un instant, qu'il soit de ce monde et que, par extraordinaire, il vienne errer dans un lieu solitaire comme celui-ci, si loin de la grande route : est-ce que vous croyez qu'après un si long temps vous pourriez le reconnaître?

— Partout, sous quelque déguisement que ce soit, répliqua Smike. Quand je vous dis que tout à l'heure c'était bien lui qui était là, appuyé sur son bâton, à m'examiner, tel que je vous ai dit qu'il était toujours présent à ma mémoire. Il était tout couvert de la poussière du voyage, mal vêtu, ses vêtements en loques, si je ne me trompe. Mais aussitôt que je l'ai vu, le souvenir de la nuit pluvieuse, de sa figure quand il m'a quitté, du petit salon où il m'a laissé, m'est revenu à l'esprit tout ensemble. Quand il a vu que je l'avais aperçu, il a eu l'air d'avoir peur, car il a tressailli et s'est sauvé. Je n'ai jamais passé un jour sans penser à lui, une nuit sans en rêver. Tel que je le voyais dans mon sommeil, quand je n'étais qu'un tout petit enfant, tel que je l'ai vu toujours depuis dans mes rêves, tel je viens de le revoir tout à l'heure. »

Nicolas n'épargna aucun raisonnement, aucun moyen de persuasion en son pouvoir, pour convaincre la frêle créature que ses terreurs étaient imaginaires; que cette ressemblance frappante entre l'objet habituel de ses rêves et la vision qu'il venait d'avoir était elle-même une preuve de plus de son erreur. Mais tous ses efforts furent inutiles. Il finit pourtant par obtenir de lui qu'il le laissât un moment à la garde des gens de la ferme, pour aller s'informer avec soin si on avait vu rôder quelque étranger : il alla regarder lui-même derrière l'arbre, chercha dans le verger, dans la pièce de terre qui y était attenante, dans tous les endroits du voisinage où un homme pouvait se cacher. Il n'apprit rien, ne trouva rien, et revint confirmé dans ses premières conjectures. Alors il s'appliqua à calmer les craintes de Smike, et finit par y réussir en partie, mais sans pouvoir détruire son impression primitive; car il persista toujours à déclarer dans les termes les plus expressifs et les plus solennels qu'il avait vu, positivement vu, l'homme qu'il avait dépeint, et que rien au monde ne pourrait lui donner l'ombre d'un doute à cet égard.

A partir de ce moment, Nicolas vit bien que tout espoir était perdu désormais et que le monde allait se fermer bientôt pour le compagnon de son infortune passée, l'ami de ses jours plus heureux. Peu de souffrances, peu de douleurs, mais pas d'efforts, pas d'élan, pas d'aspiration vers la vie. Il était éteint, usé jusqu'à la dernière fibre; sa voix était devenue si faible, qu'à peine si on entendait ce qu'il voulait dire. La nature n'avait plus de ressources, il n'attendait plus que la mort.

Par un beau jour d'automne, le ciel était pur, tout était calme et tranquille; l'air doux et frais pénétrait par la fenêtre de la chambre silencieuse; on n'entendait d'autre bruit que celui du léger frémissement des feuilles. Nicolas occupait sa place accoutumée, assis au chevet du malade, dont il savait bien que l'heure approchait. C'était une fin paisible, une espèce d'assoupissement immobile. Nicolas se penchait vers lui pour prêter l'oreille à sa respiration presque sans souffle, pour s'assurer si la vie ne l'avait pas abandonné, et s'il n'était pas en proie déjà à ce dernier sommeil dont on ne se réveille plus sur la terre.

Tout à coup il vit les yeux s'ouvrir et la pâle figure s'animer d'un sourire angélique.

« Eh bien, dit-il, cela vous a fait du bien de reposer un peu?

— Je viens d'avoir des rêves si agréables, répondit Smike; des rêves si doux et si heureux!

— Qu'est-ce que vous avez donc rêvé? »

Le pauvre mourant se tourna vers lui, et lui passant son bras autour du cou, lui répondit :

« J'y serai bientôt. »

Il reprit bientôt après :

« Je n'ai pas peur de mourir, au contraire. Je crois que, si je pouvais me relever guéri, je ne le voudrais plus maintenant. Vous m'avez si souvent répété, surtout dans ces derniers temps, que nous nous reverrions un jour, et j'en ai aujourd'hui la conviction si solide, que je suis résigné à tout, même à me séparer de vous. »

La voix tremblante, l'œil humide du malade, et l'étreinte dont il accompagnait ces dernières paroles exprimaient mieux encore tout ce qu'il ressentait dans son cœur, et Nicolas avait peine à cacher lui-même combien le sien était ému.

« C'est bien, mon ami, lui dit enfin celui-ci; vous ne savez pas tout le plaisir que vous me faites. J'aimerais à vous entendre dire que vous vous trouvez heureux, si c'est possible.

— Il faut que je vous dise auparavant quelque chose. Je ne dois pas avoir de secret pour vous. Je sais bien d'ailleurs que, dans un moment comme celui-ci, vous ne m'en voudrez pas.

— Moi, vous en vouloir! s'écria Nicolas.

— Non, je sais bien que cela n'est pas possible. Vous m'avez quelquefois demandé la raison de mon changement d'humeur, pourquoi je restais seul si souvent. Voulez-vous que je vous dise pourquoi?

— Si cela vous coûte à me dire, je n'y tiens pas du tout, dit Nicolas. Quand je vous le demandais, c'était pour essayer de vous rendre plus heureux, si la chose était en mon pouvoir.

— Je le sais : je n'en doutais pas. »

Il attira son ami près de son sein. « Vous me pardonnerez, n'est-ce pas? ce n'était pas ma faute, c'était plus fort que moi; j'aurais volontiers donné ma vie pour elle, mais mon pauvre cœur se brisait quand je voyais... je sais qu'il l'aime tendrement... qui donc pouvait le deviner avant moi? »

Les mots qui suivirent furent prononcés d'une voix faible et défaillante, entrecoupée de longs repos. Mais ils apprirent à Nicolas, pour la première fois, que son ami mourant nourrissait, avec toute l'ardeur d'une nature aimante concentrée sur un seul objet, une passion secrète, un amour sans espoir pour Catherine, sa sœur.

Il avait recueilli une boucle de ses cheveux qu'il avait suspendue sur sa poitrine à quelque bout de ruban qu'elle avait porté. Il adressa à Nicolas une prière : c'était qu'après sa mort il la retirât, pour que d'autres yeux ne pussent la voir, mais qu'au moment où on le déposerait dans sa bière pour le porter en terre, il la replaçât fidèlement autour de son cou, afin qu'elle reposât à jamais avec lui dans le tombeau.

Nicolas le lui promit à genoux; il lui renouvela aussi la promesse qu'il serait enseveli à la place qu'il avait désignée lui-même. Ils s'élancèrent dans les bras l'un de l'autre et se donnèrent un baiser sur la joue.

« Eh bien, oui, à présent, murmura-t-il, je suis heureux. »

Il retomba dans un sommeil léger, s'éveilla encore une fois avec un sourire, parla de beaux jardins qui s'étendaient au loin devant lui, remplis de figures célestes d'hommes, de femmes, surtout d'enfants, tout brillants et lumineux, puis il murmura à voix basse le nom d'Éden, et mourut.

CHAPITRE LIX

La conjuration commence à tourner mal; la crainte du danger qui se montre entre dans l'âme du chef des conjurés.

Ralph était assis tout seul dans la chambre solitaire où il avait coutume de prendre ses repas et de passer la soirée, quand des occupations lucratives ne l'appelaient pas dehors. Devant lui était servi son déjeuner intact. Sa montre était sur la table, où ses doigts battaient la mesure dans un mouvement convulsif. L'aiguille avait depuis longtemps passé l'heure où depuis des années il avait l'habitude de la remettre dans son gousset pour descendre l'escalier d'un pas régulier, pour aller vaquer à ses affaires du jour; mais elle avait beau l'avertir de son tic tac monotone, il n'y faisait pas plus attention qu'aux mets ou au carafon qui l'invitaient à manger et à boire; il restait là, la tête appuyée sur sa main, et les yeux fixés tristement sur le parquet.

Pour se départir ainsi de ses habitudes constantes et invariables, lui qui était la régularité et la ponctualité mêmes dans la pratique régulière des affaires dont la richesse était toujours le but, il fallait bien que l'usurier ne fût pas dans son assiette ordinaire. Il fallait qu'il fût sous l'influence de quelque maladie de l'esprit ou du corps, et qu'elle fût bien sérieuse pour agir sur un homme comme lui. Au reste, on le voyait assez à sa figure égarée, à son air abattu, à ses yeux creux et languissants. Il les leva pourtant à la fin pour jeter autour de lui un regard vif et rapide, comme un homme qui s'éveille en sursaut et n'a pas encore eu le temps de se reconnaître.

« Qu'est-ce que j'ai donc là, dit-il, qui m'oppresse sans que je puisse m'en débarrasser? Je ne suis pourtant pas douillet, et je ne me sens pas malade. Je ne suis pourtant pas un homme à faire des grimaces et des hélas, ou à me nourrir de chimères. Mais que voulez-vous qu'on fasse quand on n'a pas de repos? »

Il pressa son front de sa main.

« Les nuits passent et se succèdent sans que je puisse avoir de repos. Si je m'endors, qu'est-ce que c'est qu'un sommeil troublé par des rêves obstinés qui font toujours passer sous mes yeux un tas de personnages odieux, les mêmes figures détestables, qui viennent à chaque instant se mêler de ce que je dis et de ce que je fais, et toujours pour me contrecarrer? Si je veille, quel repos puis-je avoir, incessamment poursuivi par ce spectre de je ne sais quoi? et c'est bien ce qu'il y a de pis. Il faut pourtant que j'en aie, du repos. Une nuit seulement de repos continu, et je me retrouverai sur mes pieds. »

En même temps, repoussant des mains la table, comme si la vue des mets lui faisait mal au cœur, il aperçut sa montre : elle marquait près de midi.

« Voilà qui est étrange, dit-il, midi, et Noggs n'est pas ici! Quelque batterie au cabaret qui l'aura retenu. Je voudrais pour quelque chose, même pour de l'argent, quoique je vienne de faire une grosse perte, qu'il eût donné un coup de couteau à un homme dans une querelle de taverne, ou fait un vol avec effraction, ou filouté quelqu'un, ou commis tous les crimes qu'on voudra, pourvu qu'il n'en fût pas quitte à moins des galères avec un boulet au pied, pour me débarrasser de lui. Mais, ce qui vaudrait mieux encore, ce serait de le faire tomber dans quelque piège et de le tenter ici, par quelque moyen, pour qu'il me vole. Qu'il me prenne tout ce qu'il voudra, j'en serai bien aise, si cela me procure le plaisir de le livrer à la justice. Car c'est un traître, j'en mettrais ma tête à couper. Où? quand? comment? je n'en sais rien, mais j'en suis sûr. »

Après avoir attendu encore une demi-heure, il envoya sa gouvernante chez Newman, pour savoir si c'était qu'il était malade, et pourquoi il n'était pas venu sans le prévenir. Elle lui rapporta pour nouvelle qu'il n'avait pas couché chez lui, et que personne ne savait ce qu'il était devenu.

« Mais, ajouta-t-elle, il y a en bas, monsieur, un gentleman que j'ai trouvé à la porte en arrivant, et qui dit...

— Qu'est-ce qu'il dit? demanda Ralph avec colère. Ne vous ai-je pas répété cent fois que je ne voulais recevoir personne?

— Il dit, reprit la servante tout intimidée par ses rebuffades, qu'il vient pour une affaire particulière qui n'admet pas de retard, et j'ai pensé que ce pouvait être pour...

— Pour quoi? au nom du diable! N'allez-vous pas aussi épier et surveiller les affaires qu'on peut avoir avec moi? Dites.

— Ah ciel! non, monsieur. Je vous voyais tourmenté, et je pensais que peut-être il venait vous parler de M. Noggs. Voilà tout.

— Elle m'a vu tourmenté! marmotta Ralph. Ne voilà-t-il pas qu'ils vont se mettre tous à me guetter? Où est-il, ce monsieur? vous ne lui avez toujours pas dit, j'espère, que je ne suis pas encore descendu d'aujourd'hui? »

Elle répondit qu'il était dans le petit cabinet, et qu'elle lui avait dit que son maître était occupé, mais qu'elle allait faire sa commission.

« C'est bon, dit Ralph, je vais le recevoir. Retournez à votre cuisine, et n'en bougez pas, vous m'entendez? »

Ravie d'être congédiée, elle eut bientôt tourné les talons. Quant à Ralph, il se recueillit un moment, fit tout ce qu'il put pour reprendre son visage ordinaire, et descendit. Il s'arrêta un moment, pour se remettre, à la porte du cabinet, la main sur le loquet, et, en entrant dans le bureau de Newman, il se trouva en face de M. Charles Cheeryble.

Il n'y avait pas un homme au monde avec lequel il désirât moins se rencontrer en toute occasion; mais, en ce moment qu'il reconnut en lui le patron et le protecteur de Nicolas, il aurait mieux aimé voir un spectre. Cependant cette apparition inopinée lui rendit un service. Elle réveilla à l'instant toute son énergie. Elle ralluma dans son sein toutes les passions qui, depuis nombre d'années, y avaient établi leur repaire; elle fit revivre toute sa haine, sa malice et sa rage. Elle ramena le ricanement sur sa lèvre, la menace sur son front. Elle ressuscita en lui, dans toute sa personne, ce même Ralph Nickleby que tant de gens avaient appris à connaître à leurs dépens pour ne l'oublier jamais.

« Ouf! dit Ralph en s'arrêtant à la porte, voilà, monsieur, un honneur auquel je ne m'attendais pas.

— Et dont vous vous passeriez bien, dit le frère Charles; je sais que vous vous en passeriez volontiers.

— Vous avez la réputation, répliqua Ralph, d'être la vérité même. Ce qu'il y a de sûr, c'est que vous dites là la vérité, et je ne vous contredirai pas là-dessus. C'est un honneur dont je me passerais volontiers, comme je ne m'y attendais guère. Vous voyez que je suis franc.

— En deux mots, monsieur..., commença le frère Charles.

— En deux mots, monsieur, reprit Ralph en l'interrompant, pour abréger cette conférence, je vous prie de la finir avant de la commencer. Je devine le sujet dont vous allez m'entretenir, et je ne veux pas en entendre parler. Vous aimez la franchise, à ce qu'on dit, en voilà: voici la porte. Nous n'allons pas du même côté. Continuez votre chemin, s'il vous plaît, et laissez-moi tranquillement continuer le mien.

— Tranquillement! répéta le frère Charles avec douceur, en le regardant avec plus de pitié que de colère. Continuer son chemin tranquillement!

— Enfin, monsieur, vous ne voulez pas, je suppose, rester chez moi malgré moi, et sans doute vous n'avez pas la prétention de persuader un homme fermement décidé à se boucher les oreilles pour ne pas entendre un mot de ce que vous voulez dire.

— Écoutez, monsieur Nickleby, reprit le frère Charles toujours avec le même ton de douceur, mais aussi avec fermeté, si je viens ici, c'est contre mon gré, j'en suis plus fâché, plus désolé que personne. Je n'ai jamais mis les pieds dans cette maison, et, si vous voulez que je vous parle franchement, je ne m'y trouve pas à mon aise, je sens que je ne suis pas à ma place, et je n'ai pas envie d'y revenir jamais. Vous ne vous doutez pas du sujet qui m'amène; vous ne pouvez pas vous en douter, je le vois bien à votre accueil : vous changeriez bientôt de ton. »

Ralph lui jeta un regard perçant, mais l'œil clair et limpide et la physionomie ouverte de l'honnête négociant rencontrèrent fièrement son regard sans changer d'expression.

« Faut-il que je continue? demanda M. Cheeryble.

— Oh! mon Dieu! comme il vous plaira, répondit Ralph sèchement. Voici des murs pour vous entendre, monsieur, un bureau, deux tabourets, ce sont des auditeurs très attentifs et dont vous n'avez pas à craindre qu'ils vous interrompent. Continuez, je vous prie; faites comme chez vous; je vais faire un tour : peut-être que, quand je reviendrai, vous aurez fini tout ce que vous avez à dire et qu'alors vous voudrez bien me céder la place. »

En même temps il boutonna son habit, passa dans le corridor et décrocha son chapeau. Le vieux gentleman suivit ses pas, et se disposait à ouvrir la bouche, quand Ralph lui fit de la main signe de se taire et lui dit :

« Pas un mot, entendez-vous bien, monsieur? pas un seul mot. Tout vertueux que vous êtes, vous n'êtes pas un ange, après tout, pour vous permettre d'entrer chez les gens bon gré, mal gré, et leur ouvrir, quoi qu'ils en aient, les oreilles pour vous écouter. Prêchez à la muraille, si cela vous amuse, je vous le répète, mais à moi, non.

— Je ne suis pas un ange, Dieu le sait, répondit le frère Charles en secouant la tête, je ne suis qu'un homme, avec mes erreurs et mes défauts; mais il y a une qualité que tout le monde peut avoir, en communauté avec les anges, l'occasion heureuse d'exercer, quand ils le veulent..., la charité. C'est elle qui m'amène près de vous. Laissez-moi, je vous prie, vous en donner la preuve.

— Moi, repartit Ralph avec un sourire triomphant, je ne me pique pas de charité pour les autres, et je n'en attends de personne. N'en attendez pas non plus de moi, monsieur, pour le drôle qui en a imposé à votre crédulité enfantine; il n'aura de moi que de la haine.

— Qui? lui? implorer votre charité! s'écria le vieux négociant avec chaleur, c'est à vous à implorer la sienne, monsieur, c'est plutôt à vous. Si vous ne voulez pas m'entendre, à présent que vous le pouvez encore, il faudra bien que vous m'entendiez plus tard, à moins que vous ne preniez les devants sur ce que j'ai à vous dire, et que vous ne vous arrangiez pour que nous n'ayons plus besoin de nous revoir jamais. Votre neveu est un noble jeune homme, monsieur, un honnête et brave jeune homme; ce que vous êtes, vous, monsieur Nickleby, je ne veux pas vous le dire, mais ce que vous avez fait, je le sais. Maintenant, monsieur, quand vous sortirez pour l'affaire où vous vous êtes dernièrement engagé, et que vous trouverez des difficultés d'exécution qui vous embarrasseront, venez me trouver, monsieur, moi, mon frère et Tim Linkinwater. Alors nous vous expliquerons tout. Mais venez promptement, car après il pourrait bien être trop tard, et on pourrait vous l'expliquer avec plus de dureté et un peu moins de délicatesse; et surtout rappelez-vous, monsieur, que, si je suis venu vous trouver ce matin, c'est par charité pour vous, et que je suis encore dans les mêmes dispositions, quand vous voudrez m'entendre. »

Après avoir prononcé ces mots avec beaucoup de gravité et d'émotion, le frère Charles mit sur sa tête son couvre-chef à larges bords, et, passant devant Ralph Nickleby sans rien ajouter, gagna lestement la porte et sortit. Ralph le regarda partir sans bouger, sans rien dire pendant quelque temps, et ne sortit de cette espèce de stupéfaction silencieuse que par un éclat de rire méprisant.

« Ne serait-ce pas encore, dit-il, un de ces rêves absurdes qui ont troublé mon sommeil toutes ces nuits-ci?... Par charité pour moi!... Ouf! il faut que le vieil imbécile soit devenu fou. »

Malgré cela, tout en s'exprimant sur le ton de la dérision et du mépris, il était évident que plus Ralph réfléchissait à la chose, plus il se sentait mal à son aise, plus il était en proie à une anxiété vague et craintive qui allait toujours croissant, à mesure que le temps se passait sans qu'il reçût des nouvelles de Newman Noggs. Après avoir attendu presque toute l'après-midi, tourmenté par des appréhensions et des pressentiments de divers genres, par le souvenir de l'avertissement que lui avait donné son neveu Nicolas à leur dernière rencontre, et dont la confirmation ne se montrait déjà que trop, sous une forme ou sous une autre, sans lui laisser un moment de repos, il sortit, et sans se rendre bien compte des motifs, entraîné par son agitation et ses craintes, il se dirigea vers la demeure de Snawley. Ce fut sa femme qui vint ouvrir, et Ralph lui demanda si son mari n'était pas à la maison.

« Non, dit-elle d'un ton aigre; certainement non qu'il n'y est pas; et je ne crois pas qu'il y soit de longtemps : c'est bien plus fort.

— Est-ce que vous ne me connaissez pas?

— Oh! que si, que je vous connais bien... trop bien peut-être, et lui aussi; je suis bien fâchée de vous le dire.

— Allez donc l'avertir que je viens de le voir de l'autre côté de la rue, à travers la jalousie du premier étage, et que j'ai à lui parler d'affaires... Est-ce que vous ne m'entendez pas?

— Je vous entends bien, répondit Mme Snawley, sans se mettre autrement en devoir d'exécuter sa requête.

— Je savais bien, se dit Ralph à lui-même en passant devant elle sans façon, que cette femme-là était une hypocrite, avec ses psaumes et ses citations de la Bible; mais je ne m'étais pas aperçu qu'elle se prît de boisson.

— Arrêtez! lui dit la douce moitié de M. Snawley en lui barrant le passage de sa personne, et une robuste personne encore; vous n'entrerez pas, vous ne lui avez déjà que trop parlé d'affaires. Je lui disais bien où cela le mènerait de traiter et de manigancer quelque chose avec vous. C'est vous ou le maître de pension, à moins que ce ne soit tous les deux, qui avez forgé la lettre, rappelez-vous cela, et non pas lui; ainsi n'allez pas la lui mettre sur le dos.

— Allez-vous vous taire, vieille Jésabel? dit Ralph en regardant avec crainte autour de lui.

— Pardienne! je ne sais peut-être pas quand je dois parler ou me taire! repartit la dame; tâchez seulement, monsieur Nickleby, d'en faire taire d'autres.

— Chameau! cria Ralph. Si votre mari a été assez bête pour vous confier ses secrets, sachez au moins les garder, démon que vous êtes.

— Ce ne sont pas tant ses secrets à lui que ceux d'autres personnes que je connais, répliqua-t-elle; ce sont plutôt les vôtres. Vous n'avez pas besoin de me faire de gros yeux. Gardez-les pour une meilleure occasion, vous ferez mieux.

— Voulez-vous, encore une fois, dit Ralph en comprimant de son mieux sa colère et en lui serrant le poignet de ses griffes, voulez-vous aller dire à votre mari que je sais qu'il est à la maison, et qu'il faut que je le voie? Voulez-vous bien me dire aussi ce que signifie, de votre part et de la sienne, ce changement de ton à mon égard?

— Non, répondit-elle en dégageant son bras avec violence; je ne veux ni l'un ni l'autre.

— Alors, c'est un défi que vous me jetez, n'est-ce pas?

— Oui, prenez-le comme cela. »

Ralph, en ce moment, leva la main pour la battre ; mais il se retint et se contenta, en s'en allant, de lui faire de la tête des menaces muettes et de marmotter entre ses dents qu'elle s'en souviendrait.

En sortant de là, il alla tout droit à l'auberge où descendait M. Squeers, et demanda s'il y avait longtemps qu'on l'y avait vu. Il avait une espérance vague qu'il y serait revenu, après avoir bien ou mal terminé sa mission, et qu'il pourrait au moins le rassurer. Mais on n'avait pas vu M. Squeers depuis dix jours, et, tout ce qu'on put lui dire, c'est qu'il avait laissé ses effets et n'avait pas payé son compte.

Troublé de mille inquiétudes et de mille soupçons, et voulant s'assurer si Squeers avait vent de ce qui se passait chez Snawley, ou s'il n'était pas pour quelque chose dans ce changement inexplicable, Ralph se hasarda à aller le demander à son logement de Lambeth, pour avoir une entrevue avec lui dans cet endroit compromettant. Impatient de vérifier ses craintes, sans plus attendre, il s'y rendit sur-le-champ; et, comme il s'était fait décrire auparavant les lieux, il connaissait assez bien les êtres de sa chambre pour grimper l'escalier et frapper doucement à sa porte.

Un coup, deux coups, trois coups, douze coups, personne. « Serait-il endormi! Écoutons par la serrure; il me semble que j'entends le bruit de sa respiration. » Mais non, il s'était trompé, il n'y avait personne. Il s'assied patiemment, pour l'attendre, sur une marche ébréchée, persuadé qu'il était sorti pour quelque petite commission et qu'il ne pouvait tarder à rentrer.

Plus d'une fois des pas résonnèrent et firent craquer l'escalier. Son oreille crut reconnaître ceux de son complice, et alors il se relevait, tout prêt à lui adresser la parole quand il allait être monté; mais chaque personne, l'une après l'autre, tournait sur le palier pour entrer dans quelque chambre voisine, sans arriver jusqu'à l'endroit où il croquait le marmot, et c'étaient pour lui autant de désappointements qui lui faisaient sentir de plus en plus sa solitude et redoublaient ses frissons d'inquiétude.

Il finit par perdre l'espérance de le voir revenir et, descendant un étage, il demanda à un voisin s'il savait où pouvait être M. Squeers, qu'il désigna par un nom de guerre convenu. Le voisin le renvoya à un autre, celui-là à un troisième, qui lui apprit que la veille au soir, assez tard, il était sorti précipitamment avec deux hommes, qui étaient revenus peu de temps après chercher aussi une vieille femme qui demeurait sur le même carré. Cette circonstance avait paru assez singulière au locataire pour piquer sa curiosité, mais il ne leur avait pas parlé et ne s'en était plus occupé.

Il lui vint à l'idée qu'il était possible qu'on eût arrêté Peg Sliderskew pour vol, et M. Squeers par la même occasion, comme se trouvant de ce moment-là avec elle, sous prévention de complicité. En ce cas, Gride devait le savoir, et il alla de ce pas chez Gride. Il commençait à ressentir de vives alarmes; n'y aurait-il pas quelque plan concerté pour amener sa déconfiture et sa ruine?

Arrivé à la porte de l'usurier son compère, il trouva les fenêtres hermétiquement fermées; les jalousies délabrées étaient baissées; tout était silencieux, triste, désert. Mais, comme c'était l'aspect ordinaire de la maison, il ne s'en émut pas. Il frappe, doucement d'abord, puis plus fort, puis d'un bras vigoureux : personne ne répond. Il écrit au crayon quelques mots sur sa carte, la glisse sous la porte et se dispose à partir, lorsqu'il entend soulever furtivement un châssis de fenêtre, lève la tête et ne fait qu'entrevoir la figure de Gride en personne, qui regardait avec précaution d'une croisée du grenier, par-dessus le parapet de la maison, mais qui, en reconnaissant son visiteur, disparaît à l'instant : pas assez vite pourtant pour que Ralph n'eût pas observé ce manège. « Descendez donc, » lui cria-t-il.

A la seconde sommation, Gride reparaît, mais avec de si grands soins pour se dissimuler, qu'on ne voyait sur l'horizon que ses traits anguleux et ses cheveux blancs par-dessus le parapet : on aurait dit une tête coupée tout exprès pour décorer l'entablement.

« Chut! se mit-il à crier. Allez-vous-en... allez-vous-en.

—Descendez donc, répéta Ralph en lui faisant signe d'en bas.

— Allez-vous-en, cria Gride en secouant la tête d'un air impatient et effaré. Ne me parlez pas; ne frappez pas; n'appelez pas l'attention sur ma maison, allez-vous-en.

— Je vous donne ma parole, dit Ralph, que je vais carillonner à votre porte jusqu'à ce que tous les voisins soient sous les armes, si vous ne me dites pas ce que vous avez à vous cacher comme cela, chien de cafard.

— Je ne veux pas entendre ce que vous me dites..., ne m'adressez pas la parole..., ne me compromettez pas..., allez-vous-en..., allez-vous-en, répondit Gride.

— Descendez, je vous dis, répéta Ralph d'un ton courroucé. Allez-vous descendre?

— N...o...n, » répondit Gride en grognant, et il retira sa tête. Ralph, planté là tout seul dans la rue, entendit refermer la croisée, doucement et furtivement encore comme on l'avait ouverte tout à l'heure.

« Comment se fait-il, se dit Ralph, qu'ils me font tous visage de bois et qu'ils ont l'air de me fuir comme la peste? Eux qui léchaient hier la poussière de mes souliers! Serait-il vrai que *le jour décline pour moi et* que *la nuit commence?* Je veux savoir ce que tout cela veut dire, à tout prix : il le faut. Je me sens en ce moment plus ferme, plus résolu, plus moi-même que je n'ai jamais été. »

Laissant donc là la porte, que, dans les premiers transports de sa rage, il voulait frapper à coups redoublés, pour forcer Gride, ne fût-ce que par crainte, à venir lui ouvrir, il se retourna du côté de la Cité, et, marchant d'un pied ferme au travers de la foule qui en encombrait les rues (c'était de cinq à six heures du soir), il se dirigea vers le comptoir des frères Cheeryble, et passa la tête par la cage de verre, où il trouva Tim Linkinwater tout seul.

« Je m'appelle Nickleby, dit Ralph.

— Connu, répliqua Timothée en le regardant à travers ses lunettes.

— Quel est celui des associés de votre maison qui est venu me trouver ce matin?

— M. Charles.

— Eh bien, dites à M. Charles que je désire le voir.

— Vous allez voir, dit Timothée en sautant à bas de son tabouret avec agilité, vous allez voir non seulement M. Charles, mais aussi M. Ned. »

Timothée n'en dit pas davantage, mais il fixa sur Ralph un regard froid et sévère, remua la tête d'un air qui voulait dire bien des choses, et disparut. Un moment après il revint introduire Ralph chez les deux frères et resta avec eux dans leur cabinet.

« C'est à la personne qui est venue me parler ce matin que je désire parler à mon tour, dit Ralph en montrant du doigt le frère Charles, qui lui répondit tranquillement qu'il n'avait pas de secrets pour son frère Ned, pas plus que pour Tim Linkinwater.

— Moi, j'en ai, dit Ralph.

— Monsieur Nickleby, dit le frère Ned, le sujet dont mon frère était allé vous entretenir ce matin est de ceux que nous connaissons parfaitement tous les trois, et nous ne sommes pas les seuls, et malheureusement il y en aura bien davantage encore bientôt qui pourront le connaître. Si nous sommes allés chez vous ce matin, monsieur, c'était purement et simplement par délicatesse et par convenance. Nous trouvons que ce sentiment de délicatesse et de convenance serait maintenant déplacé; et, si vous voulez que nous en conférions ensemble, il faut que ce soit avec nous trois, ou pas du tout.

— A la bonne heure, messieurs! dit Ralph, dont les lèvres étaient retroussées par un frémissement de colère concentrée. Il paraît que, votre frère et vous, vous avez le don de parler par énigmes; je suppose que votre commis, en homme bien avisé, aura étudié le même art avec le même succès pour mieux entrer dans vos bonnes grâces. Allons! je veux bien vous passer cela.

— Vous passer cela! cria Tim Linkinwater offensé pour la maison Cheeryble jusqu'à en devenir rouge comme le feu. Il veut bien nous passer cela! Il veut bien passer cela à Cheeryble frères! L'entendez-vous? L'entendez-vous dire qu'il passera quelque chose à Cheeryble frères?

— Timothée, dirent ensemble Ned et Charles, allons! Timothée, allons! du calme. »

Timothée, pour leur complaire, étouffa son indignation comme il put, et la laissa exhaler seulement à travers ses lunettes, en y joignant de temps en temps, comme soupape de sûreté, un petit rire nerveux qui paraissait l'aider puissamment à contenir son courroux.

« Comme personne ne m'offre un siège, dit Ralph en regardant autour de lui, je vais en prendre un, car je suis las. Et, à présent, messieurs, je désire savoir... je demande à savoir, j'en ai le droit, ce que vous avez à me dire qui puisse justifier le ton que vous prenez, et quelle est cette intervention indirecte que j'ai raison de supposer que vous vous permettez d'exercer dans mes propres affaires. Je vous dirai franchement, messieurs, que, bien que je me soucie peu de l'opinion publique, pour parler votre langue, cependant je n'ai pas envie de me résigner tranquillement aux attaques des mauvaises langues. Que vous soyez dupes de ce que l'on dit, ou que vous les preniez volontairement à votre propre compte, le résultat est le même pour moi. Dans l'un comme dans l'autre cas, vous n'espérez pas sans doute d'un homme comme moi trop de résignation et de patience. »

A voir le sang-froid et le sans-gêne avec lequel cela était dit, neuf personnes sur dix, qui n'auraient pas été au fait des circonstances, auraient dû croire, en effet, que c'était Ralph Nickleby qui était l'offensé. Il était assis, les bras croisés, plus pâle un peu que d'habitude, et toujours laid, mais tout à fait à son aise, peut-être même plus que les bons frères et surtout que le fougueux Timothée : tout prêt enfin à affronter la tempête.

« Très bien, monsieur, dit le frère Charles, très bien; frère Ned, voulez-vous sonner?

— Charles, mon cher frère, un instant, je vous prie, répondit l'autre. Peut-être vaudrait-il mieux, pour M. Nickleby comme pour notre cause, qu'il se tînt tranquille, s'il est possible, jusqu'à ce que nous lui ayons dit ce que nous avons à lui dire. C'est une chose que je voudrais bien lui faire comprendre.

— Vous avez raison, tout à fait raison, » dit le frère Charles.

Ralph sourit sans mot dire. On sonne; la porte s'ouvre; un homme entre en boitillant. Ralph se retourne, et se trouve en face de Newman Noggs. A partir de ce moment, le cœur est près de lui manquer.

« Cela commence bien, dit-il d'un ton d'amertume. Oh! cela commence bien. Certainement vous êtes la crème des honnêtes gens; je m'incline devant votre candeur, votre loyauté. Au reste, cela ne m'étonne pas; je n'ai jamais été la dupe de ces charlatans de probité. Se liguer avec un homme de cette trempe, qui vendrait son âme, s'il en avait une, pour l'aller boire, et qui ne sait pas dire un mot sans que ce soit un mensonge! Qui donc peut se flatter d'être en sûreté contre de pareils procédés? Oh! cela commence bien.

— Laissez-moi lui parler, s'écria Newman en se dressant sur la pointe du pied pour regarder pardessus la tête de Timothée, qui s'était interposé pour l'arrêter. Dites donc, vieux Nickleby, qu'est-ce que vous voulez dire par *un homme de cette trempe*? Qui est-ce qui m'a fait ce que je suis? Si j'avais voulu *vendre mon âme pour l'aller boire*, j'aurais mieux fait de me faire voleur, filou, de briser les portes, de forcer les serrures, d'aller dérober le sou de l'aumône dans la sébille du chien de l'aveugle, plutôt que de devenir votre souffre-douleur, votre bête de somme. Si je ne savais *pas dire un mot sans que ce soit un mensonge*, je serais plus avant dans vos faveurs. Des mensonges! Quand est-ce que vous m'avez vu vous faire des courbettes et des bassesses, je vous le demande? Je vous ai servi fidèlement. Vous m'avez fait travailler plus qu'un autre, parce que j'étais plus pauvre. Vous m'avez fait endurer plus d'injures grossières qu'on n'en pourrait entendre dans un corps de garde, et je les ai méprisées comme je vous méprise. Et pourquoi ai-je subi tout cela? Je me suis mis à votre service parce que j'étais fier, parce qu'au moins j'étais sûr de ne pas avoir chez vous de collègue, d'autre pâtira qui fût témoin de ma misère, et aussi parce que personne ne savait mieux que vous que j'étais un homme ruiné, que je n'avais pas toujours été ce que je suis, et que je serais mieux dans mes affaires si je n'avais pas été assez fou pour tomber dans vos mains ou dans celles de quelques autres coquins comme vous. Pouvez-vous nier cela, hein?

— Doucement, lui dit Timothée; vous aviez promis de vous modérer.

— J'avais promis de me modérer! cria Newman en l'écartant et en repoussant de sa main la main de Timothée pour le tenir à distance; ne me parlez pas de ça. Et vous, Nickleby, n'ayez pas l'air de me narguer, ça ne se passerait pas comme ça. Je ne suis pas si bête que vous croyez. Vous parliez de ligue tout à l'heure. Qui est-ce donc qui a fait une ligue avec le maître de pension du Yorkshire, et qui avait pris la précaution de renvoyer son saute-ruisseau pour qu'il ne pût rien entendre, mais qui n'avait pas pensé que toutes ces précautions mêmes devaient exciter les soupçons, et l'engager à surveiller son maître le soir dans la ville, laissant à un autre le soin de surveiller le maître d'école. Qui est-ce qui s'est ligué avec un père égoïste pour lui faire vendre sa fille au vieil Arthur Gride? Qui est-ce qui s'est ligué avec Gride, et tout cela dans le petit cabinet *où il y a une armoire?* »

Ralph s'était jusque-là merveilleusement possédé, mais, pour le coup, on l'aurait menacé de le décapiter, qu'il n'aurait pu réprimer un tressaillement dont il ne fût pas maître.

« Ah! cria Newman, vous ne me narguez plus maintenant, n'est-ce pas? Et savez-vous qui est-ce qui a donné l'idée à votre victime que voici d'épier les actions de son maître, et de ne pas vouloir devenir aussi méchant ou pire que lui, en lui laissant faire le mal qu'il pouvait empêcher? Eh bien, c'est de voir les traitements cruels que ce maître impitoyable faisait souffrir à son propre sang; c'est de voir ses desseins abominables contre une jeune fille, qui avait su intéresser même son misérable clerc, un banqueroutier, un ivrogne, comme vous l'appelez. C'est là ce qui lui a donné le courage de rester encore à votre service, dans l'espérance d'être utile à cette malheureuse, comme il l'avait déjà été à d'autres, dans plus d'une occasion. Sans cela il y a longtemps qu'il se serait donné la consolation de rosser son maître solidement, dût-il aller au diable (Il l'aurait fait comme il le dit, oui). Et notez bien ceci, que, si je suis ici à cette heure, c'est que ces messieurs l'ont exigé. Car, lorsque je suis venu franchement les trouver (je ne fais pas de ligues, moi), je leur ai dit que je voulais les aider à vous démasquer, à vous suivre à la piste, à achever ce que j'avais commencé dans l'intérêt de la justice, et qu'une fois la chose faite, j'irais vous chercher dans votre cabinet pour vous dire vos vérités en face, d'homme à homme, et comme un homme. A présent que j'ai dit ce que j'avais à dire, chacun son tour : et voilà ! »

Après cette belle péroraison, Newman Noggs, qui n'avait pas cessé, pendant toute sa harangue, de s'asseoir, de se lever, de se rasseoir, dans un mouvement perpétuel, avec des gestes et des soubresauts d'une grande variété, et que cet exercice violent, mêlé à son agitation intérieure, avait mis dans un état de fièvre et de transpiration violente, redevint, sans transition, raide, fixe, immobile, dévisageant Ralph Nickleby de toutes ses forces.

Ralph le regarda un instant, rien qu'un instant, puis fit signe de la main qu'il voulait parler, battit du pied sur le parquet et dit d'une voix étouffée :

« Continuez, messieurs, continuez. Je suis patient, comme vous voyez. Heureusement qu'il y a des lois pour se faire rendre justice. Je vous ferai payer tout cela. Faites attention à ce que vous dites : je vous forcerai bien de donner vos preuves.

— Les preuves sont toutes prêtes, reprit le frère Charles. Votre Snawley a fait hier au soir des aveux complets.

— Qu'est-ce que *votre Snawley* et ses *aveux* peuvent avoir de commun avec moi? »

Au lieu de répondre à cette question, posée avec un aplomb imperturbable, le brave gentleman déclara que, pour lui montrer que tout ceci n'était pas un jeu, il était nécessaire de lui faire connaître, non seulement les accusations qui pesaient sur lui, mais les preuves qu'on en avait, et la manière dont on les avait obtenues. Une fois la glace rompue, le frère Ned, Tim Linkinwater et Newman Noggs, tous les trois à la fois, prirent à qui mieux mieux la parole. Enfin, après une scène de confusion générale, Ralph put apprendre distinctement :

Que Newman, ayant reçu la parole solennelle d'un tiers, qu'on ne pouvait pas produire, que Smike n'était pas le fils de Snawley et qu'il était prêt à en prêter serment en justice, si c'était nécessaire, cette première révélation les avait amenés à douter de la valeur de la réclamation de paternité sur laquelle, sans cela, ils n'avaient aucune raison d'élever une contestation, tant qu'elle se fondait sur des témoignages et des pièces qu'ils n'avaient pas qualité pour désavouer. Que, soupçonnant dès lors l'existence d'un complot, ils n'avaient pas eu de peine à en faire remonter l'origine à la malignité de Ralph, secondée par l'avarice et l'esprit vindicatif de Squeers. Mais, comme prouver et soupçonner sont deux, un jurisconsulte éminent, renommé pour sa sagacité et sa pénétration dans ces sortes d'affaires, leur avait donné le conseil de procéder, dans leur résistance aux prétentions de leur partie adverse, avec autant de mesure et de ménagements que possible; de s'attacher à Snawley, la cheville ouvrière de toutes ces fausses allégations; de tâcher de l'amener, si on pouvait, à se contredire et à se couper; de le harceler par tous les moyens, de le prendre par la crainte, par la considération de sa sûreté personnelle, de le pousser à divulguer tout le plan prémédité, à livrer son instigateur et tout autre complice; que tout cela avait été conduit avec beaucoup d'habileté; mais que Snawley, qui n'était pas novice dans ces basses intrigues, avait réussi, par son esprit rusé, à déjouer toutes leurs tentatives, jusqu'au moment où une circonstance inespérée l'avait mis à leurs pieds, la veille au soir.

Et voici comment : Quand on avait su de Newman Noggs que Squeers était revenu à Londres, et qu'il avait eu avec Ralph une conférence si secrète, que celui-ci avait cru prudent de renvoyer son clerc pour qu'il n'en entendît rien, on mit le maître de pension en surveillance, dans l'espérance de tirer de ses démarches quelque lumière pour éclaircir l'intrigue supposée. Quand on vit qu'il n'entretenait plus aucune communication avec Ralph ni avec Snawley, on crut avoir fait fausse route. On cessa de le faire surveiller, et peut-être aurait-on entièrement renoncé à s'occuper de lui, si Newman Noggs ne l'avait pas aperçu un soir, par hasard, en conversation dans la rue avec M. Nickleby. Il les avait suivis, et, à sa grande surprise, il les avait vus entrer dans un grand nombre de maisons garnies de bas étage, dans des espèces de *tapis francs*, repaires de joueurs et de banqueroutiers, de la connaissance de Ralph. Là il s'était assuré, après leur départ, qu'ils étaient en quête d'une vieille femme dont le signalement répondait exactement à celui de cette vieille sourde de Sliderskew. L'affaire paraissant prendre dès lors une tournure plus sérieuse, la surveillance reprit avec un redoublement de vigilance. On s'adressa à un agent de la police secrète, qui vint loger dans la même taverne que Squeers. C'est lui qui se mit avec M. Franck Cheeryble aux trousses de l'innocent instituteur qui ne s'en doutait guère, jusqu'au

« ..... Qui est-ce qui s'est ligué avec Gride, et tout cela dans le petit cabinet *où il y a une armoire?* » (P. 447.)

moment où il prit une chambre à Lambeth. Quand M. Squeers eut arrêté son logement, l'agent arrêta le sien juste en face, dans la même rue, d'où il put voir que M. Squeers et la Sliderskew étaient constamment en rapport l'un avec l'autre.

Quand on en fut là, on s'adressa à Arthur Gride. Le vol dont il avait souffert était déjà depuis longtemps connu, grâce à la curiosité des voisins et à quelques mots qui lui étaient échappés dans ses transports de douleur et de rage. Mais il avait positivement refusé d'autoriser ou de seconder l'arrestation de la vieille femme, et fut saisi d'une telle panique, rien qu'à l'idée d'être appelé à porter témoignage contre elle en justice, qu'il se mit lui-même au secret dans sa maison comme un reclus, sans vouloir plus communiquer avec âme qui vive. Là-dessus, on se consulta et on arriva à la presque certitude que Gride et Ralph, avec Squeers et Snawley pour instruments, s'occupaient de remettre la main sur les papiers dérobés dont ils craignaient la publicité, et qui, d'après certaines allusions recueillies par Newman dans son armoire, pouvaient bien intéresser Madeleine. On se résolut donc à faire arrêter Mme Sliderskew avant qu'elle s'en fût dessaisie, ainsi que Squeers, si l'on pouvait parvenir à le trouver mêlé à quelque manœuvre suspecte. En conséquence, on avait obtenu un mandat de perquisition, et, quand tout fut prêt, on avait surveillé la fenêtre de Squeers, jusqu'à ce qu'il eut éteint sa chandelle à l'heure où on s'était assuré d'avance qu'il faisait sa visite habituelle à sa voisine. C'est alors que Franck Cheeryble et Newman Noggs avaient monté l'escalier à pas de loup pour venir les écouter à la porte et pour donner à l'agent le signal convenu, quand le moment serait arrivé. Leur arrivée en temps utile, leurs précautions pour tout entendre, la nature des révélations entendues, sont déjà connues du lecteur. M. Squeers, étourdi du coup de soufflet, avait été enlevé avec le titre volé encore dans sa poche, et l'on s'était saisi de même de Mme Sliderskew. Snawley n'avait pas tardé à être informé de l'arrestation de Squeers, sans qu'on lui dît pourquoi; et le brave homme, après avoir extorqué d'avance la promesse qu'il ne lui serait rien fait, avait déclaré que toute l'histoire de sa paternité de Smike n'était qu'un conte forgé par Ralph Nickleby, qu'il compromit tout du long. Quant à M. Squeers, il venait, le matin même, de subir un interrogatoire secret devant le magistrat, et n'ayant pu expliquer d'une manière satisfaisante comment ce titre se trouvait en sa possession, pas plus que les raisons de son association avec Mme Sliderskew, il avait été cité à comparaître à huitaine.

Voilà toutes les découvertes qu'on exposa à Ralph avec tous les détails circonstanciés. Quelle que fût l'impression secrète qu'il en ressentit, il ne laissa pas échapper un signe d'émotion, resta parfaitement tranquille sur sa chaise, les yeux baissés d'un air refrogné sur le parquet et la main sur sa bouche. Quand il eut tout entendu jusqu'au bout, il releva précipitamment la tête pour prendre la parole; mais, voyant que le frère Charles avait encore quelque chose à dire, il reprit sa première attitude.

« Je vous ai dit ce matin, reprit le bon gentleman en posant la main sur l'épaule de son frère, que je venais vous voir dans un esprit de charité. Vous savez mieux que personne jusqu'où vous pouvez être engagé dans l'affaire, et inculpé par les révélations de l'homme qui est maintenant entre les mains de la justice. Mais il faut qu'elle ait son cours : il faut une réparation à ce pauvre jeune homme, si doux, si inoffensif, si cruellement poursuivi. Ni mon frère ni moi, nous n'avons plus le pouvoir de vous soustraire aux conséquences du procès. Tout ce que nous pouvons faire, c'est de vous avertir à temps, pour vous donner l'occasion de les éviter par la fuite. Nous serions fâchés de voir un homme de votre âge puni et déshonoré par votre plus proche parent; nous ne voudrions pas lui voir oublier, à votre exemple, les liens de la nature et du sang. Nous vous prions tous (car je sais bien, frère Ned, que vous vous joindrez à moi pour cela, et vous aussi, Tim Linkinwater, malgré votre prétention d'être un chien d'obstiné, et votre air rechigné, là sur votre chaise), nous vous prions de quitter Londres, d'aller chercher un refuge dans quelque endroit où vous puissiez échapper aux suites de ces machinations odieuses, et vous aurez le temps, monsieur, de les expier et de revenir à de meilleurs sentiments.

— Est-ce que vous croyez par hasard, répondit Ralph en se levant, avoir si bon marché de moi? Est-ce que vous croyez qu'il suffit de dresser une centaine de plans plus ou moins habilement combinés, de suborner une centaine de témoins, de me lâcher dans les jambes une centaine de mâtins, de me débiter une centaine de harangues, dans votre style doucereux, pour m'émouvoir? Je vous remercie toujours de m'avoir dévoilé vous-même vos projets pour que je me prépare à les confondre. Vous ne savez pas à qui vous avez affaire. Vous verrez! Rappelez-vous bien que je ne fais pas plus de cas de vos belles paroles et de vos trahisons que de la boue de mes souliers, que je ne vous crains pas, que je vous défie, que je me moque de vous, que je vous mets à pis faire. »

C'est ainsi qu'ils se séparèrent cette fois; mais Ralph n'était pas au bout de ses peines.

CHAPITRE LX

Le danger redouble : gare à la catastrophe!

Au lieu de retourner chez lui, Ralph se jeta dans le premier cabriolet qu'il trouva sur son chemin, et, se faisant conduire au poste de police du quartier où avait eu lieu la déconvenue de M. Squeers, se fit descendre à une petite distance, paya le cocher, et fit le reste à pied. Après avoir pris des renseignements sur le digne objet de sa sollicitude, il se trouva qu'il avait bien fait d'arriver; car M. Squeers allait justement monter en voiture, comme un simple gentleman, pour aller passer en prison sa huitaine de détention préventive.

Sur sa demande de dire un mot au prisonnier, il fut introduit dans une espèce de salle d'attente où, à raison de sa profession libérale et de son rang respectable, M. Squeers avait eu la permission de rester pendant le jour. En y entrant, il put reconnaître, à la lueur d'une chandelle fumeuse et coulante, le maître de pension profondément endormi sur un banc, dans un coin retiré. Un verre vide, placé devant lui sur une table, faisait voir, avec son état somnolent et des exhalaisons de grog à l'eau-de-vie, que M. Squeers venait de chercher dans ce réconfortant agréable un oubli temporaire de sa situation peu réjouissante.

Il eut bien du mal à se réveiller, tant son sommeil était lourd et léthargique. Il finit pourtant par retrouver petit à petit une lueur de raison et par s'asseoir sur son séant. Alors, montrant aux yeux de son visiteur une figure jaune comme de la cire, un nez rouge comme du vermillon, une barbe de hérisson, avec enjolivement d'un mouchoir blanc sale, taché de sang, sur la tête, et noué sous le menton, il se mit à regarder Ralph fixement dans un silence morne, jusqu'à ce qu'il lâcha la bride à ses sentiments, en ces termes énergiques :

« Eh bien, mon beau monsieur, vous venez voir votre ouvrage; car c'est bien vous qui avez tout fait !

— Qu'est-ce que vous avez donc à la tête? demanda Ralph.

— Vous le demandez? Ne savez-vous pas bien que c'est votre homme, votre espion, votre janissaire, qui est venu me la casser? répondit Squeers d'un air de reproche. Ah! ce que j'ai? Vous venez un peu tard me le demander.

— Pourquoi ne m'avez-vous pas envoyé chercher? dit Ralph. Comment vouliez-vous que je vinsse plus tôt, si je n'étais pas prévenu de ce qui vous était arrivé?

— Ma famille! s'écria M. Squeers avec des hoquets, en levant les yeux sur le plafond. Ma fille! à un âge où toute la sensibilité s'exalte à la fois. Mon fils, le jeune héros de la maison, l'ornement et l'orgueil de son village ravi! en voilà un coup porté à ma famille! Le manteau d'armes du blason des Squeers est en pièces; leur soleil est descendu pour s'éteindre dans les flots de l'Océan!

— Vous venez de boire, dit Ralph, et vous n'avez pas encore cuvé votre vin.

— Je ne viens toujours pas de boire à votre santé. vieux grippe-sou! répliqua M. Squeers. Ainsi vous n'avez rien à y voir. »

Ralph réprima l'indignation qu'éveillait dans son âme l'insolence inaccoutumée du maître d'école, et lui demanda une seconde fois pourquoi il ne l'avait pas envoyé chercher.

« Et qu'est-ce que j'y aurais gagné? répondit Squeers; cela ne me ferait pas grand bien de leur apprendre que j'ai l'honneur de votre connaissance : et ils ne voudraient pas me relâcher sans caution, avant plus ample informé. En attendant, me voilà ici serré, bel et bien, pendant que vous voilà là-bas libre et à votre aise.

— Comme vous le serez aussi sous peu de jours, repartit Ralph avec une gaieté mal feinte. Ils ne peuvent pas vous faire de mal, vous sentez.

— En effet, répliqua l'autre avec colère, je suppose qu'ils ne peuvent pas me faire de mal, si je leur explique comment il s'est fait que je me suis trouvé dans l'excellente compagnie de ce vieux cadavre de Sliderskew, que j'aurais voulu voir morte et enterrée, ressuscitée même pour être disséquée, et pendue à des fils de fer dans un musée d'anatomie, avant d'avoir jamais eu rien à faire avec elle. « Prisonnier, m'a dit longuement ce matin le monsieur à la tête poudrée: prisonnier, comme on vous a trouvé dans la compagnie de cette femme, comme on vous a trouvé nanti de ce document, comme vous étiez occupé avec elle à faire disparaître frauduleusement d'autres papiers, sans pouvoir donner d'explications satisfaisantes; je vous renvoie à la semaine prochaine pour faire une enquête et citer les témoins : en attendant, je ne puis accepter de caution pour vous relâcher sur parole. » Comment voulez-vous maintenant que je donne des explications satisfaisantes? Je n'ai qu'une chose à faire. Je passerai le prospectus de mon établissement en disant : C'est moi qui suis le Wackford Squeers ci-nommé, monsieur. C'est moi qui suis l'homme reconnu par des attestations irréfragables pour être d'une rigidité de morale et d'une intégrité de principes exagérées. S'il y a quelque chose de mal dans toute cette affaire, ce n'est pas ma faute. Je n'avais pas du tout de mauvaises intentions, monsieur. On ne m'avait pas dit qu'il y eût du mal. C'était seulement pour rendre service à un ami, mon ami M. Ralph Nickleby, de Golden-square; faites-le venir, monsieur, et demandez-lui compte de ce qui s'est fait; car c'est lui, et non pas moi, qui en est l'auteur.

— Qu'est-ce que c'est que ce document qu'on a trouvé dans votre poche? demanda Ralph, esquivant pour le moment la question.

— Quel document, dites-vous? Eh bien, le document, répliqua Squeers : celui de Madeleine je ne sais plus qui; c'était un testament, voilà ce que c'était que ce document.

— De quelle nature? quel est le testateur? la date, le montant du legs, les dispositions? demanda Ralph avec ardeur.

— C'est un testament en sa faveur, je n'en sais pas davantage, répondit Squeers, et vous n'en sauriez pas plus que moi, si vous aviez reçu comme moi un bon coup de soufflet sur la tête. C'est grâce à vous et à votre prudence soupçonneuse qu'ils le tiennent maintenant; si vous me l'aviez laissé jeter au feu, et que vous eussiez voulu me croire sur parole, on n'aurait eu qu'un petit tas de cendres dans l'âtre, au lieu de le trouver sain et sauf dans la poche de ma redingote.

— Battu sur toute la ligne! murmura Ralph.

— Ah! dit Squeers en soupirant, car, entre le grog absorbé et les douleurs de sa tête cassée, il délirait étrangement; au délicieux village de Dotheboys, près de Greta-bridge, dans le Yorkshire, les jeunes pensionnaires sont nourris, vêtus, blanchis, fournis de livres et d'argent de poche, pourvus de toutes les choses nécessaires; on leur enseigne toutes les langues mortes et vivantes, les mathématiques, l'orthographe, la géométrie, l'astronomie, la trigonométrie, ou, sous une autre forme, les trigonomiques, ou avec une diphtongue: tout enfin. *Tout*, chaque chose, tablier de savetier; *en*, adjectif, le contraire de *hors;* S-q-u, double e, r-s, *Squeers*, nom substantif, éducateur de la jeunesse; total, *tout en Squeers.* »

Pendant qu'il battait ainsi la campagne, Ralph eut le temps de recouvrer sa présence d'esprit; il sentit aussitôt la nécessité de dissiper de son mieux les appréhensions du maître de pension, et de lui faire croire que la meilleure tactique pour se sauver de là, c'était de garder un silence absolu.

« Je vous le répète encore une fois, ils ne peuvent pas vous faire du mal. Vous aurez un recours contre eux pour arrestation illégale, et ce sera encore pour vous un profit. Nous saurons bien forger une histoire qui vous tirerait vingt fois d'un embarras aussi vulgaire que celui-là, et, si on vous demande une garantie pour caution de vingt-cinq mille francs, en cas de rappel et citation nouvelle, vous l'aurez. Tout ce que vous avez à faire, c'est de ne pas dire la vérité. Vous avez les idées un peu embrouillées ce soir, ce qui vous empêche d'y voir aussi clair que si vous étiez plus tranquille; mais voilà tout ce que vous avez à faire et vous ferez bien de ne pas l'oublier, car, si vous alliez vous couper, cela gâterait tout.

— Oh! dit Squeers, qui l'avait regardé pendant tout ce temps-là d'un air rusé, la tête penchée de côté, comme un vieux corbeau; n'ai-je que cela à faire, croyez-vous? Eh bien, alors, écoutez un mot ou deux que j'ai à vous dire. Je n'ai pas envie qu'on aille faire des histoires pour mon compte, pas plus que je n'en veux faire moi-même. Si je vois que cela tourne mal pour moi, j'espère que vous en prendrez votre part, et j'aurai soin d'y veiller. Vous ne m'avez jamais dit qu'il y eût des risques à courir. Quand j'ai fait marché avec vous, ce n'était pas pour me fourrer dans ce guêpier, et mon intention n'est pas de prendre la chose en douceur comme vous le pensez. Je me suis laissé aller à vos instigations de fil en aiguille, parce que nous avions déjà fait quelques affaires d'une certaine nature ensemble, et que, si je vous avais indisposé, vous auriez bien pu me faire du tort dans mon commerce, au lieu que, si je vous ménageais, vous pouviez me donner un bon coup d'épaule. C'est bien. Si tout va comme il faut, à la bonne heure, je n'ai rien à dire; mais, si cela va mal, ça change bien les choses : je dirai et je ferai ce que je croirai le plus utile à mes intérêts, sans demander conseil à personne. Mon influence morale sur mes pensionnaires, ajouta M. Squeers avec un redoublement de gravité, chancelle sur sa base. L'image de Mme Squeers, de ma fille et de mon fils Wackford, réduits à mourir de faim, est toujours présente à mes yeux. Devant cette considération, toutes les autres s'effacent et disparaissent. Comme père et comme époux, je ne connais qu'un chiffre dans toute l'arithmétique, c'est le numéro un; quand il disparaît, adieu le bonheur de la famille. »

Dieu sait combien de temps M. Squeers aurait encore déclamé sur ce ton, et la discussion orageuse qui en serait sortie, s'il n'avait pas été interrompu en ce moment par l'arrivée de la voiture qu'il avait fait demander et d'un agent qui devait lui tenir compagnie en route. Alors il percha, avec une grande dignité, son chapeau sur le haut du mouchoir qui enveloppait sa tête, fourra sa main dans son gousset, passa l'autre dans le bras de son conducteur et se laissa emmener.

« C'était bien ce que j'avais deviné en voyant qu'il ne m'avait pas envoyé chercher, se dit Ralph. Voilà un drôle, je le vois bien à travers ses propos d'ivrogne, qui a pris son parti; il veut me charger, ils me voient si bien traqué et poursuivi, que non seulement ils sont tous saisis de frayeur, mais qu'ils me montrent les dents, comme les animaux de la fable, eux qui, pas plus tard qu'hier, n'avaient pour moi que des coups de chapeau et des révérences. Mais qu'est-ce que cela me fait? Je ne céderai pas, je ne reculerai pas d'une semelle. »

Il retourna chez lui, où il fut bien aise de trouver sa gouvernante indisposée, pour avoir une bonne raison de s'enfermer seul et de l'envoyer se coucher à son logis, car elle demeurait à sa porte. Alors il s'assit à la lumière d'une simple chandelle et se mit à réfléchir, pour la première fois, à tous les événements de la journée.

Il n'avait ni bu ni mangé depuis la veille au soir, et, outre ses souffrances morales, il s'était fatigué à aller sans repos d'un lieu à l'autre, pendant plusieurs heures de suite. Il se sentait faible et épuisé, et cependant il ne put rien prendre qu'un verre d'eau et continua de rester assis, la tête dans sa main, sans penser, sans dormir, essayant péniblement et sans succès l'un et l'autre, et forcé de reconnaître que tout autre sentiment que celui de l'ennui et de la désolation était émoussé dans son âme.

Il était près de dix heures quand il entendit frapper à sa porte. Il ne bougea pas : il resta assis sur sa chaise comme s'il n'avait pas même la force d'y faire attention. Les coups, souvent répétés, furent, à plusieurs reprises, accompagnés d'une voix qui disait du dehors qu'on voyait de la lumière à sa fenêtre (c'était sa chandelle), avant qu'il pût se décider à se lever pour descendre.

« Monsieur Nickleby, il y a des nouvelles terribles pour vous, et on m'envoie vous prier de venir tout de suite, » lui dit une voix qu'il crut reconnaître. Il mit sa main devant ses yeux pour regarder à la porte en ouvrant : c'était Tim Linkinwater qui était là sur les marches.

« De venir où? demanda Ralph.

— Chez nous, où vous êtes venu ce matin. J'ai une voiture.

— Et pourquoi voulez-vous que j'y aille? dit Ralph.

— Ne me demandez pas pourquoi, mais venez vite avec moi, je vous prie.

— Une nouvelle édition de ce matin, répondit Ralph en faisant mine de refermer la porte.

— Non, non, cria Timothée en lui prenant le bras de l'air le plus sérieux; c'est seulement pour vous dire quelque chose qui vient d'arriver, quelque chose d'épouvantable, monsieur Nickleby, et qui vous touche de très près. Vous imaginez-vous que je vous parlerais comme je vous parle, ou que je viendrais à cette heure-ci vous trouver sans cela? »

Ralph le considéra de plus près, et, en voyant son agitation, il se sentit défaillir, sans savoir que dire ou que penser.

« Vous ferez mieux de venir le savoir plus tôt que plus tard, dit Timothée, cela peut avoir de l'importance pour vous. Au nom du ciel, venez donc! »

Peut-être, en tout autre temps, l'obstination et la colère de Ralph n'auraient-elles jamais voulu entendre à une invitation partie de la maison Cheeryble, si pressante qu'elle pût être. Mais alors, après un moment d'hésitation, il alla chercher son chapeau dans le vestibule et revint monter en voiture sans dire un mot.

Timothée se rappela bien depuis, et il en parla souvent, qu'au moment où Ralph Nickleby rentra chez lui pour aller chercher son chapeau, il le vit, à la lueur de la bougie qu'il avait posée sur une chaise, chanceler et trébucher comme un homme ivre. Il se rappela bien aussi qu'en mettant le pied sur le marchepied de la voiture, il se retourna et lui vit la face si sombre et si blême, l'air si égaré et si hors de lui, qu'il en eut la chair de poule et ne savait pas s'il devait faire route avec lui. On se plut à croire qu'il était en proie à quelque triste pressentiment, quoiqu'il soit plus naturel de penser que la rude journée qu'il avait traversée suffisait pour expliquer son émotion.

On garda pendant toute la course un profond silence. Une fois arrivés, Ralph entra dans la maison, sur les pas de son conducteur, et fut introduit dans la chambre où se tenaient les deux frères. Il fut si frappé, pour ne pas dire si effrayé de la compassion muette qu'il lisait dans leurs traits et dans ceux du vieux caissier, qu'il pouvait à peine ouvrir la bouche.

Cependant il prit un siège et balbutia quelques mots : « Qu'est-ce... qu'est-ce que vous avez à me dire... de plus que ce que vous m'avez déjà dit? »

La chambre où ils étaient réunis était une grande pièce, dans l'ancien style, mal éclairée, et terminée par une fenêtre en ogive, autour de laquelle étaient suspendus de grands rideaux en tapisserie. En jetant les yeux de ce côté, il vit dans l'embrasure une ombre obscure qui lui parut un homme. Il fut confirmé dans cette opinion en voyant l'objet se mouvoir, comme pour éviter son regard pénétrant.

« Qu'est-ce que c'est que cet homme que je vois là-bas? dit-il.

— C'est un homme qui nous a apporté, il y a deux heures, la nouvelle qui nous a engagés à vous envoyer chercher, répondit le frère Charles; ne vous en occupez pas, monsieur, ne vous en occupez pas pour l'instant.

— Encore des énigmes, dit Ralph d'une voix affaiblie. Eh bien, monsieur? »

Il fut obligé de détourner ses regards de la fenêtre pour les porter vers les frères; mais, sans leur laisser le temps de prendre la parole, il se retourna encore malgré lui. Il était évident que la présence de ce témoin invisible lui causait de l'inquiétude et de la gêne, car il répéta ce mouvement plusieurs fois et finit, dans un état nerveux qui ne lui laissait pas la liberté de changer de position, par s'asseoir de manière à l'avoir en face de lui, marmottant pour excuse que la lumière lui faisait mal.

Les frères commencèrent par avoir un petit bout d'entretien à part. On voyait qu'ils étaient très agités. Ralph leur jetait de temps en temps un coup d'œil étonné, et finalement leur dit, en faisant un effort visible pour reprendre son assurance : « Ah çà, qu'est-ce qu'il y a? Si on me dérange de chez moi à cette heure-ci, il faut au moins que ce soit pour quelque chose. Qu'est-ce que vous avez de nouveau à me dire ? » Puis, après un moment de silence, il ajouta : « Est-ce que ma nièce serait morte ? »

Cette supposition erronée n'en donnait pas moins l'occasion aux deux frères de commencer l'ouverture de la communication funèbre qu'ils avaient à lui faire. Le frère Charles se retourna pour lui dire qu'il s'agissait bien en effet d'un décès, mais que ce n'était pas celui de sa nièce, qui était bien portante.

« Vous ne m'auriez pas fait venir par hasard, dit Ralph avec des yeux étincelants de joie, pour m'annoncer la mort de son frère ? Oh non ! je serais trop content. Vous me le diriez, que je n'oserais pas le croire. Ce serait une nouvelle trop heureuse pour être vraie.

— Fi ! c'est horrible, cœur dénaturé et endurci, cria l'autre frère avec horreur. Préparez-vous à une nouvelle qui va vous faire trembler et frémir, pour peu qu'il vous reste dans le cœur quelque sentiment d'humanité. Si je vous disais qu'un pauvre malheureux jeune homme, un enfant plutôt, qui n'a jamais su ce que c'est que les tendres caresses, ou les heures agréables qui font de notre enfance un temps qu'on se rappelle toute la vie comme un doux songe ; une créature sensible, innocente, aimante, qui ne vous a jamais fait ni tort ni peine, mais dont vous avez fait la victime de la haine méchante que vous aviez conçue contre votre neveu, et sur lequel vous avez fait retomber le poids de vos mauvaises passions contre son ami ; si je vous disais que, succombant enfin à vos persécutions, monsieur, à la misère et à la douleur d'une vie, courte en durée, mais longue en souffrance, cette pauvre créature est allée déposer contre vous devant le juge souverain à qui vous aurez à en rendre compte ?...

— Si vous me disiez, dit Ralph, si vous me disiez qu'en effet il est mort, je vous pardonnerais tout le reste. Dites-moi qu'il est mort, et je me reconnais votre obligé, votre débiteur pour toute ma vie. Ah ! il est mort ! je le lis dans vos yeux. Qui est-ce qui triomphe enfin de nous deux ? Est-ce là votre nouvelle effrayante ? votre terrible communication ? Vous voyez comme j'y suis sensible. Vous avez bien fait de m'envoyer chercher. J'aurais volontiers fait quarante lieues à pied, par la boue, la crotte, les ténèbres, pour apprendre une pareille nouvelle en ce moment. »

Même dans l'emportement de sa joie féroce et sauvage, Ralph put voir encore dans les traits des deux frères le même sentiment de compassion indéfinissable qu'auparavant, malgré le dégoût et l'horreur qu'exprimait leur physionomie.

« Et c'est sans doute *lui*, dit Ralph en montrant du doigt l'embrasure de la fenêtre, qui vous a apporté cette nouvelle. C'est sans doute lui qui est là assis dans l'ombre, dans l'espérance de jouir de mon abattement et de ma consternation. Ha ! ha ! ha ! Je puis bien l'assurer que je serai longtemps pour lui une rude épine dans le flanc. Et vous, je vous le répète, vous ne le connaissez pas ; et vous regretterez le jour où vous avez pris en pitié ce vagabond.

— Vous me prenez pour votre neveu, dit une voix sourde. Il vaudrait mieux pour vous et pour moi que ce fût lui. »

L'individu qu'il avait aperçu dans l'obscurité se leva et vint vers lui à pas lents. Ralph tressaillit, en voyant qu'il se trouvait en face non pas de Nicolas, comme il l'avait supposé, mais de Brooker.

Ce n'est pas qu'il crût avoir de motif de le craindre : il n'avait jamais eu peur de lui. Cependant la pâleur que Timothée avait déjà observée sur sa face le soir même revint aussi effrayante. On le vit trembler de tous ses membres, et sa voix était profondément altérée, lorsque, fixant les yeux sur le nouveau venu :

« Qu'est-ce que ce coquin fait ici ? Ne savez-vous pas que c'est un galérien, un repris de justice, un voleur ?

— Écoutez ce qu'il a à vous dire, monsieur Nickleby, écoutez-le, quel qu'il soit, » crièrent ensemble les frères avec tant de chaleur que Ralph se retourna vers eux avec surprise, pendant qu'ils lui montraient Brooker ; il se mit donc à le considérer machinalement.

« Cet enfant, dit l'homme, ce jeune garçon dont ces messieurs vous parlaient tout à l'heure...

— Ce jeune garçon..., répéta Ralph jetant sur lui des yeux égarés.

— Que j'ai vu, étendu mort et glacé sur son lit, et qui est maintenant dans la tombe...

— Qui est maintenant dans la tombe, » répéta Ralph par écho, du ton d'un homme qui parle dans ses rêves.

L'individu leva les yeux, et croisant les mains d'un air solennel :

« C'était votre fils unique, j'en prends le ciel à témoin. »

Ralph restait assis dans un silence lugubre, ses deux mains sur ses tempes. Et, lorsqu'il les retira une minute après, jamais on n'a vu personne défiguré par la blessure la plus hideuse, comme le visage de spectre qu'il découvrit aux yeux des frères. Il regarda Brooker, qui pendant ce temps-là s'était tenu à une petite distance, sans dire un mot, sans faire le moindre bruit, le moindre geste.

« Messieurs, dit Brooker, je ne cherche pas à m'excuser : il y a longtemps que je me suis condamné moi-même. Quand je vais vous raconter mon histoire, peut-être me plaindrez-vous d'avoir été entraîné par des traitements odieux à sortir de mon naturel; mais, si je le fais, c'est seulement parce que je vous dois un récit détaillé, ce n'est pas pour me blanchir devant vous. Je suis coupable. »

Il s'arrêta pour se recueillir, détourna les yeux loin de Ralph pour les porter vers les frères, à qui il s'adressa ainsi d'un ton humble et soumis :

« Parmi les personnes qui faisaient des affaires avec cet homme, il peut y avoir de vingt à vingt-cinq ans, messieurs, il y avait un gentleman, grand chasseur, grand buveur, qui, après avoir gaspillé sa fortune, était bien aise de traiter de même celle de sa sœur. Ils n'avaient plus l'un et l'autre ni père ni mère : ils vivaient ensemble; c'était lui qui tenait la maison. A cette époque, monsieur que voilà (montrant Ralph), peut-être pour bien asseoir son influence, peut-être pour amener la demoiselle à ses fins, je n'en sais rien, fréquentait souvent leur maison dans le comté de Meicester, et venait y passer plusieurs jours de suite. Ils avaient eu beaucoup de rapports ensemble, il en avait peut-être encore; ou peut-être venait-il seulement pour ravauder les affaires de son client, qui étaient en fort mauvais état; ce qu'il y a de sûr, c'est qu'il n'y perdait pas. La demoiselle, sans être très jeune, était, dit-on, une belle personne et possédait une jolie fortune. Dans la suite des temps il l'épousa. Comme il ne l'avait épousée que par intérêt, il tint par la même raison son mariage secret, car il y avait dans le testament du père une clause qui disait que, si elle se mariait contre le consentement de son frère, le bien dont elle avait seulement l'usufruit tant qu'elle resterait fille passerait tout entier à une autre branche de la famille. Or le frère ne voulait pas donner son consentement, il voulait le vendre, et un bon prix. M. Nickleby ne voulait pas entendre parler de ce sacrifice : ils continuèrent donc de tenir leur mariage secret et d'attendre qu'il se cassât le cou en tombant de cheval, ou qu'il attrapât une bonne fièvre chaude par suite de ses excès. Il n'en fit rien, et pendant ce temps-là un fils naquit de ce mariage clandestin. On mit l'enfant en nourrice, bien loin de là. La mère ne le vit en tout qu'une fois ou deux, à la dérobée. Le père, dans sa soif d'argent, se croyant à la veille de mettre la main dessus, car son beau-frère était très malade et dépérissait de jour en jour, se garda bien d'aller jamais visiter son enfant, pour éviter tout soupçon. Le frère traînait toujours, et la femme de M. Nickleby pressait instamment son mari de déclarer leur mariage, mais elle ne fut accueillie que par un refus péremptoire. Elle restait donc seule dans une maison de campagne fort triste, ne voyant, pour ainsi dire, personne que quelques chasseurs qui venaient s'enivrer là et faire du tapage. Lui, de son côté, il demeurait à Londres pour s'occuper de ses affaires. Il y eut naturellement des querelles, des récriminations; enfin, il y avait déjà à peu près sept ans qu'ils étaient mariés, et n'avaient plus que quelques semaines à attendre pour voir mourir le frère, ce qui aurait arrangé tout, lorsqu'elle se fit enlever par un jeune homme et planta là son mari. »

Ici il fit une petite pause. Ralph ne bougea pas. Les frères firent signe à Brooker de continuer.

« Ce fut alors que je reçus de sa propre bouche la confidence de toutes ces circonstances. A dire vrai, c'était déjà le secret de la comédie, car il était connu du frère et de bien d'autres; et d'ailleurs, s'il m'en fit confidence, ce n'était que parce qu'il avait besoin de moi. Il se mit à la poursuite des fugitifs; on a dit que c'était pour tirer quelque argent du déshonneur de sa femme; moi, je crois que c'était plutôt pour se porter à quelque vengeance violente, car, s'il est avare, il n'est pas moins vindicatif : peut-être plus. Il ne put pas les retrouver et la femme mourut bientôt après. Avant de partir pour ses recherches, je ne sais pas si c'est qu'il commençait à croire qu'il pourrait aimer l'enfant. ou si c'était seulement pour éviter qu'il ne tombât jamais entre les mains de la mère; toujours est-il qu'il me chargea de le ramener chez lui, ce que je fis. »

Brooker prit ici, jusqu'à la fin de son récit, un ton plus humble, et baissa la voix.

« Cet homme, continua-t-il en montrant Ralph, avait mal agi avec moi; il m'avait traité cruellement : je lui en ai dit deux mots, il n'y a pas longtemps, quand je l'ai rencontré dans la rue; aussi je le haïssais. J'amenai donc l'enfant chez lui et je le logeai dans le grenier sur le devant. Négligé, comme il avait toujours été, il était maladif, et je fus obligé d'appeler un médecin, qui déclara qu'il fallait le changer d'air, si on ne voulait pas qu'il mourût. Je crois que c'est là ce qui m'a donné la première idée de faire ce que j'ai fait. M. Nickleby fit un voyage de six semaines. A son retour, e lui annonçai, en appuyant mon dire de preuves apparentes et circonstanciées, que l'enfant était mort et enterré. Soit que cela dérangeât quelque projet qu'il avait en tête, soit qu'il ne fût pas entièrement dépourvu de quelque sentiment d'affection naturelle, le fait est qu'il en montra du chagrin, ce qui me confirma dans mon dessein de lui faire cette révélation plus tard, pour en tirer de l'argent. J'avais entendu parler, comme bien d'autres, des pensions du Yorkshire. J'emmenai l'enfant dans une de ces maisons tenue par un nommé Squeers, et je l'y laissai sous le nom de Smike, que je lui donnai. Chaque année j'envoyais le prix de la pension; c'est cinq cents francs par an que j'ai donnés pour lui, pendant six ans, sans jamais souffler un mot de mon secret pendant ce temps-là, car j'avais fini par être si mal au service du père, que je l'avais laissé là après des querelles répétées. J'ai été transporté. Je suis resté, pour faire ma peine, absent d'Angleterre à peu près huit ans. Aussitôt que je fus rentré, je n'ai rien de plus pressé que de faire le voyage du Yorkshire. Je me cache un soir dans le village, je prends des informations sur les pensionnaires, et j'apprends que justement celui que j'avais placé là venait de se sauver avec un jeune homme qui portait le même nom que le père de Smike. Je me mets à chercher dans Londres M. Nickleby; je le vois, je lui parle, je cherche à lui faire comprendre que j'ai un secret à lui dire, en lui demandant un petit secours d'argent pour m'aider à vivre; il me reçoit avec des menaces. Alors je rencontre son clerc, et, de fil en aiguille, je lui montre qu'il peut avoir de bonnes raisons pour entrer en pourparlers avec moi; je finis par lui confier ce qui se passe; c'est moi, enfin, qui lui ai dit que le jeune homme n'était pas le fils de celui qui le réclamait comme étant son père. Pendant tout ce temps-là je n'avais pas encore revu Smike. Je finis par apprendre de la même source qu'il était malade et l'endroit où il était. Je me mets en route pour tâcher, s'il est possible, d'aller me rappeler à son souvenir, afin de donner plus de poids à mon récit. J'arrive jusqu'à lui à l'improviste, mais, avant que je puisse seulement lui adresser la parole, il me reconnait; il était bien payé pour ne pas m'avoir oublié, le pauvre garçon; et moi, de mon côté, j'aurais juré que c'était bien lui quand je l'aurais rencontré dans les Indes. C'était bien encore la même figure piteuse que je lui avais connue quand il était tout petit. Je reste indécis quelques jours; enfin je vais trouver le jeune monsieur qui en avait soin, mais il m'apprend sa mort. Il peut vous dire comme Smike m'avait reconnu tout de suite, combien de fois il lui a fait mon portrait comme l'ayant conduit et laissé à la pension, combien de fois il lui a parlé d'un grenier comme étant resté dans son souvenir: eh bien, c'est celui dont je vous ai parlé et que vous pourriez voir encore dans la maison de son père. Voilà mon histoire. Je ne demande pas mieux que d'être confronté face à face avec le maître de pension, et d'être mis à toutes les épreuves qu'on voudra. On verra que tout cela est bien vrai. Je n'en ai que trop le reproche sur ma conscience.

— Malheureux homme, dirent les frères, quelle réparation de vos torts pouvez-vous faire à présent?

— Aucune, messieurs, aucune! Je n'en ai plus à faire, pas plus que d'espérance à concevoir. Je suis vieux par l'âge, et plus vieux encore par la misère et le chagrin. Je n'attends de cet aveu que de nouvelles souffrances et peut-être un nouveau châtiment, mais cela ne m'empêche pas de le faire et d'y persister, quoi qu'il arrive. J'étais destiné sans doute à devenir l'instrument de ces terribles représailles contre un homme qui, dans la poursuite téméraire de ses mauvais desseins, a persécuté, traqué son pauvre enfant jusqu'à le faire mourir à la peine. Je n'échapperai pas plus que lui à la loi, je le sais; je viens trop tard pour rien réparer, et, pas plus dans ce monde que dans l'autre, je ne puis trouver maintenant d'espérance... »

Il avait à peine fini de parler, que la lampe placée sur la table tout près de Ralph, la seule qui éclairât la chambre, fut renversée par terre et les laissa dans l'obscurité. Pendant le court intervalle de temps qui se passa pour demander et pour apporter une autre lumière, Nickleby avait disparu.

Les bons frères et Tim Linkinwater restèrent quelque temps à discuter pour savoir s'il n'allait pas revenir, et, quand il fut évident qu'il était parti tout de bon, ils hésitèrent s'ils l'enverraient encore chercher oui ou non. Enfin, se rappelant sa mine étrange et son silence obstiné, pendant qu'il était assis là immobile tout le temps de cet entretien, ils supposèrent qu'il pouvait bien être malade et se déterminèrent, malgré l'heure avancée, à envoyer chez lui, sous quelque prétexte, savoir de ses nouvelles. La présence de Brooker, dont ils ne savaient que faire sans consulter auparavant les dispositions de M. Nickleby à son égard, leur parut un prétexte honnête, et ils résolurent de lui dépêcher un message avant de se mettre au lit.

« Total, *tout en Squeers.* » (P. 452.)

CHAPITRE LXI

Où Nicolas et sa sœur se conduisent de manière à déchoir dans l'estime de tous les gens du monde et de ce qu'on appelle les personnes sensées.

Le lendemain des révélations de Brooker, Nicolas retourna chez lui. Sa première entrevue avec sa famille fut agitée par bien des émotions de part et d'autre, car il les avait tenus au courant, dans ses lettres, de ce qui s'était passé, et, outre qu'ils partageaient naturellement ses chagrins, ils pleuraient tous comme lui la perte d'un jeune homme dont la misère et l'abandon avaient été son premier titre à leur compassion, mais que sa candeur et sa reconnaissance leur avaient rendu plus cher de jour en jour.

« Assurément, dit Mme Nickleby en s'essuyant les yeux et en poussant des sanglots amers, je puis dire que j'ai perdu la meilleure, la plus zélée, la plus obligeante créature du monde, celle dont j'ai reçu les soins les plus attentifs de toute ma vie, après vous, Nicolas et Catherine, et votre pauvre papa, et cette coquine de bonne qui est partie en emportant mon linge... et les douze petites fourchettes, cela va sans dire. C'était bien l'être le plus facile, le plus égal, le plus attaché, le plus fidèle. Comment ferai-je maintenant pour reposer mes yeux sur ce jardin qu'il mettait son orgueil à embellir pour moi, ou pour entrer dans sa chambre pleine de toutes ces petites inventions qu'il se plaisait à imaginer pour nous faire plaisir, et où il réussissait si bien? Il ne se doutait guère qu'il les laisserait là encore imparfaites. Non, en vérité je ne puis pas me résigner à cette idée. Ah! c'est un grand chagrin pour moi, un grand chagrin. Au moins, mon cher Nicolas, ce sera pour vous une consolation, jusqu'à la fin de vos jours, de vous rappeler combien vous avez toujours été bon et aimable pour lui, et la mienne sera de penser que nous étions aussi en d'excellents termes ensemble, et qu'il m'aimait beaucoup, le pauvre garçon. Votre attachement pour lui, mon cher, était bien naturel et bien profond : c'est un terrible coup pour vous. Il n'y a qu'à voir comme vous êtes changé pour le comprendre. Mais moi, personne ne peut deviner ce que j'éprouve, non, personne, c'est tout à fait impossible. »

Pendant que Mme Nickleby exprimait ainsi, en toute sincérité de cœur, des chagrins réels, mais qui, selon sa coutume, avaient un air trop personnel, par l'habitude qu'elle avait de rapporter tout à elle-même, elle n'était pas la seule qui ressentît de la peine dans la maison. Catherine, tout accoutumée qu'elle était à s'effacer devant les autres, ne pouvait retenir son chagrin. Madeleine n'y était guère moins sensible, et la pauvre, la bonne, l'honnête petite demoiselle la Creevy, qui, en l'absence de Nicolas, était venue leur faire une visite, et qui, depuis la mauvaise nouvelle, n'avait fait que les consoler et les distraire de son mieux, ne le vit pas plutôt arriver à la porte, qu'elle s'assit au bas de l'escalier et fondit en larmes, en refusant pendant longtemps toute consolation.

« Cela me fait tant de peine, s'écriait l'excellente fille, de le voir revenir tout seul ! Je ne peux pas m'empêcher de penser combien il a dû souffrir ! Je n'en serais peut-être pas si émue s'il le paraissait davantage lui-même; mais voyez avec quelle fermeté admirable il supporte tout cela.

— Mais, dit Nicolas, il le faut bien; je n'ai pas de mérite à cela.

— Sans doute, sans doute, répliqua la petite femme, et vous avez raison; mais que voulez-vous? excusez ma faiblesse : je trouve... je sais bien que j'ai tort de le dire, et je vais m'en repentir tout à l'heure... que vous méritiez une autre récompense pour tout ce que vous avez fait.

— Quoi! dit Nicolas avec douceur, quelle meilleure récompense pouvais-je attendre que de voir ses derniers jours heureux et tranquilles, et de me rappeler toujours que je lui ai tenu compagnie jusqu'à la fin, sans avoir eu le regret, ce que mille circonstances auraient pu faire, de n'être pas alors à ses côtés.

— C'est vrai, répondit miss la Creevy avec des sanglots; c'est moi qui ai tort. Je sais bien que je ne suis qu'une ingrate, une impie, une méchante petite folle. »

Et tout en faisant cet aveu, la bonne fille commençait à pleurer, à faire des efforts pour se contraindre, à essayer de rire. Le rire et les pleurs, mis aux prises sans transition, luttaient à qui resterait maître du champ de bataille. La victoire fut indécise, car miss la Creevy, pour les tirer de peine, finit par une attaque de nerfs.

Nicolas attendit qu'elles fussent toutes remises et calmées pour monter à sa chambre, où il avait besoin de se retirer, pour prendre un peu de repos après un si long voyage, et, se jetant tout habillé sur son lit, il tomba dans un profond sommeil. A son réveil, il trouva Catherine assise à son chevet, et, quand elle lui eut vu ouvrir les yeux, elle se pencha sur lui pour l'embrasser.

« Je suis venue vous dire combien je suis heureuse de vous voir de retour à la maison.

— Et moi, Catherine, je ne saurais vous dire tout le plaisir que j'ai de vous revoir.

— Nous soupirions tant après votre retour ! reprit Catherine, maman et moi... et Madeleine.

— Ne me disiez-vous pas, dans votre dernière lettre, qu'elle était tout à fait bien à présent? dit Nicolas vivement, en rougissant; n'a-t-il pas été question, depuis mon départ, de quelques arrangements que les frères Cheeryble ont en vue pour elle?

— Oh ! pas un mot de cela, répondit Catherine; je ne saurais songer à me séparer d'elle sans un vrai chagrin; et vous, Nicolas, sans doute vous ne le désirez pas non plus? »

Nicolas rougit encore, et, s'asseyant près de sa sœur à la fenêtre, sur un petit canapé :

« Non, Catherine, dit-il, non, je ne le désire pas; je ne ferais pas à d'autres l'aveu de mes sentiments, mais à vous, Catherine, je vous dirai franchement et simplement... que je l'aime. »

Les yeux de Catherine s'enflammèrent, et elle allait ouvrir la bouche pour répondre, quand Nicolas, lui mettant la main sur son bras, continua ainsi :

« Que personne n'en sache rien que vous !... elle surtout !

— Cher Nicolas !

— Elle surtout !... Jamais, quoique ce soit bien long, jamais. Quelquefois j'aime à penser qu'il doit venir un temps où je pourrai le lui dire sans crainte. Mais c'est si loin, dans un horizon si reculé; il faut qu'il se passe tant de temps d'ici là, et, quand le moment viendra, s'il vient toutefois, je me ressemblerai si peu à moi-même, j'aurai depuis si longtemps dépassé mes jours de jeunesse romanesque, sans que rien altère pourtant mon amour pour elle, que je ne puis m'empêcher de reconnaître que de pareilles espérances sont de pures chimères. Alors j'essaye de les étouffer de mes propres mains, et de surmonter ma peine, plutôt que de les voir se flétrir à la longue et me faire mourir à petit feu. Non, Catherine; depuis mon départ, j'ai eu perpétuellement devant les yeux, dans ce pauvre garçon que nous avons perdu, un exemple de plus de la libéralité généreuse de ces nobles frères. Je veux en être digne autant qu'il est en moi, et, si j'ai jamais auparavant chancelé dans mon devoir rigoureux, je n'en suis que plus résolu à le remplir strictement désormais et à me mettre, sans délai, à l'abri de toute tentation.

— Avant d'ajouter un mot, cher Nicolas, dit Catherine qui devint toute pâle, il faut que vous entendiez ce que j'ai à vous confier. C'était pour cela que j'étais venue, mais le courage m'a manqué; ce que vous venez de dire me donne du cœur. » Elle trembla et fondit en larmes.

Il y avait dans toute sa personne quelque chose qui préparait Nicolas à ce qu'il allait entendre.

Catherine essaya de parler, mais ses pleurs l'en empêchèrent.

« Allons! petite folle, dit Nicolas; quoi donc! Catherine, du courage, ma sœur. Je crois savoir ce que vous voulez me dire. Vous voulez me parler de M. Franck, n'est-ce pas? »

Catherine pencha la tête sur l'épaule de son frère, et lui dit en sanglotant : « Oui.

— Et peut-être que, depuis mon départ, il vous a offert sa main, n'est-ce pas? Oui?... C'est bon, c'est bon; vous voyez bien qu'il n'est pas si difficile de me dire tout. Il vous a offert sa main?

— Oui, et je l'ai refusée.

— Oui? et puis?

— Je lui ai dit, ajouta-t-elle d'une voix tremblante, tout ce que, depuis, ma mère m'a confié que vous lui aviez dit à elle-même, et pourtant je n'ai pu lui cacher, pas plus qu'à vous, que c'était un grand chagrin, une triste épreuve pour moi; mais c'est égal, je l'ai fait avec fermeté, et l'ai prié de ne plus me revoir.

— Je reconnais là ma brave Catherine, dit Nicolas en la pressant sur son cœur; j'étais bien sûr que vous le feriez.

— Il a essayé d'ébranler ma résolution, en me déclarant que, malgré ma décision, non seulement il informerait ses oncles du parti qu'il avait pris, mais qu'il en parlerait aussi dès que vous seriez de retour. J'ai peur, ajouta-t-elle d'un air moins ferme, j'ai peur de ne lui avoir pas assez montré combien j'étais touchée d'un amour si désintéressé, et la sincérité de mes souhaits pour son bonheur à venir. Si vous venez à en causer avec lui, vous me feriez bien plaisir de le lui faire savoir.

— Et vous avez pu supposer, Catherine, quand vous avez cru devoir faire ce sacrifice au devoir et à l'honneur, que je serais moins courageux que vous? lui dit Nicolas avec tendresse.

— Oh! non! non! mais votre position n'est pas la même, et...

— Elle est tout à fait la même, reprit Nicolas en l'interrompant; Madeleine n'est pas, il est vrai, la proche parente de nos bienfaiteurs, mais elle leur appartient par des liens qui ne sont pas moins chers. Et, s'ils m'ont conté d'abord son histoire, c'est qu'ils avaient en moi une confiance sans limites, et m'ont cru franc comme l'acier. Voyez quelle bassesse ce serait de ma part de profiter des circonstances qui l'ont amenée sous notre toit, ou du léger service que j'ai eu le bonheur de lui rendre, pour chercher à conquérir son affection, quand il en résulterait pour les frères, si j'y avais réussi, un désappointement dans leur désir de l'établir comme leur propre fille, et le soupçon trop naturel que j'ai fondé l'espoir de ma fortune sur leur compassion pour une jeune personne, prise ainsi dans mes filets par un calcul honteux, comme si j'avais fait servir à mes vœux intéressés sa reconnaissance même et la générosité de ses sentiments, spéculant bassement sur son malheur! Moi aussi, Catherine, dont le devoir, le plaisir et l'orgueil est de leur reconnaître d'autres titres à mon dévouement, que je n'oublierai jamais, moi qui déjà leur dois une vie aisée et heureuse, sans avoir le droit d'en demander davantage, j'ai pris le parti bien arrêté de m'ôter ce souci cruel. Je ne sais même pas si je n'ai pas à me reprocher d'avoir attendu trop longtemps. Dès aujourd'hui, je veux, sans réserve et sans équivoque, ouvrir mon âme à M. Cheeryble, et le supplier de prendre les mesures les plus promptes pour chercher à cette jeune personne l'abri d'une autre hospitalité que celle de notre toit.

— Aujourd'hui? sitôt?

— Voilà bien des jours et des semaines que j'y songe; pourquoi différerais-je encore? Si la scène douloureuse que je viens d'avoir sous les yeux m'a fait faire des réflexions, si elle a éveillé plus vivement encore en moi les scrupules et le sentiment du devoir, pourquoi attendrais-je que le temps en eût refroidi l'impression salutaire? Ce n'est pas vous, Catherine, qui m'en donneriez le conseil, ne m'en ayant pas donné l'exemple!

— Mais vous, c'est différent, vous pouvez devenir riche, qui sait? dit Catherine.

— Je puis devenir riche! répéta Nicolas avec un sourire plein de tristesse; c'est vrai, comme aussi je puis devenir vieux. Mais ne parlons plus de cela; riche ou pauvre, jeune ou vieux, nous serons toujours l'un pour l'autre ce que nous sommes, vous et moi; que ce soit là notre consolation. Nous ferons ménage commun, voulez-vous? au moins nous n'y serons point solitaires. Et si, fidèles à ces premières résolutions, nous avions le courage de n'en jamais changer! ce ne serait qu'un anneau de plus à la chaîne qui nous lie déjà l'un à l'autre. Il me semble que c'est hier, Catherine, que nous étions camarades d'enfance, et que nous partagions nos jeux folâtres. Eh bien, il nous semblera que nous sommes seulement au lendemain, lorsque, reportant en arrière notre pensée vers ces chagrins d'aujourd'hui, comme nous les reportons à présent vers notre enfance, nous nous rappellerons, avec une mélancolie qui ne sera pas sans charme, la peine qu'ils ont pu nous causer. Qui sait si, devenus alors de bonnes vieilles gens, devisant du passé où nous avions le pied plus alerte et la tête moins chenue, nous n'irons pas jusqu'à nous féliciter de ces épreuves qui auront augmenté notre tendresse réciproque et rendu notre vie à ce courant paisible et tranquille où nous aurons été entraînés doucement? Qui sait si nous ne verrons pas les jeunes gens d'alors, comme nous le sommes aujourd'hui, devinant quelque chose de notre histoire, nous montrer de la sympathie, et venir confier à l'oreille discrète du vieux célibataire et de sa vieille sœur des peines de cœur qui pèseront sur leur inexpérience, tour à tour pleine de crainte et d'espérance? »

Au milieu de ses pleurs, Catherine ne put refuser un sourire à ce tableau de leur vieillesse, et ses pleurs semblèrent moins amers en tombant le long de ses joues.

« N'ai-je pas raison, Catherine? dit-il après un court silence.

— Oui, vous avez raison, mon cher frère, et je ne puis vous dire combien je me sens heureuse d'avoir fait ce que vous m'auriez conseillé de faire.

— Vous n'en avez pas de regret?

— N...o...n, dit Catherine d'une voix timide, en traçant sur le parquet, avec son petit pied, quelque figure incohérente; je n'ai point de regret, sans doute, d'avoir fait ce que me commandaient l'honneur et le devoir, mais je regrette d'y avoir été obligée, du moins je le regrette quelquefois, et quelquefois je... Tenez! je ne sais ce que je veux dire. Je ne suis qu'une pauvre fille, Nicolas, et cela m'a beaucoup tourmentée. »

Ce n'est pas trop dire que d'assurer que, si Nicolas eût eu dans la main trois cent mille francs, il aurait sur-le-champ, dans son affection généreuse pour la jeune fille aux joues rougissantes, aux yeux baissés vers la terre, sacrifié jusqu'à son dernier sou, pour assurer son bonheur, sans songer au sien. Malheureusement il n'avait, pour la consoler et ranimer son courage, que des paroles bonnes et tendres; mais elles étaient si bonnes et si tendres, si pleines d'amour et d'encouragement, que la pauvre Catherine jeta ses bras à son cou, en lui promettant de ne plus verser une larme.

« Quel homme, se disait Nicolas avec orgueil, en s'en allant bientôt après chez les frères Cheeryble, ne trouverait pas le prix de tous ses sacrifices de fortune dans la possession d'un cœur comme celui de Catherine, un cœur d'un prix inestimable, si l'or et l'argent n'étaient pas estimés avant tout! Franck a plus de bien qu'il ne lui en faut. Tout son bien ne saurait lui procurer un trésor comme ma sœur. Et pourtant, dans ces mariages qu'on appelle inégaux, le parti le plus riche est toujours celui qui est censé faire un grand sacrifice, pendant que l'autre passe pour faire un bon marché. Mais quoi! je raisonne là comme un amoureux, ou plutôt comme un niais, ce qui pourrait bien être la même chose. »

C'est ainsi que, s'adressant à lui-même des compliments peu flatteurs pour réprimer des idées si mal en harmonie avec le devoir qu'il allait remplir, il continua sa route, et se présenta devant Timothée Linkinwater.

« Ah! monsieur Nickleby, cria Timothée, vous voilà donc, Dieu merci! Comment vous portez-vous? bien? N'est-ce pas que vous ne vous êtes jamais mieux porté?

— Très bien, dit Nicolas en lui donnant les deux mains.

— Ah! dit Timothée, vous avez l'air fatigué malgré cela, maintenant que je vous regarde. Tenez! écoutez-moi celui-là, l'entendez-vous? (C'était Dick, le vieux merle.) Je ne le connaissais plus depuis votre départ. Il ne peut plus se passer de vous maintenant. Il vous fait fête comme à moi.

— Dick est perdu dans mon estime, dit Nicolas, s'il me croit aussi digne que vous de son affection; je lui croyais plus d'intelligence.

— Que je vous dise, monsieur, dit Timothée se tenant dans son attitude favorite, et montrant du bout de sa plume la cage de son favori, vous me croirez, si vous voulez, mais les seules personnes auxquelles il ait jamais voulu faire attention, c'est M. Charles et M. Ned, vous et moi. »

Ici Timothée s'arrêta pour regarder, du coin de l'œil, Nicolas avec intérêt, et, rencontrant tout à coup celui de son jeune ami, il répéta avec embarras : « Vous et moi, monsieur, vous et moi. » Autre coup d'œil à Nicolas. Puis, lui serrant la main : « Mais excusez-moi, lui dit-il, je suis un vilain égoïste de vous parler de choses qui n'intéressent que moi. Parlons plutôt de ce pauvre garçon. A-t-il dit, avant de mourir, quelque mot des frères Cheeryble?

— Oui, dit Nicolas, il en a parlé bien des fois.

— A la bonne heure, reprit Timothée en s'essuyant les yeux, c'est bien de sa part.

— Et vous aussi, il a parlé de vous vingt fois, en me recommandant de faire ses amitiés à M. Linkinwater.

— Non, non, ne me dites pas cela, s'écria Timothée avec des sanglots à fendre le cœur. Pauvre garçon! je suis bien fâché qu'on n'ait pas pu l'enterrer à Londres. Il n'y a pas, dans toute la ville, un endroit pour se faire enterrer agréablement, comme ce petit cimetière, de l'autre côté de la place. Il y a des maisons de banque tout autour, et vous ne pouvez pas y faire un pas, par le beau temps, sans voir de tous côtés, par les fenêtres ouvertes, les registres et les coffres-forts... Vraiment! Il vous a chargé de ses amitiés pour moi? Je ne m'attendais guère qu'il eût pensé à moi. Pauvre garçon! me faire ses amitiés! »

Timothée était si profondément touché de cette petite marque de bon souvenir, qu'il fut quelque temps incapable de reprendre la conversation. Nicolas en profita pour s'esquiver et se rendre au cabinet du frère Charles.

Ce n'était pas sans peine qu'il avait préparé d'avance son cœur et son courage à cette entrevue. Mais la chaleur de l'accueil dont il se vit reçu, l'air cordial, la compassion simple et naturelle du bon vieillard, lui allèrent à l'âme et l'attendrirent malgré lui.

« Allons! allons! mon cher monsieur, dit l'excellent négociant, il ne faut pas vous laisser abattre. Non! non! au contraire, il faut apprendre à supporter le malheur, et nous rappeler qu'il y a des consolations jusqu'au sein de la mort même. Plus ce pauvre jeune homme aurait vécu de jours encore, moins il aurait été fait pour le monde, plus il aurait senti ce qui lui manquait, et il n'en aurait été que plus malheureux. Tout est pour le mieux, mon cher monsieur; oui, tout est pour le mieux.

— Je n'ai pas été sans penser à tout cela, monsieur, répliqua Nicolas en faisant un effort pour pouvoir parler. Je le sens bien comme vous.

— A la bonne heure, répliqua M. Cheeryble, qui, tout en donnant des consolations, n'était guère moins ému lui-même que le bon vieux Timothée; à la bonne heure!... Où donc est mon frère Ned? Monsieur Tim Linkinwater, où donc est mon frère Ned?

— Il est sorti avec M. Trimers, pour faire conduire ce malheureux, que vous savez, à l'hôpital, et envoyer une surveillante à ses enfants, répondit Timothée.

— Mon frère Ned est un brave homme..., un digne homme, s'écria le frère Charles en fermant la porte et revenant vers Nicolas. Il sera ravi de vous revoir, mon cher monsieur; il ne se passait pas de jour sans qu'on parlât ici de vous.

— Pour vous dire la vérité, monsieur, je suis bien aise de vous trouver seul, dit Nicolas avec une hésitation bien naturelle, car je suis impatient de vous dire quelque chose. Pourriez-vous m'accorder quelques minutes?

— Certainement, certainement, répondit le frère Charles en le regardant d'un air embarrassé. Parlez, mon cher monsieur, parlez.

— Je ne sais vraiment comment ni par où commencer. Si jamais mortel a eu des raisons de se sentir pénétré d'amour et de respect pour un autre, d'éprouver pour lui un attachement qui lui ferait du dévouement le plus pénible un plaisir et une grâce, de lui conserver un souvenir de reconnaissance égal à son zèle et à sa fidélité, ce sont là des sentiments que je dois avoir et que j'ai pour vous en effet, de tout mon cœur et de toute mon âme, vous pouvez le croire.

— Je le crois, reprit le vieux gentleman, et je suis heureux de le croire. Je n'en ai jamais douté; je n'en douterai jamais, soyez-en sûr.

— La bonté que vous avez de me le dire m'encourage à continuer. La première fois que vous m'avez chargé d'une mission de confiance auprès de Mlle Bray, j'aurais dû vous dire que je l'avais vue longtemps auparavant; que sa beauté avait produit sur moi une impression ineffaçable, et que j'avais fait des efforts inutiles pour la retrouver et la connaître. Si je ne vous en ai pas parlé, c'est que j'avais espéré, mais vainement, pouvoir vaincre cette faiblesse et subordonner toute autre considération à mon devoir envers vous.

— Monsieur Nickleby, dit le frère Charles, vous n'avez pas trahi la confiance que j'avais placée en vous, et vous n'en avez pas abusé pour en tirer avantage. Je sais bien que non.

— Non, dit Nicolas avec fermeté, je ne l'ai pas fait. Tout en éprouvant que la nécessité de me dominer et de me contraindre devenait de jour en jour plus pressante et plus difficile, jamais je ne me suis permis une parole ou un regard que j'eusse dû désavouer, si vous aviez été là. Mais je sens qu'une société constante, une compagnie de tous les jours avec cette charmante demoiselle, deviendraient fatales à ma tranquillité, et finiraient par triompher des résolutions que j'ai prises dès le début, que j'ai fidèlement gardées jusqu'à ce jour. En un mot, monsieur, je ne peux m'en fier à moi-même, et je viens vous prier avec instance d'éloigner cette demoiselle que vous aviez confiée à ma mère et à ma sœur, et de le faire sans délai. Je sais que vous ou toute autre personne que moi, mais vous surtout, en considérant l'immense distance qui me sépare de cette jeune demoiselle, votre pupille et l'objet de votre intérêt particulier, vous ne pouvez regarder mon amour pour elle, même en pensée, que comme le comble de l'audace et de la témérité. Je le reconnais. Mais aussi qui pourrait l'avoir vue, savoir tous ses malheurs et son courage comme moi, et ne pas l'aimer? Je n'ai pas d'autre excuse. Et, comme je ne me sens pas la force d'échapper à cette tentation, ni de réprimer ma passion si l'objet en reste toujours sous mes yeux, que puis-je faire de mieux que de venir vous prier et vous supplier de l'éloigner, pour me laisser les moyens de l'oublier, si je puis?

— Monsieur Nickleby, dit le frère Charles après un moment de silence, on ne peut pas vous demander davantage. C'est moi qui ai eu tort de mettre un jeune homme de votre âge à cette épreuve. J'aurais dû prévoir ce qui arrive. Merci! monsieur, merci! On éloignera Madeleine.

— J'aurais encore une grâce à vous demander, monsieur et cher protecteur, pour qu'elle ne se rappelle mon nom qu'avec estime, c'est de ne lui révéler jamais l'aveu que je viens de vous faire.

— Je n'y manquerai pas. Et maintenant est-ce là tout ce que vous aviez à me dire?

— Non! répondit Nicolas en levant vers lui les yeux; ce n'est pas tout.

— C'est bon! je sais le reste, dit M. Cheeryble, très visiblement satisfait de cette prompte réplique. Quand est-ce que vous en avez eu connaissance?

— Ce matin, à mon retour.

— Vous avez donc cru de votre devoir de venir immédiatement me dire ce que vous teniez apparemment de votre sœur?

— Oui, monsieur, quoique je vous avoue que j'eusse été bien aise de m'en expliquer d'abord avec M. Franck.

— Franck est venu chez moi hier au soir, répliqua le vieux gentleman : vous avez bien fait, monsieur Nickleby, très bien fait, et je vous en remercie de nouveau, monsieur. »

Nicolas demanda la permission d'ajouter quelques mots sur ce chapitre. Il espérait qu'il n'y avait rien dans ce qu'il avait dit qui dût amener une rupture dans l'amitié de Catherine et de Madeleine, unies désormais par un attachement si tendre que l'idée d'y renoncer serait pour elles une source de véritable affliction, pour lui une source de remords et de regrets d'en avoir été la cause malheureuse. Un jour à venir, quand tout cela serait oublié, il espérait aussi que M. Franck et lui n'en seraient pas moins bons amis; il pouvait promettre, au nom de son modeste intérieur et de celle qui ne demandait qu'à y rester pour partager son humble fortune, que pas un mot, pas un souvenir pénible de ce côté ne viendrait troubler leur harmonie. Il raconta avec exactitude tout ce qui s'était passé entre Catherine et lui, le matin même. Il parla d'elle avec une telle chaleur d'orgueil et d'affection fraternels; il mit tant de gaieté et de bonne humeur à rappeler la promesse qu'ils s'étaient faite de surmonter tout regret intéressé, et de passer leur vie contents et heureux de l'amour l'un de l'autre, qu'il eût été difficile de l'entendre sans en être attendri. Enfin, plus attendri lui-même qu'il ne l'avait encore été, il exprima en peu de mots, simples, mais plus expressifs que les phrases les plus éloquentes, son dévouement aux frères et son ferme espoir de vivre et mourir à leur service.

Le frère Charles écouta tout cela dans un profond silence, sa chaise tournée de manière que Nicolas ne pût voir son visage. Les quelques mots qu'il avait dits, n'avaient pas été prononcés avec son aisance accoutumée, mais avec une sorte d'embarras et de raideur qui n'étaient pas dans sa manière. Nicolas crut devoir lui demander s'il ne l'avait pas offensé sans le vouloir. « Non, non, dit-il, vous avez bien fait. » Mais il n'en dit pas davantage.

« Franck, ajouta-t-il après que Nicolas eut fini, est un imprudent, un écervelé,... un vrai fou. Je vais m'occuper de mettre ordre à cela promptement. N'en parlons plus; cela me fait de la peine. Revenez me voir dans une demi-heure. J'ai d'étranges nouvelles à vous annoncer, mon cher monsieur, et votre oncle nous a donné rendez-vous cet après-dîner à vous et à moi pour aller chez lui.

— Aller chez lui! avec vous, monsieur! s'écria Nicolas.

— Oui, avec moi; revenez me voir dans une demi-heure, je vous en dirai davantage. »

Nicolas n'y manqua pas, et là il apprit ce qui s'était passé la veille et ce qu'on savait du rendez-vous pris avec les frères Cheeryble. C'était pour le soir même, et, pour mieux suivre les événements, il nous faut revenir sur nos pas et nous attacher à ceux de Ralph, à partir du moment où il sortit de leur maison. Nous laisserons donc là Nicolas, un peu rassuré en les voyant reprendre avec lui leur air de bonté habituel, quoiqu'il crût y démêler je ne sais quoi d'extraordinaire, qui sentait la gêne, l'incertitude, le trouble.

CHAPITRE LXII

Ralph donne un dernier rendez-vous et n'y manque pas.

Ralph Nickleby se glissa donc à tâtons hors de la maison des frères Cheeryble, et s'esquiva comme un voleur. Une fois dans la rue, il commença par marcher, les mains en avant, semblable à un aveugle qui cherche son chemin, regardant souvent par-dessus son épaule, comme s'il était poursuivi en imagination ou en réalité par quelque indiscret dont les questions l'importunent et qui veut le retenir malgré lui. C'est ainsi qu'il tourna le dos à la Cité et se mit en route pour retourner chez lui.

La nuit était sombre ; le vent âpre et froid chassait devant lui avec rage les nuages rapides. Mais il y en avait un, tout noir, une masse lugubre, qui semblait suivre Nickleby. Au lieu de se mêler à la chasse impétueuse dans laquelle les autres étaient entraînés, celui-là se traînait tristement par derrière et glissait plutôt qu'il ne courait, comme une ombre furtive. Ralph se retournait souvent pour le regarder, et plus d'une fois il s'arrêta pour le laisser passer devant ; mais il avait beau faire, chaque fois qu'il recommençait sa marche, l'autre se retrouvait derrière lui, avançant lentement, lugubrement, comme un enterrement.

Il avait à passer par un petit cimetière, — un méchant terrain, élevé seulement de quelques pieds au-dessus du niveau de la rue, dont il n'était séparé que par un parapet très bas, surmonté d'une grille en fer : lieu fétide, malsain, dégoûtant, où il n'y avait pas jusqu'au gazon de chiendent qui ne semblât dire, par ses touffes maigres et chétives, qu'il ne tenait sa nourriture que du corps des pauvres diables enterrés là, et qu'il poussait ses racines dans la bière de misérables accoutumés à pourrir, dès leur vivant, dans des cours humides et dans des taudis d'ivrognes affamés. Là gisent, on peut bien le dire, ces morts de bas étage, séparés des vivants par une pelletée de terre et quatre planches, bien drus, bien serrés les uns contre les autres, associant la corruption de leurs cadavres, comme autrefois celle de leurs âmes — une vraie canaille de morts. Là gît la mort, presque côte à côte avec la vie, à quelques pouces seulement de la foule qui les pile en passant, le pied sur la gorge. Là gît la modeste famille des défunts, mes chers frères et mes chères sœurs, comme les appelait le gros rougeaud de curé qui les a dépêchés, quand on les a mis en terre.

En passant par là, Ralph se rappela qu'il avait autrefois été appelé à juger, comme juré, le cadavre d'un homme qui s'était coupé le cou et qu'on avait enterré dans cet endroit. Il ne pouvait pas s'expliquer pourquoi ce souvenir lui revenait pour la première fois à l'esprit, lui qui avait si souvent passé et repassé par là sans y penser, ni pourquoi il y prenait le moindre intérêt. Mais le fait n'en était pas moins constant. Il s'arrêta, il saisit de ses mains les barres de fer de la grille, et se mit à regarder avec avidité au travers où pouvait être son tombeau.

Pendant qu'il était ainsi occupé à regarder, il vit venir à sa rencontre une troupe d'ivrognes, criant, chantant, faisant tapage, et suivis d'autres personnes qui leur faisaient des remontrances et les engageaient à s'en retourner chez eux tranquillement. Mais ils étaient de trop belle humeur, et l'un d'eux, un méchant petit bossu, se mit à danser. Sa mine fantastique et grotesque excitait les éclats de rire du petit nombre de gens qui se trouvaient là. Ralph lui-même se sentit en gaieté, et mêla ses éclats de rire à ceux d'un homme qui était près de lui et qui se retourna pour le regarder en face. La troupe joyeuse passe : Ralph reste seul et reprend son examen mortuaire avec un redoublement d'intérêt, se rappelant que le dernier témoin qui, dans l'enquête, avait vu le suicidé encore vivant, avait déclaré qu'il était très gai quand il l'avait quitté, disposition qui, dans le temps, les avait tous surpris, lui et les autres jurés.

A force de considérer dans cet amas de tombeaux, la place où gisait celui-là, sa mémoire lui représenta avec force l'image vivante du personnage lui-même, ses traits, les circonstances qui l'avaient conduit là : tous souvenirs qui lui faisaient plaisir. Et il s'appesantit si bien sur ce sujet, qu'il en emporta l'impression encore toute fraîche en s'en allant, absolument comme, dans son enfance, il se rappelait avoir été longtemps poursuivi par le souvenir d'un marmouset dont il avait vu un jour le portrait dessiné à la craie sur une porte. Cependant, à mesure qu'il approcha de chez lui, l'image s'effaça, et il commença à penser à la triste solitude qu'il allait trouver dans sa maison.

Ce sentiment finit par devenir si fort que, quand il fut à sa porte, il eut de la peine à se décider à tourner la clef dans la serrure. En entrant dans le corridor, il lui sembla qu'en la fermant il mettait une dernière barrière entre le monde et lui. Il ne la poussa pas moins avec un grand bruit. Il n'y avait pas de lumière. Comme tout lui parut triste, froid et silencieux!

Tremblant des pieds à la tête, il monta dans la chambre où nous l'avons déjà vu si troublé. Il s'était bien promis de ne pas penser à ce qui venait d'arriver, avant d'être rentré chez lui. Maintenant qu'il y était, il fallut bien y réfléchir.

Son fils unique!... son unique enfant! Il n'avait pas eu l'ombre d'un doute sur l'exactitude du récit de Brooker. Il sentait que c'était vrai. Il en reconnaissait tous les détails, comme s'il y avait assisté tout du long. Son unique enfant! et il était mort! mort à côté de Nicolas — plein d'affection, d'amour pour lui, et le regardant comme un ange protecteur! C'est ce qui lui faisait le plus de chagrin.

Tout le monde venait de lui tourner le dos et de l'abandonner au moment où il avait le plus besoin d'appui. Son argent même n'avait plus de prise sur eux. Tout va éclater au vu et su de tout le monde. Et puis encore ce jeune lord tué en duel, son faux ami parti à l'étranger et soustrait à ses poursuites; ses trois cent mille francs perdus d'un coup; son complot avec Gride déjoué au moment même du succès, ses autres plans dévoilés, sa sûreté compromise, son malheureux fils maudissant en mourant son persécuteur, son père, et bénissant Nicolas. Tout s'écroulait à la fois, et l'engloutissait sous des ruines qui l'écrasaient dans la poussière.

Quand il aurait su que son fils était vivant, quand la ruse infernale de Brooker ne l'aurait pas empêché de le voir grandir chez lui, sous ses yeux, il sentait bien que, selon toute apparence, il n'aurait jamais fait qu'un père négligent, indifférent, rude, dur. Mais il lui venait aussi à l'idée que peut-être il aurait changé, que son fils aurait pu être pour lui une douceur dans sa maison, et qu'ils auraient pu vivre heureux ensemble. Il commençait à penser que la mort supposée de cet enfant et la fuite de la mère avaient pu contribuer à le rendre morose et sec comme il était. Il croyait se rappeler un temps où il était loin d'être si raide et si endurci. Il n'était pas éloigné de l'idée que ce qui lui avait fait tout d'abord haïr Nicolas, ç'avait été de le voir jeune et brillant, comme le séducteur qui, en lui ravissant sa femme, avait porté chez lui le déshonneur et détruit ses premiers rêves de fortune.

Mais qu'était-ce qu'une pensée de tendresse ou un regret de pur instinct dans le tourbillon de sa colère et de ses remords? Une simple goutte d'eau paisible dans une mer en furie. Sa haine contre Nicolas s'était accrue de sa propre défaite, nourrie de la hardiesse du téméraire à contrecarrer ses desseins, grossie de ses défis et surtout de son succès. Que de raisons pour la porter à son paroxysme, qu'elle avait fini par atteindre graduellement et par un progrès constant! C'était devenu comme une véritable folie. Quoi! c'était lui, Nicolas, lui seul qui avait été la seule planche de salut de son misérable enfant, son enfant à lui, Nickleby! C'était lui qui avait été son protecteur et son ami fidèle; c'était lui qui avait fait connaître cette tendresse et cet amour dont il avait été sevré dès sa naissance; c'était lui qui lui avait appris à haïr son propre père, à exécrer jusqu'à son nom! C'était lui qui en savourait le souvenir et le bonheur, au milieu de son triomphe insolent, pendant que le cœur de l'usurier ne pouvait plus se repaître que de fiel et de couleuvres amères. L'affection mutuelle du mourant et de Nicolas entrelacés était pour lui une insupportable agonie. Le tableau de son lit de mort, de Nicolas à ses côtés, le soignant, le servant, pendant que l'autre le remerciait de sa voix éteinte et rendait le dernier soupir dans ses bras, lorsque au contraire lui, le père, son rêve aurait été d'en faire de mortels ennemis et de souffler sa haine héréditaire à son enfant, tout cela lui donnait des attaques de frénésie. Il grinçait des dents, il agitait ses bras dans le vide, il regardait autour de lui d'un air égaré, avec des yeux qui étincelaient à travers les ténèbres.

« C'en est fait, s'écria-t-il, je suis écrasé, ruiné. Le misérable me l'avait bien dit : *La nuit commence!* Quoi! le diable ne viendra pas à mon aide! »

Aussitôt voilà que l'image qu'il avait évoquée ce soir, en passant au cimetière, revient lui trotter dans la tête. Il la voyait là, gisant devant lui. Elle avait la tête couverte, telle que la première fois qu'il avait vu le corps. C'étaient bien aussi ses pieds raides, crispés, marbrés. Et puis, après cela, les amis du défunt venant, tout tremblants, raconter la chose au jury, les cris de douleur des femmes, le silence morne des hommes, la consternation, l'agitation, le trouble, la victoire remportée sur le monde par ce morceau d'argile qui, en un tour de main, en avait fini avec la vie et laissé derrière lui tout ce remue-ménage.

Il se mit à regarder avec avidité où pouvait être son tombeau. (P. 463.)

Il ne dit plus un mot, et, après une pause de quelques instants, il sortit de la chambre, grimpa doucement l'escalier sonore, monta en haut, tout en haut, jusqu'au grenier sur le devant, ferma la porte derrière lui et s'arrêta.

Ce n'était plus qu'un galetas. Cependant on y voyait encore un vieux bois de lit démantibulé, celui où avait couché son fils, car il n'y en avait jamais eu d'autre. Il se détourna vivement pour ne pas le voir, et alla s'asseoir le plus loin de là qu'il put.

La lueur affaiblie des lanternes de la rue projetait encore assez de clarté par la fenêtre nue, sans jalousie et sans rideau, pour montrer l'aspect général de cette chambre à débarras, sans éclairer distinctement les divers objets qui s'y trouvaient pêle-mêle, de vieilles malles rattachées avec des ficelles, des meubles cassés. Il y avait un plafond en planches, haut d'un côté, et de l'autre descendant jusqu'au niveau du plancher de la mansarde. Ce fut vers la partie la plus haute que Ralph dirigea sa vue : il y tint les yeux attachés quelques minutes, se leva, traîna là un vieux coffre qui lui avait servi de siège, monta dessus, tâta la muraille à deux mains au-dessus de sa tête, finit par rencontrer le gros clou à crochet enfoncé solidement dans une poutre.

En ce moment, il fut interrompu par un grand coup de marteau frappé à la porte de la rue. Après un instant d'hésitation, il ouvrit la fenêtre et demanda : « Qui est là ?

— Je demande à parler à M. Nickleby.

— Qu'est-ce que vous lui voulez ?

— Je ne reconnais pas la voix de M. Nickleby, » dit le visiteur.

Et en effet, sa voix n'était plus la même, quoique ce fût bien Nickleby qui parlait.

« Vous vous trompez, c'est bien moi.

— Je viens de la part des frères pour savoir ce que vous voulez qu'on fasse de l'homme que vous avez vu ce soir. Quoiqu'il soit déjà minuit, ils m'envoient vous le demander, pour ne rien faire contre votre avis.

— Qu'on le garde jusqu'à demain, répliqua Ralph ; après cela, qu'on l'amène ici avec mon neveu ; et les frères aussi : ils peuvent compter que je serai prêt à les recevoir.

— A quelle heure ?

— A l'heure qu'ils voudront, répondit Ralph avec rage ; l'après-midi si cela leur convient ; n'importe l'heure, la minute, tout m'est égal. »

Il écouta l'homme partir, jusqu'à ce qu'il n'entendît plus le bruit de ses pas, et alors, en regardant le ciel, il vit, il crut bien voir ce même nuage noir qui l'avait escorté jusque chez lui, et qui paraissait à présent rivé au-dessus de sa maison.

« Je comprends, murmura-t-il, c'est bien cela. Toutes ces nuits sans sommeil, ces rêves, ces frayeurs récentes, voilà le mot de l'énigme. Ah ! s'il était vrai qu'un homme peut vendre son âme pour obtenir le droit de faire ce qu'il veut seulement une minute, je ferais bon marché de la mienne, et je ne demanderais pas un long terme. »

Le vent apporta à son oreille le son d'une grosse cloche.... Une !

« Va donc, cria l'usurier, continue de mentir avec ta langue de fer. Sonne joyeusement des naissances qui portent le deuil dans le cœur des neveux déconfits ; carillonne des mariages qui portent la joie dans l'enfer ; tinte tristement des décès, où le mort n'est pas encore en terre, que les héritiers ont déjà usé ses chaussures ; appelle à la prière des saints qui ne sont que des hypocrites, et surtout ne manque pas de saluer à toute volée le retour de l'année nouvelle, qui abrège d'autant la durée de ce monde maudit. Je n'ai pas besoin de cloche, moi, ni des registres du sacristain. Qu'on me jette sur un fumier et qu'on m'y laisse pourrir, pour que j'aie le plaisir au moins d'infecter l'air ! »

Il jeta autour de lui un regard sauvage, mélange affreux de haine, de désespoir et de frénésie, menaça le ciel à poings fermés, le ciel non moins sombre et non moins menaçant, puis ferma la fenêtre.

La pluie et la grêle viennent taper contre les vitres. Les cheminées craquent et dégringolent. La croisée s'agite et crie sous l'effort du vent comme sous une main impatiente qui voudrait l'ouvrir au risque de la briser. Mais non, il n'y avait pas de main derrière, et elle ne s'ouvrit plus.

. . . .

« Tiens ! dit un voisin, comment est-ce donc que cela se fait ? Ces messieurs disent qu'ils ne peuvent pas parvenir à se faire entendre dans la maison, et que voilà deux heures qu'ils y perdent leurs peines.

— Pourtant, lui répond un autre, il est bien revenu hier au soir, car je l'ai entendu parler de la fenêtre du grenier à quelqu'un qui était dans la rue. »

Il y avait donc un petit groupe de curieux rassemblés. En entendant parler de la fenêtre, ils passèrent de l'autre côté de la rue, pour la regarder. Ce fut pour eux une occasion de faire l'observation que la maison était encore fermée, telle que la gouvernante l'avait laissée la veille au soir. De là bon nombre de suppositions. Deux ou trois des plus hardis finissent par entrer par une croisée sur le derrière, pendant que les autres attendent avec impatience au dehors le résultat de leurs recherches.

Ils commencèrent par visiter tout le rez-de-chaussée, puis le premier étage, en ouvrant à mesure, les volets pour donner du jour. Ne trouvant personne et voyant tout en ordre, ils hésitent à pousser plus loin. Cependant, sur l'observation faite par l'un d'eux, qu'ils n'étaient pas encore allés au grenier, où il était la dernière fois que quelqu'un l'avait pu voir, ils se décidèrent à le visiter ; ils montent doucement, car le silence mystérieux qui régnait dans toute la maison les rendait timides.

Après s'être arrêtés un moment sur le palier, ils se regardèrent les uns les autres. Celui qui avait le premier proposé de continuer leur examen, tourna la clef, poussa la porte, passa la tête et recula aussitôt.

« C'est bien singulier, dit-il à voix basse, il est caché là, derrière la porte. Voyez plutôt. »

On se presse pour voir, mais l'un d'eux, mieux avisé, jette les autres de côté en jetant un grand cri, tire son couteau de sa poche, se précipite au milieu de la chambre, coupe la corde et reçoit le cadavre.

Ralph avait détaché une corde de l'une des

vieilles malles qui étaient là, et s'était pendu au crochet de fer, immédiatement au-dessous de la trappe, à ce même endroit qui avait si souvent attiré, quatorze ans auparavant, les yeux effrayés de son fils, pauvre créature abandonnée, chétive, livrée à toutes les terreurs de l'enfance.

CHAPITRE LXIII

Les frères Cheeryble font toutes sortes de déclarations, soit en leur nom, soit pour d'autres. Tim Linkinwater n'en fait qu'une, mais c'est pour son compte.

Quelques semaines se passent, et le premier choc de ces événements commence à s'amortir. Madeleine a été retirée de la maison de Mme Nickleby; Franck a fait une absence; Nicolas et Catherine se sont mis sérieusement à la besogne pour essayer d'étouffer leurs regrets, de ne plus vivre que l'un pour l'autre et pour leur mère, beaucoup moins résignée qu'eux à ces révolutions imprévues, lorsqu'un soir M. Linkinwater arrive chargé par les frères d'une invitation à dîner pour le surlendemain. Elle n'était pas seulement adressée à Mme Nickleby, à Catherine, à Nicolas, mais elle comprenait aussi Mlle la Creevy, dont le nom était spécifié d'une manière toute particulière.

« Ah çà! mes chers amis, dit Mme Nickleby quand ils eurent reçu le message avec l'honneur qu'il méritait, et que M. Timothée fut retourné chez les frères, qu'est-ce que vous pensez de cela?

— Et vous, ma mère, dit en souriant Nicolas, qu'est-ce que vous en pensez vous-même?

— Mon cher fils, je vous le répète, reprit-elle avec un air de mystère impénétrable, qu'est-ce que signifie cette invitation à dîner? quelle en est l'intention et le but?

— Moi, dit Nicolas, j'ai grande envie de conclure de là qu'en cette circonstance ils vont nous donner à boire et à manger chez eux, et que l'intention et le but pourraient bien être de nous faire plaisir.

— Belle conclusion, ma foi!

— Ma chère mère, je n'ai pas encore pu en tirer de plus sérieuse que celle-là.

— Eh bien, alors, je vais vous dire une chose, continua Mme Nickleby. Si cela vous étonne, voilà tout. Je vous dirai donc que ce dîner-là sera suivi de quelque chose.

— D'un thé peut-être, ou d'un souper, reprit Nicolas.

— Vous feriez bien, mon cher, de ne pas dire des absurdités, répliqua Mme Nickleby avec dignité. Cela n'est jamais bienséant, mais ça vous va moins qu'à personne. Ce que je veux dire, c'est que les MM. Cheeryble ne nous inviteraient pas avec tant de cérémonie à dîner, si ce n'était pas pour quelque chose. N'ayez pas peur, vous verrez. Je sais bien qu'il suffit que je dise quelque chose pour que vous ne vouliez pas le croire. Attendez, je ne vous dis que cela : je ne peux pas mieux dire pour tout le monde; c'est le moyen d'éviter toute discussion. Seulement, rappelez-vous bien de ce que je vous dis, et n'allez pas dire après que je ne l'avais pas dit. »

Après avoir ainsi bien stipulé son droit, Mme Nickleby, qui ne cessait pas d'avoir l'esprit troublé jour et nuit par l'apparition d'un exprès venant à bride abattue annoncer à Nicolas, de la part des frères, qu'ils l'avaient enfin associé à leur maison, abandonna ce sujet pour passer à un autre.

« C'est une chose bien extraordinaire, ajouta-t-elle, bien extraordinaire qu'ils aient invité miss la Creevy. Cela m'étonne; je n'en reviens pas. Certainement j'en suis bien aise, j'en suis charmée, et je ne doute pas qu'elle ne se tienne très bien, comme toujours. C'est un grand plaisir pour nous de penser que nous ayons pu lui procurer l'honneur d'être introduite en pareille société, et j'en suis toute contente, plus qu'on ne peut dire, car c'est assurément une petite personne excellente et de très bon ton. Je voudrais pourtant bien qu'on lui dit, en ami, de ne pas attifer son bonnet d'une manière si comique et de ne pas faire tant de révérences superflues; mais, comme de raison, c'est impossible, et si cela lui plaît de se rendre ridicule, après tout elle en a le droit. On ne se connaît jamais bien soi-même; cela a toujours été et cela sera toujours. »

Cette réflexion morale lui rappelant la nécessité de faire quelques frais pour la circonstance, ne fût-ce que pour corriger le mauvais effet de miss la Creevy par sa mise élégante, Mme Nickleby tint conseil avec sa fille relativement à certains rubans, à ses gants, à sa parure. Question compliquée et dont l'importance sans égale eut bientôt mis en déroute tous les autres sujets de conversation secondaires.

Le grand jour arrive, et Mme Nickleby se met entre les mains de Catherine une heure après le déjeuner, fait sa toilette à son aise, et se trouve prête assez tôt pour laisser à sa fille le temps de s'occuper de la sienne ; ce qui ne fut pas long, tant elle y mit de simplicité ; et pourtant elle s'en acquitta avec tant de goût, qu'elle n'avait jamais eu un air plus charmant ni plus aimable. Miss la Creevy, de son côté, arriva avec deux cartons (dont le fond, par parenthèse, tomba par terre en les retirant de l'omnibus) et un petit paquet enveloppé soigneusement dans un journal, sur lequel un monsieur avait eu la maladresse de s'asseoir quand elle était descendue : il fallut un coup de fer pour réparer le dommage. Enfin voilà tout le monde en grande tenue, y compris Nicolas, qui était venu les chercher dans une voiture envoyée exprès par les frères. Mme Nickleby, pendant ce temps-là, se creusait la tête à ce qu'on leur donnerait à dîner, et fatiguait Nicolas de questions sur ce qu'il avait pu en savoir le matin à la ville ; s'il avait senti de la cuisine l'odeur de la tortue ou de quelque autre bonne chose. Elle entremêlait ses interrogations de réminiscences sur les dîners où elle avait assisté il y avait quelque vingt ans ; elle en détaillait le menu, sans oublier d'énumérer aussi le nom des convives, peu intéressant pour ses auditeurs, qui n'en connaissaient malheureusement pas un.

Le vieux maître d'hôtel les reçut avec un profond respect et des sourires de satisfaction en les introduisant dans le salon, où les frères leur firent un accueil si cordial et si tendre, que Mme Nickleby, dans son embarras, eut à peine assez de présence d'esprit pour ne pas oublier de présenter Mlle la Creevy. Catherine fut encore plus émue de la cérémonie de la réception, car elle savait que les frères étaient instruits de tout ce qui s'était passé entre elle et leur neveu, position embarrassante dont elle sentait toute la délicatesse. Aussi son bras tremblait-il sur celui de Nicolas, quand M. Charles lui offrit le sien pour la conduire à son fauteuil.

« Avez-vous vu Madeleine, ma chère demoiselle, dit-il, depuis qu'elle est sortie de chez vous ?

— Non, monsieur, répliqua-t-elle, pas encore.

— Et vous n'avez pas entendu parler d'elle ? Quoi ! elle ne vous a pas donné de ses nouvelles ?

— Je n'en ai reçu qu'une fois, et par lettre, répondit doucement Catherine. Je n'aurais jamais cru qu'elle dût m'oublier sitôt.

— Ah ! dit le vieux gentleman en lui serrant la main et en lui parlant avec l'affection qu'il aurait pu montrer pour une fille chérie ; pauvre petite ! Qu'est-ce que vous dites de cela, frère Ned ? Madeleine qui ne lui a écrit qu'une fois, une seule fois, Ned ; et Mlle Nickleby n'aurait jamais cru qu'elle l'oubliât sitôt.

— Ah ! c'est mal, c'est mal, très mal ! » dit le frère.

Ils échangèrent ensemble un coup d'œil, et, regardant quelque temps Catherine sans mot dire, ils se donnèrent une poignée de main et se firent des signes de tête comme s'ils se félicitaient mutuellement de quelque particularité secrète qui leur faisait beaucoup de plaisir.

« Allons ! allons ! dit le frère Charles, passez dans cette chambre, ma petite, la porte là-bas, et voyez si vous n'y trouverez pas une lettre d'elle pour vous ! Je crois qu'il y en a une sur le guéridon. Si vous en trouvez une, vous n'avez que faire de vous presser pour la lire. Prenez votre temps ; nous ne dînons pas encore. Vous avez bien le temps de revenir ici ; ne vous pressez pas. »

Catherine se retira sur cette invitation. Frère Charles suivit des yeux sa gracieuse personne et se retourna vers Mme Nickleby en lui disant :

« Nous avons pris la liberté de vous inviter une heure avant de nous mettre à table, madame, parce que nous voulions, d'ici là, vous entretenir d'une petite affaire. Ned, mon cher frère, voudriez-vous vous charger de dire à madame ce dont nous sommes convenus ? Monsieur Nickleby, voulez-vous avoir la complaisance de venir avec moi ? »

Sans autre explication, il laissa ensemble Mme Nickleby, miss la Creevy et son frère Ned. Nicolas suivit M. Charles dans son cabinet particulier, où il fut tout étonné de trouver Franck, qu'il croyait bien loin.

« Allons ! jeunes gens, dit M. Cheeryble, qu'on se donne une poignée de main.

— Ma foi ! dit Nicolas en tendant la sienne, je ne me ferai pas prier pour ça.

— Ni moi, » répliqua Franck en la serrant fortement.

Le vieux gentleman, en les regardant avec délices, se disait qu'il était impossible de voir à côté l'un de l'autre deux jeunes gens mieux faits ni mieux tournés. Il fut quelque temps avant de détacher ses yeux de ce spectacle, puis, rompant le silence, il leur dit, en allant s'asseoir à son bureau :

« Je désire vous voir toujours amis, de bons et solides amis, et, sans cette assurance, je ne sais pas si j'aurais le courage de vous dire ce que je vais vous dire. Franck, venez près de moi, et vous, monsieur Nickleby, voulez-vous vous placer de l'autre côté ? »

Ce fut vers la partie la plus haute que Ralph dirigea sa vue. (P. 465.)

Les deux jeunes gens s'avancèrent l'un à la droite, l'autre à la gauche du frère Charles, qui tira de son secrétaire un papier et le déplia en disant :

« Voici une copie du testament du grand-père maternel de Madeleine, par lequel il lui lègue la somme de trois cent mille francs, payables à l'époque de sa majorité ou de son mariage. Il paraît que ce brave homme, fâché contre elle (son unique parente) de ce qu'elle n'avait pas voulu, malgré ses instances répétées, venir se mettre sous sa protection, à la condition de se séparer de son père, fit d'abord un testament pour assurer cette somme, c'est-à-dire tout son bien, à un établissement charitable. Mais apparemment qu'il se repentit plus tard de cette détermination, car, trois semaines après, il se décida à faire celui-ci, qui fut soustrait frauduleusement à l'époque de sa mort, pendant que l'autre, trouvé seul dans sa succession, fut enregistré et exécuté. Des négociations amiables, qui ne viennent que de se terminer, ont été entamées, depuis que ce titre a passé dans nos mains, et, comme l'authenticité en est incontestable, et qu'on a fini par trouver des témoins, l'argent est restitué; en conséquence, Madeleine est rentrée dans ses droits, et se trouve ou se trouvera, à l'époque désignée de son mariage ou de sa majorité, maîtresse de sa fortune. Vous m'avez bien compris ?

— Certainement, » dit Franck. Nicolas, qui n'osait pas dire un mot, de peur que le timbre de sa voix ne trahît sa faiblesse, inclina seulement la tête par forme d'assentiment.

« C'est vous, Franck, qui avez bien voulu vous charger du recouvrement de ce titre. La fortune n'est pas considérable; mais nous avons de l'amitié pour Madeleine, et, quelle que soit la modicité de son bien, nous aimerions mieux vous voir allier avec elle qu'avec toute autre demoiselle de notre connaissance qui aurait le triple de la dot; vous conviendrait-il de demander sa main?

— Non, monsieur. Quand je me suis occupé de lui faire rendre ses droits, je la croyais déjà engagée de cœur avec une personne qui a tous les titres du monde à sa reconnaissance, et, si je ne me trompe, à son affection, des titres que personne ne saurait lui disputer. J'ai peur de m'être trop pressé dans mon jugement à cet égard, mais...

— Vous n'en faites jamais d'autres, s'écria le frère Charles oubliant son air de dignité empruntée; toujours trop pressé dans vos jugements. Comment pouvez-vous croire, Franck, que nous vous laisserons marier par intérêt, quand vous pouvez épouser par amour une jeune fille aimable et belle, un vrai modèle de mérite et de vertu? Comment avez-vous eu la hardiesse d'aller faire la cour à la sœur de M. Nickleby, sans nous faire part de vos intentions, et sans nous charger de faire votre déclaration?

— Je n'osais pas espérer...

— Ah! vous n'osiez pas espérer? Alors, raison de plus pour ne pas vous passer de notre entremise. Monsieur Nickleby, je suis bien aise de vous dire que Franck, ordinairement trop pressé dans ses jugements, ne s'est pourtant pas trompé cette fois-ci, par hasard. Il a jugé vrai. Le cœur de Madeleine est engagé. Donnez-moi la main, monsieur; oui, il est engagé avec vous, et elle ne pouvait faire un choix plus naturel et plus honorable. Sa petite fortune est donc à vous, mais elle vous apporte, monsieur, dans sa personne, un trésor plus précieux que si elle vous donnait cinquante fois plus. C'est vous qu'elle préfère, monsieur Nickleby, et nous, ses meilleurs amis, nous lui aurions conseillé nous-mêmes cette préférence. Quant à M. Franck, la préférence qu'il donne ailleurs n'est pas moins sûre de notre agrément. Il faut qu'il ait la petite main de votre sœur, monsieur, quand elle l'aurait refusée un million de fois; il le faut, et il l'aura! Vous vous êtes conduit noblement, avant de connaître nos sentiments; mais, maintenant que vous les connaissez, monsieur, vous devez faire ce qu'on vous dit. Comment! n'êtes-vous pas les enfants d'un digne gentleman? Il a été un temps, monsieur, où mon cher frère et moi nous n'étions que deux pauvres petits garçons, allant à l'aventure, presque nu-pieds, chercher fortune. Que sommes-nous de plus aujourd'hui, sauf les années et une position plus avantageuse dans le monde? Nous n'avons pas changé. Non, non, Dieu merci!... Ah! Ned, Ned, quel heureux jour pour vous et pour moi! Si notre pauvre mère était seulement encore de ce monde pour nous voir à présent, frère Ned, quelle joie pour sa chère âme, comme elle eût été fière de ses enfants! »

Le frère Ned, qui venait d'entrer avec Mme Nickleby sans être aperçu par les deux jeunes gens, répondit à cet appel en courant serrer tendrement son frère Charles dans ses bras.

« Amenez-moi ma petite Catherine, dit celui-ci après un moment de silence. Amenez-la-moi, frère Ned. Que je la voie, cette chère Catherine, que je l'embrasse. J'en ai le droit maintenant. J'en avais déjà bien envie la première fois qu'elle est venue : je me suis retenu vingt fois... Ah! Eh bien, mon petit colibri, n'avez-vous pas trouvé la lettre? N'avez-vous pas trouvé plutôt Madeleine elle-même qui était là à vous attendre et à vous espérer? N'avez-vous pas reconnu qu'elle n'avait pas oublié tout à fait son amie, sa garde-malade, sa douce compagne? Mais que je vous embrasse; voilà le meilleur de la chose.

— Laissez donc, mon frère, laissez donc, dit Ned, vous allez rendre Franck jaloux comme un tigre, et il faudra vous couper la gorge avec lui avant le dîner; la belle affaire!

— En ce cas, Ned, qu'il l'emmène, qu'il l'emmène! Madeleine est dans la chambre voisine : que tous les amoureux nous laissent tranquilles, qu'ils aillent causer ensemble de l'autre côté, s'ils ont quelque chose à se dire. Mettez-les dehors, Ned, tous. »

Et le frère Charles commença l'exécution en conduisant à la porte la jeune fille confuse, et en la congédiant avec un baiser. Franck ne se le fit pas dire deux fois pour la suivre. Quant à Nicolas, c'était lui qui avait ouvert la marche. Il ne resta donc plus que Mme Nickleby et miss la Creevy, qui sanglotaient à qui mieux mieux, les deux frères et Tim Linkinwater, qui circulait à la ronde, distribuant à tout le monde de joyeuses poignées de main, sa ronde face toute rayonnante et pleine de sourires.

« Eh bien, monsieur Tim Linkinwater, dit le frère Charles, qui avait toujours la parole en main, voilà toute cette jeunesse heureuse, monsieur!

— C'est égal, vous n'avez pas pu y tenir : vous ne les avez pas fait languir aussi longtemps que vous l'aviez dit, répondit Timothée d'un air goguenard. Vous deviez tant, selon vous, garder M. Nickleby et M. Franck dans votre cabinet, je ne sais pas combien d'heures, et leur dire je ne sais pas combien de choses avant d'en venir au fait!

— Là! a-t-on jamais vu un vilain homme comme ce Timothée? Je vous le demande, frère Ned, a-t-on jamais vu son pareil? Ne voilà-t-il pas qu'il m'accuse d'impatience? Cela lui va bien, à lui qui n'a pas cessé de nous ennuyer du matin jusqu'au soir, et de nous persécuter pour lui permettre d'aller leur vendre la mèche, avant que nous eussions dressé toutes nos batteries et arrangé un seul mariage. Ah! le vilain traître!

— Vous avez bien raison, frère Charles, répliqua Ned, Timothée n'est qu'un vilain traître. Tenez! voulez-vous que je vous dise? c'est de plus un jeune fou. Il n'a ni gravité ni caractère. Que voulez-vous? il faut que jeunesse se passe. Quand il aura jeté son premier feu, qui sait si ce ne sera pas plus tard un membre respectable de la société? »

Accoutumés comme ils étaient à ce genre de badinage aux dépens de Tim Linkinwater, ils en riaient tous les trois de bon cœur, et riraient encore, si les frères, s'apercevant que Mme Nickleby n'en pouvait plus, et qu'elle était a la lettre accablée de son bonheur, ne lui avaient pas pris un bras chacun pour l'emmener, sous prétexte d'avoir à la consulter sur des arrangements de la dernière importance.

On sait que Tim Linkinwater et miss la Creevy s'étaient souvent rencontrés ensemble, et qu'à chaque fois ils avaient toujours fourni une conversation agréable et surtout animée, comme une bonne paire d'amis. C'était bien le moins qu'aujourd'hui Timothée, la voyant sangloter encore, trouvât tout naturel de chercher à la consoler. Or miss la Creevy était assise sur un grand divan de forme antique, où il y avait de la place de reste pour deux personnes. Il était donc naturel encore que Timothée y prît place auprès d'elle. Et, si Timothée, dans un grand jour de fête comme celui-là, se montrait plus éveillé qu'à l'ordinaire, et même plus coquet dans sa mise, quoi de plus naturel encore?

Tim était donc assis à côté de miss la Creevy, les jambes croisées l'une sur l'autre, de manière que le bout de son pied (il avait le pied mignon, que faisaient mieux valoir encore aujourd'hui des souliers vernis et des bas de soie noire bien tirés) donna, nous parlons au figuré, dans l'œil de sa voisine, quand il lui dit, pour la calmer :

« Ne pleurez pas.

— Je ne peux pas m'en empêcher.

— Non, ne pleurez pas : je vous en prie. Je vous en prie, ne pleurez pas.

— Je suis si heureuse! dit la petite femme en sanglotant plus fort.

— C'est le cas de rire, alors, dit Timothée. Riez plutôt. »

On n'a jamais pu savoir ce que faisait par là le bras de Timothée, mais il se donna un coup au coude contre le coin de la fenêtre, de l'autre côté de miss la Creevy : il est évident qu'il n'avait que faire là.

« Riez donc, dit Timothée, ou bien vous allez me faire pleurer aussi.

— Et pourquoi donc pleureriez-vous? demanda-t-elle en souriant.

— Parce que je suis heureux aussi : je ne le suis pas moins que vous et je veux faire comme vous. »

A coup sûr, il n'y a jamais eu d'homme qui se soit autant trémoussé que Timothée en ce moment. Son pauvre coude! Il le cogna encore contre la fenêtre, toujours à la même place, et miss la Creevy lui demanda si c'est qu'il avait fait vœu de casser les vitres.

« Je me faisais un plaisir de penser d'avance à celui que vous causerait ce coup de théâtre, dit Timothée plus rassis.

— C'est bien aimable à vous d'avoir pensé à

moi, répondit miss la Creevy, et vous ne vous trompiez pas. Rien au monde ne pouvait me faire la moitié autant de plaisir. »

Pourquoi donc miss la Creevy et Tim Linkinwater se disaient-ils cela tout bas? Il n'y avait pourtant pas là de mystère. Pourquoi donc aussi Tim Linkinwater regardait-il si obstinément miss la Creevy, et pourquoi miss la Creevy regardait-elle si obstinément le parquet?

« Comme c'est agréable pour des gens comme nous, qui avons passé toute notre vie seuls au monde, de voir unir des jeunes gens que nous aimons, avec tant d'années de bonheur devant eux!

— Ah oui! s'écria la petite femme, faisant explosion de tout son cœur.

— Quoique pourtant cela fasse sentir davantage, poursuivit Timothée, le vide d'une existence solitaire et comme exilée du monde, n'est-ce pas? »

Miss la Creevy dit qu'elle ne savait pas trop. Pourquoi donc qu'elle disait qu'elle ne savait pas trop? car enfin elle devait bien savoir si c'était vrai ou faux.

« Il me semble, continua Timothée, que cela devrait nous donner l'envie de nous marier tous; qu'en dites-vous?

— Quelle folie! répliqua miss la Creevy en riant. Est-ce que nous ne sommes pas trop vieux?

— Ma foi non! dit Timothée; nous sommes plutôt trop vieux pour rester dans le célibat. Pourquoi, par exemple, ne nous marierions-nous pas tous les deux, au lieu de rester là, tout le long de l'hiver, seuls au coin de notre feu respectif? Nous pourrions faire l'économie d'une cheminée, en mariant nos feux ensemble.

— Ah! monsieur Linkinwater, vous vous moquez.

— Moi! non, du tout. Bien loin de là. Tenez! si vous voulez, je veux bien. Allons! un petit oui.

— On en rirait trop dans le monde.

— Laissez-les rire, cria Timothée d'une voix de stentor. Nous avons un bon caractère; nous rirons avec les autres. Combien de fois n'avons-nous pas déjà ri à cœur joie depuis que nous nous connaissons!

— Pour ça, c'est vrai, s'écria miss la Creevy prête à céder, à ce qu'il sembla à Timothée.

— C'est bien le plus heureux temps que j'aie passé dans toute ma vie... au moins, loin des affaires de la maison Cheeryble frères, dit-il. Allons, ma chère, dites donc que vous le voulez bien.

— Non, non! il ne faut pas penser à cela. Et que diraient les frères?

— Mais, Dieu merci! s'écria Timothée dans son innocence, il me semble que c'est une chose à laquelle je peux bien penser sans leur demander conseil. Et puis, est-ce que vous croyez que, s'ils nous ont laissés seuls ici, c'était pour autre chose?

— Je ne pourrai plus jamais les regarder en face, s'écria miss la Creevy, qui ne résistait plus que faiblement.

— Allons! dit Timothée, nous ferons un couple fort heureux. Nous demeurerons dans cette vieille maison que j'habite déjà depuis quarante-quatre ans. Nous irons ensemble à la vieille église, où je n'ai pas manqué d'aller tous les dimanches, depuis le même temps. Nous aurons sous la main toutes mes vieilles connaissances, Dick, le portique, la pompe, les pots de fleurs, et les enfants de M. Franck, et les enfants de M. Nickleby, à qui nous servirons de grand-père et de grand'mère. Soyons cet heureux couple, pleins de petits soins l'un pour l'autre. Et s'il nous arrivait de devenir sourds, ou infirmes, ou aveugles, ou perclus, ne serions-nous pas bien aises d'avoir là quelqu'un que nous aimons, pour causer avec nous et nous tenir compagnie? Soyons ce couple heureux. Je vous en prie, ma chère demoiselle. »

Cinq minutes après cette proposition honnête et directe, la petite Mlle la Creevy et Timothée jasaient ensemble à leur aise, comme s'ils étaient mariés depuis vingt ans, sans jamais s'être querellés. Et puis, cinq minutes après encore, quand miss la Creevy eut eu le temps d'aller voir dans la glace si elle n'avait pas les yeux rouges et de rajuster ses cheveux, Timothée se rendit d'un pas majestueux au salon, s'écriant en chemin: « Il n'y a pas une femme comme elle dans toute la ville de Londres; non, il n'y en a pas. »

Cependant le maître d'hôtel, à la face apoplectique, ne savait que devenir en voyant différer si longtemps le dîner sans qu'on l'eût prévenu. Nicolas, dont mes lecteurs et mes lectrices peuvent deviner par eux-mêmes ou par elles-mêmes quelles avaient été pendant ce temps-là les occupations, descendit en courant les escaliers, docile à l'appel impatient du fidèle serviteur. Mais là il rencontra une surprise nouvelle.

Il aperçut, sur son chemin, dans un corridor, un étranger élégamment vêtu de noir, qui se dirigeait aussi du côté de la salle à manger. Comme il boitait un peu et marchait lentement, Nicolas ralentissait le pas par derrière, et le suivait de près, se demandant qui ce pouvait être, quand l'autre se retourna tout à coup et lui prit les deux mains.

« Newman Noggs! cria Nicolas enchanté.

— Oui, Newman, votre vrai Newman, votre vrai, vieux fidèle Newman. Mon brave garçon, mon petit Nick, je vous souhaite joie, santé, bonheur, tout ce que vous pouvez désirer. Je suis tout saisi de

« Ah! monsieur Linkinwater, vous vous moquez. » (P. 472.)

vous revoir; c'est trop fort pour moi, mon cher ami, j'en suis comme un enfant.

— Qu'est-ce donc que vous êtes devenu? Qu'avez-vous fait tout ce temps-là? dit Nicolas. Que de fois j'ai demandé de vos nouvelles et toujours reçu la même réponse, que j'entendrais parler de vous avant peu!

— Je le sais, je le sais, reprit Newman. Ils n'étaient pas moins impatients que vous de nous réunir tous. Je leur ai donné un petit coup de main. Et moi, moi, regardez-moi, Nick, regardez-moi donc.

— Je vois bien, dit Nicolas d'un ton de doux reproche. Ce n'est pas de moi que vous auriez jamais voulu accepter cela.

— Que voulez-vous? à cette époque-là, je ne savais pas seulement où j'en étais. Je n'aurais jamais eu le courage de m'habiller comme un monsieur. Cela m'aurait rappelé mon ancien temps et je n'en aurais été que plus misérable. Mais à présent je suis un autre homme, mon petit Nick. Mon brave garçon, ah! je ne peux seulement pas parler; ne me dites rien; n'ayez pas mauvaise opinion de moi, de ce que je pleure comme cela. Vous ne savez pas tout ce que je sens aujourd'hui, vous ne pouvez pas le savoir, vous ne le saurez jamais. »

Ils entrèrent ensemble dans la salle à manger, bras dessus, bras dessous, et se mirent à table l'un près de l'autre.

Jamais, depuis que le monde est monde, il n'y eut pareil dîner. Il y avait d'abord un commis suranné de la banque, l'ami de Tim Linkinwater; il y avait après cela une vieille demoiselle joufflue, la sœur de Tim Linkinwater. Et puis tant de prévenance de la part de la sœur de Tim Linkinwater pour miss la Creevy, et puis tant de plaisanteries amusantes de la part du commis suranné de la banque! Et Tim Linkinwater lui-même était-il gai et léger comme un papillon, et la petite Mlle la Creevy, était-elle comique! à eux seuls ils auraient fait la plus charmante réunion qu'on pût voir. Et Mme Nickleby donc, avec ses airs de grandeur et de supériorité! et Madeleine avec Nicolas, tous deux la rougeur au front, quel joli couple! Nicolas et Franck étaient tout empressés, tout fiers de leurs conquêtes. A eux quatre ils ne faisaient pas grand bruit : c'était le silence timide et tremblant du bonheur. Il y avait ensuite Newman avec sa joie immodérée, qu'il croyait modérer pourtant. Enfin, les deux frères jumeaux nageant dans la joie, et échangeant entre eux de tels regards, que le vieux maître d'hôtel en restait transpercé derrière la chaise de ses maîtres et sentait ses yeux s'obscurcir pendant qu'il les promenait tout humides autour de la table.

Quand fut rompue la glace qui règne toujours au commencement d'un dîner et que chacun se fut mis à son aise, la conversation devint plus générale, ce qui ne fit qu'ajouter, s'il est possible, à l'harmonie universelle et doubler le plaisir de tout le monde. Les frères étaient en extase, et leur insistance polie pour ne laisser sortir personne de table avant qu'ils eussent adressé leurs compliments individuellement à toutes les dames à la ronde, donna l'occasion au commis suranné de dire tant d'excellentes choses, qu'il se surpassa en vérité et se fit la réputation d'un homme d'un esprit prodigieux.

« Ma chère Catherine, dit Mme Nickleby, prenant sa fille dans un petit coin sitôt qu'elles furent remontées au salon, ce n'est pas sérieux ce que vous me dites là de miss la Creevy avec M. Linkinwater?

— Si vraiment, maman.

— Ce n'est pas possible. Je n'ai jamais rien vu de pareil de ma vie! s'écria Mme Nickleby.

— Pourquoi pas? reprit Catherine; M. Linkinwater est un excellent homme et bien conservé pour son âge.

— Lui! c'est vrai, ma chère, répondit Mme Nickleby; oui, certainement, personne n'a rien à dire contre lui, si ce n'est que, sur ma parole, c'est l'homme le plus faible et le plus léger que j'aie jamais vu. Mais elle, direz-vous qu'elle est bien conservée pour son âge? aller proposer sa main à une femme qui doit avoir, oh! certainement, le double du mien! Et elle, avoir le front de l'accepter! cela n'est pas possible. Tenez! cette femme me dégoûte. »

Mme Nickleby secoua la tête d'un air significatif, et se retira. Et toute la soirée, au milieu de la gaieté et des réjouissances qui suivirent le repas, et dont elle prit sa part, sauf cette exception, elle garda avec miss la Creevy, qu'elle tint à distance, un air majestueux, destiné à lui faire comprendre ce qu'elle pensait de l'inconvenance de sa conduite, et à lui déclarer sans feinte et sans ménagement son mécontentement extrême de la trouver en flagrant délit d'indélicatesse.

CHAPITRE LXIV

Une ancienne connaissance que nous retrouvons dans une situation désolante. Révolte des pensionnaires qui met fin à jamais à l'illustre établissement de Dotheboys-Hall.

Nicolas était de ces hommes qui ne sont jamais complètement heureux tant qu'ils ne font pas partager leur bonheur à ceux de leurs amis qui ont pris part à leurs jours de détresse. Au milieu de toutes les séductions d'espérance et d'amour dont il était entouré, son cœur aimant soupirait après le bon John Browdie. Il ne pouvait pas se rappeler leur première rencontre sans un sourire, ni leur seconde entrevue sans une larme. Il croyait voir encore le pauvre Smike, leur paquet sur l'épaule, trottant gaiement à ses côtés; il croyait entendre encore les bonnes et simples paroles de l'honnête villageois du Yorkshire, en leur faisant ses adieux sur la route de Londres.

Madeleine et lui se mirent bien des fois à leur secrétaire pour composer en commun la lettre dans laquelle ils voulaient expliquer en détail à John leur changement de fortune et l'assurer de la reconnaissance et de l'amitié de Nicolas. Mais, je ne sais pas comment cela se fait, ils ne purent jamais venir à bout de finir la lettre. Ils avaient beau s'y mettre avec les meilleures intentions du monde, il se trouvait qu'ils avaient toujours à parler d'autre chose, et, quand Nicolas voulut essayer de la faire à lui tout seul, il reconnut qu'il lui était impossible d'écrire la moitié de ce qu'il aurait voulu lui dire; ou, s'il avait jeté quelques lignes sur le papier, il les effaçait bientôt, tant il était mécontent de les trouver froides et insuffisantes, par comparaison avec les sentiments qu'il aurait voulu lui exprimer. A la fin, fatigué et honteux de différer de jour en jour, sans aboutir à rien, il prit la résolution dont l'avait déjà pressé Madeleine, de faire au plus tôt un petit tour dans le Yorkshire, et d'aller tout bonnement se présenter à M. et Mme Browdie, sans autre avis.

C'est ce qui fait qu'un beau jour, entre sept et huit heures du soir, Catherine et lui s'en allèrent au bureau de la *Tête de Sarrasin* retenir une place pour Greta-Bridge, dans la voiture du lendemain matin. En sortant de là, ils avaient à se diriger vers le quartier occidental de Londres pour quelques emplettes de voyage, et, comme la soirée était belle, ils furent bien aises d'y aller à pied avant de monter en voiture pour retourner chez eux.

La *Tête de Sarrasin* leur rappelait tant de souvenirs, et d'ailleurs Catherine avait tant à dire sur Franck, Nicolas tant d'anecdotes à raconter sur Madeleine, et chacun d'eux tant de plaisir à tout entendre, ils étaient si heureux, si confiants, si causants, qu'il y avait déjà une heure qu'ils avaient plongé dans ce labyrinthe de rues entre Seven-Dials et Soho, qui n'aboutit à aucune grande voie de communication, lorsque Nicolas commença à craindre qu'ils ne se fussent égarés.

Il n'en avait encore que la crainte; il en eut bientôt la certitude : car, en regardant de tous côtés, en allant voir à un bout de la rue, puis à l'autre, il ne put trouver d'indication qui l'aidât à se retrouver, et crut prudent de revenir sur ses pas pour chercher quelque endroit où il pût demander son chemin.

C'était une rue de traverse où il ne passait personne. Personne non plus au comptoir, dans le petit nombre de boutiques qu'ils pouvaient voir. Enfin, attiré par la faible lueur d'une chandelle qui se réfléchissait sur le trottoir, Nicolas allait descendre deux ou trois marches pour aller présenter sa requête aux gens du souterrain, quand il fut arrêté par la voix criarde d'une femme en colère.

« Venez donc, lui dit Catherine, c'est une querelle; vous n'auriez que des coups à gagner par là.

— Attendez un instant, Catherine, lui répondit son frère; voyons s'il n'y aurait pas quelque chose; chut! »

— Grand fainéant, vilain propre à rien, maudit animal! criait la dame en frappant du pied, voulez-vous tourner le cylindre pour la lessive?

— C'est ce que je fais, âme de ma vie! répliqua une voix d'homme; je ne fais pas autre chose; je tourne, tourne, tourne comme un damné de vieux cheval de manège dans un chien de moulin. Ma vie n'est qu'un satané tour de meule perpétuel.

— Si cela ne vous plaît, pourquoi n'allez-vous pas vous enrôler comme soldat? continua la femme; personne ne vous en empêche.

— Soldat! cria le monsieur, soldat! que dirait sa délicieuse petite femme de le voir en veste rouge à courte queue? de l'entendre appeler à la parade à grands coups de tambour? Elle serait bien fâchée de lui voir faire l'exercice à feu avec un vrai fusil, les cheveux coupés, les favoris rasés, les yeux fixes, immobiles; droite, gauche, avec un pantalon astiqué de blanc d'Espagne.

— Cher Nicolas, lui dit tout bas Catherine, reconnaissez-vous cela? C'est M. Mantalini, je vous assure.

— Voyez un peu si c'est vrai, jetez un coup d'œil par là, pendant que je vais lui demander mon chemin. Tenez! descendez une ou deux marches. »

Nicolas l'entraîne sur ses pas, descend l'escalier et regarde au fond d'une petite crypte planchéiée. Là, au milieu d'un amas de linge et de paniers de blanchisseuse, lui apparaît un homme en manches retroussées, mais avec un reste de vieux pantalon rapiécé de la bonne faiseuse, un gilet de couleurs brillantes, ses moustaches et ses favoris d'autrefois, moins leur lustre emprunté, cherchant à apaiser la colère d'une égrillarde de femme qui n'était pas sa légitime épouse, la propriétaire de l'établissement, occupé à tourner en même temps de toutes ses forces le cylindre dont les craquements et le sifflement aigu faisaient un bruit assourdissant. C'était là le gracieux, l'élégant, le séduisant, l'éblouissant Mantalini d'autrefois!

« Trompeur, traître! cria la dame en menaçant de se porter à des violences personnelles contre la figure de M. Mantalini.

— Trompeur! sapristi! Eh bien, ma chère âme, mon joli petit séduisant poulet d'amour, allons! calmez-vous, dit humblement l'esclave soumis.

— Je ne veux pas, moi, cria plus fort la belle dame, je veux vous arracher les yeux.

— Ah! quel diable de mouton enragé!

— On ne peut pas avoir un moment de tranquillité avec vous. Vous êtes resté dehors hier toute la journée à faire des vôtres. Je sais bien où. Oui, oui, je sais bien où. Ce n'est donc pas assez d'avoir payé pour vous soixante-sept francs pour vous faire sortir de prison et vivre ici comme un gentleman! Il faut encore que vous repreniez votre train ordinaire, et que vous continuiez de me briser le cœur.

— Non, non, je ne briserai jamais son cœur. Je veux être un bon enfant; je ne le ferai plus jamais, jamais je ne redeviendrai mauvais sujet. Je lui demande seulement un petit pardon, dit M. Mantalini en quittant la manivelle pour croiser des mains suppliantes. Elle se raccommodera avec son bel ami, en voyant comme il aime son méchant toutou. Elle aura pitié de lui. Elle ne l'égratignera pas, elle ne le griffera pas; au contraire, elle le caressera, elle le consolera. Ah! nom d'un chien! »

Très peu sensible, en apparence, à cet appel plein de tendresse, la dame se préparait à lui faire quelque réplique courroucée, quand Nicolas, élevant la voix, lui demanda le chemin de Piccadilly.

M. Mantalini se retourna, aperçut Catherine, et, sans dire un mot, sauta d'un bond dans un lit caché derrière la porte, et s'enfonça tout entier sous le couvre-pied, en gigotant avec une vivacité convulsive.

« Dieu me damne! s'écria-t-il d'une voix étouffée, c'est la petite Nickleby. Fermez la porte, soufflez la chandelle, renversez le lit par-dessus moi. Ah! chien! chien! chien! »

La femme regarda Nicolas d'abord, M. Mantalini après, sans s'expliquer comment l'apparition de l'étranger pouvait produire un tel effet. Mais, M. Mantalini ayant eu, dans son impatience, la malheureuse idée de sortir le bout du nez de dessous les draps pour s'assurer si les nouveaux venus étaient partis, tout à coup, avec une dextérité qui témoignait d'une longue pratique, elle lui lança sur le corps un gros panier de linge, qui le fit gigoter avec plus de violence que jamais, mais sans le décider à faire le moindre effort pour dégager sa tête suffoquée. Nicolas, trouvant l'occasion favorable pour déguerpir, avant d'attirer sur lui le torrent de cette colère féminine, entraîne Catherine, et laisse à l'objet infortuné de cette reconnaissance inattendue le soin d'expliquer, comme il l'entendra, sa conduite.

Le lendemain matin, il se met en route. Le temps était froid; un vrai temps d'hiver, qui lui rappelait naturellement les circonstances pénibles de son premier voyage sur la même route, avec les changements et les vicissitudes survenues depuis dans son sort. Il fut seul, dans l'intérieur, pendant la plus grande partie du chemin, et, de temps en temps, après avoir fait un somme, il mettait la tête à la portière pour reconnaître quelque endroit devant lequel il se rappelait avoir déjà passé, soit en allant à Dotheboys-Hall, soit en revenant à pied tout du long avec le pauvre Smike. Alors il eut peine à croire que tout le reste ne fût pas un songe. Il s'imaginait encore être avec lui, harassé de son long voyage sur la route de Londres, sans savoir que devenir dans ce monde tout grand ouvert devant eux.

Pour ajouter à l'illusion, il vint à tomber de la neige pendant la nuit. Et, en traversant Stamford et Grantham, en revoyant le petit cabaret où il avait entendu raconter l'histoire du vaillant baron de Grogzwig, il lui semblait que c'était hier qu'il avait vu tout cela, et que pas un flocon de cette blanche couverture, qui lui cachait les toits, n'avait encore eu le temps de fondre au soleil. Se livrant volontiers à l'entraînement des souvenirs qui se pressaient en foule dans son esprit, il se persuadait sans peine qu'il était encore sur la banquette avec Squeers et ses marmots; il entendait leurs voix dans l'air. Il entendait dans son cœur, mais cette fois avec un mélange de plaisir qui atténuait sa peine, ses soupirs et ses regrets de la maison de sa mère. Au milieu de ses visions volontaires, il s'endormit, rêva de Madeleine, et tout fut oublié.

Il passa la nuit, à son arrivée, dans l'auberge de Greta Bridge, et, se levant le lendemain de très bonne heure, se rendit au bourg, pour s'informer de la maison de John Browdie. Il demeurait dans le faubourg; c'était à présent un père de famille, et, comme il était connu de tout le monde, Nicolas n'eut pas de peine à trouver un petit garçon pour lui servir de guide jusqu'à sa porte.

Là il le congédia, et, dans son impatience, ne prenant pas le temps de s'arrêter pour donner un coup d'œil au riant aspect du jardin ni du cottage, il alla droit à la cuisine, où il frappa gaillardement avec sa canne.

« Alloh! cria une voix à l'intérieur; qu'est-ce qu'il y a? Est-ce que le bourg est en feu? On le dirait au tapage que vous faites. »

En disant ces mots, John Browdie vint lui-même ouvrir, et ouvrit, par la même occasion, de grands yeux, jeta un cri, battit des mains, et fit éclater sa joie bruyante en disant : « Dieu me bénisse! c'est le parrain. C'est lui, ma foi! Tilly, voici M. Nickleby. Donne-moi donc la main, mon garçon. Viens par ici, viens t'asseoir auprès du feu; tu vas boire un coup avec moi. Je ne veux pas que tu dises un mot avant de m'avoir avalé ça... Là! c'est bon. Sapristi, c'est égal! Je suis joliment content de te voir. »

Et, pour hâter le succès de son invitation, John entraîna Nicolas dans la cuisine, le fit asseoir sur un large siège auprès d'un feu d'enfer, versa d'une dame-jeanne un bonne demi-pinte de spiritueux, lui mit le verre en main, ouvrant la bouche béante, et renversant la tête en arrière en lui faisant signe d'avaler promptement, et se tint debout devant lui avec une délicieuse grimace de satisfaction qui donnait à sa grande face rougeaude une expression de bon accueil. L'aimable géant que c'était là!

« J'aurais bien dû me douter pourtant qu'il n'y avait personne que toi qui pût venir me taper comme cela des coups de bâton à ma porte. Dis donc, est-ce comme ça que tu lui tapais... la porte, au maître d'école? Ha! ha! ha! Mais à propos... Qu'est-ce qu'on dit donc ici du maître d'école?

— Tiens! vous savez déjà cela? dit Nicolas.

— Dame! on en parlait dans le bourg hier au soir. Mais personne ne voulait y croire : c'est si drôle!

— Après bien des retards et bien des détours, reprit Nicolas, il vient d'être condamné à la déportation pour sept ans, comme recéleur d'un testament volé. Mais ce n'est pas toût : il a encore à répondre d'une accusation de complicité dans un complot.

— Peste! cria John, un complot! Est-ce que c'est quelque chose comme la Conspiration des Poudres? Hein? quelque chose dans le genre de Guy Fawks?

— Non, non; c'est un complot relatif à sa pension. Je veux vous expliquer la chose.

— C'est bon! c'est bon! tu m'expliqueras cela plus tard. Il faut commencer par déjeuner, car tu as faim et moi aussi. D'ailleurs ne faut-il pas que Tilly soit de moitié dans toutes les explications? Elle dit comme ça qu'il faut une confiance mutuelle. Ha! ha! ha! la bonne pièce, avec sa confiance mutuelle! »

L'entrée de Mme Browdie en petit bonnet élégant, avec force excuses de s'être laissé surprendre prenant son déjeuner à la cuisine, arrêta John tout court dans la discussion de ce grave sujet, et décida le déjeuner. Il se composait d'une vaste pile de tartines grillées, d'œufs frais, de jambon, d'une tourte à la mode du pays, et de quelques autres pièces froides, qui recevaient à chaque instant du renfort de l'arrière-cuisine, sous la direction d'une bonne grosse servante. C'était un menu merveilleusement approprié aux exigences d'une matinée d'un froid perçant, et tout le monde y fit fête. Il fallut bien finir pourtant. On avait, pendant ce temps-là, allumé un bon feu dans la plus belle chambre, et l'on s'y transporta pour entendre ce que Nicolas avait à raconter.

Il leur raconta tout de point en point, et jamais récit n'éveilla tant d'émotions variées dans l'âme de ses auditeurs avides. Tantôt l'honnête John grognait de colère, tantôt il trépignait de joie. Ici il se promettait bien d'aller à Londres pour les voir, ces bons frères Cheeryble. Là il jurait ses grands dieux que Tim Linkinwater recevrait prochainement un jambon par la diligence, et franc de port encore, et un jambon comme jamais couteau de cuisinier n'en avait coupé une tranche. Quand Nicolas se mit à faire le portrait de Madeleine, John resta la bouche béante, poussant du coude, à chaque instant, Mathilde, et criant, le plus bas qu'il pouvait, que « ça devait être un beau brin de fille ». Et quand son jeune ami en fut venu à lui faire part de son bonheur, et à lui dire qu'il avait tenu à lui apporter en personne toutes les assurances d'amitié qu'il n'avait pas voulu confier au papier, qui les aurait refroidies..., que son voyage n'était à autre fin que de leur faire partager sa félicité, qu'une fois marié, il espérait bien qu'ils allaient venir le voir, que Madeleine les en pressait aussi vivement que lui..., alors John ne put plus se contenir, et, jetant sur sa femme un coup d'œil indigné en lui demandant comment elle avait le courage de rire, il passa sa manche sur ses yeux et se mit à pleurer comme un veau.

Après de longues causeries de part et d'autre : « Ah çà! dit John d'un air sérieux, pour en revenir à notre maître d'école, si la nouvelle va s'en répandre aujourd'hui dans la pension, je ne réponds pas de la peau de la vieille Squeers, ni de Fanny, da.

— Ah! John! que dites-vous là? cria Mme Browdie.

— Dame! quand tu répéteras « Ah! John! » cela n'empêche pas que je ne réponde pas des pensionnaires. Aussitôt qu'on a dit dans le pays que le maître était dans l'embarras, il y avait déjà eu des pères et des mères qui ont envoyé retirer leurs enfants. Si ceux qui restent ont vent de la chose, vous pouvez vous attendre à une révolte, et une fameuse encore!... Quelle révolution! le sang va-t-il couler à flots! »

Sérieusement, John Browdie était assez inquiet pour prendre le parti de monter à cheval et d'aller sur-le-champ faire un tour à la pension, invitant

Nicolas à l'accompagner. Mais celui-ci s'y refusa, par la bonne raison que sa présence ne ferait qu'ajouter au chagrin amer de ces dames.

« C'est vrai! dit John. Je ne sais pas comment je n'avais pas pensé à cela.

— Il faut que je m'en retourne demain, dit Nicolas, mais j'ai l'intention de vous demander à dîner aujourd'hui, et, si Mme Browdie peut disposer d'un lit pour moi...

— Un lit! cria John. Deux lits plutôt, si tu veux: nous ne t'en laisserons pas manquer. Laisse-moi seulement revenir, ce ne sera pas long, et, Dieu merci! Nous allons passer une bonne journée. »

Là-dessus, il donne à sa femme un baiser cordial, et à Nicolas une poignée de main qui ne l'était pas moins, enfourche son bidet, et le voilà parti, laissant à Mme Browdie le soin de faire ses préparatifs pour fêter son hôte, pendant que son jeune ami irait faire un tour dans le voisinage, et revoir les lieux dont le souvenir ne lui rappelait que trop, en même temps, des circonstances douloureuses.

John se met au petit galop, arrive à Dotheboys-Hall, attache son cheval à une porte, et se dirige vers celle de la pension, qu'il trouve fermée en dedans à double tour et au verrou. On entendait du dehors un bruit terrible, un tapage infernal dont il eut bientôt le secret en appliquant son œil à une fente commode pour un observateur.

La nouvelle de la catastrophe de M. Squeers avait franchi en effet les murs de Dotheboys-Hall; il n'y avait pas à en douter. Et, selon toute apparence, il n'y avait pas longtemps que les petits messieurs en étaient informés, car le révolte venait d'éclater.

C'était justement un jour de soufre à la mélasse, et Mme Squeers était entrée dans la classe avec son chaudron et sa cuiller, suivie de Mlle Fanny et de l'aimable Wackford, qui, en l'absence de son père, s'était adjugé quelques menues attributions du pouvoir exécutif, comme de donner à ses jeunes amis des coups de pied avec ses souliers ferrés, de tirer les cheveux aux plus petits, de pincer les autres jusqu'au sang, en choisissant l'endroit sensible; en un mot, de se rendre, de mille manières, aussi utile et aussi agréable que possible à sa mère. Leur apparition dans la classe, par un mouvement spontané ou prémédité, on ne saurait le dire, devint le signal de la révolte. Un détachement d'insurgés commença par se précipiter vers la porte pour la barricader, un autre monta sur les bancs et sur les pupitres. Le plus fort, et, par conséquent, le dernier venu, moins épuisé que les autres, se saisit de la canne, et, regardant Mme Squeers en face, d'un air déterminé, lui arracha son chapeau de castor avec son bonnet, pour s'en coiffer lui-même, s'arma de la fameuse cuiller de bois, et la somma, sous peine de mort, de se mettre à genoux et de prendre immédiatement une ration de son remède. Avant que la respectable dame eût eu seulement le temps de se reconnaître, ou d'opposer la moindre résistance, elle se trouva mise à genoux par une foule de petits bourreaux qui la forcèrent, à grands cris, d'avaler une bonne cuillerée de son odieux mélange, rendu plus savoureux que d'habitude par l'immersion de maître Wackford, dont ils plongèrent la tête dans le chaudron. Enorgueillie par ce premier succès, la populace effrénée, dont on voyait les malignes figures groupées en une variété de spectres maigres et affamés, plus hideux les uns que les autres, poursuivit le cours de ses exploits. Le chef des conjurés insistait pour que Mme Squeers prît une nouvelle dose, et que maître Wackford recommençât l'exercice du plongeon à la mélasse; enfin Mlle Squeers elle-même était l'objet d'un assaut furieux, quand John Browdie, enfonçant la porte d'un vigoureux coup de pied, vint à la rescousse. Les hourras, les cris perçants, les grognements, les huées, les battements de mains cessèrent comme par enchantement, et furent remplacés par un morne silence.

« Voilà de jolis garçons! dit John en regardant avec assurance autour de lui. Qu'est-ce que vous voulez donc faire, petits mutins que vous êtes?

— Squeers est en prison, nous voulons nous sauver, crièrent à la fois une vingtaine de voix. Nous ne voulons pas rester; nous ne resterons pas.

— Eh bien, ne restez pas! répliqua John. Qu'est-ce qui vous force à rester? Mais au moins sauvez-vous comme des hommes, sans faire de mal aux femmes.

— Vivat! crièrent les voix perçantes d'un ton plus perçant que jamais.

— Vivat! répéta John. A la bonne heure! criez vivat comme des hommes. Tenez, regardez-moi bien; hip, hip, hip, vivat!

— Vivat! répondit le chœur.

— Allons! encore un vivat! dit John; mais plus fort encore. »

Les pensionnaires obéirent.

« Ter! dit John. N'ayez pas peur; jusqu'à ce que nous en ayons poussé un bon.

— Vivat!

— A présent, dit John, nous n'en ferons plus qu'un pour le bouquet, et puis vous détalerez aussi vite que vous voudrez. Prenez bien votre respiration. Squeers est à la geôle. La pension est licenciée, n, i, ni, c'est fini. Pensez bien à ça, et mettez bien tout votre cœur dans celui-là; c'est le dernier. Vivat! »

Alors il s'éleva un tel concert d'allégresse, que les murs de Dotheboys-Hall n'en avaient jamais entendu, et ne devaient jamais plus en entendre de pareil. Quand le dernier son expira, l'école était déserte, et, de tout ce peuple tapageur qui l'animait cinq minutes auparavant, il n'en restait plus un seul.

« Très bien, monsieur Browdie, très bien, dit Mlle Squeers encore toute rouge et tout enflammée des suites de la bagarre, mais surtout courroucée comme une mégère. Vous êtes venu exciter nos pensionnaires à se sauver, vous nous le payerez bien. Si papa est dans le malheur, s'il est accablé par ses *hennemis*, n'allez pas croire que nous nous laisserons pour cela insulter et fouler aux pieds par vous et par Tilda.

— No-on! répliqua John brusquement. Ce n'est pas non plus notre intention, sur ma parole. Ayez meilleure opinion de nous, Fanny. Je suis bien aise d'avoir réussi à tirer de leurs mains la vieille. Oui, parbleu! j'en suis bien aise. Mais pour vous insulter, non. Vous êtes assez malheureuses sans cela, et d'ailleurs je ne suis pas homme à insulter personne. Tilly n'est pas non plus de caractère à ça : je vous le dis tout net. Bien mieux, que je vous dise encore : s'il vous faut l'aide de quelque ami pour vous sortir d'ici (vous n'avez pas besoin de retrousser votre nez, Fanny, c'est comme ça), vous nous trouverez, moi et Tilly, sans rancune du passé, et tout prêts à vous donner un coup de main. Mais, parce que je vous dis ça, ne vous figurez pas que je sois honteux de ce que j'ai fait, car, au contraire, voyez-vous, je le répète encore, vivat! et que le diable emporte le maître d'école, là! »

Après ces adieux, John Browdie sortit à grands pas, remonta sur sa bête, se remit au petit galop, en fredonnant gaiement quelques refrains d'une vieille chanson, dont les sabots de son cheval faisaient le joyeux accompagnement et se dépêcha d'aller retrouver sa femme et Nicolas.

Pendant plusieurs jours la campagne du voisinage fut encombrée de petits fugitifs qui, selon le bruit général, avaient reçu secrètement de M. et de Mme Browdie de quoi manger et de quoi boire, avec quelques shillings par-dessus le marché pour s'en retourner dans leurs familles. Mais John s'en est toujours défendu vigoureusement, non pas cependant sans un certain rire sournois qui donnait plutôt des soupçons aux incrédules et pleine conviction à ceux qui ne savaient qu'en croire.

Il ne restait plus qu'un petit nombre de jeunes enfants d'un caractère timide, qui, tout misérables qu'ils avaient été dans cette geôle, et malgré les larmes qu'ils y avaient versées chaque jour, ne connaissant pas d'autre asile, y tenaient par une espèce d'habitude. Ceux-là, quand leurs esprits furent moins échauffés, se mirent à pleurer et à regretter ce dernier refuge. On en trouva quelques-uns tout en larmes au coin des haies, effrayés de leur isolement. Il y en avait un qui avait un oiseau mort dans sa petite cage. Il avait fait avec lui plus de sept lieues à l'aventure, et ce ne fut que quand il l'eut vu expirer qu'il perdit courage et le déposa près de lui. On en découvrit un autre dans une cour tout près de la pension, couché avec un chien dans sa niche, qui montrait les dents à ceux qui voulaient reprendre son hôte, et léchait la pâle figure du pauvre petit endormi.

On les recueillit, avec quelques autres traînards qui finirent aussi par être réclamés, peut-être pour les aller perdre encore. Enfin, dans le cours des temps, les voisins eux-mêmes finirent par oublier Dotheboys-Hall et sa révolte, ou n'en reparlèrent plus que comme d'une tradition du passé.

CHAPITRE LXV

Conclusion.

A l'expiration de son deuil, Madeleine donna à Nicolas sa fortune et sa main. Le même jour, à la même heure, Catherine devint Mme Franck Cheeryble. On aurait bien voulu réunir dans la même cérémonie un troisième couple, Tim Linkinwater et miss la Creevy, mais ils s'y refusèrent, et ce ne fut qu'une quinzaine de jours après qu'ils s'en allèrent un beau matin, avant le déjeuner, et, quand on les vit revenir joyeusement ensemble, on apprit qu'ils venaient de se marier tout tranquillement.

L'argent dont Nicolas se trouva possesseur du chef de sa femme fut placé sous la raison Cheeryble frères, dont Franck était devenu l'associé. Peu d'années après, la maison de commerce continuait sous les noms réunis de « Cheeryble et Nickleby, » de sorte que Mme Nickleby eut le bonheur de voir réaliser ses prédictions anticipées.

Les deux frères se retirèrent. Qui pourrait douter qu'ils fussent heureux, entourés, comme ils l'étaient, de l'image d'un bonheur général, leur ouvrage, dont ils vécurent assez pour augmenter encore la douceur?

Tim Linkinwater, après bien des supplications et des reproches de son mauvais caractère, consentit à accepter enfin un intérêt dans la maison. Mais il ne voulut jamais souffrir que son nom parût comme associé, ce qui ne l'empêcha pas de persévérer dans l'accomplissement ponctuel et régulier de ses devoirs à son bureau.

Il habitait avec sa femme dans son ancienne maison, et il continua d'occuper la même chambre où il couchait depuis quarante-quatre ans. En vieillissant, la petite la Creevy n'en fut que plus gaie et plus avenante, et leurs amis se demandaient toujours, sans avoir jamais pu résoudre la question, quel était le plus heureux de l'homme ou de la femme; de Tim Linkinwater assis avec un sourire de béatitude dans son fauteuil, au coin du feu, ou de la petite dame vive et pimpante, jasant, riant, toujours en mouvement dans sa chambre ou ailleurs.

Dick, le vieux merle, passa du bureau à un bon petit coin bien chaud du salon de compagnie. Au-dessous de sa cage étaient accrochées deux miniatures de la main de Mme Linkinwater. L'une était son portrait, l'autre celui de Timothée : tous deux le sourire aux lèvres pour faire fête aux visiteurs. La tête de Timothée était poudrée comme un gâteau d'amandes, et ses lunettes étaient imitées avec une exactitude rigoureuse; aussi les étrangers, au premier coup d'œil, ne se trompaient point sur la ressemblance, ce qui leur faisait naturellement deviner que le pendant devait être sa femme, et les enhardissait à la nommer sans hésiter. Jugez si Mme Linkinwater était fière alors de son ouvrage, qu'elle rangeait parmi les portraits les mieux réussis qui eussent jamais fait honneur à son pinceau. Timothée, comme on pense bien, les avait en profonde estime; car, pour cela comme pour le reste, ils étaient toujours du même avis. Aussi, s'il y eut jamais un *heureux couple* dans le monde, on peut bien dire que c'était celui de M. et Mme Linkinwater.

Ralph étant mort intestat, sans laisser d'autres parents que ceux avec lesquels il était resté pendant sa vie sur le pied d'une inimitié déclarée, c'est à eux que revenait légalement sa fortune par droit d'héritage; mais ils ne purent supporter la pensée de s'enrichir avec de l'argent mal acquis : ils auraient eu peur qu'il ne leur portât malheur. Ils ne réclamèrent rien, et les richesses qu'il s'était donné tant de peine à amasser en toute sa vie, au prix de tant de vilaines actions, finirent par aller s'engouffrer dans les caisses de l'État, sans que personne y gagnât rien.

Arthur Gride fut poursuivi pour détention illégitime du testament, soit qu'il l'eût fait voler à son profit, soit qu'il l'eût acquis ou recélé par des moyens qui n'étaient guère plus honnêtes. Grâce à l'esprit inventif de l'avoué chargé de son affaire et à certains vices de nullité, il trouva moyen d'échapper à une condamnation, mais ce ne fut que pour tomber de Charybde en Scylla. Car, peu d'années après, sa maison fut pillée la nuit par des voleurs qu'avait attirés le bruit de sa richesse, et on le trouva étranglé dans son lit.

Mme Sliderskew passa les mers presque à la même époque que M. Squeers, et ne les repassa jamais. Brooker mourut repentant. Sir Mulberry Hawk vécut à l'étranger quelques années encore, fêté, courtisé, caressé, sans rien perdre de sa réputation d'homme à la mode; finalement il revint dans son pays pour s'y voir coffrer dans la prison pour dettes; il y périt misérablement, fin ordinaire de tous ces personnages à grands fracas.

Le premier soin de Nicolas, quand il fut devenu un riche et brillant négociant, fut d'acheter l'ancien manoir de son père. Par la suite des temps, à mesure qu'il vit grandir autour de lui une troupe de charmants enfants, il agrandit la maison et arrondit le domaine; mais il respecta toutes les chambres d'autrefois; il n'en détruisit pas une, pas plus qu'il ne déracina les arbres qui avaient ombragé son enfance. Rien de ce qui rappelait à son esprit une circonstance du passé ne fut sacrifié ni changé.

A une portée de fusil était une autre retraite, animée aussi par la voix charmante de nombreux enfants. C'était là qu'était Catherine, avec bien des petits soins et des occupations nouvelles, entourée d'une famille nouvelle aussi, une foule de figures fraîches et rondelettes, appelant son doux sourire par leurs caresses; l'un d'eux lui ressemblait au point que la grand'maman croyait encore la voir dans sa première enfance. Pour elle, c'était toujours la même Catherine, douce et bonne, aussi tendre pour son frère, aussi aimante pour tous les siens, autour d'elle, qu'on l'avait connue dans sa jeunesse.

Mme Nickleby, tantôt avec sa fille, tantôt avec son fils, accompagnant l'un ou l'autre à Londres, dans les moments où les deux familles y étaient appelées par leurs affaires, y résidait avec eux, toujours soucieuse de sa dignité personnelle, toujours mettant beaucoup de solennité et d'importance dans le récit des observations dues à sa longue expérience, surtout en ce qui concerne la conduite et l'éducation des enfants. Mais il fallut bien du temps pour la résoudre à recevoir à merci Mme Linkinwater. Il y a des gens qui doutent encore si jamais elle lui pardonna tout à fait.

Il y avait aussi un gentleman à tête grise, un brave et paisible gentleman, qui, l'hiver comme l'été, habitait un petit cottage tout près de la maison de Nicolas, et se chargeait, en son absence, de donner un coup d'œil à ses intérêts. Son plaisir et son bonheur, c'était de réunir autour de lui les enfants, de redevenir enfant avec eux, pour diriger leurs jeux. Tout ce petit peuple ne pouvait se passer de Newman Noggs.

Autour de la tombe de Smike, le gazon vert, sous les pieds si petits et si légers de cette troupe innocente, ne courbait seulement pas la tête d'une seule de ses pâquerettes. Tout le printemps et tout l'été, des guirlandes de fleurs toujours fraîches, tressées par des mains d'enfants, reposaient sur la pierre funèbre, et toutes les fois qu'ils allaient les remplacer avant qu'elles se fussent flétries, pour lui faire plus de plaisir, à ce qu'ils croyaient, leurs yeux se remplissaient de larmes et ils parlaient doucement, tout bas, tout bas, de feu leur pauvre cousin.

TABLE DES CHAPITRES

5084. — Bourloton. — Imprimeries réunies, A, rue Mignon, 2, Paris.

www.ingramcontent.com/pod-product-compliance
Lightning Source LLC
LaVergne TN
LVHW011300110826
845149LV00001B/196

* 9 7 8 2 0 1 1 8 6 6 2 5 7 *